赵德馨 编

国家清史编纂委员会·文献丛刊

太平天国财政经济资料汇编 上

上海古籍出版社

总序 /Preface

戴　逸

二○○二年八月,国家批准建议纂修清史之报告,十一月成立由十四部委组成之领导小组,十二月十二日成立国家清史编纂委员会,清史编纂工程于焉肇始。

清史之编纂酝酿已久,清亡以后,北洋政府曾聘专家编写《清史稿》,历时十四年成书。识者议其评判不公,记载多误,难成信史,久欲重撰新史,以世事多乱不果。中华人民共和国成立后,中央领导亦多次推动修清史之事,皆因故中辍。新世纪之始,国家安定,经济发展,建设成绩辉煌,而清史研究亦有重大进步,学界又倡修史之议,国家采纳众见,决定启动此新世纪标志性文化工程。

清代为我国最后之封建王朝,统治中国二百六十八年之久,距今未远。清代众多之历史和社会问题与今日息息相关。欲知今日中国国情,必当追溯清代之历史,故而编纂一部详细、可信、公允之清代历史实属切要之举。

编史要务,首在采集史料,广搜确证,以为依据。必藉此史料,乃能窥见历史陈迹。故史料为历史研究之基础,研究者必须积累大量史料,勤于梳理,善于分析,去粗取精,去伪存真,由此及彼,由表及里,进行科学之抽象,上升为理性之认识,才能洞察过去,认识历史规律。史料之于历史研究,犹如水之于鱼,空气之于鸟,水涸则鱼逝,气盈则鸟飞。历史科学之辉煌殿堂必须岿然耸立于丰富、确凿、可靠之史料基础上,不能构建于虚无飘渺之中。吾侪于编史之始,即整理、出版《文献丛刊》、《档案丛刊》,二者广收各种史料,均为清史编纂工程之重要组成部分,一以供修撰清史之用,提高著作质量;二为抢救、保护、开发清代之文化资源,继承和弘扬历史文化遗产。

清代之史料,具有自身之特点,可以概括为多、乱、散、新四字。

一曰多。我国素称诗书礼义之邦,存世典籍汗牛充栋,尤以清代为盛。盖清代统治较久,文化发达,学士才人,比肩相望,传世之经籍史乘、诸子百家、文字声韵、目录金石、书画艺术、诗文小说,远轶前朝,积贮文献之多,如恒河沙数,不可胜计。昔梁元帝聚书十四万卷于江陵,西魏军攻掠,悉燔于火,人谓丧失天下典籍之半数,是五世纪时中国书籍总数尚不甚多。宋代印刷术推广,载籍日众,至清代而浩如烟海,难窥其涯涘矣。《清史稿·艺文志》著录清代书籍九千六百三十三种,人议其疏漏太多。武作成作《清史稿艺文志补编》,增补书一万零四百三十八种,超过原志著录之数。彭国栋亦重修《清史稿艺文志》,著录书一万八千零五十九种。近年王绍曾更求详备,致力十余年,遍览群籍,手抄目验,成《清史稿艺文志拾遗》,增补书至五万四千八百八十种,超过原志五倍半,此尚非清代存留书之全豹。王绍曾先生言:"余等未见书目尚多,即已见之目,因工作粗疏,未尽钩稽而失之眉睫者,所在多有。"清代书籍总数若干,至今尚未能确知。

清代不仅书籍浩繁,尚有大量政府档案留存于世。中国历朝历代档案已丧失殆尽(除近代考古发掘所得甲骨、简牍外),而清朝中枢机关(内阁、军机处)档案,秘藏内廷,尚称完整。加上地方存留之档案,多达二千万件。档案为历史事件发生过程中形成之文件,出之于当事人亲身经历和直接记录,具有较高之真实性、可靠性。大量档案之留存极大地改善了研究条件,俾历史学家得以运用第一手资料追踪往事,了解历史真相。

二曰乱。清代以前之典籍,经历代学者整理、研究,对其数量、类别、版本、流传、收藏、真伪及价值已有大致了解。清代编纂《四库全书》,大规模清理、甄别存世之古籍。因政治原因,查禁、篡改、销毁所谓"悖逆"、"违碍"书籍,造成文化之浩劫。但此时经师大儒,联袂入馆,勤力校理,尽瘁编务。政府亦投入巨资以修明文治,故所获成果甚丰。对收录之三千多种书籍和未收之六千多种存目书撰写详明精切之提要,撮其内容要旨,述其体例篇章,论其学术是非,叙其版本源流,编成二百卷《四库全书总目》,洵为读书之典要、后学之津梁。乾隆以后,至于清末,文字之狱渐戢,印刷之术益精,故而人竞著述,家娴诗文,各握灵蛇之珠,众怀昆冈之璧,千舸齐发,万木争荣,学风大盛,典籍之积累远迈从前。惟晚清以来,外强侵凌,干戈四起,国家多难,人民离散,未能投入力量对大量新出之典籍再作整理,而政府档案,深藏中秘,更无由一见。故不仅不知存世清代文献档案之总数,即书籍分类如何变通、版本庋藏应否标明,加以部居舛误,界划难清,亥豕鲁鱼,订正未遑。大量稿本、抄本、孤本、珍本,土埋尘封,行将渐灭。殿刻本、局刊本、精校本与坊间劣本混淆杂陈。我国自有典籍以来,其繁杂混乱未有甚于清代典籍者矣!

三曰散。清代文献、档案,非常分散,分别庋藏于中央与地方各个图书馆、档案馆、博物馆、教学研究机构与私人手中。即以清代中央一级之档案言,除北京第一历史档案馆所藏一千万件以外,尚有一大部分档案在战争时期流离播迁,现存于台湾故宫博物院。此外,尚有藏于沈阳辽宁省档案馆之圣训、玉牒、满文老档、黑图档等,藏于大连市档案馆之内务府档案,藏于江苏泰州市博物馆之题本、奏折、录副奏折。至于清代各地方政府之档案文书,损毁极大,但尚有劫后残余,璞玉浑金,含章蕴秀,数量颇丰,价值亦高。如河北获鹿县档案、吉林省边务档案、黑龙江将军衙门档案、河南巡抚藩司衙门档案、湖南安化县永历帝与吴三桂档案、四川巴县与南部县档案、浙江安徽江西等省之鱼鳞册、徽州契约文书、内蒙古各盟旗蒙文档案、广东粤海关档案、云南省彝文傣文档案、西藏噶厦政府藏文档案等等分别藏于全国各省市自治区,甚至清代两广总督衙门档案(亦称《叶名琛档案》),英法联军时遭抢掠西运,今藏于英国伦敦。

清代流传下之稿本、抄本,数量丰富,因其从未刻印,弥足珍贵,如曾国藩、李鸿章、翁同龢、盛宣怀、张謇、赵凤昌之家藏资料。至于清代之诗文集、尺牍、家谱、日记、笔记、方志、碑刻等品类繁多,数量浩瀚,北京、上海、南京、广州、天津、武汉及各大学图书馆中,均有不少贮存。丰城之剑气腾霄,合浦之珠光射日,寻访必有所获。最近,余有江南之行,在苏州、常熟两地图书馆、博物馆中,得见所存稿本、抄本之目录,即有数百种之多。

某些书籍,在中国大陆已甚稀少,在海外反能见到,如太平天国之文书。当年在太平军区域内,为通行之书籍,太平天国失败后,悉遭清政府查禁焚毁,现在已难见到,而在海外,由于各国外交官、传教士、商人竞相搜求,携赴海外,故今日在世界各地图书馆中保存之太平天国文书较多。二十世纪,向达、萧一山、王重民、王庆成诸先生曾在世界各地寻觅太平天国文献,收获甚丰。

四曰新。清代为传统社会向近代社会之过渡阶段,处于中西文化冲突与交融之中,产生一大批内容新颖、形式多样之文化典籍。清朝初年,西方耶稣会传教士来华,携来自然科学、艺术和西方宗教知识。乾隆时编《四库全书》,曾收录欧几里得《几何原本》,利玛窦《乾坤体仪》,熊三拔《泰西水法》、《简平仪说》等书。迄至晚清,中国力图自强,学习西方,翻译各类西方著作,如上海墨海书馆、江南制造局译书馆所译声光化电之书,后严复所译《天演论》、《原富》、《法意》等名著,林纾所译《茶花女遗事》、《黑奴吁天录》等文艺小说。中学西学,摩荡激励,旧学新学,斗妍争胜,知识剧增,推陈出新,晚清典籍多别开生面、石破天惊之论,数千年来所未见,饱学宿儒所不知。突破中国传统之知识框架,书籍之内容、形式,超经史子集之范围,越子曰诗云之牢笼,发生前所未有之革命性变化,出现众多新类目、新体例、新内容。

清朝实现国家之大统一,组成中国之多民族大家庭,出现以满文、蒙古文、藏文、维吾尔文、傣文、彝文书写之文书,构成为清代文献之组成部分,使得清代文献、档案更加丰富,更加充实,更加绚丽多彩。

清代之文献、档案为我国珍贵之历史文化遗产,其数量之庞大、品类之多样、涵盖之宽广、内容之丰富在全世界之文献、档案宝库中实属罕见。正因其具有多、乱、散、新之特点,故必须投入巨大之人力、财力进行搜集、整理、出版。吾侪因编纂清史之需，贾其余力，整理出版其中一小部分；且欲安装网络，设数据库，运用现代科技手段，进行贮存、检索，以利研究工作。惟清代典籍浩瀚，吾侪汲深绠短，蚁衔蚊负，力薄难任，望洋兴叹，未能做更大规模之工作。观历代文献档案，频遭浩劫，水火兵虫，纷至沓来，古代典籍，百不存五，可为浩叹。切望后来之政府学人重视保护文献档案之工程，投入力量，持续努力，再接再厉，使卷帙长存，瑰宝永驻，中华民族数千年之文献档案得以流传永远，沾溉将来，是所愿也。

目录 / Contents

第三章　照旧征粮制度

第四章 管理财政经济的机构

第五章 捐、费与役

第六章　太平天国境内的抗租、抗粮、 抗捐与着佃交粮交捐交费

第七章　农村中征收钱粮的机构与乡官制度

第八章　户口制度与人口迁徙

7

第十三章 占领区内的商业

第十四章　与清政府管辖区的贸易

第十五章　与外国商人的贸易

第十九章 太平天国战争结束时的经济状况与 战后清政府恢复经济的政策

第二十章　清政府对太平军成员及其财产的处理

附　　录

一

　　1961年春,中共中央书记处决定在全国高等学校和研究机构抽调人员编写高校文科教材。我因此得以在该年秋参加严中平先生主持的《中国近代经济史》编写组。报到时,严先生说:你在《中国近代国民经济史讲义》中写了太平天国的经济纲领与政策,它们的贯彻与演变过程,以及相关的评价等内容。这在中国近代经济史著作中是第一次,是首创,很重要。于是,他邀请我负责太平天国财政经济政策这个专题。我接受任务后,用了整整一年的时间,阅读前人研究成果与资料,得到两点认识。第一,从问题本身看,相对于太平天国的财政经济政策而言,太平天国境内经济的实际变化更重要,但最重要的是要弄清楚太平天国战争对中国近代经济发展的影响。第二,从研究的现状看,关于太平天国的财政经济政策的论著为数不少,而涉及太平天国境内经济实际变化的则寥寥无几,至于太平天国境内经济变化与太平天国失败的关系,太平天国战争对中国近代经济发展的影响等问题,则未见专题研究,特别是这次战争对中国经济的破坏性,更是阙如。这大概与学术界流行的农民战争是历史前进推动力的理论有关。从史料来看,要弄清楚太平天国对中国近代经济的影响,仅仅考察太平天国的财政经济政策是不够的,更重要的是要研究太平天国战争的直接影响和这次战争引起的清政府经济政策和行为的变动。其中,前者主要是指战争对经济的破坏、人口的死亡等等。后者主要是指:在空间上,影响超出太平军占领区。清政府为了镇压太平军,而在太平军没有到达的地区大肆搜集财力、物力、人力,并因此造成全国性的财政制度或政策的变化。在时间上,这种影响远远超过太平天国存在的年代。例如:在太平军占领过的地区,战后清政府为恢复经济实行的垦荒政策,导致耕地所有权、租赁制度的变更以及人口迁徙等。又如:在清政府管辖区兴起的厘金制度,不仅影响了太平天国境内的税收制度,而且一直延续到20世纪20年代。我向严先生汇报这些学习心得,他完全同意我的意见。所以从第二年起,搜集资料的范围就扩大到了这些领域。

2009 年冬,我向国家清史编纂委员会申请的"太平天国财政经济资料汇编"项目,是以那时收集到的资料为基础的。根据这些资料和上述认识,拟订了一份提纲,送呈国家清史编纂委员会文献组和项目组。他们请有关专家审阅。感到荣幸的是,提纲获得专家们的认可和国家清史编纂委员会领导的批准。所以呈现在读者面前的这本《太平天国财政经济资料汇编》,其内容包括:有关太平天国财政经济政策的资料;有关太平天国境内经济变化的资料;有关太平天国战争对 19 世纪 50 年代以后中国财政经济影响的资料。

二

在中国,从产生阶级和阶级压迫以后,到现代资本家阶级和工人阶级产生之前,被压迫的阶级和下层群众,诸如奴婢、农奴、农民、手工业工人、小商小贩等等,举行起义以反抗压迫,前仆后继。其中,被称为旧式农民起义或单纯农民战争的,自秦末至太平天国,大小数百次。从全球来说,这类的起义,可谓难计其数。这是人类历史中的重要篇章。然而,关于太平天国之前的、起义者的经济追求和起义过程中实行的财政经济政策,留下的文献极少,全世界加起来,可能不足万字。其中,出于起义者之手的更是少之又少,大概不足千字。相形之下,今天能看到的关于太平天国的经济追求和它实行的财政经济政策的文献多达百万字,其中,出于起义者之手的有十多万字。这些文献当然是稀世之宝,弥足珍贵。由于有了数量如此之多的这种性质的文献,使我们有了认识太平天国起义者经济追求和太平天国实行的财政经济政策的可能;也由于有了数量如此之多的这种性质的文献,太平天国便成了中国和世界研究旧式农民起义或单纯农民战争最好的典型事例。

1950—1970 年代,农民战争的研究是中国历史学研究中的"五朵金花"之一。那时,太平天国史是研究的热门课题。指导研究的理论是:阶级斗争是推动历史前进的动力。阶级分析是研究历史的基本方法。太平天国的性质是农民革命战争。不少研究者出于对农民的阶级感情,出于对农民革命战争历史功绩的维护,对太平天国起义者饱含同情,对太平天国的言行用无比的激情予以歌颂,由此得出种种有关太平天国起义者经济追求和太平天国实行的财政经济政策的结论。在 1950 年代,我是这些结论的接受者和传播者,并提出一个从空想方案《天朝田亩制度》怎样一步一步地退到现实政策演变路径的范式(见《中国近代国民经济史讲义》第三讲,北京:高等教育出版社,1958 年)。在用了两三年时间,系统地阅读了有关的资料后,我的认识起了大变化:对原来的一些认识深化了;对原来的另一些认识则产生了疑惑。诸如:太平天国起义的参与者是些什么人,他们想通过起义达到什么目的;在太平天国时期,中国的农民包含哪些阶层,哪个或哪几个是其中的主体;农民破产后变成的流民和土匪等等,已完全脱离了农业生产,不以农业为生,他们还属不属于农民;太平天国主要领导人的社会成分是什么,是农民,士人,或其他;太平天国起义的基本目标是什么,是取代清王朝,还是建立《天朝田亩制度》描述的那种社会;《天朝田亩制度》是一种什么性质的文献,它与太平天国实际实行的政策是什么关系;太平天国实行的基本的社会与经济政策是什么,是四民各安恒业,还是推翻或改造原有的社会经济制度;太平天国政权的经济基础是什么,它的财政收入的源头在哪里;太平天国对富户实行什么样的政策,对贫困户实行什么样的政策,他们陷入什么样的矛盾和困境;太平天国战争对中国经济的发展和社会进步起了什么作用;如此等等。我的一个总的认识是,对这些问题要作出结论,首先要尽可能地掌握全面的资料。读者如果能从本书中得到一些相关的资料或信息,编者的目的就达到了。对太平天国的研究或许会因此而进入一个新的阶段。

赵德馨

2015 年 11 月 10 日

编纂说明/Compilation Instructions

一、编纂此书的目的,在为研究与讲授相关问题提供资料。

二、所录资料,以文字记载为主,辅之以统计数据和实物图录。统计表下的"原注"为资料原来所有,"附注"为编者所加。

三、极少数文献,或因内容重要,或因短小,或因不便割裂,全文照录。其他文献,只摘录其中与本书主题有关的段落。

四、录用的资料,原为繁体字的,改用简体。凡未分段与无标点者,编者予以分段和标点断句。文献中对皇帝、天王表示尊敬(如清朝文书中的"圣上",太平天国文书中的"天王"、"幼天王"等)或空格,或另起一行抬头,今均连写。若有错字、衍文,括以圆括号( );编者勘误与增补,置于[ ]内。一时无从订正者,存疑。其残缺字无法填注者,以方形□代之。太平天国由于避讳等原因,制造了许多异体字,其中有些在电脑中难以处理,而改用简体字又不会极大地妨碍原意的,就改用相应的简体字。如太平天国的"国"字,口中从王,本书改用"国"。

五、每条资料的末尾注明其来源,另起一行书写,并加( )号。资料来源于中外书报刊物、调查报告、档案、实物拓片、照片或图片,种类繁杂,形式多样,故书写的内容顺序有别。中文书籍包括:著者、书名、卷次、页数、出版者、出版年份。载于刊物者包括:作者、文献题目、刊物名称、卷次、期别。载于报纸者包括:作者、文献题目、报纸名称、年月日。档案,实物拓片、照片、图片注明藏处或所载文献。外文书刊已有中译名的,用中译名,首见注明原文,往后从略。书末附录引用的主要书目。

六、清政府官方文献和文人笔记纪年用清代帝制年号或干支,月、日用农历。太平天国官方与官员文献用天历。欧美人用阳历。凡此,本书不予改动。编者所加,用阳历。书末附有干支纪年、清纪年、天历纪年与公元纪年对照表。太平天国的历书用国号"太平天国"加干支纪年,本书简称为天历纪年。如"太平天国甲寅四年",简称为"天历四年"。

七、中国人名之用别号、官衔者,酌注本名。外国人名,可以查出原文者,在首见时尽可能附注原文。

八、外文资料已译成中文的,按原文献照录,不予改动。间有同一人、物而译名不同的,予以注释。

九、本书事以类聚,按类的性质与层次分设章、节、目,按章、节、目组织资料。在基层目中,资料尽可能按时间先后排列。

十、每段资料之首,对需要而又可能确定时空关系的,编者注明事件发生地区和年代,将其置于【 】内。在地区和年代之间用"·"隔开。过去文人叙事,于地点时间每每忽略,多有疑难难断之处,对此种情形,编者能审定者予以注明,不能审定者存疑。太平天国对一些政区作了新的划分,或改了名称。凡太平天国文献中此类名称的,加注说明,其他均用旧称。

十一、对资料的编辑尽量避免重复。对有些能说明两个或几个问题的资料,一般编入最有关的问题项下,加注说明与某章某节可以互见。数项同类型文献,选取一件或几件典型者为例。某类资料已有专书出版者,本书一般不再重复。

十二、编者为方便读者使用而写的编者注或编者按,用仿宋体或置于资料中间的[ ]内,或置于资料出处之后。

太平天国财政经济资料汇编

第一章
理想社会与基本政策

第一节
四民各安恒业的基本政策①

一、各安恒业的告示与广为宣传

【广西省永安州·天国元年】［这个檄文曾贴在永安州的城墙上。］

嗟尔有众，须知中国乃先朝后裔之中国。尔等士农工商，毋庸惊慌，各安生业。大汉当兴，胡运将终；此乃天命，无可置疑。天下合久必分。我诸王因欲制定法律，使万事各得其宜，而施行善政；当他们跪伏在上帝面前之前，始终拯民于困厄之中，知道敬奉上帝之后，犹力图救民水火之中，扶弱御强，拯救村庄，使免于盗贼之苦。我诸王绝不似大头羊(Tai-te-ou)等首领，阻江劫船，到处抢掠，杀戮城乡居民，然后向官吏邀取护照，以保安全。我诸王奉天命入永安时，颁善政于天下，视民如子，禁止兵士杀戮无辜，不许妄取一物；公平正直，有如天平；如有不顺，即由军官惩处。诸王号召各地居民归顺，自愿来投，有功必赏。现正待各省首领来会，联军北伐，攻取北京，共分天下。（据英文回译）

……檄文上写的日期不是天德二年，而是天国元年。

（［法］加勒利、伊凡原著，徐健竹译：《太平天国初期纪事》，第64页，第65页。上海：上海古籍出版社，1982。）

［编者按：这个文告，称之为檄文，固可，实为安民告示。］

【广西省永安州·1851年】阳历9月29日，大队叛军与官军在永安州境内遭遇，交绥之后，官军大败，经过这一场歼灭性的血战以后，叛军遂乘胜一鼓而下永安州、水窦、莫村(Houen-Mou)以及平乐县城。胜利者招降该地长官，劝他们承认天德的政权，凡不听劝告者即断其四肢，或干脆处死。在这个区域里，仍旧有一些官吏在胜利的叛军面前依然忠于其君主，宁死不屈。

---

① 关于四民各安恒业政策的性质，可参见赵德馨：《论太平天国实行的土地政策》，湖北财经学院学报，1980年第1期（创刊号）；《论太平天国实行的土地政策（续）》，湖北财经学院学报，1982年第1期；《论太平天国实行的土地政策（补充本）》，收入王承仁主编的《太平天国研究文集》，武汉大学出版社1994年版，第59—82页；《赵德馨经济史学论文选》，中国财政经济出版社2002年版，第348—373页。本书引述编者的某些拙作，目的在于使读者能了解为什么如此编排资料和拟订标题。

叛军占领了这三座城以后,即行安民,生命财产,秋毫无犯。天德出布告教他们安居,同时允许不承认其政权者可以随意退避到他们愿去的任何地方,而且可以携带财产。

（[法]加勒利、伊凡原著,徐健竹译:《太平天国初期纪事》,第53页。上海:上海古籍出版社,1982。）

【湖南省·天历二年】奉天诛妖救世安民谕　　（杨秀清　萧朝贵）

真天命太平天国禾乃师赎病主左辅正军师东王杨、右弼又正军师西王萧为奉天诛妖救世安民事:

……

今各省有志者万殊之众,名儒学士不少,英雄豪杰亦多,惟愿各各起义,大振旌旗,报不共戴天之仇,共立勤王之勋,本军师有所厚望焉。本军师体上帝好生之德,恫瘝在抱,行仁义之师,胞与为怀,统帅将士尽忠报国,不得不彻始彻终,实情谕尔等知悉也! 独不思天既生真主以御民,自必扶天王以开国,纵妖魔百万,诡计千端,焉能同天打斗乎! 但不教而诛,问心何忍,坐视不救,仁者弗爲,故特剀切晓谕。尔等凡民亟早回头,拜真神,丢邪神,复人类,脱妖类。庶几常生有路,得享天福。倘仍执迷不悟,玉石俱焚,那时噬脐,悔之晚矣。切切特谕。

（据太平天国壬子二年刻《颁行诏书》照片著录,原刻本藏巴黎法兰西国立东方语言学校图书馆。《太平天国文书汇编》,第107—108页,太平天国历史博物馆,中华书局,1979。）

【湖南省道州·天历二年六月】奉天讨胡檄布四方谕　　（杨秀清　萧朝贵）

真天命太平天国禾乃师赎病主左辅正军师东王杨、右弼又正军师西王萧,为奉天讨胡,檄布四方。若曰:嗟尔有众,明听予言! 予惟天下者,上帝之天下,非胡虏之天下也;衣食者,上帝之衣食,非胡虏之衣食也;子女民人者,上帝之子女民人,非胡虏之子女民人也。慨自满洲肆毒,混乱中国,而中国以六合之大,九州之众,一任其胡行,而恬不为怪,中国尚得为有人乎? 妖胡虐焰燔苍穹,淫毒秽宸极,腥风播于四海,妖气惨于五胡,而中国之人,反低首下心,甘为臣仆,甚矣哉! 中国之无人也!

夫中国首也,胡虏足也;中国神州也,胡虏妖人也。中国名为神州者何? 天父皇上帝真神也,天地山海,是其造成,故从前以神州名中国也。胡虏目为妖人者何? 蛇魔"阎罗妖"邪鬼也,鞑靼妖胡,惟此敬拜,故当今以妖人目胡虏也。奈何足反加首,妖人反盗神州,驱我中国悉变妖魔? 罄南山之竹简,写不尽满地淫污;决东海之波涛,洗不净弥天罪孽! 予谨按其彰著人间者,约略言之:夫中国有中国之形像,今满洲悉令削发,拖一长尾于后,是使中国之人变为禽兽也。中国有中国之衣冠,今满洲另置顶戴,胡衣猴冠,坏先代之服冕,是使中国之人忘其根本也。中国有中国之人伦,前伪妖康熙,暗令鞑子一人管十家,淫乱中国之女子,是欲中国之人尽为胡种也。中国有中国之配偶,今满洲妖魔,悉收中国之美姬,为奴为妾,三千粉黛,皆为羯狗所污;百万红颜,竟与骚狐同寝,言之恸心,谈之污舌,是尽中国之女子而玷辱之也。中国有中国之制度，今满洲造为妖魔条律，使我中国之人无能脱其网罗，无所措其手足，是尽中国之男儿而胁制之也。中国有中国之言语，今满洲造为京腔，更中国音，是欲以胡言胡语惑中国也。凡有水旱，略不怜恤，坐视其饿莩流离，暴露如莽，是欲我中国之人稀少也。满洲又纵贪官污吏，布满天下，使剥民脂膏，士女皆哭泣道路，是欲我中国之人贫穷也。官以贿得，刑以钱免，富儿当权，豪杰绝望，是使我中国之英俊抑郁而死也。凡有起义兴复中国者，动诬以谋反大逆，夷其九族，是欲绝我中国英雄之谋也。满洲之所以愚弄中国，欺侮中国者，无所不用其极巧矣哉！

昔姚弋仲，胡种也，犹戒其子襄，使归义中国；符融亦胡种也，每劝其兄坚，使不攻中国。今满洲乃忘其根源之丑贱，乘吴三桂之招引，霸占中国，恶极穷凶。予细查满鞑子之始末，其祖宗乃一白狐、一赤狗，交媾成精，遂产妖人，种类日滋，自相配合，并无人伦风化。乘中国之无人，盗据中夏。妖座之设，野狐升据；蛇窝之内，沐猴而冠。我中国不能犁其窟而锄其穴，反中其诡谋，受其凌辱，听其吓诈，甚至庸恶陋劣，贪图蝇头，拜跪于狐群狗党之中。今有三尺童子，至无知也，指犬豕而使之拜，则艴然怒。今胡虏犹犬豕也，公等读书知古，毫不知羞。昔文天祥、谢枋得誓死不事元，史可法、瞿式耜誓死不事清，此皆诸公之所熟闻也。予总料满洲之众不过十数万，而我中国之众不下五千余万，以五千余万之众，受制于十万，亦孔之丑矣！

今幸天道好还，中国有复兴之理；人心思治，胡虏有必灭之征。三七之妖运告终，而九五之真人已出。胡罪贯盈，皇天震怒，命我天王肃将天威，创建义旗，扫除妖孽，廓清中夏，恭行天罚。言乎远，言乎迩，孰无左袒之心；或为官，或为民，当急扬徽之志！甲胄干戈，载义声而生色；夫妇男女，掳公愤以前驱。誓屠八旗，以安九有。特诏四方英俊，速拜上帝，以奖天衷。执守绪于蔡州，擒妥欢于应昌。兴复久沦之境土，顶起上帝之纲常。其有能擒狗鞑子咸丰来献者，或能斩其首级来投者，又有能擒斩一切满洲胡人头目者，奏封大官，决不食言。盖皇上帝当初六日造成之天下，今既蒙皇上帝开大恩，命我主天王治之，岂胡虏所得而久乱哉！公等世居中国，谁非上帝子女？倘能奏天诛妖，执螯弧以先登，戒防风之后至，在世英雄无比，在天荣耀无疆。如或执迷不悟，保伪拒真，生为胡人，死为胡鬼。顺逆有大体，夏夷有定名，各宜顺天，脱鬼成人。公等苦满洲之祸久矣！至今而犹不知变计，同心戮力，扫荡胡尘，其何以对上帝于高天乎？予兴义兵，上为上帝报瞒天之仇，下为中国解下首之苦，务期肃清胡氛，同享太平之乐。顺天有厚赏，逆天有显戮。布告天下，咸使知闻。

（据太平天国壬子二年刻《颁行诏书》照片著录，原刻本藏巴黎法兰西国立东方语言学校图书馆。《太平天国文书汇编》，第104—107页，太平天国历史博物馆，北京：中华书局，1979。）

【江苏省南京·天历三年五月初一日】诰四民安居乐业谕 （杨秀清 萧朝贵）
真天命太平天国禾乃师赎病主左辅正军师东王杨、右弼又正军师西王萧，为诰谕四民各安常业事：照得天意既定，人心宜从。天既生真主以御民，则民自宜倾心而向化。慨自胡奴扰乱中国以来,率民拜邪神而弃真神,叛逆上帝,倡民变妖类,迥非人类,触怒皇天。兼且暴虐我黎庶,残害我生灵,肆铜臭之薰天,令斯文以扫地。农工作苦,岁受其殃,商贾通往,关征其税,四海伤心,中原怒目。

本军师奉天命之用休,不忍斯民于涂炭,创义旗以剿妖胡,兴王师以灭魔鬼,乃郡县所经,如行时雨,旌旗所指,犹解倒悬,本天意之昭彰,证人心之响应。自广西起义以来,所到之处,抗王师者前徒倒投顺之戈,凛天威者闻风丧妖人之胆。

兹建王业,切诰苍生,速宜敬拜上帝,毁除邪神,以奖天衷,以受天福,士农工商各力其业。自谕之后,尔等务宜安居桑梓,乐守常业。圣兵不犯秋毫,群黎毋庸震慑,当旅市之不惊,念其苏之有望。为此特行诰谕,安尔善良,布告天下,咸晓万方,各宜凛遵毋违。特谕。太平天国癸好三年五月初一日 诰谕。

(据原件照片著录,原件存伦敦不列颠博物院——今英国图书馆东方部。《太平天国文书汇编》,第110—111页,太平天国历史博物馆,北京:中华书局,1979。太平天国三年五月初一日为咸丰三年四月二十九日,公历1853年6月5日。)

[编者按:这个文献中有两处值得注意:一是日期,是太平天国决定建都南京之后不久。据《粤匪杂录》(常熟图书馆藏稿本)中记载说:《东王杨秀清西王萧朝贵安抚四民诰谕》初颁于癸好三年二月初十日(1853年3月15日),即太平军攻克南京的前四天。罗尔纲对此的考证见他编注《太平天国诗文选》第43页。二是署名,为杨秀清和萧朝贵。说明它是在萧朝贵逝世之前制订的。它宣布的四民各安恒业,是太平天国对居民职业与财产的根本态度,也是财经领域的基本政策。]

【江苏省镇江·天历三年】真天命太平天国燕王秦,诲谕县四民急崇真道勿受妖迷致干天诛事……本燕王统带雄兵百万,周游天下,良善必救,妖匪必诛。凡尔四民,正好安居乐业……凡尔四民,须要醒醒,不必多生恐惧。况各郡县业已团集乡兵,即有些少残妖拦入,何难一时扑灭。

(张德坚:《贼情汇纂》卷七,《伪文告上·伪告示》。《中国近代史资料丛刊:太平天国》,Ⅲ,第222—223页。中国史学会编,编者:向达、王重民等,上海:神州国光社,1952。)

【安徽省安庆·咸丰三年】贼石达开既踞安庆,张伪榜,假仁义要结民心。

(李滨:《中兴别记》卷九。《太平天国资料汇编》第二册,第145页。太平天国历史博物馆,北京:中华书局,1979。)

【安徽省黟县、徽州·咸丰四年二月】贼在城中,贴伪告示安民。十四日,卷旗封刀,十里而下,一路无官兵阻滞,直抵徽州府城下,攻打郡城。城中只有柬山营、城守营而已。十五日,郡城被陷,营兵及百姓死去百十余人,就在城中打馆占踞,贴伪告示安民。以前之贼,假仁假义,不杀百姓,不烧民房,不打掳,只杀官兵劫库而已。

（佚名：《徽难全志》，抄本。南京大学历史系太平天国史研究室编《江浙豫皖太平天国史料选编》，第 294 页。南京：江苏人民出版社，1983。）

【湖北省当阳县·咸丰四年五月初二至六月初九】安陆失守后，贼出伪示安民，有抢劫者立杀示众……[当阳县]贼匪伪示：秋毫无犯，公平交易，乡户人等俱要开门，各依恒业，不许闭门逃上砦寨。其实全是假话，一见绅民即杀。

（《广元县探报》。《近代史资料》1955 年第 3 期，第 9—15 页。）

【湖南省·咸丰五年七月】雨旸时若，谷米大便，串钱曾籴过三石谷，异哉……[八月]是时武昌、南京属管之地，粤人[太平军]出示安民，开科取士，禁头变服，按例征粮，农工商贾各安其业，俨然有王者风。依大势看来，粤[太平天国]今乱清，犹昔清之乱明耳。

（李汝昭：《镜山野史》。《中国近代史资料丛刊：太平天国》，Ⅲ，第 10 页。中国史学会编，编者：向达、王重民等，上海：神州国光社，1952。）

【江西省南昌·咸丰六年】纪平江勇事　丙辰五月初八日作

[述曾国藩之湘军之抢劫，使"车犁锄耙亦丧亡"]……市人皆嗫声不扬，将来铺户难开张……传闻贼首称翼王，[名石达开，号翼王]仁慈义勇头发长，所到之处迎壶浆，耕市不惊民如常，贼至犹可兵则殃。

（邹树荣：《蔼青诗草》。杜德风选编《太平军在江西史料》，第 479 页。南昌：江西人民出版社，1988。）

【江西省·太平天国丙辰六年】元勋殿左贰拾柒检点赖裕新安民晓谕①

真天命太平天国钦差大臣元勋殿左贰拾柒检点赖，为晓谕四民人等勿惊师旅，致失家业事：照得劳师动众，天朝惟重救民，斯履顺处常，黎庶愿依乐土。缘蒙天父、天兄大开天恩，差天王下凡，为天下万国真圣主，复差东王辅佐朝纲，列王赞襄国政，肃清宇宙，扫灭妖氛。正是斩邪留正，转危而入于安；援夏去夷，一劳可以永逸。自起义金田，迄定鼎天京，统率数百万官兵，遍历十余省境地。黎庶皆归淳朴，游化宇而幸春台之同登；官兵尽属清廉，经乡里而自秋毫之无犯。本大臣恭随翼王五千岁贵驾，统旅率师，本除暴以安良，亦体国而经野。凡过村镇市邑，当于扎宿地方，必另有谕，令民筹办军需。民如遵谕备办，官兵决不妄为取求，稍事滋扰。师出有律，洵属正正堂堂；民得所安，益见熙熙攘攘。尔士民人等须知天父天兄救世之至德，天王、东王、列王爱民之仁心，各宜乐业安居，顺天守份。士为士而农为农，仍享田园之乐；工为工而贾为贾，无虞师旅之临。况官兵虽云多众，纪律最属严明。本大臣现在统率数万雄师，经过乡里，民知尽民道，兵自守兵规。倘有军士肆意

---

　① 布告全文系据原件抄录。原件藏江西省博物馆。布告高 95 厘米，宽 190 厘米，黄裱刻板纸刻板墨刷，四周边框刻牡丹花纹。年月上盖"太平天国殿左贰拾柒检点"长方朱印。

扰害等情,民等尽管放胆直前,照于列后条规禀明,以便按法究办。将见军行而无采芑之虞,自欢声之载道;民居而免行野之叹,亦乐意之盈庭。升平可庆,宁止兴歌,本大臣实有深愿,与尔士民共睹休风,同享真福焉。特此晓谕,并奉翼王贵谕,拟立十条列后:

一、凡有谕令及民者,民当随即遵谕筹办,随即举著忠厚之人,前来圣营大员衙门禀复,一免干违,二杜伪端,否则犹恐或有假冒之弊,为害民间。尔民等必须如此,方能辨明,切不得以伪为真,以真为伪,更不得延越违限,自干问罪。至某乡里某姓氏所捐进贡粮饷、马匹、金银等项若干,务要端束历明,或亲赴营呈收,或交众户举办贡献之首事来营呈收,以便发给贡照,领还存执。

一、凡官兵过境,另行有谕,令民捐办粮饷,供应军需。民既遵谕筹备,固须安堵如常,即未有行谕供办粮饷之处,亦勿庸妄行迁徙,道路流离,自罹危地。

一、凡圣师到境,军规严肃,故官兵众多,品行至正,其于男女之别最严。尔民间妇女,恐未必尽识道理,必须潜居,务慎闺阃,不得游荡前来,以致有乖天情。

一、凡官兵如有捉带良民子女者,及有敢犯奸淫者,调戏妇女,沿途掳掠良民财物者,民宜当即扭禀,论罪处斩。

一、凡尔民一切贸易无容闭歇,免致采买无向,自迫其乱;务要照常平买平卖,以应军民,不得格外高价过取,致失公平伤事,民定干究。

一、凡官兵如见子民安业买卖,胆敢恃势抢民货物,不依平买给价者,民宜当即扭拿禀送,论罪处斩。

一、凡官兵应于扎宿之处,无论乡村市邑,尔民等须将前屋让与官兵暂扎,后屋仍给尔民安身。所有金银重物,各宜检收,勿庸乱行搬移,以致土匪窥伺,自取遗失。

一、凡官兵如有毒心乱行打烂民间碗锅一切器用者,及有柴而仍拆烧民房板料者,并擅烧良民房屋者,民宜当即据实扭禀,论罪处斩。

一、凡官兵如有身体不宁者,准雇民夫抬送,其余健壮官兵,非有总制以上各大员印凭经准坐轿,其有贪闲妄捉乡民扛抬者,民宜当即据实扭禀,论罪处斩。

一、凡某处乡民如有受妖蛊惑,顽梗不化,不遵谕,不识天,或纠乡愚,或作暗害侵抗我军者,及纵妖谋害我使者,定将该某城乡镇市尽行剿洗,鸡犬不留,民勿相怪。

太平天国丙辰六年　　月　　日晓谕。

(杜德风选编《太平军在江西史料》,第590—591页。南昌:江西人民出版社,1988。)

【江苏省吴江县盛泽镇·咸丰十年四月】盛泽王永义,以贩绸起家,富为一镇巨擘。各省有交易字号,京师亦通懋迁。故道光、咸丰间开捐例,凡佐杂职衔,多托王氏会票,往反甚易。其子弟有入秀水庠者,以捐饷盈万贯钱,得钦赐举人,复加捐部郎之职,供职都下。自庚申四月姑苏失守,其家不胜长毛之扰,不得已投顺。凡有所诛求,必为之首倡筹办,因封以检点之职,在军帅之上。盛泽人安堵如故,不遭兵燹,赖王家扶助之力居多。今家计已如悬磬矣,而廛市甚哄闹,百姓多感之。

(佚名:《寇难琐记》卷二,抄本。南京大学历史系太平天国史研究室编《江浙豫皖太平天国史料选编》，第 168 页。南京：江苏人民出版社，1983。）

【江苏省苏州·天历十年五月】 忠王谆谕

本藩恭逢天命，统师克复苏城。
现下城池已克，急于拯济苍生。
除经严禁兵士，不准下乡等情。
为此剀切先谕，劝尔百姓安心。
不必徘徊瞻望，毋庸胆怯心惊。
照常归农乐业，适彼乐土居民。
绅董可速出首，来城递册投诚。
自无流离失所，永为天国良民。
因有官兵来往，尔民导引须勤。
军民各不相扰，各宜一体凛遵。

（《李秀成六言谆谕》。吴大澂原著，丙子季春溶卿氏重订：《吴清卿太史日记》。《中国近代史资料丛刊：太平天国》，Ⅴ，第 338 页。中国史学会编，编者：向达、王重民等，上海：神州国光社，1952。）

【江苏省苏州·咸丰十年五月】 十九日，[僚天燕邓光明，"为晓谕四民向化各安恒业以全生理事"告示]……投诚进贡，按户造册，本爵给发门牌贴各户，严禁官兵不许下乡滋扰，俾尔百姓率其父母妻子，复旧业而全生理，何乐如之？

（吴大澂原著，丙子季春溶卿氏重订：《吴清卿太史日记》。《中国近代史资料丛刊：太平天国》，Ⅴ，第 339—340 页。中国史学会编，编者：向达、王重民等，上海：神州国光社，1952。）

【江苏省青浦县朱家角·天历十年五月二十三日】 真天命太平天国九门御林真忠报国绍天(裕)[豫]周，为诲醒四民各安恒业，无怀观望事：照得吊民伐罪，端藉仁义之师；除暴安良，以救生灵之苦。溯查妖朝本属异类，窃窃前明神器，扰乱中原，生民深受荼毒，难以枚举。是以天父天兄大开天恩，命我天王降凡宰治天下，深悉民间困苦，特兴仁义之师，定鼎金陵，归顺天命。本爵恭奉王命，并认天安大人珍命，统带雄师，坐镇斯城，抚安黎庶。业已严禁官兵不准下乡滋扰。胡尔百姓，不思如子趋父，而反远避他方，令彼转徙无定，令我寝馈难安。为此特行诲醒，仰尔子民人等知悉：自醒之后，各务尔农，各归尔宅。或筐篚以陈，奔走王师之侧；或食浆以献，供拜马首之前。造册投诚，完粮纳税，各守悫诚，毋怀虚诈。至若发肤笃于毛里，切勿令其毁伤；须眉各自形生，讵可轻为剪伐？行见一统山河，群导太平服制；钦崇正道，共习天国规条。凛之慎之，毋违切醒。

太平天国庚申十年五月二十三日醒。

（《绍天豫周诲醒四民》。吴大澂原著，丙子季春溶卿氏重订：《吴清卿太史日记》。

9

《中国近代史资料丛刊：太平天国》，Ⅴ，第 340 页。中国史学会编，编者：向达、王重民等，上海：神州国光社，1952。）

【江苏省常熟县浒墅关·咸丰十年六月初一日】［见太平天国安民告示］嗣天豫杨殿左二百九十一检点高，为出示安民晓谕事：奉我真圣主天王谕驻守浒关，四乡居民，各归各家，各守本业。

（龚又村：《自怡日记》。《太平天国史料丛编简辑》，第四册，第 354 页。太平天国历史博物馆，北京：中华书局，1962。）

【江苏省常熟县·咸丰十年七月十三日】熊天喜［检点］在南路金顶桥安民。

（龚又村：《自怡日记》。《太平天国史料丛编简辑》，第四册，第 360 页。太平天国历史博物馆，北京：中华书局，1962。）

【江苏省青浦县·1860 年 8 月 17 日】［太平军主将周文嘉谆谕各地士民］

钦命绍天豫真忠报国奉行天命主将周：

兹再谆谕，仰各地士民人等迅即各归家宅，共享我天朝和平安定之政绩，庶免重遭损害。

……

兹者，横行无忌之洋人既已逃逸无踪，尔士民人等自应速返家宅，各安恒业，既往不究。本主将宽恕过去已犯之错失，不论何人，概不问罪。

再者，我天朝文武官员暨担任乡官者，统应明辨是非，以身作则，晓谕百姓，真诚服从本主将之号令，并按户造册禀报前来，尔等责无旁贷。为此，本主将兹特谆谕，仰所属文武官员，嗣后统应尽力劝导一切士民人等，各返家宅，各安恒业，告诫彼等慎勿惊迁，免致到处流浪，无家可归。着彼等欣然按户造具清册，禀报本主将，俾便给发门牌，切勿再事拖延。

尔等若竟冥顽不灵，不知悔悟，本主将定当统率神勇之兵将，所有此等地点，连同其居民，悉数荡平诛戮，鸡犬不留，决不宽贷。尔等恐将后悔莫及矣。其各凛遵毋违！

太平天国十年七月八日［1860 年 8 月 17 日］。

（《北华捷报》第 528 期，1860 年 9 月 8 日。上海社会科学院历史研究所编译：《太平军在上海——〈北华捷报〉选译》，第 6—7 页。上海人民出版社，1983。）

【江苏省苏州王江泾·天历十年】钦差大臣天朝九门御林真忠报国僚天燕邓晓谕四民向化，各安恒业，以全生理事：照得国军兴旺，必安民以固邦本，而安良以治民为先。现今我真圣主鸿福齐天，在金陵建都十载，正是万国来朝之际，四方向化之时，诚所谓天命攸归，非人能为之也。本爵奉行天讨，志在救民，出师以来，抗拒者必行诛戮，降附者悉与安全。现在苏、常、嘉、湖一带已入版图，而余壤沿乡，或存首鼠之心，未备壶浆之献。今本爵统带圣师数千,驻扎王江泾,不行抄略,加意抚绥,诚恐无知愚民,造言生事,与天打斗,撞拒官兵,自取罪亡。尔等百姓明人,自知思想,可知顺天者存,逆天者诛,量力几何?才智几何?以妖帅和春之养重,张国梁之奋勇,终于扑灭,天心人事,不卜可知。本爵就将苏省常、嘉、无、丹、句及金陵重围而论,妖将张国梁、妖帅和春,文武盖世,来战数阵,兵败将亡,失守多地,退无容身,不但伊自延诛戮之苦,忠孝不全,可怜各地良民也离乡散家涂炭之苦。此非人强能行及,前定之劫也。况浙地人良善居多,其好善[?]乐祸者一乡不过数人,以此数人而累及无辜,此岂天朝安抚之初意哉?兹本爵转为尔百姓等筹一善策:在镇则(安)[按]坊,择一公正绅董为长;在乡则(安)[按]村,择一公正明民为长;投诚进贡,按户造册,本爵给发门牌贴各户,严禁官兵,不许下乡滋扰,俾尔百姓率其父母妻子复旧业而全生理,何乐如之?倘或执迷不悟,畏罪迁延,本爵先礼而后兵,断难宽假,大兵一至,玉石俱焚,此乃本爵殷殷劝化两全之意也。速宜凛遵毋违。特谕。

太平天国庚申十年 日给。

(《邓光明晓谕四民》。《中国近代史资料丛刊:太平天国》,Ⅱ,第725—726页。中国史学会编,编者:向达、王重民等,上海:神州国光社,1952。)

【浙江省嘉兴·天历十年八月】朗天安陈炳文劝嘉兴士民赶紧输粮纳贡钧谕

真天命太平天国九门御林殿后军正总提朗天安陈,为现今残妖已除,地方安靖,劝谕士民,各安恒业,诚心向化,输粮纳贡,投册报名事:照得本爵前经颁钧谕,咸使尔等知之,惟尔等认识欲来投诚者,不料被该死残妖抗拒,道路阻塞,故本爵并不以罪归尔等。

但现于七月三十,我忠王统率大队雄师,于顷刻之间,将妖穴全数攻破,残妖诛灭尽净,此乃天父权能、忠王鸿福所致也。现在地方安静,毫无惊惶,为此特颁钧谕,仰尔子民士庶人等,可以赶紧放胆回归原乡,各安恒业,诚心向化,输粮纳贡,投册报名,本爵自当给发门牌张挂,以免兵士滋扰,并一面严禁兵士,毋许下乡滋扰。况尔乡岂无英才出众端方公正之人,若来投,本爵亦当封官收用。并贸易者前来买卖生理,亦可自己糊口,此乃体恤尔等子民起见也。若尔等内有匪类,于中煽惑抗违,本爵一面铺派兵士至违犯之处剿洗尽净,后悔莫及。本爵言出法随,毋谓言之不预也。为此谕仰嘉郡士庶人等一体知悉,务宜赶紧前来输粮纳贡可也。毋违凛遵,特谕。

太平天国庚申拾年捌月 日。

(《太平天国》,第三册,第72页。罗尔纲、王庆成,桂林:广西师范大学出版社,2004。)

【浙江省秀水县新塍镇·天历十年八月】悦天安黄劝告嘉兴新塍镇四民及早回心毋怀疑贰珍谕

……为此特行珍谕,仰嘉兴新塍镇四方居民一体知悉,自谕之后,务宜投诚向化,踊跃输将,各保身家,安恒业,务保选举谙练公事者或一二人或三四人,嘱其放行,前来嘉郡,以

应差务,办公踊跃,量才奏保乡官,庶得军民一体,忠爱一心。化凶机而为生机,四境无秋毫之犯;转失业而为安(下缺)

(《太平天国》,第三册,第93页。罗尔纲、王庆成,桂林:广西师范大学出版社,2004。)

【浙江省台州·咸丰十年十月】二十九日,贼据仙居安民,李世贤赴临海,知县郑煜遁。

贼于仙居街市遍贴伪示,大意谕"民各守旧业,无别生事,致陷典刑"。

(陈懋森:《台州咸同寇难纪略》。《太平天国》,第五册,第180页。罗尔纲、王庆成,桂林:广西师范大学出版社,2004。)

【浙江省桐乡县乌镇·咸丰十一年六月】军帅吴老其、吴诚溥承献天豫何信义之令,兼理乌镇民情,先惩土匪之劫掠者。六月廿八日,献天豫亲诣北高村,擒获数名。有陆阿二者,本农夫,习无赖者甫一年余,至是以讹诈财物,为人所控,被长毛所获。先命诚溥鞫之得实,遂戮之,悬其首于修真观台之侧,并取其心肝肠胃以去。

(佚名:《寇难琐记》卷一,抄本。南京大学历史系太平天国史研究室编《江浙豫皖太平天国史料选编》,第153—154页。南京:江苏人民出版社,1983。)

【浙江省·天历十一年】侍王李世贤劝四民投诚归顺谆谕①

真天命太平天国九门御林忠正京卫军侍王李,为谆谕四民各宜顺天以建英名而安身命事:照得天命攸归,明哲必知趋向,而王猷既建,豪杰宜奋功名。缘我真圣主天王降凡御世,宰治中原,剿除鞑靼,伐暴安良。本藩恭承旨命,秉钺专征,统率雄师数十万众,扫荡妖氛,奠安疆宇,攻城城克,制敌敌摧。凡我军所到之处,无不体恤民情,严禁滋扰,抗拒者治之以法,良善者安之以仁,既未安戮无辜,更不烧毁民屋,故明哲之士,望风归顺者不可胜数。惟思山林亦有英豪,草泽非无俊杰,以九州四海之大,岂无多才识务者处乎其间。尔等如能认天识主,审(视)[势]知时,或献城为贽,或率众来归,或斩妖首以立功,或建义旗而响应,本藩固无不具奏请封,量才授官,按功行赏,即或不愿随征,思归田亩,亦可身为良民,各安恒业,何必帮妖助恶,自致诛夷。方今当真主御极之时,以我中国之人才复我中国之江山,谅尔等亦能各矢忠忱,同抒奋志。特恐迷惑已久,未能深知,为此特行谆谕,仰尔四民一体知悉,凡英雄豪杰之士,尽管前来投诚,归顺天朝,同扶真主,展平生之志气,报中国之仇雠,定必仰沐天恩,荣膺厚禄。至于尔等百姓,务须速为醒悟,输诚纳贡以迎王师,自保身家,切勿惑团练之虚名,受烧杀之实祸。自谕之后,倘有执迷不悟,王师一到,玉石俱焚,噬(唶)[脐]无及,祸福两途,惟人自取,尔等其凛之慎之。此谕。

太平天国辛酉十一年 月 日。

(《太平天国》,第三册,第131页。罗尔纲、王庆成,桂林:广西师范大学出版

---

① 据浙江省博物馆藏原件著录。

社,2004。)

【浙江省余姚县·天历十一年】

缘蒙天父天兄大开天恩,亲命真圣主天王降凡御世,抚辑群黎。故自粤西倡义,一路而来,势如破竹,所到之区,均皆乐于归顺,进册输忱。是凡所属之地,无不风雨调匀,安居乐业。迨至金陵定鼎,迄今十有余年……兹本主将恭奉圣命,统率大队官兵,所行仁义之师,决非残暴之众。故一路以来,示谕遍贴,不准奸淫妇女,不准宰杀耕牛,更不准民房烧毁。本主将上体天父好生之德,真圣主爱民之心,东荡西除,专诛妖魁。无非上报朝廷,下安黎庶,原与尔百姓无干。是顺我者生,逆我者亡,残妖望风远窜,黎民怀德来归。所以至今克复省郡州县,俱已委员安抚,依然安堵如常。生逢斯世,何其幸欤!于今本主将率领大队,现临余姚县,业已委员驻新安抚。尔黎民尽管放胆投(忱)[诚],前来该县报明都分,进册输将。切勿助妖团练,纠聚匪党……为此特颁钧谕,仰该县四乡乡民一体知悉,即早认天识主,归顺天朝,前来纳款。并有尔等各都中一向办事之人,以及各都甲长一并会合前来该县报名,旦夕伺候,备替天朝办事。准其尔等各归故里,各安本业,通商贸易,买卖公平。本主将军令严明,不准官兵滋扰以及奸淫焚杀。倘竟有不遵约束之官兵,准尔四民扭送该县,以凭究办。若尔等仍是执迷不悟,欲抗天朝,本主将即行遣师剿洗。或有一村以及一室,倘敢违抗不来纳款者,定将该处铲平。那时玉石不分,悔之莫及。示到思之,切切。此谕。

太平天国辛酉十一年　　　日谕。

(《殿左军主将宝天义招安余姚县四乡乡民示》。英国公共档案局,编号 F·O·682/27/1。《太平天国文献史料集》,第13—15页。北京:中国社会科学出版社,1982。又见《太平天国》,第三册,第117—118页。罗尔纲、王庆成,桂林:广西师范大学出版社,2004。)

【江苏省常熟县·天历十二年二月】盖闻参旄井钺,神霄扬奋武之威;剡矢弦弧,羲易大行师之义。事取乎拯黎戡暴,功归于定乱止戈。振古如兹,于今为烈……溯自庚申春夏之交,奄有苏浙两省之地。虞山高耸,并文德之崇隆;琴水冲融,通武功之振弃。灵贶迭臻,嘉祥洊至。禾苗布帛,均出以时;士农工商,各安其业。平租庸之额赋,准课税之重轻。春树万家,喧起鱼盐之市;夜灯几点,摇来虾菜之船。信民物之殷阜,皆恩德之栽培。爰建绰楔,再泐碑文。军民颂德靡涯,黎庶歌功无尽。行见海色河声,齐入元音之奏;琴风镜月,同沾化雨之滋。食德饮和,还淳返朴。仰天恩之浩荡,用昭示乎万年。是为序。

(常熟《报恩牌坊碑序》。罗尔纲:《太平天国文物图释》,第56页。北京:三联书店,1956。)

【江苏省苏州·天历十二年】十二年回转苏州。那时我上江西、湖北招兵之时,将苏州、浙江嘉兴军务、民务妥交陈坤书执掌,我方去。后十二年回到苏省,民已失散,房屋被

13

拆，良民流泪来禀……苏省之民，又被陈坤书扰坏。后我回省，贴出为民之钱、米，用去甚多，各铺户穷家不能度日者俱给本钱。田家未种，速令开耕。我在省时，斯民概安，仍然照旧发米二万余石，发钱十万余千。发此钱、米之后，百姓安居乐业。后丰足之时，各民愿仍将此本归还。我并不追问，其自肯还我也。后又将郡县百姓民粮，各卡关之税，轻收以酬民苦。

（《李秀成自述》。《中国近代史资料丛刊：太平天国》，Ⅱ，第820—821页。中国史学会编，编者：向达、王重民等，上海：神州国光社，1952。）

【浙江省青岩·天历十二年十一月】 天朝九门御林开朝勋臣殿前忠诚一百六十二天将林，为劝谕四民，急散团练，速即投诚，以保身家事：照得乱极思治，顺抚逆诛，理固然也。缘尔浙省，经我侍王雄千岁自去年克取，尔民均皆向化倾心，共立版图，各郡邑已委大员镇守，招徕安抚，民皆耕读如恒，共乐尧天，到处秋毫无犯。尔东邑小县，何得误听谣言，信妖蛊惑，甘心去正归邪，胆敢扶老携幼，躲避(珊)[山](琳)[林]，各都团练壮丁，纠众拒敌？以七尺身躯，抗数十万之王师，竟不思父母乳哺之恩未报，儿女教养之事未了，一旦持戈而秉幡，顿作刀头之鬼，岂非误信妖言，招败家丧命之祸哉！本天将恭承旨命，领兵出京，原欲扫荡四方之丑类，安抚淳良之百姓。于今春师抵尔省，蒙我侍王雄千岁派令进征，欲复台、温……与尔民共跻仁寿。国恩浩大，王师若霖，尔青岩区区小寨，焉能抗拒天兵乎？本天将怀念尔民久向天朝，蓄发二载，不肯重加荼毒。闻尔民略有漏网残妖，故令本部士卒前来扫荡，以分民忧，与尔民无干无涉。王师临境之日，但愿乡员士庶壶浆以迎，倘有纠众聚党，潜藏青岩穴内，壮者持幡抗敌，斩一丈而尸横遍野，血流成河，老弱奋力嘶喊，诛一处而室家罄空，鸡犬受戮。独不思团练可以保家，团练即所以败家。贪图六七品之军功，抛弃亿万人之性命，可怜父子离散，劬劳之恩难以报；尤甚夫妻抛弃，鱼水之情即时休。本天将体天父好生之德，天兄救世之心，天王爱民之念，侍王抚恤之情，有不忍不教而诛者。为此特行劝谕，仰尔各乡员士庶人等一体知悉：务宜急散团练，痛改前非，勿以当妖为荣，勿以团练为事，照依旧规，请令设局，投诚捐粮，纳贡输饷，安业如常，贸易相依。有智勇过人之辈投营立功，共图大业，封妻荫子，可谓弃暗投明之豪杰。其余百姓归家乐业，各守本分，春祈秋报，以保身家，永享升平之真福。倘仍执迷不悟，甘心从妖，本天将再兴大师，将尔等尽行剿洗，玉石俱焚，那时悔何及矣。自谕之后，投诚之日，倘有不法官兵下乡奸淫掳掠、无端焚烧者，准尔民捆送卡员，按依天法，轻则枷号杖责，重则枭首游营。本天将言出法随，决不宽恕。尔四民各宜凛遵，咸使闻知，切切此谕。

　　天父天兄天王太平天国壬戌十二年十一月。

（《林彩新劝谕》。《中国近代史资料丛刊：太平天国》，Ⅱ，第753—754页。中国史学会编，编者：向达、王重民等，上海：神州国光社，1952。）

【浙江省桐乡县·同治元年十二月初六日】 伪忠王李出告示略云：我自平定苏杭，扫除妖孽，以为干戈已息，岂知至今未息，总由尔等子民心怀疑二，以致纷扰，愿尔子民勿复惊疑观望却顾,妖朝天朝一体为民。等语。

（沈梓:《避寇日记》。《太平天国史料丛编简辑》,第四册,第 202 页。太平天国历史博物馆,北京:中华书局,1962。）

二、为保护良民私有财产而制订的禁令与军纪

天条书(节录)

天下凡间谁人不犯天条,但从前不知犹可解说,今皇上恩诏既颁,自今以后,凡晓得在皇上帝面前悔罪,不拜邪神,不行邪事,不犯天条者准上天堂享福,千年万万载风流快活威风无了期。凡不晓得在皇上帝面前悔罪,仍拜邪神,仍行邪事,仍犯天条者,定罚地狱受苦,千年万万载忧烦苦楚,哀痛无了期。孰得孰失,请自思之。天下凡间我们兄弟姊妹可不醒哉! 若终不醒,则真生贱矣,真鬼迷矣,真有福不知享矣……

第六天条　不好杀人害人。杀人即是杀自己,害人即是害自己。凡杀人害人者是犯天条。

诗曰　　　天下一家尽兄弟,奚容残杀害群生。

成形赋性皆天授,各自相安享太平。

第七天条　不好奸邪淫乱。天下多男人,尽是兄弟之辈;天下多女人,尽皆姊妹之群。

天堂子女,男有男行,女有女行,不得混杂。凡男人女人奸淫者,名为变怪,最大犯天条。即丢邪眼,起邪心向人,及吹洋烟,唱邪歌,皆是犯天条。

诗曰　　　邪淫最是恶之魁,变怪成妖甚可哀。

欲享天堂真实福,须从克己苦修来。

第八天条　不好偷窃劫抢。贫穷富贵皆皇上帝排定。其偷窃人物、劫抢人物者,是犯天条。

诗曰　　　安贫守分不宜偷,劫抢横行最下流。

暴害人民还自害,英雄何不早回头。

第九天条　不好讲谎话。凡讲谎诞鬼怪奸诈之话及讲一切粗言烂语者是犯天条。

诗曰　　　谎言怪语切宜捐,诡谲横生获罪天。

口孽既多终自受,不如慎密正心田。

第十天条　不好起贪心。凡见人妻女好便贪人妻女,见人物产好便贪人物产,及赌博、买票、围姓皆是犯天条。

诗曰　　　为人切莫起贪心,欲海牵缠祸实深。

西奈山前垂浩诫,天条款款烈于今。

[编者按:《天条书》亦有两个版本,一个载神州国光社 1952 年出版的《中国近代史资料丛刊:太平天国》,Ⅰ,第 71—83 页;另一个载广西师范大学出版社 2004 年出版的《太平天国》,第一册,第 1—7 页。这两个版本在文字上也有不同。本书使用的是后者。]

【广西省永安县·1851—1852 年】[太平军在永安的约法十二章]清咸丰元年闰八月朔,洪军拔永安,建号太平天国,颁布约法十二章,世所罕见。县人[指贵县]曾于县属之六

劳村廖仲明处转录得之,时为光绪八年。其文曰:"包庇满虏者斩。藏匿满官者斩。反抗天军者斩。附从满贼者斩。奸淫掳掠者斩。扰害洋教者斩。领队投降者赏。输运军火者赏。捐纳军粮者赏。急报敌踪者赏。绘缴地图者赏。献呈粮册者赏。"

(梁岵庐:《天朝遗事杂咏》注。《广西通志馆馆刊》第三期。民国三十七年七月十五日出版。转引自钟文典:《太平军在永安》,第25页注③,北京:三联书店,1962。)

【广西省、湖南省·1852年】广西的一个首领名太平王者,与湖北[? 南]叛军结成联盟。这种联合同时使许多地方告警,有几个重要的地方相继陷落。罗定州、庆远府和河池府都陷入叛军之手。在这三个重要城市中,他们得了很多战利品,掠取了府库和官军的给养。他们依照惯例,尊重私人财产,仅限于掠夺官员财产及大量税收。这种行为极得民心,人们对于统治他们的官吏的悲惨结局,完全无动于衷。这些绝望的官吏都畏罪自缢。

([法]加勒利、伊凡原著,徐健竹译:《太平天国初期纪事》第75页。上海古籍出版社,1982。)

【湖南省桂阳州·咸丰二年】夏,洪秀全自宁远过蓝山掠城。过蓝山,城守,舍不攻,走嘉禾,入城复弃去,赴州城。所过非官吏不妄杀,见乡民愿从者与俱行,不弃不强也。居人家,每食延主人上坐以诱,至徒党遇贼者皆传其不杀,颇狎之。

(王闿运纂:《桂阳直隶州志》同治七年刻本,卷十七《人物·褒忠传·谢希韩》。)

【湖南省嘉禾县·咸丰二年】父老言,洪秀全兵咸丰二年过县境,不杀人,饭宿给钱,民若安之。达开反是,有效前壶浆迎揖者,贼刃已加于颈,焚村落,薰山洞,被掳去者近万人,杀者千数百人,淫虐凶残,受祸烈矣。

(雷飞鹏纂:《嘉禾县图志》民国二十年铅印本,卷六《事纪篇第三上》。)

【江西省湖口县·咸丰三年】十五日元宵,冷寂之极。有土匪乘乱抢夺,搬一铁锅戴头上。过大街,遇贼,叱之曰:"此人家锅亦搬去耶?"即取其头去悬示城门。

(张宿煌:《备志纪年》。《近代史资料》总34号,第188页。北京:中华书局,1964。)

【江苏省·咸丰三年二月十六日】得金陵信,于初十日被攻破洪武门,杀死兵民数十万,满洲城更烈。陆制军隐遁,土匪抢掠。伪将即出抚民示:士庶无恐,专杀贪官污吏,劫掠者死不赦。附郭村庄尚安静。于是前村箪食,后巷壶浆,俱给执照,并小红旗竖村口,门贴顺字,夜可无庸闭户矣。各府州县逃避一空,官绅劝议捐团练,更议纳款。二十二日,又被占据镇江,窜入扬州,掳掠殆尽。金山寺纵火焚烧。夷船受伤。苏省罢市。常熟宦家科第匾除,题名单扯。

(柯悟迟:《漏网喁鱼集》,第17页。北京:中华书局,1959。)

【江苏省南京·咸丰三年二月至六月】

[正文] 逆匪破城之日,肆行杀戮……次日则纷纷搜索,无所不至。无论贫富,所有财物米谷,拣择掳去,有不合用不掳者,亦不存留,概行毁坏。

[眉批] 掳人入党为兄弟之事,真情;掠财杀人全无其事。所云掳广西、江宁人当兵,亦无其事。

[眉批] ……无分富贵、贫贱,父子、兄弟各有差事,量才(夺)[度]用,并不勉强,有(工)[功]则赏,有罪则罚。

[眉批] 破城后并不举动民间,至十五日各家搜索人口,防藏兵丁旗人。所有米粮多者归聚一处,按人口给发,登册。民间物件,秋毫不动。内中若有人抢夺,即行枭首。

[眉批] 妇女称为姊妹,二十五人归在一处,紧闭门户,非不许亲人探望,防匪人。而进饮食按人发给饱餐。

[眉批] 乡中百姓有人进财者,登名注册,(愚)[馀]人毫无有犯,其惨者(棋)[旗]下人,无论男女,俱皆杀尽。

(上元锋镝馀生:《金陵述略》。《太平天国史料》,第479—481页。金毓黻、田庆余,北京:中华书局,1955。)

【江苏省镇江·咸丰三年四月初二日】 又云洪秀全在镇江城内搭一台,高座,令诸人听讲天主教法。洪身著黄袍,说法须换红袍,借之城隍。大约谓伊所奉之主,乃天之父,非比英夷所奉仅属天之兄也。能遵其教,可免诸患难,即死后亦升天界,阎罗不能拘管云云。

(王文镕:《癸丑纪闻录》。《太平天国史料专辑》,第505页。上海:上海古籍出版社,1979。)

【江西省南昌县·咸丰三年九月】 贼营附近,土匪横劫,乡民不能堪,赴贼营告状请究,贼匪发兵捕捉,擒十余人,枭首示众,附近以安。

(毛隆保:《见闻杂记·九月见闻记》。杜德风选编《太平军在江西史料》,第503页。南昌:江西人民出版社,1988。)

【江苏省南京·咸丰三年】[太平军营规·诸禁]

官军俘获贼中刊本营规一册,仅载营规二十条,又获杨逆浩谕,内列禁令多则,伪燕王伪示,榜列应斩罪多至数十款,遍贴贼馆贼营,似皆伪律,非专用以行军者。访之难民,金谓刊本营规,是粤西旧例,贼全恃威劫,苛刻之令日多,实不止前数。

……贼定营规式……

三、要练好心肠,不得吹烟饮酒,公正和(傩)[摊],毋得包弊徇情,顺下逆上。

四、要同心合力,各遵有司约束,不得隐藏兵数,及匿金银器饰。

五、要别男营女营,不得授受相亲。

……

贼行营规式:

一令。各内外将兵,凡自十五岁以外,各要佩带军装粮食,及碗锅油盐,不得有枪无杆。

二令。内外强健将兵,不得僭分干名,坐轿骑马,及乱拿外小。

......

五令。军兵男妇,不得入乡造饭取食,毁坏民房,掳掠财物,及搜抄药材铺户,并府州县司衙门。

六令。不许乱捉卖茶水、卖粥饭外小为挑夫,及瞒昧吞骗军中兄弟行李。

七令。不许在途中铺户堆烧睏睡,耽阻行程,务宜前后联络,不得脱徒。

八令。不得焚毁民房,及出恭在路、井、房旁。

九令。不得枉杀老弱无力挑夫。

(张德坚:《贼情汇纂》卷五《伪军制下·营规》。《中国近代史资料丛刊:太平天国》,Ⅲ,第151—152页。中国史学会编,编者:向达、王重民等,上海:神州国光社,1952。)

【江苏省南京·咸丰三年】各乡争献贡物,大约驴、猪、羊、鸡、米糕。始有酒,今不要酒,言恐军士酒后滋事。

(《时闻丛录·二月十一日到苏信》。《太平天国史料丛编简辑》第五册,第104页。太平天国历史博物馆,北京:中华书局,1962。)

【江苏省南京·咸丰三年】伪令禁食鸦片烟、黄烟,犯者枷之,烟具置于枷上,一人鸣锣狗于城。犯鸦片烟者杀,犯旱烟者笞。

(张晓秋:《粤匪纪略》。《太平天国》,第四册,第56页。罗尔纲、王庆成,桂林:广西师范大学出版社,2004。)

【咸丰三年至五年】[军中圣库]

贼之攻城,以地道为得计,取开煤山之工为之,遂立为土营。凡指挥一人。将军分一二正副四人,后又封指挥至三十余人,将军六百余人。总制则分土、炎、金。凡陆营、水营,除正职官外,亦设各典官,与伪朝所立大同而小异。如通军册籍,则设正副宣诏书二人掌之。凡掳得银钱衣物,及油米等项,则设典圣库、典买办、典圣粮、典油盐总之,亦正副二人,分司典守出纳。典旗帜二人,制造旗帜,缮写一军旗字。其军装各件,别设典炮、典铅马、典红粉、典硝、典铁匠,俱正副二人。典木匠,典竹匠,典绳索,俱正副一人。巡查一人,专司查察。典刑罚二人,专管刑杖。典罪囚二人,专司牢狱。疏附一人,专递伪文书。掌医一人,治外科。内医一人,治内科。凡有打仗伤者,则有拯危急一人,先以草药敷之,然后送于能人馆养之。所设理能人一员,专司病人茶饭汤药,如一切药料,则取给于功臣,设功臣一人总之。功臣者贼之打仗被伤之人,均谓之功臣。计自宣诏书至功臣,皆谓之军中典官,凡三十有五人,而一军之执事备焉。

（张德坚：《贼情汇纂》。《中国近代史资料丛刊：太平天国》，Ⅲ，第 107—108 页。中国史学会编，编者：向达、王重民等，上海：神州国光社，1952。）

【咸丰三年至五年】伪律诸条禁［编者按：总共 62 条。下面是与经济有关的 13 条。］

一、凡我们兄弟行路，不准强拉外小挑抬，即在外小屋内打馆，亦不准妄取一物。

二、凡我们兄弟俱要修好练正，不准吹洋烟、吃黄烟、饮酒、掳掠、奸淫，犯者斩首不留。

三、凡追杀妖魔所遗金玉衣物，自然皆为我得，必须杀尽妖魔，将残妖追出四五十里外，方准收取妖物，解归圣库。自后杀妖之时，路旁金银衣物，概不准低头捡拾，以及私取私藏，违者斩首不留。

四、凡天条书中各条如有违犯，斩首不留。

五、凡典圣库、圣粮及各典官，如有藏匿盗卖等弊，即属反草变妖，即治以点天灯之罪。

六、凡私盗关凭，混出城卡，一经盘获，定斩不留。

七、凡假冒官员私打先锋者斩首不留。

八、凡无故杀害外小者斩。

九、凡焚烧外小房屋者斩。

十、凡掳掠外小财物者斩。

十一、凡私藏金、银、剃刀，即是变妖，定斩不留。

十二、凡聚集饮酒，私议军事，巡查拿获，一概全斩。

十三、凡吹洋烟者斩首不留。

尤可异者，贼中之官愈尊，穷究其平日流品必最贱，率皆囚盗凶徒舆台优隶，方之烂羊都尉、狗尾续貂，抑又劣矣。

（张德坚：《贼情汇纂》。《中国近代史资料丛刊：太平天国》，Ⅲ，第 227—232 页。中国史学会编，编者：向达、王重民等，上海：神州国光社，1952。）

【安徽省·天历四年正月二十六日】顶天侯秦日纲札谕

新投军人兵士甚众，（粮）［良］莠不齐，难保无不法之徒，乱行滋扰，诚非上帝救世之心，我主爱民之道。前翼王颁行训谕，严禁逆徒肆扰在案，至今未见尔等良民举公秉正擒拿前来送案，是本侯诚恐尔等乡民未能周知，为此特行札谕，仰军民人等知悉。自谕之后，倘有圣营兵士人等，胆敢不遵天命，妄到乡村骚扰者，不（能）［论］欺勒吾民与不欺勒吾民，准尔等放胆扭拿送案，本侯定将该犯讯明，按天法究治，以儆凶顽而安良善。各宜凛遵，毋违，札谕。

太平天国甲寅四年正月二十六日告示。

（《太平天国》，第三册，第 12 页。罗尔纲、王庆成，桂林：广西师范大学出版社，2004。）

【江西省九江·咸丰四年四月二十一日】臣查逆情诡谲,东窜西扰,匪等气类相通,易于勾结,且邻近湖北地方处处皆贼,意在截兵劫饷,隔绝两省声援,肆其蹂躏,纠集乌合,妄思围困北楚,蚕食西江,贼计甚毒,贼势日横,言之不胜愤恨。此次逆匪土匪合而为一,统计不下万人,或由水程、或由陆路窜入江境,扰及五府地方,猖獗异常。

(陈启迈奏。宫中全宗·朱批奏折。中国第一历史档案馆编《清政府镇压太平天国档案史料》第十四册,第106页。北京:社会科学文献出版社,1994。)

【江苏省南京·天历四年五月二十三日】东王杨秀清答复英人三十一条并质问英人五十条诰谕

一复:天朝政例皆从上帝十款天条,礼制总以斩邪留正之律也。

(《太平天国》,第三册,第19页。罗尔纲、王庆成,桂林:广西师范大学出版社,2004。)

【江西省·天历六年三月十二日】真天命太平天国土拾伍副将军加三等黄,为晓谕严禁兵士人等不准私行下乡掳掠民房事:照得本大臣等恭奉天命,并奉翼王五千岁贵谕,广招天下英才,大展仁义,所过之地皆秋毫不犯。今据该地乡民禀称,近有不法兄弟擅行下乡,私进民房,掳掠民财。如此行为,大干法纪。为此特行晓谕,仰尔兵士人等,务须静守营规,恪遵军令,斯为品行端方天堂子女;倘或仍蹈前辙,准尔该处乡民扭赴本衙,该乡民即赏给银五两,该不法之兄弟即按天法斩首,游营示众,决不宽贷,以儆后患,以惩将来,不致人步亦步也。各宜自爱,勉之,望之,切切晓谕。

太平天国丙辰六年三月十二日晓谕。

(《土拾伍副将军黄严饬兵士静守营规恪遵军令晓谕》。《太平天国》,第三册,第50页。据江西省博物馆藏原件著录。罗尔纲、王庆成,桂林:广西师范大学出版社,2004。)

【江西省吉安县·咸丰六年六月二十七日】贼围吉安七十余日不下,伪翼王石达开至,三日城破……而达开不戮一人,有掳民间一草一木者,立斩以徇。盖将以要结民心也。安抚月余始去。西江郡县大半皆为贼有。

(方玉润:《星烈日记》。《太平天国》,第七册,第17页。罗尔纲、王庆成,桂林:广西师范大学出版社,2004。)

[按“西江郡县”抄本作“江西郡县”。]

【浙江省永康县·咸丰八年四月至八月】法纪军纪告示

贵制严定法纪胪列于后:

王师临境,毋庸惊疑迁徙,箪食壶浆以迎王师,概赦前愆。如有练匪帮□□抗不顺者,定即兴师问罪,以为助妖者戒。

王师临境,一经颁发诲谕,饬令办公,胆敢违谕不遵,抗不回文者,定即兴师问罪,以为抗违者戒。

王师临境，如有倡首投诚，顽户从中阻遏者，定即兴师问罪，以为梗顽者戒。

王师临境，如已投诚，一经师旅，仍复勾妖反背者，定即兴师问罪，以为叛逆者戒。

王师临境，如有递送公文被妖匪拦劫，该处村民不救护者，定即兴师问罪，以为奸逆者戒。

王师临境，如有向充妖官、妖卒，不知悔过纳款赎罪，仍敢串通帮妖者，定即兴师问罪，以为愚逆者戒。

王师临境，如已安民仍有甘染妖习不遵中邦礼制蓄发留须者，定即兴师问罪，以为愚顽者戒。

王师临境，一经攻困城池，该附近郡邑乡镇富商绅民不知踊跃遵□□□供应军需者，城破之日，定即兴师问罪，以为顽富梗民者戒。

贵制治军首法胪列于后：

第一条：藐法谤上者罪必斩。

第二条：祝佛拜盟者罪必斩。

第三条：□□官长者罪必斩。

第四条：擅杀人命者罪必斩。

第五条：军营盗抢者罪必斩。

第六条：男女淫乱者罪必斩。

第七条：战阵不齐罪必斩。

第八条：□□不遵罪必斩。

第九条：造谣惑众罪必斩。

第十条：结党逞凶罪必斩。

第十一条：惊吓军心罪必斩。

第十二条：忤逆将令罪必斩。

第十三条：过营私留罪必斩。

第十四条：伪印冒官罪必斩。

第十五条：讹传号令罪必斩。

第十六条：轻弃病人罪必斩。

第十七条：私取贡税罪必斩。

第十八条：私办饷银罪必斩。

一条：身无号牌者插耳箭游营。

二条：身无军装者插耳箭游营。

三条：有旗不跟者插耳箭游营。

四条：点名不到者插耳箭游营。

五条：止遏不听者插耳箭游营。

六条：吵闹不静者插耳箭游营。

七条：妄设杂旗者必斩。

八条：妄坐箃轿者必斩。

九条：吃烟赌博者必斩。

十条：饮酒邪歌者必斩。

十一条：碎民用物者必斩。

十二条：骗民贸易者必斩。

十三条：拆房作薪者必斩。

十四条：□猪罢皮者必斩。

十五条：凡系行程过境擅敢沿途一路掳掠者必斩。

十六条：凡系无令私自下乡搜索者必斩。

十七条：强捉老民五十岁以上为挑担者必斩。

十八条：强捉乡夫一百里外不放回者必斩。

太平天国戊午八年。

（李性忠：《石达开部在浙江的三张告示》。《清史研究》1994 年第 3 期。）

【江苏省无锡至常州·1859 年 11 月 12 日—13 日】我们在苏州及在运河上沿途所见到的荒废情形，一部分是由于张玉良军队退却时所破坏的，一部分由于土匪的洗劫，还有一部分是由太平军自己破坏的了。忠王[李秀成]在苏州时，曾竭力禁止焚劫。凡扑灭放火打劫有功的人，或用金钱赏犒，或以官爵酬劳，他下了三道禁令：一、不许兵士杀戮良民。二、不许兵士屠宰家畜。三、不许兵士放火烧屋。有犯三罪之一的，死刑随之。忠王至无锡时，有一乡村长老因纵容土匪焚烧民房数间，便被砍头了。

（Yung Wing, *My Life in China and America*, 1909, pp.103 - 104. 中文本，容闳：《西学东渐记》。此处按梁方仲译文。）

【湖南省东安县·咸丰九年】石达开犯永州……贼射书城中，言其来专为诛官吏，不与土人仇。

（胡元士等：《东安县志》光绪二年刻本，卷七《褒忠传十六》。）

【湖南省东安县·咸丰九年】寇犯县境，当贼道者皆仓卒徙避……其时有刘元清，母年九十余不能避，元清夫妻侍母不去。贼义而舍之，三过其门，无或犯者。

（胡元士等：《东安县志》光绪二年刻本，卷七《孝义传十六》。）

【浙江省太平县·咸丰十一年二月】客岁伪侍王李世贤将往金华，起程时嘱其下曰："如至太，无生事端。"

（陈懋森：《台州咸同寇难纪略》。《太平天国》，第五册，第 200 页。罗尔纲、王庆成，桂林：广西师范大学出版社，2004。）

【江苏省常熟县·咸丰十一年四月】 闻得贼中接到南京贼例十条，伪禁洋烟、旱烟及无故杀人、掠货、拆屋、伐树等事。

（汤氏：《鳅闻日记》卷下。《太平天国》第六册，第349页。罗尔纲、王庆成，桂林：广西师范大学出版社，2004。）

【浙江省桐乡县·咸丰十一年】 六月下旬，严墓之符天燕新转福爵，人品温雅，有局量，与彼处甚有恩信，量移桐乡，兼隶乌镇及石门镇之东北乡。七月初莅任，出示禁赌博，拿匪棍。其按部石镇也，羽仪甚盛，有万民伞宠其行色，盖严墓人所给送者。初定税敛，尚不为苛，条银每亩一钱□分，价止二百余文，民颇德之，著为令。□石门镇东北乡，自二十都起旧隶桐乡，待天福业经至镇出示统辖在内，僚天福还欲得之。七月中，自请于朗天义，下札谕剖以与之，意在贪其土地、人民，未顾疆邑之各有属也。

（佚名：《寇难琐记》卷一，抄本。南京大学历史系太平天国史研究室编《江浙豫皖太平天国史料选编》，第154页。南京：江苏人民出版社，1983。）

【浙江省桐乡县濮院·咸丰十一年七月】 十三日……伪符天燕钟出告示在关帝庙、观前等处，大略总在安集四民，以士农工商分别言之，招徕流移，安居乐业，言颇文雅悱恻，其后设列规条十三则：一、立军、师帅，准《周礼》二十五之制。一、清朝绅宦，依旧报名录用，其不愿仕者，给廪禄听归林下。一、清朝政事利弊，可伸报因革（捐）〔损〕益，酌宜定制。一、留须蓄发，复中原本色，其出外经营者，准其剃头。一、编户口，给付门牌，以为安民识认，庶长毛客兵不敢来镇掳掠。一、避难迁徙，流离失所者，速即迁回，各安其所。一、商贾贩卖，平价交易，不准低昂其价。一、里中有强梁无赖子造言恐吓，使迁徙者不敢归家，而彼从中抢劫者，经军帅禀明立究。一、被难之后，倘有房屋、货物、田产准归原主识认收管，□□侵占者立究。一、住租房、种租田者，虽其产主他徙，总有归来之日，该租户仍将该还钱米缴还原主，不得抗欠。一、弟兄放卡，应在三叉路口神庙及空屋借住，其无屋者，准搭芦扉栅，不得谋占民房。其有占夺民屋及强买货物者，经军帅禀明，立斩示众。其尚有两条，亦忘之矣。

（沈梓：《避寇日记》。《太平天国史料丛编简辑》，第四册，第73页。太平天国历史博物馆，北京：中华书局，1962。）

〔编者按：这个告示列出的政策，除留须蓄发外，一仍旧制，保护私有财产。〕

【浙江省桐乡县濮院·咸丰十一年七月】 二十日，余从白雀寺走过，见长毛有告示，系南京伪天皇〔王〕规条，有十诫、十嘱、十除、十斩四十条。其说总以天主、耶稣为教主，盖教匪也。所谓诫、嘱、除、斩者，不可胜记，约略举以而言，则诫者，诫人犯教中之禁也。嘱者，劝人从其教也。除者，除去恶习，如乌烟、花酒、释道之类。斩者，斩违教者也。所云皆不通文理,言天而不言地,言父而不言母,总之无人伦也。又有歌咒几句,叫人朔望礼拜,亦忘之矣。

（沈梓：《避寇日记》。《太平天国史料丛编简辑》,第四册,第74页。太平天国历史博物馆,北京：中华书局,1962。）

【浙江省·咸丰十一年十一月】仲冬廿五、廿六日,苏州长毛十余万攻击杭州。有先回者,道出乌戍西栅,欲登岸掳掠,项长毛拒之不听,适莱天福至,自海宁飞骑而出,麾旌不许入镇,于所过船只逐细搜缉,皆沿途打先锋所得者。此役,贼本非攻战,志图劫夺,西北百余村墅,凡马要以上,将近深山旧馆驿,百余里间,多半为墟。室家俘去流落者,书之不胜书。幸吴长毛颇知痛恤民瘼,将舟中所获少女一一查察。苏贼狡猾,将少女改作男装,绾辫穿袜,或裹以红巾作长毛状,亦有匿于舱下者。一经辨识,令指出获者形状,亟行正法。先问明都图籍贯,凡属投诚之地,尽行解缚释放,一时男女得返原籍者四五百人。

（佚名：《寇难琐记》卷一,抄本。南京大学历史系太平天国史研究室编《江浙豫皖太平天国史料选编》,第159—160页。南京：江苏人民出版社,1983。）

【浙江省桐乡县乌镇·咸丰十一年】乌戍近日赖莱天安整顿,长毛既不□扰,宵小颇知敛迹。有犯法□诈者,一经控诉,随即审讯。为众所指名者,立时枭首。去冬至今,计已诛廿余人。

（佚名：《寇难琐记》卷一,抄本。南京大学历史系太平天国史研究室编《江浙豫皖太平天国史料选编》,第161页。南京：江苏人民出版社,1983。）

【浙江省桐乡县·同治元年三月初六日】左营师帅出告示,禁恃强索诈,恃强买卖,欺骗、霸占、抗欠及假冒枪船等十条左右,贴在大街之中。

（沈梓：《避寇日记》。《太平天国史料丛编简辑》,第四册,第142页。太平天国历史博物馆,北京：中华书局,1962。）

【安徽省庐州·同治元年四月】长发起事,规条甚好。攻城掠地,凡安民后,深加体恤,所以江南半壁全为所有。自与捻匪合队,生灵涂炭,不堪言状,故又有此一败。

（赵雨村：《被掳纪略》。《太平天国》,第四册,第415页。罗尔纲、王庆成,桂林：广西师范大学出版社,2004。）

【浙江省桐乡县·同治二年正月初六日】伪顶天豫张镇邦者……善识民情……坐堂听审,颇明允,不索讼费,以故日间公事,观者盈庭。

（沈梓：《避寇日记》。《太平天国史料丛编简辑》,第四册,第232页。太平天国历史博物馆,北京：中华书局,1962。）

【江苏省无锡县·同治二年】冷阿听者,寺头之天池巷人,有亲串在黄塘街,亲家有邻女娟好,阿听涎其色而无隙可乘,兹适黄塘不靖,遂黑衣窄袖持刀装野长毛状,入邻女家奸污,女家查悉其情,至监军局控告。监军立拘阿听,诘数语即命捆缚,贼役排队前行,监军策骑监斩,押至张塘桥斩首讫。

(张乃修:《如梦录》。《太平天国》,第四册,第391页。罗尔纲、王庆成,桂林:广西师范大学出版社,2004。)

【江苏省无锡县·同治二年四月】予则独留张店,与所派五贼同眠共食。一更向尽,有两人敲锣,两人喊令,锣后排列马刀,末一人执令旗令曰:"军家有令,兄弟遵听,每家每店,留顿五人,两餐一宿,明早进城,不准骚扰子民,如有不遵令者,立时斩首号令。"四更许,微闻人言马嘶,黎明人马杂踏,齐声曰:"走呀!"同宿五人匆匆亦出。

(张乃修:《如梦录》。《太平天国》,第四册,第394页。罗尔纲、王庆成,桂林:广西师范大学出版社,2004。)

【江苏省南京·咸丰至同治初】贼伪律凡六十二条。点天灯、五马分尸各三。余皆斩。

(杜文澜:《平定粤寇纪略·附记三》。《太平天国资料汇编》第一册,第322页。太平天国历史博物馆,北京:中华书局,1980。)

[简又文按:照吾人所得史料,则天朝只有军律,而全部民律尚未得见也。简又文按:《贼情汇纂》卷八,系治军性质者。又沈懋良《江南春梦庵笔记》载,太平天国刑律共一百七十七条。罗尔纲氏在《太平天国史稿》则疑此书为伪托不可信。其所称刑律确未见之他史籍,但确否仍待考证。李圭《金陵兵事汇略》卷一亦有此记载,惟皆出自沈氏,不必论。林利之《太平天国史》原书页五五五亦谓天朝民间讼事之裁判,不依法律,但依正义与公道,即以常情判案及定罪也。又太平官书有一部名曰《钦定制度则例集编》,今佚,未知有无刑律在内。据罗孝全牧师在《华北先驱》一八六一年三月三十日第五五七号报告,辛酉十一年天朝已有法律书印行,想即此本,惜不传。余之所以不专著《刑法考》篇亦以此。简又文:《太平天国典制通考》上册,第394页。香港:简氏猛进书屋,1958。]

【浙江省】[太平天国荣王廖友荣之兵虽败,万余人,行数十里,]无一入民间私取草木者。

(沈梓:《避寇日记》。《太平天国史料丛编简辑》,第四册,第277页。太平天国历史博物馆,北京:中华书局,1962。)

浙江省嘉兴地区的情况

沈梓《避寇日记》中关于太平天国在浙江省嘉兴地区安民与财经工作大事记索引。
(每条资料后的页次为《太平天国史料丛编简辑》第四册的页码。)

咸丰十年七月中旬,太平军至。

九月初八,新塍已进贡,出告示,举乡官。

九月底,濮院进贡,人回镇。

十月中,商路通。(页51,又见页57)

十一月初,在东南居家桥一带打先锋。

十一月中,打绅衿。(页52、53)

十二月初,闻嘉善已收粮。陶庆亦如此,向富户借款。编户口,发门牌。

十一年正月初,出告示"招集流离复归故土,安居乐业"(页64)。"再四出示晓谕"。(页65)

咸丰十一年正月中,出告示,令民间开店贸易。

五月底,打先锋,打清军、团练、枪船。

六月初,长毛伤一万人则掳二万人,即越打越多之患。

七月初,惩治枪船。(页69—70)

七月初一,符天福[钟良相]讲道理安民,"此刻既经安民,可以迁回,士农工商各安恒业"。(页72)

七月十三,符天福钟告示所列十三条。又出招贤榜。十诫、十嘱、十除、十斩共四十条。(页73)

九月初二,朗天义出告示云:"此刻嘉兴地方已苦,乡下稻子且打不出,故凡新弟兄新来无用者可遣之归。"(页82)[编者按:即要劳动力还农,可见投军农民之多也。]

九月初十,户部正地官告示,为评定洋价收漕米。每洋合八钱。(页85)

十月廿一,讲道理禁赌。(页92)

十二月初八,粹天侯谭代钟良相守桐乡。

十二月十九日,钟回任。(页112)

十月,何文庆由诸暨至嵊县、新城、临海、奉化、慈溪、宁波,"所至土匪蚁附,席卷而来,势如破竹"。(页130)

同治元年三月初六日,左营师帅出告示禁恃强索诈,恃强卖买,欺骗霸占,抗欠及假冒枪船等十条左右。(页142)

五月初六,钟良相讲道理,"所讲不过士农工贾各安恒业等说"。(页157)

六月五日,忠王告示遍贴各处,① 斥清廷罪,② 宣传天朝之威,③ "以小丑未尽削平,不获问民疾苦,举贤兴能",④ "百姓之被灾,由于愚民无知,动怀疑二心……"(页164)

六月廿三,奉忠王令,捉枪船。(页170—171)

太平军初期利用枪船。(页174)于是各豪民之家各造枪船,与各赌头为伍,且深相结纳。"而贼遂有图枪船之志也"。(页175)

忠王发令,枪船赌匪"一朝肃清",其才智远过清朝官员。(页176)

七月十一日,说太平军的军令纪律远不如前二年。(页177)

八月十日,听王去后,满天义廖治禾,过往兵"如水之平"。(页182)

八月廿,在濮院理民事的原是许[七]公子,现换张镇邦,故清朝武弁也。(页183)

钟良相死,代治桐乡者筱天安伍。(页183)

十一月初三,枪船投清军,自找食,百姓助太平军攻清军。(页198)

十二月初六,忠王告示,占领后干戈未息,总由尔子民心怀疑贰。"妖朝天朝一体为民"。(页202)

十二月十五日,贼势亦弱,贼众皆有异心。(页206)

同治二年五月廿七,"时官兵与贼兵,皆以银钱为驱使,得银则胜,无银则败……"(页258)

七月十日,文将帅何培章代筱天义钟××守桐乡,朱代张镇邦守濮院。(页266)

九月九日,"刻下人心日横日骄,天心恐未厌乱"。(页274)

第二节

天朝田亩制度

一、《天朝田亩制度》[①]的内容

凡一军：典分田二，典刑法二，典钱谷二，典入二，典出二，俱一正一副，即以师帅、旅帅兼摄。当其任者掌其事，不当其事者亦赞其事。凡一军一切生死黜陟等事，军帅详监军，监军详钦命总制，钦命总制次详将军、侍卫、指挥、检点、丞相，丞相禀军师，军师奏天王，天王降旨，军师遵行。功勋等臣世食天禄，其后来归从者，每军每家设一人为伍卒，有警则首领统之为兵，杀敌捕贼，无事则首领督之为农，耕田奉（尚）[上]。

凡田分九等：其田一亩，早晚二季可出一千二百斤者为（尚尚）[上上]田，可出一千一百斤者为（尚）[上]中田，可出一千斤者为（尚）[上]下田，可出九百斤者为中（尚）[上]田，可出八百斤者为中中田，可出七百斤者为中下田，可出六百斤者为下（尚）[上]田，可出五百斤者为下中田，可出四百斤者为下下田。（尚尚）[上上]田一亩，当（尚）[上]中田一亩一分，当（尚）[上]下田一亩二分，当中（尚）[上]田一亩三分五厘，当中中田一亩五分，当中下田一亩七分五厘，当下（尚）[上]田二亩，当下中田二亩四分，当下下田三亩。

凡分田，照人口，不论男妇，算其家人口多寡，人多则分多，人寡则分寡，杂以九等。如一家六人，分三人好田，分三人丑田，好丑各一半。凡天下田，天下人同耕，此处不足，则迁彼处，彼处不足，则迁此处。凡天下田，丰荒相通，此处荒，则移彼丰处，以赈此荒处，彼处荒，则移此丰处，以赈彼荒处。务使天下共享天父上主皇上帝大福，有田同耕，有饭同食，有衣同穿，有钱同使，无处不均匀，无人不饱暖也。凡男妇，每一人自十六岁以（尚）[上]受田，多逾十五岁以下一半。如十六岁以（尚）[上]分（尚尚）[上上]田一亩，则十五岁以下减其半，分（尚尚）[上上]田五分。又如十六岁以（尚）[上]分下下田三亩，则十五岁以下减其半，分下下田一亩五分。

凡天下，树墙下以桑。凡妇蚕绩缝衣裳。凡天下，每家五母鸡，二母彘，无失其时。凡当收成时，两司马督伍长，除足其二十五家每人所食可接新谷外，余则归国库。凡麦、豆、

---

① 关于《天朝田亩制度》的性质，参见赵德馨：《重议〈天朝田亩制度〉的性质》，《江汉论坛》，1981 年第 1 期；《论太平天国的土地政策》，《湖北财经学院学报》，1980 年第 1 期，1982 年第 1 期。

苎麻、布帛、鸡、犬各物及银钱亦然。盖天下皆是天父上主皇上帝一大家,天下人人不受私物,物归上主,[编者按:此两句,另一种断句为"天下人人不受私,物物归上主"。]则主有所运用,天下大家处处平匀,人人饱暖矣。此乃天父上主皇上帝特命太平真主救世旨意也。但两司马存其钱谷数于簿,上其数于典钱谷及典出入。

凡二十五家中,设国库一,礼拜堂一,两司马居之。凡二十五家中所有婚娶弥月喜事,俱用国库;但有限式,不得多用一钱。如一家有婚娶弥月事,给钱一千,谷一百斤,通天下皆一式,总要用之有节,以备兵荒。凡天下婚姻不论财。凡二十五家中陶冶木石等匠,俱用伍长及伍卒为之,农隙治事。凡两司马办其二十五家婚娶吉喜等事,总是祭告天父上主皇上帝,一切旧时歪例尽除。其二十五家中童子俱日至礼拜堂,两司马教读《旧遗诏圣书》、《新遗诏圣书》及《真命诏旨书》焉。凡礼拜日,伍长各率男妇至礼拜堂,分别男行女行,讲听道理,颂赞祭奠天父上主皇上帝焉。

凡二十五家中,力农者有赏,惰农者有罚。或各家有争讼,两造赴两司马,两司马听其曲直。不息,则两司马挈两造赴卒长,卒长听其曲直。不息,则卒长(尚)[上]其事于旅帅、师帅、典执法及军帅。军帅会同典执法判断之。既成狱辞,军帅又必(尚)[上]其事于监军,监军次详总制、将军、侍卫、指挥、检点及丞相,丞相禀军师,军师奏天王。天王降旨,命军师、丞相、检点及典执法等①详核其事。无出入,然后军师、丞相、检点及典执法等,直启天王主断。天王乃降旨主断。或生,或死、或予、或夺,军师遵旨处决。

凡天下官民,总遵守十款天条,及遵命令尽忠报国者则为忠,由卑升至高,世其官。官或违犯十款天条及逆命令受贿弄弊者则为奸,由高贬至卑,黜为农。民能遵条命及力农者则为贤为良,或举或赏。民或违条命及惰农者则为恶为顽,或诛或罚。

凡天下每岁一举,以补诸官之缺。举得其人,保举者受赏;举非其人,保举者受罚。其伍卒民,有能遵守条命及力农者,两司马则列其行迹,注其姓名,并自己保举姓名于卒长。卒长细核其人于本百家中,果实,则详其人,并保举姓名于旅帅。旅帅细核其人于本五百家中,果实,则(尚)[上]其人,并保举姓名于师帅。师帅实核其人于本二千五百家中,果实,则(尚)[上]其人,并保举姓名于军帅。军帅总核其人于本军中,果实,则(尚)[上]其人,并保举姓名于监军。监军详总制,总制次详将军、侍卫、指挥、检点、丞相,丞相禀军师,军师启天王。天王降旨,调选天下各军所举为某旗,或师帅,或旅帅,或卒长、两司马、伍长。凡滥保举人者,黜为农。

凡天下诸官,三岁一升贬,以示天朝之公。凡滥保举人及滥奏贬人者,黜为农。当升贬年,各首领各保升奏贬其统属。卒长细核其所统两司马及伍长,某人果有贤迹则列其贤迹,某人果有恶迹则列其恶迹,注其人,并自己保升奏贬姓名于军帅;至若其人无可保升并无可奏贬者,则姑置其人不保不奏也。旅帅细核其所统属卒长及各两司马、伍长,某人果有贤迹则列其贤迹,某人果有恶迹则列其恶迹,详其人,并自己保升奏贬姓名于师帅。师

---

① 程演生排印本此句遗漏了"详核其事。无出入,然后军师、丞相、检点及典执法等"二十字。此处据萧一山影印重刻本补。

帅细核其所统属旅帅以下官,某人果有贤迹则列其贤迹,某人果有恶迹则列其恶迹,注其人,并自己保升奏贬姓名于军帅。军帅将师帅以下官所保奏升贬姓名,并自己所保升奏贬某官姓名详于监军。监军并细核其所统军帅,某人果有贤迹则列其贤迹,某人果有恶迹则列其恶迹,注其人,并自己保升奏贬姓名详钦命总制。钦命总制并细核其所统监军,某人果有贤迹则列其贤迹,某人果有恶迹则列其恶迹,注其人,并自己保升奏贬姓名一同举于将军、侍卫、指挥、检点及丞相。丞相禀军师。军师将各钦命总制及各监军及各军帅以下官所保升奏贬各姓名直启天王主断。天王乃降旨主断,超升各钦命总制所保升各监军,其或升为钦命总制,或升为侍卫,谴谪各钦命总制所奏贬各监军,或贬为军帅,或贬为师帅。超升各监军所保升各军帅,或升为监军,或升为侍卫;谴谪各监军所奏贬各军帅,或贬为师帅,或贬为旅帅、卒长。超升各军帅所保升各官,或升(尚)[上]一等,或升(尚)[上]二等,或升军帅;谴谪各军帅所奏贬各官,或贬下一等,或贬下二等,或贬为农。天王降旨,军师宣丞相,丞相宣检点、指挥、将军、侍卫、总制,总制次宣监军,监军宣各官一体遵行。监军以下官,俱是在(尚)[上]保升、奏贬在下。惟钦命总制一官,天王准其所统各监军保升奏贬钦命总制。天朝内丞相、检点、指挥、将军、侍卫诸官,天王亦准其(尚)[上]下互相保升奏贬,以剔(尚)[上]下相蒙之弊。至内外诸官,若有大功大勋及大奸不法等事,天王准其(尚)[上]下不时保升奏贬,不必拘升贬之年。但凡在(尚)[上]保升、奏贬在下,诬,则黜为农。至凡在下保升、奏贬在(尚)[上],诬,则加罪。凡保升、奏贬所列贤迹、恶迹,总要有凭据方为实也。

凡设军,每一万三千一百五十六家先设一军帅。次设军帅所统五师帅。次设师帅所统五旅帅,共二十五旅帅。次设二十五旅帅各所统五卒长,共一百二十五卒长。次设一百二十五卒长各所统四两司马,共五百两司马。次设五百两司马各所统五伍长,共二千五百伍长。次设二千五百伍长各所统四伍卒,共一万伍卒。通一军人数共一万三千一百五十六人。凡设军以后,人家添多,添多五家,另设一伍长。添多二十六家,另设一两司马。添多一百零五家,另设一卒长。添多五百二十六家,另设一旅帅。添多二千六百三十一家,另设一师帅。共添多一万三千一百五十六家①,另设一军帅。未设军帅前,其师帅以下官仍归旧军帅统属;既设军帅,则割归本军帅统属。

凡内外诸官及民,每礼拜日听讲圣书,虔诚祭奠,礼拜颂赞天父上主皇上帝焉。每七七四十九礼拜日,师帅、旅帅、卒长更番至其所统属两司马礼拜堂讲圣书,教化民,兼察其遵条命与违条命及勤惰。如第②一七七四十九礼拜日,师帅至某两司马礼拜堂,第二七七四十九礼拜日,师帅又别至某两司马礼拜堂,以次第轮,周而复始。旅帅、卒长亦然。

凡天下每一夫有妻子女约三、四口,或五、六、七、八、九口,则出一人为兵。其余鳏寡孤独废疾免役,皆颁国库以养。

凡天下诸官③,每礼拜日依职分虔诚设牲馔,奠祭礼拜,颂赞天父上主皇上帝,讲圣

---

① 程演生排印本此句原作"共添多一万三千五百六家",此处据萧一山影印重刻本改。
② "第"字据萧一山影印重刻本加。
③ "官"字据萧一山影印重刻本加。

书,有敢怠慢者黜为农。钦此。

（《天朝田亩制度》。《太平天国文选》,第45—50页。罗尔纲编注,上海：上海人民出版社,1956。）

[罗尔纲注：本篇据程演生《太平天国史料》第一集著录。该排印本的原刻本藏巴黎法兰西国立东方语言学校图书馆。封面署"太平天国癸好三年新刻"。]

[编者按：《天朝田亩制度》有两个版本,一为太平天国三年刻本,即法国巴黎藏本。一为太平天国十年以后的刻本,即英国伦敦藏本,二者略有不同。这可能是漏刻,更可能是删改。关于《天朝田亩制度》颁布的时间,罗尔纲《太平天国史》第二册第750页认为是天历三年十一月。本书编者认为是1854年1月间。]

【江苏省·咸丰三年至五年】伪天朝田亩制度：凡贼中伪书首一章必载诸书名目,末一条即系伪天朝田亩制度,应编入贼粮门内。惟各处俘获贼书皆成捆束,独无此书,即贼中逃出者亦未见过,其[岂?]贼中尚未梓行耶？

（张德坚：《贼情汇纂》。《中国近代史资料丛刊：太平天国》,Ⅲ,第260页。中国史学会编,编者：向达、王重民等,上海：神州国光社,1952。）

[编者按：据黄光域译、吕浦校《麦华陀等1854年6月访问天京文件辑录附录二的附件一》,载北京太平天国历史研究会编《太平天国史译丛第一辑》,中华书局,1983年,1854年6月英国驻华全权代表包令派麦华陀、鲍林去南京访问时,太平天国送给他们印书中有《天朝田亩制度》。现在,英国和法国的博物馆、图书馆仍存有《天朝田亩制度》实物。可知《天朝田亩制度》是刊印了的。问题在于,为什么送给外国人,却在国内找不到。]

二、《天朝田亩制度》的思想渊源

[编者按：《天朝田亩制度》的产生,有其思想渊源和社会背景。就思想渊源而言,以洪秀全为代表的太平天国领导者,其思想受到本土和外来文化的影响。本土的,主要是儒家学说,其他还有民俗与历代下层群众起义的思想、主张。外来的,主要是基督教教义。如若不了解他们的思想渊源,不仅理解太平天国文献的实质有困难,就是对这些文献中使用的术语之内涵也很难弄清楚。]

【江苏省南京·咸丰三年】贼中伪撰之书,不下数十种,有《天朝田亩制度》、《天理要论》、《天情道理书》、《千字诏》、《行军总要》、《制度则例集编》、《武略》、《醒世文》、《王长兄次兄亲耳亲目共证福音书》、《士阶条例》、《原道救世歌》、《旧遗诏》、《新遗诏》、《天父天兄下凡诏书》、《天道诏书》、《真圣主诏》、《天条书》、《三字经》、《三国史》、《太平军书》、《太平营规》、《改定四书》。

（沈懋良：《江南春梦庵笔记》。《中国近代史资料丛刊：太平天国》,Ⅳ,第436页。中国史学会编,编者：向达、王重民等,上海：神州国光社,1952。）

［编者注：有人认为此书为伪书。］

【安徽省黟县】助彻取民制，贼乃不谓然。民货皆其货，民田皆其田（贼谓之曰：天下之田皆天王之田，天下之货皆天王之货。）

（黄德华：《竹瑞堂诗抄·琐尾吟·纪贼》自注，第 5 页。编者按：黄德华，安徽省黟县人。）

【天历十一年正月】二十六日。天王诏旨。

朕诏全前知之：

爷哥朕幼坐天堂，天国太平空中扬，天国万样爷为头，太平一统天山江；今改为上帝天国，普天一体共父皇。自今玺印通改刻，上帝天国更荣光。玉玺改上帝天国，各印仿刻顶爷纲。

朕今诏明天上地下人间，天父上帝独尊，此开辟来最大之纲常。朕今细思上帝、基督下凡带朕、幼作主，天朝号为太平天国，虽爷乃太平天帝父，哥乃太平天主兄，到底爷为独尊，全敬上帝，改太平天国为上帝天国，更合真理。断自今，玉玺内"太平天国"四字改刻"上帝天国"；凡天朝所封列项中承爵衔前刻"太平天国天朝九门御林"十字冠首，通改刻"上帝天国天朝九门御林"；凡诏书各件有"太平天国"四字，通改换"上帝天国"，以正万古孝敬爷之纲常，普天一家尽归爷哥，世世靡暨，永远人间恩和于无尽也。钦哉。

（《天王改太平天国为上帝天国诏》。《太平天国》，第三册，第 99 页。罗尔纲、王庆成，桂林：广西师范大学出版社，2004。）

［编者按：在研究太平天国官方文献时，要注意它是政教合一的国体。从太平天国的文献与文物看，其基本理论与制度是从上帝教——基督教的教义中演绎出来的。从这份天王改太平天国为上帝天国诏书中可以看出洪秀全思想中政教合一的程度。］

【江苏省南京·天历十一年八月初一日】开朝精忠军师顶天扶朝纲干王书复大英翻译官富弟惠览：顷接来书，备悉一是。所寄来天王御笔，系朱书黄绸一条十字，即在圣书四包内之《英杰归真》一包内也。至前允文据交（尚）［上］海水师一事，经兄细思，未便遽行。现下和酌未定，该水师等日前来书，但称天国大头子而已，今偏欲我众官兵人等称呼该水师官衔，似于情理未符，容俟有事往来之时，再行酌处可也。至于鞑妖数运将终，天夺其算，承蒙弟台劳心，示及咸丰妖头去世信息，深感友谊关注盛情。统此布复，顺候升祺。

后有新闻，祈为劳心照知是望。

天父天兄天王太平天国辛酉拾壹年八月初一日。

（《洪仁玕复英翻译官书》。《中国近代史资料丛刊：太平天国》，Ⅱ，第 739 页。中国史学会编，编者：向达、王重民等，上海：神州国光社，1952。）

（一）儒家学说

溥天之下，莫非王土。率土之滨，莫非王臣。

（《诗·北山》，阮元校刻：《十三经注疏》，第 463 页，北京：中华书局，1980。）

丘也闻有国有家者，不患寡而患不均，不患贫而患不安。盖均无贫，和无寡，安无倾。夫如是，故远人不服，则修文德以来之。既来之，则安之。

（《论语·季氏第十六》。阮元校刻：《十三经注疏》，第 2520 页，北京：中华书局，1980。）

普天之下，莫非王土；率土之滨，莫非王臣。

（《左传·昭公七年》，阮元校刻：《十三经注疏》，第 2047 页，北京：中华书局，1980。）

滕文公问为国。孟子曰："民事不可缓也。《诗》云：'昼尔于茅，宵尔索绹；亟其乘屋，其始播百谷。'民之为道也，有恒产者有恒心，无恒产者无恒心。苟无恒心，放辟邪侈，无不为已。及陷乎罪，然后从而刑之，是罔民也。焉有仁人在位，罔民而可为也？是故贤君必恭俭礼下，取于民有制。阳虎曰：'为富不仁矣，为仁不富矣。'夏后氏五十而贡，殷人七十而助，周人百亩而彻，其实皆什一也。彻者，彻也；助者，藉也。龙子曰：'治地莫善于助，莫不善于贡。'贡者，校数岁之中以为常。乐岁，粒米狼戾，多取之而不为虐，则寡取之；凶年，粪其田而不足，则必取盈焉。为民父母，使民盻盻然，将终岁勤动，不得以养其父母，又称贷而益之，使老稚转乎沟壑，恶在其为民父母也？夫世禄，滕固行之矣。《诗》云：'雨我公田，遂及我私。'惟助为有公田。由此观之，虽周亦助也。设为庠、序、学、校以教之。庠者，养也；校者，教也；序者，射也。夏曰校，殷曰序，周曰庠，学则三代共之，皆所以明人伦也。人伦明于上，小民亲于下。有王者起，必来取法，是为王者师也。《诗》云：'周虽旧邦，其命惟新。'文王之谓也。子力行之，亦以新子之国。"

使毕战问井地。孟子曰："子之君将行仁政，选择而使子，子必勉之！夫仁政，必自经界始。经界不正，井地不钧，谷禄不平，是故暴君污吏必慢其经界。经界既正，分田制禄可坐而定也。夫滕，壤地褊小，将为君子焉，将为野人焉。无君子，莫治野人；无野人，莫养君子。请野九一而助，国中什一使自赋。卿以下必有圭田，圭田五十亩，余夫二十五亩。死徙无出乡，乡田同井，出入相友，守望相助，疾病相扶持，则百姓亲睦。方里而井，井九百亩，其中为公田。八家皆私百亩，同养公田；公事毕，然后敢治私事，所以别野人也。此其大略也；若夫润泽之，则在君与子矣。"

（《孟子·滕文公上》，阮元校刻，《十三经注疏》，第 2702—2703 页，北京：中华书局，1980。）

曰："无恒产而有恒心者，惟士为能。若民，则无恒产，因无恒心。苟无恒心，放辟邪侈无不为已。及陷于罪，然后从而刑之，是罔民也。焉有仁人在位，罔民而可为也？是故明君制民之产，必使仰足以事父母，俯足以畜妻子，乐岁终身饱，凶年免于死亡。然后驱而之善，故民之从之也轻。

今也制民之产，仰不足以事父母，俯不足以畜妻子；乐岁终身苦，凶年不免于死亡。此惟救死而恐不赡，奚暇治礼义哉？

王欲行之，则盍反其本矣！五亩之宅，树之以桑，五十者可以衣帛矣。鸡豚狗彘之畜，无失其时，七十者可以食肉矣。百亩之田，勿夺其时，八口之家可以无饥矣。谨庠序之教，申之以孝悌之义，颁白者不负载于道路矣。老者衣帛食肉，黎民不饥不寒，然而不王者，未之有也。"

（《孟子·梁惠王上》，阮元校刻：《十三经注疏》，第 2671 页，北京：中华书局，1980。）

昔者仲尼与于蜡宾，事毕，出游于观之上，喟然而叹。仲尼之叹，盖叹鲁也。言偃在侧，曰："君子何叹？"孔子曰："大道之行也，与三代之英，丘未之逮也，而有志焉。大道之行也，天下为公，选贤与能，讲信修睦。故人不独亲其亲，不独子其子，使老有所终，壮有所用，幼有所长，矜寡孤独废疾者皆有所养，男有分，女有归。货恶其弃于地也，不必藏于己；力恶其不出于身也，不必为己。是故谋闭而不兴，盗窃乱贼而不作，故外户而不闭，是谓大同。今大道既隐，天下为家，各亲其亲，各子其子，货力为己，大人世及以为礼，城郭沟池以为固，礼义以为纪，以正君臣，以笃父子，以睦兄弟，以和夫妇，以设制度，以立田里，以贤勇知，以功为己。故谋用是作，而兵由此起。禹、汤、文、武、成王、周公，由此其选也。此六君子者，未有不谨于礼者也。以著其义，以考其信，著有过，刑仁讲让，示民有常。如有不由此者，在执者去，众以为殃，是谓小康。"

（《礼记·礼运》。阮元校刻：《十三经注疏》，第 1413—1414 页，北京：中华书局，1980。）

"不违农时，谷不可胜食也；数罟不入洿池，鱼鳖不可胜食也；斧斤以时入山林，材木不可胜用也。谷与鱼鳖不可胜食，材木不可胜用，是使民养生丧死无憾也。养生丧死无憾，王道之始也。五亩之宅，树之以桑，五十者可以衣帛矣。鸡豚狗彘之畜，无失其时，七十者可以食肉矣。百亩之田，勿夺其时，数口之家可以无饥矣。谨庠序之教，申之以孝悌之义，颁白者不负载于道路矣。七十者衣帛食肉，黎民不饥不寒，然而不王者，未之有也。狗彘食人食而不知检，涂有饿莩而不知发；人死，则曰：'非我也，岁也。'是何异于刺人而杀之，曰：'非我也，兵也。'王无罪岁，斯天下之民至焉。"

"老吾老，以及人之老；幼吾幼，以及人之幼，天下可运于掌。《诗》云：'刑于寡妻，至于兄弟，以御于家邦。'言举斯心加诸彼而已。故推恩足以保四海，不推恩无以保妻子。古之人所以大过人者，无他焉，善推其所为而已矣。今恩足以及禽兽，而功不至于百姓者，独何与？权，然后知轻重；度，然后知长短。物皆然，心为甚。王请度之！……今王发政施仁，使天下士者皆欲立于王之朝，耕者皆欲耕于王之野，商贾皆欲藏于王之市，行旅皆欲出于王之途,天下之欲疾其君者皆欲赴愬于王。其若是,孰能御之?"

(《孟子·梁惠王上》。阮元校刻:《十三经注疏》,第 2666,2670—2671 页。北京:中华书局,1980。)

孟子曰:伯夷辟纣,居北海之滨,闻文王作,兴曰,盍归乎来? 吾闻西伯善养老者。太公辟纣。居东海之滨,闻文王作,兴曰,盍归乎来。吾闻西伯善养老者。天下有善养老,则仁人以为己归矣。五亩之宅,树墙下以桑,匹妇蚕之,则老者足以衣帛矣。五母鸡,二母彘,无失其时,老者足以无失肉矣。百亩之田,匹夫耕之,八口之家足以无饥矣。所谓西伯善养老者,制其田里,教之树畜,导其妻子,使养其老。五十非帛不暖,七十非肉不饱,不暖不饱,谓之冻馁。文王之民,无冻馁之老者,此之谓也。

(《孟子·尽心上》,阮元校刻:《十三经注疏》,第 2768 页,北京:中华书局,1980。)

凡制军,万有二千五百人为军,王六军,大国三军,次国二军,小国一军,军将皆命卿。二千有五百人为师,师帅皆中大夫。五百人为旅,旅帅皆下大夫。百人为卒,卒长皆上士。二十五人为两,两司马皆中士。五人为伍,伍皆有长。

(《周礼·夏官·司马》。阮元校刻:《十三经注疏》,第 830 页。北京:中华书局,1980。)

以土均之法,辨五物九等,制天下之地征,以作民职,以令地贡,以敛财赋,以均齐天下之政。

(《周礼·大司徒》。阮元校刻:《十三经注疏》,第 704 页。北京:中华书局,1980。)

[编者按:太平天国《天朝田亩制度》中的一些制度(特别明显的是乡官制度)仿自《周礼》,已为当事人和当时人指出。当事人,如太平天国符天燕锺某布告列规条十三则,其第一则是"立军师帅,准《周礼》二十五家之制。"(沈梓《避寇日记》)当时人,如储枝芙《皖樵纪实》述天朝乡官的制度称:"贼窃周官制,立伪军帅、师帅、旅帅、卒长、两司马、伍长等乡官。"其余可见本书第十章所列引文。]

(二) 基督教教义

【广东省广州·道光十二年】现在之人遂生出无数的恶端,致世界大变,颠倒乾坤,变乱纲常,以恶为善,甚至把善者反以之为恶。因人之心,日夜歇息之间,所有思想图谋、言行举动,专在于奸淫邪恶、诡诈欺骗、强暴凌虐之事,满于胸中,行在世界之上矣。

(梁发:《劝世良言》卷二,第 70—71 页。台北:台湾学生书局,1985。)

【广东省广州·道光十二年】且世界上万国之人,在世人所论,虽有上下尊卑贵贱之分,但在天上神父之前,以万国男女之人,就如其之子女一般。

(梁发:《劝世良言》卷三,第 150—151 页。台北:台湾学生书局,1985。)

【广东省广州·道光十二年】且天地虽大,万类人物虽多,在神天上帝看来,不过如一家之人耳。

(梁发:《劝世良言》卷三,第153页。台北:台湾学生书局,1985。)

【广东省广州·道光十二年】神天上帝乃系万王之王,万国之主。宇宙之内,万国之人,自国王以致于庶民,皆在其掌握之中。凡敢抗拒其之旨意者,怎能逃脱不罚汝之罪乎……倘若全国之人,遵信而行者,贫者守分而心常安,富者慕善义,心亦常乐,上不违逆神天上帝之旨,下不干犯王章法度……君政臣忠,父慈子孝,官清民乐,永享太平之福,将见夜不闭户、道不拾遗的清平好世界矣。

(梁发:《劝世良言》卷七,第364—366页。台北:台湾学生书局,1985。)

【广东省广州·道光十二年】在神父之前,不论异民与如大之人,有受损割与未受损割之人,蛮夷与西氏亚之人,奴仆与家主各人,都不分别,惟独属于耶稣基督者,在宇宙之内,凡所有诸物,皆满足其心,遂其灵魂之志。故在世界之上,则以四海之内皆为兄弟一般,并无各国之别,独由基督耶稣之恩……以全世界之人皆一家也。

(梁发:《劝世良言》卷九,第485页。台北:台湾学生书局,1985。)[编者按:洪秀全得到《劝世良言》的时间,一说是1833年,另一说是1836年,以前者为是。见邓嗣禹:《劝世良言与太平天国革命之关系》,第6—8页,载吴相湘主编《中国史学丛书·劝世良言》,美国哈佛大学藏本,台北:台湾学生书局,1985年2月再版。]

[编者按:太平天国还用一些复合词称上帝,如天父皇上帝、上主皇上帝、天父上主皇上帝、天父上帝、天父圣神皇上帝。《原道救世歌》:"天父上帝人人共,天人一家自古传……天人一气理无二,何得君王私自专?上帝当拜,人人所同。""普天之下皆兄弟","上帝视之皆赤子"。从这些单词的来源可以看出,这些复合词显然是《劝世良言》和中国古代经书的综合,显示出太平天国的上帝正是一位中西合璧的上帝。]

【广东省花县·道光二十五年】原道救世歌　　洪秀全

道之大原出于天,谨将天道觉群贤。天道祸淫惟福善,及早回头著祖鞭。道统根源惟一正,历代同揆无后先。享天福,脱俗缘,莫将一切俗情牵,须将一切妄念捐。开辟真神惟上帝,无分贵贱拜宜虔。天父上帝人人共,天下一家自古传。盘古以下至三代,君民一体敬皇天……试譬人间子事父,贤否俱循内则篇。天人一气理无二,何得君王私自专。上帝当拜,人人所同。何分西北,何分南东。一丝一缕荷上帝,一饮一食赖天公。分应朝朝而夕拜,理应颂德而歌功……

第三不正行杀害,自戕同类罪之魁。普天之下皆兄弟,灵魂同是自天来。上帝视之皆赤子,人自相残甚恻哀……嗜杀人民为草寇,到底岂能免祸灾?白起项羽终自刎,黄巢李闯安在哉……

(罗尔纲:《太平天国文选》,第225—227页。上海:上海人民出版社,1956。)

【广东省花县·道光二十五年】原道觉世训　　洪秀全

天下总一家,凡间皆兄弟。何也?自人肉身论,各有父母姓氏,似有此疆彼界之分,而万姓同出一姓,一姓同出一祖,其源亦未始不同。若自人灵魂论,其各灵魂从何以生?从何以出?皆禀上帝一元之气以生以出,所谓一本散为万殊,万殊总归一本……而近代则阎罗妖注生死邪说,阎罗妖乃是老蛇妖鬼也,最作怪多变,迷惑缠捉凡间人灵魂。天下凡间我们兄弟姊妹所当共击灭之,惟恐不速者也。而世人偏伸颈于他,何其自失天堂之乐,而自求地狱之苦哉!

……

噫!后之人虽欲谙天地人之道,其孰从而求之?甚矣,人之好怪也!不求其端,不讯其末,惟怪之欲闻。予想夫天下凡间人民虽众,总为皇上帝所化所生,生于皇上帝,长亦皇上帝,一衣一食并赖皇上帝。皇上帝天下凡间大共之父,死生祸福由其主宰,服食器用皆其造成。仰观夫天,一切日月星辰雷雨风云莫非皇上帝之灵妙;俯察夫地,一切山原川泽飞潜动植莫非皇上帝之功能。昭然可见,灼然易知,如是乃谓真神,如是乃为天下凡间所当朝朝夕拜。

……

虽然,流之浊由源之不清,后之差由前之不谨,天下凡间无人一时一刻不沾皇上帝恩典,何至于今竟罕有知谢皇上帝恩典者,其祸本何自始哉?历考中国史册,自盘古至三代,君民一体,皆敬拜皇上帝也。坏自少昊时,九黎初信妖魔,祸延三苗效尤,三代时颇杂有邪神及有用人为尸之错,然其时君民一体皆敬拜皇上帝仍如故也。至秦政出,遂开神仙怪事之厉阶,祀虞舜,祭大禹,遣入海求神仙,狂悖莫甚焉。皇上帝独一无他也,汉文以为有五,其亦暴悖之甚矣。汉武临老虽有悔悟之言曰:"始吾以为有神仙,今乃知皆虚妄也。"然其始祠灶,祠泰乙,遣方士求神仙,其亦秦政之流亚也。他若汉宣祠后土,遣求金马、碧鸡,汉明崇沙门,遣求天竺佛法,汉桓祠老聃,梁武三舍身,唐宪迎佛骨,至宋徽出,又改称皇上帝为昊天金阙玉皇大帝。夫称昊天金阙犹可说也,乃称玉皇大帝,则诚亵渎皇上帝之甚者也。皇上帝天下凡间大共之父也,其尊号岂人所得更改哉!宜乎宋徽身被金虏,同其子宋钦俱死漠北焉。总而论之,九黎、秦政作罪魁于前,历汉文、武、宣、明、桓、梁武、唐宪接迹效尤于后,至宋徽又更改皇上帝尊号。自宋徽至今,已历六七百年,则天下多惘然不识皇上帝,悍然不畏皇上帝,又何怪焉……

(罗尔纲:《太平天国文选》,第9—14页。上海:上海人民出版社,1956。)

【广东省花县·道光二十五年】原道醒世训　　洪秀全

……

遐想唐虞三代之世,有无相恤,患难相救,门不闭户,道不拾遗,男女别涂,举选上德。尧舜病博施,何分此土彼土;禹稷忧饥溺,何分此民彼民;汤武伐暴除残,何分此国彼国;孔孟殆车烦马,何分此邦彼邦。盖实夫天下凡间,分言之,则有万国,统言之,则实一家。皇上帝天下凡间大共之父也,近而中国是皇上帝主宰理化,远而番国亦然。远而番国是皇上帝生养保佑,近而中国亦然。天下多男人,尽是兄弟之辈;天下多女子,尽是姊妹之群。何得存此疆彼界之私,何可起尔吞我并之念。是故孔丘曰:"大道之行也,天下为公,选贤与能,讲信修睦。故人不独亲其亲,不独子其子,使老有所终,壮有所用,幼有所长,鳏寡孤独废疾者皆有所养。男有分,女有归。货恶其弃于地也,不必藏于己;力恶其不出于身也,不必为己。是故奸邪谋闭而不兴,盗窃乱贼而不作,故外户而不闭,是谓大同。"

而今尚可望哉!然而乱极则治,暗极则光,天之道也。于今夜退而日升矣。惟愿天下凡间我们兄弟姊妹跳出邪谋之鬼门,循行上帝之真道,时凛天威,力遵天诫,相与淑身淑世,相与正己正人,相与作中流之砥柱,相与挽已倒之狂澜。行见天下一家,共享太平,几何乖离浇薄之世,其不一旦变而为公平正直之世也!几何陵夺斗杀之世,其不一旦变而为强不犯弱,众不暴寡,智不诈愚,勇不苦怯之世也!在《易》"同人于野"则亨,量大之谓也;"同人于宗"则吝,量小之谓也。况量大则福大,而人亦与之俱大;量小则福小,而人亦与之俱小。凡有血气者,安可伤天地之和,而(遗)[贻]井底蛙之诮哉!诗云:

上帝原来是父亲,水源木本急寻真;

量宽异国皆同国,心好天人亦世人。

兽畜相残还不义,乡邻互杀断非仁。

天生天养和为贵,各自相安享太平。

(罗尔纲:《太平天国文选》,第3—5页。上海:上海人民出版社,1956。)

【江苏省南京·咸丰三年二、三月间】此[三年二月]二十三日事。所刻妖书、逆示颇多,如书、诏、文、诰等类,极狂悖,极不通。内有《百姓条例》,诡称不要钱漕,但百姓之田皆系天王之田,收取子粒全归天王,每年大口给米一石,小口减半,以作养生。所生男女,亦选择归天王。铺店照常买卖,但本利皆归天王,不许百姓使用。如此则魂得升天,否则即是邪心,为妖魔,魂不得升天,其罪极大。间有长发传集多人,讲说此等语,令静听,谓之讲道[理]。该逆诡谲,所布谣言,非恐吓,即哄骗。

(佚名:《金陵被难记》。《中国近代史资料丛刊:太平天国》,Ⅳ,第750页。中国史学会编,编者:向达、王重民等,上海:神州国光社,1952。)

【江苏省苏州·1860年6月】根据以上所述,在这一重大的革命运动中,宗教因素显然有极大的关系。若是认为这一运动纯粹属于政治性质,而将宗教置于从属地位,那就大错特错。实际上决不是这回事。恰恰相反,宗教是政治的基础,是政治生命赖以持续的泉源。打倒偶像,建立对真神的崇拜,是太平军的目的;和驱除满人与征服全国一样,他们同样地全心全意求其实现。他们反对宋朝哲学家泛神论的观念,主张上帝人格化的学说;反对一种多神论的见解,有着最明确的上帝唯一的概念。与佛教哲学中的宿命论相反,他们相信并传播上帝主宰一切的道理。这一切都是极其明显的,只要和他们相处一个时期,就一定会得到这种印象。太平军感觉到自己有一个任务要完成,深信他们是在一个不会错误的主宰的引导之下,在执行任务中得到一种全能的力量的支持;这便是他们受到的灵感。胜利时,他们归功于天父对他们的仁慈;失败时,他们认为这是天父对他们的惩罚。他们相信上帝和他们在一起,不是作为抽象的概念,也不是作为一位严厉的毫不留情的君主,而是一位慈爱的父亲,他温和地照顾他们的一切,亲手领导着他们。和运动开始的时候一样,新旧约圣经现在仍然是他们信仰的标准。这是一个重要的事实。只要他们把圣经作为上帝的语言,我们便有理由希望,他们的错误会逐渐纠正过来……太平军[在以耶稣为天兄等方面]之有错误,不足为奇;相反,若是一点错误没有,倒是史无前例的最大的奇迹。他们一般人所有的宗教知识必然有限;领导人物在这方面的知识虽不精深,但比较要广泛一些。在广西人当中,宗教成分比较深入,范围也较广,由他们再传给周围的群众,一般群众只须学会唱赞美诗而已。只要能唱赞美诗,并行过洗礼,这些人便成为弟兄。从宗教观点来看,我们可以希望洪仁玕既已升到最高职位,对这个运动会发生有益的影响。

(《传教士艾约瑟等五人赴苏州谒见忠王的经过》,《北华捷报》第 519 期,1860 年 7 月 7 日。上海社会科学院历史研究所编译:《太平军在上海——〈北华捷报〉选译》,第 58—59 页。上海:上海人民出版社,1983。)

【咸丰三年至五年】 倘有妖魔迷愡,怪人侵害,恳求天父大发天威,严将妖魔、怪人早诛早灭,以免戕害。祝福小子小女,日日有衣有食,无灾无难,今世平安,升天永福。

(张德坚:《贼情汇纂》卷九《贼教·贼七日礼拜奏章(补)》。《中国近代史资料丛刊:太平天国》,Ⅲ,第 264 页。中国史学会编,编者:向达、王重民等,上海:神州国光社,1952。)

食饭谢上帝,感谢天父皇上帝,祝福[日日]有衣有食,无灾无难,魂得升天。

(《天条书》。《中国近代史资料丛刊:太平天国》,Ⅰ,第 75 页。中国史学会编,编者:向达、王重民等,上海:神州国光社,1952。)

即以凡情而论,各有父母,不能无同姓异姓之分;各有室家,不能无此疆彼界之别。要知万姓同出一姓,一姓同出一祖,其原未始不同。我们蒙天父生养以来,异体同形,异地同气,所谓四海之内皆兄弟也。今者深沐天恩,共成一家,兄弟姊妹,皆是同胞,共一魂爷所生,何分尔我!何分异同!有衣同衣,有食同食;凡有灾病,必要延医调治,提理汤药;若有孤子孤女以及年岁衰迈者,更宜小心看待,与其盥浴身体,洗换衣服,斯不失休戚与共、痌瘝相关之义。盖安老怜幼恤孤,皆出自东王体天父好生之心,天王胞与之量,是以恩及下民,无微不至也。

(《天情道理书》。《中国近代史资料丛刊:太平天国》,Ⅰ,第 382—383 页。中国史学会编,编者:向达、王重民等,上海:神州国光社,1952。)

三、19 世纪前期的社会矛盾与下层群众的要求

[编者按:《天朝田亩制度》产生的社会背景,主要是 19 世纪前期中国社会存在的矛盾.其他的还有太平天国及其领导人的实践经验,如圣库制度下的平均主义的供给制度,如在解决土客民关于土地斗争中,洪秀全提出的"真主为王事事公,客家本地总相同",等等。19 世纪前期中国社会矛盾中的弱势面,即弱势群众或下层群众,会发出解决这些矛盾的要求。下层群众的要求表现在他们的反抗行为与口号上。他们的行动和发出的呼声便是社会矛盾的集中反映。这些矛盾与要求,是太平天国文献与经济政策产生的社会基础,也是判断这些文献与经济政策合理性的客观标准。因而了解它们,也是人们认识太平天国文献与经济政策内涵的前提。本目中的每个子目,都包含社会矛盾与下层群众的要求的两个方面。]

(一)田赋苛重与豁免钱粮的要求

[编者按:钱粮是土地税。要交钱粮的,是有土地的人。要求减免钱粮的,是那些土地少、钱粮负担重的小农。]

【咸丰三年至五年】 今蒙灭门僇身之祸,十倍百倍之仇,其毒害者仍终日与之共处,一举手即可以毙之,较之艰难其身危险大人者,其报复为更易,独不闻被掳之人手刃一贼,又何说也!……殊不料被掳之人,莫不俯首伏贴,且转效其所为,愈大惑不解……遂博采广咨,研讯俘贼,详问难民,始渐得其梗概……贼党将徇一州一邑,必先布奸细数千百人于境内城内,布散邪言,云洪逆系太子耶稣之弟……又谓贼众替天行道,救民而不害民,江山一统,普免三年钱粮,富者出资,贫者效力,事平之后,皆封赏显官世袭。所过之处,专杀文武兵勇,不害百姓,尽可照常生理,平买平卖。破城之时,各家闭户,可保无事。若帮妖守城打仗,必屠杀净尽,诸语……百姓不知贼来是何举动,每为所惑,智(者)[而]怯者或引避乡村,愚而惷者且安居若无事。既受贼惑,深以助官军为戒,靳资惜力,不肯协济分毫。甚至与兵勇交易,故昂其值,积殖自封,准备于贼中受一廛以为民而享其乐利。

(张德坚:《贼情汇纂》卷十一《贼数·掳人》。《中国近代史资料丛刊:太平天国》,Ⅲ,第 298—299 页。中国史学会编,编者:向达、王重民等,上海:神州国光社,1952。)

【江苏省·天德三年二月】《平满大元帅洪告示》
……朕自倡义兴师,迄今三稔,实恨贪官污吏,抚字无闻,催科遍酷,凶荒屡告,灾异频仍。侵渔多加赋之伤,征取有预支之苦。民呼天日,东窜西逃……我王登极之后,一切赋税徭役断不仍从故辙……
天德三年二月　日。

(《太平天国史料》,中华,第 267 页。金毓黻、田庆余,北京:中华书局,1955。又,该

书第 264—265 页载《万大洪晓谕》：言贫富对立及钱粮一事,近来增益数倍。)

《江汉安民免粮示》：免粮三载……第官无所需,只将每票粮火(号)[耗]银钱,以作县官日用之资。俟三载后,仍照原粮如数缴纳,不得额外苛求。

(《近代史资料》1963 年,第 1 期,第 37—38 页。)

【道光二年十二月壬子】据御史佘文铨奏。州县官初到,省垣所属粮房、库房,辄缘行贿赂,求派粮总、库总。既派之后,不得不以钱漕事务专交承办。该吏等或将钱漕串票,预押银两,供应挥霍。由是扒夫、斗级、银匠、柜役,通同一气,因缘为奸,勒折浮收,弊端层出。甚至征收限满,以完作欠,以多报少,真串与假串互淆,新赋与逋赋牵混。并有将钱漕两项,包征包解。该吏等侵蚀既久,遂成官之空亏,虽分别严惩,粮、库总反得置身事外。谕内阁,通谕各省督抚,将粮总、库总名目即行裁革。责令各员亲身经理钱漕事务。

(《清宣宗实录》第四十六卷,第 23 页。)

【湖北省·道光二十一年十二月丙申】给事中陈光亨奏,[湖北]近年叠被水灾,户口流散。地方土棍勾串串差,勒令住户捐修,捏报大业、大户、富户名目,指名拘押,赔累轻法。复冒充首事,敛费包修,工程草率,经费虚糜等语。

(《清宣宗实录》第三百六十四卷,第 1 页。)

【湖北省房县·道光二十二年二月戊子】御史张灏奏：湖北郧阳府属之房县……近来每石米折制钱二十余千,每两银折制钱八千。

(《清宣宗实录》第一百六十七卷,第 13 页。)

【湖北省崇阳县·道光二十二年四月丙午】又谕[内阁],湖北崇阳县户出尚花户勒索耗银禄米,由来已久。此次逆犯钟人杰等滋事,讯非因此起事,惟此等积弊,亟应革除。嗣着该督抚等严申例律,并不准地方劣法人等包揽完纳钱粮,以安众民而肃法纪。

(《清宣宗实录》第三百七十一卷,第 39 页。)

【江苏省昭文县·道光二十六年一月二十一日】闻东乡粮户,入昭文署,损坏暖阁上房,并毁漕长薛正安房屋。

(龚又村：《自怡日记》,抄本,卷五。)

【江苏省昭文县·道光二十六年】正月二十一日,突有梅李一带乡农纠集多众,直入昭署,将法堂、内室尽毁,官眷越墙。继到漕书薛三家,亦复一空。而堂堂邑宰,为民之父母,被乡农猖獗如是,并不详请究办,即谕收串注荒,只令熟识人陆大溪指点,到地密拿起事人犯。竟被愚农鸣锣率党,拒毙二人,即弃之海滨。尸亲喊控,不惟不敢检验,批示亦含糊,暗[中]专人馈以银,勒令其属情愿自己跟寻销案。陋规亦已革尽,绅官亦不敢把持,遂余银巨万万,各上司大可分肥。抚示只禁绅衿包抗,不怜小户辗轲,尤为切齿。真乃金玉败絮者也。呜呼!滋事者因目无法纪,而残虐者安有天良哉?

(柯悟迟:《漏网喁鱼集》,第 7 页。北京:中华书局,1959。按:梅李是东乡巨镇。)

【江苏省镇洋县·道光二十六年】七月初,镇洋县乡农报荒不准,即将县署呼扫,漕书家尽毁。又到告病假归里前任江西巡抚钱宝琛家,(捐)[损]伤甚大。因渠筑坝刘河,农田不利故也。抚宪李星沅复责令严拿拆衙要犯。

(柯悟迟:《漏网喁鱼集》,第 8—9 页。北京:中华书局,1959。)

【江苏省昭文县·道光二十六年】本府桂出示云:今冬昭邑漕米,准照常熟新章,粮户无分大小,务必一律征收;只拿首犯金德顺,余从不究等语。八月初一日抵梅,俱已逃溃,陆续缉获要犯解辕正法,金德顺、季瑞犯事处悬竿示众。拜折后奉上谕,知县办理不善,照毓成例革职……所有拆毁民房不究,钦差所收呈词,发该府概未伸理。

(柯悟迟:《漏网喁鱼集》,第 9 页。北京:中华书局,1959。)

【湖南省醴陵县·道光咸丰年间】前清中叶,醴陵漕弊深锢,甲于全省。自匡光文以漕案绞死长沙,贪官污吏稍稍敛迹。未几,横恣如故,漕米遇合收升,每石勒索外费水脚钱四千七百四十文;正银见厘收分,每两勒索收费银五钱,折钱二千零。咸丰初,谷价奇贱,每石钱四百,民不堪命,然卒无可如何。

(刘谦纂:《醴陵县志》。民国三十七年醴陵县文献委员会铅印本,卷八《人物志·人物传四》。)

【江苏省·咸丰元年七月初四日】承示转漕之法,洵为救时良策。惟秋翁已有将苏、松、太三属改折之请,此议若行,则谷贱银贵,其流弊必致如嘉、宝之每石四两余而后已。民不聊生,安得不去而为盗。粮船水手不计其数,现止暂时减歇,已劫夺公行,若竟不出,逆势将不可复制。设于改折之后,都中采买不足,或竟无米可买,又将若何?弟意今日情形,时敝而非法敝,不救时而改法,非计之得也。转漕亦救时之一端,然恐旗丁借口加增转搬之费,又虑河工从此不治。似不若裁总漕,复巡漕,四府十州两道,仍照旧例按年轮流出运,漕标候补备弁酌留若干,其余一概改归绿营,通仓则仿治运之例,钦差监收,则勒索者寡,帮费自减,浮收即因之而轻矣。又从前每船运米自六百石至八百石不等,从无在六百石以内者,近则止装米四百石矣。帮费系按船而不论米之多寡,从前某某帮派兑某州县,设米多船少,始于邻县船内拨派数号,谓之跨兑。今则一帮之船,无不分兑数县,谓之调剂。议论帮费,系各帮各自为政,每帮必须数日方能讲定。每帮必有一兵丁需索后文等项。是昔日之一、二十日可以讲定者,今需一、两月始得明白。后文等项亦日增月加,开行安得不尽?帮费亦[疑漏"安得"二字]不加三加几。此皆欲行欲革,而力不能者也。若能裁去一总漕,加派一钦差,其余悉照嘉庆年间旧章,而漕无起色,民不稍苏,我不信也。

(《吴云等致冯桂芬书札》。《何桂清等书札》,第 212—213 页。南京大学历史系·江苏师院历史系,南京:江苏人民出版社,1981。)

【江苏省太仓州·咸丰元年七月二十五日】太镇现在完漕,每石须制钱六千,一经改折,户部议价,恐不能少于前年天津采办之价[闻天津招商每石二两五钱]。此外须添火耗、另费,较之现在情形,既不便宜,而日后或银价再贵,或地方官逐渐浮收,变而加厉,亦未可定。至平原所云不便于小民,此说亦未的确。嘉、宝现在收漕大小均匀,绅衿并不好处。其嘉、宝之所以因折色而受用者,以每亩不过完粮数升,即有浮水,每亩制钱六、七百文即可了事。太镇则粮额已重,万难改轻。故嘉、宝可折,而太镇则未必利于折也。伯翁此议,希冀折价,或照傅中丞原奏一两八钱之说,恐户部未必照议,将来后悔无及。弟等业已札覆伯翁,未知尚可挽回否?

(《吴云等致冯桂芬书札》。《何桂清等书札》,第 209—210 页。南京大学历史系·江苏师院历史系,南京:江苏人民出版社,1981。)

【江苏省泰兴县·咸丰元年十一月】咸丰元年十一月……舆夫来曰:"城门紧闭,城外有数千百姓,声言将扒粮房,拆毁大堂,群谓知县加赋所致。"……询知门役,乃知河工派下通州、如皋、泰兴各二千两,泰兴无款可抵……于钱粮每两加征三文,三年复旧。西乡有老人年七十余[忘其姓名],闻之不服,谓众曰:若我老骨头与之拼,先扒粮房,后拆大堂。附和者始则数人,渐至一百余人……从者二千余人。

(《燕窗闲话》卷上。周村:《太平军在扬州》,第 46 页。上海:上海人民出版社,1957。)

【江苏省常熟县·咸丰三年二月初七日】[闻两家]被土匪白日抢劫……复见粤匪伪示二:一为伪元帅万大洪示,大意欲减轻银漕,向富户借贷足饷。一为伪军师杨秀清示,大意欲为民诛戮土匪,改庙宇为养济所。

(龚又村:《自怡日记》。《太平天国》,第六册,第 6 页。罗尔纲、王庆成,桂林:广西师范大学出版社,2004。)

【江苏省金山县·咸丰四年七月初三日记事】薛焕,四川安县举人,道光二十八年八月选授金山县,因茶商行船被劫,杀事主,其捕役某得盗规每月一百六十千,匿而不获,参限满,遂去官。近以官资纳南京军营,得知府,以令箭至松江催提军饷[上年松属应完之粮,每石折四千有零,悉充军饷]。至奉贤县,杀抗欠之粮户数人,杀抗欠之佃户数人,积欠者咸惧而完纳。现任金山县陆某,闻而邀之,始至,即拿捕役某至,曰:今日不砍你脑袋,我终过意不去。遂杀之。另遣役至乡,获盗九人[云盗在某处,非欤?],明日杀四人。拘粮户至,即收禁。以妇女应门者亦械之至。某户完一千洋,薛即据之充军饷。其带来之广勇一千人,其着黑湖绉紧身者黑湖绉裤,蓝湖绉衫者蓝湖绉裤,腰际一大搭膊,头上得胜盔,其顶或金或白,赤脚着鞋,晴雨俱穿此。至金山,住十二日乃去。复至奉贤云[医生王槐荫寓珠泾某寺,与薛之随员金某同寓,亲睹之]。

(王文镕:《癸丑纪闻录》。《太平天国史料专辑》,第 517 页。上海:上海古籍出版社,1979。)

【江苏省·咸丰四年八月】谕内阁:闻苏省有漕州县,旧习相沿,仍事浮收勒折,刁生劣监,与胥吏因缘为奸,率致抗粮酿祸。大吏因循畏事,遂致漕务日坏。

(《清文宗实录》第一百四十一卷,第 7 页。《东华录》第三十九卷,第 2 页。)

【浙江省海宁州·咸丰六年八月】此时米价已五千。[七年正月]已七千矣。[六年十一月]饥民昭粘坐饭……农人各将稻草掷[阅荒]官轿。

(冯氏:《花溪日记》。《中国近代史资料丛刊:太平天国》,Ⅵ,第 658 页。中国史学会编,编者:向达、王重民等,上海:神州国光社,1952。)

【浙江省永康县·咸丰八年四月至八月】显天燕军政司办理永康县民务程为晓示各乡各都共诛土豪以安良善事。

照得欲安良必除暴,何者?以若人不顾礼义,肆意妄行,又一群小人受命伴口终日,不织而得衣,不耕而得食,无治抢奇以致之。乡有若人,则一乡受其害;都有若人,则一都受其害,使千万良者受制于若辈数人。若辈自以为得志乎,不知罪恶贯盈,人人得而诛之。前此犹其从良,岂得肆得之无忌。今显天燕程大人统率雄师,锄暴安良,断不得任若辈横行于乡都之间,不过待其改悔,以不忍之心,行不忍之政也。倘若辈不改其行,是不畏死,在所当诛。故本军政司体此暴不除,良何以安?若被持差子口避,盖难掩乡人都人之目。苟若辈藏于某乡,准该乡人擒诛之。掘窝口口,靡有口口。至外来九十,其群三百为乡都人士大擒杀。若非其口口帅旅帅等指挥众人合力擒杀,再不能,禀请发兵,必至诛戮口口口后止。为此特乃晓示,仰何乡何都何庄有隐若辈,见若辈而不擒,口口口若辈同罪。非本军政司之刻以责人,纵令宽容此日,后必为害,有心悔口口口,此时为尔民除此大凶,尔民其同心也。切切毋违!太平天国戊午八年。

(李性忠:《石达开部在浙江的三张告示》。《清史研究》1994 年第 3 期。)

提出豁免钱粮的背景

【湖南省安化县·嘉庆六年——咸丰七年】安化钱粮额设[户书]粮差,经管花户自封投柜截串,定例由来已久。嘉庆六年,夏荣华等私添甲书一缺,总粮刘烜控革,因斩草未除根,不久旋充。嘉庆二十年后,粮银每两官价串四五百文,继后渐长串七八九佰至二千有零。道光二十年前,甲书之缺数增九十有六,分绳系股者过二百余名。每官到任派名缴钱二千串,名曰朱价费。其缺父死子当,此出彼顶,遂成积弊,遇开征即行代揭,不许乡民投

(拒)[柜],只许完交蠹手,不与官票,只给墨领。一年四季(桥)[轿]马纷纷,沿乡征粮。每逢粮少者,银一两勒钱七八千十千不等;粮多者勒钱五六千不等,带取抽封造册纸笔税契喜钱及茶油茶叶杂费,不饱不放。自此衙门官吏,合党分肥……越道光三十年归化乡赵升恒仗义倡革甲书……[咸丰二年太平军退出长沙后]至十一月,善化县果受甲书重赂,私提赵公,重(形)[刑]拷(弊)[毙]。凶信归家,九乡切齿……咸丰三年春丰乐乡黄监生字阳元,张秀才字联魁……敢统乡勇数(伯)[百]赴城抄抢甲书八九家……李知县……生擒王、黄、张等,解城立斩……丰乐闻二人遇害……聚众赴城,交兵三日,彼此杀伤数百人……旋闻粤兵[太平军]复转长沙,知府惧骇,连夜退回。自此城中人不敢踏归[化]丰[乐]地,归、丰人不敢经城边路,彼此相见,互相仇杀。咸丰四年春,黄国旭统领归化乡勇千余人,并南北会党均来助战……国旭[失败后]即日颁师回乡,遣使百人遍历九乡,约起万众,剪除甲书奸党,大定粮规……[云贵总督安化人罗苏溪派胡林翼来征讨,胡骗黄入城,囚解下省]从此归化、丰乐两乡不输国饷,纵有甲书,踏其地[尚]不敢,况征其粮乎? 九乡有事,绅者保甲各自开释,无人出入公门,使李宪独坐空堂……[七年]李知县自行退位,谢宪升堂……深虑九乡不服,恐生大变,立斩甲书十余人,以顺民情而安众意。随修书札迎九乡绅者到城,大彰公议,永革甲书,杜清后弊。定制粮规,每两官价三千一百五十文……粮权归乡,县城无由弄弊。公堂刊立石碑,章程大定。

(李汝昭:《镜山野史》。《中国近代史资料丛刊:太平天国》,Ⅲ,第15—19页。中国史学会编,编者:向达、王重民等,上海:神州国光社,1952。)

【浙江省湖州·道光年间至咸丰九年】钱蓉庄,湖[州]之七里村人,亦故家子,豁达有干材,尝愤归安漕粮之弊,约其乡数十圩,以白旗为号,上书"急公奉上",各以船载粮米,约期会齐至湖,同去同返,不得私先完纳。入城见县官,语不屈,县官恐激变,遂与约:每年七折收漕,乡人皆听约束,以是知名……[聚赌南浔,后出财解散其徒]县官以其霸漕也,毙之杖下。

(沈梓:《避寇日记》。《太平天国史料丛编简辑》,第四册,第328页。太平天国历史博物馆,北京:中华书局,1962。)

【江苏省苏松地区·同治二年五月】曾国藩、李鸿章奏:钱粮浮收,自嘉庆以后,渐次加增,其时州县之殷富已渐不如从前,而浮收反为重者,则以弥补州县亏空,定为摊赔之例……各管上司知其弊而无能索……其始因浮收而有浮费,其后,浮费日增,浮收也习为固然,日求其盈。

(《东华录》第二十二卷,第43页,同治二年五月己巳条。)

（二）清政府的压迫与人民的反抗

【安徽省·天历五年二月二十七日】殿右陆拾肆指挥赖劝四民从真向化晓谕

真天命钦差大臣殿右陆拾肆指挥元勋加壹等赖,为晓谕四民人等知悉:本大臣恭奉天命,统率雄师,搜灭胡奴,恢复汉统。

（《太平天国》,第三册,第45—46页。罗尔纲、王庆成,桂林:广西师范大学出版社,2004。）

【浙江省余姚县·天历十一年】

缘蒙天父天兄大开天恩,亲命真圣主天王降凡御世,抚辑群黎,故自粤西倡义,一路而来,势如破竹,所到之区,均皆乐于归顺,进册输(忱)[诚]。是凡所属之地,无不风雨调匀,安居乐业。迨至金陵定鼎,迄今十有余年……兹本主将恭奉圣命,统率大队官兵,所行仁义之师,决非残暴之众。故一路以来,示谕遍贴。不准奸淫妇女,不准宰杀耕牛,更不准民房烧毁。本主将上体天父好生之德,真圣主爱民之心,东荡西除,专诛妖鞑。无非上报朝廷,下安黎庶,原与尔百姓无干。是顺我者生,逆我者亡,残妖望风远窜,黎民怀德来归。所以至今克复省郡州县,俱已委员安抚,依然安堵如常。生逢斯世,何其幸欤!于今本主将率领大队,现临余姚县,业已委员驻新安抚。尔黎民尽管放胆投(忱)[诚],前来该县报明都分,进册输将。切勿助妖团练,纠聚匪党……为此特颁钧谕,仰该县四乡乡民一体知悉,即早认天识主,归顺天朝,前来纳款。并有尔等各都中一向办事之人,以及各都甲长一并会合前来该县报名,旦夕伺候,备替天朝办事。准其尔等各归故里,各安本业,通商贸易,买卖公平。本主将军令严明,不准官兵滋扰以及奸淫焚杀。倘竟有不遵约束之官兵,准尔四民扭送该县,以凭究办。若尔等仍是执迷不悟,欲抗天朝,本主将即行遣师剿洗。或有一村以及一室,倘敢违抗不来纳款者,定将该处铲平。那时玉石不分,悔之莫及。示到思之,切切。此谕。

太平天国辛酉十一年　　　日谕。

（《殿左军主将宝天义招安余姚县四乡乡民示》。英国公共档案局编号 F·O·682/27/1。《太平天国文献史料集》,第13—15页。北京:中国社会科学出版社,1982。）

【1854 年】

杀尽八旗。凡属满洲土豪继军,一贼不恕。

复明江汉元年。

（《杨隆喜告示》。《近代史资料》,1963年第1期。）

[编者注:杨隆喜假托是明之后裔降生,是大明元老之后。复明江汉元年是1854年。]

斯时也,清满尤不痛改,复又严派军需,逼捐加赋……百姓人人切齿,黎庶个个寒心。

（《江汉皇帝诏》。《近代史资料》,1963年第1期。）

【云南省哀牢山区】[李文学领导的云南彝族起义军的口号]铲尽满清贼官,杀绝汉家庄主。

（刘尧汉辑：《云南哀牢山区彝族反清斗争史料》。《近代史资料》，1957年第2期。）

【江苏省南京·1853年12月】爱国心[民族主义]与个人较卑劣的野心，图谋或求劫夺财富的贪心，在革命军中当各有其代表人。他们最仇恨满人臣仆，统治他们之腐化阶级，与剥削他们的压迫者。凡此各成分皆是他们起事的原因，而令其比较纯洁的宗教成分得有坚强的援助与目的。至于组织他们与结合他们之制度与政策，使其经历四年之奋斗者，断不是没有才能的人物之工作。清方现在极力诋毁洪氏，谓其出身微贱，但不能贬低之。

（《华北先驱》第178期，1853年12月24日社论。简又文：《太平天国典制通考》中册，第837页。香港：简氏猛进书屋，1958。）

（三）贫富差距大与均贫富要求

[编者按：下层群众均贫富的行动与说法形式多样，如：劫富济贫，劫富分财，借富救贫，斩富填贫，均田，资财公用，劫财谋生等等。所均的对象，一为动产，二为不动产。在不动产中，主要是土地。]

【云南省丽江、维西、海西等县·嘉庆六—八年】嘉庆六年十二月，维西地区傈僳族开始在恒乍绷及腊者布领导下开始了抗租借粮斗争。次年春因清兵来镇压，遂起义，提出"攻破维西"，"将土地分给众傈僳耕种"，"抢得牛羊银米大家分用"等口号，宣布了土地由"大家分种"的命令[《恒乍绷〈供单〉》、《腊者布〈供单〉》]。腊者布牺牲后，恒乍绷与另一支由别的扒领导的起义部队会合，十月打倒丽江纳西族土司，提出要占领丽江府，把"田地分给众傈僳族耕种，同享富贵"的口号，[《别的扒〈供单〉》、乌恒布《供单》]。

（王恒杰：《1801年云南傈僳族人民反封建起义》。《历史教学》1963年第11期。）

【广西省荔浦县·1850年】[陈亚贵入荔浦，]直至青山富室员外徐成瓒家打单，不伤居民，复分党来城，向各巨商及典商、盐埠索资斧。

（《荔浦县志》，卷3。转引自《历史教学》1958年第12期。）

[编者按：陈亚贵，"米饭主"，即"堂匪"也。《堂匪总录叙》："外匪至，则供给其所食"。"先议劫掠之所，至则瓜分其所得，劫后即散匪"。这是将财物瓜分至个人，即劫富分财。]

【广西省郁林州·咸丰元年】[天地会]聚百人或百数人，定期拜会结盟，推一人为首，称曰大哥，次一人曰老晚，其余群相称兄弟……适后逼胁乡村入会曰转红，交纳租银谓之交红租。

（《郁林州志》卷十八。梁任葆：《金田起义前广西的农民起义》，《历史教学》1957年10月号。）

[编者按：该文认为天地会是代表穷苦劳动人民利益的，所称交"红租"，便是农民打

倒地主富豪之后,将本来交给清政府和地主之田赋和田租供献出一部分。此说有待进一步研究。又该文在 15 页记载:藤县邓立春起义称平地王,这个称号是否反映无地农民平分土地的要求?]

【江西省南昌县梓溪镇·咸丰三年六月】围闭江城历七旬,久偏生变是愚人,官兵与贼皆安堵,乡俗乘机作怒瞋。计亩征粮忧富室,[乡间计田一石,或出谷一石二石不等,分与无田者食,于是有田者多受累。]得钱相博快游民;[乡间无田之人,或以米易钱,相聚赌博,无故得食,此风最不可长。]吾村前后分三次[吾家一回出谷五十余石,一回出谷三十余石,一回出谷二十石],此举难期苦乐均。

（邹树荣:《六月十八日江省被围感赋七律三首·癸丑》中之一首。《蒿青诗草(选录)》。《太平天国资料》,第 71—72 页。北京:科学出版社,1959。）

【江西省湖口县·咸丰三年】秋八月。有年。是秋,谷熟倍近年。三乡顽梗,倡均田之说,私相盟会,准每亩佃户纳谷八斗,语云:斩富填贫。贫者终未填,而富之见累实兆之。然是秋不艾,则无食矣。

（张宿煌:《备志纪年》。《近代史资料》总 34 号,第 189 页。又见《太平天国》,第五册,第 134 页。罗尔纲、王庆成,桂林:广西师范大学出版社,2004。）

【湖北省、江西省、安徽省·咸丰四年二月】今上海情形如此,金陵、京口一时又未攻克,江苏大局,洵已不可复问。盖江苏百姓困于钱漕久矣。杨逆上年下九江时,到处遍张伪示,首以"薄赋税,均贫富"二语煽惑愚民。是以赍粮资贼者,沿江皆是。兹闻又以此术行之安徽矣。江苏大吏目击情[形],是以上年钱漕定为以捐抵赋,不准州县稍有浮勒,漕务则为定折价四千文,从前浮费全行删去,以为可以踊跃矣。然而聚众抗粮,所在皆是,幸皆消弭下去,不致戕官又激事端而已。查明季流寇即以"归了闯王不纳粮"一语,散为歌谣,愚民靡然从之。今杨逆亦是此意。新漕一事,大半为弭乱起见,实非畏难也。

（《吉尔杭阿陈时事禀(底稿)》咸丰四年三月。太平天国历史博物馆:《吴煦档案选编》第一辑,第 129—130 页。南京:江苏人民出版社,1983—1984。）

【广西省苍梧县、岑溪县·1860 年】[红巾军首领陈金缸,1854 年攻广州。1860 年攻入苍梧、岑溪各地以后,出安民告示]天下之父母皆我之父母,天下之兄弟皆我之兄弟,天下之田地钱粮皆我之田地钱粮。

（岑溪县志编纂委员会:《岑溪县志(初稿)》上册,1960 年 9 月编,转引自《学术研究》1963 年第 1 期。）

【广西省浔州·咸丰十一年】我出身穷孤,打工而食……我在浔州,设官封职,铸造钱文。所到之处,出示安民,商人乐业,无田者各给其田,此乃救民之计。那时兵少官逃,绅士财主想保身家,见我遇他便杀,各各惊慌,纷走四乡,起团为仇,(固)[故]而秀京难以安(隐)[稳]。

(梁岵庐:《关于〈陈开自述〉》。《光明日报》1962年3月28日。按:据作者说,《陈开自述》原名《陈开口供》,咸丰十一年七月,广西布政使蒋益澧刑讯陈开时,由书吏当堂所录,陈璚自幕府转抄,岵庐之父梁紫波,抄自陈璚,得以保存,后有陈璚之跋,全录于此。陈开自述时讲到鸦片战争时三元里抗英,以后外国商品转入,商人亏本,雇工失业,人多无生路,起义者"多是劳苦打工之人"和"乡下种田失业之人","官府押从番","……捐税又大,田租又大,小民穷苦纷纷四散,无路可走"。)

【云南杜文秀起义地区】于是乎树帜拜帅,奸仇据城,往日出语毁之者拔舌,举指弹之者断臂,而杀我人、掳我财、毁我物者,报复之道,倍上加数,不待赘言。斯时忿恨除,威势立,贫者骤富,无者俱有,可以止歇矣,则曰素愿。

(《瑞记书稿摘要》,第十三本。《中国近代史资料丛刊:回民起义》,Ⅱ,第285页。中国史学会编,编者:白寿彝,上海:神州国光社,1952。)

(四)官吏贪污与反贪官污吏

【湖北省·道光末年】尔楚省志士良民恤不胜恤,贪官污吏诛不胜诛。尔士民既切同仇,勿怀异志,富者量其家私,捐资助饷;贫者择其少壮,计口抽丁。勿论文武官生,缚一员,赏银一万;献首一级,赏银三千。

(《镇守湖北等处地方大司寇郭晓谕》。《太平天国史料》,第262页。金毓黻、田庆余,北京:中华书局,1955。)

【湖南省邵阳县·咸丰元年十月戊申】有人奏,湖南邵阳县差役多至二千余名……凡词讼命案,执票下乡,轿夫抬夫以及自役不下百余人,民间无力供给,辄行搜抢,至有被逼自尽者。

(《清文宗实录》第四十六卷,第13页。)

[编者注:差役横行之状,又见《清文宗实录》第四十一卷,第13页,咸丰元年八月庚寅条。]

【咸丰二年】彼富户则取利操赢,绅衿或助官为虐,久为乡里侧目,贫户垂涎。素无恩义相连,安得守望相助。所以贼未至,则众已离心;贼既至,则转求快意。其或乘机剽窃,消息潜通,虽曰莠民可诛,实则官吏驱迫。

(《掌陕西道监察御史陈庆镛奏陈时务折》。《太平天国史料丛编简辑》第5册,第291页。太平天国历史博物馆,北京:中华书局,1962。)

【全国·咸丰三年六月二十九日】奴才前请令丰裕之臣捐输,料诸臣不为国谋,必为己谋,而捐者仍属戈戈,是非口舌义理所能争者。诸臣既愚而自守,自当以朝廷自然之利还之朝廷。惟关税一项,实为弊薮。查粤海关与各织造所兼管之关,各省督抚派委道府所管之关,近畿盛京牛马税,山海关、杀虎口、天津关,除张家口无多盈余,毋庸议外,京城之崇文门、左右两翼,均各有盈余。仅就奴才所深知,昭然在百千万人妇人孺子之耳目者,略一指陈。即以各关而论,如粤海关税务,每年隐匿在百余万两。前任监督恩吉,家资富厚,为子捐输道员,城中住房数百间,海甸闲游花园百余间,均穷极富丽。前任监督基溥,家资富厚,城中住房、海甸园寓与恩吉同。夫恩吉、基溥均系由内务府微员出身,祖父并非显职,亦非居积素丰之家,现在之富厚,即隐匿粤海关正课之明证也。督抚派管之关,如四川夔州府之关,每年除应酬总督以及通省官员外,隐匿在三四十万两。数十年前,夔州府知府恩成捐升道员,为子捐官,财产不计,住房数百间。恩成家本寒素,至今尚拥厚资,此即隐匿地方关税正课之明证也。天津关系盐政专管,每年隐匿在十四五万两。前任盐政锤灵、德顺、崇纶,现任盐政文谦,均称富厚。德顺在任最久,为子捐官,本身罚赔以及捐输不下三十余万两,仍拥厚资。德顺祖父并无官职,伊系由内务府效力笔帖式出身,厚资何来,此即隐匿天津关正课之明证也。盛京牛马税每年隐匿在一万两,山海关每年隐匿在八九万两,杀虎口每年隐匿在五六万两,崇文门每年隐匿在五六千两,左翼每年隐匿在四五千两,右翼每年隐匿在三四千两。山海关现被同城之人告发,每年各口岸隐匿正课四五十万两,现在刑部讯办,此即隐匿山海关正课之明证也。以上系奴才深知者,亦举国所知之者。其余直省各关及奴才所知而不确者,统计一年隐匿正课不下六七百万两。圣明在上,断难欺朦,我皇上不过因臣下奉command趋公,令其家资丰裕,又以殚竭血诚,而现在度支匮乏,目睹坐视,实失为臣之义,自当以朝廷应得之利还之朝廷。恭照雍正年间,因直省各关税俱多隐匿,以多报少,圣谕将各关每年欺隐之数,令本员据实报明,倘敢隐匿,加等治罪。彼时虽经纷纷呈报,亦不过十分之三四。当时人心淳朴,不尚浮华,而今日户口繁茂,人心机巧,性好奢侈,其关税自必与前更加丰盈。相应请旨,恭查成宪,令户部自崇文门起至各直省止,凡有关税之责者,令其将每年隐匿之数,据实报出,并恳圣恩,将以前隐匿之员,概不治罪,现在呈明之员,一千两以上作何议叙,一万两以上作何优叙之处,酌定请旨。倘敢始终欺朦,一经发觉,即以贪欺治罪。如此办理,亦稍补经费之一道也。

(富兴阿奏。原折。中国第一历史档案馆编《清政府镇压太平天国档案史料》第八册,第245—246页。北京:社会科学文献出版社,1993。)

【江苏省·咸丰三年二月初四日】再,臣闻陆建瀛遁回江宁,即将家口财货运送入都,以致合城人心摇惑,纷纷迁避。匪徒乘机抢掠,荼毒无算。是该督只知自顾身家,置人民、城池于不问。其眷属现于正月陆续至京,每日进城车数辆,十余日尚未到齐,雇有保镖十人,沿途护送。其辎重之富实,可想而知。伊子刑部员外郎陆锤汉寓椿树下二条胡同,自置房室,改造一新,姬妾甚多,大半皆江苏属员购送,甚至有于所赠金钏镯属员姓名者。陆锤汉在署时干预公事,擅作威福,贿赂公行。陆建瀛藉此以资聚敛,其所得监规等项,每年不下二三十万,又不在此数。现又将合署货财运京,已闻其分别寄囤,迟之又久,将遂泯然无迹矣。而陆建瀛捐银片称，家本寒素，屋无寸椽，肆行欺罔，即此可见。查从前琦善在广东撤虎门炮台防兵，以致夷船驶入省河，宣宗成皇帝立命查抄家产。今陆建瀛倡逃撤防，致逆焰益张，遭惨毒者更不止一省，其罪尤重，应请旨先将其京寓家产密速查封，以为偾军误国者戒。

（吴廷溥奏。原折。中国第一历史档案馆编《清政府镇压太平天国档案史料》第五册，第52页。北京：社会科学文献出版社，1992。）

【北京·咸丰三年二月初六日】本月初五日，奴才僧格林沁、奴才花沙纳奉命查抄赛尚阿、徐广缙、陆建瀛家产。奴才等当即带同侍卫处主事、笔帖式及步军统领衙门司员、笔帖式前往东单牌楼东堂子胡同赛尚阿家，并正阳门外骡马市大街徐广缙之子徐叔乔即徐桐孙寓所，椿树下二条胡同陆建瀛之子陆锤汉寓所，查得各有粗重零星什物。讯之赛尚阿长子崇绪，供称：伊现住房并游廊约一百余间，海甸有寓所灰瓦房并穿廊一百余间，通州乔家庄有地一顷有余，大井村有地九十余亩，其房地契纸均在外押借钱文，伊叔巴克唐阿在伊西院另居过度。徐叔乔即徐桐孙供称：住房三十六间，系租得礼部王姓，原籍有住房五六十间，地四五十顷，杂货钱铺一座。陆锤汉供称：住房六十八间，系租得内务府取租官房，此外并无房产地亩。奴才等将房间均已封固，容俟查明，再行开列清单，恭呈御览。

（僧格林沁等奏。原折。中国第一历史档案馆编《清政府镇压太平天国档案史料》第五册，第80—81页。北京：社会科学文献出版社，1992。）

【江苏省青浦县、嘉定县、上海县·咸丰三年】八月初三，青浦土匪突入嘉定县，四门拒守，知县郑扬旌遁，在城人户虽没家资，幸未遭荼毒。匪等悬纛出示：专杀贪官污吏。初四，建、广匪勾引土匪马步三军，直入上海，亦四门严守。知县袁祖德大骂，碎尸。道宪英人救。城中不能搬运。亦有示：不扰民间，专杀官吏。

（柯悟迟：《漏网喁鱼集》，第19页。北京：中华书局，1959。）

【江苏省嘉定县·咸丰三年八月】为出示安民事。本帅承奉主命，帅兵伐暴，志在扫除贪官污吏，并勿扰害良民……尔等各安本业……各邑岁歉之后，惨被贪官勒扰，民命难延。是以奉主命：一应赋税钱粮全行蠲免。一应在案人犯概行赦归田里。商贾仍旧往来，店铺不得闭歇……癸丑八月初三日。

（《嘉定告示□□□□义兴公司》。《太平天国史料丛编简辑》，第五册，第102页。太平天国历史博物馆，北京：中华书局，1962。）

【江苏省·咸丰三年九月】开国元勋李……有钱生，无钱死，衙门不殊市肆；侵民膏，剥民脂，官府直同盗贼……大兵到日，士女休惊，军令如山，秋毫无犯……

天运元年。

（《嘉定城逆匪伪示》。《太平天国史料丛编简辑》，第五册，第102—103页。太平天国

历史博物馆,北京:中华书局,1962。)

【湖南省宝庆县·咸丰四年九月】 然粤营[太平军]主将奥大丞自四月围宝庆,至五月出示遍谕,示云:"……大富何愁不贵,佐(二)[贰]可捐,守令可捐,府道亦可捐;得财诇计妨农,田野有税,山林有税,关市亦有税……奸官必诛,妖吏必诛,此外皆为赤子;奸淫者斩,掳掠者斩,惟期不负苍生。"

(李汝昭:《镜山野史》。《中国近代史资料丛刊:太平天国》,Ⅲ,第12—13页。中国史学会编,编者:向达、王重民等,上海:神州国光社,1952。)

【江苏省常熟县·咸丰十一年五月】 我试问贼兵百万,谁非国之子民;贼目数千,尽是我朝百姓。苟皆熙熙攘攘,而忍轻弃室家乎?孰非好生恶死,而甘心为盗贼乎?然而列圣无一失德,道光朝似宽厚,养成积习,小人竞进,贤人退隐,州县官不以民瘼为心,皆以苛敛为事,有司失德于民,封疆吏苟且于国,其德渐薄,民心渐离,天下如是,遂酿成大祸也。

(柯悟迟:《漏网喁鱼集》,第71页。北京:中华书局,1959。)

【广东·洪德三年】 要救百姓水火,贪官污吏杀清。

(《洪德三年平清王李谕》。中国戏剧家协会广州分会:《李文茂》,第15页。1959。)

【天历元年至二年】 真天命太平天国禾乃师赎病主左辅正军师东王杨、右弼又正军师西王萧为奉天讨胡,檄布四方。若曰:嗟尔有众,明听予言,予唯天下者,上帝之天下,非胡虏之天下也;衣食者,上帝之衣食,非胡虏之衣食也;子女民人者,上帝之子女民人,非胡虏之子女民人也……满洲又纵贪官污吏,布满天下,使剥民脂膏,士女皆哭泣道路,是欲我中国之人贫穷也。官以贿得,刑以钱免,富儿当权,豪杰绝望,是使我中国之英俊抑郁而死也……予兴义兵,上为上帝报瞒天之仇,下为中国解下首之苦,务期肃清胡氛,同享太平之乐。

(罗尔纲:《太平天国文选》,第77—79页。上海:上海人民出版社,1956。原编者注:本篇据程演生《太平天国史料》第一集影印本著录,原刻本藏巴黎法兰西国立东方语言学校图书馆。)

【江苏省扬州·咸丰三年□月】 二十日,外传述包广亨宅内有窖镪十八万两……雷宪[清朝副都御史雷以诚,带军在扬州]侦知,率勇尽起之……先是道光初年,包广亨渡江办运,各种忭弊,诸般取巧,积有三四百万金。

(佚名:《咸同广陵史稿》第三《雷以诚论》。周村:《太平军在扬州》,第10页。上海:上海人民出版社,1957。)

(五)地租额高与减免地租、希望有块土地的要求

[编者按:地租是土地所有权的经济形态,抗租不交,实为否定土地出租者的所

有权。]

【江苏省元和县·1806 年】嘉庆丙寅,张姓曰:"族中有小康者,只父子二人。[吾]弟种其田,并借其钱以买牛。前日谋欲酖之,则田租与钱可不偿,更当嗣入为后。余不之禁。不意昨已购毒药。"

（陶煦:《周庄镇志》卷六,杂记,第 16 页。）

【河南省滑县·嘉庆十六年】刘帼明在伊家内,招人入教,许给官职、地亩,是以相从者众。

（《钦定平定教匪纪略》卷二十五《李宗林供词》。）

【河南省滑县·嘉庆十八年】林姓[林清]要帮河南做朝廷,邀我们大家帮扶[天理教],事成给我们地亩。

（《故宫周刊》第 24 期,《林清教案》范采供词。）

【江苏省常熟县·道光二十年】然小户之脂膏已竭,苟有些恒产,悉售于大户。

（柯悟迟:《漏网喁鱼集》,第 4 页。北京:中华书局,1959。）

【江苏省常熟县·道光二十六年】五月十一日,菜麦将刈,价值二千。忽有归[归家市]、徐[老徐市]市间张贴无名榜,其意条银已贱,如业户照旧收麦租者,约期拆毁房屋。二十一日在陈吉观音堂鸣锣集众,至百人,向各业户家勒贴麦租价每斗只许一百六十,稍不即应,即行拆毁,沿途逼人从走。次日声势更甚。二十三日锣声环震,分翼而出,一至何市,一至周吴市,顺图抢掠。如是被毁、抢、焚掠者四十余家。陆续到县喊禀,皆言拆衙不办姑息养奸所致。毓令[县令毓成]无可设施。滋事处一闻官差来缉,又复鸣锣妄行拒捕。官不敢履勘,乞求本府会同海防委员带兵勇[于]闰五月初一到地绘勘,福山总镇孙云鸿在城防御,随获首从二十余人,余溃散,缉未获,案悬不办,毓令撤任,即委上冬帮办常熟漕务之同知衔何士祁摄理县政。仍责令毓成协缉拆衙一案……七月二十二日,毓令带领弁勇四百余名,将到梅里,彼处已集数千人,皆执农器,迎出梅塘,势甚狂悖,弁勇返棹,官亦回城,上详各宪"锋不可撄",李抚军即委中军恩会同本府桂超迈带领抚标兵四百名,福山镇标兵四百名,驻扎城中。先谕各汛封口,二十六日祭旗。各兵勇领赏后,如有妄扰民间者,以军法从事。斯时枪刀列列,剑戟重重,如吾方几为乱世人矣。

（柯悟迟:《漏网喁鱼集》,第 8 页。北京:中华书局,1959。）

【江苏省常熟县·道光二十六年五月二十九日】桂丹盟、郑尊、赵万同抚藩臬三委员到昭文,缘东乡佃农,借苛租名,毁业主屋事,访获审办也。总镇孙公亦领兵至城,先发行勇百人,继调镇兵五百,赴张墅旧墅等处,拿获数十人,置之法。

（龚又村：《自怡日记》，抄本，卷五。）

【广东省、广西省·道光二十八年】上等的人欠我钱，中等的人得觉眠，下等的人跟我去，好过租牛耕瘦田。

（《荆棘丛谈》，抄本。）

［编者按：道光二十八年秋，在贵县覃塘圩张贴告示，号召人民反清，旗帜上书"借富救贫"、"顺天行道"、"杀官留民"等字样。见手抄《永淳县志》稿本《永淳治乱纪要》及《潜斋见闻随笔》原抄本，进而提出上述口号。又据《钦州志》卷十四，张嘉祥联合广东钦州、灵山和广西贵县、横州的壮、汉各族农民，起义于横州，声言"劫富济贫"，破当铺，到处"勒索富户助饷，掠取囤积谷米"。转引自《历史教学》1958年12期第21—24页。］

【浙江省绍兴·道光二十九年夏】是年夏久雨而潮大，决萧山西江塘，水内灌及阶，陆地荡舟，乡人结群毁富户门乞米，日聚日众，欲满方去。有收租时结恨如王都谏藩等家益甚。乃议各归村坊办赈粜。余随诸兄涉水至下和坊土谷祠助收放钱米，劳募乡勇守御，奉示有乘机抢劫者，格杀勿论。时惟石宕匠力大最横，柯山下单姓被劫，竟斩以徇，乡民稍戢。迨水退，山阴令胡公泽沛、会稽令耿公曰德名拘首要，至责数千，钉桩大堂下，缚跪烈日中，半日即毙，约重惩百十人。其后数十年间，遭水无哗者，二公余威也。

（范城：《质言（选录）》，《太平天国》，第四册，第417页。罗尔纲、王庆成，桂林：广西师范大学出版社，2004。）

【江苏省常熟县·道光三十年十二月六日】同伯谦南乡收租，虽大半结帐，而折减太多，不敷办赋。

（龚又村：《自怡日记》，抄本，卷九。）

【广西省桂平县·1850年】［距金田二十里大湟江口地区农民中流行的口号］"蓬塘、桥塘［附近二村名］土地随便耕，石头脚人［按：附近的耕地大多是石头脚地方陈姓大地主占有］有死（有）［无］生"。……与太平军为敌的王作新，在大湟江口开设当铺粮铺，被扫数充公。

（《历史教学》，1958年第12期，第21—24页。）

【广西省贵县·咸丰元年】时贵县土民与嘉应州迁来客民争占田产，聚众互斗，县令得贿，庇护土民，将客民责逐，穷无所归，其悍黠者倡首，率众投金田，入洪逆之党，人数极多。

（半窝居士：《粤匪起事记实》，《太平天国》，第四册，第3页。罗尔纲、王庆成，桂林：广西师范大学出版社，2004。）

【广西省·金田起义后太平天国提出的口号】 百万家财欠我钱,半贫半富任耕地,无食无衣跟我去,百钱米粒不忧天。

（见广西壮族自治区通志馆调查资料藏卡。转引自钟文典:《太平军在永安》,第168页。北京:三联书店,1962。）

【湖北省、湖南省、广东省、广西省·咸丰元年九月初三日】［谕程矞采等严密访拿朱九涛］

军机大臣字寄湖广总督程、湖北巡抚龚、湖南巡抚骆、两广总督徐、广东巡抚叶。咸丰元年九月初三日奉上谕:据程矞采驰奏,访获会匪讯究各情等语。湖南衡州地方斋匪最多,经该知府陶恩培访获谢发祥等犯,究获头目左家发,并于获犯萧二家起获旗帜、黄布马褂、号衣、木印、令签、阵图、书信、伪照多件。提讯左家发,据供系听从广东人李丹入会,以广东老万山即狗头山之朱九涛为会首,又有张添佐改名赤松子在湖北、湖南各处藉名卖药,暗行勾结。朱九涛自称太平王。李丹称平地王。张添佐称徐光王。朱九涛约令该犯纠结匪徒等语。该犯等行踪诡秘,游奕于楚粤之交,若不协力访拿,势必滋蔓愈甚。着徐广缙、叶名琛查明老万山坐落何处?是否即系狗头山?该匪等系何会名,伙党若干,分隶何处?务即严密访查,派委员弁将头目朱九涛及匪党全行弋获,并捣其巢穴,毋得稍留余孽。其在湖北、湖南勾结各匪,着程矞采等就现获各犯究其党与,诘其住址,密饬两省州县不动声色,一体访拿,毋令一名漏网。原片着抄给徐广缙、叶名琛、龚裕阅看。将此由五百里各谕令知之。钦此。遵旨寄信前来。

（寄谕。军机处全宗·剿捕档。中国第一历史档案馆编:《清政府镇压太平天国档案史料》第二册,第365页。北京:光明日报出版社,1990。）

【江苏省常熟、元和、无锡、吴江、震泽·咸丰二年十一月】 米价一元八、九,漕收四元五、六。闻元和县为浮收拆署,无锡亦然。惟[吴]江、震[泽]两邑,农民盟约,还租只有五分,否则全欠,业主俯就。办漕亦多周折。

（柯悟迟:《漏网喁鱼集》,第15页。北京:中华书局,1959。）

【广东省肇庆县·咸丰五年至同治二年】 而是年[咸丰五年]肇庆复有土客之变。客民多嘉应州人,其人贫而不畏死,向多流寓肇庆,为土民种地,亦尚相安,惟常有欠租押还细事,客民即亦为怨。至红巾贼[1854年]起,假团练为名,聚众抗租,土民收租者多被殴杀。于是土民募土勇,客民募客勇,日以械斗为事,官不能禁,至今不决。

（赵烈文:《能静居士日记》。《太平天国史料丛编简辑》第3册,第282页。太平天国历史博物馆,北京:中华书局,1962。）

【广东省恩平等七县·咸丰五年】 现有朋友在开平县回省,探得恩平县有客家造反,杀去本地人民男女大小十余万之多,烧去村庄七八十处。客家者,乃原籍嘉应州人,缘因旧年与本地人同为红头贼,因分赃不均,故客家转为白兵,假官兵杀本地[人],用蚕虫食桑之计,将本地村庄尽行杀绝,以掠银钱田地之利,而官兵不与焉。现在通连开平县、高明县、鹤山县、新兴县、高要县、四会县共七县客家相连,同杀本地人,陆路不能通行。而本地七县之绅衿俱到省城督抚宪告状,亦已批准,候发官兵剿办。

(《退迩贯珍》1855年第8号,第13页上。《太平天国史料》,第498—499页。金毓黻、田庆余,北京:中华书局,1955。关于农民均田的要求,见上文"均贫富"目;关于当时地权不均的状况见"农业"章。)

【云南省昌陵县·咸丰六年】云南哀牢山彝民起义后不久,湾甸[今德宏傣族景颇族自治区州昌陵县境]的傣族景福保,复纠镇康回匪马赛陇等及游匪、夷匪九百余人,联营猛岗,以求分地土安身为词,滋扰湾甸各夷寨。

(《云南通志》卷一百六十,《武备志》二之六《戎事》六。)

【河南省】北方天理教在起义时,要教徒每人出根基银钱一百文,说是起义后每人要分地一顷。

(引自《华中师范学院学报》,1957年第3期,第75页。)

【广西省永邑·咸丰元年】永邑十三屯恶僮杨隆盛、黄可经、陆绵等,见盗贼四起,官府剿捕不及,间行招抚,因蓄逆谋。适咸丰元年,恩诏有豁免积逋钱粮,遂私改为豁免官租民租,自耕自纳。煽动愚民,乘机杀逐业户,占田霸产。乃结盟拜会,竟起作逆。九月十五日,初次在那河墟,聚众拜会。

(佚名:《永邑十三屯僮为逆暨李七作乱纪略》。《太平天国革命时期广西农民起义资料》下册,第305页。北京:中华书局,1978。)

背景

【江苏省常熟县·道光二十四年】历年灾缓,固籽粒未注,恩赦亦不望矣。折色八元三、四角,洋合制钱一千三百零。假如大户,票米十石零三升,竟以十石注缓,三升完缴,短价折色四元光景,仅要洋一角二分,将票米总算扯,每亩不过四、五十文。如小户,票米照数算,每亩必要一千零,顽佃蒂欠不在内。此中甘苦,迥乎天壤也。故有冬暖号寒,年丰啼饥,皆由此出。有旨未曾被兵之地,历年所欠粮米,豁免至二十年分,经兵扰攘之各州县,豁免至二十二年分。圣恩浩荡,然而未能普遍。

(柯悟迟:《漏网喁鱼集》,第5—6页。北京:中华书局,1959。)

【江苏省·道光二十七年】谕军机大臣等:有人奏,江苏省上年缓征漕粮,并未刊刻誊黄。易知单内亦未注明应缓数目,民间照旧完纳,书役以卖荒射利,衿监以注荒占租。

(《清宣宗实录》第四百五十八卷,第5页。道光二十八年八月条。)

（六）借贷利率高与减息要求

【广西省·道光二十六、七、八年间】连年贼恶,劫当铺,抢城池,上下未停。

（《李秀成自述》。《太平天国》,第二册,第 352 页。罗尔纲、王庆成,桂林：广西师范大学出版社,2004。）

【广西省象县·道光二十九年】武宣县区振祖率众千余人起义,破象州长安圩,尽取当铺银铺钱财分给贫民。

（民国《象县志》。转引自《历史教学》1958 年第 12 期,第 21—24 页。关于起义者与贫民反当铺的情况,参见第十章和第十六章。）

【广东省茂名等县·咸丰元年】［李文茂起义军］严禁地主收租及谷花当押等项高利贷剥削。

（中国戏剧家协会广州分会编：《李文茂》,第 23—24 页。1959。）

【上海·1854 年 6 月】太平天国统理政教招讨左元帅陈,为晓谕事：照得开设典当,是所以便民也。今因兵兴以来,城关间隔,边途梗塞,致累吾民生计萧条,当赎不便,前经饬谕大当,无论满年近月,一概让利,是以调剂尔民起见,曾经出示在案。今又恐城门进出不便,城头吊赎滋弊,故特咨大元帅,会同设立一局在城外,代为收赎,既可便民而塞流弊。为此示谕尔等,悉各宜踊跃,毋负婆心。

特示。

大明甲寅年五月　日示。

（原件存剑桥大学,王重民存照片。照片载《太平天国革命文物图录》四八。太平天国起义百年纪念展览会,上海：上海出版公司,1954。）

［编者按：从文件上印太平天国的"囯"字而不用"国"字,又官衔亦为太平天国所无,又用"大明"为年号,当为天地会所发的布告,最大可能是上海小刀会起义者的布告。《太平天国革命文物图录补编》五五,"太平天国统理政教招讨左元帅陈亚林谕"上有"大明大元帅"及"大明大元帅刘、招讨左元帅陈"的印文。及晏玛太《太平天国纪事》："刘盖广帮首领,而闽帮首领则为陈亚林"。该件上文有"点春堂公馆"小朱戳。"点春堂"在上海邑庙萃秀堂东首,大概是小刀会指挥令停战时的大本营。据此可知,两件中之"太平天国统理政教招讨左元帅陈"即上海小刀会起义领袖之一陈亚林。又,"吊赎"可能是指从城墙上将物吊下或将钱吊下收赎。］

（七）市场公平交易的要求

【湖南省宝庆县·咸丰二年】魁联,汉军正白旗人,道光中历署沅、辰、永、岳、衡知府,皆有政声。后署宝庆知府……咸丰二年,粤贼犯湖南,宝勇分驻要隘,贼不敢犯。会岁饥,郡境奸民借阻米出境以勾结会匪,联严缉首恶置之法。

（曾国荃等纂：《湖南通志》,光绪十一年刻本,卷一百零七《名宦志十六·国朝五》。）

【江苏省上海、嘉定等地·咸丰三年】 七月十三日小刀会起义者攻打嘉定县城（第374 页）。八月初三,在嘉定,有三人"往各米行谕话,不许闭歇,米价不许抬高；倘有粮草不敷,即出现钱籴买,决不硬赊。并有青皮一条,各店挂贴"（第383 页）。在上海,八月初五卯时,攻打各署。"辰刻,匪鸣锣,令各开店"。[初六]"现在各店略开"。"幸不杀百姓及淫污之事"。"其伪示则云专杀贪官污吏等语"（第384 页）。初五,"该匪告知百姓,照旧各开店铺"。"匪人鸣锣,叫各家开店"（第385 页）。

"街面店铺照旧开张"。"现在遍拜富户,欲要捐助银两"（第386 页）。"勒令铺户照旧开店,又向典铺各勒借洋三四百元"（第387 页）。[初八]告示："居民铺户照常开设,时价不准高低"（第390 页）。

嘉定"南门之典铺、富户均被抢劫"（第389 页）。初八日嘉定,晓谕："与百姓秋毫无犯,惟向绅富索银,徐宦索银二十万,秦、王两姓各四万。城内外开店如常,倒觉更为热闹,竟有赶趁者。其各处所贴,为富户不肯济贫,为富不仁,故来伐暴,尔等须改过自新等示"（第390 页,又第401 页）。八月初十,旗帜口号,"反清复明","替天行道","安邦定国"。"城外乡民多为所卖"（第395 页）。八月十一日,杀官吏,献者赏,匿者罚。"窃奉宪台会同桌宪札示：以嘉定贼匪纠众踞城,并出伪示,豁免钱粮,实属罪大恶极"（第397 页）。

上海,八月初十,催开店面,采办米石。要夷人捐款一百万。鬼子不允,鬼子调兵。（第399 页）"各寻仇家"（第401 页）。

青浦,八月十五日,"店铺照常开设"（第403 页）。贼兵"多系宝邑土著贫民"（第407 页）,号令极严（第410 页）。

"周立春传五门地保,不准铺户迁徙,闭歇,衙役家内均被封锁,监犯尽给钱放出"（第410 页）。青浦生员孙大钧造反（第427 页）。

嘉定,惟小担稍可出入城门（第438 页）。

宝山,劝典当捐。监生周建初造反（第439 页）。

上海 "米系乡间挑来卖的"（第440 页）。因有夷人,城中无虑绝食（第448 页）。米价每斤五十文,所需"无非勒索绅富"（第449 页）。

十月初,"沪城典铺等皆仍开设"（第462 页）。清军残杀状,剖心肝而烹等（第476 页）。

（《忆昭楼时事汇编》,《太平天国史料丛编简辑》,第五册,第374—476 页。太平天国历史博物馆,北京：中华书局,1962。）

【福建省永安县、沙县·咸丰三年】 六月初一日接到闽中来信……据永[安]、沙[县]山客来信云,贼出伪示,各典店不准不开,总要公平交易,倘有抢劫重办云云。是以仍行交易。四城门只开一处,管守颇严。

（《时闻丛录》。《太平天国史料丛编简辑》，第五册，第136页。太平天国历史博物馆，北京：中华书局，1962。）

【江苏省青浦、嘉定、宝山、川沙、南汇等县·咸丰三年】[八月初五至十二日]分定青浦[原抄件误作嘉兴]、嘉定、宝山、川沙、南汇等府县地方，保护居民铺户，(案)[安]业如常。

（《刘丽川给洪秀全奏章》。《太平天国史料丛编简辑》第五册，第98—99页。太平天国历史博物馆，北京：中华书局，1962。）

【江苏省上海县·咸丰三年八月十一日】上海匪众[指小刀会起义军]闻于绅富借六十万，典铺借三十万，民间携出小包，须有典铺小票，云是赎者，方可带出。日间开店，夜令各家门首挂一号灯，又查造丁口册[上洋富室如郁姓之类，皆已头扎红布巾云]。住在善邑东关外之姚庚山，在上洋开两南货店[闻在城外]。道光二十二年，夷人扰乱，亦不搬动，但关店门，自家守护。现在仍旧开张，并未搬回[十五日姚庚山搬回了，说夷人欲与匪打仗，恐惊害百姓，故令搬开]。

（王文镕：《癸丑纪闻录》。《太平天国史料专辑》，第507页。上海：上海古籍出版社，1979。）

【江苏省青浦县·咸丰三年】九月初六日，金秋田三兄与徐树翁偕至青浦城内，寓桐油号内。城中萧索不堪。青浦人云：先是周立春进城，铺户皆不关闭，依旧交易。有张令募来之乡勇，不知县官已逃，误投周立春，周将为首者杀死。官兵用枪炮轰城进来，周立春早已闻信逃去。官兵杀死百姓百余人，强抢奸淫放火无不至，人家门上多有刀痕，砖头碰伤痕。

（王文镕：《癸丑纪闻录》。《太平天国史料专辑》，第510页。上海：上海古籍出版社，1979。）

【浙江省乐清县·咸丰四年】[十二月]……十八日午后，戴小松率台匪三百人至，分守七门。是日市肆皆闭，伪头目传语，开门照常贸易，贼买物辄倍其值以偿，商贾颇悦之。自徐家破后，即禁剽掠及奸淫，犯者皆斩。贼目分据文武官署，匪兵散处祠庙旅舍，或寓于亲故，止派富家供膳，民心稍安。

（林大椿：《红寇记》。《太平天国史料丛编简辑》第二册，第249页。太平天国历史博物馆，北京：中华书局，1962。）

（八）鸦片战争的影响与反对外国侵略

【四川省峨眉县·道光二十一年】有人奏，峨眉县知县胡林秀借夷务津贴为名，按地丁加派，并改造米斗，勒民备价领取。

（《清宣宗实录》第三百五十一卷，第7页。道光二十一年四月乙未。）

【江苏省江阴县·道光二十二年】道光壬寅,夷兵至上海,陈化成死。镇中惶恐,各处盗贼充斥,商旅多被劫矣。

（陶煦:《周庄镇志》,卷六,杂记,第 18 页。）

【福建省厦门·咸丰二年十月】［厦门士商反对拐买华工告白］为惯匪诱骗、图陷民命,告晓预防事:

慨自夷人通商厦岛以来,买人贩卖,罗虐无辜,勾引内地奸匪,拐骗良民,名曰客头,朋谋数十人,串通数百人,狼贪虎视,垄断而登。逐日在沿海内山四处招摇撞骗,利己损人。始则以微利媒引孤独穷民,继则以饵术拐带人家子弟。甚至奸计百出,操术弥工。或藉以佣工取利,驱之陷阱。或导以析单便宜,坠诸术中。或诱以散步玩游,罩陷良善。种种弊端,村里愚民屡被一网打尽。似此利欲（纷）[熏]心,天良笃丧。

人被拐到夷行舢板,公然指卖。一入其中,鴃舌难通,酷甚囹圄,呼天泣地,任诉莫何。迫至载至番邦,日夜疲劳,不遑假寐,进退无门,毙而后已。而且音信不通,生死未卜,致父母家人肝肠碎裂。卒至覆宗绝嗣,害伊胡底。

嗟呼,生为中华之人,死为异域之鬼。彼苍者天,奈何歼我良人乎!所愿仁人君子,群相训勉。父戒其子,兄戒其弟。思患预防,毋致误中奸徒之计。告诫叮咛,启人万死一生之路。敢竭愚诚,沥陈数语,凡百君子信而听之。

厦门士商同白。

（英国公共档案局编号 F.O.228/903/3842。《太平天国文献史料集》第 39—40 页。北京:中国社会科学出版社,1982。）

【福建省厦门·咸丰二年十月】［署泉州厦防分府王严禁妄出告白示］

钦加知府衔调署泉州厦防分府王。

严禁妄出告白以杜谣言惑众事:

照得厦地民番和睦,本分府经出示严禁奸匪借端滋事在案。近闻街衢屡有匿名告白,伪称士商,谣言纷纷,显系奸匪借端之尤者。本分府居公矢慎,民志和平。有事当禀官裁夺,尔等何得混参主意,播弄是非?为此,示谕铺户居民人等知悉,如遇贴有匿名告白,立即揭报本分府,当按律惩办,决不稍纵。此示。

咸丰二年十月十六日给。

（英国公共档案局编号 F.O.228/903/3842。《太平天国文献史料集》第 40 页。北京:中国社会科学出版社,1982。）

【浙江省乐清县·咸丰四年十二月】［瞿振汉红巾军起义发的檄文,指责清政府投降外国。］而且番酋猖獗,海寇淫凶,逞虎视之雄威,纵鲸吞之大势……四明任匪夷杂处,凯真蛇虺难摧;三镇与海寇交盟,堪笑鼠猫同卧。

［甲寅十二月十八日在乐清的安民布告指责:］"满汉界限隔告天渊,一切设施,汉人

任其劳,满人享其利"。指责"官吏贪污,胥役暴横"。

(周起渭:《瞿振汉起义事略》。《近代史资料》1963 年第 1 期。)

【广东省、广西省·同治二年七月二十七日】而粤省先募水兵万余,初次议和后即令散遣,军器皆未缴出,由是盗风大炽。及耆英为粤督,捕之甚力。时西抚为郑祖琛,则转讳盗,盗皆以粤西为渊薮,党羽既众,遂肇洪逆之乱,天下为之糜烂。推原其事者,以为皆本于夷祸,而咎林之焚烟为好事喜功,轻启边衅云。

(赵烈文:《能静居士日记》。《太平天国史料丛编简辑》,第三册,第 287 页。太平天国历史博物馆,北京:中华书局,1962。)

(九)无以为生与参军得食

【湖北省广济县·道光五年乙酉岁】"有将鬻妻养田。"

(荣实修:同治《广济县志》卷八,《夏骰墀传》。同书记鬻妻事的还有:《魏居业传》"农民某负债将鬻妻"。《冯栋才传》"佃人某鬻妻偿债"。《宋锦云传》"乃鬻妻偿债者"。《夏之骥传》"有鬻妻者"。《胡振龙传》"乃因负租鬻妻者"。《郭烈金传》"旅中有饿者,将鬻妻求治"。《刘超传》"梅邑有[因大水]鬻妻于官媒者"。《刘桂传》"买一婢"。《胡夏礼传》以及《彭秉翰传》、《刘君植传》等。)

【湖北省大冶县·道光二十一年】民鬻妻女,饿殍相藉。

(黄丙杰修:同治《大冶县志》卷之八《祥异》第 15 页。该志多处记道光时民鬻妻女事,如:二十九年,米价翔贵,民采食草根木皮,鬻妻女,相劫夺。斗米钱五百六十文。三十年,荒甚,贩妻女者不禁。)

【浙江省海宁州·道光二十九年】[五月大水,米贵,鱼多,肉贱]至六月初一日水始退……颗米无收,于是饥民昭粘坐饭。

(冯氏:《花溪日记》。《中国近代史资料丛刊:太平天国》,Ⅵ,第 657 页。中国史学会编,编者:向达、王重民等,上海:神州国光社,1952。)

【广西省·道光三十年八月十四日】再,西省盗风甚炽,几于水陆遍地皆然。本年广东委解黔饷、滇饷船只,均于行抵昭平县河面遇盗,伺抚幸先已札饬沿途文武,多拨兵役护送,方保无虞。饷船如此,商船可知。至于每股匪数,传闻动辄二三千,却又未必尽然。粤西地瘠民贫,若游匪纠聚过多,劫掠既不敷口食,村市又无处栖身。周咨博访,该匪等每以数十人或二三百人为一股,所到之处,随时勾结土匪,共行抢掳,往往土匪多于外匪数倍。该管文武禀报,动称有外匪一二千入境滋扰,不思匪踪之来去,视乎堵缉之疏密。疏则肆行无忌,密则敛戢可期。平日既不知讲求捕务,实力练团,直至外匪入境,得赃远扬,搜捕零星土匪,将就粉饰了事。虽节次据报获匪不下千名,惟外匪则绝少捕获。无怪乎匪胆益张,愈办愈多。现经四出蹂躏之后,乡市精华殆尽,势必觊觎城中仓库。恐可为寒心者,尚不止修仁、荔浦两邑也。

(徐广缙奏。《钦定剿平粤匪方略稿本》。中国第一历史档案馆编《清政府镇压太平天国档案史料》第一册,第26页。北京:社会科学文献出版社,1992。)

【广西省·道光三十年九月十三日】窃计广西全省共领府十一,而匪徒蹂躏之区已及十分之七,居民逃避纷纷,迄无安土。若非为抚绥,其孤弱者必转填沟壑,其强黠者且窜入贼党,则为害愈大。

(吕贤基奏。《钦定剿平粤匪方略稿本》。中国第一历史档案馆编《清政府镇压太平天国档案史料》第一册,第48页。北京:社会科学文献出版社,1992。)

【广西省桂平县·道光三十年】去年[道光三十年]八月内,在(朋)[鹏]隘听从杨姓纠邀,前往拜会。头子当天用水一盆,拜毕,将水(挠)[浇]心胸膛。蓄长头发。每日食饭,口念"感谢上帝,有衣有食"二句。若毁打神庙,口念咒语,"恳祈天父上帝,将妖魔诛灭,大发天威"三句。

(《李进富供词》。《太平天国文献史料集》,第18—19页。北京:中国社会科学出版社,1982。)

[编者按:"有衣有食"是起义者的基本要求。]

【江西省九江县·咸丰七年闰五月】丁未,李续宾以长濠困九江……凡数十战,杀贼万余。贼抵死不退,饥民附合甚众,以为进则可图一饱,退则无所得食,于是贼势益甚。

(李滨:《中兴别记》,卷三十四。《太平天国资料汇编》第二册下,第550页。太平天国历史博物馆,北京:中华书局,1980。)

【安徽省、湖北省·咸丰七年】咸丰七年六月十七日奉上谕:官文、胡林翼奏……据称,皖匪因年荒粮尽,裹胁饥民数十万,由黄梅、广济、蕲州,蕲水等处间道上窜。

(英启:光绪《黄州府志》卷首《圣谕》,第47页。)

【浙江省桐乡县·咸丰十一年正月十八日】闻汪长毛竖奉令招兵旗号。二十边,有沈渔池朱氏子投入汪馆,有安家费一元与其母。于是镇上无赖子无从糊口者,往往投之。

(沈梓:《避寇日记》。《太平天国史料丛编简辑》,第四册,第66页。太平天国历史博物馆,北京:中华书局,1962。)

【浙江省象山县·咸丰十一年十二月】继张者为余姚潘峕,名世忠,本为地匪,初投入长毛,三月间即升为将军之职。其下俱乌合之病丐羸偷,志在摸鸡盗狗,一温半饱而已。

(王薳惠:《咸丰象山粤氛纪实》。《太平天国》,第五册,第210页。罗尔纲、王庆成,桂林:广西师范大学出版社,2004。)

【湖南省安化县·同治二年】新化罗洪饥民抢食,帽子山山贼窜邵阳隆回都,与官兵抗拒。

(何才焕纂:《安化县志》,同治十年刻本,卷十六《经政·团练》。)

背景

【江苏省·咸丰三年正月】二十六日,至清江浦,饥民夹道,愁苦之声,颠连之状,惨不忍言。越日渡河,行经邳州、桃源、宿迁等处,沿途饿殍,市井街巷多弃尸。询之土人,皆云前年河决丰北,去年塞而复决,死者过多,故收葬者少。

(曹蓝田:《癸丑会试纪行》。《太平天国史料丛编简辑》,第二册,第319页。太平天国历史博物馆,北京:中华书局,1962。)

[编者按:从上面的资料中可以看出,19世纪中国社会的人们,分成各种各样的阶级、阶层、集团、社群……行、帮、会、馆。他们各自发出不同的呼声。这些呼声组成社会交响乐。其间,有些声音互不协调,似乎嘈噪,似乎杂乱,实则有章,有一个主题旋律在不断地重现。要知道一个历史时代,只要找到了代表它的社会交响乐之主题旋律,就可知道这个历史时代的心声。十九世纪中叶中国,有一个主题旋律,以变换着的形式在乐章的各个部分出现。这个主题旋律就是贫苦群体要求改革,诸如无地农民要土地、要求免租(改革土地制度);有小量土地的自耕农民要减粮免粮(改革田赋制度)等等。]

四、太平军的社会基础

(一) 参与者的家庭成分或职业

[编者注:"参与者"含太平军和太平天国政府的成员,其中包括乡官。关于乡官的家庭出身,在乡官章中立有专节,此处从略。]

【广东省花县·道光三十年】附件一 密查冯云山踪迹并拘讯其弟冯亚戊呈文

又访得该犯冯云山即冯乙龙,向在家教读,于道光二十四、五、六、七等年在本省城抄写蓝本为生。自二十七年二月由省回家闲住。至五月,赴广西曾家教读。二十九年十月间,由西省回家。十一月又回西省,至今未回花县。

(《太平天国》,第三册,第303页。罗尔纲、王庆成,桂林:广西师范大学出版社,2004。)

【广西省桂平县·道光三十年】洪逆平日祷雨占晴,画符治疾,颇有效验,乡民称为洪先生,奉之若神。村人萧朝贵、石达开、韦正皆订交焉。萧朝贵勇而狡,洪逆以妹妻之。石达开犷悍多谋,以锻铁为业,家小康,子弟皆从洪逆为师。韦正家巨富,邪侈成性,其父年届期颐,覃恩赏九品顶戴,门悬敕封登仕郎之匾,被人挟制,谓未曾敕封,不应僭悬此匾,将告官治罪,恐吓多端,来索贿者不绝,韦正患之。洪逆令撤去此匾,入其教中,以拒人之讹

63

索。韦妻病危,医药罔效,洪逆治之立愈。因此二人交情更密,韦正遂改名昌辉,倾其家资,助洪逆传教。贵县人黄玉昆,平南人胡以洗,皆著名富豪,慕洪逆之教,同来入党助资。

（半窝居士：《粤寇起事记实》。《太平天国》,第四册,第2—3页。罗尔纲、王庆成,桂林：广西师范大学出版社,2004。）

【广西省桂平县·道光三十年八月十三日】［天兄教导洪秀全］庚戌年［编者按：已经"团营"并集中居住］天兄萧朝贵曾问教徒罗能安"如何得咁多粮草食"？罗能安回答："李得胜之吴表亲出粮谷二千石。"

（《天兄圣旨》。《太平天国》,第二册,第301页。罗尔纲、王庆成,桂林：广西师范大学出版社,2004。）

【湖南省道州·咸丰二年六月】郑光今供

据郑光今供：年四十二岁,湖南道州郑家村人。父故,母亲潘氏,现年六十七岁。兄弟三人,小的居长,二弟满任,三弟透任,又名光祐。小的娶妻陈氏,生有一女。平日耕种,并做买卖生理。

（《太平天国》,第三册,第279页。罗尔纲、王庆成,桂林：广西师范大学出版社,2004。）

［编者按：除郑光今外,还有28人均作了口供,他们都谈了自己的简况。除四人自称系被胁入伙外,都是自行投入太平军的。他们的职业成分,多称"耕种为生",兼做小商贩,有些说得较具体：佣工,乞讨,割草度日等。参见《黄非隆等二十九人口述》。《太平天国》第三册,第271—285页。罗尔纲、王庆成,桂林：广西师范大学出版社,2004。］

【湖南等省·咸丰二年】［王庆成将29名述供者的简况列表如下：］

姓名	年龄	籍贯	家庭情况	职业	参加太平军原因和情况
黄非隆	39	江华城外	有父母、兄弟	开香铺	"有贼人来胁逼入伙"
蔡学伴	25	零陵县	有父母、兄弟	佣工	"贼人胁逼入伙"
蒋光明	20	道州	有母有兄	耕种度活	兄蒋福蒽先投入,蒋光明也就"投充入伙"
高义胜	54	永明县	无父母、兄弟、妻子	做买卖	与蒋光明一起"投入贼伙"
蒋天益	30	道州	有父母、无兄弟、妻子	＊	同上
胡苟	32	//	有母,无父、兄弟、妻子		同上
李松茂	27	//	有祖母、弟、妻		同上
何正东	40	永明县	有母,无父、兄弟、妻子		同上

姓　名	年　龄	籍　贯	家　庭　情　况	职　业	参加太平军原因和情况
陈人仔	28	道州	有父母、弟、妻		与蒋光明一起"投入贼伙"
陈元寿	36	//	有母、兄弟、妻、子		同上
曾永胜	26	//	有母、兄弟、妻		同上
义忠甫	24	永明县	有父母、兄弟、妻		同上
陈天仕	36	道州	有父、弟、妻		同上
陈永泰	45	永明县	有母、兄、妻、子		同上
陈方桂	28	//	有母、妻、子		同上
郑光今	42	道州	有母、兄弟、妻、女	耕种并做买卖	"贼人胁逼入伙"
郑元柏	42	//	有妻、子	＊＊	"投入贼人伙内"
郑元支	52	//	有父、弟、妻、子		同上
郑元财	52	//	有父、兄弟,妻故		同儿子郑光族一起"投入贼人伙内"
郑光族	20	//	有父、叔		同生父郑元财一起"投入贼人伙内"
郑光相	22	//	有父母、弟,妻		同族人郑元如等一起"投入贼人伙内"
郑元如	36	//	有父母、妻、子		同郑光相等一起"投入贼人伙内"
郑光佑	28	//	有母、兄、妻、女		同族人郑光相等一起"投入贼人伙内"
唐文富	38	永州	有兄	帮郑光族佣工	同郑光相等一起"投入贼人伙内"
郑元和	25	道州	有母、兄弟、妻、子	耕种并做买卖	称并未"入伙",系代已入伙的二兄郑元吉外出探听清军消息
刘新发	28	连州	有兄弟,无妻子	割茅草度日	"胁逼入伙"
巫法贵	50	福建	有母、兄弟	佣工耕山、乞食	先参加"土匪"在赖头山起会,投入太平军
邓亚隆	28	连州	有弟	佣工	"黄亚四纠小的入伙"
谢五姊	35	嘉应州	有母、兄弟		同上

　＊以下十一人至陈方桂止,供词未写明职业,但称"余与蒋光明供同"。

　＊＊以下七人至郑光祐止,供词未写明职业,但称"余与郑光今供同"。

（王庆成：《太平天国的历史和思想》，第 577—578 页。北京：中华书局，1985。）

【江苏省南京·咸丰三年】

首逆伪天王洪秀全

粗通文墨。素无赖，日事赌博，多蓄亡命，以护送烟土洋货为生，往来两粤及湖南边界。得商贾谢资，益事结纳，杨秀清、萧朝贵、冯云山皆其党与。

首逆伪正军师东王杨秀清

世业农，秀清独无赖，为隶为佣皆不称意。后同洪秀全结伙护送洋货，积殖自封。

伪又正军师西王萧朝贵

从洪秀全、杨秀清率亡命护送洋货，得商人谢资以为生。

伪副军师南王冯云山

粗知文义，为村塾师，兼通星卜，素习天主教。

伪又副军师北王韦昌辉

素业质库，兼饶田产，富甲一邑。洪秀全倡乱，所过富室一空，掘土数尺。昌辉惧，献银数万入伙，封为北王。

伪左军主将翼王石达开

家本富饶，献贼十数万金，入伙，封为翼王。

伪燕王秦日纲

曾充乡勇，略习刀矛技艺。

伪豫王胡以晃

家本素封，曾应童子试。

伪卫天侯黄玉昆

曾读书，稍通文墨，素为讼棍，出入公门，鱼肉乡党。

伪补天侯李俊良

素精医理，凡贼之有病者，俱令诊视。

伪国伯韦元玠

家本富有，闻洪逆等倡乱，惧毁其家，随子入伙。

伪天官正丞相曾水源

颇知文义，初为童蒙师。庚戌年冯云山在胡以晃村内，传天帝教，写字无人，邀水源入伙。

伪天官又副丞相曾钊扬

颇通文墨，初为童蒙师。庚戌年冯云山等传天帝教惑众，钊扬走从之，得司笔札，为糊口计。

伪地官副丞相黄再兴

稍知文义。

伪地官又正丞相罗苾芬

粗通文墨。自幼贩卖烟土于浔梧一带。

伪春官正丞相黄启芳

稍通文墨，暴躁非常。先在韦贼家教读。庚戌年，洪贼倡乱，韦贼挟以入伙。

伪夏官正丞相何震川

初为广西诸生，曾应北闱乡试。庚戌年洪逆倡乱，被胁入伙。

伪夏官又正丞相周胜坤

家本富有，素业质库。庚戌年洪逆倡乱，罄家以献，封为左一军副典圣库。

伪冬官正丞相罗大纲

素为海中剧盗，掳掠商贾，往来茭塘一带，出没无常。道光三十年官兵捕之急，遂亡命于浔梧，值洪逆倡乱，因走归之。

伪冬官又正丞相宾福寿

素为木工。洪逆起事时，相从入伙，封为典木匠，职同总制。壬子十二月至湖北所掳木工，尽交福寿统带，升职将军。癸丑二月至江宁，大兴土木。木工愈众，遂立木营，升职指挥。七月封恩赏丞相。甲寅四月升冬官又正丞相，专理木营事。

伪天朝督内医恩赏丞相宋耕棠

初为童蒙师，不事生产，家日落，继学医，因术疏无问名者，遂交通吏胥，鱼肉乡里。癸丑二月江宁陷，耕棠隶伪内医杨斐成统下。

伪殿前丞相督理织营钟芳礼

癸丑二月至江宁，封恩赏丞相，督理织营事务。凡江宁城中素业机者，皆一网打尽，分丝络经限日缴缎匹若干，并立营伍，亦有前后左右中各名色，斩然不紊。

伪殿前丞相何潮元

稍知医理，亡命江湖，能以符水治病，趁钱糊口。庚戌年，洪逆倡乱，相从入伙，封为内军帅。而不准用符水，谓之曰："妖符。"

伪殿前丞相左一检点林锡保

初在贼中封为典硝，职同监军。壬子八月，贼在长沙，各军皆设典硝，而以锡保为伪天朝总典硝，职同将军。癸丑二月至江宁升职指挥。八月封恩赏丞相。甲寅二月升殿左一检点。

伪殿前丞相右四检点张潮爵

八月升殿右十指挥，与石达开赴安庆安民。十一月石贼回江宁，以秦日纲代之，潮爵为副。甲寅二月封恩赏丞相。四月又升殿右四检点，其安民造册，掳粮等事皆潮爵总其成。现据守安徽省。

伪殿左五检点吴如孝

稍通文墨。初为洋商司会计，贩烟土于浔梧一带，折耗资本，遂亡命粤西。庚戌年洪逆倡乱，相从入伙。

伪殿前丞相右六检点李寿晖

壬子四月封为正典镌刻，校对一切伪书。

67

伪殿右三十检点陈玉成

癸丑四月封为左四军正典圣粮,职同监军。

伪殿前丞相正总典圣库吴可亿

素业质库,家饶资财。庚戌年洪逆倡乱,举室从贼。壬子九月洪逆等大署伪官,封可亿为典圣库,职同将军,凡掳得金帛,悉令典收焉。

伪殿前丞相副典圣库谭顺添

初封为正典刑罚。壬子九月升副典圣库,职同将军。

伪殿前丞相伸后正侍卫张维昆

辛亥六月封为前一军典硝。

伪东殿吏部三尚书侯淑钱

初为总圣库协理。癸丑八月随石达开赴安徽省,凡附近一带所掳之物,皆淑钱典收焉。

伪东殿户部二尚书侯裕宽

素不识字。初为萧朝贵厨役,壬子八月萧逆授首,其妇向充杨贼婢滕,甚见宠幸,裕宽仍为厨役。癸丑二月至江宁封为典西厨,职同将军。

伪殿前丞相左五指挥唐正财

素为木客,兼贩商米。壬子七月,装米赴下游贸易。十月在岳州遇贼,连船被掳,杨贼抚以好言,加以伪官,封典水匠,职同将军,遂甘心从贼。先是贼在益阳见船即掳,初无所谓水营也,自设水匠之官,贼船始有统辖。十二月贼据汉阳,欲破武昌,惧涉汉江之险,正财搭浮桥渡洪杨诸贼。癸丑二月至江宁,以功升职指挥。五月封恩赏丞相。九月升殿左五指挥,提督水营事务,总办船只。

伪殿右四十指挥余廷璋

不甚识字,暴躁异常。素推车贩米于浔梧一带。庚戌年洪逆等倡乱,随之入伙,封为左二军正典圣粮。

伪功勋前夏官副丞相赖汉英

颇通文墨,兼知医礼。久在广西贸易,洪逆等倡乱,初封伪内医,职同军师。

(张德坚:《贼情汇纂》。《中国近代史资料丛刊:太平天国》,Ⅲ,第43—71页。中国史学会编,编者:向达、王重民等,上海:神州国光社,2004。)

【广西省·咸丰三年】逆首洪秀全,僭称天王,广东花县人,年近五十。面方,身胖,花白须。贼书多出其手,乱之首也……逆首杨秀清……素业淘碱沙。

(张晓秋:《粤匪纪略》。《太平天国》,第四册,第47页。罗尔纲、王庆成,桂林:广西师范大学出版社,2004。)

【安徽省绩溪县·咸丰三年】"徽[州]六邑,绩溪最苦……企望长毛之来,亦股于他邑……休歙之人恶长毛……若绩溪,则城中之士,乡人之富者,恶之;他人则几有奚为我后之谈矣。"

（汪士铎：《乙丙日记》。卷二，第19页。明斋丛刻，民国25年铅印线装本。）

【北京·咸丰三年二月初五日】据北营署参将李炳业带同德胜汛署都司曾瑞、把总赵璋查店，盘获外来形迹可疑人犯赵二即胖墩儿一名。奴才等督饬司员详加审讯。据赵二即胖墩儿供称：系山东朝城县人，咸丰元年三月由原籍到河工给李姓佣工。是年十月，由河工到湖南不知地名住户张姓家佣工。二年八月不记日期，贼匪多人到张姓家抢掠，将伊裹去。伊就在湖南清泉县[编者注：今衡南县]冯家庄地方贼匪宋老德家佣工，宋老德教伊打杆子。九月间，伊回原籍家内取了衣服，仍回宋老德家佣工。十月不记日期，宋老德带领伊并不知姓名七十余人，各持竹杆枪，内有一二人持鸟枪，在湖南不知村名住户家抢得牛只、马匹、钱文。又于十月不记日期，宋老德带领伊并不知姓名九十余人各持竹杆枪，内有三人持鸟枪，抢得牛只、马匹、钱文，均未伤人。十一月间，宋老德叫湖南人张大、王老德同伊来京，叫伊给张大等背负包袱，随于是月二十二日起身。伊向张大等查问进京为何事件，王老德向伊告知进京打听发兵情形。如果紧急，就不进京。如不紧急，他们三五成群，陆续进京扰害抢劫。至本年正月二十一日，走至保定府，张大等叫伊先行进京，约定二十五、六日在崇文门大街见面。如见不着，二十七日在长新店见面。至二十四日，伊到京在德胜门外小店住歇，即被盘获。至伊等起身时，宋老德约有五千多人。宋老德系湖南清泉县人。张大、王老德均系湖南人。宋老德年四十五岁，张大年三十五岁，王老德年二十九岁。等语。

（花沙纳等奏。原折。中国第一历史档案馆编《清政府镇压太平天国档案史料》第五册，第67—68页。北京：社会科学文献出版社，1992。）

【山东省·咸丰四年三月十二日】据张大其即郭大其供：小的是湖北黄陂县人，年二十八岁，本姓张。合现获的张万祥是同族。因招与郭家做养老女婿，改从郭姓，向在汉口卖烟生理。咸丰三年九月二十三日长毛贼到汉口，把小的同已获的张万祥裹胁，到南京，又到扬州。长毛贼与小的改名郭得胜，派充什长，给小的红边号褂一件、长矛一杆。号褂上印有圣兵二字，后心上有太平二字。小的随同他们合官兵打仗八次，十二月里听说北边贼匪被官兵围困，贼众商议到天津解围。那[腊]月二十八日贼内丞相曾姓、胡姓、许姓、陈姓，共带十五军，每军二千五百人，分两起行走。本年正月初十日到安徽，由蒙城县到河南永城、夏邑两县，沿途裹胁，又添一万多人，自蟠龙集渡过黄河。

（胜保奏片附张大其等供单。宫中全宗·朱批奏折。中国第一历史档案馆编《清政府镇压太平天国档案史料》第十三册，第204—205页。北京：社会科学文献出版社，1994。）

【湖北省崇阳县·咸丰四年三月十八日】崇阳土匪最多，有头目廖姓，系本邑屡次严拿之犯，上年从贼。今春廖姓至汉口带老贼六百人，至崇阳招集崇通土匪，已二万余人。该匪自誓必招满三万之数。

（曾国藩奏。宫中全宗·朱批奏折。中国第一历史档案馆编《清政府镇压太平天国档案史料》第十三册，第314页。北京：社会科学文献出版社，1994。）

【直隶·咸丰四年三月二十四日】据郝馨即郝黑子供：我系直隶定兴县人，年十八岁，跟我父亲郝老同在本县东关居住，开马肉作坊生理。上年九月有长毛贼由本县经过，将我并我父亲裹去……长毛贼目叫我带道攻打闭门的县城。随在县东门挖成地雷，装上火药、炮子，药捻点着，将城轰破。我带同王迎锋到知县衙门，王迎锋将知县头上砍了一刀，尚未砍死，我用扎刀将知县左肋扎了三刀，才扎死了。我父亲将知县家眷杀死。因我探道洒药有功，王迎锋给我黄马褂一件，又给我女人一口为妻。

（联顺等奏。宫中全宗·朱批奏折。中国第一历史档案馆编《清政府镇压太平天国档案史料》第十三册，第395页。北京：社会科学文献出版社，1994。）

【直隶·咸丰四年三月二十六日】据马二雪即马老秀供：我系直隶正定府新乐县回民，年二十四岁，在本县城西大营村居住，种地度日。上年九月不记日子我雇给本县民人张二，到本府城内挑茶叶。是日走至正定府东门外，被长毛贼将我裹至贼营，有长毛贼目伪黎合王叫我给他们抬炮，随将不知县名县城攻破。又不记日子，给我双刀一对，同我将一不知县名县城攻破。进至知县衙门，黎合王用单刀将知县砍了一刀，我用双刀将知县扎死，我们进内将知县家眷大小三人杀死。

（联顺等奏。宫中全宗·朱批奏折。中国第一历史档案馆编《清政府镇压太平天国档案史料》第十三册，第412页。北京：社会科学文献出版社，1994。）

【安徽省·天历五年二月二十七日】殿右陆拾肆指挥赖劝四民从真向化晓谕

真天命钦差大臣殿右陆拾肆指挥元勋加壹等赖，为晓谕四民人等知悉：本大臣恭奉天命，统率雄师，搜灭胡奴，恢复汉统。兹尔等地方所藏之妖，本大臣业已剿洗已尽。查察尔等乡城之民，闻得内有充当妖勇，理宜均斩不留。本大臣仰体天父有好生之德，我主天王暨东王列王有爱民之心，格外从宽体恤，赦过前愆，容尔等悔改自新，不得仍蹈故辙，各宜从真向化，炼好心肠。自谕之后，该尔四民不必惊惶畏惧，各安恒业，如常贸易，勿得再听妖言，致累杀身之祸。为此特行晓谕，仰尔四民人等知悉，嗣后务要从真向化，蓄发留须，原归汉体，勿从妖形。该尔乡民凡有殷实之家，务要投诚纳贡，以助军饷；贫寒之民，出力报效，共同剿灭胡奴，同扶真主。如尔四民果能洗心向化，出力报效，本大臣自然转奏我主天王，封尔等四民各授荣爵，安靖尔等地方，共享太平之真福永远于无穷矣。特此晓谕，切切凛遵。

太平天国乙荣伍年贰月二十七日谕。

（《太平天国》，第三册，第45—46页。罗尔纲、王庆成，桂林：广西师范大学出版社，2004。）

【安徽省徽州·天历五年二月廿八日】殿右陆拾肆指挥赖劝徽城郡邑流民归真炼正札谕

札谕

钦差大臣殿右陆拾肆指挥元勋加一等赖,札谕徽城郡邑四民人等知悉:兹本大臣恭奉天命,统率雄师至尔郡邑,闻得各镇有此流民,结众开厂聚赌,名号曰花灯鼓。窃思尔等逐日聚赌营生,殊非正道。今本大臣统率雄师在境住扎,广招英雄,礼贤纳士,尔等流民应当乘此之时,弃邪归正,前来报名投营,以图上进。为此扎仰尔流民知悉,乘此机会归真炼正,出力报效,同扶真主,求取功名,共享太平之福,本大臣无不从公录用。特此谕知,各宜凛遵。

太平天国乙荣五年二月廿八日谕。

(《太平天国》,第三册,第46页。罗尔纲、王庆成,桂林:广西师范大学出版社,2004。)

【浙江省余姚县·咸丰八至十一年】初,咸丰八年,余姚黄李鲍佃户称谓岁歉减租,伪设十八局,拥众诣县,逼胁出示,官莫能制。时有姚西第泗门谢汝璋者,财雄一乡,不甘被胁,忿与佃斗,几将及年,获杀佃匪无算,始各逃散。至是[十一年十月廿二日太平军占余姚之时]十八局匪徒乘隙报复,引领何贼[何文庆],作其向导,共同作乱。

(柯超:《辛壬琐记》。《太平天国资料》,第180页。北京:科学出版社,1959。)

【咸丰十年】文衡正总裁、传天王真圣旨、天朝王宗、九门御林宿卫后护军正军师、天京神策后护军正掌率、朝纲又副掌率、教习幼主宫正掌率、天历府正统管、钦定书本正统管、天一尚书、开朝精忠军师、揆文奋武、顶天扶朝纲忠章干王……昔金田倡乱时,惟杨秀清、萧朝贵、冯(芸)[云]山、韦昌辉、石达开、蒙得恩得与逆谋,伪封东、南、西、北、翼、赞等王。其后王封日滥,无以励功,于是加锡名号,如忠逆之封尽忠报国忠义忠王荣千岁,以别之。司封之贼,又往往以名为戏。航逆素撑航船,因封涉川利济航王撑千岁。慕逆故业木工,因封斩曲留直慕王锯[丰]千岁;挺逆尝设春药铺,因封燮理阴阳挺王强[豪]千岁;劝王因进女得幸,因封承恩受宠劝王娱千岁,真堪绝倒。

(谢绥之:《燐血丛钞》之一。《太平天国史料专辑》,第390—391页。上海古籍出版社,1979。)

【浙江省太平县·咸丰十一年十一月】[太平军退出县城,被团勇杀数百]无真长发,皆黄[岩]、太[平]、临海无赖之徒。其在城也,无家不到……取书卷法帖以拭粪,田单契券投之圊溷,真无人理。自古贼匪未有如此顽蠢者。

(叶蒸云:《辛壬寇纪》。《近代史资料》1963年第1期,第192页。又见《太平天国》,第五册,第367页。罗尔纲、王庆成,桂林:广西师范大学出版社,2004。按:浙江省太平县,今温岭县。)

【江苏省青浦县·天历十二年】［江苏省南京·天历四年四月］青浦守将张有才等礼拜奏章

信真道全众小子一起跪在地下,祈祷天父上主皇上帝老亲爷爷,情因恭承天命,现下镇守青浦,今礼拜之期,小子张有才全众兄弟等人,理宜虔(俱)[供]香茶,敬奉天父上主皇上帝酹[酹即酬]谢天恩。恳求天父上主皇上帝祝福众小子,日日有衣有食,无灾无难,一当拾,拾当百,百战百胜,杀尽妖魔,早归一统,早安圣心,共乐太平之春,永享荣花之福!父皇所有祈求,天父上主皇上帝保佑(阖)[各]队、(阖)[各]衙,[佑]个个平安,人人吉庆,扶持众小子有勇有谋,有胆有量,早将小丑扫尽,早日升平一统,扶助我真主江山永远万万年。又恳求天父上主皇上帝,在天圣旨成行,在地如在天焉,俯准所求,个个心诚所愿!

天父天兄天王太平天国壬戌十二年　月　日礼拜奏。

(《太平天国》,第三册,第169页。罗尔纲、王庆成,桂林:广西师范大学出版社,2004。)

【四川省·天历十二年】真天命太平天国圣神电通军主将翼王石为招募兵壮、出力报效事:照得冲锋破敌,固力强可必得胜;斩将搴旗,而年富足以取功。缘本主将匡扶真主,诛满夷之僭窃,整中夏之纲常,解士庶之倒悬,拯英雄之困顿。志士抱不平,均愿讲武;穷人原无告,共乐从戎。编为行伍,英锐非夸,立就功名,忠勇无比。虽今教炼以成材,实由自奋而致此。试观英雄以事夷为羞,甘屈志于泉石;豪杰因勤王不遇,犹隐逸于蓬门。未获吐气扬眉,不能攀龙附凤。复见几许少年,多属终身飘荡;若辈勇士,仍然毕世闲游。为轻振作之二字,遂废事业于千年。非流而忘归,亦出乎无奈。又有替人佣工,终衣食之莫给;抑或微本贸易,获利息之几何? 然与其贫居拮据于草野,曷若投军报效于王朝? 果能自拔来归,决不求全责备。片长薄技,定即录用无遗;俗子凡夫,岂有遴选不及。愿从征者,各须放胆;图树绩者,切勿灰心。现今处处均有聚义,可惜徒为乌合;人人皆欲奋兴,堪怜未遇龙飞。本主将大开军门,广罗武士。收纳不拘万千,招募无论十百。先教以止齐之节,复列于戎行之间。待之如同手足,用之以作干城。先登为勇,于疆场标无敌之名;后殿为功,在朝廷邀破格之赏。尚冀群雄,相率前来;纵然一人,何妨独至。称戈比干,乃少壮之能事;得爵受禄,亦忠勇所无难。慎勿落魄自甘,仍然裹足;当知见才不弃,尽可宽心。特此谕告,咸使闻知。

太平天国壬戌拾贰年月　日　训谕。

(《壬戌十二年石达开的招兵告示和行军活动》。王庆成:《太平天国的历史和思想》,第411页。北京:中华书局,1985。)

【浙江省黄岩县、太平县·同治元年】[王明](顿)[屯]兵乐清。时黄[岩]、太[平]匪徒投其队下者,如蛾赴火。贼分乐清城为两,以旧城居长毛,新城居新兵。真长毛不过千余,新兵约十万,城不能容,又令分屯各乡。贼进出皆经大溪庄,居人供应,不堪其苦,但不焚掠,尚有纪律耳。

（叶蒸云：《辛壬寇纪》。《中国历史文献研究集刊》第三集，第185页。又见《太平天国》，第五册，第373页。罗尔纲、王庆成，桂林：广西师范大学出版社，2004。）

【江苏省常熟县·同治元年三月初七日】熊帅[天喜]曾牧寿州，竟失身事贼，为苏省主将，现升谨天燕。费玉珩[存]升镇天燕，我朝[清廷]亦赏三品翎顶，惜已病亡。徐少蘧由抚天豫升达天燕，我朝亦赏二品翎顶。其弟峨士文学[佩璋]，戊卿参军[佩璜]，并赏加道衔。

（龚又村：《自怡日记》。《太平天国史料丛编简辑》，第四册，第436页。太平天国历史博物馆，北京：中华书局，1962。）

【江苏省无锡县·同治元年五月二十六日】予往朱局，知伪巡察使鸢天福刘[翰飞]为总队主，自云本姓史，系孝廉。

（龚又村：《自怡日记》。《太平天国史料丛编简辑》，第四册，第447页。太平天国历史博物馆，北京：中华书局，1962。）

【江苏省常熟县·同治元年六月】闻忠王[李秀成]奉诏回京，遂于[常熟]南门外建一大石坊，名报恩忠王坊……谓忠王爱民如子，民不能忘。

（顾汝钰：《海虞贼乱志》。《中国近代史资料丛刊：太平天国》，Ⅴ，第374页。中国史学会编，编者：向达、王重民等，上海：神州国光社，1952。）

【浙江省桐乡县·同治元年九月初二】[朗天义出告示云：]此刻嘉兴地方已苦，乡下稻子且打不出，故凡新弟兄新来无用者可遣之归。

（沈梓《避寇日记》。《太平天国史料丛编简辑》，第四册，82页。太平天国历史博物馆，北京：中华书局，1962。）

[编者按：即遣劳动力还农，可见投军农民之多也。]

【广西省】[农民起义之根源]广西山多田少……居民谋生无计，十室九空，冻馁难堪，盗心易动……[鸦片战争后]遣散之勇，半系无业游民，流入广西，剽掠为生……[州县无缉捕之费，无诛戮之权，姑息养奸，以邻为壑。]……金田者……离城甚远，地僻而险，久为藏污纳垢之区。[起义各首领之家世。石达开以炼铁为业，家小康。]贵县人黄玉昆，平南人胡以晃，皆著名富豪……时，贵县土民与嘉应州迁来客民争占田产……将客民责逐，穷无所归，其悍黠者倡首，率众投金田入洪逆之党，人数极多。

（半窝居士：《粤寇起事记实》。《太平天国史料丛编简辑》，第一册，第3—4页。太平天国历史博物馆，北京：中华书局，1962。）

核心人物的出身

东王[杨秀清]……生长深山之中，五岁失怙，九岁失恃，零丁孤苦，困厄难堪。

（《天情道理书》。《中国近代史资料丛刊：太平天国》，Ⅰ，第370页。中国史学会编，编者：向达、王重民等，上海：神州国光社，1952。）

西王[萧朝贵]僻处山隅，自耕而食，自蚕而衣，其境之逆，遇之啬，难以枚举。

（《天情道理书》。《中国近代史资料丛刊：太平天国》，Ⅰ，第371页。中国史学会编，编者：向达、王重民等，上海：神州国光社，1952。）

[杨秀清虽家境贫寒，]而庐中常款接侠徒，以卖炭钱负竹筒入市沽酒，归而飨客。道上，时引声浩歌，有掉臂天门之概。

（民国《桂平县志》卷四十一。）

【江苏省·咸丰三年至五年】尤可异者，贼中之官愈尊，穷究其平日流品必最贱，率皆囚盗凶徒与台优隶，方之烂羊都尉、狗尾续貂，抑又劣矣。且官无常俸，之官无任所，敝衣蓝缕，并不得一服伪职官服，被饵者亦可谓至愚。

（张德坚：《贼情汇纂》卷八《伪文告下·伪官照》。《中国近代史资料丛刊：太平天国》，Ⅲ，第232页。中国史学会编，编者：向达、王重民等，上海：神州国光社，1952。）

【广西省桂平等县】[杨秀清]世以种山烧炭为业，秀清独无赖游荡。[萧朝贵]卢陆峒农民。[石达开]家小康，读书未成，遂业农[按：《附记一》又说家富有。][秦日纲]已革壮勇。[林凤祥，游民]。[罗大纲，海盗]。

（杜文澜：《平定粤寇纪略》卷一，第2—3页。《太平天国资料汇编》，太平天国历史博物馆，北京：中华书局，1980。）

【广西省浔州府·咸丰元年正月初五日】广西浔州府属之金田村贼首韦正、洪秀全等，恃众抗拒，水陆鸱张。

（寄谕。军机处全宗·剿捕档。中国第一历史档案馆编《清政府镇压太平天国档案史料》第一册，第154页。北京：社会科学文献出版社，1992。）

（二）欢迎者的家庭成分或职业

[含响应者、引导者、助战者、高兴者、争取者、跟随者、归降者。]

【浙江省太平县、乐清县·道光二十一年——咸丰八年】[道光二十一年，地匪王钦本聚众。未及攻城即已失败。咸丰三年，李大六谋掠富室，被杀死百余人。咸丰四年，乐清瞿正汉起义，夺县城，共八日。咸丰八年，临海有铜坑之警，不久即平。]乃知贼之来也，由于土匪。土匪之起也，由于长官。长官失权，土匪肆胆，而贼以勾引而入矣。

（叶燕云：《辛壬寇纪》。《近代史资料》，1963年第1期。又见《太平天国》，第五册，第

365—366 页。罗尔纲、王庆成，桂林：广西师范大学出版社，2004。）

【广西省、广东省·咸丰元年正月初十日】至被害之民，必恃官府之威令，控告之得理，然后责以守望而与之角。广西历任抚臣则不然，民控抢劫奸淫，如诉诸木偶。退而衔冤，号泣之声各散诸风雨。盗贼习知官府之不彼与也，益从而仇胁之。民不任其苦，知官府之不足恃也，亦遂靡然而从贼。是盗贼益无所畏而出劫杀人日频，知官府避罪而必为之讳也，百姓益无所恃而从贼日众。加以广东高、廉、惠、潮、番禺遣散之乡勇，鹤山、清远、英德包送洋烟之悍棍，来而为之领袖。

（周天爵奏。军机处全宗·录副奏折。中国第一历史档案馆编《清政府镇压太平天国档案史料》第一册，第 159 页。北京：社会科学文献出版社，1992。）

【广西省·咸丰元年正月初十日】夫自古用兵，最忌贼据水陆上游，何况山河陡峻，水急流湍，层峦叠嶂，林木蓊翳。而贼又善于抄伏于羊肠险径，人马单行，冲中截后，伏兵四起，我兵心胆俱裂，势所必然。其拒战之法，先以火罐乱我队伍，继之以藤牌堵墙而进，再以竹针克我之钝刀短矛，而以大炮施诸短兵之中。我所恃者，仅有大小火器，均因胆怯远放，不能得力。盖我兵全无护身之具，惟以赤身搏战，而彼既多藤牌，又木石架支，人易藏躲，则虽兵多势众，在在难操必胜者也。此贼非种种筹及，为难遂我制其死命之计。设一蹶不复，川楚之祸必将再见于今，而国事危矣。

（周天爵奏。军机处全宗·录副奏折。中国第一历史档案馆编《清政府镇压太平天国档案史料》第一册，第 160 页。北京：社会科学文献出版社，1992。）

【江苏省溧阳县、宜兴县、荆溪县·咸丰二年十二月】昨因浙省漕船停滞常、镇一带，时有游帮水手四出谋食，而卑境与接壤之溧阳、宜[兴]、荆[溪]又多种山棚民。二者均系匪类渊薮，每每淳奸莫辨。

（《吴煦禀金坛县办理堵备情形(底稿)》1853 年 1 月 20 日。《吴煦档案选编》第一辑，第 115—116 页。太平天国历史博物馆，南京：江苏人民出版社，1983。）

【安徽省、江西省·咸丰三年】［石达开部到达皖、赣后］小人得志⋯⋯一乡之人皆若狂。

（李召棠：《乱后记所记》。《近代史资料》总 34 号，第 181 页。北京：中华书局，1964。）

【江苏省南京·咸丰三年】绿旗黄纛女元戎，珠口盘龙结束工。八百女兵都赤脚，蛮靴紫袴走如风。［女贼肖三娘伪称元帅。有女兵八百人。或云实系戏旦，假装以惑人者。其兵亦男女参半。］

（吴家祯：《金陵纪事杂咏》。《太平天国轶闻》卷四，第 82 页。）

【江苏省,湖南北等地·咸丰三年】[陆建瀛]摄江苏巡抚篆,改正供为海运。摄两淮盐政篆,改纲盐为票贩。摄三江总制篆,改丰北合龙旧制……奈何江黄停运之舟师,丰工避水之灾民,湖南北盐岸罢闲之力士,皆鼓而入于粤西之党。

（佚名:《咸同广陵史稿》卷首《陆建瀛论》。周村:《太平军在扬州》,第12—13页。上海:上海人民出版社,1957。又见《太平天国》第五册,第85页。罗尔纲、王庆成,桂林:广西师范大学出版社,2004。）

【江西省、浙江省·咸丰三年至十年】陈某被掠于贼俞姓者,粤西人,眇一目,跛一足,素贩货于豫章。咸丰癸丑,粤逆陷九江,遂从贼。历伪职至朝将,众称之曰二大人。同伙中有老大人者,即其居停,性颇平和。尝有德于俞,故父事之。曰老三者,体极魁伟。老四者,黑瘦如鬼,皆湖北人。老五者,文秀颀长,江西人。老六者,俞之族弟,文弱不类贼。曰小李、小傅、小孙者,皆江西人,发皆盈尺。新掠一百八十余人,皆隶苏、常、镇三府。至浒关之夕,俞贼令造名册,无敢应者。某闻杭城陷时,惟文案、厨夫、衣匠不为贼虐,遂执书写之役。

（谢绥之:《燐血丛钞》卷一。《太平天国史料专辑》,第389页。上海:上海古籍出版社,1979。）

【江苏省南京·咸丰三年六月】据南京逃归难民云:六月十三日逆匪开考,有千余人赴考。其中逼勒者甚多。题系策一、论一、诗一,不用时文,取中六百三十三名,皆押往船上,闻说载往江西。

（《忆昭楼时事汇编》,《七月十二日录丹阳典铺来信》。《太平天国史料丛编简辑》第五册,第372页。太平天国历史博物馆,北京:中华书局,1962。）

【江西省浮梁县景德镇·咸丰三年】七月十七日,贼入饶州府城。掳景德镇,裹[造]碗工入伙。

（周振钧:《分事杂记》。《太平天国史料丛编简辑》第二册,第16页。太平天国历史博物馆,北京:中华书局,1962。）

【江苏省常熟县·咸丰三年八月十九日开始团练】[农民反对办团练,揭发办团练者]假公济私,掳掠奸淫。若要安静,快杀华卿。

（《钱华卿监生》。《粤匪杂录》抄本。《近代史资料》1963年第1期。）

【长江沿岸各省·咸丰三至四年】
……逆贼所至之处,未经扰劫之先,必胁人贡献,且以免抄免粮惑人。耕凿乡愚,厌见兵革,欲谋室家之安,不得已而作权宜之计,莫不罄囊箧以供贼之饕餮。贼知邪说已验,肆毒愈深,遂创造贡单,阳为安抚之名,阴寓搜括之意……然贼目甚多,伪官甚众,凡出外掳掠之贼,无不怀贡单以往者。当其据一乡一邑之时,先以小惠笼络无业游民,为之耳目,探听某也富,某也贫,然后大张伪示,令百姓三日内办好贡物,交至某处,领给贡单云云。甚有一户而领四五贡单者,盖贼又分别所贡为何物,则填何项贡单以予之。如银钱衣物,则盖伪圣库印信;鱼鸭鸡猪,则盖伪宰夫印信;余可类推……及至溪壑已盈,席卷而去,后来之贼,又立新章……今沿江数百里农民知贼之贡单无益,鲜有贡者,然科派章程已定,收粮之令,较贡单为更迫矣。其初陷之处,贡单仍盛行焉……其已立乡官之处,既造军册、家册,复编给门牌如江宁贼馆之制。封条则各伪官皆有之,卒长两司马外出掳劫,亦各带封条数十张,但见钱谷即封,徐徐搬运。贼陷湖北麻城县,尽封富室质库,喧传官军至,贼旋遁去,三日后复至,所粘封条此三日内无有敢揭去者。

(张德坚:《贼情汇纂》卷八《伪文告下·伪贡单》。《中国近代史资料丛刊:太平天国》,Ⅲ,第 235—236 页。中国史学会编,编者:向达、王重民等,上海:神州国光社,1952。)

【湖南省、湖北省、安徽省、江苏省·咸丰三至四年】[太平军]过岭[指五岭]则首招道州、桂阳、郴州之奸民,至长沙则(浙)[湘]东之奸民皆从之,至武昌则湖北之奸民皆从之。[癸丑甲寅间,贼目曾天养至武昌,通城、蒲圻、大冶、兴国、嘉鱼、咸宁,旧锺人杰之余党十余万人来投降。]至安庆,而池州之人愿为先锋,于是凤、寿、淮、泗之奸民皆从之。所不能得者,江宁、扬州、镇江之人尔。[亦有貌从苟免者,无一甘为之用也。]至今而浔州老贼不过数百,广西贼合男妇不过二千余,湖南贼约六七万,湖北贼约十万,而池州、安庆、江西宁国诸贼合一二十万。

(汪士铎:《乙丙日记》卷三,页九。明斋丛刻,民国 25 年铅印线装本。)

【山东省·咸丰四年三月十二日】今该匪沿运河西岸直逼东昌,诚恐其欲由东昌、临清沿河北走德州。该逆惯于避实击虚,加以奸徒遍地,暗通消息,何处有兵,何处无兵,贼匪早已知之。传闻贼至钜野,有卖布者,乘阛垂布,以纳贼匪,城遂以陷,尤堪发指。伏念贫苦无籍之人随在多有,其凶狡性成者亦复不少。大都为利所啖,甘为贼用。凡贼所未到之处,恐已有奸党潜藏,一旦有警,即出而为内应,不可不严诘奸慝,以弭祸于未然。臣自到扬以来,查拿奸细,日有捕获,所诛戮者无数,犹有贪利冒死前来探信踉路者。

(琦善奏。宫中全宗·朱批奏折。中国第一历史档案馆编《清政府镇压太平天国档案史料》第十三册,第 215 页。社会科学文献出版社,1994 年。)

【湖北省·咸丰四年七月】京山土贼勾结粤贼窜陷安陆府。
(杜文澜:《平定粤寇纪略》卷三。《太平天国资料汇编》第一册,第 39 页。太平天国历史博物馆,北京:中华书局,1980。)

【安徽省徽州·咸丰五年】正月十六日,[乡民引导太平军,至黟县与石埭接界的羊栈,打败清军东流、弋阳、石埭实助之导之。]……[乡民]遂请长毛主管……[二月]十八九日,官兵至,由五都、六都、骚扰不堪,于是人反思贼矣……宜民之以官为仇也……作乱者皆山居之民……其愿从贼者,皆无业游民,无田可归农者也……凶险狠暴之气,山间之民与贼同。

(汪士铎:《乙丙日记》卷二,第1、4、7、15、21页。明斋丛刻,民国25年铅印线装本。)

【河北省山海关·咸丰五年三月十三日】再,本年三月初三日凯撤盛京十三起官兵到关,奴才亲率左司协领章京驰赴关门,眼同营总乌勒兴阿查点官兵数目相符,乃于文填军营携带幼孩六名之外浮带形迹可疑黄思觐一名。一面询取营总乌勒兴阿、原带委官塔普押结,当令带兵出关前进,一面将黄思觐带至署内,奴才督同协领塔清安、章京等详切研究。缘黄思觐系河南归(应)[德]府夏邑县进士,曾任山西太原府兴县知县,丁忧在籍。咸丰二年间被贼裹胁,在前一军指挥萧凤诰帮办笔墨,四年四月初六日逃出被获等语。穷诘再四,供无异词……附件一、黄思觐供词。黄思觐,年六十三岁,原籍河南光州商城人,寄籍归德府夏邑,癸酉举人,甲戌进士。十一年铨山西太原府兴县知县,十七年因母忧告病回籍。于咸丰二年被逆匪裹胁,在前一军指挥萧凤诰帮办笔墨,目睹贼营中互相强夺,于四年四月初六逃出,被黑龙江兵拿获,送钦差庆营,十六剃头。此时家属人等全被惨害,无地可归,是以跟随盛京十三起官兵出关谋食,只求恩释施行。所供是实……附件三、塔普甘结。盛京十三起四扎兰委官塔普,情因有归德府原籍前任山西兴县知县告休黄思觐,于去岁四月初七日投赴军营十六起粮台牟大老爷留用。今因凯撤回省,回到青县地方,黄思觐情愿随委官塔普出关。今蒙查讯,该黄思觐如有别情,一概不知,未回过营总知道。所具甘结是实。

(富勒敦泰奏。军机处全宗·录副奏折。中国第一历史档案馆编《清政府镇压太平天国档案史料》第十七册,第203—204页。北京:社会科学文献出版社,1994。)

【安徽省徽州·咸丰五年三月】徽州居万山之中,四有岭蔽,地势极险巇,贼未敢轻犯。有土寇导之,遂由祁门窜入。[又及歙、休宁、婺源各县城。]

(杜文澜:《平定粤寇纪略》卷四。《太平天国资料汇编》第一册,第55页。太平天国历史博物馆,北京:中华书局,1980。)

【安徽省祁门·咸丰六年】贼逼岭外,议筑城以守。绅士洪小蒙等集其事。乡顽程狮者执不筑城之说,与官绅为难,率众毁洪小蒙家,拆城墙二级。唐令怒,控而诛之。狮妻衰绖麻[衣]赴安庆,泣诉于贼帅,请入岭吊民,遂引贼入岭破祁门。

(杨沂孙:《书祁门引粤寇入岭事》。《杨沂孙文集》。)

【江苏省扬州·咸丰六年】扬州土匪导贼入城民妇少年,涂脂傅粉,卖俏迎奸,尽皆从贼。

(佚名:《咸同广陵史稿》。《太平天国》第五册,第130页。罗尔纲、王庆成,桂林:广西师范大学出版社,2004。)

【江西省抚州·1856 年 9 月 10 日,即咸丰六年八月十二日】 丁韪良博士报告其于
1856 年 9 月 10 日[阴历咸丰六年八月十二日]与一卖书商人晤谈所得:

此商人为江西抚州人,先于是年五月离开本乡。其时,抚州被太平军占领已历数月矣
[编者注:太平军于咸丰六年二月二十日占领抚州]。府城原有清兵三千人驻守,一遇险
象发生即弃城而遁,留下大炮,甚至其他军械,尽资敌人。太平军到,屯东城下,居民开城
迎之。乃先遣八人骑马先入,巡行各街道,安抚百姓。大队乃继之进城。其后派队四出,
在各村镇募兵,持有"奉命招兵"大旗。迅即招得志愿军几至万人。新兵不特有衣有食,而
且每人得钱百文。旋委任各乡官。知县称监军,其下有四人助之,分管四方城郊地方。本
地绅士被邀合作,有被任重职者。而一般士人则被雇用为书手先生。有一少年曾在江西
太平军服务多时,得抚州后欲回籍省视孀母。太平军长官准其荣归,赠其老太太以银两丝
绸。此事表现他们敬老崇孝,予人至好印象,使人感服……太平军减税至半额。禁止部下
屠杀耕牛。凡有暴行祸民者皆严刑惩罚,以故深得民心。而清军则尽反其道,肆行强暴,
屠宰农民耕牛,强掳人民妻女,勒索人家财物。太平军政治严明而有力。其所颁文告,初
在一八五三年时鄙俚粗俗,今则尽反之,文字优雅,语气温和,大有江南才子士人之韵味。
饮酒只限一杯为止。鸦片则严禁,但私吸者亦难尽禁矣。

([英]丁韪良博士的报告,载《华北先驱》第 323 期,1856 年 10 月 4 日。译文见简又
文:《太平天国典制通考》上册,第 405—406 页。香港:简氏猛进书屋,1958。)

[编者按:此次占抚州者为石达开部下军略余子安,检点黄天用,及三合会指挥黄阳、
巢润章等,自吉安占抚州。]

【江西省·咸丰七年】 绅庶士民畏贼逼胁,于万不得已之时,馈送银钱米谷等物,并佯
受伪职,希图苟免者所在皆有。而甘心从逆,屈身献媚,或躬为向导,引贼入境;或代贼守
御,抗拒官兵;或搜刮民财,为贼敛费;或逼勒民人,为贼助势;或探刺官军消息,来往贼营;
或阻挠地方团练,横施凶狠,此等刁顽之徒亦复不少。

(李桓:《宝书斋类稿》卷五。)

【福建省汀州·咸丰七年四月】 于是汀属土匪闻风四起,宰猪吃酒,拜会结盟。道路
相逢,询之曰:"父子亲乎?兄弟亲乎?"答曰:"父子不亲兄弟亲。"遂洒血抒臆,拜为兄弟。
暗藏红巾于身,日望长毛来汀以图起手。而尤莫险毒于宁化禾口乡之张云从。始云从聚
党数千,恣剽戮,袭破江西石城县。因与其党争货财,相构害,云从不胜,遁而反里。宁化
令卢芬往捕之,云从称戈相向,毫无忌惮。汀州知府延英急饬守备杨成龙带兵力为堵截,
云从走邵武。卢收其子妇下之狱。时邵武已陷,云从诣刘远达诱说百端,导之来汀。遂率
逆党五万余,由泰建直扑宁化。三月二十九日破其城,卢芬走竹篙岭。四月初二日,诣汀
州钱局,书于案云:"忠孝节义四字全无,问心有愧!"遂自缢,家仆上其印于府。

（曹大观：《寇汀纪略》。《中国近代史资料丛刊：太平天国》，Ⅵ，第809页。中国史学会编，编者：向达、王重民等，上海：神州国光社，1952。）

【江苏省苏州·咸丰十年】李文炳者，字少卿，原名绍熙，嘉应州人。行贾上海，落魄为乞丐。有妓尤六芸者，富有资，特赏识之，结为夫妇。藉其资纳粟为知府，效力吉姓［江苏巡抚吉尔杭阿］营中，破上海红头党，又固守镇江之九华山，遂升道员。庚申四月，调守苏州。及天兵至苏，李遣黄、魏二姓家人投表献诚。明日，即与知府何信义开城以纳我军，遂授职为文将帅。

（谢绥之：《燐血丛钞》卷四。《太平天国史料专辑》，第412页。上海：上海古籍出版社，1979。）

【江苏省常熟县·咸丰十年二月二十七日】长毛有告示来镇，三月初三日要县考，十三日上苏省府考。每旅帅要文章三十名，武童三十名。

（佚名：《庚申避难日记》。《太平天国史料丛编简辑》，第四册，第497页。太平天国历史博物馆，北京：中华书局，1962。）

【浙江省、江苏省·咸丰十年】宜兴有刘眉士带兵三千八百名，廿六日几乎失守，亦系洴湖船匪居多。不得已商同宫太保，委史道台督同都司郑国魁［按：盐贩头］招集盐贩，藉为我用，以分其势。贼已至和桥，不但通常，且可直达无锡。幸长龙船驶到，该逆退回二十里。

（《王有龄致吴煦函》1860年4月20日。《吴煦档案选编》第一辑，第203页。太平天国历史博物馆，南京：江苏人民出版社，1983。）

【江苏省常熟县·咸丰十年】甘心作贼，类皆无赖下流亡命之徒。盖良善被掳，迫于势之无如何耳，断不以杀人放火为快事，且常存逃避之心。惟亡命者逞其所欲为，方视为得志之秋，所以愈凶恶愈得用，为伪王及大头目者，皆此等也。其中监囚甚多。缘贼陷一城，九流三教无不容之。

（佚名：《避难纪略》。《太平天国史料专辑》，第65页。上海：上海古籍出版社，1979。）

【江苏省常熟县·咸丰十年七月】逼捐勒缴之户，皆有奚为后我之说。土匪皆有箪食壶浆之心。

（柯悟迟：《漏网喁鱼集》，第44页。北京：中华书局，1959。）

【浙江省余姚县、慈溪县、诸暨县·咸丰十年至十一年】余姚安山桥，当伪十八局地，故从贼者十家恒七八。其邻郑巷村有郑宝林者，家素封，洁己自好，耻与贼为邻，每咄咄不乐,而伪官利其富,勒索益苛。

何文庆者,本诸暨富家,虎而冠者也。[咸丰十年组织武装对抗太平军,因清军内部矛盾而各树一帜,后投太平军,作为向导,占诸暨、绍兴][咸丰十一年]十月廿六日,文庆自余姚率其丑类暨黄李鲍十八局佃匪,由旱道九里山、渔溪、三七市直入慈城……次日有佃匪局首倪庆三,初缘漏网未获,至是出而从贼,乃制旗为号,勒令龙山、渔溪等处农民改换贼装,各授器械,会于慈城。而农人之不及避匿者,畏其威胁,不得已勉从之,以此其党益众。

(柯超:《辛壬琐记》。《太平天国资料》,第 196、199—200 页。北京:科学出版社,1959。)

【江苏省苏州·咸丰十年】 守阊门候补道李绍熙[按:另名李文炳],本广东人,上海逆匪小景[镜]子党[指小刀会],降于前苏抚吉[吉尔杭阿]。后积军功,以道员补用。徐抚授以标兵二百,使率常熟兵二百守门。李开门纳贼。

(王步青:《见闻录·苏州记事》。《太平天国史料专辑》,第 539 页。上海:上海古籍出版社,1979。)

[按:关于李文炳,王步青《见闻录·野鸡墩记事》有如下的记载。]

即命忠清,指外委方忠清,趣萧速引军至。萧不从。时华尔新授江南提督职,以萧不遵节制,特发令箭往调。萧素轻华尔,尝语人曰:中国用劣夷为将,得毋自愧无人。及见令箭,怒而折之,使返报曰:中国之兵,非外国人所得擅调。遂拔队独援上海。适贼由上海败还,途逢大股,萧迎战不胜,仍退野鸡墩。贼蹑之,一日三战,萧不能支,乞救于华尔。华尔怒其折箭,欲弗遣救。幕客李昶,说以成大事者不记小怨,乃令守备周国昌,以常胜军三百,冲阻路贼营,径赴野鸡墩,与萧合击。贼却。伪忠王李秀成严饬部下,分其队为三,前后进,令曰:前者退,后者斩之。贼死战。常胜军恃火器,发无不中。而贼火器半损于攻上海,未能命中及远,甚有不堪用者,故不能胜官军。入夜,天大雨,贼以敢死悍贼二百,执短刀,袭官军营。官军仓卒拒战,斗于雨下。千总张斌,多力,夺贼刃,立杀数贼。地滑,失足而踣,为贼所害。壮士朱诚、把总陈福章,举剑盾刺击,皆受重伤。火器因雨不克发,军遂溃。路昏不辨行,悉潜草内。贼狂追,暗中拥挤于桥,桥木折,大半落水。炮艇乘势栈戕之,余贼还奔,为草内官军所截杀。比晓,贼得回营者无几。萧乃招溃兵,整队伍,修军垒,将与贼支持。谍告李贼归调精锐,使伪官李绍熙,即李文炳,代领其众,宜乘此突贼营出。萧问在营贼数,曰:约千人。萧虑彼众吾寡,而高瑞与绍熙有旧。绍熙字少卿,广东人,咸丰甲寅上海逆匪刘丽川党,投顺效力,以军功擢同知候补。丙辰,领蜀兵赴防高淳。时高瑞以守备为副。瑞亦广东人,绍熙以其同乡,且诚实,遂与订交。及还省城,绍熙每因公务远出,必以家属瑞照顾。瑞颇尽心力焉,绍熙德之,结为刎颈交。贼未至前,瑞因风鹤,移家上海,绍熙以母与妻子寄焉。逮贼至,苏抚徐有壬令绍熙守省城之阊门,绍熙开城降贼。李伪王秀成喜,又以同姓故,日见亲信,出必与偕。或身有他往,必使代领其众。瑞乃遗绍熙书曰:少卿足下,人临咫尺,地判越秦,岂以干戈,意忘车笠?辱寄宠眷,安处沪滨,瑞虽不才,敢置膜外。兹逢世变,人道反常。愚夫抱谅,不免危身。哲士知机,何妨屈志。此瑞昧也，足下明矣。今瑞孤军，釜鱼待毙，能以众死，不忍独生。在昔华元，见怜子反。亦有孺子，止射庾公。情义两全，无妨无碍。以小人腹，度君子心。爰古例今，听之足之。萱帏无恙，间倚方殷。室人筮占，稚子候门。得间通信，庶慰其心。已矣少卿，永此离别。长平之坑，垓下之歌，故交尺书，殁存俱谢。加餐自爱，夫复何言。绍熙复书，约日伪败，虚发火器，以出官军。而萧欲因此邀功，既出，独以一队追绍熙。绍熙初犹退让，及追之迫，回身呼曰：汝众已去，汝来何为？ 萧曰：来取尔头。猝发火枪，子越绍熙肩，毙贼目一名于背后。绍熙怒，麾贼反斗。贼众本不甘退，于是蜂集力战。萧知胜难，欲奔不及，身伤人尽，遂为贼擒。绍熙振旅归，以萧献俘。李贼斩之，命悬首战地。高瑞以全军脱，隶华尔营，返乍浦。自是役之后，李贼始心疑绍熙，乃因事诛之于昆山。

（王步青：《见闻录·野鸡墩记事》。《太平天国史料专辑》，第549—551页。上海：上海古籍出版社，1979。）

【浙江省昌化县·咸丰十一年】逆设伪乡官，有胁从者，有甘心从贼者。

逆设伪榜招军，乡间无赖自投不少。

（方以锐：《唐昌遭劫纪事诗注》。民国《昌化县志》卷十五。）

【浙江省太平县·咸丰十一年—同治元年】太平投贼者先后万余，生还者寥寥，则死于乐清、温郡者不知数千矣……而踊跃从贼，如蛾赴火，生还落落，则暴骨异乡殆将万人。

（叶燕云：《辛壬寇纪》。《中国历史文献研究集刊》第三集，第185、191页。又见《太平天国》，第五册，第373、384页。罗尔纲、王庆成，桂林：广西师范大学出版社，2004。）

【浙江省杭州·咸丰十一年十二月初七日】[城内居民]一面与官兵打仗，一面百姓开门迎贼……因忠王有令，不许伤百姓一人，故[对]百姓并不加兵……故百姓皆不苦长毛。

（沈梓：《避寇日记》。《太平天国史料丛编简辑》第四册，第99页。太平天国历史博物馆，北京：中华书局，1962。）

【浙江省象山县·咸丰十一年十一月】大集在城绅耆于姜毛庙会议……定策以羔酒银币送诸境外……致宁海黄溪口谒见张酋……酋甚喜，即以令旗，告示谕城中人民，但黏"太平天国顺民"于门，不需迁避。十五日辰刻张酋入城……十六日，即传伪令各乡村进贡……十七、八日，有城绅出乡，令各处殷实绅士充当乡官。十二月初五日，众乡官入城见张酋。

（民国《象山县志》卷九。）

【浙江省桐乡县濮院·咸丰十一年七月十三日】关帝庙前又有告示，大略以定乱尚文才，戡乱需武略。清朝士习时文，官多捐纳，故空疏贪劣之人夤缘冒进，而畸士异人所以不出也。今列规条口款，凡民间有才力可任使者，来辕禀明录用：一，通晓天文星象、算学者。一,习知地理山川形势扼塞者。一,熟读孙武书,知兵法阵图者。一,熟悉风土民情利弊者。一,熟悉古今史事政事得失者。一,善书记笔札者。一,民间豪杰能习拳棒、武艺、骑射者。一,绿林好汉,能弃邪归正者。一,江湖游士以及方外戏班中人有能飞行走跳者。一,医士之能内外科者。记来尚有数条,不及记。总之,一材一艺皆搜罗录用。于是窃叹军兴以来,朝廷不计及此,文武当道之臣,又皆无经济干略者,狃习故常,斤斤自用,希图富贵,夤缘苟且,致天下于溃败决裂而莫可挽。即就近而论,如大营中及各处防堵团练等局亦无人议及此者。至去年张玉良在禾,军中求一医而不可得,其无人物可知。张固武夫,安知大计,所怪封疆诸大员不为计及耳。而今乃见之反贼文告中,天下事亦大可喟也。

（沈梓:《避寇日记》。《太平天国史料丛编简辑》,第四册,第73—74页。太平天国历史博物馆,北京:中华书局,1962。）

【江苏省、浙江省·咸丰十一年十二月初九日】 余因反复而详言之:"夫长毛所恃者,恃其众耳。何以得众?良由承平日久,人心好乱,每至一处,则其地之草窃者及无赖无业之人先归之。而彼又长于掳人,人之强横狡黠者又乐为之用,而懦弱椎鲁者遂入于其中而不能脱。故贼到常州,则常人皆贼矣。到苏州,则苏人皆贼矣。至嘉兴,则嘉人皆贼矣。"

（沈梓:《避寇日记》。《太平天国史料丛编简辑》,第四册,第101页。太平天国历史博物馆,北京:中华书局,1962。）

【江苏省南京·咸丰十一年十一月】 初四日……闻伪天京会试,吾邑文中三人,武中六人。

（龚又村:《自怡日记》。《太平天国史料丛编简辑》,第四册,第418页。太平天国历史博物馆,北京:中华书局,1962。）

【江苏省、浙江省·咸丰十一年】 雅慕求贤名,开科取士。秀才曰博士,举人曰约士。遣正副伪主考二人,于春取博士,夏取约士。秋则使贼护送金陵会试。而伪天王下伪诏,以江、浙两省文才渊薮,一试不足尽其才,宜颁伪恩科,广收遗才。然其所取皆市井无赖,乡官之所劝驾而来,有真才者不至也。

（王步青:《见闻录·苏州记事》。《太平天国史料专辑》,第540页。上海:上海古籍出版社,1979。）

【江苏省·咸丰十一年】 新阳廪生孙启文[吟秋]考中长毛解元,其有"恨不得杀尽妖头上答天王之高厚"。设立解元公馆。逢人辄曰吾道行矣。其弟正斋招至本地人为乡官,乐于从事者不少,荐阳叔公于长毛,贼檄屡至,以病辞避。

（王德森:《先世遗闻》。《岁寒文稿》卷三,1928年刻本,倒第21页。）

【湖北省黄梅县·咸丰年间】 [士人辑太平天国文章翰墨,供士子应试之用]以见文人之陷溺贼中者正复不少……南来州县从贼者众,固不独文人为然,即显官退休林下蓄发以为民者,何可胜道!……以此见人心思乱,天运来转,未可以时日救也。

(方玉润:《星烈日记汇要》卷三十二《贼情》十八。)

【贵州省、云南省·同治元年】 [石达开]前被各军追剿出境,在黔无从掳食,遂由毕节黔西窜入云南镇雄。滇省糜烂既久,伏莽甚多。石逆所过地方,不惟无人阻截,而散练游匪,随处响应,裹胁众至十余万,贼势倍于自前。

(骆秉章:《官军会攻石逆迭次获胜折》附片,见《骆文忠公奏稿》卷五。)

【浙江省太平县·同治元年四月】 是月,长发屡遣人到太,四出招兵,无赖者争投焉,有父母妻子挽留不住者。遂率之以攻乐清。贼起事多年,到处掳丁壮。入队号新弟兄,临阵驱之在前,老长发督其后,退即斩之。兵非精练之兵,不过以多胜人耳。老长毛只数千,皆安坐而食,不出门,督阵者不过数十,战败被官兵擒斩者皆农民也。及陷天台,地匪辄聚众数千应之,投降者日日接踵。至临海、黄岩,投之者益众。太平巨匪各率众至黄岩降。六邑之中投之者十三万人[贼在太平说]。非真乐为贼用也,惟欲掠取财物,乘间逃回耳。然贼约束严,逃者即斩,得脱归者殊寥寥,渐带渐远,永无归期矣。

(叶蒸云:《辛壬寇纪》。《中国历史文献研究集刊》第三集,第 184 页。又见《太平天国》,第五册,第 372 页。罗尔纲、王庆成,桂林:广西师范大学出版社,2004。)

【江苏省常熟县·同治元年八月初七日】 城馆主胡伯和……系徽州人,丙午孝廉,江苏拣发知县,被掳掌吏科。

(龚又村:《自怡日记》。《太平天国史料丛编简辑》,第四册,第 457 页。太平天国历史博物馆,北京:中华书局,1962。)

【江苏省吴江县黎里·同治元年十一月初】 [官军]抄掠粮食,百姓怨之。一日者官军至,贼兵拒之,百姓助贼攻之,官军遁。

(沈梓:《避寇日记》。《太平天国史料丛编简辑》,第四册,第 198 页。太平天国历史博物馆,北京:中华书局,1962。)

【浙江省太平县·同治元年】 壬戌正月初八,天台反正。初天台[县城]之陷也,土匪勾引贼入,带兵者何松泉,兵仅千余,真长发不过十余人耳。城陷之次日,各村土匪投降者万余。松泉惧其诈,移营城外。阅数日,知无他意,乃留兵三百,令余贼镇守,自率众攻郡城,至大田扎营。

(叶蒸云:《辛壬寇纪》。《近代史资料》,1963 年第 1 期。《中国历史文献研究集刊》第三集,第 183 页。《太平天国》,第五册,第 370 页。罗尔纲、王庆成,桂林:广西师范大学出版社,2004。)

【江西省、浙江省、江苏省·同治二年】十月初一日,闻太湖有烟焰,贼打先锋。初□日,知震泽及湖滨溪溇上人皆逃在严墓等处。有人在南麻村言,逃难人及船只不知几万,人声终夜如沸,南麻开施粥局以给之。闻贼兵从江西来,共有二十余万。窜至徽州,不能觅[食]。故遂窜至湖滨,沿途分散,至此不过二三万人。然十至六七皆饥民也,手中并无军器,但藉长毛名目割稻掳抢糊口耳。沈子曰:"惜乎当今无人为招安之计也。余尝论之,长毛本为本朝百姓,揆其致乱之由,皆州县官贪酷庸劣以致变。既变之后,而封疆大僚又动以纵贼做声势,借贼得军功,荣利禄,并无一人为朝廷计,为百姓计者。否则此等胁从饥民,各处行招安之策,皆可解散为民,何至千万成群,动为贼用,以至蔓延流毒如此哉。"

有张斗山者,黎里人,米业,乡绅蒯氏姻也,以此得入军营中,得功为知县。某处失城,某巡抚其家眷在城中,张先为之保护迁就。巡抚感其德,遇事辄保举。张亦善于迎合,数年卒至藩臬。引见,廷讯以军功不宜就文阶,于是改为参将,未几又以功升提督。凡此非有汗马功,亦非能运筹帷幄,第以趋承意旨,夤缘至节钺,朝廷军国重任,辄为各督抚答报私恩之具,安得有经济出乎?

癸亥九月二十五日,闻卜小二已逃往下塘。其党盛大等甚横,于夜间劫金蔼卿家。谓其邻人者曰:"吾捉乡官,无与尔事。"邻人不敢救。又累次逼索乡间殷户资财,先以信来借贷洋钱,不与则连夜劫掠。十月初一日,有信至北乡高居停处借洋。高邀吴莲生调停。吴亦以此辈叵测,不欲居间。既而小船之党,以劫掠长毛船只日众,为嘉郡长毛所忌,欲往剿之。而卜犹于内地往来。

(沈梓:《避寇日记》。《太平天国史料丛编简辑》第四册,第279—280页。太平天国历史博物馆,北京:中华书局,1962。)

【浙江省杭州·咸丰十一年十月】[杭州]百姓开门迎贼……以官兵为病。

(沈梓:《避寇日记》。《太平天国史料丛编简辑》,第四册,第99页。太平天国历史博物馆,北京:中华书局,1962。)

第三节

《资政新篇》^①

一、洪仁玕的《资政新篇》与洪秀全的批示

资 政 新 篇

　　小弟仁玕跪在我真圣主万岁万岁万万岁陛下,奏为条陈款列,善铺国政,以新民德,并跪请圣安事:缘小弟自粤来京,不避艰险,非图爵禄之荣,实欲备陈方策,以广圣闻,以报圣主知遇之恩也。夫事有常变,理有穷通。故事有今不可行而可预定者,为后之福;有今可行而不可永定者,为后之祸。其理在于审时度势,与本末强弱耳。然本末之强弱适均,视乎时势之变通为律,则自今而至后,自小而至大,自省而至国,自国而至万国^②,亦无不可行矣。其要在于因时制宜,审势而行而已。兹谨将所见闻者条陈于后,以广圣闻,以备圣裁,以资国政,庶有小补云尔。

　　昔周武有弟名旦,作《周礼》以肇八百之畿,高宗梦帝赉弼,致殷商有中叶之盛,惟在乎设法用人之得其当耳。盖用人不当,适足以坏法,设法不当,适足以害人,可不慎哉! 然于斯二者,并行不悖,必于立法之中,得乎权济。试推其要,约有三焉:一以风风之,一以法法之,一以刑刑之。三者之外,又在奉行者亲身以倡之,真心以践之,则上风下草,上行下效矣。否则法立弊生,人将效尤,不致作乱而不已,岂法不善欤? 实奉行者毁之尔。

用人察失类

　　一禁朋党之弊。朝廷封官设将,乃以护国卫民、除奸保良者也。倘有结盟联党之事,是下有自固之术,私有倚恃之端,外为假公济私之举,内藏弱本强末之弊。为兵者行此,而为将之军法难行;为臣者行此,而为君之权谋下夺。良民虽欲深倚于君,无奈为所隔绝,是不可以不察也。倘欲真知其为朋奸者,每一人犯罪,必多人保护隐瞒,则宜潜消其党,勿露其形。或如唐太宗之责尉迟恭以汉高故事,或如汉文之责吴不会而赐杖以愧之,亦保全之一道也。若发泄而不能制,反遭其害,贻祸不浅矣。倘至兵强国富,俗厚风淳之日,又有朝

---

　　① 关于《资政新篇》实行的条件与情况,参见赵德馨撰《中国近代国民经济史讲义》第三讲第一节。(高等教育出版社,1958。)

　　② "万国",上海市文物管理委员会藏本作"万邦"。

发夕至之火船火车,又有新闻篇以泄奸谋,纵有一切诡弊,难逃太阳之照矣。①

甚矣,习俗之迷人,贤者不免,况愚者乎!即至愚之辈,亦有好胜之心,必不服人所教。且观今世之江山,竟是谁家之天下?无如我中(花)[华]之人,忘其身之为(花)[华],甘居鞑妖之下,不务实学,专事浮文,良可慨矣。请试言之:文士之短简长篇,无非空言假话;下僚之禀帖面陈,俱是谄谀赞誉;商贾指东说西,皆为奸贪诡谲;农民勤俭诚朴,目为愚妇愚夫;诸如杂教九流,将无作有;凡属妖头鬼卒,喉舌模糊。到处尽成荆棘,无往不是陷坑。倘得真心实力,众志成城,何难亲见太平景象,而成为千古英雄,复见新天新地新世界也夫。

风风类

夫所谓"以风风之"者,谓革之而民不愿,兴之而民不从,其事多属人心朦昧,习俗所蔽,难以急移者,不得已以风风之,自上化之也。如男子长指甲,女子喜缠脚,吉凶军宾,琐屑仪文,养鸟斗蟀,打鹌赛胜,戒箍手镯,金玉粉饰之类,皆小人骄奢之习,诸如此类,难以枚举。禁之不成广大之体,民亦未必禀遵,不禁又为败风之渐,惟在在上者以为可耻之行,见则鄙之忽之,遇则怒之挞之,民自厌而去之,是不刑而自化,不禁而自弭矣。倘民有美举,如医院、礼拜堂、学馆、四民院、四疾院等,上②则亲临以隆其事,以奖其成,若无此举,则诏谕宣行,是厚风俗之法也。如毁谤谮妒等弊,皆由风俗未厚,见识未广,制法未精,是以人心虞拟不平而鸣矣。又如演戏斗剧、庵寺和尼,凡此等弊,则立牧司教导官,亲身教化之,怜悯之,义怒之,务去其心之惑以拯其迷也。中地素以骄奢之习为宝,或诗画美艳,金玉精奇,非一无可取,第是宝之下者也。夫所谓上宝者,以天父上帝、天兄基督、圣神爷之风,三位一体为宝。一敬信间,声色不形,肃然有律,诚以此能格其邪心,宝其灵魂,化其愚蒙,宝其才德也。中宝者,以有用之物为宝,如火船、火车、钟表、电火表、寒暑表、风雨表、日晷表、千里镜、量天尺、连环枪、天球、地球等物,皆有夺③造化之巧,足以广闻见之精,此正正堂堂之技,非妇儿掩饰之文,永古可行者也。④

且夫谈世事足以闷人心,论九流足以惑众志,释聃尚虚无,尤为诞妄之甚,儒教贵执中,罔知人力之难,皆不如福音真道有公义之罚,又有慈悲之赦,二者兼行,在于基督身上担当之也。此理足以开人之蒙蔽以慰其心,又足以广人之智慧以善其行,人能深受其中之益,则理明欲去而万事理矣。非基督之弟徒,天父之肖子乎!究亦非人力所能强,必得圣神感化而然也。⑤ 上帝之名,永不必讳。天父之名,至大、至尊、至贵、至仁、至义、至能、至知、至诚、至足、至荣、至权,何碍一名字?若说正话,讲道理,虽千言万语亦是赞美,但不得妄称及发誓亵渎而已,若讳至数百年之久,则又无人识天父之名矣。况爷火华三字,乃犹

---

① 刻本有洪秀全在此策上眉批说:"钦定此策是也。"
② "上"字,上海文物管理委员会藏本作"主"字。
③ "夺"字,上海市文物管理委员会藏本作"探"字。
④ 刻本上有洪秀全在此策上眉批说:"钦定此策是也。"
⑤ "必得圣神感化而然也"句,上海市文物管理委员会藏本作"必得上帝圣神感化而然也。"

太土音,译即"自有者"三字之意,包涵无所不知、无所不能、无所不在、自然而然、至公义、至慈悲之意也。上帝是实有,自天地万有而观,及基督降生而论,是实有也。盖上帝为爷,以示包涵万象;基督为子,以示显身,指点圣神上帝之风亦为子,则合父子一脉之至亲,盖子亦是由父身中出也,岂不是一体一脉哉!总之谓为上帝者,能形形,能象象,能天天,能地地,能始终万物而自无始终,造化庶类而自无造化,转运四时而不为时所转,变通万方而不为方所变。可以名指之曰"自有者",即大主宰之天父上帝、救世主如一也。盖子由父出也,视子如父也。若讳此名,则此理不能彰矣。

法法类

所谓"以法法之"者,其事大关世道人心,如纲常伦纪、教养大典,则宜立法以为准焉。是下有所趋,庶不陷于僻矣。然其不陷于僻而登于道者,必又教法兼行。如设书信馆,以通各省郡县市镇公文;设新闻馆,以收民心公议,及各省郡县货价低昂,事势常变。上览之,得以资治术;士览之,得以识变通;商农览之,得以通有无。昭法律,别善恶,励廉耻,表忠孝,皆借此以行其教也。教行则法著,法著则知恩,于以民相劝戒,才德日生,风俗日厚矣。此立法善而施法广,积时久而持法严,代有贤智以相维持,民自固结而不可解,天下永垂而不朽矣。然立法之人,必先经磨炼,洞悉天人性情,熟谙各国风教,大小上下,源委重轻,无不了然于胸中者,然后推而出之,乃能稳惬人情也。若恐其久而有差,更当留一律以便随时损益小纪,彰明大纲也。盖律法者,无定而有定,有定而无定,如水之软,如铁之硬,实如人心之有定而无定,世事之无定而有定,此立法所以难也,此生弊所以易也。然则如何而后可以立法?盖法之质,在乎大纲,一定不易;法之文,在乎小纪,每多变迁。故小人坏法,常窥小者无备而掠为己有,常借大者之公以护掩己私。然此又在奉法执法行法之人有以主之,有以认真耳。至立法一则,阅下自可心领神会[①],而法在其中矣。[②]

又有柔远人之法。凡外国人技艺精巧,国法宏深[③],宜先许其通商,但不得擅入旱地,恐百姓罕见多奇,致生别事。惟许牧司等并教技艺之人入内,教导我民,但准其为国献策,不得毁谤国法也。

英吉利,即俗称红毛邦,开邦一千年来未易他姓,于今称为最强之邦,由法善也。但其人多有智力,骄傲成性,不居人下。凡于往来言语文书,可称照会、交好、通和、亲爱等意,其余万方来朝、四夷宾服及夷狄、戎蛮、鬼子,一切轻污之字皆不必说也。盖轻污字样,是口角取胜之事,不是经纶实际,且招祸也。即施于枕近之暹罗、交趾、日本、琉球之小邦,亦必不服。实因人类虽下,而志不愿下,即或愿下,亦势迫之耳,非忠诚献曝也。如必欲他归诚献曝,非权力所能致之,必内修国政,外示信义,斯为得尔。此道实为高深广远也欤。现有理雅各、湛孖士、米士威大人俾士、合信、觉士、滨先生、慕维廉、艾约瑟、韦律众先生与小弟相善也。

---

① "神会",上海文物管理委员会藏本作"灵会"。
② 刻本有洪秀全在此策上眉批说:"钦定此策是也。"
③ 此句,上海市文物管理委员会藏本作"凡外邦人技艺精巧,邦法宏深"。

花旗邦即米利坚，礼义富足，以其为最。其力虽强，而不侵凌邻邦。有金银山，而招别邦人来采。别邦人有能者，册立为官，是其义也。邦长五年一任，限以俸禄，任满则养尊处优，各省再举。有事各省总目公议，呈明决断。取士、立官、补缺及议大事，则限月日，置一大柜在中廷，令凡官民有仁智者，写票公举，置于柜内，以多人举者为贤能也，以多议是者为公也。其邦之跛盲聋哑鳏寡孤独各有书院，教习各技。更有鳏寡孤独之亲友，甘心争为善事者，愿当众立约保养。国中①无有乞丐之民，此是其礼义，其富足也。现有罗孝、卑治文、花兰芷、高先生、晏先生、赞臣先生、寡先生与小弟相善也。

总论二邦，其始出于英吉利邦，后因开埠花旗，日以日盛，而英邦欲有以制之，遂不服其苛，因而战胜英邦，故另立邦法，两不统属焉。数百年来，各君其邦，各子其民，皆以天父上帝、耶稣基督立教。而花旗之信行较实，英邦之智强颇著。所以然者，因花旗富足，不待外求，可常守礼法也；英邦用繁，必须外助，故多逞才智也。

日耳曼邦内分十余邦，不相统属，亦无侵夺，信奉天父上帝、耶稣基督尤慎。其人有太古之风，故国不甚威，而德则独最也。亦有大船往各邦贸易，即各邦之君臣亦肯信任其人办事，因其人不苟于进退，最信皇上帝救世主，而不喜战斗，愿守本分也。现有黎力居、韦牧司、叶纳清、韩士伯，又有一位忘其名，与弟相善也。风雨表、寒暑针先出此邦之花兰溪，辨正教亦出此邦之路得也。

瑞邦、丁邦、罗邦纯守耶稣基督之教，其发老少多白，中年多黄，相品幽雅，诚实宽广，有古人遗风焉。惟瑞国有一韩山明牧司，又名咸北者，与弟相善。其人并妻子皆升天，各邦多羡其为人焉。爱弟独厚，其徒皆客家，多住新安县地也。

佛兰西邦亦是信上帝、耶稣基督之邦，但其教多务异迹奇行，而少有别，故其邦今似半强半美之邦。但各邦技艺多始于此，至今别邦虽精，而佛邦亦不在下。但其教尚奇异，品学逊焉，人不之重。惟与英为婚姻之邦，相助相善，而邦势亦强。与弟无相识者，因道不同也。

土耳其邦东南即古之犹太邦也，西北近俄罗斯。因此邦之人不信耶稣基督为救世主，仍执摩西律法，不知变通，故邦势不振。而于丙辰年[太平天国六年，咸丰六年，1856年]为俄罗斯所侵，幸英佛二邦相助，得免于祸。此邦为天兄降生圣地，将来必归基督。盖新遗诏书有云："俟万邦归信后，而以色列知愧耻焉。"今犹太人因耶稣基督升天四十年后，遭上帝怒罚驱逐出外，凡信基督耶稣者亦逃出外邦，至今各邦皆有犹太人，以为之证据，亦天父之意也。即中邦而论，河南开封郡祥符县内，多有犹太人及羊皮书，写犹太字迹者不少。但其人自宋迄今，多历年所，亦徒行其礼，而不识其字，不知其实意焉。问其因何行此教，则答以望基督救世主降生，及凡各邦之犹太人亦如是，不信救世主之既生于一千八百五十九年之前也。

俄罗斯邦，其地最广，二倍于中邦。其教名天主教，虽信耶稣基督，而类于佛兰西之行也。百余年前亦未信天兄，屡为英、佛、瑞、罗、日耳曼等国所迫，故遣其长子伪装凡民，到

---

① "国中"，上海文物管理委员会藏本作"郭中"。

佛兰西邦学习邦法、火船技艺,数年回邦,无人知其为俄之长子也。及归邦之日,大兴政教,百余年来,声威日著,今亦为北方冠冕之邦也。

波斯邦在犹太之东南,其人拜上帝所造之一物,即太阳也。不食犬猪,亦信妖佛焉。今虽名为波斯人,其地实归于别邦,亦恬不为耻。其人只求富贵,不争荣华,故流落他方,随人转移,毫无贞节,一如今之中邦,从前受制满洲,恬不知怪。所以然者,各自为己,而少联络之法也。

埃及邦即麦西邦,在犹太西南方,有红海为界。其地周岁无寒,而夏最炎热。有山名亚喇伯,为万国最高大者,昔挪亚方舟,即搁于此山也。四时有云笼罩,少见山巅。而埃民未曾见过雨雪,闻过雷声。其地少泉而多沙漠,但到春夏交际,山头云密布,飞瀑四奔流,农民于水将退之先,在水面布种下田,待尽退时,则苗既勃然兴之矣。所以然者,因山高接热,云气升腾,冻结于巅,四时不散。故雨不施于圹野,雷不奋于地中,冰常凝于高峰,雪无飘于热地也。今其人尊约瑟、摩西为圣人,名回回教,盖天父上帝前现权能与二人,至今犹有遗风焉。

暹罗邦近与英邦通商,亦能仿造火船大船,往各邦采买,今亦变为富智之邦矣。

日本邦近与花旗邦通商,得有各项技艺以为法则,将来亦必出于巧焉。

马来邦、秘鲁邦、澳大利邦、新嘉波、天竺邦、前西藏、后西藏、蒙古、满洲皆信佛教,拜偶像,故其邦多衰弱不振,而名不著焉。虽满洲前盗据中地蒙古之地,亦不敢直认为满洲固有之物,故不见称于各邦也。不过中国从前不能为东洋之冠冕,暂为失色,良可(既)[慨]矣。

以上略述各邦大势,足见纲常大典,教养大法,必先得贤人,创立大体,代有贤能继起而扩充其制,精巧其技,因时制宜,度势行法,必永远不替也。倘中邦人不自爱惜,自暴自弃,则鹬蚌相持,转为渔人之利,那时始悟兄弟不和外人欺,国人不和外邦欺,悔之晚矣。曷不乘此有为之日,奋为中地倡,以顶天父天兄纲常,太平一统江山万万年也。

一、要自大至小,由上而下,权归于一,内外适均而敷于众也。又由众下而达于上位,则上下情通,中无壅塞弄弊者,莫善于准卖新闻篇或暗柜也。法式见下。①

一、兴车马之利,以利便轻捷为妙。倘有能造如外邦火轮车,一日夜能行七八千里者,准自专其利,限满准他人仿做。若彼愿公于世,亦禀准遵行,免生别弊。先于二十一省通二十一条大路,以为全国之脉络,通则国家无病焉。通省者阔三丈,通郡者阔二丈五尺,通县及市镇者阔二丈,通大乡村者阔丈余。差役时领犯人修葺崩破之处。二十里立一书信馆,愿为者请饷而设,以为四方耳目之便,不致上下梗塞,君民不通也。信资计文书轻重,每二十里该钱若干而收。其书要在某处交递者,车上车下各先束成一捆,至即互相交讫,不能停车俄顷。因用火用气用风之力太猛也,虽三四千里之遥,亦可朝发夕至,纵有小寇窃发,岂能漏网乎!②

---

① 刻本有洪秀全在此策上眉批说:"钦定此策杀绝妖魔行未迟。"
② 刻本有洪秀全在此策上眉批说:"钦定此策是也。"

一、兴舟楫之利，以坚固轻便捷巧为妙。或用火用气用力用风，任乎智者自创。首创至巧者，赏以自专其利，限满准他人仿做。若愿公于世，亦禀明发行。兹有火船气船，一日夜能行二千余里者，大商则搭客运货，国家则战守缉捕，皆不数日而成功，甚有裨于国焉。若天国兴此技，黄河可疏通其沙而流入于海，江淮可通有无而缓急相济，要隘可以防患，凶旱水溢可以救荒，国内可保无虞，外国可通和好，利莫大焉。①

一、兴银行。倘有百万家财者，先将家资契式禀报入库，然后准颁一百五十万银纸，刻以精细花草，盖以国印图章，或银货相易，或纸银相易，皆准每两取息三厘。或三四富民共请立，或一人请立，均无不可也。此举大利于商贾士民，出入便于携带，身有万金而人不觉，沉于江河则损于一己而益于银行，财宝仍在也。即遇贼劫，亦难骤然拿去也。②

一、兴器皿技艺。有能造精奇利便者，准其自售，他人仿造，罪而罚之。即有法人而生巧者，准前造者收为己有，或招为徒焉。器小者赏五年，大者赏十年，益民多者年数加多，无益之物有责无赏。限满他人仿做。③

一、兴宝藏。凡金、银、铜、铁、锡、煤、盐、琥珀、蚝壳、琉璃、美石等货，有民探出者准其禀报，爵为总领，准其招民采取。总领获十之二，国库获十之二，采者获十之六焉。倘宝有丰歉，则采有多少，又当视所出如何，随时增减，不得匿有为无也。此为天财地宝，虽公共之物，究亦枕近者之福，小则准乡，大则准县，尤大者准省及省外之人来采也。有争斗抢夺他人之所先者，准总领及地方官严办，务须设法妥善焉。④

一、兴邮亭以通朝廷文书，书信馆以通各色家信，新闻馆以报时事常变、物价低昂。只须实写，勿着一字浮文。倘有沉没书札银信及伪造新闻者，轻则罚，重则罪。邮亭由国而立，余准富民纳饷，禀明而设。或本处刊卖，则每日一篇，远者一礼拜一篇，越省则一月一卷，注明某处某人某月日刊刻，该钱若干，以便远近采买。⑤

一、朝廷考察若探未实者，注明"有某人来说，未知是否，俟后报明"字样，则不得责之也。

一、兴各省新闻官。其官有职无权，性品诚实不阿者。官职不受众官节制，亦不节制众官，即赏罚亦不准众官褒贬。专收十八省及万方新闻篇有招牌图记者，以资圣鉴，则奸者股栗存诚，忠者清心可表，于是一念之善，一念之恶，难逃人心公议矣。人岂有不善，世岂有不平哉！⑥

一、兴省郡县钱谷库，以司文武官员俸值公费。立官司理，每月报销。除俸值外，有妄取民贿一文者议法。⑦

一、兴市镇公司。立官严正，以司工商水陆关税。每礼拜呈缴省郡县库存贮，或市镇

---

① 刻本有洪秀全在此策上眉批说："钦定此策是也。"
② 同上。
③ 同上。
④ 同上。
⑤ 同上。
⑥ 刻本有洪秀全在此策上眉批说："此策现不可行，恐招妖魔乘机反间，俟杀绝残妖后，行未迟也。"
⑦ 刻本有洪秀全在此策上眉批说："是。"

公务支用,有为己私抽者议法。①

一、兴士民公会。富贵善义,仰体天父、天兄好生圣心者,听其甘心乐助,以拯困扶危,并教育等件。至施舍一则,不得白白妄施,以沽名誉,恐无贞节者一味望恩,不自食其力,是滋弊也。宜令作工,以受所值,惟废疾无所归者准白白受施。②

一、兴医院以济疾苦。系富贵好善,仰体天父、天兄圣心者,题缘而成其举。立医师,必考取数场然后聘用,不受谢金,公义者司其事。③

一、兴乡官。公义者司其任,以理一乡民情曲直吉凶等事,乡兵听其铺调。④

一、兴乡兵。大村多设,小村少设,日间管理各户,洒扫街渠,以免秽毒伤人,并拿打架攘窃,及在旁证见之人,到乡官处处决,妄证者同罪。夜于该管之地有失,惟守者是问。若力不足而呼救不及,不干守之事。被伤者生则医,死则瘗,有妻子者议恤。⑤

一、罪人不孥。若讯实同情者及之,无则善视抚慰之,以开其自新之路;若连累及之,是迫之使反也。⑥

一、禁溺子女。不得已难养者,准无子之人抱为己子,不得作奴视之,或交育婴堂;溺者罪之。⑦

一、外国有兴保人物之例,凡屋宇人命货物船等有防于水火者,先与保人议定,每年纳银若干,有失则保人赔其所值,无失则赢其所奉。若失命,则父母妻子有赖,失物则(巳)(己)不致尽亏。

一、外国有禁卖子为奴之例。家贫卖子,只顾眼前之便,不思子孙永为人奴,大辱祖考;后世或生贤智者不得为国之用,反为国之害矣。故准富者请人雇工,不得买奴,贻笑外邦。生女难养,准为女佣,长则出嫁从良也。

一、禁酒及一切生熟黄烟、鸦片。先要禁为官者,渐次严禁在下。绝其栽植之源,遏其航来之路,或于外洋入口之烟,不准过关。走私者杀无赦。⑧

一、禁庙宇寺观。既成者还其俗,焚其书,改其室为礼拜堂,籍其资为医院等院。此为拯民出于迷昧之途,入于光明之国也。⑨

一、禁演戏修斋建醮。先化其心之惑,使伊所签助者,转助医院、四民院、学馆等,乃有益于民生实事。⑩

一、革阴阳八煞之谬。名山利薮,多有金、银、铜、铁、锡、煤等宝,大有利于民生国用。今乃动言风煞,致珍宝埋没不能现用。请各思之,风水益人乎,抑珍宝益人乎?数千年之

---

① 刻本有洪秀全在此策上眉批说:"是。"
② 同上。
③ 同上。
④ 同上。
⑤ 同上。
⑥ 同上。
⑦ 同上。
⑧ 同上。
⑨ 同上。
⑩ 同上。

疑团,牢而莫破,可不惜哉!①

一、除九流。惰民不务正业,专以异端诬民,伤风败俗,莫逾于此。准其归于正业,焚去一切惑民之说。若每日无三个时辰工夫者,即富贵亦是惰民,准父兄乡老擒送进诸绝域,以警颓风之渐也。诚以游手偷闲,所以长其心之淫欲,劳心劳力,所以增其量之所不能。此天父之罚始祖,使汗颜而食者,一则使自养身,一则免生罪念,亦为此故也。②

一、屋宇之制。坚固高广任其财力自为,不得雕镂刻巧,并类王宫朝殿。宜就方正,勿得执信风水,不依众向,致街衢不直。既成者勿改,新造者可遵,再建重新者,亦可改直。③

一、立丈量官。凡水患河路有害于民者,准其申请,大者发库助支,小者民自捐助,而屋宇规模,田亩裁度,俱出此官。受赃者准民控诉,革职罚罪。

一、兴跛盲聋哑院。有财者自携资斧,无财者善人乐助,请长教以鼓乐书数杂技,不致为废人也。④

一、兴鳏寡孤独院。准仁人济施,生则教以诗书各法,死则怜而葬之。因此等穷民,操心危,虑患深,往多有用之辈,不可不以恩感之也。⑤

一、禁私门请谒,以杜卖官鬻爵之弊。凡子臣弟友,各有分所当为,各有俸值,各有才德,各宜奋力上进,致令闻外著,岂可攀援以玷仕途。即推举者亦是为国荐贤,亦属分内之事,既得俸值,何可贪赃。审实革职,二罪俱罚。⑥

一上所议,是"以法法之"之法,多是尊五美、屏四恶之法。诚能上下凛遵,则刑具可免矣。虽然,纵有速化,不鲜顽民,故又当立"以刑刑之"之刑。

刑刑类

一、善待轻犯。宜给以饮食号衣,使修街渠道路,练其一足,使二三相连,以差人执鞭刃掌管。轻者移别县,重者移郡移省,期满释回,一以重其廉耻,二以免生他患,庶回时改过自新,此恩威并济之法也。⑦

一、议第六天条曰"勿杀"。盖谓天父有赏罚于来生,人无生杀于今世。然天王为天父所命以主理世人,下有不法,上[不]可无刑。是知遭刑者非人杀之,是彼自缚以求天父罚之耳。虽然,为人上者,不可不亲身教导之也。⑧

一、议大罪宜死者,置一大架圈其颈,立其足,升至桅杆顶,则去其足下之板,以吊死焉。先彰其罪状并日期,则观者可以股栗自儆,又少符勿杀之圣诫焉。

---

① 刻本有洪秀全在此策上眉批说:"是。"
② 刻本有洪秀全在此策上眉批说:"此策是也。"
③ 刻本有洪秀全在此策上眉批说:"是。"
④ 同上。
⑤ 同上。
⑥ 同上。
⑦ 刻本有洪秀全在此策上眉批说:"钦定此策是也。"
⑧ 刻本有洪秀全在此策上眉批说:"爷今圣旨斩邪道正杀妖杀有罪,不能免也。爷诫勿杀,是诫人不好谋害妄杀,非谓天法之杀人也。"

一、十款天条治人心恶之未形者，制于萌念之始。诸凡国法治人身恶之既形者，制其滋蔓之多。必先教以天条，而后齐以国法，固非不教而杀矣，亦必有耻且格尔。

一、与番人并雄之法。如开店二间，我无租值，彼有租值，我工人少，彼工人多，我价平卖，彼价(桂)[贵]卖，是我受益而彼受亏，我可永盛，彼当即衰，彼将何以久居乎？况我已有自固之策，若不失信义二字足矣，何必拘拘不与人交接乎？是浅量者之所为也。虽然，亦必有一定之章程，一定之礼法，方不致妄生别议。但前之中国不如是焉，毫无设法，修葺补理，以致全体闭塞，血脉不通，病其深矣。今之人心风俗，皆非古昔厚重之体，欲清其病源，既不可得，即欲(俊)[峻]补，其可得乎！

此皆为邦大略，小弟于此类凡涉时势二字，极深思索，故古所无者兴之，恶者禁之，是者损益之。大率法外辅之以法而入于德，刑外化之以德而省于刑也。因又揣知圣心图治太急，得策则行，小弟诚恐前后致有不符之迹，故恭录己所窥见之治法，为前古罕有者，汇成小卷，以资圣治，以广圣闻。恳自今而后，可断则断，不宜断者付小弟掌率六部等议定再献，不致自负其咎，皆所以重尊严之圣体也。或更立一无情面之谏议在侧，以辅圣聪不逮。诸凡可否，有宜于后，不宜于今者，恳留为圣鉴，准以时势二字推行，则顶起天父、天兄纲常，太平一统江山万万年矣。

（罗尔纲编注：《太平天国文选》，第117—131页。上海：上海人民出版社，1956。）

[本篇据王重民《太平天国官书十种》影印本辑录。此影印本据英国剑桥大学图书馆藏本《资政新篇》排印及洪秀全眉批原样，又载《中国近代史资料丛刊：太平天国》，Ⅱ，第523—542页。《资政新篇》现存有三部刻本。第一部是藏英国剑桥大学图书馆，编号FC171/7，旨准颁行。第二部是牛津大学图书馆藏本。第三部是上海市文物管理委员会藏本。它是柳亚子捐献的。三个本子在扉页内都横题"太平天国己未九年新镌"，但却是不同的本子。剑桥藏本是初刻本，牛津大学图书馆藏本和上海市文物管理委员会藏本是修改后重刻本。王庆成将牛津大学图书馆藏本与英国剑桥大学藏本加以校勘，发现前者无用"郭"代"国"，且称各外国为"邦"。（王庆成：《太平天国的文献和历史》，社会科学文献出版社，1993年，第90页。）郭若愚将上海市文物管理委员会藏本英国剑桥大学藏本加以校勘，发现相异之处如下：上海市文物管理委员会藏本"万邦"，剑桥藏本作"万国"；上海市文物管理委员会藏本"箍"，剑桥藏本作"箍"；上海市文物管理委员会藏本"主则亲临"，剑桥藏本"主"作"上"；上海市文物管理委员会藏本"皆有探造化之巧"，剑桥藏本"探"作"夺"；上海市文物管理委员会藏本"必得上帝圣神感化而然也"，剑桥藏本无"上帝"两字；上海市文物管理委员会藏本"心领灵会"，剑桥藏本"灵"作"神"；上海市文物管理委员会藏本"外邦人"，剑桥藏本作"外国人"；上海市文物管理委员会藏本"邦法宏深"剑桥藏本作"国法宏深"；上海市文物管理委员会藏本"郭中无有乞丐之民"，剑桥藏本"郭"作"国"；上海市文物管理委员会藏本"猷太邦，"剑桥藏本"猷"作"猶"；上海市文物管理委员会藏本"万郭"，剑桥藏本作"万国"。（见郭若愚编：《太平天国革命文物图录补编》图版说明，第1—2页。上海群联出版社，1955。）]

【江苏省南京·天历九年】本军师恭膺圣命,总理朝纲,爰综政治大略,编成《资政新篇》一则,恭献圣览,已蒙旨准,并蒙圣照,此篇付镌刻官遵刻颁行。

（洪仁玕:《颁行资政新篇宣谕》。《太平天国文书汇编》,第 96 页。中华书局,1979。又,《干王洪仁玕颁新政宣谕》。载《太平天国文书汇编》,第 96—98 页。对了解洪仁玕的《资政新篇》有重要意义。）

二、时人对《资政新篇》及其作者洪仁玕的评价

【江苏省南京·1860 年】我不能不承认他［按:干王洪仁玕］是我所认识的最开通的中国人。他极熟悉地理,又略识机器工程,又承认西洋文明之优越。家藏有各种参考书,对于各种题目,皆有研究的资料。他性情慷慨,极愿为善,然而他却是苟且偷安的,好发议论而不实行的……席间,他便告诉你欲改革各事如何困难,天王如何不听人言,各王如何不尊重其威权……现在我须与他告别了,只祝他在现在极困难的地位事事得顺利。盖彼欲实行改革而事事均受各王之牵制也……如果太平天国都是由这等人［按:指干王］组成,全中国不久便是他们所有。但可惜干王在南京各王中确是独一无二的人物。

（富礼赐:《天京游记》,简又文译。《中国近代史资料丛刊:太平天国》,Ⅵ,第 955—957 页。中国史学会编,编者:向达、王重民等,上海:神州国光社,1952。）

【江苏省苏州·1860 年 6 月】根据以上所述,在这一重大的革命运动中,宗教因素显然有极大的关系。若是认为这一运动纯粹属于政治性质,而将宗教置于从属地位,那就大错特错。实际上决不是这回事。恰恰相反,宗教是政治的基础,是政治生命赖以持续的泉源。打倒偶像,建立对真神的崇拜,是太平军的目的;和驱除满人与征服全国一样,他们同样地全心全意求其实现。他们反对宋朝哲学家泛神论的观念,主张上帝人格化的学说;反对一般多神论的见解,有着最明确的上帝唯一的概念。与佛教哲学中的宿命论相反,他们相信并传播上帝主宰一切的道理。这一切都是极其明显的,只要和他们相处一个时期,就一定会得到这种印象。太平军感觉到自己有一个任务要完成,深信他们是在一个不会错误的主宰的引导之下,在执行任务中得一种全能的力量的支持;这便是他们受到的灵感。胜利时,他们归功于天父对他们的仁慈;失败时,他们认为这是天父对他们的惩罚。他们相信上帝和他们在一起,不是作为抽象的概念,也不是作为一位严厉的毫不留情的君主,而是一位慈爱的父亲,他温和地照顾他们的一切,亲手领导着他们。和运动开始的时候一样,新旧约圣经现在仍然是他们信仰的标准。这是一个重要的事实。只要他们把圣经作为上帝的语言,我们便有理由希望,他们的错误会逐渐纠正过来的……太平军［在以耶稣为天兄等方面］之有错误,不足为奇;相反,若是一点错误没有,倒是史无前例的最大的奇迹。他们一般人所有的宗教知识必然有限;领导人物在这方面的知识虽不精深,但比较要广泛一些。在广西人当中,宗教成分比较深入,范围也较广,由他们再传给周围的群众,一般群众只须学会唱赞美诗而已。只要能唱赞美诗,并行过洗礼,这些人便成为弟兄。从宗

教观点来看,我们可以希望洪仁玕既已升到最高职位,对这个运动会发生有益的影响。

(《传教士艾约瑟等五人赴苏州谒见忠王的经过》。《北华捷报》第 519 期,1860 年 7 月 7 日。上海社会科学院历史研究所编译:《太平军在上海——〈北华捷报〉选译》,第 58—59 页。上海:上海人民出版社,1983。)

【江苏省苏州·1860 年 6 月】教士们到达苏州时,起初并未获准入城,但经出示忠王与干王几天前写给艾约瑟与杨笃信[Griffith John]两先生的信件,即进入城内。干王在信上表示,作为老信徒与传教士的老友,邀请各教士商谈有关宗教事宜,并无片言只字涉及政治。教士们在苏州停留期间,得到很好的机会,对该城目前的情况观察一下。他们对各种具有重大兴趣的问题,可以搜集宝贵的可靠的情报;对如何改正神学上的错误,以及如何更加广泛地宣扬教义,可以提出计划;对干王致力于提倡真理与文明的事业,可以给予鼓励。各位教士受到干王两次热情接待,使他们对于干王对叛军未来的行动将发生良好的影响一节,抱有巨大希望。

在第一次见面谈话中,干王表示,他不仅在宗教方面,而且在科学与社会改革方面,完全赞同外国人讲的道理。在他当时住宅的图书室里所有的书籍中,他最感兴趣的是伟烈亚力[A·Wylie]翻译的那本微积分。

(《传教士艾约瑟等五人赴苏州谒见干王和忠王的经过》。《北华捷报》第 527 期,1860 年 9 月 1 日。上海社会科学院历史研究所编译:《太平军在上海——〈北华捷报〉选译》第 61—62 页。上海:上海人民出版社,1983。)

【江苏省苏州·1860 年 8 月】干王特地从南京来到苏州,专门要和传教士谈论传教的事业,但也望同外国代表讨论有关占据上海城及其他涉及贸易等问题。由于艾约瑟[Joseph Edkins]将其新著译出一部分发表,干王的大名乃为众所周知。凡是阅读过干王著作摘要的人,不会不在某种程度上对他表示敬仰,而对一般中国人,外国人每每不会具有这种感觉。

(《英国读者 C 君投书》。《北华捷报》第 526 期,1860 年 8 月 25 日。上海社会科学院历史研究所编译:《太平军在上海——〈北华捷报〉选译》,第 153 页。上海:上海人民出版社,1983。)

【江苏省上海县·1861 年 1 月 12 日】我们看过干王写的那本怪书,从中得到一些启发;我们也在许多文件中看出忠王的志愿和主张。我们曾听到这两位首领的名字被捧上天,然而根据普通的真实报道,一位是个无能的梦想者,另一位则是荒淫无度的残暴的盗匪。

(《一八六〇年的回顾(节译)》,《北华捷报》第 546 期,1861 年 1 月 12 日。上海社会科学院历史研究所编译:《太平军在上海——〈北华捷报〉选译》,第 425 页。上海:上海人民出版社,1983。)

【江苏省南京·咸丰十一年三月十八日】庚申七月刻《资政新编》一本，贼族洪仁玕所作以上洪逆者，文理较明白。其中所言，颇有见识。一曰"风风类"。言中国民人浮侈之习，难以法禁。惟在上者以为可耻之行，见则鄙之忽之，民自厌而去之矣。二曰"法法类"。皆是效法西人所为，其钦折外洋，殆为心悦诚服，而于夷情最谙(谏)[练]，所有在沪西国教士皆列名在上，此皆两粤人习染年深，视外邦如神明。然其长处颇能变通用之，亦未可抹杀。三曰"刑刑类"。以为用刑当体第六天条弗杀之义，凡人重罪，惟当吊死云云。以此观之，其人亦尚仁恕，非暴虐之徒。此三类每条上皆有洪秀全批云"此策是也"数字。闻洪仁玕在贼中甚得权，其人亦粤西人，与逆同族，曾入县庠，滋事斥革，后投贼中，其未至金陵时，曾到上海留数载，故夷情最悉。观此一书，则贼中不为无人。志云："知彼知己，百战百胜。"有志之士尚无忽诸。

（赵烈文：《能静居士日记》。《太平天国史料丛编简辑》，第三册，第168页。太平天国历史博物馆，北京：中华书局，1962。）

【江苏省苏州·同治元年】三月间，忠王有令，各属开考，人多不应，啖以利乃往。桐乡共得廿四人，取进十八名为秀士。先问与试之人："若欲入縠否乎?"其人曰："诺。"则录之。不愿亦听之。定于五月赴苏郡试，九月中金陵会试。然多事之秋，未能各县取齐。嘉兴属唯桐乡行之。符天安出题，不用四书，彼处自有洪姓干王新造之书。至策论、赋诗亦多，即近事为题，俚鄙不堪，令人喷饭。

（佚名：《寇难琐记》卷三，抄本。南京大学历史系太平天国史研究室编《江浙豫皖太平天国史料选编》，第198页。南京：江苏人民出版社，1983。）

【江苏省南京·1863年】干王急切地介绍太平天国人士对欧洲先进东西的喜好。在他的居所附近，我们见到了他的印刷所。他在此处有一些用活字印刷他自己所撰著作的工匠。在这些书当中，有些是阐释《圣经》的宗教类书籍，有些则是政治类书籍。它们建议对国家的政治制度、社会生活制度和艺术进行各种改革。它们描述了铁路、电报、邮政、新闻纸和蒸汽机的利便之处。一旦重建和平，他将在中国着手实施这一切。不幸的是，为一些首领所沉迷的关于未来繁盛的梦幻并没有征服和治理方面的天赋相伴随，而唯有征服和治理才能为实现这些梦幻提供机会。他们靠掳掠百姓而生存，因而乡村反对他们；他们在循规蹈矩的城市居民中也没有任何朋友。除非取得非凡的胜利或意外的时来运转，否则，他们无法赶走鞑靼人，甚至连一个省内的秩序也无法维持。在目前的混乱状态没有结束之前，他们与其臆想着可能实施的改革，倒不如致力于在其辖境内建立一个高效率的政府。

但是，太平天国人士不是政治家。他们有一套固定的制度，对一些重要的宗教真理有着强烈的信念。他们所从事的是一个对他们来说至关重要的政治事业。在那些信念的影响下，他们在遇到无法克服的困难时不气馁，并不把未来放在心上，而是沉溺于重建中国的空想性规划，这种规划是由他们自己，或者更确切地说，是由某种将给他们带来变化的命运的力量设计的。

（珍妮·艾约瑟：《中国的风土和人民》。《太平天国》，第九册，第282—283页。罗尔纲、王庆成，桂林：广西师范大学出版社，2004。）

【江苏省南京·同治三年七月初六日】其书甚多，皆洪仁玕所为。仁玕系半通秀才，首逆之族兄，咸丰四、五年间，尚流落上海，或知而捕之，遂入贼中，甚信任，贼之政令，为之一变，一切参用文法。诸宿将多不服，贼势益衰，盖由于此。

（赵烈文：《能静居日记》。《太平天国》，第七册，第278页。罗尔纲、王庆成，桂林：广西师范大学出版社，2004。）

第四节

1856 年内讧后政令不统一

【天历六年】自翼王出京之后，杀东、北王之后，至蒙得恩手上办事。人心改变，政事不一，各有一心……那时各有散意。

（广西壮族自治区通志馆：《忠王李秀成自述校补本》，第 19 页。又见《太平天国》，第二册，第 354 页。罗尔纲、王庆成，桂林：广西师范大学出版社，2004。）

【江苏省南京·天历七至八年】[翼王出走后]国政不能划一。[八年封五主将]稍可自立。

（《洪仁玕自述》。《中国近代史资料丛刊：太平天国》，Ⅱ，第 851 页。中国史学会编，编者：向达、王重民等，上海：神州国光社，1952。）

【江苏省南京·天历九年】干王洪仁玕立法制宣谕

前此拓土开疆，犹有日辟百里之势，何至于今而进寸退尺，战胜攻取之威转大逊与曩时？良由昔之日，令行禁止由东王，而臂指自如；今之日，出死入生任各军，而事权不一也。

（《太平天国》，第三册，第 62 页。罗尔纲、王庆成，桂林：广西师范大学出版社，2004。）

[编者按：1856 年以后，各军事权不一，在江苏、浙江、安徽、江西各地活动的军事首领，将所占地区的军权、民政、财权都集中在自己手中，形成半独立状态。各地财政经济政策与措施有许多不同。]

在太平天国范围内，货币制度并不是统一的……钱币的文字和制作是不一律的，甚至钱的等级，各地也不一定相同。

（季永才：《几枚太平天国圣宝钱赏析》。《收藏界》，2008 年第 2 期。）

【天历十一年】去年天王改政，要合[朝]内外大小军营将相，民家亦然，凡出示以及印内，(具)[俱]要刻天父天兄天王字样安入，印内不遵者，五马分尸……那时人人遵称，独我与李世贤不服声称，李世贤现今亦未肯称此也。

（《忠王李秀成自述》影印。又见《太平天国》，第二册，第388页。罗尔纲、王庆成，桂林：广西师范大学出版社，2004。）

〔编者按：李秀成所说的"改政"，是在天历十一年正月二十六日到天历十一年二月十七日之间发生的事。〕

【江苏省南京·1862年3月8日】他〔编者注：洪秀全〕是反对商务者。自从我到天京后，他曾杀了十余人，其罪只是因在城内通商。而且他一概拒绝外人之欲与他们在城内或城外经营合法的商务。当告以忠王曾出示邀请外人通商，他亦加以驳斥，并谓忠王并不曾经天朝——即天王及其御前会议大臣——授权许可其如此做法的。

（《罗孝全离天京后致美公使函》。《华北先驱》第606期，1862年3月8日。译文见简又文：《太平天国典制通考》中册，第702页。香港：简氏猛进书屋，1958。）

第二章
军需来源与财政收入

［编者按：太平天国自始至终处于战争环境中，筹集军需与财政收入一直是财政经济工作的头等任务。本书按经济部门排序时，也是将筹集军需与财政收入列为第一，而后是农业，工业，商业，金融等等。太平天国的军需（包括金钱与物资）的来源，也就是圣库收入的来源，主要有以下几种：起义者捐献家产，缴获敌方财物，群众进贡，向敌对者打先锋，临时摊派，田赋，税、捐、费，百工衙与诸匠营的产品，物资购买。它们随着军事行动、政权形势与环境的发展而有所变化。起义之初，主要是起义者捐献家产，随后加上群众进贡与支援，向敌对者打先锋和缴获敌方财物。从广西到占领南京的进军途中，缴获清政府、清军的钱物，成为收入的大宗。建都南京后，由于上述各种手段都是一次性的，或逐渐地被放弃（如要求参加者将家产全部交公），或继续保留，但已退至次要地位，赋、税、捐、费成为经常性的和主要的财政来源。其中的田赋尤为重要。关于田赋与捐、费，本书均设专章。商税列在商业章内，百工衙与诸匠营列在工业章内。］

第一节

圣库制度

[编者按：圣库制度是太平天国创立的第一个财政经济制度。它的内含包括产生与发展，基本原则的制订与演变，机构与职官，钱、物的来源与收支手续，供给对象的范围与标准，等等。有关它的机构与职官，参见第四章。]

一、军需物资来源的演变过程

【咸丰元年至五年】 贼不耕种而饱食终日，溯其源皆由虏劫而来。凡到一处尽封油盐食物，归伪典官看守，礼拜日凭伪照发给各贼馆分食。当逐户抄虏时，虽零星食物必尽括以去。每过镇集村庄，必肆行凶横，动谓不办饭者必加烧杀。乡里愚民仓皇失措，谁不欲款以饮食，而保一时之安全。故贼至一家，必罄其所有以供啖嚼。其实贼平居之日，掳得何物即食何物，多则哺啜狼藉，无亦素餐淡食。若官兵断其粮道，求粗粝不得，竟有煮皮箱以充饥者。

（张德坚：《贼情汇纂》卷六《伪礼制·饮食》。《中国近代史资料丛刊：太平天国》，Ⅲ，第 186 页。中国史学会编，编者：向达、王重民等，上海：神州国光社，1952。）

【咸丰三年】 贼不贾而封植，不耕而饱食，其来何自？无非掳掠。惟其丧心搜刮，则金资五谷，来源无穷。尝闻贼目肆言曰："吾以天下富室为库，以天下积谷之家为仓，随处可以取给。"……其便利岂不十倍于官军乎。

（张德坚：《贼情汇纂》卷十《贼粮》。《中国近代史资料丛刊：太平天国》，Ⅲ，第 269 页。中国史学会编，编者：向达、王重民等，上海：神州国光社，1952。）

【咸丰三年】 总之，乡民始以进贡得贡单谓可以安居，故甘输纳，而不知责贡之无已。既知贡单无益，则不甘进献，而不知贼打先锋搜刮终无遗也。力田编民，盖藏虽罄，新谷方登，犹可接济，而不知贼以安民为名，旋立乡官，时遣催粮之贼征取，迫如星火也。

（张德坚：《贼情汇纂》卷十《贡献》。《中国近代史资料丛刊：太平天国》，Ⅲ，第 271 页。中国史学会编，编者：向达、王重民等，上海：神州国光社，1952。）

【咸丰三年】乡民因(成)[承]平日久,罕见兵革,贼至迁避一空,任贼虏劫,此壬子癸丑[1852—1853年]冬春情形……设立乡官之后,则又出示曰:"天下农民米谷,商贾资本,皆天父所有,全应解归圣库,大口岁给一石,小口岁五斗,以为口食。"……此令已无人理,究不能行。遂下科派之命,稽查所设乡官,一军之地,共有田亩若干,以种一石终岁责交钱一千文,米三石六斗核算,注于册籍,存伪州县监军处备查,无上下忙卯限诸章程。

(张德坚:《贼情汇纂》卷十《贼粮·科派》。《中国近代史资料丛刊:太平天国》,Ⅲ,第274—275页。中国史学会编,编者:向达、王重民等,上海:神州国光社,1952。)

【江苏省南京·咸丰三年】

伪圣库衙。贼收藏之所也。贼制,凡诸贼掳掠皆归逆首,积之一大宅中,谓之圣库。噫,民脂民膏尽于此矣。

伪圣粮衙。贼屯谷之所也。城破后,丰备、复成等仓既为贼据,而比户搜括,不遗升斗。又于运漕、庐江、无为州等处劫取粮米,搬运入城。其出入皆归此衙掌之。

伪春人衙。主春米之事。凡各伪王食米,皆此衙供之。

伪铸钱衙。贼铸钱之所也。其文,阳面曰"天国",阴面曰"圣宝",约重一两至五钱不等。自四月至八月,铸成若干,交伪圣库掌之。然所铸天字皆作大字,亦可异也。

伪典金衙。掌为贼铸金器。凡金之事皆属之。

伪玉器衙。掌玉器。贼初不知重玉,后乃置此,则媚贼者为之也。

伪风琴衙。掌钟表。贼初不重钟表,此衙亦后置焉。

伪典织衙。主机匠之事。城内居民欲保家者,进丝经于伪侍卫钟芳礼处,领办机子数张,为之织缎。领办者初以为得计,于是竟有万余人。至四月间,忽调三千人往伪王府挑砖。五月下旬,竟将挑砖者驱出充兵。六月初,复调三千人声言往打江西。其于各行亦然。总之,贼性无常,始不过寓兵于机匠耳。自是而后,机匠亦渐散矣。

(佚名:《粤逆纪略》。《太平天国史料丛编简辑》,第二册,第35—37页。太平天国历史博物馆,北京:中华书局,1962。)

二、起义者捐献家财与圣库制度的产生

【广西省桂平县·道光三十年】[韦]昌辉、翼王[石达开]亦是富厚之家,后因认实天父天兄,不惜家产,恭膺帝命,同扶真主。

(《天情道理书》。《中国近代史资料丛刊:太平天国》,Ⅰ,第371—372页。中国史学会编,编者:向达、王重民等,上海:神州国光社,1952。)

【广西省桂平县·道光三十年】韦昌辉……献银数万入伙。[石达开]献贼十数万金入伙。

(张德坚:《贼情汇纂》卷一。《中国近代史资料丛刊:太平天国》,Ⅲ,第48页。中国

史学会编，编者：向达、王重民等，上海：神州国光社，1952。）

【广西省桂平县·道光三十年】［周胜坤］家本富有，素业质库，［起义时］罄家以献。

（张德坚：《贼情汇纂》卷一。《中国近代史资料丛刊：太平天国》，Ⅲ，第60页。中国史学会编，编者：向达、王重民等，上海：神州国光社，1952。）

【广西省桂平县·道光三十年】［吴可亿］素业质库，家饶资财，［起义时］举室从贼。

（张德坚：《贼情汇纂》卷一。《中国近代史资料丛刊：太平天国》，Ⅲ，第67页。中国史学会编，编者：向达、王重民等，上海：神州国光社，1952。）

【广西省桂平县·庚戌年（即道光三十年）五月】今有那龙村覃特东捐献圣库银三两、谷五斗二升正。共（亨）［享］天福。切此。凭。

庚戌年五月　日。

（《文物》，1976年第1期。）

【广西省桂平县·庚戌年（即道光三十年）八月十三日】［天兄教导洪秀全］庚戌年［编者按：已经"团营"并集中居住］天兄［萧朝贵］问［教徒］罗能安"如何得咁多粮草食"？小［罗能安］奏曰："李得胜之吴表亲出粮谷二千石。"

（《天兄圣旨》。《太平天国》，第二册，第301页。罗尔纲、王庆成，桂林：广西师范大学出版社，2004。）

【广西省·1850年8月】但如今不特有患难之村民，而且被官兵击散之贼匪，均视拜上帝会为逋逃薮，老幼男女携眷挟财产大队加入。

（韩山文：《太平天国起义记》。《中国近代史资料丛刊：太平天国》，Ⅵ，第868—869页。中国史学会编，编者：向达、王重民等，上海：神州国光社，1952。）

【广西省·1850年8—9月】是时［金田团营时］，秀全立即通告各县之拜上帝会教徒集中于一处。前此各教徒已感觉有联合一体共御公敌之必要，彼等已将田产屋宇变卖，易为现金，而将一切所有缴纳于公库，全体衣食俱由公款开支，一律平均。因有此均产制度，人数愈为加增，而人人亦准备随时可弃家集合。时机如今到了，人人为本身及家眷之安全而焦虑，至是乃奔集洪秀全之旗下，盖人人均信洪为上帝特选以为其领袖也。无论老幼贫富，有势有才，秀才举人，一体挈眷而来。

（韩山文：《太平天国起义记》。《中国近代史资料丛刊：太平天国》，Ⅵ，第870—871页。中国史学会编，编者：向达、王重民等，上海：神州国光社，1952。）

【广西省桂平县·道光三十年】顾向之从贼［编者按：指所谓"流贼"］者，类皆自逸去,而拜上帝会则必家属子女俱,产业贱售。或问其故,则曰:"我太守也,我将军也,岂汝辈耕田翁耶!"其妻妾亦笑谓戚邻曰:"我夫人也,我恭人也,岂汝辈村妇女耶!"闻者叹其狂而不能止。

（谭熙龄:《紫荆事略》,《浔州府志》。又,《太平天国》,第五册,第1页。罗尔纲、王庆成,桂林:广西师范大学出版社,2004。）

【广西省桂平县·咸丰元年】 当初众人信他说拜了尚弟[上帝],可消灾难登天堂。拜了之后因有众[家]属在他手,不敢逃出。小的并没妻子,因出来没生路,也只好随他。

（《李进富供词》。《太平天国文献史料集》,第20页。北京:中国社会科学出版社,1982。）

【广西省桂平县·咸丰元年】 小的于三月二十八日由新寨回来打探,至四月十几回去。五月初七日又叫小的回来,探听官兵团练多少,黄坡、双髻有无防堵,只给钱二百文。小的知道跟错他们了,盐也没得食,钱也没得使,他们头子尽自己快活,心下想回来不用去了。[编者按:看来,起义初期没有平均主义是不行的,不能团结起义者。]

（《李进富供词》。《太平天国文献史料集》,第19—20页。北京:中国社会科学出版社,1982。）

【广西省藤县·天历元年】 西王、北王带旱兵在大黎里屯扎五日,将里内之粮谷衣食等,逢村即取,民家将粮谷盘入深山,亦被拿去。西王在我家近村乡居驻,传令凡拜上帝之人不必畏逃,同家食饭,何必逃乎?我家寒苦,有食不逃。临行营之时,凡是拜过上帝之人,房屋俱要放火烧之,寒家无食之故而随他也。

（广西壮族自治区通志馆:《忠王李秀成自述校补本》,第6—7页。又,《太平天国》,第二册,第348页。罗尔纲、王庆成,桂林:广西师范大学出版社,2004。）

【广西省桂平县·咸丰二年三月】李进富口述

据李进富即李二供:年二十八岁,桂平县鹏隘山人,祖籍广东嘉应州。父母俱故,兄弟二人,哥子李细妹,小的第二,并无妻子。三十年八月内,与哥子一同去拜(尚弟)[上帝]会,同山住之。杨晚有兄弟六人,杨亚蓝、杨亚三、杨亚日、杨亚段、杨亚清,伊子杨亚二,合家连男女有十七八人均去拜会。杨晚当了小头子,小的派在他名下,同夥三十多人。

（《太平天国》,第三册,第271页。罗尔纲、王庆成,桂林:广西师范大学出版社,2004。）

[编者按:起义者全家参加,是捐献全部家产的条件。]

【湖南省道州·咸丰二年】 咸丰二年四月二十五日,广西贼人来到道州,占据城池。那贼人来到小的村内,向富户讹索谷米银钱,并叫各村的人仍做生意。

（《蒋光明供》。《太平天国》，第三册，第 276 页。罗尔纲、王庆成，桂林：广西师范大学出版社，2004。）

【湖南省道州·咸丰二年六月】［五月］二十八、二十九、六月初一、初二，小的同已到案的高义胜、蒋天益、胡苟、李松茂、何正东、陈人仔、陈元寿、曾永胜、义忠甫、陈天仕、陈永太、陈方桂先后各挑谷米盐油，进城发卖，也就投充入夥。派小的们在外听用，每日给钱一百文。十八日，贼首洪秀全要着人往连州一带探听路径，并有无官兵防守，恐怕路上盘问，又发出银一百零伍两，并买货草单一纸，上有太平天国圣库图记，装扮客人前来，令哥子蒋福蒽转交小的与高义胜们接收，并嘱赶紧打听回去报知。小的与高义胜们领得银两，并携带大货单刀九把，藏放油箩内，就于是日起身前来。不想走到治属蓝山寨地方，就被差壮盘获到案。小的是贼首洪秀全派来连州打听消息是实。

（《蒋光明供》。《太平天国》，第三册，第 276 页。罗尔纲、王庆成，桂林：广西师范大学出版社，2004。）

【咸丰三年至五年】逆贼所至之处，未经扰劫之先，必胁人贡献，且以免抄免粮惑人。耕凿乡愚厌见兵革，欲谋家室之安，不得已而作权宜之计，莫不罄囊箧以供贼之饕餮。贼知邪说已验，肆毒愈深，遂创造贡单，阳为安抚之名，阴寓搜括之意……然贼目甚多，伪官甚众，凡出外掳掠之贼，无不怀贡单以往者。当其踞一乡一邑之时，先以小惠笼络无业游民，为之耳目，探听某也富，某也贫，然后大张伪示，令百姓于三日内办好贡物，交至某处，领给贡单云云。甚有一户而领四五贡单者。盖贼又分别所贡为何物，则填何项贡单以予之。如银钱衣物，则盖伪圣库印信；鱼鸭鸡猪，则盖伪宰夫印信，余可类推。

（张德坚：《贼情汇纂》卷八《伪文告下·伪贡单》。《中国近代史资料丛刊：太平天国》，Ⅲ，第 235—236 页。中国史学会编，编者：向达、王重民等，上海：神州国光社，1952。）

【咸丰元年至五年】贼知乡民苦饥，每以三餐鱼肉饭诱人，故日必三饭……军中口粮油盐，亦必逢礼拜日始领。

（张德坚：《贼情汇纂》卷九《贼教·礼拜》。《中国近代史资料丛刊：太平天国》，Ⅲ，第 262—263 页。中国史学会编，编者：向达、王重民等，上海：神州国光社，1952。）

【咸丰元年至五年】蠢尔匹夫，一朝被掳，惊惶无措，不意竟获温饱，食未尝之食，衣未见之衣，羡贼目之侈富，凛刑罚之严厉，莫不感惧交深，极力趋承，惟恐勿及。久之，贼饴以伪职，则感恩怀惠，以为不世奇遇，战必当先，掳必尽力，虽纵不去。此则情虽可原，而法所难宥者三也。

（张德坚：《贼情汇纂》卷十一《贼教·新贼》。《中国近代史资料丛刊：太平天国》，Ⅲ，第 293—294 页。中国史学会编，编者：向达、王重民等，上海：神州国光社，1952。）

【咸丰元年至五年】贼亦严抢夺之令,必俟官军退出三十里外始任意掳劫。若官兵在前未退,有敢取尺布百钱者,皆杀无赦……其下竟不敢犯,想亦由积威所劫,惟命之是从也。

(张德坚:《贼情汇纂》卷十二《杂载》。《中国近代史资料丛刊:太平天国》,Ⅲ,第318页。中国史学会编,编者:向达、王重民等,上海:神州国光社,1952。)

【广西省贵县·道光三十年】至庚戌年,因来人[客家]温姓富豪欺人,与土人争斗。而贵县知县准土人与来人(想)[相]杀起衅,即有张家祥、大鲤鱼、陈贵,苏三相[?娘]、李士魁等寇,打邻劫乡,相率为祸,而拜上帝之人,俱不准其帮助。只令凡拜上帝者团聚一处,同食同穿,有不遵者即依例逐出。故该抢食贼匪被官兵逐散一股,即来投降一股,惟恐天王不准,故严守天条规律,不敢秋毫有犯。

(《洪仁玕自述》。《中国近代史资料丛刊:太平天国》,Ⅱ,第850页。中国史学会编,编者:向达、王重民等,上海:神州国光社,1952。)

【广西省桂平县·咸丰十年】于是群贼大会,署伪官,制伪印,立军制,造火器,购铅药,备刀矛……其去大黄江也,尽裹男妇以行,恐戮其宗族故耳。凡逆属之父母兄弟妻子暨所亲所爱妇女幼孩,悉令随行,取健妇壮丁统一而编伍之。

(张德坚:《贼情汇纂》卷十一《贼数》。《中国近代史资料丛刊:太平天国》,Ⅲ,第290页。中国史学会编,编者:向达、王重民等,上海:神州国光社,1952。)

【广西省、湖南省、湖北省、安徽省、江苏省·1851—1853】他们掠取东西以充军需,他们只有一公库,如有私藏所掠得物品者,杀无赦。他们的兵力每过一城便愈为加增,愈推愈进,直薄南京。

(晏玛太著,简又文译:《太平军纪事(讲词)》。《中国近代史资料丛刊:太平天国》,Ⅵ,第925页。中国史学会编,编者:向达、王重民等,上海:神州国光社,1952。)

三、圣库制度的基本原则

(一)一切银物归圣库:缴获归公制度

【广西省桂平县·庚戌年(即道光三十年)五月】[周胜坤]家本富有,素业质库,庚戌年,洪逆倡乱,罄家以献,封为左一军副典圣库。

(张德坚:《贼情汇纂》卷二。《中国近代史资料丛刊:太平天国》,Ⅲ,第60页。中国史学会编,编者:向达、王重民等,上海:神州国光社,1952。)

【广西省桂平县·庚戌年(即道光三十年)】[余廷璋]素推车贩米于浔、梧一带。庚戌年,洪逆等倡乱,随之入伙,封为左二军正典圣粮。

（张德坚：《贼情汇纂》卷二。《中国近代史资料丛刊：太平天国》，Ⅲ，第70页。中国史学会编，编者：向达、王重民等，上海：神州国光社，1952。）

［编者按：可见金田起义时，金银财宝、服装衣物和粮食已分别收储和管理，并设置相应的官员，前者叫"典圣库"，后者则叫"典圣粮"。］

【广西省贵县·咸丰元年九月初四日】现据该委员刘体舒会同查明，以本案解员张志和与把总张承恩等，由省领解右江镇等营官兵俸饷银三万八千八百七十余两，同住一船，外委胡成章等各带兵丁另坐船只，跟随防护。九月初四日各船同泊贵县东津河面。是夜四更时候，狂风大作，张志和等船缆折断，船底碰损。正在危急，忽有盗船二只驶拢行劫，张志和等督兵向捕，把总张承恩、兵丁梁宇得均被盗拒伤。随因船只倾侧，与张志和等一同闪跌落水，船户人等下水赶救。维时外委胡成章及桂平县护送丁役船只被风吹开，各盗乘势全行上船，搜劫饷银。迨胡成章等随后赶上捕拿，各盗已得赃回船驶逃。张志和等当被救起，兵丁梁宇得被溺身死。查点实劫去饷银三万一千三百二十一两零。勘得张志和等饷船舱板有碰损粘补痕迹，并经获犯讯供相符。提同船户兵丁质无讯异。等情具禀。并据藩臬两司转据该管道府揭报前来。

（邹鸣鹤奏。军机处全宗·录副奏折。中国第一历史档案馆编《清政府镇压太平天国档案史料》第二册，第486页。北京：光明日报出版社，1990。）

【咸丰元年至五年】一、凡追杀妖魔所遗金玉衣物，自然皆为我得；必须在杀尽妖魔，将残妖追出四五十里外，方准收取妖物，解归圣库。自后杀妖之时，路旁金银衣物，概不准低头捡拾，以及私取私藏，违者斩首不留。

　　一、凡典圣库、圣粮及各典官，如有藏匿盗卖等弊，即属反草变妖，即治以点天灯之罪。

　　一、凡假冒官员私打先锋者，斩首不留。

　　一、凡无故杀害外小者，斩。

　　一、凡焚烧外小房屋者，斩。

　　一、凡掳掠外小财物者，斩。

　　一、凡私藏金、银、剃刀，即是变妖，定斩不留。

　　一、凡聚集饮酒，私议军事，巡查拿获，一概全斩。

　　一、凡吹洋烟者，斩首不留。

　　一、凡吃黄烟者，初犯责打一百，枷一个礼拜。再犯责打一千，枷三个礼拜。三犯斩首不留。

　　一、凡朝内军中如有兄弟赌博者，斩首。

（张德坚：《贼情汇纂》卷八《伪文告下·伪律诸条禁》。《中国近代史资料丛刊：太平天国》，Ⅲ，第230—232页。中国史学会编，编者：向达、王重民等，上海：神州国光社，1952。）

【广西省·1850年】施教毕,各匪首送各人回洪[秀全]处,而赠以巨金以为酬劳……十六人中有十五人恪守会规,各将所赠之金悉数纳还公库,独有一人私藏赠金而不奉报。此人以前曾以品行不端屡犯会规,本应受罚,只因其传道有口才,且有能干,故被宥恕。彼仍吸食鸦片,曾私卖军队藤盾以买烟,又曾醉酒打伤会中弟兄,至是复被证明私匿赠金,秀全与其同族之人共同决定,应按律严办,即将其斩首以警将来。

(韩山文:《太平天国起义记》。《中国近代史资料丛刊:太平天国》,Ⅵ,第872页。中国史学会编,编者:向达、王重民等,上海:神州国光社,1952。)

【湖北省武昌·咸丰初年】[太平军一军帅所出告示]差某检点前来收贡,限三日齐解圣库,赏给贡单。

(张德坚:《贼情汇纂》卷十。《中国近代史资料丛刊:太平天国》,Ⅲ,第270页。中国史学会编,编者:向达、王重民等,上海:神州国光社,1952。)

【咸丰三年至五年】因天主教书中有圣水、圣油诸说,贼复矜张之于百事百物,动加一"圣"字。[兵称圣兵,鼓称圣鼓,库称圣库,粮称圣粮。]

(张德坚:《贼情汇纂》卷五。《中国近代史资料丛刊:太平天国》,Ⅲ,第150页。中国史学会编,编者:向达、王重民等,上海:神州国光社,1952。)

[编者按:拜上帝教认为万物皆由天父天兄所赐,故于很多事物前系以"圣"字。"圣",成了拜上帝教和太平天国的专用字。]

【咸丰元年至五年】

圣库馆楹联
圣德比天高,二百年兵革常灾,虽君明臣忠,赤子亦难逃运数;
库藏如海会,四万里车书一统,况星罗棋布,金瓯原未缺分毫。

(张德坚:《贼情汇纂》卷八《联句》。《中国近代史资料丛刊:太平天国》,Ⅲ,第248页。中国史学会编,编者:向达、王重民等,上海:神州国光社,1952。)

圣粮馆楹联
曰尧曰舜,克念作圣;
斯仓斯箱,乃裹糇粮。

(张德坚:《贼情汇纂》卷八《联句》。《中国近代史资料丛刊:太平天国》,Ⅲ,第248页。中国史学会编,编者:向达、王重民等,上海:神州国光社,1952。)

油盐衙楹联
油然作云,尔自巫山云雨会;
盐差拟雪,我甘冰窖雪毡寒。

（张德坚：《贼情汇纂》卷八《联句》。《中国近代史资料丛刊：太平天国》，Ⅲ，第 248 页。中国史学会编，编者：向达、王重民等，上海：神州国光社，1952。）

【咸丰元年至五年】要同心合力，各遵有司约束，不得隐藏兵数及匿金银器饰。

（张德坚：《贼情汇纂》卷五《营规·贼定营规式》第四条。《中国近代史资料丛刊：太平天国》，Ⅲ，第 151 页。中国史学会编，编者：向达、王重民等，上海：神州国光社，1952。）

［编者按：圣库即公库、国库。太平天国以一切财物为上帝所赐，初时又规定惟上帝得称圣，故称公库为圣库。太平天国起义之初。拜上帝会信徒多举家参加。他们变卖了家中财产，各将所有奉献于公库。所有人的衣食，都由公库开支。以后，作战中缴获的绸帛、珍宝和规定数额以上的金银（太平天国自始至终是允许其成员有等差地拥有少量资财的），必须上交公库，违者处以重罚，直至斩首。将领士兵的生活需要，由公库供给。这是一种公有与共享制度。］

【广西省永安州·太平天国辛开元年九月】天王诏令："各军各营众兵将，各宜为公莫为私，总要一条草［按："草"是"心"字的隐语］对紧天父天兄及朕也。继自今，其令众兵将，凡一切杀妖取城所得金宝绸帛宝物等项，不得私藏，尽缴归天朝圣库，逆者议罪。钦此。"

（《天命诏旨书》。《中国近代史资料丛刊：太平天国》，Ⅰ，第 65 页。中国史学会编，编者：向达、王重民等，上海：神州国光社，1952。）

【湖南省长沙·天历二年十月】天王诏令："通军大小兵将，自今不得再私藏私带金宝，尽缴归天朝圣库，倘再私藏私带，一经察出，斩首示众。钦此。"

（《天命诏旨书》。《中国近代史资料丛刊：太平天国》，Ⅰ，第 69 页。中国史学会编，编者：向达、王重民等，上海：神州国光社，1952。）

【湖南省岳州·咸丰二年十月】洪秀泉等遂于十九日夜，从浮桥渡湘水，由回龙塘窜去，由宁乡至益阳。参将纪冠群追贼阵亡。贼出临资口，渡洞庭，十月陷岳州府。湖北提督博勒恭武先三日弃城逃走，炮位等件尽为贼有。贼遂夺民船五千余只东下。

（谢兰生：《军兴本末纪略》卷一，抄本。南京大学历史系太平天国史研究室编《江浙豫皖太平天国史料选编》，第 6 页。南京：江苏人民出版社，1983。）

【江苏省南京·咸丰二年十月】伪圣库中初破城时，运存一千八百余万两，此时只存八百余万两……库现设水西门灯笼巷中。

（张继庚：《上向帅书一》。见《张继庚遗稿》。《中国近代史资料丛刊：太平天国》，Ⅳ，第 764 页。中国史学会编，编者：向达、王重民等，上海：神州国光社，1952。）

【湖北省武昌、黄州·咸丰二年十二月十一日】该逆既陷武昌，于汉阳、汉口搭有浮桥,以通往来,将城内所得银钱概行搬入船内。并据探报,该逆三千余人,乘船三四百只,上插五色旗帜,诈称奴才差人赴下游运粮,于十一日到黄州府及武昌县滋扰。二处离营一百八十余里,本无官兵防守,地方文武早经避开。该逆到后,百姓纷纷,匪入掳得银钱什物谷米,用船百余只,于十三、十四等日运回省城。

(向荣奏。《钦定剿平粤匪方略稿本》,中国第一历史档案馆编《清政府镇压太平天国档案史料》第四册,第259页。北京:社会科学文献出版社,1992。)

【湖北省武昌·咸丰二年十二月十八日】至武昌城中截留军饷三十余万两,尽为贼得,军营支用如何接济?此时拨饷在途者尚有若干?着徐广缙飞催前途绕道解运,并须加倍慎重。本日已寄谕叶名琛,令其设法筹画,由江西、湖南解运军营,以济急需矣。将此由六百里加紧谕令知之。

(寄谕。军机处全宗·剿捕档。中国第一历史档案馆编《清政府镇压太平天国档案史料》第四册,第238页。北京:社会科学文献出版社,1992。)

【广西省、湖南省·1852年】广西的一个首领名太平王者,与湖北[?南]叛军结成联盟。这种联合同时使许多地方告警,有几个重要的地方相继陷落。罗定州、庆远府和河池府都陷入叛军之手。在这三个重要城市中,他们得了很多战利品,掠取了府库和官军的给养。他们依照惯例,尊重私人财产,仅限于掠夺官员财产及大量税收。这种行为极得民心,人民对于统治他们的官吏的悲惨结局,完全无动于衷。这些绝望的官吏都畏罪自缢。

([法]加勒利、伊凡原著,徐健竹译:《太平天国初期纪事》,第75页。上海:上海古籍出版社,1982。)

【湖南省岳州·咸丰二年】[常]大淳知沿江利害无过岳州,至则出境至巴陵,视水军旧额兵,无一船一人可用,乃募渔舟五百,合陆兵三千人守湖,而躬还江夏,抚镇民士,料兵储饷。秋七月,寇大出,围攻长沙。冬十月解围,下趋益阳。渔舟应募者初结筏断湖,商民舳千万,遏不得过。及寇出[临]资口,守兵惊溃,寇悉得商船资货、人力,众至十万。岳州屯兵闻风遁逃,湖北大震。

(殷家隽等纂修:《衡阳县志》,同治十三年刻本,卷七之三《人物第七·列传·常大淳列传》。)

【广西省永安州·天历二年】[洪秀全诏令:]继自今,其令众兵将,凡一切杀妖取城,所得金宝、绸帛、宝物等项,不得私藏,尽归天朝圣库。

(太平天国历史博物馆编:《太平天国印书》上,第121页。南京:江苏人民出版社,1979。)

【湖北省武昌·咸丰二年十二月】[太平军]设伪圣库于长街汪姓绸店,凡珍贵之物咸纳焉……凡衣服美者,皆须有圣库印。

（陈徽言：《武昌纪事》。《中国近代史资料丛刊：太平天国》，Ⅳ，第 593、596 页。中国史学会编，编者：向达、王重民等，上海：神州国光社，1952。）

【江西省·咸丰三年】抢夺时酒肉如山,听其醉饱,归营后,每人给米一合,油盐无多,而蔬菜有数日未沾唇者。

（晏家瑞：《江西战垒纪闻·投贼营》。杜德风选编《太平军在江西史料》，第 533 页。南昌：江西人民出版社，1988。）

【江苏省南京·咸丰三年】若所设各官,军中有典圣粮、典圣库、典买办、典油盐,此四种皆有总典官。

（张汝南：《金陵省难纪略》。《中国近代史资料丛刊：太平天国》，Ⅳ，第 708 页。中国史学会编，编者：向达、王重民等，上海：神州国光社，1952。）

【江西省南昌县·咸丰三年】高禄,新建人,南前卫差役也,军营中呼高提控。提控在粮船被掳,狡黠强狠,贼重之,授以伪职。贼破湖北,据金陵,以江西为囊中物,可便手探取也。原无来意,提控谓城中金银货物可充数年军资,又为南数省总粮台,粮饷山积,新城门沙壅易进,宝山不取,错过可惜。贼惑其言故来。

（晏家瑞：《江西战垒纪闻·高提控》。杜德风选编《太平军在江西史料》，第 532 页。南昌：江西人民出版社，1988。）

【河南省信阳州·咸丰三年正月】顷见一信阳州发来信云,贼于腊月杪将所掠资粮器械全数入船,胁从男妇人口一并逼入。

（周尔墉：《周尔墉日记》，稿本。南京大学历史系太平天国史研究室编《江浙豫皖太平天国史料选编》，第 373 页。南京：江苏人民出版社，1983。）

【湖北省鄂城·咸丰三年正月】贼分两股:一股趋九江,知江防极严,不敢前窜,仍似欲西窜荆襄。此股船只一千余只,为向军门追贼夺截船一百八十余只,皆被掠大脚妇女,现在各自回城,寻觅旧屋。此股人数真贼外,被掠男妇约及四十余万。一股南窜之贼,船皆辎重,现泊洞庭湖,闻欲南归,勾串老巢旧贼。探报称贼于正月初一日以前,将所掠男妇以二十五人为一队,驱逐入船。鄂城、汉阳一带,不论何等人民,俱皆胁逼,胸前挂一小木牌,曰"太平胜兵"。

（周尔墉：《周尔墉日记》，稿本。南京大学历史系太平天国史研究室编《江浙豫皖太平天国史料选编》，第 373—374 页。南京：江苏人民出版社，1983。）

【江苏省南京·咸丰三年】百工技艺,各有衙门。如储粮处曰圣粮衙;衣裳、绸缎、布四曰圣库;油盐曰油盐衙。

（王永年:《紫茸馆诗抄》。《太平天国史料丛编简辑》,第六册,第 393 页。太平天国历史博物馆,北京:中华书局,1962。）

［编者按:圣库所收藏物中的粮食和油盐,已分列独立的圣粮衙和油盐衙。］

【江苏省南京·咸丰三年】其典官,库曰典圣库,粮曰典圣粮,仓曰圣粮仓,油盐曰典油盐。

（余一鳌:《见闻录》。《太平天国史料丛编简辑》,第二册,第 126 页。太平天国历史博物馆,北京:中华书局,1962。）

【江苏省南京·咸丰三年】逆匪等掳得金银、珠宝、参茸、钱钞、衣服等类,悉收藏诸伪总圣库……［总圣库］前在城北清溪里巷胡公馆内,后移在水西门内姚姓住宅……逆匪掳得各处粮米,令伪典入圣粮专司收纳。其屯聚贼粮之处甚多,如"复成"、"虎贲"、"丰备"、"添储"等仓皆有。此外,汉西门大街民房米店,以及水西门内朱状元巷、安品街、油市……亦屯有米谷。

（涤浮道人:《金陵杂记》。《中国近代史资料丛刊:太平天国》,IV,第 613 页。中国史学会编,编者:向达、王重民等,上海:神州国光社,1952。）

［编者按:据考查,总圣库遗址在今升州路北登隆巷内。］

【江苏省南京·咸丰三年】天下农民米谷,商贾资本,皆天父所有,全应解归圣库,大口岁给一石,小口五斗。

（张德坚:《贼情汇纂》卷十。《中国近代史资料丛刊:太平天国》,III,第 275 页。中国史学会编,编者:向达、王重民等,上海:神州国光社,1952。）

［编者按:这里的圣库,收藏米谷与资本。故"圣库"的广义是指公库与公仓。］

【江苏省南京·咸丰三年】掳来人皆使拜上,又曰拜相,能拜者即为天父之子,虽洪秀全亦以为弟兄,故外虽仆役,食则同起居,明明强盗用夥计也。

（佚名:《金陵纪事》。《太平天国》,第五册,第 72 页。罗尔纲、王庆成,桂林:广西师范大学出版社,2004。）

【湖北省鄂城·咸丰三年正月】凡鄂城、汉阳一带,衣粮什物,贼临去时悉数抢完,城内房屋衙署全行焚烧。官兵入城扑火,逃难各民入城,各自占屋居住,插草为记。城内白骨积尸,惨不忍睹。闻贼围城时,城中库银几及百万,仓谷亦多,民间屯积粮米数十百万石,银钱财帛以近汉口贸易之地,竟不可以数计,乃闭城以后,官民文武各自一心,全未悟到祸已临头,同舟吴越之义。官以各啬刻算为事,一味以报销赔累为忧。百姓则一味闭粜抬价,甚至店中蜡烛如山,而索价加倍。于水火交迫之中,为垄断居奇之术,上下交征,唯利是视。寇在门庭,而官不知民为邦本,民亦不信官为父母。抚、提、总督驻扎之地,仅守二十二日而即陷。贼甫入城仅数百人,驱数万之官民兵役,如同群虎驱羊,引颈待戮。贼既入城,抚、藩以次先后殉节。百姓铺面家家放爆竹,门粘红纸书"太平顺民",无一敢抗者。此非贼之力哉[也],官民之心不合也。

（周尔墉:《周尔墉日记》,稿本。南京大学历史系太平天国史研究室编《江浙豫皖太平天国史料选编》,第 374 页。南京:江苏人民出版社,1983。）

【湖北省、江西省·咸丰三年二月初六日】查自武昌失守后,江中船只全为逆匪所有。

（奕湘奏。原折。中国第一历史档案馆编《清政府镇压太平天国档案史料》第五册,第 83 页。北京:社会科学文献出版社,1992。）

【江苏省扬州·咸丰三年二月】且天下财富,首推两淮,除富商徙遁外,仍有运库,实存百万余两帑银,并二十七典精华,十万余家藏窖,不下千万厚资。

（佚名:《咸同广陵史稿》。《太平天国》,第五册,第 86 页。罗尔纲、王庆成,桂林:广西师范大学出版社,2004。）

【安徽省滁州·咸丰三年二月初七日】查据报省城失守,所有帑饷、存款、军装、器械、火药、铅弹被抢一空,全未搬运出城,而总兵王鹏飞带兵先逃,死节者止一抚臣与一典史。而王鹏飞不可不立诛军前,以洗从前积懦之气。

（周天爵奏。军机处全宗·录副奏折。中国第一历史档案馆编《清政府镇压太平天国档案史料》第五册,第 105 页。北京:社会科学文献出版社,1992。）

【江苏省江宁县·咸丰三年二月初四日】臣窃就全局筹之,逆匪窜入长江,连破楚、皖省城,直犯江宁,如入无人之境,其故[在]贼据上游,水陆并进,蔽江而下,我兵以下游当之,兵家水战所忌,无不立破。此形势之一误也。论战之法,陆路用车马,水路用舟楫,洞庭、长江上下木排船只,俱为贼有,聚泊汉口,多载匪徒,号称数十万,持满而发。而我兵总计不过数万。即使聚集一处,全力迎击,已难制胜。乃自黄州以下,至于金陵,沿江千余里,要隘数十处,更无木排战船。但以陆路兵弁分守各要隘,或千余名,或数百名,零星散布,如同儿戏。一旦大队贼来,如风扫叶。此机宜之一误也。臣窃观我朝自用兵以来,未有昧形势、失机宜,如今日一误再误之甚者。现在贼犯江宁,绝我运道,阻我盐关,一切漕米课银数千百万,举而尽资盗粮。臣又窃谓不昧形势,不失机宜,未有如今日逆贼之甚者。盖京师之中,仓储、库项、官俸、兵粮仰食于江南者十之八九。倘江省再失,贼必画江而守,以彼强富之徒,犯我空虚之境,诚如圣谕,贼势纷窜,南北靡定,不可不统筹全局,预为防剿之计也。

（周天爵奏。军机处全宗·录副奏折。中国第一历史档案馆编《清政府镇压太平天国档案史料》第五册,第 55—56 页。北京:社会科学文献出版社,1992。）

【江苏省南京·咸丰三年三月】［1853年3月，太平天国占领南京后，规定民间不准收藏金银。］先是传伪谕，令人进贡给单，使贴门墙，则不入其家。否则搜出银十两、金一两者杀。

（谢介鹤：《金陵癸甲纪事略》。《中国近代史资料丛刊：太平天国》，Ⅳ，第651页。中国史学会编，编者：向达、王重民等，上海：神州国光社，1952。）

【安徽省滁州·咸丰三年四月十六日】兹据来安县知县汪自修禀称，探得初九日巳时，贼由乌衣一带焚掠至滁州南门入城，先烧一大庙，随即劫掳仓库，抢劫典铺，当由西门出城，窜至诸隆桥地方等语。

（琦善奏。军机处全宗·录副奏折。中国第一历史档案馆编《清政府镇压太平天国档案史料》第六册，第426页。北京：社会科学文献出版社，1992。）

【河南省·咸丰三年六月】小卑职林凤祥、李开芳、吉文元、朱锡琨等回复禀报后护又副军师北王六千岁千千岁殿下：为回禀前情剿妖事。卑职等统带兵将，于五月初九日至归德府。城外有妖营盘三个，有妖前来接仗。圣兵争先，迫杀得妖兵四百有余，连时破城。城内妖兵、妖官尽杀，约杀有三千之多。得红粉二万有余斤，铁炮无数，粮料不足。同众商议起程。卑职林凤祥、李开芳二位带五军兵将，连夜先往黄河四十里之遥，上下取船，并无船一。有鞑妖对江把守，仍在河边小村扎驻一夜。有卑职吉文元、朱锡琨二位，在归德府候齐兵将正行，于初十日午刻，有妖数千在归德城边东门，分作三阵，忽然而来对仗。卑职吉文元、朱锡琨各统兵向前追杀三十里之遥，不见妖踪胜回，满坡死妖如席，约杀得妖二千有余，所有号衣系山东、甘肃、湖北三处之妖。得马骡五百余匹，得红粉又有二万余斤，铁炮无计其数，牛车一百有余架。大沾天父天兄权能看顾，兵将吉昌。卑职吉文元、朱锡琨连夜布置，于十一日统兵往黄河会齐，斟酌在此无船，难以过江。于十二日一同统兵前去（祀）［杞］县七十里之遥，扎宿一夜。十三日七十里之遥，至睢州扎宿一夜。十四日九十里之遥，至陈留县扎宿一夜。十五日四十五里至河南省城外，深深沟两重，周围并无房屋。离黄河二十里，亦无船只。卑职斟酌，四十里至朱仙镇，即时前往扎宿，近黄河七十里，亦点兵前去取船。自临怀至此，尽见坡麦，未见一田，粮料甚难，兵将日日加增，尽见骑马骡者甚多。忖思此时之际，各项俱皆丰足，但欠谷米一事。

（琦善封送林凤祥等给江宁禀文。军机处全宗·录副奏折。中国第一历史档案馆编《清政府镇压太平天国档案史料》，第七册，第518—519页。北京：社会科学文献出版社，1993。）

【湖北省·咸丰三年十一月十二日】再，臣等于十一月初七日准到军机大臣字寄，咸丰三年十月二十八日奉上谕：户部奏筹议川楚封存铜铅改道运京一折等因。钦此。臣等查湖北省封存两运滇铜，本系卸存汉阳县城外，租屋收储。其周力塘一运，前已拨给十万斤，交劳光泰铸炮，此项铜斤现尚无着。又拨交省城钱局铜约二十万斤，又拨交省城炮局铜约五万斤，均已动用。此番贼船占踞汉阳时，约掳去铜二十万斤，是周力塘一运现存之铜不过得半之数，现已饬令赶紧秤验，务得实数。其景尧春一运，未经动拨，惟被贼匪掳去约五十万斤，现亦饬令过秤见数。臣等已札委革职留楚效力之前任荆宜施道文辉督同料理，并饬令遣人赴各处雇觅船只。现在汉河上游水势浅涸，必须多雇小船，方利遄行。一俟船只雇齐，即刻日催令趱行，务俾无误豫省粮船洒带日期。至由汉阳运至樊城船只水脚，自应由湖北筹措办理。抵樊城后，即须雇车陆运。樊城虽属楚境，而数十里外即入豫界，湖北现在实难筹此陆运钜款。所有由樊城至内黄县楚望集陆运车脚，应归河南办理。臣等已飞咨河南抚臣，派委大员带银至樊城接收铜斤，雇车接运。

（吴文镕等奏。军机处全宗·录副奏折。中国第一历史档案馆编《清政府镇压太平天国档案史料》第十一册，第186页。北京：社会科学文献出版社，1994。）

【湖南省龙阳县·咸丰四年】五月十三日，逆匪窜入县城，存仓被掳谷五千七百七十六石九斗九升三合一勺，仓廒斛斗等项概遭焚毁，颗粒无存……

吾邑常平官谷旧蓄逾二万石，可谓富矣。兵燹后谷归乌有，仓舍亦付焚如，茂草荒场，几于不堪回首，若社仓则遗址难稽。

（陈保真等纂：《重修龙阳县志》，光绪元年刻本，卷十《食货二·积储》。）

【江苏省南京·天历四年五月二十三日】东王杨秀清答覆英人三十一条并质问英人五十条诰谕

一复：各处关口及天下粮饷归附天朝，理所然也。

（《太平天国》，第三册，第19页。罗尔纲、王庆成，桂林：广西师范大学出版社，2004。）

【湖北省襄阳·咸丰四年七月二十五日】再，军行攻剿，以火器为最要。此次省城失守，所有炮位、火器一概无存，德安府上年制有器械，亦全行遗失。现在水陆必需之具，一件俱无。除委员前赴河南借用枪炮等件外，兹复委员前赴襄阳星夜鸠工购料，赶造火箭、火罐、喷筒、火桶等器，陆续运送，以备水路进剿之用。合并附片陈明。谨奏。咸丰四年闰七月初一日奉朱批：知道了。钦此。

（杨霈奏。军机处全宗·录副奏折。中国第一历史档案馆编《清政府镇压太平天国档案史料》第十五册，第113页。北京：社会科学文献出版社，1994。）

【江西省奉新县·咸丰六年正月】贼屯聚奉新者，无虑数万人。奉新盖藏素裕，城中积谷十万余石，诸巨室银币称是，至是尽为贼有。贼缮城浚隍，造器械以守，括富户金帛，多者数千，少亦数百。疑民间多窖藏，发掘庐舍，下及坟墓，不可胜计。

（同治《南昌府志》卷十八《武备·兵事》。据帅方尉：《平定奉新纪功碑》。）

【安徽省·咸丰六年五月】五月初一日,贼还围九华山。我军弃营大奔,器械、银饷尽为贼有。

(佚名:《蘋湖笔记》,《太平天国》,第五册,第 22 页。罗尔纲、王庆成,桂林:广西师范大学出版社,2004。)

【江苏省南京·1857 年 1 月 30 日】第一位[按:指洪秀全]的王府前有两尊漂亮的发射 12 磅炮弹的铜炮,炮身标明马萨诸塞州 1855 年造,美国橡木制成的炮架,铅色涂抹,配有马来树胶的震垫。我们常被叫去解释撞针的用途。该炮的撞针和其他配件都十分完好。炮塞上的塞圈相当新,表明此前清军极少使用过这两门炮。上海的许多清军对这些炮都很熟悉,叛军从他们手中缴获了它们,并移送到第二位[按:指杨秀清]处。

(《西方关于太平天国的报道》。《太平天国》,第九册,第 188 页。罗尔纲、王庆成,桂林:广西师范大学出版社,2004。)

【江苏省南京·咸丰三年】中四军前营前一卒长功勋加一等小弟覃瑞容敬禀后营师帅善人功勋加一等陈兄案下:缘明天拾玖日房宿礼拜之辰,弟统下肆两司马共带兄弟壹佰叁拾伍名,内牌面玖拾捌名,每名领钱贰拾壹文,共领钱贰千零伍拾捌文;牌尾兄弟叁拾柒名,每名领钱拾肆文,共领钱伍佰贰拾捌文;二共应领钱贰千伍佰捌拾陆文。又两司马肆员,每员领俸钱叁拾伍文,共领钱壹佰肆拾文;小弟俸钱柒拾文。统共实领礼拜钱贰千柒佰玖拾陆文。理合具禀恳求师帅善人发下,以便分与众兄弟同沾天恩,兼办供物。

(张德坚:《贼情汇纂》卷七《伪文告》。《中国近代史资料丛刊:太平天国》,III,第 216 页。中国史学会编,编者:向达、王重民等,上海:神州国光社,1952。)

[编者按:该禀文中“俸钱”的计算有些错误。“善人”,为太平天国师帅至两司马的统称。关于礼拜钱,参见第五章第二节“征收礼拜钱”目。]

【江苏省镇江·咸丰十年十月】闻得镇江府署内获窖银念余万。先是贼得吉抚军营所有银子,即抬内,令十六人掘地埋藏。中有一和尚在内,适僧出城迎官军接仗未回,而其十五人已杀之,灭其迹,故此窖无人知者。今和尚由贼内逃出,特来报知,掘一丈余,上有二棺铜锡,方见银。

(佚名:《蘋湖笔记》。《太平天国》,第五册,第 28—29 页。罗尔纲、王庆成,桂林:广西师范大学出版社,2004。)

(二)共同消费标准:平均主义与等级制

【湖北省武昌·天历二年十二月二十五日】[太平军在武昌度除夕]每营贼给猪一头,钱数贯,为度岁之需,亦间有给牛羊者。

(陈徽言:《武昌纪事》。《中国近代史资料丛刊:太平天国》,IV,第 597 页。中国史学会编,编者:向达、王重民等,上海:神州国光社,1952。)

［编者按：这一天，天王选妃，各馆进贡。］

【广西省·咸丰初年】［太平军领导人从天王洪秀全到胡以晃等六位头子］俱着黄衣，每人妻妾三十六口，出门打黄伞执事，夜间设有更役巡查。

又花洲卢姓，不知其名，及陈六，俱着红衣，均大袖角带。

（《李进富口述》。《太平天国》，第三册，第271—272页。罗尔纲、王庆成，桂林：广西师范大学出版社，2004。）

【江苏省南京·咸丰三年】妄称天父与天兄，拜上相交若有情。穷困求粮需掳掠，豪华屠狗供粢盛。岁时朝贡无些礼，朝暮饕殄有诵声。济众博施良不易，百般勉强盗虚名。

（佚名：《金陵纪事》。《太平天国》，第五册，第77页。罗尔纲、王庆成，桂林：广西师范大学出版社，2004。）

【江苏省南京、扬州·咸丰三年—五年】贼所入，其道四五。迹其出，只口粮一事。此贼之所以不虞匮乏欤？伪官虽贵为王侯，并无常俸，惟肉食有制。伪天王日给肉十斤，以次递减，至总制半斤，以下无与焉。其伪朝内各官一切衣食，皆向各典官衙取给。军中亦然。虏劫充足，恣取浪掷。来源不继，亦甘淡泊。然诸剧贼莫不私藏秘积，足以自奉。若卑下伪官，日厌粗粝，有以盐水为肴者……典官亦视其官之当事与否，或盈筐以献，或戈戈塞责。惟礼拜钱乃粮米油盐一律皆有定制：伪官每人每七日给钱百文，散卒半之。每二十五人每七日给米二百斤，油七斤，盐七斤而已。虽虏劫极多，亦毫无加增。若资乏粮尽之时，或减半给发，或全不给发。如江宁城中一概吃粥，扬州城中煮皮箱充饥。此时无礼拜钱、米及油盐可知矣。其另有所谓买菜钱，则系贼中私情，如总制、监军虏获金银，有挥霍者，多随时散给各馆为买菜用。难民曾述有卒长管百人，系某功勋统下，亲见其卒长每月向伪功勋领取买菜钱，多至金一、二两，银首饰数十两，其卒长悉数易钱买猪鸡以供众啖。又见伪禀奏中有伪旅帅具禀本管伪总制求取买菜钱，批发银五两者。盖所发礼拜钱每人每日止钱七文，即蔬食亦复不敷，故不得不向贼目乞取也。

（张德坚：《贼情汇纂》卷十《贼粮》。《中国近代史资料丛刊：太平天国》，Ⅲ，第277—278页。中国史学会编，编者：向达、王重民等，上海：神州国光社，1952。）

【江苏省南京·咸丰三年】贼臂必带镯，手必戒指。广西、湖南人鲜有不备者，无金则银……

杨逆物用皆金，碗箸、马镫、溺器皆以之……贼一日传伪令，征伪官进麒麟、凤凰、狮子并各异禽、异兽。

（张晓秋：《粤匪纪略》。《太平天国》，第四册，第56—57页。罗尔纲、王庆成，桂林：广西师范大学出版社，2004。）

【江苏省南京·咸丰六年】贼掳各处银钱货物,运回宁城,向有专管各目主守,贼等以为归公,在首逆等自然取用不竭,分给群贼,殊有限制,名虽公而实不公也。故群贼运物回宁,船抵马头,往往私自送入己馆。

(涤浮道人:《金陵杂记》。《中国近代史资料丛刊:太平天国》,Ⅳ,第 636—637 页。中国史学会编,编者:向达、王重民等,上海:神州国光社,1952。)

【福建省汀州·咸丰七年四月】初八日,有冬官副丞相陈享容[编者注:石达开的部下],年二十四,承宣黄绣全,年四十余,率党三万余,由宁来汀。刘远达及诸魁往东校场迎入城,毁神像,烧书籍,抛弃各衙文卷粪秽中。奸民复籍大户姓名白于贼,凡富商大贾,显宦势豪,挟黄白之物走避远乡者,各为贼指其处。贼乃纠土匪千数百人,分路往迹之,名曰打粮;杀人者以血染其巾,谓之打先锋;财物狼藉,促所掳壮丁运入城。所得衣食与众共之;惟金银宝玩则归于主帅。若获蟒袍、补褂、朝珠、花翎等,则曰:"此妖头之物。"搜捕尤酷。如有窝匿隐瞒,必赤族屠之。又传令曰:"乡村进贡者免其纳税。"于是牛羊鸡鹜米豆薪油等物,输将恐后。然此贼欲壑未盈,彼贼复迫索如前数,辗转攫噬,不至赤贫不已;甚有夺妇女数十,贼轮奸至死者,受孕之妇,每剖腹视胎形男女。或向本贼主流涕诉之,则曰:"吾兄弟甚多,贤愚不一,难以遍察耳。"汀民于是深恨富镇不杀贼,贻患至此也。

(曹大观:《寇汀纪略》。《中国近代史资料丛刊:太平天国》,Ⅵ,第 811 页。中国史学会编,编者:向达、王重民等,上海:神州国光社,1952。)

【江苏省六合县·咸丰八年】贼踞城中,搜括地窖,有悍贼积钱至万贯,将据而有焉。未几逆酋令之他往,仓卒不能赍运,别掘坎埋之,移尸覆其上,并杀掘坎者,惟一人逃去。后他贼至告之,遂瓜分所有,酬以数百千,其人至今存。

(周长森:《六合纪事》。《中国近代史资料丛刊:太平天国》,Ⅴ,第 168 页。中国史学会编,编者:向达、王重民等,上海:神州国光社,1952。)

【江苏省苏州·咸丰十年】搜括财物,倾筐倒箧无论矣。凡复壁、承尘、瓦缝、墙隙,敲破撞坏,百孔千疮。花石之阴,砖版之底,亦复发掘无遗。而败篓破瓮,浅显埋藏者,转未窥瞰。间有陈年深窖,发掘多金,而主人曾不自知者。如此逐户搜寻,日必数次。忽闻贼酋续到,又必大索数日,彼去此来,纤毫无剩矣。

(潘钟瑞:《苏台麋鹿记》。《中国近代史资料丛刊:太平天国》,Ⅴ,第 274 页。中国史学会编,编者:向达、王重民等,上海:神州国光社,1952。)

【江苏省苏州·咸丰十年】贼与贼同队劫掠,各夺所夺,惟以先到手为强。或前行遇民团打仗,后者即乘间肆劫,饱获而归。或有非意之获,由间道潜行,惟恐相遇,对面竞呼兄弟,背面便以仇雠,魑魅伎俩,所不堪言。若引古语"胜不相让,败不相救"比拟之,犹嫌文饰。破城半月后,虽榜示安民,严禁抢掠,而众贼不遵约束,若罔闻知……奸淫之禁,伪示非不森严，而违令习为故常，至枭首游街，鸣锣示众，犹悯不畏法……嗟乎！率禽兽以食人，而曰彼自为禽兽之行，果禽兽之罪乎？抑亦率禽兽者之罪乎？

（潘钟瑞：《苏台麇鹿记》。《中国近代史资料丛刊：太平天国》，V，第 275—277 页。中国史学会编，编者：向达、王重民等，上海：神州国光社，1952。）

【浙江省桐乡县·同治元年】 贼多禁忌：禁贺节，禁赛神。镇俗，每当岁终祀灶、祀先，及岁首祀土谷、五路神，爆竹之声，昼夜不绝，至是寂然。贼又严禁剃发，禁皂靴缨帽。民间有婚嫁赴筵者，或扎红巾效贼装束。贼服饰无分贵贱，夏则短衣大裤，虽头目受伪爵者亦然；冬则穿袭，缘以杂饰。厮养者率衣妇人衣，或红或紫，恬不为怪。贼有喜庆事，以帛缠头。帛有等级，黄为上，红次之，黑为下。设官有义、安、福、燕、豫等名，而皆贯以天字。何逆之始至也，贼以其迎降为忠，谓之忠诚献天豫；后进忠莱朝将，则去伪王无几矣。逆以董某为能，授伪爵恩赏将军，给木印一方，并予黄龙蟒衣一、黄凤帽一。每月朔，讲道理，董辄束帛披蟒，与诸贼列坐，听讲人皆称为董大人云。

（皇甫元岂：《寇难纪略》，抄本。现藏桐乡市图书馆。）

四、圣库的支出

【江苏省南京·咸丰三年底至四年五月】 ［圣库馆、圣粮馆］［难民］云，伪圣粮馆分丰备仓、复成仓、贡院三处屯贮。截至癸丑年终，共存谷一百二十七万石，米七十五万石。江宁群贼口粮每月约放米三十余万石，合计米谷足支四月。伪圣库馆截至癸丑年底，实存银二百六十三万两，银首饰一百二十五万两，赤金叶条饼锭首饰实存金十八万四千七百余两，钱三百三十五万五千串。每月发礼拜钱约二十万串。油盐、缎匹、布帛，则不知确数……嗣得句容县探报云，甲寅三月，贼粮仅存十余万石，银三十余万两，与前数悬殊。遂沉思其故，似江宁贼众与被虏之民，男妇不下数十万，即以五十万人为断，所发钱米如贼中定制，每二十五人每七日发米二百斤，钱一千二百五十文，以此核算，每月应发米十七万石有奇，钱十二万串有奇，益以伪官加倍之数，统计所发米钱，与难民所述之数实相去不远……又岂待五月始下一概吃粥之令乎？贼蹂躏数千里，姑不论官中仓库处处资贼，即所掳闾阎资粮，又安可数计？蔓延既广，所养贼众难民又若是之多，据理推勘，似前次供词并非虚谬。

（张德坚：《贼情汇纂》卷十《贼粮》。《中国近代史资料丛刊：太平天国》，III，第 278—279 页。中国史学会编，编者：向达、王重民等，上海：神州国光社，1952。）

【江苏省南京·咸丰四年五月】 东贼连接湖南北、安徽各贼回书，言所到之处，米谷俱无，乃改议发米数。男子牌面，每日每名发米半斤，牌尾四两，女子每日每名，湖南以前发米六两，湖北以下发米三两，均以稻代，悉令人食粥，否则杀。

（谢介鹤：《金陵癸甲纪事略》。《中国近代史资料丛刊：太平天国》，IV，第 664 页。中

国史学会编,编者:向达、王重民等,上海:神州国光社,1952。)

[编者按:圣库供给官兵钱物的种类和标准,粮、油、盐大致不论老少,一律等量供应;食肉供给,天王以下每天份额各有等差,下级将士不是每天供给。又有买菜钱、礼拜钱系作为买办供物祭告天父之用,兼作零用,数量各有等差。但各类供给定额并非固定,依物资来源多少而有不同。咸丰四年夏,天京城内缺粮,曾减少食米供给定量,一律吃粥。]

【浙江省杭州仁和县、钱塘县·咸丰十一年至同治元年】[咸丰十一年十二月]一日,归逆[邓光明]下令各队目,分排面、排尾两起具册,送往点名……阅二日点毕,共六万数千人。排面居十之七,排尾中男者居十之二三,女不及千人。盖欲细核实数,定日需口粮若干。此仅归逆一股,闻童逆尚不止此数。[同治元年二月]……归逆队中四乡掠到米谷,都分别堆积。艮山门内大仓几十万石。管粮为伪户政司,乃梁贼所兼。初仅派六七人看守。嗣因开仓,由仁、钱两伪监军[贼中监军犹县令也]派人凭归逆票来仓领米,分散城乡贼馆,并领谷下乡散种……仁、钱两邑来领米者,皆衙门书吏……五月底,再与[胡]梅垞、[邵]子云议。子云曰:"事不宜迟,城外方家巷地方,余家佃户所居,庄屋在焉……"询余有川资否?曰:"梁贼每七日给零用青蚨三百,都为徐张辈沽酒饮矣。然则奈何?"梅垞曰:"何不多发米若干,诸领米者变价,藉资成行。"……以其时城外米价每石四五圆。

(李圭:《思痛记》卷下。《中国近代史资料丛刊:太平天国》,Ⅳ,第491—494页。中国史学会编,编者:向达、王重民等,上海:神州国光社,1952。)

(一) 军政人员中的圣库制

【江苏省南京·咸丰三年二月至四年七月】贼常例,各馆皆具人数,每十日赴典圣粮领米,人一斤,斤不过七合。米不足,改给稻,仍一斤,砻米仅四合。稻亦不足,止给半斤,极至四两,因令人吃粥。然稻四两得米止合余,即作粥亦不饱,咸有怨言。

(张汝南:《金陵省难纪略》。《中国近代史资料丛刊:太平天国》,Ⅳ,第711页。中国史学会编,编者:向达、王重民等,上海:神州国光社,1952。)

[按:同书第733页记:牌尾馆每二十五人每十日领米一百八十斤。]

【咸丰三年至五年】[军中圣库]贼之攻城,以地道为得计,取开煤山之工为之,遂立为土营。凡指挥一人。将军分一二正副四人,后又封指挥至三十余人,将军六百余人。总制则分土、炎、金。凡陆营、水营,除正职官外,亦设各典官,与伪朝所立大同而小异。如通军册籍,则设正副宣诏书二人掌之。凡掳得银钱衣物,及油米等项,则设典圣库、典买办、典圣粮、典油盐总之,亦正副二人,分司典守出纳。典旗帜二人,制造旗帜,缮写一军旗字。其军装各件,别设典炮、典铅马、典红粉、典硝、典铁匠,俱正副二人。典木匠,典竹匠,典绳索,俱正副一人。巡查一人,专司查察。典刑罚二人,专管刑杖。典罪囚二人,专司牢狱。疏附一人,专递伪文书。掌医一人,治外科。内医一人,治内科。凡有打仗伤者,则有拯危急一人,先以草药敷之,然后送于能人馆养之。所设理能人一员,专司病人茶饭汤药,如一切药料,则取给于功臣,设功臣一人总之。功臣者贼之打仗被伤之人,均谓之功臣。计自宣诏书至功臣,皆谓之军中典官,凡三十有五人,而一军之执事备焉。

（张德坚:《贼情汇纂》卷三《伪军中官》。《中国近代史资料丛刊:太平天国》,Ⅲ,第107—108页。中国史学会编,编者:向达、王重民等,上海:神州国光社,1952。）

【江苏省南京·咸丰三年四月】交小的[杨来,两司马]代领二十五人同出打仗。小的在旱西门打仗两次。每日领米二斗五升,小菜钱一百文。饭是小的煮的。

（《忆昭楼时事汇编》。《太平天国史料丛编简辑》,第五册,第362页。太平天国历史博物馆,北京:中华书局,1962。）

【安徽省蒙城·咸丰四年四月三十日】据生擒各犯供认,内有伪丞相陈姓及伪丞相之子,确切不疑,并夺获旗帜七十余件,伪印一颗,上刻太平天国左拾军正典圣库,均经解交臣营验讯明确,照例办理。

（袁甲三奏。宫中全宗·朱批奏折。中国第一历史档案馆编《清政府镇压太平天国档案史料》第十四册,第180页。北京:社会科学文献出版社,1994。）

(二) 将圣库制扩大到城内居民中

【江苏省南京·咸丰三年二月至六月】逆匪所刻妖书逆示颇多,省中刻有《续诏书》、《义诏诰》等类,多文义极不通,极狂悖。制造伪历,以三十一日为单月,三十日为双月。改地支"丑"、"亥"二字为"好"、"开"等字,欺天侮圣,罪难发数。内有《(传)[待]百姓条例》,(跪)[诡](听)[称]:不要钱漕。但百姓之田,皆系天王之田,每年所得米粒,全行归于天王收去,每月大口给米一担,小口减半,以作养生之资。所有少妇闺女俱备天王选用。店铺买卖本利皆系天王之本利,不许百姓使用,总归天王。如此魂得升天,不如此即是邪心,即为妖魔,不得升天,其罪极大云云。间有长发贼传人齐集,设坛讲道,令人静听,亦即仿佛此等言语。

（上元锋镝余生:《金陵述略》。《太平天国史料》,第479—481页。金毓黻、田庆余,北京:中华书局,1955。）

【江苏省南京·1853年12月】南京局面是最可惊异的。它似是一座大军营,多于一个城市,显然表现统治者之大权力,此由林林总总之人数集中该处及秩序和纪律之施行有效可以觇之。城内的房舍并未被毁,但仍留有痕迹显出曾被暴力撬开闯入,而现在则公开居住。关于食粮和衣服,似亦是实行同样的共产制度,不过官阶高者享用略有差别而已。妇人则完全分隔,另居一区域,凡穿过城内街道者即可见之。一切劳动苦工似尽归她们。她们统受军事编制,以一万三千人为一军,自有女性的各级官长。每军受治于一军帅。惟此军帅能与最高级干部通消息。闻此组织中,有广西妇女万人防守城内[即前之满城],一如士兵。据说,全城有妇人四十八万人,而男人则不下五六十万。这两数目似难入信。但据此次亲到城内的法国人之观察,其数却并无不符之处,而且其数实可靠,至少是妇人方面,盖因人民乃由革命军所攻占之各处地方征集至此的。

（佚名：《法国公使天京访问记》。《华北先驱》第 178 期,1853 年 12 月 24 日。简又文译。《大风》第 90 期。又见简又文：《太平天国典制通考》中册,第 814—815 页。香港：简氏猛进书屋,1958。）

【江苏省南京·一八五三年十二月二十七日】 我们不能否认：广西人相互之间态度亲密,真如他们相互称呼的弟兄一样。所有住屋都是公共的。食粮衣服都摆在公共仓库里;金银财宝全归公库。大家无可卖,也无可买,由首领配给属下的各种必需品。一百多万人,在内战当中,面对着围城的大敌,而还能这样有食有衣,不是深堪钦佩的事吗!

（《太平军中的生活制度》。《上海租界当局与太平天国运动》附录,第二辑。南京大学历史系太平天国史研究室编《江浙豫皖太平天国史料选编》,第 502 页。南京：江苏人民出版社,1983。）

［编者按：太平天国占领南京的初期,将城内居民按性别、年龄、技能分别编入各馆各营,为太平天国服务、服役。太平天国把他们看作自己的成员,所以在他们之中实行圣库制度,财货收归公有,衣食等由圣库供给。］

五、圣库制度的演变

【江苏省南京·咸丰三年二月】 二十日,出居前宅。午后,忽传女馆必移至太平街,有女贼管辖。运米挑砖差徭甚众,不能随意散处。并闻贼令金银皆送彼处,谓之进贡,如有私匿至一两以上者斩,合家惶急。

（陈作霖：《可园备忘录(选录)》。《太平天国史料丛编简辑》,第二册,第 369 页。太平天国历史博物馆,北京：中华书局,1962。）

【湖北省武昌·咸丰四年八月三十日】 讯问捞救之幼童二百余名,内有从金陵随逆首来鄂者,据供,贼尸中凡手带金镯、身穿黄马褂者,即系伪国宗、丞相、检点、指挥之属,兵勇中先捞得金镯七只,越日往寻,不知镯出何尸之手,亦不能辨认也。

（塔齐布等奏。宫中全宗·朱批奏折。中国第一历史档案馆编《清政府镇压太平天国档案史料》第十五册,第 516 页。北京：社会科学文献出版社,1994。）

（一）从一切归公到私藏财物,家庭制度恢复与私人积累财富,太平天国官员的腐败与惩治措施

【江苏省南京·咸丰三年正月至四年七月】 钟芳礼掳胁城内机匠,已为伪恩丞相,专管织营,令各匠织缎……私藏丝绫缎匹,群贼之中,推此贼为至富。

（涤浮道人：《金陵杂记》。《中国近代史资料丛刊：太平天国》,Ⅳ,第 618 页。中国史学会编,编者：向达、王重民等,上海：神州国光社,1952。）

【江苏省南京·天历三年冬】太平天国天官正丞相督试正总提功勋阅文加三等曾照会

殿前丞相天朝副总典圣库功勋监试加三等谭兄台下，为照会事。缘现届仲冬，天气渐寒，前蒙天父开恩，赐来裘袍甚多，除将貂狐猞狝进奉天朝及列王服用外，如有次等裘袍，不拘裘面，照发数件，交相尉带回为要。再闻兄台前次买有拖尾风琴一张，未知其式如何，声音可好否？交来尉带回一看，明天即着人送还，绝不会稍有损失，致兄台感伤。

（张德坚：《贼情汇纂》卷七《伪文本上·伪本章·伪照会式》。《中国近代史资料丛刊：太平天国》，Ⅲ，第 212 页。中国史学会编，编者：向达、王重民等，上海：神州国光社，1952。）

【江西省·咸丰三年六月初八日】嗣据探报，江宁、镇、扬被胁难民，半途多已逃回。该逆恐各船逃散，其势益孤，不肯拢船近岸，遇有买取食物，惟以广西大脚妇女上岸购买回船，其为真贼无多，已可概见。

（向荣等奏。军机处全宗·录副奏折。中国第一历史档案馆编《清政府镇压太平天国档案史料》，第七册，第 548 页。北京：社会科学文献出版社，1993。）

【江苏省扬州·咸丰三年六月】邓前数日换金子一千六百两，丹徒镇金价陡贵。

（佚名：《蘋湖笔记》。《太平天国》，第五册，第 15 页。罗尔纲、王庆成，桂林：广西师范大学出版社，2004。）

【江苏省扬州·咸丰三年四月十二日】以目前扬州贼势而论，只可一面仍饬各路官兵严密查拿与贼交易食物之莠民，立时正法，使贼无从接济；一面先策应六合、浦口为急。

（琦善等奏。军机处全宗·录副奏折。中国第一历史档案馆编《清政府镇压太平天国档案史料》第六册，第 364 页。北京：社会科学文献出版社，1992。）

【江苏省扬州·咸丰三年四月】而扬城之外，焚毁民房所余烧残木料什物，小民贪图微利，时时前往搬运。贼见贫民日往日多，乃于城内墙下向外穿窟，并于城上抛下衣物诱民往取，贼即乘间由窟潜出，裹胁精壮贫民，为贼助势。其中不肖奸民又往往携带米面、菜蔬，潜赴城下，兑换衣服，良莠难分，不得不行禁止，加以重责。而趋利若鹜，总难尽绝。

（琦善奏。军机处全宗·录副奏折。中国第一历史档案馆编《清政府镇压太平天国档案史料》第六册，第 428 页。北京：社会科学文献出版社，1992。）

【河南省济源县、孟县·咸丰三年七月二十一日】再，济源、孟县一带，为郡城西南要路。现在各路重兵均在东北两面，西南太觉空虚，时有奸民接济贼粮火药蔬果情事，以致贼匪困守郡城至五十余日之久。奴才业与托明阿商派马队、步队千余名，驻扎崇义镇迤西之二郎庙，南路接济自可断绝。惟查西南一带道路纷歧，尚有七里屯、小官路地方为西路要道,仍有奸民接济。节经奴才屡次派员查拿,先后获犯一百余名,核其情罪重轻,内有售卖火药粮石,情节较重,讯明后即行正法枭示。其无知愚民,仅止售卖瓜果,情尚可矜,当即发交地方官严行监禁,分别治罪。其西路虽要,奴才等攻剿吃紧,势难再为分兵防守。然断绝盗粮,最为今日急务。昨饬现住河北之陕安镇总兵郝光甲前往驻守七里屯一带,但不知河北情形是否能令移兵前往?奴才前经咨明陕甘督臣舒兴阿,请拨精兵一二千名渡河来援,即欲其合围西路,现尚未据咨覆。可否仰恳饬派带兵大员迅速移兵前往小官路及七里屯驻扎,不特目下可断贼匪接济,兼可杜其西窜之路。

（胜保奏。军机处全宗·录副奏折。中国第一历史档案馆编《清政府镇压太平天国档案史料》第八册,第583页。北京:社会科学文献出版社,1993。）

【河北省通州·咸丰三年十一月】据袁士铣供:系湖北武昌府兴国州人,年三十四岁。本年七月,我在山东济宁州遇见这杨二,与他同到天津帮办铜事。九月间,因我偷他钱文,将(他)[我]殴打撵逐。二十七日,贼匪到天津,将我裹去,带到杨柳青贼营。有二十多岁贼带我见贼头三王子,叫磕头。第二天叫我与他们写自独流到东昌的路程。十月初一日,三王子叫我同倪俸、杨二、杨大到天津买火药,倪俸带有银两。我们分路行走,约会在通州见面。我到通州,会见夥贼杨二,问知他已买得火药两篓,运到天津红桥贼营去了。

（巡防处大臣奏。京城巡防处档。中国第一历史档案馆编《清政府镇压太平天国档案史料》第十一册,第152页。北京:社会科学文献出版社,1994。）

【江苏省扬州·咸丰三年十一月】二十七日,贼去已远,难民不敢出户。城外有好事者结约四五人由徐凝门城入小东门,皆走石板大街,凡遇屋宇整齐之处,非伪署即馆局,必游玩一遭,目眩神怡,不知取携何物为是。信步至仁丰里阮太傅第,铺垫盛设,如火如花,与他处无异。惟厨房挂有十四五斤肥肉两片,放有容二斗笸箕满盛(浙)[淅]米未炊。最后空屋三间,堆豆腐乳罐百余,事奇特之。至盐院署,系伪指挥所住,金碧辉煌,珍奇灿烂。最难得者,四五百盆建兰布满桃花泉后,洵天地之菁英也。四五人忽然共议,一切货宝需箩篮满载而挑之,遍觅不得。

二十九日,琦侯坐八人大轿驻臊狗山,山之前后左右骁卒防护,乃命营兵进南城。逾时,城中烟焰蔽天,飞马报闻贼之遗火突起,其实皆大兵之所放也。盖大兵欲掠重资,而恐伏戎猝至,地雷飞殛,特将伪指挥所住之院署,并多子、新盛、左卫街暨辕门桥一带高固新屋,全行烧毁,以觇猾贼埋伏之有无,即以快趁火打劫之心愿。

三十日,城内火未息,大兵复入城房劫重资,已逾十之五六矣……勇退而大兵肆掠,逾十之七八矣。

十二月初一日……大兵搜括已空。

（佚名:《咸同广陵史稿》。《太平天国》,第五册,第98—100页。罗尔纲、王庆成,桂林:广西师范大学出版社,2004。）

【江西省·咸丰四年】所患江西民风柔弱，见各属并陷，遂靡然以为天倾地坼，不复作反正之思。不待其迫胁以从，而甘心蓄发助战，希图充当军帅、旅帅，以讹索其乡人，掳掠郡县村镇，以各肥其私橐。是以每战动盈数万人，我军为之震骇。

（曾国藩：《曾文正公家书》卷五《致沅浦九弟》。）

【咸丰五年正月】［伪天官丞相曾水源削职，其弟逸后，贼首询心腹贼，何以旧党亦效新附私逃。答以在永安时言，至金陵许夫妇团聚，今仍不准有家。］贼乃下伪令，许男女配偶，设伪媒官司其事。

（杜文澜：《平定粤寇纪略》附记三。《太平天国资料汇编》第一册，第324页。太平天国历史博物馆，北京：中华书局，1980。）

【福建省汀州·咸丰七年四月】流寇伪检点刘满，一名远达，隶贵州苗翼王石达开麾下。自言：二十岁充本籍乡勇，营弁器之。二十四岁擢为把总，与东王杨秀清遇，四战而被擒，遂降贼。尝悔当时年少不知大义，今虽为检点，不得为宗族交游光宠。咸丰五年乙卯，奉太平王洪秀全伪旨，许三品以上娶妻室金陵。今年四十五岁，妻子不知存亡，尚不觉悟，甘从悖逆，扰乱江闽，贻羞万世。思之不堪回首，言之极为痛心。

（曹大观：《寇汀纪略》。《中国近代史资料丛刊：太平天国》，Ⅵ，第807页。中国史学会编，编者：向达、王重民等，上海：神州国光社，1952。）

【天历八年十一月十二日】殿前左贰拾叁丞相黄玉成礼单

谨具金腿壹对、细茶壹包、德禽拾只、家凫拾只、糕饼肆包敬呈诸位兄台大人。殿前左贰拾叁丞相弟黄玉成具。

太平天国戊午八年十一月十二日。

（据英国剑桥大学图书馆藏原件照片著录。见《太平天国》，第三册，第55页。罗尔纲、王庆成，桂林：广西师范大学出版社，2004。）

【江苏省苏州·咸丰十年四月】四月十八日，忠逆［按：指忠王李秀成］复下禁止掠妇之令，贼酋未得龙凤批及散贼所掠诸妇女，皆令十九日缴送女馆，违者论断。十九夜起，遍遣伪文职巡查各馆，贼中素薄文职庸懦，至是存今我为政之心，故为作弄。每当静夜深更，诸贼同梦之际，直入卧房，辟门查验。贼与妇莫不仓皇而起，持批对验。甚有颠倒衣裳，不及结束者。且忽早忽迟，无可预备。如是者旬日，诸贼苦之，敛金为贿，禁稍弛。二十日，巡查者执两贼、两妇，相对裸缚，遍游六门，枭首示众。贼应伏辜，妇则冤甚。所谓龙凤批者，黄色纸，长一尺，宽五寸，中一行书某姓名配某大妹七字。贼酋既得妻，则请于所统之王，给批为据。贼妇时而更易，故必迁就批中之姓。禁掠之际，贼虑诸妇不允，软劝威逼，各极其状。及至查验时，竟无一女肯吐真姓者，可慨也夫。贼中给批之例，见之于伪制。一等王，娶王娘一人，贞人二十人，随使女四十四人。降一等，减贞人二人，使女四人。一品官,娶贞人一人,女使十人,随使女十二人。降一等,减女使一人,使女一人。不入品有职者,娶贞人一人,女使一人,随使女一人。若洪逆伪宫之中,则以伪后一人,辖嫔娘二,爱娘、嬉娘、宠娘、娱娘各四人,位如上三等王;好女八,妙女十二,姣女十六,姱女二十,妍女二十四,妙女二十八,媌女三十二,娟女三十六,媚女四十,位如一品至九品。以伪妃二十四人,各辖娍女、姹女、妩女、娃女、姶女各四人,位如一品至五品;元女十人,位六、七品;妖女十人,位八、九品。伪幼主宫,以伪妃一,辖美人四,丽人八,佳人十二,艳人十六,位二品至五品。伪女司,以二品掌率六十人,各辖女司二十人。都计二千五百二十人。

(谢绥之:《燐血丛钞》卷一。《太平天国史料专辑》,第391—392页。上海:上海古籍出版社,1979。)

【江苏省南京·天历十年】干王洪仁玕立法制宣谕

前此拓土开疆,犹有日辟百里之势,何至于今而进寸退尺,战胜攻取之威转大逊于曩时?良由昔之日,令行禁止由东王,而臂指自如;今之日,出死入生任各军,而事权不一也。

(《太平天国》,第三册,第62页。罗尔纲、王庆成,桂林:广西师范大学出版社,2004。)

【浙江省会稽县、山阴县·同治元年三月】三月,贼造伪来王殿,(穹)[穷]极侈丽。又以各伪天安升义,福升安,改造阁第,大捉工匠民夫入城供役,男啼女哭,不绝于道。会邑伪佐将集捐银十余万,搜剔(穹)[穷]乡,犹来肯已。山邑伪佐将龚锦标,不得已,遣其属李某协伪恩[赏]监军张仁甫,下乡书捐。

(王彝寿:《越难志》。《太平天国》,第五册,第148页。罗尔纲、王庆成,桂林:广西师范大学出版社,2004。)

【江苏省常熟县·同治元年四月十二日】东西两处,俱有炮声,各处师帅、旅帅俱逃去。本镇催银赵又到,火速要缴钱一百余千,又要私用大烟土四分。各乡官不能应酬,抄闹一夜,打伤师帅黄德方妻。并各百长家俱去搜寻,扭出到局痛打,直至天明,带了师、旅、百长等到福山去。

(佚名:《庚申避难日记》。《太平天国史料丛编简辑》,第四册,第524页。太平天国历史博物馆,北京:中华书局,1962。)

【浙江省绍兴·同治元年七月】七月,贼自破包村后,撤各路贼兵围,益增饰来王殿,扩其地至数里,围以城,拘画工绘龙虎人物于其壁。各伪阁第亦竞相夸耀,陈设锦绣,日征求无厌。凡各村寺庙之未毁者,狮象雕镂窗户皆搬运一空。

(王彝寿:《越难志》。《太平天国》,第五册,第151页。罗尔纲、王庆成,桂林:广西师范大学出版社,2004。)

【浙江省绍兴·同治二年】贼最重金银,得衣裘珠玉,则以贱值货之。一日,东浦市中有贼以一珠求售,黄而黝,大径寸,形如枣核,索值十金。人疑非珠,无问之者。贼入茶肆饮,置珠几上,索火吸淡巴菰,火至辄灭,凡五六次。或疑珠故,言于贼,请试之,贼持近炉,炉火亦骤灭,盖避火也。俄有人持十金来,贼曰:"若误矣,金须百也。"其人即以百金来,贼索值益昂。会天晚,贼虑不能入城,呼舟去,约明日再至,后竟寂然。或曰:伪主将知之也,已索去献忠王矣。

(王彝寿:《越难志》。《太平天国》,第五册,第158页。罗尔纲、王庆成,桂林:广西师范大学出版社,2004。)

【江苏省苏州·1864年】李秀成,就是因广积金银,为举朝皆知的大亨,据称他在占领苏州时,将现银一百五十万元和无数宝物尽入私囊。

(《北华捷报》第564号。)

附:军典婚

【安徽省桐城县·咸丰九年九月】伪职邦谟、项五正法。谟为伪军帅,最害人。项五为伪军典婚,多逼良家子女命。

(方宗诚:《颠沛余生录》。《柏堂全集》。光绪年间桐城方氏学堂刻本。)

(二)从依制度发钱物到制度外发钱物,送礼给上级官员

【陕西省·咸丰四年三月二十九日】陕西巡抚臣王庆云跪奏,为盘获奸匪,审明就地正法,恭折奏闻事。窃臣前据潼商道徐之铭禀报,盘获奸匪文维隆,当经批饬再行研究讯究办去后。兹据该道审得,文维隆系甘肃庆阳府合水县人,因在籍向堂侄文次索欠,争殴致毙,拟流发配湖北黄陂县安置。于咸丰三年六月二十二日被贼裹胁入伙,将伊两肩左腿俱用火烙图记,每日给钱一百七十文。七月二十九日文维隆在黄州随贼与官兵打仗,用杆戳毙官兵一名,又刀杀二名。至四年正月初三日贼目吴锡银派伊同贼伙杨士林、黄子莲、姜万吉、左手中一共五人,各给盘费银二两七钱,前来陕省,打探路径并兵数多寡,约俟回至黄州报信。

(王庆云奏。军机处全宗·录副奏折。中国第一历史档案馆编《清政府镇压太平天国档案史料》第十三册,第470页。北京:社会科学文献出版社,1994。)

【湖北省武昌·咸丰四年八月二十七日】伪国宗、丞相所居之署,拆神庙以兴修,柏木狼藉,一床之费,可值千金。水陆两军,夺黄伞三百余柄,金冠、龙袍各百余件,镂锡签筒、笔架至二千余具之多。其僭侈如此,该逆为神人所共愤。

(塔齐布等奏。宫中全宗·朱批奏折。中国第一历史档案馆编《清政府镇压太平天国档案史料》第十五册,第505页。北京:社会科学文献出版社,1994。)

【江西省湖口县·咸丰七年九月】 初,黄酋[黄文金]在石钟山生子,洗三试周,极其奢华。遍觅乳母,有妇人入乳其儿者。

(张宿煌:《备志纪年》。《近代史资料》总34号,第191页。北京:中华书局,1964。)

【江苏省南京·天历十年冬】 [从天京出师上江西、湖北招兵时]当与合朝文武在我府会集声言:"众位王兄王弟,凡有金银,概行要买多米粮,切勿存留银两,买粮为首切等叙云云。今收得苏、常,下无再困,上困而来,利害难当……若皖省可保,尚未为忧,如[皖]省不固,京城不保,各速买粮"。我奏主亦然如是……"教蒙得恩、林绍璋、李春发坚守江东门、雨花台营寨为首,各要买粮……"合城文武遵我之言,果买米粮。那时洪姓出令,某欲买粮者非我洪[姓]之票不能,要票出京者亦要银买方得票行,无钱不能发票也,得票买粮回者重税,是以各不肯买粮入京……国破实洪姓之自害此也。

(广西壮族自治区通志馆:《忠王李秀成自述校补本》,第60—61页。又见《太平天国》,第二册,第372—373页。罗尔纲、王庆成,桂林:广西师范大学出版社,2004。)

【浙江省桐乡县乌镇·咸丰十一年】 伪职无论尊卑,凡有一郡一邑一乡镇之守,无不威福自擅,一饮食间,必方丈前陈,珍馐罗列。玩好服御穷极工巧,土木之雕墙峻宇,侍妾之纤妙娉婷,供奉惟恐不足。所常莅事之处,香案帏幛毕备,雀屏龙涎,地(欲)[阈]天棚,色色精雅。暑日设一大扇,以彩绳结于两旁,凉则卷之似幔,热则舒之,以两人运扇鼓荡,满座皆习习生风。诸所用物皆称是。微员冗职尚如此奢华,彼居金陵、居省会者,其侈靡当更倍蓰。取我脂膏,恣彼佚乐,民力安得不日蹶耶!乌镇分东南栅之店铺厘捐日费,尽归献天豫。至漕米地丁,仍由符天福掌管,以疆域原不可分也。贼资用缺乏,必出搜括,彼视打先锋为□要紧事,习为固然,不知民生受困至此已极。献天豫于此事不数数为,且必以焚烧民庐为戒,亦有可取处。人家迁徙,有银钱搬运不便,因而窖藏者,无论溷厕、灰埃、深沟、濠潭,无有不发掘者。乌镇邱姓,有洋银万元,匿于隐处地穴。沈姓有洋银四千枚,覆于地板下,又掘数尺,无踪可觅,已数年不动分毫,经贼一过,至原处查检,无一存者。

(佚名:《寇难琐记》卷一,抄本。南京大学历史系太平天国史研究室编《江浙豫皖太平天国史料选编》,第155—156页。南京:江苏人民出版社,1983。)

【浙江省太平县·咸丰十一年】 发贼初入天台,未尝焚杀。至十一月初四,有剧贼率众七万至西乡,号百万。剧贼从逆多年,屡战胜,封义爵,妾四人,首饰皆金。相随至营,盖贼中最富者……马铃、马凳皆用金,杀贼者获厚利矣。贼妾身边各有洋表,乡兵凿去其发条齿盘,取其壳为烟酒盒。其余器物甚多,有不识其名,不知所用者。

(叶蒸云:《辛壬寇纪》。《太平天国》,第五册,第370—371页。罗尔纲、王庆成,桂林:广西师范大学出版社,2004。)

【天历十年至十四年】 [卖官]

不问何人,有人保者俱准。司任保官之部,得私肥己,故而保之。有些有银钱者,欲为作乐者,用钱到部,而又保之。

(广西壮族自治区通志馆:《忠王李秀成自述校补本》,第10页。又见《太平天国》,第二册,第390页。罗尔纲、王庆成,桂林:广西师范大学出版社,2004。)

【江苏省常熟县·同治元年二月至四月间】[钱]改名桂仁,又广收金器,打成金狮一对,金凤一对,献媚于伪忠王。忠王大悦,在伪天王前特为保举升慎天安兼佐将。

(顾汝钰:《海虞贼乱志》。《中国近代史资料丛刊:太平天国》,Ⅴ,第373页。中国史学会编,编者:向达、王重民等,上海:神州国光社,1952。)

【咸丰元年至五年】若遇伪王伪贵官生日、生子、弥月,亦必集众听讲,宣述某王某官恩德,各宜备具之礼物进献。如藏匿金银,即是反草,天父下凡指出,定即斩首不留。此又逼人贡献因而讲道理也。

(张德坚:《贼情汇纂》卷九《贼数·讲道理》。《中国近代史资料丛刊:太平天国》,Ⅲ,第268页。中国史学会编,编者:向达、王重民等,上海:神州国光社,1952。)

【咸丰元年至五年】寻常虏得金帛,亦必层层转献。如散卒虏得贵重之物,不敢丝毫藏匿,必献之本管官……然而私藏金银珍物过多,一经伪尊官访知,突入其馆抄之,数其罪而杀之。

(张德坚:《贼情汇纂》卷十《贼粮·贡献》。《中国近代史资料丛刊:太平天国》,Ⅲ,第271页。中国史学会编,编者:向达、王重民等,上海:神州国光社,1952。)

【安徽省亳州、河南省怀庆·咸丰三年】[北伐军中]凡被胁民人,在营中每十日收查一次,如有银钱,贼便说不遵天父命,是(别)[变]妖,用竹竿打脊背,再重则杀,所以被胁民人多不能逃。

(《张维城口述》,咸丰三年五月初三日。《近代史资料》1963年第1期第15页。又见《太平天国》,第三册,第287页。罗尔纲、王庆成,桂林:广西师范大学出版社,2004。)

【江苏省南京·1853年夏】有伪疏附监军某贼船过桐城宗镇,行劫典铺,掳得银钱,自行侪分。因窝内分赃不匀,在江西为首逆赖汉英知悉,密信来宁知照,俟此贼回省,将其斩首,以其掳得银钱私自入己也。

(涤浮道人:《金陵杂记》。《中国近代史资料丛刊:太平天国》,Ⅳ,第633页。中国史学会编,编者:向达、王重民等,上海:神州国光社,1952。)

【江苏省南京·咸丰四年十一月】贼入城后,无论老弱强壮,皆迫为圣兵,无论金银衣服,皆掳入圣库。又分男女为二馆,名为男营、女营。或二十五人一营,或五十人一营,以广西、湖南男女贼首统之。而戒淫甚严,犯奸者立斩。其不愿当兵以及不分馆者全杀……每日男子发米一升,女子发米三合,其后则谷半升。

（张继庚:《致祁公子书》。《张继庚遗稿》。《中国近代史资料丛刊:太平天国》,Ⅳ,第760页。中国史学会编,编者:向达、王重民等,上海:神州国光社,1952。）

【天历十年至十三年】 干逆洪仁玕,著有《天朝制[度]则例》一书,禁令十事:一,拜邪神;二,杀人;三,不孝;四,奸淫;五,窃掠;六,欺诈;七,私藏货财;八,变草;九,三更;十,吸烟。违者皆斩。《伪律》一百七十五条:天灯三;分尸三;斩四十一;杖五十二;鞭七十八。妇女有罪,皆入官惩治。死罪则天灯、分尸、剥皮、铁杆、顶车,活罪则反弓、跪火、杖臀、鞭背、木架,凡十等。变草者,降顺也。三更者,脱逃也。天灯者,油絮裹而焚之也。分尸者,五马系于首肢,驱而裂之也。铁杆、顶车,皆创其下体也。反弓者,缚手足反吊于梁也。木架者,使立于径寸高架,动则跌扑也。

（谢绥之:《燐血丛钞》卷三。《太平天国史料专辑》,第406页。上海:上海古籍出版社,1979。）

第二节
缴 获

【广西省桂平县·咸丰元年】叶上舍棠客广西,为予言曰:"贼之窜出紫金[荆]山也,四日后我兵始知之,大军乃移思旺,贼乘我营未成突至,我军逃散,粮饷军装火药数十万,全以资贼,贼自此始有势破永安矣。"

(戴钧衡:《草茅一得(上卷)》。《太平天国文献史料集》,第 369 页。北京:中国社会科学出版社,1982。)

【广西省永安州·咸丰元年八月】[太平军]八月初一日,突入永安州城,劫库戕官,毁监占仓。

(《大事记》。《太平天国史料》,第 456 页。金毓黻、田庆余,北京:中华书局,1955。)

【广西省永安州·咸丰元年八月】[太平军]所得粮米甚丰,足敷半年之食。

(姚莹:《查复禁绝贼营接济状》。《中复堂遗稿》卷四。)

【湖南省长沙·天历二年八月】曾永[水]源、林凤祥、李升[开]芳谨禀东、北王两翼王下各千岁殿下:敬禀者,厶等随西王出师,荷天眷顾,所攻必克,一路福星。本月二十四日寅刻,自攸县起程,二十五日子刻至澧[醴]陵,计一百七十里。是城粮谷颇有,已得无数军装红粉……二十七日申刻到长沙,离城十里停扎。二十八日辰刻进兵,至巳刻,破连营七八里,杀死大小妖官数十余员,妖兵死者二千有余,尸堆如山。所得军粮大小炮甚多,红粉四千余,骡马不计其数。至午刻,在省外铺户停扎,计程三里。三十里城外米谷甚多。目下查得粮有十万余,油盐足用。

(英国公共档案局原编号 F.O.682,279/A,新号 F.O.931/1350。《曾水源、林凤祥、李开芳为西王有难禀东王等》,《太平天国文献史料集》,第 10 页。北京:中国社会科学出版社,1982。又,《曾水源、林凤祥、李开芳报告西王萧朝贵中炮伤重禀报》,《太平天国文书汇编》,第 216 页。北京:中华书局,1979。)

【湖北省武昌·咸丰二年十二月】布政司广储库银七十余万,粮储道库银十余万,合盐道府县库银,总计之约银百万,贼悉舁之登舟。二十九日,贼传令:"各营备一月粮,锄锹四具。"

(陈徽言:《武昌纪事》。《中国近代史资料丛刊:太平天国》,Ⅳ,第597页。中国史学会编,编者:向达、王重民等,上海:神州国光社,1952。)

【湖北省武昌·咸丰三年正月二十二日】窃臣前于正月初七日钦奉谕旨,暂署湖北巡抚,当经具折叩谢天恩。维时贼已窜逃,亟应收复省城,并将紧要应办事宜奏请训示。随即由水路起程,沿途所过州县搜捕土匪,出示安民,附近省城一带均尚安堵。兹于十九日抵省,暂驻学臣署内,当即恭设香案,望阙叩头谢恩任事。随即周历城垣,查勘武昌省城共有九门,五门临水,文昌门之右缺口二处,共长三十余丈,即前为逆匪挖掘地道,用火药轰陷之处。保安门、平湖门、文昌门城楼全行烧毁,其余各门城楼间有拆烂之处,各处雉堞多有损坏,城外民房店铺数万间皆成瓦砾,城内鼓楼前长街为商贾聚集之所,接连居民房屋约有五六里之遥,尽行烧毁。文昌门内烧去民房数百间,总督衙署、江夏县署除头门尚存,余皆烧毁。藩署、臬署、武昌府署或烧一二进,其余贡院各署及祀典所载庙宇间有拆毁之处。随委员往汉阳查勘。据禀,汉阳县署业已被焚,城内民房烧去数百家,沿江铺户皆多拆坏,各署案卷被烧者多,间有余存,皆属残缺,各官印信尚未查明,所有仓库钱粮、监狱及江汉驿站马匹、商民财货掳掠一空。并查贼踞武汉之时,官绅殉难、百姓自尽各尸身,贼多投弃江中及城内池塘井湖各处,不计其数,被贼掳去丁壮陆续逃回者约三四万人。臣前在岳州,即飞饬署武昌府金云门先赶入城,携带告示,遍贴安民,并经钦差大臣向荣派令湖南永绥协副将瞿腾龙带兵驻省弹压。连日渐有迁徙来归者,多系颠沛流离。睹此情形,伤心惨目。现在首以掩骼埋骴赈抚难民为今日急务,一面赶修城垣,以资保卫。

(骆秉章奏。军机处全宗·录副奏折。中国第一历史档案馆编《清政府镇压太平天国档案史料》第四册,第536—537页。北京:社会科学文献出版社,1992。)

【湖北省鄂城县·咸丰三年正月】凡鄂城、汉阳一带,衣粮什物,贼临去时悉数抢完,城内房屋衙署全行焚烧。官兵入城扑火,逃难各民入城,各自占屋居住,插草为记。城内白骨积尸,惨不忍睹。闻贼围城时,城中库银几及百万,仓谷亦多,民间屯积粮米数十百万石,银钱财帛以近汉口贸易之地,竟不可以数计。

(周尔墉:《周尔墉日记》,稿本。南京大学历史系太平天国史研究室编《江浙豫皖太平天国史料选编》,第374页。南京:江苏人民出版社,1983。)

【湖南省、湖北省·咸丰三年】占据武昌省城仅一月,势甚穷蹙,既得武汉,所获资粮军火不可数计。自益阳至蕲州武穴,所掳民船战船约数千艘,新掳男妇约五十万人,旌旗遍野,帆幔蔽江,至此竟成燎原之势。官军寡众不敌,望风披靡。

(张德坚:《贼情汇纂》卷一《首逆事实》。《中国近代史资料丛刊:太平天国》,Ⅲ,第44页。中国史学会编,编者:向达、王重民等,上海:神州国光社,1952。)

【安徽省安庆县·咸丰三年正月】十七日黎明,破安庆省城……库银十余万两[抄本作数十万两],漕米四十万余石,搬运入舟。又向富户巨商逐家搜刮,五日始毕,寸缕无遗,派伪丞相胡(依)[以]眰、伪将军黄玉昆踞守。

(汪堃:《盾鼻随闻录》卷三《西江纪略》。《中国近代史资料丛刊:太平天国》,Ⅳ,第374页。中国史学会编,编者:向达、王重民等,上海:神州国光社,1952。)

【安徽省安庆·咸丰三年正月十七日】再,奴才驰抵安徽省城,委员查得该处防堵之安徽、江南、山东官兵并兵勇共约七千余名,分扎省城内外,正月十七日巳刻,有贼船驶至江岸,该官兵开炮轰击,贼亦对攻,巡抚蒋文庆登城督阵,见南北官兵纷纷跳城,与城外官兵一同溃散,形势难支,赶急回署,谨具奏稿。未及缮清,闻报贼匪爬城,即将奏稿交家丁冯春等,随即出署登城。甫出西栅围墙巷口,即遇贼数十人,随行人役均已溃散,致被贼戕害。巡抚关防系交巡捕盛世忠捧赍,不期遗失。文武被戕者十四员,其余不知下落,兵壮、百姓被害自尽者,男妇约六百余名。所有藩库饷银三十余万两、总局饷银四万余两、制钱四万余千、府仓米一万余石、太湖仓米二万余石及常平仓谷,均已掳去。城上大炮有二千五百斤至数百斤,共一百八十九位,或抬于船上,或丢弃江中。

(向荣奏。军机处全宗·录副奏折。中国第一历史档案馆编《清政府镇压太平天国档案史料》第五册,第163—164页。北京:社会科学文献出版社,1992。)

【江苏省扬州·咸丰三年正月】当贼下九江之始,广陵积谷万箱,火药千钧,库帑饷兵……若之何两月以来战守无策……惟……与一二幕宾作楚囚之对泣。

(佚名:《咸同广陵史稿》卷一《张廷瑞论》。周村:《太平军在扬州》,第10页。上海:上海人民出版社,1957。)

【安徽省滁州·咸丰三年四月十六日】兹据来安县知县汪自修禀称,探得初九日巳时,贼由乌衣一带焚掠至滁州南门入城,先烧一大庙,随即劫掳仓库,抢劫典铺,当由西门出城,窜至诸隆桥地方等语。

(琦善奏。军机处全宗·录副奏折。中国第一历史档案馆编《清政府镇压太平天国档案史料》第六册,第426页。北京:社会科学文献出版社,1992。)

【湖北省、安徽省、江苏省·咸丰三年三月】楚北省城守二十三日而陷,安庆省城随到随陷,金陵省城守十三日而陷。其余所过郡县,本无所谓守,亦无所谓陷,望风奔溃,一切财货粮米全以资贼。

(周尔墉:《周尔墉日记》,稿本。南京大学历史系太平天国史研究室编《江浙豫皖太平天国史料选编》,第378页。南京:江苏人民出版社,1983。)

【安徽省安庆·咸丰三年五月初二日】窃奴才前见安庆府失守时,奏报失陷银三十万两。近复见琦善奏,贼匪窜踞扬州,守土大员将炮位、火药、米粮等物不肯毁弃,而乃与贼。又杨文定奏,镇江失守时,候补道胡调元自行移驻常州,复绕至通州,竟置陆路水师钱粮于不顾各等语。盖贼匪自广西滋事以来,其一切应用物件,随处抢掠百姓者固多,至若大宗银两、米石、铳炮、刀箭等物,皆取自失守城中,始得用之不竭。况有本地土匪利其随贼,可以劫夺,见有富庶省会,预先代为计画,俟贼一来,即助之为内应。是以贼匪每破一城,伙党愈众,粮食总未匮乏,军器亦未闻歉绌。揆厥由来,是皆各地方心持自保,官不以职任为重,有意遗之贼,以接济其用,使贼顾此情面,将来抢到伊省,自当不肯蹂躏其乡里,故当其弃城而去之时,并不念及日后之尚有国法也。

(保极奏。军机处全宗·录副奏折。中国第一历史档案馆编《清政府镇压太平天国档案史料》,第七册,第 13 页。北京:社会科学文献出版社,1993。)

【安徽省亳州——河南省怀庆·咸丰三年】[北伐军]每打粮到人家,搜刮净尽,并将地内刨挖。至州县仓库,银两反嫌累赘,不带着,如有零星银两带着些。

(《张维城口述》咸丰三年五月初三日。《近代史资料》1963 年第 1 期第 15 页。)

[编者按:可见如此打击大户,不单是为了银粮,主要出于阶级报复。如此严查士兵银钱,也不是为了银粮军饷,主要是为了维持军纪。]

【安徽省黟县、徽州·咸丰四年二月】贼在城中,贴伪告示安民。十四日,卷旗封刀,十里而下,一路无官兵阻滞,直抵徽州府城下,攻打郡城。城中只有柬山营、城守营而已。十五日,郡城被陷,营兵及百姓死去百十余人,就在城中打馆占踞,贴伪告示安民。以前之贼,假仁假义,不杀百姓,不烧民房,不打掳,只杀官兵劫库而已。

(佚名:《徽难全志》,抄本。南京大学历史系太平天国史研究室编《江浙豫皖太平天国史料选编》,第 294 页。南京:江苏人民出版社,1983。)

【江苏省·咸丰四年十一月十九日】伏查江苏省江宁司道各库、两淮运库、扬州江海关库,俱已随城失陷。

(怡良等奏。军机处全宗·录副奏折。中国第一历史档案馆编《清政府镇压太平天国档案史料》第十六册,第 328—329 页。北京:社会科学文献出版社,1994。)

【江苏省南京·咸丰十年】突然间,南京城内的守军出击,工事遭到袭击和占领。官军将领们惊恐万状,在敌人来袭之前望风奔逃。据报,清朝官军有七万名立刻向叛军投顺。叛军如今截获大炮两千门以上,数以千计的营帐和旗帜,以及军需弹药。

(《一八六〇年的回顾(节译)》,《北华捷报》第 546 期,1861 年 1 月 12 日。上海社会科学院历史研究所编译:《太平军在上海——〈北华捷报〉选译》第 422 页。上海:上海人民出版社,1983。)

【江苏省常州·咸丰十年三月】常州守备未尝不固,粮米有百万,饷亦不下四五百万,枪炮火药以及食物,足支三年之久,闻贼来,并未交接一刃,而何桂清先逃,其余跟纵而散。

(柯悟迟:《漏网喁鱼集》第40页。北京:中华书局,1959。)

【江苏省苏州城内·咸丰十年四月十三日】贼至苏,广匪及六合难民逆贼入城……在城居民遭屠戮者什之二三,投河、投井、悬梁者亦什之二三,余则能逃出城者则逃出城,不能逃出者则从贼焉。先是在苏候补道李文炳,广东人,知苏城难守,私出城见贼(蕃)[藩]忠酋曰:请入城,珍宝尽有之,勿伤百姓一人。贼藩许之。故入城杀戮较他方稍轻。授李文炳伪职为文将帅,其侄君山改名善交,为吴县伪监军……贼入城,先放狱中囚犯,使其引之劫库,逐户搜索。

(蓼村遁客:《虎窟纪略》。《太平天国史料专辑》,第15—16页。上海:上海古籍出版社,1979。)

【江苏省苏州·咸丰十年九月五日】太平军占苏州时,有库银六十万,粮不下万石。

(龚又村:《自怡日记》。《太平天国史料丛编简辑》,第四册,第412页。太平天国历史博物馆,北京:中华书局,1962。)

第三节

进贡制度与群众支援

【咸丰三至五年】贡献

　　贼之虏劫，任意恣取，非专意于粮，然究以粮为大宗。贼目每夸言曰："军行，先数百里，即遣人前往遍张告示，令富者贡献资粮，穷者效力。"……凡贼至境、过境，所张伪示辄数千言……"本军帅于军行相距数百里之先，即遍张诰谕，令尔百姓富者出资，穷者效力，候太平江山一统，定加擢用……本军帅特再出示，差某检点前来收贡，限三日齐解圣库，赏给贡单……"云云。此示一出，胆怯者无不担负银钱粮米，络绎于道，以献于贼。城市镇聚，所至皆然，非专行于乡村也。然贼中章程亦数改矣。其初陷武昌时亦如此出示，设馆收贡。仅行一日，见所获无几，遂逐户搜刮。此时盖专虏城市，仍不扰乡民。逮后陷安庆、江宁，再犯江西、湖北，于城市并不出示取贡，但肆虏劫，于乡村则仍出示督民进献。每至一处，打馆数日，必盈其欲壑而去。大抵多近水次地方，贼收贡之后，役使乡民搬运至船而后遣之去……甚至一月之中，收贡之贼五六至。乡民疲于奔命，所贡之物，亦渐次减略。如初贡也，富厚之家必千金数百金，谷米数百担，猪数口，鸡数十只，配以群物。以次递减，最后之贼至，即斗米只鸡亦可塞责。惟贼踞之地既久，其另股虏劫又不知几次，且已设立乡官，而下科派之令(已)[矣]。总之，乡民始以进贡得贡单谓可以安居，故甘输纳，而不知责贡之无已。既知贡单无益，则不甘进献，而不知贼打先锋搜刮终无遗也。力田编民，盖藏虽罄，新谷方登，犹可接济，而不知贼以安民为名，旋立乡官，时遣催粮之贼征取，迫如星火也。

　　（张德坚：《贼情汇纂》卷十《贼粮·贡献》。《中国近代史资料丛刊：太平天国》，Ⅲ，第270—271页。中国史学会编，编者：向达、王重民等，上海：神州国光社，1952。）

【广西省桂平县·庚戌年二月初五日】[天兄教导洪秀全：]"秀全，许多兄弟进财宝敬重尔么？"天王对曰："是也。他们为天父天兄事，进奉好多财宝……"天兄曰："秀全，尔要问过兄弟，他家可度得日，方可收他；不然，要使各拿回家也。"

　　（《天兄圣旨》。《太平天国》，第二册，第274页。罗尔纲、王庆成，桂林：广西师范大学出版社，2004。）

【广西省·咸丰元年二月初八日】凡贼自广东来者曰广匪,又曰广马;出本地者曰土匪,又曰土马。广东率多悍勇凶横,土匪多由裹胁附从。凡至一处,必先投书勒索多银,号曰打单。及至群哄搜括财物,号曰开阎……打单、开阎遂其所欲,不哄而去,号曰过阎。稍有不遂,哄然焚杀,号曰洗平。

（杜受田奏。军机处全宗·录副奏折。中国第一历史档案馆编《清政府镇压太平天国档案史料》第一册,第207页。北京:社会科学文献出版社,1992。）

【江苏省·咸丰三年二月十六日】得金陵信,于初十日被攻破洪武门,杀死兵民数十万,满洲城更烈。陆制军隐遁,土匪抢掠。伪将即出抚民示:士庶无恐,专杀贪官污吏,劫掠者死不赦。附郭村庄尚安静。于是前村箪食,后巷壶浆,俱给执照,并小红旗竖村口,门贴顺字,夜可无庸闭户矣。各府州县逃避一空,官绅议劝捐团练,更议纳款。二十二日,又被占据镇江,窜入扬州,掳掠殆尽。金山寺纵火焚烧,夷船受伤。苏省罢市。常熟宦家科第匾除,题名单扯。

（柯悟迟:《漏网喁鱼集》第17页。北京:中华书局,1959。）

【江苏省江浦县·咸丰三年四月二十九日】又据江浦县知县曾勉礼先后禀称,该逆由凤阳窜回该县池河一带,肆行掳掠。并称查得该县小桥、毛阳桥等处河面,有湖广江船三十余号,载有米豆粮食,其中人多湖广口音,且搜有枪药,形迹可疑等语。查该处河面由六合县天河过浮桥至东沟,即出大江西南达全椒、滁县等处,臣琦善已飞札六合、天长、来安、全椒、和县、滁县各州县,查明前项停泊船只,密拿究办。

（琦善奏。军机处全宗·录副奏折。中国第一历史档案馆编《清政府镇压太平天国档案史料》第六册,第581页。北京:社会科学文献出版社,1992。）

【江西省南昌等县·咸丰三年五月】土匪迫商民进伪贡,东至饶、广,南至抚、建,钱米日至。

（李滨:《中兴别记》卷八。《太平天国资料汇编》第二册,第136页。太平天国历史博物馆,北京:中华书局,1980。又见杜德风选编《太平军在江西史料》,第399页。南昌:江西人民出版社,1988。）

【江西省·咸丰三年五月】[丰城]县城纷纷送礼,钱、米、油、烛、猪、鸡等物共二次,一为乡民,一为各店商。送去俱称进贡云。于是樟树、临江、瑞州俱纷纷致送矣。

（毛隆保:《见闻杂记·五月见闻记》。《太平天国史料丛编简辑》,第二册,第59页。北京:中华书局,1962。杜德风选编《太平军在江西史料》,第485页。南昌:江西人民出版社,1988。）

【湖北省·咸丰三年五月】贼之自粤入楚,沿途煽诱,恶少年闻风响应。未来,则敛钱馈贼,曰进贡。既去,则假其旗帜,裹黄巾,聚众为淫掠。广东之凌十八、温大、贺五辈,皆依倚声势。湖南岳州有晏仲武者,尤凶暴,先后殄灭略尽。湖北蚁贼如猬毛,长江而下,则监利、石首、沔阳、通城、崇阳、蒲圻为之壑;襄河以上,则安[安陆]、襄[襄阳]、荆[荆州]、德[德安]受其灾。至是[咸丰三年五月]行团练之法,遴选绅耆,纠训良家丁壮,捕不道,群贼稍敛迹。

（杜文澜:《湖广总督张亮基檄诸郡邑团练剿余孽》。《平定粤寇纪略》卷二。《太平天国资料汇编》第一册,第18页。太平天国历史博物馆,北京:中华书局,1980。）

【江西省南昌县梓溪镇·咸丰三年六月】 泥丸村闭已经旬,成败关头难问因。浪说豫章无有败,[俗传有云:"如要江西败,铁钱开花卖。"]犹欣佳贼不惊民。[贼到处,秋毫无犯。]贡来土物称兄弟,[贼围新城、滃台、章江三门,南、新二邑以豕鸡鹅鸭银米进贡者不知凡几,相见皆呼为兄弟,甚属亲热,即报以《太平诏书》、《天条书》、《幼学诗》、《三字经》数卷,执帖一张。物重者或报以棉花油盐衣服等物,乡民皆快焉。]教祀耶稣绝鬼神。[贼重耶稣教,凡庵堂寺庙有神像者,皆行砍伐焚毁。其给发乡民各书,皆以阎罗为妖云云。]最是官烧城外屋,怜他真作乱离人。[十七夜,官烧外城凡三里之地,民房焚化一空,甚属惨刻。]

围闭江城历七旬,久偏生变是愚人。官兵与贼皆安堵,乡俗乘机作怒瞋。计亩征粮忧富室,[乡间计田一石,或出谷一石二石不等,分与无田者食,于是有田者多受累。]得钱相博快游民。[乡间无田之人,或以米易钱,相聚赌博,无故得食,此风最不可长。]吾村前后分三次,[吾家一回出谷五十余石,一回出谷三十余石,一回出谷二十石。]此举难期苦乐均。

（邹树荣:《六月十八日江省被围感赋七律三首·癸丑》中之二首。《蔼青诗草（选录)》。《太平天国资料》,第71—72页。北京:科学出版社,1959。）

【江西省乐平等县·咸丰三年七月丁卯】 是日,土匪导贼入掠,旋登舟进至德兴境,纳伪贡。浙盐私贩在乐平者,要贼犯徽州、婺源。贼先与浮梁土匪有约,不果,乃还饶州,经石镇街,奸民为敛典商行铺钱米衣裤犒之,罢焚掠。余干人贷城工局钱谷饶之,约不犯。

（李滨:《中兴别记》。杜德风选编《太平军在江西史料》,第400—401页。南昌:江西人民出版社,1988。）

【江西省·咸丰三年七月初七日】 又据探报,前月二十四日贼匪又有大船千只,由湖口驶入江西,号称有贼二万,合之现在攻扑江西省城之贼,当不下两三万人。是由扬州、江西两处窜出之贼,共计已有七八万之多。乃分窜河南、江西之贼愈见其多,而困守江南、扬州之贼仍不见其少。前此大营尚时有捷报,近反阒寂无闻。贼逸我劳,贼锐我钝,师老饷竭,言之寒心。且长江自金陵至江西一千数百里,毫无阻遏,贼船来往自如。前月初旬,江西贼船百余只,满载米粮,远馈江南之贼。今值秋成,伊迩野有余粮,贼匪转输甚易,恐江南之贼将无坐困之期,或且乘间突出,大举他窜,尤属不堪设想。

（张亮基奏。军机处全宗·录副奏折。中国第一历史档案馆编《清政府镇压太平天国档案史料》第八册,第 423—424 页。北京:社会科学文献出版社,1993。）

【江西省·1853 年 6 月下旬】［西征军进入江西,围攻南昌,有物资供应的困难。群众支援］东至饶(州),南连抚、建,牛酒日至……不借运输,不事野掠,因粮宿饱,如取如携。

（戎笙等编:《太平天国革命战争》上,第 50 页。北京:三联书店,1962 年。）

【江西省湖口县·咸丰三年七月十一日】又见江西探信……该逆初到,四乡掳掠粮草,自省至湖口四百余里,毫无阻滞……自吴城起,各处照样,俱进贡。居民洗去门对,用黄纸书"归顺"二字贴门首……前闻苏州有馈银米之外,送食物四事:一枣,一栗,一灯,一鸡,余未之信,不料江右之民,竟至如此!

（黄辅辰:《戴经堂日钞(节录)》。《太平天国资料》,第 58—59 页。北京:科学出版社,1959。）

【安徽省祁门县·咸丰三年】贼匪初次到祁门县。始贼首张指挥带十余人,到祁门县贴伪告示安民,叫百姓进贡。

（佚名:《徽难全志》,抄本。南京大学历史系太平天国史研究室编《江浙豫皖太平天国史料选编》,第 294 页。南京:江苏人民出版社,1983。）

【江苏省扬州瓜洲三汊河·咸丰三年】［赖汉英等率军到扬州,以援乏食守城之曾立昌］当贼盛至,琦善绝其食,一军饥惫,居民知之,裹升米斗粟以饷者至勿绝。

（倪在田:《扬州御寇录》卷上。《中国近代史资料丛刊:太平天国》,Ⅴ,第 111 页。中国史学会编,编者:向达、王重民等,上海:神州国光社,1952。）

【江西省湖口县·咸丰四年】［贼党殷中杰,］素揽讼不法,于三年五月从贼下安庆。冬月,复至流澌桥,船桅上高揭伪职旗号,扬言造册进贡。四年正月,带贼卒二人,深入文桥,吓诈地方。

（张宿煌:《备志纪年》。《近代史资料》总 34 号。第 189 页。北京:中华书局,1964。）

【湖北省荆门县、当阳县、宜昌县、宜都县·咸丰四年四—五月】［太平军四月初六至荆门］四乡进者甚多,银钱米粮猪鸡无论多寡……当阳县百姓亦皆照样进贡……

［贼匪于五月初在荆城城］将铺户抢劫一空……宜昌富户殷商潜行前赴当阳进贡银米之事……贼在荆门,见州署有铜钱数千串,未动。而本处土匪二百余人乘贼起身,争赴州署起钱。贼匪押令概赴州署分钱,痛加杀戮,仅逃二十余人……贼匪［五月］初三日窜进宜都县城,先期有绅民多人,将猪羊钱米草物送至宜昌,是以未经扰害……初四日即下枝江。

到处搜索官员,意欲在城放火……宜昌仓库分毫未失……宜昌城外房屋未焚,庙宇亦皆完善。镇县衙署狼藉不堪。此间屯兵[清军]滋闹难堪。探差刘春于[五月]初八日赶抵宜昌察看,铺户房屋并未焚毁,居民渐次复业。

(《广元县探报》。《近代史资料》1955 年 3 月,第 15、20—21 页。)

【安徽省潜山县·咸丰四年】 夏四月,伪军、师、旅帅建馆理词讼,用听使出文札。

潜民各户悬伪太平天国门牌。

贼勒我潜贡黄金二百两。

贼伪队将叶芸来窜潜城,索民家女,称选妃。

五月,贼安徽乡试,勒应试者,二十七县中举人七百八十五名,胁潜中举人三十名。

贼勒收户米,妄称伪天王三殿下降凡。

秋七月,贼勒征地丁银。

贼勒收户米,每户出米三十斤,曰报效米。

(储枝芙:《皖樵纪实》卷上。《太平天国史料丛编简辑》,第二册,第 93 页。太平天国历史博物馆,北京:中华书局,1962。)

【江苏省南京·咸丰四年八月十八日】 奸民接济贼营火药,必应严行禁绝,前已谕知陈金绶、雷以诚,着托明阿、向荣严饬各营并地方文武明查暗访,一体搜拿,毋稍疏懈。将此由六百里加紧各谕令知之。钦此。遵旨寄信前来。

(寄谕。军机处全宗·录副奏折。中国第一历史档案馆编《清政府镇压太平天国档案史料》第十五册,第 446—447 页。北京:社会科学文献出版社,1994。)

【安徽省潜山县·咸丰四年十一月】 贼勒征粮米,十八两为一斤,每百八十七斤为一硕。

(储枝芙:《皖樵纪实》卷上。《太平天国史料丛编简辑》,第二册,第 94 页。太平天国历史博物馆,北京:中华书局,1962。)

【江西省万载县·咸丰五年十一月】 十九日,伪将军杨如松、伪总制陈绰号"四不象",领众入城。置朱衣点为伪监军,并设军帅、卒长各官,勒贡钱米。一、二、四、五、六区,大受其害。

(同治《万载县志》卷七之二《武备·武事》。)

【江西省万载县·咸丰五年十一月】 置伪监军,并设军、师、旅帅,卒长各伪官,勒贡钱米,各区皆受其害。

(同治《袁州府志》卷五《武备·武事》。)

【江西省·天历六年】 元勋殿左贰拾柒检点赖裕新安民晓谕

一、凡有谕令及民者,民当随即遵谕筹办,随即举著忠厚之人,前来圣营大员衙门禀复,一免干违,二杜伪端,否则犹恐或有假冒之弊,为害民间。尔民等必须如此,方能辨明,切不得以伪为真,以真为伪,更不得延越违限,自干问罪。至某乡里某姓氏所捐进贡粮饷、马匹、金银等项若干,务要端束历明,或亲赴营呈收,或交众户举办贡献之首事来营呈收,以便发给贡照,领还存执。

一、凡官兵过境,另行有谕,令民捐办粮饷供应军需。民既遵谕筹备,固须安堵如常,即未有行谕供办粮饷之处,亦勿庸妄行迁徙,道路流离,自罹危地。

一、凡圣师到境,军规严肃,故官兵众多,品行至正,其于男女之别最严。尔民间妇女,恐未必尽识道理,必须潜居,务慎闺阃,不得游荡前来,以致有乖天情。

一、凡官兵如有捉带良民子女者,及有敢犯奸淫者,调戏妇女,沿途掳掠良民财物者,民宜当即扭禀,论罪处斩。

一、凡尔民一切贸易无容闭歇,免致采买无向,自迫其乱;务要照常平买平卖,以应军民,不得格外高价过取,致失公平,伤事民定干究。

一、凡官兵如见子民安业买卖,胆敢恃势抢民货物,不依平买给价者,民宜当即扭拿禀送,论罪处斩。

一、凡官兵应于扎宿之处,无论乡村市邑,尔民等须将前屋让与官兵暂扎,后屋仍给尔民安身。所有金银重物,各宜检收,勿庸乱行搬移,以致土匪窥伺,自取遗失。

一、凡官兵如有毒心乱行打烂民间碗锅一切器用者,及有柴而仍拆烧民房板料者,并擅烧良民房屋者,民宜当即据实扭禀,论罪处斩。

一、凡官兵如有身体不宁者,准雇民夫抬送,其余健壮官兵,非有总制以上各大员印凭经准坐轿,其有贪闲妄捉乡民扛抬者,民宜当即据实扭禀,论罪处斩。

一、凡某处乡民如有受妖蛊惑,顽梗不化,不遵谕,不识天,或纠乡愚,或作暗害侵抗我军者,及纵妖谋害我使者,定将该某城乡镇市尽行剿洗,鸡犬不留,民勿相怪。

大平天国丙辰六年　　月　　日晓谕。

（《元勋殿左贰拾柒检点赖裕新安民晓谕》。杜德风选编:《太平军在江西史料》第590—591页。南昌:江西人民出版社,1988。）

【江西省湖口县·咸丰六年二月】 渐渐伪官远窜到家,扬扬得意,各门首揭起军、师、旅帅旗号,数日间耳目一新,人心一变矣。贼下乡抄掠殆尽,伪官又遍索民钱,说是进贡安民,而百姓疾苦更深于前矣。

（张宿煌:《备志纪年》。《近代史资料》总34号。第191页。北京:中华书局,1964。）

【江西省安仁县·咸丰六年】 丙辰二月,清明。伪翼王石达开贼众数十万由九江窜瑞、临诸郡,窃踞抚州,道经安邑[安仁县,即今余江县]。抚贼时来邓埠掳掠,胁民进贡,山村滋扰月余。

（同治《安仁县志》卷二十一。）

【江西省湖口县·咸丰六年】 二月，调援抚州，遂移师去。贼恨湖人私劳官军，大肆掳掠。旋揭伪示，招民纳款。自是，征粮责贡，几无虚日。

（同治《湖口县志》卷五《武备志》。）

【江西省抚州·1856 年 9 月 10 日。即咸丰六年八月十二日】 丁韪良博士报告其于 1856 年 9 月 10 日[阴历咸丰六年八月十二日]与一卖书商人晤谈所得：

"此商人为江西抚州人，先于是年阳历五月离开本乡。其时，抚州被太平军占领已历数月矣[按：太平军于咸丰六年二月二十日占抚州]。府城原有清兵三千人驻守，一遇险象发生即弃城而遁，留下大炮，甚至其他军械，尽资敌人。太平军到，屯东城下，居民开城迎之。乃先遣八人骑马先入，巡行各街道，安抚百姓。大队乃继之进城。其后派队四出，在各村镇募兵，持有'奉命招兵'大旗。迅即招得志愿军几至万人。新兵不特有衣有食，而且每人得钱百文。旋委任各乡官。知县称监军，其下有四人助之，分管四方城郊地方。本地绅士被邀合作，有被任重职者。而一般士人则被雇用为书手先生。有一少年曾在江西太平军服务多时，得抚州后欲回籍省视孀母。太平军长官准其荣归，赠其老太太以银两丝绸。此事表现他们敬老崇孝，予人至好印象，使人感服……太平军减税至半额。禁止部下屠杀耕牛。凡有暴行祸民者皆严刑惩罚，以故深得民心。而清军则尽反其道，肆行强暴，屠宰农民耕牛，强掳人民妻女，勒索人家财物。太平军政治严明而有力。其所颁文告，初在一八五三年时鄙俚粗俗，今则尽反之，文字优雅，语气温和，大有江南才子士人之韵味。饮酒只限一杯为止。鸦片则严禁，但私吸者亦难尽禁矣。"

（[英]丁韪良博士的报告，载《华北先驱》第 323 期，1856 年 10 月 4 日。译文见简又文：《太平天国典制通考》上册，第 405—406 页。香港：简氏猛进书屋，1958。）

[编者按：此次为石达开部下军略余子安、检点黄天用，及三合指挥黄阳、巢润章等自吉安占抚州。]

【江西省泸溪县·咸丰八年九月】 而朱贼[按：指监军朱兴运]方滋暴虐，愤附城之不速贡也，杀城内外居民，又执二十余人杀之高田岭。十月，朱贼复坐城勒征，蔡公福田由闽带联袭之，奸民投贼之许伪百户竟杀之城东石陂，闻者发指。既而强娶孙氏女，其父耻，饮药死，其母诉于抚州，余伪检点将朱逐杀，邑人大快。

（同治《泸溪县志》卷十三《被寇记》。）

【浙江省长兴县·咸丰十年二月】 十八日，[太平军]退归长兴。由是长兴之东门不启。然四乡愚顽尚有敛钱市猪、羊、鱼、酒进贡者。自派贡之名起，而寓居殷富无一不被其逼勒，甚至缚其夫以胁其妻，烙其父以劫其子，必使尽出所藏而后已。其异于遇贼者几希？

（胡长龄：《俭德斋随笔》。《中国近代史资料丛刊：太平天国》，Ⅵ，第 757 页。中国史学会编,编者：向达、王重民等,上海：神州国光社,1952。）

【江苏省松江县·咸丰十年五月十九日】车墩镇帖有陆姓贼目称认天安伪示,令民纳贡以免诛戮。于是各图议进献猪羊等物,冀苟安旦夕……二十日,乡间有备猪羊杂物进献者,贼留饭,给予收贡单。单上伪官为皎天侯黄。各物俱收,惟羊发还转给抬贡者。

（姚济：《小沧桑记》。《中国近代史资料丛刊：太平天国》,Ⅵ,第447页。中国史学会编,编者：向达、王重民等,上海：神州国光社,1952。）

【江苏省吴江县·咸丰十年六月】初七日,镇上各无赖倡进贡之举。

初八日,黎里失守,南望火光不绝。

初九日,市头稍有蔬菜,街上水中尸骸以次收拾。在镇各无赖往苏城进贡。

（倦圃野老：《庚癸纪略》。《太平天国》,第五册,第314页。罗尔纲、王庆成,桂林：广西师范大学出版社,2004。）

【江苏省吴江县·咸丰十年六月】二十一日,镇上群不肖之徒复往吴江进贡。

（倦圃野老：《庚癸纪略》。《太平天国》,第五册,第314页。罗尔纲、王庆成,桂林：广西师范大学出版社,2004。）

【江苏省吴江县·咸丰十年七月】七月初三日,贼以进贡四人充伪乡官,造户口册。时有伪示来镇,词甚鄙悖。

（倦圃野老：《庚癸纪略》。《太平天国》,第五册,第314页。罗尔纲、王庆成,桂林：广西师范大学出版社,2004。）

【江苏省常熟县·咸丰十年九月十二日】黄家桥用猪一只,洋钱二十元,银十余两,从张金进城贡献……[不进贡者被掳。]自此未进贡,未有门牌者,咸议进贡,各要门牌。

（佚名：《庚申避难日记》。《太平天国史料丛编简辑》,第四册,第486—487页。太平天国历史博物馆,北京：中华书局,1962。）

【广西省融县·天历十年九月十七日】赖裕新部一军军帅汪在融县发的告示

晓谕示民,及早投诚,倾心向化,可保身家。今本大臣,统帅三军,逆我者亡,顺我者存。经过府邑,伐暴施仁,沿途百姓,箪食跪迎,纳粮进贡,鸡犬无惊。各处山寨,胆抗天兵,立时剿灭,一鼓荡平。唯尔古鼎,利害莫闻,反敢率众,相拒我兵。被我活捉,小丑一名,十指尽除,递谕尔闻。若不进贡,祸生灭门,作速归顺,保全生灵。倘再违背,玉石俱焚。特谕尔等,急宜凛遵。

一军军帅汪

太平天国庚申十年九月十七日谕。

（《太平天国》，第三册，第78页。罗尔纲、王庆成，桂林：广西师范大学出版社，2004。此据龙泰任等纂《融县志》卷二著录。）

【浙江省秀水县·咸丰十年十一月初九日】［新塍］附近乡人皆于罗长毛处进贡。

［进贡后］市色甚好。

（沈梓：《避寇日记》。《太平天国史料丛编简辑》，第四册，第51页。太平天国历史博物馆，北京：中华书局，1962。）

【浙江省湖州双林镇·咸丰十年十二月】朗天安、满天福等于十年腊月初八攻打双林，旋示中道出乌镇，大索迎犒之礼。董沧洲、徐之林等苛派大小店铺二千元洋银，一时不能取给，自己垫应，即率师帅耆老跪献，又传谕四栅地保鸣锣，令各家供设香烛以备阅镇，既而不登岸，司事致银礼于魏长毛处。

（佚名：《寇难琐记》卷一，抄本。南京大学历史系太平天国史研究室编《江浙豫皖太平天国史料选编》，第151页。南京：江苏人民出版社，1983。）

【浙江省台州、临海县、太平县、海宁州、海盐县·咸丰十年十二月】贼征求贡赋，临海四乡设各乡官，按庄征取猪鸡米及银钱等入贡，动以千万计。一有不遂，乡官出恶言喷制，择饱而食，需索特甚，他邑皆然。东乡双桥某寺僧本辉为地方入贡，遇贼掳近村数十人，僧从容谓贼曰："如释彼当以厚贡。"贼为之释。既而僧言不验，贼怒，逼令僧供出前所掳者。僧曰："供出必死多人，不供仅死我一人。"遂决意不供，贼用油遍烧其体而死。黄岩贡赋以黄鸣官为总经理，鸣官本该地佣工，降贼，以杀示威，黄人畏之，贡皆纳入，世贤厚待之，初封报国将军，后复加以果毅将帅。太平许按期贡纳，世贤从之，戒其下曰："太民驯善，若至太，无生事端。"特遣贼酋率数十人以镇守之，故遭其毒太平最少。然至明年二三月间，需索孔亟，民亦困甚。宁海始置监军，设乡官，贡赋皆归于潘飞熊，而入于世贤尽［甚］鲜。寻遣两酋分据桥棚、江瑶等八庄，复令天台贼蒋九文入据洋堡，索取之外，更加掳掠，宁人几不堪命。天台惟西乡抗拒，余所贡献，前归蒋九文，后悉由李一芸经领。一芸多积贮，详告世贤，以为守御征剿之需，世贤称善。仙居设上下庄分理，民多顺受，不从者掠其财，曰打先锋。或拿其人，加之刑虐，使以金赎。

（陈懋森：《台州咸同寇难纪略》。《太平天国》，第五册，第191页。罗尔纲、王庆成，桂林：广西师范大学出版社，2004。）

【浙江省石门县·咸丰十年】长毛自得［石门］镇人馈赂，暗中有一凭据，令于静僻处用白灰书"放生河"三字，贼见此字，便不毁残。

（佚名：《寇难琐记》卷一，抄本。南京大学历史系太平天国史研究室编《江浙豫皖太平天国史料选编》，第143页。南京：江苏人民出版社，1983。）

【江苏省·咸丰十年】近来贼每假仁义以结民,各处遍张伪示,扬称前来贡献,即可相安无犯。有等不法无知愚民,误信其言,以猪、羊、银物献媚贼目,而贼目又给以小信小义,姑留一二乡镇,长驱竟过,毫不焚掠,于是各团解体,民不可用[愚民不过欲保身家,罔知公义]。

(《王瀚上书吴煦续陈管见十条》1860年7月。《吴煦档案选编》第一辑,第314页。太平天国历史博物馆,南京:江苏人民出版社,1983。[ ]中文字系原注。)

【江苏省常熟县·咸丰十年冬】至钱贼[桂仁]来后,远乡亦皆扰害,迫令各乡镇纳贡。纳贡者银钱为主,余则猪、羊、鸡、鸭之类。无耻愚民,受贼驱使,收集纳去,即派为伪乡官,若军帅至卒长是。伍长,其后设者也。

(佚名:《避难纪略》。《太平天国史料专辑》,第60页。上海:上海古籍出版社,1979。)

【浙江省慈溪县·咸丰十一年十月底】勒各乡照旧都图进贡……由是乡人之无行者,比比皆膺伪职矣。实为张其罗网,搜刮资财之地耳。各乡畏贼之虐,一见伪示,即纷去进贡。视村庄之大小,家道之丰啬为断,自数百元至数十[?]元不等。由是,就地匪人,假进贡之由,乘机进身献媚固宠,先意逢迎,玉帛子女,投其所好。遂尔睚眦之嫌必报,升斗之储必倾矣。

(柯超:《辛壬琐记》。《太平天国资料》,第180页。北京:科学出版社,1959。)

【浙江省象山县·咸丰十一年十一月】六日,即传令各乡村进贡:一花边[洋饼谓之花边],二粟米、杂粮,三牲禽;如敢不顺,即刻派队出城掳掠。于是进贡者络绎如赴墟,而乡间竟得免难。

(王莳惠:《咸丰象山粤氛纪实》。《太平天国》,第五册,第209页。罗尔纲、王庆成,桂林:广西师范大学出版社,2004。)

【浙江省太平县·咸丰十一年十一月下旬】太平议和既定,每庄进洋百十五元,给旗一幅,悬之高竿,以免兵扰。复议设门牌,每牌一纸,纳钱六百。有田者,每亩税二十文,米二升,租田税六十,贼军饷皆赖此。且云异日登门牌后,即遣人遍查门首,无牌者焚其居。然是时按庄索旗费,搜刮维艰,贼时派人来催取,已不胜其扰矣。

(叶蒸云:《辛壬寇纪》。《中国历史文献研究集刊》第三集,第183页。又见《太平天国》,第五册,第369—370页。罗尔纲、王庆成,桂林:广西师范大学出版社,2004。)

【安徽省太平县·咸丰十一年】大乡村,常进贡,不敢去抢;恐告发,照军令,示众斩头。苦只苦,小乡村,傍山靠水;单庄篷,独脚户,时刻担忧。

(周公楼:《劫余生弹词》。)

【浙江省象山县·咸丰十一年十二月】自廿七至卅日，日夜大雪，平地积雪至三四尺，而四乡之贡银米者，俱颠蹶于冰天雪地，不自以为苦。

（王莳惠：《咸丰象山粤氛纪实》。《太平天国》，第五册，第211页。罗尔纲、王庆成，桂林：广西师范大学出版社，2004。）

【江苏省常熟县·同治元年四月】支塘附近亦遭惨毒，张市亦带伤。吴、归两市讲明贡礼，未抄掠。

（柯悟迟：《漏网喁鱼集》第69页。北京：中华书局，1959。）

【江苏省常熟县·同治元年十二月十二日】张军帅传来告示一张，并要贡物数件，如牛、烛、猪、鸭、鸡、小吃八色等，即行办去。

（佚名：《庚申避难日记》。《太平天国史料丛编简辑》，第四册，第545页。太平天国历史博物馆，北京：中华书局，1962。）

【江苏省常熟县黄家桥·同治元年十二月十四日】刘枚生等到城缴令，带去贡物。

（佚名：《庚申避难日记》。《太平天国史料丛编简辑》，第四册，第546页。太平天国历史博物馆，北京：中华书局，1962。）

【江苏省常熟县·同治元年十二月中下旬】十六[日]，鹿园人议进贡杨舍城，各户出钱甚紧……十九[日]，闻城外长毛有船数十号……经过即打先锋数处……二十[日]本镇各家捐洋钱或四、五元，或一、二元，旅帅到福山进贡。鹿苑人拼洋钱三百余元……到杨舍城进贡，长毛嫌少。廿二[日]，夜有札到，二长毛持来要办米、大烟土等，镇上又凑银洋，送至福山。廿三[日]，又米三十石送城外……海中又到兵船数十，停鹿苑西，鹿苑人办青菜、萝卜、鸡等物送至船上。廿五[日]午后，有长毛二人……说要各店铺门摊钱照旧帐。三十[日]，黄昏时，有札自福营到镇，要索贡洋若干，不然动怒，打先锋。

（佚名：《庚申避难日记》。《太平天国史料丛编简辑》，第四册，第546—548页。太平天国历史博物馆，北京：中华书局，1962。）

【江苏省常熟县·同治二年正月初二日】[黄家桥]昨晚[初一日]，本镇旅帅钱永兴回来，又凑洋钱数十元，送至福山，本镇旅帅名下可保无虞。

（佚名：《庚申避难日记》。《太平天国史料丛编简辑》，第四册，第548页。太平天国历史博物馆，北京：中华书局，1962。）

【江苏省常熟县·同治二年正月初三日】[黄家桥]各旅尽办贡洋至福山，并要照田收每亩钱五十文。[正月初十日]本镇旅帅收田亩钱。

（佚名：《庚申避难日记》。《太平天国史料丛编简辑》，第四册，第549页。太平天国历史博物馆，北京：中华书局，1962。）

[湖北省宜昌]城内并无兵勇助逆，奸民乘虚点放鞭炮，引贼入城。官运铜铅为贼所得……当铺各要银拾两两[?]，方保无事。民家铺户，该匪各给黄纸顺字……并将当铺封锁。

（《近代史资料》1955年3月，第20—21页。）

【江苏省南京·天历甲子十四年正月】[进贡告示：南京市高淳县小丹阳镇发现一件太平天国文告。该文告系黄色土纸，阔144 cm，高68 cm，边缘已卷损，但字迹尚清晰完整，背后有糨糊痕迹，显系实贴件。]

天父天兄天王太平天国殿前又正典甜露捕奸安善顶天扶朝纲猫王陈为征办甜露事谆谕四民：

本藩恭奉天命，秉持节钺专征；
所过斩邪留正，为主四讨不停。
知尔一方百姓，本享天朝恩荣；
只缘残妖作怪，以至苦不聊生。
现我雄兵已至，尔等千祈莫惊；
速各解散团练，齐齐来拜天兵。
本藩知尔疾苦，餐餐不厌汤羹；
今亦不征金帛，今也不索荤腥。
闻尔乡多野草，处处郁郁青青；
作速采集晾晒，虔心进贡天廷。
此物唤作甜露，天父赐下美名；
圣兵须此果腹，天情干系非轻。
尔等勤办此事，乃为天父天兄；
一统太平天日，各邀天父恩荣。

各宜凛遵，毋违谆谕。

天父天兄天王太平天国甲子十四年正月 日。

文告开头自"天父天兄天王"至"猫王陈为"及"事谆谕"各字系刻板墨刷，余为柳体墨书，字迹端正工稳，文墨"遵"字及年、月为朱书填写，年号上钤"天父天兄天王太平天国殿前又正典甜露捕奸安善顶天扶朝纲猫王陈在田"朱印，印长七寸，宽三寸六分，阳文楷体，上双龙下云水。文告中"天命"、"天廷"、"天兵"、"天情"、"天日"均抬格，"天父"、"天兄"和"主"分别抬四、二、一格并换行。

（喵通社南京6月1日讯，记者陶短房。网上之物，录之供参考）

【浙江省永康县·天历八年】[石达开部进军浙江期间发布于永康县的三张告示]

(一)显天燕军政司办理永康县民务程为晓示各乡各都共诛土豪以安良善事。

照得欲安良必除暴,何者?以若人不顾礼义,肆意妄行,又一群小人受命胖□终日,不织而得衣,不耕而得食,无治抢奇以致之。乡有若人,则一乡受其害;都有若人,则一都受其害。使千万良者受制于若辈数人,若辈自以为得志乎,不知罪恶贯盈,人人得而诛之。前此犹其从良,岂得肆得之无忌。今显天燕陈大人统率雄师,锄暴安良,断不得任若辈横行于乡都之间,不过待其改悔,以不忍之心,行不忍之政也。倘若辈不改其行,是不畏死,在所当诛。故本军政司体此暴不除,良何以安?若被持差子□避,盖难掩乡人都人之目。苟若辈藏于某乡,准该乡人擒诛之。掘窝□□,靡有□□。至外来九十,其群三百为乡都人士大擒杀。若非其□□帅旅帅等指挥众人合力擒杀,再不能,禀请发兵,必至诛戮□□□后止。为此特乃晓示,仰何乡何都何庄有隐若辈,见若辈而不擒,□□□若辈同罪。非本军政司之刻以责人,纵令宽容此日,后必为害,有心悔□□□,此时为尔民除此大凶,尔民其同心也。切切毋违!太平天国戊午八年。

(李性忠:《石达开部在浙江的三张告示》。《清史研究》1994 年第 3 期。)

(二)显天燕正军政司办理永康县民务程为晓示义和孝义士庶□等知所亲上痛痒有告事。

照得能治斯民,莫善于一乡之士民;有告在迩,可通乎万民之心。缘胡虏之习,千里外使一匹夫□来,于县堂坐听百里政治,无一人可曲成斯民,肉食终年而后去,乡土有士而不得与其事,虽小民之痛痒急欲告而□除者如隔天壤。假令呼之急而声闻之,非贿赂之断断乎不能。我天朝制度维新,举于国者居一邑之尊,名称监军,复选于乡孰人士中有才学而公正者举为军帅、师帅、旅帅,分治一邑之事,小民之痛痒何患不能渐闻于朝廷之上而臻郅隆之世也。今显天燕陈大人驾驻该邑,命本军政司遵制官举安民,自今而后彼义和、孝义愧非士人之流不能类举,一乡之善士亦尽心焉而已。彼义和、孝义二乡才士之菽举所知者夏惠昭一名为军帅,管理二乡事物,又师帅五,旅帅二十有五,皆二乡中才士所为,谅无逆小民之意,业蒙显天燕大人恩准。今后凡有痛痒,可往告之该管旅帅,次告之该管师帅,再告知该管军□[帅],而准于监军焉。为此特乃晓示,仰义和、孝义二乡庶人知所亲奉,毋以狃□□□奉人之远而特威者出奇。夫兴利除弊,自军帅、旅帅亲见之而必□□□□以狃玩。凡力役之征,粟米之征而钱漕争讼及匪类奇案,一唯军帅□□□□准之监军同乡人断不外乡人。其告思之,凛遵凛遵。太平天国戊午八年。

(李性忠:《石达开部在浙江的三张告示》。《清史研究》1994 年第 3 期。)

(三)法纪军纪告示

贵制严定法纪胪列于后:

王师临境,毋庸惊疑迁徙,箪食壶浆以迎王师,概赦前愆。如有练匪帮□□抗不顺着,定即兴师问罪,以为助妖者戒。

王师临境,一经颁发诲谕,饬令办公,胆敢违谕不遵,抗不回文者,定即兴师问罪,以为抗违者戒。

王师临境,如有倡首投诚,顽户从中阻遏者,定即兴师问罪,以为梗顽者戒。

王师临境,如已投诚,一经师旅,仍复勾妖反背者,定即兴师问罪,以为叛逆者戒。

王师临境,如有递送公文被妖匪拦劫,该处村民不救护者,定即兴师问罪,以为奸逆者戒。

王师临境,如有向充妖官、妖卒,不知悔过纳款赎罪,仍敢串通帮妖者,定即兴师问罪,以为愚逆者戒。

王师临境,如已安民仍有甘染妖习不遵中邦礼制蓄发留须者,定即兴师问罪,以为愚顽者戒。

王师临境,一经攻困城池,该附近郡邑乡镇富商绅民不知踊跃遵□□□供应军需者,城破之日,定即兴师问罪,以为顽富梗民者戒。

贵制治军首法胪列于后:

第一条:蔑法谤上者罪必斩。

第二条:祝佛拜盟者罪必斩。

第三条:□□官长者罪必斩。

第四条:擅杀人命者罪必斩。

第五条:军营盗抢者罪必斩。

第六条:男女淫乱者罪必斩。

第七条:战阵不齐罪必斩。

第八条:□□不遵罪必斩。

第九条:造谣惑众罪必斩。

第十条:结党逞凶罪必斩。

第十一条:惊吓军心罪必斩。

第十二条:忤逆将令罪必斩。

第十三条:过营私留罪必斩。

第十四条:伪印冒官罪必斩。

第十五条:讹传号令罪必斩。

第十六条:轻弃病人罪必斩。

第十七条:私取贡税罪必斩。

第十八条:私办饷银罪必斩。

(李性忠:《石达开部在浙江的三张告示》。《清史研究》1994年第3期。)

一条:身无号牌者插耳箭游营。

二条：身无军装者插耳箭游营。

三条：有旗不跟者插耳箭游营。

四条：点名不到者插耳箭游营。

五条：止遏不听者插耳箭游营。

六条：吵闹不静者插耳箭游营。

七条：妄设杂旗者必斩。

八条：妄坐笕轿者必斩。

九条：吃烟赌博者必斩。

十条：饮酒邪歌者必斩。

十一条：碎民用物者必斩。

十二条：骗民贸易者必斩。

十三条：拆房作薪者必斩。

十四条：□猪罢皮者必斩。

十五条：凡系行程过境擅敢沿途一路掳掠者必斩。

十六条：凡系无令私自下乡搜索者必斩。

十七条：强捉老民五十岁以上为挑担者必斩。

十八条：强捉乡夫一百里外不放回者必斩。

太平天国戊午八年。

（李性忠：《石达开部在浙江的三张告示》。《清史研究》1994 年第 3 期。）

【咸丰三年至五年】伪贡单式

　　　　　　　　劝慰师圣神风禾乃师

真天命太平天国　赎病主左辅正军师东王　杨

　　　　　　　　右弼又正军师西王　萧

为输诚进贡给付执照事：据尔民回心顺天，痛改前非，钦崇天父上主皇上帝，并倾心归附天父上主皇上帝特命真主，自行虔具礼物，进贡天朝，业经圣库查收注籍在案。继自今，尔该村人等务宜朝夕虔敬钦崇天父上主皇上帝，恪遵天条，总期修好炼正为要。俟四海升平，查明册籍，将该投诚乡士量才器使，合给执照，以为异日合符之凭，各宜凛遵，毋贻自误，速速须照。

省　　府　　州　　县乡民　　　　　某人

　　（此二字上有四方红图章阳文进贡二字）

进贡　何物件

　　　　　　　　　右执照给该乡民　　某人收执准此　　　照

太平天国　　年 月 日

　　（张德坚：《贼情汇纂》卷八《伪文告》。《中国近代史资料丛刊：太平天国》，Ⅲ，第236—237 页。中国史学会编，编者：向达、王重民等，上海：神州国光社，1952。）

第四节

打先锋制度

【江苏省南京·咸丰三年至五年】总之乡民始以进贡得贡单谓可以安居,故甘输纳,而不知责贡之无已。既知贡单无益,则不甘进献,而不知贼打先锋搜刮终无遗也。力田编民,盖藏虽罄,新谷方登,犹可接济,而不知贼以安民为名,旋立乡官,时遣催粮之贼征取,迫如星火也。

(张德坚:《贼情汇纂》卷十《贼粮·贡献》。《中国近代史资料丛刊:太平天国》,Ⅲ,第271页。中国史学会编,编者:向达、王重民等,上海:神州国光社,1952。)

【咸丰三年至五年】贼讳房劫之名曰打先锋。既屡经贡献矣,忽又来打先锋……即以奸人引路,于是率丑类逐户搜房。粮米钱贯,殊不易藏,每尽数劫去。

(张德坚:《贼情汇纂》卷十《贼粮·房劫》。《中国近代史资料丛刊:太平天国》,Ⅲ,第272页。中国史学会编,编者:向达、王重民等,上海:神州国光社,1952。)

【咸丰初年】更有专事搜括之贼,名曰打先锋。每至一处,即肆意掳掠。必招本地无赖为眼目,就富家大小,以次搜索。

(杜文澜:《平定粤寇纪略》附记三。《太平天国资料汇编》第一册,第323页。太平天国历史博物馆,北京:中华书局,1980。)

【广西省桂平县·咸丰元年】当逆焰初张时,所过粤西州邑,搜括资粮,每遇富室巨家,必掘土三尺。

(张德坚:《贼情汇纂》卷十。《中国近代史资料丛刊:太平天国》,Ⅲ,第271页。中国史学会编,编者:向达、王重民等,上海:神州国光社,1952。)

【湖南省桂阳县·1852年】但是不久叛军大报其仇:他们在湖南猛烈地攻下桂阳,他们的行动如入敌国一样:一切公共建筑皆被烧毁;十个清朝官员被斩首;凡属巨室望族,都被强迫付出大量捐款,以保其生命财产。林姓一族单独付款给叛军府库的就有二十万两之多。林氏在这个富庶的县里是最有势力的豪门。

（［法］加勒利、伊凡原著,徐健竹译:《太平天国初期纪事》,第89—90页。上海:上海古籍出版社,1982。)

【湖南省江华县·咸丰二年六月】 初七日,伪太平王叫罗亚旺带道州土匪一千余人,又叫百总朱红,广东人,带旧贼四百人,同到江华县攻城。初八日早到江华县。罗亚旺、朱红喝令伙贼把县官、捕厅及家属都杀了……从听得道州有信来,叫罗亚旺于十二日带一千人去攻永明县城,又派三百人到白马营劫当铺,并叫朱红带伙贼在江华守城。

（《黄非隆供》。《太平天国》,第三册,第275页。罗尔纲、王庆成,桂林:广西师范大学出版社,2004。)

【湖南省道州·咸丰二年】 据蒋光明供:年二十岁,湖南道州田骨洞村人……咸丰二年四月二十五日,广西贼人来到道州,占据城池。那贼人来到小的村内,向富户讹索各米银钱,并叫村人仍做生意。[被派出探听清兵消息]恐怕路上盘问,又发出银一百零五两并买货草单一纸,上有太平天国圣库图记,[参加者]装扮客人前来。

（《蒋光明供》。《太平天国》,第三册,第275—276页。罗尔纲、王庆成,桂林:广西师范大学出版社,2004。)

【安徽省舒城县·咸丰四五年间】 [太平军至乡]自称每田一石要米三斗五升,并令造具田亩数目清册送城,如无,即行烧杀等语。

（《蔡旺、蔡礼等禀》。《舒城文告》。)

【安徽省庐州·咸丰四年七月】 伪乡官周略江附贼征粮……至是,六十四户民率众杀之,遂进攻丙子铺……贼大肆焚杀。

（吴光大:《见闻粤匪记略》。)

【江西省瑞州·咸丰六年】 六年,贼据瑞州,进营马鞍山,掠松湖、石岗等处,富民多有焚死者。三月,贼由安义过牛肚岭,至欧阳青山头各处,打先锋[贼掠财物名打先锋]。

（同治《新建县志》卷六十五《兵氛》。)

【江西省奉新县·咸丰六年七月】 贼益肆劫敛财物,虏掠人民,勒赎动数百千缗,民甚苦之。

（同治《南昌府志》卷十八《武备·兵事》。据帅方蔚:《平定奉新纪功碑》。)

【江西省分宜县·咸丰六年十月】 二十三日,伪官等自新余复转分,声言“下乡打先锋”。

（同治《分宜县志》卷五《武备·武事》。)

【江西省·天历六年】……

一、凡某处乡民如有受妖蛊惑,顽梗不化,不遵谕,不识天,或纠乡愚,或作暗害侵抗我军者,及纵妖谋害我使者,定将该某城乡镇市尽行剿洗,鸡犬不留,民勿相怪。

大平天国丙辰六年　　月　　日晓谕。

(《元勋殿左贰拾柒检点赖裕新安民晓谕》。杜德风选编:《太平军在江西史料》第590—591页,南昌:江西人民出版社,1988。又,《太平天国》,第三册,第52页。罗尔纲、王庆成,桂林:广西师范大学出版社,2004。)

【江苏省昆山县、新阳县·咸丰庚申十年四月】二十六日发逆大队入城,城中一无备御……九月,贼至四乡掳掠,名曰打先锋,所致悉遭屠戮。梵宇琳宫,见皆焚毁。经典书籍,弃等秽污。自古流寇毒祸,未有如是烈者。

十一年辛酉,贼禁剃发,四出巡逻,违者拘之;或榜掠,或戕杀,或禁囚勒赎,暴肆残虐。四乡镇中各建贼馆,百端需索,至于敲骨吸髓,河塘田地一片荒芜。又立军、师、旅帅、卒长、司马等伪官名,以次统属,为贼征粮。珠溪镇金区二图人张德勤、徐秀玉,因青浦贼酋郅天福征乡人粮,伪师帅程某助贼为虐,即将程某殴毙。贼执张德勤、徐秀玉并焚炙死,惨酷极矣……

同治元年壬戌四月,贼又四出乡镇打先锋,穷乡僻野无不搜劫净尽……十月初,各乡农田方稔,正当收获,贼众四出掳民刈。乡农终岁勤劳,未沾遗穗之利。

(《昆新两县重修合志》卷五十一《纪兵》。《太平天国资料》,第137—138页。北京:科学出版社,1959。)

【江苏省吴江县·咸丰十年四月】平望镇为苏杭往来之冲,商贾辐辏,米谷云集,贼喜其四通八达,可据以守,遂沿塘边筑土城。多用绵絮渍石灰,灌以粘泥,高丈许,厚半之,矢石枪炮不能入。湖州在籍绅士赵景贤,多智有谋,帅千余人泊莺湖中,有平波台可以临高瞰下,尽得虚实,麾壮士直薄其垒,枪炮齐发,贼不及防,弃堡而逃,遗辎重米粟无算……贼自复得平望后,加意防守土城。凡去城十里而遥,月必数出抄掠,穷乡僻壤,无不搜索,名为打先锋,自平望而下至梅堰亦如之。

(佚名:《寇难琐记》卷一,抄本。南京大学历史系太平天国史研究室编《江浙豫皖太平天国史料选编》,第133、138页,南京:江苏人民出版社,1983。)

【浙江省嘉兴县南浔镇·咸丰十年】南浔镇,人烟稠密,市肆繁华。贼利其多资也,焚劫数千家,一至再至三四至不已。窥其无厌之心,直是薪不尽,火不止光景。

(佚名:《寇难琐记》卷一,抄本。南京大学历史系太平天国史研究室编《江浙豫皖太平天国史料选编》,第138页,南京:江苏人民出版社,1983。)

【浙江省桐乡县乌镇·咸丰十年】长毛中伪职有称右肆武军政司者,魏姓,年不满三十,短小精悍,矫健狡黠。相传冲散张玉良头营有功,故令伊专莅乌镇。镇故繁沃土也。自到镇后,每事凭借董沧洲为耳目,屡欲封为军帅,董不允,又命徐之林,徐亦不从。又以黄帽绣衣送马兰芬,马力却之。魏亦弗强之也。初至之时,伪示安民,尚惬众望,后渐苛暴。时出独游,时而排队骑马,举止轻佻,拍肩踏歌,招摇过市,不自知其有职司也。目不识丁,机械百出,以打先锋为能事,以括银两为要务。

(佚名:《寇难琐记》卷一,抄本。南京大学历史系太平天国史研究室编《江浙豫皖太平天国史料选编》,第144页,南京:江苏人民出版社,1983。)

【江苏省常熟县·咸丰十年】贼之焚杀掳掠曰"打先锋"。不杀人放火,而但掳物,曰"太平先锋"。每以此胁人,谓"钱粮不清,将打先锋也"。

收粮不足,令伪乡官与贼家至各乡村人家取米、麦六(陈)[成],曰"盘粮"。

(佚名:《避难纪略》。《太平天国史料专辑》,第61页。上海:上海古籍出版社,1979。)

【浙江省秀水县·咸丰十年十二月十一日】所掳衣服皆锦绣灿烂轻裘之润泽鲜好者,充斥于船舱中。贼[在新塍]卖衣服与镇人,平时十洋之货不过卖一洋之数,镇人争买便宜。局中出告示不许买。

(沈梓:《避寇日记》。《太平天国史料丛编简辑》,第四册,第59—60页。太平天国历史博物馆,北京:中华书局,1962。)

【浙江省石门县·咸丰十一年二月】自是长毛来往,益无阻遏。又于旧城增高三尺,城内复筑土墙环绕之。于玉溪镇别设局馆,置乡官,收取贿赂,以一宣传主之。其守县城也,有正副二人,一为僚天福邓,一为妥天燕滕。一邑之事多归僚天福统理,而先锋之打尤亟。十六日至廿二日止,专向白马塘上下数十村落,恣行纵火劫夺,一日有十余处焚烧,民逃窜至周墅塘西者以千计。又有蛤蚆地者,自乌镇南栅龙前嘴起,至龙尾石门湾,东为金牛塘,西为白马塘,中间纵横如炉头。李庄、曹家笕、九曲诸处,贼作一网打尽之计,前后四面,水陆剿扑,不得逸出。俘男女数百,获船只五六十。三十里间,半化丘墟。石门贼去后,又有魏长毛乘间骚扰,甫有事于东方,遂跳梁而西向。是月之末连五六日,劫掠神墩、马要及南浔左近西港□等处。廿九夜,天黑,望见直西火焰烛天,如红霞灿烂。越数日,始知彼处受困也。

(佚名:《寇难琐记》卷一,抄本。南京大学历史系太平天国史研究室编《江浙豫皖太平天国史料选编》,第142页,南京:江苏人民出版社,1983。)

【浙江省桐乡县乌镇·咸丰十一年五月】打菱湖之役,长毛先胜后溃。乌镇魏军政司同何献天豫在军中自双堂子漾之奔也,沿途仍打先锋。魏素凶狠,独领至善琏村,焚烧营房阁,又掳掠典栈。同党嫉之,尝赴恖朗天义,方用事而未能间,会西北乡多方骚扰,皆魏之故也。十一日之变,魏实有以致之。至是始命撤任至嘉兴。魏不肯行,泣数行,先将所掠货物尽行贱值变卖,余物运入禾中[指嘉兴城中]。六月初八日,献天豫入乌镇土城葺事[名信义]。

（佚名:《寇难琐记》卷一,抄本。南京大学历史系太平天国史研究室编《江浙豫皖太平天国史料选编》,第 152 页,南京:江苏人民出版社,1983。）

【浙江省桐乡县·咸丰十年十一月初九日】 镇绅沈某、陆某等,愤董某通寇殃民,欲首之抚军。湖绅赵观察,亦遣客至,阴结诸生朱某,欲生致董,斩以徇,而藉其资以饷军。董伺知而惧,因嘱新塍人通逆者吴某导魏逆来镇踞守,为挟制诸绅,计时冬至前一日也。魏永和者,贼中谓之"魏倒担",最贪酷。始至,即立黑帜,伪为招募者。又出伪示安民,无赖者争先投效,遂于北市筑土城居焉。旋又出示,促乡民进贡,始不过猪羊土产,既而责贡益奢,索银、索米,饱所欲则给伪单,绐言永不扰害,否则声言刻日下乡打先锋。打先锋,即掳掠之谓也。

（皇甫元垲:《寇难纪略》抄本,抄本现藏桐乡市图书馆。）

[编者注:"魏倒担"又见沈梓:《避寇日记》。《太平天国史料丛编简辑》,第四册,第 194—195 页。太平天国历史博物馆,北京:中华书局,1962。]

【江苏省常熟县·咸丰十一年六月初七日】 黄家桥旅帅名下旧年粮米已结清。钱星岩亦清,余未曾结,颇有打先锋之说。

（佚名:《庚申避难日记》。《太平天国史料丛编简辑》,第四册,第 509 页。太平天国历史博物馆,北京:中华书局,1962。）

【江苏省常熟县·咸丰十一年八月】 贼将各图地方编为军、师、旅帅,百长,司马等名目,以乡间无赖及狡猾之人为之。各镇设局,着献都图册,总名乡官。城中伪札,或办油烛,或办麸皮稻草,多刻不及待。且令各家出钱领门牌,各船领船凭,伪天王捐,红粉捐,店捐,船捐,上下忙银,漕粮,伪军派伪师,伪师派伪旅,以次递派,俱有伪札;该交银两若干,额外另加贴费若干,由伪司(长)[马]以次缴伪文军政司,一呼百应,绝无漏网,民不聊生。稍有拖欠,到家严催,袖中带铁(练)[链],甚至锁到伪馆,拷打逼勒。再有违拂,送入城中贼馆吊打,俟缴清后,再要老土花边取赎。如遇乡民杀伪乡官,必出令打先锋。

（陆筠:《海角续编》。《漏网喁鱼集》第 124 页。北京:中华书局,1959。）

【浙江省桐乡县乌镇·咸丰十一年】 九月初旬,长毛骚扰西北路半月之久,民人奔散,受困已极。既而大队回苏者十之六七,留于南者,退入乌镇北乡。凡十余里外,凡野峡滩、蒋家坝、灶家浜、紫家□、庄下村、竹岭港、朱家浜诸处,乘便肆掠不已,猪羊鸡鸭之属尽行攘去。

（佚名:《寇难琐记》卷一,抄本。南京大学历史系太平天国史研究室编《江浙豫皖太平天国史料选编》,第 157—158 页,南京:江苏人民出版社,1983。)

【江苏省常熟县·咸丰十一年九月初九日】 见匪船重载,系自湖属打先锋回,所掳物件俱摊卖。[按:把在浙江省湖州府属地区打先锋所得之物,在江苏省常熟县出售。]

(龚又村:《自怡日记》。《太平天国史料丛编简辑》,第四册,第 413 页。太平天国历史博物馆,北京:中华书局,1962。)

【浙江省绍兴·咸丰十一年九月】 越三日,贼下乡大掠名曰打先锋,余急以重价雇船,东来西逸,南至北走,一夕数起,一饭数辍,迄十二月而事稍定,财尽力疲。

(范城:《质言(选录)》。《太平天国》,第四册,第 419 页。罗尔纲、王庆成,桂林:广西师范大学出版社,2004。)

【浙江省湖州·咸丰十一年】 献天豫自升莱天燕后,苛派厘捐尤甚。始时,每日市肆大小店铺敛钱七十缗,近日又增至百千矣。以有尽之脂膏,养无厌之狼虎,仅蕞尔烬余之两栅,其何以堪此诛求?又于湖州所属,未经贡献之乡村,凡在西北一路,日日出打先锋。新谷既升,尽取而捆载以归,大为民害。又出令完漕于所辖湖属,每亩起科二斗,外折钱二百。限期不纳,加倍议罚,再打先锋,何其虐而酷哉!

(佚名:《寇难琐记》卷一,抄本。南京大学历史系太平天国史研究室编《江浙豫皖太平天国史料选编》,157 页,南京:江苏人民出版社,1983。)

【江苏省常熟县·咸丰十一年十一月】 初七日,骇闻福山下塘归军帅局被土匪大焚,亦山父子堕劫,昭文东乡柴角等处亦有杀师、旅帅、百长案。城帅侯[裕田]、钱[桂仁]发兵痛剿,土匪出拒,拖害良民,致一方大户及避难城绅均遭抄掠。皆借口加粮,酿成巨祸,幸蹂躏各乡奉令赦粮,而被累已不堪矣。

(龚又村:《自怡日记》。《太平天国史料丛编简辑》,第四册,第 418 页。太平天国历史博物馆,北京:中华书局,1962。)

【浙江省·咸丰十一年十二月】 仲冬廿五、廿六日,苏州长毛十余万攻击杭州。有先回者,道出乌戍西栅,欲登岸掳掠,项长毛拒之不听,适莱天福至,自海宁飞骑而出,麾旄不许入镇,于所过船只逐细搜缉,皆沿途打先锋所得者。此役,贼本非攻战,志图劫夺,西北百余村墅,凡马要以上,将近深山旧馆驿,百余里间,多半为墟。室家俘去流落者,书之不胜书。幸吴长毛颇知痛恤民瘼,将舟中所获少女一一查察。苏贼狡猾,将少女改作男装,绾辫穿袜,或裹以红巾作长毛状,亦有匿于舱下者。一经辨识,令指出获者形状,亟行正法。先问明都图籍贯,凡属投诚之地,尽行解缚释放,一时男女得返原籍者四五百人。

(佚名:《寇难琐记》卷一,抄本。南京大学历史系太平天国史研究室编《江浙豫皖太平天国史料选编》,第 159—160 页,南京:江苏人民出版社,1983。)

【浙江省湖州琏市·咸丰十一年】北六里桥,在练市之西北。邻近有鲇鱼堆,居民数十家。辛酉九月初,长毛抄掠其境,有老妪藏匿衣物于桑地中,以缸覆其上,守之勿去。贼发其藏,尽取之,妪哀乞,竟不携去。

(佚名:《寇难琐记》卷二,抄本。南京大学历史系太平天国史研究室编《江浙豫皖太平天国史料选编》,第 173 页,南京:江苏人民出版社,1983。)

【浙江省诸暨县·天历十二年四月】
谕
天朝九门御林开朝王宗洽天义左拾柒护军陈,为(玩)[顽]户叠欠抗违不缴事。照得现在大兵云集,军糈万分吃紧,所有从前派费及门牌费,理宜一概如数(菁)[清]缴,以应急需。兹据三十七都旅帅徐孝治禀,有姚黄等庄孙聪如、孙良仑、郭德长、朱兆太、黄大采、马文国、姚万忠、王国三、吕祖建、孙国进等,派费及门牌费概不缴纳,该员屡次催讨,置若罔闻,殊属疲(玩)[顽]已极。为此仰该旅帅率领兄弟,将以上所开(玩)[顽]户孙如聪等一并拿提到案,从重究治,决不宽贷。违之[毋违],特谕。
太平天国壬戌年拾贰年四月　　日给谕。

(照片:《太平天国革命文物图录》五五。取名:《太平天国洽天义左拾柒护军陈谕》年月上印文:"太平天国天朝九门御林洽天义左拾柒护军。"又见《太平天国》,第三册,第148—149 页。罗尔纲、王庆成,桂林:广西师范大学出版社,2004。)

【江苏省常熟县·同治元年六月十六日】晚,[黄家桥]又到长毛十余人,索取盐课银,绳结师、旅帅。白渡里、芦庄等处,为七百二十。不缴,要打先锋,人皆骇走。

(佚名:《庚申避难日记》。《太平天国史料丛编简辑》,第四册,第 530 页。太平天国历史博物馆,北京:中华书局,1962。)

【浙江省桐乡县乌镇·同治二年五月初六日】乌镇及桐乡钟长毛均开船至平望打先锋而回。

(沈梓:《避寇日记》。《太平天国史料丛编简辑》,第四册,第 256 页。太平天国历史博物馆,北京:中华书局,1962。)

【浙江省桐乡县·同治二年十二月初三日】闻黄老虎在南浔打先锋,乌镇起潮头……桐乡粮米本系清册,田地一律完纳,每亩白米二斗,费四百文,外加田捐每日一文,着田主缴完,银子另征。大街刘宅田地三千余亩,无钱缴纳,庠生某竟遭拷掠。有楚琴者,以田六百亩送给师帅姚福堂,姚不肯受,并将大街市房一所值价五六百金送与姚姓,姚乃受之。其乡人有田者,着伪司马、伪百长日夜追索,不缴则执而杖之。乡人逃匿,不敢出门至镇,镇上行人寥寥,日中不成市。石门镇亦系桐乡所属,居民不完粮者,何杀七人以徇。然而乡人竟不完纳。何谕乡官,以石门、濮院百姓顽梗,欲下乡打先锋,既而不果。

（沈梓:《避寇日记》。《太平天国史料丛编简辑》,第四册,第 288 页。太平天国历史博物馆,北京:中华书局,1962。）

第五节

赋税征收制度与财政状况

【咸丰三至五年】贼知野无遗粮,窖无遗金,于竭泽而渔之后,忽下安民之令……此后诚不复抄,而责令办粮及军中需用各物。伪文一下,迫不可待,少不如意,则执乡官杀之。

(张德坚:《贼情汇纂》卷十《贼粮》。《中国近代史资料丛刊:太平天国》,Ⅲ,第273页。中国史学会编,编者:向达、王重民等,上海:神州国光社,1952。)

【咸丰三至五年】

科派

乡民因(成)[承]平日久,罕见兵革,贼至迁避一空,任贼虏劫。此壬子、癸丑冬春情形。嗣贼蹂躏沿江,往来骆驿,习见不怪。故于每村镇各举数耆老设一公所,贼至作委,使耆老周旋其间,哀告贫苦,输纳钱数百千,粮数百石,求免穷搜。贼去则按田亩而摊之。此科派之始也。最可异者,贼每以豁免三年钱粮惑我乡民。逮虏劫既尽,设立乡官之后,则又出示曰:"天下农民米谷,商贾资本,皆天父所有,全应解归圣库,大口岁给一石,小口五斗,以为口食而已。"此示一出,被惑乡民方如梦觉,然此令已无人理,究不能行。遂下科派之令,稽查所设乡官,一军之地共有田亩若干,以种一石,终岁责交钱一千文,米三石六斗核算,注于册籍,存伪州县监军处备查,无上下忙卯限诸章程。催粮之贼不绝于道。赖数乡官支吾而供给之,苟延性命。其立乡官之处,仍旧骚扰者有之,绝不敢私取一物者有之,此则视乡官为何如人耳……贼之科派不独钱米,如行军所需各物,皆悉取给于乡官,偶需锹锄千柄,或苇席千张,或划船百只,伪文一下,咄嗟立办。民不堪命,怨毒可知。然恨贼者虚,资贼者实,尤为可虑。或谓乡民处处助贼打仗,似不致丧心如此。然有时贼为官军追剿,威胁乡民,使摇旗呐喊以壮声势,又安能保其必无耶!

(张德坚:《贼情汇纂》卷十《贼粮》。《中国近代史资料丛刊:太平天国》,Ⅲ,第274—275页。中国史学会编,编者:向达、王重民等,上海:神州国光社,1952。)

[编者按:张德坚所说的科派,即征收田赋。关于太平天国征收田赋的资料,主要在照旧征粮制度章。]

【浙江省杭州·咸丰十年二月二十七日】查浙江毗连苏省,本属财富之区,杭城尤为全省领要,省中民物殷庶,甲于东南,今忽遭此惨变,闻之莫名焦愤。

（和春奏。军机处全宗·录副奏折。中国第一历史档案馆编《清政府镇压太平天国档案史料》第二十二册,第102页,北京:社会科学文献出版社,1996。）

【江苏省、浙江省·同治元年正月】 宜惟江浙贼势浩大,尽占富庶之要区,广收官军之降卒,财力五倍,人数十倍,若非慎以图之,不特苏浙难克,即皖南、江西且有疆土月蹙之虞。

（曾国藩:《筹办江浙军务折》。《曾文正公奏稿》,卷十五。）

【江苏省、浙江省】 苏、浙逆氛业已连成一片,人多饷足,较我军奚啻五倍。江西、皖南处处宜防。

（曾国藩:《复张星使》。《曾文正公书牍》。）

第六节

向私人购买物资与人民支援

[编者按：通过购买，是太平天国补充圣库与军需物资的途径之一。购买的对象，一是私人，包括一般民众与商人，有关资料在本节，参见第九章第一、第二节和第十五章第四节；二是清军官兵，有关资料在第十四章第二节。]

【广西省·咸丰元年正月二十日】再，臣等查粤西地处边陲，民贫土瘠，户鲜盖藏，而上年秋后雨泽稀少，收成歉薄，以致各属粮价互有加增。现在各路兵勇云集，加以余丁、长夫口粮日食繁多，深恐青黄不接之时粮价骤贵，不但民食维艰，而军粮尤为关系非细。伏思兵行于前，饷必继之于后。设使粮食昂贵，固不能因兵壮之多而节其粮，亦不能以粮食之故而裁斯兵勇。是得失成败之机全在于米，我据之可以制贼，贼据之亦可以困我。现闻逆匪诡计多端，专以抢掠米粮为急，甚或加价收买。而奸商惟利是图，臣等虽严饬查拿，总不能保其必无潜行勾通接济。况各府属被贼蹂躏者不少，阳春虽届尚未耕，值此流离转徙之余，更难望其布种宜时。且米一缺，虽有银不能救急。况米价日贵，则银价日减贱，以贱银买贵米更为失算。臣等通盘筹计，焦灼万分。查现在广东省奏请捐输为两省剿捕之用，已蒙俞允在案。惟有仍恳天恩，俯念军行首重粮食，准于广西省城设立米局，就近收捐。查照江苏捐米成案，酌量核减，每米一石作银一两八钱，外加折耗等银三钱，共银二两一钱。如有以谷交纳者，照米价减半计算。所有剥船脚价食米以及沙船犒赏、席片、捐生、运脚等费，概行删除，以昭核实。米色悉随本地所产，运赴省仓验收，由水陆转运各府属军营接济，俟有成数，仍照顺天捐输章程核计银数之多寡，随时奏请议叙，以备缓急而杜贼粮。臣等见事机之会，间不容发，不敢拘泥致蹈贻误之咎。

（周天爵奏。军机处全宗·录副奏折。中国第一历史档案馆编《清政府镇压太平天国档案史料》第一册，第 171 页。北京：社会科学文献出版社，1992。）

【广西省·1851 年 6 月】他们按照规定的条例征税，倘若所征收的实物不敷需要，就付钱购买供应品；他们小心翼翼，避免下层民众讨厌自己，有时甚至劫富济贫。他们的目的是继续如此作为，以逐渐积累资金，在对现实不满的人中扩充队伍，直到自认为队伍已壮大到足够永远占据已攻占的城市。

（《密迪乐的报告》。《太平天国》，第九册，第 25 页。罗尔纲、王庆成，桂林：广西师范大学出版社，2004。）

【广西省罗定县罗镜墟·咸丰元年闰八月二十日】臣等查凌十八与广西新墟会匪韦正等本为同类，率夥四千余人，皆其死党，非比寻常乌合之众，一经惩创，即易溃散。五旬之内，前后接仗八次，合计歼擒不下一千数百名。罗镜墟约长五里，市肆殷繁，钱米充足。该匪既皆据为己有，是以拼命拒守，居高临深，据险设炮，皆可任意轰击。且墙垣坚厚，屹若崇墉。而我军由低处仰攻，水田沮洳，炮位颇难措置。现在该匪穷蹙，不敢轻出。我军多用蒲包裹土，在近墟田中堆作炮台，逼墟攻击，庶期得力。惟该匪火药何以如是之多，必有奸民接济。屡饬大营严缉，先后拿获陈榆举等六名，供认不讳。讯其每斤价值竟至制钱一千文，贪利通贼，殊堪痛恨。当饬于军前正法枭示，以儆其余。一面激励兵勇，同心协力，务期扫穴擒渠。

（徐广缙等奏。军机处全宗·录副奏折。中国第一历史档案馆编《清政府镇压太平天国档案史料》第二册，第 328 页。北京：光明日报出版社，1990。）

【广西省永安州·咸丰二年正月初十日】本日据赛尚阿、邹鸣鹤会奏，邻省拨解钱文诸多窒碍，现在劝谕商民，分别洒带领运，以平钱价等语。着即照所拟妥为办理。又邹鸣鹤片奏各属团练渐收成效，仍着通饬妥办。永安蕞尔孤城，如果四面各州县严杜接济，则贼匪自闰八月朔据城后，几及半载，盐粮、火药何以不见困乏，仍能抗拒自如？团练以资防守，而断贼接济尤为要务。着严饬近贼各属地方及带兵文武员弁，一体实力杜绝，使贼资粮内匮，则大兵会合攻剿，可期迅速蒇功，不致虚延日月矣。将此由五百里各谕令知之。

（寄谕。军机处全宗·剿捕档。中国第一历史档案馆编《清政府镇压太平天国档案史料》第三册，第 1—2 页。北京：社会科学文献出版社，1992。）

【广西省永安州·咸丰二年二月十六日】伏查逆匪自踞永安以来，因粮于民，剿掠附近各村粮，是食以米谷等项尚无短绌。至盐斤、火药，节经严饬各路文武，督率兵壮、团练于各该要隘实力巡拿。乃奸党匪徒贪利亡命，仍复由山僻间道暗为转运。叠据各地方官并军营带兵文武员弁拿获多起多名，均即立置重典。其长发逆匪，由永安翻山潜出探信，勾结购买接济者，亦屡经擒获正法。现在各路兵勇军威整肃，北路逼城甚近，各隘口把守严密，其势不能透漏。惟其南则崇山峻岭，鸟道羊肠，隘口甚多，奸匪易于翻越。且贼匪之营，北面则有东西炮台、红庙、摩天岭、旧县等处；南面则有水窦、莫村之隔，尚未能近逼州城。此三十里中，山径分歧，所有总要路口，业经分拨兵勇驻扎，复饬文武员弁详查通匪路径。无论小口窄道，或一人可行樵径，一体多设巡卡，悬立重赏。如有匪徒运送盐、粮、火药翻越济匪者，立即悉数截拿。一面清厘本地土棍，倘敢勾通窝结，按法重办。仍晓谕附近贼巢村民，迅速移徙，务使坚壁清野，毋赍盗粮。近据诸路禀报，陆续获讯奸细，佥供贼营粮食尚可支撑，盐、药实已缺乏不继，其硝则系发墙挖土煎熬，铅子则系捡拾官兵打入所遗者充用。[朱批：日日攻扰，使其不能窜逸，固为善策，然徒费铅药，不能得力，甚为可惜。朕不能身临其境，不知情形何如。若别有方法可施，卿自酌之。]兹复钦遵谕旨，飞饬近贼各属地方文武，转饬团练人等，认真搜捕。

（赛尚阿片奏。《钦定剿平粤匪方略稿本》。中国第一历史档案馆编《清政府镇压太平天国档案史料》第三册，第29页。北京：社会科学文献出版社，1992。）

【江苏省南京·咸丰三年正月至四年七月】[南货海菜火腿食物等，由罗大刚]在瓜、镇一带为之购买，常时成船满载而来。

（涤浮道人：《金陵杂记》。《中国近代史资料丛刊：太平天国》，Ⅳ，第615页。中国史学会编，编者：向达、王重民等，上海：神州国光社，1952。）

【江苏省镇江·咸丰三年六月】十三日，潮勇、侉勇到诈输岗抄捉卖食物与贼匪者。而京岘山一带营盘十一座忽然火起，或云贼匪来放。邓提军一闻此信，即乘匹马先逃，而数万官兵一时溃散，器械军资均为贼有。

（佚名：《蘋湖笔记》。《太平天国》，第五册，第14页。罗尔纲、王庆成，桂林：广西师范大学出版社，2004。）

【江苏省镇江·咸丰三年七月】廿二日，乡勇朱近三在诈输岗得火药五车，扬灰一车，米二车，系去卖与贼者，拿至丹徒镇杀之。前北村有卖猪与贼匪者三人，经官军拿至和营。和拷实，系带客人，推至西首，与乡人无涉，放之，拿其客人。

（佚名：《蘋湖笔记》。《太平天国》，第五册，第15页。罗尔纲、王庆成，桂林：广西师范大学出版社，2004。）

【山西省、河南省、直隶·咸丰三年七月十四日】窃自逆匪窜扰以来，抬枪、大炮需用火药，若无奸徒接济，安能取用不穷？查各省出产硝磺处所，硝多磺少，制配火药，无磺搀和，不能适用，故兴贩之罪，以硝二斤抵磺一斤，科断立法，最为严密。臣闻山西太行山出产硫磺，西南各省皆往采办。而近京一带产磺之处，则以顺天昌平州为最多。该处每年可出数百万斤，奸商隐匿，仅报十分之一。山东、直隶诸省，均赴昌平采办。而影射兴贩之徒，因缘为奸，莫可究诘。本年叠奉谕旨，严拿私贩硝磺。经步军统领衙门及五城地面获案多起，而交部审讯，则皆以奉官采办为词，仅呈印票一分，便可掩饰，其以私贩审实者，甚属寥寥。推原其故，总由民间之私贩易拿，而官役之私贩难拿。若不澈底根究，穷其作弊之方，则见者未必敢拿，即被拿者亦可狡脱也。臣闻私贩积弊，每以印文为搪塞之计。如各县各营委员采办硝磺，向归官役承办，由各省发给文书一件、手票一张，携至出产硝磺处所，仅将文书投递，而手票一张仍归官役收执，听其自行采买。及至完竣起运时，该地方官又给回文一件，信票一件亦归官役收执。是前后收存，共总印文三件。该官役等恃有此项印文，影射夹带，弊端百出。如官办硝磺千斤，该役则私贩三千斤，分作三起行走，每起各

165

执印文一件,以待盘诘。若无人过问,则往还数次,沿途售卖,各处土棍辗转兴贩,接济贼匪。经过关津渡口,兵役人等得规包庇,偶遇一二缉捕勤能之员,设法擒拿,而兴贩者仍可取出一件印文,支吾抵塞。即移文询问原办省份,大半以官办登覆,而例外夹带,分起行走之弊,无从得知。是以原拿各官虽明知为私贩,亦难按律治罪,以致偷漏日多,贼氛日炽。此私贩硝磺不能破案之原委也。窃思硝磺为火药要需,少一分偷漏,即多一分实用。本境无私贩之人,即贼匪无购买之处。方今军务吃紧,山西、直隶、河南一带剿办匪徒,需磺孔亟,若任听奸徒夹带,土棍贩卖,甚至接济贼匪,其患不可胜言。相应请旨饬下直隶、山西各督抚,顺天府府尹,严饬所属凡有出产硝磺处所认真查核,遇有委员采买呈报起运时,即将印文三件黏成一张,骑缝箝印,注明三联字样,并将官役姓名、起程月日、经过州县委员衔名、硝磺斤数、包数,一一注明,即黏贴所办硝磺包上,沿途文武员弁查验放行,并在三联印文之旁注明经过月日,以杜重复兴贩之弊。如有文无票、有票无文,或斤数、姓名不符,或日月、地名不符,或硝磺与印文分作两处行走,及拿获到官始从他处取来呈验者,即行拿究,照例严办。如此明定章程,则私贩绝迹,本地奸民无敢接济贼匪,蠢兹小丑将不击而自困矣。

（雷维翰奏。军机处全宗·录副奏折。中国第一历史档案馆编《清政府镇压太平天国档案史料》第八册,第494—495页。北京:社会科学文献出版社,1993。）

【江苏省扬州·咸丰三年七月】中旬后,钦差福济探知徐凝钞关南门城外远近居民,皆以鸡豚果品售之于贼,因出示:附城十里,一切农户迁移他所,如违重究。且更委冯某等由桂花庄屯营,以防贼之出入。

（佚名:《咸同广陵史稿》。《太平天国》,第五册,第95页。罗尔纲、王庆成,桂林:广西师范大学出版社,2004。）

【京城·咸丰三年十月二十九日】军机大臣字寄步军统领衙门。咸丰三年十月二十九日奉上谕:通政司参议庆贤奏,硝磺、火药、军器等物应严防盗取私卖等语。贼氛逼近畿辅,京城内外叠经拿获奸匪,审有谋盗火药情节,不可不严加防范。所有各旗营现存火药,均着该管官督饬兵丁严密防护,无稍疏忽。其近畿地方出产硝磺并京城内外花爆作坊存留硝磺,应如何实力稽查,杜绝逆匪私行购买之处,着步军统领酌核办理。至鸟枪、腰刀等军器,现因绅民办理团防,原不禁其制办。第恐奸民购买出京,以资贼用,亦应加意查察,如有私行夹带出城,一经盘获,即着从严惩办,以靖奸宄而肃门禁。

（寄谕。军机处全宗·剿捕档。中国第一历史档案馆编《清政府镇压太平天国档案史料》第十一册,第27页,北京:社会科学文献出版社,1994。）

【江苏省南京·咸丰四年八月十一日】臣又访得太平门外时有奸民贪利,于每日黎明距城一里之地与贼贸易。因又密派守备李定太、蒋锡光带兵五百名,于初六日寅刻驰往截拿。见有肩挑及有小车载物与该逆互市者,我兵先将长毛贼拿获二十余人,杀毙三十余人，余皆向城门飞奔逃回，我兵追杀近城，忽见城门骤闭，城上炮声连发，近处贼兵有从城上驰至救援者，我兵本少，亦即收队，遂将该处买卖街焚毁，并拿获贸易数十人，分别惩处，择其久与贼通者，正法数人，悬首示众。

（向荣奏。宫中全宗·朱批奏折。中国第一历史档案馆编《清政府镇压太平天国档案史料》第十五册，第408页。北京：社会科学文献出版社，1994。）

【江苏省扬州·咸丰五年七月】初旬外，吉抚台示：禁艇船赴仙女镇买米，如仙女镇客商卖米与艇船，即将客商照军法定拟。盖艇船本有米无需买而犹买者，将转售之于贼也。贼之奸细假冒艇师尤不一而足，里下河米商利其利而争相交易，数月以来拖罾等船招集且多，除汛粮通贼外，更贩米于江浙腾贵处售之，缘无水脚无关钞，往来迅速，易获重利。扬地米价转昂，贫民受累，大业无余。前琦善不准米船出境，良亦为此。顷托将军形同聋聩，雷贪仙女镇捐厘巨款，雷六少等受艇船之私，故任大商枭谷出江，罪不可逭。吉抚官急切禁之，大快人心。

（佚名：《咸同广陵史稿》。《太平天国》，第五册，第117页。罗尔纲、王庆成，桂林：广西师范大学出版社，2004。）

【湖北省、安徽省·咸丰五年九月】奉上谕：军机大臣等据曾国藩奏……现在皖楚两省军务方殷，其交界处所，每为两省兵力所不及，安徽之太湖、宿松、英山、霍山，湖北之黄梅、广济、蕲水、蕲州、罗田、麻城，土匪蜂起，旋复旋失，非有专责之员，督办团练，严清土匪，不能断贼接济之路。

（英启：光绪《黄州府志》卷首《圣谕》，第37页。）

第三章
照旧征粮制度

第一节
照旧交粮政策的颁布与实施

一、照旧交粮纳税政策的颁布与征粮之始

【江西省、安徽省·天历三年】小弟杨秀清立在陛下,暨小弟韦昌辉、石达开跪在陛下,奏为征办米粮以裕国课事:缘蒙天父、天兄大开天恩,差我主二兄建都天京,兵士日众,宜广积米粮,以充军储而裕国课。弟等细思安徽、江西米粮广有,宜令镇守佐将在彼晓谕良民,照旧交粮纳税。如蒙恩准,弟等即颁行诰谕,令该等遵办,解回天京圣仓堆积。如此缘由,理合肃具本章启奏我主万岁万岁万万岁御照施行。

御照:胞等所议是也,即遣佐将施行。钦此。

（张德坚:《贼情汇纂》卷七《伪本章式》。《中国近代史资料丛刊:太平天国》,Ⅲ,第203—204页。中国史学会编,编者:向达、王重民等,上海:神州国光社,1952。)

【江苏省南京·咸丰三年】科派。

乡民因(成)[承]平日久,罕见兵革,贼至迁避一空,任贼虏劫。此壬子、癸丑冬春情形。嗣贼蹂躏沿江,往来骆驿,习见不怪。故于每村镇各举数耆老设一公所,贼至作祟,使耆老周旋其间,哀告贫苦,输纳钱数百千,粮数百石,求免穷搜。贼去则按田亩而摊之。此科派之始也。最可异者,贼每以豁免三年钱粮惑我乡民,逮虏劫既尽,设立乡官之后,则又出示曰:"天下农民米谷,商贾资本,皆天父所有,全应解归圣库,大口岁给一石,小口五斗,以为口食而已。"此示一出,被惑乡民方如梦觉,然此令已无人理,究不能行。遂下科派之令,稽查所设乡官,一军之地共有田亩若干,以种一石,终岁责交钱一千文,米三石六斗核算,注于册籍,存伪州县监军处备查,无上下忙卯限诸章程。催粮之贼不绝于道。赖数乡官支吾而供给之,苟延性命。其立乡官之处,仍旧骚扰者有之,绝不敢私取一物者有之,此则视乡官为何如人耳……贼之科派不独钱米,如行军所需各物,皆悉取给于乡官,偶需锹锄千柄,或苇席千张,或划船百只,伪文一下,咄嗟立办。民不堪命,怨毒可知。然恨贼者虚,资贼者实,尤为可虑。或谓乡民处处助贼打仗,似不致丧心如此。然有时贼为官军追剿,威胁乡民,使摇旗呐喊以壮声势,又安能保其必无耶!

（张德坚:《贼情汇纂》卷十《贼粮》。《中国近代史资料丛刊:太平天国》,Ⅲ,第274—

275 页。中国史学会编,编者:向达、王重民等,上海:神州国光社,1952。)

【安徽省·咸丰三年八月至十一月间】真天命太平天国电师左军主将翼王石训谕。县良民各安生业,勿受妖惑惊惶迁徙事:照得天父天兄大开天恩,亲命真主天王宰治天下,又命东王及北王辅佐朝纲,业已建都天京。现下四海归心,万邦向化。今特命本主将前来安徽,抚安黎庶,援救生灵。尔等良民,生逢其时,何其大幸。兹因四路尚有漏网残妖,未尽诛灭,业经特派大员统兵,四出搜捕妖魔。诚恐尔等惑于谣言,擅自迁徙,纵有点点残妖窜入该境,尔等即遵本主将前次颁行训谕,一体严拿,解至安徽,自有重赏。为此特行训谕,尔等良民须要敬天识主,认实东王,那时自有天父看顾也。切不可妄听浮言,须知一经迁徙,或丢家业,或丧身命,其害不可胜言……

(张德坚:《贼情汇纂》卷七《伪文告上·伪告示》。《中国近代史资料丛刊:太平天国》,Ⅲ,第 221—222 页。中国史学会编,编者:向达、王重民等,上海:神州国光社,1952。)

【江苏省仪征县·咸丰三年】皇恩蠲赋税,贼乃收租粮。石种米八斗,威令传村庄。

(张石樵:《晚翠轩集·收民粮》。)

【江苏省溧水县·咸丰三年七月】二十二日,逆匪五六千人,内有十七指挥,在近城各乡邀乡老数人,口称"现在田稻将割,每亩交纳粮稻三十斤"。乡老回称:"我等均系贫民,此等事要向田主去说。"

(《忆昭楼时事汇编》。《太平天国史料丛编简辑》第五册,第 382 页。太平天国历史博物馆,北京:中华书局,1962。)

【安徽省安庆·咸丰三年秋】贼石达开既踞安庆,张伪榜,假仁义要结民心,收罗无赖充伪乡官,征租赋,立榷关……遍设伪卡,苛敛杂税。

(李滨:《中兴别纪》卷九。《太平天国资料汇编》,第二册上,第 145 页。太平天国历史博物馆,北京:中华书局,1979。)

[编者按:太平军西征、建立乡官、照旧征粮,是同一决策——建立以南京为中心的根据地——的内容。石达开至安徽,就是为了贯彻这一决策,所以立乡官与征粮是同时的。]

【安徽省·咸丰三年九月】初,伪翼王石达开在安庆,分兵四掠,择本地助虐者为乡官,授以伪职;令按亩收银粮,诡托安民,实资科敛。

(杜文澜:《平定粤寇纪略》卷二,第 15 页。《太平天国资料汇编》,第一册,第 27 页。太平天国历史博物馆,北京:中华书局,1980。)

【安徽省·咸丰三年】[石达开令民]输银币,资军实。

(陈澹然:《江表忠略》卷十六。)

【安徽省太湖县·咸丰三年】九月，伪翼王石达开由江宁回驻安庆，分扰属县，设伪监军等官，奸民导之，胁取钱谷，掳掠壮丁。自是大江南北，户口凋耗，田庐荒废，民靡定处矣。

（同治《太湖县志》卷十四《武备志·兵事》第 9 页。）

【安徽省安庆·咸丰三年秋冬】［石达开在癸丑三年九月至安庆，征粮收税之后］军用裕，而百姓安之，颂声大起，达开亦以之自负。

（凌善清：《太平天国野史》卷十二《石达开传》。）

［按：田赋制度化的作用。］

【安徽省贵池县·咸丰四年】四月，复被占，设官分职，勒民呈册，征收钱漕。
（光绪《贵池县志》卷十二，第 29 页。）

【安徽省潜山县·咸丰四年】夏四月，伪军、师、旅帅建馆理词讼，用听使，出文札。
潜民各户悬伪太平天国门牌。
贼勒我潜贡黄金二百两。
贼伪队将叶芸来审潜城，索民家女，称选妃。
五月，贼安徽乡试，勒应试者，二十七县中举人七百八十五名。胁潜中举人三十名。
贼勒收户米，妄称伪天王三殿下降凡。
秋七月，贼勒征地丁银。
贼勒收户米，每户出米三十斤，曰报效米。
（储枝芙：《皖樵纪实》卷上。《太平天国史料丛编简辑》，第二册，第 93 页。太平天国历史博物馆，北京：中华书局，1962。）

【安徽省铜陵县·咸丰四年】敝邑地滨大江，贼于去秋颁伪檄，索户册……贼众数百人，旋于十二月既望，蜂拥至东乡顺安镇，剽掠无余，阖邑近水之粮，掠取殆尽……贼亦旋去。今春，一二奸民迎伪官及贼党百余来据县城，禁制繁多，诛求无已，民甚苦之。顷复限于八月初一日征收钱米。

（曹蓝田：《与邓太守书》咸丰四年七月十六日。载《璞山存稿》卷七。《太平天国史料丛编简辑》第六册，第 53 页。太平天国历史博物馆，北京：中华书局，1962。）

【安徽省潜山县·咸丰四年十一月】贼勒征粮米，十八两为一斤，每百八十七斤为一硕。

（储枝芙：《皖樵纪实》卷上。《太平天国史料丛编简辑》，第二册，第 94 页。太平天国历史博物馆，北京：中华书局，1962。）

【江西省·咸丰四年秋以后】每县设伪官,有监军、军帅、师帅、旅帅名目。开科取士,[下残数字],官皆迫[下残数字]举为之。钱漕悉依旧制……绅商家资,十分抽一。

(黄彭年:《陶楼群先生日记》。《思朔录》。)

【江西省都昌县·天历五年三月十七日】真天命钦差大臣前玖圣粮平胡加一等刘为晓谕粮户,早完国课,以应军需,克尽民道事。

照得朝当开创之际,粮饷为先;国有征粮之期,完纳宜早。恭维天父天兄大开天恩,命我主天王下凡,为天下万国太平真主。复差东王辅佐朝纲,及列王暨众大人,南征北剿,伐暴救良,挽既倒之狂澜,救斯民于涂炭。业经鼎建天京,四方大定。所有各府州县,无不闻风向化,输将踊跃,以尽民道,而顺天心也。

兹本大臣恭奉王命,莅临斯土,催办钱漕,兼收贡税。田赋虽未奉其定制,尔粮户等,亦宜谨遵天定,暂依旧例章程,扫数如期完纳。为此特行晓谕尔粮户人等知悉。今值三月之期,正为应完地丁之候,所有一切应完地丁,以及芦课鱼课等项,无论富户贫民,务宜一体完纳,不得迟延拖欠。现门头班东乡地方粮户顽梗,本大臣即着头班军师旅卒司等,在于三汊港设局征收。倘有不遵,查出定必禀报,按以天法治罪,决不姑宽。各宜凛遵,毋违。特谕。

右谕通知

太平天国乙荣五年三月十七日　　　示

实贴

(《文物》1979年第3期第96页。又见《太平天国》,第三册,第47—48页。罗尔纲、王庆成,桂林:广西师范大学出版社,2004。)

[编者按:(1)在布告的"右谕通知"四字上方,盖一朱印(长10厘米,宽7厘米),中刻"太平天国……圣粮"。(2)"三汊港"是都昌县一个较大的农村集镇,距布告发现地点五公里左右。都昌在鄱阳湖滨,与湖口接壤。(3)此布告是1975年7月,在江西省都昌县阳峰公社屏峰公社屏风大队的原地主榨油坊的一根柱子裂缝中发现的。布告长为126厘米,宽为57厘米。(4)加上政府印信,提高了权威性,即支持地主收租。此件据原件照片著录,原件藏江西省都昌县。]

【江苏省、安徽省·咸丰十一年八月】今之贼[太平天国]自三年以来,俨然有自王之志,杀戮未极,所至城守,受贡责赋,城民四散居乡,迄今安全者尚十七。斯近古所罕有,盗之异者也。然仅金陵、皖省及他都会,彼欲以结人而已,余诸经过之地,掳掠裹胁,在在不免。故于乡团畏忌特甚,虑绝其兵与食之源也。

(赵烈文:《能静居士日记》。《太平天国史料丛编简辑》,第三册,第196页。太平天国历史博物馆,北京:中华书局,1962。)

【江西省袁州·咸丰六年正月】令各乡编立户口,征收钱粮。

（同治《宜春县志》卷五《武事·续记》。）

二、照旧由业主收租完粮

[参见第十一章第三节"收租方式"目。]

【江苏省南京、湖北武昌·咸丰五年七月】雨旸时若，谷米大便，串钱曾粜过三石谷，异哉……[八月]是时武昌、南京属管之地，粤人[太平军]出示安民，开科取士，禁头变服，按例征粮，农工商贾各安其业，俨然有王者风。依大势看来，粤[太平天国]今乱清，犹昔清之乱明耳。

（李汝昭：《镜山野史》。《中国近代史资料丛刊：太平天国》，Ⅲ，第10—11页。中国史学会编，编者：向达、王重民等，上海：神州国光社，1952。）

【安徽省潜山县·咸丰三年十月至八年九月】[储枝芙在《皖樵纪实》中记载了太平军占领安徽省潜山县五年期间田赋征收情况。现集中收录于下。]

[咸丰四年] 夏四月，贼勒我潜贡黄金二百两。（第93页）

[咸丰四年五月] 贼勒收户米，妄称伪天王三殿下降凡。（第93页）

[咸丰四年秋七月] 贼勒征地丁银。（第93页）

[七月] 贼勒收户米，每户出米三十斤，曰报效米。（第93页）

[十一月] 贼勒征粮米，十八两为一斤，每百八十七斤为一硕。（第94页）

[咸丰五年正月] 贼鸣锣催银粮。（第94页）

[二月] 贼查庵观寺院田产充公。（第94页）

夏五月，贼勒捐费，刻伪书，熬硝。（第94页）

贼勒办矛杆、竹钉、铁链、大锅、珍禽、奇兽、古玩、骡马。（第94页）

[咸丰六年五月] 贼伪国宗杨恒青阅潜城，勒伪乡官供应数千金。（第94页）

[咸丰七年三月] 伪乡官议每亩捐钱三百七十五文。（第95页）

[咸丰七年闰五月] 贼勒征上忙地丁银。（第97页）

[咸丰七年秋七月] 贼勒征下忙地丁银，每亩复收钱二百文，限同缴。（第97页）

[咸丰七年冬十月] 贼勒每亩收钱二百文。（第97页）

[咸丰八年二月二十二日] 贼伪丞相应得螽宰响肠，假招抚，勒取钱粮。（第98页）

[咸丰八年三月十八日] 贼伪监军黄振钧、伪典圣粮马蚊起，率贼百余窜天堂，勒索钱粮。（第98页）

[咸丰八年五月] 贼勒每亩收钱二百文、米六升。（第98页）

（储枝芙：《皖樵纪实》卷上。《太平天国史料丛编简辑》，第二册。太平天国历史博物馆，北京：中华书局，1962。）

【江苏省太仓州、镇洋县·1860 年】伪陆钦差出示,颇有道理。业田者依旧收租,收租者依旧完粮。

（佚名:《庚申日记》。引自《江海学刊》1961 年第 2 期第 28 页。）

【江苏省吴江县·咸丰十年十月二十四日】二十四日,晴,暖,大雾,午后始熄。朝饭后,小舟冒雾到梨川,午前登敬承堂,外父适与汪福堂叙话,知长毛头目钟姓在地藏殿,缙绅、耆民均已见过,极谦和,云是湖南举人。告示安民,极工丽,极体恤,一派仁义道德之言,阅之几乎圣主复生,直[实]则皆伪也。租粮拟办,尚未定见,恐虎政难堪。稍坐,走候蔡云生,登楼谈叙,形容憔悴,嗽虽止而痰极多,神思疲倦,心境之病,难以速愈,一茶后即返。街上多长毛往来,异服怪状,真妖孽也。与小云、希鼎、外父同席。下午,将开船,失足半溺于水,又与外父告借衣服始行,此事余实不小心也,戒之。约外父,章程定见后,来溪一回[会]为要。

（柳兆薰:《柳兆薰日记》。《太平天国史料专辑》,第 151 页。上海:上海古籍出版社,1979。）

【江苏省吴江县·咸丰十年十月】二十七日,阴晴参半。朝上齿痛,停课。下午,芦局来请,因同两兄出去议事,至木行内生江处,晤顾余庭、黄森甫、周赋苹,谈及粮租章程,一无成见,俟后议。

（柳兆薰:《柳兆薰日记》。《太平天国史料专辑》,第 152 页。上海:上海古籍出版社,1979。）

【江苏省吴江县·咸丰十年十一月】初二日,晴。朝上诵宝训经卷。饭后,元音来,下米去。午前,接外父札,知梨局租、粮已定。馆主俞公之意,皆照额三折,租收四斗半,内归粮六升,局费内扣,公局收租,概用折色。先归租,俟业主收清票,租户持执票完粮。某日收某等圩,预为悬牌,被焚、被水没之圩,概行豁免,被掳者减半。盛川章程,每亩每月收钱一百十文,闻收十个月,除完粮、局费外,给还业主,似不甚妥,不若梨川之一无拖带也。未识芦局作何办理? 闻钟公已到北舍安民,云不逗留。晚间有人传说,在荡口经过,枪船百余作向导回梨,尚属安静,旗帜鲜明,极体面。

（柳兆薰:《柳兆薰日记》。《太平天国史料专辑》,第 152—153 页。上海:上海古籍出版社,1979。）

【江苏省吴江县·咸丰十年十一月三日】初三日,晴阴参半。朝上诵宝训神咒。上午,梦书来,知到梨[里]议租、粮。面会俞公,所说与昨所闻合符,惟各乡官多嫌经费不敷,尚有变计。午前,乙溪来,谈及今冬租、粮,甚多掣肘,无论各局归开,无可调度,即以公解公,亦难藏事,奈何! 本村今日写门牌,每张五百,恐别有说话在中处也。

（柳兆薰:《柳兆薰日记》。《太平天国史料专辑》,第 153 页。上海:上海古籍出版

【江苏省吴江县北舍·咸丰十年十一月八日】初八日,晴。朝上诵宝训神咒。上午,大港四大二两侄来,探问租、粮事,实无头绪。闻松兄有小恙。初五日,梨川为苏州长毛过荡口,又吃空潮头,赖馆主俞公经政司弹压而定。梦书来,知北舍诸侄都以霸术取巧办事,租米西角,渠竟先欲收粮,吾辈租米何着?芦局亦无一定章程,愁闷之至。

(柳兆薰:《柳兆薰日记》。《太平天国史料专辑》,第153—154页。上海:上海古籍出版社,1979。按北舍,今名北厍。)

【江苏省苏州·1860年7月】在七月三十日,我(杨笃信)和艾约瑟离开了上海……途中,我们曾穿过一座浮桥……河岸上贴有叛军的布告,叫人们"各安生业","缴纳租税"。

(艾约瑟:《访问苏州的太平军·附录》。王崇武译:《太平天国史料译丛》第137页。上海:神州国光社,1954。)

【江苏省常熟县·同治元年三月十四日】闻无锡金阿狗系狱中逃犯,今为乡官,钱粮从向例,不允分外需索。统属十七图聚村团,领勇逼城与贼打仗,惜夜为贼袭,后无援兵,被贼大冲。

(龚又村:《自怡日记》。《太平天国史料丛编简辑》,第四册,第437页。太平天国历史博物馆,北京:中华书局,1962。)

【浙江省嘉兴府秀水县·同治元年九月二十三日】冯家桥章义群者,初以县役受伪官,为贼耳目爪牙久矣,贼甚信任之。壬戌之秋,贼又授以听殿编修,嘉兴郡七县总制之职,出告示于各邑乡镇,为剔田赋之弊,言田赋国之大计,民心刁诈,藏匿规避,不可胜计。往岁所编田亩十不过一二,岂为民急公奉上之道。今当与民更始,厘正旧章,着师、旅帅按户稽查,倘有一户隐匿者,则十户同坐等语。先是贼初至禾,惟以劫掠为事,凡衙署、仓库、粮赋图籍焚毁净尽。贼初惟令民间进贡,未几有店捐及关费、门牌、船凭之令。辛酉夏有征银之令。其秋又分上下(芒)[忙]之期,始令民间编田还粮之举,其中多少不均,民犹怨咨,然截长补短,在各局乡官犹可办事。至是用章为总制,贼始知秀邑向有七十万田额,必欲取盈,而各乡官乃掣肘矣。且秀邑本有二十余万空额,益以荡滩及地又去二十万之数,实计田额不过三十万之多。加以遭乱之后,人少田荒,又去其三之一,而可征之田能有几何矣。贼又据《大清缙绅录》粮额为准,征秀水粮米六万石。盛川沈子山派新塍镇二万四千石,局中人无可为计,于是立章程,取四乡之刁黠者授以师帅,而乡间之殷实者逼令受旅帅之职,逐圩逐户编田造册,于是乡间之无可隐匿,而乡人之温饱亦无从躲闪矣。陡门塘南属秀邑地者不过□□庄,而伪乡官夏阿桂包收漕米六千石,于是将各田户收系者不可胜计,茂才张秋史闻亦在所系中。九月廿一日点师、旅帅,十月下旬编田,初五日开仓,塘北出卡费者免出,后又令变。

（沈梓：《避寇日记》。《太平天国史料丛编简辑》，第四册，第 192—193 页。太平天国历史博物馆，北京：中华书局，1962。）

［按：立户口册、门牌的时间，是证明何时开始征粮的材料之一。因为此举乃为征田赋作准备，确定照旧征收米粮政策当在此举之前。］

【江苏省青浦县、太仓州·同治元年十一月】［青浦县、太仓州人言］长毛初到苏，修贡完粮，颇称盛美。

（沈梓：《避寇日记》。《太平天国史料丛编简辑》，第四册，第 200 页。太平天国历史博物馆，北京：中华书局，1962。）

（附）

【嗣统元年闰月初二日】南京豪杰，所以先设天德王虚位以为主。盖王位既立，而后各乡税亩钱粮，始无［注：“始无”二字为衍字］始无割据之患，军粮可以永赖，苛刻可以悉除。惟当戎马纷乘之际，征粮一事，乡人谁肯专其任者？徒悬一示，只属虚文。若于各社学中，择公正廉明绅老数位为乡正，颁给符印关防，使主持其事。除每亩三斤外，其果能有力多助者，核实注册缴收。斯不偏不滥，军储有不竭之源。至若乡间民情，既无官吏处治，则陵竞之风日起，而乡正既立，则事无大小，亦由社学处分，其有怙顽怙党者，转详办理。如是而内乱无虞，而进攻之策可讲矣。

（《军机文房司事萧秋湄上大元帅策》。《太平天国文献史料集》，第 33—34 页。北京：中国社会科学出版社，1982。）

第二节
收集粮册或编造田册

[参见第十一章第二节"保护良民的土地"目。]

一、收集旧粮册

【广西省永安县·1851—1852 年】[太平军在永安的约法十二章]清咸丰元年闰八月朔,洪军拔永安,建号太平天国,颁布约法十二章,世所罕见。县人[指贵县]曾于县属之六劳村廖仲明处传录得之,时为光绪八年。其文曰:"包庇满虏者斩。藏匿满官者斩。反抗天军者斩。附从满贼者斩。奸淫掳掠者斩。扰害洋教者斩。领队投降者赏。输运军火者赏。捐纳军粮者赏。急报敌踪者赏。绘缴地图者赏。献呈粮册者赏。"

(梁岵庐:《天朝遗事杂咏》注。《广西通志馆馆刊》第三期。民国三十七年七月十五日出版。转引自钟文典:《太平军在永安》,第 25 页注③,北京:三联书店,1962。)

【湖北省、安徽省、江西省·咸丰三至六年】皖、楚、江右沿江内外逆匪所陷各省府县,亦照旧设立伪郡县,如某府即伪立某郡总制,县即伪立某县监军,均给木刊伪戳。伪郡总制每日只收县伪监军每处钱二千文。其县伪监军系搜查从前征册,索收钱漕、渔芦牙税。

(涤浮道人:《金陵杂记·金陵续记》。《中国近代史资料丛刊:太平天国》,Ⅳ,第 642 页。中国史学会编,编者:向达、王重民等,上海:神州国光社,1952。)

【安徽省舒城县·咸丰四年】[对藏有粮册的人施加压力]迫之使献。
(《续修舒城县志》卷五《吴世衍传》。)

【安徽省舒城县·咸丰四、五年间】[太平军至乡]自称每田一石要米三斗五升,并令造具田亩数目清册送城,如无,即行烧杀等语。
(《舒城文告》。《蔡旺、蔡礼等禀》。)

【江西省·咸丰六年二月】庚戌,贼陷抚州,旁扰余干、万年。时江西八府五十余县皆陷,存者惟南昌、广信、饶州、赣州、南安五郡。愚氓多献粮册,输钱米,贼设伪官治之。

(王定安:《湘军纪·援守江西上篇》。《太平军在江西史料》,第376页,杜德风编,南昌:江西人民出版社,1987。)

【江西省·咸丰六年】自萍乡至桂东各边千余里,闻皆伪官乱民也。彼中士民均已从贼,献册[? 粮册,户口册]输诚,无所不至。

(《左宗棠书牍》卷二。《与王璞山》。)

[按:时左宗棠在湖南]

【江苏苏松地区·咸丰十年】且贼既得各县地粮征收之册,得以按亩计数,着佃追完。

(陆懋修:《收复苏松间乡私议》。《㽏翁文钞》第二卷第6页。)

【江苏省常熟县·咸丰十年十一月十一日至十三日】各处乡官运米回来,据云,初十开仓,共有米五百石,每斛约有七斗零。刻下大概造册要收租完米,限期一月完毕,册子起限征收,另有示谕。

(佚名:《庚申避难日记》。《太平天国史料丛编简辑》,第四册,第489页。太平天国历史博物馆,北京:中华书局,1962。)

【浙江省海宁州·咸丰十一年二月十八日】[太平军]又至袁花镇,分居民房,设立伪卡。里中无赖,从贼为乡官,敲诈逼勒,无所不至。土匪乘之,驾船劫掠。士绅殷富,辄被掳以勒赎,居民尽弃家而遁。

(陈锡麒:《粤逆陷宁始末记》。《中国近代史资料丛刊:太平天国》,Ⅵ,第649页。中国史学会编,编者:向达、王重民等,上海:神州国光社,1952。)

【浙江省海盐县、海宁州·咸丰十一年三月】十一日,贼不守,尽退屿城镇,大捉工作人等,拆段[? 断]大桥,复筑土城,谓海盐城。以冯家桥章阿五为县令以守之,遍勒该地人敬贡。高张三为旧城军帅,献田册,并指点富户。复出伪示安民,几日封刀收兵等语。

(冯氏:《花溪日记》。《中国近代史资料丛刊:太平天国》,Ⅵ,第674页。中国史学会编,编者:向达、王重民等,上海:神州国光社,1952。)

【浙江省桐乡县·咸丰十一年三月】又有钟姓伪官来设馆,并立军师帅等名目,招邑之无赖者充之。设局敛钱,按殷户派钱……其市上列肆,按生意之大小派出月捐、店捐、股捐,复率贼党至各乡掳掠,名曰打先锋。是年踞逆居然征粮收漕,有陈张两胥吏,献征册于贼,故得按籍而稽,无敢匿者。每亩收白米二斗,又钱七百,折价每石六千三百文。十一月廿八日,杭省再陷,贼势益涨,公然考试文武童生,无赖子竟有投试者,不过数人而已。

(光绪《桐乡县志》卷二十。)

【江苏省常熟县·咸丰十一年十月】 十八日，朱、蒋两(师)[帅]设租粮局，[龚]伯谦赴陶荡赞襄。予谒平燮庵，知蒋局[在陶荡]监收租粮为洪军政，因常出师，委伪宣传李□□代理。馆设顾泾普福庵。汪监军升任，调邑人王书办[□太]补之，即窃粮册交匪者也。

（龚又村：《自怡日记》。《太平天国史料丛编简辑》，第四册，第416页。太平天国历史博物馆，北京：中华书局，1962。）

【浙江省海宁州·咸丰十一年】 咸丰辛酉，粤逆再犯浙江……奸书俞和长以咸丰十年冬漕花户册献诸贼，首逆蔡元隆因其诚，信任之，令佐伪监军按户收银米，倍其数，贼给收据，式若串票，今犹有存者。故凡吾邑被贼诛求，虽僻地穷村，零星小户，无幸免者。岁大饥，逾额即斩，百姓死无算。非俞和长献册媚贼，贼何由按户诛求，惨毒如此其遍也。至蒋果敏公收复州城，俞奸书始挟册来归，遂充库吏。今邑之绅民……[上书巡抚刘公]将献城献册二逆，铸像跪列……俞逆家资殷实冠一邑……

（陈锡麒：《粤逆陷宁始末记》。《中国近代史资料丛刊：太平天国》，Ⅵ，652—653页。中国史学会编，编者：向达、王重民等，上海：神州国光社，1952。）

【浙江省石门县·天历十一年六月廿四日】 僚天福统下正北乡左营师帅给东一图地保胡士毫、旅帅胡作舟勖醒

御林僚天福统下正北乡左营师帅勖醒东一图地保胡士毫协同旅帅胡作舟知悉：

现来监局汪大人珍谕，转咨军帅沈大人催造田地清册，仍照旧章所办；田地寄出在外，总归外图办理，不准划吊；一切依向来户名汇造，毋得紊乱，厘毫无差等情。为此勖醒该保胡士毫、旅帅胡作舟，见醒之下，无分星夜，须照底册汇齐申送，一样两本，的限廿七日呈解，以凭吊集区架，对数查核，不得虚报隐匿，自取罪戾。

至所收门牌费，刻今告竣，开征在即，悉依田亩照数收解，不可短数，亦不得浮收，有干军法从事。倘该图中，照田地烟户如数征足外，适有短少，详细报明查复，本师帅自行筹划，以补不足。其解款限廿七日先缴一半，同册送解，具结前来。余者的限廿九日如数缴清，不得违限。即便开敛征银，图中如有扭于俗见，不肯从事，指名禀局，锁解圣营，从重究办。仰卒长、司马一体遵照。伙速！伙速！切切此醒。

天父天兄天王太平天国辛酉拾壹年六月廿四日给。

批：事关紧急，仰该旅帅胡作舟带同卒长胡士毫、朱殿元午后来前谕话。此醒。

（《太平天国》，第三册，第109页。罗尔纲、王庆成，桂林：广西师范大学出版社，2004。）

[王庆成：《太平天国的文献和历史》，第366—367页，据美国耶鲁大学东亚图书馆原件的照片著录。改正了《太平天国文书汇编》著录中的几个错、漏字。]

【江苏省常熟县·咸丰十一年十月十八至二十日】 长毛在鹿苑查田，未曾回镇。

（佚名：《庚申避难日记》。《太平天国史料丛编简辑》，第四册，第514页。太平天国历史博物馆，北京：中华书局，1962。）

【江苏省常熟县·咸丰十一年十月二十二至二十四日】长毛查田插旗，一日不过数十亩，而且不能各段同查，只在一图，尚未完毕。余长毛俱吊在外，无多几人，聊以应酬而已。

（佚名：《庚申避难日记》。《太平天国史料丛编简辑》，第四册，第514页。太平天国历史博物馆，北京：中华书局，1962。）

【浙江省乌程县、桐乡县·咸丰十一年】是岁，粤逆始计田征粮。程邑所属，归何逆收，以青北马道巷严宅为仓局。桐邑为钟逆所占，县故吏陈某、张某以户册献逆，即按册额收，以旧典肆为仓局。吾镇有田亩者，不赴桐邑纳粮，即赴修真观局折算。

（皇甫元圯：《寇难纪略》抄本。抄本现藏桐乡市图书馆。）

【江苏省常熟县·同治元年四月】

伪 乡 官

敛钱推诿慷天安，

田地丝毫未许瞒；

强改土音俨折狱，

皇然不愧地方官。

（陆筠：《海角悲声》抄本，南京图书馆藏。蒋顺兴：《关于"海角悲声"》。《江海学刊》1962年第1期，第19—20页。）

【江苏省常熟县·同治元年十一月初六日】迩日长毛催取银钱诸款甚多到镇。[余四老大人带六七十人。]名为查田，实则索取银钱而已。

（佚名：《庚申避难日记》。《太平天国史料丛编简辑》，第四册，第540—541页。太平天国历史博物馆，北京：中华书局，1962。）

【浙江省平湖、嘉兴、秀水、桐乡四县·同治二年二月】初五日，有平湖人言：辛酉年平湖编田八折，每亩完粮米三斗。至壬戌，每亩完七斗，盖以银子七百五十，田捐每亩一年五十文，灶捐每只□□□文。余讶其太重。其后余询□□□□□□□□伪局事务，不相上下。嘉兴，粮米每亩完四斗八升，过期者完五斗二升，银子每亩三千文，此正账也。他如海塘费，每田二十亩派费三千文。造听王府费亦如之。田捐每日每亩一文。房捐每日每间三文。柴捐，每亩每十日派五斤，每五十亩积十日合解二百五十斤，复派解费二百五十文；其不供柴者，入钱于伪乡官，每斤价三文。此嘉兴之征额也。秀水，每亩粮米大斛四斗，银子每亩六百四十文。此正账也。其田捐，每亩二百四十文。柴捐，每二十亩每十日解十斤。尚有零费五十文。此惟塘南叟[夏阿桂]乡官属下则然，其新塍一带亦不闻有此等杂捐也。桐乡，粮米每亩□□□，银子每亩□□□，此正账也。海塘费及听王殿砖瓦费，各镇既派股捐，亦有派及田户者，不(及)[过]二三百、四五百文而已。其田捐，于冬底特办三个月，每亩每月捐钱二百文，乡人不能给，则镇人措派股捐以垫之，不必尽取诸乡人也。

总计嘉、秀、桐三邑所办贼[税]务,惟嘉兴为最苛,系伪总制章、伪监军陈姓所为,章等皆务聚敛病民者也。其秀邑,则沈子山、夏月帆所办。桐邑则姚福堂、王花大所办。惟银粮两□[正]赋实取之田户,其余杂捐及海塘、听王殿等费,皆系各镇殷户派股支应,其派及乡人者犹暂而不常。[下阙数字]桐邑,盖桐邑田账册籍具在,民间全无分毫可免。秀邑则专编田而不及地,是以民间无田业者,尚终岁无催租人到门也。

（沈梓：《避寇日记》。《太平天国史料丛编简辑》,第四册,第237—238页。太平天国历史博物馆,北京：中华书局,1962。）

[编者按：参见该书第290页。1862年嘉兴县每亩田每年的负担如下：

粮	0.48 石
银	3 000 文
海塘费	150 文
造听王府费	150 文
田捐	365 文
柴捐	730 文
每年共计：田每亩：	4 395 文
房每间：	1 095 文]

【浙江海宁·同治元年二月】两坝设卡收税,遇有形迹稍可疑者,即斩以徇……

奸书俞湖,字和长,号五田,城陷即献征册,漕赋倍加,需索尤意外。岁大饥,石米十余千不可得,死无算,音耗亦不易达闻。

（陈锡麒：《粤逆陷宁始末记》。《中国近代史资料丛刊：太平天国》,Ⅵ,第651页。中国史学会编,编者：向达、王重民等,上海：神州国光社,1952。）

【安徽省安庆】迫民献粮册,按亩输钱米。立榷关于大星桥,以铁锁巨筏横截江面,阻行舟,征其税。

（王定安：《湘军记》卷六。）

二、按旧制编新田册

【江西省九江县·咸丰三年太平军入九江】胁众勒册。

（黄凤楼：同治《九江府志》第二十四卷《彭泽团练纪略》。）

【江苏省太仓州·咸丰十年】[乡官之职由民间选派]恃为耳目,计亩造册,着佃收粮。

（王祖畲等：民国七年《太仓州志》卷十四,第19页。）

【江苏省吴江县新郭·咸丰十年九月初二日】初到时,贼示不甚通,掳得各署书吏为之,楚楚可观。地方或出事件,书吏哄贼勒索钱财,仍是衙门人本色。

九月,贼出示招考……考毕,出贼示,胁人完粮,熟田每亩完米三斗,荒田每亩完米五升,其有业主徙避他方者,佃户代完,皆乡官造册办理。

(蓼村遁客:《虎窟纪略》。《太平天国史料专辑》第 26 页。上海:上海古籍出版社,1979。)

【江苏省常熟县、昭文县·咸丰十年十月二十日】乃以昭文地界分前、后、中、左四营,常熟地界分前、后、中、右四营。每营一军帅,五师帅,二十五旅帅,一百二十五卒长,六百二十五两司马,三千一百二十五伍长。军帅请当地有声价者充当。师帅以书役及土豪充当。旅帅、卒长以地保、正身、伙计分当。惟两司马、伍长硬派地着中股实者承值,凡有役赋不完结者,都责任他身上。出伪示:着旅帅、卒长按田造花名册,以实种作准,业户不得挂名。收租各分疆界。起房捐、店捐。开张者领店凭。有船者领船凭,水陆要路,立卡收税。封坟树、宅树充公用。各手艺当差,居民留发,如有一项违示者,定按军令。完现年漕米,补完现年下忙银两,限到年一并清割。幸是年秋收大熟,各项皆能依示,惟收租度日者及城中难民无业无资者,甚属难过。

(顾汝钰:《海虞贼乱志》。《中国近代史资料丛刊:太平天国》,Ⅴ,第 370—371 页。中国史学会编,编者:向达、王重民等,上海:神州国光社,1952。)

【江苏省常熟县·咸丰十年十月二十二日】[造烟户门册]又簿填田产若干,以备收租征赋。

(龚又村:《自怡日记》。《太平天国史料丛编简辑》,第四册,第 378 页。太平天国历史博物馆,北京:中华书局,1962。)

【江苏省常熟县·咸丰十年十一月初六日】有长毛告示,要收钱粮。谕各业户、各粮户,不论庙田、公田、学田等,俱要造册,收租、完粮。倘有移家在外,远出他方,即行回家收租、完粮,如不回来,其田着乡官收租完粮充公,佃户亦不准隐匿分毫等语。

(佚名:《庚申避难日记》。《太平天国史料丛编简辑》,第四册,第 489 页。太平天国历史博物馆,北京:中华书局,1962。)

【江苏省吴江县·咸丰十年十一月】初十日,北风狂吼,冷甚。朝上诵宝训经咒,未完课。饭后有乡老为报田数进来,尚为循理,留之中饭。

十一日,晴。朝上诵宝训未完。饭后,各催甲进来,为报田数,了无主张,人云亦云而已。下午静坐,不看书,心不定也。闻长毛石门又打败仗,桐乡濮院大遭焚掠。

(柳兆薰:《柳兆薰日记》。《太平天国史料专辑》,第 154 页。上海:上海古籍出版社,1979。)

【江苏省吴江县·咸丰十年十一月十二日】十二日,晴。朝上诵宝训经卷。午前,接子屏信,知松兄有恙未瘥。善邑外,吴江归陶庄袁孝廉,办粮一斗六升,三折,价两元六角,租米议五、六斗,有田家颇难过去。中兄来谈,知芦局催报数甚紧,留中饭。议报田一事,进退虚实两难。下午至友庆,慎兄在座,谈至良久,知局中又有信来,其人约明日至,恐难受商量也。一无把握,闷闷。

(柳兆薰:《柳兆薰日记》。《太平天国史料专辑》,第154页。上海:上海古籍出版社,1979。)

【江苏省吴江县芦墟胜溪·咸丰十年十一月十四日】十四日,雨,暖甚。朝上诵宝训神咒。上午,乙老来议,为报田之事,以不应为要着。至于水灾,则彰明较著者也。属相好抄帐,明日不能不出去。

(柳兆薰:《柳兆薰日记》。《太平天国史料专辑》,第154—155页。上海:上海古籍出版社,1979。)

【江苏省吴江县芦墟胜溪·咸丰十年十一月十六日】晴。朝上诵宝训神咒。午后,王谱琴来,留便饭。渠家已被难,现居梨川陈宅,财物一空,欲稍张罗以作生计,勉应之而去。慎兄亦来,传述有红夷包打苏城之信,果若是,又一番骚扰。今冬租米全无着,恐吃惊不浅也,奈何。

(柳兆薰:《柳兆薰日记》。《太平天国史料专辑》,第155页。上海:上海古籍出版社,1979。)

【江苏省常熟县·咸丰十年十月至十一年正月】吾镇亦给门牌告示,条款严厉,门牌看其家之小大,出钱多寡……各镇设馆,插安民旗,无赖之徒甘为军帅、旅帅,刻刻着办贡礼捐饷。又访著名最大者,延请入城办事,或充军帅、旅帅,逼胁者多。支塘设栅收税,白茆新市照票。十一月,白茆口龙王庙设关收税。剃发竟不能矣。堂然伪天王黄榜,抚恤民困,起征粮米。忠王李转饬驻扎常熟慷天燕钱,勒限征收。有归家庄无恶不作积年土棍向充地方之王万,居然军帅。十三日,乘高轩,衣红裲,头裹黄绸,加以大红风兜,拥护百人,到镇安民,遂逼胁多人,授以师旅名目,即谕着办大漕。贼中避讳王字,故改为汪。出示:天朝九门御林丞相统下军帅汪,查造佃户细册呈送,不得隐瞒,着各旅帅严饬百长司马照佃起征。汪万即设局于何市,开印大张筵宴,先期遍发请帖,又不得不趋贺。十二月,张市、徐市设卡收税,即担柴只鸡,亦不得偷漏,假空车亦要买路钱,草屦华裘,分别抽捐。二十日,设局太平庵,着佃启征田赋。

(柯悟迟:《漏网喁鱼集》第49—50页。北京:中华书局,1959。)

[编者按:可见洪秀全于太平天国庚申十年九月颁发的"谕苏省及所属郡县四民"诏旨,在常熟县得到了宣传。]

【江苏省吴江县·咸丰十一年三月二十日】午前,谨兄来,为北舍报田事探问,余难出议论,听之。

(柳兆薰:《柳兆薰日记》。《太平天国史料专辑》,第 179 页。上海:上海古籍出版社,1979。)

【江苏省吴江县北舍、芦墟·咸丰十一年十月十五日】羹以北舍报田数相议,大约须略应酬,然此一出,恐公事可牵制,殊非善计。下午,耕云来谈。有两亭长进来,言及芦局业办章程难出。

(柳兆薰:《柳兆薰日记》。《太平天国史料专辑》,第 217 页。上海:上海古籍出版社,1979。)

【江苏省常熟县·咸丰十一年八月廿六日】询悉文、武新举人集存仁堂议事,系城中延请,为本地租漕也。

(龚又村:《自怡日记》。《太平天国史料丛编简辑》,第四册,第 409 页。太平天国历史博物馆,北京:中华书局,1962。)

【浙江省奉化县·咸丰十一年】下伪令,以十一月为正月,蓄发,易衣巾……列刑杖如衙署制,造田册,编门牌,计亩纳粟,计户纳番银……以县人戴明学为监军。

(光绪《奉化县志》卷十一。)

【浙江省诸暨县·咸丰十一年】[乡官]每以伪册应之。

(何桂笙:《劫火记焚》。光绪刊本,南京图书馆藏)。

【浙江省乌程县·咸丰十一年】令造田地册,照额征粮。司马百长查取各圩亩数,报军师旅帅,各帅减其数,递报于贼。

(《乌程县志》卷三十六《杂识》引《湖滨寇灾记略》。)

【江苏省常熟县·咸丰十一年十月】

十七,晴。晚间又到长毛六人住镇[黄家桥]。各处田亩要每丘插旗细查,务要不能隐匿。又每佃田户派出盐课银每日几文,盐价二十文一斤。

十八日,晴。十九、二十亦晴。长毛在鹿苑查田,未曾回镇。

二十一,阴。闻顾山百姓近日杀旅帅、司马、长毛等数人。各图结约,倘有长毛来打,各要相斗。

二十二,二十三,二十四,晴。长毛查田插旗,一日不过数十亩,而且不能各段同查。只在一图,尚未完毕。余长毛俱(吊)[调]在外,无多几人,聊以应酬而已。

(佚名:《庚申避难日记》。《太平天国史料丛编简辑》,第四册,第 514 页。太平天国

历史博物馆,北京:中华书局,1962。)

【江苏省常熟县·咸丰十一年十月十一日】［庙桥馆主黄等长毛三人］又来镇查田亩册。

(佚名:《庚申避难日记》。《太平天国史料丛编简辑》,第四册,第513页。太平天国历史博物馆,北京:中华书局,1962。)

【江苏省常熟县黄家桥·咸丰十一年十一月五日】长毛来往不一,有查田者,有催粮者。

(佚名:《庚申避难日记》。《太平天国史料丛编简辑》,第四册,第515页。太平天国历史博物馆,北京:中华书局,1962。)

【江苏省常熟县·同治元年十一月初七日】迩日长毛催取银钱诸款,甚多到镇。而余姓四老大人尤为利害,带领长毛六七十人,先至鹿苑住二三日,到塘桥一日,名为查田,实则索取银钱而已。［又,初八、十七日、廿四日来人"索取诸项","催款","催粮"。］

(佚名:《庚申避难日记》。《太平天国史料丛编简辑》,第四册,第540—541页。太平天国历史博物馆,北京:中华书局,1962。)

【浙江省嘉兴·同治元年秋】［嘉兴郡总制章义群告示］田赋国之大计,民心刁诈,藏匿规避,不可胜计,往岁所编田亩十不过一二……［今］着师旅帅按户稽查,倘有一户隐匿者,则十户同坐。

(沈梓:《避寇日记》。《太平天国史料丛编简辑》,第四册,第192页。太平天国历史博物馆,北京:中华书局,1962。)

【浙江省秀水县·同治元年十二月十三日】有泾塘桥伍姓,桐乡界人,有秀水田四十亩,新塍［属秀水县］局以其编田不足,差人扮长毛往拿,提刀登楼,取其女眷首饰殆尽而归。

(沈梓:《避寇日记》。《太平天国史料丛编简辑》,第四册,第204页。太平天国历史博物馆,北京:中华书局,1962。)

【江苏省昭文县·同治三年】十月设催粮局。李抚饬县仍办租捐,给单收租完饷,以济军需。十月给收租由单,着令业户先将佃名、田数等项开报,造收租由单清册,送县编号、用印、发交业户,持单向佃收租。该佃还租后,将单填明所收米数若干,给之。佃将此单交地［保］、催［头］缴局备查。业户应先完捐,换给捐照。设催租局……委员到局比追,各地保将租由［收租由单］出验,谓之比租由。租捐定例,每收米一石,完捐四百八十文……四年五月,昭文县知县梁蒲贵因业户呈报照单与鱼鳞册不符,未能注册,给业户互对田粮单,将单给该佃收执,随交业主核对,由业将单交予经造,以凭查对,准予换取草单倒给印单入册办赋。常邑未用此法。

(陆筠:《海角续编》。《漏网喁鱼集》,第145—146页。北京:中华书局,1959。)

【江苏省常熟县·同治三年八月初七日】迩日各段经造照田亩绘图册,各业户填照单,核对后造册完粮。本年要征收漕米,业户收租,尚未示明如何办法。

(佚名:《庚申避难日记》。《太平天国史料丛编简辑》,第四册,第586页。太平天国历史博物馆,北京:中华书局,1962。)

【江苏省常熟县】贼初至时,派定伪乡官,责令将各图田地造伪册而收粮。伪乡官向佃户写取田数,佃户中每有以多报少,此亦理之应尔也。后伪乡官造成伪册,计有成数以报贼中,又将佃户中之以多报少者,危词赚出,收取皆以入己,揆之天理王法,应当如何?

(佚名:《避难纪略》。《太平天国史料专辑》第73页。上海:上海古籍出版社,1979。)

[按:这段记载揭露了乡官在着佃交粮时如何"借端肥己"的手段之一。从这段记载中还可以看出,佃农向太平天国交粮是按亩计数,而田亩数由佃农自报。佃农所报数有的比实际数少,加以粮额比租额轻,所以,在一般情况下,佃农的负担比昔日减轻了许多。]

【浙江省乌程县】又令造田地册,照额征粮,司马百长查取各圩亩数报军、师、旅各帅,减其数递报于贼。

(《乌程县志》卷三十六《湖浜寇难纪略》。)

【江苏省吴江县】伪中营副总理程稼甫,盛泽人,今开鸿春绸缎行于东市。副总理周赓唐,谢天港人,沈枝珊令其履勘各字圩民田,勒诈乡民,每亩索费五十文,人咸嫉之。

(鹤樵居士:《盛川稗乘》。《太平天国史料丛编简辑》,第二册,第198页。太平天国历史博物馆,北京:中华书局,1962。)

三、变通办法

[含使用佃户细册(供着佃交粮用),利用地方志、《大清缙绅录》所载收漕数作田单。]

【浙江省宜兴县·咸丰十年】秋八月,贼出伪榜趣贡……贼将汤惟攸来据城,出示安民……其后伪将刘佐清来代。刘视诸贼性稍驯,约束部下,不令出城。但令乡间纳粮。索粮册,莫肯出,或得志书一部献之,悉其田赋,遂令各区献册,按户征搜,莫可遁隐。然是时,贼方攻浙江,流寇尚少,田野耕种,得不失时……凡贼有取求,多下乡官局;资应之费,皆按亩苛派。

(《宜兴荆谿县新志》卷五《咸丰同治年间粤寇记》第11—12页。又,郭廷以:《太平天国史事日志》,上册,第 683 页。重庆:商务印书馆,1946。)

【浙江省海宁州·同治元年】 十月□日,贼于长安镇筑城成,市易稍集。又,宁贼开仓征漕,因无田册,以所得我十年分收漕总数做田单。花溪六图三折,我图七五折,阳窖五折,新仓以西图有尽免者。花溪所管二十五图,限十月十一日开解赴海宁城,米以秤作数。如不送秤手钱,强折米无算。先是,九月二十日,贼来看荒,勒送钱许报荒。该年秋收,每亩不过石,又间有棉花、白豆田,亦大歉收;再加荒田十之三四,故除完漕、种子外,皆无过岁粮耳。

(冯氏:《花溪日记》。《中国近代史资料丛刊:太平天国》,Ⅵ,第 707 页。中国史学会编,编者:向达、王重民等,上海:神州国光社,1952。)

【江西省·光绪十年】 翰林院侍读王邦玺奏:

[江西民户纳粮]向多立有协图,又谓之义图,每年轮一甲充当总催,择本甲勤干之人为之,名曰现年……有现之图甲,差役不得上门,只向现年催取……此协图所以少积欠也。嗣因发逆踞城,分设伪官,无完粮之事,而总催轮充一定之年分遂紊。如乙年已轮至二甲。今停歇二年,论戊年应轮五甲接充,而五甲以三四等甲实未轮接,理应补充,彼此推诿,而协图遂多废搁不行。

(《东华续录》第六十四卷,第 8—9 页。光绪十年八月壬午。)

第三节

照旧发由单

【安徽省桐城县·天历五年】

単 由 口 户　　　　　　　　照 执 米 纳

今据
军　省　郡县征收漕米事
后一营军帅管下伍乡　里　营两司马
统下粮户朱浣曾实田柒分五毫　应纳
太平天国乙荣年分漕米肆升俟缴送圣仓
持此领取纳米执照　此据
太平天国乙荣五年
　　　月　　日给

第第
二百
二十
二号
军　省　郡桐城县为征收
漕米事今据
后一营军帅管下伍乡　里　营
两司马统下
朱浣曾实田
应纳
太平天国乙荣年分正漕米　完肆升
除将米自缴圣仓查收外合给执照归农此照
太平天国乙荣五年
　　　月　　日给

（照片：《太平天国资料》图片第 6 页上。北京：科学出版社，1959。原物存安徽省博物馆。印文：两单间及右边骑缝上各有一长方朱印，印文："太平天国安徽省安庆郡桐城县监军。"）

[编者按：单上"桐城"二字是填写的。可见非专为桐城县而印。而左单之左边尚有骑缝被裁之"号"字，可见另有存根。此为三联单。户口由单可见即漕银易知由单。从此年实田只填柒分五毫来看，或系实田只此数，其余三亩五分中柒分五毫之外系山之面积；或系隐瞒了土地，故四年正漕米为 1.92 升，六年为 1.84 斗，唯此年仅 0.4 斗。]

海盐县粮户易知由单

天朝九门御林朗天义户司员佐理嘉海民务章 为

奉
忠王瑞谕暨奉
朗天义大人钧令征收辛酉年 贡献
圣粮而及军需为此颁发易知由单以便民知仰海盐县粮户监军乡官等知悉照得该
县大熟田亩每亩应完额征干 每亩壹斗整运赴海盐县库吏官登收册籍
圣粮仓完纳仰监军军师旅师照依该粮户完纳额征数目公平斛收库吏官登收册籍
给发完纳粮串粮户执照存据监军等如敢浮收粒米捐串遛难阻截许该粮户据
实具禀即行按照
天法 该粮户如敢挵交丑米短缺放刁诬控罪至反坐各宜遵照严令依限完纳毋得迟误自
干罪戾
今据

军帅统下徐云 阶师帅统下 旅帅统下
卒长统下 司马

实完肆升正
图 营 今据

的户颜一善金记
完纳粮米伍斗肆升伍合 正
每石应加袋脚票钱 文每石应加解郡水脚钱 文正

竹

天父天兄天王太平天国辛酉拾壹年 月 日给 字第一百四十九号

易知由单

（罗尔纲：《太平天国文物图释》，第 146 页。北京：三联书店，1956。原件高 24.0 厘米，宽 25.6 厘米，毛太纸墨刷，墨笔填写，中盖"免灾每年实完肆升正"朱色条戳，末盖长方朱印。上海合众图书馆藏。）

　　[编者按：据罗尔纲考证：海盐县易知由单，是朗天义户司员佐理嘉海民务章某奉忠王李秀成、朗天义陈炳文名义征收漕米发给的；邓光明在壬戌十二年份发给的一张预知由单，是用殿前又副掌率任浙江省天军主将名义发给的；邓光明在癸开十三年份的一张预知由单，是用归王名义发给的，仁和前军后营师帅陆发的便民由单，是以师帅名义直接颁发的。这些由单，都没有请命于天王，且都是为征收漕粮而设的由单，其中有特为下忙而设的，也有不分上下忙催征的。他们颁发的区域是如此邻近，颁发的时间是如此衔接，而办法却如此分歧。这说明了这一种征收田赋的制度是地方政府各自为政，而不是统一于中央政府。]

【浙江省石门县·天历十一年】

```
    给由预便漕完年拾辛天太
    执单知民粮纳分壹酉国平

日                                        天
                                          朝
  滕                                      九
    赴                                    门
    仓                                    御
    □                                    林
                                          开
  荡    漕                                朝
  滩    粮                                勋
        换                                臣
  东    给                                佐
  二    执                                镇
  都    照                                石
  七    今                                门
  图    据                                县
                                          妥
  田                          预          天
  地                          给          福
  五                          由          滕
  亩                          单
  二                          备
  分                          办
  一                          干
  厘                          洁
                              好
  应                          米
  征                          遵
  漕                          期
  米                          赏
  八                          票
  斗                          运
  四                          米
  升
  九

天父天兄天王太平天国辛酉十一年

                吴世杰                    月
```

（简又文藏品。照片：简又文：《太平天国典制通考》上册第九篇插图十六。香港：简氏猛进书屋，1958。在应完漕米数字及年月日上盖有印文。）

【浙江省石门县·天历十一年】

```
    给由预便漕完年拾辛天太
    执单知民粮纳分壹酉国平

给                                        天
                                          朝
                                          九
  荡                                      门
  滩            为                        御
                预                        林
  田            给                        开
  地            由                        朝
  六            单                        勋
  亩            备                        臣
  七            办                        佐
  分            干                        镇
                洁                        石
  四            好                        门
  都            米                        县
  东            遵                        妥
  三            期                        天
  图            赏                        福
                票                        滕
  完            运
  纳            米
                赴
  漕            仓
  粮
  换
  给
  执
  照
  今
  据

  应
  征
  漕
  米
  一
  石
  九
  升

天父天兄天王太平天国辛酉十一年

                沈庆馀            月    日
```

（照片：《太平天国革命文物图录补编》六四。印文："太平天国浙江省石门县前营军帅。"）

[编者按：在浙江省石门县，先后发现或征集到三百余件太平天国时期的《便民预知由单》、《完银串票》和《田凭》、《卡票》等件，均藏浙江省博物馆。参见王士伦：《浙江发现的太平天国田凭和各种税收文物》附表一。《文物》月刊1963年第11期。]

【浙江省桐乡县·天历十一年】

年壹拾酉辛
照执米粮

符天安钟　为发票归农事今据桐乡六十
□
□□黄泉如□□
辛酉拾壹年份粮米除灾
完叁石陆斗肆升肆合
年八百六十八号

（照片：简又文：《太平天国典制通考》上册，第九篇插图十九。原件简又文藏品。香港：简氏猛进书屋，1958。只能看清墨笔写的字。有二印文，印文文字不清晰。）

【浙江省桐乡县·天历十一年】

年壹拾酉辛
照执米粮

符天安钟　为发票归农事今据桐
乡……
……黄正元……
辛酉拾壹年份粮米除灾
完叁石〇叁升玖合
年第二百九十四号

（照片：简又文：《太平天国典制通考》上册，第九篇插图十八。香港：简氏猛进书屋，1958。原件简又文藏品。有三印：长方官印"符天安钟……"印，"收讫"印，其他印文不清晰。）

193

【浙江海盐县·天历十一年】

单由知易户粮县盐海

天朝九门御林朗天义户司员佐理嘉海民务章

奉
忠王瑞谕暨奉
朗天义大人钧令征收辛酉年　贡献
圣粮而及军需为此颁发易知由单以便民知仰海盐县粮户监
军乡官等知悉照得该县大熟田亩每亩应完额征干圆白粮
每亩一斗整运赴海盐县沈荡镇

圣粮仓完仰监军军师旅帅照依该粮户完纳额征数目
公平斛收库吏官登收册籍给发完纳粮串粮户执照存
据该监军等如敢浮收粒米指串遒难阻截许该
粮户据实具禀即行按照

天法
该粮户如敢挪交丑米短缺放刁诬控罪至反坐各宜遵
照严令依限完纳毋得迟误自干罪戾
今据 灾免外每年实完肆升五 （硃印印文）

营
军帅统下徐云阶师帅统下
卒长统下　　　　司马　　　　旅帅统下
的户　　颜令占祭　　　　　　竹图

天父天兄天王太平天国辛酉十一年
完纳粮米贰石捌斗柒升整
每石应加袋脚票钱
文每石应加解郡水脚钱　文正
易知由单
字第四十六号　　　月　　日给

（照片：《太平天国革命文物图录》六八。太平天国起义百年纪念展览会，上海：上海出版公司，1954。印文："灾免外每年实完四升整"系条印，印文朱色。又：《太平天国革命文物图录》六九，印文与此完全相同，不同的只是"的户颜一善金记"，"完纳粮米五斗四升五合整"，"字第一百四十九号"。）

【江苏省常熟县·咸丰十一年十二月十五日】 知钱某[钱桂仁之子，封迎天豫]年才十六，[至洞港讲道理，]谕司马、百长，饬佃农五日中完清租粮。

（龚又村：《自怡日记》。《太平天国史料丛编简辑》，第四册，第422页。太平天国历史博物馆，北京：中华书局，1962。）

【浙江省桐乡县濮院·咸丰十一年十二月五日】 先是钟长毛告示：定于十九日收漕。

（沈梓：《避寇日记》。《太平天国史料丛编简辑》，第四册，第97页。太平天国历史博物馆，北京：中华书局，1962。）

【浙江省石门县·天历十二年】

太平天国壬戌十二年完纳漕粮便民预知由给执

殿前又副掌率任浙江省天军主将邓

预给由单备办干洁好米遵期赍票运米赴仓□ 为

漕粮换给执今据

三都三图

田十亩九分六

地二亩三分九

荡滩

应征漕米　六斗七升六

太平天国壬戌十二年　　月　　日

（照片：《太平天国革命文物图录》七十。太平天国起义百年纪念展览会,上海：上海出版公司,1954。年月日上有长方大朱印,印文："天父天兄天王太平天国阐天朝功臣开福李有。"）

【浙江省石门县·天历十二年】太平天国殿前扶朝宿卫浙江天军主将邓某发给农户周士良的完纳漕粮便民预知由单给执。

[此给执为1957年湖南省博物馆职工从浙江杭州购入,长25.2厘米,宽17.2厘米,毛边纸竖排木刻板墨印,正中钤长11.8厘米、宽5.8厘米朱方印一颗。由单上写明："该监军等如敢浮收粒米……许该粮户据实具禀,即行按天法。"此是网上之物。录此供参考。网上有实物图片,未录。]

【浙江省石门县·天历十二年】

给由预便漕完年十壬天太
执单知民粮纳分二戌国平

殿前又副掌率任浙江省天军主将邓
预给由单备办干洁好米遵期赏票运米赴仓完□为
漕粮换给执照今据

东三都七图
　　　　范万春
田一亩九分
地五亩八分九
应征漕米　一石二斗七升
天父天兄天王太平天国壬戌十二年
　　　月　　日

(照片:《太平天国革命文物图录》七二。太平天国起义百年纪念展览会,上海:上海出版公司,1954。此件格式、纸张、笔迹、印文,与下件同。)

【浙江省石门县·天历十二年】

给由预便漕完年拾壬天太
执单知民粮纳分贰戌国平

殿前又副掌率任浙江省天军主将邓
预给由单备办干洁好米遵期赏票运米赴仓完纳为
漕粮换给执照今据

东三都七图
　　　　吴加惠
荡滩
地一分八
田十二亩二分
应征漕米　二石二斗四升
天父天兄天王太平天国壬戌拾贰年
　　　月　　日给

(原件高 24 厘米,宽 16.8 厘米,白纸墨刷,墨笔填写,钤"太平天国浙江省石门县前营军帅"长方朱印。罗尔纲:《太平天国文物图释》,第148页。北京:三联书店,1956。照片可见《太平天国革命文物图录》七一。太平天国起义百年纪念展览会,上海:上海出版公司,1954。)

[按:据印文可知,填发由单的是乡官中之军帅。"四升"二字不清晰。"邓"为邓光明。]

【江苏省常熟县·同治元年四月二十三日】福山长毛讲道理，要收每亩七百廿文。

（佚名：《庚申避难日记》。《太平天国史料丛编简辑》，第四册，第525页。太平天国历史博物馆，北京：中华书局，1962。）

【浙江省石门县·天历十三年】

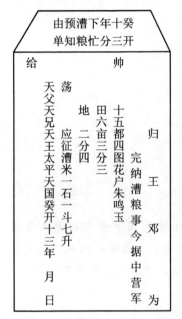

由预漕下年十癸
单知粮忙分三开

给　　　　　帅

荡

地

天父天兄天王太平天国癸开十三年　月　日

应征漕米一石一斗七升

地二分四

田六亩三分三

十五都四图花户朱鸣玉

完纳漕粮事今据中营军为

归王邓

（照片：《太平天国革命文物图录补编》六七。郭若愚，上海：上海群联出版社，1955。印文小清晰。"归王邓"是邓光明。）

【浙江省石门县·天历十三年】

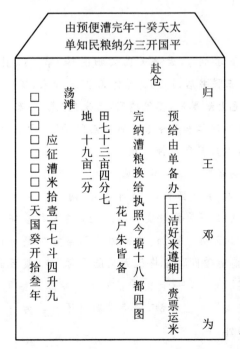

由预便漕完年十癸天太
单知民粮纳分三开国平

赴仓

荡滩

□□□□□□□天国癸开拾叁年

□□应征漕米拾壹石七斗四升九

地十九亩二分

田七十三亩四分七

花户朱皆备

完纳漕粮换给执照今据十八都四图

预给由单备办　干洁好米遵期　赍票运米

归王邓

（照片：《太平天国革命文物图录补编》六六。郭若愚，上海：上海群联出版社，1955。骑右缝上有印，文字不清晰。）

【浙江省石门县·天历十三年】

给由预便漕完年十癸天太
执单知民粮纳分三开国平

归　王　邓　为
预给由单备办干洁好米遵期赏票运米赴仓完纳
漕粮换给执照今据
都　　图　　沈庆馀文记
田九亩
地　荡滩
应征漕米一石一斗四升
天父天兄天王太平天国癸开十三年
月
日
给

（照片：《太平天国革命文物图录补编》六五。郭若愚，上海：上海群联出版社，1955。印文："太平天国浙江省石门县中营军帅。"）

【浙江省仁和县·天历十三年】

单由民便

仁和县前军后营师帅陆　为
给发粮单便民完纳事照得本年应征漕米系
天庚正供该粮户务须拣选干洁好米按期照数赴仓完纳
如有低色丑米粞谷充漕严行究办切此单
四都　四图　惠字第一百三十五号
一户冯嘉龙本年应完漕米贰斗四升
壹斗八升
天父天兄天王太平天国癸开拾叁年玖月
派定二十九日完纳
日给

（罗尔纲：《太平天国文物图释》第150页。北京：三联书店，1956。原件高21.4厘米，宽14.2厘米，毛太纸墨刷，墨笔填写，盖朱色"惠"字及"太平天国浙江仁和县中营左贰军后师帅"长方朱印，年月右上盖墨色花押一颗。）

［编者按：仁和县今属杭州。"应完漕米"行下并列填"贰斗四升"，"壹斗八升"两个数字，有三种可能(1)征收额与实交额。(2)春与秋应完之数。(3)正粮与附加。"师帅陆"，梁方仲疑可能为"殿前南破伩军主将认天义陆顺德"或"炎五副将陆瑛"，未定，见《岭南学报》，十一卷二期第137页。按太平天国官制，主将或副将不可能为一乡官之师帅。］

【浙江省海宁州·天历十三年】

单由漕完

会殿户部右编修赵　　为给发由单事

今据　军十九都十四庄粮户杨德义应完本年

漕米除减免外该户实应完　米玖斗叁升肆合壹

勺正仰即赏单完纳倒换执照须至由单者

太平天国癸开十三年　　月　　日　户字　号

十月十六日

（照片：简又文：《太平天国典制通考》上册，第九篇插图十一。香港：简氏猛进书屋，1958。原件简又文藏品。）

【浙江省石门县·天历十三年】归王邓给关顺昌福记完纳漕粮便民预知由单给执

给由预便漕完年拾癸天太
执单知民粮纳分叁开国平

归　王　邓　　　　为

预给由单备办干洁好米遵期赏票运米赴仓完

漕粮换给执照今据

三都三图

田十亩九分六

地二亩九分五

荡滩　　　　关顺昌　福记

应征漕米　二石二斗六升七

天父天兄天王癸开十三年　　月　　日　给

（简又文藏品。照片：简又文：《太平天国典制通考》上册，第九篇插图十七。香港：简氏猛进书屋，1958。又见《太平天国革命文物图录》七三。太平天国起义百年纪念展览会，上海：上海出版公司，1954。在应完漕米数字及年月日上盖有印文。）

【浙江省石门县·天历十三年】太平天国归王邓光明发给石门县花户徐正有恒记预知由单太平天国完纳漕粮便民预知由单给执。

〔纵 24.7 厘米，横 42.2 厘米。毛边纸墨刷，墨笔填定。"仓书收票"和"纳粮小票"之间骑缝上盖"太平天国浙江省石门县前营军帅"双龙纹朱印和"拾八日"朱文楷书条戳，"给执"中部盖同样印文的双龙纹朱印（高 12 厘米，宽 6.2 厘米）。预知由单上应征漕米处"三斗三升"，纳粮小票和仓书收票上皆墨书完米"叁石叁斗另叁合"，给执上墨书粮米"三斗三升"。皆墨刷"太平天国癸开拾叁年"。收藏单位：浙江省博物馆。此是网上之物。录此供参考。网上有实物图片，未录。〕

第四节
照旧征收银钱与粮食实物

［含银钱折粮或粮折银钱，即折实与折银。编者按：关于征收银钱与粮食的记载与文据，见于本章及其他各章的甚多，现仅列两张文据为例。］

【安徽省桐城县·天历四年】

（照片：《太平天国资料》图片第 5 页，北京：科学出版社，1959。原物存安徽省博物馆。骑缝处有大长方印文。后一单的《甲寅四》三字似印文。印在"月"字旁，斜的名字亦曾改，"朱浣增"旁之名字不清晰，似为"晏子林"。葛召棠在《安徽省新发现的太平天国几件文物的考释》，《历史教学》1957 年 8 期第 52—54 页，一文中考证甲寅四年二月廿日发给朱浣增良民牌的"殿左贰拾检点"即秦日纲下的覃炳贤。）

［编者按：安徽桐城东门南乡，今属枞阳县。］

【安徽省潜山县·咸丰五年正月】五年乙卯,贼称乙荣,春正月,贼鸣锣催银粮。

(储枝芙:《皖樵纪实》。《太平天国》,第五册,第 38 页。罗尔纲、王庆成,桂林:广西师范大学出版社,2004。)

【安徽省潜山县·咸丰九年正月二十七日】是日,踞贼甫离境,贼伪诚天侯陈惟一、伪昆天侯黎标壬,自皖城窜衙前,搬取前贼所遗稻六千余硕,胁民折银。

(储枝芙:《皖樵纪实》。《太平天国》,第五册,第 42 页。罗尔纲、王庆成,桂林:广西师范大学出版社,2004。)

【江苏省常熟县黄家桥·咸丰十一年十二月十一日】有长毛二十余人,马三匹,到镇催米,要折银,先要每旅一百两。

(佚名:《庚申避难日记》。《太平天国史料丛编简辑》,第四册,第 517 页。太平天国历史博物馆,北京:中华书局,1962。)

【江苏省常熟县·同治元年六月五日】长毛十余人,马二匹到师帅局催小麦一千担,又要菜子,其钱在七百廿文划算。

(佚名:《庚申避难日记》。《太平天国史料丛编简辑》,第四册,第 529 页。太平天国历史博物馆,北京:中华书局,1962。)

【江苏省常熟县·同治元年闰八月二十二日】长毛有札,要师、旅帅办布匹若干,米若干,其钱即于下忙银扣算。

(佚名:《庚申避难日记》。《太平天国史料丛编简辑》,第四册,第 537 页。太平天国历史博物馆,北京:中华书局,1962。)

第五节
照旧收使费与附加

一、使费

[含仓米钱,上忙公费,下忙公费、局费等。]

【江苏省常熟县·咸丰十年十月底】 曹和卿因招入城,见胡伪官,邀同见慷天燕钱[桂仁],议及设勇防土匪与设局收漕事。伪帅听旧书吏王某言,拟每亩办粮三斗二升,贴费钱二百十四,各乡官经理。余如门牌、船凭,亦须一二千文,统归各帅,生财之门颇多。其详天福侯姓,系文职,不理军务,唯钱伪帅操兵农之权。

（龚又村:《自怡日记》。《太平天国史料丛编简辑》,第四册,第379页。太平天国历史博物馆,北京:中华书局,1962。）

【江苏省常熟县·咸丰十年十一月三十日】 朱诚翁自城回,知管粮事者为仪征陈[耕云],豪华特甚,时有姬人艳妆出屏见客。每图要办米八百石,银一千五百两。仓厅设东市河吴行,米色顶真,须出使费乃斛收。城匪定于初十日郊天,每军帅办鸡五十、羊十、豕五、牛一。

（龚又村:《自怡日记》。《太平天国史料丛编简辑》,第四册,第382页。太平天国历史博物馆,北京:中华书局,1962。）

【江苏省常熟县·咸丰十一年三月初八日】 是晚,予过狄家坝瑞云庵,知狄□□新充里正,设局补粮,三斗加一斗,下忙银一百六十,局费、解费钱二百,每斗折钱三百。

（龚又村:《自怡日记》。《太平天国史料丛编简辑》,第四册,第393页。太平天国历史博物馆,北京:中华书局,1962。）

【江苏省常熟县·咸丰十一年十月二十九日】 赴莘庄局,知仍收七斗二升,另费升半。

（龚又村:《自怡日记》。《太平天国史料丛编简辑》,第四册,第417页。太平天国历史博物馆,北京:中华书局,1962。）

203

【江苏省常熟县·同治元年三月廿七日】闻申参军升仕天(预)[豫]，与桓天侯罗□□专司前营各师帅事，设局庙桥。定议筑海塘，造牌坊，修塘路，及上忙条银每亩征钱七百二十，佃农疲惫不堪。况添过匪供应三厘，下忙银三百，复闻有免冲钱六百四十五，师发役五十名，以备追索。

（龚又村：《自怡日记》。《太平天国史料丛编简辑》，第四册，第439页。太平天国历史博物馆，北京：中华书局，1962。）

【江苏省常熟县·同治元年四月十四至十七日】各处催粮官吊回。有人禀，前日催者太多，需索私用。靖天福云，准乡官开账结算，该私用若干，准作正款划缴，是大幸事。

（佚名：《庚申避难日记》。《太平天国史料丛编简辑》，第四册，第524页。太平天国历史博物馆，北京：中华书局，1962。）

【江苏省昭文县·天历十二年】

照收

昭文县后营左师帅今收到东一场二十四
都五二图右旅统下粮户汪添发承种田
合肆亩玖分伍厘应完本年尚忙公费钱
拾柒千玖百六十四文正合给收照是实

太平天国壬戌拾贰年　月　日给

左字第七十三号

（照片：《太平天国文物图释》第171页。罗尔纲，北京：三联书店，1956。）

取名：昭文县后营左师帅发给汪添发上忙公费收照。

印文：(1)"如有舛错，许即呈明更正"(楷书)。

(2)"昭文县后营右师帅图记"(篆文正楷)。

(3)"宁静致远"(篆文)。

二、随田派捐

[含随田派盐课,火药捐等。参见第十三章第一节"盐专卖"目与第五章第一节"田捐"目。]

【江苏省吴江县·咸丰十年】九月二十四日,长发开征粮米,正米一斗八升,秤见红粉[即火药]一斗,折色八升□千,每亩合四斗一升。

(知非:《吴江庚辛纪事》。《近代史资料》1955年第一期,第49页。)

【江苏省常熟县·咸丰十一年十月十七日】各处田亩要每丘插旗细查,务要不能隐匿。又每佃田户派出盐课银每日[? 亩]几文。盐价二十文一斤。

(佚名:《庚申避难日记》。《太平天国史料丛编简辑》,第四册,第514页。太平天国历史博物馆,北京:中华书局,1962。)

【浙江省桐乡县·同治二年六月】[桐乡何培章出示:]从前民欠漕银俱豁,自今年六月以后开征下忙漕银,开征催缴之……何谕罢一切捐项,凡殷户日捐、股捐,以及市肆倍三倍十倍之捐均罢。惟店捐每月加倍,而田捐仍旧每亩每日仍收一文。又出洋付各乡官,每十日买船两只为解粮之用,买砖若干块为加筑城墙之用,谕令不许苛派民间一文。

(沈梓:《避寇日记》。《太平天国史料丛编简辑》,第四册,第267页。太平天国历史博物馆,北京:中华书局,1962。)

三、浮收

【安徽省潜山县·咸丰四年十一月】十一月,贼勒征粮米,十八两为一斤,每百八十七斤为一硕。

(储枝芙:《皖樵纪实》。《太平天国》,第五册,第38页。罗尔纲、王庆成,桂林:广西师范大学出版社,2004。)

【浙江省嘉兴县、桐乡县·咸丰十一年】嘉兴县长毛收漕米,每亩田还米二斗六升,每亩上忙还银[子钱]二百,下忙还银子钱二百。桐乡钟公[钟良相]收漕,于十一月廿九日开仓。故桐乡人李凤者,素办衙门公事,为长毛局主,因引用故衙门吏胥,一切皆仍旧章,每亩粮额一斗五升六合,仍用零尖、插替、跌斛诸浮收陋规,合计每石米须完二石之数。外又收解运费八百文,名曰茶费。其向来不完米而折以银洋者,亦仍折色条例,每石完钱七千文之数,限期于正月初十封廒,为伪历十二月三十日也。过此之后,亦仍南[粮额],每石完钱十千文之数。

（沈梓：《避寇日记》。《太平天国史料丛编简辑》，第四册，第 208 页。太平天国历史博物馆，北京：中华书局，1962。又，该书第 58 页记咸丰十年浙江省嘉善县每亩收粮一斗六升五合。用旧吏骨劣绅征收，浮收至三四倍。）

【浙江省海盐县·咸丰十一年】仰监军、军帅、师帅、旅帅照依该粮户完纳额征数目，公平斛收，库吏官登收册籍，给发完纳粮串，粮户执照存据。该监军等如敢浮收粒米，捐串遛难阻截，许该粮户据实具禀，即行按照天法。

（《太平天国辛酉拾壹年海盐县粮户易知由单》。罗尔纲：《太平天国文物图释》，第 146 页。北京：三联书店，1956。）

第六节

照旧分春秋两季征收

[春季又称春纳、夏赋或上忙,秋季又称秋纳、秋粮或下忙。]

【咸丰三年至五年】遂下科派之令,稽查所设乡官,一军之地,共有田亩若干,以种一石终岁责交钱一千文,米三石六斗核算,注于册籍,在伪州县监军处备查,无上下忙卯限诸章程。

(张德坚:《贼情汇纂》卷十,《贼粮·科派》。《中国近代史资料丛刊:太平天国》,Ⅲ,第 275 页。中国史学会编,编者:向达、王重民等,上海:神州国光社,1952。)

[编者按:下面的大量文据与记载说明张德坚"无上下忙卯限诸章程"之说不符合事实。]

【安徽省桐城县·天历五年】

照 执 纳 秋

第　　号

今据

军　省　郡　县为征收钱粮事

后一营军帅管下伍乡　里　营两司马

统下粮户朱浣曾报明实

应纳

太平天国乙荣年分地丁银

山　田

叁亩伍分

完叁分壹厘秋

除将银缴库查收外合给执照归农此

照　完

太平天国乙荣五年　　月　　日给

(罗尔纲:《太平天国文物图释》,第 158 页照片。北京:三联书店,1956。左右骑缝上都盖有长方朱印。)

【湖北省大冶县·天历五年】

票粮收征

第 一百二二 号

实授湖北省武玡郡大冶县监军刘 为奉命
征收漕粮事今据 营军帅 管下
流三里三甲 营两司马 统下
花户黄高道报明实 田山 应纳本年正
粮米叁斗壹升贰合 完
米自缴圣仓查收外合给纳照归农此照 除将
太平天国乙荣五年 月 日给

（《太平天国资料》图片第 8 页上的照片。
北京：科学出版社，1959。原件存湖北省博物
馆。印文："太平天国湖北省武玡郡大冶县监
军。"按：武玡，即武昌。）

【安徽省桐城县·天历五年】

照执纳春

今据 军 省 郡桐城县为征收钱粮事
后一营军帅管下伍乡 里 营两司马
统下 粮户朱浣曾报明实 田山 叁亩伍分
应纳
太平天国乙荣年分地丁银
除将银缴库查收外合给执照归农此
太平天国乙荣五年 月 日给
照口 照 完壹钱陆分口

（说明：原件高 23.5 厘米，宽 12.8 厘米，毛
边纸墨刷，墨笔填写，在号码及月份上各横盖长
方朱印。现存安徽省博物馆。罗尔纲：《太平天
国文物图释》，第 157 页。北京：三联书店，
1956。）

[编者按：(1) 从本章所列朱浣曾的田粮食生产收据和户口章所列甲寅四年二月发给朱浣曾的良民牌结合起来看，知朱浣曾家的人口，除本人外，还有一妻、一子、一媳，共四人，本人已六十三岁。

(2) 该家在一八五五年有山与田共 3.5 亩，其中田 0.705 亩。到 1857 年有田 3.5 亩，田亩数变动，有几种可能：① 实有田亩数未变，只是报出的数字有变动。这种可能性不大。因此，上述田亩数实非各家所报，乃据册填的。② 实有田亩数是变了。这可能是买入了田。

(3) 从 1854 年与 1856 年的漕米数及 1854 年与 1857 年的下忙地丁数略有减少。从 1855 年与 1856 年正漕米数增了 3.6 倍，田亩数 3.5 亩比 0.705 亩亦是增加 3.9 倍多。

(4) 可见田赋负担在这四年中一直是稳定的。1855 年可能是减免的原数，那时田赋负担又是很轻的。可查桐城县志与前后清政府征收的田赋额并比较一下。

(5) 从四年的"下忙纳照"与"纳米执照"合在一起，不是如七年的"春纳执照"和"秋纳执照"在一起，以及该户收据保存之齐全来看，再从单据上之文字—如"桐城"也是填上的"甲寅四"也是另印盖上的—上看，在桐城征粮可能是从四年秋起，而止于七年。七年以后清军打来了。

(6) 从单据上可以看出地方政权的情况：① 以军统民。安徽省是属于军管辖之下。"故"、"省"字上印"军"字。② 设有监军和军帅，其下则仍是"乡""里"，设置沿旧。

(7) 可见田赋征收制度沿旧。]

【安徽省安庆·天历六年】

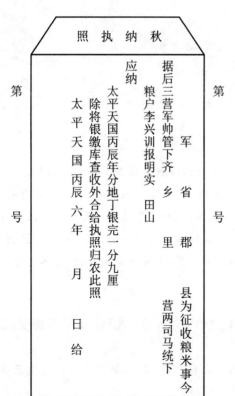

照 执 纳 秋

应纳
据后三营军帅管下齐
粮户李兴训报明实　田山
军省郡县为征收粮米事今
乡里　营两司马统下
太平天国丙辰年分地丁银完一分九厘
除将银缴库查收外合给执照归农此照
太平天国丙辰六年　月　日　给
第　号　　　　第　号

(《太平天国资料》，图片第 7 页下。北京：科学出版社，1959。印文："太平天国安徽省安庆郡……")

209

【安徽省桂池县·天历七年、十年】［太平天国安徽省池州郡桂池县监军发的三件执照，一为贵池县监军发给汪一新完纳"太平天国丁巳年正漕米柒升柒合"的"纳米执照"；一为桂池县监军发给汪培根完纳"太平天国庚申年分正漕银伍钱三分五正"的"春纳执照"；一为桂池县监军发给致良堂的"秋纳执照"。原件为毛边纸墨印、加填户名与钱漕数额等项。加盖"太平天国安徽省池州郡桂池县监军"官印。原件藏中国军事科学院图书馆。后二件的照片载郭毅生：《太平天国经济史》，第 288、289 页。南宁：广西人民出版社，1962。］

【江苏省青浦县·天历十年】

下忙粮票

元　字第伍百玖十捌　　　号

真天命太平天国钦差大臣九门御林荷天安麦为纳收粮米事今据苏

福省松江郡菁浦县乡官军师　　管辖　　乡　　图

　　村庄　　花户　　　名下执田

本军应完下忙正粮

如数交纳额完菁讫掣此单串存照须至红单者

太平天国　　年　　月　　日给

（《太平天国资料》，图片第 8 页下的照片。北京：科学出版社，1959。原件存国家档案局明清档案馆。此件系 1860 年清军劫获送交军机处者，一式二份，未填写。荷天安麦系麦冬良。见《太平天国资料》第 5 页《李秀成谕陆顺德、麦冬良等》。）

【江苏省常熟县·咸丰十一年六月廿九日】适稽勋司吾邑苏惠卿［启明］来提夏赋，又村丈正筹解款。

（龚又村：《自怡日记》。《太平天国史料丛编简辑》，第四册，第 404 页。太平天国历史博物馆，北京：中华书局，1962。）

【江苏省金匮县·天历十一年】

照执粮钱忙下

金匮县　为征收钱粮事今据　下　区五三四图十甲花户
过毅记输纳太平天国辛酉拾壹年分除蠲一成外实应征下
忙地漕正耗银完
伍厘计一百〇四串六整
除银自封投柜外合给版串执照是实
太平天国辛酉拾壹年
月　日给　　肆分　付讫
天朝九门御林开朝王宗济天义黄
第一千二百四十六号　设有舛错禀请更正

（周穗成：《太平天国过毅记、吴凝林、吴公祠钱粮执照并跋》。《历史教学》总 15 期，1952 年，第 13—14 页。原件高 24 厘米，宽约 9.5 厘米。）

【江苏省金匮县·天历十二年】

照执粮钱忙尚

金匮县　为征收钱粮事今据怀上　区　四五一图　五甲花户　吴公祠输
纳太平天国壬戌拾贰年分除蠲一成外实应征尚忙地漕正耗银完
厘整
太平天国壬戌拾贰年
除银自封投柜外合给版执照是实
月　日给
设有舛错禀请更正
肆钱伍分壹

（周穗成：《太平天国过毅记、吴凝林、吴公祠钱粮执照并跋》。《历史教学》总 15 期，1952 年，第 13—14 页。）

【江苏省金匮县·天历十二年】

照执粮钱忙尚

金匮县 为征收钱粮事今据怀上 区 四五一图 四甲花户 吴凝林

输纳太平天国壬戌拾贰年分除蠲一成外实应征尚忙地漕正耗银完 肆钱伍分壹厘正

太平天国壬戌拾贰年

除银自封投柜外合给版串执照是实

月 日给

设有舛错随时禀请更正

(周穗成:《太平天国过毅记、吴凝林、吴公祠钱粮执照并跋》。《历史教学》总 15 期,1952 年,第 13—14 页。原件高 24 厘米,宽约 9.5 厘米。)

【浙江省上虞县·天历十二年七月十九日】

照执户业

字 号

尚虞县佐将黄 为征粮事今□

本 将军沈 征得十都七里徐庄陈岱户完纳

壬戌拾贰年分 忙三钱七分三厘

除自封投柜外 行给票收执

太平天国十二年七月十九日

字 号

(郭若愚:《太平天国革命文物图录补编》六八。上海:上海群联出版社,1955。骑右缝上:印文:"……尚虞县;□□恩将军。")

【浙江省石门县·天历十二年】

完　银　串　票

天朝九门御林开朝勋臣谨天义熊为给发串票
事　今据　乡军帅　师帅　旅帅
卒长　司马　下统　壹都五图子
民盛宗兴额征拾贰年上忙银贰两四钱贰分壹
厘　　发执存
遗漏等弊
天父天兄天王太平天国拾贰年　月　日给
字第二百○三号

（原件简又文藏。照片见简又文《太平天国典制通考》上册,第九篇插图十五。香港:简氏猛进书屋,1958。靠左边骑缝有号字及盖有印文。）

【江苏省常熟县·同治元年八月廿三日】 各师帅出示晓谕,先完早豆粮,每亩三斗。

（佚名:《庚申避难日记》。《太平天国史料丛编简辑》,第四册,第535页。太平天国历史博物馆,北京:中华书局,1962。）

【浙江省石门县·天历十三年】

完　银　串　票

殿前又副掌率任浙江省天军主将邓　　为给发串票事
今据东南乡军帅　师帅　旅帅
卒长　司马　统下　东三都七图子民　孙永发
额征癸开拾叁年分条银壹两四钱四分三
右准业户收执存查遗漏等弊
天父天兄天王太平天国癸开拾叁年　月　日给
字第四千二百九十号

（印文:"太平天国开朝勋臣叁天义夏有方"朱印。"天军主将邓"为邓光明。罗尔纲:《太平天国文物图释》,第164页。北京:三联书店,1956。）

213

【安徽省桐城县·天历七年】

照 执 纳 春

中军安徽省安庆郡桐城县为征收钱粮事今据

粮户朱浣曾报明实

后一营军帅丁管下　乡　里　营两司马统下

应纳　太平天国丁巳年分地丁银完壹钱陆分玖厘

除将银缴库查收外合给执照归农此照

太平天国丁巳七年　月　日给

田山　三亩伍分

第　二百　五十一　号

照 执 纳 秋

中军安徽省安庆郡桐城县为征收钱粮事今据

粮户朱浣曾报名实

后一营军帅丁管下　乡　里　营两司马统下

应纳

太平天国丁巳年分地丁银完壹钱陆分玖厘　□□

除将银缴库查收外合给执照归农此照

太平天国丁巳七年　月　日给

田山

（《太平天国资料》,《图片》,第 7 页。北京：科学出版社,1959。原件存安徽省博物馆。）

【安徽省无为州·天历十一年】

照 执 纳 春

中军安徽省庐州郡无为州为征收钱粮事

今据　营军帅管下南乡一里十甲营两司马统下

粮户官经纶

应纳本年分春纳银贰分柒厘

除将银交库查收外合给执照归农此照

太平天国辛酉拾壹年　月　日第十一号

（说明：原件高 20.7 厘米，宽 10.2 厘米，竹纸墨刷，墨笔填写，在号码上横盖长方朱印。苏州潘一庵藏。罗尔纲：《太平天国文物图释》,第 160 页。北京：三联书店,1956。照片见《太平天国革命文物图录》,七六。右边有骑缝印文。"太平天国"几字上有墨笔写"熊沄发"。）

［编者按：值得注意的是：（1）"×军×省"。(2) 参照《皖樵记实》的记载，咸丰七年"贼勒征上忙地丁银"，"贼勒征下忙地丁银"，可知安徽省从天历四年到七年是分上忙下忙征收钱粮，即"照旧征收钱粮"。］

第七节
照旧粮额征收和实行减免

一、暂依旧例章程

【**江苏省南京·咸丰三年**】伪定田赋之制，以男子十六岁以上，五十岁以下为丁。每丁耕田十亩，纳赋三石六斗六升，钱三百六十六文。

（沈懋良：《江南春梦庵笔记》。《中国近代史资料丛刊：太平天国》，Ⅳ，第 438 页。中国史学会编，编者：向达、王重民等，上海：神州国光社，1952。）

［编者按：有人认为此书为伪书。］

【**安徽省合肥三河·咸丰四年八月**】三河伪指挥黄征收秋粮，每担田熟米五斗……派河、丙子铺征稻，有三担二担不等。

（吴光大：《见闻粤匪纪略》。《安徽史学》1984 年第 3 期，原安徽省哲学社会科学研究所收藏。）

【**安徽省合肥三河·咸丰五年**】夏四月，三河伪指挥黄征春粮，取秋征四分之一。

［七月］伪指挥黄征收秋粮，每石田征米六斗五升，征钱二百二十文。

（吴光大：《见闻粤匪纪略》。《安徽史学》1984 年第 3 期，原安徽省哲学社会科学研究所收藏。）

【**江西省都昌县·太平天国乙荣五年**】太平军在江西的布告

前玖圣粮刘晓谕粮户早完国课布告

真天命钦差大臣前玖圣粮平胡加一等刘为晓谕粮户早完国课以应军需克尽民道事：

照得朝当开创之际，粮饷为先；国有征税之期，完纳宜早。恭维天父天兄大开天恩，命我主天王下凡，为天下万国太平真主。复差东王，辅佐朝纲，及列王暨众大人，南征北剿，伐暴救良，挽既倒之狂澜，救斯民于涂炭。业经鼎建天京，四方大定，所有各府州县无不闻风向化，输将踊跃，以尽民道，而顺天心也。

兹本大臣恭奉天命，莅临斯土，催办钱漕，兼收贡税。田赋虽未奉其定制，尔粮户等，亦宜谨遵天定,暂依旧例章程,扫数如期完纳。为此特行晓谕,尔粮户人等知悉。

今值三月之期,正为应完地丁之候,所有一切应完地丁,以及芦课鱼课等项,无论富户贫民,务宜一体完纳,不得迟延拖欠。现门头班东乡地方,粮户顽梗,本大臣即着头班军师旅卒司等,在于三汊港设局征收,倘有不遵,查出定必禀报,按以天法治罪.决不姑宽。各宜凛遵,毋违。特谕。

右谕通知

太平天国乙荣五年三月十七日示

实贴

（杜德风选编：《太平军在江西史料》,第 589 页,南昌：江西人民出版社,1988。）

【江苏省吴江县芦墟胜溪·咸丰十年十二月】[十五日]昨日收租三十余千,今日寂寂无有。心绪纷如,不能看书。

[十六日]晚间,吉老回,云局粮钱数有加五十之议。

（柳兆薰：《柳兆薰日记》。《太平天国史料专辑》,第 161 页,上海：上海古籍出版社,1979。）

【江苏省常熟县·咸丰十年】贼之征粮,[咸丰]十年之冬,花田每亩六七百文,稻田每亩三四斗,业户不得收租。后一年加一年,至[同治]元年份,花田每亩加至二千余,稻田每亩加至一石余,又两忙征钱加至五百余。又有意外苛派,如海宁县[州]之海塘捐,类皆照田科派。又伪乡官借端肥己,种田者几至无余利矣。其始也,有种租田之顽劣者,饮恨业主收租之苛,以为贼来可免,及受贼之累,欲求仍似昔日还租之例而不可得。谚所云"不见高山,那见平地"是也。

（佚名：《避难纪略》。《太平天国史料专辑》,第 61 页,上海：上海古籍出版社,1979。）

[编者按：据此可知,规定"业户不得收租",是为了保证佃户有能力完粮。在粮、捐负担轻时,着佃交粮对佃户有利,是符合佃户希望的。当粮、捐负担过重时,对佃户利少或无利。着佃交粮制使太平天国与佃户发生直接的经济利害关系。加以乡官借此谋私,加剧佃农和太平天国基层政权,特别是与乡官的矛盾。在佃户已交粮和乡官借此勒索的情况下,一些乡官又欲代地主收租,与佃农不欲交租的要求抵触,是以发生佃农聚众打乡官、捣毁租局、粮局的事件。]

【江苏省长洲县·咸丰十年十月十七日】[熊万荃同徐少蘧至长洲县]黄埭安民,给示收漕,每亩定六升,连条银共一斗。业主收租五成,先自办米缴新赋。

（龚又村：《自怡日记》。《太平天国》,第六册,第 50 页。罗尔纲、王庆成,桂林：广西师范大学出版社,2004。）

【江苏省吴江县·咸丰十年十一月初三日】贼征银米。各乡村报田数,每亩纳米一斗五升,钱五百。伪旅帅陆续解江。

（倦圃野老：《庚癸纪略》。《太平天国》,第五册,第316页。罗尔纲、王庆成,桂林：广西师范大学出版社,2004。）

【江苏省苏州·咸丰十一年三月】[周]弢甫[赵烈文的妹丈]仆人自木渎来,言吾家物俱在。又言贼在苏收田租,初每亩一斗二升五合,后有人告以苏郡田赋之数,因增每亩五升,其未种之荒田每亩征钱二百五十文,马草十束,此荒田指去年避贼未耕者。

（赵烈文：《能静居日记》。第一册,第299页。长沙：岳麓书社,2013。）

【江苏省吴江县梨里·咸丰十一年五月二日】午前,内人自梨回家,接外父札,知颖公又复开征,每(厶)[亩]四升,作上下条银,价色未定,镇上粗安。

（柳兆薰：《柳兆薰日记》。《太平天国史料专辑》,第188页。上海：上海古籍出版社,1979。）

【江苏省常熟县·咸丰十一年六月十二日】而南乡自朱氏[又村]立总局,又得谋主调停,各局皆遵办,一方赖以安。钱帅[桂仁]奖又村丈之劳,派协办军帅事。城议开捐兵饷,每图派三百千、四百千不等,种农田者五亩以外皆捐。乡官虽有余利,而乡户已被累不堪,一有不应,已链条加颈,甚则杖枷,究非仁政。吴塔伪丞相俞[能富]缘控案夺职,调伪参军窦[长春]驻卡。

（龚又村：《自怡日记》。《太平天国史料丛编简辑》,第四册,第401页。太平天国历史博物馆,北京：中华书局,1962。）

【江苏省吴江县北舍、芦墟·咸丰十一年六月三日】下午,至两公处谈论,北舍局已还租者,佃户来者,不得算偿条银。芦局亦开征‖┴[二七],不准注灾。未免办事太顶真,然亦无如何也。

（柳兆薰：《柳兆薰日记》。《太平天国史料专辑》,第195页。上海：上海古籍出版社,1979。）

【江苏省常熟县·咸丰十一年十一月廿九日】闻朱[又村]局因被讦,现定减收八升。李菊翁酒十筵,以和两造。而粮租壅而复通,然局主已受惩罚矣。

（龚又村：《自怡日记》。《太平天国史料丛编简辑》第四册,第420页。太平天国历史博物馆,北京：中华书局,1962。）

【浙江省宁波·咸丰十一年】十一月壬辰[初八日],粤寇陷宁波府,主将黄呈忠入据道署。下伪令蓄发,易衣冠。冠用长巾,衣用短褂,以黄赤色别高下。改府为郡,郡设伪总制,县设伪监军,乡设伪军帅、师帅,并给印,伪旅帅给旗,罗布诸镇。假祠庙庵观为公所,设座,列刑仗,如衙署制。造田册,编门牌,计亩纳粟[粮米以五亩起捐]。计户纳番银[每户收洋银一元五角,钱百文]。要害之地各设贼峰[? 卡],以控制之。

（奉化《忠义乡志》卷十六。郭廷以：《太平天国史事日志》下册,第 834 页。重庆：商务印书馆,1946。）

【浙江省奉化县·咸丰十一年】 各乡设伪军帅、师帅、旅帅,胁令绅富充当,并给伪印、旗,且令各村进贡,编立门牌,一牌出洋三元五角。未几,开造田册,以五亩以上计算,纳米二斗。

（《剡沅乡志》卷二四,第 8 页。）

[编者按：关于旧赋有无起征点或免征点问题,郭廷以根据《忠义乡志》及《剡沅乡志》的记载,于引用后一条记载时加按语曰："此可见太平天国田赋征收,有一最低限额,五亩以下者免征。"见郭廷以：《太平天国史事日志》,下册,第 839 页。重庆：商务印书馆,1946。简又文说,此五亩起捐之制,并见诸两志书,想为事实,但只限于宁波一地为然,而其他各地均未见施行也。如听王陈炳文所发十二年九月田凭,石门县,四亩八分,仍指令"每年遵照天朝定制完纳银米",是定制无论田额多少,甚至五亩以下者,一律须纳税也。"又观浙江各地田税多有在二斗以下者,如海宁会府户部右编修赵发的漕米执照,十三年分,税额为二升一合五;海宁永天福孙发的漕粮执照,十二年分,税额为一斗一升七合九;海宁会府户部右编修赵发的漕米执照,十三年分,税额一合〇九;庐州无为粮户官经纶的十一年分春纳执照税额二分七厘。可见五亩以下仍照制纳税矣。"再观海盐朗天义陈炳文属下户司员佐理嘉海民务章义群发的易知由单,十一年分,定制每亩赋额一斗,实完四升,可见是以一亩为单位,非五亩也。"综之,宁波奉化一方情形为特殊,不能据以为各地普遍之标准。然由此益可证明天朝田税各处并无划一的定额。（按：现在未得见宁波征税之公据,实情究如何,仍待考）。"见简又文：《太平天国典制通考》上册,第 548 页。按：简又文在这里列的证据,不能得出无免征额之结论,更不能说有免征额的反是特殊,因为：(1) 第一个证据,文件是一般说明有田地者"每年遵照天朝定制完纳银米",但实际定制如何,是另一个问题,可以定制为五亩以下免纳。此文件是否印的统一格式,要见原物。(2) 第二个证据的税额并非实额,而且各地税率不一。所列文件皆为海宁及无为的,可能此两地为特殊。无为上列的只是春纳执照的银额。(3) 第三个证明,"以亩为单位"征税与以五亩起征不矛盾,五亩以下不征,五亩以上每亩一斗,以亩为单位非一定以一亩为起征点,此两回事也。江苏常熟县也是,五亩以下免田捐。龚又村《自怡日记》卷二十：咸丰十一年六月十二日"城议开捐兵饷,每图派三百千、四百千不等;种农田者,五亩以外皆捐"。此问题仍须考证。]

【浙江省海盐县、石门县·天历十一年至十三年】
太平天国十一年至十三年浙江海盐、石门二县的漕赋

县别	时 间	户 名	地 亩 数	漕粮数	1 亩应纳数
海盐	太平天国 11 年	颜令占祭	28 亩 7 分 *	2 石 8 斗 7 升	1 斗
海盐	太平天国 11 年	颜一善金记	5 亩 4 分 5 厘 *	5 斗 4 升 7 合	1 斗
石门	太平天国 12 年	关顺西廷记	田 10 亩 9 分 6 厘 地 2 亩 3 分 9 厘	2 石 1 斗 7 合	田地平均 1 斗 6 升 8 合弱 *
石门	太平天国 12 年	吴加惠	田 12 亩 2 分 地 1 分 8 厘	2 石 2 斗	田地平均 1 斗 7 升 8 合弱 *
石门	太平天国 12 年	范乃春	田 1 亩 9 分 地 5 亩 8 分 9 厘	1 石 2 斗 7 升	田地平均 1 斗 6 升 3 合弱 *
石门	太平天国 12 年	章连桂	田 7 亩 1 分 地 1 亩 2 分	1 石 5 斗 1 升 8 合	田地平均 1 斗 8 升 8 合强 *
石门	太平天国 13 年	关顺昌福记	田 10 亩 9 分 6 厘 地 2 亩 9 分 5 厘	2 石 2 斗 6 升 7 合	田地平均 1 斗 6 升 3 合弱 *
石门	太平天国 13 年	朱皆备	田 52 亩 0 分 7 厘 地 19 亩 2 分	11 石 5 斗	田地平均 1 斗 6 升 1 合强 *
石门	太平天国 13 年	朱鸣玉	田 2 亩 6 分 3 厘 地 2 分	1 石 1 斗	田地平均 1 斗 7 升 6 合

原注：表中有 * 号者为推算之数，无 * 者为公据所载之数。按此表系据太平天国的易知由单编制。

（资料来源：荣孟源：《太平天国有关土地制度的公据》，《新建设》1956 年第八、九期第 37 页。）

【江苏省吴江县·咸丰十一年十月十三日】江震田在局收租。伪职勋天福占管吴邑，令各伪师帅收粮，每亩完米二斗三升。

（蓼村遁客：《虎窟纪略》。《太平天国史料专辑》，第 38 页。上海：上海古籍出版社，1979。）

【江苏省常熟县·同治元年四月二十六日】［福山］靖天福余带长毛三百余人，到庙桥催漕米清帐。又有老余大人在恬庄设局，收每亩七百廿文。

（佚名：《庚申避难日记》。《太平天国史料丛编简辑》，第四册，第 525 页。太平天国历史博物馆，北京：中华书局，1962。）

【江苏省常熟县·同治元年八月二十三日】各师帅出示晓谕,先完早豆粮,每亩三斗。

　　(佚名:《庚申避难日记》。《太平天国史料丛编简辑》,第四册,第535页。太平天国历史博物馆,北京:中华书局,1962。)

【江苏省常熟县·同治元年闰八月三日至六日】各旅帅入城结算上年米账。[常熟慎天义告示,奉慕王,听王之令,征收下忙银。]每亩二百八十文,五日一限,每限长价四十文,一月缴清。

　　(佚名:《庚申避难日记》。《太平天国史料丛编简辑》,第四册,第536页。太平天国历史博物馆,北京:中华书局,1962。)

【江苏省常熟县黄家桥·同治元年九月二十四日】本镇旅帅开仓收米,每亩三斗七升,花田还豆三斗七升,十日一限。

　　(佚名:《庚申避难日记》。《太平天国史料丛编简辑》,第四册,第538页。太平天国历史博物馆,北京:中华书局,1962。)

【江苏省常熟县·同治元年九月二十五日】迩日各处开仓收粮。

　　(佚名:《庚申避难日记》。《太平天国史料丛编简辑》,第四册,第539页。太平天国历史博物馆,北京:中华书局,1962。)

【江苏省常熟县·同治元年】十月初六日,长毛要各师各旅办棉袄、絮胎、稻柴等,俱各办去。

　　十一月廿五日,刻下每亩粮折钱加各项要三千之数。

　　(佚名:《庚申避难日记》。《太平天国史料丛编简辑》,第四册,第539、542页。太平天国历史博物馆,北京:中华书局,1962。)

二、减赋与免征

[含豁免前欠,因荒减征。]

【天历六年】[天王封李秀成为合天侯,任副掌率时,李秀成上奏]"定制恤民","依古制而惠四方","轻世人粮税"。

　　(《李秀成自述》。《中国近代史资料丛刊:太平天国》,Ⅱ,第795—796页。中国史学会编,编者:向达、王重民等,上海:神州国光社,1952。)

【江西省抚州·1856年9月10日】[丁违良博士]报告其于1856年9月10日(阴历

咸丰六年八月十二日)与一卖书商人晤谈所得：

"此商人为江西抚州人，先于是年阳历五月离开本乡。其时，抚州被太平军占领已历数月矣［按：太平军于咸丰六年二月二十日占抚州］。府城原有清兵三千人驻守，一遇险象发生即弃城而遁，留下大炮，甚至其他军械，尽资敌人。太平军到，屯东城下，居民开城迎之。乃先遣八人骑马先入，巡行各街道，安抚百姓。大队乃继之进城。其后派队四出，在各村镇募兵，持有'奉命招兵'大旗。迅即招得志愿军几至万人。新兵不特有衣有食，而且每人得钱百文。旋委任各乡官。知县称监军，其下有四人助之，分管四方城郊地方。本地绅士被邀合作，有被任重职者。而一般士人则被雇用为书手先生。有一少年曾在江西太平军服务多时，得抚州后欲回籍省视孀母。太平军长官准其荣归，赠其老太太以银两丝绸。此事表现他们敬老崇孝，予人至好印象，使人感服。太平军减税至半额。禁止部下屠杀耕牛。凡有暴行祸民者皆严刑惩罚，以故深得民心。而清军则尽反其道，肆行强暴，屠宰农民耕牛，强掳人民妻女，勒索人家财物。"

（丁韪良博士 Dr. Wm.Martin 的报告，载 *North China Herald* No.323，1856 年 10 月 4 日。译文引自简又文：《太平天国典制通考》上册，第 405—406 页。香港：简氏猛进书屋，1958。）

［编者按：此次占抚州者为石达开部下军略余子安，检点黄天用，及三合会指挥黄阳、巢润章等自吉安占抚州。］

【江苏省苏州·咸丰十年至同治二年】［李秀成说：］苏州百姓应纳粮税并未足收，田亩亦是听其造纳，并不深追，是以苏省百姓之念我也。

（《李秀成自述》。《中国近代史资料丛刊：太平天国》，Ⅱ，第 813 页。中国史学会编，编者：向达、王重民等，上海：神州国光社，1952。）

【江苏省·天历十年九月】 天王诏旨

朕诏苏省及所属郡县四民知之：爷哥朕幼坐天京，救民涂炭拯民生，民有饥溺朕饥溺，恫瘝在抱秉至情。何况尔民新归附，前遭妖毒陷害深。复经天兵申天讨，遗家弃产朕悯怜。上帝基督带朕幼，照见民困发政仁，酌减征收舒民力，期无失所安众心。共体爷哥朕幼意，咸遵真道乐太平。

朕览秀胞本奏，历述苏省所属郡县新附四民，前经胡妖抽捐抽税，竭尽尔等脂膏，厚敛重征，同天打斗。兹经天朝统率大众，奉行天讨，救民水炎之中，同申万（郭）[国]归爷天义。勖哉！四民既列版图，各宜遵守条命，信实认真，克守天教。朕又念前时天兵征剿，尔等四民畏惧天威，抛弃家产，今虽欣然就抚，各安农业，际此新天新地之期，未有余一余三之积。朕格外体恤民艰，于尔民应征钱漕正款，（今）[令]该地佐将酌减若干，尔庶民得薄一分赋税，即宽出无限生机。其各体谅朕心，益坚信认，安居乐业，同顶爷哥朕幼纲常，同享真福于万万年也。钦此。

太平天国庚申十年九月二十四日诏。

（《太平天国资料》。科，第3—4页。北京：科学出版社，1959。原件存国家档案局明清档案馆。又，《太平天国》，第三册，第79页。罗尔纲、王庆成，桂林：广西师范大学出版社，2004。）

[编者按：洪秀全于太平天国庚申十年九月颁发这份"谕苏省及所属郡县四民"诏旨后，当年减征的情况不详，但存世的两件东珊县（今吴县东山）民人辛酉十一年、壬戌十二年地丁银完纳执照，均钤有"奉令减免一成，遵照九成完纳"的印记。见廖志豪：《苏州发现的太平天国新文物》，《太平天国学刊》第一辑，第278—279页。可见减免政策在随后的两年是实行了的。]

【江苏省苏州·天历十二年】十二年回转苏州。那时我上江西、湖北招兵之时，将苏州、浙江、嘉兴军务、民务妥交陈坤书执掌，我方去。后十二年回到苏省，民已失散，房屋被拆，良民流泪来禀……苏省之民，又被陈坤书扰坏。后我回省，贴出为民之钱、米，用去甚多，各铺户穷家不能度日者俱给本钱；田家未种，速令开耕。我在省时，斯民概安，仍然照旧发米二万余石，发钱十万余千。发此钱、米之后，百姓安居乐业。后丰足之时，各民愿仍将此本归还。我并不追问，其自肯还我也。后又将郡县百姓民粮、各卡关之税轻收，以酬民苦。

（《李秀成自述》。《中国近代史资料丛刊：太平天国》，Ⅱ，第820—821页。中国史学会编，编者：向达、王重民等，上海：神州国光社，1952。）

【江苏省常熟县·天历十二年二月】盖闻参斨井钺，神霄扬奋武之威；剡矢弦弧，羲易大行师之义。事取乎拯黎戡暴，功归于定乱止戈。振古如兹，于今为烈……溯自庚申春夏之交，奄有苏浙两省之地。虞山高耸，并文德之崇隆；琴水冲融，通武功之振弈。灵贶迭臻，嘉祥洊至。禾苗布帛，均出以时；士农工商，各安其业。平租庸之额赋，准课税之重轻。春树万家，喧起鱼盐之市；夜灯几点，摇来虾菜之船。信民物之殷阜，皆恩德之栽培。爰建绰楔……琴风镜月，同沾化雨之滋。食德饮和，还淳返朴。仰天恩之浩荡，用昭示乎万年。是为序。

（《报恩牌坊碑序》。罗尔纲：《太平天国文物图释》第56页。北京：三联书店，1956。）

[编者按：此碑建于常熟县城南门外丰乐桥。始于天历十二年二月，成于六月。苏州城阊门外亦建有此类碑坊，为李鸿章所毁。事见沧浪钓徒《劫余灰录》。]

【江苏省苏州·同治元年】阊门外建石坊，以"万民感戴，蠲免钱粮"字样。

（柯悟迟：《漏网喁鱼集》，第98页。北京：中华书局，1959。）

【江苏省常熟县、昭文县·同治元年十月】昭境尚称安逸，不过粮饷催逼，愈甚于前。迨后知前守常熟之黄天义伍，领兵调守太城，驱逐前守贼目，互相争竞。及伍贼目专守之下,钱漕松动,苛派删除,赈济难民。吾乡除横泾、自思庵外,全为扰白。常、昭漕米每亩一千四百,杂派层出不穷,耗费不可限量,再有节外生枝,亦非了局。

（柯悟迟：《漏网喁鱼集》,第73页。北京：中华书局,1959。）

【浙江省桐乡县塘南·同治元年十二月初七日】 有麻花漾人岳姓者言塘南各圩,惟近贼卡一圩不编田,其地民房皆毁,荒芜已久,无田可编。其余各圩皆编田,计每亩完粮米四斗半,其斛系丈三百五升,完银子钱六百六十三文,田捐、月捐、卡费每月每亩二百八十文。伪乡官殳阿桂以空屋列木为栅作牢房,凡乡人欠粮者械系之,完米限至初十而至,过期者照南粮额数完纳。计殳所供长毛局米六千担,而计其所编田额当收米万担,盖浮收者皆入己也。附殳者人以百数,殳取乡人材木造屋造船,泥工木工皆捉官差,骄横颇盛。卡上每月征乡人供柴,亦随田额之多少而派。而嘉郡长毛时时至乡打柴截树,又不在供柴之内。

（沈梓：《避寇日记》。《太平天国史料丛编简辑》,第四册,第202页。太平天国历史博物馆,北京：中华书局,1962。）

【浙江省桐乡县·同治二年七月】 二十七日。[何培章]又有告示,从前民欠漕银俱豁,自今六月以后下邨[忙]漕银开征催缴云……二十九日,何谕[除店捐、庙捐外],罢一切捐项。

（沈梓：《避寇日记》。《太平天国史料丛编简辑》,第四册,第267页。太平天国历史博物馆,北京：中华书局,1962。）

【浙江省吴兴县双林镇】 然田税转轻于昔,仅依旧额取十之五六,且仅冬季征米而已。

（蔡雪樵《兵灾记》。民国《双林镇志》卷三十二。）

【江西省】 贼假仁义使地方相安……贼又善取之,轻取之,民渐有乐于相间之意。陷贼日久,与贼相安。

（雷寿南：《雷竹安先生文集》。）

【江苏省苏州·天历十二年】 伪苏福省文将帅李文炳、伪苏州府总制何信义等,为忠逆建白石坊于阊门。其文曰："蠲免钱粮,惠德汪洋,永乐其利,民不能忘。恭颂精忠军师忠义忠王荣千岁德政。苏州府长、元、吴三县各军绅耆士庶公立。"

（谢绥之：《燐血丛钞》卷三。《太平天国史料专辑》,第410页。上海：上海古籍出版社,1979。）

【江苏省苏州·同治三年】 李少荃宫保问："阊门外白石牌坊何以建于伪忠王耶?"民以减粮对,皆军、旅、师帅捐建者。盖赋莫重于江苏省,而松江一府之粮尚重于福建全省之粮,屡奏屡格。自克复后,潘相国之孙祖荫上书请减,上许之,免四成之赋。万民颂恩,乃毁伪牌坊也。

牌坊题四字,乃"民不能忘",亦有微意。汤斌抚吴,建万年桥成,此四字建坊,志不忘恩也。贼至建坊,亦此四字,志不忘恨也。轻粮之说,或者有之,并非一时权宜之对耳。

(沧浪钓徒:《劫余灰录》。《太平天国史料丛编简辑》,第二册,第149页。太平天国历史博物馆,北京:中华书局,1962。)

三、实收粮额与征收绩效

【湖北省、安徽省、江西省·1856年】天朝在湖北之一部,安徽之大部,江西几乎全部[只南昌、赣州两郡为例外],均抽税,税收有定规。有一书店老板言:"安徽太平军抽收税饷,其税率低于清廷所抽者。"又有杭州土人闻自一商人云:"曾见太平军领袖出示规定税率及征税规则。"[简又文按:此设施比后期在苏浙两省为优。]又曾遇一江西商人之旅居安庆者,问其生意如何,则答云"长毛对待我们殊好"(remarkably well),续言,他们[商人]"还可以与非天朝治下的区域做生意;彼本人即剃了发,由安庆到江西经商者"。[简又文按,此乃自由商业政策之实施也。]太平军占领江西大部之后,人民享受太平之福,在新朝统治下,安居乐业,各务本业。

("T"论曰)由以下三点:

(一)天朝领域广大,人民众多,可比之欧洲强国;其人民废除满服装而恢复大明衣冠[不剃发];

(二)在此广大区域中[至少一大部分],人民纳税于天朝以供养天京的政府;

(三)开科取士使人民得自由竞取功名及官职;——可以证明革命军显著地确为事实的政府。其施政当然仍以军事为重,但已表露民政组织的迹象[简又文按:此即指各地方乡官],而为期已历三年,且日事扩大。是故结论:我们可以承认其为独立的而不至违反中立政策及历史前例。

(摘译:"T"报告之原文,载 *North China Herald* No.319.1856年8月16日。简又文:《太平天国典制通考》上册,第404—405页。香港:简氏猛进书屋,1958。)

[编者按:*North China Herald*,或译《华北先驱》或译《北华捷报》。]

【安徽省桐城县·咸丰四至七年】太平天国中军安徽省安庆郡桐城县东门南乡羊军涧、涧堡后一营军帅丁管下朱浣曾的负担:

	四年	五年	六年	七年
田山 亩数		3.5 亩[0.705 亩?]		3.5 亩
漕米数（纳米执照）	1.92 斗	(正漕米)0.4 斗	(正漕米)1.84 斗	
上忙地丁银（春纳）		1.60 钱		1.69 钱
下忙地丁银（秋纳）	1.71 钱	0.31 钱		1.69 钱
执照上字的变化		年字之"乙荣五"三字已是齐钱印的。"乡"字前已填有"五"字。"荣"字前填有"后一"二字。"监军行照"几字已删去。	"桐城"似由墨写改为木印上。"乡"字由"区"字改为"丁"字。"军"前已印上"中"字。"省"字前印上"安徽"。	"中军安徽省安庆郡桐城县"已全印上。"丁"字移至"算下"前。原"算下"二字前未有空格。

[根据前述朱浣曾的执照整理。]

【安徽省潜山县·咸丰七年】 闰五月,大饥。[斗米八百钱。]

贼勒征上忙地丁银。

秋七月,贼勒征下忙地丁银,每亩复收钱二百文。限同缴。

冬十月,贼勒每亩收钱二百文。

(储枝芙：《皖樵纪实》卷上。《太平天国》,第五册,第 40 页。罗尔纲、王庆成,桂林：广西师范大学出版社,2004。)

【江苏省吴江县新郭·咸丰十年九月】 出贼示,胁人完粮,熟田每亩完米三斗,荒田每亩完米五升,其有业主徙避他方者,佃户代完。皆乡官造册办理。

(蓼村遁客：《虎窟纪略》。《太平天国史料专辑》,第 26 页。上海：上海古籍出版社,1979。)

【江苏省吴江·咸丰十年十一月初三日】 贼征银米,各乡村报田数,每亩纳米一斗五升,钱五百。伪旅帅陆续解江。

(倦圃野老：《庚癸纪略》。《太平天国资料》,第 100 页。北京：科学出版社,1959。)

【江苏省常熟县黄埭·咸丰十年十月十七日】 闻徐少蘧素为贼惮,惜以郡县均失,孤军无援,不能大肆剿洗,为贼帅笼络,强授以同检官衔,白玉微瑕,众所鉴谅。伪帅熊姓逼令同至黄埭安民,给示收漕,每亩定六升,连条银共一斗,业主租收五成,先自办米缴新赋。

(龚又村:《自怡日记》。《太平天国》,第六册,罗尔纲、王庆成,桂林:广西师范大学出版社,2004。)

【江苏省常熟县、昭文县·咸丰十年十一月中旬】[昭文军帅夏晓堂、严逸耕等,立局小东门外]随着下属百长、司马各伪官内[疑为衍字],即经造地方等,各接其伪谕单,于四乡细查佃户所种,并自业田亩、房屋、地基、坟墓等粮数目,按图开载造册,呈送贼目孙姓,发下收粮。即着伪师帅在本地设局,征收当年钱粮。每亩完纳糙米三斗,折价七百二十文,附收下忙银二百文,外役费七十文。不论额之轻重,田之腴瘠。又如延误日期,再行增益。所开田数中多蔽匿,私收肥己。乡官侵吞余利,犹得美产,托言垫赔经费,抵补亏欠。乡农各佃既免还租,踊跃完纳,速于平时,无敢抗欠。又因本年岁稔丰收,或抢夺有余,故皆欲买静求安也。各伪官收毕钱粮,无不发财。

(汤氏辑:《鳅闻日记》卷下。《近代史资料》1963年第1期第110页。又见《太平天国》,第六册,第338—339页。罗尔纲、王庆成,桂林:广西师范大学出版社,2004。)

【江苏省太仓州、镇洋县·咸丰十年十一月至十一年正月】[咸丰十年十一月二十日]闻太城中贼匪收粮,每亩收钱一千,米一斗。胡家市王万为军帅,今日开仓。

[同月二十四日]各处收粮甚紧急,乡人奉公异常,后之官长收漕更觉刻毒。

[同月二十五日]浮桥一带合十七图乡追杀长毛为师帅者,已杀去四人矣。

[十二月十七日]闻伪太仓县姓余,伪镇洋县姓丁。余其姓者因租价太贵,激成浮桥之变,丁其姓者参禀,亦奇事也。

(佚名:《避兵日记》。抄本。)

【安徽省贵池县·天历十年】新近发现太平天国安徽省池州郡桂池县监军颁发给粮户汪一新等人的粮赋执照凡三件,[①]其中有"粮户致良堂实田伍亩陆分,完太平天国庚申年分正漕银叁钱肆分壹厘"的"秋纳执照"一张,说明该年桂池县每亩完纳赋银为六分零。

(郭毅生:《太平天国的田赋政策》。北京太平天国历史研究会编《太平天国学刊》,第一辑,第162页,北京:中华书局,1983。)

【浙江省嘉善县·咸丰十年十二月】初四日,余至镇,闻嘉善县已收粮,贼令本地举人

---

① 这三件执照,一为桂池县监军发给汪一新完纳"太平天国丁巳年分正漕米柒升柒合"的"纳米执照",一为桂池县监军发给汪培根完纳"太平天国庚申年分正漕银伍钱三分五正"的"春纳执照",一为桂池县监军发给致粮堂的"秋纳执照"。原件为毛边纸墨印,加填户名,与钱漕数额等项,加盖"太平天国安徽省池州郡桂池县监军"官印。

顾午花为伪县令,漕米收一斗六升半云。余初闻以为浙江困贪官久矣,以至皇舆版荡如此,岂知顾[名应榴,己亥举人]平时包漕米,主词诉,豪横乡里。其收漕也,仍用故衙门吏胥,仍贪酷旧规,以零尖插替,浮收三石、四石不等,百姓大怨。又有陶庄举人袁姓,承伪命,于陶庄收漕,亦如此。翌年春间皆为乡人所杀。而顾死尤酷,裂其尸为四五块。贼以顾为忠,复焚劫民间为顾复仇云。

(沈梓:《避寇日记》。《太平天国》,第八册,第 45 页。罗尔纲、王庆成,桂林:广西师范大学出版社,2004。)

【江苏省太仓州、镇洋县·咸丰十一年正月十三日】陆伪钦差出示,颇有道理:业田者依旧收租,收租者依旧完粮。

(佚名:《避兵日记》。抄本。)

【浙江省海盐县·咸丰十一年】五月,贼匪勒贡渐横。通元黄八十从贼设局,向承办七图贡银共万余千,已民不堪命。海盐全县核办三万两。至四月初七日,又勒加万五千。并欲征银,每两七折,价二千零五十。茶院陈雨春,人颇诡谲,向办贡事,暗中指点,自谓可以瞒众。至征银事起,遂与奸书王竹川盘踞局中,炙手可畏……五月初,又欲分门牌,写人丁,每牌一元四角,每人日征二十文,每灶日一百,行灶五十。五月初九日,用枪船先追完田银。士农畏其虎势,无不输钱完纳,仍以咸丰十年串票发之,至十一日共完千余。两局立班房于黑暗处,上下立栅,止容四人,常五、六人入焉。大链系之,吓解屿城,必得清缴而[后]出。轻者推入马棚。又闻屿城贼访得殷富者五人,札谕为师帅,办门牌,先欲借洋五百为填款。此皆八贼指点,借此图肥。于是道路以目,敢怒而不敢言。局中常聚五六十人,耗费日数十千。所收钱文,与贼不过什之一二。可怜割万民剜肉补疮之资,填匪类之欲壑,故入其党者罔不桀犬吠尧。五月初九日,竟将门牌、灶费及外庄田银尽行发动,初十日为始,毋延顷刻。间有业主趁势收租,亦借枪船恐吓,追取甚紧。

(冯氏:《花溪日记》。《中国近代史资料丛刊:太平天国》,Ⅵ,第 679 页。中国史学会编,编者:向达、王重民等,上海:神州国光社,1952。)

【浙江省桐乡县·咸丰十一年】六月下旬,严墓之符天燕新转福爵,人品温雅,有局量,与彼处甚有恩信,量移桐乡,兼隶乌镇及石门镇之东北乡。七月初莅任,出示禁赌博,拿匪棍。其按部石镇也,羽仪甚盛,有万民伞宠其行色,盖严墓人所给送者。初定税敛,尚不为苛,条银每亩一钱□分,价止二百余文,民颇德之,著为令。□石门镇东北乡,自二十都起旧隶桐乡,待天福业经至镇出示统辖在内,僚天福还欲得之。七月中,自请于朗天义,下札谕剖以与之,意在贪其土地、人民,未顾疆邑之各有属也。

(佚名:《寇难琐记》卷一,手抄本。南京大学历史系太平天国史研究室编《江浙豫皖太平天国史料选编》,第 154 页,南京:江苏人民出版社,1983。)

【江苏省常熟县·咸丰十一年十一月初十日】闻新进士文者官统制,武者官□□,防后来试士裹足,不令留京。回籍包揽词讼,阴图局规。忩人捏浮收之弊,诬告乡官,朱[又村]局遂至被控。实则七斗二升,连租在内,况兑斛大于收斛,欲减不能。城帅过听谤辞,定粮三等:上田办二斗二升;中田办二斗;下田办一斗八升。水没者豁免。局费五升。田凭费八升。余归租款。各局不便更张,权减折价,每石二千四百文。城帅又恐斛有宽窄,定秤米石每担二百五十斤。南乡粮租并收,其[他]三乡但有粮局。业户几不聊生,况翁、庞、杨、王诸宦,注明原籍,田尽入公,伪官目为妖产,设局收租。惟剿东北土匪,良莠稍分……所拿各犯解城讯明,分别诛赦,唯拒敌者即斩。

(龚又村:《自怡日记》。《太平天国》,第六册,第 82 页。罗尔纲、王庆成,桂林:广西师范大学出版社,2004。)

【浙江省诸暨县·天历十一年十月二十七日】恋天福董顺泰为令完粮以济军饷劝谕

然同袍之将,执戟之兵,虽有忠心,岂能枵腹?业各有主,未可屯田;民既受招,又难掠野。凡在军籍,必须散粮;况守城垣,尤宜积粟。若按户摊派,贫富未免不均;而论产征粮,输纳尚为易举。除饬庄书呈送粮册核征外,合行示谕治下居民知悉:新中田每亩完纳白米壹升五合,纹银壹分五厘;额上田每亩完纳白米贰升五合,纹银贰分五厘;下田每亩完纳白米壹升,纹银五厘;额地每亩完纹[银]壹分捌厘;新地每亩完纹[银]壹分贰厘;山每亩完纹[银]三厘五毛;塘每亩完纹[银]贰厘四毛。分地产所出之息,为天朝维正之供。勿遗勿漏,致干匿税之诛;毋玩毋延,共免追比之苦。限十一月初十日扫数(菁)[清]完,逾限倍征。同遵天父之麻命,相为天国之良民。如有隐匿,封产入公,如若迟延,枷号责比,勿负本爵之抚恤群黎,兼欲尔等之保全家业,各期踊跃,共效忠贞。特谕。

太平天国辛酉拾壹年拾月念柒日示。

(《太平天国》,第三册,第 119—120 页。罗尔纲、王庆成,桂林:广西师范大学出版社,2004。)

【浙江省绍兴县·咸丰十一年】贼来正值秋收,是岁大歉,田家输租不过三分,而贼命乡官勒收,每亩索米三斗。

(高昌寒食生:《劫火纪焚》。《江海学刊》,1961 年第 2 期第 28 页。)

【浙江省石门县·天历十一年】

给由预便漕完年拾辛天太
执单知民粮纳分壹酉国平

天朝九门御林开朝勋臣佐镇石门县妥天福滕
预给由单备办干洁好米遵期赍票运米赴仓□
漕粮换给执照今据
东二都七图
田地　五亩二分一厘
　　　　　　吴世杰
荡滩
应征漕米八斗四升九
天父天兄天王太平天国辛酉十一年
　　月
　　日

（简又文藏品。简又文：《太平天国典制通考》上册，第九篇插图十六。香港：简氏猛进书屋，1958。在应完漕米数字及年月日上盖有印文。）

【浙江省石门县·天历十一年】

给由预便漕完年拾辛天太
执单知民粮纳分壹酉国平

天朝九门御林开朝勋臣佐镇石门县妥天福滕
为预给由单备办干洁好米遵期赍票运米赴
仓完纳　漕粮换给执照今据
四都东三图
田地　六亩七分
　　　　　　沈庆馀
荡滩
应征漕米一石九升
天父天兄天王太平天国辛酉十一年
　　月
　　日给

（郭若愚：《太平天国革命文物图录补编》六四。上海：上海群联出版社，1955。印文："太平天国浙江省石门县前营军帅。"）

【江苏省吴江县芦墟·咸丰十一年十月】十一日,骤晴。朝粥后,与小云、外父,玖丈聚谈,出门见龚示,赋每一斗四升,正耗一升四合,要白米,价六千,银正三百三十,耗七十。租见匡示,谕设三局,要镇上各家统办,不得私自下乡收取。真所谓一网打尽,暴横甚于盗也。今岁收成不过七八分,各乡积水淹没未收,如此章程,真民不聊生也。下午,静坐。与诸君谈心,知田为累事,今始验也。各人各家均难吃饭。夜话更余就寝。

十二日,晴,略冷。午前舟来,外父留中饭而返。又见龚示,银赋并收,可骇,悉索殆尽。

(柳兆薰:《柳兆薰日记》。《太平天国史料专辑》,第216—217页。上海:上海古籍出版社,1979。)

【安徽省芜湖县、太平府·咸丰十一年二月十八日(公元三月二十八日)】巴等[巴夏礼及 Bouncer 舰长 Creasy]过芜湖及太平府,上岸视察。据云:当地女多于男,鸦片可自由吸食,每田一亩收粮四升。当日抵天京。

(简又文:《太平天国典制通考》中册,第946页。香港:简氏猛进书屋,1958。)

[编者按:安庆守将曾请巴夏礼到南京转告干王,亟运粮米油盐前来接济。]

【江苏省吴江·咸丰十一年五月初二日】贼征上下忙银,每亩一百八十文,耗六十余文。后加至三百五十文。红粉每亩米一斗折算,看稻钱每亩每日一文。

[九月二十四日]贼征下忙银并本年粮米,每亩一斗八升,秤见折八升,红粉一斗,价俱四千,每亩计完米四斗一升。

(倦圃野老:《庚癸纪略》。《太平天国资料》,第102、103页。北京:科学出版社,1959。)

【江苏省常熟县·咸丰十一年十月】初六日,[有长毛十余人来镇]查田亩册。又有催下忙银长毛,共有二十余人。

(佚名:《庚申避难日记》。《太平天国史料丛编简辑》,第四册,第513页。太平天国历史博物馆,北京:中华书局,1962。)

【江苏省常熟县·咸丰十一年十月十一日】[庙桥馆主黄长毛等三人]又来镇查田亩册。

(佚名:《庚申避难日记》。《太平天国史料丛编简辑》,第四册,第513页。太平天国历史博物馆,北京:中华书局,1962。)

【江苏省常熟县黄家桥·咸丰十一年十一月五日】长毛来往不一,有查田者,有催粮者。

(佚名:《庚申避难日记》。《太平天国史料丛编简辑》,第四册,第515页。太平天国历史博物馆,北京：中华书局,1962。)

【浙江省乌程县、桐乡县·同治元年】是岁,伪粮无折局,概行完米。程邑仍归何逆收,伪军帅王大司之,每亩白米二斗,加耗每亩钱二百。桐邑仍归钟逆收,伪军帅吴某司之,每亩糙米二斗,并加耗钱每亩二百。

除夕,东市缎铺为守岁宴,行令猜拳,项逆适过,闻之,怒而□之而归,以诉董某,以为不奉贼正朔也。

(皇甫元垲：《寇难纪略》,抄本。抄本现藏桐乡市图书馆。)

【江苏省常熟县·同治元年正月】十三至十六日,[沙上]王元昌取长毛所取沙田之粮,约有千石。

(佚名：《庚申避难日记》。《太平天国史料丛编简辑》,第四册,第518页。太平天国历史博物馆,北京：中华书局,1962。)

【浙江省嘉兴、秀水、桐乡诸县·同治元年二月】嘉兴,田捐每亩每日一文,房捐每间每日三文,粮米每亩完四斗八升[过期完五斗二升],银子每亩□千文,修海塘费每田廿亩派钱三十千,造听王殿费亦如之,柴捐每亩每十日解五斤[每田□亩二百五十斤],每斤三文,解费二百五十文。

秀水,每亩粮米大斛四斗,银子六百。

桐乡,田捐每亩每月二百文,办三个月,乡人不给,镇上借派股捐一月以□之。

(沈梓：《避寇日记》。《太平天国史料丛编简辑》,第四册,第211页。太平天国历史博物馆,北京：中华书局,1962。)

【江苏省吴江县芦墟胜溪·同治元年三月三日】下午,龚[梅]回,知孙局与巢匪争斗事,老贝公[费玉成]出来讲和,款粮亦已谈定。吉老现已出去算账。晚间回来,云均了(吉)[结]。总之,此事居间人不直落。

(柳兆薰：《柳兆薰日记》。《太平天国史料专辑》,第244页。上海：上海古籍出版社,1979。)

【江苏省常熟县·同治元年十一月初七日】迩日长毛催取银钱诸款,甚多到镇。而余姓四老大人尤为利害,带领长毛六七十人,先到鹿苑住二三日,到塘桥一日,名为查田,实则索取银钱而已。[又,初八、十七日、廿四日来人,"索取诸项,催款,催粮"。]

(佚名：《庚申避难日记》。《太平天国史料丛编简辑》,第四册,第540—541页。太平天国历史博物馆,北京：中华书局,1962。)

【江苏省常熟县·同治元年三月初九日】见报恩坊新造,在丰乐桥堍,是匪党及乡官为伪忠王而建。

（龚又村：《自怡日记》。《太平天国史料丛编简辑》，第四册，第436页。太平天国历史博物馆，北京：中华书局，1962。）

【浙江省秀水县·同治元年九月十八日】 新塍四乡□□□粮米加四分，秀水县责共办粮米七千万，其实不过四千万。

（沈梓：《避寇日记》。《太平天国史料丛编简辑》，第四册，第226页。太平天国历史博物馆，北京：中华书局，1962。）

【江苏省长洲县·天历十二年九月十八日】

开朝勋臣斑天安办理长洲军民事务黄为酌定还租以抒佃力而昭平允事：

照得粮从租办，理所当然。今昔情形，是宜区别。向来地丁、（糟）[漕]粮、田捐、税契，无一不由业户自行完纳。每遇水旱，借种、借资，业户、佃户情同一室，彼此相顾。我天朝克复苏省，安抚之后，甫征之初，即经前爵宪熊，推念在城业户，流离未归，出示晓（喻）[谕]，姑着各佃户代完地（糟）[漕]，俟户主归来，照租额算找。其在乡业户，仍自行完纳，照旧收租，不准抗霸。（尚）[上]年又经招业收租，并饬抚天侯徐，饬令各乡官设局照料，毋使归来业户，徒指望梅，各在案。乃因未定租额，致有五斗、二斗、籽粒无着者，苦乐不均。盖由佃户畏强欺弱，亦由乡官弹压不周，殊负忠王暨熊爵宪笃实爱民之意。本年入夏欠雨，车水栽秧，米价骤昂。高区佃户，工本数倍在田，而应征正杂款项，大率出于佃户代完。现今下忙以及（糟）[漕]粮，通盘核计，为数已巨，若属实情，是宜量加体恤。今本爵宪酌定：还租自完田凭者，每亩三斗三升；佃户代完者，每亩二斗五升，高区八折，以抒佃力而昭平允。除委员率同各军乡官设局照料弹压外，合行出示晓（喻）[谕]。为此（喻）[谕]仰在城在乡各业户，承种各佃户知悉：尔等各具天良，平心行事，均各照额还收，不得各怀私臆。无论乡官田产，事同一律。如有顽佃抗还吞租，许即送局比追。倘有豪强业户势压苦收，不顾穷佃力殚，亦许该佃户据实指名，禀报来辕，以凭提究，当以玩视民瘼治罪。其各凛遵毋违。特示。

天父天兄天王太平天国壬戌十二年九月十八日示。

（《太平天国谕札》，《黄××告示》。《近代史资料》，总34号，第2—3页。又见《太平天国》，第三册，第155—156页。罗尔纲、王庆成，桂林：广西师范大学出版社，2004。）

【江苏省绍兴·同治元年九月】 九月，贼复以伪朝将周文嘉为坐镇，兼摄山、会两邑，撤船卡及刘某各属卡务，催粮饷甚急。初贼攻包村，各路贼兵皆集勒乡官，每师一礼拜解米百余石，包村破后，稍缓。至是，官军信渐急，贼将为守城计，征索益多，稍逡巡，即系之，笞朴交下，乡官亦疲于奔命矣。时届秋收，文嘉张示征厘谷，约以三分归佃者，以三分作兵粮，以四分归田主，田主收租，必领局票，票有费甚重。越民自贼来，屡遭剽掠，加以诛求无厌，室如磬悬，中人之家薄田数亩，为累更多，所望秋收稍丰，得暂延一丝残喘耳，今割裂如此,民益困矣。

（王彝寿：《越难志》。《太平天国》,第五册,第 153 页。罗尔纲、王庆成,桂林：广西师范大学出版社,2004。）

【浙江省桐乡县乌镇·同治元年十月十九日】 粮米每亩四斗。

（沈梓：《避寇日记》。《太平天国史料丛编简辑》,第四册,第 195 页。太平天国历史博物馆,北京：中华书局,1962。）

【江苏省常熟县·同治元年十一月】 现在城隍庙师帅局征比司马、百长、粮户甚严,横行鞭挞,日夜不停。刻下每亩粮折钱加各项,要三千之数。

（佚名：《庚申避难日记》。《太平天国史料丛编简辑》,第四册,第 542 页。太平天国历史博物馆,北京：中华书局,1962。）

【江苏省常熟县·咸丰十一年十二月十二日】 吴塔各局得官兵之信,不专办粮,完粮者观望徘徊,几至中阻。徐[少蘧]局檄朱、蒋两局速备枪船,兼捐军饷。

（龚又村：《自怡日记》。《太平天国史料丛编简辑》,第四册,第 421—422 页。太平天国历史博物馆,北京：中华书局,1962。）

【江西省湖口县·咸丰十一年】 初,贼在湖口设立伪官,押征钱粮。官军到,民间自咸丰三年来所应完钱粮,完纳殆尽。至十一年,诏十年以前,概行豁免。

（张宿煌：《备志纪年》。《近代史资料》总 34 号。第 193 页。北京：中华书局,1964。）

【江苏省常熟县·同治元年九月二十五日】 赴收粮总局……见粮米已解,粮户赶头限,拥挤仓场。博局多败,戏台又搭朱宅后,花船齐泊,小市喧阗。

（龚又村：《自怡日记》。《太平天国史料丛编简辑》,第四册,第 470 页。太平天国历史博物馆,北京：中华书局,1962。）

【江苏省常熟县·同治元年】 十一月廿八日,主将钱[桂仁]到苏[州]去。廿九日亥时骤变,顿时杀不变长毛。闻主将钱于郡城逃出,现在[十二月初七日]永昌徐姓[少蘧]家。骆姓[国忠]抄其馆中元宝六百万余。

（佚名：《庚申避难日记》。《太平天国史料丛编简辑》,第四册,第 544 页。太平天国历史博物馆,北京：中华书局,1962。）

【江苏省常熟县·同治元年十二月初九日】 城中已到前知县周沐润,现在盘库,盘见元宝九百几十万只。

（佚名：《庚申避难日记》。《太平天国史料丛编简辑》,第四册,第 544 页。太平天国

历史博物馆,北京:中华书局,1962。)

【浙江省乌程县、桐乡县·同治二年】 是岁秋冬间,贼禁网少弛,惟卡税益增,田赋益急。两邑田粮,皆赴奉真观伪局完纳。东则仍以严宅为仓廒,西则设于沈宅,每亩收白米二斗,外丁银每亩二钱,饷捐每亩二钱,柴捐每亩二分。十月初开仓,十二月而毕。纳粮者先赴折局,将所索地丁、柴饷各项银照单缴齐,给与收票,然后赴观局验票完米,无票者不收。每银一钱,折钱二百六十文。局设旧时盐业公所,以董某之孙主之,爵伪侯,给木印一,董揣贼将败,匿印不用。先是何之代钟逆也,桐邑地丁军饷,是年春夏以前,钟逆已收过半,何至,揭伪示,于桐前所未完者概免,董某欲擅其利,使其党湖府廪生何某、桐邑监生张某,探粮户之未完银者以告,阴刊伪票曰"奉令补收",而镇人未之知也。余从兄敦夫,有田百亩,旧于何张为姻,何恬之,以户告,随摘辛酉陈银若干两,发伪差执票押索。将縶兄赴局,兄纳钱二十贯,不足,继以金饰代,乃免。其鱼肉乡里如此。

(皇甫元垲:《寇难纪略》,抄本。抄本现藏桐乡市图书馆。)

【浙江省桐乡县·同治二年】 七月初十后,钟[良相]传伪谕,征收桐乡各属粮银,索濮镇三千金,限三日解齐。仅解二千四百洋。

(沈梓:《避寇日记》。《太平天国史料丛编简辑》,第四册,第 266 页。太平天国历史博物馆,北京:中华书局,1962。)

【浙江省桐乡县·同治二年十二月初三日】 桐乡粮米本系清册,田地一律完纳,每亩白米二斗,费四百文,外加田捐每日一文,着田主缴完,银子另征。

(沈梓:《避寇日记》。《太平天国史料丛编简辑》,第四册,第 288 页。太平天国历史博物馆,北京:中华书局,1962。)

【江苏省苏州城内】 又苏城众伪官为忠逆立石牌坊于阊门外,横题"民不能忘"四字,致抄袭胥门外汤文正公德政坊之字,令人发指。[苏垣克复,遂毁此坊。]

(潘钟瑞:《苏台麋鹿记》,卷下。《中国近代史资料丛刊:太平天国》,Ⅴ,第 302 页。中国史学会编,编者:向达、王重民等,上海:神州国光社,1952。)

【浙江省桐乡县濮院·咸丰十一年至同治元年】 吾镇殷户悉索已空,生意不集,市上又无从收括。[因有张蘋村与王花大的矛盾,濮院皆未交足征额,从此可见捐税收入上的大弊病。]计春间所派海塘费二万金,吾镇只缴二千元。六月中,计民欠漕米九百担,着乡官摊赔,应派七千余元,吾镇只交五百元。

(沈梓:《避寇日记》。《太平天国史料丛编简辑》,第四册,第 234 页。太平天国历史博物馆,北京:中华书局,1962。)

【浙江省海宁县·同治二年十月】初五日,宁贼开仓征漕,恐盖匪要劫,分军帅等各随地收办,价分三、五、七,有逼死人,所完不过十之二三。

[九月]二十三日,海宁贼治平道路,计阔一丈,皆自城至花溪、硖石、黄湾、尖山诸地方,有过大队,五马并行等语。

（冯氏:《花溪日记》。《中国近代史资料丛刊:太平天国》,Ⅵ,第712页。中国史学会编,编者:向达、王重民等,上海:神州国光社,1952。）

太平天国苏福省地租、田赋与清方比较表

年份	县镇数额项目	地　租			田　粮(斗)			赋　银(钱)		
		清方原额	太平天国地租额	太平天国减租比例	清方原额	太平天国田粮额	太平天国减粮比例	清方原额	太平天国赋额	太平天国减赋比例
太平天国庚申十年（一八六〇年）	长洲县黄棣镇	十成	五成	50%	3.75	0.60	83.8%	1.41	0.80	46.1%
	吴江县同里镇	十成	着佃交粮,业户不得收租	100%	3.60	1.50	58.3%	2.17[①]	0.80	63.2%
	震泽县利里镇	十成(15斗)	三成(4.5斗)	70%	3.60	1.30	61.2%	2.17	缺	—
	昭文县东乡	十成	着佃交粮,业户不得收租	100%	3.70	3.00	19.0%	1.03	0.92	10.7%
太平天国辛酉十一年（一八六一年）	吴县	—	—	—	3.44	2.30	33.1%	1.66(十成)	1.49(九成)	10.0%
	吴江县芦墟镇	十成(15斗)	五成半(8.4斗)	45%	3.60	1.54	57.2%	2.17	缺	—
	常熟县北桥镇	十成	三成	70%	3.70[②]	2.20	40.6%	1.04	0.92	11.5%
	常熟县莘庄	十成(12斗)	约五成半(6.5斗)	45.8%	3.70	3.70	00.0%	1.04	0.92	11.5%
	昭文县东乡	十成	着佃交粮,业户不得收租	100%	3.70	2.20	40.6%	1.03	0.92	10.7%

注:① 据(民国)《吴县志》卷四十五"田赋二"第19页。
② 常昭额征上田每亩3.20斗,但官斛加五,故每亩实征3.70斗。
（郭毅生:《太平天国的田赋政策》。北京太平天国历史研究会编《太平天国学刊》,第一辑,第179页。北京:中华书局,1983。）

下面就太平天国辛酉(1861年)、壬戌(1862年)、癸开(1863年)三年间在浙江省石门县颁发的《由单》，按年份各取十件，将内容列表于下。

太平天国辛酉拾壹年(1861年)石门县《便民预知由单》明晰表

户　名	田地坐落	田地亩数	应征漕粮数（斗）	每亩平均漕粮数（斗）	颁发主管人	资　料　来　源
1. 沈庆馀	4都东3图	田 6.70 亩 地——	10.9 斗	1.627 斗	天朝"佐镇石门县妥天福滕"	《太平天国文物图录补编》第64号
2. 吴世杰	东2都7图	田 5.21 亩 地——	8.49 斗	1.630 斗	同　上	《太平天国典制通考》上册，《田政考》第16图
3. 金康章	15都14图	田 5.88 亩 地 2.45 亩	13.58 斗	1.630 斗	同　上	浙江省博物馆藏
4. 吴体仁	14都2图	田—— 地 1.10 亩	1.68 斗	1.630 斗	同　上	同　上
5. 朱茂如	14都6图	田 4.70 亩 地 1.90 亩	10.76 斗	1.630 斗	同　上	同　上
6. 口大兴	14都6图	田 3.70 亩 地 2.30 亩	9.78 斗	1.630 斗	同　上	同　上
7. 朱世方	15都1图	田 2.60 亩 地 2.70 亩	8.64 斗	1.630 斗	同　上	同　上
8. 钮峰高	15都7图	田 0.33 亩 地 0.77 亩	1.79 斗	1.627 斗	同　上	同　上
9. 庄士标	15都7图	田 0.31 亩 地 0.11 亩	0.68 斗	1.620 斗	同　上	同　上
10. 戴以揆	19都5图	田 4.00 亩 地 2.50 亩	10.60 斗	1.630 斗	同　上	同　上

太平天国壬戌拾贰年(1862年)石门县《便民预知由单》明晰表

户　名	田地坐落	田地亩数	应征漕粮数（斗）	每亩平均漕粮数（斗）	颁发主管人	资　料　来　源
1. 关顺昌廷记	3都3图	田 10.96 亩 地 2.39 亩	21.76 斗	1.630 斗	殿前又副掌率任浙江省天军主将邓	《太平天国文物图录》第70号
2. 吴加惠	东3都7图	田 12.21 亩 地 0.18 亩	20.20 斗	1.630 斗	同　上	同上第71号

户 名	田地坐落	田地亩数	应征漕粮数（斗）	每亩平均漕粮数（斗）	颁发主管人	资 料 来 源
3. 范万春	3 都 7 图	田 1.91 亩 地 5.89 亩	12.71 斗	1.630 斗	同 上	同上第 72 号
4. 马茂贞	14 都 2 图	田 0.42 亩 地 0.61 亩	1.68 斗	1.631 斗	同 上	浙江省博物馆藏,参见《文物》1963 年第 11 期
5. 唐祭尧	14 都 4 图	田 3.81 亩 地 0.43 亩	6.92 斗	1.632 斗	同 上	同 上
6. 袁兰芬	14 都 4 图	田 1.10 亩 地——	1.80 斗	1.636 斗	同 上	同 上
7. 章连桂	14 都 7 图	田 7.14 亩 地 1.20 亩 滩 0.97 亩	15.18 斗	1.630 斗	同 上	《太平天国文物图录》（续编）第 68 号
8. 金学章	15 都 14 图	田 7.12 亩 地 2.97 亩	16.45 斗	1.630 斗	同 上	浙江省博物馆藏,参见《文物》1963 年第 11 期
9. 唐国瑞	15 都 14 图	田 8.01 亩 地 5.89 亩	22.67 斗	1.631 斗	同 上	同 上
10.劳万舜	17 都 3 图	田 12.15 亩 地 5.95 亩	29.50 斗	1.630 斗	同 上	同 上

太平天国辛酉拾叁年(1863 年)石门县《便民预知由单》明晰表

户 名	田地坐落	田地亩数	应征漕粮数（斗）	每亩平均漕粮数（斗）	颁发主管人	资 料 来 源
1. 沈启元	1 都 7 图	田 2.44 亩 地 2.79 亩	8.53 斗	1.630 斗	归王邓	浙江省博物馆藏
2. 陈有发	1 都 14 图	田 2.20 亩 地 2.18 亩	7.14 斗	1.630 斗	同 上	同 上
3. 陈鹏年	1 都 14 图	田 1.80 亩 地 0.90 亩	4.40 斗	1.630 斗	同 上	同 上
4. 关顺昌福记	3 都 3 图	田 10.96 亩 地 2.95 亩	22.67 斗	1.630 斗	同 上	《太平天国文物图录》第 73 号
5. 朱皆备	14 都 4 图	田 52.67 亩 地 19.21 亩	117.49 斗	1.635 斗	同 上	《太平天国文物图录补编》第 66 号
6. 朱鸣玉	15 都 10 图	田 6.33 亩 地 0.24 亩	10.71 斗	1.630 斗	同 上	《太平天国文物图录补编》第 67 号

户　名	田地坐落	田地亩数	应征漕粮数（斗）	每亩平均漕粮数（斗）	颁发主管人	资料来源
7. 劳锡周	15 都 13 图	田 21.70 亩 地 2.16 亩	38.90 斗	1.630 斗	同　上	浙江省博物馆藏
8. 沈圣和	16 都 1 图	田 1.04 亩 地 1.30 亩	4.23 斗	1.80 斗	同　上	同　上
9. 六延昶	17 都 11 图	田 7.40 亩 地 3.53 亩	17.82 斗	1.630 斗	同　上	邓拓同志藏件,影印件见《北方论丛》1981 年第一期
10. 沈夕余文记	海　图	田 8.00 亩 地——亩	13.04 斗	1.630 斗(一)	同　上	浙江省博物馆藏

从上表中,可以知道:

第一,太平天国自 1861 年在浙江省石门县设治的三年间,每年征收漕粮数额,平均每亩皆在一斗六升三合,基本上是稳定的。

第二,除个别例外,一般都是应征数与实纳数相符。这说明太平天国在石门县征收漕粮,是革除了清朝长期不能解决的浮收勒折诸弊端。

第三,太平天国在石门县每亩所征粮米数,与清方原征数额[清方浮收不计入]比较,太平天国在石门县每亩额征一斗六升上下,则每亩高于原额约四升。

第四,各户田地每亩所纳粮额基本相同,间或小有差异。

(郭毅生:《太平天国经济史》,第 311—317 页,南宁:广西人民出版社,1991 年。)

[编者按:郭毅生指出,对石门县每亩田赋粮额进行折算的结果各不相同。简又文在《太平天国典制通考》云"十三年(1863)在石门县归王邓光明治下,田地合算,平均税额每亩约一斗五升、六升或七升"。"但先二年(按:指 1861 年)在妥天福(治)下则每亩约三斗,相差几一倍,凭单上文字不对"。郦纯在《太平天国制度初探》中计算石门县田赋每亩应征粮额,1861 年为一斗六升三合,1862 年为一斗六升、七升余,1863 年为一斗六升至九升余。荣孟源在《太平天国有关土地制度的公据》一文中,对七件石门县"预知由单"作了计算。他计算出的结果,除两件是每亩应纳粮额为 1.630 斗外,其他五件也都不是此数,其中最高的一件是 1.830 斗。郭毅生在《太平天国经济制度》一书中利用了浙江省博物馆收藏的石门县太平天国土地公据,核算所得的结论是:三年间每年征收漕粮数额,平均每亩皆在一斗六升左右,基本是稳定的。王兴福在《从浙江文物看太平天国田赋税率问题》一文中,对 316 件"预知由单"的核算结果是,有 294 件每亩平均征粮额为 1.630 斗,占总数的 93.03%,其余二十余件中,仅有一件是高达 1.660 斗,最低的也只一件,为 1.590 斗。其他多是 1.640 斗。这些与 1.63 斗相比,仅有几合的出入。]

第八节

照旧催征与奖惩制度

一、设定限期、分限加价与分限减征

【江苏省吴江县芦墟、北舍、莘塔·咸丰十年十一月二十三日】中兄来议,今冬收租,系不得已而为之,能不赔累,已为大幸。然以后必然田上起捐,可虑之至。拟初一日起限,至初五,四斗五升。初六至初十,五斗,尚须斟酌减去三、二升。乙兄亦会过,二十五左右必须通知各田保,限单发不出,口说而已,未识能进场否?世局之变如此,终无了局,奈何?闻北舍、莘塔着佃办粮,租米无着矣。

(柳兆薰:《柳兆薰日记》。《太平天国史料专辑》,第 156 页。上海:上海古籍出版社,1979。)

【江苏省常熟县·咸丰十年十一月】十一、十二、十三,各处乡官运米回来。据云,初十开仓,共有米五百石,每斛约有七斗零。刻下大概造册要收租完米,限期一月完毕册子,起限征收,另有示谕。

(佚名:《庚申避难日记》。《太平天国史料丛编简辑》,第四册,第 489 页。太平天国历史博物馆,北京:中华书局,1962。)

【江苏省常熟县·咸丰十一年一月十六日】现又限日收银漕,甚属要紧。西路华市等处人来镇买花者甚众,以故花价稍昂。

(佚名:《庚申避难日记》。《太平天国史料丛编简辑》,第四册,第 494 页。太平天国历史博物馆,北京:中华书局,1962。)

【江苏省吴江县芦墟胜溪·咸丰十一年五月二十九日】日上有收银之信,初一日起限。

(柳兆薰:《柳兆薰日记》。《太平天国史料专辑》,第 195 页。上海:上海古籍出版社,1979。)

【江苏省常熟县·咸丰十一年十二月十五日】知钱某[钱桂仁之子,封迎天豫]年才十六,[至洞港讲道理]谕司马、百长,饬佃农五日中完清租粮。

（龚又村：《自怡日记》。《太平天国史料丛编简辑》,第四册,第422页。太平天国历史博物馆,北京:中华书局,1962。）

【江苏省苏州东山厅(太平天国苏福省苏州郡东珊县)·天历十一年】尚下限执照

东珊监军为征收地丁银两事,今据二十六都一图花户杨伦珊,完纳本年分地丁正耗银一分四厘整,除银自封投柜兑收外,合给印串为照。

太平天国辛酉十一年　月　日给　　前珊后营局×三十七号。

（廖志豪：《苏州发现的太平天国新文物》。《太平天国学刊》第一辑,　北京太平天国历史研究会编,北京:中华书局,1983。）

[编者按：在这张单据上盖着红字"奉令减免一成,遵照九成完纳"字样。原件藏苏州博物馆。东珊县,今吴县东山。]

【江苏省苏州东山厅(太平天国苏福省苏州郡东珊县)·天历十二年】尚限执照

东珊监军为征收地丁银两事,今据二十六都二图花户杨治张,完纳本年份地丁正耗银柒分三厘整,除银自封投柜兑收外,合给印串为照。

太平天国壬戌十二年　月　日给　　后营局○○七号。

（廖志豪：《苏州发现的太平天国新文物》。《太平天国学刊》第一辑,北京太平天国历史研究会编,北京:中华书局,1983。）

[编者按：在这张单据上盖着红字"奉令减免一成,遵照九成完纳"字样。原件藏苏州博物馆。东珊县,今吴县东山。]

【江苏省常熟县·同治元年八月初一日】黄天义委员到恬庄讲道理,各处军、师、旅[帅]、百长尽去听讲,要办粮米若干,油若干,钱若干,陆续缴付。

（佚名：《庚申避难日记》。《太平天国史料丛编简辑》,第四册,第534页。太平天国历史博物馆,北京:中华书局,1962。）

【江苏省常熟县·同治元年九月初四日】受天天军主将钱[桂仁]有告示,要征收漕米,限十月中[交齐]。

（佚名：《庚申避难日记》。《太平天国史料丛编简辑》,第四册,第537页。太平天国历史博物馆,北京:中华书局,1962。）

【江苏省常熟县·同治元年九月廿五日】赴收粮总局……见粮米已解,粮户赶头限,拥挤仓场,博局多败,戏台又搭朱[诚斋]宅后,花船齐泊,小市喧阗。

（龚又村：《自怡日记》。《太平天国史料丛编简辑》,第四册,第470页。太平天国历

史博物馆,北京:中华书局,1962。)

【浙江省海盐县、海宁州·同治元年十月】 初四日夜,盗劫花溪马义洋行……时闻官兵及贼匪各买米储积……十五日,时各处贼俱逼该属地方解柴米。

[十一月]二十四日,枪匪夜劫圣驾庙纱庄……[十二月]二十五日,海盐贼首领千余小卒,船百有零,至通元、石泉、澉浦、用里堰等处,登台催完粮米,限期甚紧。又石泉地棍沈老二常索诈良善,当时有控熊,熊获杀之。至二十六日去。

(冯氏:《花溪日记》。《中国近代史资料丛刊:太平天国》,Ⅵ,第708页。中国史学会编,编者:向达、王重民等,上海:神州国光社,1952。)

【浙江省海盐县·同治元年】 以粮户迁避,无可征收,遂责令佃户输纳……地方匪徒复与贼交通,随地设局垄断,各饱囊橐。

(光绪《海盐县志》卷末《海盐兵事始末记略》。)

【江苏省常熟、金匮、长洲等县·同治元年九月初九日】 申[参军]帅驻卡兼管[常熟]前营诸师。闻金匮界照旧收租,亩收□□,除粮尚余四斗有零。长洲相城一带,因徐之遽之请,亦准收租,连粮收七斗,徐局抽捐斗二升,业户归二斗四升。如顽佃抗欠,交局代收。而吾乡[常熟]前营漕粮,则定亩收五斗四升,折价钱二千七百。次限五斗七升,折价钱二千九百。三限六斗,折价钱三千二百。外加盐捐二升,解费钱一百四十,田凭钱五十。斛身加三。洋价作一千零五十,递增至一千一百九十。定于廿二日开仓。唯租米不收,业户如何度厄。

(龚又村:《自怡日记》。《太平天国史料丛编简辑》,第四册,第468页。太平天国历史博物馆,北京:中华书局,1962。)

【浙江省海宁州、海盐县·同治元年】 时海宁贼征银,限完半再折七五,投完络绎。又逼全州火药捐五千余银。又,海盐贼开仓,用里堰、石泉二处每亩限三斗五升。每图发贼催逼,有无力清完,到家搜寻。于是凡粮户大若[者?]田略皆逃避。

(冯氏:《花溪日记》。《中国近代史资料丛刊:太平天国》,Ⅵ,第708—709页。中国史学会编,编者:向达、王重民等,上海:神州国光社,1952。)

【浙江省秀水县·同治元年十二月十三日】 有泾塘桥伍姓,桐乡界人,有秀水田四十亩,新塍[属秀水县]局以其编田不足,差人扮长毛往拿,提刀登楼,取其女眷首饰殆尽而归。

(沈梓:《避寇日记》。《太平天国史料丛编简辑》,第四册,第204页。太平天国历史博物馆,北京:中华书局,1962。)

【江苏省长洲县·天历十二年五月十七日】 苏福省文将帅总理民务汪宏建命抚天预徐少遽裁撤海塘经费钧谕

钧谕

九门御林开朝勋臣勋天义兼苏福省文将帅总理民务汪钧谕抚天预徐弟知悉：缘兄昨奉忠王瑞谕，以"田凭银两，虽据各县呈缴，尚未齐备。现下上忙业已开征，海塘又复需用。节次谕催，未能应手。连日接阅各县佐将禀报，转据乡官子民禀称'谕办各项钱粮，迩来竭力(攒)[趱]催.无如民力不逮，且追呼之苦，不堪言状，恳求铺派'等情"前来。本藩胞与为怀，时以恤民为念，因思田凭、上忙、海塘各款，均关紧要，本难推诿迟误，但查本年二麦虽丰，蚕桑欠旺，若令一律呈缴，势难兼顾。且近来米价昂(桂)[贵]，民力未纾，殊堪悯恻。若不量为变通，慎[甚]非加惠黎元之道。今酌议仍责成各佐将，先办田凭，次征上忙，再追海塘经费。次第举行，以纾民力;并勒限完纳，不准蒂欠。如海塘工程，实在急需，即于征存田凭项下，拨给应用，统俟征齐海塘银两，归还原款。一转移间，公私两有(俾)[裨]益等谕，命兄传知各县佐将，一体遵照外，恐弟未得周知，为此钧谕。仰弟即将经收海塘经费，某县收有若干，开具菁册，禀报瑞核，其所设各局，暂行裁撤。所有海塘经费，仍责成各佐将办理。望弟遵照而行，以仰副忠王轸念民瘼，有加无已之至意。切切无违。此谕。

天父天兄天王太平天国壬戌十二年五月十七日。

(《太平天国》，第三册，第149页。据南京博物馆藏原件著录。罗尔纲、王庆成，桂林：广西师范大学出版社，2004。)

二、钱粮结账与催征

【安徽省潜山县·咸丰四年】 十一月，贼勒征粮米。十八两为一斤，每百八十七斤为一硕。

五年乙卯[贼称乙荣]春正月，贼鸣锣催银粮。

(储枝芙：《皖樵纪实》卷上。《太平天国史料丛编简辑》，第二册，第94页。太平天国历史博物馆，北京：中华书局，1962。)

【江苏省吴江县芦墟·咸丰十年十二月二十一日】 饭后同中兄舟至芦局，找完(吉)[结]田亩[? 粮]。松乔陪至玉老处议事，徐莘山、陆春山均在，豢养"短毛"，特设保卫局，亦不得已羁縻之术。然老宝非其人，恐出钱浩大，而于地方未必安靖，而骑虎之势，有成无散，姑试行之而已。玉老外极圆到，送帖之事，似肯出力调停。松乔往来舟次，传言相劝，乙始下场，尚为阳面。

(柳兆薰：《柳兆薰日记》。《太平天国史料专辑》，第162页。上海：上海古籍出版社，1979。)

【江苏省吴江县莘塔·咸丰十年十二月二十五日】 是日，莘塔局有还租米者，四斗二升,折二四,扣粮算讫。

（柳兆薰:《柳兆薰日记》。《太平天国史料专辑》,第 163 页。上海:上海古籍出版社,1979。）

【江苏省常熟县·咸丰十一年一月二十五日】 适钱伍卿在朱[又卿]局催粮。

（龚又村:《自怡日记》。《太平天国史料丛编简辑》,第四册,第 387 页。太平天国历史博物馆,北京:中华书局,1962。）

【江苏省常熟县、昭文县·咸丰十一年三月二十八日】 总漕孙姓发伪札,谕传各乡官到彼,责比钱粮捐款,各笞百杖,限三日完缴结账。

（汤氏:《鳅闻日记》。《太平天国》,第六册,第 347 页。罗尔纲、王庆成,桂林:广西师范大学出版社,2004。）

【江苏省常熟县、昭文县·咸丰十一年四月中旬】 [为催逼银饷]每捉伪官收禁黑牢,以暗湿卑陋小屋为之。又有水牢、火牢。后来乡官亦仿设之,治民抗粮、违令诸罪……时四乡各镇,皆有长毛守卡住局,乡民畏势,纷纷完纳。

（汤氏:《鳅闻日记》。《近代史资料》1963 年第 1 期第 120 页。又见《太平天国》,第六册,第 349 页。罗尔纲、王庆成,桂林:广西师范大学出版社,2004。）

【江苏省常熟县黄家桥·咸丰十一年四月十四日】 有长毛五六人,马一匹,为收米事,在城隍庙。

（佚名:《庚申避难日记》。《太平天国史料丛编简辑》,第四册,第 503 页。太平天国历史博物馆,北京:中华书局,1962。）

【江苏省常熟县、昭文县·咸丰十一年】 仲夏中旬,闻城中贼目总漕孙[昭文县]、陈[常熟县]二人,每差贼毛到乡催缴钱粮捐款,捉伪旅帅、百长等入城笞辱,百姓屡谣官兵将到,迟延观望。乡官亦畏克复,不敢仇怨于民,惟逼下属赔偿……且说伪旅帅鱼涵泉等,久困黑牢,畏贼威逼,请人保出,弃下妻子家产,俱潜逃江北。店业家财皆被军帅[师]二上司抄封充贼。有不能脱身,如周行桥伪旅帅程姓,忠厚懦夫,畏胁自缢。如是死者尚多,此仅知方寸地方而已……是时,乡官与倚贼等辈,忘乎所以,本心沦丧,厌闻官兵之来,臆谓安享荣华未有艾焉。

（汤氏:《鳅闻日记》。《近代史资料》1963 年第 1 期,第 122 页。又见《太平天国》,第六册,第 350—351 页。罗尔纲、王庆成,桂林:广西师范大学出版社,2004。）

【江苏省常熟县黄家桥·咸丰十一年五月十六日】 有长毛三人来镇……为催给银米事。

（佚名：《庚申避难日记》。《太平天国史料丛编简辑》，第四册，第 507 页。太平天国历史博物馆，北京：中华书局，1962。）

【江苏省常熟县·咸丰十一年五月廿九日】 还日仓米，各旅帅尽要结账，有长毛四五人，坐在旅帅之屋。

（佚名：《庚申避难日记》。《太平天国史料丛编简辑》，第四册，第 508 页。太平天国历史博物馆，北京：中华书局，1962。）

【江苏省常熟县黄家桥·咸丰十一年六月十五日】 有四长毛到[旅帅]黄德方家催上忙银。

（佚名：《庚申避难日记》。《太平天国史料丛编简辑》，第四册，第 510 页。太平天国历史博物馆，北京：中华书局，1962。）

【江苏省常熟县·咸丰十一年七月二十九日】 闻野塘苏军帅[惠嘉]局通图团练，每户五日给三百钱，暗为他时接应。莫城王局亦铸军器，藏以待时。可谓佣中佼佼。若上塘旅帅钱德祥、李祥茂、翁卿英、金怡，下塘师帅陆关先等倚势忘情，猥鄙不足道矣……适稽勋司吾邑苏惠卿[启明]来提夏赋，[朱]又村丈正筹解款。

（龚又村：《自怡日记》。《太平天国史料丛编简辑》，第四册，第 404 页。太平天国历史博物馆，北京：中华书局，1962。）

【江苏省吴江县芦墟·咸丰十一年九月十六日】 羹回，知局中又有预支米、款一事，实日不暇给也。

（柳兆薰：《柳兆薰日记》。《太平天国史料专辑》，第 212 页。上海：上海古籍出版社，1979。）

【江苏省常熟县·咸丰十一年九月十八日】 长毛将各师帅严刑追究条银结账，俱下黑牢中。

（佚名：《庚申避难日记》。《太平天国史料丛编简辑》，第四册，第 513 页。太平天国历史博物馆，北京：中华书局，1962。）

【浙江省桐乡县濮院·咸丰十一年九月十九日】 而桐乡又来催粮[上忙?]。

（沈梓：《避寇日记》。《太平天国史料丛编简辑》，第四册，第 87 页。太平天国历史博物馆，北京：中华书局，1962。）

【江苏省常熟县·咸丰十一年十一月七日】 本镇[黄家桥]收粮，设局城隍庙，还粮者甚众。

十日,还粮者甚多。

十三日,城隍庙所收之粮,有米五百余石,豆九十石,谷□□斤,钱四百千零。

（佚名:《庚申避难日记》。《太平天国史料丛编简辑》,第四册,第 515 页。太平天国历史博物馆,北京:中华书局,1962。）

【江苏省常熟县黄家桥·咸丰十一年十一月十五日】[来两批长毛,各六七人]都为催粮,住在本镇。

（佚名:《庚申避难日记》。《太平天国史料丛编简辑》,第四册,第 516 页。太平天国历史博物馆,北京:中华书局,1962。）

【江苏省常熟县·咸丰十一年十二月十二日】吴塔各局得官兵之信,不专办粮,完粮者观望徘徊,几至中阻。徐[少蘧]局檄朱、蒋两局速备枪船,兼捐军饷。

（龚又村:《自怡日记》。《太平天国史料丛编简辑》,第四册,第 422 页。太平天国历史博物馆,北京:中华书局,1962。）

【江苏省常熟县·咸丰十一年十二月十二日】长毛二十余人,马三匹,到镇催米,要折银,先要每旅一百两。

（佚名:《庚申避难日记》。《太平天国史料丛编简辑》,第四册,第 517 页。太平天国历史博物馆,北京:中华书局,1962。）

【江苏省常熟县·咸丰十一年十二月十九日】南路枪船亦动,西乡各处暗团已齐备,一发响应……乡官百长等停收钱粮。

（佚名:《庚申避难日记》。《太平天国史料丛编简辑》,第四册,第 517 页。太平天国历史博物馆,北京:中华书局,1962。）

【江苏省常熟县黄家桥·咸丰十一年十二月二十三日】晚,有长毛十余人,马三匹到镇催银。

（佚名:《庚申避难日记》。《太平天国史料丛编简辑》,第四册,第 518 页。太平天国历史博物馆,北京:中华书局,1962。）

【江苏省常熟县·同治元年一月十七至廿日】长毛又催粮。

（佚名:《庚申避难日记》。《太平天国史料丛编简辑》,第四册,第 519 页。太平天国历史博物馆,北京:中华书局,1962。）

【江苏省常熟县·同治元年二月】[钱桂仁手下之内军帅、六门总巡之毛奸钱某]径到梅里书院,传齐伪职,亲讲道理。讲道理者,即沿途比较也。分派统下头目,散往各镇,将庙中神佛移置别处,大殿改作天父堂,排书案,群毛执刀列两行,拘农民具限期,每亩赋役折价涨价至二千零六十文,农民何力完办?到麦熟,有未清者,伪职代坐天父堂,看[?着]司马、伍长交出欠户,当堂行杖,命听差随至其家,将所收麦子、蚕豆尽行拿出作价抵偿。老幼男女见此情状,泣泪如雨。盖麦子、蚕豆,农家磨麦炊饭,炒豆加油盐作菜,食之以耕耘禾苗也,今被拿去,奚能种熟田亩?是以不胜哀戚。更有贫户无春熟者,责承司马、伍长垫赔;抑或垫赔不足,关锁黑牢……俟他熬苦不过,送信到家,将衣服器皿抵偿赔数,再出差钱及开锁之费。虽属亲戚,不如他意,要骂便骂,要打便打……我乡太学生殷子云,亦派着司马,知此行为,畏避在外。王姓贼奴迹其避处,揪发捆车,推送西周市,声言照玩公诡避例发落……环求全一体面。贼奴大喝曰:"不要说一监生,即如六河唐荔香廪贡生做学官,何市管少溪副榜老爷,也尚且捆缚。"……而徐六泾为各海口第一热闹,[钱桂仁]令义弟恁天安二大人为正守,训天豫毕毛为副守,命白茆土豪禁开张钱公正盐局,着各职领盐派卖民间。

（顾汝钰:《海虞贼乱志》。《中国近代史资料丛刊:太平天国》,Ⅴ,第372—373页。中国史学会编,编者:向达、王重民等,上海:神州国光社,1952。）

【江苏省常熟县·同治元年二月二十五日】 近日各处只闻长毛打败,官兵威振,然而长毛催粮甚紧,刻不能缓。

（佚名:《庚申避难日记》。《太平天国史料丛编简辑》,第四册,第521页。太平天国历史博物馆,北京:中华书局,1962。）

【江苏省常熟县·同治元年二月十六日】 长毛因大势不好,催粮甚急。昨日鹿苑催粮长毛有数十余,李茂园等俱具限状。前数日,蔡家桥旅帅因苛刻太过,有人到西沙报知王元昌[按:地主武装头目],被其过[长江]来将旅帅家中财物一总带去,连本人父子两个一并带去。

（佚名:《庚申避难日记》。《太平天国史料丛编简辑》,第四册,第520页。太平天国历史博物馆,北京:中华书局,1962。）

【江苏省常熟县黄家桥·同治元年三月二十七日】 本镇旅帅黄德方因长毛催逼太紧,自食生洋烟寻死。[按:次日死。]

（佚名:《庚申避难日记》。《太平天国史料丛编简辑》,第四册,第523页。太平天国历史博物馆,北京:中华书局,1962。）

【江苏省常熟县黄家桥·同治元年四月初五日】 师帅到福山缴银,催粮赵同去。

（佚名:《庚申避难日记》。《太平天国史料丛编简辑》,第四册,第523页。太平天国历史博物馆,北京:中华书局,1962。）

【江苏省常熟县黄家桥·同治元年四月十一日】本镇催粮赵又到,火速要缴钱一百余千,又要私用大烟土四分,各乡官不能应酬,抄闹一夜,打伤师帅黄德方妻,并各百长家俱去搜寻,扭出到局痛打,直至天明,带了师、旅、百长等到福山去。

(佚名:《庚申避难日记》。《太平天国史料丛编简辑》,第四册,第524页。太平天国历史博物馆,北京:中华书局,1962。)

【江苏省常熟县·同治元年四月十七日】东乡因收捐钱每亩七百太紧,杀去旅帅等数人,放火烧屋。长毛闻而去打。

(佚名:《庚申避难日记》。《太平天国史料丛编简辑》,第四册,第525页。太平天国历史博物馆,北京:中华书局,1962。)

【江苏省常熟县·同治元年四月十七日】各处催粮官(吊)[调]回。有人禀,前日催者太多,需索私用,靖天福[余]云:准乡官开账结算,该私用若干,准作正款划缴。是大幸事。

(佚名:《庚申避难日记》。《太平天国史料丛编简辑》,第四册,第524页。太平天国历史博物馆,北京:中华书局,1962。)

【江苏省常熟县·同治元年四月廿四日】靖天福带长毛三百余人到庙桥催漕米清帐。又有老余大人在恬庄设局,收每亩七百二十文。

(佚名:《庚申避难日记》。《太平天国史料丛编简辑》,第四册,第525页。太平天国历史博物馆,北京:中华书局,1962。)

【江苏省常熟县·同治元年四月廿七日】本镇并借钱一百千之数,又师帅并各旅帅名下九十千,共一百九十千,缴到庙桥余大人处。

(佚名:《庚申避难日记》。《太平天国史料丛编简辑》,第四册,第525页。太平天国历史博物馆,北京:中华书局,1962。)

【江苏省常熟县·同治元年四月廿八日】有庙桥往鹿苑催粮长毛二三百人。

(佚名:《庚申避难日记》。《太平天国史料丛编简辑》,第四册,第525页。太平天国历史博物馆,北京:中华书局,1962。)

【江苏省常熟县·同治元年五月十二日】迩日各处收七百廿文甚急。各处设柜收钱,乡官等亦赶紧催讨。

(佚名:《庚申避难日记》。《太平天国史料丛编简辑》,第四册,第527页。太平天国历史博物馆,北京:中华书局,1962。)

【江苏省常熟县·同治元年五月十八日】长毛逼索七百廿文甚急,民情忧苦。[时有旱象。]

（佚名：《庚申避难日记》。《太平天国史料丛编简辑》，第四册，第527页。太平天国历史博物馆，北京：中华书局，1962。）

【江苏省常熟县·同治元年五月廿八日】长毛迩日催讨七百廿文甚严紧，有执鞭扑以行者，帅、旅、百长等，往往被其敲打。

（佚名：《庚申避难日记》。《太平天国史料丛编简辑》，第四册，第528页。太平天国历史博物馆，北京：中华书局，1962。）

【江苏省常熟县·同治元年六月五日】［长毛］催小麦一千担，又要菜子，其钱在七百廿文划算。

（佚名：《庚申避难日记》。《太平天国史料丛编简辑》，第四册，第529页。太平天国历史博物馆，北京：中华书局，1962。）

【江苏省常熟县黄家桥·同治元年六月初十日】晚，有长毛二十余人，一老余，到城隍庙催钱，打百长、司马数人，随去。

（佚名：《庚申避难日记》。《太平天国史料丛编简辑》，第四册，第529页。太平天国历史博物馆，北京：中华书局，1962。）

【江苏省常熟县·同治元年六月十二日】本月十五日是长毛之五月三十日，要七百二十钱结账，催逼极紧，动辄鞭挞，百长、司马枷打。

（佚名：《庚申避难日记》。《太平天国史料丛编简辑》，第四册，第529页。太平天国历史博物馆，北京：中华书局，1962。）

【江苏省常熟县黄家桥·同治元年六月十三日】到长毛十六七人，住［城隍］庙，催钱。

（佚名：《庚申避难日记》。《太平天国史料丛编简辑》，第四册，第529页。太平天国历史博物馆，北京：中华书局，1962。）

【江苏省常熟县·同治元年六月二十九日】［至洞港］见局中集十余老妪，系史家甲人，因夏赋未完，被匪役杨姓押来。师帅因欠解，亦管押在城。时事之难如此。

（龚又村：《自怡日记》。《太平天国史料丛编简辑》，第四册，第451页。太平天国历史博物馆，北京：中华书局，1962。）

【江苏省常熟县·同治元年七月三日】［兴天预余大人来结七百廿文账，］遍挞旅帅，一夜不（定）［安］，各处告贷。

（佚名：《庚申避难日记》。《太平天国史料丛编简辑》，第四册，第531页。太平天国

历史博物馆,北京:中华书局,1962。)

【江苏省常熟县·同治元年七月四日】长毛老余在庙,严催各旅缴钱,俱数百千。此项之钱,都是各农户捐出,或数十,或二三十,或十数,或四五数。

(佚名:《庚申避难日记》。《太平天国史料丛编简辑》,第四册,第531页。太平天国历史博物馆,北京:中华书局,1962。)

【江苏省常熟县黄家桥·同治元年七月初六日】二日共缴钱约有二千千左右。饭后,老余回去,留兄弟十余人催讨。

(佚名:《庚申避难日记》。《太平天国史料丛编简辑》,第四册,第531页。太平天国历史博物馆,北京:中华书局,1962。)

【江苏省常熟县·同治元年七月廿四日】[催七百二十文之各处长毛吊回之前]不论司马、百长、旅帅,俱被锁打,需索银钱,或多或少,不肯出者牵牛。[各乡官逃至各处。]

(佚名:《庚申避难日记》。《太平天国史料丛编简辑》,第四册,第533页。太平天国历史博物馆,北京:中华书局,1962。)

【江苏省常熟县黄家桥·同治元年七月二十五日】本镇卡中换黄天义统下长毛把卡,澍天福刘在庙桥,分弟兄到镇,今晚已到福山。各旅帅、师帅自城算(张)[账]回来。

(佚名:《庚申避难日记》。《太平天国史料丛编简辑》,第四册,第533页。太平天国历史博物馆,北京:中华书局,1962。)

【江苏省常熟县·同治元年闰八月初三日】常熟慎天义有告示,奉慕王、听王之令,征收下忙银。今日,各旅帅入城结算上年米账。

(佚名:《庚申避难日记》。《太平天国史料丛编简辑》,第四册,第536页。太平天国历史博物馆,北京:中华书局,1962。)

【江苏省常熟县·同治元年闰八月二十二日】长毛有札,要师、旅帅办布匹若干,米若干,其钱即于下忙银扣算。

(佚名:《庚申避难日记》。《太平天国史料丛编简辑》,第四册,第537页。太平天国历史博物馆,北京:中华书局,1962。)

【江苏省常熟县黄家桥·同治元年十二月二十二日】本镇有长毛二人来催银洋,锁师帅黄竹轩去。

(佚名:《庚申避难日记》。《太平天国史料丛编简辑》,第四册,第546—547页。太平天国历史博物馆,北京:中华书局,1962。)

三、计课升官

【浙江省桐乡县·咸丰十一年三月】又有钟姓伪官来设馆,并立军师帅等名目,招邑之无赖者充之。设局敛钱,按殷户派钱……其市上列肆,按生意之大小派出月捐、店捐、股捐,复率贼党至各乡掳掠,名曰打先锋。是年踞逆居然征粮收漕,有陈张两胥吏,献征册于贼,故得按籍而稽,无敢匿者。每亩收白米二斗,又钱七百,折价每石六千三百文。十一月廿八日,杭省再陷,贼势益涨,公然考试文武童生,无赖子竟有投试者,不过数人而已。

(光绪《桐乡县志》卷二十。)

【江苏省常熟县·咸丰十一年七月初十日】详天安[侯裕田]升义,慷天福[钱桂仁]升安,均以催科之功,不次迁擢。

(龚又村:《自怡日记》。《太平天国史料丛编简辑》,第四册,第402页。太平天国历史博物馆,北京:中华书局,1962。)

【浙江省桐乡县、嘉兴县、秀水县·同治二年正月十八日】桐乡伪官筱天安钟[钟良相已死,此乃其弟],伪扮贾人,坐船微行至乡,见道旁茶店,伪为道渴憩饮者,询及乡人田地捐项等,觉其弊重,乃召乡之主收捐项者询之,尽得各乡官局谕单,乃解缆归[濮院],及至卡,卡上索费五十六文,钟亦□之。归至城中,召城中各局司事者,凡有侵吞胺剥等弊,讯实,尽系诸狱。又召所过卡吏谓曰:"我令尔出船收钱十四文,何浮收过半?"乃杖谪械号,而另换守卡之人。钟虽伪官也,颇有盛世廉吏风。

(沈梓:《避寇日记》。《太平天国史料丛编简辑》,第四册,第234—235页。太平天国历史博物馆,北京:中华书局,1962。)

[按:此伪官即此目第一条中的伪官,因收粮有功,此时已升为筱天安。]

四、缺额由镇派填

[参见第十三章第一节"对商人的政策"目之二"令商人填补钱粮缺额"。]

【浙江省桐乡县·同治元年四月初八日】桐乡粮米缺额一千二百两,着各镇派填。濮镇派三百廿千。朱星河闻此额,因至桐[乡]求钟[良相]缓征。

(沈梓:《避寇日记》。《太平天国史料丛编简辑》,第四册,第150页。太平天国历史博物馆,北京:中华书局,1962。)

第九节
照旧包漕与绅董议漕

一、包收漕米

【浙江省桐乡县·同治元年正月十九日】漕米限七日交齐。钱鹤田来濮[院]包漕,打六折之说。

（沈梓：《避寇日记》。《太平天国史料丛编简辑》,第四册,第209页。太平天国历史博物馆,北京：中华书局,1962。）

【浙江省桐乡县濮院·同治元年正月】二十日,闻钟长毛谕桐乡粮米限七日完齐,学中刁斗钱崔田来濮[院]包漕,打六折完纳之说。

（沈梓：《避寇日记》。《太平天国史料丛编简辑》,第四册,第129页。太平天国历史博物馆,北京：中华书局,1962。）

【浙江省嘉兴·同治元年九月二十三日】冯家桥章义群者,初以县役受伪官,为贼耳目爪牙久矣,贼甚信任之。壬戌之秋,贼又授以听殿编修,嘉兴郡七县总制之职,出告示于各邑乡镇,为剔田赋之弊,言田赋国之大计,民心刁诈,藏匿规避,不可胜计。往岁所编田亩十不过一二,岂为民急公奉上之道。今当与民更始,厘正旧章,着师、旅帅按户稽查,倘有一户隐匿者,则十户同坐等语。先是贼初至禾,惟以劫掠为事,凡衙署、仓库、粮赋图籍焚毁净尽。贼初惟令民间进贡,未几有店捐及关费、门牌、船凭之令。辛酉夏有征银之令。其秋又分上下(芒)[忙]之期,始令民间编田还粮之举,其中多少不均,民犹怨咨,然截长补短,在各局乡官犹可办事。至是用章为总制,贼始知秀邑向有七十万田额,必欲取盈,而各乡官乃掣肘矣。且秀邑本有二十余万空额,益以荡滩及地又去二十万之数,实计田额不过三十万之多。加以遭乱之后,人少田荒,又去其三之一,而可征之田能有几何矣。贼又据《大清缙绅录》粮额为准,征秀水粮米六万石。盛川沈子山派新塍镇二万四千石,局中人无可为计,于是立章程,取四乡之刁黠者授以师帅,而取乡间之殷实者逼令受旅帅之职,逐圩逐户编田造册,于是乡间之[田]无可隐匿,而乡人之温饱亦无从躲闪矣。陡门塘南属秀邑地者不过□□庄,而伪乡官夏阿桂包收漕米六千石,于是将各田户收系者不可胜计,茂才张秋史闻亦在所系中。九月廿一日点师、旅帅,十月下旬编田,初五日开仓,塘北出卡费者免出,后又令变。

（沈梓：《避寇日记》。《太平天国史料丛编简辑》,第四册,第192—193页。太平天国历史博物馆,北京：中华书局,1962。）

【浙江省桐乡县·同治元年十二月初七日】［塘南乡官殳(夏)阿桂包收漕米六千石,可收万石。］

（沈梓：《避寇日记》。《太平天国史料丛编简辑》,第四册,第202页。太平天国历史博物馆,北京：中华书局,1962。）

二、绅董议粮议漕

【浙江省嘉善县·咸丰十年九月初三日】至学东陈老龙屋中,即陶长毛之公馆,其中陈列甚华。进见,陶长毛敬之如上宾,云久慕大名,出来甚好。其幕友屠姓、何姓待亦甚厚,邀至花厅吃大烟。午花始云：进贡事小,办粮事大。加善风俗,取租办赋,即请长毛三日内发二十区告示,着乡民赶紧砻米还租,然后业户取租办赋。长毛甚乐从,即请午花进城安民。午花云：余一家亦不能成市,如一同归城又恐良莠不一,余不敢说。长毛应许十余家绅其搬回,先付旗一面,上写"奉令搬家,不准(栏)［拦］阻"。

（赵氏：《赵氏洪阳日记》。《太平天国》,第八册,第272页。罗尔纲、王庆成,桂林：广西师范大学出版社,2004。）

【江苏省常熟县·咸丰十一年八月廿六日】询悉文、武新举人集存仁堂议事,系城中延请,为本地租漕也。

（龚又村：《自怡日记》。《太平天国史料丛编简辑》,第四册,第409页。太平天国历史博物馆,北京：中华书局,1962。）

【江苏省吴江县北舍、芦墟·咸丰十一年十月十五日】龚以北舍报田数相议,大约须略应酬,然此一出,恐公事可牵制,殊非善计。下午,耕云来谈。有两亭长进来,言及芦局业办章程难出。

（柳兆薰：《柳兆薰日记》。《太平天国史料专辑》,第217页。上海：上海古籍出版社,1979。）

【江苏省长洲县·咸丰十年至同治元年】海塘捐,一府中每亩捐二百零六文。徐为海塘绅董。小董刘淡园、黄念慈、马旭岩、陆恒石、毛溶江、朱匀岩、钱逸岩、张仁卿等在民间催取,鸡犬不安,谓之括地皮。贼悦,升徐为海塘主将。贼报房到伪乡官家给报单。又户捐四月,每户一月捐钱二百四十文,着各师帅承办督取。每一师帅地方约二千八百千文。

又秋成后勒谕长邑城乡业主,每亩收租二成。徐设局五,逼业主将租簿送到局中,局反造田单,仍着原催发出二成租米,徐与业两分之,计数奚啻万万,而业主所收开销局费,每亩不及四五升矣。赋《筑海塘》:

> 江浙滨海国,筑塘资捍卫。始自吴越王,历宋及今世。近年攻战烦,失修颇颓废。鲸鲵据江东,谕修复古制。此举实不解,云出徐公意。徐公之意但营私,何为此举乃公义?四门捐局荡荡开,广纳一府州县田税无异议。有客海滨来,仍歌滟滪堆。大利归巨壑,括地穷草莱。巨魁曰卿尔有才,晋尔显秩往钦哉。于是宅捐、户捐、田捐一一为民灾。

马旭岩,黄土桥人,从贼魁马春和之胞兄也。伊父健庵,于十年分五月十三日被当地土匪所杀。马于上洋大宪处诈报遇贼殉难,大宪竟受其诳,特为申奏,兄弟俱赏戴五品蓝翎。及投徐为爪牙后,助纣为虐,日甚一日,素有嫌者,睚眦必报,致之倾家者,不可胜数也。

朱匀岩,黄埭人,业外科,生意寥寥,以致衣食不周。至徐局为海塘小董后,仗徐势得利数万。凡图中富户无不报与徐知,每捉到捐户,不预先送小纸包,丝毫不肯饶人,其恶如此。

钱逸岩,黄埭人,清溪之子,其为恶得利与二岩相似,人称为三眼枪,恶毒无比。凡害民之事,无不预徐为筹划者也。

张仁卿,常邑秀士,张鲁之胞弟,与徐本不亲昵,因与马春和结义,荐至局中为书士,言听计从。而马之送元宝十只,拜龙葆孙老师,全仗张引进之力。嗣后张为徐、马心腹,因此称为徐家军师。

(佚名:《蠡湖乐府·筑海塘》。《近代史资料》,总34号,第172页。北京:中华书局,1964。)

【浙江省·同治元年】十月十九日,在乌镇……是夜,往访谱兄沈子鸿于天章冶坊。炉镇沈氏故开冶坊,贼至业废,乌镇伪莱天义何姓尽得冶坊之铁,于乌镇大制军器,号曰军需炮局。有张虹桥者,故冶坊友也,劝何开设冶坊,号曰天章。何又开三分押当及山货行等店,皆乌镇人导之也。乌镇故有盐公堂,在河西,湖州所设。杭人周息塘识朗天义[陈炳文],劝之收盐税,立公堂于乌镇,以伪莱天福统辖盐政,凡杭,嘉、湖三府酱园用盐者,必于公堂纳税,每斤□□,杭人故业盐者多依之。乌镇自魏(倒担)[捣蛋]去后,伪莱天义者颇能禁束其下,百姓安堵,商贾流通。镇人董易帆为绅董,主长毛局事,贼甚信任,凡地方小船、地棍鏖诈以及盗贼劫掠诸事,只须董一言,无不立决枭示。四境肃然,长毛呼为董老(班)[板]。虽括民财以奉贼,商者怨咨,然为虎狼办事,不得不尔。西、南、北三栅所烧民房皆起复,东栅增设市廛,与三里塘相接,市色甚闹。夜则挨户支更,乃是太平景象。惟市中及北栅不复。北栅自马道弄以北尽为贼营,贼筑土城而居之。严太史第已为贼仓廒。粮米每亩四斗。市中,以近贼营,且有急难进退无路,故商人不聚。

(沈梓:《避寇日记》。《太平天国史料丛编简辑》,第四册,第194—195页。太平天国历史博物馆,北京:中华书局,1962。)

第十节

照旧发给完纳钱粮执照

［含完银纳照，漕银纳照，完银串票，银钱执照，漕米纳照，漕粮纳照，完粮串票，纳米执照，春纳执照，秋纳执照，业户执照等。］

【安徽省桐 城县·天历六年】

```
          照 执 米 纳

应  事  中                     第
纳  今  军
    据  安
太  后  徽                     号
平  一  省
天  营      郡
国  军      桐
丙  帅  粮  城
辰  管  户  县
年  下  朱
分  丁  浣      为
正  乡  曾  里  征
漕      实      收
米          营  漕
完              两  米
壹  下          司
斗              马
捌              统
升
肆
合
除
将
米
自
缴
圣
仓
查
收
外
合
给
执
照
归
农
此
照
太
平
天
国
丙
辰
六
年

月

日
给
```

（《太平天国资料》，图片第 6 页下。北京：科学出版社，1959。原件存安徽省博物馆。骑右边、左边各一长方印文，可见是三联单。"桐城"二字似另用木印印上的。）

［按：天历五年执照上的"军"，六年执照上是"中军"。］

【安徽省贵池县·天历十年】 银粮执照

桂［贵］池汪德培

  春纳执照山田 五亩八分，纳银四钱四分

  秋纳执照山田 五亩八分，纳银四钱四分

桂［贵］池汪丕承

  春纳执照 山田六亩二分，纳银四钱零七厘

  秋纳执照 山田六亩二分，纳银四钱零七厘

（沈心康：《关于太平天国的土地政策》。《安徽日报》1962年3月10日。汪德培春纳秋纳二者合计平均每亩纳0.145两，汪丕承春纳秋纳二者合计平均每亩纳0.137两。据《安徽通志》，过去每亩纳0.126 88两。）

【浙江省石门县·天历十一年十二月】

票串粮完

□□ 钦差大臣佐镇 石门县妥天福滕　为给发粮
串事今据　乡军帅　师帅　旅帅　卒长
司马　统下　东三都十一图子民徐书元额征辛酉十一年
应完漕米一石二斗五升五合
右准粮户执照存查遗漏等弊
天父天兄天王太平天国辛酉十一年十二月十三日给
字第三千四百九十八号

（郭若愚：《太平天国革命文物图录补编》七一。上海：上海群联出版社，1955。印文有二：(1)"太平天国天朝九门御林……"。(2)"查验讫"。）

【浙江省海宁州·天历十二年】

照纳粮漕

九门御林开朝勋臣永天福孙
征收漕粮给串安农事今据海宁州　军师十七都
东十六七人　庄粮户吕文兴投完　壬戌十二年　为
分漕粮壹斗壹升七合玖勺除照数收纳入册挂销
外合行给串归农收执此照
太平天国壬戌十二年
永字第
月　日给

（《太平天国革命文物图录》七七。太平天国起义百年纪念展览会，上海：上海出版公司，1954。右边骑缝处有印。印文："太平天国浙江……"。）

［按：原件左下角已缺。］

255

【浙江省石门县·天历十二年】

票串粮完

殿前又副掌率任浙江省天军主将邓

串事今据　乡军帅　师帅　旅帅　卒长

司马　统下　三都三图子民关顺昌　福记　额征壬戌十二

年应完漕米二石二斗六升七

右准粮户执照存查遗漏等弊　为给发粮

天父天兄天王太平天国壬戌十二年　月　日给

字第五千一百三十四号

（郭若愚：《太平天国革命文物图录补编》七二。上海：上海群联出版社，1955。印文有二：(1)"……天国开朝勋臣阆天福李有庆"。(2)"查验讫"。）

【浙江省诸暨县·天历十二年八月】

七　照执户业　七

钦遣开朝王宗洽天义督理诸暨县佐将余

念七都大村庄粮户永思堂　灯会　完纳　应完银七钱一分三厘

宗泰完

合符联串

为便民输纳事今据正

太平天国壬戌十二年八月　日给

第二千一百九十号

（《太平天国革命文物图录》八十。太平天国起义百年纪念展览会，上海：上海出版公司，1954。"第二千一百九十号"上印文："洽天义余图记"。骑右缝有大印。厘字下印文"宗泰完"。）

【浙江省海宁州·天历十二年】

照纳粮漕

九门御林开朝勋臣永天福孙　为

征收漕粮给串安农事今据海宁州　军

师十九都一庄粮户章德林投完　壬戌十二年

分漕粮肆斗柒升陆合陆勺　除照数收纳入册挂销外合行

给串归农　收执此照

太平天国壬戌十二年　　月　　日给

永字第七十四号

（《太平天国革命文物图录》七八。太平天国起义百年纪念展览会，上海：上海出版公司，1954。印文："太平天国浙江……"。）

【浙江省石门县·天历十二年】

章建桂

田　　七亩一分

地　　一亩二分

漕粮　一石五斗一升八

（《太平天国革命文物图录续编》，六八。）

【浙江省平湖县·天历十二年】

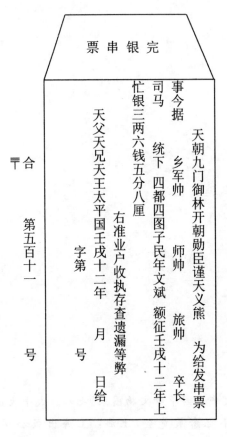

票串银完

天朝九门御林开朝勋臣谨天义熊　为给发串票

事今据　乡军师　　师帅　　旅帅　　卒长

司马　统下　四都四图子民年文斌　额征壬戌十二年上

忙银三两六钱五分八厘　右准业户收执存查遗漏等弊

天父天兄天王太平国壬戌十二年　　月　　日给

字第　　　　号

〓合　　第五百十一　　号

（郭若愚：《太平天国革命文物图录补编》七四。上海：上海群联出版社，1955。印文："……太平天国开朝勋臣谨天义熊□□"。）

［编者按：谨天义即熊万荃。熊曾调守平湖下浦之间。］

【浙江省海宁州·天历十二年】

照纳粮漕

九门御林开朝勋臣永天福孙　为征收漕粮给串安农事今据海宁州

军　师六都八庄粮户高寿镜　投完

壬戌拾贰年分漕粮陆升

除照数收纳入册挂销外合行给串归农

收执此照

太平天国壬戌拾贰年　　月　　日给

永字第三〇六十

□□粮串

（《太平天国革命文物图录》六九。太平天国起义百年纪念展览会，上海：上海出版公司，1954。印文中可识的仅"太平天国"四字。）

【浙江省石门县·天历十二年】

票串粮完

殿前又副掌率任浙江省天军主将邓　为给发粮串事

今据　乡军师　司马　统下　师帅　旅帅

卒长

龙额征壬戌十二年应完漕米二石三斗四升四

都海图子民沈文

右准粮户执照存查遗漏等弊

天父天兄天王太平天国壬戌十二年　月　日给

字第八千一百三十四号

（郭若愚：《太平天国革命文物图录补编》七三。上海：上海群联出版社，1955。印文有二：（1）"……开朝勋臣阚天福李有庆"。（2）"查验讫"。）

【浙江省石门县·天历十三年】

票串银完

殿前又副掌率任浙江省天军主将邓　为给发串票事

今据东南乡军师　司马　统下　师帅　旅帅

卒长

额征癸开拾叁年分条银壹两四钱四分三

东三都七图子民　孙永发

右准业户收执存查遗漏等弊

天父天兄天王太平天国癸开拾叁年　月　日给

字第四千二百九十号

（罗尔纲：《太平天国文物图释》，第164页。北京：三联书店，1956。原件高23.7厘米，宽13.5厘米，白纸墨刷，墨笔填写，钤"太平天国开朝勋臣叁天义夏有方"朱印。）

259

【浙江省石门县·天历十三年】

完粮串票

事今据西南乡十八都四图子民朱大和

归　王　邓　□　为给发串票

□　米贰石贰斗叁升四

□□　业户收执存查遗漏等弊

给

天父天兄天王太平天国癸开十三年　月　日

字第七千二百九十四

（郭若愚：《太平天国革命文物图录补编》七〇。上海：上海群联出版社，1955。印文："天父天兄天王太平天国 殿前扶朝宿上浙江天军主将奢天义夏有方"。）

【浙江省海宁州·天历十三年】

漕米纳照

会府户部右编修赵

征收漕米给串安农事今据海宁州军

师十九都十四庄粮户杨永玮投完

癸开十三年分漕米二升一合　五勺　除照

数收纳入册挂销外合行给串　归农收执此照

太平天国癸开十三年　月　日给

户字第六百五十七号

为

（简又文：《太平天国典制通考》上册，第九篇插图九。香港：简氏猛进书屋，1958。靠左边盖有骑缝印文。原件为简又文藏品。）

【浙江省海宁州·天历十三年】

漕米纳照

会府户部右编修赵

征收漕米给串安农事今据海宁州

师十九都十四庄粮户杨粦高投完

癸开十三年分漕米三斗五升四勺

数收纳入册挂销外合行给串归农收执此照

太平天国癸开十三年　月　日给

户字第五百〇五十六号

军　为

除照

（简又文：《太平天国典制通考》上册，第九篇插图十。香港：简氏猛进书屋，1958。靠左边盖有骑缝印文。原件为简又文藏品。）

【浙江省海宁州·天历十三年】

漕银纳照

九门御林开朝勋臣永天义孙

征收漕粮给串安农事今据海宁州

师十九都十四庄粮户杨德义投完

癸开拾叁年分漕银九钱一分一

数收纳入册挂销外合行给串归农　收执此

太平天国癸开十三年　月　给

永字第七百七十号

照

军　为

除照

（简又文：《太平天国典制通考》上册，第九篇插图六。香港：简氏猛进书屋，1958。右边盖有骑缝印文。原件为简又文藏品。）

　[编者注：该粮户杨德义，简又文于该书第517—518页，误书为杨海义。]

261

【浙江省海宁州·天历十三年】

照　纳　银　漕

会府户部右编修江

征收漕米给串安农事今据海宁州军

师二十四都四庄粮户王应龙投完

癸开十三年分漕银一两三钱九分八

照数收纳入册挂销外合行给串归农

收执此照

给

太平天国癸开十三年　月　日

永字第五百七十六号

为　　除

（简又文：《太平天国典制通考》上册，第九篇插图十二。香港：简氏猛进书屋，1958。右边盖有骑缝印文。原件为简又文藏品。）

【浙江省海宁州·天历十三年二月十七日】

照　纳　银　漕

九门御林开朝勋臣永天义孙

征收漕银给串安农事今据海宁州

军

师十九都十四庄粮户杨舜高投完

壬戌十二年分漕银三钱五分

照数收纳入册挂销外合行给串归农　收执

此照

太平天国癸开十三年二月十七日给

永字第六十九　号

为　　除

（简又文：《太平天国典制通考》上册，第九篇插图八。香港：简氏猛进书屋，1958。原件为简又文藏品。无印文。）

［按：此件可能是完纳十二年分漕银，十三年补发执照。也可能是十二年分漕银，十三年补收。］

【浙江省海宁州·天历十三年】

照纳银漕

九门御林开朝勋臣永天义孙

征收漕银给串安农事今据海宁州

军为

师十九都十四庄粮户杨德银投

癸开十三年分漕银玖钱○玖

完

除照数收纳入册挂销外合行给串归农收

执此照

太平天国癸开十三年　月　日

（简又文：《太平天国典制通考》上册，第九篇插图七。香港：简氏猛进书屋，1958。原件为简又文藏品。右边骑缝上盖印文。）

［编者注：粮户杨德银，简又文误书为杨海银。］

【浙江省海宁州·天历十三年】

照纳银漕

会府户部右编修江

征收漕银给串安农事今据海宁州军为

师十九都十五庄粮户杨崔高投

癸开十三年分漕银八钱

完

除照数收纳入册挂销外合行给串归农收执

此照

太平天国癸开十三年　月

日给

永字第六十五号

（简又文：《太平天国典制通考》上册，第九篇插图十四。香港：简氏猛进书屋，1958。原件为简又文藏品。右骑缝盖有印文。）

263

太平天国财政经济资料汇编

【浙江省海宁州·天历十三年】

照 纳 银 漕

会府户部右编修江
征收漕银给串安农事今据海宁州 军 为
师十九都十五庄粮户杨崔高投完
癸开十三年分漕银一两二钱
除照数收纳入册挂销外合行给串归农收执
此照
太平天国癸开十三年 月
日给
永字七百三十二号

（简又文：《太平天国典制通考》上册，第九篇插图十三。香港：简氏猛进书屋，1958。原件为简又文藏品。右骑缝盖有印文。）

【浙江省海宁州·天历十三年】

照 纳 米 漕

会殿户部右编修赵
为□串安农事今据海宁州
军□都东十六庄粮户吕大祥投
完□分漕米壹升〇玖勺
□入册挂销外合行给串归农
收执此照
太平天国癸开拾叁年 月
日给
户字第六十六号

（《太平天国革命文物图录》七九。太平天国起义百年纪念展览会，上海：上海出版公司，1954。印文："天父天兄天王太平天国会殿户部右编修"。）

附：有关征粮文据目录

编号	名　目	给发主官	领　户	地　区	时期天历	田　额	税　额	资料出处
1	勘醒	僚天福统下左营师帅	地保胡士毫，旅帅胡作舟	浙江石门	十一年六月			简又文藏品
2	完纳漕粮预知由单	妥天福滕	吴世杰	石门	十一年	五亩二分一	八斗四升九	简又文藏品
3	完粮串票	妥天福滕	子民吴世杰粮户	石门	十一年		八斗四升九合	《太平天国革命文物图录续编》
4	完粮串票	妥天福滕	子民沈庆余业户	石门	十一年八月		上忙六钱七分	《太平天国革命文物图录续编》
5	预知由单	妥天福滕	沈庆余	石门	十一年	六亩七分	一石九升	《太平天国革命文物图录补编》
6	完粮串票	妥天福滕	粮户徐书元	石门	十一年		一石二斗五升五合	《太平天国革命文物图录续编》
7	田　凭	听王陈炳文	花户陈寿天	石门	十二年九月	四亩八分		《太平天国革命文物图录》
8	预知由单	浙江省天军主将邓光明	关顺昌廷记	石门	十二年	田十亩九分余地二亩三分余	二石一斗七升余	《太平天国革命文物图录》
9	预知由单	浙江省天军主将邓光明	吴加惠	石门	十二年	田十二亩地不明	二石二斗余	《太平天国革命文物图录》
10	预知由单	浙江省天军主将邓光明	范万春	石门	十二年	田一亩九分地五亩八分余	一石二斗七	《太平天国革命文物图录》
11	便民预知由单	邓光明	章连桂	石门	十二年	田七亩一分地一亩二分	一石五斗一升	《太平天国革命文物图录续编》
12	完粮串票	归王	粮户关顺昌福记	石门	十二年		二石二斗六升余	《太平天国革命文物图录补编》

太平天国财政经济资料汇编

编号	名　目	给发主官	领　户	地　区	时期天历	田　额	税　额	资料出处
13	预知由单	归王邓光明	关顺昌福记	石门	十三年	田十亩九分余地二亩九分余	二石二斗六升余	《太平天国革命文物图录》
14	完给漕粮预知由单	归王邓光明	花户朱皆备	石门	十三年	田七十余亩(？)地十九亩余	十一石余	《逸经》廿期
15	漕粮预知由单	归王邓光明	花户朱鸿玉	石门	十三年下忙	田六亩余地二分余		《逸经》廿期
16	完粮执照	归王邓光明	朱某	石门				《逸经》廿期
17	完银串票	浙江省天军主将邓光明	业户孙永发	石门	十三年		□两	《太平天国革命文物图录》
18	完粮串票	邓光明	子民沈德裕业户	石门	十三年		一两一钱余	《太平天国革命文物图录续编》
19	完粮串票	邓光明	子民吴加堂业户	石门	十三年		一石五斗三升	《太平天国革命文物图录续编》
20	预知由单	归王	沈庆余文记	石门	十三年	九亩(？)	一石三斗四升	《太平天国革命文物图录补编》
21	完粮执照	归王	业户朱大和	石门	十三年		二石二斗三升	《太平天国革命文物图录补编》
22	完粮串票	归王	粮户沈文龙	石门	十三年		二石三斗四升四	《太平天国革命文物图录补编》
23	田凭	邓光明	花户年文瑱	？		九亩(？)		《太平天国革命文物图录续编》
24	漕粮执照	永天福孙	粮户吕文兴	浙江海宁	十二年		一斗一升七合九	《太平天国革命文物图录》
25	漕粮执照	永天福孙	粮户章德林	海宁	十二年		四斗七升六合六	《太平天国革命文物图录》

编号	名　目	给发主官	领　户	地　区	时期天历	田　额	税　额	资料出处
26	漕粮纳照	永天福孙	高寿镜	海宁	十二年		六升余	《太平天国革命文物图录补编》
27	漕粮纳照	永天义孙	粮户杨舜高	海宁	十二年分十三年二月补收		三钱五分	简又文搜藏
28	漕米纳照	会府户部右编修赵	粮户杨舜高	海宁	十三年		三斗五升四	简又文搜藏
29	漕米纳照	会府户部右编修赵	粮户杨永玮[?]	海宁	十三年		二升一合五	简又文搜藏
30	漕银纳照	会府户部右编修赵	粮户杨崔高	海宁	十三年		一两二钱	简又文搜藏
31	漕银纳照	会府户部右编修赵	粮户杨崔高	海宁	十三年		八钱	简又文搜藏
32	完漕由单	会殿户部右编修赵	粮户杨德义	海宁	十三年八月	（下忙）	九斗三升余	简又文搜藏
33	漕粮纳照	会王府户部右编修江	粮户王应龙	海宁	十三年		一两三钱九分八	简又文搜藏
34	漕银纳照	永天义孙	粮户杨德义	海宁	十三年	（上忙）	九钱一分一	简又文搜藏
35	漕银纳照	永天义孙	粮户杨德银	海宁	十三年		九钱零九	简又文搜藏
36	漕银纳照	永天义孙	粮户王德铨	海宁	十三年		四钱五分	《太平天国革命文物图录续编》
37	漕米纳照	会殿户部右编修赵	粮户吕大祥	海宁	十三年		一升〇九	《太平天国革命文物图录》
38	粮米执照	符天安钟良相	黄正元	浙江桐乡	十一年		一石三升九合	简又文搜藏
39	粮米执照	符天安钟良相	黄某	桐乡	十一年		三石六斗余	简又文搜藏
40	粮米执照	符天安钟良相	安民黄志高	桐乡	十一年		二石一斗	《太平天国革命文物图录续编》

编号	名　目	给发主官	领　户	地　区	时期天历	田　额	税　额	资料出处
41	粮米执照		安民黄配德	桐乡	十一年		二石五斗四升三合	《太平天国革命文物图录续编》
42	粮米执照	符天安钟良相	安民黄配德	桐乡	十二年		三石	《太平天国革命文物图录续编》
43	地丁执照	符天安钟良相	安民黄志高	桐乡	十二年		二两六钱八分七厘	《太平天国革命文物图录续编》
44	完银串票	谨天义熊万荃	业户盛宗兴	浙江嘉兴	十二年上忙		二两四钱二分一	简又文搜藏
45	完银串票	谨天义熊万荃	业户年文斌	嘉兴	十二年		三两六钱五分八厘	《太平天国革命文物图录补编》
46	捐缴军需由单	忠莱朝将何培章	甲户倪鼎魁	嘉兴	十三年尚忙	五亩一分	一两四钱二分余	《太平天国革命文物图录》
47	捐缴军需由单	忠莱朝将何培章	甲户倪士魁	嘉兴	十三年尚忙	六亩一分	一两七钱余	《太平天国革命文物图录》
48	易知由单	朗天义陈炳文属下户司员佐理嘉海民务章义群	的户颜善金记	浙江海盐	十一年		五斗四升五合	《太平天国革命文物图录》
49	易知由单	朗天义陈炳文属下户司员佐理嘉海民务章义群	粮户的户颜令占祭（田）	海盐	十一年	（注1）	二石八斗七升	《太平天国革命文物图录》
50	业户执照	尚虞县佐将黄	陈岱	浙江上虞	十二年		三钱七分三	《太平天国革命文物图录补编》
51	业户执照	洽天义督理诸暨县佐将余	粮户永思堂灯会	浙江诸暨	十二年八月		七钱一分三	《太平天国革命文物图录》
52	业户收租票	右营军帅来	业户来兰堂	浙江萧山	十二年		四石六斗	《太平天国革命文物图录》

编号	名　目	给发主官	领　户	地　区	时期天历	田　额	税　额	资料出处
53	便民由单	前军后营师帅陆	粮户冯嘉龙	浙江仁和	十三年九月		二斗四升一斗八升	《太平天国革命文物图录》
54	钧谕	恋天福董顺泰	右一军帅徐宗琯及各师旅帅	浙江	十一年			《太平天国革命文物图录》
55	告示	恋天福董顺泰		浙江	十一年十月			《太平天国革命文物图录》
56	告示	忠天豫马天兴		浙江	十一年十一月			《太平天国革命文物图录》
57	檄文	天将林彩新		浙江青岩	十二年冬			罗邕《太平天国诗文钞》
58	租捐执照		田主周志记		十一年十二月		十四亩八分	北京大学研究院藏
59	田凭	忠王	花户陈金荣		十二年	田亩四分八		《太平天国革命文物图录补编》
60	田凭	忠王李秀成	花户黄祠墓祭	江苏金匮无锡	十二年	十八亩		《太平天国革命文物图录》
61	下忙钱粮执照	济天义黄[和锦]	花户过毅记	金匮	十一年		四分五厘计一百零四串六	《太平天国》，第二册，神州，879 页。
62	下忙钱粮执照	济天义黄和锦	花户过毅记	金匮自封投柜	十一年		四分五厘	《太平天国革命文物图录续编》
63	下忙钱粮执照	破氻军主将李	花户吴公祠	金匮自封投柜	十二年		三钱一厘	《太平天国革命文物图录续编》
64	尚忙钱粮执照	破氻将军主将李		金匮自封投柜	十二年		四钱五分一厘	《太平天国革命文物图录续编》

编号	名　目	给发主官	领　户	地　区	时期天历	田　额	税　额	资料出处
65	尚忙钱粮执照	破忾军主将李	花户吴凝林	金匮	十二年		四钱五分一厘	《太平天国》，第二册，神州，第879页。
66	下忙粮票			江苏菁[青]浦				《太平天国资料》第8页。
67	收照	昭文县后营左师帅	粮户汪天发	江苏昭文	十二年	四亩九分	上忙公费十七千九百余文	《太平天国革命文物图录续编》
68	纳米下忙执照			安徽桐城	四年		纳米下忙	《太平天国资料》第5页。
69	纳米执照、户口田单			桐城	五年			《太平天国资料》第6页。
70	纳米执照			桐城	六年			《太平天国资料》第6页。
71	春纳、秋纳执照			桐城	七年			《太平天国资料》第7页。
72	秋纳执照			安徽安庆郡				《太平天国资料》第7页。
73	春纳执照		粮户官经纶	安徽庐州无为	十一年		二分七厘	《太平天国革命文物图录》
74	征收粮票				五年			《太平天国资料》第8页。

(1) 此单[49号]规定每亩额征一斗，另盖水戳"灾免外每年实完四升正"，则此户有田七十一亩七分五厘。

[编者按：(1) 从主发官来看，在同一县、同一年对同一人发的，用的名称不统一。如邓光明，在十二年和十三年或称归王或称天军主将。(2) 从时间上看，早的四年，(简又文列的都在十一年以后的。)晚的十三年。(3) 从地区上看，(简又文列的都是江、浙两省的而以浙江一省为最多。)有皖、江、浙等省的。]

附：鄂州出现太平天国土地税单

发布时间：2007-08-24 04:32 来源：荆楚网。

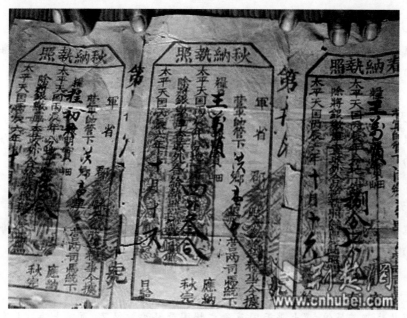

太平天国土地税单

　　荆楚网消息（《楚天金报》）　特约记者王斌华报道：太平天国的税单是什么样子的？太平天国时期如何征税纳粮？昨日，鄂州市年过八旬的老人王华兴向记者展示了其珍藏的3张太平天国土地税单。

　　在鄂州泽林镇程潮街塔桥村王华兴老人的家中，记者看到，老人珍藏的三张土地税单，纸张已发黄，但是字迹仍然清晰可辨，一张为"春纳执照"，另两张为"秋纳执照"，规定农民在春秋两季交税，并写明了要交纳的税银数量。日期是太平天国丙辰6年[1856年]，距今已有150年的历史了。

　　据王华兴介绍，他们家世代种地为生，老一辈人担心别人霸占土地，从清雍正到道光年间的所有地契、税单均保存下来，其中太平天国时期的土地税单保存最为完好。他表示，愿意将保留的文物贡献出来作历史研究。

　　鄂州市档案史志局专家胡念征称，太平天国土地税单是研究太平天国时期历史宝贵的资料，这在鄂州发现还属首次。

现存的田粮执照实物还有：

太平天国尚虞县佐将黄某给业户陈岱执照

（其照片载郭若愚编：《太平天国革命文物图录补编》，第68页。上海：上海群联出版社，1955。）

太平天国永天福孙某给粮户高寿镜漕粮纳照

（其照片载郭若愚编：《太平天国革命文物图录补编》，第 69 页。上海：上海群联出版社，1955。）

太平天国归王邓光明给业户朱大和完粮执照

（其照片载郭若愚编：《太平天国革命文物图录补编》，第 70 页。上海：上海群联出版社，1955。）

太平天国妥天福滕记发给粮户徐书元完粮串票

（其照片载郭若愚编：《太平天国革命文物图录补编》，第 71 页。上海：上海群联出版社，1955。）

太平天国浙江天军主将邓光明给子民关顺昌福记完粮串票

（其照片载郭若愚编：《太平天国革命文物图录补编》，第 72 页。上海：上海群联出版社，1955。）

太平天国浙江天军主将邓光明给子民沈文龙完粮串票

（其照片载郭若愚编：《太平天国革命文物图录补编》，第 73 页。上海：上海群联出版社，1955。）

太平天国谨天义熊某发给子民年文斌完粮串票

（其照片载郭若愚编：《太平天国革命文物图录补编》，第 74 页。上海：上海群联出版社，1955。）

第四章
管理财政经济的机构

第一节
管理财政经济的机构与职官

一、管理财政经济的机构与职官的产生与地位

（一）管理财政经济的机构与职官的产生

［编者按：太平天国管理财政经济的机构与职官，从起义到建都南京的两年多时间里，一直处在进军途中，管理财政经济的机构与职官主要是军中的圣库与管圣库的官员。建都南京后，机构增多，除圣库系统外，还有户部系统等等。］

【广西省桂平县·庚戌年五月】今有那龙村覃特东捐献圣库银三两、谷五斗二升正。共（亨）［享］天福。切此。凭。

庚戌年五月　日。

（吴雁南、韩品峥：《太平天国的圣库制度》。《文物》1976 年第 1 期。）

【广西省桂平县·庚戌年】［金田团营时］秀全立即通告各县之拜上帝会教徒集中于一处……彼等已将田产屋宇变卖，易为现金，而将一切所有缴纳于公库，全体衣食俱由公款开支，一律平均。因有此均产制度，人数愈为加增。

（［瑞典］韩山文 Theodore Hamburg：《太平天国起义记》。《中国近代史资料丛刊：太平天国》，Ⅵ，第 870 页。中国史学会编，编者：向达、王重民等，上海：神州国光社，1952。）

［编者按：根据洪秀全辛亥年七月十九日在茶地的诏旨，当时的总制按五行编排，每方位仅排二军，共十军。（太平天国历史博物馆：《太平天国文书汇编》，第 32 页。北京：中华书局，1979。）各军已设掌管专职的典事官如左二军正典圣粮、左一军副典圣库、典木匠等，将粮食从圣库所管诸物中分立出来。定都南京后，设立总圣库（在南京水西门内，今升州路北登隆巷内）和总圣粮，分别由职同指挥（后改为检点）的正总圣库、副总圣库、又正总圣库、又副总圣库负责管理。总圣粮也由职同检点的正总圣粮、副总圣粮、又正总圣粮、又副总圣粮负责管理。按其职能而言，总圣库、总圣粮所管的事务，相当于总物资部。］

【湖南省道州·咸丰二年】咸丰二年四月二十五日,广西贼人来到道州,占据城池。那贼人来到小的村内,向富户讹索(各)[谷]米银钱,并叫村人仍做生意。[小的们被派出探听清兵消息]恐怕路上盘问,又发出银一百零五两并买货草单一纸,上有太平天国圣库图记,装扮客人前来。

(《蒋光明供》。《太平天国》,第三册,第276页。罗尔纲、王庆成,桂林:广西师范大学出版社,2004。)

(二)财政经济职官的地位

1. 天国三大政

【浙江省桐乡县·同治元年】[开考秀士,四月初八日复试。符天安钟良相亲命]复试题:《天国三大政赋。以耕田、铸钱、取粮三大政为韵》。

(沈梓:《避寇日记》。《太平天国史料丛编简辑》,第四册,第148页。太平天国历史博物馆,北京:中华书局,1962。)

2. 地官与户部、工部

【江苏省南京·咸丰三年至五年】地官正丞相,地官又正丞相,地官副丞相,地官又副丞相。

(张德坚:《贼情汇纂》。《中国近代史资料丛刊:太平天国》,Ⅲ,第81页。中国史学会编,编者:向达、王重民等,上海:神州国光社,1952。)

【江苏省南京·1854年5月30日天历四年四月二十四日】……然特恐尔等不识天情,以为有彼国此国之分,而不知真道之无二也。为此特行札谕:尔等果能敬天识主,我天朝视天下为一家,合万国为一体,自必念尔等之悃忱,准尔年年进贡,岁岁来朝,方得为天国之臣民……

(《地官又正副丞相札谕》。《太平天国资料》,第13页。北京:科学出版社,1959。)

【浙江省桐乡县·咸丰十一年九月】[太平天国户部正地官在白雀寺前贴一告示]示为评定洋价,收漕米,惟滥板隔铜不用,其光洋每元作洋八钱,以下小花等递降有差。

(沈梓:《避寇日记》。《太平天国史料丛编简辑》,第四册,第85页。太平天国历史博物馆,北京:中华书局,1962。)

【江苏省南京·咸丰三年至五年】地官副丞相黄再兴。地官又正丞相罗必芬。地官又副丞相刘承芳。

(张德坚:《贼情汇纂》。《中国近代史资料丛刊:太平天国》,Ⅲ,第57—58页。中国史学会编,编者:向达、王重民等,上海:神州国光社,1952。)

【**江苏省南京·咸丰三年至五年**】东殿户部一尚书至户部十二尚书。东殿工部一尚书至工部十二尚书。每部十二人。

（张德坚：《贼情汇纂》。《中国近代史资料丛刊：太平天国》，Ⅲ，第86页。中国史学会编，编者：向达、王重民等，上海：神州国光社，1952。）

【**江苏省南京·咸丰三年至五年**】北殿户部一尚书。北殿工部一尚书。每部六人。

翼殿户部尚书。工部尚书。每部一人。

（张德坚：《贼情汇纂》。《中国近代史资料丛刊：太平天国》，Ⅲ，第88页。中国史学会编，编者：向达、王重民等，上海：神州国光社，1952。）

【**江苏省南京·天历辛酉十一年十一月初八日**】开朝勋臣殿前户部正地官陈潘[?]武。

（《金匮商凭》。《中国近代史资料丛刊：太平天国》，Ⅱ，第874页。中国史学会编，编者：向达、王重民等，上海：神州国光社，1952。）

【**江苏省南京·咸丰三年至五年**】

户部尚书联

户封计万千，登谷丰盈劳主部；

尚好兴仁义，省耕豫下劝农书。

户部编修联

户部登菽麦稻粱，谁为掌握？

编修统簿书钱谷，尔出心裁。

（《太平天国革命文物图录》。太平天国起义百年纪念展览会，上海：上海出版公司，1954。）

【**江苏省南京·咸丰三年至五年**】

伪地官丞相联句

地载万物以无私，备位于师保疑丞，独隆骏业；

官冠百僚而共济，治功在裁成辅相，特著鸿猷。

（张德坚：《贼情汇纂》。《中国近代史资料丛刊：太平天国》，Ⅲ，第245页。中国史学会编，编者：向达、王重民等，上海：神州国光社，1952。）

【**江苏省南京·咸丰三年至五年**】

伪油盐衙联句

油然作云，尔自巫山云雨会；

盐差拟雪，我甘冰窖雪毡寒。

（张德坚：《贼情汇纂》。《中国近代史资料丛刊：太平天国》，Ⅲ，第248页。中国史学会编，编者：向达、王重民等，上海：神州国光社，1952。）

【江苏省南京·咸丰三年至五年】

伪圣库馆联句

圣德比天高，二百年兵革常灾，虽君明臣忠，赤子也难逃运数；

库藏如海会，四万里车书一统，况星罗棋布，金瓯原未缺分毫。

（张德坚：《贼情汇纂》。《中国近代史资料丛刊：太平天国》，Ⅲ，第248页。中国史学会编，编者：向达、王重民等，上海：神州国光社，1952。）

【江苏省南京·咸丰三年至五年】

伪圣粮馆联句

曰尧曰舜，克念作圣；

斯仓斯箱，乃裹糇粮。

（张德坚：《贼情汇纂》。《中国近代史资料丛刊：太平天国》，Ⅲ，第248页。中国史学会编，编者：向达、王重民等，上海：神州国光社，1952。）

【江苏省南京·咸丰三年】 天官以下[有]六官。官皆有协理，皆稍知文理识字者。其余掌仪、春人，名目甚多，忽增忽改，并无定见。最重牌刀手，错杀皆不问。封伪职则为参护。亦最重书手，敬如宾客。即识字与知文理者，封升伪职则为监军，余多为总制。今忽南京数十人皆封为总制，分各行铺，牢笼之术也。

（佚名：《金陵纪事》。《太平天国史料丛编简辑》，第二册，第49页。太平天国历史博物馆，北京：中华书局，1962。）

［编者按：耕田、铸钱、取粮三大政均属于管理财政经济机构的职能，太平天国行政管理设吏、户、礼、兵、刑、工六个部，财政经济工作占其二。由此可见财政经济职官在天国职官中的地位。］

二、朝内官

【江苏省南京·咸丰三年至五年】 伪朝内官

左掌朝门、右掌朝门各二人。侍臣四十八人。伸后、大冲、大吉、小吉、功曹、胜光、天罡、登明、太乙、河魁、从魁、传送、十二日干侍卫正副各一人。又有二十四节气，自立春侍卫至大寒侍卫正副各一人。典天舆头目二人。典天舆一千人。典天马一百人。典天乐三百人。典金锣四十八人。[编者按：应补入典天袍三十人。]典天炮三十人。典天更六人。典天厨二人。司天水六人。典天鱼一人。典天柴二人。掌朝门侍臣、日干侍卫、典天舆头目皆职同检点。二十四节气侍卫至典天柴皆职同指挥。以上各伪官皆朝夕执事于伪朝门，专供洪逆役使者，统计一千六百二十一人，盖即洪逆侍从仪卫之官，头目若是之多，其所属执役之人，愈不可以数计。

伪左右史正副共四人，主记事记言，如古制。左右掌朝仪二人，主议定伪礼乐。通赞、引赞左右各八人，主传伪王视朝时出入言语。朝内疏附二人，题报二人，主接递文报。典簿书正副共四人，即伪诏书衙。典诏命正副二人，主缮写伪诏旨。宣诏书正副又正又副共四人，主收发伪书。提中关一人，主龙江关榷税。典天牢、典刑罚各四人，主监狱刑法。典镌刻四人，主刊刻伪诏旨伪书。总圣库、总圣粮正副又正又副各四人，典圣库、典圣粮各四人，另有总圣库协理二人，分主库藏粮米之出纳。典油盐四人，主收发油盐。典买办二人，主采买物料。舂人四人，主舂碾粮食。浆人四人，主收发酱醋。宰夫四人，主宰割牲畜。典天茶二人，主收发茶叶。典茶心二人，主收发果品点心。典金官二人，主铸印并熔金银为器饰。典玉局一人，主雕琢玉器。典绣锦二人，主督男绣工刺绣。织锦匠二人，主织刻丝妆缎。典结彩四人，主张挂灯彩。典角帽四人，主制造冠帽。典金靴二人，主制造靴鞋。整舆匠四人，主修整舆轿。督铳炮一人，主督造枪炮。铸铅码四人，主铸造大小铅弹。典红粉四人，主制造火药。典硝四人，主煎熬硝磺。铸铜炮二人，主造铜炮。督造战船一人，主造战船。典铁二人，统领铁工，制造兵器铁器。典铜匠二人，主制造铜器。典木匠、典竹匠、典石匠各一人，皆各领工匠，主制造各器具。凡所典之事，具兼司收发。又有典妆官一人，职同总制，主供伪宫闱脂粉。典花官四人，主培植花木，供应瓶盎爱玩，及插鬓熏茶诸用。典天鸟、典天兽各四人，主驯养鸟兽。医骡马一人，即马医。典钟表二十人，主修钟表。典风琴四人，主修八音盒。谓之次等典官，俱职同监军。以上统计一百六十四人，自左右史至总圣粮俱职同检点，总圣库协理职同将军，其余各典官俱职同指挥，此则承奉洪逆，并供给诸贼目者。其金木等匠，复立诸匠营。

（张德坚：《贼情汇纂》卷三。《中国近代史资料丛刊：太平天国》，Ⅲ，第100—102页。中国史学会编，编者：向达、王重民等，上海：神州国光社，1952。）

【江苏省南京·咸丰三年至五年】［太平天国财政经济管理机构部分负责人］

伪地官副丞相黄再兴，稍知文义。

伪地官又正丞相罗苾芬，粗通文墨。自幼贩卖烟土于浔梧一带。

伪夏官又正丞相周胜坤，家本富有，素业质库。庚戌年洪逆倡乱，罄家以献，封为左一军副典圣库。

伪冬官又正丞相宾福寿，素为木工。洪逆起事时，相从入伙，封为典木匠，职同总制。壬子十二月至湖北所掳木工，尽交福寿统带，升职将军。癸丑二月至江宁，大兴土木。木工愈众，遂立木营，升职指挥。七月封恩赏丞相。甲寅四月升冬官又正丞相，专理木营事。

伪天朝督内医恩赏丞相宋耕棠，初为童蒙师，不事生产，家日落，继学医，因术疏无问名者，遂交通吏胥，鱼肉乡民。癸丑二月江宁城陷，耕棠隶伪内医杨斐成统下。

伪殿前丞相督理织营钟芳礼，癸丑二月至江宁，封恩赏丞相，督理织营事务。凡江宁城中素业机者，皆一网打尽，分丝络经限日缴缎匹若干，并立营伍，亦有前后左右中各名色,斩然不紊。

伪殿前丞相左一检点林锡保,初在贼中封为典硝,职同监军。壬子八月,贼在长沙,各军皆设典硝,而以锡保为伪天朝总典硝,职同将军。癸丑二月至江宁升职指挥。八月封恩赏丞相。甲寅二月升殿左一检点。

伪殿前丞相右四检点张潮爵,八月升殿右十指挥,与石达开赴安庆安民。十一月石贼回江宁,以秦日纲代之,潮爵为副。甲寅二月封恩赏丞相。四月又升殿右四检点,其安民造册,掳粮等事皆潮爵总其成。现据守安徽省。

伪殿左五检点吴如孝,稍通文墨。初为洋商司会计,贩烟土于浔梧一带,折耗资本,遂亡命粤西。庚戌年洪逆倡乱,相从入伙。

伪殿前丞相右六检点李寿晖,壬子四月封为正典镌刻,校对一切伪书。

伪殿右三十检点陈玉成,癸丑四月封为左四军正典圣粮,职同监军。

伪殿前丞相正总典圣库吴可亿,素业质库,家饶资财。庚戌年洪逆倡乱,举室从贼。壬子九月洪逆等大署伪官,封可亿为典圣库,职同将军,凡掳得金帛,悉令典收焉。

伪殿前丞相副典圣库谭顺添,初封为正典刑罚。壬子九月升副典圣库,职同将军。

伪殿前丞相伸后正侍卫张维昆,辛亥六月封为前一军典硝。

伪东殿吏部三尚书侯淑钱,初为总圣库协理。癸丑八月随石达开赴安徽省,凡附近一带所掳之物,皆淑钱典收焉。

伪东殿户部二尚书侯裕宽,素不识字。初为萧朝贵厨役,壬子八月萧逆授首,其妇向充杨贼婢媵,甚见宠幸,裕宽仍为厨役。癸丑二月至江宁封为典西厨,职同将军。

伪殿前丞相左五指挥唐正财,素为木客,兼贩商米。壬子七月,装米赴下游贸易。十月在岳州遇贼,连船被掳,杨贼抚以好言,加以伪官,封典水匠,职同将军,遂甘心从贼。先是贼在益阳见船即掳,初无所谓水营也,自设水匠之官,贼船始有统辖。十二月贼据汉阳,欲破武昌,惧涉汉江之险,正财搭浮桥渡洪杨诸贼。癸丑二月至江宁,以功升职指挥。五月封恩赏丞相。九月升殿左五指挥,提督水营事务,总办船只。

伪殿右四十指挥余廷璋,不甚识字,暴躁异常。素推车贩米于浔梧一带。庚戌年洪逆等倡乱,随之入伙,封为左二军正典圣粮。

(张德坚:《贼情汇纂》。《中国近代史资料丛刊:太平天国》,Ⅲ,第57—70页。中国史学会编,编者:向达、王重民等,上海:神州国光社,1952。)

三、典官

(一)天王宫及各王府典官

【江苏省南京·咸丰三年】

伪天朝各典官[职同指挥]:

典天舆一千人,典天马一百人,典天乐三百人,典金锣四十八人,典天袍三十人,典天炮三十人,典天更六人,司天水六人,典天厨二人,典天鱼一人,典天柴二人。以上谓之朝内典官,专供给洪逆者,一千五百二十五人。

典簿书四人,典召命二人,宣诏书四人,提中关一人,典天牢四人,典刑罚二人,典镌刻四人,典圣库四人,典圣粮四人,典油盐四人,典买办二人,春人四人,浆人四人,宰夫四人,典天茶二人,典茶心二人,典金官二人,典玉局二人,典绣锦二人,织锦匠二人,典结彩四人,典角帽四人,典金靴二人,整舆匠四人,典旗帜二人,督铳炮一人,铸铅码四人,典红粉四人,典硝四人,铸铜炮二人,督造战船一人,典铁二人,典铜匠二人,铸钱匠四人,典木匠一人,典竹匠一人,典石匠一人。以上伪天朝典官,给事洪逆兼供各贼者。

东殿各典官[职同将军]:

典东舆八百人,附典西舆一百人(因萧逆被歼,附于杨逆统下),典东马八十人,典东龙三百人,典东彩三百人,典东乐二百四十人,典东锣三十二人,典东炮二十四人,典东更二十人,典东牢四人,典东刑四人,典东袍二人,典东靴二人,典东厨二人,典东水二人,典东柴二人。以上各典官多至一千七百五十二人,此皆杨逆司仪卫之官,其下所使之人更不可数计。

总圣库协理[职同将军]:总圣库协理二人。

典北翼舆头目:正典北舆一人,副典北舆一人,正典翼舆一人,副典翼舆一人。

南北翼殿各典官[职同总制]:

典北翼舆各八百人,典北翼马各六十人,典北翼乐各一百人,典北翼彩各八十人,典北翼锣各二十四人,典北翼炮各二十人,典北翼更各十二人,典北翼牢各二人,典北翼刑各二人,典南北翼袍各二人,典北翼厨各二人,典北翼水各二人,典北翼柴各二人。

(张德坚:《贼情汇纂》卷三。《中国近代史资料丛刊:太平天国》,Ⅲ,第87、89、90页。中国史学会编,编者:向达、王重民等,上海:神州国光社,1952。)

[编者按:《贼情汇纂》卷三《职同指挥伪官名目十三》中所列伪天朝各典官,除专供天王者外,职同指挥的102员。]

【江苏省南京·咸丰三年】侯相检指各典官[职同军帅]:侯典袍,侯典厨,侯典舆,侯典乐,每侯各典官各一人。相检指同。凡侯相等典官,系衔如佐天侯典乐之类,天官正丞相典袍之类。

(张德坚:《贼情汇纂》卷三。《中国近代史资料丛刊:太平天国》,Ⅲ,第92页。中国史学会编,编者:向达、王重民等,上海:神州国光社,1952。)

【江苏省南京·咸丰三年】多少衙参同市集,闲居列屋彩旗飘。[如牛皮、金靴、油盐等伪衙皆标帜为识。]

(伍承组:《山中草·感愤诗》。《太平天国史料丛编简辑》,第六册,第419页。太平天国历史博物馆,北京:中华书局,1962。)

(二)朝内典官

【江苏省南京·咸丰三年】总理前营监军使银库事朱耀昆,总理后营监军使仓厂事典韦。

（《时闻丛录》。《太平天国史料丛编简辑》，第五册，第159页。太平天国历史博物馆，北京：中华书局，1962。）

【江苏省南京·咸丰三年】此外有伪典官杂职。贼亦分为伪朝内、军中两项。属在军中者各军皆有。其朝内各伪职，并可统辖各军，其名目列后。

伪典官名目

逆匪等掳得金银珠宝参茸钱钞衣服等类，悉收藏诸伪总圣库。初至金陵，闻得银两甚多，至数月后只存银四十余万，用度无节，贼囊渐见空虚矣。［前在城北清溪里巷胡公馆内，后移在水西门内姚姓住宅。］

一、逆匪掳得各处粮米，令伪典入圣粮专司收纳。其屯聚贼粮之处甚多，如复成、虎贲、丰备、添储等仓皆有。此外汉西门大街民房米店，以及水西门内朱状元巷、安品街、油市、太仓巷、糯米巷等处民居，仪凤门内张宅，南门内英府，钓鱼台，百花巷会馆，南门大街民房，亦屯有米谷。贼于是岁冬月间清查屯聚米数，连谷折算，共约存米十二万余石。

一、逆匪等仓米，皆伪典出圣粮支放，或按月或分句给发，各随其便。据该逆馆中曾有人传述：每月连掳聚老民，并各军被掳妇女之馆，共需食米四万余石。是岁冬月所入截算，仅敷两三月贼粮矣。

一、逆首贼目所食之米，由伪春人拣洁白熟米以进。如有糙秕，皆令伪春人衙用碓打熟。此项熟米屯聚，另有数处。

一、省城并各处掳来绸缎布匹洋广京苏货物悉归伪总典买办掌管，分有正副各一，其正目现踞状元境天锦绸庄，状元境内一带铺面，皆归此贼。其余各街铺店货物，均搬运屯于该处。付贼分踞油市伪总圣库间壁陈姓住宅，掳储货物亦多。

一、城内油坊盐栈以及掳得油盐船只，并浇造油烛，皆系伪总典油盐经理。现踞汉西门内大街，其有各街坊店存储油盐甚多，不能搬运者，由该贼分派各贼踞彼看守。

一、贼匪铸造炮子枪子，均系伪督铅码专办。始则满城内铜铅锡器搜尽，毁造大小炮子。夏秋间又将城中铜铁搜完，凡庙中钟磬炉鼎神佛铜铁法身，以及民间废锅烂铁无不取去。贼炉现在武定桥下煤炭店中，凡一带铺面，皆为贼储铜铁之所也。

一、逆贼管硝皆由伪正(付)[副]典硝手。凡城中寻觅古墙，挖壁毁砖，春碎煮硝，不知何法。又取民间寿材枋料，锯断烧火，半年之中，凡年久墙垣，无不毁坏，合城寿材，皆被毁尽矣。正贼踞山西会馆，(付)[副]贼踞草场。［硝储彼处］

经管火药之贼为督红粉。该逆等火药亦系堆储草场旧火药局。此外朝天官大门上，曾贴有"红粉重地不准擅入"八字，谅亦系存放火药之处也。

一、贼于各处掳得枪炮，均派伪督铳炮贼收藏，并不会铸造。即如各贼施放，亦无准头。该逆住评事街，左右铺面均为贼收藏枪炮之所。

一、逆匪等掳胁各处并省中首饰银匠为伪典金官，后改伪金匠营，令其打造金银器皿等物。洪杨等逆净桶、夜壶俱以金造。其伪丞相等碗箸亦用金打。秋冬间闻欲打造金桌并金灯台，其时金子已罄，适有股匪由湾池掳掠而回，贼中首逆遣目飞马迎船，查询有无掳得金器，孰知在彼仅掳回零星金首饰四钱。贼之暴殄日极骄奢，不知金银安得常有掳掠也。该贼现踞珠宝廊大街。群贼初破城时，不知玉为何物，搜得者无论雕琢精巧，立即掼毁。嗣设伪典玉匠，稍知爱玩，讵知上等玉器已无寻觅矣。

一、逆匪等掳得南货海菜火腿食物等类，堆集房屋数十间，豢养牲畜鹅鸭不计其数，系令伪宰夫经管。然食用浩繁，掳来难供饕餮。又有股匪罗大刚在瓜镇一带为之购买，常时成船满载而来。贼馆在土街口前，由正街罗贼之为购买，亦不佳。食物、绸绲、颜料、纸张，亦系不时购来，故省中贼首常时运银至镇，一次总须运去十余万金也。

通城小菜酱园，皆为贼匪封尽。其总馆为伪浆人衙，住花牌楼大街，搬取酱菜之类，均储于此。其酱油等类不能移者，则令群贼在彼看守，谓之分馆。又绍兴、高粱亦存于此。贼有伪令不准吸烟饮酒，诈称天父不好饮，故有此禁。然首逆等亦私自取饮，则称为取用作料酒。贼之待羽党，亦无处不欺诈也。

一、贼匪得糖面糕饼茶食之类，堆存数栈，令伪典茶心管带。裹胁之茶食铺夥，为作糕饼，并收藏掳购干鲜果品，以供各首逆不时之需。贼馆在城守营东三条巷口。

一、贼见茶叶铺封闭，即派伪典天茶专管。各处掳来茶叶聚于一处，以便群贼随时取用。贼馆在宗老爷巷。

一、贼于药材亦必掳掠，故城中大小药店，均为贼封闭，令伪内医专管，并有伪总药库。其药铺之伙，皆为掳胁以供役使。其各处医生亦被掳胁，以备有病者即令诊视。医之中伪名亦极多，有称为伪国医者，有称为督医者，其余总称为内医。亦分伪朝内、军中，各置各处。此伪药库在红纸廊大街。

专司收养受伤贼匪，为伪功臣衙。受伤者伪职则为能将，贼兵谓之能人。巧立伪名，使愚匪虽至受伤，亦可甘心不悔，贼之诡谲至于如此。此等贼馆颇多，城中不止一处。

一、贼由广西以至金陵，掳得马骡，设有伪典天马专管。胁掳各处百姓为其牧放，喂养并不如法。可以喂米饭，不知用麸料，水草亦不调匀，故马匹多见羸瘦也。贼馆在小营一带。

一、贼在广西两湖掳得刻字匠，为伪镌刻，胁令统率雕刻伪印、木戳、伪书。至江境又掳得此项匠人甚多，然逃窜者亦不少。贼馆在复成仓大街。

一、贼造伪书并首逆等伪示，间亦有印刷者，派令伪刷书衙贼将掳得刷书匠胁令刷印。馆在文昌宫后檐。

一、造竹器，贼有正(付)[副]为伪典竹匠，到处裹胁难民，令其打造舂米器具，本业此者固被裹胁，不会者亦强令学制，无论士民，为此等贼匪掳者，皆须劈篾挑泥，转可习成手艺。贼馆在大夫第一带并门东转龙巷内。该贼等极会搜掳，凡城东隅一带大户民房，皆被搜掘盘踞也。

一、贼造房屋有伪土营泥水匠、伪典木匠、伪典油漆匠三项伪职，皆系两湖掳来匠人，现授伪职，到处裹胁各行匠人，到省时已不少。入城后，凡省城各匠又被掳胁殆尽，为首逆等营造巢穴，强授伪职，无有愿者。日夜催工，逃亡已过半矣。贼等分馆甚多，有在三条巷者,有在高井者,类皆依附各首逆处扎馆,便于上工也。

一、贼匪各军伪典职名目:

伪圣库[分踞城中各典之贼],伪圣粮[分踞城中砻坊米店],伪典铁匠[分踞煤炭店、铁号],伪典铅码,伪典硝,伪典红粉,伪典竹匠,伪典炮,伪内医,伪拯危衙[与伪功臣相仿],伪典旗帜[贼军之旗,由此贼目专办,由伪总制至伪两司马皆有旗,大小各有尺寸也],伪买办,伪油盐[此二贼目出则掳掠,在省则带银分出各城采买,与百姓通商,即此贼目],伪巡查[稽查各本军余贼不准远离]。凡有一军即有此一套贼目。或令其分踞外省,如江西、皖省等处,皆此等贼匪随行。未审者则于城中各街各巷分布扎馆,每一馆总有长发老贼数人,裹胁难民三四十人或十余人不等。又有伪巡查,稽查无故不准远行,近日稍松。凡城中宽大房屋,皆为此等贼匪分踞,分其屋者,本宅之男女即时赶出,被褥亦不准携,其家即为所有。从前住北城者多,北城掳罄,现又移居东西南各处矣。

一、造办旗帜,贼有朝内总旗帜官。旗有大小,贼定伪职之大小,以分旗帜之尺寸。如洪逆之旗约长方一丈内外,杨、韦、石诸逆约长方八九尺等。其伪丞相以次至二三尺不等。总由此贼目处制造。其诸首逆并伪男女丞相出门,舆前另有小旗帜十余对,或数十对,或三四十对,各有分别。旗上绘龙绘虎,则由伪绣锦衙画制,大约贼有定例也。旗帜贼馆在土街口。

一、贼自湖南以至南京,遇有城池,则私挖地道,暗置地雷,以轰城墙,为伪土营指挥等,皆系湖南挖煤之辈。在逆党中,此贼之功甚巨,论法实贼之魁。该匪等著名有鲁国进、张贤仪、杨玱福等人,共计约数十人,受贼并无大惠,甘心同恶相济,以致蔓延数省,殊为痛恨。此等贼馆皆在北门桥干河沿半边街一带地方。贼初破城,有贼匪钟芳礼掳胁城内机匠,已为伪恩丞相,专管理织营,令各匠织缎,诈称可免当贼兵,于是起而从者数百人,渐集至一万四千人,内中颇有外行冒充织匠,因其可以栖身之故。迨后,贼见人数众多,忽分为营,不时抽调,逼令随同股匪分踞各处,遂又互相逃窜。自夏徂冬,所存只四分之一,始不抽调,则机房内又可安身。其所以藏身城内者,皆缘贼凌虐妇女太甚,不敢抛舍,藉此可以暗中照应也。钟贼住南捕厅前甘公兴布店内,私藏丝绫缎匹,群贼之中,推此贼为至富。另设五十九行匠作,制造杂货,为伪典妆官。

伪织营中有吴长松者,诈投贼,言愿领贼银出城买柴以供贼用,其实为女馆无柴炊爨而然。贼信为实,遂分授伪职十余人,分出各门购买,则城中男女逃亡者,半藉此力。先由水路藏于船内,径出西关,未久即为贼窥破,用船在关口以内稽查,其计不行。现在只能带人于陆路逃窜。伪职中携家潜逃者亦不少,各馆城内散居,无一定住处也。

一、广西通文理之贼为伪正(付)[副]典诏命,大约系述写洪逆言语,捏造伪书,缮写伪榜等事。住富民坊。

一、贼掳得两广两湖稍知文字者为伪诏书,又掳胁各处能写字者为其抄写。逆等并掳得男女名册,月月抄写,在逆等以为名已入册,无处可逃,然逃者愈众。听其注册,人数既多,亦无处报查,贼营之多寡虚实,此馆按月皆有总数。馆在慧圆庵。

贼专贴伪示,有伪宣诏衙者,奔走贼也。馆在城北未详。

一、两湖贼有知画者为伪绣锦,掳胁各处并省中画士,为之画旗、画伞、画轿衣,各贼首巢穴门扇墙壁,无一不画。登高上壁,勉为设色,笔墨遭难矣。贼之画亦有伪制,如洪逆之门画双凤,谓之凤门。杨、韦之门画龙、虎,伪丞相门画象。以下画狮、豹、鹿、兔,墙壁画鱼、雁、鹅、鸭等类。不准绘人物。馆在土街口。

逆匪掳得戏班盔头店匠人,为伪典造国帽,令其制造盔帽,然又故将本来花样更改。如洪、杨等逆帽,虽起花类似桶式,上站凤凰。如伪翼王石逆帽上立一凤,由五至一以为定制。伪丞相以至伪军帅,则用戏班中所戴之帽。其余戏帽甚多,各按伪职分别,自首逆以次,帽前皆有伪职字样,惟纱帽雉翎一概不用。馆在伪绣锦衙旁。

一、贼巡查街道及管女馆为伪巡查,城中则分地面扎馆。非特难民惧怕,即贼党见亦生惧。因其有稽查之权,无故可以将人枷责。被掳妇女亦系各街扎馆,并设有女巡查更多,缘掳禁妇女约有十余万口也。此贼藉稽查之名,挨户搜掳。如首逆需用何物,皆取之巡查,此贼又转搜民屋。去秋民间搜掳净尽,此贼一奉伪令,即向群贼馆中搜求,故贼亦惧贼也。其在各伪军者,有一军即有一巡查。故被掳入城外贼营,亦难逃窜者,因有此贼稽查,贼之防范极严毒也。女馆妇女放脚时,常藉故枷责妇女,思之实堪痛恨。此等贼目,皆广西人为之。

一、两广稍知文字之贼,为伪朝仪、伪引赞、伪通赞等职。如伪朝仪为贼私定伪制,伪通赞知贼土音,伪引赞乃贼之赞礼者。三贼作为虽未目睹其状,大约亦与乡村赛会,犹不及戏场上排场过节,真是草寇本色也。

自洪逆以下以至伪军帅、旅帅等贼,随身皆有跟随幼童,总名之曰打扇。无论冬夏,皆须执扇跟随也。其名不一,洪逆所用,谓之伪侍臣,并分左右,约一二十人。杨、韦、石等逆所用,谓之仆射,左右约十余人。伪丞相、检点、指挥、将军、侍卫等贼所用,谓之伪官使。伪军帅以下等贼,谓之打扇。伪侍臣、仆射,广西幼童居多。伪官使、打扇,则两湖、安徽、江南各处掳来幼童眉目端好者为之。亦令其穿红袍,戴凤帽,且有令着黄马褂者。孩童无知,误为贼害,殊痛恨也。洪逆伪统下舆、厨、刑、乐、更、炮、守门、裁缝等人,此行极多,洪逆处有数百人,皆掳去者,亦有伪职,烦冗琐碎,亦无足记。该贼等各自有馆,每馆数十人不等,群贼亦不少也。

杨、韦、石等诸逆统下伪职名目:如伪东、北殿丞相,[各一贼,皆广西人,为贼主办文案。]伪东、北、翼殿簿书,[不知若干人,两广两湖之贼归伪东北丞相所系,亦系写贼文者。]伪左右仆射,[随身服侍打扇幼童。]伪东、北、翼承宣,[皆两广贼,能操土音登答传话者。]伪东、北、翼左右参护,[皆两广贼,此项贼匪甚多,约有数百,皆凶悍恶贼也。]伪东、北、翼参护衙指挥,[不知管何事,人数亦多两广人。]伪东、北、翼典舆,[名为抬轿,亦可挑抬作工,贼目皆两广两湖,其伪统下之人甚多,到处皆掳,三处约千余人也。]伪东、北、翼典袍,[即裁缝,到处皆掳,人数极多。]伪东、北、翼典彩,[为首逆执伪旗帜执事者,贼目两广两湖人,打执事者到处皆掳也。]以上除裁缝、簿书外,余皆首逆等亲信之贼也。

各伪丞相检点指挥统下各伪名目,如伪协理,[亲信之贼,如人家料理家务之人,贼权极大,并可授伪指挥等职。]伪官使,[随身服侍之幼童,每贼准用三四童,方有伪职,如幼童多，其余皆无伪职也。]伪将使，[本名牌刀手，有馆长无伪职，谓之头子，每馆百余人、数十人不等，皆强悍之徒，各处人皆有。]伪书使，[每贼只有一二伪职书使，两湖人谓之头子，余皆掳得各处之人，逃窜者多，其中颇有内应通消息之人也。]各伪衙听使，各伪军伪圣兵，皆为贼驱使，等于鹅鸭，悉为贼到处掳来之人，妻离子散，惨不可言，不计其数也。外伪有伪典天牢，[系贼所设牢狱。]伪监斩衙，[贼之刽子手。]皆广西两湖残忍之贼为之，住在洞神宫。[此外仍有数处协台署前。]伪提报衙。[洪逆封伪发发榜后，由此贼递送报单，单上写捷报云云字样，殊可笑也。馆在协台署前。]各伪丞相以至伪指挥伪统下，均有舆、厨、彩、乐等馆，有馆长无伪职，谓之头子，每馆约二三十人，此等贼馆城南颇多也。

杂事贼目，如伪弓箭衙，[为贼造弓箭者。]伪兽医，[为贼医马疾。]伪左右史，[为贼撰悖逆之词者，广西人为之，此伪职有正副，大约系职同检点，并皆加伪恩丞相衔者。]伪监造金龙船总制，伪监造战船总制，[两项系为贼造船者，湖广人为之。]

（涤浮道人：《金陵杂记》。《中国近代史资料丛刊：太平天国》，Ⅳ，第 613—621 页。中国史学会编，编者：向达、王重民等，上海：神州国光社，1952。）

[编者按：咸丰三年至五年间，在南京，太平天国朝内即中央政府的典官，除专供天王需要的外，"职同指挥"的还有 102 个。按经济行业分，有以下九类行业，即兵器业、食品业、纺织服装业、建筑业、交通工具制造业、日用手工业，印玺器饰货币业、印制业和其它杂业。按职官言，称"典××"，按机构言，称"××衙"、"××营"，"衙"与"营"，常通用，混淆。大概而言，人数多、规模大的，按太平军编制立营，称为营。人数少、规模小的称为衙。只管制造的，称营。兼某些行政管理职能，如兼司收发的，称衙。]

【江苏省南京·咸丰三年】伪同职官历传各典官

历传各典官至指挥以下，则无有同职官，亦惟职同检点指挥者有之，如东殿一尚书检历、北殿右二承宣指传之类。

以上同职官所属伪官人数，亦视正职官置几人亦置几人。

（张德坚：《贼情汇纂》。《中国近代史资料丛刊：太平天国》，Ⅲ，第 97 页。中国史学会编，编者：向达、王重民等，上海：神州国光社，1952。）

【江苏省南京·咸丰三年】贼目杂职僭名

左右史，正副四人，纪贼务。左右朝仪，掌贼礼。左右通赞、左右引赞，六人，俱赞贼礼。总圣粮，正副，典入圣粮，正副，典出圣粮，正副。又国医。朝医。以上僭名职同检点。

总圣库，正副，正副。又典油盐。宰夫，掌牲畜。浆人，掌酱菜。典豆腐。典茶心，掌糕饼。宣诏书，掌发伪示。典簿书，掌功名册。诏命，掌书伪示。典柴薪。督铳炮。典红粉，掌火药。典铅码，掌炮子。典硝。典金匠。典铜匠。典铁匠。提上关，掌抽税。提中关。提下关。总药库。督内医。掌医，贼外科。又名功臣衙、能人馆。舂人。整舆匠。典金靴。典绣锦。典镌刻。典刷书。典竹。典浪，伞也。典旗帜。典造战船。督农官。督育才，教贼幼童。育婴官，收养幼孩。典买办。典刑法。典罪囚。典天牢。典监斩。内巡查。女巡查,掌管妇女。

以上僭名职(中)[疑是"同"字之讹]指挥,皆僭加天朝二字。及贼军中,又有典圣库、圣粮等伪官。又有拯危急官名。

自倡乱至永安州止,入伙逆贼僭名元勋加一等。自永安州至湖南岳州止,入伙贼僭名功勋。

洪逆处贼目

护之者,僭名侍卫。月令侍卫二十四,分神后、天罡、太乙、小吉、功曹、传送、河魁等名。节气侍卫二十四,分立春、雨水、惊蛰等名。又有僭名甲官、乙官、丙官等十名。年幼粤贼服伺洪逆者,僭名侍臣。

又掌朝门、典天炮、典天乐、典天锣、典天茶、典天马、典天舆、典天更、典天水、典天柴、典天厨、典天菜、典天炮等僭名。以上各逆每遇我兵攻巢时,持械围护洪逆巢穴,不出城拒战。

杨逆处贼目

护之者,僭名东殿参护,六七十人。服侍者,僭名东殿仆射,二十余人。传话者,僭名东殿承宣,六十余人。办贼文案者,僭名东殿尚书,分吏、户、礼、兵、刑、工六部,每部十人,有东殿吏部一尚书至十尚书等名。

又掌东门、典东锣、典东彩、典东浪[伞也]、典东旗、典东乐、典东袍、典东厨、典东水、典东柴、典尔舆、典东更、典东炮、典东牢等。

(张晓秋:《粤匪纪略》。《太平天国》,第四册,第58—59页。罗尔纲、王庆成,桂林:广西师范大学出版社,2004。)

【江苏省南京·咸丰三年】

伪圣库衙,贼收藏之所也。贼制凡诸贼掳掠皆归逆首,积之一大宅中,谓之圣库。噫,民脂民膏尽于此矣。

伪圣粮衙,贼屯谷之所也。城破后,丰备、复成等仓既为贼据,而比户搜括,不遗升斗。又于运漕、庐江、无为州等处劫取粮米,搬运入城,其出入皆归此衙掌之。

伪舂人衙,主舂米之事。凡各伪王食米,皆此衙供之。

伪镌刻衙,主为贼刻伪书。贼造书有"天条书"、"幼学诗"、"三字经"、"太平礼制"、"太平军目"等名目,其词旨无不妄诞绝伦。而尤为悖谬者,历书为最,单月三十一日,双月三十日,二十四节皆归朔望。灭绝天时,忍心害理有如此者。

伪诏命衙,主为贼写伪示。

伪买卖衙,主采买之事。三月间,杨逆忽传令,买凤凰、狮子、老虎、象等若干,其狂妄亦可晒矣。

伪金靴衙,主为贼制靴鞋。凡各伪王皆黄靴,僭用龙。

伪梳篦衙,主为贼制梳篦。

伪缝衣衙,主缝衣之事。贼见长衣即剪之使短,虽佳者弗惜也。至于各伪王之装则皆黄衣,俱僭用龙,亦属之于缝衣,故又谓之典袍。

伪国帽衙,主制帽之事。凡伪王风帽俱黄色,僭用龙。其余伪官风帽,俱红心黄边,边之阔窄亦有等差,至贼兵则但准扎巾,不准戴冠矣。

伪绣锦衙,主彩画之事。

伪宰夫衙,主宰割之事。凡掳掠之牲畜皆属之。

伪浆人衙,主制酱。

伪醯人衙,主制醯。

伪油盐衙,主为贼掌油盐。

伪茶心衙,主为贼制茶食。

伪铸钱衙,贼铸钱之所也。其文阳面曰天国,阴面曰圣宝,约重一两至五钱不等。自四月至八月,铸成若干,交伪圣库掌之。然所铸天字皆作大字,亦可异也。

伪典金衙,掌为贼铸金器。凡金之事皆属之。

伪玉器衙,掌玉器。贼初不知重玉,后乃置此,则媚贼者为之也。

伪风琴衙,掌钟表。贼初不重钟表,此衙亦后置焉。

伪典织衙,主机匠之事。城内居民欲保家者,进丝经于伪侍卫钟芳礼处,领办机子数张,为之织缎,领办者初以为得计,于是竟有万余人。至四月间,复调三千人往伪王府挑砖。五月下旬,竟将挑砖者驱出充兵。六月初,复调三千人声言往打江西,其于各行亦然。总之贼性无常,始不过寓兵于机匠耳,自是而后机匠亦渐散矣。

伪典牢衙,贼拘罪人之所也。贼酷虐异常,虽逆首有令,不准妄杀,而锻炼周纳,鞭笞动至千百,狼虎之性终难改也。

(佚名:《粤逆纪略》,《太平天国》,第四册,第66—68页。罗尔纲、王庆成,桂林:广西师范大学出版社,2004。)

(三) 军中典官

【江苏省、湖南省、湖北省·咸丰元年—五年】凡掳得银钱、衣物及油米等项,则设典圣库、典买办、典圣粮、典圣盐总之。亦正副二人,分司典守、出纳。典旗帜二人,制造旗帜,缮写一军旗字。其军装各件,别设典炮、典铅马、典红粉,典硝,典铁匠,俱正副二人。典木匠、典竹匠、典绳索,俱正副一人。

(张德坚:《贼情汇纂》卷二《伪官制·伪军中官》。《中国近代史资料丛刊:太平天国》,Ⅲ,第107页。中国史学会编,编者:向达、王重民等,上海:神州国光社,1952。)

【江苏省南京·咸丰三年】各军典官[职同监军]:宣诏书二人,典圣库二人,典圣粮二人,典买办二人,典油盐二人,典旗帜二人,典炮二人,典铅码二人,典红粉二人,典硝二人,典罪囚二人,典刑罚二人,疏附一人,巡查一人,内医一人,掌医一人,功臣一人,拯危急一人,理能人一人,典铁匠一人,典木匠一人,典竹匠一人,典绳索一人。凡二人皆一正一副,一人则其衔不系正副字样。计一军典官三十五人。

（张德坚：《贼情汇纂》。《中国近代史资料丛刊：太平天国》，Ⅲ，第 91 页。中国史学会编，编者：向达、王重民等，上海：神州国光社，1952。）

【江苏省南京·咸丰三年】 贼之攻城，以地道为得计，取开煤山之工为之，遂立为土营……凡陆营、水营除正职官外，亦设各典官，与伪朝所立大同而小异，如……典旗帜二人，制造旗帜，缮写一军旗字，其军装各件，别设典炮、典铅码、典红粉、典硝、典铁匠，俱正副二人。典木匠、典竹匠、典绳索，俱正副一人……皆谓之军中典官，凡三十有五人，而一军之执事备焉。

（张德坚：《贼情汇纂》。《中国近代史资料丛刊：太平天国》，Ⅲ，第 107—108 页。中国史学会编，编者：向达、王重民等，上海：神州国光社，1952。）

【江苏省南京·咸丰三年】

军中各典官，皆职同监军，所属人数，多寡不一。有百人则置一卒长，分辖四两司马，二百人则置两卒长，无军帅、旅帅诸伪官，故各衙听使腰牌无前营后营字样。若系伪朝内伪王府典官，并无某军字样，则标典天舆衙、典东锣衙诸名色。

（张德坚：《贼情汇纂》。《中国近代史资料丛刊：太平天国》，Ⅲ，第 150 页。中国史学会编，编者：向达、王重民等，上海：神州国光社，1952。）

【江苏省南京·咸丰三年】 若所设各官，军中有典圣粮、典圣库、典买办、典油盐，此四种皆有总典官。又典铁衙、典硝衙、典炮衙、典铅衙、典旗帜、巡查官等名色。伪官内有伪典镌刻、伪典红粉、伪典竹匠、伪典铜匠、伪典玉匠、伪典洋遮[洋伞]、伪典妆官[花粉杂行]、伪典京靴……

又有正史官，诏书衙，镌刻衙，刷书衙，后又添删书衙。典织匠，典染匠，锦绣衙，结彩衙，典杂行，典柴薪，典土匠，典木匠，典石匠，典花官，典金鱼衙，典金官，主造首饰器皿。[伪官内有伪督土匠，专挖地道，地道谓之龙口，即则克录中鳌翻之法。伪督水匠专管船只，非泥水匠。]

（张汝南：《金陵省难纪略》。《中国近代史资料丛刊：太平天国》，Ⅳ，第 708—709 页。中国史学会编，编者：向达、王重民等，上海：神州国光社，1952。）

[编者按：根据以上所列资料的内容看，太平天国管理财政经济的职官是太平天国职官中的一个组成部分，如同太平天国的职官一样，分为正职官、同职官两大类。各级职官的属官配置均有定制。

正职官分为朝内、军中和地方三个系统。朝内官以丞相为最高，分天、地、春、夏、秋、冬六官。依次为检点，指挥，将军。诸官均非实职。六官丞相或在京佐治天朝政务，或率师出征和镇守要地，才获得相应的职权。军中官以总制最尊，次为监军，再次军帅。军帅辖师帅五人，旅帅二十五人，卒长一百二十五人，两司马五百人。管理地方行政的官员称守土官，有郡总制和县监军，由中央政府任命。县以下地方各级政权，比照军队组织设军帅、师帅、旅帅、卒长、两司马、伍长等,由乡民公举,称乡官。朝内官、军中官、城内行政官员中都有女官。

同职官分典官、属官二途。《贼情汇纂》:"侍卫、典事注以职同某官,意皆伪朝杂职。"称为典事,意为因事而设,故名目繁多。前期的典官可分三类:第一类天王官及各王府典官:侍卫、侍臣、掌朝仪、掌朝门、左史、右史、引赞、通赞、朝内拯危急、典天舆、宣诏命、宰夫、浆人、春人、御正、理文、理袍、理靴、理茶、提教等。第二类天朝典官,办理政府各项事务,如主管生活资料和军需物品的采办、生产与分配,或司理文书、医药等的总圣库、总圣粮、提某关、总巡查、天朝督内医、各门巡守将军等。典官中依工作分类,专管手工业的为百工衙,已知的就有四十二种。第三类为军中典官。

太平天国前期,东、北、翼殿设吏、户、礼、兵、刑、工六部尚书和承宣、仆射、指使、参护、掌门、大旗手等侍从官及各典官。当时,东王杨秀清集中军政大权时,掌管全国政务的不是天朝六官丞相,而是东殿六部尚书。至于东殿的六部尚书与北、翼殿的六部尚书是何种关系和怎样分工负责,不见记载。太平天国后期的职同官仍分典官和属官两大部分。典官主要有两种,一是朝内、宫中掌管礼仪、文报、器物制造供给的官员;一是军中负责物资供应的官员。]

四、地方政府中的财政经济职官

(一) 总制、监军的职权与地方政府中的典官

【江苏省南京·咸丰三年】 伪守土官乡官

伪总制,府一人,主辖监军、军帅。凡贼之狱讼钱粮,由军帅、监军区划,而取成于总制,民事之重,皆得决之,虽大辟不以上闻。

伪监军,每州县一人,其小县或竟属于总制。各军刑政由军帅议定,乃禀监军以达于总制,如我之直隶知州,而权较重,亚于伪总制焉。

(张德坚:《贼情汇纂》。《中国近代史资料丛刊:太平天国》,Ⅲ,第108页。中国史学会编,编者:向达、王重民等,上海:神州国光社,1952。)

【安徽省·咸丰三年】 十一月石贼[按:指石达开]回江宁,以秦(曰)[日]纲代之,[张]潮爵为副。甲寅二月,[张潮爵]封恩赏丞相。四月又升殿右四检点。其安民、造册、拢粮等事,皆潮爵总其成。

(张德坚:《贼情汇纂》。《中国近代史资料丛刊:太平天国》,Ⅲ,第64页。中国史学会编,编者:向达、王重民等,上海:神州国光社,1952。)

【苏南、皖北·咸丰十年四月以后】 其一县镇守者曰佐将。其征收钱粮,支应民夫差务曰监军,犹首县也。此官多用本地人,须熟习地方者为之。其四门有四门甲长。其一县分五军。有左、右、前、后、中五营军帅。一军分五师,有师帅。一师分五旅,有旅帅。次曰

百长,曰伍长,曰司马。每一司马管[二十]五家。

（余一鳌:《见闻录·伪官职》。《太平天国史料丛编简辑》,第二册,第125—126页。太平天国历史博物馆,北京:中华书局,1962。)

【江苏省常熟县·咸丰十年十月十七日】 次日[十月十七日],西周市周贼奴备办酒席,领一班无脸老者,执香来请钱、侯二逆到城隍庙饮宴。席间授王仲义伪左营军帅,周贼奴为前师帅,催众纳银领牌,写田册,完银米,令统下鲍毛住西周市管徐六泾、浒浦两卡税务。

（顾汝钰:《海虞贼乱志》。《中国近代史资料丛刊:太平天国》,Ⅴ,第370页。中国史学会编,编者:向达、王重民等,上海:神州国光社,1952。)

【江苏省常熟县·咸丰十年十一月二十八日】 知管粮事者为仪征陈[耕云],豪华特甚。

（龚又村:《自怡日记》。《太平天国史料丛编简辑》,第四册,第382页。太平天国历史博物馆,北京:中华书局,1962。)

【江苏省常熟县·咸丰十一年三月初八日】 知主试者为军政司陈[耕云],系廪生……旁坐监军,即伪常熟令。

（龚又村:《自怡日记》。《太平天国史料丛编简辑》,第四册,第393页。太平天国历史博物馆,北京:中华书局,1962。)

【浙江省桐乡县乌镇·咸丰十年】 长毛中伪职有称右肆武军政司者,魏姓,年不满三十,短小精悍,矫健狡黠。相传冲散张玉良头营有功,故令伊专莅乌镇。镇故繁沃土也。自到镇后,每事凭借董沧洲为耳目,屡欲封为军帅,董不允,又命徐之林,徐亦不从。又以黄帽绣衣送马兰芬,马力却之。魏亦弗强之也。

（佚名:《寇难琐记》卷一,手抄本。南京大学历史系太平天国史研究室编《江浙豫皖太平天国史料选编》,第144页。南京:江苏人民出版社,1983。)

【浙江省桐乡县乌镇·咸丰十一年五月】 打菱湖之役,长毛先胜后溃。乌镇魏军政司同何献天豫在军中自双堂子漾之奔也,沿途仍打先锋。魏素凶狠,独领至善琏村,焚烧营房阁,又掳掠典栈。同党嫉之,尝赴恩朗天义,方用事而未能间,会西北乡多方骚扰,皆魏之故也。十一日之变,魏实有以致之。至是始命撤任至嘉兴。魏不肯行,泣数行,先将所掠货物尽行贱值变卖,余物运入禾中[指嘉兴城中]。六月初八日,献天豫入乌镇土城莅事[名信义]。

（佚名:《寇难琐记》卷一,手抄本。南京大学历史系太平天国史研究室编《江浙豫皖太平天国史料选编》,第152页。南京:江苏人民出版社,1983。)

【江苏省常熟县·咸丰十一年八月】 贼将各图地方编为军、师、旅帅,百长,司马等名目,以乡间无赖及狡猾之人为之。各镇设局着献都图册,总名乡官。城中伪札,或办油烛,或办麸皮稻草,多刻不及待。且令各家出钱领门牌,各船领船凭,伪天王捐,红粉捐,店捐,船捐,上下忙银,漕粮。伪军派伪师,伪师派伪旅,以次递派,俱有伪札;该交银两若干,额外另加贴费若干,由伪司(长)[马]以次缴伪文军政司,一呼百应,绝无漏网,民不聊生。稍有拖欠,到家严催,袖中带铁练,甚至锁到伪馆,拷打逼勒。再有违拂,送入城中贼馆吊打,俟缴清后,再要老土花边取赎。如遇乡民杀伪乡官,必出令打先锋。

(陆筠:《海角续编》。《漏网喁鱼集》第124页。北京:中华书局,1959。)

【浙江省永康县·天历八年】 显天燕军政司办理永康县民务程为晓示各乡各都共诛土豪以安良善事。

照得欲安良必除暴,何者?以若人不顾礼义,肆意妄行,又一群小人受命伴□终日,不织而得衣,不耕而得食,无治抢奇以致之。乡有若人,则一乡受其害;都有若人,则一都受其害,使千万良者受制于若辈数人。若辈自以为得志乎,不知罪恶贯盈,人人得而诛之。前此犹其从良,岂得肆得之无忌。今显天燕陈大人统率雄师,锄暴安良,断不得任若辈横行于乡都之间,不过待其改悔,以不忍之心,行不忍之政也。倘若辈不改其行,是不畏死,在所当诛。故本军政司体此暴不除,良何以安?若被持差子□避,盖难掩乡人都人之目。苟若辈藏于某乡,准该乡人擒诛之。掘窝□□,靡有□□。至外来九十,其群三百为乡都人士大擒杀。若非其□□帅旅帅等指挥众人合力擒杀,再不能,禀请发兵,必至诛戮□□□后止。为此特乃晓示,仰何乡何都何庄有隐若辈,见若辈而不擒,□□□若辈同罪。非本军政司之刻以责人,纵令宽容此日,后必为害,有心悔□□□,此时为尔民除此大凶,尔民其同心也。切切毋违!太平天国戊午八年。

(李性忠:《石达开部在浙江的三张告示》。《清史研究》1994年第3期。)

【浙江省永康县·天历八年】 显天燕正军政司办理永康县民务程为晓示义和、孝义士庶口等知所亲上痛痒有告事。

照得能治斯民,莫善于一乡之士民,有告在迩,可通乎万民之心。缘胡虏之习,千里外使一匹夫口来,于县堂坐听百里政治,无一人可曲成斯民,肉食终年而后去,乡土有士而不得与其事,虽小民之痛痒急欲告而口除者如隔天壤。假令呼之急而声闻之,非贿赂之断断乎不能。我天朝制度维新,举于国者居一邑之尊,名称监军,复选于乡孰人士中有才学而公正者举为军帅、师帅、旅帅,分治一邑之事,小民之痛痒何患不能渐闻于朝廷之上而臻郅隆之世也。今显天燕陈大人驾驻该邑,命本军政司遵制官举安民,自今而后彼义和、孝义愧非士人之流不能类举,一乡之善士亦尽心焉而已。彼义和、孝义二乡才士之菽举所知者夏惠昭一名为军帅,管理二乡事物,又师帅五,旅帅二十有五,皆二乡中才士所为,谅无逆小民之意,业蒙显天燕大人恩准。今后凡有痛痒,可往告之该管旅帅,次告之该管师帅,再告知该管军□[帅],而准于监军焉。为此特乃晓示,仰义和、孝义二乡庶人知所亲奉,毋以狲□□□奉人之远而特威者出奇。夫兴利除弊,自军帅旅帅亲见之而必□□□□以狲玩。凡力役之征,粟米之征而钱漕争讼及匪类奇案,一唯军帅□□□□准之监军同乡人断不外乡人。其告思之,凛遵凛遵。太平天国戊午八年。

(李性忠:《石达开部在浙江的三张告示》。《清史研究》1994 年第 3 期。)

【浙江省桐乡县·咸丰十年】长毛凡于所得之地,即以本地人为乡官,设局启征,编户册,供徭役。以监军一人统五军帅,军帅一人统五师帅,师帅之下有旅帅、卒长、司马等伪名目,职微权轻,不甚贵重。其自己设官,名目极多。以天字排列者,有义、安、福、燕、豫五字为尊卑等级,豫下又有侯,侯升豫,豫升燕,燕升福。福至义以上则称主将,朝将以上得称王矣。五等伪职如郡守、县令之比,其下又有军政司、宣传、通传诸名,或佐理庶事,或分莅乡镇。大率名分未定,专以括财、打仗为事,故随时创设,多不符于古制。

(佚名:《寇难琐记》卷一,手抄本。南京大学历史系太平天国史研究室编《江浙豫皖太平天国史料选编》,第 140 页。南京:江苏人民出版社,1983。)

(二) 乡官

[关于乡官的财政经济职能的资料见第七章乡官制度。]

凡一军:典分田二,典刑法二,典钱谷二,典入二,典出二,俱一正一副,即以师帅、旅帅兼摄。当其任者掌其事,不当其事者亦赞其事。

……

凡天下,树墙下以桑。凡妇蚕绩缝衣裳。凡天下,每家五母鸡,二母彘,无失其时。凡当收成时,两司马督伍长,除足其二十五家每人所食可接新谷外,余则归国库。凡麦、豆、苎麻、布帛、鸡、犬各物及银钱亦然。盖天下皆是天父上主皇上帝一大家,天下人人不受私物,物归上主,[编者按:此两句,另一种断句为"天下人人不受私,物物归上主"。]则主有所运用,天下大家处处平匀,人人饱暖矣。此乃天父上主皇上帝特命太平真主救世旨意也。但两司马存其钱谷数于簿,上其数于典钱谷及典出入。

(《天朝田亩制度》。《中国近代史资料丛刊:太平天国》,Ⅰ,第 319—320 页。中国史学会编,编者:向达、王重民等,上海:神州国光社,1952。)

(三) 后期的变化

[编者按:太平天国管理财政经济的机构与职官,如果说前期尚有张德坚的记载,可以知其大概的话,那末,后期连这样的资料也没有了。1856 年之后,在南京,东殿没有了,北殿没有了,翼殿也没有了,这三个殿中的六部尚书也不可能存在。中央政府的财政经济职官肯定发生变动,但相关的资料见不到。太平天国后期管理财政经济的机构与职官,是一个尚未被研究而又值得研究的课题。本书编者在分析资料中想到一条线索,即从太平

天国印发的商凭、田凭、漕粮执照等等财政经济凭证中，找出其部分制度。以商凭为例。太平天国辛酉十一年十一月初八日的金匮商凭，是由中央政府的天朝九门御林：开朝勋臣殿前户部正地官陈潘（?）武、地方军事长官副掌率殿后军主将求天义陈坤书、和地方民政长官开朝王宗逢天安总理苏福省民务刘肇均，联名发给的，编号是金字第百六十七号。可知管商业的是这三个部门及其负责人。又如太平天国发的田凭，有江苏的，也有浙江的。在壬戌十二年发给金匮县黄祠墓祭田凭和发给陈金荣田凭上，都印有"忠王李为发给田凭，以安恒业而利民生事"。金匮县黄祠墓祭田凭上印的是忠王李发，年月日上盖"太平天国天朝九门御林王宗殿后北破忾军主将乾天义李恺运"长方形朱印。癸开十三年冀天义发给吴江县潘叙奎荡凭是用镇守地方的将领名义颁发的。凭上也说："我天朝恢疆拓土十有余年，所有各邑田亩，业经我忠王操劳瑞心，颁发田凭，尽美尽善。"从中可见，一，在苏、浙地区颁发田凭事，是由这个地区的军事统帅忠王李秀成主持的。地区的军事长官也是该地财政经济的主管者。二，田凭上不见中央政府的职官，也不见同期内其他地区的田凭。颁发田凭是忠王李秀成自行决定的财政经济政策。下面是太平天国后期的部分经济文据及其颁发的主管官员。]

太平天国后期部分经济文据（按地区、按时间排列）

编号	名 目	给发主官	领 户	地区	时期天历	田 额	税 额	出 处
1	勖醒	僚天福统下左营师帅	地保胡士毫旅帅胡作舟	浙江石门	十一年六月			简又文藏品
2	完纳漕粮预知由单	妥天福滕	吴世杰	石门	十一年	五亩二分一	八斗四升九	简又文藏品
3	完粮串票	妥天福滕	子民吴世杰粮户	石门	十一年		八斗四升九合	《太平天国革命文物图录续编》
4	完粮串票	妥天福滕	子民沈庆余业户	石门	十一年八月		上忙六钱七分	《太平天国革命文物图录续编》
5	预知由单	妥天福滕	沈庆余	石门	十一年	六亩七分	一石九升	《太平天国革命文物图录补编》
6	完粮串票	妥天福滕	粮户徐书元	石门	十一年		一石二斗五升五合	《太平天国革命文物图录续编》
7	田凭	听王陈炳文	花户陈寿天	石门	十二年九月	四亩八分		《太平天国革命文物图录》
8	预知由单	浙江省天军主将邓光明	关顺昌廷记	石门	十二年	田十亩九分余地二亩三分余	二石一斗七升余	《太平天国革命文物图录》

编号	名　目	给发主官	领　户	地区	时期天历	田　额	税　额	出　处
9	预知由单	浙江省天军主将邓光明	吴加惠	石门	十二年	田十二亩地不明	二石二斗余二	《太平天国革命文物图录》
10	预知由单	浙江省天军主将邓光明	范万春	石门	十二年	田一亩九分地五亩八分余	一石二斗七	《太平天国革命文物图录》
11	便民预知由单	邓光明	章连桂	石门	十二年	田七亩一分地一亩二分	一石五斗一升	《太平天国革命文物图录续编》
12	完粮串票	归王	粮户关顺昌福记	石门	十二年		二石二斗六升余	《太平天国革命文物图录补编》
13	预知由单	归王邓光明	关顺昌福记	石门	十三年	田十亩九分余地二亩九分余	二石二斗六升余	《太平天国革命文物图录》
14	完给漕粮预知由单	归王邓光明	花户朱皆备	石门	十三年	田七十余亩[?]地十九亩余	十一石余	《逸经》廿期
15	漕粮预知由单	归王邓光明	花户朱鸿玉	石门	十三年下忙	田六亩余地二分余		《逸经》廿期
16	完粮执照	归王邓光明	朱某	石门				《逸经》廿期
17	完银串票	浙江省天军主将邓光明	业户孙永发	石门	十三年		□两	《太平天国革命文物图录》
18	完粮串票	邓光明	子民沈德裕业户	石门	十三年		一两一钱余	《太平天国革命文物图录续编》
19	完粮串票	邓光明	子民吴加堂业户	石门	十三年		一石五斗三升	《太平天国革命文物图录续编》
20	预知由单	归王	沈庆余文记	石门	十三年	九亩[?]	一石三斗四升	《太平天国革命文物图录补编》
21	完粮执照	归王	业户朱大和	石门	十三年		二石二斗三升	《太平天国革命文物图录补编》
22	完粮串票	归王	粮户沈文龙	石门	十三年		二石三斗四升四	《太平天国革命文物图录补编》

编号	名　目	给发主官	领　户	地　区	时期天历	田　额	税　额	出　处
23	田凭	邓光明	花户年文璂	？		九亩		《太平天国革命文物图录续编》
24	漕粮执照	永天福孙	粮户吕文兴	浙江海宁	十二年		一斗一升七合九	《太平天国革命文物图录》
25	漕粮执照	永天福孙	粮户章德林	海宁	十二年		四斗七升六合六	《太平天国革命文物图录》
26	漕粮纳照	永天福孙	高寿镜	海宁	十二年		六升余	《太平天国革命文物图录补编》
27	漕银纳照	永天义孙	粮户杨舜高	海宁	十二年分十三年二月补收		三钱五分	简又文搜藏
28	漕米纳照	会府户部右编修赵	粮户杨舜高	海宁	十三年		三斗五升四	简又文搜藏
29	漕米纳照	会府户部右编修赵	粮户杨永玮[？]	海宁	十三年		二升一合五	简又文搜藏
30	漕银纳照	会府户部右编修赵	粮户杨崔高	海宁	十三年		一两二钱	简又文搜藏
31	漕银纳照	会府户部右编修赵	粮户杨崔高	海宁	十三年		八钱	简又文搜藏
32	完漕由单	会殿户部右编修赵	粮户杨海义	海宁	十三年八月		九斗三升余	简又文搜藏
33	漕粮纳照	会王府户部右编修江	粮户王应龙	海宁	十三年		一两三钱九分八	简又文搜藏
34	漕银纳照	永天义孙	粮户杨德义	海宁	十三年		九钱一分一	简又文搜藏
35	漕银纳照	永天义孙	粮户杨德银	海宁	十三年		九钱零九	简又文搜藏
36	漕银纳照	永天义孙	粮户王德铨	海宁	十三年		四钱五分	《太平天国革命文物图录续编》
37	漕米纳照	会殿户部右编修赵	粮户吕大祥	海宁	十三年		一升零九	《太平天国革命文物图录》

编号	名　目	给发主官	领　户	地区	时期天历	田　额	税　额	出　处
38	粮米执照	符天安锺良相	黄正元	浙江桐乡	十一年		一石三升九合	简又文搜藏
39	粮米执照	符天安锺良相	黄某	桐乡	十一年		三石六斗余	简又文搜藏
40	粮米执照	符天安锺良相	安民黄志高	桐乡	十一年		二石一斗	《太平天国革命文物图录续编》
41	粮米执照		安民黄配德	桐乡	十一年		二石五斗四升三合	《太平天国革命文物图录续编》
42	粮米执照	符天安锺良相	安民黄配德	桐乡	十二年		三石	《太平天国革命文物图录续编》
43	地丁执照	符天安锺良相	安民黄志高	桐乡	十二年		二两六钱八分七厘	《太平天国革命文物图录续编》
44	完银串票	谨天义熊万荃	业户盛宗兴	浙江嘉兴	十二年上忙		二两四钱二分一	简又文搜藏
45	完银串票	谨天义熊万荃	业户年文斌	嘉兴	十二年		三两六钱五分八厘	《太平天国革命文物图录补编》
46	捐缴军需由单	忠莱朝将何培章	甲户倪鼎魁	嘉兴	十三年尚忙	五亩一分	一两四钱二分余	《太平天国革命文物图录》
47	捐缴军需由单	忠莱朝将何培章	甲户倪士魁	嘉兴	十三年尚忙	六亩一分	一两七钱余	《太平天国革命文物图录》
48	易知由单	朗天义陈炳文属下户司员佐理嘉海民务章义群	的户颜善金记	浙江海盐	十一年		五斗四升五合	《太平天国革命文物图录》
49	易知由单	朗天义陈炳文属下户司员佐理嘉海民务章义群	粮户的户颜令占祭（田）	海盐	十一年		二石八斗七升	《太平天国革命文物图录》

【江苏省太仓州、镇洋县·咸丰十年】伪陆钦差出示,颇有道理。业田者依旧收租,收租者依旧完粮。

（佚名：《庚申日记》。引自《江海学刊》1961年第2期第28页。）

［编者按：钦差大臣是后期出现的新职官。］

【浙江省石门县·天历十一年十二月】

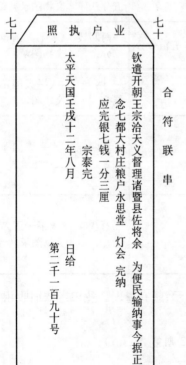

完粮串票

□□钦差大臣佐镇石门县妥天福滕　为给发粮串事

今据　乡军帅　师帅　旅帅

卒长　司马　统下　东三都十一图子民徐书

元额征辛酉十一年应完漕米一石二斗五升五合

右准粮户执照存查遗漏等弊

天父天兄天王太平天国辛酉十一年十二月十三日给

字第三千四百九十八号

（郭若愚：《太平天国革命文物图录补编》七一。上海：上海群联出版社，1955。印文有二：1."太平天国天朝九门御林……"2."查验讫"。）

【浙江省诸暨县·天历十二年八月】

业户执照

七十　　七十

钦遣开朝王宗浴天义督理诸暨县佐将余　为便民输纳事今据正

念七都大村庄粮户永思堂　灯会　完纳

应完银七钱一分三厘　宗泰完

太平天国壬戌十二年八月　　日给

第二千一百九十号

合符联串

（《太平天国革命文物图录》八十。太平天国起义百年纪念展览会，上海：上海出版公司，1954。印文："浴天义余图记。"骑右缝有大印。厘字下印文"宗泰完"。）

【浙江省海宁州·天历十三年】

照纳米漕

会殿户部右编修赵　　　　　　　　　为
□串安农事今据海宁州
军□都东十六庄粮户吕大祥
投完□分漕米壹升○玖勺
□入册挂销外合行给串归农
收执此照
太平天国癸开拾叁年　月　日给
户字第六十六号

（《太平天国革命文物图录》七九。太平天国起义百年纪念展览会,上海：上海出版公司,1954。印文："天父天兄天王太平天国会殿户部右编修。"）

第二节

会计制度

[编者按：关于太平天国会计制度的资料，参见第二章第一节"圣库制度"。]

【江苏省南京·咸丰三年二月】 杨秀清请人管账，登记掠银，呼为先生。

（佚名：《哀江南总目提要》。彭燮琛编著：《太平军初占江南史事录》，第 111 页。上海：上海正风出版社，1951。）

【江苏省常熟县·咸丰三年十一月初五日】 屈容斋茂才［允升］，贼延主计，供奉甚优。

（龚又村：《自怡日记》。《太平天国史料丛编简辑》，第四册，第 380 页。太平天国历史博物馆，北京：中华书局，1962。）

【江苏省常熟县·咸丰三年】 一士为贼司会计，积宠得穿黄马褂，并不知贼不可恃，有此间乐之意。

（苕山外史：《难中闻见录》。海虞学钓翁：《粤氛纪事诗》。《太平天国史料丛编简辑》，第六册，第 380 页。太平天国历史博物馆，北京：中华书局，1962。）

【江苏省吴江县·同治元年七月初十日】 伪礼部侍郎汪心（根）［耕］之逃也，人皆疑其与伪听王通谋。盖汪之妹被掳为伪听王七公子之妻，汪以王亲为伪官，贼资数十万皆入其手，在盛泽开设市肆，权力甚重。汪又引用苏人为店夥，不下数十人，皆其亲戚也。

（沈梓：《避寇日记》。《太平天国史料丛编简辑》，第四册，第 181 页。太平天国历史博物馆，北京：中华书局，1962。）

[编者注：管钱的应该是户部，这里由礼部侍郎管，可见其已无章法。]

【江苏省吴江县·同治元年】 伪礼部右侍郎汪心（根）［耕］者……以王亲授伪职，甚见信用。在盛川分设市肆权子母，贼资数十万，皆涉其手。汪又拔苏人陷贼者，分居各市肆司会计，多至数十人。

（沈梓：《养拙轩笔记》。《太平天国史料丛编简辑》，第二册，第 267 页。太平天国历

史博物馆,北京:中华书局,1962。)

[编者按:以下二件,江苏省苏州市博物馆藏。无日期,无图记]
转发忠庆朝将吉等十九馆油盐通知
(宗)[忠]庆朝将[吉]、敏天义朱、镰天安金、文天福李共十九馆,计兄弟三百五十一名,每名油二两、盐三两,共油四十三斤十四两,盐六十五斤十三两,送呈,祈收转发是荷。
转发勋臣汪十一馆油盐通知
勋臣汪共十一馆,计牌面乙百五十九,牌尾九十一,共贰百五十名,每名油二两、盐三两,共油卅一斤四两,盐四十六斤十四两,送呈,祈收转发是荷。
(《太平天国》,第三册,第185—186页。罗尔纲、王庆成,桂林:广西师范大学出版社,2004。)

[编者按:以下是主将吴阁发给某某的油盐口粮挥条,共21件。江苏省苏州市博物馆藏。挥条发出时间为天历十三年四月二十二日。它们是圣库支出的凭证。]
主将吴阁发给克天燕陈油盐口粮挥条
挥仰刘弟发给克天燕陈弟油十四斤,盐廿一斤,与来人领回一月口粮。此挥。毋违。
四月廿二日本阁挥。

主将吴阁发给招天预余油盐口粮挥条
挥仰刘弟□□招天预余弟油三斤八两,盐五斤四两,□□□□□月口粮。此挥。毋违。
四月廿二日本阁挥。

主将吴阁发给元勋汪油盐口粮挥条
挥仰刘弟发给元勋汪弟油六斤十两,盐九斤十五两,与来人领回一月口粮。此挥。毋违。
四月廿二日本阁挥。

主将吴阁发给元勋卓油盐口粮挥条
挥仰刘弟发给元勋卓弟油乙斤二两,盐乙斤十一两,与来人领回一月口粮。此挥,毋违。
四月廿二日本阁挥。

主将吴阁发给功勋章油盐口粮挥条
□□□弟发给功勋章弟油乙斤十二两,盐二斤十两,与来人领回一月口粮。此挥。毋违。

四月廿二日本阁挥。

主将吴阁发给经政姚油盐口粮挥条

挥仰刘弟发给经政姚弟油三斤四两,盐四斤十四两,与来人领回一月口粮。此挥。
毋违。

四月廿二日本阁挥。

主将吴阁发给经政阳油盐口粮挥条

挥仰刘弟发给经政阳弟油三斤二两,盐四斤十一两,与来人领回一月口粮。此挥。
毋违。

四月廿二日本阁挥。

主将吴阁发给经政李油盐口粮挥条

挥仰刘弟发给经政李弟油五斤六两,盐捌斤乙两,与来人领回一月口粮。此挥。
毋违。

四月廿二日本阁挥。

主将吴阁发给侍官蒋油盐口粮挥条

挥仰刘弟发给侍官蒋弟油四斤八两,盐六斤十二两,与来人领回一月口粮。此挥。
毋违。

四月廿二日本阁挥。

主将吴阁发给护军潘油盐口粮挥条

□□□弟发给护军潘弟油三斤六两,盐五斤一两,与来人领回一月口粮。此挥。
毋违。

四月廿二日本阁挥。

主将吴阁发给护军周油盐口粮挥条

挥仰刘弟发给护军周弟油三斤四两,盐四斤十四两,与来人领回一月口粮。此挥。
毋违。

四月廿二日本阁挥。

主将吴阁发给护军陆油盐口粮挥条

挥仰刘弟发给护军陆弟油乙斤八两,盐二斤五两,与来人领回一月口粮。此挥。
毋违。

四月廿二日本阁挥。

主将吴阁发给奉宣汪油盐口粮挥条

挥仰刘弟发给奉宣汪弟油三斤十四两,盐五斤十三两,与来人领回一月口粮。此挥。毋违。

四月廿二日本阁挥。

主将吴阁发给奉宣方油盐口粮挥条

挥仰刘弟发给奉宣方弟油二斤八两,盐三斤十二两,与来人领回一月口粮。此挥。毋违。

四月廿二日本阁挥。

主将吴阁发给功医陈油盐口粮挥条

挥仰刘弟发给功医陈弟油三斤八两,盐五斤四两,与来人领回一月口粮。此挥。毋违。

四月廿二日本阁挥。

主将吴阁发给典舆何油盐口粮挥条

挥仰刘弟□□典舆何弟油二斤六两,盐三斤九两,□□□领回一月口粮。此挥。毋违。

四月廿二日本阁挥。

主将吴阁发给典马罗油盐口粮挥条

□□□弟发给典马罗弟油二斤八两,盐三斤十二两,与来人领回一月口粮。此挥。毋违。

四月廿二日本阁挥。

主将吴阁发给典乐曹油盐口粮挥条

□仰刘弟发给典乐曹弟油乙斤十四两,盐贰斤十三两,与来人领回一月口粮。此挥。毋违。

四月廿二日本阁挥。

主将吴阁发给□□□油盐口粮挥条

□□□□□给□□□弟油□□十四两,盐四斤五两,与来人领回一月口粮。此挥。毋违。

□月廿二日本阁挥。

主将吴阁发给忠庆朝将吉等十九馆油盐挥条

挥仰发□忠庆朝将吉、敏天义朱、镰天安金、文天福李等共拾玖馆计牌□、牌尾(下缺)

该给油四十三斤十四两、盐六十五斤十三两,与来[下缺]此挥。毋违。

天父天兄天王太平天国癸开十三年[下缺]

主将吴阁发给汪馆牌面牌尾油盐挥条

挥仰刘弟发给汪弟计牌面壹百五十九,牌尾九十一,共贰百五十名,该给油卅一斤四两,盐四十六斤十四两,与来人领回一月□□□□毋违。

四月廿二日本阁挥。

(《太平天国》,第三册,第180—185页。罗尔纲、王庆成,桂林:广西师范大学出版社,2004。)

第五章
捐、费与役

［捐与费的某些项目，在各种文献中的称谓一致；另一些项目，有的称费，有的称捐。］

第一节
捐项举例

一、天王下诏捐资、捐官，筹措钱粮的特殊方法——卖爵

【江苏省常熟县·咸丰十一年夏】后师帅滕元顾者，钊元之子也，长春岩，次秋岩，为人皆长厚，年俱少，家亦小康，非有朱、毛、蒋之富，并无陆、姚之能，虽有姻亲沈伯门为之辅，而终屈于众（师）[帅]下，所入不敷所出，以至囚牢半年，通狱馈金，始得脱祸。壬戌夏，剖分其地于[其他]四师，滕始无遗累。而滕之破家，乃前营军帅邹庆和之所害。邹号玉韶，行四。长兄竹亭，早挈家逃。贼遂派玉韶为军帅。初亦不肯入城。辛酉夏，贼举朱又村护理军帅，交纳印信，朱既假权柄事，颇欺邹，邹乃受职。滕有良田五十亩，邹所欲也。辛酉夏，伪天王有诏捐资，邹以巨富不捐，致滕赔累。后邹又大索其家，滕所积田禾在场，邹尽夺以与贼，云补欠项，倚势作威，几致滕春岩于死地。

（龚又村：《自怡日记》同治元年闰八月十二日记事。《太平天国史料丛编简辑》，第四册，第462—464页。太平天国历史博物馆，北京：中华书局，1962。又见《太平天国》，第六册，第116页。罗尔纲、王庆成，桂林：广西师范大学出版社，2004。[ ]内的字，是广西版中没有的。）

【浙江省桐乡、嘉善等县·咸丰十一年十二月二十一日】总之，长毛无甚法令，其为伪官及到某处设馆子者皆可用钱捐而得之，与咸丰末造仕途升转之情仿佛，而更容易翻变者如是。

（沈梓：《避寇日记》。《太平天国史料丛编简辑》，第四册。第112页。太平天国历史博物馆，北京：中华书局，1962。）

二、大捐

[大捐是一种对大户征收的临时性的军需捐项，亦可称为特捐。参见第十章第二节"太平天国对富户的政策"目之六"写大捐与乡官勒索富户"。]

【湖北省武昌·咸丰二年十二月】初七日,贼令户有金帛珠玉者悉出以佐军,从则全汝身若家,不汝扰。民出金帛者肩摩踵接。

(佚名:《武昌兵燹纪略》。《中国近代史资料丛刊:太平天国》,Ⅳ,第572页。中国史学会编,编者:向达、王重民等,上海:神州国光社,1952。)

【江西省奉新县·咸丰六年正月】括富户金帛,多者数千,少亦数百。

(同治《南昌府志》卷十八《武备》。)

【福建省汀州·咸丰七年四月】是时长发盘踞府城,勒令曾炳文出乡募富室金,曾辞以耳聋,贼割其耳,逼其副室投缳死。经理钱局许开晨藏镪巨万,被贼席卷一空;并勒令许开富绅姓名,使各输资充乡官[有军帅、师帅、旅帅、卒长、左右司马、伍长等名目];上户出番镪二千圆,马四匹;中户出番镪一千圆,马二匹;下户出番镪五百圆,马一匹。劣衿市侩喜为乡官者,辄榜报条门首,逆党见之,不掠其室;其不输镪马之富绅,贼必羁囚之,拷掠无所不至。

(曹大观:《寇汀纪略》。《中国近代史资料丛刊:太平天国》,Ⅵ,第814页。中国史学会编,编者:向达、王重民等,上海:神州国光社,1952。)

【江苏省常熟县·咸丰十年八月】又搜索各乡稍有家[资]者,并殷富避难寓居者,指名叫到,勒令捐银……违忤者立锁禁闭。[不来者捕至之。]于是捐缴如流水而至。

(汤氏:《鳅闻日记》卷上。《近代史资料》1963年第一期,第94页。又见《太平天国》,第六册,第321页。罗尔纲、王庆成,桂林:广西师范大学出版社,2004。)

【浙江省绍兴县·咸丰十一年】贼乃出示安民,令蓄发。设军、师、旅帅,司马、百长等伪官。旅帅司五百家,司马、百长属之。五旅属一师,五师属一军。军、师以上为监军,山阴一,会稽一,皆土著为之……乡官居于乡,为贼设伪居,稽户口,立门牌,牌价有数十、百金不等。贫民不逮,并责于富民。有田者令输租,亩人[? 入]三分。民家租额皆定于局,各户赴局买票,数十、百钱不等。曩称富人,重为刻剥,名曰"大捐",千金、万金亦不等,不受者械击之。

(古越隐名氏:《越州纪略》。《中国近代史资料丛刊:太平天国》,Ⅵ,第769页。中国史学会编,编者:向达、王重民等,上海:神州国光社,1952。)

【浙江省杭州·咸丰十一年五月】时乔司军帅王忠良、师帅李友孝、旅帅家明冈叔,安民之地,差徭供应,赖以周旋。驻省贼目为三十六天将刘懿鸠,粤人也,凶恶贪戾,众呼为"刘剥皮",趁缲丝刈麦之际,迫各乡官按户勒索,名曰"写大捐"。又派百姓排日解灰作煎硝之用,如不敢解灰进城者,由旅帅雇人挑解,每担折钱二百文,名之曰"出灰钱"。

(张尔嘉:《难中记》。《中国近代史资料丛刊:太平天国》,Ⅵ,第638页。中国史学会编，编者：向达、王重民等，上海：神州国光社，1952。）

【江苏省常熟县、昭文县·咸丰十一年七月】 又派民间捐米五万，长毛住师帅局监收，威迫择平日殷实之家，勒捐一二百两；农民照田，每亩百文，[三日事毕]。

（汤氏：《鳅闻日记》卷下。《近代史资料》1963 年第一期，第 123 页。又见《太平天国》，第六册，第 352 页。罗尔纲、王庆成，桂林：广西师范大学出版社，2004。）

【浙江省仁和县·咸丰十一年至同治元年】 一经虎口信沈沈，鸟窜鱼罟总就擒。征诏岂同求博士，[原注：村间勒赴伪试。]禁烟犹见热空林。身如夷狄甘文面，话到妻孥尽刺心。拍断胡笳认肯赎，[原注：被掳者须以金赎，]男儿方解重黄金。

壶浆箪食岂甘倾，况复寻常政令更。[原注：时多勒捐各户。]历尽疮痍犹服役，掳馀金帛尚输诚。红旗怕见催捐令，古庙愁听拷掠声。[原注：贼掳村镇，多处社庙以索财物，无则任其笞辱。]莫讶山中无历日，而今朱草已无茎。[原注：时无历日，故山中多无时日。]

（锺慈生：《志哀诗》十二首中之二首。载《庚辛泣杭录》。）

【浙江省诸暨县·同治元年二月】 诸[暨]邑古塘陈兆云起义。兆云精悍有谋略，集义兵三千人，与立身合兵拒贼，军容益壮。

伪来王调各路贼兵渐集，开大捐，资粮饷。伪坐镇姚克刚、山邑佐将龚锦标，颇宽仁，异众贼，念民力已瘁，迁延不欲行。而会邑佐将徐某，性贪残，闻令即遣其妻父张九[又名大九，萧山人]，偕伪协理监军某，赴会邑各村镇，排户书捐，但有田产者，无多寡，统以富户目之，勒书数千缗至数百缗不等。书稍缓，即加以银铛，或笞扑之。书毕，坐伪局待缴。贼本天主教，七日一礼拜。各捐户一礼拜不缴，则催之以委员；再缓，则催之以局差；再缓，则令贼兵锁拿押缴。委员皆无耻者为之；局差即向之府县役，需索无厌。贼兵尤凶暴，少不满所欲，则恣攫其衣物，或抽刀入内室，妇女啼窜，多有被迫自尽者。

（王彝寿：《越难志》。《中国历史文献研究集刊》第一集，第 236 页。又见《太平天国》，第五册，第 147 页。罗尔纲、王庆成，桂林：广西师范大学出版社，2004。）

【江苏省常熟县】 [各乡镇得硕天豫之告示，门要贴"顺"字，不然吵白无孑遗。]而大户之殷实者，装载家私，暗渡沙去，捐款因之少大半。

（顾汝钰：《海虞贼乱志》。《中国近代史资料丛刊：太平天国》，Ⅴ，第 351 页。中国史学会编，编者：向达、王重民等，上海：神州国光社，1952。）

【浙江省秀水县·同治二年三月】 三十日，闻听王以令旗及剑付荣王，限三日办银一万三千，发军饷。三十夜索新塍三千。[四月]初一索新塍二千。

（沈梓：《避寇日记》。《太平天国史料丛编简辑》，第四册，第 293 页。太平天国历史

博物馆,北京：中华书局,1962。)

三、户捐

[灶捐、户米,按户捐。]

【江苏省常州·咸丰十年九月十八日】贼令城乡各民纳钱,与布一方,上有印记,悬门首以当门牌。分大小户,大者洋钱三四元,小者一元。又每一烟灶,按月纳钱四百廿文。

(赵烈文：《能静居士日记》。《太平天国史料丛编简辑》,第三册,第157页。太平天国历史博物馆,北京：中华书局,1962。)

【浙江海宁·咸丰十一年】初八日,我北半图说到贡贼钱三十千,至十一日,已闻东南路起义毁局,事遂寝。初七日花溪局勒镇人厘捐,每店大者日三百,小者十文……

　　五月,贼匪勒贡渐横,通元黄八十从贼设局,向承办七图贡银共万余千已[？矣],民不堪命。海盐全县核办三万两,至四月初七日,又勒加万五千,并欲征银,每两七折,价二千零五十……归应山亦从贼,先设完银局于其宅,名陆泉馆,黄八十嫉之……五月初,又欲分门牌,写人丁,每牌一元四角,每人日征二十文,每灶日一百,行灶五十。五月初九日,用枪船先追完田银,士农畏其虎势,无不输钱完纳,仍以咸丰十年串票发之。至十一日共完千余。[下述不交者捉入班房,必得清交而出。]……又闻屿城贼访得殷富者五人,札谕为师帅。办门牌,先欲借洋五百元为填款。此皆八贼[黄八十]指点,藉此图肥。于是道路以目,敢怒而不敢言。局中常聚五六十人,耗费日数十千,所收钱文,与贼不过什之一二……五月初九日,竟将门牌灶费及外庄田银尽行发动,初十日为始,毋延顷刻。间有业主趁势收租,亦借枪船恐吓,追取甚紧。当此士民无可控告之际,幸有义民沈长大住海盐之周图……欲集众毁其局,恐无从者,适该图地保将澂局银事与商,沈暗称曰："今可激怒众人矣。"因谓曰："汝何不遍问业主愿完否？倘拂局中意,必解屿城。"保遍问,皆愿。沈意阻,复曰："既如此,业主必收租,再问各佃愿完租否？倘无力清还,业主控告局中,亦解屿城。"保又遍问,亦皆曰愿还。沈又曰："事势如此,汝遍约,明日必每家一人,齐至澂局,问明乡官姚成初[子亦诸生],每亩当还[租]几何？"佃等皆踊跃……遂于十一日麕集千余人,至澂城……捆缚姚成初……[明日打通元局及烧各乡官、帮办之家,后攻屿城,败回]。

(冯氏：《花溪日记》。《中国近代史资料丛刊：太平天国》,Ⅵ,第678—680页。中国史学会编,编者：向达、王重民等,上海：神州国光社,1952。)

四、丁口捐

[按丁口交捐。]

【浙江省乌程县·咸丰十一年至同治元年】[南浔附近各乡设局团练,吴溇亦有土勇二三十名。十八日侍王李世贤之部下登岸。八月初,慕王谭绍洸率军屯扎南浔几一月。]是年冬,贼踞浔不去,并招安各村镇,连营接寨,为攻湖城计……[同治元年五月初三日湖州城陷,附近全为太平军所有。]维时各乡镇皆分设贼馆,立乡导官曰军帅、师帅、里[旅]帅、百长,置监军于晟舍,常赋正捐外,有门牌捐、船捐、丁口捐、丝车捐诸名目,追呼鼓[?敲]扑,民不聊生……民间月用所需,皆仰给于上海,一线生机,来源有限,百物腾贵,斗米值制钱一千二百文,米商无从贩运,市中得米视为奇货。予家亦绝米三日,磨麦作饼饵啖之。后幸辗转运到暹罗籼米,又值秋收有成,始得接济。

(杨光霁:《劫余杂识》。《中国近代史资料丛刊:太平天国》,Ⅴ,第320—321页。中国史学会编,编者:向达、王重民等,上海:神州国光社,1952。)

五、房捐

[房租,屋租。按房屋捐。]

【江苏省元和县周庄镇】[陶煦家]每房捐钱千缗。

(陶煦增辑章腾龙所辑之《贞丰拟乘》卷下。)

【浙江海盐县、海宁州·咸丰十一年】[花溪局应玉轩、祝殿轮等]所收钱洋与贼不过十之一二……[通元局]日常枪船四出捉人,其西南地方稍有盈余者不一人遗漏……堂堂素封,铁练横颈……六月初十日,应玉轩为贼乡官……又传点所属共三十五图地保,并勒办贡及门牌事……十八日,花溪局勒店铺日捐加倍。又闻硖镇贼欲来把卡,市人议罢市而逃……八月二十四日,花溪局匪于各店铺强收房租一月。[闻有六百余千。]园东六图已勒完银千余两。至是勒索愈横。

(冯氏:《花溪日记》。《中国近代史资料丛刊:太平天国》,Ⅵ,第683—684,687—688,690页。中国史学会编,编者:向达、王重民等,上海:神州国光社,1952。)

【江苏省吴江县·咸丰十一年】七月初五日,续勒在镇客居四家银百余两。收合镇屋租两月。吴江金姓有在镇市屋十余处,每月租钱三四千,伪监军据为己产,分授诸儿。

(倦圃野老:《庚癸纪略》。《太平天国资料》,第102页。北京:科学出版社,1959。)

【江苏省常熟县·同治元年三月初一日】……六河起房捐,每间屋每日捐钱七文。

(柯悟迟:《漏网喁鱼集》,第57页。北京:中华书局,1959。)

【江苏省苏州·1861年4月13日】无锡船民说,他们来自苏州对面几英里的乡间,现在,叛军已停止对那里的骚扰,在叛军统治的八个月里,那里一直比较安宁。人们正在重建破坏了的家园,船只往来频繁,贸易也显得活跃。乡官向每艘民船和每幢房屋收税大洋一元。这些乡官都是本地人,他们是由住在城内行使相当于知县职权的太平军首领委任的。有时房屋是按间数收税的,每间税金三百文。田赋约为每亩二斗半,相当于收获量的八分之一。载运稻米的船只通过税卡时,每担须纳税五十文,而载运铜钱者则抽千分之五的税金。在去年春季动荡不安的三个月里,也就是战火涤荡着苏州和南京之间欣欣向荣的平原和热闹繁华的城镇时,每百人中便有二十人因征兵和死亡而踪迹杳然。设于苏州东南边的税卡,对过往的外国商人,也征收每船五两银子的关税。

(《太平军在苏浙两省各地建立地方政权》。《北华捷报》第 559 期,1861 年 4 月 13 日。《太平军在上海——〈北华捷报〉选译》第 182 页。上海:上海人民出版社,1983。)

六、田捐

[亩捐,按田地捐。参见第三章第五节"随田派捐"目。]

【安徽省潜山县·咸丰七年十月】贼勒征下忙地丁银,每亩复收钱二百文,限同缴。冬十月,贼勒每亩收钱二百文。

(储枝芙:《皖樵纪实》。《太平天国》,第五册,第 40 页。罗尔纲、王庆成,桂林:广西师范大学出版社,2004。)

【安徽省潜山县·咸丰八年五月】五月,贼伪洁天燕赖桂英窜潜城,踞之。贼勒每亩收钱二百文,米六升。

(储枝芙:《皖樵纪实》。《太平天国》,第五册,第 41 页。罗尔纲、王庆成,桂林:广西师范大学出版社,2004。)

【江苏省常熟县·咸丰十一年六月十二日】而南乡自朱氏[又村]立总局,又得谋主调停,各局皆遵办,一方赖以安。钱帅[桂仁]奖又村丈之劳,派协办军帅事。城议开捐兵饷,每图派三百千、四百千不等,种农田者五亩以外皆捐。乡官虽有余利,而乡户已被累不堪,一有不应,已链条加颈,甚至杖枷,究非仁政。吴塔伪丞相俞[能富]缘控案夺职,调伪参军窦[长春]驻卡。

(龚又村:《自怡日记》。《太平天国史料丛编简辑》,第四册,第 401 页。太平天国历史博物馆,北京:中华书局,1962。)

【江苏省无锡县、金匮县·咸丰十一年十月】斯时种田者需出伪乡官之捐,每田一亩,按日一钱[监军、军帅、师帅三伪局各二毫,旅帅四毫],以为津贴之费。照锡、金田额共一百三十余万亩,每日可捐钱一千三百千文,通年计四十外万矣。幸年丰米贵,农民尚能支持也。

(佚名:《平贼纪略》。《太平天国史料丛编简辑》,第一册,第 279 页。太平天国历史博物馆,北京:中华书局,1962。)

【浙江省桐乡县塘南·同治元年十二月初七日】有蘇花漾人岳姓者言：塘南各圩，惟近贼卡一圩不编田，其地民房皆毁，荒芜已久，无田可编。其余各圩皆编田，计每亩完粮米四斗半，其斛系丈三百五升，完银子钱六百六十三文，田捐、月捐、卡费每月每亩二百八十文。伪乡官伇阿桂以空屋列木为棚作牢房，凡乡人欠粮者械系之，完米限至初十而止，过期者照南粮额数完纳。计伇所供长毛局米六千担，而计其所编田额当收米万担，盖浮收者皆入己也。附伇者人以百数，伇取乡人材木造屋造船，泥工木工皆捉官差，骄横颇盛。卡上每月征乡人供柴，亦随田额之多少而派。而嘉郡长毛时时至乡打柴截树，又不在供柴之内。

（沈梓：《避寇日记》。《太平天国史料丛编简辑》，第四册，第 202 页。太平天国历史博物馆，北京：中华书局，1962。）

【江苏省常熟县·同治二年正月初三】各旅尽办贡洋至福山，并要照田收每亩钱五十文。

（佚名：《庚申避难日记》。《太平天国》，第六册，第 252 页。罗尔纲、王庆成，桂林：广西师范大学出版社，2004。）

【浙江省平湖、嘉兴、秀水、桐乡四县·同治二年二月】初五日，有平湖人言：辛酉年平湖编田八折，每亩完粮米三斗。至壬戌，每亩完七斗，益以银子七百五十，田捐每亩一年五十文，灶捐每只□□□文。余讶其太重。其后余询□□□□□□□□□伪局事务，不相上下。嘉兴，粮米每亩完四斗八升[过期者完五斗二升]，银子每亩三千文，此正账也。他如海塘费，每田二十亩派费三千文。造听王府费亦如之。田捐每日每亩一文。房捐每日每间三文。柴捐，每亩每十日派五斤，每五十亩积十日合解二百五十斤，复派解费二百五十文；其不供柴者，入钱于伪乡官，每斤价三文。此嘉兴之征额也。秀水，每亩粮米大斛四斗，银子每亩六百四十文。此正账也。其田捐，每亩二百四十文。柴捐，每二十亩每十日解十斤。尚有零费五十文。此惟塘南伇[阿桂]乡官属下则然，其新塍一带亦不闻有此等杂捐也。桐乡，粮米每亩□□□，银子每亩□□□，此正账也。海塘费及听王殿砖瓦费，各镇既派股捐，亦有派及田户者，不(及)[过]二三百、四五百文而已。其田捐，于冬底特办三个月，每亩每月捐钱二百文，乡人不能给，则镇人措派股捐以垫之，不必尽取诸乡人也。总计嘉、秀、桐三邑所办贼务，惟嘉兴为最苛，系伪总制章、伪监军陈姓所为，章等皆务聚敛病民者也。其秀邑，则沈子山、夏月帆所办。桐邑则姚福堂、王花大所办。惟银粮两□[正]赋实取之田户，其余杂捐及海塘、听王殿等费，皆系各镇股户派股支应，其派及乡人者犹暂而不常。(下阙数字)桐邑，盖桐邑田账册籍具在，民间全无分毫可免。秀邑则专编田而不及地，是以民间无田业者，尚终岁无催租人到门也。

（沈梓：《避寇日记》。《太平天国史料丛编简辑》，第四册，第 237—238 页。太平天国历史博物馆，北京：中华书局，1962。）

[编者按：同书第 290 页："初五日，有平湖人言：前年，田编八折，每亩完三斗。去年，每亩完七斗，银子七百五十，田捐每亩一年五十文，每灶捐钱□□。"]

【**江苏省常熟县·同治二年九月**】十六[日],晴。闻苏城于十一日克复,未知果否。有业主收租,经造收每亩一斗□升作军饷,告示已贴。

(佚名:《庚申避难日记》。《太平天国史料丛编简辑》,第四册,第 565 页。太平天国历史博物馆,北京:中华书局,1962。)

【**浙江省桐乡县·天历十二年**】田捐支照

桐乡县左营军帅汪为启办田捐事。案奉听王瑞谕,自十月初一日起,每田地一亩每日捐钱一文,以济军需等因。为此查照征册田地数目提捐。今查六都二图粮户黄仁安名下,先行酌提六个月,计一百八十三日,应捐钱拾千零捌百伍拾玖文,按期缴清,支凭给照。

太平天国壬戌拾贰年　　月　日。

安字第二千四百十四号

(《太平天国革命文物图录续编》七四。罗尔纲:《太平天国文物图释》,第 169 页。北京:三联书店,1956。)

[编者按:照片。取名:《桐乡县左营汪发给黄仁安田捐支照》。毛笔填写,"此项钱文着佃户出捐,由业户收缴"长方楷书朱印。骑缝上印文:"桐乡县左营……"。]

【**浙江省桐乡县·天历十三年**】忠莱朝将何培章发给倪鼎魁的捐缴军需由单

捐缴军需由单

殿前忠莱朝将何给发由单以便倒换执照事兹有五十六庄

甲户倪鼎魁

征田五亩壹分

应完本年尚忙□□田捐银壹两肆钱贰分□厘

天父天兄天王太平天国癸开拾叁年　月　日给第　□号

为

倪鼎魁捐缴军需由单,原件高 25.9 厘米,宽 13.5 厘米,白纸墨刷,墨笔填写,钤"殿前忠莱朝将收银印"长方朱印。现陈列在南京太平天国博物馆。

(罗尔纲:《太平天国文物图释》第 174 页。北京:三联书店,1956。照片载《太平天国革命文物图录》。)

【浙江省桐乡县·天历十三年】 忠莱朝将何培章发给倪士魁的捐缴军需由单

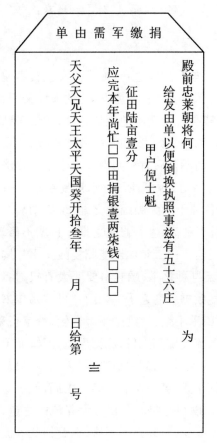

单 由 需 军 缴 捐

殿前忠莱朝将何
给发由单以便倒换执照事兹有五十六庄
征田陆亩壹分
甲户倪士魁
应完本年尚忙□□田捐银壹两柒钱□□□
天父天兄天王太平天国癸开拾叁年
月
日给第
三
号
为

原件高、宽、纸张、墨色、钤印及现存处所,都与上张同。

（罗尔纲：《太平天国文物图释》第174页。北京：三联书店,1956。照片载《太平天国革命文物图录》。）

〔编者按：太平天国的捐项,大都为解决军需要求,而直接以军需为名者却不多。这两件,既写明"军需由单",又写明是"田捐",说明田捐用途之一。〕

七、海塘捐

〔按用途捐。〕

【江苏省长洲县·咸丰十年至同治元年】 海塘捐,一府中每亩捐二百零六文。徐为海塘绅董。小董刘淡园、黄念慈、马旭岩、陆恒石、毛溶江、朱匀岩、钱逸岩、张仁卿等在民间催取,鸡犬不安,谓之括地皮。贼悦,升徐为海塘主将。贼报房到伪乡官家给报单。又户捐四月,每户一月捐钱二百四十文,着各师帅承办督取。每一师帅地方约二千八百千文。又秋成后勒谕长邑城乡业主,每亩收租二成。徐设局五,逼业主将租簿送到局中,局反造田单,仍着原催发出二成租米,徐与业两分之,计数奚啻万万,而业主所收开销局费,每亩不及四五升矣。赋《筑海塘》：

江浙滨海国,筑塘资捍卫。始自吴越王,历宋及今世。近年攻战烦,失修颇颓废。鲸鲵据江东,谕修复古制。此举实不解,云出徐公意。徐公之意但营私,何为此举乃公义？四门捐局荡荡开,广纳一府州县田税无异议。有客海滨来,仍歌滟滪堆。大利归巨壑,括地穷草莱。巨魁曰卿尔有才，晋尔显秩往钦哉。于是宅捐、户捐、田捐一一为民灾。

（佚名：《蠡湖乐府·筑海塘》。《近代史资料》，总 34 号，第 172 页。北京：中华书局，1964。）

【浙江省海宁州、桐乡县·咸丰十一年至同治二年】 癸亥之春，难民妇女乞食者遍于新塍以北各镇，询知皆海宁州人。海宁自辛亥［咸丰元年］遭寇难竟岁，其秋海塘又圮，海水漂入内地百里，膏腴变为斥卤，田禾粒米不登两载矣。以至本地无从乞食，遂估舟结伴而来。每舟约一二十人，或一姓，或数姓不等。有嫁为乡人妇者，自言两载不粒食，所食皆草根树皮，得泥栖糠秕食为上品，其情已可悯矣。今清明前后有复归南乡谋看蚕为接济种田计者，而南乡桑叶早发，清明后天忽严寒雨雪，桑芽均为陨霜所杀，于是复纷纷拿舟北行，男女老幼在新塍者充斥街巷，傍及四乡。于是各绅士缘粥局经费支绌，纷纷劝募。余主人高君晴皋慨然谓余曰："海塘工事承平所难，况当乱离，岂有修筑之期乎！塘不修筑，则海水不能不注溢，田禾不能不被害，然则此等流民自今一二年中岂能归复故土乎！局中区区施粥之惠，断不能持久计，其可久之道莫若招集屯种之举，顾其事要非大有权力者不能为。度今所能为之者，惟盛泽乡官沈子山，卿可能致书一商之乎？"余曰："可。"乃作书致其幕友岳君蓉村。书略曰："□者，海宁连年水患，田禾不登，其饥民倾家求乞，纷至沓来，各镇咸有粥局赈济之举。窃维海塘情事，修筑无期，流民旋归无日，施粥赒恤，能暂而不能常。藉令乐善者多，经费不竭，而流民挈散舟为家，冲风冒雨，间关道路，积久病作，狼藉死亡，在所不免，或者以为非计也。目前丁壮或可暂佣于人，其妇女老幼仰给粥局，似可苟延性命。然秋收以后，便无可佣之处，则丁壮者依然无以自存矣。夫自古无养流民之道，而有使流民自养之道。计自兵兴以来，各乡田地荒废不少，与其弃置不耕，孰若招此等流民居乡耕种，令其负耒耜而来，如西乡人客居赁种之例，俗所谓种跨脚田也。则田地既不至荒废，而流民得生植之计，岂不两得其益乎？第种田先须资本，为今计者，惟移局中施粥之资，量其户口大小，先贷其数日口粮，俟秋收以后则无论丁壮，即老幼妇女，亦无俟仰给粥局矣。其长毛银粮及产租，着乡官出示晓谕，劝其暂行捐免一年，本地佃户不得效尤。因此辈罄其所有，至于求乞，非本地田户可比，若尽收其租粮，则明春又将枵腹。且开辟草莱，人工浩繁，而田器未必不需制备。况又地利人事南北异宜，而秋收丰歉，亦未可预必乎？然而权力不足者，则不可令于人。何则？举其事者有二难：凡西头人之田于此也，皆有亲故熟识者，是以偶居无猜。若海头人至此，则全若燕越，土著之人或以生疏回测为拒，即或不拒，而乡之强悍狡狯者，又或起凌侮之渐，此又一难也。计惟以官绅之权力行之，局中司事人员，会同乡官及司马、百长等按圩分段而办，除去濒塘一、二里戎事蹂躏之外，计内地每圩荒田若干，合酌留人数多少，随地派往。其偶居乡人中，则必访求其老成练达，廉正好义，素系一乡之望者，每圩各举一人，晓以众难赒恤之义，使之经理其本圩界域，部署、分派，通有无、禁侵侮，务使□［土］著相安，各无猜忌。此中因事制宜，固难以一概论也。如是而产主及偶居者可无虞其生事矣。顾田地久荒之后，草根蔓延，必翻垦净尽，乃可种植。而四乡房屋遭难焚毁者多，其无屋可寄居者，则暂覆草栅以居。凡此皆宜先事而预图,不宜临渴而掘井。是则招集分派布置之事,吃紧正在目前。若过此以往,即系蚕忙,扰扰往来,势所不能。若值缫车一动,则又鞭长莫及矣。如或以先发口粮,经费不足,则暂移他项以贷之,俟秋收以后,酌收其官粮之半以偿,且前所发口粮之费,纵使入不敷出,而所少尚易筹办。诚使此事举行,则凡有丁壮人力,可任耕作之家,皆安置得所。其余一二孤寡无人力可耕作者,然后给米赈之,资亦易集,经费节而保全众,岂非胜于施粥局煦煦小仁,而又将有财匮之虞乎?或曰此难后善后之事,非目前所宜办也。然饥民朝不及夕,若必俟难后行之,则委弃沟壑久矣。是以不揣冒昧,敢陈管见,惟冀鼎力转与居停,斟酌时宜,熟虑而图之焉。"

（沈梓:《养拙轩笔记(选录)》。《太平天国史料丛编简辑》,第二册,第 269—271 页。太平天国历史博物馆,北京:中华书局,1962。）

【江苏省常熟县·同治元年一月廿七日】闻城匪欲筑元和塘,以便兵马,势必苛捐扰民……旋知按亩捐钱,每日亩捐四文,半年合算每亩出钱七百廿。役夫自食,每工五十文,已兴工矣……据路人云:下塘乡官借公便私,预请取路上塘,欲免抄扰。即南北两路无人允筑,遂先动工,每师管五旅,约二万余[亩]田,所捐不少,而只认一、二港门,挑费不多,公局又得赢馀之利。

（龚又村:《自怡日记》。《太平天国史料丛编简辑》,第四册,第 431 页。太平天国历史博物馆,北京:中华书局,1962。）

【江苏省常熟县·同治元年二月初四日】初四日,予观挑塘[元和塘],知张港及小潭荡派毛师帅经理,川泾、顾泾派朱师帅,善长泾、界泾派蒋师帅。

（龚又村:《自怡日记》。《太平天国史料丛编简辑》,第四册,第 432 页。太平天国历史博物馆,北京:中华书局,1962。）

【浙江省桐乡县、秀水县·同治元年三月十四日】又见盛川伪礼司员沈子山告示,言:奉听王谕修海塘,造听王府,章程已定,合行出示云云。

伪忠王做生日,濮院派费六百两……新腾[送的寿礼]不过三四百千。

（沈梓:《避寇日记》。《太平天国史料丛编简辑》,第四册,第 146 页。太平天国历史博物馆,北京:中华书局,1962。）

【浙江省海盐县、海宁州·同治元年三月】二十六日……又嘉兴贼办修我宁海塘,止修新塘缺陷处而已,派封各图墓木五百株。

（冯氏:《花溪日记》。《中国近代史资料丛刊:太平天国》,Ⅵ,第 703 页。中国史学会编,编者:向达、王重民等,上海:神州国光社,1952。）

【江苏省常熟县·同治元年三月二十七日】闻申参军升仕天预,与桓天侯罗专司前营各师帅事,设局庙桥。定议筑海塘,造牌坊、修塘路及上忙条银,每亩征钱七百廿,佃农疲惫不堪。况添过匪供应三厘,下忙银三百,复闻有免冲钱六百四十五。师发役五十名,以备追索……又粮局闻屯米家,夺米代枭,枭尽不给钱,则曰奉令罚蕴利者,或曰汝有捐在簿,已填姓名,或曰借征下忙,留此备抵赋。噫!有此蓄租,胡弗指困为仁粟,而致令劫夺乎。若假威之狐,藉肥私橐,不足诛矣。

（龚又村:《自怡日记》。《太平天国史料丛编简辑》,第四册,第439页。太平天国历史博物馆,北京:中华书局,1962。)

【浙江省海盐县·同治元年四月十九日】 伪忠王之婿熊姓,湖南人,年廿九岁。因海塘圮数百丈,议修,将往海盐巡视海塘。

（沈梓:《避寇日记》。《太平天国史料丛编简辑》,第四册,第152页。太平天国历史博物馆,北京:中华书局,1962。)

【浙江省绍兴县·同治元年】 五月大雨,西江之塘坏,湖水暴涨,田禾皆淹,伪官令有田者输钱以修之,费不过五千缗,而所敛逾十倍。

（古越隐名氏:《越州纪略》。《中国近代史资料丛刊:太平天国》,Ⅵ,第770页。中国史学会编,编者:向达、王重民等,上海:神州国光社,1952。)

【浙江省桐乡县·同治元年七月初九日】 河水少□,桐乡钟长毛派濮院修海塘经费二千元,限一礼拜缴齐,各司事奔写捐。长毛至集庆街局中罗扰,于是移局于水月庵。

（沈梓:《避寇日记》。《太平天国史料丛编简辑》,第四册,第177页。太平天国历史博物馆,北京:中华书局,1962。)

【江苏省无锡县、金匮县·同治元年八月】 锡金监军办海塘捐

城贼乾天义由镇江败回,奉伪令劝捐修葺海塘,使锡、金监军赶办,而请劣生吴某为海塘伪经董,并募司事往各乡市肆勒捐。吴某……敛资逾倍,与乡官分肥。

（佚名:《平贼纪略》。《太平天国史料丛编简辑》,第一册,第287页。太平天国历史博物馆,北京:中华书局,1962。)

【江苏省长洲县·天历十二年十月十日】 殿前顶天靖东苏福省天军主将勋天义汪钧谕抚天预徐少蘧弟知之:照得前蒙忠王劳心,俯念海宁州海塘坍塌,急宜修筑,以卫民生而保田土,曾谕各县筹备经费,并饬弟提理其事。查得各县乡官有呈缴银两送至弟处者不少,未据弟分别县分,缕细申报。后蒙忠王开恩免办,始行停止。惟忠谨朝将熊于未停止之先,曾奉宝谕,令在弟处支取海塘经费银八千余两,后又续收若干,无从查考。盖派在浙江省应修海工,已在听王殿下支领应用,将次完竣。而派在苏省应修海工,至今未能兴作,实缘经费未到,无所措手耳。现下忠谨朝将来苏,立须此项银两赶紧修筑。趁此农务余

闲,正好举办。即如兄所辖吴县,曾据乡官交银二千余两。现据良民禀求,欲在下忙内扣除。只以未据弟申明,殊难凭信。且闻长洲及常、昭等县,所交海塘经费为数甚巨,急宜查明,公归实济。为此钧谕,仰弟立将所收各县经费,逐一造具(菁)[清]册呈送,以备查考。一面将所收银两,如数缴至忠谨朝将宇内,以便解赴工所,作速修筑。事关地方义举,纵未能一律奏功,但得尺得寸,均有裨益。千祈查明,据实申复。慎勿因循贻误。是所至嘱。其即遵照毋违。此谕。

天父天兄天王太平天国壬戌十二年十月初十日。

(《太平天国谕札》,《汪宏建谕》,《近代史资料》,总 34 号,第 4 页。北京:中华书局,1964。又见《太平天国》,第三册,第 158 页。罗尔纲、王庆成,桂林:广西师范大学出版社,2004。)

【浙江省海宁州、海盐县·同治二年九月初九日】海塘自贼未来时即有圮处,至辛酉以来,往往连圮数十百丈,贼虽累经派费修塘,率皆饱私囊,未必办公事。

(沈梓:《避寇日记》。《太平天国史料丛编简辑》,第四册,第 275 页。太平天国历史博物馆,北京:中华书局,1962。)

【浙江省象山县·同治元年】东南之交,有可筑海塘一区,约计田三四万亩,需资五六十万缗,顾逆筑为己有。方拟择日兴工,而所费工食即派之民间,后竟不果。如此举竟成,虽一时受累,而数年之间骤增民田数万,倘亦我象万世之利欤!

(佚名:《辛壬脞录》。《近代史资料》,总 34 号,第 203 页。北京:中华书局,1964。)

八、火药捐

[红粉捐、出灰钱。]

【安徽省潜山县·咸丰四年】贼勒捐费刻伪书,熬硝。

(储枝芙:《皖樵纪实》卷上。《太平天国史料丛编简辑》,第二册,第 94 页。太平天国历史博物馆,北京:中华书局,1962。)

【江苏省吴江县·咸丰十年】于完善之地,必以土人授伪职……始则令设门牌,有门牌捐;继又有红粉捐……至冬,设局收田租,尽命官为之。于官塘、三里桥,七里渗诸处设卡,凡民船出境者必勒索。

(光绪《吴江县续志》卷三十八《杂志一》,第 9—11 页。)

【江苏省吴江县·咸丰十一年】五月初二日,周庄费姓[费玉存,镇天侯],里中大猾也,为枪船头领,受贼伪职。来枪船几十号,在东栅大开博场,昼夜演剧。妓船数十号蚁聚,无赖之徒皆入党摆庄。又设保卫局于东溪,巡闲盗贼,兼理民词,颇有旧家子弟入局襄事。令富户十余家捐钱一千千。又收(合)[阖]镇屋租一月六百余千。又令各户出红粉钱,长短不一。

贼征上下忙银,每亩一百八十文,耗六十余文。后加至三百五十文。红粉每亩米一斗折算,看稻钱每亩每日一文。

(倦圃野老:《庚癸纪略》。《太平天国资料》,第 101—102 页。北京:科学出版社,1959。)

【江苏省吴江县·咸丰十一年】九月二十四日,长发开征粮米。正米一斗八升,秤见,红粉[火药]一斗,折色八升□千。每亩合四斗一升。

(知非:《吴江庚辛纪事》。《近代史资料》1955 年 1 期,第 49 页。)

【浙江省海宁州、海盐县·同治元年】时海宁贼征银,限完半再折七五,投完络绎。又逼全州火药捐五千余银。又,海盐贼开仓,用里堰、石泉二处每亩限三斗五升。每图发贼催逼,有无力清完,到家搜寻。于是凡粮户大若田略皆逃避。

(冯氏:《花溪日记》。《中国近代史资料丛刊:太平天国》,Ⅵ,第 708—709 页。中国史学会编,编者:向达、王重民等,上海:神州国光社,1952。)

【江苏省常熟县·同治元年十月二十五日】米价大贵,洋钱则价贱。因匪党籴米满万,限定每石三千内。又着每师办米千石,而天阴不动礨,农家出米甚寡,致铺户槖空,白粲价至六千,而不能多籴。匪闻上海、余杭米价十千,乃严禁商船出境。佛洋、英洋并行。英洋重一分,银虽低而价长。佛洋虽净银,故意捺价,每个作钱千二百文。进出不得一价,往往伸缩至七八十文。荡口,钱每百通用九十七,腰串减六文,馀镇则仍九十九。匪收粮毕,又示每亩出红粉捐六十,农力不支。

(龚又村:《自怡日记》。《太平天国史料丛编简辑》,第四册,第 472 页。太平天国历史博物馆,北京:中华书局,1962。)

九、日捐、月捐

[按时间捐。]

【江苏省无锡县、金匮县·咸丰十年】着军师、旅帅(偏)[编]造烟户人丁册,刊发门牌,每张索钱数百至数千不等……令农民不分业佃,随田纳款。商民市肆分大小,每日纳款百钱至千钱,任其苛派,五日一缴,入监军局。又每月每图要柴火若干。

(佚名:《平贼纪略》。《太平天国史料丛编简辑》,第一册,第 267 页。太平天国历史博物馆,北京:中华书局,1962。)

【浙江省桐乡县·同治元年十二月初七日】有蔌花漾人岳姓者言：塘南各墟,惟近贼卡一墟不编田,其地民房皆毁,荒芜已久,无田可编。其余各墟编田,计每亩完粮四斗半,其斛系丈三百五升,完银子钱六百六十三文,田捐,月捐、卡费,每月每亩二百八十文。

(沈梓:《避寇日记》。《太平天国史料丛编简辑》,第四册,第 202 页。太平天国历史博物馆,北京:中华书局,1962。)

十、店捐

[店日捐,商捐。按商店捐。参见第十三章。]

【江苏省常熟县黄家桥·咸丰十年十二月五日】本镇各店,俱付税钱,或十余文,或二三十文,多至五十文。

(佚名:《庚申避难日记》。《太平天国史料丛编简辑》,第四册,第 490—491 页。太平天国历史博物馆,北京:中华书局,1962。)

【江苏省常熟县·咸丰十年十二月初二日】有长毛三十余人到恬庄,七八人在庙桥做馆收粮。发告示各处,要各店铺领凭,并要各样生意或摊头等都要每日税钱若干,以作馆中供饮之费。

(佚名:《庚申避难日记》。《太平天国史料丛编简辑》,第四册,第 490 页。太平天国历史博物馆,北京:中华书局,1962。)

【浙江省桐乡县濮院·咸丰十一年正月】十二日,谭长毛[粹天侯谭奉宣]出告示,令民间开店贸易……议收店捐,为供给长毛经费。

(沈梓:《避寇日记》。《太平天国史料丛编简辑》,第四册,第 65 页。太平天国历史博物馆,北京:中华书局,1962。)

[按:同页记:十六日,始有汪姓至濮设卡,谭姓乃去。]

【江苏省常熟县·咸丰十一年二月】廿九日,洪伪官到莘庄查各户门牌。又至洞港泾议店家领帖,并报大小本钱,千金本日捐十千,百金本日捐一千,十千本日捐一百。货殖亦难得利,闭歇者多。

(龚又村:《自怡日记》。《太平天国史料丛编简辑》,第四册,第 390 页。太平天国历史博物馆,北京:中华书局,1962。)

【江苏省常熟县·咸丰十一年】逼领行店凭,必先报明存本若干,如成本一千,每日抽钱十文;生意一千,抽钱五文。

(柯悟迟:《漏网喁鱼集》,第 55 页。北京:中华书局,1959。)

【浙江省秀水县新塍·咸丰十一年二月初一日】时镇上店口寥寥,多是摊子……[写店捐]每日不过一二十文,至六七十文而止。

(沈梓:《避寇日记》。《太平天国史料丛编简辑》,第四册,第67页。太平天国历史博物馆,北京:中华书局,1962。)

【江苏省常熟、金匮、长洲等县·同治元年九月初九日】申[参军]帅驻卡兼管[常熟]前营诸师。闻金匮界照旧收租,亩收□□,除粮尚余四斗有零。长洲、相城一带,因徐之遴之请,亦准收租。连粮收七斗,徐局抽捐斗二升,业户归二斗四升。如顽佃抗欠,交局代收。而吾乡[常熟]前营漕粮,则定亩收五斗四升,折价钱二千七百。次限五斗七升,折价钱二千九百。三限六斗,折价钱三千二百。外加盐捐二升,解费钱一百四十,田凭钱五十,斛身加三。洋价作一千零五十,递增至一千一百九十。定于廿二日开仓。唯租米不收,业户如何度厄。

(龚又村:《自怡日记》。《太平天国史料丛编简辑》,第四册,第468页。太平天国历史博物馆,北京:中华书局,1962。)

【浙江省桐乡县·同治二年一月十二日】各店口加店捐,并增司事之人。凡殷实之家,于十三日各分红帖,请为司事。

师帅董青浦请各司事饮酒会议,局中有紧急用款,加店捐,一日七倍,而罢股捐。盖各司事皆自为己计,而卸股捐于各市肆也。

(沈梓:《避寇日记》。《太平天国史料丛编简辑》,第四册,第233页。太平天国历史博物馆,北京:中华书局,1962。)

十一、船捐

【江苏省常熟县·咸丰十一年八月】贼将各图地方编为军、师、旅帅,百长,司马等名目,以乡间无赖及狡猾之人为之。各镇设局着献都图册,总名乡官。城中伪札,或办油烛,或办麸皮稻草,多刻不及待。且令各家出钱领门牌,各船领船凭,伪天王捐,红粉捐,店捐,船捐,上下忙银,漕粮,伪军派伪师,伪师派伪旅,以次递派,俱有伪札;该交银两若干,额外另加贴费若干,由伪司长[马]以次缴伪文军政司,一呼百应,绝无漏网,民不聊生。稍有拖欠,到家严催,袖中带铁练,甚至锁到伪馆,拷打逼勒。再有违拂,送入城中贼馆吊打,俟缴清后,再要老土花边取赎。如遇乡民杀伪乡官,必出令打先锋。

(陆筠:《海角续编》。《漏网喁鱼集》第124页,北京:中华书局,1959。)

【浙江省石门县·天历十三年十一月】(1863年12月)"忠应朝将隆天安张"所发的"零税票"一张,上面载明"商船谢客呈报舟一条,白菜货价本钱四千一百文,按三分抽税,经缴税钱一百二十三文,合给税票,以便前去过卡查照"。

(浙江省博物馆藏。)

十二、机捐

【江苏省吴江县盛泽镇·咸丰十年七月】初二日晡时,汪贼[汪心耕,即吴清祥]率逆党千余人以青龙旗前导,黄绸扎额,坐四人轿到镇。初三日邓光明亦到。汪贼遍贴伪示,称奉听王令旨,总理嘉兴粮饷,于济东会馆内设立筹饷总局,创立厘捐、卡捐、铺捐、房捐、军柴捐、红粉捐诸名目,专以强派勒罚为事。其自嘉兴携带随员到盛泽办事者,吴少溪之外,有伊兄文生吴清瑞,及横泾人庄东甫,光福人徐绩卿,而以盛泽本处人陶云亭为谋主。开设天章机捐局,凡绉、纱、绸、缎、湖丝在镇经过者,先抽用钱三分,然后再为纳捐,每匹上俱要用过天章机捐局图记,始准销售。其计即出陶云亭,所获不资。是时苏属全陷,平望以北为苏贼所踞,而盛泽因王永义先赴邓光明贼营迎降,王籍浙江秀水县,故盛泽为嘉兴贼所踞,改为绣水县地。贼中避秀字,以秀作绣也。江浙商贾因南北道梗,云集盛泽,东出王江泾、七里塘,从嘉善达沪,各路商贩必由之路,汪贼设卡抽厘,收捐极旺,以筹饷功加升九门御林刑部尚书伪职,开贺演戏,遍请群贼赴宴……

汪贼总办各处厘卡,每月包解军饷,议定银数,陆续解赴嘉兴,余下者悉饱私橐。自咸丰十年七月起至同治元年八月止,两年有余,获银数十万。兼之天章机捐局绸缎用印,公估钱庄洋钱用印,所获尤巨,汪贼心满意足。

（鹤樵居士:《盛川稗乘》。《太平天国史料丛编简辑》,第二册,第 183—184,186 页。太平天国历史博物馆,北京:中华书局,1962。又,沈梓:《避寇日记》。《太平天国史料丛编简辑》第四册,第 58 页,记咸丰十年十月以前盛泽镇臧省三主进贡,写捐、完粮等事。）

【江苏省吴江县盛泽镇·咸丰十年七月—同治元年八月】

陶云亭

伪文经政司陶云亭,盛泽人,汪心耕用以钩距绸税,凡发炼用印规条,皆创自云亭。各处绸缎交易,先到天章局交入用钱三分,归汪心耕私橐,再行纳税以助贼饷。云亭素工心计,为长毛创立机捐局,最为用事。又佐心耕开天章绉纱庄于濮院。凡掳诈劫掠等事,无有不与。汪心耕、沈枝珊为之出面,陶于中阴主其事,而阳若不知,故富与汪、沈相埒,而赎罪费甚少。复因沈枝栅以结欢于劣绅潘曾玮,于苏州阊门开绸缎铺、钱庄、布庄、酱园,资本十余万金,俱托词为潘曾玮发出本钱。未几,潘复保举陶云亭双月县丞,派为苏城布店总商,得列仕途,又充董事。后闻陶所开各店俱用潘曾玮出名,竟被潘强吞,陶不敢与较。陶为贼时,买南浜大宅为居第,又置买市房甚多。其所为务存深心,不尚烜赫,故伪职未显,仅为经政司,其保举官职亦不过县丞云。

（鹤樵居士:《盛川稗乘》。《太平天国史料丛编简辑》,第二册,第 196 页。太平天国历史博物馆,北京:中华书局,1962。）

【江苏省吴江县盛泽镇】同治元年正月,伪检点王子青到廷机胞兄廷标处,传汪尚书之令,索洋五百元捐入天章机捐局,即将空屋发还。时仲绅家已破,百计借凑得洋二百八十八元送入机捐局,始将拆剩空房领回。

(鹤樵居士手辑:《盛川稗乘》。《太平天国史料丛编简辑》,第二册,第185页。太平天国历史博物馆,北京:中华书局,1962。)

十三、修城捐

【江苏省苏州·同治二年正月五日】贼欲葺苏城,索民银六万五千两。伪军帅责令民出钱,大小户不等。

(蓼村遁客:《虎窟纪略》。《太平天国史料专辑》第47页,上海:上海古籍出版社,1979。)

十四、难民捐

【江苏省常熟县·咸丰十一年春】设难民局。

时钱福锺号华卿,避居东徐市,贼慷天福钱桂仁数赍伪文招之,始入城。予以伪职,不受,云;不会他事,只会安插难民。贼许之。时难民络绎载道,遂设局于南门外花园浜刘宅,称"总办常昭难民局绅士"。不三日,难民就养者三百余人。钱贼运米济之。又起难民捐,每图三百愿,每愿三百六十文。将难民散外[?处]城外民房,门贴诲谕,贼不敢入。生理者亦领伪诲谕,开张酒肆茶坊。人有往来各乡,阻于贼卡,可到局打路票,贼称飞纸。或被乡官威逼,亦准为理论,贼颇深信。复移其家眷进城,派往鹿苑开设盐栈,遂逼授伪职,兼理民务、盐务,仍办难民局事。

(陆筠:《海角续编》。《漏网喁鱼集》第126—128页,北京:中华书局,1959。)

【江苏省常熟县·咸丰十一年六月一日】钱伍卿到本镇劝捐难民缘,黄菊溪捐四十千,王迎瑞俊德捐十四千。

(佚名:《庚申避难日记》。《太平天国史料丛编简辑》,第四册,第508页。太平天国历史博物馆,北京:中华书局,1962。)

【江苏省常熟县·咸丰十一年六月初七日】黄家桥旅帅名下旧年粮米已结清,钱星宕亦清,余未曾结,颇有打先锋之说。近日难民捐缘,不论大小户,稍有饭吃者,即要捐钱,或二三千,或五六千,或数十千,搜罗尽极。

(佚名:《庚申避难日记》。《太平天国史料丛编简辑》,第四册,第509页。太平天国历史博物馆,北京:中华书局,1962。)

十五、渔课与杂捐

【安徽省潜山县·咸丰四年七月】秋七月,贼勒征地丁银。

贼勒收户米,每户出米三十斤,曰报效米。

(储枝芙:《皖樵纪实》。《太平天国》,第五册,第 37 页。罗尔纲、王庆成,桂林:广西师范大学出版社,2004。)

【安徽省潜山县·咸丰七年三月】 三月,伪乡官议每亩捐钱三百七十五文。

贼以交接官兵为通妖,罚赎捐,潜民多受勒者。

十四日,贼伪殿右一百零八指挥何知凉率贼二千图窜霍山,由水吼岭进驻衙前一日,经上清窜霍河口寺,闻团练至,焚掳返,勒伪乡官供应数千金。

[四月]二十日,贼伪监军黄振钧奉伪将帅张潮爵令窜天堂,诈称招抚流离,踞五日,迫催银弗缴者,锁押辱之。

(储枝芙:《皖樵纪实》。《太平天国》,第五册,第 39 页。罗尔纲、王庆成,桂林:广西师范大学出版社,2004。)

【江苏省常熟县·咸丰十一年二、三月间】 南门外莫门荡、斜桥、莫城等处,离城最近,乡人上城,向有小航船来往,由莫门荡到接官亭每人二文,由斜桥到接官亭每人三文,由莫城到接官亭每人五文。贼至后,乡人中有上城做小买卖者,航船不得深入,皆于永济桥处上岸,伪卡上按船收伪捐钱,每船每日数十文,船钱因增数倍。

贼初至时,派定伪乡官,责令将各图田地造伪册而收粮。伪乡官向佃户写取田数,佃户中每有以多报少,此亦理之应尔也。后伪乡官造成伪册,计有成数以报贼中,又将佃户中之以多报少者,危词赚出,收取皆以入己。揆之天理王法,应当如何?

(佚名:《避难纪略》。《太平天国史料专辑》,第 73 页,上海:上海古籍出版社,1979。)

【浙江省石门县·天历十一年】

渔课执照

局

天父天兄天王太平天国辛酉年十月 日给

辛酉上年　分课银五分九厘正合给照

严催渔课钱量事今据渔户　沈奇年完纳

石门县监军　为

知字 八号

(石门县"渔课执照",浙江省博物馆藏。此据郭毅生《太平天国经济史》第 319 页照片。南宁:广西人民出版社,1991。)

【浙江省桐乡县·同治元年三月初七日】闻屠镇初六日有大潮头,盖贼搜括甚重,富户不堪其求,率皆规避,军帅欲敛财供贼,乃于夜间写捐,捐户皆逃。盖至每一卖糕盘上每日出捐十文,而其他可知也。

（沈梓:《避寇日记》。《太平天国史料丛编简辑》,第四册,第 143 页。太平天国历史博物馆,北京:中华书局,1962。）

第二节
费与临时摊派举例

[太平天国在颁发各种牌照和凭证时,酌收经办费用和成本费,如门牌费、船凭费、店凭费、田凭费等。这类牌照费、凭证费已录入有关章节。又,有些太平天国文书中称为"费"的项目,在清方史料中称之为"捐"。]

一、升官庆贺费、万民伞费

【江苏省常熟县·咸丰十一年正月】吾镇亦给门牌告示,条款严厉,门牌看其家之小大,出钱多寡……各镇设馆,插安民旗,无赖之徒甘为军帅、旅帅,刻刻着办贡礼捐饷。又访著名最大者,延请入城办事,或充军帅、旅帅,逼胁者多。支塘设栅收税,白茆新市照票。十一月,白茆口龙王庙设关收税,剃发竟不能矣。堂然伪天王黄榜,抚恤民困,起征粮米。忠王李转饬驻扎常熟慷天燕钱,勒限征收。有归家庄无恶不作积年土棍向充地方之王万,居然军帅,十三日,乘高轩,衣红裆,头裹黄绸,加以大红风兜,拥护百人,到镇安民,遂逼胁多人,授以师旅名目,即谕着办大漕。贼中避讳王字,故改为汪。出示:天朝九门御林丞相统下军帅汪,查造佃户细册呈送,不得隐瞒,着各旅帅严饬百长司马照佃起征。汪万即设局于何市,开印大张筵宴,先期遍发请帖,又不得不趋贺。十二月,张市、徐市设卡收税,即担柴只鸡,亦不得偷漏,假空车亦要买路钱,草屦华袤,分别抽捐。廿日,设局太平庵,着佃启征田赋。

(柯悟迟:《漏网喁鱼集》,第49—50页。北京:中华书局,1959。)

【浙江省嘉兴县·咸丰十一年】长毛升迁甚易。嘉兴一郡,咸遵朗天义陈炳文教令,一月数转,由豫而燕,由燕而福,由福而安。当其迁官之日,专以搜括财物,索取庆贺之礼。先期谕令军、师帅备物,稍迟缓便获咎谴。

(佚名:《寇难琐记》卷一,手抄本。南京大学历史系太平天国史研究室编《江浙豫皖太平天国史料选编》,第154页,南京:江苏人民出版社,1983。)

二、修造王府费

【江苏省吴江县·咸丰十年七月】 [沈枝珊]伪封九门御林锡天福，又擢授吏部尚书，委以总办厘卡之任，与心耕分地管辖，高爵厚利以酬其勋。枝珊所管者溪内有茅塔卡，秀水有七里塘卡、新塍卡，桐乡有乌镇卡、濮院卡，石门有斗塘卡，统归枝珊派贼征收。各卡每日收至四、五百金，汇解嘉兴贼营者不过十之二三，已能足额，余尽入己。又倡言起造听王府，按田摊派一次。又倡修嘉兴海塘，又摊派一次。凡有过路伪官，必摊捐居民迎送各费。

（鹤樵居士：《盛川稗乘》。《太平天国史料丛编简辑》，第二册，第190—191页。太平天国历史博物馆，北京：中华书局，1962。）

【浙江省桐乡县·咸丰十一年】 桐乡地粮每亩四千四百文，银元□□□，日捐[田捐]每月二百四十。[或说二百文，办三个月。乡人不给，由镇上派股捐填之]，修海塘费四百文。[修]听王[府]砖瓦二百[文]。

（沈梓：《避寇日记》。《太平天国史料丛编简辑》，第四册，第211页。太平天国历史博物馆，北京：中华书局，1962。）

[编者按：此处上写有"壬戌"二字，是记日记时说应列入壬戌年，非指同治元年之粮额也。下面记的仍是咸丰十一年粮捐费额。]

【浙江省嘉兴·咸丰十一年】 嘉兴田捐每亩每日一文，计三百六十文……粮米每亩完四斗八升，过期完五斗二升。银子每亩□千文，[编者注：从下条可看出是三千文。]修海塘费[一百五十文]，[每二十亩三千文]，[编者按：岂二十亩以下不出？]造听王殿费亦如之。[即每二十亩三千文。]

（沈梓：《避寇日记》。《太平天国史料丛编简辑》，第四册，第211页。太平天国历史博物馆，北京：中华书局，1962。）

[编者按：此处上写有"壬戌"二字，是记日记时说应列入壬戌年，非指同治元年之粮额也。下面记的仍是咸丰十一年粮捐费额。]

【浙江省嘉兴·同治元年二月】 嘉兴粮米，每亩完四斗八升[过期者五斗二升]，银子每亩三千文……海塘费每田二十亩派费三千文，造听王费亦如之。[即听王府费一百五十文，每二十亩三千文。]

（沈梓：《避寇日记》。《太平天国史料丛编简辑》，第四册，第237页。太平天国历史博物馆，北京：中华书局，1962。）

【浙江省桐乡县·同治元年二月九日】 桐乡，每亩粮米每亩□□□，银子每亩□□□，此正账也。海塘费及听王殿砖费，各镇既派股捐，亦有派及田户者，不及二三百、四五百文而已。

（沈梓：《避寇日记》。《太平天国史料丛编简辑》，第四册，第237—238页。太平天国历史博物馆，北京：中华书局，1962。）

【浙江省桐乡县·同治元年三月初三日】 ［桐乡］民夫三百名往嘉兴建听王府。

（沈梓：《避寇日记》。《太平天国史料丛编简辑》，第四册，第142页。太平天国历史博物馆，北京：中华书局，1962。）

【浙江省桐乡县、秀水县·同治元年三月十四日】 又见盛川伪礼司员沈子山告示，言：奉听王谕修海塘，造听王府，章程已定，合行出示云云。

（沈梓：《避寇日记》。《太平天国史料丛编简辑》，第四册，第146页。太平天国历史博物馆，北京：中华书局，1962。）

【浙江省绍兴·同治元年七月】 贼自破包村后，撤各路贼兵围，益增饰来王殿，扩其地至数里，围以城，拘画工绘龙虎人物于其壁。各伪阁第亦竞相夸耀，陈设锦绣，日征求无厌，凡各村寺庙之未毁者，狮象雕镂窗户皆搬运一空。

（王彝寿：《越难志》。《中国历史文献研究集刊》第一集，第239页。又见《太平天国》，第五册，第151页。罗尔纲、王庆成，桂林：广西师范大学出版社，2004。）

【浙江省桐乡县·同治元年闰八月二十四日】 桐乡因造听王府，办砖瓦，濮镇派洋二百元。

（沈梓：《避寇日记》。《太平天国史料丛编简辑》，第四册，第188页。太平天国历史博物馆，北京：中华书局，1962。）

【浙江省桐乡县·同治元年十二月十二日】 闻嘉兴造听王府匠人皆遣散归，但言明年过二十再动工之说。

（沈梓：《避寇日记》。《太平天国史料丛编简辑》，第四册，第203页。太平天国历史博物馆，北京：中华书局，1962。）

【浙江省嘉兴·咸丰十一年至同治二年】 伪听逆陈炳文、伪荣逆廖敬顺踞嘉，大造伪府，拆祠庙栋梁以供材，开嘉善千窑以供陶，攫苏州香山梓匠以供役。盘龙骞凤，重规叠矩，前后七重，外列朝房，中有崇陛，两外绕以禁城。七邑乡官各承修一重。由十一年至克复之日止，工尚未竟，费用不资，皆剥取之民间而为之。剥削者大抵枪船博徒居多。

（许瑶光：《谈浙》卷二。《中国近代史资料丛刊：太平天国》，Ⅵ，第577—578页。中国史学会编，编者：向达、王重民等，上海：神州国光社，1952。）

［编者注：现存的太平天国辅王府，位于宜兴市宜城镇和平街通真观巷9号。原为史姓宅第，清咸丰十年太平军攻克宜兴后，成为辅王杨辅清的府第。现存的太平天国侍王府，位于浙江省金华市酒坊巷52-3号，清咸丰十一年构建。］

三、诸王、王妃、主将生日费和天王生子费

【江苏省南京·咸丰三年】 贼每有庆贺事,其伪官等率备金银首饰、锦绣玩器、牲畜食物等件,以桌抬之,每抬用四人,名曰进贡。伪官等皆衣红袍、戴黄风帽、撑洋伞,鸣锣乘马,拥护而行。又闻十月间,杨逆逆种生日,伪府内以红呢布地,会大雨,诸贼来贺者,仅供一践而已。是日,诸贼各赏葫芦式银牌一面,轻重不等,上镌"幼主万寿"四字。

(张晓秋:《粤匪纪略》。《太平天国》,第四册,第67—68页。罗尔纲、王庆成,桂林:广西师范大学出版社,2004。)

【安徽省潜山县·咸丰四年五月】 贼勒收户米,妄称伪天王三殿下降凡。

(储枝芙:《皖樵纪实》。《太平天国》,第五册,第37页。罗尔纲、王庆成,桂林:广西师范大学出版社,2004。)

【浙江省桐乡县濮院镇·咸丰十年十月】 卢长毛向新塍借八百元,向富户绅士又索生日钱、生日费。

(沈梓:《避寇日记》。《太平天国史料丛编简辑》,第四册,第59页。太平天国历史博物馆,北京:中华书局,1962。)

【浙江省桐乡县濮院镇·同治元年三月十四日】 伪忠王做生日,濮院派费六百两,日捐每股上派洋九元……既而余至新塍,闻办忠王寿礼,惟人参、燕窝、蜡烛等物,不过三四百千。

(沈梓:《避寇日记》。《太平天国史料丛编简辑》,第四册,第146页。又见第214页。太平天国历史博物馆,北京:中华书局,1962。)

【江苏省常熟县·同治元年三月十九日】 长毛迩日要忠王千岁荣寿贺钱,每师一千五百两,火速要紧,并发兄弟们或百数十、或数十坐取,师、旅[帅]锁拿敲打,甚是难当。

(佚名:《庚申避难日记》。《太平天国史料丛编简辑》,第四册,第522页。太平天国历史博物馆,北京:中华书局,1962。)

【江苏省常熟县·同治元年三月二十一日】 长毛催取忠王寿银甚紧,本镇凑足缴去,并且又有捐款一千五百两,随即又要。

(佚名:《庚申避难日记》。《太平天国史料丛编简辑》,第四册,第522页。太平天国历史博物馆,北京:中华书局,1962。)

【浙江省·同治元年八月二十日】 伪听王之妻做寿,王店派三千金。

(沈梓:《避寇日记》。《太平天国史料丛编简辑》,第四册,第192页。太平天国历史博物馆,北京:中华书局,1962。)

【浙江省桐乡县·同治元年九月】听王娘娘生日,王店派三千。

（沈梓:《避寇日记》。《太平天国史料丛编简辑》,第四册,第226页。太平天国历史博物馆,北京:中华书局,1962。）

【江苏省常熟县·咸丰十一年八月二十日】[钱（桂仁）往苏州]祝陈[坤书]主将寿……便道吴塔,着一军供应银百五十饼,五师帅分当,并办筵,所费不资。

（龚又村:《自怡日记》。《太平天国史料丛编简辑》,第四册,第408页。太平天国历史博物馆,北京:中华书局,1962。）

【江苏省·咸丰十年九月初四日】各贼目来者皆先遣人扰各乡村,然后与讲贡礼,村民惧其扰,皆凑分纳赂而后免。每头目又必做生日,押诸乡官代敛寿礼。江宁老巢诸贼,视为利薮,故来者不久辄代,既到复踵行故事,征敛横暴,民不聊生。各贼头据城中,每做寿,辄演剧,酣嬉醉饱,一如官场旧习。

（赵烈文:《能静居士日记》。《太平天国史料丛编简辑》,第三册,第156页。太平天国历史博物馆,北京:中华书局,1962。）

四、征收礼拜钱

[编者按:关于礼拜钱,参见第二章第一节"圣库制度的基本原则"和"圣库的支出"目。]

【浙江省上虞县·天历十年】

照　　收

袁字　第叁拾贰

尚虞县袁公安局　为筹议收钱粮缘

佐将黄饬派军司旅员限解礼拜钱粮等项邀集殷者会议惟

按户田亩酌派合给收票为照

今据九都七里严庄严美堂户缴足串钱五十六千五百一十文

太平天国壬戌拾年玖月初二日给　袁公安局

号

（郭若愚:《太平天国革命文物图录补编》七五右。上海:上海群联出版社,1955。取名:《太平天国尚虞县袁公安局给严美堂收照》。）

【江苏省溧阳县·咸丰十年】 逆贼伪榜安民,诱还乡里,即勒进贡,逆命者目为土匪,纵火烧杀。进贡之家,户口登簿,给以门牌,每门牌逼令输洋一元……各处立乡官……按户敛钱,号为礼拜,始以七日为期,后则日夜搜刮。

(光绪《溧阳县续志》卷十六《溧灾纪略》。)

[编者按:夏春涛在南京大学出版社1992年出版的《太平天国宗教》一书中,对"礼拜钱"提出质疑。他认为,所谓"礼拜",是时间概念,即"以七日为期"之意,所谓"礼拜捐(钱)",系某种捐费的代称。]

五、杂费

[迎客费,门牌费,田凭费,卡费,解费,免冲钱,犒赏费,劳军费,局费,看稻钱,剃发钱。]

[编者按:此目的内容,可参见第八章第三节"门牌制度",第十一章第二节"保护良民的土地"目之三"颁发田凭",第十三章第三节"税卡"目等。]

【安徽省潜山县·咸丰五年五月】 贼勒捐费刻伪书,熬硝。

贼勒办矛杆、竹钉、铁练、大锅、珍禽、奇兽、古玩、骡马。

(储枝芙:《皖樵纪实》。《太平天国》,第五册,第38页。罗尔纲、王庆成,桂林:广西师范大学出版社,2004。)

【江苏省吴江县·咸丰十年八月二十三日】 [虎溪]言贼在吴江出示云:清朝皇帝非亡国之君,其臣皆亡国之臣。目下杭州尚未归天朝,尔民且无蓄发,俟杭州破后,大事已定,再用天朝制度,庶不致胜负反覆,有累尔等云云。又在彼点粮总造烟户册,下等人纳口赋每日三十五文,中上渐加。又设立小票,每张二百五十文,有票许赴各处城市贸易。

(赵烈文:《能静居士日记》。《太平天国史料丛编简辑》第三册,第155页。太平天国历史博物馆,北京:中华书局,1962。)

【江苏省常熟县·咸丰十年八月】 [钱桂仁劝教四乡]各安生业,完粮纳税,招募贤才,广收武士……又令再行造册,补领门牌,每张只取六百文,极贫者免,不必勒索。而乡官仍不论贫富,概取钱二千六百文。且伪令云从前已领过者,但使调换;已出费者,不必重出……[钱桂仁]似少暴厉之风,亦贼中之铮铮者也。

(汤氏:《鳅闻日记》卷上。《近代史资料》1963年第1期,第95—96页。又见《太平天国》,第六册,第323页。罗尔纲、王庆成,桂林:广西师范大学出版社,2004。)

【江苏省常熟县·咸丰十年九月初一日】 闻浒浦各港口都派毛来立卡收税。梅里、芝塘等处亦立卡。饬差来着图催写门牌,按户缴费,量力多寡,并无板数。

（顾汝钰：《海虞贼乱志》。《中国近代史资料丛刊：太平天国》，Ⅴ，第 368 页。中国史学会编，编者：向达、王重民等，上海：神州国光社，1952。）

【江苏省常州·咸丰十年九月】 十八日，戊申，雨。李甥伯房来，知周甥等返自沪上。所闻近事记左：吾常有人来云，贼令城乡各民，纳钱，与布一方，上有印记，悬门首以当门牌，分大、小户，大者洋钱三四元，少者一元。又每一烟灶，按月纳钱四百廿文。贼又于各要路置卡，吾民往来贸易不禁，但需按货纳税。又有贼以掠得衣物出售，每包洋二元，不许拣择，有得珍裘者，有得败絮者。

（赵烈文：《能静居士日记》。《太平天国史料丛编简辑》，第三册，第 157 页。太平天国历史博物馆，北京：中华书局，1962。）

【江苏省吴江县·咸丰十年】 十月初一日　吴江贼酋典伪监军，括取门牌钱，每户或三百，或五百，或一千不等。又请富户十四家为伪董事，收各铺户抽厘钱，日数十千。

二十二日，枪船在镇滋闹，居民或下船逃避。贼侦知，押四人至局，罚捐菜油钱五十担，又钱五百千，释放。

（倦圃野老：《庚癸纪略》。《太平天国资料》，第 100 页。北京：科学出版社，1959。）

【江苏省吴江县·咸丰十年十一月三日】 初三日，晴阴参半。朝上诵宝训神咒。上午，梦书来，知到梨[里]议租、粮。面会俞公，所说与昨日所闻合符，惟各乡官多嫌经费不敷，尚有变计。午前，乙溪来，谈及今冬租、粮，甚多掣肘，无论各局归开，无可调度，即以公解公，亦难蒇事，奈何！本村今日写门牌，每张五百，恐别有说话在中处也。

（柳兆薰：《柳兆薰日记》。《太平天国史料专辑》，第 153 页，上海：上海古籍出版社，1979。）

【江苏省常熟县·咸丰十年十一月十八日】 [太平军二十余人，到塘桥、鹿苑，]据云查门牌，其实收钱。

（佚名：《庚申避难日记》。《太平天国史料丛编简辑》，第四册，第 489 页。太平天国历史博物馆，北京：中华书局，1962。）

【江苏省常熟县·咸丰十年十一月二十二日】 [太平军二十三日要来]查门牌、收钱。

（佚名：《庚申避难日记》。《太平天国史料丛编简辑》，第四册，第 489 页。太平天国历史博物馆，北京：中华书局，1962。）

【浙江省桐乡县濮院·咸丰十年十二月初六日】 编户口，发门牌……牌每张收钱二百文。

（沈梓：《避寇日记》。《太平天国史料丛编简辑》，第四册，第 59 页。太平天国历史博物馆,北京:中华书局,1962。)

【浙江省龙游县·咸丰十年】各乡村均设卡子,胁民进贡完粮,户给门牌,勒银二元。
(民国《龙游县志》。)

【江苏省常熟县·咸丰十一年正月】吾镇亦给门牌告示,条款严厉,门牌看其家之小大,出钱多寡。
(柯悟迟:《漏网喁鱼集》。第49—50页,北京:中华书局,1959。)

【浙江省黄岩县·咸丰十一年二月】二月十二日,黄岩贼李尚扬索门牌费。
尚扬统兵五万留屯黄岩,逼取贡献犹不足用,乃再索门牌费以益烦供。
(陈懋森:《台州咸同寇难纪略》。《太平天国》,第五册,第198页。罗尔纲、王庆成,桂林:广西师范大学出版社,2004。)

【江苏省常熟县·咸丰十一年八月初八日】闻伪示,业户呈田数给凭,方准收租。每亩出田凭费六十。又欲呈田契钤印,图取税银,曹和卿劝止。现设公局于西庄存仁堂,议各乡租米归粮局代收,其盐务则拨各乡着军、师帅销卖,领价每斤十八,捐难民局二文,钱帅归四文,各局赚四文,定价廿八。城中最有权者如陈军政□□,专管粮务。其次为□伯和[蕴祐],以文案兼理刑名。又其次为汪监军□□,各军解粮须经其手。土官则钱参军伍卿,主留养局兼司盐政、团防……陶将军虽死,而钱帅优恤,仍派其(冲)[仲]子接办钱粮,馆局未散,然其统领多杂品。若汪监军乃卖席出身,向熟虞地,娶王媭妇即启贤茂才[宪甲]之妹,以小民而呼大人,其他多类是。
(龚又村:《自怡日记》。《太平天国史料丛编简辑》,第四册,第406—407页。太平天国历史博物馆,北京:中华书局,1962。)
　　[编者按:既交田凭费,又交田契费,是否发田凭不废旧田契?]

【江苏省常熟县·咸丰十一年十月十三日】舣舟至洞港[泾],见申参军[士林]监收租米,朱[又村]局纷嚣。定每石收九成,其佃户已完下忙银者收七折二,加费钱一百十四;除粮三斗二升,局费一斗,田凭[费]一斗,委员监局费一斗;业主约归一斗,出帐房挂号钱二十。自业者完粮,连费五斗二升,又钱一百十四。
(龚又村:《自怡日记》。《太平天国史料丛编简辑》,第四册,第416页。太平天国历史博物馆,北京:中华书局,1962。)

【江苏省、浙江省·咸丰十一年】十一月初八日,罗长毛至新[塍]索门牌费,六千两,合盛泽等处统计之亦有万余两。十一月二十九日,又合唤新塍、盛泽绅士闭门听令,出刑具以恐之,逼索新塍军饷万二千两,盛泽军饷万八千两。

（沈梓：《避寇日记》。《太平天国史料丛编简辑》，第四册，第 102—103 页。太平天国历史博物馆，北京：中华书局，1962。）

【浙江省桐乡县·咸丰十一年】蓄发之令，时行时止。始因杭、湖未陷，往来便暂令剃发，近又不许。有私相剃者，为长毛所见，必需索钱文始得释放，甚或以刀刮其首，血淋漓不止。然此风相习已久，暑天留发，尤蓬蓬腾热，势有难堪。现在附近各镇俱已依令，勉强从之。贼中有对联传云："留发留须留得本来真面目，改号改王改成昔日旧衣冠。"往往为好事者称述。

（佚名：《寇难琐记》卷一，手抄本。南京大学历史系太平天国史研究室编《江浙豫皖太平天国史料选编》，第 154—155 页，南京：江苏人民出版社，1983。）

【浙江省绍兴·咸丰十一年】［十月十七日间绍兴郡］各处乡镇皆设伪官，派散目，把贼卡，以壮声威；令乡官给门牌以敛财用。

（张尔嘉：《难中记》。《中国近代史资料丛刊：太平天国》，Ⅵ，第 636 页。中国史学会编，编者：向达、王重民等，上海：神州国光社，1952。）

【浙江省太平县·咸丰十一年十一月】太平议和既定，每庄进洋百十五元，给旗一幅。悬之高竿，以免兵忧。复议设门牌，每牌一纸纳钱六百。有田者，每亩税二十文，米二升；租田，税六十［文］。贼军饷皆赖此。

（叶蒸云：《辛壬寇纪》。《近代史资料》1963 年第 1 期，第 194 页。又见《太平天国》，第五册，第 369 页。罗尔纲、王庆成，桂林：广西师范大学出版社，2004。）

［编者注：浙江省温岭县原名太平县。］

【江苏省常熟县·咸丰十一年十一月初十日】闻新进士文者官统制，武者官□□，防后来试士裹足，不令留京。回籍包揽词讼，阴图局规。忩人捏浮收之弊，诬告乡官，朱［又村］局遂至被控。实则七斗二升，连租在内，况兑斛大于收斛，欲减不能。城帅过听谤辞，定粮三等：上田办二斗二升；中田办二斗；下田办一斗八升。水没者豁免。局费五升。田凭费八升。余归租款。各局不便更张，权减折价，每石二千四百文。城帅又恐斛有宽窄，定秤米石每担二百五十斤。南乡粮租并收，其［他］三乡但有粮局。业户几不聊生，况翁、庞、杨、王诸宦，注明原籍田尽入公，伪官目为妖产，设局收租。惟剿东北土匪，良莠稍分……所拿各犯解城讯明，分别诛赦，唯拒敌者即斩。

（龚又村：《自怡日记》。《太平天国史料丛编简辑》，第四册，第 418 页。太平天国历史博物馆，北京：中华书局，1962。）

【浙江省太平县·咸丰十一年十一月下旬】太平议和既定，每庄进洋百十五元，给旗一幅，悬之高竿，以免兵扰。复议设门牌，每牌一纸，纳钱六百。有田者，每亩税二十文，米二升,租田税六十,贼军饷皆赖此。且云异日登门牌后,即遣人遍查门首,无牌者焚其居。然是时按庄索旗费,搜刮维艰,贼时派人来催取,已不胜其扰矣。

（叶蒸云:《辛壬寇纪》。《中国历史文献研究集刊》第三集,第 183 页。又见《太平天国》,第五册,第 369—370 页。罗尔纲、王庆成,桂林:广西师范大学出版社,2004。）

【浙江省奉化县·咸丰十一年】各乡设伪军帅、师帅、旅帅,胁令绅富充当,并给伪印、旗,且令各村进贡,编立门牌,一牌出洋三元五角。未几,开造田册,以五亩以上计算纳米二斗。

（《剡沅乡志》卷二四,第 8 页。）

【浙江省诸暨县·天历十二年六月二十日】前营前贰军帅许为催缴开印款事给三十七都师帅徐君连札

　　札三十七都

　　前营前贰军帅许札示三十七都师帅徐君连弟知悉:前奉张大人面谕,以现在首、梯二王暨余大人次第开印,每都师帅各派费洋八十元,断不能少,限于二十日缴齐,今又亲自来局坐收。为此飞札,仰弟于即日亲自携带来局面听铺派,勿迟为祷。此札。

　　再:领令箭印凭费十五元,又派买办货物费钱三十千,一同带来。

　　太平天国壬戌拾贰年六月二十日札。

（《太平天国》第三册,第 151 页。罗尔纲、王庆成,桂林:广西师范大学出版社,2004。）

【浙江省上虞县·同治元年正月】壬戌年正月,沈炳为予说项,得假馆于上虞北乡之陈宅,盖沈妇之族也。所居距曹娥四十里地,极滨海,虽小村落而有贼卡,窃心恶之,然暂以栖身,固较胜向之蹙蹙靡骋矣。

（林西藩:《隐忧续记》。《太平天国》第四册,第 427 页。罗尔纲、王庆成,桂林:广西师范大学出版社,2004。）

【浙江省诸暨县姚王·天历十二年四月】洽天义左拾柒护军陈为拿提抗缴门牌等费玩户谕三十七都旅帅徐孝治

　　谕

　　天朝九门御林开朝王宗洽天义左拾柒护军陈为玩户叠次抗违不缴事:照得现在大兵云集,军糈万分吃紧,所有从前派费及门牌费,理宜一概如数青缴,以应急需。

　　兹据三十七都旅帅徐孝治禀,有姚黄等庄孙聪如、孙良仑、郭德长、朱兆太、黄大采、马文国、姚万忠、王国三、吕祖建、孙国进等派费及门牌费概不缴纳。该员屡次催讨,置若罔闻,殊属疲玩已极。为此仰该旅帅率领兄弟,将以上所开玩户孙如聪等一并拿提到案,从重究治,决不宽贷,违之(毋违),特谕。

太平天国壬戌拾贰年四月　日给谕。

（《太平天国》，第三册，第148页。罗尔纲、王庆成，桂林：广西师范大学出版社，2004。）

[编者注：姚黄原名姚王，太平天国因避"王"字而改。]

【浙江省太平县·同治元年三月中旬】是时太邑城乡连日震恐，居民喘息未定，复避患不遑矣。黄岩贼将日遣人来索米及门牌费。自二月至三月半，日解米五十挑，荒年搜刮，米价每斗骤增至七百余。贼以门牌数万张付林振扬，令其按户索钱，限办银二万两，至是措缴不及半，而民财殚矣。

三月十五，贼将从黄岩拔营赴乐清，留监军于黄岩，索缴门牌费。遣吕酋率兵八百余来太平镇守。

（叶蒸云：《辛壬寇纪》。《中国历史文献研究集刊》第三集第186页。又《太平天国》，第五册，第374页。罗尔纲、王庆成，桂林：广西师范大学出版社，2004。）

【江苏省常熟县·同治元年闰八月十三日】其实年岁并不荒歉，皆因租米充公，民无积蓄，稍有藏储，动辄抢诈，横征暴敛，蕳集一时，多皆贱粜而贵籴，三里五里设卡抽厘。田有田凭，每亩四百至千数。店有店凭，数千至百数十千，逐日再加抽日头钱，虽素菜摊日收四五文亦不免也。船有船凭，千余至十余千，虽鱼虾簖网船，皆有日头钱。户有门牌，计灶不计人，同居各灶者不许合户，只取多买门牌也，每户数百至数千。尤奇者，人有剃头凭。以过江贸易为词，钱之多寡在日期之远近。各凭有乡卡及县、府、省与金陵之分。期有久近，数亦大小悬殊。如在乡卡与县府所领者，只行于卡与县府也。省可行之通省，金陵则通行无滞矣。

（周鉴：《与胞弟子仁小崔书》。《太平天国》，第八册，第344页。罗尔纲、王庆成，桂林：广西师范大学出版社，2004。）

【浙江省诸暨县·天历十二年六月十四日】前营前贰军帅许为增立乡员给三十七都[溪北]师帅徐君连札

再：刻奉义大人谕，各都钱粮，限五日内扫数完菁，方准收割。并现在义大人开印，饬办各色货物，每都派费钱三十千。至卡内局费，亦限即日迅速解局应用为要。

太平天国壬戌拾贰年六月十四日谕。

（《太平天国》，第三册，第150页。罗尔纲、王庆成，桂林：广西师范大学出版社，2004。）

[编者注：溪北在诸暨县璜山乡。]

【江苏省常熟、金匮、长洲等县·同治元年九月初九日】申[参军]帅驻卡兼管[常熟]前营诸师。闻金匮界照旧收租，亩收□□，除粮尚余四斗有零。长洲相城一带，因徐少蘧之请,亦准收租。连粮收七斗,徐局抽捐斗二升,业户归二斗四升。如顽佃抗欠,交局代收。而吾乡[常熟]前营漕粮,则定亩收五斗四升,折价钱二千七百。次限五斗七升,折价钱二千九百。三限六斗,折价钱三千二百。外加盐捐二升,解费钱一百四十,田凭钱五十。斛身加三。洋价作一千零五十,递增至一千一百九十。定于廿二日开仓。唯租米不收,业户如何度厄。

(龚又村:《自怡日记》。《太平天国史料丛编简辑》,第四册,第468页。太平天国历史博物馆,北京:中华书局,1962。)

【浙江省嘉兴·同治元年九月二十三日】冯家桥章义群者,初以县役受伪官,为贼耳目爪牙久矣,贼甚信任之。壬戌之秋,贼又授以听殿编修,嘉兴郡七县总制之职,出告示于各邑乡镇,为剔田赋之弊,言:田赋,国之大计,民心刁诈,藏匿规避,不可胜计。往岁所编田亩,十不过一二,岂为民急公奉上之道?今当与民更始,厘正旧章,着师、旅帅按户稽查,倘有一户隐匿者,则十户同坐等语。先是贼初至禾,惟以劫掠为事,凡衙署仓库粮赋图籍焚毁净尽,贼初惟令民间进贡。未几,有店捐及关费,门牌,船凭之令。辛酉夏,有征银之令。其秋,又合上下(芒)[忙]之期,始令民间编田还粮之举。其中多少不均,民犹怨咨,然截长补短,在各局乡官犹可办事。至是用章为总制,贼始知秀邑向有七十万田额,必欲取盈,而各乡官乃掣肘矣。

(沈梓:《避寇日记》。《太平天国史料丛编简辑》,第四册,第192—193页。太平天国历史博物馆,北京:中华书局,1962。)

六、临时派物

【安徽省潜山县·咸丰五年】夏五月,贼勒办矛杆、竹钉、铁练、大锅、珍禽、奇兽、古玩、骡马。

六年丙辰五月。贼伪国宗杨恒青阅潜城,勒伪乡官供应数千金,剖文庙木主。

(储枝芙:《皖樵纪实》。《太平天国》,第五册,第38页。罗尔纲、王庆成,桂林:广西师范大学出版社,2004。)

【安徽省潜山县·咸丰八年二月】廿二日,贼伪丞相应得螽蛮响肠,假招抚勒取钱粮。

(储枝芙:《皖樵纪实》。《太平天国》,第五册,第41页。罗尔纲、王庆成,桂林:广西师范大学出版社,2004。)

【安徽省潜山县·咸丰八年三月】三月十八日,贼伪监军黄振钧、伪典圣粮马蚁起率贼百余窜天堂,勒索钱粮,追呼二十余日,民不堪。

(储枝芙:《皖樵纪实》。《太平天国》,第五册,第41页。罗尔纲、王庆成,桂林:广西师范大学出版社,2004。)

【江苏省常熟县·同治元年八月三十日】长毛要米、油、纸、笔、墨,各旅贴钱去办来解去。

（佚名:《庚申避难日记》。《太平天国史料丛编简辑》,第四册,第536页。太平天国历史博物馆,北京:中华书局,1962。）

【江苏省常熟县·同治元年十月初六日】十月初六日。长毛要各师各旅[帅]办棉袄、絮胎、稻柴等,俱各办去。

（佚名:《庚申避难日记》。《太平天国史料丛编简辑》,第四册,第542页。太平天国历史博物馆,北京:中华书局,1962。）

第三节

减免捐费与粮、捐、费总额

一、减免捐、费

【江苏省常熟县·咸丰十年八月】[钱桂仁教四乡]各安生业,完粮纳税,招募贤才,广收武士……又令再行造册,补领门牌,每张只取六百文,极贫者免,不必勒索。而乡官仍不论贫富,概取钱二千六百文。

(汤氏:《鳅闻日记》卷上。《近代史资料》1963年第1期,第95—96页。又见《太平天国》,第六册,第323页。罗尔纲、王庆成,桂林:广西师范大学出版社,2004。)

【浙江省桐乡县·同治二年七月二十七日】[殿前忠莱朝将何培章]又有告示:从前民欠漕银俱豁……[二十九日]何谕罢一切捐项,凡殷户日捐、股捐以及市肆倍三倍十之捐均罢,惟店捐每日加倍,而田捐仍旧每亩每日收一文……谕令不许苛派民间一文。

(沈梓:《避寇日记》。《太平天国史料丛编简辑》第四册,第267页。太平天国历史博物馆,北京:中华书局,1962。)

【浙江省桐乡县·同治二年正月】桐乡伪官筱天安锺……询及乡人田地捐项等,觉其弊重……及至卡,卡上索费五十六文……归至城中,召城中各局司事者,凡有侵吞朘剥等弊,讯实尽系诸狱。

(沈梓:《避寇日记》。《太平天国史料丛编简辑》第四册,第234—235页。太平天国历史博物馆,北京:中华书局,1962。)

二、粮、捐、费总额与负担状况

【湖北省武昌·咸丰三年二月十二日】查逆贼陷城之后,遍索官幕、绅商、富户,叠次搜括,又有本城土痞为之导引,择肥而食,悉索无遗。惨杀之余,继以劫夺,以故平常饶裕之家,其现存者一旦赤贫如洗,亲友俱困,告贷无门,委顿情形,殊堪悯恻。而素称穷困之家,或因贼不屑诛求,转得安然无恙。虽未必比户皆同,而实情类多如此。

（张亮基等奏。军机处全宗·录副奏折。中国第一历史档案馆编《清政府镇压太平天国档案史料》第五册，第 173 页。北京：社会科学文献出版社，1992。）

【浙江省石门县·咸丰十年】石门之僚天福苛政横行，异于他处。初至索贡献，继以门牌费，逐户派钱。又于民田每亩需钱四百五十文，所出花息几何。又欲征税条银，漕粮加重于旧时，将何以堪此虐焰乎？九月中，苏州长毛攻杭，道出石门，又征犒师费，苛派民间每亩费二百文。

（佚名：《寇难琐记》卷二，手抄本。南京大学历史系太平天国史研究室编《江浙豫皖太平天国史料选编》，第 175 页，南京：江苏人民出版社，1983。）

【江苏省无锡县、金匮县·咸丰十一年十月】斯时种田者需出伪乡官之捐，每田一亩，按日一钱，[监军、军帅、师帅三伪局各二毫，旅帅四毫。]以为津贴之费。照锡、金田额共一百三十余万亩，每日可捐钱一千三百千文，通年计四十外万矣。幸年丰米贵，农民尚能支持也。

（佚名：《平贼纪略》。《太平天国史料丛编简辑》，第一册，第 279 页，太平天国历史博物馆，北京：中华书局，1962。）

【江苏省常熟县小桥·咸丰十一年十二月初二日】晚与(家)[龚]廉斋啜茗小桥，冻途渐释。见分局示，减收五升。新定六斗五升，粮居二斗二升，每斗二十五斤，加作三斗七升；田凭一斗；局费五升；经造费一升；师旅帅、司马、百长费二升；租米只一斗。费大于租，业主几难糊口，佃家更出费百十，无一不困矣。

（龚又村：《自怡日记》。《太平天国史料丛编简辑》，第四册，第 420 页。太平天国历史博物馆，北京：中华书局，1962。）

【江苏省长洲县·同治元年十二月十七日】皆言永昌徐氏索捐之苛。

（沈梓：《避寇日记》。《太平天国史料丛编简辑》，第四册，第 206 页。太平天国历史博物馆，北京：中华书局，1962。）

【浙江省嘉兴、桐乡县·咸丰十一年】嘉兴县长毛收漕米，每亩田还米二斗六升，每亩上(邱)[忙]还银[钱]二百，下(邱)[忙]还银子钱二百。桐乡钟公[钟良相]收漕，于十一月廿九日开仓。故桐乡人李凤者，素办衙门公事，为长毛局主，因引用故衙门吏胥，一切皆仍旧章，每亩粮额一斗五升六合，仍用零尖、插替、跌斛诸浮收陋规，合计每石米须完二石之数。外又收解运费八百文，名曰茶费。其向来不完米而折以银洋者，亦仍折色条例，每石完钱七千文之数，限期于正月初十封廒，为伪历十二月三十日也。过此以后，亦仍南[粮额]，每石完钱十千文之数。

（沈梓：《避寇日记》。《太平天国史料丛编简辑》，第四册，第 208 页。太平天国历史

【浙江省嘉兴、秀水、桐乡诸县·同治元年二月】嘉兴,田捐每亩每日一文,房捐每间每日三文,粮米每亩完四斗八升[过期完五斗二升],银子每亩□千文,修海塘费每田廿亩派钱三十千,造听王殿费亦如之,柴捐每亩每十日解五斤[每田□亩二百斤五十斤],每斤三文,解费二百五十文。

秀水,每亩粮米大斛四斗,银子六百。

桐乡,田捐每亩每月二百文,办三个月,乡人不给,镇上借派股捐一月以□之。

(沈梓:《避寇日记》。《太平天国史料丛编简辑》,第四册,第211页。太平天国历史博物馆,北京:中华书局,1962。)

【浙江省桐乡县、秀水县·同治元年二月】壬戌,秀水,田每亩粮两元六角二分,银子每亩六百四十,田捐五百四十,零费五十。

桐乡,地粮每亩四千四百,银元□□□□,日捐每月二百四十,修海塘四百,听王砖瓦二百。

(沈梓:《避寇日记》。《太平天国史料丛编简辑》,第四册,第211页。太平天国历史博物馆,北京:中华书局,1962。)

【浙江省桐乡县濮院·同治二年正月十八日】吾镇殷户悉索已空,生意不集,市上又无从收括。[因有张蕙村与王花大之矛盾,濮院皆未交足征额,从此可见捐税收入上的大弊病。]计春间所派海塘费二万金,吾镇只缴二千元。六月中,计民欠漕米九百石,着乡官摊赔,应派七千余元,吾镇只缴五百元。

(沈梓:《避寇日记》。《太平天国史料丛编简辑》,第四册,第234页。太平天国历史博物馆,北京:中华书局,1962。)

【浙江省嘉兴城南门外十里许之马王塘桥·同治二年二月初九日】乡之殷实者早挈眷去,惟无力迁徙者则居其地。然其乡官[姓项]既索田粮地丁之外,又索各捐……凡屋捐、亩捐、灰捐、灶捐、柴捐共五等。每田一亩,日捐钱一文;每屋一间,日三文。乡人但自屋三间,自田五亩,即每月须捐四百二十之数。

(沈梓:《避寇日记》。《太平天国史料丛编简辑》,第四册,第236—237页。太平天国历史博物馆,北京:中华书局,1962。)

第四节

差 役

[太平天国境内的差役,有兵役、匠役、杂役等多种。匠役参见第十二章第一节。]

【湖北省武昌·咸丰二年十二月】 重门深闭昼垂帘,静寂无人伪示严。恼煞蛮婆村野妇,百般奉养总无厌。[原注:女馆门首挂一布帘。贼出伪示,禁闲人往来。蛮婆在馆,凡饮食一切,俱派妇女服役,稍不如意,即遭鞭挞,虽名门贵族之女,无不受其辱骂。]

担水析薪尽女娘,每因歧路欠傍徨。逢人怕把衷情诉,低首无言泪两行。[原注:女馆无男子,担水析薪,俱派少年妇人,深闺娇养,不识路途,每逢歧路询人,俯首流涕。]

(江夏无锥子〔张汉〕:《鄂城纪事诗》。《太平天国资料》,第 37 页。北京:科学出版社,1959。)

[编者按:有人认为此纪事诗是伪书。本书编者认为此说证据不足,选录其中几首供参考。]

【南京·咸丰三年元月】 凡天下每一夫有妻子女约三、四口,或五、六、七、八、九口,则出一人为兵。其余鳏寡孤独废疾免役,皆颁国库以养。

(《天朝田亩制度》。《中国近代史资料丛刊:太平天国》,Ⅰ,第 326 页。中国史学会编,编者:向达、王重民等,上海:神州国光社,1952。)

【南京·咸丰三年二至四月】 馆必择大宅、穴邻墙为门,旁通四达。日给米一升,后则谷半斤。令民入其中各就役。

(胡恩燮:《患难一家言》卷上。《太平天国史料丛编简辑》,第二册,第 338 页。太平天国历史博物馆,北京:中华书局,1962。)

【南京·咸丰三年元月一四月】 及贼入城,一家或搜出银数十万,或搜出银十数缸,此时富者试问能保否?或为农夫匠作,或去先行打头阵,此时贫者试问能免否?呜呼!余困城中,月有五日,始脱难,备见流离苦况……

正月二十八日,贼逼城下,各门拥土堵闭,贼又自南而北,绕城告人曰:"百姓勿惊,照常贸易"。其党每购什物,倍价与之,见有乞丐,辄掷钱数百文,百姓愈惑之……[二月]十二三,既在大城内外及远近乡村掳人当兵,农夫匠作及强力少年约数万,胁令上船往攻镇[江]、扬[州]……越日传言:进贡者免差。于是财帛猪羊米粮贡者络绎不绝。孰知贼即以贡之轻重,分人之贫富,十四五日后挨门扣户,括取财物,虽贫家升斗之粮,亦必搜尽,或将全家逐出,盘踞其屋。数日内,居民铺户,寂然一空……

女馆中……每名日发糙米四合,不能往取者则不得食……又城中男子无几,不敷使用,即令妇女充挑水抬泥等役……余脱网月后,城内借买菜、刈草逃出者,约有数万人。

(佚名:《金陵被难记》。《中国近代史资料丛刊:太平天国》,Ⅳ,第750—752页。中国史学会编,编者:向达、王重民等,上海:神州国光社,1952。)

【江苏省、安徽省】逆贼窜安徽、江南数省州县最久。胁制民人纳税服役,此固迫于无可如何;唯有举、贡、生、监,往往始欲保全身家,受其伪职。

(方宗诚:《柏堂集续编》卷二十一《应诏陈言疏》。)

【江苏省南京·咸丰三年二月二十日】午后,忽传女馆必移至太平街,有女贼管辖运米挑砖差徭甚众,不能随意散处。

(陈作霖:《可园备忘录》。《太平天国》,第四册,第358页。罗尔纲、王庆成,桂林:广西师范大学出版社,2004。)

【江苏省南京·咸丰三年三月十一日】自城陷至今,已匝月矣。城中之人,死于锋镝者十之三,胁归卒伍者十之五,供其役使者十之七。

(陈作霖:《可园备忘录》。《太平天国》,第四册,第358页。罗尔纲、王庆成,桂林:广西师范大学出版社,2004。)

【江苏省南京·咸丰三年四月】初三日,机匠须间日派差,是日轮予,予不能,外祖觅人代役。

十七日,馆[按:指铁作坊机匠馆]中派予充役,大惧……乃以钱雇役……二十一日,差派又及,仍雇人代充,雇资每次必一洋圆也……五月初一日,馆中又派予充役,觅人代往。

初二日,家君来视予,窃计差徭太重,力不能堪,馆中人复防予他往,乃私作逃计……初十日黎明,乘众人未起,仆被急行,至油市蔡宅寄居。时蔡宅亦为机房,三外祖等咸在,予至此,不入名籍中,日买米以炊,差役不及焉。

(陈作霖:《可园备忘录》。《太平天国》,第四册,第360—361页。罗尔纲、王庆成,桂林:广西师范大学出版社,2004。)

【江苏省南京·咸丰三年】[造宫殿]木工瓦工千万人,营营扰扰晨至昏。但有口粮无

雇钱,妻孥冻馁空忧煎。〔按:指造天王府、东王府等。〕

（马寿龄:《金陵癸甲新乐府》。《中国近代史资料丛刊:太平天国》,Ⅳ,第737页。中国史学会编,编者:向达、王重民等,上海:神州国光社,1952。）

【湖北等省·咸丰三年至五年】贼素有女军,皆伪王亲属……勇健过于男子。临阵皆执械接仗,官军或受其刃。所掳妇女,皆以军法部署,置总制诸官以统之。自湖北掳得妇女,无虑十数万。美者收入伪宫,逼充妾媵。其善女红者,分入绣锦衙营,置指挥以下官领之。余悉逼令解足,任荷砖、开沟、浚濠、运土诸役,俱立官以督工……自癸岁五月以后,每人给米四两,惟许食粥,违者立斩。

（张德坚:《贼情汇纂》卷三《伪官制·伪女官》。《中国近代史资料丛刊:太平天国》,Ⅲ,第111页。中国史学会编,编者:向达、王重民等,上海:神州国光社,1952。）

【江苏省扬州瓜洲·咸丰三年】更勒居民供捐役,起碉寨,清野而耕种。

（倪在田:《扬州御寇录》卷上。《中国近代史资料丛刊:太平天国》,Ⅴ,第113页。中国史学会编,编者:向达、王重民等,上海:神州国光社,1952。）

【咸丰三年至五年】遂后陷安庆、江宁,再犯江西、湖北,于城市并不出示取贡,但肆虏劫,于乡村则仍出示督民进献。每至一处,打馆数日,必盈其欲壑而去。大抵多近水次地方。贼收贡之后,役使乡民搬运至船而后遣之去。

（张德坚:《贼情汇纂》卷十《贼粮·贡献》。《中国近代史资料丛刊:太平天国》,Ⅲ,第270页。中国史学会编,编者:向达、王重民等,上海:神州国光社,1952。）

【咸丰三年至五年】惟有技艺及江湖星卜僧道者流,不专恃生产,贼于是搜虏百工匠艺为之执役,严禁星相巫觋,尽毁庙宇神像,使九流生计俱绝,亦惟贼是依矣。

（张德坚:《贼情汇纂》卷十二《杂载》。《中国近代史资料丛刊:太平天国》,Ⅲ,第326页。中国史学会编,编者:向达、王重民等,上海:神州国光社,1952。）

【安徽省庐州·咸丰四年二月】贼索贡米,□□□□□役夫。□稻草灰〔用以淋水熬硝〕……索芦蓆,□皮,门板〔用以扎营〕,索水缸,索巢湖船只〔巢湖大小船只荡然一空〕。贼大伐树木〔数百年大树无一存者〕,贼拆毁古墙砖石〔用以熬硝〕。

（吴光大:《见闻粤匪纪略》。马昌华:《皖著太平天国资料摭录》,《安徽史学》1984年第3期,原安徽省哲学社会科学研究所收藏。）

【安徽省庐州·咸丰五年】城内居民,贼每日人给米四两,驱役不休,居民因谍内变。

（吴光大:《见闻粤匪纪略》。马昌华:《皖著太平天国资料摭录》,《安徽史学》1984年第3期,原安徽省哲学社会科学研究所收藏。）

【江西省湖口县·咸丰六年】三月,贼城梅家洲。洲地本污下,贼欲为犄角势,令伪官分派人工,大兴力役,民间祖茔一枝一叶有不能保者,甚至此贼来封,讹钱未去,而彼贼又至,百姓大困。先是官军在月台山架炮攻城,至是并将此山立造营房,乡下庙宇尽行拆毁,即着百姓搬运。

(张宿煌:《备志纪年》。《近代史资料》总 34 号,第 191 页。)

【江西省宜春县·咸丰六年正月】令贼众拆取民房、官署、庙宇、考棚,于城上添设敌楼、窝房、挡牌、擂木、乱石等项。周城四围疏渠开濠,沟深约一二丈,阔三四丈许。又于四门增筑石垒,创设堑门、吊桥,每门役民夫数百人,贼目监守,缓则鞭挞立加。又于西关外扎营凤凰山,筑土城,竖木栅,以拒官军。掘毁坟墓无数。

(同治《宜春县志·武事·续记》。)

【江西省袁州·咸丰六年三月】贼乃退回袁城,日役数百人疏渠开濠,深广各数丈。拆取房舍砖料,于城上添设敌楼,增筑石垒、堑门、吊桥守御。又于西关外凤凰山筑土城,竖木栅,以拒官军。

(同治《袁州府志》卷之五《武备·武事》。)

【安徽省安庆·咸丰三年八月至咸丰十年间】安庆城北集贤关诸山多煤,有土猾某说贼开凿,以备铸炼军器。逼民往役,劳瘁莫堪。土人某言于贼曰:昔嘉庆间,此地曾因事开凿,有善青鸟术者言于巡抚曰:皖城因山设险,万山环抱,状若九龙奔江,开凿偶误,恐伤地脉,故止而不开。今若蹈其故辙,恐于形势不利也。贼不听,及掘至山洞,见有旧凿迹,方知所言不诬。

(杜文澜:《平定粤寇纪略》附记四,《琐闻记》第 7 页。太平天国历史博物馆编:《太平天国资料汇编》第一册,第 333—334 页。北京:中华书局,1980。)

【苏南——皖北·咸丰十年四月以后】其一县镇守者曰佐将。其征收钱粮,支应民夫差务曰监军,犹首县也。此官多用本地人,须熟习地方者为之。其四门有四门甲长。其一县分五军,有左、右、前、后、中五营军帅。一军分五师,有师帅。一师分五旅,有旅帅。次曰百长,曰伍长,曰司马。每一司马管[二十]五家。其田每亩月出钱一百文,曰费事,粮米在外。复照亩出夫,运送军需,周而复始,曰打差。四乡有硝馆,拆民房以熬硝。柴薪灰草,供应火食,支发夫价,皆取给于民。故民望官军若旱苗之待霖雨。[太平军]其办柴也,下乡有树即封,大小斫伐不遗。故贼住之地,年久数百里无树木,无瓦屋。

(余一鳌:《见闻录·伪官职》。《太平天国史料丛编简辑》,第二册,第 125—126 页。太平天国历史博物馆,北京:中华书局,1962。)

【浙江省桐乡县·咸丰十年】长毛凡于所得之地,即以本地人为乡官,设局启征,编户册,供徭役。

（佚名《寇难琐记》卷一,手抄本。南京大学历史系太平天国史研究室编《江浙豫皖太平天国史料选编》,第140页。南京:江苏人民出版社,1983。）

【浙江省桐乡县乌镇·咸丰十一年十二月】魏长毛至镇月余,将左右前后人家渐次驱逐,择房屋之宽敞华美者,各占一馆,馆聚数十人,其小屋撤毁,别为改造。十二月初八日,拆毁白娘子桥,未旬日,又拆梯云桥,两桥相去半里许。又于利济寺之南街掘新沟通外流,南北沿拆桥边筑土城以捍卫,高五六尺,厚四五尺,甚坚而固。开一小门,仅容出入。人有窥其阃闼者,往往捉入城,多方索贿,始得赎还,或则营内当苦差,亦有赖董沧洲入请而径释者。土木繁兴,工作不时,应役疲于奔命,稍稍违慢,鞭扑械系随及之。

（佚名《寇难琐记》卷一,手抄本。南京大学历史系太平天国史研究室编《江浙豫皖太平天国史料选编》,第145页。南京:江苏人民出版社,1983。）

【江苏省昭文县、常熟县·咸丰十年十月二十日】乃以昭文地界分前、后、中、左四营,常熟地界分前、后、中、右四营。每营一军帅,五师帅,二十五旅帅,一百二十五卒长,六百二十五两司马,三千一百二十五伍长。军帅请当地有声价者充当。师帅以书役及土豪充当。旅帅、卒长以地保、正身、伙计分当。惟两司马、伍长硬派地着中殷实者承值,凡有役赋不完结者,都责任他身上。出伪示:着旅帅、卒长按田造花名册,以实种作准,业户不得挂名。收租各分疆界。起房捐、店捐。开张者领店凭。有船者领船凭。水陆要路,立卡收税。封坟树、宅树充公用。各手艺当差,居民留发。如有一项违示,定按军令。

（顾汝钰:《海虞贼乱志》。《中国近代史资料丛刊:太平天国》,Ⅴ,第370页。中国史学会编,编者:向达、王重民等,上海:神州国光社,1952。）

【江苏省苏州贞丰里·咸丰十年】三县各派伪佐将管理……设有军帅、师帅、旅帅、两司马、卒长等伪职,均着本地人为之,名曰乡官……即令征收钱粮,传呼工役。复派贼目监催……近地乡官,俱由费[玉成]局举用,凡事禀命而行。其初,贼亦派一山东人来监银米,横甚。玉成命逐之,不去,众怒,缚而沉诸河。贼乃不复派人到乡,悉听费氏主持。

（陶煦:《贞丰时庚申见闻录》卷上。）

【江苏省常熟县、昭文县·咸丰十年十一月中旬】[昭文军帅夏晓堂、严逸耕等,立局小东门外]随着下属百长、司马各伪官内[疑为衍字],即经造地方等,各接其伪谕单,于四乡细查佃户所种,并自业田亩、房屋、地基、坟墓等粮数目,按图开载造册,呈送贼目孙姓,发下收粮。即着伪师帅在本地设局,征收当年钱粮。每亩完纳糙米三斗,折价七百二十文,附收下忙银二百文,外役费七十文。不论额之轻重,田之腴瘠。又如延误日期,再行增益。所开田数中多蔽匿,私收肥己。乡官侵吞馀利,犹得美产,托言垫赔经费,抵补亏欠。乡农各佃既免还租,踊跃完纳,速于平时,无敢抗欠。又因本年岁稔丰收,或抢夺有馀,故皆欲买静求安也。各伪官收毕钱粮,无不发财。

（汤氏：《鳅闻日记》卷下。《近代史资料》1963 年第 1 期第 110 页。又见《太平天国》,第六册,第 338—339 页。罗尔纲、王庆成,桂林：广西师范大学出版社,2004。）

【浙江省桐乡县乌镇、乌程县青镇·咸丰十一年】是岁,贼踞两镇者焉,以拆毁祠庙、添造伪馆为事。何逆于利济寺老营南,周筑土城,至项逆所居奉真观而止,苦役乡民无虚日。

（民国《乌青镇志》卷四十《大事记》第 11 页。）

【江苏省常熟县·咸丰十一年一月十八日】每图尚捉数人当差,筑土城,造战船,虽每工得钱三百,而贼之肆无忌惮,至今已极。

（龚又村：《自怡日记》。《太平天国史料丛编简辑》,第四册,第 387 页。太平天国历史博物馆,北京：中华书局,1962。）

【江苏省常熟县黄家桥·咸丰十一年一月十一日】据云,福山移城,要各图役夫二三十人……[太平军官员]来催缴门牌钱、仓米钱及修福山城役夫。

（佚名：《庚申避难日记》。《太平天国史料丛编简辑》,第四册,第 494 页。太平天国历史博物馆,北京：中华书局,1962。）

【江苏省吴江县芦墟胜溪·咸丰十一年三月二十八日】暇有乡老来谈,日上徭役重兴,苛派骚扰,即不来打先锋,民亦不能有生计,长叹而已。

（柳兆薰：《柳兆薰日记》,《太平天国史料专辑》,第 181 页。上海：上海古籍出版社,1979。）

【安徽省太平县·咸丰十一年】三月间,建子城,急忙下令。照门牌,点人数,四处追寻。三抽二、五抽三,自行派去……每日里,自吃饭,并带中饭。……自带杠,自带索,自带扁担……太平军,亲督工,力大如牛。

（周公楼：《劫余生弹词》。）

【江苏省苏州·1961 年】[参观正在建造的忠王新邸时]我问工人得工资多少？王弟答：你们英国人给工资雇人做工,我们太平军人知识多些[意谓工人皆不付工资之强迫工役也]。我们天朝是不是很伟大呢？

（富礼赐著,简又文译,《天京游记》。《中国近代史资料丛刊：太平天国》,Ⅵ,第 953 页。中国史学会编,编者：向达、王重民等,上海：神州国光社,1952。）

【浙江省仁和县、钱塘县·咸丰十一年】按田勒缴米和柴,计田抽丁派杂差。军帅奉行催旅帅,挨家输费贴门牌。[原注:理民事者,仁(和)、钱塘各设一监军。其下更设军帅、师帅、旅帅,为里甲之属,凡苛敛田米柴火及收取门牌费,时时下令速为催集。]

（丁葆和:《归里杂诗》之一,《庚辛泣杭录》卷十六。）

【浙江省·咸丰十一年】李秀成初入浙,三日后即禁止杀掠,抽田租十分之二,货厘十分之一,按丁助役。苏杭初克,皆发粟十万赈抚,借给籽种招垦,民颇安之。

（李应珏:《浙中发匪纪略》,抄本。南京大学历史系太平天国史研究室编《江浙豫皖太平天国史料选编》,第228页,南京:江苏人民出版社,1983。）

【江苏省吴江县·咸丰十一年】[三月]初十日,出示,[文、武生]若有不赴考者,罚修塘充役。

（知非:《吴江庚辛纪事》。《近代史资料》1955年1期第45页。）

【江苏省常熟县吴塔·同治元年一月二十七日】闻城匪欲筑元和塘以便兵马,势必苛捐扰民……旋知按亩捐钱,每日亩捐四文,半年合算,每亩出钱七百廿。役夫自食,每工五十文,已兴工矣……据路人云:下塘乡官借公便私,预请取路上塘,欲免抄扰。即南北两路无人允筑,遽先动工,每师管五旅,约二万余[亩]田,所捐不少,而只认一、二港门,挑费不多,公局又得赢余之利。

（龚又村:《自怡日记》。《太平天国史料丛编简辑》,第四册,第431页。太平天国历史博物馆,北京:中华书局,1962。）

【江苏省吴江·同治元年正月】十四日,伪监军令伪董事十人督理修塘,每一师出夫五十名,每一户出夫一名,七日一交班。于贼之正月初八日动工……又枪船俱用孙、费旗号,如滋事即问二家。

十八日,督理修塘伪董事十人至江开工,自夹浦桥起,至瓮金桥止,计程五十里,各派地段,居停薪水,该地伪旅帅供给。

（《庚癸纪略》。《太平天国资料》,第104页。北京:科学出版社,1959。）

【江苏省常熟县·同治元年三月廿七日】闻申参军升仕天(预)[豫],与桓天侯罗专司前营各师帅事,设局庙桥。定议筑海塘,造牌坊,修塘路,及上忙条银每亩征田七百二十,佃农疲惫不堪。况添过匪供应三厘,下忙银三百,复闻有免冲钱六百四十五,师发役五十名,以备追索。

（龚又村:《自怡日记》。《太平天国史料丛编简辑》,第四册,第439页。太平天国历史博物馆,北京:中华书局,1962。）

【浙江省桐乡县·同治元年三月】[桐乡]民夫三百名往嘉兴建听王府。

（沈梓：《避寇日记》。《太平天国史料丛编简辑》，第四册，第142页。太平天国历史博物馆，北京：中华书局，1962。）

【江苏省绍兴·同治元年三月】三月，贼造伪来王殿，穷极侈丽。又以各伪天安升义、福升安，改造阁第，大捉工匠民夫入城供役，男啼女哭，不绝于道。会邑伪佐将集捐银十余万，搜剔穷乡，犹未肯已。山邑伪佐将龚锦标，不得已，遣其属李某协伪恩[赏]监军张仁甫，下乡书捐。

（王彝寿：《越难志》。《太平天国》，第五册，第148页。罗尔纲、王庆成，桂林：广西师范大学出版社，2004。）

【江苏省吴江县·同治元年正月】十四日，伪监军令伪董事十人督理修塘，每一师出夫五十名，每一户出夫一名，七日一交班。于贼之正月初八日动工。又令城乡树木尽数伐取，以备造船，余作爨材。

（倦圃野老：《庚癸纪略》。《太平天国》，第五册，第320页。罗尔纲、王庆成，桂林：广西师范大学出版社，2004。）

【浙江省桐乡县·同治二年二月】是月，桐邑贼将钟[锺]某死，其弟嗣守，淫虐滋甚。贼渠调之去，以桐乡归何逆统辖。何以镇事委项逆，而率众踞桐。桐城久坏，大兴工役，筑而新之。又除钟[锺]苛令，桐乡多称之者。然何性阴鸷，兵有小犯、民有小窃，被告者，即行枭斩。

（皇甫元垲：《寇难纪略》抄本，抄本现藏桐乡市图书馆。）

【浙江省·同治二年三月二十三日】嘉兴兴工造伪荣府。

（沈梓：《避寇日记》。《太平天国史料丛编简辑》，第四册，第246页。太平天国历史博物馆，北京：中华书局，1962。）

[编者按：荣王是同年二月受封。]

【江苏省苏州·同治二年十一月】有人自苏城回，见伪王府在娄门内，僭侈崇丽，极其壮观。内有园，本吴园改造，役民匠数千而成。伪府几处皆然。

（倦圃野老：《庚癸纪略》。《太平天国》，第五册，第330—331页。罗尔纲、王庆成，桂林：广西师范大学出版社，2004。）

【江苏省南京·天历十二年至十三年】年十五至五十者为牌面，老弱为牌尾。成衣匠与写书佣两种人，例不出仗。

（陈庆甲：《金陵纪事诗》。《太平天国史料丛编简辑》，第六册，第402页。太平天国历史博物馆，北京：中华书局，1962。）

[编者按：可知服某些匠役者可免服兵役。]

第六章

太平天国境内的抗租、抗粮、抗捐与着佃交粮交捐交费

第一节
太平天国境内的抗租、抗粮、抗捐

一、禁止抗粮抗租与任佃农滋事

【江苏省无锡县·咸丰十一年正月】城贼黄和锦出示招募锡金老书吏,设伪钱粮局于东门亭子桥唐宅,(分)[令]业田收租完粮,令民自行投柜,随给伪串。城乡业田者俱得收租糊口,或顽佃抗租,诉贼押追。

(佚名:《平贼纪略》。《太平天国史料丛编简辑》,第一册,第 276 页。太平天国历史博物馆,北京:中华书局,1962。)

【江苏省常熟县·咸丰十一年二月二十五日】见伪示,欲到处讲道[理],并禁薙头、霸租、抗粮、盗树,犯者处斩。然其所统官员,半吸鸦片,又任佃农滋事,见新薙发者藉法敛钱,随处摽夺人家祠墓大树,辄封寺观,民房无人即拆,万事借天欺人,与示正大反。

(龚又村:《自怡日记》。《太平天国史料丛编简辑》,第四册,第 390 页。太平天国历史博物馆,北京:中华书局,1962。)

【江苏省常熟县、昭文县·咸丰十一年九月二十六日】长毛八人来镇,有武军政司告示,以备记忆。天朝九门御林开朝勋臣慎天义统下贺天侯兼武军政司洪,本帅治理常、昭,已经一载有余,四乡虽然归顺,民心向妖未除,急宜申明法令,良民遵守毋愚。十款开示于后,合谕四民共知:一、农佃抗租,田亩充公;一、业户领凭收租,欠缴钱粮,解营押追。

(佚名:《庚申避难日记》抄本。)

[编者注:1962 年王戎笙同志提供给我的资料中有这一条,上面注明佚名《庚申避难日记》抄本。后来出版的《太平天国史料丛编简辑》第四册和《太平天国》广西版,第六册都收录了佚名《庚申避难日记》。咸丰十一年九月二十六日条下只有“长毛八人住夜”一句。没有后面的文字。《自怡日记》也提到这个武军政司告示十款,内容也有农佃抗租,田亩充公。这要被充公是什么田,值得研究。]

【江苏省常熟县·咸丰十一年十月初五日】见武军政洪□□示十款,如佃农匿田,抗租,兄弟藉公索诈等项,本人处斩,田亩充公。

(龚又村:《自怡日记》。《太平天国史料丛编简辑》第四册,第415页。太平天国历史博物馆,北京:中华书局,1962。)

【江苏省常熟县·咸丰十一年十月十五、十六日】长毛同司马、百长下乡写田亩册,限期收租,要业户领凭收租。现今各业户俱不领凭,长毛告示,不领凭收租者,其田充公。

(佚名:《庚申避难日记》。《太平天国史料丛编简辑》,第四册,第514页。太平天国历史博物馆,北京:中华书局,1962。)

【浙江省诸暨县·天历十一年十一月】忠天豫马丙兴谕刀鞘坞等处告示

天朝九门御林开朝勋臣忠天豫马,为奉恋天福董大人钧谕,前因大兵过境,本为除暴安良,不无刁玩之徒,藉此私行纠抢良家粮食物件以及擅砍山场竹木茶薪等项,实堪痛恨,除委弁严行察访,以便核究外,合再行出示晓谕,以彰维新之化。倘有无知小民,甘为不法,仰原告赴军、师、旅帅控诉;如理处不菁,准申详本爵讯究。为此特行传谕,仰各都子民知悉。尔等务体天朝设卡安民之意,痛惩地匪损人利己之情,勿蹈前愆,致贻后悔。至于业户固贵按亩输粮,佃户尤当照额完租。兹值该业户粮宜急征之候,正属该佃户租难拖欠之时,倘有托词延宕,一经控追,抗租与抗粮同办。各宜凛遵毋违。特示。

太平天国辛酉拾壹年十一月　日给。

给发卅七都刀鞘坞实贴。

(《太平天国》,第三册,第125页。罗尔纲、王庆成,桂林:广西师范大学出版社,2004。)

[编者注:刀鞘坞在该县化泉乡。]

【江苏省吴江县·咸丰十一年至同治元年】[在此两年间,]北舍之北,佃风已变,难以开收[收米]……仰仙计巷,佃风不堪,恐难有望……着佃办粮,租米无着矣!

(柳兆薰:《柳兆薰日记》。《太平天国史料专辑》,第225、156页。上海:上海古籍出版社出版,1979。)

【浙江省石门县·天历十二年九月十二日】殿前又副掌率邓光明发给石门沈庆余劝……嗣后如有不法乡员恃强借掇,任意苛捐,及土棍刁民,军中兄弟或以有妖朝功名,强勒索需,或以助妖粮饷,诈取银洋……或有强佃抗霸收租,纳捐不交……日后倘再有此情事,仰该沈庆余放胆持凭即赴监军衙门控告。

(《太平天国》,第三册,第153页。罗尔纲、王庆成,桂林:广西师范大学出版社,2004。)

【江苏省长洲县·天历十二年九月十八日】斑天安办理长洲军民事务黄酌定还租以

抒佃力告示

开朝勋臣班天安办理长洲军民事务黄,为酌定还租以抒佃力而昭平允事:照得粮从租办,理所当然……除委员率同各军乡官设局照料弹压外,合行出示晓(喻)[谕]。为此,(喻)[谕]仰在城在乡各业户、承种各佃户知悉:尔等各具天良,平心行事,均各照额还收,不得各怀私臆,无论乡官田产,事同一律。如有顽佃抗还吞租,许即送局比追。倘有豪强业户,势压苦收,不顾穷佃力殚,亦许该佃户据实指名,禀报来辕,以凭提究,当以玩视民瘼治罪。其各凛遵毋违。特示。

天父天兄天王太平天国壬戌十二年九月十八日示。

(《太平天国》,第三册,第155—156页。罗尔纲、王庆成,桂林:广西师范大学出版社,2004。)

二、佃农抗租,降低租额

[关于佃农抗租,参见第十章第二节"当地贫民反富户的斗争"目之一"民风大变,抗租与夺财"。关于抗租的实效,租额降低与实收租额情况,参见第三章第七节"实收粮额与征收绩效"目。]

【江苏省南京郊外·咸丰三年十一月】忆寓陈墟桥蔡村时,通村千余家……民皆不识字,而仇恨官长。问:"官吏贪乎?枉法乎?"曰:"不知"。问:"何以恨之?"则以收钱收粮故。问:"长毛不收钱粮乎?"曰:"吾交长毛钱粮,不复交田主粮矣。"曰:"汝田乃田主之田,何以不交?"曰:"交则吾不足也。吾几子几女,如何能足。"曰:"佃人之田,交人之粮,理也,安问汝不足;且汝不足,当别谋生理。"曰:"人多,无路作生理,无钱作生理也。"

(汪士铎:《乙丙日记》。卷二,第19页。明斋丛刻,民国二十五年铅印线装本。)

【江苏省扬州城郊·咸丰三年至五年】绿杨城郭近如何?依旧芜城长碧芜。四境田庐皆铲尽,三年贡赋未输租。

(钱塘:《偶山遗稿·癸丑书事》。周村:《太平军在扬州》,第46页。上海:上海人民出版社,1957。)

[编者按:太平军1853年4月1日第一次进入扬州城,即受清军琦善、陈金绶、雷以诚、慧成等人包围,12月26日退出扬州城。在这八个月中,太平军在城郊和清军作战,也配合瓜洲、仪征的太平军打击乡勇团练,在扬州府属各地有流动性作战,对农民抗租斗争有极大影响。]

【江苏省江都、泰州、泰兴等县·咸丰三年】江都、泰州、泰兴土匪滋事,三邑士民震动,雷[雷以诚]帅拨勇驻大桥镇备剿。余以为乡愚无知,希图抗粮抗租而已,一经剿洗,不独良户受累,设匪等沟通瓜[瓜洲]逆,我营四面受敌,东路不可问矣。帅然之,即日奉檄微行,历三昼夜,探实头目姓氏、住址,并获有伪示等件,密陈设法寻讯,供认不讳,奏明正法,其事遂平。

(梁承谌:《独慎斋诗钞·唧檄》。周村:《太平军在扬州》,第46—47页。上海:上海人民出版社,1957。)

【江苏省泰州·咸丰三年】 城东南隅聚众抗租,集十三里汪,僧道正主其事,曹某者实左右之。事觉,请兵大营,立杀数人以徇,首从先后伏诛。

奸民乘乱齐抗租,大兵入境按名诛。髑髅满地膏血涂,咄哉戎首闻风逋。[官命捕役,为找踪迹,获僧道正,罪人斯得。]僧过捕役势麕集,啜其泣矣何嗟及。惟时羽翼有曹生,如夔一足跛著名。小车辚辚载入城,琅珰锁索齐解营。骈戮枭示公案了,田荒庐毁行人少,十三里汪无青草。

(赵瑜:《晋砖室诗存》。周村:《太平军在扬州》,第47页。上海:上海人民出版社,1957。)

【湖北省黄梅县·咸丰四年】 吾乡自粤逆倡,贫民挟贼凌富,而佃风大坏,舞弊名色多……是区区者能有几何,经如许术弄,又加以包心、垫底、掺沙土和空壳,空壳不足,互相乞口,所有迟早粘糯穗叶皆付课谷内。曾闻某送谷纳课一担,值者见而叹曰:此中尚有谷,若以拥牛栏、烧粪脚,殊为可惜! 彼笑曰:吾送课谷耳! 无怪乎箩谷不及二十斤,石谷不满一斗米。此种田[? 佃]风,除山业外,阖邑皆然。

(邓文滨:《醒睡录》卷七《卖脱父亲能抵债》。)

【安徽省桐城县·咸丰五年】
东庄有佃化为虎,司租人至撄其乳;
西庄有佃狠如羊,掉头不顾角相当。

(方宗诚:《闲斋诗集》后编《食新叹》。)

【江苏省常熟县·咸丰十年九月】 [师帅金云台]与严朗山私议,将欲叫租收米,乡农积怨已久,暗暗聚众,歃血祀神,四下相邀,誓甘心焉。市西有奸猾催头何年年、沈大茂两人,本充地方经造,素为田房中保之蠹,依附势家为奴。因在乡官伪局效力,侵蚀不满其志,托言使其倡催佃户还租,虚发限票,事情违梗,必解送长毛治罪。一派鬼话,激变四野。商于众农民,助其报怨。究竟因妒局中津润,且欲图赖门牌二百千也。欲以收租激之,众乡农无不痛恨。[编者注:九月三十日晚千余人打毁严朗山父子两家,欲将伊家灭门血刃,以快私仇。]

(汤氏:《鳅闻日记》卷下。《近代史资料》1963年第1期,第98页。《太平天国》,第六册,第325—326页。罗尔纲、王庆成,桂林:广西师范大学出版社,2004。)

【江苏省常熟县、昭文县·咸丰十年九月下旬】 东乡有民人不服,殴打乡官,不领门牌……乡官入城告禀,特差常邑伪监军汪、昭邑朱两人,带长毛二三十名,[会同代理军帅邵憩棠]同赴梅里巡查门牌,宣讲道理,劝民纳税完粮。又着乡官整理田亩粮册,欲令业户收租,商议条陈。无奈农民贪心正炽,皆思侵吞,业户四散,又无定处,各不齐心。且如东南何村,因议收租,田夫猝起,焚拆选事王姓之屋,又打乡官叶姓。又塘坊桥民打死经造,毁拆馆局,不领门牌,鸣金聚众。王市局中严朗三等闻信大怒,令乡勇欲捉首事之人,彼众负隅力拒,扬言欲率众打到王市。[于是局中急添勇二百,又入城见钱桂仁]请兵下乡剿灭乱民。不料,钱姓不肯轻信擅动刀兵,反怪乡官办理不善,但着本处乡耆具结求保,愿完粮守分等语。又给下安民伪示,劝谕乡民,其事遂以解散。[王市局乡官败兴而归,]从此势弱,不能勒捐,进益渐少,只得散去。

（汤氏：《鳅闻日记》卷下。《近代史资料》1963年第1期,第97页。《太平天国》,第六册,第325页。罗尔纲、王庆成,桂林：广西师范大学出版社,2004。）

【江苏省江阴县、常熟县·咸丰十年至十一年】[九月]初五日,平江贼帅伪忠王遣慷天燕钱来守常熟,伪示遍贴,派设乡官,逼写花户册,伪置军、(旅、师)[师、旅]帅并卒长、司马一切伪号,诛求无厌,民不聊生……

十一月初,常郡贼来守江阴,派各镇供应,伪示遍张,命乡官各保完粮。

辛酉二月中,忽分兵来守杨库,各乡市均设关税,商贾不通。

五月初二日,常熟贼以鹿苑、栏杆桥两处杀卡中贼,大发兵下乡,杀掠一空。

……[太平军]破城以后,搜括已尽,居然出榜安民,令人进贡、领旗、编花户、给门牌,而伪以好言抚慰,派设司马、卒长,着乡官保举军、师、旅帅,各镇设局,设卡抽税完粮。而又着人考试选拔人材,彼明知正人远避,小人竞出头,而姑收拾此等以作爪牙,使伊煽惑乡愚,迫胁良善。设遇大兵来剿,伊等即为耳目腹心,而农民之力田者,窃利租不输业,亦依违其间。其无耻投试之徒,方扬扬得意为之谋画。贼之狡狯深沉,其杀掠与前同,其布置则与前异,而欲专恃民团,兼募乡勇,以冀艾夷此贼,恐罅漏百出,非徒无益,转致涂炭生灵。

（徐日襄：《庚申江阴东南常熟西北乡日记》及附录《献暴愚忱》。《中国近代史资料丛刊：太平天国》,V,第433—436页。中国史学会编,编者：向达、王重民等,上海：神州国光社,1952。）

【江苏省吴县甫里·咸丰十年至同治二年】是冬,凡里人有田者,由乡官劝谕欲稍收租,而佃农悍然不顾,转纠众打田主之家。桃浜村为之倡,事起于南栅方氏。于是西栅金氏、东栅严氏家,什物尽被毁坏,而严氏二舟泊屋后亦被焚。陈某被缚于昆山城隍庙石狮子上,几饱众拳。方氏之宅深而广,其被殴者,同族及同居之家,而田主反脱祸。居停殷氏待佃农素宽厚,故未波及。

（杨引传：《野烟录(选录)》。《太平天国史料丛编简辑》,第二册,第176页。太平天国历史博物馆,北京：中华书局,1962。）

【江苏省吴江县梨里·咸丰十一年一月十三日】上午,梨川下乡梁红港佃户来云:梨局只管粮米,租米不管,特来通达。余决意不报,租米还不还,听之而已。留之饭而去。

(柳兆薰:《柳兆薰日记》。《太平天国史料专辑》,第 166 页。上海:上海古籍出版社,1979。)

【江苏省常熟县·咸丰十一年三月二十五日】平[爕庵]局遭土匪之劫,屋庐多毁,器物掠空。局主报案。次日,[徐少蘧]局发乡勇捉犯,而逃遁者多。查拿数日,始于贵泾获曹、顾、贾三人,押到俞[辒山]局,而埋轮之使,犹倡免租之议,胆纵豺狼。

(龚又村:《自怡日记》。《太平天国史料丛编简辑》,第四册,第 396 页。太平天国历史博物馆,北京:中华书局,1962。)

【江苏省常熟县·咸丰十一年四月初七日】适徐[少蘧]局勇首顾大山来调停劫局案,曹和卿同[来],拟各佃凑钱赔赃,并起事各图办上下忙银各三百,外加二百六十文以赔夏赋。所获三犯释回。

(龚又村:《自怡日记》。《太平天国史料丛编简辑》,第四册,第 396 页。太平天国历史博物馆,北京:中华书局,1962。)

【江苏省常熟县、昭文县·咸丰十一年十月】乡官局欲兼收租粮,农民不服,汹汹欲结党打局。乃出伪示,只收粮饷。

[王市师帅金云台设局收粮,另有长毛来此留收,]名监收粮馆,代其追比。

(汤氏:《鳅闻日记》卷下。《近代史资料》1963 年第一期,第 125 页。《太平天国》,第六册,第 354 页。罗尔纲、王庆成,桂林:广西师范大学出版社,2004。)

【江苏省常熟县、昭文县·咸丰十一年十月下旬】[此时,常熟谢家桥军帅归二,本人地主,浮收十万余,被农民烧死。王市南乡旅帅马全,收粮时暗为军帅地主严逸耕收租,每亩收至五六斗,为农夫杀死。梅塘九里徐师帅局,汤家桥潘竹斋师帅局,某百长家皆被烧。]旬日之间,郭外之北,自西至东,四方农人,闻风相应,各处效尤,打死伪官,拆馆烧屋,昼夜烟火不绝,喊声淆乱。

(汤氏:《鳅闻日记》卷下。《近代史资料》1963 年第一期,第 125—126 页。《太平天国》,第六册,第 355 页。罗尔纲、王庆成,桂林:广西师范大学出版社,2004。)

【浙江省绍兴县·咸丰十一年】是时[十一月底]贼警已稍缓,又出伪示,令凡有田者,得自征半年租。

(微虫世界:《世界微虫》。《近代史资料》1955 年第 3 期,第 88—89 页。)

【浙江省绍兴县·咸丰十一年】田家输租不过三分。

（何桂笙：《劫火记焚》。光绪刊本，南京图书馆藏。）

【浙江省绍兴县·咸丰十一年】 十月朔，出掠于乡，名打先锋……贼掠乡十日始归城……有田者令输租，亩人[？入]三分。民家租额皆定于局，各户赴局买票，数十百钱不等。

（古越隐名氏：《越州纪略》。《中国近代史资料丛刊：太平天国》，Ⅵ，第768页。中国史学会编，编者：向达、王重民等，上海：神州国光社，1952。）

【江苏省无锡县·咸丰十一年十二月】 安镇四图庄抗租。

安镇东市稍四图庄顾某聚众抗租，以青布扎头为记。各业户诉于城贼。十二月十四日，贼使伪乡官引导至乡弹压。顾某鸣锣集众，拒贼于苏家桥安家坟。顾某奋勇当先，为贼所伤，乡众溃，贼焚村落。邻村无害。旋为乡官调停，一律还租。

（佚名：《平贼纪略》。《太平天国史料丛编简辑》第一册，第281页。太平天国历史博物馆，北京：中华书局，1962。）

【浙江省桐乡县·咸丰十一年十一月】 石门镇亦系桐乡所属，居民不完粮者，何[培章]杀七人以徇。然而乡人竟不完纳。何谕乡官以石门、濮院百姓顽梗，欲下乡打先锋，既而不果。

（沈梓：《避寇日记》。《太平天国史料丛编简辑》，第四册，第288页。太平天国历史博物馆，北京：中华书局，1962。）

【江苏省常熟县·咸丰十一年十一月四日】 各处民情大变，长毛亦无可如何。慷天安到东乡安民，各处收租减轻，或一斗，或二斗，各有不同。本镇又减，平田三斗，花地二斗，加费一百文。

（佚名：《庚申避难日记》。《太平天国史料丛编简辑》，第四册，第515页。太平天国历史博物馆，北京：中华书局，1962。）

【江苏省吴江县·同治元年十一月二十七日】 北观设收租息局，贼酋程令每亩收租息米三斗，伪董事十余人襄其事。三限已过，并无还者。十二月二十一日，忽有棟花塘农民百余哄入局，将襄理者十余人擒去，殴打窘辱。至明年正月初一日，周庄费姓遣人说合，得放回家。

（倦圃野老：《庚癸纪略》。《太平天国》，第五册，第322页。罗尔纲、王庆成，桂林：广西师范大学出版社，2004。）

【浙江省海宁州、海盐县·同治元年】 时海宁贼征银，限完半再折七五，投完络绎。又逼全州火药捐五千余银。又，海盐贼开仓，用里堰、石泉二处每亩限三斗五升。每图发贼催逼,有无力清完,到家搜寻。于是凡粮户大(若)[者?]田略皆逃避。

(冯氏:《花溪日记》。《中国近代史资料丛刊:太平天国》,Ⅵ,第708—709页。中国史学会编,编者:向达、王重民等,上海:神州国光社,1952。)

三、粮户抗粮抗捐

【安徽省桐城县·咸丰三年至九年】东乡迎接大江,地极富饶,居民多习拳棒,如周、章、王、吴巨族,素与贼抗。自[咸丰三年]贼据城以来,剃发如故,不应贼役,不纳贼税。或有过境需索者,即戮而弃诸水,贼衔恨非一日。六年邑旱,有奸人蛊饥民千余人,置旗帜刀矛,势将举事,诸生周如海、周荫南、周室辅讨平之。贼畏练勇之强,不敢窥伺。[至九年六月,太平军从四路围之,破地主武装,义勇阵亡者二百二十一人。据一月,后与订和议解围。]

(胡潜甫:《风鹤实录》。《中国近代史资料丛刊:太平天国》,Ⅴ,第22页。中国史学会编,编者:向达、王重民等,上海:神州国光社,1952。)

【江苏省丹阳县·咸丰十年六月廿四日】丹阳民因派捐之累,众怒而冲破十三贼营。

(龚又村:《自怡日记》。《太平天国史料丛编简辑》,第四册,第357页。太平天国历史博物馆,北京:中华书局,1962。)

【浙江省嘉善县·咸丰十年十一月十八日】子屏侄传说沪上极平安,英夷天津和议已成,不堪闻问。借夷攻长毛,其说非子虚,要之,非皇上之善策,不得已而为之耳。嘉善孝廉顾梦花,助长毛苛逼小户粮米,每石八千。众乡人不服,已率众入城,斩其首,分三段,一家三代遇害,斯人罪大恶极,报施不爽之至。闻长毛亦被众怒,暂避出城。

(柳兆薰:《柳兆薰日记》。《太平天国史料专辑》,第155页。上海:上海古籍出版社,1979。)

【江苏省常熟县、昭文县·咸丰十一年二月】时又闻东乡伪旅帅,暗嘱长毛增加钱粮,追比抗欠。有医士王姓特起义愤,百亩田产,首创不完粮饷,自备酒筵,盟约乡里,从者千人,捉打伪官,立拆馆局。四乡闻风来聚,二万余人。于是梅里、珍门庙等坐局长毛,皆吓得弃馆而逃,口呼"不干我事,皆乡官不好"。百姓亦不追杀,但拷问伪官,聚众拒敌。而城中钱逆知之,召钱伍卿共议。三日后先令下乡劝戒讲和。随后钱逆自领三千贼毛船骑赴东,一路办安民,讲道理。王姓面受抚慰,罚略千金,放还其子。初因伊子被贼捉入城中,牵制其父,后医好钱妻,故恭敬送还。王生虽被罚银,以后一图竟霸不完粮,乡官亦无奈何,终寝其事。

(汤氏:《鳅闻日记》卷下。《太平天国》,第六册,第345页。罗尔纲、王庆成,桂林:广西师范大学出版社,2004。)

【江苏省常熟县、昭文县·咸丰十一年二月】 二月下旬,扬子江内常有大号夷船三五只,或广艇二三十号,擂鼓放炮,在福山口外,东西游驶,或停泊境上。长毛亦无举动,莫测其意。于是各乡谣言,官兵即日临境,通州已踏海船数十号,封禁港门,择日祭旗。先买夷船拦截北窜。农民闻信,皆迟延不肯完粮。乡官恐犯众怒,不敢催逼。贼又提追,急如星火,只得入城禀诉情形,长毛下乡遍处劝谕。

(汤氏:《鳅闻日记》卷下。《太平天国》,第六册,第345页。罗尔纲、王庆成,桂林:广西师范大学出版社,2004。)

【江苏省常熟县、昭文县·咸丰十一年】 [为催逼银饷]每捉伪官收禁黑牢,以暗湿卑陋小屋为之。又有水牢、火牢。后来乡官亦仿设之,治民抗粮、违令诸罪……时四乡各镇,皆有长毛守卡住局,乡民畏势,纷纷完纳。

(汤氏:《鳅闻日记》。《近代史资料》1963年第1期,第120页。《太平天国》,第六册,第349页。罗尔纲、王庆成,桂林:广西师范大学出版社,2004。)

【江苏省常熟县·咸丰十一年四月】 二十三日,钱[桂仁]伪帅领伪官甘姓、侯姓至莘庄,拿办土匪……访获周姓二人,熬审毁局一案。

(龚又村:《自怡日记》。《太平天国史料丛编简辑》,第四册,第398页。太平天国历史博物馆,北京:中华书局,1962。)

【江苏省常熟县·咸丰十一年四月二十三日】 侄婿朱确夫来,言翁庄粮局又被土棍打撒,殴死须旅帅……又闻西乡樊庄亦有杀旅帅之案。顽民之效尤何多也。

(龚又村:《自怡日记》。《太平天国史料丛编简辑》,第四册,第399页。太平天国历史博物馆,北京:中华书局,1962。)

【浙江省海盐县·咸丰十一年五月】 贼匪勒贡渐横,通元黄八十从贼设局,向承办七图贡银共万余千,已民不堪命。海盐全县核办三万两,至四月初七日,又勒加万五千。并欲征银,每两七折价二千零五十。茶院陈雨春,人颇诡谲,向办贡事,暗中指点,自谓可以瞒众,至征银事起,遂与奸书王竹川盘踞局中,炙手可畏。归应山亦从贼,先设完银局于其宅,名陆泉馆,黄八十嫉之,互相辱骂,归为黄缚,解屿城杀之。其子应生图报父仇,复被黄大老计诱,杀于法喜寺中。五月初,又欲分门牌,写人丁,每牌乙元四角,每人日征廿文,每灶日一百,行灶五十。五月初九日用枪船先追完田银,土农畏其虎势,无不输钱完纳,仍以咸丰十年串票发之,至十一日共完千余。两局立班房于黑暗处,上下立栅,止容四人,常五六人入焉,大链系之,吓解屿城,必得清缴而出,轻者推入马棚。又闻屿城贼访得殷富者五人,札谕为师帅,办门牌,先欲借洋五百元为填款。此皆八贼指点,藉此图肥,于是道路以目,敢怒而不敢言。局中常聚五六十人,耗费日数十千,所收钱文,与贼不过十之一二。可怜割万民剥肉补疮之资,填匪类之欲壑,故入其党者罔不桀犬吠尧。五月初九日,竟将门牌灶费及外庄田银尽行发动。初十日为始，毋延顷刻，间有业主趁势收租，亦借枪船恐吓，追取甚紧。当此士民无所控告之际，幸有义民沈长大住海盐之周图，性颇侠，有智勇，明逆顺，闻贼局狠暴，心怀不平，欲集众毁其局……遂于十一日麇集千余人至潵城，适黄湾数百人彼因上日同中强买，亦来寻衅，各攘臂打入，捆缚姚成初，局屋毁拆，成初跪求释之。众相约曰明日寅刻，起身去打通元局，再攻屿城。沈曰："众等如此，亦我一县之福。然而此行也，名正言顺，愿汝等无攫取财物，无妄杀戮。"众等惟命。通元局中闻风剃发，连夜逃亡。及明，沈先鸣锣，各处应之，沿路并捉人帮打，共聚万余人。头裹白巾，手执木器，饰白为号……食毕果去攻屿城城，此时贼无备，无一真长毛，惟章阿五领十余枪船出敌，众等鸣锣喝喊而进，枪匪潜伏桥边，发一过山鸟，伤我义民六人。众等败回到潵浦城，齐至水师营请兵。水师傅同将官陈尚瑞皆不敢出，众等强拥，遂连夜装成炮船一只，兵船十余，及火药军械整备，传点兵勇藤牌鸟枪各手共三百余名，黎明引众分水陆而进，沈又分众捉人，四散十余路……夔贼先审逃海盐，岂知海盐东南地方亦起义众数千，烧毁盐城帮办局事，人家毕来，夹击屿城，见夔贼船，误以水师已打破屿城，来攻盐邑，尽欢呼迎接。夔贼不敢行，惟使小卒挥旗，众识是贼帜，各鸟兽散……是役也，其初击时，海盐东南路人不遇夔贼，两路夹击必破无疑，再击时水路不炸炮，亦必破无疑。总之民无纪律，兵无斗志，稍遇劲敌，各自逃生，官兵不约束，百姓不听令，兵者凶器，岂有手持木棍田器而能破敌攻城耶？……后贼于十八日复大举，以报屿城之役也，沿路焚烧杀掠甚惨，并檄索沈长大甚急。沈于廿六日挺身就擒，夔贼问曰："汝何纠众叛我？"沈厉声曰："皆怨国贼狠暴，故我一激而成，特恨前日炮不烈，火不大，烧死尔也。"夔命斩之，传首本地示众。

（冯氏：《花溪日记》。《中国近代史资料丛刊：太平天国》，Ⅵ，第 679—683 页。中国史学会编，编者：向达、王重民等，上海：神州国光社，1952。）

【江苏省常熟县·咸丰十一年六月十九日】 陶柳村［莫城前营师帅］因劝捐事被六图众土顽杀之，局勇被戕者八人。又旅帅王和尚载宝在船，被南乡人砍死，投尸华荡。又东乡高军帅房屋被拆，□旅帅房屋被焚。皆缘派捐起衅，乱世多故如此。

（龚又村：《自怡日记》。《太平天国史料丛编简辑》，第四册，第 401 页。太平天国历史博物馆，北京：中华书局，1962。）

【江苏省常熟县、昭文县·咸丰十一年】 六月中旬，闻贼千余西下青草沙，追杀抗粮滋事之民。

（汤氏：《鳅闻日记》卷下。《近代史资料》1963 年第 1 期，第 123 页。《太平天国》，第六册，第 352 页。罗尔纲、王庆成，桂林：广西师范大学出版社，2004。）

【江苏省常熟县·咸丰十一年十月】 十月中，周巷桥民以伪职收漕过倍，将收者绑缚剖腹，抽肠挂树。城毛大怒，令统下尽往（吵）［抄］掠，四面波及数里，横塘一带民宅都空。

（顾汝钰：《海虞贼乱志》。《中国近代史资料丛刊：太平天国》，Ⅴ，第 371—372 页。

中国史学会编,编者:向达、王重民等,上海:神州国光社,1952。)

【江苏省常熟县·咸丰十一年十一月一日】 闻周巷桥军帅归、师帅潘被百姓杀去,烧其房屋,因收粮太多之故。

(佚名:《庚申避难日记》。《太平天国史料丛编简辑》,第四册,第 514 页。太平天国历史博物馆,北京:中华书局,1962。)

【江苏省常熟县·咸丰十一年十一月三日】 昨夜恬庄又要杀旅帅李木狗,烧抢其屋。各处人情大变,为因粮米太重。南路近日停收。

(佚名:《庚申避难日记》。《太平天国史料丛编简辑》,第四册,第 515 页。太平天国历史博物馆,北京:中华书局,1962。)

【江苏省常熟县·咸丰十一年十一月七日】 骇闻福山下塘归军帅局被土匪大焚,亦山父子堕劫。昭文东乡柴角等处亦有杀师旅帅百长案。城帅侯[裕田]、钱[桂仁]发兵痛剿。土匪出拒,拖害良民,致一方大户及避难城绅均遭抄掠。皆藉口加粮,酿成巨祸。幸蹂躏各乡奉令赦粮,而被累已不堪矣。

(龚又村:《自怡日记》。《太平天国史料丛编简辑》,第四册,第 418 页。太平天国历史博物馆,北京:中华书局,1962。)

【江苏省常熟县·同治元年二月廿七日】 小市桥镇人杀江师帅,因其追粮太苛,积愤而成。

(龚又村:《自怡日记》。《太平天国史料丛编简辑》,第四册,第 434 页。太平天国历史博物馆,北京:中华书局,1962。)

【江苏省常熟县·同治元年四月十七日】 东乡因收捐钱每亩七百太紧,杀去旅帅等数人,放火烧屋。长毛闻而去打。

(佚名:《庚申避难日记》。《太平天国史料丛编简辑》,第四册,第 525 页。太平天国历史博物馆,北京:中华书局,1962。)

第二节

着佃交粮交捐交费

[编者按：按土地征收的田粮，捐项，费用，在正常情况下，应由土地所有者交纳。其所以采用由佃户交纳的办法，是由于以下三个原因：一，佃户抗租，地主得不到租，或得到的租谷少于田赋（捐，费），无力交粮（捐，费）。二，地主抗粮，不愿向太平天国交粮（捐，费）。三，地主户死绝或逃到外地，太平天国政府无法向他们征收粮（捐，费）。鉴于此，本书将着佃交粮和佃户抗租、地主抗粮放在一章里。]

一、着佃交粮

[编者按：对存在租佃关系的土地，政府从佃户手中直接收取土地税（田赋），都是着佃征粮。太平天国的着佃交粮，形式多样，称谓亦多。其形式，或佃农按太平天国规定的钱粮数，将钱粮直接交给太平天国；或太平天国将佃农耕种土地上的收获物，分为两份，太平天国与佃农各得一份；或将佃农耕种土地上的收获物，分为三份，太平天国、佃农与地主按比例各得一份。其称谓，或着佃交粮，或着佃收粮，或着佃追完，或业主徙避他方者佃户代完，或佃户输纳，或照佃起征，或着佃启征田赋，或令农民不业由佃随田纳款，或按田征粮，或按亩征粮，或计田征粮，或计亩征粮，或照田完纳，或以实种作准业户不得挂名收租，等等。一些按亩征粮、计亩征粮、按种一石交粮多少的记载，在第三章。它们是否着佃征粮，有待旁证。关于太平天国的着佃交粮的研究，可以参见本书第十九章第二节"田赋政策"目之二"着佃交粮、交捐"；赵德馨《论太平天国的"着佃交粮"制》，《中国社会科学》，1981年第2期，以及此后学者写的专题论文和太天国专著中的相关章节。其中，郭毅生的《太平天国经济史》第七章，对江浙地区的十多个县的情况考证最为详细。]

【咸丰元年至七年】粤匪初兴，粗有条理，颇能禁止奸淫，以安裹胁之众，听民耕种，以安占据之县，民间耕获，与贼各分其半。故其取江南数郡之粮，运出金柱关；取江北数郡之粮，运出裕溪口，并输金陵。和春等虽合围城外，而贼匪仍擅长江之利，施不竭之源。沿江人民，亦且安之若素。今则民闻贼至，痛憾椎心，男妇逃避，烟火断绝。耕者无颗粒之收，相率废业。贼行无民之境，犹鱼行无水之地，贼居不耕之乡，犹鸟居无木之山，实处必穷之道，岂有能久之理。

（曾国藩：《沿途查看军情贼势片》，同治二年。《曾文正公奏稿》卷二十一，第 24 页。）

［编者按：太平天国与农民平分收获物的这种做法，是没收地主的田租？还是着佃交租为粮？］

【江苏省溧水县·咸丰三年七月】二十二日，逆匪五六千人，内有十七指挥，在近城各乡邀乡老数人，口称："现在田稻将割，每亩交纳粮稻三十斤。"乡老回称："我等均系贫民，此等事要向田主去说。"该逆即限五日后回报，亦即开船而去。

（《忆昭楼时事汇编》。《太平天国史料丛编简辑》第五册，第 382 页。太平天国历史博物馆，北京：中华书局，1962。）

［编者按：在 1853 年时，指挥是太平天国的高级官员。此处的"乡老"，其身份明显是佃户。十七指挥是要佃户直接交粮。］

【江苏省南京郊外·咸丰三年十一月】忆寓陈墟桥蔡村时，通村千余家……民皆不识字。而仇恨官长。问："官吏贪乎？枉法乎？"曰："不知"。问："何以恨之？"则以收钱收粮故。问："长毛不收钱粮乎？"曰："吾交长毛钱粮，不复交田主粮矣。"曰："汝田乃田主之田，何以不交粮？"曰："交则吾不足也。吾几子几女，如何能足。"曰："佃人之田，交人之粮，理也，安问汝不足；且汝不足，当别谋生理。"曰："人多，无路作生理，无钱作生理也。"

（汪士铎：《乙丙日记》卷二，第 19 页。燕京图书馆刊本。明斋丛刻，民国二十五年铅印线装本。）

【安徽省·咸丰四年八月十六日】再，查被扰各州县本地著名土匪尽授伪职，城市、乡村率皆蓄发从逆，鞭长莫及，官兵亦无如之何。开征一事，不独民不肯从，抑亦官不能办。现当秋收登场，贼欲与民均分，百姓渐有离志。向背之机，正在此日。与其议征而贼转诱民……何如豁免而民知怨贼。

（福济奏。宫中全宗·朱批奏折。中国第一历史档案馆编《清政府镇压太平天国档案史料》第十五册，第 441 页。北京：社会科学文献出版社，1994。）

【江西省崇仁县·咸丰六年至八年】军帅按田征粮，由监军发给伪串。贼兵过境者，勒民借费用。

（同治《崇仁县志》，卷五之二《武备志·武事·发逆情形附》。）

【江苏省无锡县、金匮县·咸丰十年五月】金监军移局东亭镇，两处市肆大兴。监军局俱设伪堂，名曰天父堂，招募书差，擅授民词，俨同衙门。着军师、旅帅（遍）［编］造烟户人丁册,刊发门牌,每张索钱数百至数千不等。凡贼所欲,若辈奔走恐后。令农民不分业佃,随田纳款。商民市肆分大小每日纳款百钱至千钱,任其苛派,五日一缴,入监军局。又每月每图要柴火若干,旅帅将村树墓木任意斩伐,甚有买免数次而仍遭倒截者,数百年乔木尽遭厄劫。各伪职既得贼势,衣锦食肉,横行乡曲,昔日之饥寒苦况,均不知矣,然民得暂安,未始非若辈之力,间有图董不得已而充者,尚无恶习。

(佚名:《平贼纪略》。《太平天国史料丛编简辑》,第一册,第 267 页。太平天国历史博物馆,北京:中华书局,1962。)

【江苏省吴江县新郭·咸丰十年九月】 出贼示,胁人完粮,熟田每亩完米三斗,荒田每亩完米五升,其有业主徙避他方者,佃户代完,皆乡官造册办理。

(蓼村遁客:《虎窟纪略》。《太平天国史料专辑》,第 26 页,上海:上海古籍出版社,1979。)

【江苏省常熟县·咸丰十年】 贼之征粮,十年之冬,花田每亩六七百文,稻田每亩三四斗,业户不得收租。后一年加一年,至[同治]元年份,花田每亩加至二千余,稻田每亩加至一石余,又两忙征钱加至五百余。又有意外苛派,如海宁县[州]之海塘捐,类皆照田科派。又伪乡官借端肥己,种田者几至无馀利矣。其始也,有种租田之顽劣者,饮恨业主收租之苛,以为贼来可免,及受贼之累,欲求仍似昔日还租之例而不可得。谚所云"不见高山,那见平地"是也。

(佚名:《避难纪略》。《太平天国史料专辑》,第 61 页。上海:上海古籍出版社,1979。又,第 73 页:造田册时,"佃户中每有以多报少"。佃户用此手段少交粮。这种情况多处发生。资料见本书第三章、第六章和第十一章。)

【江苏省昭文、常熟等县·咸丰十年十月二十日】 出伪示:着旅帅、卒长按田造花名册,以实种作准,业户不得挂名收租,各分疆界。起房捐、店捐。开张者领店凭。有船者领船凭。水陆要路立卡收税。封坟树、宅树充公。用各手艺当差。居民留发。如有一项违示者,定按军令。完现年漕米,补完现年下忙银两,限到年一并清割。幸是年秋收大熟,各项皆能依示。惟收租度日者及城中难民无业无资者,甚属难过。

(顾汝钰:《海虞贼乱志》。《中国近代史资料丛刊:太平天国》,V,第 370—371 页。中国史学会编,编者:向达、王重民等,上海:神州国光社,1952。)

【江苏省吴江县同里镇·咸丰十年】 十一月初旬,办理预完银米,师帅名下各旅帅所属乡村,照田完纳,每亩约出米一斗四五升,钱约百文,以熟田之多少照户分派,参差不等。旅帅陆续解江[圣库交割]。

(知非:《吴江庚辛纪事》上卷。《近代史资料》1955 年第 1 期,第 43 页。)

【江苏省吴江县·咸丰十年十一月】初二日,晴。朝上诵宝训经卷。饭后,元音来,下米去。午前,接外父札,知梨局租、粮已定。馆主俞公之意,皆照额三折,租收四斗半,内归粮六升,局费内扣,公局收租,概用折色。先归租,俟业主收清票,租户持执票完粮。某日收某等圩,预为悬牌,被焚、被水没之圩,概行豁免,被掳者减半。盛川章程,每亩每月收钱一百十文,闻收十个月,除完粮、局费外,给还业主。似不甚妥,不若梨川之一无拖带也。未识芦局作何办理?闻钟公已到北舍安民,云不逗留。晚间有人传说,在荡口经过,枪船百余作向导回梨,尚属安静,旗帜鲜明,极体面。

(柳兆薰:《柳兆薰日记》。《太平天国史料专辑》,第152—153页。上海:上海古籍出版社,1979。)

【江苏省常熟县·咸丰十年十一月初六日】有长毛告示,要收钱粮,谕各业户,各粮户,不论庙田、公田、学田等,俱要造册,收租、完粮。倘有移家在外,远出他方,即行回家收租、完粮;如不回来,其田着乡官收租完粮充公,佃户亦不准隐匿分毫等语。

(佚名:《庚申避难日记》。《太平天国史料丛编简辑》第四册,第489页。太平天国历史博物馆,北京:中华书局,1962。)

[编者按:地主逃亡,不回来收租完粮,其田租充公,即与佃农均分收获物。此亦着佃交粮也。]

【江苏省太仓州、镇洋县·咸丰十年十一月至十一年正月】[咸丰十年十一月二十日]闻太城中贼匪收粮,每亩收钱一千,米一斗。胡家市王万为军帅,今日开仓。

[二十四日]各处收粮甚紧急,乡人奉公异常,后之官长收漕更觉刻毒。

[二十五日]浮桥一带合十七图乡追杀长毛为师帅者,已杀去四人矣。

[十二月十七日]闻伪太仓县姓余,伪镇洋县姓丁。余其姓者因租价太贵,激成浮桥之变,丁其姓者参禀,亦奇事也。

[咸丰十一年正月十三日]陆伪钦差出示,颇有道理:业田者依旧收租,收租者依旧完粮。

(佚名:《避兵日记》。)

【江苏省吴江县北舍·咸丰十年十一月八日】初八日,晴。朝上诵宝训神咒。上午,大港四大二两侄来,探问租、粮事,实无头绪。闻松兄有小恙。初五日。梨川为苏州长毛过荡口,又吃空潮头,赖馆主俞公经政司弹压而定。梦书来,知北舍诸侄都以霸术取巧办事,租米西角,渠竟先欲收粮,吾辈租米何着?芦局亦无一定章程,愁闷之至。

(柳兆薰:《柳兆薰日记》。《太平天国史料专辑》,第153—154页。上海:上海古籍出版社,1979。)

【江苏省常熟县、昭文县·咸丰十年十一月中旬】[昭文军帅夏晓堂、严逸耕等,立局小东门外]随着下属百长、司马各伪官内[疑为衍字],即经造地方等,各接其伪谕单,于四乡细查佃户所种,并自业田亩、房屋、地基、坟墓等粮数目,按图开载造册,呈送贼目孙姓,发下收粮。即着伪师帅在本地设局,征收当年钱粮。每亩完纳糙米三斗,折价七百二十文,附收下忙银二百文,外役费七十文,不论额之轻重,田之腴瘠。又如延误日期,再行增益。所开田数中多蔽匿,私收肥己。乡官侵吞余利,犹得美产,托言垫赔经费,抵补亏欠。乡农各佃既免还租,踊跃完纳,速于平时,无敢抗欠。又因本年岁稔丰收,或抢夺有余,故皆欲买静求安也。各乡官收毕钱粮,无不发财。

（汤氏:《鳅闻日记》卷下。《近代史资料》1963年第1期,第110页。《太平天国》,第六册,第338—339页。罗尔纲、王庆成,桂林:广西师范大学出版社,2004。）

【江苏省吴江县芦墟胜溪·咸丰十年十一月二十一日】饭后闲坐,适外父自梨[里]来,欣慰之至。知梨局租、粮[四斗半]公收,局中人作主,业主须俟粮务开销有余,方始去领,看来所得不偿所失,余已置之度外,庶免受后累也。外父亦以为是。絮语一切,知镇上粗安,只顾目前,后日难料也。

（柳兆薰:《柳兆薰日记》。《太平天国史料专辑》,第156页。上海:上海古籍出版社,1979。）

【江苏省吴江县芦墟、北舍、莘塔·咸丰十年十一月二十三日】中兄来议,今冬收租,系不得已而为之,能不赔累,已为大幸。然以后必然田上起捐,可虑之至。拟初一日起限,至初五,四斗五升。初六至初十,五斗,尚须斟酌减去三、二升。乙兄亦会过,二十五左右必须通知各田保,限单发不出,口说而已,未识能进场否?世局之变如此,终无了局,奈何?闻北舍、莘塔着佃办粮,租米无着矣。

（柳兆薰:《柳兆薰日记》。《太平天国史料专辑》,第156页。上海:上海古籍出版社,1979。）

【江苏省太仓州·咸丰十年冬】敌每陷城邑,初至,日出焚掠,谓之"打先锋"。各乡无赖子敛民间财物以献,谓之"进贡"。纳其献,乃出示安民,即以为伪官,驻于各乡镇。以其乡之人也,谓之乡官。有军帅,师帅、旅帅、百长、司马之目。每取于民,恃为耳目。计亩造册,着佃收粮。沙溪镇军帅韩吉延恐吓需索,民尤不胜其扰。

（王祖畲等:民国七年《太仓州志》卷十四,第19页。）

【江苏苏松地区·咸丰十年】且贼既得各县地粮征收之册,得以按亩计数,着佃追完。

（陆懋修:《收复苏松间乡私议》。《巀翁文钞》第二卷,第6页。）

【江苏省常熟县·咸丰十年十一月】吾镇亦给门牌告示,条款严厉,门牌看其家之小大,出钱多寡……各镇设馆,插安民旗,无赖之徒甘为军帅、旅帅,刻刻着办贡礼捐饷。又访著名最大者,延请入城办事,或充军帅、旅帅,逼胁者多。支塘设栅收税,白茆新市照票。十一月,白茆口龙王庙设关收税。剃发竟不能矣。堂然伪天王黄榜,抚恤民困,起征粮米。忠王李转饬驻扎常熟慷天燕钱,勒限征收。有归家庄无恶不作积年土棍向充地方之王万,居然军帅,十三日,乘高轩,衣红裥,头裹黄绸,加以大红风兜,拥护百人,到镇安民,遂逼胁多人,授以师旅名目,即谕着办大漕。贼中避讳王字,故改为汪。出示:天朝九门御林丞相统下军帅汪,查造佃户细册呈送,不得隐瞒,着各旅帅严饬百长、司马照佃起征。汪万即设局于何市,开印大张筵宴,先期遍发请帖,又不得不趋贺。十二月,张市、徐市设卡收税,即担柴只鸡,亦不得偷漏,假空车亦要买路钱,草屦华裘,分别抽捐。廿日,设太平庵,着佃启征田赋。

（柯悟迟:《漏网喁鱼集》第 50 页。北京:中华书局,1959。）

【江苏省吴江县·咸丰十一年一月十三日】上午,梨川下乡梁红港佃户来云:梨局只管粮米,租米不管,特来通达。余决意不报[田亩数],租米还不还,听之而已。留之饭而去。

（柳兆薰:《柳兆薰日记》。《太平天国史料专辑》,第 166 页。上海:上海古籍出版社,1979。）

【江苏省无锡县、金匮县·咸丰十一年春】又招募两邑之老吏,设伪钱粮局于东门外亭子桥(编者按:即指东亭),造[田]册,分业、佃完粮。令民自行投柜[交纳],随给伪串[票],业田者稍得收租。或顽佃抗租,诉贼押追。

（陈孚益:《余生记略》。苏州市图书馆藏稿本。）

[编者按:《平贼纪略》卷下"城贼招募书吏"条,亦有略同的记载,唯"分业田收租完粮"与"造册,分业佃完粮"不同。]

【江苏省常熟县·咸丰十一年】五月时,有苏州卫十余人到陆家市来收军租,夜宿篁多庙,传军催按额清还。各佃以完办银米无力再还租籽,坚执不肯,吵闹一日。各佃情竭,夜持农具进庙暗扑,仅活一人,逃城声报,二逆发城毛到地,令伪职领吵,皇甫贼奴骑马执刀,手刃有隙三人,盖假公济私也。乡民各自逃避,而陆市地处连累无辜大半。

（顾汝钰:《海虞贼乱志》。《中国近代史资料丛刊:太平天国》,Ⅴ,第 371 页。中国史学会编,编者:向达、王重民等,上海:神州国光社,1952。）

【安徽省太平县·咸丰十一年七月】限到处,设关卡,五里一所。专禁止,打先锋,无赖弟兄。汝百姓,要割稻,不许私割,叫乡官,临田踩,四六均分:东二股,佃二股,公家六股。割稻后,每亩税,一两纹银。

（周公楼:《劫余生弹词》。）

[编者按：存在租佃关系的土地，其收获物的分配，第一次是在承租者（种者、佃户）和出租者（土地所有者、地主）之间进行，即佃户向地主交租。第二次是在出租者和国家之间进行：出租者向国家交纳土地税（田赋、田粮）。这样，这种土地上的收获物分成了三个部分：国家得到土地税（田赋、田粮），地主得到地租扣除土地税（田赋、田粮）后的余额，佃户得到收获物扣除地租后的余额。当太平天国政府将佃户所耕土地上的收获物分成三个部分：一部分归佃户，一部分归地主，一部分归太平天国。这是太平天国从佃户那里直接取得的田赋的一种形式，也属于着佃交粮。关于太平天国割稻，有多种情况，参见第九章第二节。]

【江苏省常熟县·咸丰十一年十月十三日】 舣舟至洞港[泾]，见申参军[士林]监收租米，朱[又村]局纷嚣。定每石收九成，其佃户已完下忙银者收七折二，加费钱一百十四；除粮三斗二升，局费一斗，田凭[费]一斗，委员监局费一斗；业主约归一斗，出帐房挂号钱二十。自业者完粮，连费五斗二升，又钱一百十四。

（龚又村：《自怡日记》。《太平天国史料丛编简辑》，第四册，第416页。太平天国历史博物馆，北京：中华书局，1962。）

【江苏省常熟县·咸丰十一年】 贼初至时，派定伪乡官，责令将各图田地造伪册而收粮。伪乡官向佃户写取田数，佃户中每有以多报少，此亦理之应尔也。后伪乡官造成伪册，计有成数以报贼中，又将佃户中之以多报少者，危词赚出，收取皆以入己。揆之天理王法，应当如何？

（佚名：《避难纪略》。《太平天国史料专辑》，第73页。上海：上海古籍出版社，1979。）

【江苏省无锡县、金匮县·咸丰十一年十月】 锡、金城民总立仓厅。

伪乡官随田派捐，以供贼支。各佃户认真租田当自产，故不输租，各业户亦无法想。惟乡业熟悉田佃者，或可每石收一二斗不等。

（佚名：《平贼纪略》。《太平天国史料丛编简辑》，第一册，第278—279页。太平天国历史博物馆，北京：中华书局，1962。）

【江苏省常熟县·咸丰十一年十二月十五日】 知钱某[钱桂仁之子，封迎天豫]年才十六，谕司马、百长，饬佃农五日中完清租粮。

（龚又村：《自怡日记》。《太平天国史料丛编简辑》，第四册，第422页。太平天国历史博物馆，北京：中华书局，1962。）

【江苏省常熟县、昭文县·咸丰十一年七月】 威迫择平日殷实之家，勒捐一二百两。农民照田，每亩百文[三日事毕]。

（汤氏：《鳅闻日记》卷下。《近代史资料》1963年第一期，第123页。）

【浙江省乌程县、桐乡县·咸丰十一年冬】是岁,粤逆始计田征粮。程邑所属,归何逆收,以青北马道巷严宅为仓局。桐邑为钟逆所占,县故吏陈某、张某以户册献逆,即按册额收,以旧典肆为仓局。吾镇有田亩者,不赴桐邑纳粮,即赴修真观局折算。

(皇甫元垲:《寇难纪略》抄本。浙江图书馆藏。)

【江苏省长洲县·天历十二年九月】珽天安办理长洲军民事务黄为委照酌定租额设局照料收租事给前中叁军帅张等札

开朝勋臣珽天安办理长洲军民事务黄,札委照办事:

本年长邑境内几至旱荒,荷蒙忠王轸念民瘝,虔诚求祷,(尚)[上]格苍穹,芒种后甘霖叠沛,入秋以来雨旸时若,高低田亩一律丰稔。现届刈获登场,各业户收租在迩。本爵因念在城业户星散寄居,(尚)[上]年归来收租,多半向隅空转,而各佃户代业完纳各款,所垫已巨,且高区佃户工本数倍在田,必得两相关顾,酌定租额:自完田凭者,每亩三斗三升,佃户代完者,每亩二斗五升,高区八折,俾业佃彼此无憾,以昭平允。除出示晓(喻)[谕]外,为此仰前中三军帅张弟、前中二军帅汪弟率同三、五、六军乡官,设局照料弹压,务念桑梓之谊、穷民之苦,遵照酌定租额,使各业户均有租收,各佃户均无亏耗,以副本爵惠爱平施之意,实厚望焉。望劳心遵照,妥为办理,毋负委托。切切此札。

天父天兄天王太平天国壬戌十二年九月　日札。

(《太平天国》,第三册,第156—157页。罗尔纲、王庆成,桂林:广西师范大学出版社,2004。)

【江苏省长洲县·天历十二年九月十八日】珽天安办理长洲军民事务黄酌定还租以抒佃力告示

开朝勋臣珽天安办理长洲军民事务黄,为酌定还租以抒佃力而昭平允事。照得粮从租办,理所当然,今昔情形,是宜区别。向来地丁、(糟)[漕]粮、田捐、税契,无一不由业户自行完纳。每遇水旱借种借资,业户、佃户情同一室,彼此相顾。我天朝克复苏省,安抚之后,甫征之初,[编者按:指天历十年。]即经前爵宪熊推念在城业户流离未归,出示晓(喻)[谕],姑着各佃户代完地(糟)[漕],俟业户归来,照租额算(我)[找]。其在乡业户,仍自行完纳,照旧收租,不准抗霸。(尚)[上]年又经招业收租,并饬抚天侯徐饬令各乡官设局照料,毋使归来业户,徒指望梅各在案。乃因未定租额,致有五斗二斗籽粒无着者,苦乐不均,盖由佃户畏强欺弱,亦由乡官弹压不周,殊负忠王暨熊爵宪笃实爱民之意。

本年入夏欠雨,车水栽秧,米价骤昂。高区佃户,工本数倍在田,而应征正杂款项,大率出于佃户代完。现今下忙以及(糟)[漕]粮,通盘核计,为数已巨,若属实情,是宜量加体恤。今本爵宪酌定:还租自完田凭者,每亩三斗三升,佃户代完者,每亩二斗五升,高区八折,以抒佃力而昭平允。除委员率同各军乡官设局照料弹压外,合行出示晓(喻)[谕]。为此,(喻)[谕]仰在城在乡各业户、承种各佃户知悉,尔等各具天良,平心行事,均各照额还收,不得各怀私臆,无论乡官田产,事同一律。如有顽佃抗还吞租,许即送局比追。倘有豪强业户,势压苦收,不顾穷佃力殚,亦许该佃户据实指名,禀报来辕,以凭提究,当以玩视民瘼治罪。其各凛遵毋违。特示。

天父天兄天王太平天国壬戌十二年九月十八日示。

(《太平天国壬戌十二年九月十八日王琎天安黄示》抄件。又见《太平天国》,第三册,第155—156页。罗尔纲、王庆成,桂林:广西师范大学出版社,2004。)

[编者按:此告示禁佃户抗租,令佃户代完田凭费。某些佃农,可能以此为据,领取田凭。]

【浙江省桐乡县·同治元年二月二十日】是时桐乡粮米归局经收,盖因乡人不肯纳租,产户无所取给,粮米迫征不齐,故钟长毛出令如是。后四月初,闻局中征收又不清,计缺额千二百两,钟又令各镇均赔。

(沈梓:《避寇日记》。《太平天国史料丛编简辑》第四册,第138页。太平天国历史博物馆,北京:中华书局,1962。)

【浙江省海盐县·同治元年】以粮户迁避,无可征收,遂责令佃户输纳……地方匪徒复与贼交通,随地设局垄断,各饱囊橐。

(光绪《海盐县志》卷末《海盐兵事始末记略》。)

【江苏省吴江县·同治元年三月二十七日】伪监军提各乡卒长,给田凭,每亩钱三百六十,领凭后,租田概作自产。农民窃喜,陆续完纳。

(倦圃野老:《庚癸纪略》。《太平天国资料》,第104页。北京:科学出版社,1959。知非:《吴江庚辛纪事》,《近代史资料》1955年第一期第21—50页。《吴江庚辛纪事》原是抄本,书名由周穗成所加。倦圃野老《庚癸纪略》即系《吴江庚辛纪事》定稿。据朱子爽考订,作者名王元榜。见《历史研究》,1956年6期第22页。)

【江苏省常熟县·同治元年三月二十七日】闻申参军升仕天预,与桓天侯罗□□专司前营各师帅事,设局庙桥。定议筑海塘,造牌坊,修塘路及上忙条银,每亩征钱七百廿,佃农疲惫不堪。况添过匪供应三厘,下忙银三百,复闻有免冲钱六百四十五。师发役五十名,以备追索……又粮局闻屯米家,夺米代粜,粜尽不给钱,则曰奉令罚蕴利者,或曰汝有捐在簿,已填姓名,或曰借征下忙,留此备抵赋。噫!有此蓄租,胡弗指困为仁粟,而致令劫夺乎。若假威之狐,藉肥私橐,不足诛矣。

(龚又村:《自怡日记》。《太平天国史料丛编简辑》,第四册,第439页。太平天国历史博物馆,北京:中华书局,1962。)

【浙江省绍兴县·同治元年九月】 时届秋收,文嘉张示征厘谷,约以三分归佃者,以三分作兵粮,以四分归田主。田主收租必领局票,票有费甚重。

(王彝寿:《越难志》。《太平天国》,第五册,第153页。罗尔纲、王庆成,桂林:广西师范大学出版社,2004。)

【浙江省绍兴县·同治元年秋】 银粮(口)[? 田]赋实取之田户。

(沈梓:《避寇日记》卷四。《太平天国史料丛编简辑》第四册,第238页。太平天国历史博物馆,北京:中华书局,1962。)

【江苏省长洲县·同治元年九月初七】 长洲相城一带,因徐少蘧之请,亦准收租,连粮收七斗,徐局抽捐斗二升,业户归二斗四升,如顽佃抗欠,交局代收。

(龚又村:《自怡日记》。《太平天国史料丛编简辑》,第四册,第468页。太平天国历史博物馆,北京:中华书局,1962。)

【江苏省常熟县·同治元年九月二十五日】 赴收粮总局……见粮米已解,粮户赶头限拥挤。仓场博局多败,戏台又搭朱[诚斋]宅后,花船齐泊,小市喧阗。

(龚又村:《自怡日记》。《太平天国史料丛编简辑》,第四册,第470页。太平天国历史博物馆,北京:中华书局,1962。)

【江苏省长洲县·同治二年十一月初十日】 知相城饷局被游勇抢散,因折价每石[米]三千八百,佃农贪其便宜,缴者如市,故有此劫。

(龚又村:《自怡日记》。《太平天国》,第六册,第142页。罗尔纲、王庆成,桂林:广西师范大学出版社,2004。)

附:租田变自产

【浙江省嘉兴·同治四、五年】 租田自产一转变,谶语流传应谣谚。[禾中间有租田当自产之谚。]

(吴仰贤:《粮归佃》。《小匏庵诗存》卷五,第17页。)

二、着佃交捐交费

【江苏省无锡县、金匮县·咸丰十一年十月】 锡、金城民立总仓厅。

伪乡官随田派捐,以供贼支。各佃户认真租田当自产,故不输租,各业户亦无法想,惟乡业熟悉田佃者,或可每石收一二斗不等。旋为贼知偏枯,是年[十一年]春,遂招书吏,循旧章,按户完粮收租。于是城业议设总仓厅于四城门外,以便各佃户就近还租,公举薛某总董其事。出传单招各业主,将租册送总仓厅者代完粮收租。因照足额,以至各佃户聚众

（折）[拆]毁而废。后归各业自行到乡收租，大抵半租而已。斯时，种田者需出伪乡官之捐，每田一亩，按日一钱。监军、军帅、师帅三伪局各二毫，旅帅四毫，以为津贴之费。照锡、金田额共一百三十余万亩，每日可捐钱一千三百千文，通年计四十外万矣。幸年丰米贵，农民尚能支持也。

（佚名：《平贼纪略》。《太平天国史料丛编简辑》，第一册，第278—279页。太平天国历史博物馆，北京：中华书局，1962。）

【江苏省常熟县·咸丰十一年十月十七日】晴。晚间又到长毛六人住镇[黄家桥]。各处田亩要每丘插旗细查，务要不能隐匿。又每佃田户派出盐课银每日[？亩]几文。盐价二十文一斤。

（佚名：《庚申避难日记》。《太平天国史料丛编简辑》，第四册，第514页。太平天国历史博物馆，北京：中华书局，1962。）

【江苏省常熟县·同治元年三月廿七日】闻申参军升仕天（预）[豫]，与桓天侯罗□□专司前营各师帅事，设局庙桥。定议筑海塘，造牌坊，修塘路，及上忙条银每亩征钱七百廿，佃农疲惫不堪。况添过匪供应三厘，下忙银三百，复闻有免冲钱六百四十五，师发役五十名，以备追索。

（龚又村：《自怡日记》。《太平天国史料丛编简辑》，第四册，第439页。太平天国历史博物馆，北京：中华书局，1962。）

【江苏省常熟县黄家桥·同治元年七月初四日】长毛老余[兴天预]在[城隍]庙严催各旅缴钱，俱数百千。此项之钱都是各农户捐出，或数十，或二三十，或十数，或四五数。

（佚名：《庚申避难日记》。《太平天国史料丛编简辑》，第四册，第531页。太平天国历史博物馆，北京：中华书局，1962。）

【江苏省常熟县·同治元年十月廿五日】匪收粮毕，又示每亩出红粉捐六十，农力不支。

（龚又村：《自怡日记》。《太平天国》，第六册，第124页。罗尔纲、王庆成，桂林：广西师范大学出版社，2004。）

【浙江省桐乡县·天历十二年】桐乡县左营军帅汪发给黄仁安的田捐执照

照　支　捐　田

桐乡县左营军帅汪　　为启办田捐事　案奉

听王瑞谕　自十月初一日起田地每　一亩每日捐钱一文　以济

军需等

因　为此查照征册田地数目提捐　今查六都二图粮户黄仁

安名下　先行酌提六个月　计一百八十三日　应捐钱十千

零　捌百伍拾玖文　按期缴清

支凭给照

太平天国壬戌拾贰年　　月　　日

安字第二千四百十四号

（罗尔纲：《太平天国文物图释》，第 170 页。北京：三联书店，1956。）

[编者按：原件高 23.5 厘米，宽 9.5 厘米，土连纸蓝刷，毛笔填写，盖"此项钱文着佃户出捐由业主收缴"长方楷书朱印，骑缝上盖"桐乡县左营……"回行边朱印半颗。原存上海博物馆。]

第七章
农村中征收钱粮的机构与乡官制度

第一节

粮局与租粮局

[编者按：粮局又称粮米局，钱粮局，漕银局，完银局，漕局，赋税总局，既收田赋，又收捐费。租粮局又称租息局，总仓厅，既收田赋，又收租和捐费。]

【江苏省无锡、金匮、常熟、长洲等县·咸丰十年】 四月初十，县城不守。先是金陵败兵逃下，掳掠财物，无所不为，乡间土匪又四出抢劫，居民之载辎重遁者，无一幸免，以至乡民进退维谷。而城内贼酋伪忠王李秀成出示安民，反而严禁长发肆扰，杀土匪数人，悬首城门，居民逃出者皆欲回家，而四乡黠者遂创为进贡之说，以牛羊食米献贼，冀得免杀掠。伪忠王驻锡五日，军政悉派乾天安李贼，民事派监军黄顺元、厉双福，俱本邑人。南门外天授乡伪军帅黄德元即顺元之兄，以近城故，被害较轻。长安桥、市头等处有富户过姓、胡姓充当旅帅，供应周到，民居未毁。扬名、开化二乡，金玉山为军帅，颇护乡民，本有团练，势甚旺，后为贼注意，赖金左右之。西门外富安乡、万安乡为宜兴冲途，钱南香为军帅，因贼踪充斥，逃避远方。北门外景云乡亦近城厢，有杨念溪为军帅，未甚损坏。但杨之旧宅在江溪桥，房屋百余间，土匪毁其半，官兵坏其半，存无几矣。其大镇为东亭，贼与民贸易之所，商贾往来如织，小市遂为雄镇也。怀仁乡地半金匮，通江阴之要道，人民被掳者众，军帅张承寿，旅帅浦紫卿，均是役吏出身，为虎作伥而已。

八月初二日巳刻，贼进城……常、昭既失……贼众奉伪忠王命，变为假仁假义，笼络人心。时届年终，忠逆赴安徽，守苏福省者为熊万荃[即喜天福伪爵]，专以要结为事，不复杀掠，忠逆倚为腹心。于是各团有阴相约降。九月中，长洲张汉樵先纳款，受伪爵，而徐氏遂孤。十月中，常、昭守将钱得胜[即慷天燕]由伪举人曹和卿[名敬]作介，授少蘧以同检官衔，两相和约，赏犒甚丰。伪帅熊逼令同至黄隶安民，给示收漕。乡民完粮后，每家墙门贴一纸印凭，长发便不到抄扰。常熟之辛庄、吴塔，苏州之城城、陆巷，一例效尤，而吾邑各团遂无斗志矣。至十月二十日，熊万荃与徐少蘧来议和，言各不相犯，附近各乡造册征粮，均归本地人办理，不派长发一个，乡民不愿留发者听其自便。

（华翼纶：《锡金团练始末记》。《太平天国资料》，第 121—124 页。北京：科学出版社，1959。）

【江苏省常熟县、昭文县·咸丰十年】九月下旬,因东乡有民人不服,殴打乡官,不领门牌……乡官入城告禀,特差常邑伪监军汪、昭邑朱两人,带长毛二三十名,[会同代理军帅邵憩棠]同赴梅里巡查门牌,宣讲道理,劝民纳税完粮。又着乡官整理田亩粮册,欲令业户收租,商议条陈。无奈农民贪心正炽,皆思侵吞,业户四散,又无定处,各不齐心。且如东南何村,因议收租,田夫猝起,焚拆选事王姓之屋,又打乡官叶姓。又塘坊桥民打死经造,毁折馆局,不领门牌,鸣金聚众。王市局中严朗三等闻信大怒,令乡勇欲捉首事之人,彼众负隅力拒,扬言欲率众打到王市。[于是局中急添勇二百,又入城见钱桂仁]请兵下乡剿灭乱民。不料钱姓不肯轻信擅动刀兵,反怪乡官办理不善,但着本处乡耆具结求保,愿完粮守分等语。又给下安民伪示,劝谕乡民,其事遂以解散。[王市局乡官败兴而归,从此势弱,不能勒捐,进益渐少,只得散去。]

（汤氏:《鳅闻日记》卷下。《近代史资料》1963 年第 1 期,第 97 页。《太平天国》第六册,第 325 页。罗尔纲、王庆成,桂林:广西师范大学出版社,2004。）

【江苏省常熟县、昭文县·咸丰十年十月中旬】[昭文军帅夏晓堂、严逸耕等,立局小东门外],随着下属百长、司马各伪官(内)[疑为衍字],即经造地方等,各接其伪谕单,于四乡细查佃户所种并自业田亩、房屋、地基、坟墓等粮数目,按图开载造册,呈送贼目孙姓,发下收粮。即着伪师帅在本地设局,征收当年钱粮。每亩完纳糙米三斗,折钱价七百二十文,附收下忙银二百文,外役费七十文。不论额之轻重,田之腴瘠。又如延误日期,再行增益。所开田数中多蔽匿,私收肥己。乡官侵吞余利,犹得美产,托言垫赔经费,抵补亏欠。乡农各佃既免还租,踊跃完纳,速于平时,无敢抗欠。又因本年岁稔丰收,或抢夺有余,故皆欲买静求安也。各伪官收毕钱粮,无不发财。

（汤氏:《鳅闻日记》卷下。《近代史资料》1963 年第 1 期,第 110 页。又见《太平天国》,第六册,第 339 页。罗尔纲、王庆成,桂林:广西师范大学出版社,2004。）

【江苏省常熟县·咸丰十年十一月十五日】朱又村丈家设收粮局。其余陶荡蒋、辛庄李、刘巷时、奚厍滕、张港泾朱、木排厍姚、毛家场毛,洞泾桥邹,皆有分局。各局拨勇十余人。

（龚又村:《自怡日记》。《太平天国史料丛编简辑》,第四册,第 381 页。太平天国历史博物馆,北京:中华书局,1962。）

【江苏省常熟县·咸丰十年十一月】曹和卿[关塔团董]因招入城,见胡伪官,邀同见慷天燕钱[桂仁],议及设勇防土匪与设局收漕事。

（龚又村:《自怡日记》。《太平天国史料丛编简辑》,第四册,第 379 页。太平天国历史博物馆,北京:中华书局,1962。）

【江苏省常熟县·咸丰十年】知老钱[按:指钱桂仁]业已回常[熟],即日下各乡讲道理,吾弟[按:指徐少蘧]宜作速到常城,同老钱至唐市、横泾两处,传谕该处军、师、旅帅、司马、卒长,谕以今岁立局收租,由局解粮……并嘱老钱两处须贴告示,示中须言抚天侯[按:指徐少蘧]系本地绅士,熟悉舆情,今岁由局办粮,一切乡官悉听徐绅黜陟赏罚,然后局中有权……千言万语,总以同老钱下乡晓谕为急。事不宜迟,迟则生变。且此事不成,必被乡官看穿,局饷又何从措也。

（抄件,密函,署名"两浑"者写给徐少蘧的。）

【江苏省吴江县芦墟胜溪·咸丰十年十一月二十一日】饭后闲坐,适外父自梨[里]来,欣慰之至。知梨局租、粮[四斗半]公收,局中人作主,业主须俟粮务开销有余,方始去领,看来所得不偿所失,余已置之度外,庶免受后累也。外父亦以为是。絮语一切,知镇上粗安,只顾目前,后日难料也。

（柳兆薰:《柳兆薰日记》。《太平天国史料专辑》,第 156 页。上海:上海古籍出版社,1979。）

【江苏省常熟县·咸丰十年十一月三十日】朱诚翁自城回,知管粮事者为仪征陈[耕云],豪华特甚,时有姬人艳妆出屏见客。每图要办米八百石,银一千五百两。仓厅设东市河吴行,米色顶真,须出使费乃斛收。城匪定于初十日郊天,每军帅办鸡五十、羊十、豕五、牛一。

（龚又村:《自怡日记》。《太平天国史料丛编简辑》,第四册,第 382 页。太平天国历史博物馆,北京:中华书局,1962。）

【浙江省嘉善县·咸丰十年十二月】初四日,余至镇,闻嘉善县已收粮,贼令本地举人顾午花为伪县令,漕米收一斗六升半云。余初闻以为浙江困贪官久矣,以致皇舆版荡如此,岂知顾[名应榴,己亥举人]平时包漕米,主词讼,豪横乡里。其收漕也,仍用故衙门吏胥,仍贪酷旧规,以零尖插替,浮收三石、四石不等,百姓大怨。又有陶庄举人袁姓,承伪命,于陶庄收漕,亦如此。翌年春间皆为乡人所杀,而顾死尤酷,裂其尸为四五块。贼以顾为忠,复焚劫民间为顾复仇云。

（沈梓:《避寇日记》。《太平天国史料丛编简辑》,第四册,第 58 页。太平天国历史博物馆,北京:中华书局,1962。）

【江苏省吴江县·咸丰十年】于完善之地,必以土人授伪职……始则令设门牌,有门牌捐;继又有红粉捐……至冬,设局收田租,尽命乡官为之。于官塘、三里桥,七里渗诸处设卡,凡民船出境者必勒索。

（光绪《吴江县续志》卷三十八《杂志一》,第 9—11 页。）

【江苏省常熟县·咸丰十一年】二、三月间,钱华卿、曹和卿等创收租之说,各处设立伪局,按图代收,令业户到局自取。旋于四月中,吴塔、下塘、查家浜之伪局被居民黑夜打散,伪董事及帮局者皆潜逃,其事遂止。呜呼,以贼之征伪粮如此之苛,佃田者已不堪命,而又欲假收租之说以自肥,真剥肤及髓矣,攘臂而前,宜哉。

(佚名:《避难纪略》。《太平天国史料专辑》,第73页。上海:上海古籍出版社,1979)

【江苏省无锡县、金匮县·天历十一年九月十四日】济天义委办锡、金在城赋租总局经董薛知照

天朝济天义委办锡、金在城赋租总局经董薛为知照事:照得本局董前奉济天义委办锡、金局董,总理在城银漕租务。现蒙老大人暨左壹文经政司吕大人面谕:以"锡、金住城各业户完赋无力,本阁节经示谕佃农照常输租,抵办钱粮在案。兹届年岁丰稔,新谷现在登场,除已另行晓谕各佃赶早还租外,惟钱粮如此紧急,因何至今尚未完纳,速即查明各业完粮花户银数,定限五日内汇造菁册开呈,准其陆续完纳,切切稍有遗漏"等谕。奉此,合亟知照凡在城各业户一体知之,务即开明应办都图花户银漕细数菁单,并业田租数遵限送局,以凭汇造菁册转呈,切勿观望自误。须至知照者。

天父天兄天王太平天国辛酉十一年九月十四日发。

(《太平天国》,第三册,第111页。罗尔纲、王庆成,桂林:广西师范大学出版社,2004。)

【江苏省无锡县、金匮县·咸丰十一年十月】锡、金城民立总仓厅。

伪乡官随田派捐,以供贼支。各佃户认真租田当自产,故不输租,各业户亦无法想,惟乡业熟悉田佃者,或可每石收一二斗不等。旋为贼知偏枯,是年[十一年]春,遂招书吏,循旧章,按户完粮收租。于是城业议设总仓厅于四城门外,以便各佃户就近还租,公举薛某总董其事。出传单招各业主,将租册送总仓厅者代完粮收租。因照足额,以至各佃户聚众(折)[拆]毁而废。后归各业自行到乡收租,大抵半租而已。斯时,种田者需出伪乡官之捐,每田一亩,按日一钱。监军、军帅、师帅三伪局各二毫,旅帅四毫,以为津贴之费。照锡、金田额共一百三十余万亩,每日可捐钱一千三百千文,通年计四十外万矣。幸年丰米贵,农民尚能支持也。

(佚名:《平贼纪略》。《太平天国史料丛编简辑》,第一册,第278—279页。太平天国历史博物馆,北京:中华书局,1962。)

【江苏省常熟县·咸丰十一年十月十八日】朱[养正]、蒋[致和]两(师)[帅]设租粮局,[龚]伯谦赴陶荡赞襄。予谒平燮庵,知蒋[致和]局监收租粮为洪军政,因常出师,委伪宣传李代理。馆设顾泾普福庵。汪监军升任,调邑人王书办补之,即窃粮册交匪者也。

(龚又村:《自怡日记》。《太平天国史料丛编简辑》,第四册,第416页。太平天国历史博物馆,北京:中华书局,1962。)

【江苏省吴江县芦墟·咸丰十一年十月十八日】下午，与两兄谈芦局租、粮两事，皆无主张。

（柳兆薰：《柳兆薰日记》。《太平天国史料专辑》，第 217 页。上海：上海古籍出版社，1979。）

【江苏省常熟县·咸丰十一年十一月初十日】闻新进士文者官统制，武者官□□，防后来试士裹足，不令留京，回籍包揽词讼，阴图局规。怂人捏浮收之弊，诬告乡官，朱[又村]局遂至被控。实则七斗二升，连租在内，况兑斛大于收斛，欲减不能。城帅过听谤辞，定粮三等：上田办二斗二升，中田办二斗，下田办一斗八升，水没者豁免。局费五升。田凭费八升。余归租款。各局不便更张，权减折价，每石二千四百文。城帅又恐斛有宽窄，定秤米石每担二百五十斤。南乡粮租并收，其[他]三乡但有粮局。业户几不聊生，况翁、庞、杨、王诸宦，注明原籍田尽入公，伪官目为妖产，设局收租。

（龚又村：《自怡日记》。《太平天国史料丛编简辑》，第四册，第 418 页。太平天国历史博物馆，北京：中华书局，1962。）

【浙江省嘉兴县、桐乡县·咸丰十一年】嘉兴县长毛收漕米，每亩田还米二斗六升，每亩上(邙)[忙]还银[钱]二百，下(邙)[忙]还银子钱二百。桐乡钟公[钟良相]收漕，于十一月廿九日开仓。故桐乡人李凤者，素办衙门公事，为长毛局主，因引用故衙门吏胥，一切皆仍旧章，每亩粮额一斗五升六合，仍用零尖、插替、跌斛诸浮收陋规，合计每石米须完二石之数。外又解收运费八百文，名曰茶费。其向来不完米而折以银洋者，亦仍折色条例，每石完钱七千文之数，限期于正月初十封廒，为伪历十二月三十日也。过此之后，亦仍南[粮额]，每石完钱十千文之数。

（沈梓：《避寇日记》。《太平天国史料丛编简辑》，第四册，第 208 页。太平天国历史博物馆，北京：中华书局，1962。）

【浙江省桐乡县·同治元年正月二十二日】桐乡茂才沈伯渊[陆溥]，故秀水钱谷幕宾也，囊橐颇厚，遭难而罄，避居南乡，屠镇军帅王花大荐在桐乡粮米局办粮务。

（沈梓：《避寇日记》。《太平天国史料丛编简辑》，第四册，第 131 页。太平天国历史博物馆，北京：中华书局，1962。）

【浙江省诸暨县·天历十二年四月】谕天朝九门御林开朝王宗洽天义左拾柒护军陈，为(玩)[顽]户叠欠抗违不缴事。照得现在大兵云集，军糈万分吃紧，所有从前派费及门牌费，理宜一概如数(菁)[清]缴，以应急需。兹据三十七都旅帅徐孝治禀，有姚黄等庄孙聪如、孙良仑、郭德长、朱兆太、黄大采、马文国、姚万忠、王国三、吕祖建、孙国进等，派费及门牌费概不缴纳，该员屡次催讨，置若罔闻，殊属疲(玩)[顽]已极。为此仰该旅帅率领兄弟将以上所开(玩)[顽]户孙如聪等一并拿提到案，从重究治，决不宽贷。违之，特谕。

太平天国壬戌拾贰年四月　日给谕。

（照片：《太平天国革命文物图录》五五。取名：《太平天国洽天义左拾柒护军陈谕》。年月上印文："太平天国九门御林洽天义左拾柒护军。"太平天国起义百年纪念展览会，上海：上海出版公司，1954。）

【浙江省桐乡县·同治元年二月二十二日】是时桐乡粮米归局经收。盖因乡人不肯纳租，产户无所取给，粮米迫征不齐，故钟长毛出令如是。后四月初，闻局中征收又不清，计缺额千二百两，钟又令各镇均赔。

（沈梓：《避寇日记》。《太平天国史料丛编简辑》，第四册，第138页。太平天国历史博物馆，北京：中华书局，1962。）

【江苏省长洲县·天历十二年九月十八日】开朝勋臣莚天安办理长洲军民事务黄为酌定还租以抒佃力而昭平允事：

照得粮从租办，理所当然，今昔情形，是宜区别。向来地丁、(糟)[漕]粮、田捐、税契，无一不由业户自行完纳。每遇水旱，借种、借资，业户、佃户情同一室，彼此相顾。我天朝克复苏省，安抚之后，甫征之初，即经前爵宪熊，推念在城业户，流离未归，出示晓(喻)[谕]，姑着各佃户代完地(糟)[漕]，俟业户归来，照租额算找。其在乡业户，仍自行完纳，照旧收租，不准抗霸。(尚)[上]年又经招业收租，并饬抚天侯徐，饬令各乡官设局照料，毋使归来业户，徒指望梅，各在案。乃因未定租额，致有五斗、贰斗、籽粒无着者，苦乐不均，盖由佃户畏强欺弱，亦由乡官弹压不周，殊负忠王暨熊爵宪笃实爱民之意。本年入夏欠雨，车水栽秧，米价骤昂。高区佃户，工本数倍在田，而应征正杂款项，大率出于佃户代完。现今下忙以及(糟)[漕]粮，通盘核计，为数已巨，若属实情，是宜另加体恤。今本爵宪酌定，还租自完田凭者，每亩三斗三升；佃户代完者，每亩二斗五升，高区八折，以抒佃力而昭平允。除委员率同各军乡官设局照料弹压外，合行出示晓(喻)[谕]。为此(喻)[谕]仰在城在乡各业户，承种各佃户知悉：尔等各具天良，平心行事，均各照额还收，不得各怀私臆。无论乡官田产，事同一律。如有顽佃抗还吞租，许即送局比追。倘有豪强业户势苦收，不顾穷佃力殚，亦许该佃户据实指名，禀报来辕，以凭提究，当以玩视民瘼治罪。其各凛遵毋违。特示。

天父天兄天王太平天国壬戌十二年九月十八日示。

（《太平天国谕札》。《近代史资料》，总34号，第2—3页。北京：中华书局，1964。）

【江苏省长洲县·天历十二年九月】开朝勋臣莚天安办理长洲军民事务黄，札委照办事：

本年长邑境内几至旱荒，荷蒙忠王轸念民瘼，虔诚求祷，(尚)[上]格苍穹，芒种后甘霖叠沛，入秋以来雨旸时若，高低田亩一律丰稔。现届刈获登场，各业户收租在迩。本爵因念在城业户星散寄居，(尚)[上]年归来收租，多半向隅空转；而各佃户代业完纳各款，所垫已巨,且高区佃户工本数倍在田,必得两相关顾,酌定租额:自完田凭者,每亩三斗三升;佃户代完者,每亩贰斗五升;高区八折,俾业佃彼此无憾,以昭平允。除出示晓(喻)[谕]外,为此仰前中三军帅张弟、前中二军帅汪弟,率同三、五、六军乡官设局照料弹压。务念桑梓之谊,穷民之苦,遵照酌定租额,使各业户均有租收,各佃户均无亏耗,以副本爵惠爱平施之意,实厚望焉。望劳心遵照,妥为办理,毋负委托。切切此札。

天父天兄天王太平天国壬戌十二年九月　日札。

（《太平天国谕札》。《近代史资料》,总 34 号,第 3 页。北京:中华书局,1964。）

【浙江省秀水县·同治元年九月二十三日】 冯家桥章义群者,初以县役受伪官,为贼耳目爪牙久矣,贼甚信任之。壬戌之秋,贼又授以听殿编修,嘉兴郡七县总制之职,出告示于各邑乡镇,为剔田赋之弊,言田赋国之大计,民心刁诈,藏匿规避,不可胜计。往岁所编田亩十不过一二,岂为民急公奉上之道。今当与民更始,厘正旧章,着师、旅帅按户稽查,倘有一户隐匿者,则十户同坐等语。先是贼初至禾,惟以劫掠为事,凡衙署、仓库、粮赋图籍焚毁净尽。贼初惟令民间进贡,未几有店捐及关费、门牌、船凭之令。辛酉夏有征银之令。其秋又分上下(芒)[忙]之期,始令民间编田还粮之举,其中多少不均,民犹怨咨,然截长补短,在各局乡官犹可办事。至是用章为总制,贼始知秀邑向有七十万田额,必欲取盈,而各乡官乃掣肘矣。且秀邑本有二十余万空额,益以荡滩及地又去二十万之数,实计田额不过三十万之多。加以遭乱之后,人少田荒,又去其三之一,而可征之田能有几何矣。贼又据《大清缙绅录》粮额为准,征秀水粮米六万石。盛川沈子山派新塍镇二万四千石,局中人无可为计,于是[更]立章程,取四乡之刁黠者授以师帅,而乡间之殷实者逼令受旅帅之职,逐圩逐户编田造册,于是乡间之[田]无可隐匿,而乡人之温饱亦无从躲闪矣。陡门塘南属秀邑地者不过□□庄,而伪乡官夏阿桂包收漕米六千石,于是将各田户收系者不可胜计,茂才张秋史闻亦在所系中。九月廿一日点师、旅帅,十月下旬编田,初五日开仓,塘北出卡费者免出,后又令变。

（沈梓:《避寇日记》。《太平天国史料丛编简辑》,第四册,第 192—193 页。太平天国历史博物馆,北京:中华书局,1962。）

【浙江省桐乡县·同治元年】 十二月初,濮院换南新街董老寿为师帅,每逢三八期收田租,设局集庆街孙广言宅。

（沈梓:《避寇日记》。《太平天国史料丛编简辑》,第四册。第 228 页。太平天国历史博物馆,北京:中华书局,1962。）

【浙江省桐乡县濮院·同治二年正月初三、初四日】 关帝庙设新漕局。觉山堂为董师帅天父堂。翁镜蓉宅为漕银局。

（沈梓:《避寇日记》。《太平天国史料丛编简辑》,第四册,第 289 页。太平天国历史博物馆,北京:中华书局,1962。）

第二节

始立乡官的时间

【咸丰元年至三年】初,贼所破州县,皆掳其财物,残其人民而去,未尝设官据守。自[咸丰三年]窃占江宁,分兵攻陷各府州县,遂即其地分军,立军帅以下伪官,而统于监军,镇以总制。监军、总制皆受命于伪朝,为守土官。自军帅至两司马为乡官。乡官者,以其乡人为之也。先必大彰伪谕,声以兵威,令各州、县并造户册,即于乡里公举军帅、旅帅等。议定书册并各户籍敛费,呈于伪国宗检点,申送江宁,是谓受降。其军帅假以令旗,得操征调之柄,催科理刑,皆专责成。自师帅至两司马,悉设公堂刑具……最下两司马,亦有随从人护,击断乡里,炫耀宗族。贼兼许以子孙承袭,世传不替。而无耻之徒,不学之辈,为其所诱,妄希显荣,遂趋之若鹜。其间谨饬之士,为众姓所共推,委曲维持,志全乡里,亦多为所污,不能自脱。而土著生计丝粟难隐,裹胁逃民,并得稽察。贼之牢笼人士,联络方域,计盖无谲于此者。

(张德坚:《贼情汇纂》卷三《伪官制·伪守土官乡官》。《中国近代史资料丛刊:太平天国》,Ⅲ,第 109 页。中国史学会编,编者:向达、王重民等,上海:神州国光社,1952。)

【江西省湖口县·咸丰三年】夏五月初十日,贼复入湖口……邑夹彭蠡之口,西望汉口,东下芜湖,西南会章贡。而陆路则东连祁、婺,南蔽都、鄱。为门户,为锁钥,要紧地方也。自正月后,上自九江,下至安庆,无一兵一勇防要隘,湖口虚无人。五月初十日,贼遣伪将赖汉英长驱入寇,舳舻蔽江,有投鞭断流之势。停数日,进寇南昌。张中丞闭城力守,贼掘地攻城不一次,城外民屋及滕王阁等处尽归楚炬。旋贼力穷败,七月间仍下湖口,由是煽惑人心,假托周官,倡为军、师、旅帅,两司马、百卒、伍长等职,索民间造册,许给散门牌,以安百姓。凡称名,男呼兄弟,女呼姐妹,无老少,无尊卑。主其事者潘敬孚,本城中纨绔子,捐纳国学生,出入文昌宫,至是将就木矣,犹为老妖,肆无忌惮。凡城中所出伪示,张挂家门,乡人咸恐。十二月十九日,官兵夜缚潘父子,械送省正法。

(张宿煌:《备志纪年》。《近代史资料》,总 34 号,第 188 页。北京:中华书局,1964。)

第三节

乡官编制和普遍设置

【**江苏省南京·天历三年**】凡设军,每一万三千一百五十六家先设一军帅。次设军帅所统五师帅。次设师帅所统五旅帅,共二十五旅帅。次设二十五旅帅各所统五卒长,共一百二十五卒长。次设一百二十五卒长各所统四两司马,共五百两司马。次设五百两司马各所统五伍长,共二千五百伍长。次设二千五百伍长各所统四伍卒,共一万伍卒。通一军人数共一万三千一百五十六人。凡设军以后,人家添多,添多五家,另设一伍长。添多二十六家,另设一两司马。添多一百零五家,另设一卒长。添多五百二十六家,另设一旅帅。添多二千六百三十一家,另设一师帅。共添多一万三千一百五十六家,另设一军帅。未设军帅前,其师帅以下官仍归旧军帅统属;既设军帅,则割归本军帅统属。

(《天朝田亩制度》。《中国近代史资料丛刊:太平天国》,Ⅰ,第325—326页。中国史学会编,编者:向达、王重民等,上海:神州国光社,1952。)

【**咸丰三年至五年**】伪守土官乡官

伪总制,府一人,主辖监军军帅。凡贼之狱讼钱粮,由军帅监军区划,而取成于总制,民事之重,皆得决之,虽大辟不以上闻。

伪监军,每州县一人,其小县或竟属于总制。各军刑政由军帅议定,乃禀监军以达于总制,如我之直隶知州,而权较重,亚于伪总制焉。

伪军帅每军一人,凡辖一万二千五百家,家籍一丁。所属师帅、旅帅、卒长、两司马,一如军中之制,亦分前后左右中一二以下诸军。其未置监军统之者,则以一人为总军帅,所职上给贡赋,下理民事,如我之州县,而权过之,得发民为兵。所辖为伍卒,有冲锋、勇敢之名,家备戎装,人执军械,盖寓兵于农,令军帅兼文武之任也。

伪师帅、旅帅、卒长、两司马以次相承,皆如军制。惟军中师帅所率二千五百人,守土师帅则二千五百家。下至两司马皆同,所辖人多以倍数,而职不如军中之尊,军中卒长则得治乡官军帅。

(张德坚:《贼情汇纂》。《中国近代史资料丛刊:太平天国》,Ⅲ,第108—109页。中国史学会编,编者:向达、王重民等,上海:神州国光社,1952。)

【安徽省·天历三年十月十八日】翼王石达开告贵池县良民训谕

并谕尔等各村民人一乡知谕,遍传合邑诸耆良民,准宜速急依制举官遵限呈册,以五家设一(户)[伍]长,二十五家公举一两司马,一百家公举一卒长,五百家各[公]举一旅帅,二千五百家公举一师帅,一万两千五百家立军帅。所举各官,须要注明三代履历及该本身岁次、家口若干,至(以)[于]良家,亦须注明某姓某名,一户男妇老幼,合家总共几十名,速者到限十一月二十旦历明载册,交与举任卒长、旅帅、师帅、军帅等,亲身(戴)[带]赴安徽投案。自谕之后,于贵池该县三十九保,倘有谁保越此谕内之限不赴,休怨兴师问罪,剿划不留。各宜凛遵。毋违,切切。

太平天国癸好三年十月十八日训谕。

实贴下六保

(《翼王石达开告贵池县良民训谕》。《太平天国》,第三册,第8页。罗尔纲、王庆成,桂林:广西师范大学出版社,2004。)

【湖北省英山县·咸丰三年十二月】留贼目何开贵踞城⋯⋯逼造伪册,分军、师、旅、卒、伍伪职⋯⋯地方绅士仇抗,不从者遇害数人。

(民国《英山县志》卷五。)

【安徽省潜山县·咸丰四年】四年甲寅春正月,贼窜潜城。伪春分、副侍卫李丙传,伪小雪、正侍卫周汶风,纵贼四乡拷索,弗从者屠灭之。民大恐,相继纳贿。贼窃周官制,立伪军帅、师帅、旅帅、卒长、两司马、伍长等乡官[军、师、旅帅,以前、后、左、右、中等营分]。胁潜立六军帅,十八师帅,七十二旅帅。贼官仪:军帅着红袍,余着红马褂,俱戴黄帽,竖黄旗。

三月,贼伪监军侯万里窜潜城,踞之。

(储枝芙:《皖樵纪实》。《太平天国史料丛编简辑》,第二册,第92—93页。太平天国历史博物馆,北京:中华书局,1962。)

【湖北省·咸丰四年】[正月乙卯日,太平军堵城大捷。]丙寅,贼造木城于汉阳东门,筑土垒于塘角,进逼省城。鄂垣屡经兵灾,人心涣散,青麟竭力死守。时贼酋石祥贞用伪东王杨秀清计,舍武昌溯江直上,陷岳州,绝上游援师。更分党走大江南北,略取诸郡县,出伪示安民。黄州之黄梅、广济、二蕲[蕲州、蕲水],武[昌]之崇[阳]、通[通山、通城]、大冶、兴国,无赖子弟多从贼者。贼遍布伪剳,置军师、旅帅,搜刮富民金帛,蓄发,悬贼门牌,始弃弗杀,楚境荼毒殆遍。

(《湖北通志》卷七十一《武备志》九《兵事》五《粤匪》,第1834页。)

[编者按:此段记载源于《剿平粤匪方略》。]

【湖北省蕲州·咸丰四年春】贼设伪职曰监军。

（《蕲州志》，善化黄式度重修，清同治二年。）

【湖北省大冶县·咸丰四年】纵其党沿乡劫掠，胁民照户抄册，设立军、师、旅伪官。

（同治《大冶县志》卷之八。）

【湖北省德安府·咸丰五年春】自安陆及云梦，贼设伪官，欲盘踞为久计。

（光绪《德安府志》卷之八。）

【江西省袁州·咸丰五年十一月】十八日〔编者按：同治《万载县志》卷七之二·武备·武事记为十九日。〕上高严守和勾引发贼伪将军杨如松，伪总制陈绰号四不象，统众复陷万载。置伪监军，并设军、师、旅帅、卒长各伪官，勒贡钱米，各区皆受其害……十二月初一日，〔石达开〕率其众长驱来袁，声势震骇，居民纷散，遂陷袁州。以伪总制陈宝太管府事，伪监军胡敏管县事，各据衙署，又设伪侍卫统辖之。

（同治《袁州府志》卷之五《武备·武事》。）

【江西省上高县·咸丰五年十月】使其目黄某为伪官，曰监军。胁民为伪乡官，曰军帅、师帅、旅帅。

（同治《上高县志》卷四《武事》。）

【江西省抚州·咸丰六年二月】二十三日，贼遂入踞郡城，〔编者按：抚州府治临川。〕属邑皆陷。逼迫绅士充当伪职，有军、师、旅帅、两司马、百长诸名目，横索民财，搜括富户。各县设立伪监军。

（同治《抚州府志》卷三十四之二《武备·武事》。）

【江西省崇仁县·咸丰六年二月】二十四日城陷。贼初入城，意存要结，杀戮无多，于近城三十里内大掠三日，然后出伪令安民，设立各伪官，曰监军、军帅、师帅、旅帅，以次相摄，横索民财。又挨家散门牌、查户口。军帅按亩征粮，由监军发给伪串。贼兵过境者，勒民供给费用。多般骚扰，民不聊生。

（同治《崇仁县志》卷五之二《武备志·武事》。）

【安徽省贵池县·咸丰八年】腊月，有贼眷天豫，率匪数千，屯集仁四保丁香树，四境索贡。建邑时有官军，故北山一路多遭烧掳。雁坑始有贼到，樟树王姓有以郑姓杀贼事报匪，匪乃借端索银三百余两，自是雁坑不得安居矣。是时贼衔不一，池城屯扎曰定天义，汇镇曰绍天福。一切贼衔皆有天字，其等级曰王、曰安、曰义、曰福、曰豫、曰燕、曰侯。各乡伪职，五家则有伍长，二十五家则有司马，百家则有卒长，五百家则有旅帅，二千五百家则有师帅，万二千五百家则有军帅。县有监军，府有总制。为贼办文则曰协理。所造伪书，类多"天父天兄"等语。至改癸丑为癸好,乙卯为乙荣,更为不经之甚也。

(李召棠:《乱后记所记》。《近代史资料》总 34 号,第 183 页。北京:中华书局,1964。)

【苏南—皖北·咸丰十年四月以后】其一县镇守者曰佐将。其征收钱粮,支应民夫差务曰监军,犹首县也。此官多用本地人,须熟习地方者为之。其四门有四门甲长。其一县分五军。有左、右、前、后、中五营军帅。一军分五师,有师帅。一师分五旅,有旅帅。次曰百长,曰伍长,曰司马。每一司马管[二十]五家。其田每亩月出钱一百文,曰费事,粮米在外。复照亩出夫,运送军需,周而复始,曰打差。四乡有硝馆,拆民房以熬硝。柴薪灰草,供应火食,支发夫价,皆取给于民。故民望官军若旱苗之待霖雨。[太平军]其办柴也,下乡有树即封,大小斫伐不遗,故贼住之地,年久数百里无树木,无瓦屋。

(余一鳌:《见闻录·伪官职》。《太平天国史料丛编简辑》,第二册,第 125—126 页。太平天国历史博物馆,北京:中华书局,1962。)

【江苏省无锡县、金匮县·咸丰十年五月】[募得]米业华二[为无锡监军],猪业黄顺元[为金匮监军],于是分境各募军、师、旅帅、司马、百长,皆乡图里正充之,故易集。一图一(旅)[师]帅,旅帅、司马、百长属之。五旅属一师,五师属一军,军师[帅]属监军。就地各立伪局。惟旅帅、司马、百长附入师帅局。旋[无]锡监军移局塘头镇,金[匮]监军移局东亭镇,两处市肆大兴。监军局俱设伪堂,名曰天父堂。招募书差,擅受民词,俨同衙内。着军、师、旅帅编造烟户人丁册,刊发门牌,每张索钱数百至数千不等。凡贼所欲,若辈奔走恐后。令农民不分业、佃,随田纳款。商民市肆分大小,每日纳款百钱至千钱,任其苛派,五日一缴入监军局。又每月每图要柴火若干……各伪职既得贼势,衣锦食肉,横行乡曲,昔日之饥寒苦况,均不知矣。然民得暂安,未始非若辈之力。间有图董不得已而充者,尚无恶习。

(佚名:《平贼纪略》。《太平天国史料丛编简辑》,第一册,第 267 页。太平天国历史博物馆,北京:中华书局,1962。)

【江苏省常熟县、昭文县·咸丰十年十月二十日】乃以昭文地界分前、后、中、左四营,常熟地界分前、后、中、右四营。每营一军帅,五师帅,二十五旅帅,一百二十五卒长,六百二十五两司马,三千一百二十五伍长。军帅请当地有声价者充当。师帅以书役及土豪充当。旅帅、卒长以地保、正身、夥计分当。惟两司马、伍长硬派地着中股实者承值,凡有役赋不完结者,都责任他身上。出伪示:着旅帅、卒长按田造花名册,以实种作准,业户不得挂名。收租各分疆界。起房捐、店捐。开张者领店凭。有船者领船凭。水陆要路立卡收税。封坟树、宅树充公用。各手艺当差,居民留发。如有一项违示者,定按军令。完现年漕米,补完现年下忙银两,限到年一并清割。幸是年秋收大熟,各项皆能依示,惟收租度日者及城中难民无业无资者,甚属难过。

（顾汝钰：《海虞贼乱志》。《中国近代史资料丛刊：太平天国》，Ⅴ，第370—371页。中国史学会编，编者：向达、王重民等，上海：神州国光社，1952。）

【安徽省太平县·咸丰十年】我今来，无别事，只为安民。不烧屋，不杀人，不准（掳）[淫]。只要你，进贡品，猪鸡金银。我今后，数条规，汝等照办。一门内，立（户长）[司马]，管念五人。四（户长）[司马]，又公推，百长一位。立旅帅，立师帅，统系分明。每地方，看人口，总数多少。立一位，大乡官，军帅为名。管一万，又二千，零五百户。立总局，比衙门，枷锁严刑。小乡村，户百长，也都设局。

（周公楼：《劫余生弹词》。）

【江苏省苏州·天历十年五月初七日】真天命太平天国九门御林忠义宿卫军忠王李，谆谕四乡百姓举官造册事。照得轸恤不深，则招安不力；而恫瘝既切，则绥辑弥殷。本藩前抵苏郡，查尔百姓当大兵云集之时，多有流亡失所之惨，每一念及，痛不可支！业已委令逢天安左同检在此镇抚，已经谆谕在案，谅尔等已共见共闻矣。但不举官则民事无人办理，不造册则户口无从核查，何以为安抚之地乎？为此再行谆谕，仰尔百姓一体知悉：凡乡邻熟识之人，举为乡官，办理民务。其五家举一伍长，二十五家举一两司马，一百家举一卒长，五百家举一旅帅，二千五百家举一师帅，万二千五百家举一军帅。盖所举之人，必度其干事才能称职者充当其任。尔等一面开造民册，一面将所举之人，令其概行来城，听候补派。兹将册式粘后，限五日内照样造齐，呈送阊门外总局查核，以便给发门牌。则尔民得安堵之常，本藩亦慰抚绥之念。从此四方鸠聚，采菖无行野之伤；比户燕安，绵葛无在河之叹。倘敢违延，定行发兵问罪剿洗，以为抗违者戒。尔百姓其各凛遵，毋负本藩谆谆叮嘱之意可也。特此谆谕。

太平天国庚申十年五月初七日。

（《李秀成谆谕苏郡人民》。原载《吴清卿日记》。《中国近代史资料丛刊：太平天国》，Ⅱ，第723—724页。中国史学会编，编者：向达、王重民等，上海：神州国光社，1952。）

【浙江省宁波县·咸丰十一年】十一月壬辰[初八日]，粤寇陷宁波府。主将黄呈忠入据道署，下伪令蓄发，易衣冠。冠用长巾，衣用短褂，以黄赤色别高下。改府为郡，郡设伪总制，县设伪监军，乡设伪军帅、师帅，并给印，伪旅帅给旗，罗布诸镇。假祠庙庵观为公所，设座，列刑仗，如衙署制。造田册，编门牌，计亩纳粟，[粮米以五亩起捐。]计户纳番银，[每户收洋银一元五角，钱百文。]要害之地各设贼卡以控制之。

（奉化《忠义乡志》卷十六。）

【浙江省会稽县、山阴县·咸丰十一年】官之在乡者，乡之人为之，粮饷民务皆所司也。最尊者曰总制，辖一郡。次曰监军，辖一邑。又曰恩赏监军，一邑事皆可预，然无专责。[编者按：岂后期将乡官的范围扩大到总制、监军二级?]又次曰军帅，辖万二千五百家。一军帅之下有五师帅,每[师帅]辖二千五百家。一师帅之下有五旅帅,每[旅]辖五百家。旅帅之下又有辖百家者,曰卒长。辖二十五家者,曰司马。

(王彝寿:《越难志》。《中国历史文献研究集刊》第一集,第233—234页。)

【江苏省常熟县·同治元年闰八月初四日】闻上、下塘周汉山、朱又村两师[帅]并,局设吕库广福庵。上塘则长洲刘澹园[□江]为政,汪可斋出场。可斋隶申帅统下,授文军政使司。下塘仍朱吟陶帮办,施润卿出场。

(龚又村:《自怡日记》。《太平天国史料丛编简辑》,第四册,第461页。太平天国历史博物馆,北京:中华书局,1962。)

第四节

任乡官的条件与产生乡官的办法

【浙江省乐清县·咸丰十年】既设卡,即就地设乡官……率以乡人为之。不从者,胁以刑威。亦有寅缘入卡甘为贼用者。

（林大椿:《粤寇纪事诗·立乡官》注。）

【江苏省苏州·咸丰十年五月】十九日,[自王江泾抄的僚天燕邓,"为晓谕四民向化各安恒业以全生理事"的告示全文:]

"兹本爵转为尔百姓等筹一善策:在镇则安坊,择一公正绅董为长;在乡则安村,择一公正明民为长。投诚进贡,按户造册,本爵给发门牌贴各户,严禁官兵不许下乡滋扰,俾尔百姓率其父母妻子,复旧业而全生理,何乐如之?"

（吴大澂:《吴清卿太史日记》。《中国近代史资料丛刊:太平天国》,Ⅴ,第339—340页。中国史学会编,编者:向达、王重民等,上海:神州国光社,1952。）

【江苏省常熟县·咸丰十年十月初七日】予赴洞港泾。饭于朱塾,知邹庆和受派军帅。朱养正、蒋致和、毛蓉江[守仁]、滕春岩[元顾]受派师帅。李庭钰、朱自成[正域]、顾秋谷[敦智]、朱云鹤、俞韫山受派旅帅。因城匪要收粮,选公正者作乡官,辞则招害,一时不得却也。

（龚又村:《自怡日记》。《太平天国史料丛编简辑》,第四册,第377页。太平天国历史博物馆,北京:中华书局,1962。）

【浙江省诸暨县·天历十二年六月十四日】前营前贰军帅许,札示三十七都溪北徐君连贤弟知悉,为增立乡员传谕各乡事。缘兄前奉义大人口谕,以目下公事紧急,着准每都各立师帅一人,专办一都事务。其该都已立者,不必更立,其未立者,速为保荐一人。但须于每都中挑选股实能干人员充当斯职,毋得滥为保举。查三十七都以素有名望及办事公直者惟贤弟一人,可膺师帅之任,已将姓名开列呈送,其印凭改日一同给领。毋庸推诿。为此特札。仰弟于谕至之日,迅即开局,传集统下旅帅及卒长、司马等官,尽力办公,各著贤劳,以无负天朝设立乡员之至意。切切特札。

再,刻奉义大人谕,各都钱粮限五日内扫数完(菁)[清],方准收割。并现在义大人开印,饬办各色货物,每都派费钱三十千。至卡内局费,亦限即日迅速解局应用为要。

太平天国壬戌拾贰年六月十四日谕。

(《太平天国革命文物图录》六一。太平天国起义百年纪念展览会,上海:上海出版公司,1954。又见《太平天国》,第三册,第150页。罗尔纲、王庆成,桂林:广西师范大学出版社,2004。)

第五节

对乡官的管理制度

【安徽省庐州·咸丰四年】凡受贼伪官者,日夜奔走驰驱,代为办事,稍有疲玩,即重责不贷。有人嘲伍长联云:"若大功名,旌旗二尺布;几多户口,烟村四五家。"司马联云:"昔日牧牛,曾受风霜□□;今朝司马,□□雨露之恩。"

(吴光大:《见闻粤匪纪略》。)

【安徽省贵池县·咸丰五年】咸丰五年,岁次乙卯,余馆北山。时闻到处军、师、旅帅有以贡监充当,有以廪秀充当,设局敛费,苛索民脂,藉以肥己者。

是时,池城汇镇虽无匪徒屯驻,常有贼众往来,诛求饭食,勒派差徭。又有伪总制、伪监军等职盘居在城,监收钱漕,近市居民,不胜其苦,渐避深山。

时有邻乡廪生某,贪众敛费,愿充师帅,后为钱漕枷责示众。

(李召棠:《乱后记所记》。《近代史资料》,总 34 号,第 181—182 页。北京:中华书局,1964。)

【江西省泸溪县·咸丰八年九月】而朱贼[指监军朱兴运]方滋暴虐,愤附城之不速贡也,杀城内外居民,又执二十余人杀之高田岭。十月,朱贼复坐城勒征,蔡公福田由闽带联袭之,奸民投贼之许伪百户竟杀之城东石陂,闻者发指。既而强娶孙氏女,其父耻,饮药死,其母诉于抚州,余伪检点将朱逐杀,邑人大快。

(同治《泸溪县志》卷十三《被寇记》。)

【江苏省常熟县·咸丰十年】[乡人告严朗山为恶,长毛欲捉。严避住南乡,乡人用计捉之,送给太平军]被长毛锁住,罚吐前赃,始释放。

(汤氏:《鳅闻日记》。《近代史资料》1963 年第 1 期,第 101 页。又见《太平天国》,第六册,第 329 页。罗尔纲、王庆成,桂林:广西师范大学出版社,2004。)

【江苏省常熟县、昭文县·咸丰十年底】惟有各伪官,屡被城中催缴钱粮为因,岁终极其紧急。军帅、旅帅,每提去锁禁笞辱追比。有早完公事者,赏花红,回家安心度岁。

（汤氏：《鳅闻日记》。《近代史资料》1963 年第 1 期，第 113 页。又见《太平天国》，第六册，第 342 页。罗尔纲、王庆成，桂林：广西师范大学出版社，2004。）

【江苏省常熟县·咸丰十年——同治元年】[咸丰十年，庙桥镇人张金]自长毛到后，即为办贡，任其差使，最为竭力，得长毛欢。[为长毛贴告示，议贡，造册，该镇上]凭其号令，无所不行。

（佚名：《庚申避难日记》。《太平天国史料丛编简辑》，第四册，第 509 页。太平天国历史博物馆，北京：中华书局，1962。）

【江苏省常熟县、昭文县·咸丰十一年三月二十八日】总漕孙姓发伪札，谕传各乡官到彼，责比钱粮捐款，各笞百杖，限三日完缴结账，否则收监，发贼兵下乡打先锋云云。

（汤氏：《鳅闻日记》。《近代史资料》1963 年第 1 期，第 119 页。又见《太平天国》，第六册，第 347 页。罗尔纲、王庆成，桂林：广西师范大学出版社，2004。）

【江苏省吴江县史家巷·咸丰十一年四月十四日】贼杀伪职旅帅徐凤笙。枣市民某，卖鲜鱼为生，一日天明，携钱四千文往蠡墅贩鱼，路遇贼，悉探囊去。回至枣市，诉诸邱贼。卡内贼目问该处乡官为谁？盖王家桥旅帅徐凤笙也。唤至，限十四日拿获。凤笙缉访十余日，侦得之而未敢擒获，以其属贼目越天安名下散众也。邱贼将徐凤笙收禁。其妻哭诉师帅蔡兰亭，谓夫收禁，焉能缉盗，求释回。蔡言诸邱贼，贼欲有所质，蔡以其弟对，不许。益以卒长二人而后许之，仍限十四日。比至限，邱贼索米谷、油烛等物，计算须五百千文，徐亦不之办。一日，来贼六人，向蔡拘徐。蔡寻得之，同往贼卡。邱贼谓蔡曰：徐凤笙到乎？蔡曰：到矣。邱贼曰：既到，不与你事，你喝茶去。蔡入茶坊，甫坐定，街上喧传杀乡官。蔡急走出，见贼已将徐凤笙首级缚竹竿上，徇于众曰：乡官勾通兄弟们抢劫民财，故杀之。蔡汗流浃背，惶迫至贼卡，则见其弟及卒长，又欲绑出斩首。蔡急哀求而后释放，乃挈以归。

（蓼村遁客：《虎窟纪略》。《太平天国史料专辑》，第 33—34 页。上海：上海古籍出版社，1979。）

【江苏省常熟县·咸丰十一年六月初八日】[闻]张金亦吊到城中。

（佚名：《庚申避难日记》。《太平天国史料丛编简辑》，第四册，第 509 页。太平天国历史博物馆，北京：中华书局，1962。）

【江苏省常熟县·咸丰十一年九月十八至廿五日】长毛将各师帅严刑追究条银结账，俱下黑牢中。

（佚名：《庚申避难日记》。《太平天国史料丛编简辑》，第四册，第 513 页。太平天国历史博物馆，北京：中华书局，1962。）

【江苏省常熟县·咸丰十一年至同治元年】

四月十日，石龙桥打死长毛一人，金村抢劫旅帅杨君陶家，方心葵逃走。

五月初二日，阚干桥杀长毛三人，并拆毁师、旅帅之屋。[因其侵占钱粮钱款，并率长毛掠物。]

五月初六日，革去军帅钱春，换钱正夫为军帅。师帅钱佐武已死，换钱申之[伟人]。[阚干桥旅帅因侵吞银粮钱款，被换。]

十月廿一日，闻顾山百姓近日杀旅帅、司马、长毛等数人，各图结约，倘有长毛来打，各要相斗。

十一月初一日，闻周巷桥军帅归、师帅潘，被百姓杀去，烧其房屋。因收粮太多之故。

同治元年一月初八日，土匪数十人打抢旅帅黄和家，尽行取去。

二月十六日，蔡家桥旅帅因催粮苛刻太过，有人到西沙报王元昌，[掳其家财，捉本人、父、子。]

二月廿九日，夜，小市桥江师帅被人杀死。

三月廿七日，黄家桥镇旅帅[编者按：同书又说是师帅]黄德方，因长毛催逼太紧，自食生洋烟寻死。[次日死]。

四月十二日，各处师、旅帅、百长俱逃。捉去师、旅帅和百长。

四月十九日，东乡因收捐每亩七百太紧，杀去旅帅等数人，被打先锋十余镇。

闰八月十一日，海中船起岸，掠劫师帅黄叙福家，伤其媳。

十一月廿五日，闻得钱春在市桥索取民钱，被众姓缚住，有长毛上稟城中，吊去革职，游六门，解苏州矣。

廿九日　……连日催完在镇各圩银米，拘数户管押，卒长不出力者质罚。横征暴敛，不能划一。

（佚名：《庚申避难日记》。《太平天国史料丛编简辑》，第四册，第 501、503、505、506、514、518、520、522、523、524、525、536 页。太平天国历史博物馆，北京：中华书局，1962。最后二则为《吴江庚辛纪事》上卷，《近代史资料》1955 年第 1 期，第 21—50 页。）

【江苏省常熟县·同治元年二月】[钱桂仁手下之内军帅、六门总巡之毛奸钱某]径到梅里书院，传齐伪职，亲讲道理。讲道理者，即沿途比较也。分派统下头目，散往各镇，将庙中神佛移置别处，大殿改作天父堂，排书案，群毛执刀列两行，拘农民具限期，每亩赋役折价涨价至二千零六十文，农民何力完办？到麦熟，有未清者，伪职代坐天父堂，看[? 着]司马、伍长交出欠户，当堂行杖，命听差随至其家，将所收麦子、蚕豆尽行拿出作价抵偿。老幼男女见此情状，泣泪如雨。盖麦子、蚕豆，农家磨麦炊饭，炒豆加油盐作菜，食之以耕耘禾苗也，今被拿去，奚能种熟田亩？是以不胜哀戚。更有贫户无春熟者，责承司马、伍长垫赔；抑或垫赔不足，关锁黑牢……俟他熬苦不过，送信到家，将衣服器皿抵偿赔数，再出差钱及开锁之费。虽属亲戚，不如他意，要骂便骂，要打便打，……我乡太学生殷子云，亦派着司马，知此行为，畏避在外。王姓贼奴迹其避处，揪发捆车，推送西周市，声言照玩公诡避例发落……环求全一体面。贼奴大喝曰:"不要说一监生,即如六河唐荔香廪贡生做学官,何市管少溪副榜老爷,也尚且捆缚。"……而徐六泾为各海口第一热闹,[钱桂仁]令义弟恁天安二大人为正守,训天豫毕毛为副守,命白茆土豪禁开张钱公正盐局,着各职领盐派卖民间。

(顾汝钰:《海虞贼乱志》。《中国近代史资料丛刊:太平天国》,Ⅴ,第 372—373 页。中国史学会编,编者:向达、王重民等,上海:神州国光社,1952。)

【浙江省桐乡县·同治元年三月二十五日】濮院人或有至长毛处诉沈幼巢吞捐索诈者。伪符天安乃檄召沈幼巢至桐,发[交]伪烘天候车听审。

(沈梓:《避寇日记》。《太平天国史料丛编简辑》,第四册,第 147 页。太平天国历史博物馆,北京:中华书局,1962。)

【江苏省常熟县黄家桥·同治元年四月十一日】本镇催粮赵又到,火速要缴钱一百余千,又要私用大烟土四分,各乡官不能应酬,抄闹一夜,打伤师帅黄德方妻,并各百长家俱去搜寻,扭出到局痛打,直至天明,带了师、旅、百长等到福山去。

(佚名:《庚申避难日记》。《太平天国史料丛编简辑》,第四册,第 524 页。太平天国历史博物馆,北京:中华书局,1962。)

【江苏省常熟县·同治元年五月廿八日】长毛迩日催讨七百廿文甚严紧,有执鞭扑以行者,帅、旅、百长等,往往被其敲打。

(佚名:《庚申避难日记》。《太平天国史料丛编简辑》,第四册,第 528 页。太平天国历史博物馆,北京:中华书局,1962。)

【江苏省常熟县黄家桥·同治元年六月初十日】晚,有长毛二十余人,一老余,到城隍庙催钱,打百长、司马数人,随去。

(佚名:《庚申避难日记》。《太平天国史料丛编简辑》,第四册,第 529 页。太平天国历史博物馆,北京:中华书局,1962。)

【江苏省常熟县·同治元年六月二十九日】[至洞港],见局中集十余老妪,系史家甲人,因夏赋未完,被匪役杨姓押来。师帅因欠解,亦管押在城。时事之难如此。

(龚又村:《自怡日记》。《太平天国史料丛编简辑》,第四册,第 451 页。太平天国历史博物馆,北京:中华书局,1962。)

【江苏省常熟县·同治元年七月初三日】[兴天豫余大人来结七百廿文账,]遍挞旅帅,一夜不(定)[安],各处告贷。

(佚名:《庚申避难日记》。《太平天国史料丛编简辑》,第四册,第 531 页。太平天国历史博物馆,北京:中华书局,1962。)

【江苏省常熟县·同治元年七月廿六日】［催七百二十文之各处长毛回去之前,］不论司马、百长、旅帅,俱被锁打。［各乡官逃至各处。］

（佚名:《庚申避难日记》。《太平天国史料丛编简辑》,第四册,第 533 页。太平天国历史博物馆,北京:中华书局,1962。）

【浙江省秀水县·同治元年八月二十三日】余在新塍局见伪官军［帅］、师帅履历册,其所填三代脚色,一代父母,一代弟兄及妻,一代子媳,其母、妻、媳皆不曰某氏,而曰某妹。

（沈梓:《避寇日记》。《太平天国史料丛编简辑》,第四册,第 186 页。太平天国历史博物馆,北京:中华书局,1962。）

【浙江省桐乡县·同治元年八月】有朱不登者,塘南乡人,为伪百长……又私收乡人所完漕银……于是械系累月……八月十七日,闻师帅陆吟树率乡人户户保出之。

（沈梓:《避寇日记》。《太平天国史料丛编简辑》,第四册,第 187 页。太平天国历史博物馆,北京:中华书局,1962。）

【江苏省常熟县·同治元年十一月廿五日】［连续有催粮者到。昨夜到兴天燕余之先生,］（微）［征］比司马、百长、粮户甚严,横行鞭挞,日夜不停。刻下每亩折钱加各项要三千之数。

（佚名:《庚申避难日记》。《太平天国史料丛编简辑》,第四册,第 542 页。太平天国历史博物馆,北京:中华书局,1962。）

【江苏省常熟县·同治元年十二月】时周贼奴一接慕王来札,即令各属小心承值。伪旅帅李贼奴派每亩申找钱文二百［文］。皇甫贼奴、归贼奴着听差到各家分出财物一半,名为供费,实以肥己。

（顾汝钰:《海虞贼乱志》。《中国近代史资料丛刊:太平天国》,Ⅴ,第 383 页。中国史学会编,编者:向达、王重民等,上海:神州国光社,1952。）

【江苏省常熟县黄家桥·同治元年十二月二十二日】本镇有长毛二人来催银洋,锁师帅黄竹轩去。

（佚名:《庚申避难日记》。《太平天国史料丛编简辑》,第四册,第 546—547 页。太平天国历史博物馆,北京:中华书局,1962。）

【浙江省桐乡县濮院·同治二年十二月初三日】师帅董姓,［因办不齐粮钱］累遭拷掠,乃告退。换桐乡人张姓为师帅,于十月初开印。张故桐乡役隶之子也。

（沈梓:《避寇日记》。《太平天国史料丛编简辑》,第四册,第 288 页。太平天国历史博物馆,北京:中华书局,1962。）

第六节

乡官的职责与作用

一、寓兵于农

【江苏省南京·天历三年】凡一军：典分田二,典刑法二,典钱谷二,典入二,典出二,俱一正一副,即以师帅、旅帅兼摄。当其任者掌其事,不当其事者亦赞其事。凡一军一切生死黜陟等事,军帅详监军,监军详钦命总制,钦命总制次详将军、侍卫、指挥、检点、丞相,丞相禀军师,军师奏天王,天王降旨,军师遵行。功勋等臣世食天禄,其后来归从者,每军每家设一人为伍卒,有警则首领统之为兵杀敌捕贼,无事则首领督之为农耕田奉(尚)[上]。

(《天朝田亩制度》。《中国近代史资料丛刊：太平天国》,Ⅰ,第321页。中国史学会编,编者：向达、王重民等,上海：神州国光社,1952。)

【咸丰三年至六年】贼于各乡遍置乡官,以一万二千五百家为一军,并颁给所刻伪军册,胁令填注,胁令详造家册呈送。寓兵于农……似贼中有军无民矣。既藉民以为兵,复责以贡献。

(张德坚：《贼情汇纂》。卷三《伪军制上·伪军目军册》。《中国近代史资料丛刊：太平天国》,Ⅲ,第124页。中国史学会编,编者：向达、王重民等,上海：神州国光社,1952。)

【江西省·咸丰七年】绅庶士民畏贼逼胁,于万不得已之时,馈送银钱米谷等物,并佯受伪职,希图苟免者所在皆有。而甘心从逆,屈身献媚,或躬为向导,引贼入境;或代贼守御,抗拒官兵;或搜刮民财,为贼敛费;或逼勒民人,为贼助势;或探刺官军消息,来往贼营;或阻挠地方团练,横施凶狠,此等刁顽之徒亦复不少。

(李桓：《宝书斋类稿》卷之五。)

二、兵刑钱谷悉统辖,专管漕银、写田册等事务

【江西省湖口县·咸丰六年二月】渐渐伪官远审到家,扬扬得意,各门首揭起军、师、

旅帅旗号，数日间耳目一新，人心一变矣。贼下乡抄掠殆尽，伪官又遍索民钱，说是进贡安民，而百姓疾苦更深于前矣。

（张宿煌：《备志纪年》。《近代史资料》总 34 号，第 191 页。北京：中华书局，1964。）

【江苏省无锡县·咸丰十年四月十日】 贼入城后，即出示各乡，言吊民伐罪，秋毫无犯。越日而四出剽掠，谓之打先锋……贼举乡人为乡官，分军、师、旅帅。凡所欲，悉令若辈取诸民，户给门牌。或所欲不遂，即出打先锋，故乡民输将恐后。历双福者，邑泉桥人，尝应童子试。贼首黄和锦入城，迎拜马首，为伪军帅，肆虐于西乡。

（施建烈：《纪（无锡）县城失守克复本末》。《中国近代史资料丛刊：太平天国》，Ⅴ，第 251 页。中国史学会编，编者：向达、王重民等，上海：神州国光社，1952。）

【江苏省苏州·咸丰十年七月二十日】 ［徐蓉九从苏州逃出，述太平天国官制］乡官则如军帅、师帅、旅帅、卒长，左右司马、伍长之类，专管漕银等务。新设一府三县。府为总制，县为监军。长洲县监军姓杨……馆大石头巷中。书差仍招原人。

（龚又村：《自怡日记》。《太平天国史料丛编简辑》，第四册，第 361 页。太平天国历史博物馆，北京：中华书局，1962。）

【江苏省常熟县·咸丰十年十月十七日】 次日（十月十七日），西周市周贼奴备办酒席，领一班无脸老者，执香来请钱、侯二逆到城隍庙饮宴。席间授王仲义伪左营军帅，周贼奴为前师帅，催众纳银领牌，写田册，完银米。令统下鲍毛住西周市管徐六泾、浒浦西卡税务。

（顾汝钰：《海虞贼乱志》。《中国近代史资料丛刊：太平天国》，Ⅴ，第 370 页。中国史学会编，编者：向达、王重民等，上海：神州国光社，1952。）

【江苏省南汇县·咸丰十年】 或以里中绅富姓名告贼，贼即札授军、师、旅帅伪色目，供其（悉）［需］索，统名之曰乡官。

敲锣喝道势赫赫……军帅职比知县强，师帅丞委差堪方。兵刑钱谷悉统辖，居然富贵临故乡。

（丁宜福：《浦南白屋诗稿》卷一。）

【江苏省吴县·咸丰十年至同治二年】 每邑之中，则派本地人作乡官，以为聚敛派差之用。乡官之名，则有军帅，有师帅，有旅帅，有司马，有（伯）［百］长，其实不过如大小保正而已。

（杨引传：《野烟录》。《太平天国史料丛编简辑》，第二册，第 175 页。太平天国历史博物馆，北京：中华书局，1962。）

【江苏无锡县、金匮县·咸丰十一年】五月,黄和锦升伪济天义,责乡官设局征钱粮,伪董贪缘,无锡由伪监军小面华二,局设堰桥;金匮由伪监军黄顺元,局设东亭。凡刑名钱谷事皆理之。伪董染指,余臭颇赡……荡口局自议和后,困于供亿,华翼纶全家之上海。

(施建烈:《纪(无锡)县城失守克复本末》。《中国近代史资料丛刊:太平天国》,Ⅴ,第254页。中国史学会编,编者:向达、王重民等,上海:神州国光社,1952。)

【江苏省常熟县·咸丰十年十一月】十七,雨。黄家桥旅帅[黄德方]入城缴钱。

(佚名:《庚申避难日记》。《太平天国史料丛编简辑》,第四册,第489页。太平天国历史博物馆,北京:中华书局,1962。)

【浙江省绍兴县·咸丰十一年】[十一月二十八日]已派两邑库吏潘光澜、朱克正为监军……[妇女]为贼缝纫得酬米……[十二月初十日]询知贼已安民,设乡官二百余处,司办粮饷等事。充乡官多市井无赖,间有衣冠中为贼胁立者,虽免掳劫,仍肆苛派。十三日丙寅,阴。晚间伪乡官酿金纳贡,络绎入城。

(鲁权客:《虎口日记》。《中国近代史资料丛刊:太平天国》,Ⅵ,第800—802页。中国史学会编,编者:向达、王重民等,上海:神州国光社,1952。)

【江苏省常熟县黄家桥·同治元年六月十四日】师、旅帅各至恬庄缴钱,或有至福山缴麦。

(佚名:《庚申避难日记》。《太平天国史料丛编简辑》,第四册,第529页。太平天国历史博物馆,北京:中华书局,1962。)

【湖北省·同治元年六月二十三日】刘军政[驻浙江省双林镇的文军政]年五十余,吐属皆(诗)[斯]文,观其仪表,一老书生也。系湖北人。闻其初亦为地方司事,办官兵团练事。既而贼至,逼令做乡官,写捐收粮,以此丛怨。后官兵复来,被乡人举发,尽诛其家属,因遂从贼为伪官。

(沈梓:《避寇日记》。《太平天国史料丛编简辑》,第四册,第171页。太平天国历史博物馆,北京:中华书局,1962。)

【浙江省嘉兴·同治二年三月一日】[廖发寿已封荣王]传谕各乡官听令……其令:一办漕银,一拆妖庙毁妖像,一拿小船。[编者按:枪船。]

(沈梓:《避寇日记》。《太平天国史料丛编简辑》,第四册,第244页。太平天国历史博物馆,北京:中华书局,1962。)

三、管理户口

【江苏苏州城内·咸丰十年四月十三日】[咸丰十年四月十三日城破后……二十余

日,忠王令逢天安刘(肇均)、左同检熊(万荃),办理地方事,而办事只熊姓一人。]当日即令城中每门各集耆老至其馆中,举为乡官,六城门分段各立一局,局一乡官……另设城心一局……共为七局。伪左同检谕七乡官各局,分查户口,编造清册,当按口给粮。越数日,七局送册,合计尚有八万三千余口,许每日给米一斤。一日,着乡官分给,每局先发米五十石,而城心局钱姓不肯承领,曰:"领到乡官局中,一时不及散给,或被众兄弟取去,乡官不能赔偿也。"事遂寝,造册为徒然。

（潘钟瑞:《苏台麋鹿记》卷上。《中国近代史资料丛刊:太平天国》,Ⅴ,第 275 页。中国史学会编,编者:向达、王重民等,上海:神州国光社,1952。）

【江苏省常熟县·咸丰十年九月初七日】有张金者,自长毛到后,即为办贡,任其差使,最为竭力,得长毛欢。迩日又为城中长毛发告示、议贡、议领门牌、造册。其本处庙桥镇上凭其号令,无所不为。

（佚名:《庚申避难日记》。《太平天国史料丛编简辑》,第四册,第 485 页。太平天国历史博物馆,北京:中华书局,1962。）

四、传呼工役

【江苏省苏州贞丰里·咸丰十年】三县各派伪佐将管理……设有军帅、师帅、旅帅、两司马、卒长等伪职,均着本地人为之,名曰乡官……即令征收钱粮,传呼工役。复派贼目监催……近地乡官,俱由费[玉成]局举用,凡事禀命而行。其初,贼亦派一山东人来监银米,横甚。玉成命逐之,不去,众怒,缚而沉诸河。贼乃不复派人到乡,悉听费氏主持。

（陶煦:《贞丰时庚申见闻录》卷上。）

五、设局收租与调停租事

【江苏省吴江县·咸丰十年冬】设局收租,尽乡官为之。[编者按:租粮并收和没收田租充公地区的乡官理应皆有此职责。]

（金福曾:《吴江县续志》。）

【江苏省吴江县·咸丰十年】是年冬,设局收田租。

（《黎里续志·杂录》。）

【江苏省吴江县震泽镇·咸丰十年】有无耻之徒,有充伪职者曰乡官,立局收租,乡人苦之。

（引自《江海学刊》1961 年第 2 期,第 26 页。原文据范其骏《梦余赘笔》引吴颖仙《纪事诗》六百中的一首《题记》。）

【江苏省长洲县·天历十二年】监军吴致前中三军帅张照会

长洲天县监军弟吴省秋照会前中三军帅张兄大人阁下：久暌德范，时廑鄙怀，藉稔兄台大人林泉自得，真神仙中人也。下风翘企，忭颂奚如。兹奉珽天安黄宪札委阁下会同汪宏绣兄办理中三、五、六军收租事，奉发告示委札到敝衙，合行备牍照送，祈为查收遵办，以施惠德于小民。专此，即请升祺。补送宪札告示。

为照送示札子事。

天父天兄天王太平天国壬戌十二年九月十八日。

（《太平天国》，第三册，第156页。罗尔纲、王庆成，桂林：广西师范大学出版社，2004。）

【江苏省常熟县吴塔·同治元年二月初五日】晤顾峻高上舍[云山]及平燮庵、朱半千，承其调停租事，颇有世谊亲情……[初七日]桑砚香为租务禀城，各军、师帅诬以他事，欲陷之，而卒雪其冤。委员督役到各局，押令领租，一切供应，着各（师）[帅]承办，赏罚尚明。

（龚又村：《自怡日记》。《太平天国史料丛编简辑》，第四册，第432页。太平天国历史博物馆，北京：中华书局，1962。）

六、理民词讼

【安徽省潜山县·咸丰四年】夏四月，伪军、师、旅帅建馆理词讼，用听使出文札。

（储枝芙：《皖樵纪实》卷上。《太平天国史料丛编简辑》，第二册，第93页。太平天国历史博物馆，北京：中华书局，1962。）

【安徽省潜山县·咸丰四年正月以后】所至皆改乡为营，立伪职曰乡官。有军帅、师帅、旅帅等名，给木印。敛亩费，理民词。小则有卒长、[两]司马、伍长。外设一异乡人综县事，曰监军。

（李载阳修：《潜山县志》民国四年。）

【江苏省常熟县·同治元年四月】

伪　乡　官

敛钱推诿慷天安，田地丝毫未许瞒；强改土音俨折狱，皇然不愧地方官。

（陆筠：《海角悲声》。抄本，南京图书馆藏。蒋顺兴：《关于"海角悲声"》。《江海学刊》1962年第1期，第19—20页。）

七、供应驻军及过境军队的军需

【安徽省旌德县·天历十年】理天安蓝仁得为催办军需给旌德右壹前营右旅帅吕树

传珍谕

珍谕　　天朝九门御林殿中军大佐将理天安蓝珍谕旌邑右壹前营右旅帅吕树传知之：缘本佐将统领大队，屯于斯境，庶民既经安妥，军需亦宜筹备，是以前曾谕饬军帅谭国忠，着每旅筹办饷银壹千两、食油壹千斤、食盐壹千斤，以应军需。至今未见缴来，实属怠忽之至。为此，谕仰该旅帅及卒两等，赶紧遵照前谕各数，办齐解送前来，毋得再有抗延，切切毋违。特谕。　　为催办军需事。

太平天国庚申十年　月　日。

（《太平天国》，第三册，第81—82页。罗尔纲、王庆成，桂林：广西师范大学出版社，2004。）

【江苏省常熟县·咸丰十一年八月】 贼将各图地方编为军、师、旅帅、百长、司马等名目，以乡间无赖及狡猾之人为之。各镇设局着献都图册，总名乡官。城中伪札，或办油烛，或办麸皮稻草，多刻不及待。且令各家出钱领门牌，各船领船凭，伪天王捐，红粉捐，店捐，船捐，上下忙银，漕粮，伪军派伪师，伪师派伪旅，以次递派，俱有伪札；该交银两若干，额外另加贴费若干，由伪司(长)[马]以次缴伪文军政司，一呼百应，绝无漏网，民不聊生。稍有拖欠，到家严摧，袖中带铁练，甚至锁到伪馆，拷打逼勒。再有违拂，送入城中贼馆吊打，俟缴清后，再要老土花边取赎。如遇乡民杀伪乡官，必出令打先锋。

（陆筠：《海角续编》。《漏网喁鱼集》第124页。北京：中华书局，1959。）

【安徽省旌德县·咸丰十一年十月廿七日】 旌德西乡右一营军帅谭给下洪溪旅帅吕树传札谕

札谕　　旌德邑西乡右一营军帅谭谕下洪溪旅帅吕树传弟知之：前日蓝大人谕办军需，每旅各派银一千两、油盐每旅各一千斤，纸笔墨及各色颜料等物，裁缝二人，火速办来，要紧要紧要紧。坐局涂大人于廿八日开印，各旅该送洋钱为开印之礼外，需豆(付)[腐]廿斤、(罗葡)[萝卜]廿斤、芋头廿斤、白菜八十斤，赶紧办齐，即着人同来役送交勿误。切切。

太平天国庚申拾年十月廿七日谕。

（《太平天国》，第三册，第84页。罗尔纲、王庆成，桂林：广西师范大学出版社，2004。）

【江苏省苏州·同治元年五月初十日】 有大股贼船自苏过镇……乡官馈之以米菜，遂去。

（陶煦：《贞丰里庚甲见闻录》卷上。）

【浙江省湖州·同治元年至三年】 他处之寇过境……乡官供应之，则不扰。局偏别设一局，曰野长毛局，即接待供应之所。

（民国《双林镇志》卷三十二《兵燹记》。）

【浙江省湖州双林镇·同治元年至三年】营中日用一切,均乡官供,不自取求,故地方无所扰。

（民国《双林镇志》卷三十二《兵燹记》。）

八、追捕盗贼与反对者,维持社会秩序

【江苏省江浦县·咸丰八年十一月】[武生]陈立猷自邻郡潜入乡里,纠周志数十人相机恢复,并约城中被胁者为内应。伪乡官傅如宾侦知其谋,言于逆酋,遂捕获立猷等十四人,杀之。

（光绪《江浦埤乘》卷十四。）

【浙江省桐乡县乌镇、乌程县青镇·咸丰十年八月】乌、青两镇有七典库,寇兴数年,捐饷不资,典主力不能支,凡入库之物以千钱为限。自八月初一炬之后,典屋各废,质物靡有孑遗,民多不便。而贼来营馆,益肆诛求,市肆不论大小店户,日抽取厘捐以供无厌之欲。其富室大户另分股派费,动以数万两计,再三请捐,络绎送解,皆责成于司事师帅。后司事不堪驱使,马兰芬逃逸上海,周官勋诡词得脱,惟董沧洲晨夕供奉,内外事赖以调停。有时长毛无故骚扰民间,强取货物,或捉人藏匿土城,或非意恣行毒虐,皆诉于董。董入见魏长毛,颇见听信,将贼众重惩创,稍稍得安枕席,故人之感沧洲者亦复不少。

（佚名:《寇难琐记》卷一,抄本。南京大学历史系太平天国史研究室编《江浙豫皖太平天国史料选编》,第146页。南京:江苏人民出版社,1983。）

【浙江省台州·同治元年正月十八日】南乡伪师帅黄瑰获李向荣[编者按:李向荣是南乡反抗太平军的首领。]献贼。

（陈懋森:《台州咸同寇难纪略》。《太平天国》,第五册,第196页。罗尔纲、王庆成,桂林:广西师范大学出版社,2004。）

【江苏省常熟县·同治元年四月】

弭 盗 贼

连年失窃案陈陈,捕快严追枉费神。一自伪翰官爵贱,四乡贼盗竟无人。

（陆筠:《海角悲声》。抄本,南京图书馆藏。蒋顺兴:《关于"海角悲声"》。《江海学刊》1962年第1期,第19—20页。）

九、为太平军作向导

【江苏省江浦县·咸丰六年十月】[太平军]胁饥民四五千人,夜渡陈家浅,民团扼河堵御。伪乡官董某导从下流潜渡,民团溃。

（光绪《江浦埤乘》卷十四。）

十、社会救济

【江苏省金匮县·同治二年正月】常熟败逆至东亭打馆。金监军黄顺元见其掳人甚众，乃招集乡人及局勇百人，俟败逆起行，站路旁，手持忠逆所赏之令旗，喝下常、昭四百余人，锡、金民数十人，弃下衣包无数。贼(恕)[怒]，开旗将战，顺元说其酋，得无害。所遗服物焚于野，被掳者感。

（佚名：《平贼纪略》。《太平天国史料丛编简辑》，第一册，第 290 页。太平天国历史博物馆，北京：中华书局，1962。）

[编者按：黄顺元办事勤劳，忠王赏职，并赏令旗，"使弹压过境贼"。见同书第283页。]

【浙江省秀水县·同治二年五月初六日】乌镇何长毛[培章]开设义塾及赈粥、惜字等举。

（沈梓：《避寇日记》。《太平天国史料丛编简辑》，第四册，第 256 页。太平天国历史博物馆，北京：中华书局，1962。）

第七节

乡官的出身

一、富户

【江苏省昆山县·咸丰十年】有戴墨林者,昆山西乡大直村富翁,贼胁令充粮长,解粮至苏。

（王德森:《本生先考阳叔出先状》。《岁寒文稿》卷三,第1页。）

【福建省汀州·咸丰七年四月】是时长发盘踞府城,勒令曾炳文出乡募富室金,曾辞以耳聋,贼割其耳,逼其副室投缳死。经理钱局许开晨藏镪巨万,被贼席卷一空;并勒令许开富绅姓名,使各输资充乡官。[有军帅。师帅。旅帅。卒长。左右司马。伍长等名目]。上户出番镪二千圆,马四匹;中户出番镪一千圆,马二匹;下户出番镪五百圆,马一匹。劣衿市侩喜为乡官者,辄榜报条门首,逆党见之,不掠其室;其不输镪马之富绅,贼必羁囚之,拷掠无所不至。

（曹大观:《寇汀纪略》。《中国近代史资料丛刊:太平天国》,Ⅵ,第814页。中国史学会编,编者:向达、王重民等,上海:神州国光社,1952。）

【江苏省常熟县·咸丰十年】南乡民团尚集练塘。有巨富邹、张两姓,招聚白头乡勇,拒守村防。后有[太平军]大队下乡,始行驱散,一方农民遭劫不小。只得入城进贡讲和,迫邹姓人为军帅,事乃暂定也。

（汤氏:《鳅闻日记》。《近代史资料》1963年第1期,第96页。又见《太平天国》,第六册,第323—324页。罗尔纲、王庆成,桂林:广西师范大学出版社,2004。）

【江苏省吴江县盛泽镇·咸丰十年】沈枝珊

伪九门御林荣殿吏部尚书锡天福超升忠诚天将沈枝珊者,盛泽人,为从逆富户王永义家贡生王家鼎之妾弟。咸丰十年五月初四日,王永义遣枝珊及宋七达子、仲瘪嘴,随同小王五官赴贼营远迎进贡,用红单开列王元相名为首。王元相者,四品衔王守谦、捐纳郎中王恩寿、贡生王家鼎之父也。献枣子一桶,银锭十只,雄鸡十只,用黄旗写"早定一统、雄冠三军"八字,谐声献媚,丧心病狂。贼渠邓光明大喜,见枝珊善于应对,知能办事,即派小王五官为军帅,把守盛泽,而以枝珊为师帅,协同把守。后见小王五官不能办事,改派王恩寿为军帅。王氏弟兄叔侄聚谋,恐贼众诛求科派,后难为继;若不出面,又恐无权失势,不能号令一乡,乃荐沈枝珊为主,而以其侄王子青副之。七月内,王永义大集水木两匠,为贼修葺嘉兴城垣,并解洋枪、洋炮、火药、军饷赴贼营应用。俱遣枝珊解往,渐为贼渠信任。

（鹤樵居士：《盛川稗乘》。《太平天国史料丛编简辑》,第二册,第190页。太平天国历史博物馆,北京：中华书局,1962。）

【江苏省吴江县盛泽镇·咸丰十年】盛泽富户王永义,平素恃富豪横,为暴乡里。先于五月初四日赴邓光明贼营进贡迎降,贼授其侄小王五官为军帅,给予令旗、令箭,令在本处把守。王姓遂为贼用,急欲立功自效,见朱法度带勇杀贼,屡次获胜,诱降不从,因于七月初一日用计擒杀法度,并杀团丁中出力者二十余人,团练千余一日散尽。王姓即赴贼营献功。

（鹤樵居士：《盛川稗乘》。《太平天国史料丛编简辑》,第二册,第183页。太平天国历史博物馆,北京：中华书局,1962。）

[编者按：太平天国时盛泽镇曾属浙江省秀水县。]

【江苏省常熟县·咸丰十年八月】福山塘岸有富户归姓,亦挺身做军(师)[帅]伪职,冀保家产。余户皆家产倾荡。盖贼众每日往来不绝,为出北门至福山要冲繁道也。

（汤氏：《鳅闻日记》,《近代史资料》1963年第1期,第90页。又见《太平天国》,第六册,第318页。罗尔纲、王庆成,桂林：广西师范大学出版社,2004。）

【江苏省常熟县王市·咸丰十年八月】[初四日]安庆府人汪胜明者,系每年来放卖箴席,熟悉一方。今为贼中细作,与民通信……[徐茂林,即兆康]曾犯盗案,积恶土棍……平日为势家催租奴,吞霸讹诈,贩田唆讼。父兄弟侄朋比众多,恃势欺良,邻里侧目。素已翘企世乱,乘隙为非,[率其党抢典当。]……八月初六日　王市进贡……乃定以汪胜明为贼监军。姜振之授伪军帅。余人[市侩邵懇棠、叶念劬、金云台、鱼涵泉、徐兆康、严士奇、吴月槎等],各认师、旅、卒长、司马,总呼为乡官。

（汤氏：《鳅闻日记》。《近代史资料》1963年第1期,第88—89页。又见《太平天国》,第六册,第314—317页。罗尔纲、王庆成,桂林：广西师范大学出版社,2004。）

【江苏省常熟县、昭文县·咸丰十年十月】又查何村萧姓,前聚白头,兹逼其弟充当旅帅,效力赎罪。皆乡官[从]中指使。

又暗禀钱逆,某处富户可充乡官,倘遇差徭,有财应抵;亏缺粮饷,可使赔偿。故长毛乐从其请。或有畏避不出,自惜体面,贿乞乡官捐银代替,别派他人。若强违不出,唆使长毛到家抄扰,锁打威胁。无藉之徒,则专行钻谋。军、师、旅帅,三大伪职,非无资者所能营干。但[只给]百长、司马[职],如经造、地方辈,胁诱乡愚资财耳。然此时先出头者,惟前任伪职,首先迎贡,为贼中所信任。诸人尚未分疆界,两邑混管。

(汤氏:《鳅闻日记》。《近代史资料》1963 年第 1 期,第 109 页。又见《太平天国》,第六册,第 337 页。罗尔纲、王庆成,桂林:广西师范大学出版社,2004。)

【江苏省常熟县·咸丰十年十月二十日】军帅请当地有声价者充当。师帅以书役及土豪充当。旅帅、卒长以地保、正身、夥计分当。惟两司马、伍长硬派地着中殷实者承值,凡有役赋不完结者,都责任他身上。

(顾汝钰:《海虞贼乱志》。《中国近代史资料丛刊:太平天国》,Ⅴ,第 370—371 页。中国史学会编,编者:向达、王重民等,上海:神州国光社,1952。)

【江苏省常熟县·咸丰十年十月】[常邑伪监军汪胜明]欲请丁老四商议收租,逼充军帅。老四则以屋产俱倾,身病将死,屡唤不出。贼亦罢之。

(汤氏:《鳅闻日记》卷下。《近代史资料》1963 年第 1 期,第 111 页。又见《太平天国》,第六册,第 339 页。罗尔纲、王庆成,桂林:广西师范大学出版社,2004。)

【浙江省海盐县、海宁州·咸丰十一年二月】[初四日太平军占花溪镇。]初十日,应玉轩设局花溪司空庙,以诸生祝朵香为帮办,并匪类多人,枪船两只。伪票捉人谓之"拔[人]"。当时勒富户贡贼。稍有财产者尽逃避。同时,黄八十自投为乡官,设局通元后,殷户沈王孙欲免祸,亦入党为帮办,势更横。

(冯氏:《花溪日记》。《中国近代史资料丛刊:太平天国》,Ⅵ,第 672 页。中国史学会编,编者:向达、王重民等,上海:神州国光社,1952。)

【江苏省无锡、金匮、常熟、长洲等县·咸丰十一年】伪忠王驻锡五日,军政悉派乾天安李贼,民事派监军黄顺元、厉双福,俱本邑人。南门外天授乡伪军帅黄德元即顺元之兄,以近城故,被害较轻。长安桥、市头等处有富户过姓、胡姓充当旅帅,供应周到,民居未毁。扬名、开化二乡,金玉山为军帅,颇护乡民,本有团练,势甚旺,后为贼注意,赖金左右之。西门外富安乡、万安乡为宜兴冲途,钱南香为军帅。因贼踪充斥,逃避远方。北门外景云乡亦近城厢,有杨念溪为军帅,未甚损坏。但杨之旧宅在江溪桥,房屋百余间,土匪毁其半,官军坏其半,存无几矣。其大镇为东亭,贼与民贸易之所,商贾往来如织,小市遂为雄镇也。怀仁乡地半金匮,通江阴之要道,人民被掳者众,军帅张承寿,旅帅浦紫卿,均是役吏出身,为虎作伥而已。

八月初二日巳刻,贼进城……常、昭既失……贼众奉伪忠王命,变为假仁假义,笼络人心。时届年终,忠逆赴安徽,守苏福省者为熊万荃[即喜天福伪爵],专以要结为事,不复杀掠。忠逆倚为腹心。于是各团有阴相约降。九月中,长洲张汉槎先纳款,受伪爵,而徐氏遂孤。十月中,常、昭守将钱得胜[即慷天燕]由伪举人曹和卿[名敬]作介,授少蘧以同检官衔,两相和约,赏犒甚丰。伪帅熊逼令同至[长洲县]黄棣安民,给示收漕。乡民完粮后,每家墙门贴一纸印凭,长发便不到抄扰。常熟之辛庄、吴塔,苏州之相城、陆巷,一例效尤。而吾邑各团遂无斗志矣。至十月二十日,熊万荃与徐少蘧来议和,言各不相犯,附近各乡造册征粮,均归本地人办理,不派长发一个,乡民不愿留发者听其自便。

(华翼纶:《锡金团练始末记》。《太平天国资料》,第121—124页。北京:科学出版社,1959。)

【浙江省定海县·咸丰十一年十一月至同治元年四月】 下令蓄发,易衣冠⋯⋯改宁波府为宁波郡,署慈谿陆心兰为伪总制。县设伪监军。乡设伪军帅、师帅,并给印,旅帅给旗,强富民为之,参以土豪,罗布村镇,假祠庙庵观为公所,设座列刑杖如衙署。

(黄以恭:《爱经居杂著》卷三《定海寇乱记》。)

【浙江省上虞·同治元年二月】 先是贼入虞邑以来,于各村乡设立军帅、旅帅名目,皆择村民殷实者选充,而以姚晋泰统之,号为监军。姚故邑之大猾,恃势刻剥乡里,民不聊生。贼首史得光目不识丁,惟姚贼言是听,是以民怨切齿。

(林西藩:《隐忧续记》。《太平天国》,第四册,第427页。罗尔纲、王庆成,桂林:广西师范大学出版社,2004。)

【浙江省桐乡县濮院·同治元年二月二十二日】 沈幼巢之为乡官也,汩于赌博,亏空太多。镇人诉于军帅王花大,王乃易置章程,令绅衿各出办事,毋使军师帅当权。因长毛入局混杂,绅士无议事处,于是开塌坊浜莲汀所住屋为南局,而谓旧局为北局云。

(沈梓:《避寇日记》。《太平天国史料丛编简辑》,第四册,第138页。太平天国历史博物馆,北京:中华书局,1962。)

【浙江省桐乡县濮院·同治元年三月二十六日】 [小五弟师帅职]缴师帅印于顾小楼。盖师帅原着顾小楼承当,小楼举小五弟以自代故也。[编者按:顾小楼,秀才顾友斋之弟,富户。]

(沈梓:《避寇日记》。《太平天国史料丛编简辑》,第四册,第148页。太平天国历史博物馆,北京:中华书局,1962。)

【浙江省秀水县·同治元年九月二十三日】 盛川沈子山派新塍镇二万四千石,局中人无可为计,于是[更]立章程,取四乡之刁黠者授以师帅,而取乡间之殷实者逼令受旅帅之职,逐圩逐户编田造册,于是乡间之[田]无可隐匿,而乡人之温饱亦无从躲闪矣。

(沈梓:《避寇日记》。《太平天国史料丛编简辑》,第四册,第192—193页。太平天国历史博物馆,北京:中华书局,1962。)

【浙江省桐乡县濮院·同治二年正月】凡殷实之家,于十三日各分红帖请为[局中——新漕局]司事,如仲兰庄、朱星河、钱老正等共十余人。

(沈梓:《避寇日记》。《太平天国史料丛编简辑》,第四册,第 233 页。太平天国历史博物馆,北京:中华书局,1962。)

二、穷民、匠人

【江西省湖口县·咸丰四年三月】先是,贼下自江西,络绎不绝,邑奸吴采华等诱贼深入。时贼酋胆怯,遣其党江某为监军。江固丐也,居流渐桥月余。至是贼胆愈大,复遣其党陈某为监军,并黄、胡两酋为承宣[后伪封丞相、封王侯],遂据石钟山而城之。大兴土木,凿壕沟,起硝馆,凡民间柴炭,虽一升一斗必括取而押送之。伪官云:"石钟山,铁钟山也。"时吴采华、潘得成等为伪军帅。潘即敬孚从弟,绰号泥菩萨。诸授伪职者,或铁匠,或经纪人,大都不明顺逆,日以罗织为事。而伪官家买田置宅,荣及子孙,一时有军公子、师公子、旅公子之目矣。

(张宿煌:《备志纪年》。《太平天国》,第五册,第 134 页。罗尔纲、王庆成,桂林:广西师范大学出版社,2004。)

【江苏省常熟县·咸丰十年九月十八日】前营师帅陶柳村馆程学士桥茶室……近移馆于李宅……军帅刘永茂,绰号青阳二官,系屠户,馆三里桥哺坊……

……右营师帅水西王文仙[文奎]。西塘左营师帅朱耀明[明□],木工也……皆管各图贡献及门牌、船凭事。

(龚又村:《自怡日记》卷十九。《太平天国史料丛编简辑》,第四册,第 369 页。太平天国历史博物馆,北京:中华书局,1962。)

[编者按:第 376 页记:王文仙"改姓汪,避王字耳。"]

【江苏省常熟县·同治元年闰八月十二日】邹玉韶告退。升周汉山为军帅,张葭汀为师帅。旅帅邢小缘亦斥退。受伪职者唯朱、毛为绅富,余皆编户穷民耳。

(龚又村:《自怡日记》卷二十一。《太平天国史料丛编简辑》,第四册,第 462 页。太平天国历史博物馆,北京:中华书局,1962。)

三、清官员、候补官员

【安徽省庐州·咸丰四年四月】候选千总宋瑶,贼强以伪师帅官加之,心不能平。翌日,贼过□□,瑶不为礼。贼骂瑶。瑶嗾从人追杀之,贼逸去。次日,遂率众焚杀□□。

(吴光大:《见闻粤匪纪略》。)

【江苏省苏州城内·咸丰十年四月十三日】贼至苏,广匪及六合难民(逆)[迎]贼入城……在城居民遭屠戮者十之二、三,投河、投井,悬梁者亦十之二、三,余则能逃出城者则逃出城,不能逃出者则从贼焉。先是在苏候补道李文炳,广东人,知苏城难守,私出城见贼(蕃)[藩]忠酋曰:请入城,珍宝尽有之,勿伤百姓一人。贼藩许之。故入城杀戮较他方稍轻。授李文炳伪职为文将帅,其侄君山改名善交,为吴县伪监军……徐藕汀、虹桥兄弟皆藩司吏,城陷,率妻女共十一人,阖户缢死。

(蓼村遁客:《虎窟纪略》。《太平天国史料专辑》,第 15 页。上海:上海古籍出版社,1979。)

四、士人、绅士

[含举人、秀才、贡生、监生、庠生、童生、绅董、绅富、乡耆。]

【江西省湖口县·咸丰三年正月十五日】又有潘某者,邑之识字人也,自愤读书不得志,即于是日"拜相"。拜相者,贼中令投降也。贼得潘大喜,遂船载去。后甲寅四年冬,从伪翼王石(大开)[达开]来县,果重用为翼殿尚书矣。

(张宿煌:《备志纪年》。《近代史资料》总 34 号,第 188 页。北京:中华书局,1964。)

【江西省湖口县·咸丰三年】七月间仍下湖口。由是煽惑人心,假托周官,倡为军、师、旅帅,两司马,百、卒,伍长等职。索民间造册,许给散门牌,以安百姓。凡称名,男呼兄弟,女呼姐妹,无老少,无尊卑。主其事者潘敬孚,本城中纨袴子,捐纳国学生,出入文昌宫。

(张宿煌:《备志纪年》。《近代史资料》总 34 号,第 188 页。北京:中华书局,1964。)

【江苏省南部·咸丰三年之后】贼踞南京,伪法姬周仪制,不设府州县,令立军旅师帅、百长、司马名目,统属监军节制。(已)[己]则伪号天王。事成则分茅裂土,各就诸侯之国。实则驾驭群贼之谋,以利诱之,恐怀异志。

四乡酿金入城求安买静者谓进贡。令为[伪]军帅,纳税征粮,尚且不堪其扰,否则焚掠无遗,呼为打先锋。

勒令绅士充当军帅。故有出名而不出财者,出财而不出力者,或有数人而合为军帅者。虽一介编氓,亦知不久即灭,徒贻祸患于克复后也。

(沧浪钓徒:《劫余灰录》。《太平天国史料丛编简辑》,第二册,第 140 页。太平天国历史博物馆,北京:中华书局,1962。)

【江西省湖口县·咸丰四年】[贼党]殷中杰,素揽讼不法,于三年五月从贼下安庆。冬月,复至流渐桥,船桅上高揭伪职旗号,扬言造册进贡。四年正月,带贼卒二人,深入文桥,吓诈地方。

（张宿煌:《备志纪年》。《近代史资料》总 34 号,第 189 页。北京:中华书局,1964。
同书同页,咸丰四年三月记:贼改湖口县为九江郡,以九江府为江西省。）

【湖北省汉阳县·咸丰五年】宋长森,字云陔,邑庠生……咸丰乙卯,贼踞汉皋,设伪
官,无赖辈举绅衿名以告,长森与焉。匿不肯往。无赖辈胁之,往见伪王。指唇间物,以为
五官不正,斥之去。

（侯祖畲修:民国《夏口县志》卷十三《人物志·宋长森传》。民国九年刊,第 26—
27 页。）

【湖北省汉阳县汉口·咸丰五年】咸丰乙卯,赭寇据汉口,籍诸生名次,其才者将(浣)
[挽]以伪官。

（侯祖畲修:民国《夏口县志》卷十三《人物志·李兆兰传》,第 26 页。）

【安徽省贵池县·咸丰五年】咸丰五年,岁次乙卯,余馆北山。时闻到处军、师、旅帅
有以贡监充当,有以廪秀充当,设局敛费,苛索民脂,藉以肥己者。

是时,池城、汇镇虽无匪徒屯驻,常有贼众往来,诛求饭食,勒派差徭。又有伪总制、伪
监军等职盘居在城,监收钱漕,近市居民,不胜其苦,渐避深山。

时有邻乡廪生某,贪众敛费,愿充师帅,后为钱漕枷责示众。

（李召棠:《乱后记所记》。《近代史资料》,总 34 号,第 181—182 页。北京:中华书
局,1964。）

【湖北省汉阳县汉口·咸丰五年】咸丰乙卯,避难之马鞍山。是时贼中伪王有访贤之
举,戚党中有从贼者,以长龄应。贼使遗厚币来,辞不见。

（侯祖畲修:民国《夏口县志》卷十三《人物志·李长龄传》,第 26 页。）

【江西省瑞州·咸丰五年十一月至咸丰七年七月】遂设伪总制,比知府;伪监军,比知
县。迫胁士民,勒派支应。

（同治《高安县志》卷之九《兵事》。）

【江西省新余县·咸丰五年十一月之后】随到余城设立伪监军,札传乡耆,多被胁
从……无何索银索米,诛求无厌。

（同治《新余县志》卷之六《武事》。）

【江西省安义县·咸丰六年正月】下令捕绅富充伪官,献粟帛。绅富皆匿穷谷,大索
四十余日,无所获。乃以其凤党为监军,同伪将军留守。

（同治《安义县志》卷之五《武备》。）

【江西省抚州·咸丰六年二月】二十三日，贼遂入踞郡城［编者按：抚州府治临川］，属邑皆陷。逼迫绅士充当伪职，有军、师、旅帅、两司马、百长诸名目，横索民财，搜括富户。各县设立伪监军。

（同治《抚州府志》卷三十四之二《武备·武事》。）

【江西省抚州·1856年10月】府城原有三千官兵驻守，一遇险象发生，即弃城而遁，留下大炮，甚至其他军械，尽资敌人。太平军到，屯东城下，居民开城迎之。乃先遣八人骑马先入，巡行各街道，安抚百姓，大队乃继之进城。其后派队四出在各村镇募兵，持有"奉命招兵"大旗，迅即招得志愿兵几至万人……本地绅士被邀合作，有被任重职者，而一般士人则被雇用为书手先生。

（丁题良通讯。《华北先驱》323号，1856年10月4日。）

【江西省湖口县·咸丰七年】夏六月，伪试。先是五年贼因官军来，不果行。至是凡取入伪学者，逼往彭泽大考。伪官云我可当秀才底子，尽管大考。八月，有无耻之徒俨然拜祖拜客，着一领大红袍，头上所戴则果然举人字帽矣。伪官潘得成之子中伪武举。九月九日尚在家请福酒，忽报石钟山已破，潘足上阶而跌蹶者数次。

（张宿煌：《备志纪年》。《近代史资料》总34号，第191页。北京：中华书局，1964。）

【江苏省昆山县·咸丰十一年】新阳廪生孙启［吟秋］考中长毛解元，其文有"恨不得杀尽妖头上答天王之高厚"。设立解元公馆，逢人辄曰吾道行矣。其弟正斋招致本地人为乡官，乐于从事者不少。荐阳叔公于长毛，贼檄屡至，以病辞避。

（王德森：《先世遗闻》。《岁寒文稿》卷五，第21页。）

【浙江省海盐县、海宁州·咸丰十一年三月】附生顾心安，附生兰池之子，伊亲盛姓为贼乡官，亦声势赫奕，心安为走狗。三十日贼退，海盐士（兵）［民］迁逃未归，心安遂与胡红老领二枪船，逞势勒劫人家，忽遇农家迁避船，装载包裹、妇稚数人，心安掷枪于其船，喊杀而登，其人俱上岸而逃，遂尽获而之盛。亡何，有盛姓佃户来报劫案，并曰才失船物，正泊相公府上，心安色变。又二月二十七日，贼寇海盐，心安与盛荣清手执贼帜指挥城上。

（冯氏：《花溪日记》。《中国近代史资料丛刊：太平天国》，Ⅵ，第675页。中国史学会编，编者：向达、王重民等，上海：神州国光社，1952。）

【浙江省·咸丰十一年】始时所出告示，文理粗率，近来颇有一种文人投入，故笔札较清通。大抵兵兴以来，儒生失业居多，束修无措，学徒星散，无志节者，半作钞胥之吏。亦有公门中刑钱幕客，别无生活，遂为长毛牢笼，计千里之内，不知若干人矣。

(佚名:《寇难琐记》卷一,手抄本。南京大学历史系太平天国史研究室编《江浙豫皖太平天国史料选编》,第155页。南京:江苏人民出版社,1983。)

【浙江省嘉兴·咸丰十一年十一月十七日】嘉兴秀才江梦兰,遭难至镇,夏间为伪师帅沈幼巢办笔札(后为军政司)。吾镇秀才翁镜蓉为长毛而归。

(沈梓:《避寇日记》。《太平天国史料丛编简辑》,第四册,第95页。太平天国历史博物馆,北京:中华书局,1962。)

【浙江省嘉兴·咸丰十一年十二月】十一日,濮院沈牌士宅所设艳天侯秦姓、察天义右武军政司陈及嘉兴秀才文军政司江梦兰之馆子皆撤去,仲秋坪宅中天源钱庄伪钦天预钟之馆子亦撤去,以文军政汪小斋之家眷尚在仲宅。

(沈梓:《避寇日记》。《太平天国史料丛编简辑》,第四册,第106页。太平天国历史博物馆,北京:中华书局,1962。)

【浙江省象山县·咸丰十一年十一月】十七八日,随有城绅数辈出城,胁各处殷实绅士充当乡官。而诸君亦思以身保民,再图后效。于是凡充乡官者,多端人正士。以故贼踞城六阅月,而四乡居民不遭兵火之劫,自冬徂春,耕凿如故也。十二月初五,众乡官入城见张酋。阅日,各领职事回乡。

(佚名:《辛壬胜录》。《近代史资料》,总34号,第196页。北京:中华书局,1964。)

【浙江省太平县·咸丰十一年冬至同治元年】太平师、旅帅皆绅士为之。

(叶蒸云:《辛壬寇纪》。《近代史资料》1963年第1期,第199页。)

【浙江省绍兴·咸丰十一年至同治元年】绍城未复时,贼造伪府,设卡科敛,与大军绝耗,几不知复有天日。无论绅民胥吏皆受伪职,为军帅、师帅、旅帅,大者监军,则某氏家奴马姓,其颠倒殆不可闻。惟故户部主事何惟俊被胁不从,自缢。同年杨凤藻战江干,忠节独著,余竟罕闻。甚至以贿求伪官为显扬,作文自诩,或应贼小试,题系恶俗谚语,各为文颂贼且千言,竟入学,皆出士类。邑库吏并为伪官,类知县,间或故应伪役,全村里,不为无功。而恃势作威,恣意劫夺淫掠擅杀者有之,会稽库吏朱二其尤焉。

(陈昼卿:《蠡城被寇记》,抄本。南京大学历史系太平天国史研究室编《江浙豫皖太平天国史料选编》,第259页。南京:江苏人民出版社,1983。)

【浙江省桐乡县乌镇·同治元年十月十九日】镇人董易帆为绅董,主长毛局事,贼甚信任。……长毛呼为董老(班)〔板〕。

(沈梓:《避寇日记》。《太平天国史料丛编简辑》,第四册,第195页。太平天国历史博物馆,北京:中华书局,1962。)

【江苏省常熟县、昭文县·咸丰十年十月】 尔时避难士人，衣食久乏，每央友荐引入局，佣为乡官书写，以免冻馁。[有的士人诚心做事，被收用。有的违拗，被驱逐。如邵憩棠用的士人，凡避讳字不肯加草头，写咸丰年号不肯加反犬旁，被]驱逐出局，坐视其冻馁而死。如昭文军帅夏晓堂、严逸耕等，俱用两县衙门前房科吏役，素办钱粮等辈为书记，惯于办事，一概规例，皆其指教。

（汤氏：《鳅闻日记》。《近代史资料》1963 年第 1 期，第 110 页。又见《太平天国》，第六册，第 338 页。罗尔纲、王庆成，桂林：广西师范大学出版社，2004。）

【浙江省仁和县·同治元年七月】 时继王忠良而为军帅者沈小湖祖琛，先（予）[余]入学者也。[张尔嘉]由明冈叔之荐，到局帮司笔札，一为糊口计，一免野长毛之掳。

（张尔嘉：《难中记》。《中国近代史资料丛刊：太平天国》，Ⅵ，第 641 页。中国史学会编，编者：向达、王重民等，上海：神州国光社，1952。）

【浙江省桐乡县·同治元年正月十九日】 局中办事者添岳雅山、曹霭山两人，皆桐乡茂才。曹故有家，其入局也，盖欲免于局人之收刮而将以收刮人也。

（沈梓：《避寇日记》。《太平天国史料丛编简辑》，第四册，第 129 页。太平天国历史博物馆，北京：中华书局，1962。）

附：士的地位、出路

【江苏省扬州·咸丰三年至五年】 [士人]浸假有为贼效死，擅威福以杀人，并献媚而戏侮圣经，闻者能无发指乎！

（臧毂：《劫余小记》上。《太平天国资料》，第 89—90 页。北京：科学出版社，1959。）

[编者注：该书记述扬州士人之分化，有对抗太平军被杀的，有自杀的，有饿死的，有效力太平军后又叛变降清的。]

【江西省丰城县·咸丰三年九月】 贼营中缺读书人，有从之者，称为先生，即派七八人服侍云。

（毛隆保：《见闻杂记》。《太平天国史料丛编简辑》，第二册，第 79 页。太平天国历史博物馆，北京：中华书局，1962。）

【浙江省嘉兴·咸丰十一年一月十八日】 汪处文人办笔墨，每日给钱二百八十文。

（沈梓：《避寇日记》。《太平天国史料丛编简辑》，第四册，第 66 页。太平天国历史博物馆，北京：中华书局，1962。）

【江苏省常熟县、昭文县·咸丰十年九月二十六日】 南城伪官胡伯和，系桐城人，以知县需次苏垣，近为贼掳，管文案有劳绩，得操利权，馆大街胡宅。

（龚又村：《自怡日记》。《太平天国史料丛编简辑》，第四册，第 375 页。太平天国历史博物馆，北京：中华书局，1962。）

【江苏省常熟县、昭文县·咸丰十年十一月初五日】屈容斋茂才，贼延主计，供奉甚优。

（龚又村：《自怡日记》。《太平天国史料丛编简辑》，第四册，第 380 页。太平天国历史博物馆，北京：中华书局，1962。）

【江苏省常熟县、昭文县·同治元年八月】初八日，城中最有权者如陈军政［耘云］，专管粮务。［常熟管粮事者为陈耕云，仪征人，豪华特甚。职为军政司，原系廪生。］其次为［胡］伯和，以文案兼理刑名。［胡伯和，榜名昌銮，徽州人，丙午孝廉，江苏拣发知县。死后木主书清朝官衔。其子袭其官。］又其次为汪监军，各军解粮须经其手。［汪乃卖席出身。］土官则钱参军伍卿，主留养局兼司盐政、团防。王将军文奎又以催征有功，书上考。陶将军［柳村］虽死，而钱帅优恤，仍派其冲（冲）［仲］子接办钱粮。汪以卖席出身，向熟虞地……以小民而呼大人，其他多类是。

（龚又村：《自怡日记》。《太平天国史料丛编简辑》，第四册，第 407 页。太平天国历史博物馆，北京：中华书局，1962。）

五、吏胥、帮役

【江苏省金匮县·咸丰十一年】四月初十，县城不守。……怀仁乡地半金匮，通江阴之要道，人民被掳者众，军帅张承寿、旅帅浦紫卿，均是役吏出身，为虎作伥而已。

（华翼纶：《锡金团练始末记》。《太平天国资料》，第 121—124 页。北京：科学出版社，1959。）

【浙江省海宁州·咸丰十一年】咸丰辛酉，粤逆再犯浙江……奸书俞和长以咸丰十年冬漕花户册献诸贼，首逆蔡元隆因其诚，信任之，令佐伪监军按户收银米，倍其数，贼给收据，式若串票，今犹有存者。故凡吾邑被贼诛求，虽僻地穷村，零星小户，无幸免者。岁大饥，逾额即斩，百姓死无算。非俞和长献册媚贼，贼何由按户诛求，惨毒如此其遍也。

（陈锡麒：《粤逆陷宁始末记》。《中国近代史资料丛刊：太平天国》，Ⅵ，第 652—653页。中国史学会编，编者：向达、王重民等，上海：神州国光社，1952。）

【浙江省乌程县青镇、桐乡县乌镇·咸丰十一年五月至同治三年元月】于是枪匪土棍及诸充地保者皆投身为伪乡官，乘机吓诈乡民……乌镇则程邑地保王大，青镇则桐邑盐捕周华、差役吴坤，皆故枪匪，又皆为贼军帅。

（皇甫元垲：《寇难纪略》稿本，第 4、7 页。浙江图书馆藏。）

【**浙江省桐乡县濮院·同治元年正月十九日**】濮院军帅已换桐乡人沈五弟……桐乡县捕快头之子也。

（沈梓：《避寇日记》。《太平天国史料丛编简辑》，第四册，第 129 页。太平天国历史博物馆，北京：中华书局，1962。）

【**浙江省海宁州·同治元年二月**】

奸书俞湖，字和长，号五田，城陷即献征册，漕赋倍加，需索尤意外。岁大饥，石米十余千不可得，死无算，音耗亦不易达闻。

（陈锡麒：《粤逆陷宁始末记》。《中国近代史资料丛刊：太平天国》，Ⅵ，第 651 页。中国史学会编，编者：向达、王重民等，上海：神州国光社，1952。）

六、乡图里正、地保

【**江苏省无锡县、金匮县·咸丰十年五月**】[募得]米业华二[为无锡监军]，猪业黄顺元[为金匮监军]。于是分境各募军、师、旅帅、司马、百长，皆乡图里正充之……各伪职既得贼势，衣锦食肉，横行乡曲，昔日之寒苦况，均不知矣。然民得暂安，未始非若辈之力。间有图董不得已而充者，尚无恶习。

（佚名：《平贼纪略》。《太平天国史料丛编简辑》，第一册，第 267 页。太平天国历史博物馆，北京：中华书局，1962。）

【**江苏省常熟县·咸丰十年八月二十四日**】[祥天福侯裕田、慷天燕钱桂仁来常安民。侯，广西人。钱，桐城人，馆程家巷杨宅。]同里地保陶柳村奉派为师帅，复以功加将军衔。

（龚又村：《自怡日记》。《太平天国史料丛编简辑》，第四册，第 366 页。太平天国历史博物馆，北京：中华书局，1962。）

【**浙江省秀水县·咸丰十年九月初八日**】[时新塍已进贡，悦天安黄安民告示]保举谙练公事二人，前来嘉郡，奏保用为乡官，上应公差，下安黎庶。

（沈梓：《避寇日记》。《太平天国史料丛编简辑》，第四册，第 44—45 页。太平天国历史博物馆，北京：中华书局，1962。）

七、商人

【**江苏省昆山县陈墓镇·咸丰十年**】[五月初一。闻太平军占昆山。]……[七月中旬，原欲组织团练之牙侩王文竹到苏州忠王李秀成处。乡官中事为]镇中首富陈骏台等主持。[乡官中旅帅、百长有]乐于从事者，固不乏人。[亦有被胁]素称公正庸懦者。

（陆云标：《庚申年陈墓镇记略》。《太平天国资料》，第 132—135 页。北京：科学出版社,1959。)

【江苏省常熟县·咸丰十年】[王市乡官局设严士奇家。士奇之父即文生严朗山。乡官]俱市之猾侩及经造地方管帐钱房等人……恃威自大,效学绅董。……又有无籍之徒,投身入局,伪充差役,甘作仆隶,借势凌人。

(汤氏:《鳅闻日记》。《近代史资料》1963 年第 1 期,第 91 页。又见《太平天国》,第六册,第 318 页。罗尔纲、王庆成,桂林:广西师范大学出版社,2004。)

【江苏省常熟县·咸丰十一年八月初八日】闻伪示,业主呈田数给凭,方准收租。每亩出田凭费六十。又欲呈田契钤印,图取税银,曹和卿劝止。现设公局于西庄存仁堂,议各乡租米归粮局代收,其盐务则拨各乡着军、师帅销卖,领价每斤十八,捐难民局二文,钱帅归四文,各局赚四文,定价廿八。城中最有权者如陈军政□□,专管粮务。其次为□伯和[蕴祐],以文案兼理刑名。又其次为汪监军□□,各军解粮须经其手。土官则钱参军伍卿,主留养局兼司盐政、团防。王将军文奎又以催征有功,书上考。陶将军虽死,而钱帅优恤,仍派其(冲)[仲]子接办钱粮,馆局未散,然其统领多杂品。若汪监军乃卖席出身,向熟虞地,娶王嫠妇即启贤茂才[宪甲]之妹,以小民而呼大人,其他都类是。

(龚又村:《自怡日记》。《太平天国史料丛编简辑》,第四册,第 406—407 页。太平天国历史博物馆,北京:中华书局,1962。)

【江苏省常熟县·同治元年四月】

伪 刑 官

刑部司员问姓王,俨然南面比黄堂。书差县署原班手,相说他曾开土行。

(陆筠:《海角悲声》(抄本·南京图书馆藏)。蒋顺兴:《关于"海角悲声"》。《江海学刊》1962 年第 1 期,第 19—20 页。)

八、无赖、无业游民、土棍

【咸丰三年至六年】往见贼立乡官,束修砥行之士尽不屑为,惟贪鄙狡黠者,争先夤缘。下至两司马,亦假贼威权,暴横里闾,借端科派,私饱囊橐,计一县衣食于民者几万家,使贼不速殄,则比户悉不聊生。

(张德坚:《贼情汇纂》卷三《伪科目》。《中国近代史资料丛刊:太平天国》,Ⅲ,第 114—115 页。中国史学会编,编者:向达、王重民等,上海:神州国光社,1952。)

【咸丰三年至六年】此则视乡官为何如人耳,倘有乡官本刁健讼棍,饶有机窍,每备礼物入城献于贼目,与之款洽,倚为护符。但有横行抢劫之贼,乡官一禀遥达,且将此贼斩首悬示矣。设策以保乡党,其心可原,殊不知此等人又以贼所科派者更加敛之,中饱干没,仍以乡民为鱼肉者也。

（张德坚：《贼情汇纂》卷十《贼粮》。《中国近代史资料丛刊：太平天国》，Ⅲ，第275页。中国史学会编，编者：向达、王重民等，上海：神州国光社，1952。）

【安徽省安庆·咸丰三年秋】［石达开收买无赖充伪乡官］征田赋。

（李滨：《中兴别纪》卷九。）

【江苏省扬州·咸丰三年至四年】已令入据得先争，狡诈尤多善守缨……敢倚危巢作安稳，城头时出笑扬声。

（吴清鹏：《笏庵诗抄·纪扬州贼事》。转引自周村：《太平军在扬州》，第48页。上海：上海人民出版社，1957。）

【江苏省扬州·咸丰三年至四年】良民不肯为旅帅，为司马，为百长，市井无赖及蛮横仆妇喜充之。蓄发，包黄油，扬扬意得。

（臧毂：《劫余小记》。《太平天国资料》，第82页。北京：科学出版社，1959。）

【江西省彭泽县·咸丰四年春】设伪监军莅县事……而王、魏二贼居然以伪军帅巡乡。

（同治《彭泽县志》卷七《团练纪略》。）

［编者按：同书指明王、魏均为无业者。］

【江苏省苏州、咸丰十年至同治二年】选各乡土匪头目授以伪职，曰乡官，使管理一方民事。各乡官共建大石碑于阊门外，凿大字四，涂以金，曰"民不能忘"。背后凿姓氏不下千余人，皆苏民，藉此以媚贼。

（王步青：《见闻录·苏州记事》。《太平天国史料专辑》，第540页。上海：上海古籍出版社，1979。）

【江苏省无锡县·咸丰十年】扬名乡有金阿狗名玉山者，城陷时，缘事系狱，贼至释之，为乡官。

（施建烈：《纪县城失守克复本末》。《中国近代史资料丛刊：太平天国》，Ⅴ，第253页。中国史学会编，编者：向达、王重民等，上海：神州国光社，1952。）

【江苏省武进县、阳湖县·咸丰十年】伪谒天义踞城中，建总制、监军等伪官。出伪示，发使催贡。乡设军师旅帅、司马、百长，立卡抽厘。招书吏造册征钱漕……伪乡官类多无赖。里魁惟黄肇昆、张仲远，尝为民请命，民多德之。

（光绪《武阳县志》卷五。）

【江苏省常熟县·咸丰十年十月】吾镇亦给门牌告示,条款严厉,门牌看其家之小大,出钱多寡……各镇设馆,插安民旗,无赖之徒甘为军帅、旅帅,刻刻着办贡礼捐饷。又访着名最大者,延请入城办事,或充军帅、旅帅,逼胁者多。支塘设栅收税,白茆新市照票。十一月,白茆口龙王庙设关收税。剃发竟不能矣。堂然伪天王黄榜,抚恤民困,起征粮米。忠王李转饬驻扎常熟慷天燕钱,勒限征收。有归家庄无恶不作积年土棍向充地方之王万,居然军帅。十三日,乘高轩,衣红褥,头裹黄绸,加以大红风兜,拥护百人,到镇安民,遂逼胁多人,授以师旅名目,即谕着办大漕。贼中避讳王字,故改为汪。

(柯悟迟:《漏网喁鱼集》,第49—50页。北京:中华书局,1959。)

【浙江省桐乡县·咸丰十年十一月初九日】[太平军始至青镇]于是四乡博徒、土棍及地保皆作伪乡官。

(光绪《桐乡县志》。)

【江苏省昆山县·咸丰十一年】五月初二日,周庄费姓[编者注:费玉存,镇天侯],里中大猾也,为枪船头领,受贼伪职。来枪船几十号,在东栅大开博场,昼夜演剧。妓船数十号蚁聚,无赖之徒皆入党摆庄。又设保卫局于东溪,巡闲盗贼,兼理民词,颇有旧家子弟入局襄事。令富户十余家捐钱一千千。又收(合)[阖]镇屋租一月六百余千。又令各户出红粉钱,长短不一。

(倦圃野老:《庚癸纪略》。《太平天国》,第五册,第317页。罗尔纲、王庆成,桂林:广西师范大学出版社,2004。)

【江苏省常熟县·咸丰十一年八月】贼将各图地方编为军、师、旅帅、百长、司马等名目,以乡间无赖及狡猾之人为之。各镇设局着献都图册,总名乡官。城中伪札,或办油烛,或办麸皮稻草,多刻不及待。且令各家出钱领门牌,各船领船凭,伪天王捐,红粉捐,店捐,船捐,上下忙银,漕粮,伪军派伪师,伪师派伪旅,以次递派,俱有伪札;该交银两若干,额外另加贴费若干,由伪司(长)[马]以次缴伪文军政司,一呼百应,绝无漏网,民不聊生。稍有拖欠,到家严催,袖中带铁练,甚至锁到伪馆,拷打逼勒。再有违拂,送入城中贼馆吊打,俟缴清后,再要老土花边取赎。如遇乡民杀伪乡官,必出令打先锋。

(陆筠:《海角续编》。《漏网喁鱼集》,第124页。北京:中华书局,1959。)

【浙江省海宁州·咸丰十一年二月】十八日,[太平军]又至袁花镇,分居民房,设立伪卡。里中无赖从贼为乡官,敲诈逼勒,无所不至。土匪乘之,驾船劫掠。士绅殷富,辄被掳以勒赎,居民尽弃家而逃。

(陈锡麒:《粤逆陷宁始末记》。《中国近代史资料丛刊:太平天国》,Ⅵ,第649页。中国史学会编,编者:向达、王重民等,上海:神州国光社,1952。)

【浙江省海宁州袁花镇·咸丰十一年十一月至同治三年二月】无赖从贼为乡官。

（民国《海宁州志》，卷四十，第 26 页。）

【浙江省杭州地区·咸丰十一年至同治二年】小人道长势汹汹。

（陆以湉：《杭城纪难诗》。《庚辛泣杭录》卷十四上，第 4 页。）

【江苏省常熟县·同治元年三月十四日】闻无锡金阿狗系狱中逃犯，今为乡官，钱粮从向例，不允分外需索。统属十七图，聚村团领勇逼城与贼打仗，惜夜为贼袭，后无援兵，被贼大冲。

（龚又村：《自怡日记》。《太平天国史料丛编简辑》，第四册，第 437 页。太平天国历史博物馆，北京：中华书局，1962。）

【浙江省秀水县·同治元年闰八月二十三日】取四乡之刁黠者授以师帅，而取乡间之殷实者逼令受旅帅之职……乡官夏阿桂包收漕米六千石。

（沈梓：《避寇日记》。《太平天国史料丛编简辑》，第四册，第 193 页。太平天国历史博物馆，北京：中华书局，1962。）

九、土豪

【江苏省苏州·咸丰十年四月之后】娄塘镇有土豪某，以浮言惑居民，众误信之，遂顺于贼矣……而彼土方以亲女许配贼酋，复益挟势以凌人。

（潘钟瑞：《苏台麋鹿记》卷下，《中国近代史资料丛刊：太平天国》，Ⅴ，第 291 页。中国史学会编，编者：向达、王重民等，上海：神州国光社，1952。）

【浙江省定海县·咸丰十年】下令蓄发易衣冠……改宁波府为宁波郡，署慈谿陆心兰为伪总制。县设伪监军，乡设伪军帅、师帅，并给印，旅帅给旗，强富民为之，参以土豪，罗布村镇，假祠庙庵观为公所，设座列刑杖如衙署。

（黄以恭：《爱经居杂著》卷三《定海寇乱记》。）

十、江苏省长洲县的情况

【江苏省长洲县·咸丰十年六月至同治二年】徐少蘧局中班底及乡官情况：

徐少蘧，富家子也，幼喜扑拳为戏，然纨绔儿不耐习劳，亦无所见长于乡里。

康少廉，徐之记书[室]，行恶性贪。

潘颖如，徐之亲戚，苏人。城陷逃在徐处。现为局友。

蒋升高，勇目。少之结义弟兄。曾劫难民船。

陈坤,陆墓人。初为催奴,城失见贼,贼封为军帅。现少托之为七军总巡,贼之美差。

马胜,虎邱人。苏失即为军帅,是军帅第一人。

马春和,黄土桥人。苏之从贼之魁,说少降贼,又往江北、上洋为奸细。有人讨其罪,仿讨武则天檄文行世。

李子传,苏人。候补杭省某县知县。为徐各处催捐,追呼甚迫。

陆衡石,同字圩人。徐之表亲。现为师帅。仗徐势得利无穷。

项桂,徐之队长。少之结义弟兄,行与升高同。

徐松泉,苏人。马春和之亲翁。在南濠开鱼行。到徐局为捐务副总督,又做奸细。

徐芳洲,徐之族中人。到各处招(谣)[摇]撞骗,得利数万。老而奸,人指为老奸贼。

王鸿秀,泾巷桥后王巷滨人。曾在赌博局中装潮烟。衣食不周,妻子求乞。迫十年四月十三日苏省陷后,十七日王遂买进贡礼物与马胜投诚,熊贼遂派王为伪师帅,马伪军帅,到处头裹黄绢,身穿红袍,仗势欺人,得利无穷。是三县有伪乡官者由此二人始。

支少逸,永昌北陈家庄人。业痘医,行浮而喜夸。刘之表亲,托伊为两师总巡,刘之耳目也。声甚赫赫,见之莫不邪视。

施润卿,苏人。业织机。与常邑洞港泾师帅朱又村有亲谊,为出场师帅。依仗刘威,无所不为。

汪可斋,常邑人。逃难至吴塔,曹和卿荐至蒋局。后得势,视蒋主人为赘旒,智甚诡,行甚劣,现为参军。

顾晴川,徐母塘人。富家子。品行最下,图中有力之家,无不一一报与刘知。在局收米最恶,丝毫不肯饶人,图中人莫不切齿。

毛溶江,常邑人。本富户。现为师帅。与刘拜为弟兄,乡官之势甚。凡害民之事,无不一一为之。

胡吟山,苏人。现为刘之书记,承意旨,勤奔走,人称为走狗。

(佚名:《蠡湖乐府》。《近代史资料》,总 34 号,第 167—168 页。北京:中华书局,1964。)

第八节

乡官处境

【**安徽省石埭县·咸丰七年**】池郡伪王旋委汤监军赴石[石埭]安民,饬百姓蓄发,照常开市耕种,男女无得远避,并饬各都甲设立军、师、旅帅,司马,百长诸伪职,立局办公。境内诸股户皆潜避山内,而请董事设局进供缮册。军帅则请三都蒋家玉充之,旅帅则请四都苏华宝充之,师帅则请五都徐万华充之。公议:如被贼害,地方出费抚卹其家,并立庙设位致祭,与官军阵亡同例。诸人因谊关桑梓,遂冒死出入贼中,多方膺命,上府进省,身委虎口之中者屡屡。

(苏吉治:《流离记》。)

【**浙江省桐乡县·同治元年正月十九日**】漕米限七日交齐。钱鹤田来濮[院]包漕,打六折之说。

(沈梓:《避寇日记》。《太平天国史料丛编简辑》,第四册,第 209 页。太平天国历史博物馆,北京:中华书局,1962。)

【**浙江省桐乡县濮院·同治元年正月**】二十日,闻钟长毛谕桐乡粮米限七日完齐,学中刁斗钱崔田来濮[院]包漕,打六折完纳之说。

(沈梓:《避寇日记》。《太平天国史料丛编简辑》,第四册,第 129 页。太平天国历史博物馆,北京:中华书局,1962。)

【**浙江省桐乡县·同治元年十二月初七日**】塘南乡官殳阿桂包收漕米六千石,可收万石。

(沈梓:《避寇日记》。《太平天国史料丛编简辑》,第四册,第 202 页。太平天国历史博物馆,北京:中华书局,1962。)

一、乡官的待遇与报酬

【**浙江省黄岩县·咸丰十一年**】路桥、巨镇设伪官,有乡、旅帅之名,尚获安堵。有悯

425

余者曰：米贵，斗八千钱，盍就一职得薪水乎？答以绌于才，而深感盛情，且已应童蒙之求，仰事俯畜有资。

（林友兰：《记辛酉避粤寇事》。《黄岩南安林氏支谱》卷下。）

【浙江省杭州一带·天历十一年至十二年】巡查陈大人台下……弟蔪菲下体，一无擅长，自今春间接充甲长，已经数月，尚未给发口粮，枵腹从公，实难维持。

（《甲长跪禀给发口粮》。原件藏上海图书馆。《太平天国印书》，第二十册，《钦定敬避字样》所附。又，《太平天国文书汇编》，第265—266页。又《中国近代史资料丛刊：太平天国》，Ⅱ，第708—709页。中国史学会编，编者：向达、王重民等，上海：神州国光社，1952。）

二、乡官的升迁——后期可升守土官或军官

【江苏省常熟县、太仓县·咸丰十年冬】又有伪乡官者，皆协从土人为之，索贡征粮者也，曰军帅，曰师帅，曰旅帅，曰两司马，曰卒长，曰伍长。或曰军帅能升监军，若太仓之韩吉吉，是则土人渐入贼中矣。

（佚名：《避难纪略》。《太平天国史料专辑》，第60页，上海：上海古籍出版社，1979。）

【江苏省常熟县·咸丰十年十一月初七日】闻城中军帅钱春到恬庄上任，进巡检司衙门为乡官，未知确否？

（佚名：《庚申避难日记》。《太平天国史料丛编简辑》，第四册，第489页。太平天国历史博物馆，北京：中华书局，1962。）

【浙江省桐庐县乌镇·咸丰十年十二月六日】军帅吴春波[即新塍人]。

（沈梓：《避寇日记》。《太平天国史料丛编简辑》，第四册，第59页。太平天国历史博物馆，北京：中华书局，1962。）

【浙江省绍兴县·咸丰十一年】十月初一日……各大镇设立军帅，每县设监军，俱以土著充之。柯桥军帅为赵某，即华舍司进贡者……赵本一游民……至是乘坚策肥，张盖呵道，凡所辖大家，俱受其胲剥焉……十四日……余见伪绫天安有示云："本地居民公同保举潘兰，精明强干，老成持重，爰特拔为[山邑]监军。"[是时山村安谧，掷樗蒲，唱高歌，晏如也……乡官成分为蠹吏游民……跼居庠序者。]

（杨德荣：《夏虫自语》。《中国近代史资料丛刊：太平天国》，Ⅵ，第782页。中国史学会编，编者：向达、王重民等，上海：神州国光社，1952。）

【浙江省秀水县·同治元年一月十日】新塍军帅夏月帆……军帅换沈五弟。

【浙江省秀水县·同治二年三月二十六日】新塍夏月帆[原为军师],监军。

(沈梓:《避寇日记》。《太平天国史料丛编简辑》,第四册,第127、247、254页。太平天国历史博物馆,北京:中华书局,1962。)

[编者注:同书同治二年四月二十四日记夏月帆同清军联系,脚踏两只船。]

【浙江省桐乡县·同治元年二月初四日】濮院沈幼巢卸师帅后,伪又升其为第陆参军,设馆子于白雀寺,初六日开印。

(沈梓:《避寇日记》。《太平天国史料丛编简辑》,第四册,第133页。太平天国历史博物馆,北京:中华书局,1962。)

三、乡官的威风

【浙江省山阴县、会稽县·咸丰十一年】朱东山者,会邑库书……百计营求,得为会稽监军。戴幞头、服黄褂,占民房作衙署。招集胥役,多至数百人。每出,旗帜呵殿,贵倨各侯王。各乡官效之……然自伪监军至旅帅,皆听命于佐将。稍忤之,琅珰加身,鞭扑随之,弗敢号也。

(王彝寿:《越难志》。《中国历史文献集列》,第一集,第245页。《太平天国》,第五册,第143—144页。罗尔纲、王庆成,桂林:广西师范大学出版社,2004。)

【浙江省宁波、绍兴·咸丰十年至同治元年】自粤匪窜踞,乡设伪官,途置贼卡……是以良民欲为民而气已馁,奸民敢为贼而胆愈张。

(陈锦:《上浙江左大中丞请规复宁绍郡邑书》(壬戌五月)。《勤余文牍》卷一。)

【江苏省吴江县·咸丰十年至同治二年】盛泽伪军帅沈紫珊极华侈,自寿之时,宠姬九人,悉曳罗绮,衣皆锦绣,百蝶团花,无不以明珠为缘。客以千计。克复时,以数十万金分馈当路,冀以免祸。

(沧浪钓徒:《劫余灰录》。《太平天国史料丛编简辑》,第二册,第163页。太平天国历史博物馆,北京:中华书局,1962。)

【江苏省无锡县、金匮县·咸丰十年至同治五年】伪职

黄顺元,金匮尤渡里人,以贩小猪为业者。贼至,被掳,为贼催贡,充伪师帅。后升伪军帅,立局尤渡里。迨军、师、旅帅立齐,升金匮监军,移局于东亭,遂有其号竹甫也。捍过境之贼甚勇,故得民欢。惟好淫,贫家之妇女及娼妓,被污者七八十人。然日与贼繁,夜则奸淫,堪称牛马精神。克复后尝至善后局,似有绅衿气象,因与局董出言无逊,经某绅掌颊而退,家亦中落。死后乏嗣。

华二者,无锡米业人,避居毛竹桥小章里。四月十六日,为贼所掳,使其催贡,充师帅。

时过纪六者，毛竹桥富户，愿出番银壹千元，浼华二进贡，以保其宅。华二邀乡老十余人，备猪羊鸡酒进城献贡，华二升无锡监军。五月二日，野贼过境，将扰过宅，华二邀出城贼弹压，得无害。过纪六又出番银千余元。华二立局城中道场巷，衣红绉衣，穿黄马褂，出入乘马。辛酉春，移局于塘头党氏家，旋移堰桥镇。壬戌春退让厉双福为监军。复城后，仍为米业。

厉双福，惠山钱桥羊毛岸人，字月斋。素充图董，尝应童子试，实讼棍也。贼至被掳，为贼催贡，始为伪师帅，立局洛社。旋升军帅，移局于庄巷，颇得声势。壬戌春，华监军退职，双福即充授伪职，至芥天豫。迨官军进攻时，遁靖江，适遇邑绅，倾其资囊而回。本乡克城后，故智复萌，唆讼诬张，鱼肉乡里。四年乙丑二月，邑绅施建烈等执送无锡令吴政祥，下诸狱。未几，营谋得释，往上海，设烟馆为业。

白眼三庆者，姓胡，堰桥人，立师帅局于西胶山。又有蒋公正者，乳名阿狗，张泾桥人，立军师堂于张泾桥。皆擅作威福之徒。授伪职、立伪局之期，借乘神庙之八轿为之公座，前呼后拥，自为豪杰。

（佚名：《平贼纪略》。《太平天国史料丛编简辑》，第一册，第324—325页。太平天国历史博物馆，北京：中华书局，1962。）

【江苏省常熟县·咸丰十一年七月二十九日】 闻野塘苏军帅[惠嘉]局通图团练，每户五日给三百钱，暗为他时接应。莫城王局亦铸军器，藏以待时。可谓佣中佼佼。若上塘旅帅钱德祥、李祥茂、翁卿英、金怡，下塘师帅陆关先等倚势忘情，猥鄙不足道矣。

（龚又村：《自怡日记》。《太平天国史料丛编简辑》，第四册，第404页。太平天国历史博物馆，北京：中华书局，1962。）

【江苏省常熟县·咸丰十一年十二月十二日】 吴塔各局得官兵之信，不专办粮，完粮者观望徘徊，几至中阻。徐[少蘧]局檄朱、蒋两局速备枪船，兼捐军饷。

（龚又村：《自怡日记》。《太平天国史料丛编简辑》，第四册，第422页。太平天国历史博物馆，北京：中华书局，1962。）

【浙江省绍兴县·咸丰十一年九月——同治二年正月】 贼安民后，立伪乡官。

又颇与人结姻，名曰贵亲。

余曾戏作《乡官》、《贵亲》二谣，录于此。

《乡官谣》云：

乡官乡官何太多，军师旅卒各殊科。能为谄容作狐媚，能肆贪虐如虎苛。蛇蝎纷纷满街走，牛头(呵)[阿]旁无不有。乡官威仪何煌煌，呼叱搢绅如叱羊。剥肤吸脂冀贼喜，贼怒一鸣官伏地。无边欲壑急须填，明朝又作殃民计。道旁愚民相涕泣，不怨乡官先怨贼。我语尔辈慎勿声，怨贼恐致乡官嗔。

《贵亲谣》云：

贵亲贵亲奢且华,鸳盟结到王侯家。生男不如生女好,出入舆从相矜夸。轩轩意气谁能愢,欲使乡愚望颜色。自言我是丈人行,渠帅大酋俱拱揖。昔时无赖今雄豪,长鱼大肉供老饕。有时勒索作威福,乡官奔走如儿曹。闻道城南义旗指,贵亲闻之色如死。但愿贼踞越城千万年,贵亲之乐如神仙。

《乡官谣》盖指不逞者言。其佯从贼而阴卫民者,未可同日语也。如贵亲,则既甘心为贼戚,则其中之善恶,更不必区而别之矣。

贼中多谣词,尝行歌于道。记其一云:"太平天国万万年,军师旅帅好买田。卒长司马腰多钱,百姓可怜真可怜。"

(王彝寿:《越难志》。《中国历史文献研究集刊》,第一集,第243页。又见《太平天国》,第五册,第156页。罗尔纲、王庆成,桂林:广西师范大学出版社,2004。)

【江苏省吴江县芦墟胜溪·同治元年正月十八日】知[乡官]局中喜事极阔,约二千号。在平时虽大绅(矜)[衿]不能如是也。

(柳兆薰:《柳兆薰日记》。《太平天国史料专辑》,第235页,上海:上海古籍出版社,1979。)

【浙江省桐乡县·同治二年正月十五日】[濮院师帅董春圃上任之仪式],共收[贺]份五十余千。[请客看戏],共酒宴费八十余千。

(沈梓:《避寇日记》。《太平天国史料丛编简辑》,第四册,第233页。太平天国历史博物馆,北京:中华书局,1962。)

四、乡官发财与亏赔

(一)侵吞他人财产

【江苏省吴江县·咸丰十年四月至同治二年六月】汪老保、张酉山

伪前营协理汪老保,盛泽人。老奸巨滑,善为贼划策,破人家私,积资甚丰,佯作窭人状。伪协理张酉山,本开绸缎行,与前吴江县姚令有姻戚。姚署震泽县时,曾充幕友,狡黠善钻刺,与汪老保朋比为奸。收复后倚[沈]枝珊力,荐入劣绅潘曾玮门下,投拜门生,仍营本业,家资十余万。

(鹤樵居士:《盛川稗乘》。《太平天国史料丛编简辑》,第二册,第199页。太平天国历史博物馆,北京:中华书局,1962。)

【江苏省吴江县盛泽镇·咸丰十年七月】

初二日。哺时,汪贼[汪心耕,即吴清祥]率逆党千余,以青龙旗前导,黄绸扎额,坐四人轿到镇。初三日,邓光明亦到。汪贼遍贴伪示,称奉听王令旨,总理嘉兴粮饷,于济东会馆内设立筹饷总局,创立厘捐、卡捐、铺捐、房捐、军柴捐、红粉捐诸名目,专以强派勒罚为

事。其自嘉兴携带随员到盛泽办事者,吴少溪之外,有伊兄文生吴清瑞,及横泾人庄东甫,光福人徐绩卿,而以盛泽本处人陶云亭为谋主。开设天章机捐局,凡绉、纱、绸、缎、湖丝在镇经过者,先抽用钱三分,然后再为纳捐,每匹上俱要用过天章机捐局图记,始准销售。其计即出陶云亭,所获不资。是时苏属全陷,平望以北为苏贼所踞,而盛泽因王永义先赴邓光明贼营迎降,王籍浙江秀水县,故盛泽为嘉兴贼所踞,改为绣水县地。贼中避秀字,以秀作绣也。江浙商贾因南北道梗,云集盛泽,东出王江泾、七里塘,从嘉善达沪,各路商贩必由之路。汪贼设卡抽厘,收捐极旺,以筹饷功加升九门御林刑部尚书伪职。开贺演戏,遍请群贼赴宴。又为其母做生日,舁以彩舆,游行街市,鼓吹旗帜,后拥前导,铺户居民各摆香案迎接,镇中大小各户派敛银洋为寿分。刑部郎中王恩寿,贡生王家鼎,均亲往叩祝,饮宴连日。汪贼又与盛泽人伪吏部尚书沈枝珊、文经政司陶云亭结拜弟兄。以斜桥堍北胜庵为牢狱。过卡货物偶有少报,即指为偷漏,锁押牢内,酷刑吊打,逼索罄尽而止。

（鹤樵居士：《盛川稗乘》。《太平天国史料丛编简辑》,第二册,第183—184页。太平天国历史博物馆,北京：中华书局,1962。）

【江苏省常熟县、昭文县·咸丰十年】 用钱逆伪札,并监收昭文钱粮贼目孙姓的伪文书名柬帖,邀市中富户严逸耕为昭文县后营伪军帅,姜振之为副。即饬付伪谕,着金云台、潘竹斋、梅利川、徐增、李康等五人为统下师帅。又择各乡多田翁为旅帅、百长、司马、伍长各伪职。皆自上饬伪札,勒派实授。如敢违拗,解城治罪,抄家充公。一经指名,莫能推诿。有懦弱怕事者,买狡猾经造衙役之人,出场办事。此时,乡中有家者最为难过,而无业者欲做伪官,争谋不易到手,盖患其亏空无偿,获财逃去耳。是时,常熟伪军帅六人,昭文四人。两邑大小乡官约共二千有零。有自愿,有逼勒,有几人合做,总之,贪心太炽焉。初时似觉难做,又畏长毛凌辱,浸久习惯,渐与贼投机情熟,染其风气,忘失本性。故入后皆科敛赋税,浮收借诈,勒捐索贺,获利甚厚,俱成富翁。各占民房,设立伪馆。旅帅以下,皆无馆局,权势亦少逊。

（汤氏：《鳅闻日记》。《近代史资料》1963年第1期,第109—110页。又见《太平天国》,第六册,第338页。罗尔纲、王庆成,桂林：广西师范大学出版社,2004。）

【江苏省常熟城·咸丰十年十月底】 曹和卿因招入城,见胡伪官,邀同见慷天燕钱[桂仁],议及设勇防土匪与设局收漕事。伪帅听旧书吏王某言,拟每亩办粮三斗二升,贴费钱二百十四,各乡官经理。余如门牌、船凭,亦须一二千文,统归各帅,生财之门颇多。其详天福侯姓,系文职,不理军务,唯钱伪帅操兵农之权。

（龚又村：《自怡日记》。《太平天国史料丛编简辑》,第四册,第379页。太平天国历史博物馆,北京：中华书局,1962。）

【江苏省长洲县·咸丰十年至同治元年】 徐[少蘧]设局后,勒捐各处居民,谓之助饷……上等人家几千金,中千金,下几百金,甚至种二三十亩之家,亦逼捐钱几百几千文。

[徐少蘧起团练，城中富户张仁卿(茂先)、陈培之(无已)等皆来寄居。]安排锦箧，尽多亥市狡商，停泊舠船，又有丁(廉)[帘]老妓。[马健安被太平军捉，其子马春和甘心从寇，说徐投降。]检点之衔甫受，抚侯之职旋升。对伪忠王甘心鞠腷，骄众军帅任意指挥……蚩蚩者共称小天子，岂知侪不齿之伦哉……徐氏昆仲及各局通敌，如马春和、张汉槎、程桐笙等俱保翎顶，时戴翎顶，时穿敌服。[设局、设卡房，收税催捐，理词讼。]徐任意械系，钱多者乃放。[收到清方给的二十万饷银，三千斤洋药。]徐记室唐少廉抢难民船，获千余金。

师帅程子明，纨袴子弟，无见识……豪富张汉槎告退师帅……陆衡石，少年无赖，为师帅致富……

[监犯马秀从徐，用为勇目。]借端索诈人财几千金，开茶肆……刘澹园，徐之爪牙也，狐假虎威，害人不浅……徐拆民房数十椽，伐人树。逼张养衡勒捐三千金，张被逼自缢死……而握算持筹，又用青苗之法。徐收税外，按亩捐钱五十文，约可得三十万金。

（戈清祺：《蠡湖异响序》。载《相城小志》卷六《集文》，第25—28页。《近代史资料》总34号，第158—163页。北京：中华书局，1964。）

[编者按：《蠡湖异响序》的作者戈清祺，元和人，字申甫，在阳城湖侧沈店桥团防，诱胁不从，住宅被焚烧。]

【浙江省海盐县、海宁州·咸丰十一年三月】附生顾心安，附生兰池之子，伊亲盛姓为贼乡官，亦声势赫奕，心安为走狗。三十日贼退，海盐士(兵)[民]迁逃未归，心安遂与胡红老领二枪船，逞势勒劫人家，忽遇农家迁避船，装载包裹妇稚数人，心安掷枪于其船，喊杀而登，其人俱上岸而逃，遂尽获而之盛。亡何，有盛姓佃户来报劫案，并曰才失船物，正泊相公府上，心安色变。又二月廿七日，贼寇海盐，心安与盛荣清手执贼帜指挥城上。同时万八老富甲一郡，亦纠枪船出劫，被失主捉获捆打，终夜纵归。

（冯氏：《花溪日记》。《中国近代史资料丛刊：太平天国》，Ⅵ，第675页。中国史学会编，编者：向达、王重民等，上海：神州国光社，1952。）

【浙江省绍兴县·咸丰十一年九月至同治二年正月】伪乡官皆有局，号曰馆衙，延人理文案，其间亦有借势需索者。曾见有无名子造伪示，遍贴各村镇，大堪捧腹。其示曰："十邑某营军帅左一文案大师爷王，为晓谕事：照得本师爷素带方巾，低头而拜假父；略通文墨，每问心而愧青天。前遇大兵，逃生远处，自料恶将盈贯，定入死途。谁知天尚见怜，忽逢生路，蒙监军潘大人抬举，荐至陈军帅衙门，假作斯文，俨充文案。师帅见我作揖，旅帅见我打恭，财主见我惊慌，局差见我畏惧。为人如此，亦云幸矣！无如修金每日不过三百之多，妻儿在家不够一天之用。况本师爷喜吸洋烟，喜穿湖绉，只得不顾颜面，大开后门：师帅领凭，四两纹银划一。旅帅给印，五吊大钱无虚。诛求至于司马，勒需遍于民间。从此生意兴隆，财源茂盛。师爷气象，居然狐裘煌煌；店主排场，又进鹰洋块块。后门如此，前面有光。犹恐未及周知，为此大张晓谕，该师旅帅以及军民人等，如派捐未能遽交，顶好钻我后门，免得锁拿押着。本师爷丑态已露，欲壑须填。任他骂我宗骂我祖，我为装聋;如若挽尔友挽尔亲,尔空费力。如蒙赐顾,格外巴结,须认明本师爷后门便是。如钻错门路,必弄杀乃止,其无悔。切切特示。"或曰:王某亦无甚大恶,有欲挤之者,故作此狡狯技俩耳。

(王彝寿:《越难志》。《中国历史文献研究集刊》,第一集,第 244 页。又见《太平天国》,第五册,第 157—158 页。罗尔纲、王庆成,桂林:广西师范大学出版社,2004。)

【浙江省绍兴·咸丰十一年十一月】越郡八邑,时已尽为贼有,势张甚。省垣亦陷,抚军、将军皆殉节。初,贼围省城,抚军激励将士,偕将军长白瑞公亲冒矢石,登陴督守,日夕不寐,至是已五十余日,粮尽,罗雀掘鼠食之,士卒多死去者。贼乘城上,抚军知不可为,从容返署,朝服北拜,仰药死,将军自焚。捷报入越,伪坐镇令山、会监军勒民输银犒军士。监军下之各乡官,剔脂刮骨,集三万余金以进,而乡官之囊益充牣矣。

(王彝寿:《越难志》。《中国历史文献研究集刊》,第一集,第 234 页。又见《太平天国》,第五册,第 144—145 页。罗尔纲、王庆成,桂林:广西师范大学出版社,2004。)

【江苏省常熟县·同治元年四月】

伪 监 军

流寓多年实罪魁,监军一旦共相推。胸中成竹无人见,举手财源席卷来。

(陆筠:《海角悲声》(抄本·南京图书馆藏)。蒋顺兴:《关于"海角悲声"》。《江海学刊》1962 年第 1 期,第 19—20 页。)

[编者按:此时此地的监军也是乡官之列。]

【浙江省桐乡县·同治二年六月二十四日】东禅寺朱姓者为伪乡官,横行不法,鱼肉乡里,积资颇厚。

(沈梓:《避寇日记》。《太平天国史料丛编简辑》,第四册,第 262 页。太平天国历史博物馆,北京:中华书局,1962。)

【浙江省桐乡县·同治三年四月】今桐邑之户口,乃伪董某姓所原编……及至回籍办赈,设局劝捐,各户率遭兵燹,罕有余资,有余资者,皆伪董也。

(严辰:《办赈记》。民国《乌青镇志》卷三十七《艺文下》,第 44—45 页。)

(二) 占田、受贿得田、买田

【江西省湖口县·咸丰四年】三月贼城湖口……时吴采华、潘得成等为伪军帅。潘即敬孚从弟,绰号泥菩萨。诸授伪职者,或铁匠,或经纪人,大都不明顺逆,日以罗织为事。而伪官家买田置宅,荣及子孙,一时有军公子、师公子、旅公子之目矣。

(张宿煌:《备志纪年》。《近代史资料》,总 34 号,第 189 页。北京:中华书局,1964。)

[编者按:同书 188 页、190 页载:"潘敬孚,本城中纨袴子,捐纳国学生,出入文昌宫。"

"贼得官军烧余船只,检得一盒,盒中乃吴采华往来信息。吴固狡狯子,自知不容于贼,乃北面再拜就戮。"]

【安徽省六安州·咸丰七年二月至八年四月】该逆[编者按:指黄家庙保张巨川]所有勒索民财,置买田产,开具清单,计……川逆田产共一百六十五石。

(《六安州志·食货志》。)

【安徽省桐城县·咸丰八年九月初六日】清军入桐城。

西里伪军帅酆谟占民田,毁庙宇。臧孝廉[臧纡青]之败,实谟泣请省贼来援。

(胡潜甫:《凤鹤实录》。《中国近代史资料丛刊:太平天国》,Ⅴ,第 21 页。中国史学会编,编者:向达、王重民等,上海:神州国光社,1952。)

【浙江省绍兴县·咸丰十一年至同治二年】贼中多谣词,尝行歌于道。记其一云:"太平天国万万年,军师旅帅好买田。卒长司马腰多钱,百姓可怜真可怜。"

(王彝寿:《越难志》。《中国历史文献研究集刊》,第一集,第 243 页。又见《太平天国》,第五册,第 156 页。罗尔纲、王庆成,桂林:广西师范大学出版社,2004。)

【江苏省常熟县·同治元年闰八月十二日】前营师帅局除七百二十外,续收下忙又三百有零,为刘澹园取缴徐局,备还上海所发兵粮。城帅若追此款,反无以应,师帅又必赔垫多金。邹玉韶告退,升周汉山为军帅,张葭汀[囗筠]为师帅,旅帅邢小缘亦斥退。受伪职者唯朱、毛为绅富,余皆编户穷民耳。见无名氏前营伪乡官传云,最先授旅帅者前营师帅统下李庭钰,初为吴塔乡董,旋受派伪职,虽系寒儒,然尚无肥家之计。前营左师帅朱又村,为同知衔西村之子,始畏贼,不入城。后因其女被掠,使弟诚斋同婿长洲中五军帅张紫卿,恃检点徐少蘧之力,入城索回,至辛酉二月始入城受伪职。右师帅毛蓉江,毛家场人,监生葵村之子,性最黠,得内兄王鲤庭扶助,早为里中巨擘,自授职以来,外沉默而内尖刻,所辖之地,民无遗利。前师帅蒋卓斋,陶荡富户,为人懦弱无能,第迫于贼之铺派,勉强受职,故事权旁落。城内言传唤号,风雨奔走,身不得避。乡间搜粟追银,昏暮赂金,他人分享。至今而始知瞿晓岚、钱季文诸人之侵蚀,已无及矣。况所用之书黟汪可斋者,大奸慝也,蒋不能去,后必有害。中师帅则木排库陆炳南也。炳南一拳教师耳,与里中陆孝思、浦维新、姚宏如等为钩党,夤缘土奸受伪职之钱伍卿,于辛酉四月夺分中营前师帅朱木匠耀明统下三图,又在前营中割分二图,与姚、陆、浦三人严刻峻厉,穷极其技。而屡受贼众之先锋,乃退授其职于杨义斋云。后师帅滕元顾者,钊元之子也,长春岩,次秋岩,为人皆长厚,年俱少,家亦小康,非有朱、毛、蒋之富,并无陆、姚之能,虽有姻亲沈伯门为之辅,而终屈于众(师)[帅]下,所入不敷所出,以至囚牢半年,通狱馈金,始得脱祸。壬戌夏剖分其地于四师,滕始无遗累。而滕之破家,乃前营军帅邹庆和之所害。邹号玉韶,行四。长兄竹亭,早挈家逃。贼遂派玉韶为军帅,初亦不肯入城。辛酉夏,贼举朱又村护理军帅,交纳印信。朱既假权柄事,颇欺邹,邹乃受职。滕有良田五十亩,邹所欲也。辛酉夏,伪天王有诏捐资。邹以巨富不捐,致滕赔累。后邹又大索其家,滕所积田禾在场,邹尽夺以与贼,云补欠项。倚势作威,几致滕春岩于死地。辛酉二月,邑绅曹和卿具禀,钱伪将悯城士流落于各乡者度日艰难,每亩酌收三斗,立租局于吴塔左近,而业户之来领租者,概约期不付。至四月初旬,有贫民奋击之变,致分局平民房屋半为邱墟,而曹遂于一夜中将各局租钱移作勇饷。佐将钱札田分上、中、下三等,上田每亩粮收二斗,中田一斗八升,下田五升。虽官斗加五,而上[田]不过三斗。乃五师合租粮为一局,竟收至七斗。至有三十六人之投禀,而朱又村之局几岌岌其殆,上赂下馈,费及几千,向所剥削,惜亦无多留也。后至残冬,绅衿各业领米者盈门,迄无所给。上忙各款,佐将钱札,上田每亩七百二十,中田六百二十,下田五百二十,而今概收七百廿,犹以收数未清为憾。填款之捐,二师捐至数千,犹不满意,封米数百石而不给人钱,则曰申帅罚项。若退有后言之俞浩然兄弟,则立拿提究,定计处死,而幸赎锾以免。自军、师之重利,而所统属之旅若毛之有凌凤梧、毛文香,陆之有姚宏如,蒋之有邢小缘、周汉山、张葭村等,皆以利为义,以刻为能,厚敛讹诈,以肥其身家。下及书记诸人,若朱之有施润卿,毛之有王鲤亭,蒋之有汪可斋,诸人皆寄食门下,今无不鲜衣华乘,奴婢指使,妻子衣服丽都。前营二十五(旅)[团]应二十五旅,而五师皆未备其数。朱又村统下唯李庭钰读书明理,尚未丧厥良心,故人称其平允。朱自成家道小康,是强派为旅帅以代时雨亭者,与李旅帅同局办事,以不费己钱为幸,亦不在刻剥一流。毛蓉江统下,除凌、毛二人外,并无旅帅。陆炳南统下,师、旅合一。若蒋卓斋统下之邢、周、张外,有蒋松年、顾绍周、周念椿,皆挂名旅帅,入城应點而已。近又得蒋卓斋之耗,询知被徐局爪牙刘澹园逼死也。海塘绅董徐少薳,与常熟海塘董事毛蓉江,皆通于佐将钱。钱临去任,将海塘银款尽属毛付徐。徐因令刘逼追,共欠一千三百六十千。蒋已交付一千矣,刘与毛日日逼索,蒋乃服毒死。岂知长洲林军帅局早有忠王缓征塘银之札,蒋之死亦枉哉!然目前之死,皆异日之生其子若孙者也。今日之胘民以生者,吾不知其后日之若何而死也。论曰:李庭钰一冬烘先生耳,能安贫而不重利。始未信,至人咸称其庚申冬收粮与师帅所收每减一斗,又于辛冬劝朱勿收租,让业户自收,真所谓庸中佼佼者。若邹与毛与朱之富甲乡里,素称巨族者,而甘于媚贼,相为苛刻,虐齐民,灭祖德,惜哉!而蒋之殒命,滕之破家,又不知天之报施何如也。此传颇详细,虽属口孽,亦系公论正言,故摘录之,以昭炯戒。

（龚又村:《自怡日记》。《太平天国史料丛编简辑》,第四册,第462—464页。太平天国历史博物馆,北京:中华书局,1962。）

【浙江省桐乡县·同治二年十二月初三日】桐乡粮米本系清册,田地一律完纳,每亩白米二斗,费四百文,外加田捐每日一文,着田主交完,银子另征。大街刘宅田地三千余亩,无钱交纳,庠生某竟遭拷掠。有楚琴者,以田六百亩送与师帅姚福堂,姚不肯受,并将大街市房一所,值价五六百金,送与姚姓,姚乃受之。

（沈梓:《避寇日记》。《太平天国史料丛编简辑》,第四册,第288页。太平天国历史

博物馆,北京:中华书局,1962。)

(三) 贪污

【安徽省桐城县·咸丰三年年末】 缘予在高淳时,每商贾船归,传言予获资巨万。伪乡官陈某,本市井驵侩,见予归,勾结伪指挥出此朱牌。群季曰:"事已如此,非薄贿乡官不可。"往求,陈某曰:"必钱百缗,乃可。"典衣,并鬻秋桂,如数予之,乃免……于是挥泪辞老亲,星夜俶装,重至高淳。

（许奉恩述、方濬颐记:《转徙余生记》。《中国近代史资料丛刊:太平天国》,Ⅳ,第511页。中国史学会编,编者:向达、王重民等,上海:神州国光社,1952。）

【江苏省常熟县·咸丰十年】 贼初至时,派定伪乡官,责令将各图田地造伪册而收粮。伪乡官向佃户写取田数,佃户中每有以多报少,此亦理之应尔也。后伪乡官造成伪册,计有成数以报贼中,又将佃户中之以多报少者,危词赚出,收取皆以归己。揆之天理王法,应当如何?

（佚名:《避难纪略》。《太平天国史料专辑》,第73页,上海:上海古籍出版社,1979。）

[编者按:这段记载揭露了乡官在着佃交粮时如何"借端肥己"的手段之一。从这段记载中还可以看出,佃农向太平天国交粮是按亩计数,而田亩数由佃农自报。佃农所报数有的比实际数少,加以粮额比租额轻,所以,在一般情况下,佃农的负担比昔日减轻了许多。]

【江苏省昆山县陈墓镇·咸丰十年四月】 初八九间,避难者纷纷到镇,人心甚为惶惧……有牙侩王文竹者,希图敛钱入橐,招辄江湖匪类百余人,勒令通镇日捐钱五十串……时已四月十六日,苏城先于十三日失陷。予适因病在家,文竹称为有意抗违,遂有先杀予与陈骏台之说。骏台固镇中首富,即先承认五百。又有朱葵畦说劝两当铺出钱九百串……[六月]十二日,忽陈飐甫来,欲予回镇。诘以何事,则称长毛气焰正盛,官兵焉能即到,为今之计,惟有到苏进贡,最为上策。且言此计伊早想出,今周庄、用直皆将效法而行矣……乃十八日王文竹即办就礼物,与郑焕章、费灿等赴苏,并不邀人同行。各乡勇亦无一言,其中情弊盖可知矣。予闻此事已成,[太平军]不致再来缠扰,于七月初三日到镇……是时镇上业已进贡,王文竹与郑焕章等时往苏州李姓贼首处。市中遍贴伪示,禁止剃发……后传伪谕,在镇设立伪官。八月初一日,即有伪师帅郑焕章接印……最可恨者,又传伪谕添设旅帅、百长等项名目伪官。其中乐于从事者固不乏人,而素称公正庸懦者,如姜汉儒、唐焕文诸人,亦皆被逼报充……中秋后,郑焕章,费灿自苏回,令通镇人到伊贼馆,言李贼首要收本年钱粮,每师帅所属各派二千五百石,银一千二百五十两,两当铺并不在内,统限本月底解足。(原注:所谓月底,乃月二十五日。贼盖不知计闰,并月有大小建之别也。)因为时已迫,须于用事之胡姓贼目处馈洋五百元,冀可宽期少解。不数日,又贴伪示,知胡贼目并未收受其洋,即为王文竹等藏匿。乃言银米断难迟缓,勒令照数按通镇四图均派,虽家无担石,亦必竭蹶张罗,否则拘拿管押,封店封房,祸不旋踵而至。甚至陆静斋兄弟应派米百石,业已斛见交明,越日忽然发退风筛,且称少米十八石,勒令补足。静斋因心怀不甘,未经应允,辄将伊弟二亭拉局审问,呼吓情形不堪言状。后仍补米十二石五斗,始行放回。王文竹即以解粮为由,遍处捉船。乡勇索钱卖放,致卖放之钱缴入贼馆者,有一百三十余千,被勇入己者更不知凡几。惟是项银米,在镇已经照数派足,解苏者闻不过二千,尚有发换之米未解。乃又在元邑附近之七十六图中,并昆邑各乡村逐户苛求。所收银米,更有浮于在镇之数者。近又押令行中各脚夫换帖,每名需费六十洋。如得按名收足,亦有一千三百余元之多。究不知文竹等作何开销。呜呼!王文竹本一市侩奸徒,目不识丁之人耳。陈骏台系乙酉科经魁陈竺生之子,现已游廪食粟。朱南昀系新举孝廉方正朱钢之子,亦早名列成均。乃皆甘心从贼,全不顾名教纲常,能无为之浩叹!……时九月二十七日,锦溪后学陆云标啸霞氏谨记。记中词意未免过激,却系字字皆真,毫无粉饰。盖团练本以保镇,今乃适以害人。其始敛钱入局也,有陆湘音等家中被扰。其后逼捐济匪也,有郑正泰等店铺被封。均未于记中叙入,从其略也。顷闻王文竹因大兵[指清军]将到,又欲以杀贼为名,希图却罪,与陈骏台赴沪斡旋。

(陆云标:《庚申年陈墓镇记略》。《太平天国资料》,第132—135页。北京:科学出版社,1954。)

【浙江省桐乡县·咸丰十一年】闻伪恩赏将董一帆之进贡也,先□店铺富户勒派银两若干,备枣、灯、鸡礼物如数,属徽人方某等进献方物。行至中途,董与方私匿其银两,仅以礼物行,且属方某如此如此云。嘉贼怒其吝,却之不受。方某泣告曰:"依董某意见本欲筐篚玉帛以迎天师,争奈同镇诸公各怀异见。董某恐天兵到日,玉石不分,私具薄礼数色,献之麾下,区区者原不过一点心尔,今大人拒而不受,则董氏仍不获免。董氏既不获免,则四方进贡者,将借口于董氏而裹足不前,伏望大人三思。"贼转怒为喜,受其礼,给以伪旗伪示。八月朔,贼掠镇,董氏独完,盖以此云。

(皇甫元垲:《寇难纪略》。抄本,藏于浙江图书馆等处。)

【浙江省海盐县·咸丰十一年】五月,贼匪勒贡渐横。通元黄八十从贼设局,向承办七图贡银共万余千,已民不堪命。海盐全县核办三万两,至四月初七日,又勒加万五千。并欲征银,每两七折,价二千零五十。茶院陈雨春,人颇诡谲,向办贡事,暗中指点,自谓可以瞒众。至征银事起,遂与奸书王竹川盘踞局中,炙手可畏……五月初,又欲分门牌,写人丁,每牌一元四角,每人日征二十文,每灶日一百,行灶五十。五月初九日,用枪船先追完田银。士农畏其虎势,无不输钱完纳,仍以咸丰十年串票发之,至十一日共完千余。两局立班房于黑暗处,上下立栅,止容四人,常五六人入焉。大链系之,吓解屿城,必得清缴而[后]出。轻者推入马棚。又闻屿城贼访得殷富者五人,札谕为师帅,办门牌,先欲借洋五百元为填款。此皆八贼指点,借此图肥。于是道路以目,敢怒而不敢言。局中常聚五六十人,耗费日数十千,所收钱文,与贼不过什之一二。可怜割万民剜肉补疮之资,填匪类之欲垦,故入其党者罔不桀犬吠尧。五月初九日,竟将门牌、灶费及外庄田银尽行发动,初十日为始,毋延顷刻。间有业主趁势收租,亦借枪船恐吓,追取甚紧。

(冯氏:《花溪日记》。《中国近代史资料丛刊:太平天国》,Ⅵ,第679页。中国史学会编,编者:向达、王重民等,上海:神州国光社,1952。)

【江苏省常熟县·咸丰十一年】咸丰十一年二、三月间,钱华卿、曹和卿等创收租之说,各处设立伪局,按图代收,令业户到局自取。旋于四月中,吴塔、下塘、查家浜之伪局被居民黑夜打散,伪董事及帮局者皆潜逃,其事遂止。呜呼,以贼之征伪粮如此之苦,佃田者已不堪命,而又欲假收租之说以自肥,真剥肤及髓矣,攘臂而前,宜哉。

(佚名:《避难纪略》。《太平天国史料专辑》,第73页,上海:上海古籍出版社,1979。)

【浙江省海宁州·咸丰十一年】办贼贡始自王店、硖石诸镇,我花溪贼闻无人计,将所掳本州新桥人应玉轩嘱其承办,纵之归,即有无聊附生祝殿轮,系孝廉祝瘦梅之子,国朝殉难开美公之裔孙,祝本大家,名著史乘,代不乏人,恶竟不顾旧德,竟勾串勷办,设局花溪。此匪饱囊,所收钱洋与贼不过十之一二,虽畏事不十分横暴,已敛怨不少,后为人指点,几被官兵拿获,并复为枪匪锁击两日夜,如此为利,(诗)[斯]文扫地矣。

(冯氏:《花溪日记》。《中国近代史资料丛刊:太平天国》,Ⅵ,第683页。中国史学会编,编者:向达、王重民等,上海:神州国光社,1952。)

【江苏省苏州·同治元年七月二十七日】然苏属一带贼氛尚恶,现又借征下忙,以助军饷。各户无租,仍复苛捐。知不归城主,均军、师帅取肥私橐。吕库戏场、博局,亦系师帅爪牙所开。日往花船,消耗不少。悖入悖出,此理究不爽也。

(龚又村:《自怡日记》。《太平天国史料丛编简辑》,第四册,第454页。太平天国历史博物馆,北京:中华书局,1962。)

【浙江省海盐县海宁州·同治元年十二月】时海宁贼征银,限完半再折七五,投完络绎。又逼全州火药捐五千余银。又海盐贼开仓用里堰、石泉二处,每亩限三斗五升。每图发贼催逼,有无力清完,到家搜寻。于是凡粮户大(若)[?者]田略皆逃避。局匪从此渔利,更甚于贼。

(冯氏:《花溪日记》。《中国近代史资料丛刊:太平天国》,Ⅵ,第708—709页。中国史学会编,编者:向达、王重民等,上海:神州国光社,1952。)

(四)经商与勒索商人

【江苏省吴江县盛泽镇·咸丰十年至同治元年】伪左军政司庄东甫,横泾人。右军政司徐绩卿,光福人。为汪心耕随员,带至盛泽,派充捐局总办,掳掠勒诈,无不与焉。汪资既厚,遣庄、徐二人剃发到上海,侦探官军,并贩绸缎到海门厅出售。

（鹤樵居士：《盛川稗乘》。《太平天国史料丛编简辑》，第二册，第197页。太平天国历史博物馆，北京：中华书局，1962。）

【江苏省常熟县王市·咸丰十年】［师帅徐兆康］曾犯盗案，积恶土棍……平日为势家催租奴，吞霸讹诈，贩田唆讼……素已翘企乱世，乘隙为非。［太平军初到，率其党］抢夺典铺富户。［既为乡官］时伪局头差，首推恶棍徐兆康，前已作渠魁抢夺，又屡入城乘便搜索……搜取……各色货物……获利无算，家业便觉暴发。

（汤氏：《鳅闻日记》。《近代史资料》1963年第1期，第88—98页。又见《太平天国》，第六册，第316、325页。罗尔纲、王庆成，桂林：广西师范大学出版社，2004。）

【江苏省常熟县王市·咸丰十年】严朗山素强梗善讼，游其门者皆染恶习，今又借贼势欺人，四远闻名。被农民打其家，因欲乡官局叫收租米也。

师帅叶念劬，医生，开药材店。

九月三十日王市农民打乡官局，烧其册籍，抢去器械。打乡官严朗山父子、姜振之［军帅］、汪胜明［监军］家。

局管账经造仲吟梅开商店。金云台、吴自槎亦开店。

（汤氏：《鳅闻日记》。《近代史资料》1963年第1期，第98—99页。又见《太平天国》，第六册，第326—327页。罗尔纲、王庆成，桂林：广西师范大学出版社，2004。）

【江苏省常熟县河西一带·咸丰十年十月二十五日】知近处派侯省（瑕）［煊］为师帅，徐春畬为旅帅，林梅亭为卒长，俱隶张军帅名下。乡户被累不堪。

（龚又村：《自怡日记》。《太平天国史料丛编简辑》，第四册，第378页。太平天国历史博物馆，北京：中华书局，1962。）

【江苏省吴江县盛泽镇·咸丰十年四月至同治二年六月】仲纶为王永义信任之人，多方逼诈，积成巨富。开天丰绸缎庄，又开药材行、山货栈，资本皆巨万。又占圆明寺前殿开木行，至今未闭。

（鹤樵居士：《盛川稗乘·同治三年吴江县绅士公呈》。《太平天国史料丛编简辑》，第二册，第204页。太平天国历史博物馆，北京：中华书局，1962。）

【江苏省吴江县盛泽镇·咸丰十年四月至同治二年六月】陶云亭

伪文经政司陶云亭，盛泽人。汪心耕用以钩距绸税，凡发炼、用印规条，皆创自云亭。各处绸缎交易，先到天章局交入用钱三分，归汪心耕私橐，再行纳税以助贼饷。云亭素工心计，为长毛创立机捐局，最为用事。又佐心耕开天章绉纱庄于濮院。凡掳诈劫掠等事，无有不与。汪心耕、沈枝珊为之出面，陶于中阴主其事，而阳若不知，故富与汪、沈相埒，而赎罪费甚少。复因沈枝栅以结欢于劣绅潘曾玮，于苏州阊门开绸缎铺、钱庄、布庄、酱园，

438

资本十余万金,俱托词为潘曾玮发出本钱。未几,潘复保举陶云亭双月县丞,派为苏城布店总商,得列仕途,又充董事。后闻陶所开各店俱用潘曾玮出名,竟被潘强吞,陶不敢与较。陶为贼时,买南浜大宅为居第,又置买市房甚多。其所为务存深心,不尚烜赫,故伪职未显,仅为经政司,其保举官职亦不过县丞云。

（鹤樵居士：《盛川稗乘》。《太平天国史料丛编简辑》,第二册,第 196 页。太平天国历史博物馆,北京：中华书局,1962。）

【江苏省吴江县盛泽镇·咸丰十年五月至同治元年八月】［沈］枝珊两年以来,管卡派捐,攫获不资。遣其兄沈栗甫到上海开绸缎铺。其妾弟龚阿七在七里塘管捐卡者,亦到上海开鹤年长棺木店,以便银洋往来。每月在湖丝局汇银到夷场王永义行内,俱用吴兴图记,存王永义西庄者十二万余两,又存王轶仙处五万两,运贩东洋账［? 货］。又以银六万两,交其兄栗甫贩绸缎。又以二万两,开慎号南货行于东市。又以四万余两存其党吴连北处,运用取利。又与乌镇富户徐氏合贩湖丝、烟土、洋枪、铜帽子等物,到嘉兴销售,本亦数万。枝珊藉贼凶势,掳掠搜括,积资至数十万金之多,亦酷矣哉。十一年冬,杭城失守,贼以所得珍宝、珠玉、衣饰、古玩、字画,尽运至盛泽售卖。枝珊邻居有杨仲美者,素精鉴别,枝珊用贱价收买,所以无不精良。收复后,择其稍次者,献与劣绅潘曾玮,拜认师生,求其庇护,潘已欣喜过望。其上等精品均未献出,尽藏其家及杨仲美处。有大理石屏风一对,题景分刻唐［代］许浑"残云归太华,疏雨过中条"二句,石文天然如绘,见者诧为神品,为钱塘许尚书家中物,其封翁官云南携归者,今现在潘曾玮宅内,亦枝珊所献也。凡枝珊逼人银洋,均令李广廷、仲瘟嘴出面,故装凶势,而令王子青出来调停,志在必得。官军收复吴江县,枝珊潜到上海,用银一万两,托王永义到潘曾玮处预先捐办赎罪,复回盛泽仍办贼卡捐事。

（鹤樵居士：《盛川稗事》。《太平天国史料丛编简辑》,第二册,第 191—192 页。太平天国历史博物馆,北京：中华书局,1962。）

（五）包税、包饷

【江苏省吴江县盛泽镇·咸丰十年七月至同治元年八月】

汪贼又遣庄东甫潜到上海,由湖洲丝行汇银十六万两到邱姓丝茶栈运贩,又在江北海门开绸缎店……

汪贼［编者按：指汪心耕。］总办各处厘卡,每月包解军饷,议定银数,陆续解赴嘉兴,余下者悉饱私囊。自咸丰十年七月起至同治元年八月止,两年有余,获银数十万。兼之天章机捐局绸缎用印,公估钱庄洋钱用印,所获尤巨,汪贼心满意足。

闻知官兵屡得胜仗,嘉定、青浦先后收复,意恒惴惴,遂于八月二十五日约同吴少溪带领妇女、金银、辎重潜到上海。缘贼卡本为汪贼管辖,用听逆令旗插在船上,无人敢阻,得以安行到夷场潜住。适仲廷机奉差到沪,杭城失守,不能回省销差,暂住夷场,闻汪贼来到,即欲赴官控告,汪贼亲到仲寓叩头伏罪,乞饶性命,诉称掠抢财物非一人独得,拆毁房屋系奉听王令旨,情愿赔偿房价银三千两赎命,交出黄金二百两。仲绅已应允。

（鹤樵居士:《盛川稗乘》。《太平天国史料丛编简辑》,第二册,第 184、186 页。太平天国历史博物馆,北京:中华书局,1962。）

[编者按:汪心耕等是一个以盛泽镇为基地的政治投机、经济投机集团,以包收卡税与经商为手段,聚敛了大量钱财。]

（六）乡官亏赔

【江苏省常熟县·同治元年闰八月十二日】前营师帅局除七百二十外,续收下忙又三百有零,为刘澹园取缴徐[少蘧]局,备还上海所发兵粮。城帅若追此款,反无以应,师帅又必赔垫多金。

（龚又村:《自怡日记》。《太平天国史料丛编简辑》,第四册,第 462 页。太平天国历史博物馆,北京:中华书局,1962。）

五、受乡民和土匪的打击

【安徽省合肥县·咸丰四年】伪乡官周明江附贼征粮,[下缺八字]民咸恨之,至是六十四户民率众杀之……[咸丰五年]秋七月……派河营土军帅伏诛……马(即士军帅马谦六)下乡征收秋粮,被仇家周姓执送大营,杀之。

（吴光大:《见闻粤匪纪略》。）

【江苏省太仓州·咸丰十年十一月】[二十五日]浮桥一带合十七图乡追杀长毛为师帅者,已杀去四人矣。

[十二月十七日]闻伪太仓县姓余,伪镇洋县姓丁。余其姓者因租价太贵,激成浮桥之变。丁其姓者参禀,亦奇事也。

（佚名:《避兵日记》。）

【江苏省常熟县·咸丰十一年四月十日】金村抢去旅帅杨君陶家

[编者按:抢者是反对太平天国的乡民],方心葵逃走。

（佚名:《庚申避难日记》。《太平天国史料丛编简辑》,第四册,第 503 页。太平天国历史博物馆,北京:中华书局,1962。）

【江苏省常熟县·咸丰十一年五月四日】闻说栏干桥于初二又杀长毛三人,并拆毁师、旅帅之屋。

（佚名:《庚申避难日记》。《太平天国史料丛编简辑》,第四册,第 506 页。太平天国历史博物馆,北京:中华书局,1962。）

【江苏省常熟县·咸丰十一年五月初六日】有曹和卿到鹿园安民,革去军帅钱春,换正夫为军帅。师帅钱佐武已死,令换钱申之[伟人]等三人,仍旧照常办事。栏干桥……(所)[拆]毁旅帅之屋,因其侵吞银粮钱款,并初二日率领长[毛]劫掠人家物件,种种可恶,现已换他人为旅帅。

（佚名:《庚申避难日记》。《太平天国史料丛编简辑》,第四册,第506页。太平天国历史博物馆,北京:中华书局,1962。）

【江苏省常熟县·咸丰十一年六月十八、十九日】闻吾邑陶柳村[前营师帅、将军]因劝捐事被六图众土顽杀之,局勇被戕者八人。又旅帅王和尚载宝在船,被南乡人砍死,投尸华荡。又东乡高军帅房屋被拆,□旅帅房屋被焚。皆缘派捐起衅。乱世多故如此。

（龚又村:《自怡日记》。《太平天国史料丛编简辑》,第四册,第401页。太平天国历史博物馆,北京:中华书局,1962。）

【江苏省常熟县·咸丰十一年十一月初一日】闻周巷桥军帅归、师帅潘被百姓杀去,烧其房屋,因收粮太多之故。

（佚名:《庚申避难日记》。《太平天国史料丛编简辑》,第四册,第514页。太平天国历史博物馆,北京:中华书局,1962。）

【江苏省常熟县·咸丰十一年十一月初三日】昨夜恬庄又要杀旅帅李木狗,烧抢其屋。各处人情大变,为因粮米太重。南路近日停收。

（佚名:《庚申避难日记》。《太平天国史料丛编简辑》,第四册,第515页。太平天国历史博物馆,北京:中华书局,1962。）

【江苏省常熟县·咸丰十一年十一月】初七日,骇闻福山下塘归军帅局被土匪大焚,亦山父子堕劫。昭文东乡柴角等处亦有杀师、旅帅、百长等案。城帅侯[裕田]、钱[桂仁]发兵痛剿,土匪出拒,拖害良民,致一方大户及避难城绅均遭抄掠。皆借口加粮,酿成巨祸,幸蹂躏各乡奉令赦粮,而被累已不堪矣。

（龚又村:《自怡日记》。《太平天国史料丛编简辑》,第四册,第418页。太平天国历史博物馆,北京:中华书局,1962。）

【江苏省松江县·咸丰十一年十二月】廿四日,有南乡人来言:山阳等处,贼设立乡官,敛钱进供。郡城某者闻之心动,挈家往,未及三日,忽有野长毛到,将乡官杀死,大肆掳掠。

（姚济:《小沧桑记》。《中国近代史资料丛刊:太平天国》,Ⅵ,第485页。中国史学会编,编者:向达、王重民等,上海:神州国光社,1952。）

【江苏省常熟县·同治元年正月】 初八夜间,土匪数十人打抢旅帅黄和家,尽行取去。

(佚名:《庚申避难日记》。《太平天国史料丛编简辑》,第四册,第518页。太平天国历史博物馆,北京:中华书局,1962。)

【江苏省常熟县·同治元年二月十六日】 长毛因大势不好,催粮甚急。昨日鹿苑催粮长毛有数十余,李茂园等俱具限状。前数日,蔡家桥旅帅因苛刻太过,有人到西沙报知王元昌[地主武装头目],被其过[长江]来将旅帅家中财物一总带去,连本人父子两个一并带去。

(佚名:《庚申避难日记》。《太平天国史料丛编简辑》,第四册,第520页。太平天国历史博物馆,北京:中华书局,1962。)

【江苏省常熟县·同治元年四月十九日】 前日,东乡因收捐钱每亩七百太紧,杀去旅帅等数人,放火烧屋。长毛闻而去打……被其数日杀人放火,大小俱杀,大害一方,共十余市镇,现长毛驻宿彼处。

(佚名:《庚申避难日记》。《太平天国史料丛编简辑》,第四册,第525页。太平天国历史博物馆,北京:中华书局,1962。)

【江苏省常熟县·同治元年十二月初一日】 [清军到达。初二日]晨,鹿苑师帅局被西路乌沙角等处人来抢劫,局中人尽逃走。午后,师帅黄竹轩屋被人烧去。各旅帅到恬庄谕话。晚间,各处烧屋,如师帅黄竹轩家,百长汤义民、钱海官等,不一而足。黄竹轩被人绑在黄家庄树上。季双二抄掠其家,并殴死于上相堂路上,弃尸于塘,不知去向。又有九三图旅帅先生王月樵,杀死于横塘桥路旁。旅帅方心葵逃走,其兄被人杀死。旅帅钱心岩一家烧死,只存三人。夜间,火光四起,李茂园屋烧去,徐廷章屋烧去,其余不计其数。有合屋者,拆下烧去。

(佚名:《庚申避难日记》。《太平天国史料丛编简辑》,第四册,第543页。太平天国历史博物馆,北京:中华书局,1962。)

六、两面政权

【湖北省通山县·咸丰五年二月至六年十一月】 郡庠生王新运,虑贼之猖乱无纪,同邑绅起局,阳为奉贼,阴为制贼……借伪监军汪之名,以贼治贼。蹂躏几二年,幸在局者傚新运之故事,时于官军洪山大营请命。

(同治《通山县志》卷三。)

【江苏省苏州·咸丰十年】 红头[太平军]之畏白头[地主武装]甚于难民畏长毛……其实民团特激于一时之愤,其势不能耐久,若永昌之徐氏,周庄之费氏,较严整,贼皆与之讲和,洵畏之也。

（潘钟瑞：《苏台麋鹿记》卷上。《中国近代史资料丛刊：太平天国》，Ⅴ，第287页。中国史学会编，编者：向达、王重民等，上海：神州国光社，1952。）

【江苏省苏州·咸丰十年】［永昌徐氏，族繁盛。太平军占南京，集猎鸟者及船，训为团练。枪法准，船轻行捷。］伪忠王李秀成洞悉内河港汊纷岐，陆军无用武之地，乃招至各乡团防，枪船之魁首，给天侯等爵，为开国勋臣，徐某［徐少蘧］迫于势权，受检点衔，旋升爵抚天侯，主收相城一带钱粮，运送解苏。各村不被骚扰，无直接派下搜刮之害，实托庇徐氏之保卫也。

（施兆麟：民国《相城小志》卷五第24页。）

【江苏省吴江县盛泽镇·咸丰十年四月至同治二年】［沈］枝珊伪官之名曰从隆。贼中以龙作隆，盖自居为从龙之佐也，甘心悖逆，令人发指。后又改名沈涛，捐纳同知。所居伪天府屹然壮丽，惧居民拆毁，托潘曾玮请善后局告示悬挂门首，称沈宦住宅，用广漆涂改，灭其云龙诸状。仍挈家搬入，撤去天府匾额，高贴分府报单，逆贼伪府忽又变为绅宦门第。

（鹤樵居士：《盛川稗乘》。《太平天国史料丛编简辑》，第二册，第192页。太平天国历史博物馆，北京：中华书局，1962。）

【江苏省长洲县、常熟县·咸丰十一年初】［徐永蘧，一面受职于忠王，与熊万荃］结为莫逆交。一面乃交结官兵团练勇士，以俟内应。家中各立一局，东宅应酬长毛，西宅接待绅董。

（汤氏：《鳅闻日记》卷下。《近代史资料》1963年第1期，第114页。又见《太平天国》，第六册，第343页。罗尔纲、王庆成，桂林：广西师范大学出版社，2004。）

【江苏省常熟县、昭文县·咸丰十一年三月】又派农民每亩捐红粉银一百文。［有些乡官］借势浮收，诸项侵渔大半。［有些乡官以百姓脂膏结纳清朝官吏，］为此辈两头护身符，到后无伤焉。

（汤氏：《鳅闻日记》卷下。《近代史资料》1963年第1期，第118页。又见《太平天国》，第六册，第347页。罗尔纲、王庆成，桂林：广西师范大学出版社，2004。）

【江苏省长洲县、常熟县·咸丰十一年八月二十二日】闻徐勇［徐少蘧］赴海口领军装，系上海所发，阳为匪办，故可向取文凭，复向薛抚领勇饷万余，所豢千人，还须相时而动。

（龚又村：《自怡日记》。《太平天国史料丛编简辑》，第四册，第409页。太平天国历史博物馆，北京：中华书局，1962。）

【江苏省长洲县、常熟县·咸丰十一年十一月二十五日】闻吴江费玉珩多造枪船,为逆匪所惮,其声势与徐少蘧(勒)[埒]。虽受伪职镇天侯,而聚勇千人,暗为大兵援应。少蘧亦往江北军营,请通消息,以备南北联络,同举义师。即受抚天侯职亦出于不得已,其胆略过人,尤足以寒贼胆。

(龚又村:《自怡日记》。《太平天国史料丛编简辑》,第四册,第419页。太平天国历史博物馆,北京:中华书局,1962。)

【江苏省常熟县、长洲县·咸丰十一年十二月十八日】徐永昌[徐少蘧]要打长毛,取常熟城、苏州城。慷王安等俱已约会变妖,苏州熊长毛[熊万全]亦已约定,其妻宝重器都迁在永昌徐处……军师旅帅,亦俱照会。

(佚名:《庚申避寇记》。《太平天国史料丛编简辑》,第四册,第517页。太平天国历史博物馆,北京:中华书局,1962。)

【江苏省常熟县、长洲县·咸丰十一年十二月二十日】东面有炮声,南路枪船亦动,西乡各处暗团俱已齐备,一发响应。南路徐永昌为首,中路苏军帅为首,北面徐老四立局,乡官百长等停收钱粮。

(佚名:《庚申避难记》。《太平天国史料丛编简辑》,第四册,第517页。太平天国历史博物馆,北京:中华书局,1962。)

【江苏省无锡县、金匮县,同治元年三月十四日】闻无锡金阿狗系狱中逃犯,今为乡官,钱粮从向例,不允分外需索,统属十七图,聚村团领勇逼城,与贼打仗,惜夜为贼袭,后无援兵,被贼大冲。

(龚又村:《自怡日记》。《太平天国史料丛编简辑》,第四册,第437页。太平天国历史博物馆,北京:中华书局,1962。)

【浙江省慈溪县·同治元年四月】先是诸暨豪民何文庆聚党数千,以铁运蓬为号,横行无忌,屡撄法网,县令许瑶光请于大吏,赦其罪,使守钱江,既与余姚社首谢士庄构衅,日相仇杀,上官解之不得,县令被戕,乃决意谋叛,为贼向导。一月之间,绍郡八邑全失,并宁郡之镇海、奉化、慈溪,悉陷于贼,拟欲自王浙东,伪侍王李世贤疑其反覆,令守镇海关。何贼以为功多赏薄,怏怏不平,既而败于定海,求救不得,甬江诸民,知其窘也,聚众数千人攻之,且有广勇为援,何贼惊遁入慈溪。

(林西藩:《隐忧续记》。《太平天国》,第四册,第428页。罗尔纲、王庆成,桂林:广西师范大学出版社,2004。)

【江苏省常熟县·同治元年十二月初一日】[清军到]半夜,恬庄军帅局有札到镇,传(论)[谕]乡官到恬庄听令。札称同治元年十二月初一日,称协镇都督赏戴花翎余。

（佚名：《庚申避难日记》。《太平天国史料丛编简辑》，第四册，第 542 页。太平天国历史博物馆，北京：中华书局，1962。）

七、逃亡、破产、死亡

【安徽省潜山县·咸丰六年】 冬十月，安徽巡抚福[讳济]复庐州，围桐城，潜[山县]贼索粮，伪乡官踰城逃。

（储枝芙：《皖樵纪实》卷上。《太平天国史料丛编简辑》，第二册，第 95 页。太平天国历史博物馆，北京：中华书局，1962。）

【江苏省常熟县、昭文县·咸丰十一年】 仲夏中旬，闻城中贼目总漕孙[昭文县]，陈[常熟县]二人，每差贼毛到乡催缴钱粮捐款，捉伪旅帅、百长等入城笞辱，百姓屡谣官兵将到，迟迟观望。乡官亦畏克复，不敢仇怨于民，惟逼下属赔偿……且说伪旅帅鱼涵泉等，久困黑牢，畏贼威逼，倩人保出，弃下妻子家产，俱潜逃江北。店业家财皆被军(帅)[师]二上司抄封充贼。有不能脱身，如周行桥伪旅帅程姓，忠厚懦夫，畏胁自缢。如是死者尚多。此仅知方寸地方而已……是时，乡官与倚贼等辈，忘乎所以，本心沦丧，厌闻官兵之来，臆谓安享荣华未有艾焉。

（汤氏：《鳅闻日记》。《近代史资料》1963 年，第 1 期，第 122 页。又见《太平天国》，第六册，第 350—351 页。罗尔纲、王庆成，桂林：广西师范大学出版社，2004。）

【江苏省常熟县·同治元年二月二十九日】 小市桥江师帅，被人杀死。

（佚名：《庚申避难日记》。《太平天国史料丛编简辑》，第四册，第 522 页。太平天国历史博物馆，北京：中华书局，1962。）

【江苏省常熟县·同治元年三月廿七日】 今晨，本镇旅帅黄德方，因长毛催逼太紧，自食生洋烟寻死。

（佚名：《庚申避难日记》。《太平天国史料丛编简辑》，第四册，第 523 页。太平天国历史博物馆，北京：中华书局，1962。）

【江苏省常熟县·同治元年五月廿三日】 旅帅顾秋谷被匪逼完夏赋，始则就食，继则封门，累及兄嫂，掠物空空。爰遣妪问顾姨消息，知衣箱交局，大半抽散，画舫木屋亦被夺去，殊属鸥张。况缘日久未偿，拘挐其弟妇淹留局中，迫徐局遣人调停，出千金而消案。

（龚又村：《自怡日记》。《太平天国史料丛编简辑》，第四册，第 447 页。太平天国历史博物馆，北京：中华书局，1962。）

【江苏省常熟县·同治元年八月初四日】 闻师帅蒋卓斋吞烟土而亡……其故则由城

帅行文,着办米三百石,钱三百千,四分承当。兼之帐房亏空,致情极捐生。军帅报城帅,并同朱、毛两师帅禀伪忠王,发委员黄帅提审。

（龚又村：《自怡日记》。《太平天国史料丛编简辑》,第四册,第 456 页。太平天国历史博物馆,北京：中华书局,1962。）

【江苏省常熟县·同治元年闰八月十一日】 夜,海中有船二只,人数十,起岸,到师帅黄叙福家抢劫,伤其媳妇。

（佚名：《庚申避难日记》。《太平天国史料丛编简辑》,第四册,第 536 页。太平天国历史博物馆,北京：中华书局,1962。）

【江苏省常熟县·同治元年闰八月十二日】 蒋卓斋因海塘费被徐局爪牙刘澹园及毛蓉江逼服毒死。

（龚又村：《自怡日记》。《太平天国史料丛编简辑》,第四册,第 464 页。太平天国历史博物馆,北京：中华书局,1962。）

【江苏省常熟县·咸丰十年至同治元年】 贼之派伪乡官也,每取殷实之家,否则素为乡里作恶者,愈凶狡愈称意。其有良善而胁从者,多至家产费尽而犹不得安者。所以乡官中亦未可概指为从贼。惟助桀纣为虐者,似属甘心,然亦惟贪利所致耳。

（佚名：《避难纪略》。《太平天国史料专辑》,第 60—61 页。上海：上海古籍出版社,1979。）

第八章
户口制度与人口迁徙

第一节
整理户籍，编制户口册和人口册

一、城镇的户口册

[编者按：关于城镇户口册及对人口的管理，参见第十七章。]

【江苏省南京·咸丰三年】贼自五月在南京要家家悬有门牌，户各二十五名。伊自所谓衙及机房、各行铺店、种菜户、水炉、豆腐店，则人数众寡不等。两广人多谓之"功勋"，实数只有七百零。余则湖南北及各路人，并南京、镇江、扬州人，合计不过两三万人。妇人转有十余万。伊欲知人数，责令司马、百长及各衙逐月查实在人数造报清册，各人名下所有之父母兄弟子侄及入何营、何时入营皆备，其父兄伯叔之老病者即随入其营。将来破城后得其清册，必有按户查办者矣。顾贼实泼而勤警，只因无治人之术，自男女各分馆后，既不能得民欢心，又不能禁众人逃走。古谓盗亦有道，此则无道之盗也。

（佚名：《金陵纪事》。《太平天国史料丛编简辑》，第二册，第51—52页。太平天国历史博物馆，北京：中华书局，1962。）

【江苏省、浙江省·咸丰三年】贼掳一铺伙，令司户口册，呼为好兄弟。

（佚名：《哀江南总目提要》。《太平军初占江南史事别录》，第135页。）

[编者按：看来，对户口册设专管人员。]

【安徽省繁昌县荻港·天历三年十月】殿右捌指挥杨札谕繁（玱）[昌]县荻港、黄浒镇子民汪纪常、张殿花等知悉：

……今翼王五千岁本天命率师抚绥尔安徽等处，现今该省各郡州县均已投册者请领门牌，何尔繁（玱）[昌]县诸镇至今未见前来，殊属藐法……为此再行札谕，仰尔繁（玱）[昌]县各镇，札到务须赶紧举官造册……务须届期赴省呈投，以须给发门牌……

（《太平天国史料》。第134页。金毓黻、田庆余，北京：中华书局，1955。）

【南京·咸丰四年九月】贼中人数，通共粤人九百余人，两楚一万余人，江南三万余

449

人。此系在伪天官丞相处查月册家册者,妇女则仅余二十三万人。

（张继庚：《张继庚遗稿》。《中国近代史资料丛刊：太平天国》，Ⅳ，第764页。中国史学会编，编者：向达、王重民等，上海：神州国光社，1952。）

【浙江省奉化县·咸丰十一年】 下伪令,以十一月为正月,蓄发,易衣巾……列刑杖如衙署制,造田册,编门牌,计亩纳粟,计户纳番银……以县人戴明学为监军。

（光绪《奉化县志》卷十一。）

二、乡村的户口册

［编者按：太平天国的户口制度中,发放门牌是重要措施,详见本章第三节。］

【湖北省大冶县·咸丰四年】 ［太平军于三年十月十七日进县。四年］纵其党沿乡劫掠,胁民照户造册,设立军师旅［帅］伪官。

（黄冔杰：同治《大冶县志》卷之八《寇兵》，第15页。）

【江苏省无锡县、金匮县·咸丰十年五月】 ［募得］米业华二［为无锡监军］,猪业黄顺元［为金匮监军］于是分境各募军、师,旅帅,司马,百长,皆乡图里正充之,故易集。一图一(旅)［师］帅,旅帅,司马,百长属之。五旅属一师,五师属一军,军(师)［帅］属监军。就地各立伪局。惟旅帅、司马、百长附入师帅局。旋［无］锡监军移局塘头镇,金［匮］监军移局东亭镇,两处市肆大兴。监军局俱设伪堂,名曰天父堂。招募书差,擅授民词,俨同衙门。着军、师、旅帅编造烟户人丁册,刊发门牌,每张索钱数百至千数不等。凡贼所欲,若辈奔走恐后。令农民不分业、佃,随田纳款。商民市肆分大小,每日纳款百钱至千钱,任其苛派,五日一缴,入监军局。又每月每图要柴火若干……各伪职既得贼势,衣锦食肉,横行乡曲,昔日之饥寒苦况,均不知矣。然民得暂安,未始非若辈之力。间有图董不得已而充者,尚无恶习。

（佚名：《平贼纪略》。《太平天国史料丛编简辑》，第一册，第267页。太平天国历史博物馆，北京：中华书局，1962。）

【江苏省常熟县·咸丰十年八月初四日】 ［太平军］至塘桥,贴告示,要令人进贡、领旗、领牌。

（佚名：《庚申避难日记》。《太平天国史料丛编简辑》，第四册，第482页。太平天国历史博物馆，北京：中华书局，1962。）

【江苏省常熟县·咸丰十年十月初六日】 翁卿英、高仰霄帮［右营师帅王文仙］写各图民版。

（龚文村：《自怡日记》。《太平天国史料丛编简辑》，第四册，第 376 页。太平天国历史博物馆，北京：中华书局，1962。）

【浙江省桐乡县濮院·咸丰十年十二月】初六日，编户口、发门牌，牌写父母、妻子、兄弟等人，张挂门口。贼谓有门牌者为天朝百姓，长毛遂不来打先锋之说，其实皆欺人以敛财耳。牌每张收钱二百文，镇人虑有三丁抽一之虞，故昆弟多者□□□一名而已。

（沈梓：《避寇日记》。《太平天国史料丛编简辑》，第四册，第 59 页。太平天国历史博物馆，北京：中华书局，1962。）

三、军中的人口册

【咸丰三年】
贼营各条
一、贼造各兵家口册。如写母某氏，即写"母某大妹"，妻写"某二妹"。

（佚名：《虏在目中》。《太平天国资料》，第 29 页。北京：科学出版社，1959。）

【江苏省常州·天历癸开十三年】护殿前壹队理天义陈阁内牌尾菁册

理天义赓天安阁内陈士发年贰拾贰岁，江南省扬州郡甘泉天县人氏。癸好三年在本郡入营。现管带牌尾事。

蔡功成年贰拾六岁，安徽省天浦县人氏。癸好三年在天浦入营。现在赓天安阁内理事。

赵金生年拾四岁，安徽省巢县人氏。庚申拾年入营。官使。

董阿二年拾三岁，苏馥省吴县人氏。庚申十年四月十八日在苏省入营。牧马。

刘思胜年三拾五岁，安徽省和州巢县人氏。庚申十年五月十六日入营。买办事。

刘四喜年拾五岁，江南省丹阳县人氏。庚申十年四月十五日在本地入营。官使。

杨三元年四拾三岁，安徽省和州人氏。庚申十年三月十七日入营。典厨。

袁树芳年拾玖岁，安徽省滁州县人氏。庚申十年八月十九日入营。现在生病在馆。

朱本淳年四拾三岁，浙江省宁波县人氏。庚申十年四月十八日在苏省入营。典袍。

周大发年五拾三岁，江南省常州郡人氏。庚申十年四月十六日在本地入营。裁缝。

张隆庆年贰拾八岁，江南省句容县人氏。庚申十年四月十八日在本地入营。烧伙。

赵楚茂年四拾岁，浙江省石门县人氏。庚申拾年八月十九日在本地入营。挑水。

许仁科年贰拾六岁，安徽省和州人氏。庚申拾年四月十八日入营。买办事。

胡顺子年拾五岁，安徽省和州人氏。戊午八年七月十九日入营。官使。

张四子年十五岁，江南省常州人氏。庚申十年四月十八日在本地入营。烧茶。

汪文忠年三拾六岁，安徽省定远县人氏。癸好三年八月十九日在本地入营。理文案事，现患病。

汪文斌年贰拾玖岁,安徽省定远县人氏。癸好三年八月十九日在本地入营。现患病害脚。

诸友遂年十六岁,浙江省乌镇人氏。庚申拾年八月十九日在本地入营。汪先生官使。

壹奉宣杨学明年四拾岁,安徽省和州人氏。庚申十年五月十九日在本地入营。理事。

高永花年十五岁,浙江省金花郡人氏。庚申十年四月十三日在金花入营。扶使病人。

何永政年十贰岁,江南省镇江郡丹阳县人氏。庚申[十]年五月在本地入营。看门。

胡大发年三拾八岁,江南省常州人氏。庚申十年五月十九日在本地入营。种菜。

李平子年十七岁,安徽省和州人氏。庚申十年五月初六在本地入营。官使。

元勋汪汪金花年贰拾捌岁,安徽省定远县人氏。丙辰六年柒月十六日在本地入营。理事。

孙金保年拾柒岁,浙江省嘉兴县人氏。庚申十年五月十九日在本地入营。打柴伙。

汪大兴年四拾贰岁,苏馥省无锡县人氏。庚申拾年五月十六日在本地入营。裁缝。

陈松桂年三十四岁,江南省天京人氏。庚申十年三月十六日在本地入营。烧伙。

孙渭泉年四拾一岁,浙江省杭州人氏。庚申十年八月十九日在嘉兴入营。挑水。

余美荣年拾玖岁,浙江省嘉兴县人氏。庚申十年八月十九日在本地入营。官使。

马雷保年拾柒岁,江南省浦口人氏。戊午八年三月十九日在本地入营。义子。

李双桂年拾六岁,江南省浦口人氏。戊午八年三月十九日在本地入营。系李加洋弟子,买办事。

陆春珊年四拾三岁,浙江省湖州人氏。庚申十年九月十八日在本地入营。打更。

潘树庭年贰十一岁,江南省六合县人氏。戊午八年九月十六日在本地入营。买办事。

周兴隆年三拾八岁,浙江省湖州人氏。庚申十年八月十三日在本地入营。患病。

李廷桂年十六岁,浙江省仁和县人氏。庚申十年八月十七日在本地入营,系李学德义子。

顾如得年三拾四岁,江苏省吴江县人氏。庚申十年五月十六日在吴江入营。害脚。

陈致和年四拾岁,浙江省嘉兴县人氏。庚申十年五月十三日在本地入营。煮食。

汪如松年三拾六岁,浙江省嘉兴县人氏。庚申十年五月十六日在本地入营。看马。

刘玉林年四拾三岁,浙江省杭州人氏。庚申十年八月十九日在嘉兴入营。医治。

胡宾年拾八岁,江苏省吴江县人氏。庚申十年八月十三日在本地入营。牧马。

张元顺年贰拾柒岁,江南省天京人氏。庚申十年三月十九日在本地入营。种菜。

赆天安阁内左壹文军政司周文菁年三拾六岁,江南省天京人氏。癸好三年三月十八日在本地入营。现理造册子。

黄奉珊年六十三岁,江苏省吴江县人氏。庚申十年五月十三日在吴江入营。煮食。

周继裕年拾四岁,江南省常州人氏。庚申十年四月十八日在本地入营。系周文菁义子,买办事。

盛来喜年十贰岁,江苏省太湖滨人氏。庚申十年八月十六日在太湖入营。砍拾柴伙。

徐仁生年十贰岁,苏馥省吴县人氏。庚申十年五月十九日在苏省入营。官使看门。

（《太平天国》，第三册，第228—231页。罗尔纲、王庆成，桂林：广西师范大学出版社，2004。）

【江苏省常州·天历癸开十三年】 俊天义统下钦天福并属员家册

钦天福盛永兴年方廿六岁，系安徽省安庆郡桐城县人氏。癸好三年四月初十（无）[芜]湖入营。父故，母朱氏在家，兄无，弟莲朋在家。妻皮大妹在营。

徐德顺年廿五岁，系浙江省严州郡遂安县人氏。庚申拾年三月廿八日在本地入营。父故，母张氏在家，兄德宾在家，弟德宝在家，妻陆大妹在家。

姚廷扬年廿八岁，系安徽省凤阳郡定远县人氏。戊午八年九月初十日在本地入营。父故，母徐氏在家，兄廷彦在家，弟廷芝、廷兰在家。

黄长元年方廿四岁，系江西省九江郡遂长县人氏。于甲寅四年十一月在本地入营。父隆郭，母徐[氏]，兄，弟甲辰，妻无，子无。

（《太平天国》，第三册，第245—246页。罗尔纲、王庆成，桂林：广西师范大学出版社，2004。）

[编者注：1984年，王庆成从英国伦敦图书馆所藏"戈登文书"找到太平军护王陈坤书部下名册34件。影印件载《影印太平天国文献十二种》，中华书局，2004年，第389—465页。及《太平天国》，第三册，第192—246页。广西师范大学出版社，2004年。因量大，34件的格式基本相同，今选择以上两件作为代表。]

第二节

区分良与妖

一、良民、子民与良民牌

【广西省·1851 年】这时候开始传播一种奇怪的谣言，一切左袒或反对叛党的英华报纸都不加斟酌地予以刊载。他们说这位僭主是明朝真正的后裔，并是天主教徒，所过之处，佛塔一律拆毁，神像一律破坏。这些人断定他是属于上帝会的，也就是说，他是耶稣教徒。

（法国 加勒利、伊凡原著，英国 约·鄂克森佛译补，徐健竹译：《太平天国初期纪事》，第 41 页。上海：上海古籍出版社，1982。）

【江苏省南京·咸丰三年】贼遇庙宇悉谓之妖，无不焚毁。

（佚名：《粤逆纪略》。《太平天国史料丛编简辑》，第二册，第 31 页。太平天国历史博物馆，北京：中华书局，1962。）

【浙江省乐清县·咸丰三年】江滨古刹晋梁余，灰灭烟消僧尽诛……自注云：贼所过之处，见僧道即杀。

（海虞学钓翁：《粤氛纪事诗》，第 5 页。《太平天国史料丛编简辑》，第六册，第 380 页。太平天国历史博物馆，北京：中华书局，1962。）

【湖北省·天历四年】今本军师在朝闻得湖北地方仍有些少残妖，不时前来作怪，皆兄等前时诛妖未经灭尽之故。为此特行诫谕。谕到之日，仰兄等即时统兵分巡各郡县，遇妖即诛，见民必救，务期扫尽妖氛，不留余孽。倘该县良民如有勾结通妖及引妖魔入境等弊，一经访确，即行剿洗，毋得姑容，致负天父、天兄及我主天王、东王委任之至意。本军师不惮诚之谆谆，兄等慎勿听之泛泛也。亟宜凛遵，毋违诫谕。

（韦昌辉：《北王韦昌辉命国宗石凤魁等统兵分巡湖北各郡县诫谕》。《太平天国文书汇编》，第 177 页。太平天国历史博物馆，北京：中华书局，1979。又，《贼情汇纂》卷七。《中国近代史资料丛刊：太平天国》，Ⅲ，第 195 页。中国史学会编，编者：向达、王重民等，上海：神州国光社，1952。）

【天历九年·洪仁玕上任之喧谕，号召文士来奔】 天兄基督，主战妖于起义之日，简命既膺，妖庙妖人无不破……

待至余丑尽除，太平一统，论功行赏，列土分茅，岂不美哉，亦云乐矣！

（《洪仁玕颂新政喧谕》。《太平天国史料》，第149、151页。金毓黻、田庆余，北京：中华书局，1955。）

【江苏省无锡、金匮、常熟、长洲等县·咸丰十年】 四月初十，县城不守。先是金陵败兵逃下，掳掠财物，无所不为，乡间土匪又四出抢劫，居民之载辎重遁者，无一幸免，以至乡民进退维谷。而城内贼首伪忠王李秀成出示安民，反而严禁长发肆扰，杀土匪数人，悬首城门，居民逃出者皆欲回家，而四乡黠者遂创为进贡之说，以牛羊食米献贼，冀得免杀掠。伪忠王驻锡五日，军政悉派乾天安李贼，民事派监军黄顺元、厉双福，俱本邑人。南门外天授乡伪军帅黄德元即顺元之兄，以近城故，被害较轻。长安桥、市头等处有富户过姓胡姓充当旅帅，供应周到，民居未毁。扬名、开化二乡，金玉山为军帅，颇护乡民，本有团练，势甚旺，后为贼注意，赖金左右之。西门外富安乡、万安乡为宜兴冲途，钱南香为军帅。因贼踪充斥，逃避远方。北门外景云乡亦近城厢，有杨念溪为军帅，未甚损坏。但杨之旧宅在江溪桥，房屋百余间，土匪毁其半，官军坏其半，存无几矣。其大镇为东亭，贼与民贸易之所，商贾往来如织，小市遂为雄镇也。怀仁乡地半金匮，通江阴之要道，人民被掳者众，军帅张承寿，旅帅浦紫卿，均是役吏出身，为虎作伥而已……

八月初二日巳刻，贼进城……常、昭既失……贼众奉伪忠王命，变为假仁假义，笼络人心。时届年终，忠逆赴安徽，守苏福省者为熊万荃[即喜天福伪爵]，专以要结为事，不复杀掠，忠逆倚为腹心，于是各团有阴相约降。九月中，长洲张汉槎先纳款，受伪爵，而徐氏遂孤。十月中，常、昭守将钱得胜[即慷天燕]由伪举人曹和卿[名敬]作介，授少蘧以同检官衔，两相和约，赏犒甚丰。伪帅熊逼令同至[长洲县]黄隶安民，给示收漕。乡民完粮后，每家墙门贴一纸印凭，长发便不到抄扰。常熟之辛庄、吴塔，苏州之相城、陆巷，一例效尤，而吾邑各团遂无斗志矣。至十月二十日，熊万荃与徐少蘧来议和，言各不相犯，附近各乡造册征粮，均归本地人办理，不派长发一个，乡民不愿留发者听其自便。

（华翼纶：《锡金团练始末记》。《太平天国资料》，第121—124页。北京：科学出版社，1959。）

【苏南、皖北·咸丰十年四月——十一年二月】

贼禁诏

土、木、石、金、纸、瓦像死妖该杀约六样。邪教、粉色、烟、酒、戏、堪舆、卜筮、祝、命、相、聘、佛、娼、优、尼、女巫、奸、赌，生妖十九项。

（余一鳌：《见闻录》。《太平天国史料丛编简辑》，第二册，第132—133页。太平天国

历史博物馆,北京:中华书局,1962。)

　　【江苏省常熟县·咸丰十年十月】尼僧逼令留发还俗,寺庙庵堂一概拆毁。城内圣庙学宫,亦所不免。三教俱废。

　　(汤氏:《鳅闻日记》。《近代史资料》1963 年第 1 期,第 112 页。又见《太平天国》,第六册,第 340 页。罗尔纲、王庆成,桂林:广西师范大学出版社,2004。)

　　【江苏省、浙江省】贼见和尚必杀。

　　(佚名:《哀江南总目提要》。《太平军初占江南史事别录》,第 137 页。)

　　【江苏省南京】良民不得称子民,唯上帝可呼其民为子也。

　　妖　此字指□[鞑]妖鬼类,有从□[鞑]妖及拜鬼者皆以妖崇称之。

　　(洪仁玕:《钦定敬避字样》。《中国近代史资料丛刊:太平天国》,Ⅱ,第 699 页。中国史学会编,编者:向达、王重民等,上海:神州国光社,1952。)

　　[编者按:这里规定了子民、良民与妖的定义。]

　　【江苏省常熟县】贼称本朝曰"妖朝",官曰"妖头官",兵曰"妖兵",神像曰"死妖",骂人曰"妖魔鬼"……

　　(佚名:《避难纪略》。《太平天国史料专辑》,第 63—64 页。上海:上海古籍出版社,1979。)

二、妖的定义与种类

(一) 妖清、妖朝、满妖、鞑妖

　　【天历二年】今满妖咸丰,原属胡奴,乃我中国世仇。

　　(《东王杨秀清西王萧朝贵发布奉天诛妖救世安民谕》。《太平天国文书汇编》,第 107 页。太平天国历史博物馆,北京:中华书局,1979。)

　　【1853 年 12 月 24 日】爱国心[民族主义]与个人较卑劣的野心,图谋或求劫夺财富的贪心,在革命军中当各有其代表人。他们最仇恨满人臣仆,统治他们之腐化阶级,与剥削他们的压迫者。凡此各成份皆是他们起事的原因,而令其比较纯洁的宗教成分得有坚强的援助与目的。至于组织他们与结合他们之制度与政策,使其经历四年之奋斗者,断不是没有才能的人物之工作。清方现在极力诋毁洪氏,谓其出身微贱,但不能贬低之。

　　(《华北先驱》第 178 期,1853 年 12 月 24 日社论。简又文:《太平天国典制通考》中册,第 837 页。香港:简氏猛进书屋,1958。)

【浙江省·天历十一年十一月二十三日】溯自明运祚终,胡奴乘隙窃踞中原之天下,欺虐中国之人民,以致中国之人……臣服胡妖异种……试观我朝倡义十有余载,妖清与我抗衡之妖不下百万,无不败亡丧尽……

(《侍王李世贤劝浙江太平子民各知效顺谆谕》。《太平天国》,第三册,第122—123页。罗尔纲、王庆成,桂林:广西师范大学出版社,2004。)

【浙江省石门县·天历十二年九月十二日】殿前又副掌率邓光明发给石门沈庆余劝谕……嗣后如有不法乡员恃强借掇,任意苛捐,及土棍刁民、军中兄弟或以有妖朝功名,强勒索需,或以助妖粮饷,诈取银洋……或有强佃抗霸收租,纳捐不交……日后倘再有此情事,仰该沈庆余放胆持凭即赴监军衙门控告。

(《殿前又副掌率邓光明发给石门沈庆余劝谕》,《太平天国》,第三册,第153页。罗尔纲、王庆成,桂林:广西师范大学出版社,2004。)

(二)妖头、妖官、妖吏、妖勇

【江西省南昌县·咸丰三年五月】时湖北按察使江忠源衔命赴金陵大营,道出九江,闻南昌围,星夜赴援,适张巡抚等亦飞檄召之,驰四日至。贼望见楚军旗帜,惊曰:江妖来何速也。贼以官为妖,故云。

(杜文澜:《平定粤寇纪略》卷二。《太平天国资料汇编》,第一册,第20—21页。太平天国历史博物馆,北京:中华书局,1980。)

【安徽省·天历五年二月二十七日】查察尔等乡城之民,闻得内有充当妖勇,理宜均斩不留。本大臣仰体天父有好生之德,我主天王暨东王列王有爱民之心,格外从宽体恤,赦过前愆,容尔等悔改自新,不得仍蹈故辙,各宜从真向化,炼好心肠。自谕之后,该尔四民不必惊惶畏惧,各安恒业,如常贸易,勿得再听妖言,致累杀身之祸。

(《殿右六十四指挥赖劝四民从真向化晓谕》。太平天国历史博物馆编:《太平天国文书汇编》,第116页。北京:中华书局,1979。)

【湖南省宝庆·天历九年】[粤营主将奥大丞五月出示]奸官必诛,妖吏必诛,此外皆为赤子。

(李汝昭:《镜山野史》。《中国近代史资料丛刊:太平天国》,Ⅲ,第13页。中国史学会编,编者:向达、王重民等,上海:神州国光社,1952。)

【江苏吴江县·咸丰十年五月十一、十二等日】贼匪见顶帽则以为妖,必杀死。木渎黄朗峰捐六品职衔,初九日为贼杀死,初十日盛殓,贼又至,见尸首戴顶帽,将头割去。吴江冯小楼,名晋邑,诸生也。病死戴顶帽殓,贼见之,亦割其头去。

(蓼村遁客:《虎窟纪略》。《太平天国史料专辑》,第22页。上海:上海古籍出版

【江苏省常熟县·咸丰十年六月初一日】其詈本土绅士为妖,凡诰命旗匾尽行拆毁,靴冠袍套斥为妖装,搜得科罚。

(龚又村:《自怡日记》。《太平天国史料丛编简辑》,第四册,第354页。太平天国历史博物馆,北京:中华书局,1962。)

【江苏省常熟县·咸丰十年八月初二】四更后,步贼齐到,乃出令:六门把守,黎明黑旗队开刀,将城内人家挨户严搜,老男老女各置一处,少壮男人分派各馆当差,年轻妇女择大宅安处,当心看守,幼男幼女立即杀死;可口之物及金银珠宝值钱东西,一应解我,不许私藏一些;倘遇崛强者概杀勿论。妖头人家逢男开腔,逢女轮奸……违令者斩。

(顾汝钰:《海虞贼乱志》。《中国近代史资料丛刊:太平天国》,Ⅴ,第357页。中国史学会编,编者:向达、王重民等,上海:神州国光社,1952。)

【天历十年】自明季凌夷,鞑妖乘衅,窜入中华,盗窃神器……迄今二百余年,浊乱中华,钳制兵民,刑禁法维,无所不至……实足令人言之痛心,恨之刺骨者矣……尔等官兵人等,虽现为妖官妖兵,亦皆是天父之子女,不过从前误为妖用,不能不听其驱使,遂至助妖为害,同天打斗,迹虽可恨,情实可原。

(《干王洪仁玕等劝谕清朝官兵弃暗投明檄》。太平天国历史博物馆编《太平天国文书汇编》,第148页。北京:中华书局,1979。)

【江苏省常熟县·咸丰十年八月】长毛掳住鲜衣华帽清秀子弟,非认为官绅,便指作富户,呼为"妖头",必遭杀害。或昼夜吊打,逼索金银……西南诸乡,大户亦为土匪焚掠殆尽……[石墩]有富户顾姓几家,焚掠一空。

(汤氏:《鳅闻日记》卷上。《近代史资料》1963年第一期,第85页。又《太平天国》,第六册,第312页。罗尔纲、王庆成,桂林:广西师范大学出版社,2004。)

【江苏省溧阳县】凡官宦之家,呼为妖头,杀之必尽。
(冯煦:光绪《溧阳县续志》卷16《溧灾纪略》。)

【江苏省昆山县】新阳廪生孙启杼[吟秋]考中长毛解元,其中"有恨不得杀尽妖头上答天王之高厚"句。设立解元公馆,逢人辄曰:吾道行矣。
(王德森:《先世遗闻》。《岁寒文稿》卷三,第21页。)

【江苏省南京·1860年】他们受的思想教育是把清朝的官吏看作妖魔,歼灭妖魔是他们的特殊的和有价值的贡献。

（《一八六〇年的回顾》。《北华捷报》第 546 期，1861 年 1 月 12 日。《太平军在上海——〈北华捷报〉选译》，第 424 页。上海：上海人民出版社，1983。）

附：打击贪官污吏，保护好官、降官，礼待好官

【广西省、湖南省·1852 年】广西的一个首领名太平王者，与湖北[？南]叛军结成联盟。这种联合同时使许多地方告警，有几个重要的地方相继陷落。罗定州、庆远府和河池府都陷入叛军之手。在这三个重要城市中，他们得了很多战利品，掠取了府库和官军的给养。他们依照惯例，尊重私人财产，仅限于掠夺官员财产及大量税收。这种行为极得民心，人民对于统治他们的官吏的悲惨结局，完全无动于衷。这些绝望的官吏都畏罪自缢。

（法国　加勒利、伊凡原著，英国　约·鄂克森佛译补，徐健竹译：《太平天国初期纪事》，第 75 页。上海：上海古籍出版社，1982。）

【江苏省南京·咸丰三年二月】[太平军官员对清政府上元县令刘郇膏说：]"汝系好官，不杀汝。肯降否？"[卒不杀]。

（张继庚：《张继庚遗稿》。《中国近代史资料丛刊：太平天国》，IV，第 759—760 页。中国史学会编，编者：向达、王重民等，上海：神州国光社，1952。）

【江苏省镇江·咸丰六年五月初八日】初八日，世太守闻九华之变，忧愤不食死。贼取其尸，殓以衾，葬于南门外。予所亲见。

（刘贵曾口述：《余生纪略》。《太平天国》，第四册，第 377—378 页。罗尔纲、王庆成，桂林：广西师范大学出版社，2004。）

【安徽省庐州·咸丰十一年】李钦差鹤人，虽云被擒，贼内无人不佩服，即英王亦常称赞云："忠肝义胆，不易才也。惜用人未免疏忽耳。"……有庐州府佐将，官衔功天安，姓陈名得材，系英王之叔，英王令此人劝钦差降。钦差答云："胜败军家之常，势已至此，夫复何言！上是青天，下是黄土，中间是良心，务必要说实话。譬如我若将英王活擒，能甘心降我乎？彼能甘心降我，我即降他，万不宜作违心之论。"功天安回英王如此，英王拍案曰："从此不要劝他了。"贼内供给，周到已极，先云："我已被擒，我有胞弟孟平，务必送归。"英王即查送回固始。钦差作绝命词一百首，传出仅数首耳。英王至南京见天王，天王云，李钦差有用之才。英王回奏云："忠臣也，亦节士也，宜全其节。"于是天王下诏正法。诏到，有仆射捧诏到钦差前云："听诏旨！"问谁诏旨，云："天王诏旨。"遂乃大骂，骂毕云："何事？"曰："请钦差归天。"大笑曰："好极。"犹吸鸦片烟三口，吸罢，命舀水来洗脸，未洗脸，先穿袜，复穿大衫，方洗脸。洗毕，大声曰："走！"出门四人大轿预备停当，不坐，信步缓行，观者十余万人。行至庐州得胜门内，就是毕命之处。问那是北方，向北方叩头三个；又云那是西方，向西方叩头四个。叩毕，坐在地呼云："快些！"完节毕，功天安买一绝好棺木，并将首级联缀一堆，后棺亦到固始。

（赵雨村：《被掳纪略》。《太平天国》，第四册，第 409—410 页。罗尔纲、王庆成，桂林：广西师范大学出版社，2004。）

【浙江省杭州·咸丰十一年十一月】王公先服毒不及，又入城下民房雉经以殉。怀有遗折并给伪忠王谕勿殃民。贼酋以王礼殓，且命投贼之藩司林福祥[后经左文襄公逮衢正法。]送柩上海，书大清忠臣王公之柩。苏抚薛焕开棺复验[到已次年五月。]面色如生，为易伪王龙袍，以公服改殓而归葬焉。

（范城：《质言（选录）》。《太平天国》，第四册，第 420 页。罗尔纲、王庆成，桂林：广西师范大学出版社，2004。）

【直隶·咸丰四年三月二十四日】据郝馨即郝黑子供，我系直隶定兴县人，年十八岁，跟我父亲郝老同在本县东关居住，开马肉作坊生理。上年九月有长毛贼由本县经过，将我并我父亲裹去……长毛贼目叫我带道攻打闭门的县城。随在县东门挖成地雷，装上火药、炮子，药捻点着，将城轰破。我带同王迎锋到知县衙门，王迎锋将知县头上砍了一刀，尚未砍死，我用扎刀将知县左胁扎了三刀，才扎死了。我父亲将知县家眷杀死。因我探道洒药有功，王迎锋给我黄马褂一件，又给我女人一口为妻。

（联顺等奏。宫中全宗·朱批奏折。中国第一历史档案馆编《清政府镇压太平天国档案史料》，第十三册，第 395 页。北京：社会科学文献出版社，1994。）

【直隶·咸丰四年三月二十六日】据马二雪即马老秀供，我系直隶正定府新乐县回民，年二十四岁，在本县城西大营村居住，种地度日。上年九月不记日子我雇给本县民人张二，到本府城内挑茶叶。是日走至正定府东门外，被长毛贼将我裹至贼营，有长毛贼目伪黎合王叫我给他们抬炮，随将不知县名县城攻破。又不记日子，给我双刀一对，同我将一不知县名县城攻破。进至知县衙门，黎合王用单刀将知县砍了一刀，我用双刀将知县扎死，我们进内将知县家眷大小三人杀死。

（联顺等奏。宫中全宗·朱批奏折。中国第一历史档案馆编《清政府镇压太平天国档案史料》，第十三册，第 412 页。北京：社会科学文献出版社，1994。）

【浙江省杭州·咸丰十年】十一月城中粮尽，米升值银一两。集钱十余万串，无可购。碾义仓谷七千石，并杀马、驴饷士。初九日，林福祥误信望江门投诚，出为所败。武林、钱塘、清波门外各营皆投。二十八日粮尽溃散，盖守城已五十六日矣。已刻，贼由各门梯入，巡抚王有龄、学政张锡庚及文瑞、饶廷选等多死之。王有龄遗疏称绍兴失而杭州不守，咎由团臣王履谦，臣死不瞑目。李秀成以礼殓王、张、文三人，资遣新旧藩司林福祥、麟趾护其柩，并眷属亲兵五百人，送之上海。

（李应珏：《浙中发匪纪略》，抄本。南京大学历史系太平天国史研究室编《江浙豫皖太平天国史料选编》，第 207 页，南京：江苏人民出版社，1983。）

【浙江省桐乡县·咸丰十年】桐乡库吏沈穆士,道光末年间尚赤贫,后马昂霄作宰,宠任之,俾掌库司,不数年,家私巨万,专事刻剥厚敛,迎合县主。由是怨毒遍阖邑,贼知其人,出示购索之,卒不得。

（佚名:《寇难琐记》卷一,手抄本。南京大学历史系太平天国史研究室编《江浙豫皖太平天国史料选编》,第140页。南京:江苏人民出版社,1983。）

【浙江省仁和县、钱塘县·同治元年九月】初十日,有颜姓者自杭城逃出,言忠王破杭城得仁和、钱塘两县令,皆赦之,使为伪乡官,仍分治仁、钱两邑事。

（沈梓:《避寇日记》。《太平天国史料丛编简辑》,第四册,第190页。太平天国历史博物馆,北京:中华书局,1962。）

第三节

门牌制度

一、门牌的起源与作用

[编者按：太平天国的门牌制度，是北王韦昌辉 1853 年 7 月创始于天京的。后来，太平军每克一地，设立乡官，编查户口，发给门牌。领有门牌之民户，太平军不得骚扰或任意夺取资财，人民得以重度安静和平的日子。]

【江苏省南京·咸丰三年】贼中初无门牌之设，癸丑六月，讹言有官兵混入江宁城，举国若狂，韦贼始倡议设立门牌，逐户编查……每贼馆各一张。若门牌无名或未领门牌者，均指为妖杀之。

（张德坚：《贼情汇纂》。《中国近代史资料丛刊：太平天国》，Ⅲ，第 237 页。中国史学会编，编者：向达、王重民等，上海：神州国光社，1952。）

【江苏省南京·咸丰三年】贼自五月在南京要家家悬有门牌，户各二十五名。

（佚名：《金陵纪事》。《太平天国史料丛编简辑》，第二册，第 51—52 页。太平天国历史博物馆，北京：中华书局，1962。）

[编者按：在太平天国之前，清政府统治下的城市即有门牌。沈梓：《避寇日记》咸丰十一年十二月十三日记载："杭人在城者，向查门牌有七十余万口，饿死者几半，被掳者闻十二万有余，存者不过二三分而矣。"《太平天国史料丛编简辑》，第四册，第 107 页。在太平天国之后，清政府统治下的农村，也有门牌。如同治十三年，浙江省金华府兰溪县查办保甲时发的一张门牌内有四条禁律，其一"禁承垦抗粮，承佃抗租"。原件存浙江博物馆。转引自《史学月刊》1965 年 5 期王兴福《太平天国革命后浙江的土地关系》。]

【安徽省潜山县·咸丰四年四月】潜民各户悬伪太平天国门牌。

（储枝芙：《皖樵纪实》卷上。《太平天国史料丛编简辑》，第二册，第 93 页。太平天国

历史博物馆,北京:中华书局,1962。)

【江苏省常熟县·咸丰十年八月】 初五日城中黄[文金]、李[远继]二逆,六门悬伪安民示,其略云:"……尔等归后,即行写明人数具册投呈,我即给发门牌,张挂门首,我兄弟见之不敢吵扰,尔等居安如旧,老幼男女高枕无忧。"

（顾汝钰:《海虞贼乱志》,《中国近代史资料丛刊:太平天国》,Ⅴ,第 359 页。中国史学会编,编者:向达、王重民等,上海:神州国光社,1952。）

【江苏省常熟县·咸丰十年八月初六日】 [王市]每家输洋钱一(员)[元],领一门牌,上注明人数年貌。不论贫富,皆悬贴门上……着军帅在三日内包办洋钱一万二千五百元,给与门牌如数。

（汤氏:《鳅闻日记》卷上。《近代史资料》1963 年第 1 期,第 90 页。又见《太平天国》,第六册,第 317 页。罗尔纲、王庆成,桂林:广西师范大学出版社,2004。）

【江苏省常熟县·咸丰十年八月二十三日】 [被捉之人皆释回,因]时已有门牌,故不得掳去。[黄家桥]镇上有王景云、钱三荣、陶招三、王文、徐裕生、周小五等十人投长毛军去。

（佚名:《庚申避难日记》。《太平天国史料丛编简辑》,第四册,第 484 页。太平天国历史博物馆,北京:中华书局,1962。）

【江苏省常熟县·咸丰十年十月十日】 本镇自张金议贡,城中屡有钱姓告示来镇,黄德芳……等开销供饮。常在乡间收钱,每亩租钱三百文,收下即兑洋钱。贡去约有百金,现又领门牌。

（佚名:《庚申避难日记》。《太平天国史料丛编简辑》,第四册,第 487 页。太平天国历史博物馆,北京:中华书局,1962。）

【江苏省常熟县·咸丰十年十月十三日】 [不进贡者被掳]自此未进贡未有门牌者,咸议进贡,各要门牌。

（佚名:《庚申避难日记》。《太平天国史料丛编简辑》,第四册,第 487 页。太平天国历史博物馆,北京:中华书局,1962。）

【江苏省常熟县·咸丰十年十月十三日】 鹿苑近日人家全行回来,衣物金银等一应在家……尽为劫去……又有沿塘一带贫家,被其劫去棉絮食物等情……自此未进贡,未有门牌者,咸议进贡,各要门牌。

（佚名:《庚申避难日记》。《太平天国史料丛编简辑》,第四册,第 487 页。太平天国历史博物馆,北京:中华书局,1962。）

【江苏省常熟县鹿苑·咸丰十年十月二十九日】门牌都已领到。

（佚名：《庚申避难日记》。《太平天国史料丛编简辑》，第四册，第488页。太平天国历史博物馆，北京：中华书局，1962。）

【江苏省吴江县·咸丰十年十一月三日】初三日，晴阴参半。朝上诵宝训神咒。上午，梦书来，知到梨[里]议租、粮。面会俞公，所说与昨所闻合符，惟各乡官多嫌经费不敷，尚有变计。午前，乙溪来，谈及今冬租、粮，甚多掣肘，无论各局归开，无可调度，即以公解公，亦难葳事，奈何！本村今日写门牌，每张五百，恐别有说话在中处也。

（柳兆薰：《柳兆薰日记》。《太平天国史料专辑》，第153页。上海：上海古籍出版社，1979。）

【江苏省常熟县·咸丰十年冬】至钱贼[桂仁]来后……发伪门牌，各家张挂，伪乡官多有借兹勒索，或数百文一张，或数千文一张，殷实之家甚至有数十千文一张者，民间只求安靖，亦只得忍气而已。

（佚名：《避难纪略》。《太平天国史料专辑》，第60页。上海：上海古籍出版社，1979。）

【江苏省南汇县·咸丰十年】挂门牌

贼各于其分地给挂门牌，上写伪职、户口、姓名，一牌索二三金不等，云可御外侮，及他贼来，卒不顾。

乡官来，将门敲；莫挂牌，须防妖；急挂牌，须防毛。家长毛来笑而去，野长毛来怒不顾，挥斧斫门主人怖。

（丁宜福：《浦南白屋诗稿》卷一。）

【江苏省常熟县·咸丰十年十二月三十日】[黄家桥]市上甚闹，生意照常，各店收账仍旧如故，惟水果无，爆竹甚贵。闻是日东乡未办门牌各镇处，被长毛劫掠年（高）[糕]三百余甑，衣物、银钱等无数，用船[载]去。常熟城陷。

（佚名：《庚申避难日记》。《太平天国史料丛编简辑》，第四册，第493页。太平天国历史博物馆，北京：中华书局，1962。）

【江苏省、浙江省·咸丰十一年】六月二十左右，闻驻扎平望、平管、黎里、严墓之长毛钟符天燕钟良相调往桐乡乌镇，屠甸市、濮院皆归钟姓把卡……[七月]初一日，符天福钟来濮讲道理……所讲说者，百姓皆要敬天，所以遭难者，皆不敬天所致。镇上贫富逃难之人，此刻既经安民，可以迁回，士农工商，各安恒业，倘有别处长毛来打先锋，以所付门牌张挂，可免无害。不许剃头，留须蓄发，复中原古制等说。

（沈梓：《避寇日记》。《太平天国史料丛编简辑》，第四册，第71—72页。太平天国历

史博物馆,北京:中华书局,1962。)

【江苏常熟·同治元年四月】

发 门 牌

金银逼献贼心欢,到处乡村设伪官;民领门牌檐下挂,希图眼下暂相安。

(陆筠:《海角悲声》,南京图书馆藏抄本。)

二、门牌的格式

[太平天国颁发的门牌]

【江苏省长洲县儒教乡·太平天国庚申十年】[苏州郡长洲县侍教乡门牌]

江南苏福省苏州郡长州县侍教乡,距城七图军帅 师帅 旅帅谈胜德、卒长花克明、两司马谈梦玉统下子民谈嘉和、谈如官,年四十八、五十八岁。妻妹年。

祖父,年。祖母,年。母、兄年。姉薛氏。弟喜官、奎官,年四十五岁、四十三岁。弟媳陆氏。

妻马氏,年。妾。子仁和,年。媳李氏。孙,年。孙媳。伯,年。伯母。

叔谈瑞玉,年五十三岁 姉沈氏。侄桂官,年。侄媳。女,年。孙女。男共七口 女共五口。太平天国庚申十年 月 日给。

(廖志豪:《苏州发现的太平天国新文物》。《太平天国学刊》,第一辑,北京太平天国历史研究会编,北京:中华书局 1983。)

[编者按:该门牌为灰毛边纸墨字印刷,纸上钤有太平天国真忠报国逢天安刘肇钧双龙抢珠朱印。刘肇钧是李秀成的部将。长洲县"儒教乡",太平天国将其改为"侍教乡"。]

太平天国财政经济资料汇编

牌　　　　　　　　　　门

九门御林殿前南破凫军主将认天义陆……为

天命统领雄师四□□□扫胡妖而安众姓兹有浙□□郡萧山县子民向

化倾心殊□□□□为此给发门牌付与悬挂□□便稽查而

给发门牌□□业事照得本主承恭兹有

杜奸究须至门牌者

戚宣城　祖故　主家李元照

来积甫　祖故　妻汤妹

来照庚佃广米仁尔户屯　父母故　侄三人

米春芳户　母故　媳侄一人

中兰锦祥　伯故　子一人

杨瑞林　母伯故　媳子无

叔无　弟三人

母叔无　妻弟二人

兄故　共计男八名

嫂一人　女五名

太平天国辛酉拾壹年十一月　　日　右仰西乡子民李元照收执

太平天国认字第八面四十八号

（照片：《太平天国革命文物图录》八四。取名《太平天国认天义陆顺德发给萧山县李元照门牌》。印文："太平天国九门御林开朝功臣认天义陆顺德。"太平天国起义百年纪念展览会，上海：上海出版公司，1954。）

[该件颁发时间为太平天国辛酉十一年(1861年)，原件下部已残缺，毛边线墨刷，毛笔填写。年月日上盖有双龙纹朱印(字迹已不辨)，印高21.5厘米，宽11.3厘米。中间"旅帅"二字上盖有"李查过"框宋体朱纹印。原件现存建德县档案馆。]

【浙江省石门县·天历十二年】

牌　　　　　　　　　　　　　　　　　　　　门

殿前又副掌率邓

给发门牌抚安善良以杜滋端事照得认

天识
主始明归顺之安悦意投识荃庆室家之乐本爵遵奉
忠王宝谕抚安黎庶查得该地子民实系淳良守法遵条编
听王
有册籍倾心向化诚恐往来官兵擅行滋扰为
此颁给门牌张帖存照倘有不法兵士故违干冒情弊
者许尔禀送来辕严刑讯究决不宽容遵此
计开
右营军帅屈怀琛
花户田云坡现年　　岁系浙江省嘉兴府石门县乡十六都十一图人氏距城　　里居住向系　　为业　妻　氏
为

曾祖　氏
祖　氏
父
伯
叔
兄
弟
子
侄
孙
女男
女
合家

天父天兄天王太平天国壬戌拾贰年月
字第　　号

丁　口
共
计
名
日给

曾祖母　氏
祖母　氏
母　氏
伯母　氏
叔婶　氏
兄嫂　氏
弟媳　氏
媳　氏
侄媳　氏

（照片：《太平天国革命文物图录》八三。取名：《太平天国殿前又副掌率邓光明发给石门县花户田云坡门牌》。印文："天父天兄天王太平天国开朝功臣殿前忠孝朝将邓洗湖。"太平天国起义百年纪念展览会，上海：上海出版公司，1954。）

注：

1. 石门县：今桐乡县石门镇。

2. 太平天国门牌之设，始于 1853 年 7 月，首由北王韦昌辉倡议颁行于天京，随即在各地推行。见曹国祉：《太平天国杂税考》，载《太平天国史论文选》上第 637 页，三联书店，1981 年版。

3. 太平军每克一地，其首要任务在选举乡官之后，编查户口，发给门牌，清除暗藏的反革命分子。领有门牌之处，即是所谓安民民区，太平军不得骚扰或任意夺取资财，使得战后人民得以重度安静和平的日子。见曹国祉：《太平天国的地方政治制度》，载《太平天国史论文选》，第 679 页，北京：三联书店，1981。文章引自《浙江档案》，1991 年 1 期。）

【安徽省繁昌县荻港镇·天历三年十月二十七日】殿右捌指挥杨告荻港镇人民札谕

殿右捌指挥杨札谕荻港镇人民知悉：照得我主天王奉天明命，斩妖留正，始终以诛妖安民为念。兹本大臣随同翼王五千岁率师安民，查得尔荻港镇民人尚未齐来投册，为此札谕该镇，限十一月初九日举齐旅帅、两司马等官，填名造册，赴安徽省呈报本指挥衙门，以便发给门牌。再敢迟延限期，定即尽行剿洗，决不稍宽。切切。特谕。

太平天国癸好三年十月二十七日发。

门牌式　兹将举官次第名目、三代履历及民户款式注明于后，以便民等易晓，遵循派家缮写册簿投案，便可领给官民户牌。

计具：

某省、某郡、某县、某门、某乡，距城若干里，以万二千五百家公举军帅某姓、某名，现年若干岁，父某、母某、妻某、子某，合家男妇某十名。以下师帅[……]卒长皆依此类推。

以二十五家公举两司马某姓、某名，现年若干岁，父某、母某、妻某、子某，合家男妇某十名。该管下伍长各户：

伍长某姓、某名，现年若干岁，合家男妇某十名。

一户某姓、某名，合家男妇某十名。

一户某姓、某名，合家男妇某十名。

一户某姓、某名，合家男妇某十名。

一户某姓、某名，合家男妇某十名。

每两司马共统二十五家，率下五名伍长，每名伍长管下四家，其余皆依此类推。

定以五家立一伍长，二十五家立一两司马，百家立一百长，五百家立一旅长，二千五百家立一师帅，一万两千五百家立一军帅。

（《太平天国》。第三册，第 9 页。罗尔纲、王庆成，桂林：广西师范大学出版社，2004。）

【江苏省常熟县·咸丰十年十月二十二日】廿二日，见军、师、旅帅及卒长、司马麾下烟户名册,称子民某,开祖、父、母,暨兄、弟、姊、妹、妻、女、子、妇几口,俱注年岁,向例所无。又簿填田产若干,以备收租征赋。

(龚又村:《自怡日记》。《太平天国史料丛编简辑》,第四册,第 378 页。太平天国历史博物馆,北京:中华书局,1962。)

【安徽省太平县·咸丰十年】兵回城,出一令:各乡进贡。一军帅,要银洋,三万有零。又生出,门牌法,来哄乡老。门牌挂,兄弟们,不敢进门。各乡村,每一灶,领牌一面。一面牌,要交上,五块洋银。牌额上,各官员,签名盖印。牌下面,详细填,三代人丁。每一月,按门牌,缴洋两块。众头目,升了官,又要贺银。每一人,洋一元,不分富贫。又出令,田一亩,二两纹银。

(周公楼:《劫余生弹词》。)

【浙江省东阳县·天历十二年】太平天国壬戌十二年东阳县南门卒长汪文明所管门牌册底

壬戌十二年　卒长□□□　门牌册底

季房名册

汪朝渊年廿六岁　妻吴氏　年廿六　子三　女一

汪熙泉年六十八岁　子朝桂　媳陆氏许氏　侄女一

汪开广年十八岁　母许氏　弟开典

汪朝情年十八　母吕氏　嫂钟氏

汪朝义年卅八　妻张氏年卅七　子开进

汪永灯年七十八　妻程氏年七十八　子一

卒长汪文明年四十岁　母吴氏　嫂朱氏　兄一　侄一

司马汪朝配年六十乙岁　子开球　孙女一

伍长汪日佳年廿乙岁　母许氏　妻蒋氏年廿一　女一

汪日元年廿七岁　母蔡氏　妻蒋氏年廿七　子开业

汪朝旺年五十六岁　母卢氏　妻蒋氏年五十　子开涵　女一

汪熙遂年六十四岁　妻许氏年六十四

汪昌楷年六十一　妻许氏　子熙成　女一

汪昌杰年五十五　子熙叙　朋头

汪朝武年七十三　子开浩　孙人昔

伍长汪熙姜年七十一　妻包氏年七十一

汪朝阳年五十五　妻许氏年五十五　子开选开具　女一

汪昌枚年廿九　妻蒋氏年廿九　子铜壶

汪熙镜年二十　母朱氏　弟洪奶　女一

汪元菁年五十六　妻朱氏年五十六　子朱海

汪樟盛年四十五　母许氏　妻贾氏　子朝昌

汪朝椿年四十　妻陆氏年四十　子开君

汪朝祝年廿四　妻蒋氏年廿二　子开械开万

汪朝康年六十　妻陆氏年五十　子开富　女一

汪熙淳年廿六　(母)[妻]陆氏年廿六　女一

汪昌北年卅一　子兆起　女一

蒋章启年四十五　妻吴氏年四十五　子一　女一

季房共念七名

大分名册

司马汪百能年四十九　父　妻吴氏年四十九　子朝亨朝元

汪百瑞年四十三　妻许氏年四十三　子朝通

汪贵有年六十四　妻蒋氏年六十四　子熙顺　媳蒋氏　孙朝奇

汪熙足年十一　妻蒋氏年十二　母蒋氏

伍长汪熙法年廿七　妻徐氏年廿二

汪十兴年六十六　子小奶　媳朱氏

汪伕法年七十二　妻吴氏年六十八　子永贵足永满足　媳朱氏
吴氏杜氏

汪熙井年廿一　妻陆氏年廿一　母陆氏　子朝管

伍长汪熙珠年三十　妻金氏年廿八　子朝久

汪熙荣年廿八　妻蒋氏年卅二　母杜氏　子朝梧　媳蒋氏

汪熙耀年廿三　母蔡氏　妻吴氏年廿四　子朝洪

何槐星年十二　母蒋氏　妻蒋氏年十一

汪十桂年四十　母朱氏　妻朱氏年卅六　子朝月

伍长汪新登年六十　妻陆氏年五十六　子朝添朝松　媳钟氏陆
氏　孙开春开夏　母马氏

汪新照年五十五　妻朱氏年五十二　子朝奏朝楄　媳杜氏马氏
孙开文

汪新连年五十二　妻马氏年五十　子朝金朝艮　媳蒋氏张氏

汪十恒年四十七　子朝本朝堂

汪新辉年四十一　妻陆氏年四十

伍长汪熙远年五十三　妻朱氏年五十二　子朝俊　媳吴氏

汪熙葛年四十五　妻卢氏年四十二　子朝法朝斗　媳许氏

汪加寿年五十六　妻马氏年五十六　子顺玉标求　媳陆氏

汪昌福年廿六　妻马氏年廿四　子熙聚　女一

汪昌赶年廿四　母朱氏　妻陆氏年廿三

大分共念叁名

德义名册

司马汪熙传年五十　妻郭氏年四十六　子朝贤

汪春男年六十一　妻钟氏年五十二　子樟寿　媳贾氏

汪熙亮年五十　妻许氏年四十八　子朝相

汪熙耒年卅　母周氏　弟熙斗熙云

张合兴店主老讲年七十

伍长洪昌立年七十三　子熙耒十桂　媳陆氏　孙朝钱

汪熙灯年六十　妻朱氏年五十七　子朝足　侄朱寿

汪朝兴年廿五　母朱氏　妻张氏年廿一

汪昌财年七十　妻张氏年六十八　侄开兴

伍长汪永仟年七十　子朱连　媳许氏　孙熙潮

汪宝合年五十六　妻陆氏年五十三　子朝海　媳许氏　孙开团　父连城

汪宝玉年六十　妻许氏年五十五　子云升朝东　媳许氏郭氏　孙开善

汪熙树年五十一　妻马氏年五十　弟熙道

汪熙佩年四十八　妻陈氏年四十二　弟熙开　子朝莫　母朱氏

伍长汪熙泰年六十　子十恺　媳朱氏　孙开仙

汪大凤年七十五　妻陆氏年七十五　子小芝　媳朱氏　孙开叶

汪昌桐年七十　子熙乾　媳卢氏

汪熙芝年五十　妻蒋氏年四十八　子朝裕　媳杜氏

汪熙头年三十　妻陆氏年廿六

汪昌开年四十八　叔永景　妻朱氏年卅五　子本法

汪熙月年廿五　母许氏　妻陆氏年廿四　子朝灿

伍长汪合凑年六十二　妻蒋氏年六十　子朝相

汪熙进年五十　妻李氏年五十　子朝奎

汪熙彩年六十二　妻韦氏年六十　子朝珠

汪双喜年六十　妻蒋氏年五十六　子熙浪

汪宝树年四十五　妻陈氏年四十　母张氏　子熙瑞

汪昌喜年六十　妻吴氏年五十五　子熙祯　侄熙明

汪昌柱年六十九　弟昌辉　弟妇许氏　子汝森　侄锦斋　孙金重　媳陆氏

韦怀修年五十　祖母申屠氏

德义念九块

三重门册

伍长汪昌会年七十五　子朝彩　孙财

汪朝典年四十六　妻钟氏年四十　子开鹤

汪朝印年五十一　妻贾氏年四十八　嫂葛氏　子开充朱方

汪朝有年卅八　妻吴氏年卅五　弟朝道　弟妇许氏

汪昌宽年八十　妻贾氏年七十八　子天富

伍长汪昌恒年六十四　妻蒋氏年六十　弟昌升　子章福　侄熙布

汪熙鲸年四十七　妻许氏年卅二　弟熙鲶　女一

汪朝喜年卅九　妻许氏年卅二　女一

汪熙法年卅四　妻曹氏年廿六　母许氏

汪昌管年六十四　妻韦氏年六十一　媳蒋氏　孙朝鱼

伍长汪昌兜年四十八　妻贾氏年四十八　弟昌恺　子冷足

汪昌问年四十三　妻许氏年四十三　子森荣

汪昌洪年三十六　妻陆氏年三十二

汪昌明年四十八　妻蒋氏年四十四　子熙富　媳蒋氏

汪昌宇年六十四　妻杜氏年六十　子熙局

伍长汪昌朋年七十七　妻贾氏年七十七　子熙成　媳贾氏　孙女一

汪昌香年七十二　妻陆氏年七十　子熙吉　媳许氏

汪昌舜年六十七　子熙楼　媳厉氏　孙朝顺

汪熙对年三十三　弟熙该

汪昌府年五十　妻杜氏年四十七　子熙唐

汪朝叶年十四　母厉氏

三重共念乙块

人寿门册

司马汪昌拼年六十一　妻郭氏年六十　子日升如一

汪天山年六十　妻马氏年五十七

汪狮桂年四十四　妻蒋氏年四十

汪朝启年四十四

汪朱氏　女有娘

伍长汪昌翼年六十　妻蒋氏年六十　子熙森　媳蒋氏　孙二　孙媳一

汪熙开年四十一　妻蒋氏年四十　母蒋氏　子朝有朝兴　媳蒋　氏

汪小奶年四十六　妻许氏年四十　子朝进朝迹

汪昌回年七十　妻陆氏年六十七　子熙连

陆　熙年六十五　妻包氏年六十　子瑞启

伍长汪熙宗年四十一　妻许氏年四十　母许氏　子一　兄熙宝

汪熙本年五十九　妻蒋氏年五十一　子朝奎

汪　冬年卅五　弟秋

汪连兴年七十　妻陈氏年六十三　子锦荣

汪昌孝年五十六　妻吴氏年五十　弟昌如　子熙星　弟妇许氏

人寿并五美八房共拾五块

人和门册　司马朝配

伍长汪如恒年四十三　妻许氏年四十　子章法　女一

汪高云年四十三　妻蒋氏年四十　祖母蒋氏　母蒋氏　子开善　女一

汪朝仁年卅三　妻陆氏年卅三　母方氏　子开有

汪熙金年七十七　妻朱氏年七十七　子朝涵朝位　媳蒋氏朱氏　女二

汪朝培年四十五　妻蒋氏年四十五　母蒋氏　弟朝满

伍长汪开文年二十四　妻朱氏年二十四　母倪氏　父

汪义产年廿四　母杜氏

汪朝玉年十九　母吴氏

汪朝田年四十一　妻陆氏年四十

汪熙秋年六十一

汪方进年七十　妻陆氏年六十

汪朝载年五十

伍长汪熙明年四十五　妻贾氏年四十二　子朝角　媳贾氏　女一

汪朝彩年三十五　妻陆氏年三十二

汪朝成年四十五　妻蒋氏年四十三　女一

汪朝华年廿九　妻黄氏年廿七　母潘氏　弟朝腾

汪熙朋年六十　妻吴氏年五十八

汪熙宇年五十八　妻楼氏年五十五　子樟菁

汪章伦年五十　妻杜氏年五十　子开琴　媳蒋氏

人和共拾玖块

以上通共门册乙百叁拾肆块

司马汪菖拼名下补二张

汪朱氏年二十

陆瑞学年六十五　妻吴氏年六十二　子锡勇

（《太平天国》，第三册，第170—173页。罗尔纲、王庆成，桂林：广西师范大学出版社，2004。）

　　［编者按：太平天国所发门牌的实物，除上录者外，还有：太平天国殿前又副掌率邓光明在新市所发门牌、（照片载郭若愚编：《太平天国革命文物图录补编》，第79页。上海：上海群联出版社，1955。）太平天国殿前南破忾军主将陆顺德在绍兴所发门牌。（照片载郭若愚编：《太平天国革命文物图录补编》，第80页。上海：上海群联出版社，1955。）］

三、门牌中的奴隶与雇工栏

【安徽省泾县·天历十一年】辛酉十一年崧天义赖文鸿镇守安徽泾县时所颁门牌,已填好盖印,没填花户,似是颁发剩余的。无序言。年月上无"天父天兄天王"诸字。栏内有奴婢、雇工项。

(葛召棠:《安徽省新发现的太平天国几件文物的考释》。《历史教学》1957 年第 8 期第 52—54 页。)

【浙江省桐乡县·同治二年六月十二日】时十余日无雨,乡人雇工车水甚忙,每工工钱三百文,益以酒肉供给,每工约费五百文,多有听其槁去者。贼卡出伪示禁止屠宰,斋戒祈雨,冬春米价每石昂至七元余,每升约计百文。

(沈梓:《避寇日记》。《太平天国史料丛编简辑》,第四册,第 259—260 页。太平天国历史博物馆,北京:中华书局,1962。)

【浙江省乐清县·1861—1862 年】

狂徒突然至,掠我代耕佣。一去杳无信,疑虑填我胸。相离将百日,忽归就田功……

(林大椿:《喜旧佣归来》,《垂涕集》。)

[编者按:这两条资料证明,在太平天国占领区,雇工关系继续存在,既有长工,也有短工。值得注意的是,短工一天的工资合三升米,雇主就不合算了。]

附:关于禁奴政策的演变

在初时,大多数的外国人均同情于太平军。改正宗的传教士对于他们的宗教更为欢忭莫名,特别是因他们禁绝奴隶、缠足、娼妓、杀婴、鸦片、饮酒,以及吸烟草等恶习。著名的传教士及汉学家们,如香港圣公会会督史美士(Rev. George Smith)、理雅各博士(Dr. J. Legge)及丁韪良博士(Dr. W. A. P. Martin)等皆是袒护太平军者。传教士的意见并不一致,然而在革命初期,他们大都赞成太平军的基督教是真正的及其以新发现的信仰而改造中国的志愿是正当的。至于他们的信仰中之不完善处,乃由于无教导而非由于无诚意所致。

(贾希尔:《华尔传》Holger Cahill: A Yankee Adventurer。简又文:《太平天国典制通考》中册,第 1115—1116 页。香港:简氏猛进书屋,1958。)

[编者按:在现存的门牌里面,如辛酉十一年赖文鸿在安徽宁(郭)[国]郡发的门牌,壬戌十二年仉天福蔡鸿元发给浙江海宁周关福的门牌上都有雇工一项。这说明当时雇农是普遍存在的。又后一门牌上还有"奴"、"婢"两项,文据是印就的。说明太平天国某些地方政府不得不承认主奴关系和主雇关系的实际存在,并作为主人家中的成员,公然列于门牌之上。安徽桐城人许奉恩《转徙余生记》一书中,记他于丁巳七年从清军营回家,太平天

国指挥下令逮捕他,他典衣并卖婢女秋桂,纳贿乡官才得走脱。安徽是天朝前期政治经济最巩固,社会组织比较严密的地区,在天历七年尚有买卖婢女之事,其后期的情况也就可以推测了。王彝寿《越难志》:"百姓冤苦,多有鬻男女以偿者。"说明后期浙江省存在着买卖男女事。]

四、门牌费,查门牌,对不领门牌者的处罚

[参见第五章第二节"杂费"目。]

【安徽省繁昌县荻港·天历三年十月】殿右捌指挥杨札谕繁珫县荻港镇子民汪纪常、黄浒镇子民张殿花等知悉:照得我天父天兄大开天恩,差我主天王下凡救万国人民。今翼王五千岁本天命率师抚绥尔安徽等处,现今该省各郡州县均已投册者请领门牌,何尔繁珫县诸镇至今未见前来,殊属藐法。况前已经颁诰谕、训谕等件,尔等即不知趋近,独不知天意乎。此等情形,久触翼王之怒,叠欲兴兵剿洗,本大臣俯伏求留,方免此祸。为此再行札谕,仰尔繁珫县各镇,札到务须赶紧举官造册。现本大臣已饬(出)[卒]长汪一元带附各款式,督率尔等赶办,务须届期赴省呈投,以便给发门牌。倘再迟延,定即诛灭不留,那时噬脐之悔无及矣。

(《殿右捌指挥杨札谕》。《太平天国史料》,第134页。金毓黻、田庆余,北京:中华书局,1955。又,《太平天国》,第三册,第11页。罗尔纲、王庆成,桂林:广西师范大学出版社,2004。)

【江苏省常熟县·咸丰十年八月初六日】[王市]每家输洋钱一元,领一门牌,上注明人数年貌。不论贫富,皆悬贴门上。如缺此记号,兵过入门便抄。着军帅在三日内包办洋钱一万二千五百元,给与门牌如数,违则下乡焚杀。

(汤氏:《鳅闻日记》卷上。《近代史资料》1963年第1期,第90页。又,《太平天国》,第六册,第317页。罗尔纲、王庆成,桂林:广西师范大学出版社,2004。)

【江苏省吴江县·咸丰十年八月二十三日】[虎溪]言贼在吴江出示云:清朝皇帝非亡国之君,其臣皆亡国之臣。目下杭州尚未归天朝,尔民且无蓄发,俟杭州破后,大事已定,再用天朝制度,庶不致胜负反复,有累尔等云云。又在彼点粮总造烟户册,下等人纳口赋每日三十五文,中上渐加;又设立小票,每张二百五十文,有票许赴各处城市贸易,填明地方,不得逾越界限,票只得用十日,期满再换。虽征取甚重,然各处货物俱竭,执票往者无不倍利。

(赵烈文:《能静居士日记》。《太平天国史料丛编简辑》,第三册,第155页。太平天国历史博物馆,北京:中华书局,1962。)

【江苏省常熟县·咸丰十年八月】［钱桂仁教四乡］各安生业,完粮纳税,招募贤才,广收武士……又令再行造册,补领门牌,每张只取六百文,极贫者免,不必勒索。而乡官仍不论贫富,概取钱二千六百文。且伪令云,从前已领过者,但使调换;已出费者,不必重出……［钱桂仁］似少暴厉之风,亦贼中之铮铮者也。

（汤氏:《鳅闻日记》卷上。《近代史资料》1963 年第 1 期,第 95—96 页。又,《太平天国》,第六册,第 323 页。罗尔纲、王庆成,桂林:广西师范大学出版社,2004。）

【江苏常熟·咸丰十年九月初一日】闻浒浦各港口都派毛来立卡收税。梅里、芝塘等处亦立卡。饬差来着图催写门牌,按户缴费,量力多寡,并无板数。

（顾汝钰:《海虞贼乱志》。《中国近代史资料丛刊:太平天国》,Ⅴ,第 368 页。中国史学会编,编者:向达、王重民等,上海:神州国光社,1952。）

【江苏省常州·咸丰十年九月】咸丰十年九月十八日,戊申,雨。李甥伯房来,知周甥等返自沪上。所闻近事记左:吾常有人来云,贼令城乡各民纳钱,与布一方,上有印记,悬门首以当门牌,分大、小户,大者洋钱三四元,少者一元;又每一烟灶,按月纳钱四百廿文;贼又于各要路置卡,吾民往来贸易不禁,但需按货纳税。

（赵烈文:《能静居士日记》。《太平天国史料丛编简辑》,第三册,第 157 页。太平天国历史博物馆,北京:中华书局,1962。）

【江苏省常熟县·咸丰十年十一月十八日】［太平军二十余人,到塘桥、鹿苑,］据云查门牌,其实收钱。

（佚名:《庚申避难日记》。《太平天国史料丛编简辑》,第四册,第 489 页。太平天国历史博物馆,北京:中华书局,1962。）

【江苏省常熟县、昭文县·咸丰十年十一月】二十日,常邑伪监军汪胜明,又同陈姓贼目带二十余人至［王］市查门牌。补白头所毁者,照簿给之,本未输钱领者,勒使补领。到每家查看,"照灶为律"……每张需银四两。［违者以通敌论,否则罚银。］大市桥富户王姓［避居船上,未领门牌、船凭,被］连船劫去。

（汤氏:《鳅闻日记》卷下。《太平天国》,第六册,第 339 页。罗尔纲、王庆成,桂林:广西师范大学出版社,2004。）

【江苏省常熟县·咸丰十年十一月廿二日】城中发长毛数十人到庙桥,约二十三日要到黄家桥、鹿苑各处查门牌、收钱。黄家桥备酒席接候。

（佚名:《庚申避难日记》。《太平天国史料丛编简辑》,第四册,第 489 页。太平天国历史博物馆,北京:中华书局,1962。）

【浙江省桐乡县濮院·咸丰十年十二月二十三日】 乌镇伪军政司魏奉伪朗天义令至镇安民。

（沈梓：《避寇日记》。《太平天国史料丛编简辑》，第四册，第62页。太平天国历史博物馆，北京：中华书局，1962。）

【江苏省常熟县·咸丰十年冬】 至钱贼[桂仁]来后，远乡亦皆扰害，迫令各乡镇纳贡。纳贡者银钱为主，余则猪、羊、鸡、鸭之类。无耻愚民，受贼驱使，纠集纳去，即派为伪乡官，若军帅至卒长是。伍长，其后设者也。发伪门牌，各家张挂，伪乡官多有借兹勒索，或数百文一张，或数千文一张，殷实之家甚至有数十千文一张者，民间只求安靖，亦只得忍气而已。

（佚名：《避难纪略》。《太平天国史料专辑》，第60页。上海：上海古籍出版社，1979。）

【浙江省湖州琏市·咸丰十年】 供亿长毛，悉索敝赋，无处不然。即如琏市，区区一镇，扰及西南诸乡。程筠斋三月间同何献天豫始至搜索门牌费，旋被官军逐去。五月下旬，戍兵又为长毛所驱，重来追取，舆情未一，啧有烦言，司事者观望不前。程以其首鼠两端，兼恨其助官军，焚其室也。遂于六月初二黄昏时，突然驾十余船，各执兵器登岸。杨某素有戚谊，善排解，嫁祸于邻近，遂缚送三人鞭辱之，声言欲焚其室而责其专索门牌费，次日遂纷纷馈送，又追呼杨南村罚款洋钱二千元，民不堪命矣。[门牌每一户出费也百五十文，城镇无此价。]

（佚名：《寇难琐记》卷二，手抄本。南京大学历史系太平天国史研究室编《江浙豫皖太平天国史料选编》，第172—173页，南京：江苏人民出版社，1983。）

【安徽省石埭县·咸丰十年】 夏村驻有贼卡，先系夏姓，夏去换孔姓，均寓鸿轩家。孔贼以查门牌至佘溪，将方姓宅屋烧毁无遗。

（苏虞廷：《流离记》。）

【浙江省龙游县·咸丰十年】 各乡村均设卡子，胁民进贡完粮[案：此皆当时名称，故仍其旧]，户给门牌，勒银二元。

（民国《龙游县志》。）

【江苏省常熟县、昭文县·咸丰十一年初】 市人避居村中茅屋，乡官知其挟重资者，指引长毛，查无门牌，即封其户，不管借寓，索诈银财乃罢。

（汤氏：《鳅闻日记》卷下。《近代史资料》1963年第1期第116页。又，《太平天国》，第六册，第345页。罗尔纲、王庆成，桂林：广西师范大学出版社，2004。）

【江苏省常熟县黄家桥·咸丰十一年一月十一日】[太平军官员]来催缴银钱[门牌钱、仓米钱]及[修福山城]役夫。

（佚名：《庚申避难日记》。《太平天国史料丛编简辑》，第四册，第494页。太平天国历史博物馆，北京：中华书局，1962。）

【江苏省常熟县·咸丰十一年二月】初十日，龙泾一带被钱伪帅查牌，有四家抢空。

（龚又村：《自怡日记》。《太平天国史料丛编简辑》，第四册，第388页。太平天国历史博物馆，北京：中华书局，1962。）

【江苏省常熟县·咸丰十一年三月十六日】长毛在西洋、吴家坝、马嘶桥等处查门牌。

（佚名：《庚申避难日记》。《太平天国史料丛编简辑》，第四册，第500页。太平天国历史博物馆，北京：中华书局，1962。）

【江苏省常熟县·咸丰十一年三月十七日】有长毛六人自马嘶桥一路到黄家桥，细查门牌。

（佚名：《庚申避难日记》。《太平天国史料丛编简辑》，第四册，第501页。太平天国历史博物馆，北京：中华书局，1962。）

【江苏省常熟县·咸丰十一年三月十八日】饭后，到乡查门牌。

（佚名：《庚申避难日记》。《太平天国史料丛编简辑》，第四册，第501页。太平天国历史博物馆，北京：中华书局，1962。）

【江苏省常熟县·咸丰十一年三月十九日】长毛饭后分两路去查门牌，各路司马、百长地方领路。

（佚名：《庚申避难日记》。《太平天国史料丛编简辑》，第四册，第501页。太平天国历史博物馆，北京：中华书局，1962。）

【江苏省常熟县·咸丰十一年三月二十日】饭后，长毛偕司马、百长到北面海城外查门牌，封陈芳一家，得其十二洋钱乃已。

（佚名：《庚申避难日记》。《太平天国史料丛编简辑》，第四册，第501页。太平天国历史博物馆，北京：中华书局，1962。）

【江苏省常熟县黄家桥·咸丰十一年三月二十一日】查门牌已毕。[太平军官吏向师、旅帅、司马、百长六七十人讲道理。受了礼物要送礼者出证明，]以明并无需索等事。

（佚名：《庚申避难日记》。《太平天国史料丛编简辑》，第四册，第501页。太平天国历史博物馆,北京：中华书局,1962。)

【浙江省绍兴·咸丰十一年】[十月十七日间绍兴]各处乡镇皆设伪官,派散目,把贼卡,以壮声威;令乡官给门牌以欲财用。

(张尔嘉：《难中记》。《中国近代史资料丛刊：太平天国》,Ⅵ,第636页。中国史学会编,编者：向达、王重民等,上海：神州国光社,1952。)

【江苏省、浙江省·咸丰十一年】十一月初八日,罗长毛至新[塍]索门牌费六千两,合盛泽等处统计之亦有万余两。十一月二十九日,又合唤新塍、盛泽绅士闭门听令,出刑具以恐之,逼索新塍军饷万二千两,盛泽军饷万八千两。

(沈梓：《避寇日记》。《太平天国史料丛编简辑》,第四册,第102—103页。太平天国历史博物馆,北京：中华书局,1962。)

【浙江省绍兴县·咸丰十一年十一月】贼发门牌,下令民间,有不以牌悬门首者,杀无赦。牌纸须费银二饼,乡官肥己又加半也。小有田产则故掯之不与,意外需索,必满所欲乃已。一迁延,即以大锁锁至局,酷如治盗贼。百姓冤苦,多有鬻男女以偿者。又发店凭、商凭,令把卡伪官按日抽厘。虎兄豹弟,层层胶削,以致市场物价腾贵,较平时倍蓰,垄断转或得利,而居民益窘矣。

(王彝寿：《越难志》。《中国历史文献研究集刊》,第一集,第234页。又《太平天国》,第五册,第144页。罗尔纲、王庆成,桂林：广西师范大学出版社,2004。)

【浙江省太平县·同治元年三月中旬】是时太邑城乡连日震恐,居民喘息未定,复避患不遑矣。黄岩贼将日遣人来索米及门牌费。自二月至三月半,日解米五十挑,荒年搜刮,米价每斗骤增至七百余。贼以门牌数万张付林振扬,令其按户索钱,限办银二万两,至是措缴不及半,而民财殚矣。

三月十五,贼将从黄岩拔营赴乐清,留监军于黄岩,索缴门牌费。遣吕酉率兵八百余来太平镇守。

三月十六日,吕酉留监军于黄岩,索缴门牌费五千元。又索各军帅及监军赞见千二百元。俟费缴足,于四月初三日乃与监军同来。

(叶蒸云：《辛壬寇纪》。《中国历史文献研究集刊》,第三集,第186页。又《太平天国》,第五册,第374—375页。罗尔纲、王庆成,桂林：广西师范大学出版社,2004。)

【江苏省常熟县·同治元年五月三十日】长毛又有门牌,发每图一百张左右,令各未有门牌者补领,价每张一千二百文。

(佚名：《庚申避难日记》。《太平天国史料丛编简辑》,第四册,第528页。太平天国历史博物馆,北京：中华书局,1962。)

五、特种门牌：船户门牌

【湖北省田家镇·天历四年十月初八日】

　　兹蒙我东王金谕，所有船户门牌并春秋完纳银米执照，现下翼王恭承天命，出师安省，卑爵即禀报翼王听候裁酌。卑爵遵即肃具禀报，恭候贵谕施行。兹将回复缘由，理合虔具禀奏，乞我东王金鉴。

　　(《燕王秦日纲禀奏东王杨秀清关于船户门牌并银米执照事》。《历史教学》1962 年第 5 期第 18 页。又，《太平天国》，第三册，第 43 页。罗尔纲、王庆成，桂林：广西师范大学出版社，2004。)

第四节
人口数增减与人口迁移

一、人口迁徙的路线

（一）自西向东的省际间迁移举例

【安徽省泾县·同治初年至光绪初年】泾县为安徽宁国府属邑，东、西、南三乡地面辽阔，惟北乡则幅员稍促。人民聚族而居，村庄络绎。村之大者数万家，至数十万家，小者亦必数百家至数千家。风俗敦厚，有事则自理之，不得已而后鸣官，故有老死不入县门者。东北乡与宣城、宁国、南陵三县犬牙相错，宣、南、宁乱后土著稀少。同治初年，有创议令楚南北乡之人挈室来佃此土者，于是趾踵相接，蔽江而至。至则择其屋之完好者踞而宅之，田之腴美者播获之。不数年，客即十倍于主，因是有客民之号。客民既众，贤愚不一，掘人坟墓，伐人树木，拆人墙屋，抢人稼穑，无日不有，无处不有，习以为常，殊不为怪。其甚者构祸而刃伤事主，寻衅而掳及妇女，一火延及数十家，一斗毙及十余命，土著畏客过于豺虎。计年来遭客民鱼肉之惨而闹成奏案者，共见共闻，不一而足。

（《申报》光绪九年六月十六日。）

【江苏省句容县·同治初年至光绪十九年】句容县居江宁东九十里，地土膏腴，人烟稠密。自遭赭寇，十室九空，鸡犬之声，几无鸣吠。向也天王寺、樊家边一带，村落千余户，今不过两、三洽比而已。又大树凹一带村前亦百余户，迄亦不过三四人而已。目前报往跋来，枝栖鹪寄者，皆两湖及河南各省之人，耕凿优闲，良莠不一。

（《益闻录》第一千二百九十四号，光绪十九年七月初五日。）

【皖南、赣北各州县·同治初年之后】当太平天国势力初伸于江南时，曾在各处大事屠杀，居民死亡甚众。四省受害最烈者，厥为皖南与赣北。迨乱事敉平，生者寥寥，昔日良田美园，当时则变为荒原旷场，无复有人过问矣。因是客籍农民迁入垦荒者，接踵而至。例如皖省贵池县，因是项原因而移入之农民，约占全县百分之七十。其中以桐城、庐江二籍者为多，约占全移民百分之八十。其余如怀宁、湖北各县者，亦均有之。又宣城县因是项原因而移入之外籍农民，估计约有百分之九十。其中以两湖籍占最多数，皖北次之。皖南其他各县,关于客籍农民之移入,虽无正式统计材料,然据考查所得,各县靡不因遭洪杨之变,而移入多数之客籍农民从事耕耘也。赣省有项显明之变动者,似只限于东北诸县,移入者以湖北籍为最多。查此项客籍农民之移入,与佃农百分率之增高,适成正比。故皖、赣两省自洪杨乱后,佃农所占之百分率有增无已。

(金陵大学农业经济系:《豫鄂皖赣四省之租佃制度》,第 7 页。)

【安徽省广德州·同治三年至光绪初年】州人被兵燹后,土著不及十分之一。田地荒芜,招徕客民开垦入籍,湖北人居其四,河南人居其三,江北人居其一,浙江人居其一,他省及土著共得其一。近十数年来,日新月盛。

(丁宝书等:光绪七年《广德州志》卷末《补正》,第 18 页。)

【安徽省广德州·同治三年至光绪七年】州自克复以来,土民寥落,每逢岁科两考,士子应试无多。所有历年招垦,如河南、湖北、浙江、江苏及江北各属人民,其中虽有读书子弟,又以格于定例,与考未能,以致每届取进之数,竟不敷原额。即如本届岁试,前过州考,仅得十余人,客民求考纷纷,情词甚为迫切……此时若不量为变通,窃恐下届即难为继……缘现在通境所有民数,土民不过十分之一,客民约占十分之九。年来田赋渐有起色,悉赖该客民等远来开垦之力,虽寄籍年限不齐,要皆置有田产,葬有坟墓,与土民联姻通好,共土民纳粮当差。

(丁宝书等:光绪七年《广德州志》卷五一《表疏》,第 9 页。)

【浙江省严州·同治五年】外来垦户,由江西来者则有衢属之荒田可耕;由宁、绍来者则有杭属荒田可耕。惟严郡居中,止有徽州一路。徽、严交界地方,皆系荒产,断不肯舍此适彼。

(戴磐:《定严属垦荒章程并招棚民开垦记》(同治五年)。《严陵记略》,第 1 页。)

【安徽省广德等州县·同治九年闰十月庚寅】谕军机大臣等:御史李宏谟奏:安徽广德等州县,客民麇集,劫夺频闻,强占田宅,并造有会馆,私藏军器,动辄聚众,地方官并不严办。江、浙与皖南毗连处所,客民亦复不少,恐彼此煽惑,为患不可胜言,请饬妥为筹办等语。东南各省兵燹之后,地旷人稀,各处遣散游勇,所在盘踞,欺压良民,乘机滋事,若不预为防范,必致愈无忌惮。着曾国藩、张之万、英翰、杨昌浚遴派明干大员,前往各该州县,认真体察情形,分别良莠,将安分守业之民,量给荒田,暂行耕种,俾安生业。其强横不法之徒,查明原籍,递回管束。

(《清穆宗实录》第二百九十五卷,第 33 页。)

【浙江省嘉兴·光绪以后】自光绪间垦荒令下,客民丛集,有温台帮、宁绍帮,有河南江北帮,均系无业游民,恣为盗贼,又为土著添一苦累。

（金蓉镜：《嘉兴士绅请求减征银米呈内阁财政部稿》，民国五年四月。《均赋余方》，第 18 页。）

【浙江省湖州·同治九年】 同治九年夏四月，予来莅斯邑，适两湖客民入境，争垦无主废田数千亩，讼呶呶不休。乃为分别驱抚，使垦户纳官租三年，而后以所垦之田给十之八为垦户产，约归其二于公，首以其租所入建复书院。

（金其祖：《改建磐山书院碑略》。周学浚等：同治十三年《湖州府志》卷十八第 27 页。）

【浙江省孝丰县·同治十年】 同治十年，广德、建平土匪事平。知府宗源瀚以孝丰界比广、建，客民夥于土著，丛山中易伏匪类，得请于抚宪，暂拨驻防泗安营兵一哨，为分防镇压，城乡有深赖焉。

（刘浚等：光绪三年《孝丰县志》卷三，第 74 页。）

【江苏省溧水县·乾隆四十年至光绪六年】 当是时［乾隆四十年］，户口殷繁，村居稠密。经乱后，有全村而为墟莽者矣。

（丁维城等：光绪七年《溧水县志》卷二《舆地志》，第 52 页。）

【浙江省湖州·同治至民国】 郡西，山田荒旷尤多，温、台人及湖北人咸来占耕……［又］蔓延郡东，凡一圩中无主荒田，无不占据耕种……每圩被占者不下数十百亩。

（民国《南浔志》卷三十。）

（二）自北向南的省内迁移举例

1. 皖北迁向皖南

【安徽省滁州·同治至光绪中叶】 大乱之后，土著十不存三四。大率光州、安庆之人挈室而来，开垦荒土。赋额渐复，緊客民之力。然良莠不齐，亦因以多故焉。

（熊祖诒等：光绪二十二年《滁州志》卷二十一《风俗》，第 1 页。）

【安徽全椒县·道光至光绪】 清代承平日久，民安畎读，不习外事。客商多麋集于此，若闽、若苏、徽等帮，商业最巨。土人之贫者，率恃负贩为生。其富者，又坐拥良田美宅，而不知锥刀之利……咸丰乱后，客商星散，土著十不存三四，田多而人少。故数十年来，邻县如合肥、潜山等客民，多侵入其间，或佃田，或垦山，颇获厚利。而土民愚拙，间有舍本逐末者。

（江克让等：民国九年《全椒县志》卷四，第 1 页。）

2. 江苏江北人迁至江南

【江苏省溧水县·道光二十七年至光绪七年】 今考道光二十七年奏报，实在男丁一十八万五千一百四十三丁……同治二年,克复溧水,十三年,知县丁维清查烟户,共计丁口三万七千一百八十八。光绪四年,知县傅观光清查,烟户一万八千一百八十三,男丁三万八百四十七,妇女一万一千九百三十三口,合计四万二千七百八十口……七年清查,烟户一万八千五百八十九,男丁四万七千六百七十七,妇女二万一千一百三十五,合计六万八千八百十二口。

（丁维城等：光绪七年《溧水县志》卷六《赋役志》,第9—10页。）

【江苏省高淳县·道光二十七年至光绪六年】 道光二十七年奏销册载,高淳男丁十八万八千九百三十丁。咸丰年间,粤匪扰害,民遭荼毒,户口十亡七八。克复后至同治八年稽查孑遗,实在男丁五万五千一百五十九名,妇女三万四千二百九十四口。同治十一年复查,男丁六万一千二百七十二名,妇女三万八千一百三十六口。光绪六年,查通境实在人及数目,男丁七万九千九百二十名,妇女四万九千六百九十三口。综核民数虽较道光二十七年奏报不及一半,第十数年间生齿递增,足征轻徭薄赋休养生息之盛也。

（陈嘉汉等：光绪七年《高淳县志》卷七,《赋役户口》,第2页。）

【江苏省金坛县·光绪四年】 光绪四年知县丁兆基禀：……而开垦者又系江北客民居多,率泛水以来,家无恒产之可恋,耕徙无常,久暂不定。有利则挥之不去,无利则招之不来。而又狃于淮阳轻赋,在今日之抵征,心且未餍,多有秋收甫毕,船载地方远避。追呼罔[应],敲扑操之过急,动辄群汹,固属奸顽之性,亦因瘠薄所致。是虽薄赋轻徭,劳来安辑,犹且成熟之田,征完不易,待垦之地,招来不前。而况一日开征,责以完赋,又责以较重松邻邑之赋,则客民之避重就轻,土著之入不敷出,流亡多而荒污更甚,固理势之所必然者。

（光绪《金坛县志·赋役志》。）

【江苏省金坛县·光绪四年】 光绪四年,护江苏巡抚谭钧培,会两江总督刘坤一,漕督黎培敬奏疏：肃清以后,户口凋残,约计存丁不足三万,是以田尽荒芜,屡经设法召垦,而客民就垦寥寥,收复已十余年,垦田尚不及半。

（光绪《金坛县志·赋役志》。）

【江苏省金坛县·光绪四年】 光绪四年知县丁兆基据邑绅王朝鼎、吴炳照禀申详抚宪……加以庚申[1860年]之乱,绅民苦守孤城,至百余日之久,贼众四处烧杀,村落为墟。及至城破之日,闭门聚歼,屠戮无余。七十余万户口,克复后遗黎不足三万,农佃不满三千,田地全荒,无人过问。年来招募江北客民开垦,总因田荒土瘠,本重利微,该客民又略有亏耗,轻于去就,以致垦者未熟,熟者复荒。至今丈见熟田,尚不及原额之半。种种荒惨情形,无不倍于他邑,而银米科则较重,力实难支……今照新订银米科则,以目前定价核算,每亩仍需完钱四百文以外……而坛境腴田成熟之年,业主率收租稻石许,时值六百余文,其自种,自佃者,除去工本租花,所余亦复有限。频年犹办抵征,每亩仅收钱二百文,尚不致于赔累……外来客业轻去其乡,本为谋利,前之开垦既多,原为抵征轻而易办,不致亏本,今多有将已垦熟田贱值求售,别谋生计,弃之如敝屣。

（光绪《金坛县志·赋役志》。）

【江苏省金坛县·光绪四年】光绪四年知县丁兆基禀:……又选据城乡士庶耆老有沥陈其当年坛民忠义,抵死拒敌,杀伤至惨者;有陈其兵灾后地广人稀,民贫土瘠,困苦不堪者;有陈其广种薄收,租轻赋重,民力万分不逮者。

（光绪《金坛县志·赋役志》）

【江苏省昆山县、新阳县·光绪十三年春】[有温、台等州客民络绎来昆,欲往西北乡低区开垦荒田。]遂踞地盖棚为开垦计。来者益众,牵牛而过城者皆长大汉子,日数百人。而携农具,皆异常式。动辄与居民持械争斗,强弱悬殊……客民愈横,蠢蠢欲动。

（《昆新两县续补合志》卷二十三第9页。）

【江苏省丹徒县·咸丰九年至光绪三年】[咸丰]九年,三十三万一千七百十三丁……同治六年,丹徒县人丁十万七千六百十一丁……[光绪]三年,十三万一百七十六丁……兵燹后,田多未垦,粮户陆续复业,兹查户属既征粮户共计十一万四千五百余户。

（吕耀斗等:光绪五年《丹徒县志》卷十二《户口》,第18—19页。）

(三)自沿海地区迁徙往内地举例

浙江沿海人迁至杭州,嘉兴,湖州或闽、粤、江

【浙江省安吉县·同治三年至光绪七年】自粤匪乱后,土民稀少,山乡尤甚。若余杭、武康、安吉、孝丰等邑,遗黎更属寥寥。即以安吉一县而论,贼初退时,编查户口,仅存卫遗民之数;十余年来,休养生息,不能盈万。以故客民纷至沓来,视为利薮。顾其中亦分数等:最安静者为宁、绍人,皆置产乐业,为子孙永远计,与土著殊觉和洽。次则江南流氓,力作谋食,亦颇相安。若两湖垦荒之民,土人虽受其欺凌,而其意亦欲久居,间有不法者,尚不甚多。惟台、温二处之人,则习于凶悍,就中尤以黄岩、平阳为最,抢劫之案每月必二三见。有司无可如何,徒弥缝了事而已;民既控之上官,不过更靡讼费。近数年来,又增以劫质之风,如有身家殷实者,台匪即乘间劫而藏之,勒其家取赎。告官无益,更恐寻仇,土人惟有忍气吞声,摒挡向赎。

（《申报》光绪七年四月十七日。）

【浙江省钱塘县·同治至光绪】县中旧俗,本以离乡弃井为重。近四五十年,以浙西及江苏偏僻诸县,开垦荒莱,前往营田,多得上腴之利,移家置宅,为富人居。乡里喧传,群趋若鹜。其编式以棚数多寡分区段广狭,二十人为一棚,十棚为一总,一次散出必数百人。

（吴承志：《答问》。《逊斋文集》卷十二，第 43 页。）

（四）乡镇人口涌入上海等城市

【江苏省上海县·天历十年】 其江南一带残妖,以海隅为藏身之所,是伊等之惊心丧胆,概可知矣……但以天京以及各处子女,大半移徙苏郡,又由苏移居上海,所谓惊弓之鸟,无地自容。

（《李秀成谆谕四民》。《太平天国史料》,第 165 页。金毓黻、田庆余,北京：中华书局,1955。）

【江苏省南通县·1860 年 5 月 20 日】 惟老亲与亲朋皆在通州敝座师王菽原方伯处,上下并幕友及家人等,共有六七十人。祈阁下即在上海代觅海船,一日可到通州,持弟家信,请老亲率众人即到上海,或赴苏,或暂在船上,俟到上海再酌量也,特此拜恳。敬请台安。弟桂清顿首,闰三月三十日。

（《何桂清致吴煦函》(1860 年 5 月 20 日)。《吴煦档案选编》,第一辑,第 220 页。太平天国历史博物馆,南京：江苏人民出版社,1983。）

【江苏省上海县·咸丰十年七月十九日】 是时苏城合省大小官员皆逃匿[上海]夷人所,故贼书谓夷人藏妖,确也。

（沈梓：《避寇日记》。《太平天国史料丛编简辑》,第四册,第 28 页。太平天国历史博物馆,北京：中华书局,1962。）

【江苏省上海县·1860 年】 苏州之陷落,乃是空前未有的大恐慌之信号,因各处人民弃家逃难到上海者甚众。这恐慌传到上海,此处人民亦离城而避到浦东。

（晏玛太著,简又文译：《太平军纪事》。《中国近代史资料丛刊：太平天国》,Ⅵ,第 939 页。中国史学会编,编者：向达、王重民等,上海：神州国光社,1952。）

【浙江省·咸丰十年】 湖(州)城大家多在上海,有一半家眷在城中。

（沈梓：《避寇日记》。《太平天国史料丛编简辑》,第四册,第 167 页。太平天国历史博物馆,北京：中华书局,1962。）

【江苏省上海县·咸丰十年至同治元年】 江浙两省流徙者并集夷场,增建房屋,三年间何止万间,地密人稠,视为乐土。

（潘钟瑞：《庚申噩梦记》下。）

【江苏省上海县·咸丰十一年】 咸丰辛酉秋冬,粤匪窜踞江、浙。两省沦陷几尽,独松、沪、宝山三城,恃夷以免。已而贼饵夷三十万金,几易沪城去。商使薛公焕初抚苏,布政刘公郇膏犹任邑令,拥兵四万,与战不利。吴公煦榷沪关兼苏藩,杨公坊以粮道综夷务,任夷弁华尔练洋枪队数千,号"常胜军",与薛、刘各一帜,而沪尤赖之。十月,宁、绍新陷,江、浙士商数万户,避居洋泾浜。子女玉帛之聚,至尺地寸金,骈足而立。夷、贼交涎,危不旋踵。

（陈锦：《松沪从戎纪略》。《太平天国史料丛编简辑》,第二册,第209页。太平天国历史博物馆,北京：中华书局,1962。）.

【江苏省上海县·咸丰十一年十一月】江浙遍地贼氛,咸以沪地为乐土,迁居者万计,商贾辐辏,厘税日旺,贼窥日甚,犹以未测西人虚实,不敢深入。

（佚名：《平贼纪略》。《太平天国史料丛编简辑》,第一册,第280页。太平天国历史博物馆,北京：中华书局,1962。）

【江苏省上海县·咸丰末年至同治初年】时里人多往上海。其力可迁而未能释然远去者,系舟于岸,急则登舟入澄湖。

（杨引传：《野烟录》。）

【江苏省上海县·同治初年】上海诸妖头,皆文弱不能战,畏洋人如虎,惟命是听。洋行数百家,皆高门大厦,街市亦宽阔数倍,乔皇富丽,大异中原。江、浙两省之避匿上海者,富户则挥金如土,饮酒宿娼。贫户则男人乞丐,女人鬻身。

（谢绥之：《遴血丛钞》卷四。《太平天国史料专辑》,第414页。上海：上海古籍出版社,1979。）

【江苏省上海县·同治初年】泊予[自称干王洪仁玕之子者]至上海后,知鬼掠出之女,分别三等,皆鬻于妓寮中。姿色美者,每人百五十元,次者百元,又次者五十元。甚至将年纪及父、夫姓名榜于通衢,招人售卖。

（谢绥之：《遴血丛钞》卷四。《太平天国史料专辑》,第415页。上海：上海古籍出版社,1979。）

【江苏省吴江县·同治二年四月二十四日】盛川富贵家各以眷属赴申江,廿二夜扬帆去者大船四十余号。

（沈梓：《避寇日记》。《太平天国史料丛编简辑》,第四册,第254页。太平天国历史博物馆,北京：中华书局,1962。）

【江苏省上海县·同治二年九月二十五日】又有友从京津来,言刻下上海文武官二三品者不下百余,以次而降,不下万余。

（沈梓：《避寇日记》。《太平天国史料丛编简辑》,第四册,第278页。太平天国历史博物馆,北京：中华书局,1962。）

【江苏省上海县·1863 年 2 月】 上海在贸易上既然具有这种便利的条件,因而传到国外的消息是:不论在违禁品贸易或在合法的商业方面,人们都可以冒险发财。因此正如我们所预料的,大批外国人涌到上海这个地方来。而在这一年当中,太平叛军却最为猖獗,他们在上海附近肆行骚扰,大批中国难民因此挤进租界,以便求得外国人的保护而获得安全。结果是租界人口增加三倍。而且这些人很不方便地蝟集在狭隘的街道上,他们熙来攘往,如同登在蜂房内一样,每个人由日出到日落都设法做点生意。在过去,外国人住宅内的空地很多,现在在租界防御线的栅寨内,中国人的房屋以及中国人的街道,像魔术师变戏法一样出现在上海,致使这个小小租界要负起一个同大城市相等的任务。这就使受我们委托管理这块地方的工部局的责任大为增加,而由它统治的居民,在风俗习惯以及在思想方法上,彼此都是迥然不同的。

(《上海港航运的大量增长》。《北华捷报》第 656 期,1863 年 2 月 21 日。《太平军在上海——〈北华捷报〉选译》,第 478 页。上海:上海人民出版社,1983。)

【江苏省上海县·同治二年十月十六日】 是日,震泽人及乌镇人家眷赴申者颇多。

(沈梓:《避寇日记》。《太平天国史料丛编简辑》,第四册,第 282 页。太平天国历史博物馆,北京:中华书局,1962。)

【同治二年十一月二十九日】 [清军打下苏州后]盛泽为吴江地界,惧吴江官军南冲,故中下家产者亦挈家而去[上海]。

(沈梓:《避寇日记》。《太平天国史料丛编简辑》,第四册,第 287 页。太平天国历史博物馆,北京:中华书局,1962。)

【浙江省嘉兴·同治以后】 自光绪间垦荒令下,客民丛集,有温台帮、宁绍帮,有河南江北帮。

(金蓉镜:《嘉兴士绅请求减征银米呈内阁财政部稿》民国五年四月。《均赋余议》,第 18 页。)

【浙江省嘉兴、湖州,江苏省苏州、松江、常州地区】 而上海为通商大埠,各洋商所麇集。所有嘉、湖、苏、松、常各处巨室,无不避地而来,视为世外桃源,藉洋人以自固。

(严辰等:光绪十三年《桐乡县志》,第二十卷,第 16 页。)

二、人口迁移的影响

【浙江省杭州、湖州·同治三年至光绪六年】 浙省自发逆肆扰以来,通计各府,惟杭州、湖州两府各属受灾最重。盖杭州之余、临、于、昌等邑,与湖属之安吉、孝丰、武康相接壤,粤逆盘踞安徽,而徽州、宁国二郡为入江西、浙江之要路,是二郡失守数次。贼每旁窥他省,而浙江则此数县实当其冲……自几次被贼窜扰之后,人民离散,田野荒芜,克复之际,地方几无人焉。经多方招徕,而后城中稍有铺户。然四郊荒漠,田不能耕,即有孑遗,难复旧业。于是创立招垦之法,广收异乡人,使之分田垦辟,岁令完捐若干缴官,以充地方公用,而赋额则阙而弗征。此固一时权宜之术,原欲待客民安居日久,尽成土著,而田亩之荒者渐变为熟,然后照从前额征之数,收而解之于省,亦不得已之为也。不谓所招之人,伦类不齐,土著之势不敌客户,以致械斗抢劫之案,层见叠出。地方官不能惩治,而烦省中之兴兵……温、台滨海之区,平时内地常苦人满,无田无产,则入海而为盗。粤匪至浙东,迄于宁波,而不及温、台,故受灾转轻。虽或贼踪偶至,而民团犹能御之,旋陷旋复,民不受其殃,闻杭、湖各属,有招人垦荒之举,皆愿来也。或携家而至,或结伴而行,非不有愿受一廛之志。然其性情剽悍,习尚强卤,固无异于入海为盗也。此外更有遣撤之勇,流落不归者,亦改而务农。其人则皖、楚、闽、粤不同乡贯,而其性尤桀黠顽冥,不可教训。使其杂处于温、台人之间,以助客籍之焰,其势更非土人所能抗衡也。盖同治三、四年间,地方新复,有司急于求治,又虑催科之无出,仅以招垦为得计,而不暇谋其久远,以至今日。一则荒田太多,初来客民,任力之强弱,以垦田之多少。而又聚于一处,并不由地方官酌量安插,迨愈来愈众,则党与[愈]结而愈固。而土著之流亡者,一旦生还,反致无所归宿。田为人有,屋为人居,力不能夺,讼不能胜,乃不得已而亦舍己芸人,占别家之产以自活。展转易主,遂至境内之田,尽非原户……一则自办招垦以来,先听荒芜,几年渐而(或)[成]熟,然后计亩收捐。自克复至今,亦阅十余年,土著则归者多,客民亦来者众。其间或有先至之时力不能多垦,而后则倍蓰其亩数者,约计境内亦将及十之八九;所剩荒田无几矣。乃频年输捐,而不按科则以征粮。在地方官以为征粮则有常额,将来客户或有迁徙,则缺额无从补足,而捐项则报多报少,自有权衡,不无挹彼注兹之便。故近数□□□之银,较之同治年间,亦并未加多也。然垦田之人,无论为土为客,均以纳粮为便。盖完捐则产尚虚悬,土人以□□□□为虑,客民以官之驱逐为忧,而纳粮则业可世守,既不患原户之索归,又不虑后来之侵占。一则势暂,而一□□□,人情固不甚相远也。而况客籍之人,既皆性情剽悍,又而大半未有家室,孑然一身,自食其力,苟使纳粮,示以现□□产即可世守,则谁不动身家之念,而为子孙之计,循循然消戾气于无形乎?夫此二者,当时急于招垦,固未能筹之尽熟,然因势利导,随时制宜,有司之责也。

(《申报》光绪七年四月十九日。)

[编者注:"遂至境内之田,尽非原户。"说明地权关系变动之大。]

【安徽省滁州·同治至光绪】大乱之后,土著十不存三四,大率光州、安庆之人挈室而来,开垦荒土,赋额渐复,系客民之力。然良莠不齐,亦因以多故焉。

(熊祖诒等:光绪二十二年《滁州志》卷二之一《风俗》,第1页。)

【浙江省桐乡县、乌程县·同治之后】清咸丰庚申(1860),同治甲子(1864),吾乡两次兵燹以后,村落为墟,田地荒芜,豫、楚、皖及本身宁、绍、台之客民,咸来垦荒,其耕耘多用牛功,[张氏补农书云,吾乡田不宜牛耕。盖其时用牛耕者甚少。]用牛犁田,垦田治草,并属便利,用牛拉水盘[水车]蓄水泄水,皆极适用,既省费亦省功。乡民近亦有用牛力耕田者,惟无力置牛,恒以资租赁。

(民国《乌青镇志》卷七《农桑》,第7—8页。)

【江苏省句容县·同治初年至光绪末年】自同治初,温州、台州、安庆等处棚民寄居于此,即以垦山为事。至光绪十四年,荆、豫客民又来开垦耕种,兼开诸山,如浮山、历山、方山、丫髻山、瓦屋山一带,既经开遍。且山未办粮,而种植麻、麦,利获数倍。由是山之荒者尽转为熟。

(胡景洛:《南乡水利说》。萧穆等:光绪三十年《续纂句容县志》卷六上《水利》,第17页。)

【江苏省句容县·同治至光绪前期】句容境内,自行开垦,而后客民争携耒耜来受塍塯。其中强有力者,飞来客燕,敢欺本地篱鹦,有主田畴,强行霸占,有喧宾夺主情形,乡民无可如何。

(《益闻录》第九百七十一号,光绪十六年四月二十四日。)

【浙江省龙游县·同治至民国】查本邑自被扰以后,土著流亡十居其五,所有各田,多系客民承垦管业……乱后业田之户,多系客民。

(民国《龙游县志》卷三十,第44页。)

【安徽省广德州等处·同治三年至光绪十年】皖南广德、建平等处,兵燹后人烟稀少,田野荒芜。当道出示招徕,客民之开垦而来者四方响应。迄今二十余年,纳税征租,良田尽辟,客民与有功焉。

(《益闻录》第八百三十五号,光绪十五年一月十日。)

【浙江省归安县·咸丰十年至光绪初年】埭海以上五庄至十七庄皆山乡,咸丰庚申以后,遭兵灾尤甚,居民十不存一,村墟寥落,荒田多为客民开垦。

(陆心源等:光绪七年《归安县志》卷六第2页。)

三、几个人口减少或增加地区的情况

【浙江省平湖县·乾隆三十七年至同治三年】[乾隆三十七年]岁报,烟户五万八千一百一十七户,共男妇大小二十三万三千七十八丁口。五十二年,增烟户一万二百四十五户,三万九千一百九十四丁口。五十四年,增烟户一百五十八户,二千四十五丁口。嘉庆九年,增烟户一千一百九十二户,八千五百六十五丁口。道光十八年,增烟户四千一百二十七户,二万四千四百二十四丁口。[按：咸丰朝烟户,邑经兵燹,档册无存,至克复后清查,约耗十分之八。]同治三年岁报,烟户二万八千七百二户,共男妇大小五万七百五十丁口。光绪元年岁报,烟户三万一千二百二十八户,共男妇大小五万五千八十二丁口。

（叶廉锷等纂：光绪十二年《平湖县志》卷六,第3页。）

【江苏省吴江县·嘉庆十五年至同治十三年】嘉庆十五年,男丁二十九万九千八百八十九。二十五年,男三十万四千五十七丁,妇女二十六万八千二十六口[据府志]。道光时无考。至咸丰[十年]庚申,粤匪下窜,户口散亡多矣。今姑据同治先后年报摭录之……同治三年,旧管男女共二十万四千六百五十三丁口,新收滋生迁回男女共五千九百七十二丁口,开除故绝男女共三千三百二十一丁口,实在丁口共二十万七千三百四。[男十一万三千六百五十三丁,女九万三千六百五十一口。据档册。]四年,册报实在通共男丁一十一万八千五百八十八丁[据同治四年赋役全书]。十三年,旧管二十六万一千七百十四丁口,[大男一十万四千六百七十四,小男四万七百六;大妇七万二千六百三十一,小女四万三千七百三。]新收五千一百二十三丁口,[大男一千九百七十一,小男九百三十八;大妇一千四百五十五,小女七百五十九。]开除四千八百二十四丁口,[大男一千六百九十三,小男九百七十五;大妇一千三百七,小女八百四十九。]实在共二十六万二千十三丁口。[大男一十万四千九百五十二,小男四万六百六十九;大妇七万二千七百七十九,小女四万三千六百十三。据档册。]

（熊其英等：光绪三年《吴江县续志》卷九《赋役》,第1页。）

【江苏省常熟县、昭文县·嘉庆二十五年至光绪二十年】[嘉庆]二十五年,常熟县男丁三十七万七千九百十八丁,妇女二十七万四千五百二十口;昭文县男丁二十六万八百三十九丁,妇女二十万一千一百五十五口[府志]……同治四年,常熟县二十一万三千五百三十二丁……昭文县十八万五千五百七十一丁……光绪十五年,常熟县二十三万四千五百九十一丁;昭文县二十万一千五百四丁。二十年,常熟县二十三万七千六百八十八丁;昭文县十九万九千三百五十二丁。二十九年,常熟县二十九万一千五百八十六丁;昭文县二十万四千一百五丁。

（庞鸿文等：光绪三十年《常昭合志稿》卷七,第3—4页。）

【江苏省无锡县、金匮县·道光十年至同治四年】道光十年奏报,无锡县实在通共男丁三十三万九千五百四十九丁,原额当差充饷人丁外,节年滋生并免徭人丁共二十六万五千六百九十六丁。金匮县实在通共男丁二十五万八千九百三十四丁,原额当差充饷人丁外,节年滋生并免徭人丁共一十九万二百七十八丁。同治四年奏报,无锡县实在通共男丁七万二千五十三丁;金匮县实在通共男丁一十三万八千八丁,原额当差充饷人丁外,节年滋生并免徭人丁共六万九千三百五十二丁。

（秦湘业等：光绪七年《无锡金匮县志》卷八《赋役》,第7页。）

【江苏省无锡县·金匮县·咸丰十年】五月,守贼黄和锦上表于洪逆,其略云"狗官叩天父天兄天王恩庇,打破无锡金匮,计城厢内外,离城五里之地,共杀男妇老幼妖民十九万七千八百余口,请天恩降敕封刀"云云。按黄逆云如此,计城破时,自经、自沉、自焚或阖门殉难者,尚不在此数也,哀哉!

(施建烈:《纪无锡县城失守克复本末》。《中国近代史资料丛刊:太平天国》,V,第252页。中国史学会编,编者:向达、王重民等,上海:神州国光社,1952。)

【江苏省江阴县·道光十九年至光绪二年】[道光]十九年编审,滋生人丁六千七百二十一,实在共户八万九千三百六十五,丁口九十七万八千四百六十一。[男五十六万四千六百三丁,妇女四十一万三千八百五十八口。庚申以前卷宗尽行燹废,以后无从考查,故编民数自甲子年始。]同治三年编查,户三万二千五百二十八,口十万一千六百四十九……[光绪]二年编审,滋生人丁实在共三十万九千四百四十一口。[男十七万六千六百三丁,妇女十三万二千八百三十八口。]

(季念诒等:光绪四年《江阴县志》卷四《民赋户口》,第6—7页。)

【浙江省海盐县·道光十八年至同治十三年】道光十八年,户九万七千二百三十二,大小丁三十一万九千六百七十八,大小口二十万三千七百八十三。同治十三年,户五万二千三百,大小一十八万一千二百一十八丁口。

(徐用仪等纂:光绪二年《海盐县志》卷九,第2页。)

【湖北省武昌·咸丰二年十二月初四日】城内官民殉难者不可胜计。最可悯者,自尽妇女纷纷投入各处湖塘,尸满水枯,后入塘者竟至无术可死,井中妇女后下者亦不得死,数日后贼不忍见,陆续救出。

(陈思伯:《复生录》。《太平天国》,第四册,第344页。罗尔纲、王庆成,桂林:广西师范大学出版社,2004。)

【江苏省南京·咸丰三年三月十一日】自城陷至今,已匝月矣。城中之人,死于锋镝者十之三,胁归卒伍者十之五,供其役使者十之七。

(陈作霖:《可园备忘录》。《太平天国》,第四册,第358页。罗尔纲、王庆成,桂林:广西师范大学出版社,2004。)

【江苏省丹徒县·咸丰至光绪】杨林村在丹徒县西南乡,三面环山,土田肥沃。山中树木茂盛,樵采者取之不穷。所产青石,烧成石灰,物高价贵。故承平时,居民一百余家,族大丁繁,皆称富庶。自红羊苍狗,兵燹罹灾,村内人民半为赤眉所害。加以连年瘟疫,鬼籍频登,年来只剩二十余户,田荒野旷。

(《益闻录》第六百三十二号,光绪三十三年一月初十日。)

【江苏省昆山县·咸丰十年】庚申[一八六〇]之乱,人民流亡者十有八九。今虽休养息二十年,为按册稽之,计现在本籍以及招徕农民,尚不及从前十分之六。

(汪堃等:光绪六年《昆新两县续修合志》卷首《序文》,第1页。)

【江苏省·1809—1867】

江苏省11县人丁变动情况表

地 区	太平天国革命前		太平天国革命后	
	时期	人丁数	时期	人丁数
江苏嘉定县	1813	436 466 丁	1864	223 131 丁
句容县	1809	306 968 丁	1900	79 053 丁
吴江县	1820	304 057 丁	1864	113 653 丁
青浦县	1810	332 164 丁	1865	208 870 丁
常熟县	1820	377 918 丁	1865	213 532 丁
昭文县	1820	260 839 丁	1865	185 571 丁
无锡县	1830	339 549 丁	1865	72 053 丁
金匮县	1830	258 934 丁	1865	138 008 丁
江阴县	1839	564 603 丁	1876	176 603 丁
溧水县	1847	185 143 丁	1878	30 847 丁
高淳县	1847	188 930 丁	1869	55 159 丁
丹徒县	1859	331 713 丁	1867	107 611 丁

(李文治:《中国近代农业史资料》第一辑,第151页。北京:三联书店,1957。)

[编者按:原表数字作人口数,实为丁数,今予以改正。]

【江苏等七省·1815年至1885年】

太平天国战争中江苏等七省的人口损失

人口单位:万

省名	1851年人口	战争死亡人口	死亡人口占战前人口的比例(%)
江苏	4 471.9	1 679	37.5
浙江	3 027.6	163	53.8
安徽	3 738.6	1 700	45.5
福建	1 621.0	449	27.7
江西	2 428.6	1 172	48.3

省名	1851 年人口	战争死亡人口	死亡人口占战前人口的比例（％）
湖北	2 218.7	500	22.5
湖南	2 180.9	200	9.2
总计	19 687.3	7 330	37.2

（曹树基：《中国人口史》，第五卷，第 553 页。上海：复旦大学出版社，2001。）

〔编者按：该书有两章讨论太平天国地区人口数量的变动和迁移，可供参考。〕

【江苏省吴江县·咸丰十年十一月初三日】秋冬之间，大瘟疫，死者甚多。难民饿死、冻死者充满道路，盖自四月以至十一月，或杀死，或缢死，或死于水火，或死于病疫，人民几去其半。读周余黎民之句，喟然有叹。

（蓼村遁客：《虎窟纪略》。《太平天国史料专辑》，第 27 页。上海：上海古籍出版社，1979。）

【湖南省溆浦县·咸丰】十一年辛酉，粤匪石达开拥众数十万，由麻阳小径绕辰溪之潭湾，抄袭浦市，拊其背。市固邑之精华处，阛阓鳞次，商贾云屯。贼至，大肆杀掠，男妇赴水暨缢死者颇众。有山洞匿避者千余人，贼知之，捆负烟、蓼诸物塞其窦，焚之，扇以风，毒焰蜿蜒入，罅隙皆透，匿者辄薰灼死，肤肉靡溃。

（许光曙纂：《沅陵县志》同治十年刻本卷十七《兵事志》。）

【湖南省龙山县·咸丰十一年十二月】贼贪而狡，所在盖藏一空，甚至掘茔墓、涸井夷灶以求之。而其最惨酷者，则莫过于搜洞，如是近一月始出境。凡洞皆高险，贼猝不得上，则以毒烟薰之。取民间所用风车，燃毒烟于内，卷竹簟为筒，接车口上向洞，持风扇扇之，其烟直入无旁散者。凡洞只一门，烟入不得出，即皆闷逼而死。或中有水塘，则争伏堰上，以口鼻浸水中，然均之死矣。如他砂、沙坪两洞，匿者各二百余人，固无一幸存者。

（刘沛增纂：《龙山县志》光绪四年续修刻本卷七《兵防下·兵事》。）

【江苏省松江府·咸丰十一年七月】两月以来，兵威大振。而登城四望，烟火萧条，散者归聚无期，存者栖身无所。南北乡开耕之田，十仅二三。饥民嗷嗷，日甚一日。八口之家，一日三四百文，方可图一饱。加以疫疠盛行，日有十数家，市椁为之一空。

（姚济：《小沧桑记》。《中国近代史资料丛刊：太平天国》，Ⅵ，第 507 页。中国史学会编，编者：向达、王重民等，上海：神州国光社，1952。）

【江苏省上元县·同治六年】乱后农民十存二三。

（丁日昌：《抚吴公牍》卷四十九，第6页。）

【江苏省金坛县·同治六—七年】 兵灾之余，居民十不存一。

（丁日昌：《抚吴公牍》卷五，第4页。）

【湖北省黄州·同治六年至光绪十年】 迫咸丰二年冬迄同治六年春，发捻迭扰，郡属人民家有余财，户有余丁，团练杀贼最有功，事详《武备志》。承平以来，休养生息，民气益苏，民数日炽。

（英启：《黄州府志》光绪十年刊卷八《户口》，第2页。）

【湖南省靖州·同治十二年】 同治十二年，户一万六千三百八十二，口七万四千一百五十二。自咸丰年来，迭遭兵燹，流离死亡，民数损过半矣。

（唐际虞等纂：《靖州直隶州志》光绪五年刻本卷四《贡赋·户口》。）

【湖北省黄州·乾隆至光绪】

湖北省黄州府人口之恢复

	乾隆十四年至六十年		光绪六七年间	
	户数	口数	户数	口数
黄州府	70 445	740 775	451 016	2 541 117
黄冈县	13 396	157 895	97 118	661 782
蕲水县	13 159	118 741	74 942	293 785
麻城县	10 704	110 287	48 112	213 355
黄安县	5 841	79 068	66 840	494 111
罗田县	5 900	86 290	31 850	187 332
蕲州	7 914	68 050	27 343	211 518
广济县	6 810	54 176	33 794	207 509
广梅县	7 421	66 268	71 017	271 725

（英启：《黄州府志》光绪十年刊卷八《户口》，第2—3页。）

【湖南省会同县·光绪二年】 嘉庆二十三年，烟册民数实在一万四千六百九十三户，大男二万九千八百五十二名，大妇二万六千零一十五口，小男二万八千零四十二名，小女一万六千一百三十九口，通共大小男妇女十万零四十八名口。光绪六年，烟户共二万零八百九十二户，大小男丁六万五千四百零三丁，大小女口四万四千五百八十四口，通共大小男女十万九千九百八十七名口。中遭咸丰、同治间发逆、黔苗数次扰乱,两失县城,兵燹后人民非复旧观。以故相隔五十八年,烟户增六千一百九十九户,约十分之四有奇,男女仅增九千九百三十九名口,不及十分之一。

（佚名：《会同乡土志拟编》,光绪间修,抄本,《户口》。）

【浙江省严州】严郡乱后,人民稀少：遂安人存十之七,桐庐、寿昌人存十之五,淳安、建德人存十之四,分水人存十之二。

（戴槃：《重建严郡育婴堂记》。《严陵记略》,第23页。）

【浙江省孝丰县】丰自立治至明季,增损无多。鼎革之际,闾井晏然。复承累世休养之余,生齿日繁,亦既林总有象矣。乃粤匪所经,仅存三十之一,今著于册者也。幸客户踵至,月盛岁增。

（刘濬等：光绪三年《孝丰县志》卷四,第1页。）

【浙江省归安县·咸丰十年以后】埭溪以上五庄至十七庄皆山乡,咸丰庚申[十年]以后,遭兵火尤甚,居民什不存一。村墟寥落,荒田多为客民开垦。

（陆心源等：光绪七年《归安县志》卷六第2页。）

【江苏省无锡县·同治三年】粤逆……长驱直入,盘踞四年,屠戮割剥,户口计去其六七。

（施建烈：《纪无锡县城失守克复本末》。《中国近代史资料丛刊：太平天国》,Ⅴ,第242页。中国史学会编,编者：向达、王重民等,上海：神州国光社,1952。）

【浙江省杭州·咸丰十一年】杭城有胡雪岩者,向为钱庄掌柜,住吉祥巷。去年[咸丰十年]二月长毛在杭,有一贼魁住其家中,将杭城所掳银洋悉入馆子中,闻张兵到,贼弃银走。胡遂将银殓杭城死尸数万人,遂知名,为杭城司事之首,最有胆力,出口上洋办米。然除杭城会垣外,皆为贼土,贼兵衰延数百里,即有粮米何从得入耶？待至十一月二十左右,饿死者十三万余,此杭中掩埋局所计数也。自此以往,即局中亦不及掩埋而城破矣。计饿死者亦不下十万数也。

（沈梓：《避寇日记》。《太平天国史料丛编简辑》,第四册,第110—111页。太平天国历史博物馆,北京：中华书局,1962。）

【江苏元和县周庄镇·同治二年】清政府查造门牌,计元和1 069张,吴江77张。共1 146张。

周庄镇本镇850余户,土著3 200余口,雇工伙友一千余口。[占1⁄3]。寄居160余户,670余口。东浜寺前120余户,350余口。共计1 130余户[与前数相符],五千二百余口。

（陶煦：《周庄镇志贞丰里庚申见闻录》卷下第 11 页。）

[编者按：由此可知，市镇里雇工黟友多，每户平均人口少。]

【江苏省无锡县、金匮县·同治三年至光绪七年】惟克复后，城中民居十无一二存，盖贼毁其二，土匪毁其一，其五六则兵勇争贼遗物不均遂付之一炬耳……今十数年来，年谷顺成，休养生息，井邑乃得复完，而家鲜盖藏，市廛萧索，欲如乾嘉时之全盛，竟不可复觌矣。

（光绪七年修《锡金县志》卷七《兵事》，第 19 页。）

【江苏省丹徒县·战后】避寇者未敢遽归……邑里萧条，人民寥落。

（光绪五年刊《丹徒县志》卷六十《纪闻及跋》。）

【浙江省杭州·咸丰十一年】十一月，省城果以被围粮尽援绝而陷，死者六十万人。

（范城：《质言（选录）》。《太平天国》，第四册，第 420 页。罗尔纲、王庆成，桂林：广西师范大学出版社，2004。）

【安徽省北部·同治初年】照得皖北被贼蹂躏，已逾十载，小民非死即徙，十去七八；凋敝情形，不堪言状。本署部院前由安庆移节临淮道，经凤、定各县，环视数百里内，蒿莱弥望，炊烟几绝。

（唐训方：《兴办屯垦告示》。《唐中丞遗集·条教》，第 6 页。）

【江苏省无锡县、金匮县·同治二年五月】官军日近，民心日寒，迁避常熟乡镇者十有其八……是时居民十不及一。

锡、金士农工商，迁聚常、昭最多，贸易者颇众，土人诸事掣肘。

（佚名：《平贼纪略》。《太平天国史料丛编简辑》，第一册，第 294 页。太平天国历史博物馆，北京：中华书局，1962。）

【江苏省·同治二年七月初二日】有常州人言：常州百姓所剩不及十分之一，人少兽多，频出虎豹食人。

（沈梓：《避寇日记》。《太平天国史料丛编简辑》，第四册，第 264 页。太平天国历史博物馆，北京：中华书局，1962。）

【江苏省无锡、常州·同治二年八月二十三日】然闻诸商人，其地数百里无人烟，贼兵所不居，但为路过之地，虽得之犹获石田也。

（沈梓：《避寇日记》。《太平天国史料丛编简辑》，第四册，第 269 页。太平天国历史

博物馆,北京:中华书局,1962。)

【江苏省上元县·光绪十九年】上元县东三十五里宋墅村,赭寇前共有千余户。迨红羊浩劫,室化邱墟,瓦砾场中几无人迹。嗣恶氛净扫,始有复我邦族者。然采葛之歌,荒凉寥寂,及至今日,亦不过数十家。

(《益闻录》第一千三百零九号,光绪十九年八月二十八日。)

【浙江省嘉兴府·道光十八年、同治十二年】

浙江省嘉兴府各州县户口统计

州县名	道光十八年(1838)		同治十二年(1863)	
	户数	口数	户数	口数
嘉兴府	541 386	口 1 267 816 丁 1 665 948	253 447	口 406 893 丁 546 160
嘉兴县	100 741	口 202 864 丁 316 713	42 122	口 73 756 丁 84 958
秀水县	78 934	口 226 630 丁 276 230	19 169	口 54 857 丁 79 116
嘉善县	68 049	口 119 530 丁 157 483	16 379	口 42 979 丁 53 499
海盐县	97 232	口 203 783 丁 319 678	51 967	口 80 260 丁 100 587
平湖县	73 839	口 109 884 丁 194 442	30 753	口 45 067 丁 64 323
石门县	54 440	口 172 529 丁 206 893	42 500	口 64 263 丁 94 113
桐乡县	68 151	口 132 596 丁 194 520	50 557	口 45 709 丁 68 564

资料来源:吴仰贤等:光绪四年《嘉兴府志》,卷二十,第8—28页。

(李文治:《中国近代农业史资料》,第一辑,第156页。北京:三联书店,1957。)

[编者注:据《大清会典》:"凡民男曰丁,女曰口,未成丁(男年十六为成丁)亦曰口。"]

第九章

财政支出

第一节

财政支出项目

[编者按：太平天国的财政支出，根据太平天国"簿记"和其它文件的记载，主要是用于战争的军需费用，其次是由圣库支付的军政人员及其家属，部分城市居民的日常生活开支，赈济穷人等项。其中，粮食成为头等大事。有关圣库支付的用于维持军政系统运转的支出，用于城市居民供应，用于现代军火的购买等项的资料，分别在军需，城市，工业和与外国商人的贸易等章收录。本章集中于传统军火军械的制造与购买、粮食和抚恤三项上。]

一、制造与购买传统军火军械的费用

[参见第十二章第一节"诸匠营"目。]

【北京·咸丰四年四月初七日】据孙受儿供，我系直隶深州人，年十九岁，在本州南门外陈庄地方居住，种地度日。上年九月不记日子，有贼匪到深州将我裹到独流，有贼匪头目李姓、张姓将我头上烙印一个，交给单刀一把，叫我跟他们打仗。张姓拿着大黄旗带同我在独流打了一仗，我用刀杀死穿黄马褂官兵三人、穿红马褂官兵二人。后回到贼营，张姓给我小头目。又于十一月二十三日，我跟同张姓、李姓由独流起身，到王家口地方逃跑，并未打仗。后到阜城县打过一仗，我又杀死官兵七人。至本年三月初九日，张姓、李姓给我同山西人李三、山东人高二、山东人王四、山西人王五一共五人路费，京钱十五吊。张姓向我告说，交给银二千两，叫我们来京买办火药。所有银两，他们四人带着，于十四日到京。因恐城门官兵盘问，我用小破筐一个装做拣煤渣进广安门，走至菜市口地方，李三、高二、王四、王五他们四人要先进城，告知我在地安门外鼓楼前万昌杂粮店居住，我随进宣武门内干石桥地方我族叔孙明柜箱铺住了三日，并未将前情告知。十九日，我又到正阳门外天桥地方素识的刘姓家借住三日。二十一日，我进崇文门，到地安门外鼓楼前找李姓等，并未找着，也没找着万昌杂粮店。我仍要出城，走至崇文门内西城根地方，被官人见我可疑，将我盘获，连小破筐煤渣一并解案的是实。等语。

（联顺等奏。宫中全宗·朱批奏折。中国第一历史档案馆编《清政府镇压太平天国档

501

案史料》,第十三册,第 550 页。北京:社会科学文献出版社,1994。)

【江苏省苏州·咸丰十年】军械绝少精良,生铁刀仗,稍用便折。盖贼未尝选工炼造,惟拾取官兵遗弃之物,不问利钝。即购新者,亦凭铁匠偷减工料。其火器尤不熟谙。

(潘钟瑞:《苏台麋鹿记》。《中国近代史资料丛刊:太平天国》,Ⅴ,第 281 页。中国史学会编,编者:向达、王重民等,上海:神州国光社,2004。)

【江苏省长洲县和苏州·天历十二年十一月初五日】垒天福吴寿春致抚天预徐少蘧启

敬启

弟吴寿春敬启开朝勋臣抚天预徐兄台大人阁下:弟因奉委坐催(尚)[上]年粮米在苏,昨奉朝将大人文谕下颁,内云饬买大坐船一条等因。缘弟身染微恙,难以远处找觅,而城厢左近,迄无大船,然又不能方朝将大人之命。辗转思惟,只得仰恳阁下,想(桂)[贵]地水利周通,必多巨舰,且兄台大人见闻宽广,是以专诚奉托,望祈劳心代为找买大船壹条,其价若干,即乞示知,弟当即使专人赍(尚)[上]。素邀知爱,故敢奉渎,谅高谊凤敦,断不见却也。耑此布恳,即候升安不一。

天父天兄天王太平天国壬戌拾贰年拾壹月初五日。

(《太平天国》,第三册,第 162 页。罗尔纲、王庆成,桂林:广西师范大学出版社,2004。)

【江苏省长洲县、昆山县·天历十二年十一月初六日】殿前又副掌率邓光明复抚天候徐少蘧谕

谕复

殿前又副掌率邓谕复抚天候徐弟知之:接阅来文,领悉壹是。但现在苏省事务纷繁,荃赖弟台一人回天之力,措置得宜。以弟台干练之才,自能胜任愉快。乃承弟台惠爱情深,屡贲瑶函,殷殷致候。兄接阅之下,感怀曷胜。惟是弟台一片忠心报国,又有乡里之仁,兄心诚为忻慰之至。如苏省人员或有不遵弟之照料,致办事诸多掣肘之虞,弟尽可放胆具禀前来,兄自当汇齐转禀忠王,自有定章,决不负弟一番劳苦之心也。

但兄现下带队驻守昆珊,防剿妖逆,军中缺乏红粉洋布应用,务望弟台劳心,代兄买办红粉数十担,如无红粉,即买硝六百并买洋布数千匹,该价若干,或兄先将银送(尚)[上]亦可,或弟买就,兄再行给付银钱亦可,务望吾弟劳心,总须将兄托买之件赶紧办就,以济兄军中急需之用,是为至望。但兄所托之件,实因弟处着人往赴(尚)[上]海各处,路途熟悉,又甚便当之故耳。诸凡有费(清)[清]神,容后再当面谢也。特此谕复,并询近佳。

为托代买红粉洋布事。

天父天兄天王太平天国壬戌十二年十一月初陆日谕。

(《太平天国》,第三册,第 162 页。罗尔纲、王庆成,桂林:广西师范大学出版社,2004。)

二、向外国商人购买现代军火的费用

［参见第十五章第四节"军火"目。］

【浙江省嘉兴·咸丰十年七月】七月内，王永义大集水木两匠，为贼修茸嘉兴城垣，并解洋枪、洋炮、火药、军饷赴贼营应用。俱遣枝珊解往，渐为贼渠信任。

（鹤樵居士：《盛川稗乘》。《太平天国史料丛编简辑》，第二册，第190页。太平天国历史博物馆，北京：中华书局，1962。）

【江苏省苏州·咸丰十年至同治元年】贼无技勇，是以止重洋炮，夷人过昂其值，兵火后贼所掠之金银，半归夷人。且洋行中备货俟买，如有形迹可疑，以奸细报官，拿获其财物，无不吞没。

（沧浪钓徒：《劫余灰录》。《太平天国史料丛编简辑》，第二册，第152页。太平天国历史博物馆，北京：中华书局，1962。）

【江苏省上海县·同治二年】华尔者……去年调往宁波与贼接仗，而贼众亦雇有夷兵，华尔不及觉，为夷兵洋枪所毙。

（沈梓：《避寇日记》。《太平天国史料丛编简辑》，第四册，第256页。太平天国历史博物馆，北京：中华书局，1962。）

【浙江省桐乡县乌镇·同治二年五月】时官兵势盛，贼兵累败。伪听王将以钱使鬼［按：指洋人］，于是搜罗民财为军需。

（沈梓：《避寇日记》。《太平天国史料丛编简辑》，第四册，第258页。太平天国历史博物馆，北京：中华书局，1962。）

【江苏省吴江县平望镇·咸丰十年】贼受创归，誓灭镇。阅三日，大至，沙哥悉众，战于镇西，不胜。会贼炮炸，自相惊乱，沙哥疾击之，贼退去，阖镇交庆，避难者麕集，博局大开，喧嚣彻夜无禁忌，沙哥之名，亦由是著。贼本涎镇富，谓可唾手得，至是屡败。恚忿，更拨精锐，舁大炮，购泰西毛瑟火枪，发一子可洞数人，约同苏之常州，浙之嘉兴、湖州诸路悍贼，合队迫镇；又调吴江城内贼，使袭镇之北；再令炮船贼为助，期一举灭镇。

（王步青：《见闻录·平望记事》。《太平天国史料专辑》，第557—558页。上海：上海古籍出版社，1979。）

三、财政支出中的特殊项目

【江苏省南京·咸丰四年】伪圣库中，初破城时，运存一千八百余万两，此时只存八百余万两。密访其费用之故,据闻入京捐官,或伪作大买卖,或挟资入营投效,其用心奸深可知……又闻贼用多银买京报看……又闻用银买磺,一两一斤,外面用夹底桶送来。

(张继庚:《张继庚遗稿》。《中国近代史资料丛刊:太平天国》,Ⅳ,第764页。中国史学会编,编者:向达、王重民等,上海:神州国光社,2004。)

【浙江省桐乡县青镇·咸丰十年】至七月廿四日,猝闻张帅兵溃,有窜至镇者,贼追蹑者且旦暮至。东南十数里外,火光不绝。张帅雄桀善战,在军中与士伍同甘苦,日食只蔬粝,又勤军事,每夜巡视各营,三鼓乃寝,五更即起。然年少,麾下偏裨皆高班,骄不用命,又病疫且痢。贼遣问[？间]持重金啖诸将,士无战心,故溃。

(皇甫元垲:《寇难纪略》稿本。浙江省图书馆藏。)

四、军事机构费用

[军事机构费用,是太平天国财政支出中的一个重要项目。有关内容请参见第二章第一节"圣库制度",此处不再重复。]

第二节
物资供应与战略、战术

一、存粮、缺粮与集粮

（一）存粮

【江苏省南京·咸丰三年正月至四年七月】 逆匪等仓米，皆伪典出圣粮支放，或按月或分旬给发，各随其便。据该逆馆中曾有人传述：每月连掳聚老民，并各军被掳妇女之馆，共需食米四万余石，是岁冬月所入截算，仅敷两三月贼粮矣。

（涤浮道人：《金陵杂记》。《中国近代史资料丛刊：太平天国》，Ⅳ，第613页。中国史学会编，编者：向达、王重民等，上海：神州国光社，2004。）

【江苏省扬州·咸丰三年六月十五日】 [得太平军催饷之信]云城中仅有十天之粮……七月初七，三岔河有南京运米接济贼船四五十只并贼数千。

（《忆昭楼时事汇编》。《太平天国史料丛编简辑》，第五册，第375、377页。太平天国历史博物馆，北京：中华书局，1962。）

【安徽省石埭县·咸丰十一年】 贼果分部落馆，掳村民割稻，尽数运至城中。

（苏虞廷：《流离记》。）

（二）缺粮

【江苏省扬州·咸丰三年】 八月初旬后，贼之前后等军犹给以米，各男女局皆散稻，稻霉且朽，并不足数。伪司马刻减而大得其羡余，日私售之，每升值银一两。无窖镪者皆啼饥而不获购也。城内除荒荆蔓草外，凡诸葛菜、马狼头俱掘作甘旨。香麻油告罄，代以梳头杂油，久之杂油亦无。两湖贼兵暨江左亡命之徒，食狗食猫，猫尽食鼠，鸦雀亦枪毙无孑遗。甚且煮钉鞋底，煨牛皮箱，人情汹汹，殆无生理。况尸水灌井，疫气满空，受之者摇头辄死。伪官以下，死犹殓以棺，棺不足，裹厚棉瘗之，三五人共一坑，坑方丈许，满布铜制钱，不知命意之何在。难民死，盛之于柜，柜不敷用，扎以重衾，置之空屋。凡庵观、寺院、衙署、市廛，骼胾积如邱林，骸骨埋于风雨，嗣后填街塞巷。鬼无害于人也，人无殊于鬼也，岂不悲哉。

（佚名：《咸同广陵史稿》。《太平天国》，第五册，第95页。罗尔纲、王庆成，桂林：广西师范大学出版社，2004。）

【江苏省扬州·咸丰三年】十一月，贼粮无多，瓜镇奸细报伪指挥云南京兵来导迎，伪指挥将信将疑。二十日，伪指挥生日，伪总制送羊二猪四鸡鸭各十，福橘荔枝诸果品满盒盈肩。伪伯长等俱有馈送，不知其所从来，盖老贼故示神奇也。

（佚名：《咸同广陵史稿》。《太平天国》，第五册，第96—97页。罗尔纲、王庆成，桂林：广西师范大学出版社，2004。）

【河北省东光县连镇·咸丰四年七月十五日】窃逆匪自上月二十八日受创之后，死守不出，该逆壁垒益坚，我兵更难得手，惟止设法诱引，零星斩捉，日不过十余名。幸体查现在贼情，似已离心，连日由连镇顺流飘出贼尸无数，皆系裂胸破腹、折腿断背者。随时查看，实系长发逆尸。据投出之人声称，逆众被围情急，有思逃散者，有思投出者，逆首将心存逃散之人杀害投河内。贼巢谷米大半俱在河东，多被水淹，米麦渐缺，现在俱食黑豆，马草尤为短少，每出巢割草，复被枪炮击毙。

（僧格林沁等奏。军机处全宗·录副奏折。中国第一历史档案馆编《清政府镇压太平天国档案史料》，第十五册，第43页。北京：社会科学文献出版社，1994。）

【河北省东光县连镇·咸丰四年八月初五日】该逆屡次受创，仍舍命狠扑者，实系粮米无多，穷蹙已极。据投出之人声称，现在每人仅止日给谷子四两，惟以黑豆、绿豆充饥。

（僧格林沁等奏。宫中全宗·朱批奏折。中国第一历史档案馆编《清政府镇压太平天国档案史料》，第十五册，第348页。北京：社会科学文献出版社，1994。）

【江西省袁州·咸丰六年】十月间，城内薪米将绝，马肉斤值八百文，掘野鼠蛰蛙食之，贼饥寒交迫。伪总制朱贼赴援，官兵击退。十五日，广贼葛某统贼五千，合之朱贼党七八千，分带油盐蔬菜，思突围进城，官军四面击之，毙贼千余，穷追数十里，夺钱物器械无数。外援大败，内贼穷蹙。

（晏家瑞：《江西战垒纪闻·袁州府》。杜德风选编《太平军在江西史料》，第534页。南昌：江西人民出版社，1988。）

【江西省瑞州·咸丰七年】初，曾国华丁忧归，以刘腾鸿统其军，合普承尧、吴坤修之军攻瑞州，筑长濠以困贼。围既合，贼不得逞，夜辄越濠焚民居，皆为我军击走。于时麦熟，腾鸿恐资贼粮，乃过濠诱战，尽割以归。贼援绝粮尽，犹出城拾野菜掘草根为食。七月壬辰夜，各军合击贼，贼不支，遂复瑞州。

（刘坤一等修：光绪《江西通志》卷九十七《武功三》。）

【江西省临江·咸丰七年十二月二十日】十一月二十一日贼扑西门营盘，杨恒升等力战却之，毙贼数十，城中粮食将尽，每贼日发米二两，以草根搀和煮食，人情汹汹，皆怨张逆、易逆杀程瀛之挠降局也，连日出城乞降者颇多。二十九日贼出西城掘草，义勇头目何益发、杨松柏等率义勇渡壕逐之，贼忽大出列阵相持，降人宁正魁、陈本支率新安勇往助，横矛跃马，杀伤过当[半]，贼仍败入城。次日由西门出扑，均经各营击退，共杀伤贼三百余。而逆贼以饥馑至极，出城求降者络绎不绝，刘长佑等以该逆至垂毙之时始乞恩免死，万无可赦，均押至营后斩之，合计二百余，剖视其腹，皆草根、糠屑，杂米少许也……臣惟逆贼每遇精兵痛剿数次，则窃踞坚城，为负隅稳抗之计，非粮尽援绝，窘蹙万分，断难得手。此次楚军进攻临江府城，先后十阅月，昼夜环攻，无间寒暑，原冀速拔坚城，分军他向，无如仰攻为难，徒捐精锐，即觅内间、掘地道两策，亦尝殚力经营，数数举办。然事至垂成，辄复中阻，每思及此，焦灼难名。幸赖皇上天威，将士并力一心，自长壕开掘，锁围之势已成，而贼之接济断，太平、罗坊两次大败巨股援贼，而贼之声势孤，卒能克复坚城，稍纾积愤。

（骆秉章奏。军机处全宗·录副奏折。中国第一历史档案馆编《清政府镇压太平天国档案史料》，第二十册，第113—114页。北京：社会科学文献出版社，1995。）

【安徽省潜山县·咸丰十一年七月】贼大援皖城，浙江布政使曾[名国荃]率师据濠血战，截杀之。水师提督杨[名岳斌]率炮船轰击，城贼粮尽自相食。八月初一日，城贼溃围出，皖城克。

（储枝芙：《皖樵纪实》。《太平天国》，第五册，第47页。罗尔纲、王庆成，桂林：广西师范大学出版社，2004。）

【安徽省南部地区·咸丰同治年间】自官军进攻，寇益胁众，然人思反正。[黄]润昌力主招附。皖南三山贼蛾聚，复单马入巢穴说降之，未定，贼告乏食，润昌还书，劝乡人运米下江，至者辄速售，因以济皖南，贼感德归诚者数万。

（王闿运：《湘潭县志》光绪十五年刻本卷八《人物·黄曾列传第四十》。）

【江苏省·天历十三年五月】见天天军主将戎天义吴习玖上慕王谭绍光请添济粮米跪报稿

见天天军主将戎天义小官吴习玖，跪口殿前斩曲留直顶天扶朝纲慕王丰千岁千岁千千岁殿下：跪报为恳乞开恩，添给粮米，兵士俾得敷食，努报高厚无穷，并请瑞安事。伏惟千岁瑞恩宽厚，是事无不周恤格外，泽被四方，威振远播于千里，军民均感，莫可宣言。

窃小官愚末庸材，毫无知识，所有队内兵士粮米，荷蒙瑞恩赐给，刻感难忘。奈缘兵士苦嗷，银钱紧迫，所有油盐又在艰难，是以饭米待食，多多不敷充食，斯地黄米更不耐饥，但各馆又无籽粒余存，目视兵士饥馑，实属哺切之极。而且小官又在囊空如洗，难济添补是累，甚属愁眉。转辗维思，只得跪求千岁开恩，格外瑞念员弁苦嗷饥馑，俯赐德济小官粮米数百担,俾得分给添补兵士以嗷食,存殁均感,努报努感瑞德,努报高厚无穷无既矣。肃此跪恳,敬请瑞安,伏乞瑞鉴。

为跪求瑞恩添济粮米事。

天父天兄天王太平天国癸开十三年五月　　日跪报。

(《太平天国》,第三册,第 188 页。罗尔纲、王庆成,桂林:广西师范大学出版社,2004。)

【江苏省南京·同治三年六月】 金陵自元年围攻,城贼粮尽援绝,官军水陆并进,至是从紫金山掘地道,载火药,轰陷城三十余丈,与贼巷战三昼夜,伪王府数百所,多自焚毁,十二年老巢,一鼓荡平焉。

(储枝芙:《皖樵纪实》。《太平天国》,第五册,第 49 页。罗尔纲、王庆成,桂林:广西师范大学出版社,2004。)

(三)南京的粮食供应与南京失守

[南京的粮食供应问题,参见第十七章第二节有关南京的内容。]

1. 南京城内需供应口粮的人口数

【江苏省南京·1853 年 10 月】 公使于十月三十日由上海驾船启程,前赴江宁。至下月初五日抵其城。[有随行天主教师入城住两日一宿。]据教(师)[士]回称:"……城中贸易虽疏,而民众兴盛,闾阎各家门户洞开,士庶冠服修洁,市井安恬,极有规矩约束,鸦片烟断绝,庙宇偶像毁馨荡尽,官与兵皆一体平等,无轻重异视……凡城中妇女,皆分地别居,亦分派队伍,以一万三千女为一军,有女将官员各职衔……共云女旅计有四十八万名……惟定条男女不得聚处往来,即夫妇亦不得并栖,俟版图悉归服属,始听各人夫妇完婚,克期可卜云云。计男丁士旅六十万人……"

(《佛兰西公使赴天京记》,原载《遐迩贯珍》1854 年第 2 号九页上。《太平天国史料》,第 517—518 页。金毓黻、田庆余,北京:中华书局,1955。)

【江苏省南京·咸丰四年九月】 贼中人数,通共粤人九百余人,两楚一万余人,江南三万余人,此系在伪天官丞相处查月册家册者,妇女则仅余二十三万人。

(张继庚:《上向帅书一》。《张继庚遗稿》。《中国近代史资料丛刊:太平天国》,Ⅳ,第 764 页。中国史学会编,编者:向达、王重民等,上海:神州国光社,1952。)

【江苏省南京·咸丰四年十一月】 又本月伪顶天侯查户口清册,军中朝内共计四万三千零七十一人。除前蒙检点带去六千人,后又去三千八百人,现仅存三万二千余人矣……至女馆,九月间犹有二十三万之众,本月则只十一万有零矣。死亡之惨,至此已极。

(张继庚:《上向帅书七》。《张继庚遗稿》。《中国近代史资料丛刊:太平天国》,Ⅳ,第

776 页。中国史学会编，编者：向达、王重民等，上海：神州国光社，1952。）

【江苏省南京·天历十二年至十三年】野乌队队作援师，行帐荒凉力不支。知否华元粮告罄？又添罗掘费多时。[原注]檄调苏、常贼兵内援，以粮乏不能扎营，散入城中各馆留养。

（陈庆甲：《金陵纪事诗》。《太平天国史料丛编简辑》，第六册，第 404 页。太平天国历史博物馆，北京：中华书局，1962。）

【江苏省南京·天历十三年七、八月间】那时我有银米以救其生，开造册者有七万余，穷苦人家各发洋钱二十元，要米二担，俱到（保）[宝]堰领取。有力之人，即去（保）[宝]堰领米，无力之家，自各领银作些小买卖。救至去年[指十三年]十二月又不能了，我亦苦穷，无银无米，苏杭又失，京城困紧。

（《忠王李秀成自述校补本》，第 96—97 页。又见《太平天国》，第二册，第 388 页。罗尔纲、王庆成，桂林：广西师范大学出版社，2004。）

【江苏省南京·天历十三年十一月】[京城唯（惟）富豪官兵有食]，穷家男妇俱向我求，我亦无法，主又不问此事……[天王命]合城俱食甜露。

（《忠王李秀成自述校补本》，第 95 页。又见《太平天国》，第二册，第 387 页。罗尔纲、王庆成，桂林：广西师范大学出版社，2004。）

2. 南京城内居民的口粮定量

【江苏省南京·咸丰四年闰七月二十七日】贼粮渐尽……会妇女出城割稻，老弱者听其自散，留城者于十二月"指名配给"，不从者杀之。

（佚名：《平贼纪略》。《太平天国史料丛编简辑》，第一册，第 226 页。太平天国历史博物馆，北京：中华书局，1962。）

【江苏省南京·咸丰四年十一月】贼入城后，无论老弱强壮，皆迫为圣兵。无论金银衣服，皆掳入圣库。又分男女为二馆，名为男营，女营。或二十五人一营，或五十人一营，以广西、湖南男女贼首统之，而戒淫甚严，犯奸者立斩。其不愿当兵以及不分馆者全杀……每日男子发米一升，女子发米三合，其后则谷半升。

（张继庚：《致祁公子书》。《张继庚遗稿》。《中国近代史资料丛刊：太平天国》，Ⅳ，第 760 页。中国史学会编，编者：向达、王重民等，上海：神州国光社，1952。）

【江苏省南京·咸丰四年】城中食粥薄如水，[贼恐粮绝，令被胁者食粥，日给米二合。]男女都应饥饿死。

（马寿龄：《金陵城外新乐府》。《中国近代史资料丛刊：太平天国》，Ⅳ，第 743 页。中

国史学会编,编者:向达、王重民等,上海:神州国光社,1952。)

【江苏省南京·咸丰十一年七月】十一日,有人自南京逃回者,言:城中贼不满万人,余皆被虏者。每日每名只给糙米四合。无执事者,令出城樵柴,日限三十斤,少则责罚,仍下日补足。逃亡日众,一路贼卡盘查亦懈。

(姚济:《小沧桑记》。《中国近代史资料丛刊:太平天国》,Ⅵ,第470—471页。中国史学会编,编者:向达、王重民等,上海:神州国光社,1952。)

3. 南京粮食的供应地

【江苏省镇江·咸丰年间】贼将镇江所掳银米货物,装船运江宁。

(佚名:《哀江南总目提要》。《太平军初占江南史事别录》,第135页。)

【江苏省江宁县·咸丰三年四月二十九日】再,贼据临淮,虽属偏师,而其精神专注于此,而不在高、宝、清江。盖贼欲以南京为巢窟,而屏藩全在庐、凤、颍州,不但人民强悍,为天下兵力所惮,而且大江迤东,自安庆而东北下至江宁、扬镇,地势窄下,而人烟辐凑,其米稻悉仰食于合肥、六安、英、霍,其菽麻则仰给于颍郡各州县。臣前守庐州时,稔知合肥县米行由巢湖入大江者,岁行三百万石,其自安、霍来者更不知有几许,是庐州一郡实南京之仓储也。今闻贼在南京所不杀之民,皆为贼所豢养,分遣四出,以掠米之多寡为功课,其粮将乏绝可知。而自浦口西窜者,非敢以枝旅渡黄也。臣窥其守临淮,非不欲西出掳怀远之米船,再掠寿州、正阳而至合肥,驱巢湖之舟载米而饭江宁,然而其势不能也。

(周天爵奏。军机处全宗·录副奏折。中国第一历史档案馆编《清政府镇压太平天国档案史料》,第六册,第593页。北京:社会科学文献出版社,1992。)

【江北·天历七至八年】[翼王出走后]国政不能划一。[八年封五主将]稍可自主。惟被张家祥四面筑长城围裹京都,仅通浦口一线之路,车运北岸粮米以济京用。

(《洪仁玕自述》。《中国近代史资料丛刊:太平天国》,Ⅱ,第851页。中国史学会编,编者:向达、王重民等,上海:神州国光社,1952。又见《太平天国》,第二册,第411页。罗尔纲、王庆成,桂林:广西师范大学出版社,2004。后者末句作"以济京困"。)

【安徽省·天历八、九年】和帅、张帅困天京,得幸粮丰足,件件有余,虽京兵少,有食有余而各肯战,固[故]而坚稳也……是以八九年之困不碍……那时上有皖省无为、巢县、芜湖,有东西梁[山]之固,有和州之屯粮,又有两浦之通,虽被德帅攻破两浦,尚有和州之上未动,京中兼有余粮,固而稳也。

(《忠王李秀成自述校补本》,第32页。又见《太平天国》,第二册,第359页。罗尔纲、王庆成,桂林:广西师范大学出版社,2004。)

【天历十一年】[洪仁玕给李秀成行文]况江之北,河之南,自称中州渔米之地。前数年京内所恃以无恐者,实赖有此地屏藩资益也。今弃而不顾,徒以苏杭繁华之地,一经挫折,必不能久远。

(《洪仁玕自述》。《中国近代史资料丛刊:太平天国》,Ⅱ,第852页。中国史学会编,编者:向达、王重民等,上海:神州国光社,1952。又见《太平天国》,第二册,第412页。罗尔纲、王庆成,桂林:广西师范大学出版社,2004。)

【江苏省句容县一带·同治元年冬】[清军水师每夜巡江,断太平军接济,陆师每夜绕过钟山拦截太平门出入之路,]于是外粮已断。贼犹时以大股远至句容一带接粮。[同治二年正月,清军在草鞋夹登岸,相机围守,]于是内出接粮亦甚艰难。[正月二十一日,忠王率大队出朝阳门又被打败,清军夺下钟山之垒,]于是合围之势始定……贼甚慌遽,始有内应之事。

(赵烈文:《能静居士日记》。《太平天国史料丛编简辑》,第三册,第316—317页。太平天国历史博物馆,北京:中华书局,1962。)

【江北与安庆·天历十一年】如英王不死,天京之围必大不同。因为若彼能在江北活动,令我等常得交通之利,便可获得仙女庙及其附近诸地之源源接济也……安庆一日无恙,则天京一日无险。其时天朝内因太平安静,绝无忧患可虞。全城觉得安全无患,各事平静如常。

(《洪仁玕自述》。《中国近代史资料丛刊:太平天国》,Ⅱ,第853页。中国史学会编,编者:向达、王重民等,上海:神州国光社,1952。)

【江苏省南京·天历十二年至十三年】簇簇旌旗拥上游,转粮一线仗苏州。千钱斗米犹争羡,几辈糟糠痛割喉。[原注:]城围粮少,馆中食豆渣糠秕者,十有三四。

(陈庆甲:《金陵纪事诗》。《太平天国史料丛编简辑》,第六册,第404页。太平天国历史博物馆,北京:中华书局,1962。)

【江苏省南京·天历十二年至十三年】出城打柴,动辄四五十里。自苏运米入城者,皆用车。悍贼押解,随车夫后,迟走则鞭之。

(陈庆甲:《金陵纪事诗》。《太平天国史料丛编简辑》,第六册,第403页。太平天国历史博物馆,北京:中华书局,1962。)

【江苏省、浙江省】苏、浙逆氛业已连成一片,人多饷足,较我军奚啻五倍。江西、皖南处处宜防。

(曾国藩:《复张星使》。《曾文正公书牍》,1926年上海会文堂书局石印本。)

4. 南京缺粮状况

【江苏省南京城内·咸丰四年】库无现银,军无现粮。

(张继庚:《上祁相国书》。《金陵举义文存》,第22页。)

【江苏省南京·同治二年六月】[初八日有南京城内英国人来降,]言城内米甚少,大家吃羊、马、犬肉度活。

【初十日】有归正人来说贼中米少。城外居民赴大胜关一带贩米济匪,每斗千三百文,贼中转贩者每斗千五百文。近因官军严拿,正法数人,为之者渐少。

(赵烈文:《能静居士日记》。《太平天国史料丛编简辑》,第三册,第277—278页。太平天国历史博物馆,北京:中华书局,1962。)

【咸丰三年至同治二年】粤匪初兴,粗有条理,颇能禁止奸淫,以安裹胁之众,听民耕种,以安占据之县,民间耕获,与贼各分其半。故其取江南数郡之粮,运出金柱关;取江北数郡之粮,运出裕溪口,并输金陵。和春等虽合围城外,而贼匪仍擅长江之利,施不竭之源。沿江人民,亦且安之若素。今则民闻贼至,痛憾椎心,男妇逃避,烟火断绝。耕者无颗粒之收,相率废业。贼行无民之境,犹鱼行无水之地,贼居不耕之乡,犹鸟居无木之山,实处必穷之道,岂有能久之理。

(曾国藩:《沿途查看军情贼势片》,同治二年。《曾文正公奏稿》卷二十一,第24页。)

【江苏省南京·同治三年六月】余又问:"城中使今日不陷,尚能守乎?"[李秀成]曰:"粮尽矣。徒恃中关所入无几,不能守也。"余曰:"官军搜城,见米粮尚多,曷云无食?"曰:"城中王府尚有之,顾不以充饷,故见绌。此是我家人心不齐之故。"……李又言:"天上有数星,主夷务不靖,十余年必见。"

(赵烈文:《能静居士日记》。《太平天国史料丛编简辑》,第三册,第375页。太平天国历史博物馆,北京:中华书局,1962。)

【江苏省南京·天历十四年春夏间】天京情形极为恶劣,——赤贫,疾病,饥荒,各种罪恶,充满全城。军队丧志,军心变动,不忠于幼主。有些贫民区,出卖人肉。有些父母竟自吃其儿女。如数星期内不能退敌,必不能再守。

(《华北先驱》第678期,1864年7月25日。简又文译文。《太平天国典制通考》中册,第762页。香港:简氏猛进书屋,1958。)

5. 南京城内禁买米

【江苏省南京·咸丰三年五月】十五日,随家君至安品街沈姓买米,沈,舆夫也,时米百文一升,私卖者有禁。沈以旧役代购,可感也。路过旧宅,见门尚封锁,为之怅然。

（陈作霖：《可园备忘录（选录）》。《太平天国史料丛编简辑》，第二册，第 375 页。太平天国历史博物馆，北京：中华书局，1962。）

【江苏省南京·咸丰三年五月】二十五日，米炊完，无处购买，乃向外舅索得斗余。

（陈作霖：《可园备忘录（选录）》。《太平天国史料丛编简辑》，第二册，第 375 页。太平天国历史博物馆，北京：中华书局，1962。）

【江苏省、浙江省·同治元年正月】宜惟江浙贼势浩大，尽占富庶之要区，广收官军之降卒，财力五倍，人数十倍，若非慎以图之，不特苏浙难克，即皖南、江西且有疆土月蹙之虞。

（曾国藩：《筹办江浙军务折》。《曾文正公奏稿》，卷十五。）

【江苏省南京·同治二年七月二十四日】见城贼伪示二张。一禁谣言，惑乱军心。内云天京官眷出城赴外府州县，止为就粮之计，各弟妹等不得惊慌。一言在城之人，贫富不均，令贫民至其府内，领钱以十千为度，领米以二石为度，以作小本生意及贩粜小米店，限一年归还云云。皆是忠逆出名。可想其中人心惶惶，妇女纷纷逃避，及贫民不服情形。

（赵烈文：《能静居士日记》。《太平天国史料丛编简辑》，第三册，第 284 页。太平天国历史博物馆，北京：中华书局，1962。）

（四）掠粮与就地取粮

【湖南省道州·天历二年二月】在道州收割粮食……[腊月初四日破武昌]自武昌发一万人，攻打黄州取粮，自黄州抢了财物一百余船，送回武昌。

（《黄生才供词》。《山东近代史资料》，第一分册，第 7 页。）

【湖南省道州·咸丰二年】五月初十日[太平军]陷道州，留人守之，又陷宁远县，因乏粮，适麦熟，仍回道州收割以供众食。七月初五日，分股勾结土匪窜陷江华、蓝山、永明三县。二十九日……其大股则自道州窜出。

（姚宪之：《粤匪南北滋扰纪略》。引自罗尔纲：《太平天国史料辨伪集》，第 44—45 页。）

【江苏省镇江·咸丰三年四月】镇江城内有湖南苗匪数十，出城偷割民麦，兵至，遁入城中。

（佚名：《哀江南总目提要》。《太平军初占江南史事别录》，第 195 页。）

【江西省丰城县·咸丰三年七月】二十一日见探信，江右贼分小股至丰城一带，掠粮万余，解省城。

（黄辅辰：《戴经堂日钞》。《太平天国资料》，第 59 页。北京：科学出版社，1959。）

【江苏省南京·咸丰四年】贼粮不足，于闰七月二十七日赶女人八九万出城，至乡圩割稻……城中男馆于闰七月亦不发米，悉使出城割稻自食，人多逃散。

（谢介鹤：《金陵癸甲纪事略》。《中国近代史资料丛刊：太平天国》，Ⅳ，第 665 页。中国史学会编，编者：向达、王重民等，上海：神州国光社，1952。）

【江苏省扬州·咸丰五年四月】二十一日，南乡数十里大小麦熟，贼久垂涎，民亟赴营请兵卫割，将军以下皆许之。时未黎明，农妇纷纷抢麦，兵犹未来，贼猝至，烟雾昏黑中民不能辨，因急走。贼开枪打死业户一千余名，麦为贼有。迨兵勇齐集，贼枪炮并施，伤蓝鼎大员滨死[?]，兵勇大败而逃。午后，割麦之贼去尽，兵复集，割死民耳朵五百有零，持赴大营报功，将军甚喜。

（佚名：《咸同广陵史稿》。《太平天国》，第五册，第 114 页。罗尔纲、王庆成，桂林：广西师范大学出版社，2004。）

【江苏省镇江·咸丰六年六月】三十日，贼迫予于十三门外刈稻。今岁滨江之田皆大熟，且无蝗，天心殆厚其毒而歼之欤？

（刘贵曾口述：《余生纪略》。《太平天国》，第四册，第 380 页。罗尔纲、王庆成，桂林：广西师范大学出版社，2004。）

【安徽省潜山县·咸丰八年六月】时地方久苦贼残，兼荒歉，勒伪乡官追呼供给之。七月初一日，贼窜舒城主簿园，掳掠回。二十四日，窜上清，来榜河刈田稻，掳掠尤惨。

（储枝芙：《皖樵纪实》。《太平天国》，第五册，第 41 页。罗尔纲、王庆成，桂林：广西师范大学出版社，2004。）

【江苏省青浦县·咸丰十年八月十八日】且探闻青浦城内约有贼匪二三千，时遣伪官出西北两门外迫胁居民编门牌，东南两门外伪官于十八日三库上地方派董设局，勒献银洋米石，方家窑镇亦复如是。刻下早稻成熟之区，贼已插旗为识，不许乡人刈割，又复勒民献碢碡二百乘。满野秋乐，恐为贼获，若不添兵募勇进剿退守，曷以克复青浦，保障一方。

（《袁熙赞沈葵李犬裕王瀚上吴煦禀》（1960 年 10 月 4 日）。《吴煦档案选编》第一辑，第 426 页。太平天国历史博物馆，南京：江苏人民出版社，1983。）

【江西省德兴县·咸丰十一年】三月六日，贼逼境，幸有备，不敢入。是时早稻方登，贼踞郊外尽取其禾。

（同治《德兴县志》卷之五《武备志·武事》。）

【江西省饶州·咸丰十一年】八月,贼由瑞州窜东乡润溪,冲入安仁邓埠,半由黄金埠渡河,半由南岸屯聚。逆贼漫山遍野,捉去男女不下万余,十室九空,安邑寇祸于斯为极。六月,贼窜德兴,是时,早稻方登,贼踞郊外蹂躏禾稼。

(同治《饶州府志》卷之八·《武备志·武事》。)

【江苏省松江县·咸丰十一年】[九月]十八日,闻浦南贼仍在阮巷、庄行等处斫稻,并虏人打谷砻米,搬运下船,近海百里,惟日见烟焰弥天而已。

二十六日,[据所俘长毛]供,此次贼匪万余,系从苏州来采办粮食……

[十月]初五日……又闻平、乍新添枪船千余号,皆备斫稻铜子,有复至南乡之意……在[南乡]钱家圩、山阳等处打粮。

(姚济:《小沧桑记》。《中国近代史资料丛刊:太平天国》,Ⅵ,第478—482页。中国史学会编,编者:向达、王重民等,上海:神州国光社,1952。)

【浙江省杭州·咸丰十一年九月】[太平军攻杭州,]贼趋东乡,秋稼方熟,丰穗满野,贼驱农人为之获其粮。

(陈学绳:《两浙庚辛纪略》。《中国近代史资料丛刊:太平天国》,Ⅵ,第621页。中国史学会编,编者:向达、王重民等,上海:神州国光社,1952。)

【浙江省海宁州·咸丰十一年十月】十五日,复焚掠至新仓,所掳米谷尽于诸桥镇,呼掳人阡打田地豆稻,芟割无遗。

(冯氏:《花溪日记》。《中国近代史资料丛刊:太平天国》,Ⅵ,第693页。中国史学会编,编者:向达、王重民等,上海:神州国光社,1952。)

【江苏省无锡县·咸丰十一年】[太平军来援无锡,与清军在城外激战。]九月上旬,雨甚,不能战。而贼至各村搜掠,且乡民有以食物馈忠逆,冀其免抄也……各乡早稻至是时适熟,贼遂掳民夫排日割取。忠逆运至苏州,侍逆运至溧阳,而锡守潮逆自运入城。金邑止有南延上半乡皆种晚稻,且近大桥角、六步桥,有官兵驻防,故未被割。

(华翼纶:《锡金团练始末记》。《太平天国资料》,第128页。北京:科学出版社,1959。)

【浙江省嘉善县·同治元年闰八月十三日】又闻贼兵过江兴、北塘、金桥附近,皆大掳,百姓怨愤,捉四人解至嘉兴,王江泾下塘捉二人,亦解至嘉兴,伪满天义廖以其私扰民间,皆枭首示众。又有贼兵在嘉善北乡执乡官十三人,责办饷银三万两,不尔则刈民田稻之半。时农谷未登,贼又虎狼也,贪而无信,不得已,限一礼拜议解饷银三万两,嘉兴伪官弗能治也。

(沈梓:《避寇日记》。《太平天国史料丛编简辑》,第四册,第190页。太平天国历史

博物馆,北京:中华书局,1962。)

【江苏省太仓县·同治元年九月一日】官军近太仓,贼众出拒之,大败,慕贼落河逃归。贼众退至昆山,野无所掠,割稻刈禾,无论男女老幼,皆掳之归。

(蓼村遁客:《虎窟纪略》。《太平天国史料专辑》,第 44 页。上海:上海古籍出版社,1979。)

【江苏省昆山县、新阳县·同治元年十月】十月初,各乡农田方稔,正当收获,贼众四出掳民刈[稻]。乡农终岁勤劳,未沾遗穗之利。

(《昆新两县重修合志》卷五十一《纪兵》。《太平天国资料》,第 138 页。北京:科学出版社,1959。)

【江苏省宜兴县·同治二年四月】时流贼遍城外,无所得食,皆取民田麦为粮。溧阳贼亦令其党至宜兴、荆溪境割麦。

(《宜兴荆溪县新志》卷五《武事》,第 13—14 页。吴景墙:《咸丰同治间粤寇记》。)

【江西省湖口县·同治二年】六月十九日,贼众悉出,并力攻营,将官军围住几两昼夜。后贼粮尽,四出刈禾,兼之乐平等处官军甚盛,遂于七月四日夜遁。

(张宿煌:《备志纪年》。《近代史资料》总 34 号,第 193 页。北京:中华书局,1964。)

【浙江省海宁州·同治二年八月】二十四日,海宁蔡贼率数万小卒由硖石去割稻东北地以充粮。

(冯氏:《花溪日记》。《中国近代史资料丛刊:太平天国》,Ⅵ,第 711 页。中国史学会编,编者:向达、王重民等,上海:神州国光社,1952。)

【江苏省·同治二年九月初九日】黄老虎于初八日出师至吴江割稻头。

(沈梓:《避寇日记》。《太平天国史料丛编简辑》,第四册,第 274 页。太平天国历史博物馆,北京:中华书局,1962。)

【江苏省松江县·同治二年】[九月]二十九日,南乡来信,知嘉湖贼众时来吕巷一带割稻,幸即去,不致蹂躏。

[十一月]初二日……查[苏州]各贼馆银米不下数百万;忠逆府内外四五十间,纯用金银装饰,伪殿金龙抱柱,僭妄已极。

(姚济:《小沧桑记》。《中国近代史资料丛刊:太平天国》,Ⅵ,第 529—531 页。中国史学会编,编者:向达、王重民等,上海:神州国光社,1952。)

【江苏省无锡县·同治二年九月】粤匪各处乏粮,辄至吾邑四乡掳掠,刈稻……割稻后,有运入本城者,有运至宜兴、溧阳、常州、苏州者。

（窦镇：《师竹庐随笔》卷二。）

【江苏省·同治二年九月】忠逆于大桥角败后,仍率各路之众散漫锡、金掳掠,自踞洪声里。初四日,郭松林所部剿贼茅塘桥,归途复阻,力战始出,守备杨人杰、把总但成喜死之。李统领遣嗣武、树珊赴大桥角立四营,初八日,复添三营,令各营勿浪战。时甘露以西,钓渚渡以南,数十里鸡犬无声,民有潜归探听者。贼众乘夜四出,不带军火,暗中入室掳人,谓之"摸黑",日间各路割稻。忠逆筑石营于张公桥,防堠山营出击,从鸿山、嵩山、白丹山至洪声里、新安桥一带割谷,运至苏城;侍逆筑石营于西胶山,防芙蓉山、张泾桥等营出击,从高桥之上下塘青城、富安两乡割谷,运至溧阳;护逆由天授、万安两乡割谷,运至常州;潮逆在塘头、严埭及近城一带割谷,运入锡城。其时西南沿惠山一带,已成白地,民多饿死,只有野兽饿殍而已。

（佚名：《平贼纪略》。《太平天国史料丛编简辑》,第一册,第300页。太平天国历史博物馆,北京：中华书局,1962。）

【江西省东乡县·同治三年】五月,浙江余孽据县城,拆毁城内外民屋无算,学宫成墟。踞守两月,遂刈民禾。

（同治《东乡县志》卷九《附兵氛》。）

【江西省广昌县·同治三年】六月二十六日,南丰古竹股匪假冒团练,由广南亭小路混入,希图割禾。

（同治《广昌县志》卷之一《历代兵事》。）

（五）战略战役成败与军需供给的关系

【湖南省长沙·咸丰二年七月二十七日】城内闻变,即刻封门,抛火出烧城外铺屋,只剩南门碧湘街未烧……至九月十九日……[太平军]兼以相待[持]数月,军粮莫继,油盐柴炭皆缺,只得解围而出……九月二十二日,平益阳。益邑当铺大店服物金银米粮,并资江大小船只掳洗一空……[湖南客商欲回湖南,途遇太平军。]大网收来,漏网者三分之一耳。迫后沿道逃归者有之,至今在彼为千百总官者亦不少。

（李汝昭：《镜山野史》。《中国近代史资料丛刊：太平天国》,Ⅲ,第4—5页。中国史学会编,编者：向达、王重民等,上海：神州国光社,1952。）

【湖南省长沙·天历二年】天朝官兵有粮,无有油盐可食,官兵心壮,而力不登,是以攻城未就。

（《忠王李秀成自述校补本》,第9页。又见《太平天国》,第二册,第349页。罗尔纲、王庆成,桂林:广西师范大学出版社,2004。)

【天历三年二月】[破南京时]水面舟只万余,各尽满载粮食等件……一老年湖南水手……云:河南河水小而无粮,敌困不能解救。尔今得江南,有长江之险,又有舟只万千,又何必往河南。南京乃帝王之家,城高池深,民富足余,尚不立都,尔而往河南何也?

(《忠王李秀成自述校补本》,第10页。又见《太平天国》,第二册,第350页。罗尔纲、王庆成,桂林:广西师范大学出版社,2004。)

【江苏省·咸丰四年二月二十八日】据拿获奸匪难民金供,贼匪以扬州为七省水陆通衢、盐漕总汇之处,深悔轻弃扬城。又闻里下河、西山及邵伯、高宝一带多殷富之户,囤积米粮,欲由水旱两路复袭扬州,并占据浦口、六合、仪征,以便四出掠粮,上窜清江等语。

(琦善奏。宫中全宗·朱批奏折。中国第一历史档案馆编《清政府镇压太平天国档案史料》,第十三册,第22页。北京:社会科学文献出版社,1994。)

【江苏省·咸丰五年十月十六日】现在各处田稻均已收获完竣。据城中逃出难民供称,该逆因南岸无粮可掠,瓜洲围剿甚急,金陵又信息不通,欲赴江北土桥及仪征、新城一带掳人掠粮。

(向荣等奏。军机处全宗·录副奏折。中国第一历史档案馆编《清政府镇压太平天国档案史料》,第十七册,第633页。北京:社会科学文献出版社,1994。)

【江苏省镇江·咸丰七年十月】兹据逃出难民谢鸣华、陈太二名供称,系派在圣粮馆内。吴如(枭)[孝]前将圣粮米仓几次扫底,十二、十三两日,又搜括各馆私藏麦子,打仗者日给麦半斤,牌尾或给六两、四两不等,只够吃一个礼拜。下次礼拜就不敷发了。

(《余万清致吴煦函》1857年11月。《吴煦档案选编》第一辑,第152页。太平天国历史博物馆,南京:江苏人民出版社,1983。)

【江苏省镇江·咸丰七年十月】讯据该难民供称,现在城内牌面,每人日给米二两八钱,麦一两二钱,下一个礼拜更难发了。谢锦(獐)[章]带来的贼常有饿死的,叫他们到别馆把种的菜都拔来吃了,并找寻芦根充饥,已经杀了两个马吃了。昨日在高资的贼,米不敷吃,都到城里来补的。并闻南京有文书来,说李世贤初间下来救援。谢锦(獐)[章]在高资,吴如(枭)[孝]早到高资,晚回镇江守城,不时来往等语。

(《余万清致吴煦函》1857年2月。《吴煦档案选编》第一辑,第147页。太平天国历史博物馆,南京:江苏人民出版社,1983。)

【江苏省镇江·咸丰七年十月】现据逃出难民供称,城中贼匪现吃陈烂老糙米,均系扫括仓脚,新米亦渐吃完,逆情甚为穷蹙,日望南京援贼。自两湖起,均想脱逃,奈防范紧严,骤难脱身,粮草一绝,就要逃窜等语。查叠次逃出难民各供,均相符合,似此粮尽计穷,束手饿毙,指日可待,克服之期谅亦不远。

(《余万清致吴煦函》1857 年 10 月。《吴煦档案选编》第一辑,第 149—150 页。太平天国历史博物馆,南京:江苏人民出版社,1983。)

【江苏省镇江·咸丰七年十月镇江最后失守时】内又无粮。

(广西壮族自治区通志馆编:《忠王李秀成自述校补本》,第 20 页。)

【江苏省南京·咸丰八年】戊午之秋,金陵贼饥,城中计口授食,官军自水西门迤东,历仪凤、太平诸门,北至七里洲,环掘长壕,星罗棋布。贼非并力击浦口,不能攻六合;非破六合,不能救金陵。盖六合破,则艇师必失势东下,而浦口可据,七里洲官军可走,秋稼被野,百万刍粮,咄嗟可办。

(周长森:《六合纪事》卷二。《中国近代史资料丛刊:太平天国》,Ⅴ,第 159 页。中国史学会编,编者:向达、王重民等,上海:神州国光社,1952。)

【江苏省】朕诏答天豫薛之元弟知之:万有爷哥朕主张,残妖任变总灭亡,诏弟统兵镇天浦,兼顾浦口拓省疆。朕昨令弟排拨官兵五千,亲自统带,星速赶赴六合镇守。今朕复思天浦省乃天京门户,弟有胆识,战守有方,足胜镇守之任。爰特诏弟统齐兵士,赶赴天浦省垣,协同将帅黄连生弟等实力镇守,安抚黎庶,造册举官,团练乡兵,以资防堵,征办粮饷,源源解京;鼓励将兵,严密堵剿,毋些疏虞。今特命保天福刘庆汉、欢天福林世发、侍卫黄钦元、陆凤翔等捧诏前来,令弟星速带齐官兵,前赴天浦省实力镇守,并排薛之武弟带同一队官兵,前赴浦口镇守。弟等见诏,实力奉行,放胆雄心,力顶起爷哥朕江山万万年也。钦此。

(《天王命薛之元镇守浦口手诏》。原载《文献丛编》第十五期。《中国近代史资料丛刊:太平天国》,Ⅱ,第 671 页。中国史学会编,编者:向达、王重民等,上海:神州国光社,1952。)

【江苏省苏州·1860 年 6 月】有一天,叛军对我们说明他们最近怎样攻占杭州,但随即又予以放弃的经过。那次进攻仅是一种策略,目的在于把包围南京的清军吸引到杭州去。叛军自称,当时他们几乎要饿死,而且库空如洗,假如再被包围半个月,其结果将不堪设想。清军严密包围南京好几年,叛军和外面的交通只有两条出路。其中一条已为清军切断,而且清军在南京城外已经修成了一座很像样的城池。叛军的最后一着,是对杭州实行大胆的进攻,清军果然分兵去救杭州,但当清军快到杭州时,叛军又立刻回师南京,联合城内守军对江南大营实行扫荡。从那时起,他们直捣苏州,势如破竹。

(《传教士赫威尔等三人到苏州访问太平军》。《太平军在上海——〈北华捷报〉选译》第 50—51 页。《北华捷报》第 518 期,1860 年 6 月 30 日。上海:上海人民出版社,1983。)

【江苏省扬州·咸丰十年秋】盖是时江南北贼皆指甘泉、仪征谷以自食,饥则来掠,饱即去。而若珠坐守扬州,戒出一步,以甘泉、仪征为域。

(倪在田:《扬州御寇录》卷中。《中国近代史资料丛刊:太平天国》,V,第132页。中国史学会编,编者:向达、王重民等,上海:神州国光社,1952。)

【浙江省嘉兴·咸丰十年秋】维嘉之贼,米粮充足,杭州、余杭之贼,俱仰食于此。

(左宗棠:《左文襄公奏疏》卷十三。)

【安徽省·咸丰十年】许以按时交纳[银米,太平军就可以不去占领县城,但派将领]带数十人[按期前去收取粮米]。

(光绪《太平续志》卷十七《寇变》,第11页。)

[编者按:1853年3月麦多士报告中即有此种情形。]

【安徽省·天历十一年初】[陈玉成致信陈坤书,要他来救援庐州,建议]倘大军进取之官,必取就粮之地,可由拓皋、铜炀河而上石塘桥、店埠、梁园而来。

(《陈玉成致陈坤书函信》,《近代史资料》1963年第1期,第20页。)

【安徽省·咸丰十一年八月初三日】又言皖城之克,死者垂二万余人,实皆饥极僵仆,故无脱者,劫数之大至此,言次若有戚容。

(赵烈文:《能静居士日记》。《太平天国史料丛编简辑》,第三册,第188页。太平天国历史博物馆,北京:中华书局,1962。)

【安徽省·咸丰十一年八月十七日】盖徽经乱久,升米值五百文之贵,而又求之不得。[太平军在当地找不到吃的,于是入浙。]

(沈梓:《避寇日记》。《太平天国史料丛编简辑》,第四册,第79页。太平天国历史博物馆,北京:中华书局,1962。)

【安徽省庐州·天历十二年正月十四日】缘因阁下等起行之后,兄在庐又接圣诏御照,总以诏兄与阁下等遵诏进兵取粮。[英王为此约遵王等商议进兵之策。]

(《陈玉成致赖文光等书》,自庐州发。天国十二年正月十四日发。《中国近代史资料丛刊:太平天国》,Ⅱ,第744—745页。中国史学会编,编者:向达、王重民等,上海:神州国光社,1952。)

[编者按:同日陈玉成为同一事发给马融和等谕,致张洛行书。]

【江苏省·同治元年】二月,贼自六合,掠仪征,再犯扬州。都兴阿已作屯于城外拒之。贼不敢逼,趋邵伯湖,黄开榜、王万清自高邮邵伯三道御之。贼志在求食,俘掠三日去。

（倪在田：《扬州御寇录》卷下。《中国近代史资料丛刊：太平天国》，V，第135页。中国史学会编，编者：向达、王重民等，上海：神州国光社，1952。）

【江苏省扬州·同治元年】十一月，贼走湖西，至陈家集纵掠，聚其粳稻千万斛，期食金陵。[后有逸出贼中者言："是役也，贼为掠谷计，然无釜，至以巨缸破瓮之属炊而食，受困为诸役最。"故知都兴阿之略优也。而亦后世制流贼之诀已。]

（倪在田：《扬州御寇录》卷下。《中国近代史资料丛刊：太平天国》，V，第136页。中国史学会编，编者：向达、王重民等，上海：神州国光社，1952。）

【安徽省六安县以西·同治元年】同治元年冬间，李秀成嗾党北窜，揣其必深入皖省腹地，何以在巢县久住不进？二年春间，李秀成亲率其党由巢县猛攻石涧埠之役，由庐江、桐、舒以至六安，揣其必由皖入鄂图解金陵之围，何以由六安折回，直奔江浦？是因雨花台克复否？是又无粮？

元年冬之住巢县不进，因贼皆染病，大雪。二年春末夏初之由六安折回，是因雨花台克复调兵回援，且六安以西，无粮可掳，皆为捻子闹尽也。

（《李鸿裔手录问辞及李秀成答语》。《中国近代史资料丛刊：太平天国》，II，第843—844页。中国史学会编，编者：向达、王重民等，上海：神州国光社，1952。）

【江苏省·同治三年四月初三日】昨据逃出难民供称，湖州仍有胡、黄、李三大股欲窜江境云云。按逆贼以浙、苏已破，无可久踞之势，且地少人多，粮食不足，故图窜江右腹地。一则乘虚，一则就食。唐、毛二军已败，而不取徽、休者，则以皖南荒残已极、无粮可掠故也。其胡、黄、李大股仍踞湖州，则以牵缀浙师，且为江西、江苏中腰联络之计，其算甚周，其谋甚老。为官军计，则浙杭之贼既已上窜，江西腹地既已蹂躏，不在多此数股，惟有力攻湖州，索性逼令全数上犯，而后撤浙、皖有余之师，追入江西，与之并骋。贼气中断，金陵逆渠无贼为之接应，而江右得数营重兵，亦可不致蔓延矣。

（赵烈文：《能静居士日记》。《太平天国史料丛编简辑》，第三册，第341页。太平天国历史博物馆，北京：中华书局，1962。）

【江西省、江苏省·同治三年八月以前】李世贤、汪海洋等将以江西为窟穴乎？将回两广乎？其党众愿聚？愿散？

侍逆各党之窜江西，乃李酋所使，[同治三年]八月以前则就江西之粮，八月以后仍复回窜，则徽、宁、句、溧一带秋稻熟矣。其意仍在回顾南京之粮，而不思窜楚窜粤也。

（《李鸿裔手录问辞及李秀成答语》。《中国近代史资料丛刊：太平天国》，II，第843—844页。中国史学会编，编者：向达、王重民等，上海：神州国光社，1952。）

【江苏省南京·1865 年】如守军非因粮绝饥饿，而且断绝一切军用接济，则南京城垣虽被轰倒，恐亦与以前数月之曾被轰倒同样无效耳。事后虽有清政府堂皇典丽奖功酬庸之语，而围攻之军无疑地只是懦弱无能的军官所统率之"乌合之众"。中国人品性中之英雄气概，革命军于几次重要战役中表现出来。然以吾人所知，则官军从来没有表出一点勇敢，其成功只不过是由于人数多而取胜而已。

(《华北先驱》第 755 期，1865 年 1 月 14 日社论《洞中肯綮》。简又文译文。《太平天国典制通考》中册，第 762 页。香港：简氏猛进书屋，1958。)

[编者按：粮绝饥饿是南京失守的直接原因。]

（六）购买粮食

[参见第二章第六节。]

【河北省静海县·咸丰四年正月初八日】再，该逆自上年九月窜扰静海以北，抢掠民食。杨柳青、独流两处素为积粮之区，该逆恃有米粮，负隅死拒，以致围攻三月，尚未扑灭。近来贼粮已尽，穷极思窜，故拼死扑出，占踞村庄，搜抢民食。然所得无多，不过稍延数日。惟恐该逆以重价购求，奸民或暗中接济，最宜实力严防。奴才节经谆饬各将士昼夜巡查。凡附近贼营十里内外村庄居民勒限迁徙，不准一名潜住。并饬大粉堆等处防剿官兵，如遇有来往民人，立即拿究，并屡次知照西凌阿、善禄，于南路一体认真查缉。月余以来，东北及东南面之接济，早已严断。惟西面王家口等处米粮饶裕，村落亦多，奴才叠次严饬王家口、贾口、谷庄、罗家堂等处驻守官兵，昼夜严查，至再至三。乃近获贼犯供称，每日将晚时静海西边有人将粮草猪鸡等物挑负载运，卖给贼匪，尚有大米二百石、小米二百石、活猪二百口，俱系买来等语。奸民接济贼粮，如此肆行无忌，且牲畜活物即暗中运送，岂无声息？该官兵等毫无觉察，疏懈玩忽，殊堪痛恨。

(胜保奏。宫中全宗·朱批奏折。中国第一历史档案馆编《清政府镇压太平天国档案史料》，第十二册，第 223 页。北京：社会科学文献出版社，1994。)

【江苏省松江县·咸丰十一年九月】二十六日，[据所俘太平军]供，此次贼匪万余，系从苏州来采办粮食。

(姚济：《小沧桑记》。《中国近代史资料丛刊：太平天国》，Ⅵ，第 478—482 页。中国史学会编，编者：向达、王重民等，上海：神州国光社，1952。)

（七）种粮自给

[参见第十一章与第十七章。]

【江苏省瓜州·咸丰四年春】更勒居民供捐役，起碉寨，清野而耕种，商贩于兵贼间者无少禁。[兵勇与贼兵饮茶寮中，各不相诘，数或少异，则寡者自避去，亦不相逐，亡命者遂张寮弋利于中,无或禁者。]军书午发,贼夕知之。[贼厚结奸人以瞷我,故瞿总兵以之死。屠者某日击百豕以市贼,亦不觉。碉寨无或建,地势亦不可为。]

(倪在田:《扬州御寇录》卷上。《中国近代史资料丛刊:太平天国》,Ⅴ,第113页。中国史学会编,编者:向达、王重民等,上海:神州国光社,1952。)

【江苏省镇江、瓜州·咸丰七年】连日逃出难民佥供,贼粮将尽,势甚慌张。昨今两日难民逃出较多,内有伪军帅及馆使小童,备讯贼中情形,其吐供更觉详细。据供,伪将帅谢[锦章]逆与吴[如孝]逆不合,前派吴逆赴金陵求援,因高资道路不通,仍不能去,而谢逆即板责吴逆,此即自相矛盾,并城中所种贼稻及瓜洲所种贼稻,均被蝗虫吃尽。现在每人每日只发米半斤,只准吃稀粥,见有私自煮干饭者,即便杀戮。昨日因私煮干饭,业杀两人,并将煮稀粥之稍稠者,押禁五人。谢逆、吴逆日夜焦灼,一筹莫展,近来食不下咽,形容枯槁。

(《余万清致吴煦函》,1857年10月。《吴煦档案选编》第一辑,第150页。太平天国历史博物馆,南京:江苏人民出版社,1983。)

【江西省九江县·咸丰八年四月】九江围凡十五月,贼酋林启荣号坚忍能军,食罄,则婴城种麦以自给。

(王定安:《湘军记·援守江西上篇》。)

二、缺油盐、缺衣服

【广西省桂平县等·咸丰元年】又供:去年八月内,在朋[鹏]隘听从杨姓纠邀,前往拜会。头子当天用水一盆,拜毕,将水挠[浇]心胸膛,蓄长头发,每日食饭,口念"感谢上帝,有衣有食"二句,若毁打神庙,口念咒语"恳祈天父上帝,念将妖魔诛灭,大发天威"三句。大头子系冯云山,二头系洪秀全,三头杨秀清,四头子萧朝溃[贵],五头子韦正,六头子胡以洸[晃]俱着黄衣,每人妻妾三十六口。出门打黄伞执事,夜间设有更役巡查。又花洲卢姓,不知其名,及陈六,俱着红衣,均大袖角带。

博白、花洲所来的夥党,每人带磺二三斤来造火药,并每人布袋一个,以装衣服。各夥红布扎头,常常操演,分犁头、雁鹅二阵图。打仗之时,后有解粮送食,头子每馆分派五六人,以免肚饿力乏……

从前实在打得仗的,有三千人上下,屡次伤损也不少。在江口打败仗时,要逞人多,用女办[扮]男装打过一次。每次打仗,头子派打手当前。后因二月初八日败仗,头子大哭,探知新墟一路无有官兵,是以由紫荆山过东乡。那时打手只存二千多人,到东乡后,又逼胁百多人,欲往平乐一带。因官兵层层扎紧,这两个月都打不过去,打算要从后路双髻、黄坡两界头窜回,便抢船只,一路抢掠到广东花县去安身。因大头子、二头子都系花县人,暗中也有人在广东传教,他们原说东省做东京,此处为西京,到去兴旺,大家享福,不用说的,万一打败,也好投到嘆咭唎国去。

　　至东乡米谷眼下并不缺少,惟缺少盐食。在东乡死有百余人。小的也因没盐食十几日,精神甚觉疲乏。后来抢得有盐,头子传令,这是天助的,大家通赞上帝,加三叩头三日。

　　……小的于三月二十八日由新寨回来打探,至四月十几回去。五月初七日又叫小的回来,探听官兵团练多少,黄坡、双髻有无防堵,只给钱二百文。小的知道跟错他们了,盐也没得食,钱也没得使,他们头子尽自己快活,心下想回来不用去了,又怕壮练捉去……当初众人信他说拜了尚弟,可消灾难登天堂。拜了之后因有众[家]属在他手,不敢逃出。小的并没妻子,因出来没生路,也只好随他。

　　(英国公共档案局编号 F.O.682/253/A3 新号 F.O.931/1041)

　　(《李进富供词》。《太平天国文献史料集》,第 18—20 页。北京:中国社会科学出版社,1982。又见《太平天国》,第三册,第 271—273 页。罗尔纲、王庆成,桂林:广西师范大学出版社,2004。)

　　【湖南省长沙·咸丰二年】蔗泉仁兄大人阁下:
　　……贼匪自七月二十八日围湖南省城,穿地道崩城三次,均幸得邓副将绍良带镇筸兵奋力杀退,危而复安,至十月十九日夜窜去,官兵次日始得知悉。计贼匪围城八十日,官兵厚集,总不出剿,未尝稍挫其锋。昨贼因无盐可食,且火药无磺,是以北窜。大帅从未遣兵出战,不过捏报胜仗数次而已。尤可恨者,贼匪过境,秋毫无犯;官兵过境,小有骚扰,粤勇过境,焚掠一空。以致胁从土匪,愈积愈多。贼由长沙北窜,不过二万余人,真长发贼不过二千余人。

　　(《黄廷赟致窦蔗泉函》1852 年 11 月。《吴煦档案选编》,第 112 页。太平天国历史博物馆,南京:江苏人民出版社,1983。)

　　【黄河南岸】贼戒食盐宜淡,盖贼败于黄河南岸,百里绝人来往,因无粮饷转输,莫不因粮于我。民已尽矣,粮何由来,悉煮柳叶草根。后掳粮米,无从觅盐,不堪淡食,反有饥色。

　　(沧浪钓徒:《劫余灰录》。《太平天国史料丛编简辑》,第二册,第 157 页。太平天国历史博物馆,北京:中华书局,1962。)

　　【江苏省南京·天历十一年九至十月】[攻曾国荃之寨]各未带冬衣……兵又无粮,未能成事者,此也。

　　(广西壮族自治区通志馆编:《忠王李秀成自述校补本》,第 85 页。)

三、军需物品的运输与长江水师

　　【咸丰三至六年】水营

贼初虏得船只，不知顾惜，不事修舱计，不久皆为朽板。自得[唐]正财后，搜刮钉、铁、油、麻、竹、木、锚、缆，督工修补，焕然一新。携得我兵战船炮船，初亦傲式增置。群贼不习驾驶，不能点炮，遂索然废弃。故贼中不分炮船、战船、坐船、辎重船，所有船只，皆载贼军，皆载粮糗，皆载器械炮火，凡有船皆战船，凡接仗皆出队……贼仗船多惊我，所向无前，乘风急驶，飘忽靡常，一日行数十里，处处使我猝不及防。所欲城池，不战即得。遍地金帛粮米，恣意掳掠，任其载运，声势炫赫，我兵单薄，每不敢邃近。及其窜也，我无船只，不能追剿，是比年贼之蹂躏沿江，几无御之之法，皆船多为害也。

（张德坚：《贼情汇纂》卷五《伪军制下》。《中国近代史资料丛刊：太平天国》，Ⅲ，第141—142页。中国史学会编，编者：向达、王重民等，上海：神州国光社，1952。）

【咸丰三至六年】船运

贼粮所给，于上游悉用船运，不待言矣。然自癸丑五月上犯江西、湖北，仅甲寅九月至岁底，此数月中一清楚境，此外则帆樯如织，无一非虏粮之船，无一非接济江宁之船也。然而贼之他窜或有别意，于江广[江西、湖广]则专为虏粮。何以知之？今俘获贼中伪诰谕一则曰："着尔某某乘坐水营左三军船一千三百条，配带兵士，前赴江西南昌、湖北武昌一带收贡收粮，解归天京，不得违误。"再则曰："尔某官某弟用船一千八百条，将黄州、汉阳妖魔惊走，所办粮米，速用船全数装解天京，切勿违误，务宜灵变，不可为妖魔所抢。"复有诰谕褒奖张子朋等曰"江北黄陂、孝感、德安各处广有粮米，尔等能骇走妖魔，解到粮米二万三千石，全行收到，足见机灵有干。回空船四十五条，仍命后十三军正典圣粮屠福新配带兵士前来帮同杀妖"云云。是贼之所欲得者专在粮米，于此可见。甲寅四五月间，江宁贼粮几尽，故下令除伪王外，概食淖糜，有敢吃饭者斩首……贼之伎俩专以船为用。故近水之处所害最烈。一经北犯，歼毙无遗。所恃者船多，载贼登陆，以人众惊我。既陷一处，悉载粮米下行……上年舟师下剿，焚贼船七八千艘，贼船运局势从此不可复振，不惟不能载贼四窜，且不能载粮以饲江宁之贼，今可以灭贼之机者，终可以昔焚贼船为第一伟绩也。

（张德坚：《贼情汇纂》卷十《贼粮》。《中国近代史资料丛刊：太平天国》，Ⅲ，第275—276页。中国史学会编，编者：向达、王重民等，上海：神州国光社，1952。）

第三节

军需品支领纪录

【天历十三年七月至十一月】领发物簿①

柒月拾叁日,左壹同检吴发钱叁拾千文,本府买办周弟领回。

圣典油盐方发油叁拾斤、盐叁拾斤,本府典油盐领回。

寯天义李发红粉贰拾伍斤,本府曹承宣领回。

又元码伍拾斤,又土粉壹千五(伯)[佰]斤、红粉壹千五伯[佰]斤、花筒尖[先]锋包等件,船解随护王宝驾应用。

圣粮江发米叁拾担,外熟米拾担,本府圣粮领回。

费天将领土洋粉壹(伯)[佰]斤、红粉贰(伯)[佰]五拾斤。

焖天义杨[领]土洋粉壹(伯)[佰]斤。

提理军务王宗陈领红粉壹(伯)[佰]斤,又土洋粉叁拾五斤。

壹佰伍拾叁天将赖领红粉壹(伯)[佰]斤、又土洋粉五十斤。

拾八日,贰拾伍天将朱领钱伍拾千,本府同检吴弟处领。

叁拾日,忠孝朝将朱领钱壹佰千,本府同检吴弟处领。

又绉纱贰匹,本府领去。

对王领洋蚨伍(伯)[佰]元,在胡监军处领。

又绉纱五匹,在本府领去。

右贰同检杨领钱伍拾千,本府同检吴弟领。

叁拾壹日,忠信朝将谭红粉壹(伯)[佰]斤,又土洋粉伍拾斤。

绿洋布贰匹、元码壹(伯)[佰]斤、净洋粉拾斤、棉絮贰床,在本府承宣李弟处领。

又领袖俊天安自己挥领钱贰拾千,同检吴处领。

八月初五日,忠定朝将领红粉叁(伯)[佰]斤、土洋粉壹(伯)[佰]斤。

初六日,副典买办梁领钱拾千,在左壹同检吴弟[处]领。

典铁宫铸冲天炮四个,本府典炮领用。

---

① 据英国图书馆藏原件复制件著录,原件编为"戈登文书"第40号,共9页,竹纸,高26厘米、宽13厘米。标题为编者所加。

初八日,正买办周,在吴同检处领钱五十阡[千]。

正典马朱,在帖天福胡处领大麦五担正。

初九日,府内领钱壹(伯)[佰]千,吴同检处领。

涝天福江处发米壹(伯)[佰]斤,忠帑朝将领。

帖天福买铁柒仟陆佰斤、钱乙(伯)[佰]四十阡[千],吴同检处领。

谭天将洋装二口、长隆三十条、长隆铅码二(伯)[佰]斤。

八月初六,收帖天福铁柒千六佰斤。

十四日,孙承宣严承宣领去谔涝天福仓米拾伍担正。

百九十壹天将领去承宣李粗粉壹(伯)[佰]伍拾斤、长隆贰拾条。

又本阁领来李承宣棉絮四床。

又百九十一天将领去寯天义红粉二百斤。

又本府典厨领取志殿典油盐方弟油壹(伯)[佰]斤。

典买办领去北门水卡坏稻子十余担喂猪。

十五日,护天府典炮领去硝粉营张红粉叁拾斤。

刘承宣领去涝天福粮米五担正。

十六日,百廿八朝将领去周买办肥猪贰口。

查天安邵领去周买办猪叁口。

裨天福赵领周买办猪壹口。

十七日,本府副典马张领去涝天福米伍(伯)[佰]〇四斤。

收百七十八朝将林煤炭拾担,铁贰千斤。

本阁领来帖天福胡弟蜡烛拾斤。

百九十一天将张领去全府承宣大小铅码贰百斤。

谢天安李领去寯天义土洋粉廿五斤、红粉叁拾五斤。

又谢天安李领去本府承宣李铅码五十斤。

本阁领仝府承宣李粗洋粉五斤。

十八日,本府领油盐方盐壹(伯)[佰]斤。

裨天福赵领去仝府李承宣铲杆六十根。

十九日,本府正典马朱领承宣何大麦五担正。

又副典马张领去承宣何大麦伍担正。

裨天福赵领去承宣李棉袄伍拾件。

又本阁领去承宣棉袄肆件。

正典买办周领承宣何大麦伍担正。

二十日,贰佰捌拾壹天将陈领去承宣李粗洋粉贰百伍拾斤。

本阁领涝天福江阁米伍(伯)[佰]斤。

副典买办梁领去左玖承宣何大麦叁担正。

佐王领去仝府吴同检铜钱壹(伯)[佰]仟正。

哲天义黄领去承宣李长隆拾条。

又哲天义黄领去承宣李红粉伍拾斤、洋粉贰拾伍斤,皮伏篓拾个。

百六十六天将费领去承宣李长隆贰拾伍条。

廿一日,本府典金吴领去同府油盐方盐拾斤、油贰拾斤。

本府典金吴领去典炮刘白炭陆担。

本府随征圣粮黄领去涝天福江米叁拾担。出司应食。

本府随征圣粮黄领去涝天福护王自吃白米捌担。出司。

本府正典买办周领去左壹同检吴铜钱贰拾仟。护王出司买菜。

本阁领承宣李棉袄肆件。

本阁领吴同检铜钱叁拾仟正。

本府红粉壹仟斤、土粉壹仟斤、铅码捌(伯)[佰]、花筒、伙剑、先锋包。此项系领衍天燕许弟第内。

百六十六天将费领去承宣李洋粉伍拾斤、红粉伍拾斤。

购天义袁领窝天义李土洋粉壹(伯)[佰]斤。

秅天义马领去窝天义李土洋粉壹(伯)[佰]伍拾斤。

冥天安罗领去窝天义李土洋粉肆拾斤。

王宗哆天安领去涝天福米壹(伯)[佰]伍拾斤。

焖天义杨领去窝天义李土粉贰拾伍斤。

廿二日,铤天侯金领去承宣李狗头铅码伍百斤、长隆铅码叁(伯)[佰]斤、小炮铅码壹(伯)(佰)斤。

六十三神使陈锡福领去承宣李铈子头叁伯[佰]根。

副典马张领去同检吴铜钱叁仟正。

正典马朱领去同检吴铜钱叁仟正。

本府正典袍缪、(付)[副]典袍汪兄弟廿一名领涝天福江一月米,共陆(伯)[佰]叁拾斤。

本府典袍缪、汪领去油盐方盐拾斤、油拾斤。

垣天义曾领去窝天义李土洋粉叁拾斤、长隆铅码五斤,又小炮铅码五斤。

顿天燕张领去窝天义李红粉肆拾斤、土洋粉拾伍斤,小炮铅码伍斤。

廿三日,本阁领去承宣李茶叶壹篓。

隆天安领去窝天义土粉贰拾伍斤。

谢天安李领去窝天义红粉伍拾斤。

六十三神使陈领窝天义红粉壹伯[佰]贰拾斤、土粉伍拾斤。

六十三神使陈领承宣李铈子头壹(伯)[佰]根。

烄天安陈领吴同检铜钱拾仟正。

本府正副典马领承宣何大麦拾贰担正。

廿五日,本阁领涝天福江米叁担正。

廿四日,给六十三神使陈锡福令旗壹手、给左柒承宣张馥保令旗壹手、给哲天义黄得芸令旗壹手、给忠岂朝将邝友益令旗壹手、给贰百八十壹天将五弟令旗壹手、给右六承宣黄彬其令旗壹手、给十三承宣黄士来令旗壹手、给忠信朝将谭体元令旗壹手。

左壹承宣曹领寓天义土洋粉贰拾伍斤。

左壹承宣曹领承宣李洋粉贰拾伍斤、大小铅码贰拾伍斤。

九月初乙日,本阁领吴同检钱两拾(阡)[千]。

二十五天将朱土洋粉廿五斤。

九月初七日,志殿铅码官铅码贰(伯)[佰]个,忠陇神使杨领。

拾九承宣李领回圣库皮纸五刀。

十一,三百九十三天将发去元码百斤,李承宣处。

廿三,廖典炮领米六百卅斤、油十斤、盐十斤。

廿六日,本阁领李承宣棉袄叁件。

十月初二日,镶天义领李承宣长隆廿条。

初三,林天将领长隆廿根、粉[胜?]角廿只、白洋布十匹。

十月初六,护王出司领去忠寓朝将李红粉壹仟伍(伯)[佰]斤、土洋粉壹仟斤,铅码捌伯[佰]斤。

又本府黄圣粮领去涝天福江熟米拾担、糙米贰拾担正。

初七,本府三十五孙、严领去涝天福江米壹仟伍百陆拾斤。

又本府三十壹承宣陈领去涝天福米叁(伯)[佰]叁拾叁斤。

硝营证天侯金领去仝府十九承宣李红粉壹仟伍佰斤、土洋粉壹仟斤。

又狗头铅码叁(伯)[佰]伍拾斤、长隆铅码贰伯五十斤。

又小炮铅码贰(伯)[佰]斤。

又本府正典柴赵领去叶承宣(本)[木]排五个。

本府十九承宣李领去涝天福江米五担正。

十月十八,护王在无锡领袖回领去忠寓朝将李红粉壹仟斤,狗头铅码贰(伯)(佰)伍拾斤、洋炮铅码壹(伯)[佰]伍拾斤、土洋粉壹仟伍(伯)[佰]斤、长隆铅码贰(伯)[佰]斤。

本阁领帖天福胡蜡烛拾斤。

本阁领仝府十九承宣李粗洋粉叁斤。

廿日,硝粉营领去十九承宣李土洋粉柒伯斤,无锡诛妖用。

廿七日,英王叔领十九承宣李狗头炮铅码壹仟斤。

本府正典(炮)[袍]缪领志殿典油盐油拾斤、盐贰拾斤。

廿八,本阁领帖天福胡蜡烛拾斤。

卅日,本府 $\genfrac{}{}{0pt}{}{\text{正}}{\text{副}}$ 典马 $\genfrac{}{}{0pt}{}{\text{李领}}{\text{张领}}$ 左九承宣何大人大麦 $\genfrac{}{}{0pt}{}{\text{拾}}{\text{陆}}$ 担。

卅日,$\genfrac{}{}{0pt}{}{\text{本府正典马领帖}}{\text{本阁领十九承宣}}$ 李天福胡麦夫十担,又副典马领帖天福胡麦夫拾担。

十一月初一,本阁领十九承宣李香油壹(伯)[佰]斤。

本府左标旗吴领十九承宣李油壹(伯)[佰]斤、盐壹[伯]斤。

十一月初三,忠谝朝将陈领十九承宣铧子杆壹(伯)[佰]根。

北水关领帖天福大毛竹五根。

本阁领典油盐方油伍拾斤,未领。

本阁领圣库孙文书套百个。

本阁领十九承宣李土洋粉伍斤。

十一月初五,本府领去志殿典左三承宣徐领帖天福胡茅[毛]竹六根。

叶承宣领十九承宣李铁圈六个。

本阁领十九承宣李土洋粉伍斤,又洋炮铅码陆斤。

本阁领帖天福胡蜡烛壹斤。

十六,本阁领十九承宣李小炮铅码六斤。

本阁领正典柴赵硬柴壹千斤。

十一月廿二,本阁领十九承宣李大子洋粉贰斤、土洋粉叁斤、大小铅码叁斤,未领。

发 物 簿①

拾月初九日发

雄天义曹洋粉三桶七十五斤,红粉一桶二十五斤。

初拾日发

护王挥子②,主将余洋粉七十斤,红粉五十斤。

天官领袖挥子③,忠抚朝将洋粉三十斤,在无锡发。

拾壹日发

天官领袖挥子,忠慌朝将洋粉壹桶贰拾伍斤。

拾贰日发

忠公朝将土粉四桶壹百斤。

忠鳅神将红粉壹百斤四桶。

雄天义曹洋粉壹百斤四桶。

哲天义黄洋粉五十斤。

阆天义湖洋粉七十斤。

左一承宣洋粉七斤。

忠擫朝将陈洋粉贰百斤,红粉贰百斤。

拾九日

水师主将李红粉贰百斤。

---

① 据英国图书馆藏原件复制件著录。原件编为"戈登文书"第36号,竹纸,共9页,高17.7厘米。标题为编者所加。

② 原件"护王挥子"写在主将余右侧。

③ 原件"天官领袖挥子"写在忠抚朝将右侧。

贰拾贰日在高桥发

忠襄朝将红粉三十斤,洋粉二十五斤。

拾四日发

主将李土粉伍拾斤。

拾五日发

水师主将红粉三百斤。

忠襄朝将洋粉十五斤。

忠公朝将洋粉一百五十斤。

焖天义袁洋粉八拾斤。

欢天福周红粉五拾斤。

十六日夜

本府帅旗舒洋粉拾五斤。

拾七日发

忠㦂神使土洋粉一百斤。

大
天义红粉五十斤,洋粉二十五斤。
亘

忠公朝将红粉贰百五十斤,洋粉一百五十斤。

忠慨神将洋粉贰拾五斤。

焖天义袁土洋粉壹百斤。

颐天福土洋粉四十斤。

二十三日发

雄天义曹洋粉五十斤,红粉一百五十斤。

朝将陈土洋粉拾斤。

崲天安黄土洋粉伍拾斤。

朗天义洋粉七拾五斤。

颐天福红粉六十斤,洋粉四十斤。

垣天义洋粉拾斤。

经天义洋粉七十斤。

哲天义洋粉五十斤。

城天义洋粉贰拾斤,红粉贰拾斤。

焖天义土洋粉壹百斤。

堵天义洋粉拾斤。

主将余红粉壹百斤,洋粉壹百斤。

土洋粉壹千柒百五拾贰斤,红粉壹千四百七十五斤,共总发粉叁千二百贰拾七斤。

存土洋粉五百四十八斤,存红粉壹千贰百贰十五斤。

贰拾贰日发

531

忠襄朝将铅码拾斤。

忠公朝将狗头炮铅码贰百五十斤,又小炮铅码贰百二十斤。

顿天福铅码六十斤。

焌天义袁洋炮子六十斤。

雄天义曹铅码壹百斤。

忠鱿神将铅码壹百斤。

哲天义黄铅码二十斤。

阆天义铅码二十斤。

焌天义洋炮子六十斤。

十五日发

欢天福周长隆铅码贰拾斤。

十贰日发

忠公朝将铅码壹百斤。

二十三日发

窿天安黄小炮铅码五十斤。

朗天义铅码六十斤。

顿天福铅码六十斤。

垣天义铅码五斤。

经天义铅码陆十斤。

哲天义铅码五十斤。

城天义铅码贰拾斤。

堵天义铅码拾斤。

大小铅码壹千五百七十斤,以齐发过。

记　事　簿①

八月廿日,捌月二十日起

忠揞神使李本宇兄弟四名米贰担,送至城外钱铺应食事。

又户政书万兄弟四名米贰担,挑送城外兄弟应食。

忠韹朝将郑兄弟数名木排一扒入城事。

全殿礼部尚书黄船壹条、稻子五担、碎木柴壹船入城事。

启刑部尚书徐将敬邪神犯兵贰名交巡查汪枷号游街事。

忠韹朝将郑统下经政司曾兄弟一名、姊妹壹名入城事。

钦天侯盛船一条、小麦四担、黄豆拾余担入城事。

① 据英国图书馆藏原件复制件著录,原件编为"戈登文书"第37号,竹纸,高26厘米、宽15.5厘米,3页。标题为编者所加。

本阁经政司孙木排叁张入城事。

照启刑部尚书徐为犯民悖济堂释放事。

廿一日，垣天义曾船壹条、米贰担、小麦三担装北门外圣营应食事。

全府右二同检杨阁内姊妹壹名、包袱贰个出城到营事。

王宗诬天义船一条、兄弟捌名装黄豆捌担、铁拾担入城事。

二十一，本阁送双响洋炮壹条交洋炮官修整。

嶷天安姜兄弟数名、船贰条、稻子拾贰担、大麦伍担、豆子拾担入城事。

理天义护军纪船壹条装稻拾担、黄豆肆担、铁百斤入城事。

廿二，忠韙朝将队内藉天福梁馆姊妹壹名出城事。

忠韙朝将郑属员眷属壹名入城事。

泰天安周兄弟拾余名、木排四块入城事。

九月初三日，二王宗军正[政]司木排二个、谷子陆担。

左标旗猪四口往天营养。

初七日，三(伯)[佰]九十三天将队内兄弟贰名、马壹匹并带猪肉、菜出城。

军政司吴船六条入关。

军政司吴马十四匹入城。

圣库孙领文书套壹百个。

帖天福胡民妇壹名、小伙二名出城。

左一同检领钱二千交李承宣。

初九，六十三神使领寯天义处红粉七十五斤。

炯天义女使一名入城。

忠公朝将领红粉百五十斤、土洋粉百五十斤，寯天义处。

初十，后营参护张付洋炮馆林修理洋炮壹根。

十一，发李承宣处大小元码壹百斤，付三百九十三天将谭。

来 文 底 簿①

玄字第壹号

太平天国甲子十四年三月　　日立

来文底簿②

八月十五日

接镌天义张文一件，为调房屋事。

① 据英国图书馆藏原件复制件著录。原件编为"戈登文书"第39号。此件封面记"太平天国甲子十四年三月日立"，则簿内所记应为十四年事，但这年三月二十九日常州失陷，护王陈坤书牺牲，而簿内尚有"十一月初九接志王护王询谕一道"，又记"十二月初六日，接护王金批，为忾天义孔大人为释放黄长元事"等，则此簿内所记显然不是甲子十四年事件可知。封面与内容不符，当是这些文件被戈登掳夺后错乱所致。又原封面只题"来文底簿"，而同一编号簿内，并有"去文底簿"，这也当是被侵略者掳夺后搞乱了的，至其年代大约是癸开十三年。

② 以上三行为封面题字。

十六,接理天义陈一件,为刻凭板事。

十九日,泰天安周太祥文壹件。为关照转凭事。

　　二十五天将朱雄邦文壹件。

廿日,接三伯[佰]〇捌天安黄文壹件。

廿一日,接忠韪朝将郑乔文壹件,为须印盖门牌事。

十一月初九,接志王护王询谕一道。

十月卅日接忠寓朝将李为红粉难办齐事。

十二月初六,接护王金批,为忛天义孔大人为释放黄长元事。

十一月廿七,跪禀诔①

　　殿前吏部正天僚部僚领袖开朝精忠军师御林兵马建天朝使兼御林苑壹天使兼又正总捐库征粮使顶天扶朝纲开朝王宗干王福千岁千岁千千岁殿下

　　为跪请金安,跪求金教事:缘小官赋性庸愚,诸凡未谙,荷蒙天父上帝、天兄基都天恩,真圣主暨救世真圣天幼主圣恩、殿下金恩以及护王金恩,赏授斯爵,自忖寸功未立,报效毫无,抱歉殊深。兹我殿下金驾降临,小官有失迎迓,实深有罪,跪求殿下开恩恕宥是荷!为此肃具禀诔,亲身匍匐殿下,跪请金安、跪求金教,总求殿下不以庸愚见弃,赏赐金教,俾小官得有遵循,庶免贻差陨越,小官当效犬马之劳,衔环之报矣!如此缘由,肃具禀诔,跪求金鉴、跪请金安。

去　文　底　簿②

八月十六,覆镪天义张大人壹件,为房屋不敢擅封事。

　　禀王宗三(伯)[佰]九十三天将谭大人,为贺中秋节禧事。

　　禀城天义刘盟大兄,为贺中秋节禧事。

　　禀琦天安邱盟大兄,为贺中秋节禧事。

　　禀理天福任三(伯)[佰]九十三天将左壹总检胡盟大兄,为贺中秋节事。

　　禀顼天预任三(伯)[佰]九十三天将右二承委傅盟兄,为贺中秋节事。

　　禀镪天义张,为房屋未敢擅封事。

　　禀理天义陈,为代刻凭板事。

二十日,覆贰拾伍天将朱,为奉谕转给挥凭并送纸张事。

十月十九,谕本郡疏付汪带号簿核对事。

　　又照启帖天福胡给发瓦木匠事。

　　又禀渤天义刘为赏借洋蚨事。

十月廿七,照启寓天义李,为办红粉事、报销给发红粉事。

　　又照启沫天预,为给发出司米若干事。

---

① 此份跪禀诔与"来文底簿"标题不合,可能是下件"去文底簿"中的一页误订于此,现暂仍其旧。

② 此标题原有。

十一月初一,照启帖天福胡,每日给发蜡烛四斤,交尚班承宣支更查夜用。

十六,照启渤天义刘大人,为赏借洋土事。

二十二,照启吏部[壹]尚书爈天义汪大人,为转保朝属官员事。

廿六,照吏部二尚书张大人,为代刻芸马印图记事。

初一,照启忾天义孔大人,为释放黄长元回阁事。

　　又照总理硝粉营事务衚天安许大人,为赶配红粉、洋粉事。

初三,照盯天安张大人,为感谢孙万元调好事。

初五,照启吏部一尚书爈天义汪,为感谢颁来官凭事。

　　又吏部二尚书张,为感谢颁来官凭事。

　　又泰天义周,为赏借牙兰绉半匹之事。

　　又帖天福胡,为赏借黄绉纱壹匹之事。

　　又玖天义黄三兄,为赏价洋钱半(伯)[佰]元。

　　又忠棐朝将(宗)[宇]内元勋郑六兄,为赏借洋钱五十元之事。

　　又禀详护王,为忾天义孔大人锁押黄长元事。

初八,照启忾天义孔大人,为奉护王批,释放黄长元事。

　　又照启孔大人,为感谢释放黄长元事。

初九,禀详护王,为忾天义围住盛永兴并黄长元事。

十一日,禀详护王为开印谢恩事。

　　禀报志王相王佐王为开印谢恩事。

十二,照启吏部爈天义汪,为给朝属印信事。

　　又照启吏部二尚书张,为给朝属印信事。

十四,照启忠鲡神将米大人,为官伺张得喜事。

　　照启帖天福胡大人,为竹衣箱事。

十五,照启忠曛神使白,为官伺张得喜回馆事。

十一月初五。

　　左壹承宣令旗乙手。

报　销　底　簿

白洋布	贰匹半
黑洋布	壹匹
绿洋布	四匹
红洋布	壹匹
蓝洋布	壹匹
菁小布	贰十三匹
白棉布	拾五匹
棉袄	叁百柒十六件

裤子	壹百贰十一条
棉皮	五十三条
麻皮	贰捆
桐油	报销
茶叶	未查
皮油	未查
红粉	贰千九百四十六斤
洋粉	五十斤一桶 廿二斤一桶,二百卅四桶　　　共二百三十五桶
硫黄	贰千一百九十七斤 又四千八百七十三斤　　　共七千零七十斤
铅码	柒千七百五十斤
黄枝子	未查
红粉	五千九百斤
硝	七千七百八十四斤

廿四日

左壹承宣曹送来银牌陆佰玖拾块

八月廿二晚结帐

存洋粉壹佰玖拾捌斤　　　付壹桶千岁出司

存硝硫柒千○贰拾斤　八月
　　　　　　　　　　　廿三

存红粉贰千贰百四十六

存铅码陆拾肆担四十斤

存铇子头陆仟壹佰贰拾根

存伙绳贰佰斤

存麻贰捆

存皮油　未查

存茶叶　未查

除付净存白洋布壹匹半

存蓝洋布壹匹

存黑洋布壹匹

存菁棉小布拾捌匹

存白棉小布拾三匹

存棉被伍拾壹匹

存棉袄叁佰贰拾壹条

存裤子壹佰贰拾壹条

共收条杆壹仟根共付出条杆壹仟根报销

收吴同检皮篓壹佰个付出捌拾伍个净存拾伍个

（《太平天国》，第三册，第 246—262 页。罗尔纲、王庆成，桂林：广西师范大学出版社，2004。）

［编者按：以上诸件应为圣库记账的实物。］

第四节

赈济抚恤

【天历三年】论贼势

贼惑人以天命,诱人以功名,胁人以刀斧,故愚民之从之者众也。所过之处,田野荒芜,室家离散,名不杀人,实更甚于杀人。杀人者,焉得人人而杀之?且人知畏避。不杀人,尽人而用之,人不知畏避,亦未有不终归于杀者。村野之民,有盛称贼之义气,其故在得贼小惠,遂以为德,而不以为仇。究之,贼何义之有?凡被贼虏去之民,始为贼饵,继亦思逃,第头发已长,欲走而不敢走;防闲甚密,欲走而不能走。且贼所虏掠之物,任人取携,愚民无知,亦将贪目前之快乐,而又不决于走也。今日之丑类,昨日之良民,为贼所陷溺,莫痛于此。

(佚名:《虏在目中》。《太平天国资料》,第30—31页。北京:科学出版社,1959。)

【湖南省永州·咸丰二年五月初三日】窃粤匪昨自全州之蓑衣渡窜及永郡,经官兵击退后,复扑陷道州,臣程矞采仍即折赴衡城,严督堵剿,业经另折具奏。惟该匪前在粤省,尚不过山路狂奔,嗣自攻陷兴、全,则更水陆并进。现虽将所掳船只自行焚毁,然楚省本水路通衢,仍难保其不复掳掠,情形已诡秘异常。且水则以船为家,陆则占居民屋,无庸篷帐,随便安居,无事裹粮,只须掠食。而凡掳得资财,又复假以济贫,作为要结之术。是我兵之棚餐野宿,必须支搭帐房,以蔽风雨,经过州县始领口粮。且运送器械军装,需用人夫,追赶每多不及。兵日疲于奔命,官日苦于供支,又复徒事尾追,不为抄前袭后,该逆愈得狡焉思逞。此再不早为扑灭,设法歼除,则豕突鸱张,其害何所底止!

(程矞采、骆秉章奏。《钦定剿平粤匪方略稿本》。中国第一历史档案馆编《清政府镇压太平天国档案史料》,第三册,第264页。北京:社会科学文献出版社,1992。)

【江西省泰和县·咸丰三年七月】时淫雨月余,稻尽决,贼日肆裹胁,并以口粮资人。又升平日久,人不知兵。各府县入其党者数万。

(光绪《泰和县志》卷九·政典·兵寇。)

【江西省南昌县·咸丰三年】围闭江城历七旬,久偏生变是愚人。官兵与贼皆安堵,乡俗乘机作怒瞋。计亩征粮忧富室,[乡间计田一石,或出谷一石二石不等,分与无田者食。于是有田者多受累。]得钱相博快游民;[乡间无田之人,或以米易钱,相聚赌博。无故得食,此风最不可长。]吾村前后分三次,[吾家一回出谷五十余石,一回出谷三十余石,一回出谷二十石。]此举难期苦乐均。

（邹树荣:《蔼青诗草·六月十八日江省被围感赋七律三首》。杜德风:《太平军在江西史料》,第 473 页。南昌:江西人民出版社,1988。）

【江苏省苏州·咸丰四年】湖滨乡民聚众抗租、抗粮,震泽令姚铣言于江督怡良、巡抚吉尔杭阿,拟使苏州抚标中军何信义,率抚标兵至乡。平望镇人吴汝瑞言于姚:"抚标兵若至,地方益多供给,而君与地方多不利,不如使枪船捕之为便。"姚然其言。时巡抚令已下,何信义方调集兵勇,不日就道,汝瑞乃商之姚,急以照会给卜小二等,与以团防名义,卜小二等遂捕抗粮、抗租之众送县。姚令乃禀省上何信义勿行,而将抗租、粮者廿余人解苏州杀之。姚去职,后任县令王寿迈下乡晓谕,乡人聚众殴辱,杀其护勇一人。汝瑞更使枪船捕杀,因保六品官。然人心益觉骚动,而枪船遂悬挂震泽县正堂旗,隐执地方实权,县令拱手而已。然不抢劫,不掳掠,绅士多与酬酢来往,苟安一时。枪船素无大志,既非助清,亦非助洪,与两方俱通声气……枪船横行四乡如故,各行其是,两不相犯,仅扯太平军旗号而已……卜小二本扯龙字旗号,至是,亦易太平军旗。太平军小帮弟兄之"打先锋"者,辄为卜小二部下截杀,而夺其劫掠之物,谓之"剥毛皮"。"打先锋"即掳掠之别名。时李秀成在苏州,其部下陈炳文、陈坤书到处"打先锋",秀成不问,惟发赈济民,以是军民各道忠王好。

（万流:《枪船始末》,抄本。南京大学历史系太平天国史研究室编《江浙豫皖太平天国史料选编》,第 125、126、127、128 页。南京:江苏人民出版社,1983。）

【浙江省杭州·咸丰十年】[入城后]即将省内难民一一安抚……难民无食,即到嘉兴载米万石,载钱二十万千来杭,将此米粮发放穷人。各贫户无本资生,借其本而资其生,不要其利,六个月将本缴还。粮米发救其生,不要其还。

（广西壮族自治区通志馆:《忠王李秀成自述校补本》,第 72 页。南宁:广西人民出版社,1962。）

【江苏省苏州·天历十年】此时七、八月之间,以省[按:指苏州]近之民,亦有安好,亦有未安好,外尚有难民,当即发粮发饷以救其寒[饥]。各门外百姓无本为业,亦计[借]给其资,发去[出]钱十余万串。难民每日施粥饭。苏州百姓应纳粮税并未足收,田亩亦是听其造纳,并不深追,是以苏州百姓之念我也。

（广西壮族自治区通志馆:《忠王李秀成自述校补本》,第 59 页。南宁:广西人民出版社,1962。）

【浙江省·咸丰十一年】李秀成初入浙,三日后即禁止杀掠,抽田租十分之二,货厘十分之一,按丁助役。苏杭初克,皆发粟十万赈抚,借给籽种招垦,民颇安之。及大军进剿,官兵退相杀掠,孑遗遂少。迄今承平三十年,而如于潜、昌化、临安、武康、吉安、孝丰等凋残之邑尚多,率皆土著不及三分之一,童生不敷学额。

（李应珏:《浙中发匪纪略》,抄本。南京大学历史系太平天国史研究室编《江浙豫皖太平天国史料选编》,第 228 页。南京:江苏人民出版社,1983。）

【江苏省吴江县·咸丰九月十八日】 眉书:"自去年秋间镇上设立粥局,济以难民,给票每口朝晚发粥四碗,日渐增多,每日需白米三四石。暑施药,寒施絮袄。又有过往文人,留宿,给路凭,由航路送往别处。死者用柴衾埋葬义塚。主其事其系[王]补勤姪,[经费浩繁,]各处筹划劝捐[至]一年有余,然恐难[持久]接济。"

（知非:《吴江庚辛纪事》。《近代史资料》1955 年第 1 期,第 48 页。）

【江苏省苏州·天历十二年】 十二年回转苏州。那时我上江西、湖北招兵之时,将苏州、浙江嘉兴军务、民务妥交陈坤书执掌,我方去。后十二年回到苏省,民已失散,房屋被拆,良民流泪来禀……苏省之民,又被陈坤书扰坏。后我回省,贴出为民之钱、米,用去甚多,各铺户穷家不能度日者俱给本钱。田家未种,速令开耕。我在省时,斯民概安,仍然照旧发米二万余石,发钱十万余千。发此钱、米之后,百姓安居乐业。后丰足之时,各民愿仍将此本归还。我并不追问,其自肯还我也。后又将郡县百姓民粮,各卡关之税,轻收以酬民苦。

（《李秀成自述》。《中国近代史资料丛刊:太平天国》,Ⅱ,第 820—821 页。中国史学会编,编者:向达、王重民等,上海:神州国光社,1952。）

【浙江省嘉兴·同治元年八月中】 [时,饥民甚多,有无锡烟商见而悯之,捐款百元……由桐乡师帅局出示设施粥局于濮镇,派筹赈饥。其粥甚厚,可以巾裹之。得惠者千八百人。]施粥两月,而新米出,价甚廉,饥民乃得谋食自给矣。

（沈梓:《避寇日记》。《太平天国史料丛编简辑》,第四册,第 183—185 页。太平天国历史博物馆,北京:中华书局,1962。）

【江苏省常熟县、昭文县·同治元年十月】 昭境尚称安逸,不过粮饷催逼,愈甚于前。迨后知前守常熟之黄天义伍,领兵调守太城,驱逐前守贼目,互相争竞。及伍贼目专守之下,钱漕松动,苛派删除,赈济难民。吾乡除横泾、自思庵外,全为扰白。常、昭漕米每亩一千四百石,杂派层出不穷,耗费不可限量,再有节外生枝,亦非了局。

（柯悟迟:《漏网喁鱼集》,第 73 页。北京:中华书局,1959。）

【江苏省南部·1863 年 12 月】 无锡之陷也,官军屠戮居民六千人。其人平日受太平军之赈济者,至是亦饥饿而死。慈善二字,满洲政府所无也。余在无锡时,每闲行郊野,触目皆英军干涉之悲惨结果。哀鸿遍地,民不聊生。至是出太平境,再至上海,更疮痍满目。平时产丝区域,亦桑枯蚕死,寂寞荒凉。加以清军到处屠戮,愁惨之景象,以战血渲染之,不忍睹矣!

　　(林利著,孟宪承译:《太平天国外纪》卷下,第 40—43 页。上海:上海商务印书馆,1926。)

第十章

太平军活动地区内
富户经济的变化

［编者按：部分家庭，特别是富户家庭经济发生变化，是太平天国占领区的一个突出现象，故列专章资料反映其情况。］

第一节

富户对太平天国的态度

一、富绅

［含官僚地主、缙绅地主、士绅、世家大族、显姓。参见第六章第一节有关"抗粮"的内容。］

【湖北武昌·咸丰二年十二月】壬子十二月贼陷武昌,缙绅之家阖户自焚者比比皆是。

（张德坚：《贼情汇纂》卷十二《杂载》。《中国近代史资料丛刊：太平天国》,Ⅲ,第 321页。中国史学会编,编者：向达、王重民等,上海：神州国光社,1952。）

【从广西省到江苏省·1853 年 3 月】［太平王］现得有无数能臣之辅佐,其中大都系士绅阶级及被革官吏,前者因满人政治腐败,断阻其上进之路,后者自觉其被夺官褫爵,殊不公允,是以咸来归附也。

（曹墅居译、简又文校：《英国政府蓝皮书中之太平天国史料》。《濮亨致罗塞尔之报告书》附件三：《麦多士君致阿尔考领事报告书》。《中国近代史资料丛刊：太平天国》,Ⅵ,第 885 页。中国史学会编,编者：向达、王重民等,上海：神州国光社,1952。）

【安徽桐城县·咸丰三年】若不以城守为志,徒以迁徙为能,则贼一日不灭,必不敢复城故庐,贼一日不来,又不能竟弃旧宇。一家分处,两地难安,富者伤财,贫者废业。废业既多,则可忧之人不必在贼;伤财既广,则可虑之事不独居城。且乡间岂尽骨肉之亲,主人岂皆患难之民？始不过藉宅图利,既必至因利生争……贼方未来,尚且狡焉思逞,贼若既至,岂甘独受其殃。假若以凶恶之辈为向导之人,虽蚁穴尚可觉可穿,岂鬼窟遽堪自恃耶？……贼若据城而守,何以出头？贼若一掳而空,土匪四起,何能复制？贼一来即让,设使至再至三,成为要道,又将何以各安生业？

（方宗诚：《颠沛余生录·复与邑人论城守书》。）

【湖南省·咸丰四年五月】五月十二日,破龙阳。十六日,破常德府城,杀官安民。十

七、八日,取桃源,上扫辰州,常德一府四县之富户,家家门挂"顺天太平"四字,焚香顶礼(边)[鞭]炮迎拜王爷,贡纳银钱米谷马匹无数。

（李汝昭:《镜山野史》。《中国近代史资料丛刊:太平天国》,Ⅲ,第 7 页。中国史学会编,编者:向达、王重民等,上海:神州国光社,1952。）

【安徽省铜陵县·咸丰四年十月】承嘱输租以免祸……一旦反颜从贼,输租纳粮,此揆之于义而断断不可者,一也……田家以频年奔走,负债数百金,布衣蔬食,仅而能给……今责之输租,是使坐而待毙也。与其输租而身家妻子并就无名之死,何如不输租而婴祸,犹不失为取义成仁乎?……此田家所以独不开册、不蓄发、而并不输租者也。县局董事诸人……自可相容。

田初闻输租之议,辄为心伤,顷见他人相率输将,不觉为之泪下。

（曹蓝田:《璞山存稿》上卷《拒诸亲友劝输粟书》,咸丰四年十月二十七日。）

【江西省·咸丰七年】[王鑫带湘军入江西,发现]此间民气尚好,绅士转多不剃发,不办公……非严以执法不可。

（《王鑫书札》卷九,《复乐安靳镇铭大令》。）

【江西省·咸丰七年】因拿阻挠公事之绅士五人来营,斩决三名,重责两名,以示惩戒。

（《王鑫日记》咸丰七年七月十六日。）

【江西·咸丰七年】吉水逆目,单举人且有三名之多。国家养士二百年,何负于若辈?可恨可叹!

（《王鑫书札》卷七《复文辅卿大令》。）

【江苏省常熟县·咸丰十年】[各乡镇得硕天豫之告示,门要贴"顺"字,大户之殷实者逃走北沙。]而大户之殷实者,装载家私,暗渡沙去,捐款因之少大半。

（顾汝钰:《海虞贼乱志》。《中国近代史资料丛刊:太平天国》,Ⅴ,第 351 页。中国史学会编,编者:向达、王重民等,上海:神州国光社,1952。）

【江苏无锡县、金匮县·咸丰十年四月】贼打先锋……各乡团练名白头局者蜂起。东南界长洲之荡口镇局,已革江西永新县知县华翼纶主之。东北界江阴之河塘桥镇局,在籍户部陕西司额外行走员外郎杨宗濂主之。二局称最强。境内后桥、安镇至望亭,邻境东南至永昌,北至祝塘,皆一呼可集。

（施建烈:《纪无锡县城失守克复本末》。《中国近代史资料丛刊:太平天国》,Ⅴ,第 251 页。中国史学会编,编者:向达、王重民等,上海:神州国光社,1952。）

【**江西广饶九南道·咸丰五年**】［太平天国后］耆宿绅衿，秀良生监，挈家远徙，分析离居，田亩荒废者两三年。

（李桓：《宝韦斋类稿》卷五，第 1 页。）

【**江苏省金坛县·咸丰七年至同治三年**】至于缙绅士子，董率团练，首尾八年，三被贼围，力筹守御；或倾家济饷，或阖门殉义，其得免者，仅数人耳。血刃孑遗，饥寒转徙，无所告诉，观者悯叹……

其寇金坛者，于［咸丰七年闰三月］二十六日入境，分数道遍掠四乡，且大书于壁曰："攻野不攻城，野荒城自破。"

……城中士民约六七万人，自六月以后，知事急，多预为死计，且有先自杀者。及城陷，争先就死……自死者殆过半，余皆为贼所害……士民缒城走者千余人，其坠城下死，渡河溺死，及踰贼围被害者，又去其半。贼党分据四乡，虑城中有逸出者，逻伺甚急，得辄杀之。

（张汝琦：《金坛见闻记》。《中国近代史资料丛刊：太平天国》，Ⅴ，第 191—192,206,212,213 页。中国史学会编，编者：向达、王重民等，上海：神州国光社，1952。）

【**浙江省·咸丰八年六月二十五日**】又张芾奏，在籍河督潘锡恩悭吝性成，首先抗捐，以致绅富效尤，并借口老病，于办团等事避匿不出，请责令倡捐饷银数十万两，并将粮台遗失饷械责令赔偿等语。本日已明降谕旨，将潘锡恩革职，并令何桂清饬令该革员督办劝捐事宜。至该革员系奉旨督办团防总办粮台之员，六年三月间，贼陷宁国，团练星散，饷米、军械悉行遗失，岂能辞咎？倘能毁家纾难，即捐饷银数十万两，以赎前愆，尚可宽其既往；如敢仍前卑吝，致徽宁各户皆有所借口，贻误捐输大局，即着何桂清将该革员从前遗失饷械，分析查明，责令悉数赔偿，并将如何治罪之处定拟请旨，勿稍宽纵。

（寄谕。军机处全宗·剿捕档。中国第一历史档案馆编《清政府镇压太平天国档案史料》，第二十册，第 451 页，北京：社会科学文献出版社，1995。）

【**江苏省南部·咸丰三年**】其绅衿莫不以门封捷报洗剥，恐贼知其缙绅耳。

（沧浪钓徒：《劫余灰录》。《太平天国史料丛编简辑》，第二册，第 157 页。太平天国历史博物馆，北京：中华书局，1962。）

【**江苏省苏州·咸丰十年四月初九日**】时苏州各乡皆结乡团，自初四日广勇焚掠之后齐心，见广东人即杀，甚有本省道员颜培崶避难至东山，为土民所戕之事。

（赵烈文：《能静居士日记》。《太平天国史料丛编简辑》，第三册，第 144 页。太平天国历史博物馆，北京：中华书局，1962。）

【**江苏省常熟县·咸丰十年八月十五日**】官无一死，而绅士多殉难。

（龚又村：《自怡日记》。《太平天国史料丛编简辑》，第四册，第 365 页。太平天国历史博物馆，北京：中华书局，1962。）

【江苏省·咸丰十年后】 幕吏、奴隶一流人物，承平时靠官托势，狐假虎威。一旦烽火，依栖无处，而所识皆仇，每虞报复，故悉居举目无亲之地。吾所知所见为人怨极而杀者多矣，岂不危哉？何以克复之后，故态依然，前车忘鉴耶？

（沧浪钓徒：《劫余灰录》。《太平天国史料丛编简辑》，第二册，第 156 页。太平天国历史博物馆，北京：中华书局，1962。）

【江苏省苏州齐门外·咸丰十一年四月二十九日】 东门杨姓从南京逃回，据云："镇江大路有官兵隔断不通，从东坝绕至浒墅关，得搭买米船到苏州齐门外，离城三十里徐姓庄上剃头，留住几日，便舟送出苏境而回。云徐姓系大富，名渭泗，素豪侠，所居周围七八十里人家皆仰给于徐，故人乐为用，贼不敢犯，至今完善。将至其家，报名开栅，栅以内军装器械布置严密。主人年约四旬，一见询明里居及被掳时地方官长何人，应对无误，即令引去剃发，留养四五日，去时但嘱口称从徐庄来，可免贼盘诘云。"

（姚济：《小沧桑记》。《中国近代史资料丛刊：太平天国》，Ⅵ，第 465—466 页。中国史学会编，编者：向达、王重民等，上海：神州国光社，1952。）

【江苏省吴江县·咸丰十一年】 正月，仲纶随同沈枝珊、李广廷到原任江西吉安府知府力战被害之陈宗元家，强逼其侄陈世彦充当伪官，世彦不从，锁押数日，逼取金首饰数件，银三十两，洋八十元，始行释放。世彦黑夜冒雨携眷逃走，不知所往。仲纶等将其房屋封闭，称为妖官住宅，衣箱什食抢尽。

（鹤樵居士：《盛川稗乘·同治三年吴江县绅士公呈》。《太平天国史料丛编简辑》，第二册，第 204 页。太平天国历史博物馆，北京：中华书局，1962。）

【浙江省乌程县、桐乡县·咸丰十年四月】 传贼所至，其家有诰命匾对者，不免一炬……于是缙绅家皆自匿其封册，报单、报条洗刮无遗。

（皇甫元垲：《寇难纪略》抄本。浙江图书馆藏。）

【江苏无锡县·咸丰十年四月至同治二年十月】 城中人十死八九，且多为士绅。

（顾恩瀚：《竹素园丛谈》，第 6 页。据《安吉县志》载，浙江省安吉县有秀才以上功名之绅士就死了七八十人，没有功名的地主尚不算在内。龙盛运：《太平天国后期土地制度的实施问题》，《历史研究》1958.2，第 54 页。）

【江苏无锡县、金匮县·咸丰十年十月】 长洲团首张汉槎先纳款于贼，永昌徐佩瑗势孤，继约和，寓书华翼纶；翼纶揣结仇已深，阳以进贡为名，而阴备之……以故吾境诸乡皆蓄发,而[华控制之]荡口甘露独否。

（施建烈：《纪无锡县城失守克复本末》。《中国近代史资料丛刊：太平天国》，Ⅴ，第253页。中国史学会编,编者：向达、王重民等,上海：神州国光社,1952。）

【浙江省太平县·咸丰十一年十一月下旬】路桥郑正选前日长发败时,匿其渠帅数人,贼德之,予以官,为总制。已酉拔贡原任太仓知州蔡子珊亦降贼。子珊原名壬,革职后改名宝森,为伪丞相。路桥以郑力求保全,贼许之,定议和。赵八愚[步程]至路桥,托其达意,求纳银止兵。郑与邱善乔世好,以善乔死,怨吾太;善乔所领土匪千余,皆路桥人,大半被杀,路桥人亦怨吾太,力沮和议;惟许泽库一村和。八愚转托子珊进言贼酋李世贤[世贤封侍王],许之。议设乡官,以监军任重,人莫敢为,同行者咸推林少筠。少筠力辞。众交劝之曰："阖邑人民,生死攸关,君何得置身局外!"少筠不得已,从之。副贡李汝皋为中军帅,廪生张桂馨为东军帅,江惠风为南军帅,周西教为西军帅,叶小攀[一山]为北军帅。武生林汝鳌以锦一匹馈李世贤,世贤悦之,授伪将军[名振扬],各给木印。河头武童林崇有随至黄岩共议,议定设乡官,崇有不得与,愤甚,禀贼酋侍王,给以恩赏将军,令头裹黄帕,袍褂皆用大红,得意而归。议定,世贤往金华,太平得全。

贼凡陷郡县,亦不肆行焚杀;若被官军团勇克复,一旦再至,必以焚杀示威。独我太陷而即复,复而旋陷,而终得保全,贼自起事以来未有也,信有数存焉耳。

（叶蒸云：《辛壬寇记》。《中国历史文献研究集刊》,第三集,第182—183页。又,《太平天国》,第五册,第369页。罗尔纲、王庆成,桂林：广西师范大学出版社,2004。）

【江苏省苏州·咸丰十年】[李秀成宴请赵景贤与徐少蘧,说:]而今而后,彼此才是好朋友。不受职以尽尔君臣之义,不杀君以尽我朋友之情,两国相争,各为其主,事定之后,各不相害,从古英雄都如此也。有朝官兵复城,君亦当以此待我。赵公拍桌大笑曰:官兵杀来,我保举你带红顶花翎,以报今日厚意。乃尽欢而散。

（谢绥之：《燐血丛钞》卷三。《太平天国史料专辑》,第406页。上海：上海古籍出版社,1979。）

二、富商

[参见第十三章。]

【江苏省扬州·咸丰四年九月十二日】臣等查扬州失陷之由,实缘各典商凑银数十万两,引之使入,致文武各官不能排阻众议,遭此荼毒,殊可痛恨。臣等抵扬后,本欲访究明确,查拿各犯,奏请立诛谋叛,以扶忠义而惩奸恶。只缘逆贼未平,无暇分心,其实无时无刻不思究其端倪,冀或罪人斯得,以快人心。虽案情重大,固不可藉端讹诈,而当此奸匪勾结之际,若查拿之人概予反坐,谁肯冒死前往。兹因琦善咨明密拿奸细,甫经委员等访查一二通贼之犯,而该府不知轻重,遽为各商典委曲其词,妥行详报。臣等以该商典既能以多金贿贼,即难保不以重资贿嘱,况杨小山信内所送礼物,有枣、栗、鸡、茶等项,尤属可恶。至委员姚惇布、巡检刘镇是否意在营私,不敢预定。惟臣等均同在军营办事,未暇讯办此案,相应请旨就近饬派河臣杨以增或漕臣邵灿秉公严切讯办,以儆奸顽。

(雷以诚等奏。军机处全宗·录副奏折。中国第一历史档案馆编《清政府镇压太平天国档案史料》,第十五册,第 594 页。北京:社会科学文献出版社,1994。)

【江苏省南京·咸丰四年九月二十日】十一日,探闻太平门外又有奸民在彼贸易接济,该逆每晨出城买物,正可乘机袭攻……乃将贼买卖焚烧,拿获卖物奸民十一名并放哨贼匪七名,就地枭示,收队而回。

(向荣奏。宫中全宗·朱批奏折。中国第一历史档案馆编《清政府镇压太平天国档案史料》,第十五册,第 627 页。北京:社会科学文献出版社,1994。)

【江苏省嘉定县·天历十年六月十四日】参天侯汪饬令南翔镇绅董及早投降晓谕

太平天国九门御林真忠报国参天侯汪,为剀切晓谕饬令进贡事:照得本爵现奉天命王命进收江苏,大兵驻扎(加)[嘉]定,即有南翔镇耆老顺民投诚献贡,志实可嘉。本爵赏罚有权,何忍再行征伐。惟查该镇向称殷实,所有典当之家以及各富户尚敢团练妖兵抵死抗拒。现在苏、松、太三属将次荡平,大股妖兵扫除已尽,该典铺富户竟敢出钱团练。该绅董率领残妖,是以蝼蚁之力而撼泰山之雄,实属目无法纪。为此,示仰该绅董及早悔过,前来差遣,并限三日内到辕输诚纳贡,本爵无不恕其已往、免其将来。若再怙过不迁,本爵亲统雄师查封典铺富户。但大兵到日,玉石不分,该耆老顺民必至含冤难白,莫谓言之不早也。此醒。

太平天国庚申十年六月十四日示。龙凤边印。

(《太平天国》,第三册,第 68 页。罗尔纲、王庆成,桂林:广西师范大学出版社,2004。)

第二节

太平天国对富户的政策与富户衰落的原因

一、太平天国对富户的政策

（一）对贫户富户的看法与态度

【广西省·咸丰元年十一月十一日】窃照粤西贼匪肆行,居民被害。先于前任太常寺卿唐鉴奏陈设立民堡、收恤难民二条案内,钦奉谕旨:收恤难民,酌给口粮,勿使流而从贼,最为目前要务。果能严饬所属,实力遵行办理,经费需用一二十万两,为吾民谋久安之计,朕亦何所靳惜。等因。钦此。臣当将办理大概情形,先行奏复。嗣于闰八月十七日奉到朱批:所议自系实在情形,着饬属妥办,不许纷扰,应查者迅速查明具奏,以慰朕怀。钦此。

臣跪诵之下,仰见我皇上视民如伤,惠鲜怀保之至意,曷胜钦佩。除设立民堡一条,先经采访各绅士,公议应从民便。臣仍饬属因地制宜,归入团练案内另行妥办外,惟抚恤一事,关系全省,事体繁重,当即谆饬各属,逐一确查,会议造册禀报去后。

兹据桂林等十二府州属陆续查明造册具禀前来。臣督同司道,详加体察。粤西向称瘠土,其民类能耐苦习劳,从前即偶遇偏灾,民间肩挑背负,或贸易佣工,或采樵拾食,仍多自谋生理,从无逐队成群呼号乞赈之事。而此次贼匪所过,打单开角,又多扰富户,罕及贫民。故被贼之处虽多,蹂躏太甚之处较少。兹将各属文禀细核,并与总局各绅再三延访,如临桂、龙胜、灵川、兴安、永宁、永福、义宁、全州、灌阳、平乐、恭城、雒容、怀远、天河、思恩、西隆、小镇安十七州厅县,俱未经贼匪窜入,并无难民。又如荔浦、藤县、富川、罗城、融县、柳城、岑溪、横州、上思、马平、河池、东兰、迁江、上林、西林、归顺、奉议、郁林、博白、北流、兴业二十一州县,虽经贼匪窜入,或并未久踞,或仅止过路,或只扰富民,未累贫民,均可毋庸抚恤。又如阳朔、贺县、修仁、昭平、苍梧、容县、怀集、来宾、武缘、宾州、凌云、陆川十二州县,先经该地方官自行捐办,或经团练绅士助给口粮,妥为安置,亦可毋庸再加抚恤。惟浔州府属之桂平、贵县、平南、武宣,南宁府属之宣化、新宁、隆安、永淳,太平府属之龙州、明江、宁明、崇善、左州、养利、永康,柳州府属之象州,庆远府属之宜山,镇安府属之天保、百色,共十九厅州县,并所属各土司地方受害较重,必须量加抚恤。统计先后册报被扰村乡墟市四万六千八百一十七户,被烧房屋六千二百九十座,被贼戕害及阵亡团丁人等五千四百名口,被掠男妇一百八十四名口。此外尚有迁居邻邑避迹山谷尚未转回故里者,应饬再行确查核明汇办。查灾荒抚恤定例,冲塌民房,照律瓦屋每间给银五钱,草房瓦披每间给银二钱五分,草披每间给银一钱二分五厘。淹死人口,埋葬银每大口一两,小口五钱。并以被灾之轻重,定赈济之久暂。又查粤西西隆军需抚恤成案,系变通灾荒旧例酌办。每户月给银六钱,大口日给米五合,小口日给米二合五勺,抚恤一月。烧毁房屋,瓦房每间给修费钱一两,草房每间减半,给修费银五钱,事竣造册报部核销。道光十二年瑶匪军需抚恤难民,即照西隆成案办理。此次查办抚恤,系因贼匪扰害,既与水旱荒灾有间,又值剿办吃紧之时,先行安抚,亦与从前西隆瑶匪两次抚恤俟事竣后始行查办者不同。贼匪窜扰既无定处,士民迁徙朝更暮改,亦不常厥居。若必全照旧章,按月计口授食,则一户之中男妇外出,居守不齐,非失之遗漏,即失之冒滥。且稽查多需时日,偶因一次未竣,辄稽通察办法,事太胶柱,迹涉屯膏,转非所以慰圣怀而拯民急,自应按切现在情形,量为变通。请将被抢之户,不论丁口,每户均给银一两。如给仓谷,照部价每石五钱计算,每户给谷二石。烧毁房屋,无论间数,瓦房每座给银二两,草房每座给银一两。至团练士民奉调剿贼,于打仗时被贼杀毙,系属勤于王事,与自顾身家被贼拒杀者不同,即与出力将弁无异,应照阵亡之例分别绅民,归于军需另案办理。其非打仗阵亡,骤遇贼匪致被戕害之男妇,仍照水灾例,大口每名给埋葬银一两,小口给银五钱。至被掳丁口,查无下落,即与死亡无异,其父母妻子翁姑夫男仳离痛苦,情殊可悯,应请每丁口酌给银一两,以示体恤。

再,查粤西群盗蜂起,几于通省皆是。所有受累穷民,现系择尤择要筹办,先其所急。若欲无一夫不得其所,且历久可以接济,则地广人众,实属难之又难。伏读恩谕,欲为吾民谋久安之计,臣自当于极难措置之际,熟筹普济之方,未抚者期免向隅,已抚者兼筹善后,则惟有以工代赈,寓抚于团一策。查收恤难民,本与设立民堡相辅而行,而民堡即统归团练案内。前饬团练绅士会同各府州县分投确勘,无论民堡、关隘、碉卡、望楼,酌量妥办,已据各属禀报增建添设者,比比皆是。并有郁林、西隆、平南、平乐等州县具报,城垣坍塌,应行捐修之处,均饬令赶紧劝捐修葺。此次穷民无论已恤未恤,均饬令总团绅士遍加晓谕,令其趋赴工作,酌给雇价,俾资养赡。有田可耕者,仍令一面耕种,毋荒本业。其无前项工作之处,则令拣充团丁,捐给口粮。捐资者无非富户,出力者悉属穷民。以富者之有余,即以补贫者之不足。自来最易为匪者,大抵穷无告而又强有力之人。似此设法办理,不赴工作即归团练,俾穷者得济,其穷有力者自食其力,糊口有资,游手自少,可无虑流而从贼,似属一举两得。其老幼废疾不能工作,亦不能收入团练,实系赤贫无力者,编入极贫户口,另捐经费,酌给口粮,俾免流离失所。但必须总团绅士逐一查明,造册经理,概不涉书吏之手,自无冒滥遗漏之虑。地方官仍随时亲身会同稽查核实办理,庶蠹役不致侵渔,穷黎得稍苏息,并无须再借籽种牛具,另筹帑项,庶于国计民生两有裨益。此臣迂愚之见,与总局各绅筹画再三,均以为简要可行者也。至永安州属现经大兵攻剿,应俟克复后另行查办。

所有查明分别抚恤缘由,理合恭折复奏,伏乞皇上圣鉴训示。

再,此项抚恤银米,应归军需项下动支,臣已陆续饬局赶解给发,以期穷民早沾恩泽,统俟事竣汇案造册报销,合并陈明。谨奏。

（邹鸣鹤奏。军机处全宗·录副奏折。中国第一历史档案馆编《清政府镇压太平天国档案史料》，第二册，第 513—516 页。北京：光明日报出版社，1990。）

【江苏省常熟县·咸丰十年】［贼众得奸民引导，打败西乡白头。八月初一日入常熟城时，］遇人扯住，先问衙署在何处，或问当铺、富户，胁使指引。

（汤氏：《鳅闻日记》卷上。《近代史资料》1963 年第 1 期，第 79 页。又《太平天国》，第六册，第 306 页。罗尔纲、王庆成，桂林：广西师范大学出版社，2004。）

【浙江省桐乡县乌镇·咸丰十一年】伪职无论尊卑，凡有一郡一邑一乡镇之守，无不威福自擅，一饮食间，必方丈前陈，珍馐罗列，玩好服御，穷极工巧，土木之雕墙峻宇，侍妾之纤妙娉婷，供奉惟恐不足。所常莅事之处，香案帷幛毕备，雀屏龙涎，地欲天棚，色色精雅。暑日设一大扇，以彩绳结于两旁，凉则卷之似幔，热则舒之，以两人运扇鼓荡，满座皆习习生风。诸所用物皆称是。微员冗职尚如此奢华，彼居金陵、居省会者，其侈靡当更倍蓰。取我脂膏，恣彼佚乐，民力安得不日蹙耶！乌镇分东南栅之店铺厘捐日费，尽归献天豫。至漕米地丁，仍由符天福掌管，以疆域原不可分也。贼资用缺乏，必出搜括，彼视打先锋为□要紧事，习为固然，不知民生受困至此已极。献天豫于此事不数数为，且必以焚烧民庐为戒，亦有可取处。人家迁徙，有银钱搬运不便，因而窖藏者，无论溷厕、灰埃、深沟、濠潭，无有不发掘者。乌镇邱姓，有洋银万元，匿于隐处地穴。沈姓有洋银四千枚，覆于地板下，又掘数尺，无踪可觅，已数年不动分毫。经贼一过，至原处查检，无一存者。

（佚名：《寇难琐记》卷一，手抄本。南京大学历史系太平天国史研究室编《江浙豫皖太平天国史料选编》，第 155—156 页，南京：江苏人民出版社，1983。）

（二）要富户当乡官，保护绅士富户，与富户武装妥协

［参见第七章"乡官制度"。］

【江苏省吴江县盛泽镇·咸丰十年四月】盛泽王永义，以贩绸起家，富为一镇巨擘。各省有交易字号，京师亦通懋迁。故道光、咸丰间开捐例，凡佐杂职衔，多托王氏会票，往反甚易。其子弟有入秀水庠者，以捐饷盈万贯钱，得钦赐举人，复加捐部郎之职，供职都下。自庚申四月姑苏失守，其家不胜长毛之扰，不得已投顺。凡有所诛求，必为之首倡筹办，因封以检点之职，在军帅之上。盛泽人安堵如故，不遭兵燹，赖王家扶助之力居多。今家计已如悬罄矣，而廛市甚哄闹，百姓多感之。

（佚名：《寇难琐记》卷二，手抄本。南京大学历史系太平天国史研究室编《江浙豫皖太平天国史料选编》，第 168 页，南京：江苏人民出版社，1983。）

【江苏省苏州·咸丰十年】红头［按：指太平军］之畏白头［按：指地主团练武装］甚于难民畏长毛……其实民团特激于一时之愤，其势不能耐久。若永昌之徐氏，周庄之费氏，

较严整,贼皆与之讲和,洵畏之也。

(潘钟瑞:《苏台麋鹿记》。《中国近代史资料丛刊:太平天国》,Ⅴ,第287页。中国史学会编,编者:向达、王重民等,上海:神州国光社,1952。)

【浙江省嘉兴新城镇·天历十一年十一月二十日】绫天安左壹参军兼理漓镇一带卡务赵等给前军前贰营军帅何诲醒

……

缘兄现奉绫天安周大人珍醒内开,委弟往乡把卡,所有该乡首董,自应出身办公,方能有济。兹访闻该处地方有何、赵二人,皆系绅富,自可首先奉公,竭力报效,以为民望。饬兄转饬出身办公,并发来珍醒二道,亦即转发遵照等因。为此,特颁诲醒,仰弟迅前往赵家坂邀同该绅富何戢名、赵鼎珊,限定明日即行来卡,以便商办一切要事,勿稍迟延,切切。此醒。

为诲醒邀集绅富办公事。

太平天国辛酉拾壹年拾壹月二十日。

(《太平天国》,第三册,第122页。罗尔纲、王庆成,桂林:广西师范大学出版社,2004。)

【浙江省嘉兴新城镇·天历十一年一月二十四日】绫天安周文嘉批珊阴军帅何万春禀

珊阴军帅何万春弟禀为何戢民出外未回事。

绫天安周珍批:据禀已悉,所有何戢民原系绍兴向为伪朝总理捐费,知为该县巨(臂)[擘],兄是以颁行珍醒,仰其出身办事,原为军饷大有裨益。而何戢民,兄已访知现在弟处,其家眷现居单港。弟自任军帅,自当饬令其出力报效,方见赤心,何得包(蔽)[庇]隐藏,殊属阳奉阴违,所为不轨。仰弟速即带同何戢民赴卡商妥,俟卡员随同赴辕,听候铺派,并宜饬助军饷贰万两,以为阳奉阴违不肯赤心报效者戒。尚其凛遵毋违,切切。此批。

太平天国辛酉拾壹年拾壹月廿四日批。

(《太平天国》,第三册,第124页。罗尔纲、王庆成,桂林:广西师范大学出版社,2004。)

【浙江省嘉兴新城镇·天历十一年十一月二十九日】绫天安周文嘉给珊阴军帅何万春珍醒

珍醒

殿前南破忾军副总提绫天安周珍醒军帅何万春弟知悉:缘弟仰何戢民曾为伪朝官宰,又系总理绍郡捐费,兄原因其才干有为,所以饬其出身办公,以为民望。殊料何戢民竟畏避不出,遽尔捐躯,兄亦悯恤。但伊受禄于伪朝,自当效忠其(尚)[上],亦属分所当然。

但据何戢民禀称,尚有父老子幼,兄念及此,未尝不叹(借)[惜]再三。今兄虽返苏省视,弟当加意维持其家,即我天朝后之抚是郡,亦当曲为之原恕体恤也。嗣后何戢民家倘有官兵擅行滋扰,仰弟禀知兄队各员,自当代其禀请,以为报忠者劝。切切毋违。此醒。

太平天国辛酉拾壹年拾壹月廿九日醒。

(《太平天国》,第三册,第 125 页。罗尔纲、王庆成,桂林:广西师范大学出版社,2004。)

【浙江省诸暨县·天历十二年六月十四日】前营前贰军帅许为增立乡员给三十七都师帅徐君连札

札

前营前贰军帅许札示三十七都溪北徐君连贤弟知悉:为增立乡员传谕各乡事。缘兄前奉义大人口谕,以目下公事紧急,着准每都各立师帅一人,专办一都事务。其该都已立者,不必更立。其未立者,速为保荐一人,但须于每都中挑选殷实能干人员充当斯职,毋得滥为保举。

查三十七都以素有名望及办事公直者,惟贤弟一人可膺师帅之任,已将姓名开列呈送,其印凭改日一同给领,毋庸推诿。为此特札,仰弟于谕至之日,迅即开局,传集统下旅帅及卒长、司马等官,尽力办公,各著贤劳,以无负天朝设立乡员之至意。切切特札。

再:刻奉义大人谕,各都钱粮,限五日内扫数完(菁)[清],方准收割。并现在义大人开印,饬办各色货物,每都派费钱三十千。至卡内局费,亦限即日迅速解局应用为要。

太平天国壬戌拾贰年六月十四日谕。

(《太平天国》,第三册,第 150 页。罗尔纲、王庆成,桂林:广西师范大学出版社,2004。)

【浙江省石门县·天历十二年九月十二日】殿前又副掌率邓光明发给石门沈庆余劝附封套

劝谕

殿前又副掌率邓劝谕,为给发护凭、以杜后患、以安民业事。缘本掌率自安尔邑,于今两载,无时不以保赤为怀,亦无时不以痛除恶习为念。凡我天朝所克各省郡州县地方,每有殷富之家不能出头,甘受困厄,大抵皆由人心不平、百般诈害之所致。言念及此,可闵可恨!

但本掌率既为尔邑抚字,所有利弊隐情,莫不商量除革,使贫富两安。兹特为此护凭,仰该沈庆余收执,永为保家之实据。嗣后如有不法乡员恃强借掇,任意苛捐,及土棍刁民、军中兄弟或以有妖朝功名,强勒索需,或以助妖粮饷,诈取银洋;或以在前(蒪)[清]时曾受凌辱,欲发前仇;或有官兵往来,打馆滋扰;或有强佃抗霸收租,纳捐不交,以致不能安业,总然隐忍抱屈,敢怒而不敢言,种种弊端,为害不浅。日后倘再有此情事,仰该沈庆余放胆持凭即赴监军衙门控告。如监军不理,则必来城于四门击本掌率所设大鼓,自当详情追究,一洗沉冤。如本掌率行军在外,该城佐将亦必代为理问,断不使尔等终身受害,不复出头。谕到,该富户实力遵行,照常安业,慎毋东奔西走,自取流离;遇有事端,亦不得退缩不前,心怀疑虑。此本掌率实有厚望于尔富民焉。凛之慎之,切切毋违。此凭。

若仰富户沈庆余收执存此。

天父天兄天王太平天国壬戌拾贰年九月十二日劝谕。

(《太平天国》,第三册,第153页。罗尔纲、王庆成,桂林:广西师范大学出版社,2004。)

【江苏省长洲县·天历十二年九月十五日】忠王李秀成批抚天侯徐少蘧禀报

抚天侯徐少蘧跪禀报为因病请假事。

忠王瑞批:据禀因病请假等情已悉。但既经抱病,应如所请,而地方诸事,尚期勷理。恐该邑佐将有不合之处,并望弟从中调停,善为抚慰。俟兄凯旋,再酬弟劳。总期毋负委任为要。此批。

天父天兄天王太平天国壬戌拾贰年九月十五日。

(《太平天国》,第三册,第154页。罗尔纲、王庆成,桂林:广西师范大学出版社,2004。)

【浙江省海宁州·天历十二年十二月十三日】师帅印　谕绅董 高曼生、祝芗士 知悉:照得袁镇一带,四通八达,近来盗贼蜂起,亟宜按地巡防,以遏盗源,合行谕办。谕到,该绅董仰即按照地段,共相保御,无事则各归恒业,或遇盗贼窃发,则鸣锣为号,会同擒拿,并须按户轮流,互为夜巡,使盗匪绝迹,村市同臻安堵,以仰副大宪除暴安良之至意。该绅董办事公正,素为乡里所推,务期认真办理,以服众心,此本师帅所厚望也。各宜体遵毋违。切切。特谕。

太平天国壬戌十二年十二月十三日。

谕　计开地段　邬家桥北至黄道桥

(太平天国浙江省海宁州,师帅给高曼生、祝芗士谕。郭若愚:《太平天国革命文物图录补编》,第59页。印文:"太平天国浙江省……师帅"。上海:上海群联出版社,1955。)

【浙江省石门县·天历十二年十二月二十四日】匈天福李吏政书舒给沈庆余会谕附封套回体

会谕

殿前又副掌率宇内开朝勋臣匈天福李、吏政书舒会谕富户沈庆余弟知悉:缘弟前因家计充裕,深怀疑虑,潜影藏形,畏首畏尾,以致(尚)[上]下相间,如隔霄壤。乡员知情,得从中而舞弊;顽民欺懦,遂鏖诈于多方。此所谓忧招祸,而祸至益速;虑受侮,而侮受益深。然弟等原系缙绅门第,素与宦署往来,在所不免。

今我天朝伐罪吊民,至公至正。来斯石邑两载有余,虽势殊时异,而礼法规模总如一辙,不妨亦时相拜会,以尽宾主之欢,使(尚)[上]下得以浃洽。且本爵等耳目未周,间有弊端,从何得悉?(荃)[全]赖弟等禀知,则弟等庶不至再为乡员所蒙蔽,刁顽所欺凌。

至于节征亩捐、田凭等项,缴数为弟等居多。即捐款一节,数亦甚巨。乡员所解,均系六两五毛洋。想弟等或由于余蓄,或出于措筹,何致一例洋蚨?想初次输捐时,原议银两,今乃各缴毛洋,不知弟等有余取巧,不愿输将,抑系乡员行奸掉换,(为)[惟]利是图,殊不可解。为此特行谕知,仰该弟立即遵照,毋得心怀疑虑,不敢出头,要(之)[知]弟等愈畏,而舞弊者愈为得计。自谕之后,切勿再缴毛洋,但银钱各随其便。弟等即或银钱均缺,何妨以米(待)[代]之,粮亦为军中要务,本爵等总不肯为弟等作难。至前次或曾缴银钱,尽可亲自来城,放胆出控。凡吃亏事,莫如弟等为甚。此后即肥马轻裘,不妨乘而衣之,实无大碍。慎勿再如前者裹足,视若畏途,甘受乡员之欺侮,是所至祷。如果有胆投告,除此恶习,本爵等定当从重奖赏,决不食言。况此捐款均系情愿乐输,并非勒逼而为,愿不待(尚)[上]究催促而后缴齐,自宜踊跃争心,以尽诚心,何得延至今日尚未缴(蒨)[清]?弟等要务仰体掌率大人厚泽深恩,早日(蒨)[清]纳,毋负厚望。切切特谕。

天父天兄天王太平天国壬戌十二年十二月廿四日会谕。

(《太平天国》,第三册,第164页。罗尔纲、王庆成,桂林:广西师范大学出版社,2004。)

【浙江省桐乡县·同治元年闰八月二十日】师帅沈五弟锁[绅士]仲竹泉、兰庄至局逼取捐款。是夜,伪文军政[濮院文军政司顶天豫]张镇邦闻之,吊师帅,打二十板,以其锁拿本邑绅士也,释放仲氏昆季。[镇邦出身清朝武弁,亦能爱民行善者。有朱不登者,任塘南乡百长,即卒长,诏事上官,作恶多端,私收漕银,凌虐乡人,被控至新塍军帅,即被械系累月。后被师帅率乡人产户保释之。塘栖米价与濮院绝同,每升百文。自塘栖以上,随地加长,以彼地半系贼兵往来,百姓负贩,沿途必遭劫夺,故经营者百姓必与长毛会同谋利,而所过卡甚多,其价不得不昂。]

(沈梓:《避寇日记》。《太平天国史料丛编简辑》,第四册,第188页。太平天国历史博物馆,北京:中华书局,1962。)

【湖北省黄梅县·咸丰四年十二月至六年十二月】[太平军在湖北]尤以招致官显家为上赏,为要结人心计。

(邓文滨:《醒睡录》卷四《劫不去的银山条》。)

【江苏苏州·咸丰十年】传闻熊姓之父,向官苏省,其幼年曾随宦来苏,自以为与苏有缘,故管理地方,颇革长毛之苛政。吴民不审其意而翻疑之,其后忠逆甚疑其行事,遣之出,令拒守平湖、乍浦之间。卒能反正,大吏奏闻,赏为知府,初名万荃,后改名建勋云。

万荃之在苏也,各路乡镇白头团勇四起,其尤著者,永昌徐氏、周庄费氏,扼守最固,熊皆致书与之约,各不打仗,仍各自团练,并亲至面订要约,实欲预留地步,而后来官兵之进,亦藉民团未散之力,窃谓为贼而未丧天良如万荃者,亦绝无仅有耳。

（潘钟瑞：《苏台麋鹿记》。《中国近代史资料丛刊：太平天国》，Ⅴ，第300—301页。中国史学会编，编者：向达、王重民等，上海：神州国光社，1952。）

（三）以天下富室为库

【湖南省桂阳县·咸丰二年】但是不久叛军大报其仇：他们在湖南猛烈地攻下桂阳，他们的行动如入敌国一样；一切公共建筑皆被烧毁，十个清朝官员被斩首，凡属巨室望族，都被强迫付出大量捐款，以保其生命财产。林姓一族单独付款给叛军府库的就有二十万两之多。

林氏在这个富庶的县里是最有势力的豪门。

（[法]加勒利、伊凡原著，徐健竹译：《太平天国初期纪事》，第89—90页。上海：上海古籍出版社，1982。）

【湖北省大冶县·咸丰三年】十月十七日，贼渠张瞎子由讳沄口进县，舟约千艘……自是络绎往来，掳掠村镇，钱谷满载出江，时时觅絷富民，掳取财物，索勒重金准赎。

（黄昺杰：同治《大冶县志》卷之八《寇兵》，第15页。）

【安徽省亳州、河南省怀庆·咸丰三年】[北伐军]每打粮到人家，搜刮净尽，并将地内刨挖。至州县仓库，银两反嫌累赘，不带着，如有零星银两带着些。

（《张维城口述》（咸丰二年五月初三日）。《近代史资料》1963年第1期第15页。又见《太平天国》，第三册，第287页。罗尔纲、王庆成，桂林：广西师范大学出版社，2004。）

【江西省崇仁县·咸丰二年十月】又二日，贼往大罗勒索财物，声言往县抢劫富户。

（同治《崇仁县志》卷五之五《武备志·武事》。）

【江西省·咸丰四年秋以后】每县设伪官……绅商家资，十分抽一。

（黄彭年：《陶楼群先生日记》，《思朔录》。）

【江西省奉新县·咸丰六年】[太平军克奉新时]括富户金帛，多者数千，少亦数百。

（同治《南昌府志》卷十八《武备·兵事》。）

【贵州省黔江县·咸丰七年】[石达开部]逼人指出城乡富户妇女财物……屡至大掠。

（张锐堂：《续增黔江县志》抄本。）

【江苏省苏州·咸丰十年四月】俭本美德，亦可致福。贼入人家，见有布、帛、菽、粟、气[饩]者，不甚淫掠，外无所眩也。殉难男妇，亦多出其中，即忍辱求生，亦自有求死不得之状，形乎其外。若穷奢极欲之家，无不恣意淫掠，男妇自尽者亦少，甚至怡然从贼，不知耻愧。盖困苦艰难,足励坚贞之节;膏粱文绣,适为奸盗之媒。曾有一富家子,鹑衣百结,伪为灶养,匿厨下。贼见其里衣皆纺绸所制,遂絷其手足悬梁上,逼索之,不得已,以银藏邻屋见告。盖破城之际,妇女、金、帛,实匿于邻也。引导以往,人、物充实,括而掠之去。

（谢绥之：《燐血丛钞》卷一。《太平天国史料专辑》,第392—393页,上海：上海古籍出版社,1979。）

【江苏省常熟县·咸丰十一年六月十二日】而南乡自朱氏[又村]立总局,又得谋主调停,各局皆遵办,一方赖以安。钱帅[桂仁]奖又村丈之劳,派协办军帅事。城议开捐兵饷,每图派三百千、四百千不等,种农田者五亩以外皆捐。乡官虽有余利,而乡户已被累不堪,一有不应,已链条加颈,甚至杖枷,究非仁政。

（龚又村：《自怡日记》。《太平天国史料丛编简辑》,第四册,第401页。太平天国历史博物馆,北京：中华书局,1962。）

【江苏省吴江县芦墟·咸丰十一年十月】十一日,骤晴。朝粥后,与小云、外父、玖丈聚谈,出门见龚示,赋每一斗四升,正耗一升四合,要白米,价六千,银正三百三十,耗七十。租见匡示,谕设三局,要镇上各家统办,不得私自下乡收取。真所谓一网打尽,暴横甚于盗也。今岁收成不过七八分,各乡积水淹没未收,如此章程,真民不聊生也……

十二日,晴,略冷。午前舟来,外父留中饭而返。又见龚示,银赋并收,可骇,悉索殆尽。

（柳兆薰：《柳兆薰日记》。《太平天国史料专辑》,第216—217页,上海：上海古籍出版社,1979。）

【江苏省吴江县芦墟胜溪·咸丰十一年十二月二十五日】晚间,龚[梅]自局还,知龚公赴金泽未还,诸颖[暗语,指太平天国]纷争,大局未定,赋事[此处指租也]都成画饼,且难了(吉)[结],殊深烦懊。且中间人甚不直捷,可疑可惧。

（柳兆薰：《柳兆薰日记》。《太平天国史料专辑》,第230页,上海：上海古籍出版社,1979。）

【江苏省常熟县小桥·咸丰十一年十二月初二日】晚与家[龚]廉斋啜茗小桥,冻途渐释。见分局示,减收五升。新定六斗五升,粮居二斗二升,每斗二十五斤,加作三斗七升;田凭一斗;局费五升;经造费一升;师旅帅、司马、百长费二升;租米只一斗。费大于租,业主几难糊口;佃家更出费百十,无一不困矣。

（龚又村：《自怡日记》。《太平天国史料丛编简辑》,第四册,第420页。太平天国历史博物馆,北京：中华书局,1962。）

【浙江省黄岩县·同治元年二月十二日】[李]尚扬统兵五万,留屯黄岩,逼取贡献。

犹不足用,乃再索门牌费以益烦供。旋闻太平当商富于财,命蔡乡官往征,许三万金,不允。遣使召其人,不与归。再加金五百,始饱其欲。

(陈懋森:《台州咸同寇难纪略》。《太平天国》,第五册,第198页。罗尔纲、王庆成,桂林:广西师范大学出版社,2004。)

【浙江省海盐县·同治元年】以粮户迁避,无可征收,遂责令佃户输纳……地方匪徒复与贼交通,随地设局垄断,各饱囊橐。

(光绪《海盐县志》卷末《海盐兵事始末记略》。)

【浙江省石门县·天历十二年十月初八日】石门县前营军帅兼理民务沈字致富户蔡仲然等

恩赏监军任石门县前营军帅兼理民务沈字致蔡仲然、陈振声、吕长庚、沈庆余、钟孔锡、张胜年、张柳堂、吴秋畲等各棣台知照:缘今酉刻接奉甸天安李大人钧谕,内开"各富户捐款,所解仅有半数,殊属延宕,谕催清缴"等因。又有吏政书舒大人明日因公到局,谕传各富户,听候铺派。为此字致各棣台,准限明日午刻到局,一同听令。该棣等不得任意推诿,致干咎戾。(伙)[火]速飞速。此字。

太平天国壬戌十二年拾月初捌日谕。

(《太平天国》,第三册,第157页。罗尔纲、王庆成,桂林:广西师范大学出版社,2004。)

【浙江省石门县·天历十二年十一月初一日】石门县前营军帅兼理民务沈给沈庆余谕

恩赏监军任石门县前营军帅兼理民务沈谕富户沈庆余知悉:缘捐饷一款,催逼万紧,而各富户等均未(菁)[清]解,其应如何办理之处,理合会同商议。为此谕知。谕到,该富户于明日辰刻来局,以便会议,毋得推诿不到,有误公事。切切毋违。特谕。

天父天兄天王太平天国壬戌十二年十一月初一日谕。

(《太平天国》,第三册,第160—161页。罗尔纲、王庆成,桂林:广西师范大学出版社,2004。)

【江苏省长洲县、元和县·同治二年八月】凡长[洲]、元[和]各乡已经克复者,秋禾可望丰收。因苏城沦陷后,各佃租籽或由土豪代收,或由伪职征取,业户则颗粒俱无……凡成熟田一亩,共收佃户租米六斗,以二斗报捐军米,以一斗四升捐办抚恤,以一升充办公经费,余米二斗五升给还业户。计每亩共捐出三斗五升,并无所谓四斗之事。

(李鸿章:《陈明租捐丈田清理民房情形片》,同治四年六月初一日。《李文忠公全集·奏议》卷九。)

【江苏省苏州·同治三年九月】 因苏州府属十厅县收成中稔,奏仿上年租捐章程变通办理。计长、元、吴三县,凡收租米一石,捐钱八百文,分上、中、下计成缴捐。此外各属情形不同,准其酌量增减……即所收数目,以三年收成及市价核计,每石不过缴捐四分之一,较之完纳地漕钱粮,所省实多,民情尚称安贴。惟素来短交钱漕之绅户,亦几等于齐民,是甚于催科之说所由来。

兵燹以后,田亩界址不清,册籍单串大半毁失,不能不查办清粮。用冯桂芬实地丈量之后,在川沙试办,清丈数月,止得万亩,将房基坟地等别除,实田仅七千有奇,既与经界不符,更恐亏短正课。后改为由各州县督同本地绅董自行经理。

松江府属同治二年各漕,据华、娄、青浦三县,因清粮尚未竣事,在官册籍不全,责成图董确查造册,代收佃租,分别应完粮者,由董代完,应完租者,由佃清交,虽系偏重图董,亦即着佃完粮之意。行之一年,尚无流弊。同治三年各漕,金山县仿照办理,并无贻误。此系暂时变通之法,官民两便。惟素来抗欠漕粮之绅户,非其所愿,毁谤之兴,或由于此。此着佃交粮之大略也。

(《李文忠公全集·奏议》卷九,第8—9页。)

[编者按:可知1862年冬漕苏州府属之长、元、江、震是租粮并收由团练局设租粮局。1863年冬漕松江府属华、娄、浦三县是着佃征粮。1864年金山也实行这种办法。殷兆镛责此系"仿照贼匪办法"。]

【江苏省、湖北省·咸丰四年】 逆贼所至之处,未经扰劫之先,必胁人贡献,且以免抄免粮惑人。耕凿乡愚,厌见兵革,欲谋室家之安,不得已而作权宜之计,莫不罄囊箧以供贼之饔飧。贼知邪说已验,肆毒愈深,遂创造贡单,阳为安抚之名,阴寓搜括之意……然贼目甚多,伪官甚众,凡出外掳掠之贼,无不怀贡单以往者。当其据一乡一邑之时,先以小惠笼络无业游民,为之耳目,探听某也富,某也贫,然后大张伪示,令百姓于三日内办好贡物,交至某处,领给贡单云云。甚有一户而领四五贡单者。盖贼又分别所贡为何物,则填何项贡单以予之。如银钱衣物,则盖伪圣库印信;鱼鸭鸡猪,则盖伪宰夫印信;余可类推……及至溪壑已盈,席卷而去,后来之贼,又立新章……今沿江数百里农民知贼之贡单无益,鲜有贡者,然科派章程已定,收粮之令,较贡单为更迫矣。其初陷之处,贡单仍盛行焉……其已立乡官之处,既造军册、家册,复编给门牌如江宁贼馆之制。封条则各伪官皆有之,卒长、两司马外出掳劫,亦各带封条数十张,但见钱谷即封,徐徐搬运。贼陷湖北麻城县,尽封富室质库,喧传官军至,贼旋遁去,三日后复至,所粘封条此三日内无有敢揭去者。

(张德坚:《贼情汇纂》卷八《伪文告下·伪贡单》。《中国近代史资料丛刊:太平天国》,Ⅲ,第235—236页。中国史学会编,编者:向达、王重民等,上海:神州国光社,1952。)

【江苏省长洲县·同治元年八月】 又秋成后,勒谕长邑城乡业主,每亩收租二成。徐设局五,逼业主将租簿送到局中,局反造田单,仍着原催发出。二成租米,徐与业两分之,计数奚啻万万。而业主所收,开销局费,每亩不及四五升矣。

（佚名:《蠡湖乐府·筑海塘》。《近代史资料》,总 34 号,第 172 页。北京:中华书局,1964。）

（四）令富户多进贡,多出捐费或代贫户交纳

【江苏省吴江县·咸丰十年】八月初一日,设局填写门牌,着旅帅、卒长,各圩挨户发经每张或[收费]三百余[文],或五百余,富户亦有千文不等。

（《吴江庚辛纪事》。《近代史资料》1955 年第一期,第 37 页。）

【浙江海盐县、海宁州·咸丰十年】七月日,闻乌镇市已进贡于贼,贼与四旗帜及伪示安民。后贼至,欲镇人馈送迎接。

九月日间,上石[盛泽]及王广泾二镇贼令开市出卖所掠物。

[十月]时闻贼掳乡不掳镇。乌镇沿乡二十余里地方如洗。自苏至杭,惟菱湖、花溪、沈塘、冯家桥诸镇未陷。时谚曰:"黄[万?]金家财殁蒲包,穷人手里捏元宝,长毛晒晒笑。"

（冯氏:《花溪日记》。《中国近代史资料丛刊:太平天国》,Ⅵ,第 667、669 页。中国史学会编,编者:向达、王重民等,上海:神州国光社,1952。）

【浙江省嘉兴新城镇·天历十年九月初四日】嘉兴新塍镇军帅吴春波谕各地保富户人等限即到局投册报名输粮纳贡告示

……现虽无国法,既立本军帅为官,亦天朝国典。本军帅惟念本属同乡,前将谕札仁义劝化为先,然可输粮纳贡,早经呈朗天安大[人]赏收安民。今又叠奉上宪饬办纳贡,事务紧[急]浩大,理宜各庄圩协力帮助,方为各保身家之事,断不可为富不仁。特此晓谕,仰该庄圩尚未到局之处,各地保及富户人等知悉:限三日内速到局投册报名,输粮纳贡,倘敢仍再坐视,非怪不念同乡之情,定予扭送到辕也。切切毋违,特示。右仰知悉。

太平天国庚申十年九月初四日谕。

（《太平天国》,第三册,第 73 页。罗尔纲、王庆成,桂林:广西师范大学出版社,2004。）

【浙江省桐乡县濮院·同治元年二月二十二日】沈幼巢之为乡官也,泪于赌博,亏空太多,镇人诉于军帅王花大。王乃易置章程,令绅衿各出办事,毋使军、师帅当权。因长毛入局混杂,绅士无议事处,于是开塌坊浜莲汀所住屋为南局,所谓旧局为北局云。是时桐乡粮米归局经收,盖乡人不肯纳租,产户无所取给,粮米迫征不齐,故钟长毛出令如是。后四月初,闻局中征收又不清,计缺额千二百两,钟又令各镇均赔,濮镇派赔三百二十两。

（沈梓:《避寇日记》。《太平天国史料丛编简辑》,第四册,第 138 页。太平天国历史博物馆,北京:中华书局,1962。）

【浙江省嘉兴、秀水、桐乡三县·同治二年二月】总计嘉、秀、桐三邑所办贼务,惟嘉兴为最苛,系伪总制章、伪监军陈姓所为,章等皆务聚敛病民者也。其秀邑,则沈子山、夏月帆所办。桐邑则姚福堂、王花大所办。惟银粮两□[正]赋实取之田户,其余杂捐及海塘、听王殿等费,皆系各镇股户派股支应,其派及乡人者犹暂而不常。

（沈梓:《避寇日记》。《太平天国史料丛编简辑》,第四册,第237—238页,参见第290页。太平天国历史博物馆,北京:中华书局,1962。）

【浙江省桐乡县濮院·同治元年五月】初五日,濮院局中解洋六百五十元至桐乡。初,伪符天安以民欠漕米,属各处安民局派填,以吾镇荒破,仅派二百二十千,而吾镇司事以无所支给,竟不解销。钟又着乡官朱姓至濮催督。是时仲兰亭与屠镇军帅王花大甚莫逆,凡有公事皆倚重王花大,至是又托王花大调停,而不礼于朱。朱乃大怒,诉之钟长毛,钟以濮院司事情弊太多而怒,改派银二千两,勒令仲勿斋办一千,各司事派一千两,即着朱姓督办,而管押仲吟秋于桐乡……局中另出票子追粮户缴局。

（沈梓:《避寇日记》。《太平天国史料丛编简辑》,第四册,第156页。太平天国历史博物馆,北京:中华书局,1962。）

【江苏省吴江县·咸丰十年】十月初一日,吴江贼酋典伪监军,括取门牌钱,每户或三百,或五百,或一千不等。又请富户十四家为伪董事,收各铺户抽厘钱,日数十千。（页100）

[十月初一日,吴江参军花、军政司鲍时至镇请董事十四家议捐纳借饷事,查门牌,收铺捐,收房捐,米行抽厘,每日约计数十千文,民间之利,括取殆尽!]（页41）

[二十八日,花参军请董事十四家借捐军饷,每家八十千……有潘姓[潘仁甫]措捐,拘人管押,三日后,解[吴]江,责三百板,讲归结,捐钱八十千,罚钱八十千,又费三十洋,释放。]（页42）

十一月初三日,贼征银米,各乡村报田数,每亩纳米一斗五升,钱五百。伪旅帅陆续解江。（页100）

[十一月初旬,办理预完银米,师帅名下各旅帅所属乡村,照田完纳,每亩约出米一斗四五升,钱约百文,以熟田之多少照户分派,参差不等。旅帅陆续解江。]潘仁甫因借饷不允,解江拘打,其余顾、金等在镇富户十余家,各出钱八十千文,或四十千文。（页43）

初九日,追完门牌银米,每户一牌完米一石五斗[每户完米一石,加耗五斗],银[？钱]八百文,加耗二百。[每圩]贫户无力完者,有力者倍完以足之[有力者多完补数。]不肯完者拘人封房。（页100[页43]）

（正文为倦圃野老:《庚癸纪略》。《太平天国资料》,第92—119页。北京:科学出版社,1959。[　]内的字为《吴江庚辛纪事》,上卷,《近代史资料》1955年第1期,第41—50页。）

（五）对违法富户打先锋

【江西省丰城县·咸丰三年七月】人家惟周、陆二姓被祸最甚。贼匪入城，访土匪为引导，故知各富户也。

（毛隆保：《见闻杂记》。《太平天国史料丛编简辑》，第二册，第65页。太平天国历史博物馆，北京：中华书局，1962。）

【江西省奉新县·咸丰六年】贼屯聚奉新者，无虑数万人。奉新盖藏素裕，城中积谷十万余石，诸巨室银币称是，至时尽为贼有……括富户金帛，多者数千，少亦数百。

（同治《南昌府志》，卷十八《武备·兵事》。）

【安徽省绩溪县·咸丰十年】徽人向之累于捐输者，今且为贼掳胁，火其居，拘其身，而索其财矣。向之惮于迁徙者，今且无地可迁，无物可载。

（黄崇煜：《凤山笔记》。《近代史资料》1963年第一期。）

【江苏省松江县·咸丰十年】大索富户，鞭挞使献财，有死者。如是数日，伪忠王使贼伪署府、县职，出示通衢以安民，有垂手进城，拱手受地之语。

（王步青：《见闻录·松江记事》。《太平天国史料专辑》，第543页。上海：上海古籍出版社，1979。）

【江苏省常熟县·咸丰十年】中秋节吾方仍然赏月，各镇献贡，初以羊豕菜蔬，后勒以银洋，或以壮夫，如稍不遂，声言剿洗，先出伪示，以诛讨暴虐为名。然我朝大小臣工，凌虐良善，欺罔君国，实已至极，天道昭彰，秋毫不爽，原在迟速间耳。两邑在城大董事举人曾仲才、丁之[芝]亭，数十年设局以来，所有捐项，悉归彼手，开销支付，尽由彼出，而养尊处优，固不必问，其肥家润室，不可名言，皆民间之膏髓。及破城后，恶贯满盈，被贼活擒，将曾开膛破肚，丁身首异处，试问金银何在耶？最快人心者，漕总张康，欺侮农民，被贼身首手足六处悬示，尤为平气。其间更有收凶租，完短赋，因而起家捐功名，画栋雕梁，姣妻美妾，列鼎累茵，诩诩自得，今只身逃出，尽归乌有。

（柯悟迟：《漏网喁鱼集》。第47页。北京：中华书局，1959。）

【江苏省昆山县、新阳县·咸丰十年四月】二十六日发逆大队入城，城中一无备御……九月贼至四乡掳掠，名曰打先锋，所致悉遭屠戳。梵宇琳宫，见皆焚毁，经典书籍，弃等秽污。自古流寇毒祸，未有如是烈者。

十一年辛酉，贼禁剃发，四出巡逻，违者拘之；或榜掠，或戕杀，或禁囚勒赎，暴肆残虐。四乡镇中各建贼馆，百端需索，至于敲骨吸髓。河塘田地一片荒芜。又立军、师、旅帅，卒长，司马等伪官名，以次统属为贼征粮。珠溪镇金区二图人张德勤、徐秀玉，因青浦贼酋郏天福征乡人粮,伪师帅程某助贼为虐,即将程某殴毙。贼执张德勤、徐秀玉并焚炙死,惨酷极矣。

(《昆新两县重修合志》卷五十一《纪兵》。《太平天国资料》,第137—138页。北京:科学出版社,1959。)

【江苏省松江县·咸丰十年七月】二十七日,闻贼在九峰左近勾通土匪,以造册写捐为名,搜求富户。

(姚济:《小沧桑记》。《中国近代史资料丛刊:太平天国》,Ⅵ,第454页。中国史学会编,编者:向达、王重民等,上海:神州国光社,1952。)

【浙江省桐乡县乌镇·咸丰十年八月】胡礼耕,年七十余。贼至,先设香案,并将洋银百枚馈送。后贼续至,不能给所求。适一贼撞击邻家门不能入,从胡店内椎碎其墙,墙崩,有藏银在。贼曰:"汝犹吝此,不肯献耶?"遂研其颈。

(佚名:《寇难琐记》卷二,手抄本。南京大学历史系太平天国史研究室编《江浙豫皖太平天国史料选编》,第163页,南京:江苏人民出版社,1983。)

【江苏省常熟县·咸丰十年八月二十日】昨日忠王札到福山……沿[至冈升]路两边人家在十里内挨户严搜,见有绅富家物件者概行杀烧,此间[两周市]既隔路遥,不波及矣。

(顾汝钰:《海虞贼乱志》。《中国近代史资料丛刊:太平天国》,Ⅴ,第362页。中国史学会编,编者:向达、王重民等,上海:神州国光社,1952。)

【江苏省常熟县·咸丰十年十一月初六日】有长毛告示,要收钱粮。谕各业户、各粮户,不论庙田、公田、学田等,俱要造册,收租、完粮。倘有移家在外,远去他方,即行回家收租、完粮,如不回来,其田着乡官收租完粮充公,佃户亦不准隐匿分毫等语。

(佚名:《庚申避难日记》。《太平天国史料丛编简辑》,第四册,第489页。太平天国历史博物馆,北京:中华书局,1962。)

【江苏省常熟县·同治元年五月三日】长毛到阑干桥者有千余,并有船百只,大肆劫掠,人家尽空,一无所存,米有三千余石,金银钱物尽有。

(佚名:《庚申避难日记》。《太平天国史料丛编简辑》,第四册,第526页。太平天国历史博物馆,北京:中华书局,1962。)

【浙江省桐乡县·同治二年十二月初三日】桐乡粮米本系清册,田地一律完纳,每亩白米二斗,费四百文,外加田捐每日一文,着田主缴完,银子另征。大街刘宅田地三千余亩,无钱缴纳,庠生某竟遭拷掠。有楚琴者,以田六百亩送与师帅姚福堂,姚不肯受,并将大街市房一所值价五六百金送与姚姓,姚乃受之。其乡人有田者,着伪司马、伪百长日夜追索,不缴则执而杖之。乡人逃匿,不敢出门至镇,镇上行人寥寥,日中不成市。石门镇亦系桐乡所属,居民不完粮者,何杀七人以徇,然而乡人竟不完纳。何谕乡官,以石门、濮院百姓顽梗,欲下乡打先锋,既而不果。

(沈梓:《避寇日记》。《太平天国史料丛编简辑》,第四册,第288页。太平天国历史博物馆,北京:中华书局,1962。)

【浙江省处州·咸丰十一年九月】 被掳男女皆系手足,勒令以钱取赎,富家百计营谋,饱其豁壑,始得放还。

(光绪《处州府志》卷十二。)

附:【浙江省萧山县·咸丰十年】 吃油穿绸,到包村去杀头。

(萧山民谣。瞿静涵:《民谣看太平天国的政策制度》。《历史研究》1956年第十期第92页。作者注:包村在诸暨县东北,包立申抗拒太平军之据点,富者集中于此。农民及太平军围攻之,到此去杀地主之头,可以"吃油穿绸",得到地主之财产。)

(六) 写大捐与乡官勒索富户

【浙江省桐乡县乌镇·咸丰十年】 离镇东栅七八里许庄泾村钟氏,桐邑中巨富也。长毛素所觊觎,而钟氏颇见机,魏贼常常扁舟至其家,甚相比昵。一日宿,饮酣留宿,喜□□□办舍钱无吝色,自言能保钟氏,可御他贼之侵掠者。未几,贼至庄泾,魏摇旗呐喊,以身捍卫钟门,余众不敢入,他姓仍劫夺如故。魏以为己功,喉董沧洲索其赂谢,不如愿。至次年正月,钟应芳子福谦往土城中贺年节,嫌其来迟,遂羁縻之,其实意不在此。已而,馈以洋银二千枚,乃放还。

(佚名:《寇难琐记》卷一,抄本。南京大学历史系太平天国史研究室编《江浙豫皖太平天国史料选编》,第145页。南京:江苏人民出版社,1983。)

【浙江省桐乡县乌镇、乌程县青镇·咸丰十年八月】 乌、青两镇有七典库,寇兴数年,捐饷不资,典主力不能支,凡入库之物以千钱为限。自八月初一炬之后,典屋各废,质物靡有孑遗,民多不便。而贼来营馆,益肆诛求,市肆不论大小店户,日抽取厘捐以供无厌之欲。其富室大户另分股派费,动以数万两计,再三请损,络绎送解,皆责成于司事师帅。后司事不堪驱使,马兰芬逃逸上海,周官勋诡词得脱,惟董沧洲晨夕供奉,内外事赖以调停。有时长毛无故骚扰民间,强取货物,或捉人藏匿土城,或非意恣行毒虐,皆诉于董。董入见魏长毛,颇见听信,将贼众重惩创,稍稍得安枕席,故人之感沧洲者亦复不少。

(佚名:《寇难琐记》卷一,抄本。南京大学历史系太平天国史研究室编《江浙豫皖太平天国史料选编》,第146页。南京:江苏人民出版社,1983。)

【江苏省常熟县·咸丰十年八月】 又搜索各乡稍有家[资]者,并殷富避难寓居者,指名叫到,勒令捐银……违忤者立锁禁闭。[不来者捕之。]于是捐缴如流水而至。

(汤氏:《鳅闻日记》卷上。《近代史资料》1963年第1期,第94页。又见《太平天国》,第六册,第321页。罗尔纲、王庆成,桂林:广西师范大学出版社,2004。)

【江苏省吴江县·咸丰十年十月】二十八日,贼请伪董事十四家借捐银钱,每家八十千。有潘姓不肯捐,押三日,解江。伪监军责三百板,捐钱八十千,罚钱八十千,余费四五十千,释放。

(佚圃野老:《庚癸纪略》。《太平天国》,第五册,第316页。罗尔纲、王庆成,桂林:广西师范大学出版社,2004。)

【江苏省常熟县、昭文县·咸丰十年】[王市师帅金云台]最为强横,不顾亲邻情谊。凡捉有力者捐输,吝而忤命,则锁吊笞辱倍罚,乞饶始免。目前富有,真乃累事。

(汤氏:《鳅闻日记》卷上。《近代史资料》1963年第1期,第116页。又见《太平天国》,第六册,第345页。罗尔纲、王庆成,桂林:广西师范大学出版社,2004。)

【浙江省海盐县、海宁州·咸丰十一年二月初四日】[太平军占花溪镇]初十日,应玉轩设局花溪司空庙,以诸生祝朵香为帮办,并匪类多人,枪船两只。伪票捉人谓之"拔[人]"。当时勒富户贡贼,稍有财产者尽逃避。同时,黄八十自投为乡官,设局通元后,殷户沈王孙欲免祸,亦入党为帮办,势更横。

(冯氏:《花溪日记》。《中国近代史资料丛刊:太平天国》,Ⅵ,第672页。中国史学会编,编者:向达、王重民等,上海:神州国光社,1952。)

【浙江省杭州·咸丰十一年五月】时乔司军帅王忠良、师帅李友孝、旅帅家明冈叔,安民之地,差徭供应,赖以周旋。驻省贼目为三十六天将刘懿鸠,粤人也,凶恶贪戾,众呼为"刘剥皮",趁缲丝刈麦之隙,迫各乡官按户勒索,名曰"写大捐"。又派百姓排日解灰作煎硝之用,如不敢解灰进城者,由旅帅雇人挑解,每担折钱二百文,名之曰"出灰钱"。

(张尔嘉:《难中记》。《中国近代史资料丛刊:太平天国》,Ⅵ,第638页。中国史学会编,编者:向达、王重民等,上海:神州国光社,1952。)

【江苏省常熟县、昭文县·咸丰十一年七月】[派米五万石]威迫择平日殷实之家,勒捐一、二百两;农民照田每亩百文,[三日事毕]。

(汤氏:《鳅闻日记》卷下。《近代史资料》1963年第1期,第123页。又见《太平天国》,第六册,第352页。罗尔纲、王庆成,桂林:广西师范大学出版社,2004。)

【浙江省绍兴县·咸丰十一年】十月朔,出掠于乡,名"打先锋"……贼掠乡十日始归城。

于是千村万落，量力入贡。贼乃出示安民，令蓄发。设军、师、旅帅，司马，百长等伪官……军(师)[帅]以上为监军，山阴一，会稽一，皆土著为之。于是寡廉鲜耻之徒，纷纷从贼；即俨然衣冠者流，亦复为一军一师，不知读圣贤书所学何事？乡官居于乡，为贼设伪居，稽户口，立门牌，牌价有数十百金不等，贫民不逮，并责于富民。有田者令输租，亩人[？入]三分。民家租额皆定于局，各户赴局买票，数十百金不等。曩称富人，重为刻剥，名曰大捐，千金万金亦不等。不受者，械击之。商家侨寓之民，砧斧尤巫，商人藏盐皆禁锢，据为己有。别立伪官，曰盐师帅，董其事，亦名乡官。凡贼所需，乡官率奔走恐后。为贼寿，鹤鹿皆生致以献。此非越产，不知何自来也。乡官率既得贼势，乡官者又仇于乡官，由是各报私仇，横行乡曲，衣锦粱肉，同于素封，饥寒苦况不知矣。然越州蹂躏，较善于他郡者，又未始非乡官之力也，抑亦土不甚瘠耳？

贼又于山水要隘，设卡设营，大小不一。营或数千贼，或数百贼，卡数十贼……名似守备，其实皆敛财耳……营卡既具，肆无大小皆有赋，商买往来重其税，甚者并夺之。居与为邻，祸尤烈焉。旋奉伪令，令各配偶，于是私藏女子，公为贼妇，城中数大姓，皆以女妻贼，贫而有姿者，辄慕效之，其父兄俨为椒房，途人侧目矣。

(古越隐名氏：《越州纪略》。《中国近代史资料丛刊：太平天国》，Ⅵ，第768—769页。中国史学会编，编者：向达、王重民等，上海：神州国光社，1952。)

【浙江省慈溪县·咸丰十一年冬至同治元年】[师帅馆费用]半资董、荣[？叶]巨家，半乃各村纠集。

(柯超：《辛壬琐记》。《太平天国资料》，第192页。北京：科学出版社，1959。)

【浙江省绍兴县·咸丰十一年】十月初一日……各大镇设立军帅，每县设监军，俱以土著充之。柯桥军帅为赵某，即华舍司进贡者……赵本一游民，不为乡里所齿，至是乘坚策肥，张盖呵道，凡所辖大家，俱受其朘剥焉。

(杨德荣：《夏虫自语》。《中国近代史资料丛刊：太平天国》，Ⅵ，第782页。中国史学会编，编者：向达、王重民等，上海：神州国光社，1952。)

【浙江省诸暨县·同治元年二月】诸邑古塘陈兆云起义。兆云精悍有谋略，集义兵三千人，与立身合兵拒贼，军容益壮。

伪来王调各路贼兵渐集，开大捎，资粮饷。伪坐镇姚克刚、山邑佐将龚锦标，颇宽仁，异众贼，念民力已瘁，迁延不欲行。而会邑佐将徐某，性贪残，闻令即遣其妻父张九[又名大九，萧山人]，借伪协理监军某，赴会邑各村镇，排户书捐，但有田产者，无多寡，统以富户目之，勒书数千缗至数百缗不等。书稍缓，即加以银铛，或笞扑之。书毕，坐伪局待缴。贼本天主教，七日一礼拜。各捐户一礼拜不缴，则催之以委员；再缓，则催之以局差；再缓，则令贼兵锁拿押缴。委员皆无耻者为之；局差即向之府县役，需索无厌。贼兵尤凶暴，少不满所欲，则恣攫其衣物，或抽刀入内室，妇女啼窜，多有被迫自尽者。

（王彝寿：《越难志》。《中国历史文献研究集刊》，第一集，第236页。又见《太平天国》，第五册，第147页。罗尔纲、王庆成，桂林：广西师范大学出版社，2004。）

【江苏省常熟县·同治元年三月七日】闻城帅按田捐盐资，外添火药诸费，农力不支。而徐[少蘧]局广养枪勇，派捐尤苛。枪船日如梭织，划桨扬威，人惧其拳勇之众，刀枪之威，多破家勉应。两途交迫，被扰不堪，情极自尽，如张仲衡，马子良[瑞麟]等不一而足。

（龚又村：《自怡日记》。《太平天国史料丛编简辑》，第四册，第436页。太平天国历史博物馆，北京：中华书局，1962。）

【浙江省仁和县·咸丰十一年十一月至同治三年二月】一经虎口信沈沈，鸟窜鱼□总就擒。征诏岂同求博士，[原注：村间勒赴伪试。]禁烟犹见热空林。身如夷狄甘文面，话到妻孥尽刺心。拍断胡笳认肯赎，[原注：被掳者须以金赎。]男儿方解重黄金。

壶浆箪食岂甘倾，况复寻常政令更。[原注：时多勒捐各户。]历尽疮痍犹服役，掳馀金帛尚输诚。红旗怕见催捐令，古庙愁听拷掠声。[原注：贼掳村镇，多处社庙以索财物，无则任其笞辱。]莫讶山中无历日，而今朱草已无茎。[原注：时无历书，故山中多无时日。]

（钟慈生：《志哀诗》十二首中之二首。载《庚辛泣杭录》。）

附：

[以下是沈梓在《避寇日记》中所记浙江省嘉兴府一带1859—1863年间钱粮征收情况的索引，仅供参考，每条资料后的页码，是《太平天国史料丛编简辑》第四册的。]

(1) 嘉善县。每亩漕米1.65斗。浮收至三、四石。（咸丰十年）用旧吏胥劣绅。（第58页。）

(2) 盛泽镇。咸丰十年十月以前臧省三主进贡，写捐、完粮等事。（第58页。）

(3) 卢长毛向新塍借800元，向富户绅士又索生日钱、生日费，门牌每张200文。（第59页。）

(4) 嘉兴施天燕向新塍绅衿借1 000元，在此前有罗长毛借款。师帅向局借100元。（第60页。）

(5) 咸丰十一年七月十三日钟良相的告示。（第73页。）

(6) 桐乡来濮院催粮，派镇富人出股头洋，每股二洋，"均随其贫富等级而出之"。局中敛钱。（第87页。）

(7) 嘉兴收火药费，每亩50文，着师帅及圩长收取。（第89页。）

(8) 咸丰十一年十月十四日，桐乡长毛从海宁乡下刈稻。（第91页，又见第120页。）

(9) 十一年十二月初五日，钟长毛定二十六日收漕。（第97页。）

(10) 桐乡谭姓继钟良相，令民间还粮。（第100页。）

(11) 沈幼巢为局内亏空，于各捐股头上加派洋800之数，又为过年办礼物加派洋500

之数。（第 125 页。）

（12）同治元年正月二十日，"闻钟长毛谕桐乡粮米限七日完齐，学中刁斗钱崔田来濮包漕，打六折完纳之说"。（第 129 页。）

（13）临时索米 6 石，肉 10 斤，洋 20 元。（第 132 页。）

（14）濮院镇每日所收店捐及各富户日捐，为供给长毛用费，总共须 50 余千。局中以费用不支，求减额，钟良相为此调爽天福诸公至桐，以省馆子日用供给之费用，减额 5 千。（第 138 页。）富户逃至乡，亦令进贡，被迫又走。（第 144 页。）

（15）二月二十日，河下沈牌士宅内爽天福朱撤馆至桐乡，以省濮院镇馆子费用。"朱既撤馆，而［师帅］沈幼巢遂移馆子于河下。沈幼巢之为乡官也，汩于赌博，亏空太多。镇人诉于军帅王花大。王乃易置单程，令绅衿各出办事，毋使军、师帅当权。因长毛入局混杂，绅士无议事处，于是开塌坊浜莲汀所住屋为南局，而谓旧局为北局云。是时桐乡粮米归局经收，盖因乡人不肯纳租，产户无所取给，粮米追征不齐，故钟长出令如是。后四月初闻局中征收又不清，计缺额千二百两。钟又令各镇均赔，濮镇派赔三百二十两"。（第 138 页。又见第 150 页。）

（16）捐重。"夜间写捐，捐户皆逃。"（第 143 页。）

（17）忠王生日，濮院派费 600 两。阖镇日捐上每股派洋 9 元。（第 146 页。）

（18）沈幼巢吞捐索诈被控，受审。（第 147 页。）

（19）桐乡开考。复试题：《天国三大政赋。以耕田，铸钱，取粮三大政为韵》。（第 148 页。）

（20）钟良相以民欠漕米属［嘱］各处安民局派填，以吾镇荒破，仅派二百二十千。以司事不解销，罚派 2 000 元，限日交齐，捉司事为押。"局子另出票子追粮户缴局"。（第 156 页。）派濮院修海塘费 2 000 元。（第 177 页。）

（21）桐乡因造听王府办砖瓦，派濮镇 200 元。（第 188 页。）

（22）至余杭打先锋，割稻头无算回。（第 189 页。）言将往松江刈稻。（第 189 页。）得人摇船刈稻。（第 190 页。）

（23）嘉兴听王征秀水县辛酉年征银已毕，又出令加征银四万两给军需，派新塍六千两，限是日解三千两。（第 189 页。）

（24）嘉善。责办饷银三万两，否则刈民田稻之半。（第 190 页。又 219 页。）

（25）去年所编田亩十不过一二，隐匿十之八九。（第 192 页。）

（26）太平军至嘉兴——初令进贡——未几有店捐、关捐、门牌费、船凭费——辛酉夏有征银之令。某秋又分上下忙之期，始令民间编田还粮——壬戌秋用章又群为总制，定各邑田额——惠水按缙绅录征六万石，取刁黠者为师帅，乡间殷实者为旅帅。十月下旬，逐圩逐户编田造册，乡间无可匿。乡官包收漕米。于是将各田户收系者不可胜计。（第 192—193 页。）

（27）乌镇"粮米每亩四斗"。（第 195 页。）

（28）清军亦欲黎里等地百姓纳粮。（第 197 页。）

（29）忠王犒赏三军，派新塍元宝六十只。（第198页。）

（30）总制遣监军查店凭索钱，为驻守官员斥免［可知权不在当地人手中］。（第199页。）

（31）太平军占太仓后，安民收粮为完善之区。（第200页。）

（32）苏州、昆山"长毛初到苏，即修贡完粮，颇称盛美"。［1862年春之后，清军占太仓，才有被掳者。］（第201页。）

（33）塘南各圩皆编田，计每亩完粮米四斗半，其斛系（丈）［？大］三百五升。完银子钱663文。田捐、月捐、卡费每月每亩280文。完米限至初十而止。过期者照南粮额数完纳。乡官殳阿桂所供长毛局米6 000担，而计所编田额当收米万担，浮收者皆入己也。凡乡人欠粮者皆械系之。卡上用的柴，亦随田额派。（第202页。）

（34）准备运至南京之米，因苏州有变而回，寄在城外各米行收贮。（第202页。）

（35）十二月初十，嘉兴郡正届收粮之时，令粮米留屯各局，不运入城，于是米价下降。（第203页。）十三日，因嘉兴长毛枭米，米价下降，糙冬不过3.7元。（第204页。）

（36）桐乡界人伍某，有秀水田40亩，秀水新塍局以其编田不足，派人去拿，取首饰而归。（第204页。）

（37）有《裂眦吟》十首，言永昌徐氏索捐之苦。（第206页。）

（38）濮院"长毛设田租局于集庆街孙广含宅，每逢三八期收田租"。（第207页。）

（39）1861年（见本段及第126页，第207页，知为1861年事）嘉兴县每亩田还［粮］米2.6斗，每亩上忙银200文，下忙银200文。（第208页。）

桐乡收粮用旧衙门吏胥，一切皆仍旧章。每亩粮额1.56斗，浮收如旧，加倍，即3.12斗左右，外收运费800文。交银者为每石7 000文。过了天历12月30日者，亦仍南□□（粮额），每石完钱十千之数。（第208页。）

（40）辛酉十二月十九日，濮院写店评（凭），共派千五百元。年下派亏空费八百余两。漕米限七日交齐。钱鹤田来濮包漕，打六折之说。（第209页。）

（41）派炮船费160千。每［？］派3千。濮院造炮船10只，屠甸15只。（第210页。）

（42）此处写有"壬戌"二字（第211页），是记日记时说应列入壬戌年，非指1862年之粮额也。下面记的仍是1861年粮捐额。从记在壬戌年二月分可知。壬戌，秀水田每亩粮2.62元，银640文。（又说大斛四斗，银600文。）田捐540文。零费50文。（参见第237页即55条。）

桐乡每亩地粮4 400［文］，银元□□□□，日捐［田捐］每月240文。［或说200文，办三个月。乡人不给，由镇上派股捐填之。］修海塘费400文。修听王府砖瓦费200文。

嘉兴县每亩田捐每日一文，计360文。粮米每亩4斗8升，过期完5斗2升。银子每亩□千文［从第237可看出是3 000文，见第54条；修海塘费每20亩派钱30千［岂20亩以下不出？］。修听王府费亦如之［每20亩30千文］。柴捐每亩每十日解5斤，每日0.5斤［每斤3文，解费1文］。房捐每间每日3文。（第211页。）［海塘费、修听主府费应为每20亩3 000文，见55条。］

（43）九月[？]初四，"秀水还长毛漕银已结账。嘉兴长毛又出令，今年秀水加征银四万两，限今日征新塍银三千两。"（第225页。）

（44）十八日。"新塍四乡□□□粮米加四分，秀水县责共办粮米七千万[？石]，其实不过四千万[？石]"。（第226页。）

（45）八月（？）二十三。"濮院朱长毛去捉船，与孙宪二赌局打换设局，榻坊浜田租归局收"。（第228页。）

（46）山居之人"人性亢爽，租税之入不衍期约。不若水乡人心刁顽，丰年倍收犹思抗租图赖也"。（第232页。）

（47）同治二年正月初三、四日，伪局司事沈五畴等以关帝庙为公局，门前大署曰新（糟）[漕]局……局中事务整理更新。各店倍加店捐，并增司事之人。凡殷实之家，于十三日各分红帖，请为司事，如仲兰庄、朱星河、钱老正等共十余人。（第233页。）

（48）濮院局中公事，已历两载，"吾镇殷户悉索已空，生意不集"。因乌镇人典圣库张苹村庇护，派款只交十之一二。（第234页。）

（49）钟良相微行查苛收捐，多收过卡费事。（第235页。）

（50）绍兴本地米不足，仰给于下路贩户，米贵。（第235页。）

（51）新市镇因乡官送洋及米免掳，而四乡被掳。（第236页。）（此掳乡不掳镇的另一原因，即市镇居民有较严的组织。）

（52）嘉兴，除田粮地丁外，有屋捐（每间每日三文），亩捐（每亩每日一文），灰捐，灶捐，柴捐共五种。乡官横行，不可抗欠，否则砍桑拆屋，小自耕农不支。（第237页。）

（53）平湖，1861年，编田八折，每亩完粮3斗。1862年，每亩完粮7斗，加：银子750文，田捐50文，灶捐每只□□□文。（第237页。）

（54）嘉兴县，每亩完粮4.8斗（过期5.2斗），银3000文，海塘费150文[每20亩3000文]，修听王府费150文[每20亩3000文]。田捐360文（每亩每日一文），房捐每间每日三文，柴捐每亩540文[180斤]，解费180文。（第237页。）

嘉、秀、桐三邑，惟嘉兴最苛。（第238页。）

（55）秀水，每亩粮米大斛四斗，银子每亩640文，田捐240文，柴捐18斤（每20亩每10日解10斤），零费50文。

此惟塘南及乡官属下则然，新塍一带未闻有此等杂捐。（第237页。）

秀水专编田而不及地，故有地无田者，无催租人至也。（第238页。）[20亩以下不交？]

（56）桐乡，每亩粮米□□□，银子□□□，海塘费、听王府费亦有派及田户者，不及二三百文，四五百文而已，主要派于镇上股捐，田捐600文。[冬底3个月每月每亩200文，乡人不能给，则派镇人措派股捐以垫之，不必尽取诸乡人也。]（第237—238页。）

桐乡"田账册籍（具）[俱]在，民间全无分毫可免"。"惟银粮两口[正]赋实取之田户"，其余皆系镇上股户派股支应。（第238页。）[参见第211页43条]。

嘉兴集各乡官听廖令一办漕银；一拆妖庙毁妖像，不折者每圩罚500元；一拿小船谓乡官通妖,要押其家眷入城为质。(第 244 页。)

(57) 筱天义钟谕征收桐乡粮银,索濮院三千金,限三日解齐。因钟即欲离桐出师,既后被荣王廖[守嘉兴的]及文将帅何[守乌镇]逮住,责以剥削民财之罪。

钟属下车姓以酷聚财,被何斩首。(第 266 页。)

(58) 濮院换朱姓长毛。桐乡换何培章,出示:从前民欠漕银俱豁,自今[1863]六月以后开征下忙漕银,开征催缴之。"何谕罢一切捐项,凡殷户自捐、股捐,以及市肆倍三倍十之捐均罢。惟店捐每月加倍,而田捐仍旧每亩每日收一文。又出洋付各乡官,每十日买船两条为解粮之用,买砖若干块为加筑城墙之用,谕令不许苛派民间一文"。(第 267 页。)

(59) 苏州失后,荣王谕各乡官:苏城失无预浙江之事,"尔等一意办公,安民收漕,以济军需"。(第 287 页。)

(60) 桐乡收粮捐,不给即锁拿枷打。濮院师帅董姓[老寿]累遭拷打,乃告退,换张姓。田、地一律完纳,每亩白米二斗,费 400 文,外加田捐每日一文,着田主完纳,银子另征。庠生因交不出粮被拷打,楚琴以田及房产交师帅姚福堂。乡人逃匿。何培章杀石门不完粮者七人。乡人竟不完纳。(第 288 页。)

(61) 濮院,关帝庙为新漕局,翁镜蓉宅为漕银局。(第 289 页。又第 233 页。)

(62) 五月三十日,闻听王以令旗及剑付荣王,限三日办银 1 万 3 千,发军饷。三十夜,索新赕 3 千。初一日,索新赕 2 千。(第 293 页。)

(63) 嘉善,1863 年太平军未办漕。十月守城太平军降于清,民间未受灾。于是官绅会商设立租捐局,收漕之别名也。"每亩以二斗为率,一斗归产主,六升归军柴,四升归局。盖较贼粮六七斗之例已减去三分之二矣,民岂不快!"(第 309 页。)

(64) 嘉兴、秀水,1863 年冬漕太平军已收。1864 年正月清军来攻城,需办军柴,亦照嘉善例设租捐局,乡民大病。清军占领嘉兴后,分设各局,大收租捐,至五月取消。(第 309 页。)

(以上均选自沈梓:《避寇日记》。《太平天国史料丛编简辑》,第四册。太平天国历史博物馆,北京:中华书局,1962。)

(七)没收官僚的资财

【江苏省苏州·咸丰十年】 贼以官为妖,见朝衣、朝冠、补褂、翎顶之类,以为妖器。人家有此服物,则蹂躏益甚。

(潘钟瑞:《苏台麋鹿记》。《中国近代史资料丛刊:太平天国》,Ⅴ,第 279 页。中国史学会编,编者:向达、王重民等,上海:神州国光社,1952。)

【江苏省南京·咸丰三年二月】 十三日午后,仆胡发仓皇奔至肆中,来告本宅业为贼破,顷间贼麕至,入室四顾,向仆等搜索,无所得,乃虏仆二子,将前后门粘伪封。

(胡恩燮:《患难一家言》。《太平天国史料丛编简辑》,第二册,第 333 页。太平天国历史博物馆,北京:中华书局,1962。)

[编者注：胡恩燮，清政府官员。]

【江苏省南京·咸丰三年二月】城陷后，贼党私入民居，括金帛，罄囊橐，卒不厌谿壑，思以一网尽之，令五城地甲悉数官绅有产者。

（胡恩燮：《患难一家言》。《太平天国史料丛编简辑》，第二册，第334页。太平天国历史博物馆，北京：中华书局，1962。）

【江西省丰城县·咸丰三年七月】贼匪至吾丰，乡间未至，[村落亦水淹，贼匪乘涨而至，距城十余里。]惟官长淮卫守备李聊镰家，为族匪接引贼匪至伊家，劫去衣物，人口俱涉水获免。

（毛隆保：《见闻杂记》。《太平天国史料丛编简辑》，第二册，第66页。太平天国历史博物馆，北京：中华书局，1962。）

【江西省高安县·咸丰五年】[太平军克高安县。]仇视官绅，苛勒殷富，以售其黠。
（同治《高安县志》卷九《兵事》。）

【浙江省武义县·咸丰八年】六月间，窜入武义县，大肆劫掠，获男女无算，毙路、被戕、自死者千余人。有原任知县唐淳，北直隶人，先为鄞县令，有贪名，积资亿万，世乱不欲北归，罢官后，卜居于武义。遇一道士，素信其术，每事必咨，渠言此间可避难，必免兵燹之灾。遂大起第宅，穷极土木之功，所蓄资财，于后园筑一花□，坎而瘗之，上覆以板，培以土，随植花卉，护之周密，初不知下有物也。未几，贼猝至，见其堂室壮丽，靴顶牌伞之属毕陈于前，因目为妖，速送贪赃来，免汝死。唐辞以无有。□遂曳长绳缚之柱，以火灼其体，欲令供银之所在，终不吐实。又逼其子，不承，亦如其父之惨刑，竟支解之。遍污其媳、女。有仆妇抱其幼子送出。贼搜括至后□□土，获窖金十余箱而去。

（佚名：《寇难琐记》卷三，手抄本。南京大学历史系太平天国史研究室编《江浙豫皖太平天国史料选编》，第182页，南京：江苏人民出版社，1983。）

【江苏省吴江县·咸丰十一年】盛泽镇中有已故浙江宁绍台道仲孙懋与其兄乙巳科进士浙江同知仲孙樊、堂兄乙未科举人浙江知府仲廷机，同宅居住在马家衖，房屋高厂，为镇中之冠。汪贼[汪心耕]觊觎已久。孙懋、孙樊均殁于王事，赐恤给荫。廷机署严州府知府。汪贼先于五月十二日用听逆伪印封条贴其门首，令沈枝珊捉其伙计宣松乔，示以伪札，逼令迁让。松乔不肯，即锁在北胜庵牢内吊打，十五日缢死。是月，汪贼回自杭州，知杭城垂破，快意之极，愈觉胆大。初五日以令旗派伪稽查司张继然率领一百余人围住仲宅，喊称汪尚书来查封妖头房子。[同书第186页说"毁房屋系奉听王令旨"。]时孙樊之子荫生元熺在家，闻喊声鼎沸，急开后门与家眷妇女逃至孙懋妻徐氏家内，仅以身免。少顷，汪贼及吴少溪[四王娘伪溪天燕]、徐绩卿[伪军政司]、庄东甫[伪军政司]、王兰士[伪检点王之青之弟]、沈栗甫[伪吏部尚书沈枝珊之兄]、沈诚斋[伪吏部尚书沈枝珊之弟]、李文波[伪监军李广廷之兄]、陶云亭[伪右一经政司]、唐茂廷[伪局董]等皆到,毁门直入。银洋衣饰,器用家伙,拥入汪贼天章机局者三分之二,拥入沈枝珊家者三分之一,乘下零星各物,群贼一抢而尽。沈诚斋见旁屋中有轿子一乘,次日复来取去。汪贼即令木匠拆去前墙门、二墙门内砖门,及前后楼房露台,匠人掘地发屋,无所不至。

同治元年正月,伪检点王子青到廷机胞兄廷标处,传汪尚书之令,索洋五百元捐入天章机捐局,即将空屋发还。时仲绅家已破,百计借凑得洋二百八十八元送入机捐局,始将拆剩空房领回。

(鹤樵居士:《盛川稗乘》。《太平天国史料丛编简辑》,第二册,第185页。太平天国历史博物馆,北京:中华书局,1962。)

【江苏省长洲县・同治元年冬月】从逆伪官徐少蘧遍贴伪示云:九门御林开朝勋臣管理民务抚天侯徐,为收租助饷事。钤用抚天侯伪印,各乡分立田捐局,派出伪员朱耘岩、伪董钱云年等给发谕单,称奉爵宪抚天侯徐札开……余家长邑额租四千余石,悉被徐逆收去。据催甲唐锦山交出黄纸伪印谕单,伪委员收照各件,大书伪号,指名征收汪业租米。

(顾某:《蠡湖异响序》。《近代史资料》总34号,第164页。北京:中华书局,1964。)

【福建省汀州・咸丰七年二月】刘远达[检点,原为土匪]踞崇善中坊附贡陈祖武家,掘其积藏,布分党羽,旗上大书"殿右四检点功勋平胡加八等刘统下"字样,杀绅衿,掠巨室,凡公廨廒仓,市廛质库所有,皆被搜括;而奸胥蠹役亡命之徒,悉为向导,即日四出搜乡,不尽不止。头裹红巾,手执旗帜,一路恶叫狂呼,捉幼孩,拥壮丁,淫妇女,即崇垣峻栅、复壁窔房,无得免者。诸乡勇见此情形,惶恐骇散。富镇上马走濯田,延太守奔渔溪,雇骁勇八十人从之,庞公身当炮冲,几贯左臂,疾提长靶刀,退入上成里。

(曹大观:《寇汀纪略》。《中国近代史资料丛刊:太平天国》,Ⅵ,第811页。中国史学会编,编者:向达、王重民等,上海:神州国光社,1952。)

(八) 强迫富人劳动

【浙江省绍兴・咸丰十一年至同治元年】去冬[咸丰十一年]向佃户收租如乞丐状,善者给数斗,黠者不理,或有全家避去者。约食米,即改日两餐,亦仅三月粮。而皇甫庄乡官[贼分署曰军师旅帅,在乡坐堂皇遍索,有门牌、大捐等名,皆无赖为之。]谓余官幕名家,[范城之父为浙江巡抚王有龄幕府。],被逮系两次。城知无以保家也,先在小库胡氏训蒙,[月得二千,不能事育。]乃着草履,易短褐,贩米于上宅[嘉兴界,渡海去],卖私盐食货于松厦、小金,复设肆小库,为安弟谋食,定弟读书[附胡氏学],无法不施,足重茧,面黧黑,身无片肉,[于是乡官不大扰]。至五月,米石十四千文,饿殍载道,余尝于路尸墟墓间,日行八九十里,黑夜跌而起、起而跌者不为异。

(范城:《质言》。《近代史资料》1955年3月,第78页。又见《太平天国》,第四册,第

420 页。罗尔纲、王庆成,桂林:广西师范大学出版社,2004。)

【安徽省徽州·咸丰十年】你不见,大富翁,被贼掳去,用盘香烧背脊,勒索金银。既索尽,他还要,罚你做事。你不做,刀背砍,性命难存。

(《徽州义民歌》。《徽难哀音》下编。)

【江苏省常熟县·咸丰十年】富家子弟,柔嫩公子,故令肩挑炊爨,担粪驼尸,一不当意,刀砍鞭挞,罔知矜悯……文弱书生,但使写算,伪造文书告示,层出不停;或作管账,俱称先生,与共寝处,相待如宾。倘走长路,必给马轿舟车,否则掳人扛抬,饶有权柄。

(汤氏:《鰌闻日记》卷上。《近代史资料》1963 年第 1 期,第 82 页。又见《太平天国》,第六册,第 309 页。罗尔纲、王庆成,桂林:广西师范大学出版社,2004。)

(九) 对城居富户的打击

[参见第十七章。]

【江苏省南京·咸丰三年】红包头[按:指太平军]进南京,当官的要了命,有钱人心事重,穷人一身是轻。

(《太平天国歌谣传说集》,第 15 页。)

【江苏省扬州·咸丰五年正月二十三四日】[瓜洲太平军至江洲,]食宿于洲围大户之家……[二月初旬]至佛感等洲,将大业之高坚屋宇尽拆毁。

(佚名:《咸同广陵史稿》卷下,第 3—7 页。又见《太平天国》,第五册,第 110、112 页。罗尔纲、王庆成,桂林:广西师范大学出版社,2004。)

【福建省汀州·咸丰七年二月】是时长发盘踞府城,勒令曾炳文出乡募富室金,曾辞以耳聋,贼割其耳,逼其副室投缳死。经理钱局许开晨藏镪巨万,被贼席卷一空;并勒令许开富绅姓名,使各输资充乡官;[有军帅、师帅、旅帅、卒长、左右司马、伍长等名目。]上户出番镪二千圆,马四匹,中户出番镪一千圆,马二匹,下户出番镪五百圆,马一匹。劣衿市侩喜为乡官者,辄榜报条门首,逆党见之,不掠其室;其不输镪马之富绅,贼必羁囚之,拷掠无所不至。十三日,廖永享在上曹乡竖旗鸣鼓,驰马夺路,冲入杨梅溪地界,露刃报仇。丁捷芳、吴鸿绍等,奉庞公令,联合乡壮,极力抵御,擒杀八人,并毙老王仔[号铁木耳]、老赖仔[号黑翅虎]二名。上曹人助贼战者,被分水凹隘丁出枪棒格斗十五六合,该逆始退。有奸民张炳文、岳振仪、张兆宗、张能善、张黄狗,屡导长发来乡搜掠。梁友魁率勇往张姓店捕之,杀贼数人,内有黄马褂贼一名。炳文等投禀刘检点,谓"梁阻截饷道请诛之"。刘以为然。时渔溪乡廖石富闻郡尊首级埋梁屋头,市棺殓尸瘗之,廖月东募乡壮四十护送郡尊眷属赴上杭,宿笪笪乡。十四日,贼责饷远乡,绅民惧其入境,急敛番镪粮米等远迎贡之,刘检点纳之,遂免掠其乡。

(曹大观:《寇汀纪略》。《中国近代史资料丛刊:太平天国》,Ⅵ,第814页。中国史学会编,编者:向达、王重民等,上海:神州国光社,1952。)

【江苏省常熟县·咸丰十年】每掳一人,必视衣装,华丽[者]认为富民,先缚吊问银财,极刑追索。

(汤氏:《鳅闻日记》卷上。《近代史资料》1963年第1期,第81页。又见《太平天国》,第六册,第307页。罗尔纲、王庆成,桂林:广西师范大学出版社,2004。)

【江苏省常熟县·咸丰十年十二月九日】(问)[闻]得石龙桥有长毛看守,凡行人过此者,有身穿皮褂一件,纳税或二百,或一百,或数十文,或二十文,总视马褂好坏,不一其价。穿皮袄者亦然。穿青布长衫者,稍新十四文,旧则七文。以至人人回避,不过行其处。

(佚名:《庚申避难日记》。《太平天国史料丛编简辑》,第四册,第491页。太平天国历史博物馆,北京:中华书局,1962。)

【江苏省吴江县·咸丰十一年】七月初五日,续勒在镇客居四家银百余两,收合镇房租两月。吴江金姓有在镇市房十余处,每月租钱三四千,伪监军据为己产,分授诸儿。

(倦圃野老:《庚癸纪略》。《太平天国资料》,第102页。北京:科学出版社,1959。)

【江苏省常熟县·咸丰十一年八月初九日】爇后各邑,皆客迁商贩居其中,土著豪右,半在郊薮。贼之焚掠,城多乡少,死者亦城多乡少。

(赵烈文:《能静居士日记》。《太平天国史料丛编简辑》,第三册,第196页。太平天国历史博物馆,北京:中华书局,1962。)

(十)令典当让利取赎

[参见第十六章第一节。]

【江苏省无锡县·咸丰十年】养源典当,邑城顾氏所开。道光季年置地盖房,其门墙巩固,匪盗不能摧其坚。城陷时,典夥李某等守之。四月十八日贼至,李某就近出避,贼由邻墙而入,所掠极微。贼退,土匪窃取不过十之三。李某等回而逐之,保当本数万串。至秋,倩乡官谋踞。逆伪济天义出示,令民备本让利取赎。乡民从之,半年告竣,从中花费若干,不知其详。邻当胡正昌缘房屋之固不及养源,甚至家伙亦被抢完。

(佚名:《平贼纪略》。《太平天国史料丛编简辑》,第一册,第270页。太平天国历史博物馆,北京:中华书局,1962。)

【江苏省苏州·咸丰十年五月十八日】抄典铺、富户……贼在城现不杀人、放火,亦不掳妇女。

（龚又村：《自怡日记》。《太平天国史料丛编简辑》，第四册，第351页。太平天国历史博物馆，北京：中华书局，1962。）

二、当地贫民反富户的斗争

（一）民风大变，抗租与夺财

【江西省瑞州·咸丰三年七月】乡间土匪，有取戏子衣服称太平王。有一牧马者遇伊，伊令其卖与伊，许价三十千文，即令伊随行兑价。嗣又有赌博无赖者二人，随伊至周镇南村，村中亦有无赖者与伊随行。二人有旧，察知其诈，告知周太史。太史家有一雇工多力，即追去擒伊。伊见破绽已出，策马欲奔，雇工追及，擒之马上，村人并缚二无赖子，舍牧马者。次日，即沉三人于水，乡里自是获安。瑞州尤有奇者，有秀才九人涂面抢人财物，二人被获，嗣议和，罚九人钱三百千文。斯文如此，可骇之至。

（毛隆保：《见闻杂记·七月见闻记》。杜德风选编《太平军在江西史料》，第491页，南昌：江西人民出版社1988。）

【江苏省仪征县·咸丰六年】乡民黠者，乘人之危，主佃不免。

（程畹：《避寇纪略》。《太平天国》，第四册，第368页。罗尔纲、王庆成，桂林：广西师范大学出版社，2004。）

【江苏省昆山县·咸丰十年】先是荫槐公闻乱，先挈眷避至南乡方字圩。荫槐公有田千亩，多在其地，佃户之所聚处，欲倚以自固。其弟阳叔公谓，佃户因追租而怀怨者不少，世乱无官法，恐生他变，不如他适。不听，曰：谁敢者。遂挟资以往，又不善视之，人固怨之矣。四月初八日，寇警迭至……二十七八日，荫槐公在方字圩被佃户劫掠，人尽逃散。

（王德森：《先世遗闻》。《岁寒文稿》卷三，第20—21页。）

【江苏省吴江县梨里·咸丰十年五月】初八日，晴。饭后，率二儿至梨川，登敬承堂，外父出见。眷属已自芥字港迁回。郑甥全家亦寄居，姚家浜为盗薮，设计脱归。可知乡间一无隐里也。盛川昨日忽听匪人进贡，衣冠中何负心若此？依然谋求无厌，跟跄而归。此镇恐不保矣。

（柳兆薰：《柳兆薰日记》。《太平天国史料专辑》，第120页，上海：上海古籍出版社，1979。）

【江苏省吴江县芦墟胜溪·咸丰十年十一月十六日】晴。朝上诵宝训神咒。午后，王谱琴来，留便饭。渠家已被难，现居梨川陈宅，财物一空，欲稍张罗以作生计，勉应之而去。慎兄亦来，传述有红夷包打苏城之信，果若是，又一番骚扰。今冬租米全无着，恐吃惊不浅也,奈何。

（柳兆薰：《柳兆薰日记》。《太平天国史料专辑》,第 155 页,上海：上海古籍出版社,1979。)

【浙江省海宁州·咸丰十一年二月】十八日,[太平军]又至袁花镇,分居民房,设立伪卡。里中无赖,从贼为乡官,敲诈逼勒,无所不至;土匪乘之,驾船劫掠。士绅殷富,辄被掳以勒赎,居民尽弃家而遁。

（陈锡麒：《粤逆陷宁始末记》。《中国近代史资料丛刊：太平天国》,Ⅵ,第 649 页。中国史学会编,编者：向达、王重民等,上海：神州国光社,1952。)

【江苏省吴江县芦墟胜溪·咸丰十一年一月十九日】梦书来,知余皇一节,今已送回。然其子语极猖獗,恐终有负而走者,其机已露矣。其母循良之极,到余处还租米,八百一□[亩],收之。留渠中饭,略款之。当今之世,不得不然也。

（柳兆薰：《柳兆薰日记》。《太平天国史料专辑》,第 168 页,上海：上海古籍出版社,1979。)

【江苏省吴江县芦墟胜溪·咸丰十一年四月三日】中午,始食蚕豆饭。村人凶恶无知,牵牛食未绽之荚,如此人情,劫运其能免乎？可叹。

（柳兆薰：《柳兆薰日记》。《太平天国史料专辑》,第 182 页,上海：上海古籍出版社编,1979。)

【浙江省乌程县、桐乡县·咸丰十一年五月至同治三年正月】[作者从兄有田百亩,因完粮未清被拘押。]作者"租粒未收"。

（皇甫元垲：《寇难纪略》,抄本。浙江图书馆藏。)

【江苏省无锡县、金匮县·咸丰十一年十月】锡、金城民总立仓厅。

伪乡官随田派捐,以供贼支。各佃户认真租田当自产,故不输租,各业户亦无法想。惟乡业熟悉田佃者,或可每石收一二斗不等。旋为贼知遍枯,是年[十一年]春,遂招书吏,循旧章,按户完粮收租。于是城业议设总仓厅于四城门外,以便各佃户就近还租,公举薛某总董其事。出传单招各业主,将租册送总仓厅者代完粮收租,因照足额,以至各佃户聚众拆毁而废。后归各业自行到乡收租,大抵半租而已。斯时,种田者需出伪乡官之捐,每田一亩,按日一钱。监军、军帅、师帅三伪局各二毫,旅帅四毫,以为津贴之费。照锡、金田额共一百三十余万亩,每日可捐钱一千三百千文,通年计四十外万矣。幸年丰米贵,农民尚能支持也。

（佚名：《平贼纪略》。《太平天国史料丛编简辑》,第一册,第 278—279 页。太平天国历史博物馆,北京：中华书局,1962。)

【江苏省吴江县芦墟胜溪·咸丰十一年十二月二十五日】 晚间,羹[梅]自局还,知龚公赴金泽未还,诸颖[暗语,指太平天国]纷争,大局未定,赋事[此处指租也]都成画饼,且难了吉[结],殊深烦懊,且中间人甚不直捷,可疑可惧。

(柳兆薰:《柳兆薰日记》。《太平天国史料专辑》,第230页,上海:上海古籍出版社,1979。)

【江苏省长洲县·天历十二年九月】 开朝勋臣珽天安办理长洲军民事务黄札委照办事。

本年长邑境内几至旱荒,荷蒙忠王轸念民瘼,虔诚求祷(尚)[上]格苍穹,芒种后甘霖叠沛,入秋以来雨旸时若,高低田亩一律丰稔。现届刈获登场,各业户收租在迩。本爵因念在城业户星散寄居,(尚)[上]年归来收租,多半向隔空转;而各佃户代业完纳各款,所垫已巨;且高区佃户工本数倍在田,必得两相关顾,酌定租额。自完田凭者,每亩三斗三升;佃户代完者,每亩贰斗五升;高区八折,俾业佃彼此无憾,以昭平允。除出示晓(喻)[谕]外,为此仰前中三军帅张弟、前中二军帅汪弟,率同三、五、六军乡官,设局照料弹压。务念桑梓之谊,穷民之苦,遵照酌定租额,使各业户均有租收,各佃户均无亏耗,以副本爵惠爱平施之意,实厚望焉。望劳心遵照,妥为办理,毋负委托。切切此札。

天父天兄天王太平天国壬戌十二年九月日札。

(《太平天国谕札》,《黄××札》《近代史资料》,总34号,第3页。北京:中华书局,1964。又见《太平天国》,第三册,第156—157页。罗尔纲、王庆成,桂林:广西师范大学出版社,2004。)

【江苏省吴江县·咸丰十年四月】

十九日,[同里]近乡李姓平日结怨乡民,乘乱被杀,庐舍尽焚。

六月初二日……泰源、恒源、永和三典被土匪抢掠,放火烧尽。焚漆字圩范氏屋数十楹……初四日……仍烧范氏,劫掠粮米。

七月十七日,乡间无处非盗薮,风俗日坏;避寇之家素有富名者,即纠众抢劫,迁者苦之。或稍有衣囊,亦不许径回,硬借钱米始放行。余不得已,亦出钱数千。

(倦圃野老:《庚癸纪略》。《太平天国资料》,第94,95,98,99页。北京:科学出版社,1959。)

【浙江省义乌县·咸丰十年】 [太平军至后,贫苦人民]至是皆趾高气扬,折辱缙绅。

(黄侗:《义乌兵事纪略》,第21页。)

【湖北省黄梅县·咸丰四年】 吾乡自粤逆倡,贫民挟贼凌富,而佃风大坏,舞弊名色多……是区区者能有几何,经如许术弄,又加以包心、垫底、掺沙土、和空壳,空壳不足,互相乞侮,所有迟早粘糯穗叶皆付课谷内。

（邓文滨：《醒睡录》卷七。）

【安徽省合肥一带·咸丰八年至同治元年】[佃户]强霸东租。

（吴光大：《见闻粤匪纪略》。）

【安徽省安庆·1856年】[某地主因佃户]积租三年，[被迫]免其租，焚其券。

（民国《怀宁县志》卷二十。）

【上海·同治二年元月二十五日】复谈目前形势，上海可暂，断不可常。茫茫世界，乐土难觅。现闻北直隶南宫有警，未知劫运何时已也？

（柳兆薰：《柳兆薰日记》。《太平天国史料专辑》，第303页，上海：上海古籍出版社，1979。）

【江苏省长洲县·同治五年】候选员外郎徐佩璋呈为重报田亩求请饬销事。

窃职管业坐落台治下下十四都下十图杳（字）[字?]圩内五十六坵，民则田十亩七分一厘八毫，额租米十二石一斗；五十七坵民则田九亩九分四厘七毫，额租米十石正。均系佃户徐槐堂、徐行堂承种还租，业在管业项下造具细册呈报在案。今于本月初十日，由经造发来前项田亩上忙易知单两纸，查系区董图董等误在自业项下造册呈报者。理合将原单粘呈，仰乞公祖大人俯赐电鉴，饬吊职处呈报管业田亩细册核明，并将自业项下区董等重报之前项田亩册内花户姓名，即与核销，实为公便。沾仁上呈。

计粘呈繇单两纸。

（《徐佩璋禀谳公祖（丙寅九月初十日）》。《双鲤编》卷4，《近代史资料》总34号，第97页。北京：中华书局，1964。）

（二）与太平军打先锋和向太平军进贡相结合

【江西省丰城县·咸丰三年七月】人家惟周、陆二姓，被祸最甚。贼匪入城，访土匪为引导，故知各富户也。

（毛隆保：《见闻杂记》。《太平天国史料丛编简辑》，第二册，第65页。太平天国历史博物馆，北京：中华书局，1962。）

【安徽省·咸丰三年十月】唐家湾距城五十余里，依山傍河，缙绅之家多避乱于此，贼访马三俊踪迹，未得其详。有奸民忌城人，愿作向导，且谓金银玉帛悉听取携。二十二日暮，引贼入山[杀官绅与三俊一家]……[四年四月，钟继昌组成地主武装攻舒城，被罗大纲打败，]奸民执继昌送贼中，遭极刑死……孝廉戴钧衡，[在福济军营中，]眷属避于田舍……适佃人有与衡父为仇者，夜引贼至[执其妻妾与女]。

（胡潜甫：《凤鹤实录》。《中国近代史资料丛刊：太平天国》，Ⅴ，第10、12、14页。中

国史学会编,编者:向达、王重民等,上海:神州国光社,1952。)

【江苏省苏州城内·咸丰十年四月十三日】 贼至苏,广匪及六合难民逆贼入城……在城居民遭屠戮者十之二三,投河、投井,悬梁者亦十之二三,余则能逃出城者则逃出城,不能逃出者则从贼焉。先是在苏候补道李文炳,广东人,知苏城难守,私出城见贼(蓍)[藩]忠酋曰:请入城,珍宝尽有之,勿伤百姓一人。贼藩许之。故入城杀戮较他方稍轻。授李文炳伪职为文将帅,其侄君山改名善交,为吴县伪监军……徐藕汀、虹桥兄弟皆藩司史,城陷,率妻女共十一人,阖户缢死。

贼入城,先放狱中囚犯,使其引之劫库,逐户搜索。城内民房,大者作贼馆,小者多烧毁。不论男女,见之即掳。强壮者,使之运米、挑水、搬移物件。稍通文理者,使之教小长毛识字,或为之书记。老羸无用者则逐出城,不服者杀之。遇医生及裁缝俱留养馆中,裁缝使之改衣服,医生使之诊病,兼有与之钱开药铺者。妇女美者,贼目占为己妻;稍有姿色者,驱入女馆中以便挑选;余他不论妍媸,一任众长毛奸淫,虽老妪以及童稚亦所难免……贼初至,但知逐户穷搜,得奸宄引之,便知某家为富户,某家为显宦矣;但知启箱倒筐,得奸宄引之,便知掘地发窖矣。贼去后,土匪络绎攫取,寸缕不遗。

(蓼村遁客:《虎窟纪略》。《太平天国史料专辑》,第15—16页,上海:上海古籍出版社,1979。)

【浙江省湖州·咸丰十年】 当是时,湖州各大户挟资财匿城外某山内,土匪导贼掳劫之。附郭多被[清总兵李]定泰兵勇所焚掠,湖城既空。

(佚名:《东南纪略》。《中国近代史资料丛刊:太平天国》,Ⅴ,第231页。中国史学会编,编者:向达、王重民等,上海:神州国光社,1952。)

【江苏省常熟县·咸丰十年】 长毛掳住鲜衣华帽清秀子弟,非认为官绅,便指作富户,呼为妖头,必遭杀害,或昼夜吊打,逼索金银……西南诸乡,大户亦为土匪焚掠殆尽……[石墩]有富户顾姓几家,焚掠一空。

(汤氏:《鳅闻日记》卷上。《近代史资料》1963年第1期,第85页。又见《太平天国》,第六册,第312页。罗尔纲、王庆成,桂林:广西师范大学出版社,2004。)

【江西省铅山县·咸丰十一年】 五月间,贼自汀州至宁都州,自金溪至上清宫,抵柴家埠,往德兴,续审花旗。贼十余万盘踞湖坊、港东、杨村等处,假以安民为名,敛钱讨贡,散给门牌,设立军、师、旅帅。日出掳掠,号为打先锋,近至五六十里,远且百里之遥,而近地土匪又为之缘导。

(同治《铅山县志》卷十《武备·兵事》。)

(三)吃大户、抢大户,杀有怨者

[参见第十一章第一节"吃大户,打大户"目]

【江西省丰城县·咸丰三年七月】 贼匪去后,即土匪恣行,抄取富家巨室,搜括无遗。

（毛隆保:《见闻杂记·七月见闻记》。杜德风选编《太平军在江西史料》,第490页,南昌:江西人民出版社,1988。）

【福建省汀州·咸丰七年二月】 ［太平军到时］忽有青泰里河田乡犷民四五百,由丽春、惠吉两门入城,围长茂典铺,而诸坊列市,货积财充,悉遭剽掠,沿街横行,劫狱烧屋,无所不至。

（曹大观:《寇汀纪略》。《中国近代史资料丛刊:太平天国》,Ⅵ,第810页。中国史学会编,编者:向达、王重民等,上海:神州国光社,1952。）

【浙江湖州琏市·咸丰十年】 周墅塘桥东去半里许为诸家埭,有富户诸氏储米千余石,邻人乞假五斗不许,遂聚众而噪于门曰:"不赊贷,将尽取之。"诸不得已从之,凡需米者书一券,以石米二千八百文为准。是时庚申五月初也。田种初莳,饥馑未见,而民情已汹汹,不期而集者数百家,各以多取为贵。至晚,困已空十之五六,有不得米而毁槛拆窗以入、因而辱殴主人者。次日,来者犹纷纷不已,并不肯书券矣。自此以后,各村有力之家为群小所窥伺,每夜鸣锣发枪,四方响应,而劫夺之风日增月盛。迄秋冬间,延及次年,未有宁静时也。

（佚名:《寇难琐记》卷二,手抄本。南京大学历史系太平天国史研究室编《江浙豫皖太平天国史料选编》,第173页,南京:江苏人民出版社,1983。）

【浙江省长兴县·咸丰十年二月】 十八日,［太平军］退归长兴。由是长兴之东门不启。然四乡愚顽尚有敛钱市猪、羊、鱼、酒进贡者。自派贡之名起,而寓居殷富,无一不被其逼勒,甚至缚其夫以胁其妻,烙其父以劫其子,必使尽出所藏而后已。其异于遇贼者几希?

（胡长龄:《俭德斋随笔》。《中国近代史资料丛刊:太平天国》,Ⅵ,第757页。中国史学会编,编者:向达、王重民等,上海:神州国光社,1952。）

【江苏省·咸丰十年四月初九日】 时苏州各乡皆结乡团,自初四日广勇焚掠之后,齐心见广东人即杀,甚有本省道员颜培嵘避难至东山,为土民所戕之事。

（赵烈文:《能静居士日记》。《太平天国史料丛编简辑》,第三册,第144页。太平天国历史博物馆,北京:中华书局,1962。）

【江苏省无锡县、金匮县·咸丰十年四月】 十三、四、五、六等日,贼扰四乡,远者去城三四十里,居民及苏傈居,纷纷逃避。土匪因之抢夺衣包,搜刮银钱,即贼所未到处亦无复约束。其有刻薄仓厅、顽佃藉此聚众放火劫掠,或白日持刃相向。惟善良人家,土匪指明弗犯。遇有积愤宿怨,即畅所欲为,身家莫保。迨白头局立,各处擒杀为首数人,其势

583

稍戢。

（佚名：《平贼纪略》。《太平天国史料丛编简辑》，第一册，第264页。太平天国历史博物馆，北京：中华书局，1962。）

【江苏省常熟县·咸丰十年四月初十五日】张港泾数家，被里人持械哄吓，逼令发米。

（龚又村：《自怡日记》。《太平天国史料丛编简辑》，第四册，第348页。太平天国历史博物馆，北京：中华书局，1962。）

【江苏省苏州·咸丰十年四月】十九日，近乡李姓平日结怨乡民，乘乱被杀，庐舍尽焚。

（倦圃野老：《庚癸纪略》。《太平天国》，第五册，第310页。罗尔纲、王庆成，桂林：广西师范大学出版社，2004。）

【江苏省常熟县·咸丰十年四月】二十八日，太仓不守，州牧杨到六河，青衫草屦，航海而北。县令吴避居岳王市，被土匪抢劫衣箱一百余，并焚所避之屋，吴逃崇明。在城绅富董事如素著凶名者，居乡尽遭佃农焚毁一空，甚有殴毙溺海，轻则罄其所有而后已，此亦善恶之明证也。

（柯悟迟：《漏网喁鱼集》，第41页。北京：中华书局，1959年。）

【江苏省常熟县·咸丰十年八月】且说初三日晚间，谢家桥局散，当事诸公逃去，乡勇同土匪将典当一夜抢光。恬庄亦然，殷富几无免者。豪门势厚，向有积仇，或因收租索债素严厉者，一旦掠其家资，燔其庐居，追杀人命。又有睚眦私怨，结党谋害。并有饶裕之家，寓于一处，乡人艳羡，恶匪垂涎，假托贼至，恐吓使走，抢夺一空。又有无业强徒，勾结党羽，夜伺要道，有数应失物者，既逃出城，仍被抢去。平日素封，竟成窭子。

（汤氏：《鳅闻日记》卷上。《近代史资料》1963年第一期，第84页。又见《太平天国》，第六册，第311页。罗尔纲、王庆成，桂林：广西师范大学出版社，2004。）

【江苏省常熟县·咸丰十年八月】［初四，东南数处，长毛打掠富户，择细软携去。］乃土匪凶佃，男女老幼俱到，搜刮得纤悉无存，且又烧尽房屋，报其私恨。

（汤氏：《鳅闻日记》卷上。《近代史资料》1963年第一期，第87页。又见《太平天国》，第六册，第314页。罗尔纲、王庆成，桂林：广西师范大学出版社，2004。）

【江苏省常熟县·咸丰十年八月二日至九月下旬】八月初二日，常熟失陷。邑尊及儒学佐贰各官尽行逃避，庞公［名钟略，字宝生，丁未探花］亦渡江至上海去。余家房屋悉成灰烬，幸人眷俱无恙，且在严宅权住。其地离城二十里，贼尚未到，而土匪之抢夺纷纷。至九月初，土匪稍平，贼又长驱而至。初七日，湖荡近侧之施家桥一带，蹂躏不堪，火光烛天，击柝相闻。初八日,离严巷仅半里许,余家四散奔逃,偏值阴雨,泥滑难行,沾体涂足,备尝艰苦。幸贼即退去,复得回寓。自后大雨十余日,贼皆回城,得以苟延残喘。各处设立伪官,索贡征粮,不见天日矣。

（佚名：《避难纪略》。《太平天国史料专辑》,第56—57页,上海：上海古籍出版社,1979。）

【江苏省常熟县·咸丰十年八月初五日】 闻丁芝亭在施桥,张氏被土人砍死,悬首门上,投尸河中。

（龚又村：《自怡日记》。《太平天国史料丛编简辑》,第四册,第363页。太平天国历史博物馆,北京：中华书局,1962。）

【江苏省常熟县·咸丰十年八月】 初六日,何市典雇车运白莳,途中被劫。东周市结队上宅打抢。东北乡各镇皆已骚动,迁避乡居竟为之一空。惟吾镇[横塘市]本地素无大户,迁徙来居亦少,故未摇动。

（柯悟迟：《漏网喁鱼集》,第46页。北京：中华书局,1959。）

【江苏省常熟县南乡·咸丰十年八月初九日】 然近处强梁,黑夜操舟至城,掠货频仍,家家充满,风俗之悍一至于此。次日,又雨,闻徐[少蘧]局遣勇拿解土匪,夺货归局。

（龚又村：《自怡日记》。《太平天国史料丛编简辑》,第四册,第364页。太平天国历史博物馆,北京：中华书局,1962。）

【浙江省海宁州·咸丰十一年二月十八日】 [太平军]又至袁花镇,分居民房,设立伪卡。里中无赖,从贼为乡官,敲诈逼勒,无所不至。土匪乘之,驾船劫掠。士绅殷富,辄被掳以勒赎,居民尽弃家而遁。

（陈锡麒：《粤逆陷宁始末记》。《中国近代史资料丛刊：太平天国》,Ⅵ,第649页。中国史学会编,编者：向达、王重民等,上海：神州国光社,1952。）

【江苏省无锡、金匮、常熟、长洲等县·咸丰十一年】 四月初十,县城不守。先是金陵败兵逃下,掳掠财物,无所不为,乡间土匪又四出抢劫,居民之载辎重遁者,无一幸免,以至乡民进退维谷。而城内贼酋伪忠王李秀成出示安民,反而严禁长发肆扰,杀土匪数人,悬首城门。居民逃出者皆欲回家,而四乡黠者遂创为进贡之说,以牛羊食米献贼,冀得免杀掠。伪忠王驻锡五日,军政悉派乾天安李贼,民事派监军黄顺元、厉双福,俱本邑人。南门外天授乡伪军帅黄德元即顺元之后,以近城故,被害较轻。长安桥、市头等处有富户过姓、胡姓充当旅帅,供应周到,民居未毁。扬名、开化二乡,金玉山为军帅,颇护乡民,本有团练,势甚旺,后为贼注意,赖金左右之。西门外富安乡、万安乡为宜兴冲途,钱南香为军帅。因贼踪充斥,逃避远方。北门外景云乡亦近城厢,有杨念溪为军帅,未甚损坏。但杨之旧宅在江溪桥,房屋百余间,土匪毁其半,官兵坏其半,存无几矣。其大镇为东亭,贼与民贸易之所,商贾往来如织,小市遂为雄镇也。怀仁乡地半金匮,通江阴之要道,人民被掳者众,军帅张承寿、旅帅浦紫卿,均是役吏出身,为虎作伥而已。

（华翼纶:《锡金团练始末记》,《太平天国资料》,第121—124页。北京:科学出版社,1959。）

【浙江省海宁州袁花镇·咸丰十一年】五月十八日,贼分居民房,设立伪卡。里无赖从贼为乡官,敲诈逼勒,无所不至。土匪来之,驾船劫士绅,殷富辄被掳以勒赎,居民尽弃家而遁匿矣。

（光绪《海宁州志稿》,卷四十,《兵寇》,第26页。）

【浙江省太平县·咸丰十一年】十一月初六夜半[十八党夺城],遍掠富室。[十八党领袖]高子风挈眷走,[出城被地主杀死。]

（叶蒸云:《辛壬寇纪》。《近代史资料》1963年第一期,第191页。又见《太平天国》,第五册,第366—367页。罗尔纲、王庆成,桂林:广西师范大学出版社,2004。）

【浙江省海宁州·同治元年二月】[会王蔡元隆入海宁城,]奸书俞湖,字和长,号五田,城陷即献征册,漕赋倍加,需索尤意外。岁大饥,石米十余千不可得,死无算。

[蔡元隆嘉俞献册]令佐伪监军,按户收银米,倍其数。贼给收据,式若串票,今犹有存者。故凡吾邑被贼诛求,虽僻地穷村,零星小户,无幸免者。

（陈锡麒:《粤逆陷宁始末记》。《中国近代史资料丛刊:太平天国》,Ⅵ,第651—653页。中国史学会编,编者:向达、王重民等,上海:神州国光社,1952。）

三、土匪抢劫,勒索

[参见第十八章第七节"四种武装力量"目]

【湖南省嘉禾县·咸丰二年】四月间,西匪洪逆秀全党陷道州,本地匪徒胁众歃盟,与富人为难,人心盖汹汹。六月二十七日,西匪数万至矣,土匪导寻马匹,索富户,城则官廨、学宫、考棚,乡则祠堂、庵观皆被焚,而民房未毁。吴令带印不知下落。七月初一日,官兵追至,贼由桂阳州趋省,土匪乘风劫抢。大帅何[和春]委随营知县伍煋留兵坐镇半月,拴杀土匪十余人。

（吴绂荣增纂:《嘉禾县志》同治二年刻本,卷二十一《祥异·纪事》。）

586

【湖南省浏阳县·咸丰二年】方是时,长沙事棘,知县赵光裕乃以计款贼。贼故不恣杀,辄胁富室资缮械积粟,封识民仓,以禁攘夺为名,布党县城及县东镇头以下诸村且遍,攘夺者卒四起。乡人益团练,间走江西、湖北白乱状。[贼分党四出,逐富室,索民资货,封仓储曰禁抢夺,诸无赖劫掠者率莫不称征义党。七月,或劫永安市典肆。八月,又劫县典肆。县东张家坊李某、小河陈某各倡众劫掠,张坊乡守及陈坊团绅某等先后集团丁歼之。县南金刚兴、县北永安市诸村,亦各击死劫掠者数十人,众略定。]

（邹焌杰等纂：《浏阳县志》。同治十二年刻本,卷十三《兵防·征义匪之难》。）

【安徽省桐城县·咸丰三年正月十八日】[太平军到安庆,继下南京。]后探贼已下金陵,人心益恐,而距城六七里外,土匪蜂起,伏路害人。牛浦潭伪贼劫客船,天宁庄乘乱抢典铺。向局诉者,接踵而来。

（胡潜甫：《凤鹤实录》。《中国近代史资料丛刊：太平天国》,Ⅴ,第6页。中国史学会编,编者：向达、王重民等,上海：神州国光社,1952。）

【湖北省·咸丰四年三月十八日】（陈）[城]陵矶之下四十里,名白螺矶,北隄内六十里有里河,名朱家河。其地有土匪名张台元,于咸丰二年往从粤贼。去年曾经回籍一次,复去,在伪指挥费姓属下。昨三月初二日张台元乘轿回朱家河,自称已封伪军帅,劫抢当铺七家,环围五六十里,掳人、掳船,银米罄尽。北省之沔阳州、监利县皆系张台元滋扰失守。张台元新招之匪,不过千余人。

（曾国藩奏。宫中全宗·朱批奏折。中国第一历史档案馆编《清政府镇压太平天国档案史料》,第十三册,第313页。北京：社会科学文献出版社,1994。）

【江苏省镇江·咸丰四年至六年】匪初至[京口],不甚惊忧……[六年]余公善守,乡民乃获安业。然军民杂处,不轨之徒,勾引游勇,肆行抢劫,故咸丰四、五、六年间,典铺与富户,抢劫几遍,报官置若罔闻。

（解涟：《遭乱纪略》。《中国近代史资料丛刊：太平天国》,Ⅴ,第83页。中国史学会编,编者：向达、王重民等,上海：神州国光社,1952。）

【江苏省常州·咸丰十年】[四月初六常州城陷]绅民殉者数千人……旋有失业优人,木排钩手,及被放监犯,勾结各路土匪,十百成群,民团抵御则退,稍怯辄放火掳抢。贼亦旋踵而至,常州附郭三十里内,村镇无完善者。嗣后贼所到处,情形悉同。

（佚名：《东南纪略》。《中国近代史资料丛刊：太平天国》,Ⅴ,第236页。中国史学会编,编者：向达、王重民等,上海：神州国光社,1952。）

【江苏省常熟县黄埭镇·咸丰十年五月初一日】[逃犯,逃兵及地棍假冒长发]焚抄典商、富家。

（龚又村：《自怡日记》。《太平天国史料丛编简辑》,第四册,第349页。太平天国历史博物馆,北京：中华书局,1962。）

【江苏省吴江县、震泽县·咸丰十年五月】江、震于廿四日清晨遂陷。晚急避沿塘村落,眷口之外,竟无长物。然目击该逆于次早直走八坼、平望,自北至南,马不停蹄两昼夜,截然而止。廿六日才雇小舟往探,察看城内外并无一贼,居民溺死无数。查得被掳之人不少,真尽节者,只有癸卯科举人任廷旸骂贼而死[伊妾放回,始知其细]。焚掠却不至一空,惟附郭土匪乘虚搬运,辗转相劫,倍于长毛。皆因两邑尊久已去远,屡次遣入四乡侦探,竟无确耗。该贼过尽已有五日,而五日之中尽为土匪扫掠,非请大公祖大人转禀薛方伯速委干员接署,整顿固守,扼贼归路,则土匪横行放胆,滋蔓益甚,迟迟更不堪收拾矣。

（《费寿康致吴煦函》1860 年 6 月 20 日。《吴煦档案选编》,第一辑,第 255 页。太平天国历史博物馆,南京:江苏人民出版社,1983。）

【江苏省常熟县·咸丰十年七月九日】[土匪劫掠塘桥典当,烧去庞炳之宅等处。]

（佚名:《庚申避难日记》。《太平天国史料丛编简辑》,第四册,第 480 页。太平天国历史博物馆,北京:中华书局,1962。）

【江苏省常熟县南乡·咸丰十年八月初九日】然近处强梁,黑夜操舟至城,掠货频仍,家家充满,风俗之悍一至于此。次日,又雨,闻徐[少蘧]局遣勇拿解土匪,夺货归局。

（龚又村:《自怡日记》。《太平天国史料丛编简辑》,第四册,第 364 页。太平天国历史博物馆,北京:中华书局,1962。）

【江苏省常熟县·咸丰十年八月十日】迩日土匪抢物,始而典当,继而大户,始而衣物,继而米、麦、台、凳、门、窗、书、画,无一不取。

（佚名:《庚申避难日记》。《太平天国史料丛编简辑》,第四册,第 483 页。太平天国历史博物馆,北京:中华书局,1962。）

【江苏省常熟县·咸丰十年十二月九日】石龙桥有长毛看守,凡行人过此者,有身穿皮马褂一件纳税或二百、或一百或数十文或二十文。穿青布长衫者,稍新十四文,旧则七文。

（佚名:《庚申避难日记》。《太平天国史料丛编简辑》,第四册,第 491 页。太平天国历史博物馆,北京:中华书局,1962。）

【浙江省仁和县·咸丰十年】[江南大营溃,温州棚匪及各乡土匪起,]杭城之避难至乡者,莫不遭其荼毒,吾家[在梧溪]亦被劫一空……其时赤岸半山虽有官兵扎营,而遍地强梁,更不成世界矣。

（张尔嘉:《难中记》。《中国近代史资料丛刊:太平天国》,Ⅵ,第 634 页。中国史学会编,编者:向达、王重民等,上海:神州国光社,1952。）

太平天国财政经济资料汇编

【浙江省海宁州袁花镇·咸丰十一年】五月十八日,贼分居民房,设立伪卡,里无赖从贼为乡官,敲诈逼勒,无所不至,土匪乘之,驾船劫士绅,殷富辄被掳以勒赎,居民尽弃家而遁匿矣。

(光绪《海宁州志稿》卷四十《兵寇》,第26页。)

【浙江省绍兴县·咸丰十一年九月至同治三年】短毛者土匪,以别于长毛之称,逢贼杀贼,逢民杀民,逢官兵则义旅也。十百为群,所至席卷如风雨,尸枕藉道,河水为之不流,入暮则豺狼纵横,据死人而食,野鬼哭相闻……余家咸欢河老屋为□天燕所据……故四壁彩画皆狮、象、龙、虎,若祠庙,贼之遁以正月二十八日,二十九日小筠首入而览焉,家具有增者,十三楼书画未动也。而官绅方劝捐,财物□泽兵健儿,或汹汹肆劫夺,势不可留而出。出七日,而心泉往,则荡焉无复存。以问人人则短毛也,譬以梳而加枇焉,亦势所必然者,不足异也……间亦有非贼而冤死者。平时降贼为虐于乡曲者,至是亦十死六七焉。大抵最乐观者莫如短毛,问其名,义旅也,语其富,钜万也,而官绅不与焉。

(微虫世界:《世界微虫》。《近代史资料》1955年第3期,第91页。)

四、清政府对富户的政策与行为

(一)清军抢劫

【安徽省桐城县·咸丰三年正月】三年癸丑正月十八日,狼山镇总兵王鹏飞弃安庆奔桐,二月署巡抚周天爵奉旨置王鹏飞于法。

狼山总兵王鹏飞统山东诸军守安庆,十七日南风大作,日色无光,楚贼飞舟顺流而下,聚于皖城南岸,守兵万余人骤溃,城旋陷。鹏飞于四鼓单骑奔桐城,参将嵩瑞从之,溃军沿途剽掠,次午至桐,纷纷集东郭外,旋入城,聚局索米,又称假饷,启县库搜银,势甚汹汹。数百年民不知兵,一时惊恐闭市旅。

(胡潜甫:《凤鹤实录》。《中国近代史资料丛刊:太平天国》,V,第5—6页。中国史学会编,编者:向达、王重民等,上海:神州国光社,1952。)

【江苏省镇江·咸丰三年二月】十二日匪船抵京口,十四日京口亦陷。城中居民先期搬运,远则江北,近则四乡,匪至而城已空。县主移署越河高王庙。各乡镇设立公局,互相保护。东乡共二十余局。小事局理,大事归官。匪初至不甚惊扰。至四月,闻钦差大臣提督军门向荣领兵屯南京城外,与匪相持,连获胜仗……公[向荣]特调总兵余公万清防堵镇江,扎营京岘山……余公善守,乡民乃获安业。然军民杂处,不轨之徒勾引游勇,肆行抢劫,故咸丰四、五、六年间,典铺与富户抢劫几遍,报官置若罔闻。

(解浤:《遭乱纪略》。《中国近代史资料丛刊:太平天国》,V,第83页。中国史学会编,编者:向达、王重民等,上海:神州国光社,1952。)

【安徽省桐城县·咸丰三年二月】二月,楚勇三千人赴扬州,逗留三日去。

副都统胜保、直隶提督程绥[本作程清绥]守扬州,调楚勇三千人前往。二月十六日自西道至桐,勇多裹巾服红,群疑贼伪充,惊怖不定。局引寓古寺,不可,盘踞东南店中,管带者先行,勇诈称缺饷,有以白刃,有以号衣,向礼和典质钱,愈聚愈众,典惧,赴局求救,拨勇十队护之,几起冲突。局勇与楚勇力敌,典恐酿成巨祸,厚贿勇目,至夜方安。次日,运载车装,遍拉乡夫及车辆,赎者则释去,甚至此勇释而他勇复系之,或执市人,挟令代觅,临行直取货物。端委宫国勋署桐,檄前令成福帮办团练,署勇归马三俊。宫国勋多病简出,幕宾之黠者,乃藉养勇事派捐,全市受扰,已捐得二千余串,幸得成福为言,始免。

(胡潜甫:《凤鹤实录》。《中国近代史资料丛刊:太平天国》,Ⅴ,第7页。中国史学会编,编者:向达、王重民等,上海:神州国光社,1952。)

【山东省临清县·咸丰三年】[清军崇藩]所带兵遂大掠典肆。[胜保兵亦同。]

(马振文:《粤匪陷临清纪略》。《中国近代史资料丛刊:太平天国》,Ⅴ,第180页。中国史学会编,编者:向达、王重民等,上海:神州国光社,1952。)

【安徽省屯溪县·咸丰六年二月下旬】贼去,赤脚兵及乡勇、土匪,乃肆抢富室宦囊。

(周振钧:《分事杂记》。《太平天国史料丛编简辑》,第二册,第22页。太平天国历史博物馆,北京:中华书局,1962。)

【安徽省弋阳、贵溪、玉山县·咸丰六年三月】贼初至,民见其掳粮畜、杀违抗者百人,乃惧而遁。及官兵至,掳货奸淫更甚于贼……四月间,因台勇带入徽地,大肆奸抢,徽人乃复邀贼匪入徽境。

(周振钧:《分事杂记》。《太平天国史料丛编简辑》,第二册,第22—23页。太平天国历史博物馆,北京:中华书局,1962。)

【江西省南昌·咸丰六年五月初八日】曾公国藩礼侍郎,籍贯湖南县湘乡。办贼江右赐关防,[礼部侍郎曾国藩请旨团练,奉旨命在江西剿贼,赐钦差大臣关防。]平江练勇私未忘。[在江西驻扎二年,所用练勇皆岳州平江县人,有中军、左护军、右护军等名。]战功未必在疆场,实实受害惟南昌。二月梅姓扎营房,伐树拆屋摧门墙。妇女逃窜毁容妆,太史第宅成芜荒。[梅家巷梅启照以庶吉士改主事在京,里中第宅遂成丘墟。]相近数里各村庄,用器食物皆夺攘。关门闭户天昏黄,或有畸零小地方,夜深公然上妇床。三月扎营梧桐冈,抢夺民物持刀枪。秆堆竹木皆精光,车犁锄耙亦丧亡。或作爨材炊黄粱,或索赎值充私赃。

(邹树荣:《蔼青诗草·纪平江勇事》。《太平军在江西史料》,第478页。南昌:江西人民出版社,1987。)

【江西省南城县·咸丰十年】 农村逼岁暮,出门求米升。官军中道来,呼使负囊腾。长跪谢官军,饥久力不胜。官军两三人,怒将军法绳。一捽短破袄,一举竹杖惩。一杖横仆地,再杖辗转乘。雪后途生泥,泥涂浑身凝。

（宋家蒸:《述闻斋诗草》卷三《建昌行》。《太平天国文献史料集》,第389页。北京:中国社会科学出版社,1982。）

【江苏省苏州城四周·咸丰十年四月二十三日】 嗟乎! 白头[按:指清方团练。]半土匪耳,土匪一长毛耳。

（蓼村遁客:《虎窟纪略》。《太平天国史料专辑》,第19页,上海:上海古籍出版社,1979。）

【江西省安远县·咸丰十年十月】 豪夺谬称收掳掠,[民有归家者,官军阻之不得入,且云:吾自贼手夺得家财,非汝有也。]穷搜岂复择珠皮。[官军无物不要。]梳箆妙喻今方信,比屋萧条胜后悲。

（同治《安远县志》卷五之二,曹翊撰《庚申安远围城纪事》。）

【浙江省湖州·咸丰十年】 当是时[1860年]湖州各大户挟资财匿城外某山内,土匪导贼掳劫之,附郭多被[清总兵李]定泰兵所焚掠,湖城既空。

（佚名:《东南纪略》。《中国近代史资料丛刊:太平天国》,V,第231页。中国史学会编,编者:向达、王重民等,上海:神州国光社,1952。）

【浙江省桐乡县·同治三年一月二十九日】 [清军攻乌镇]合镇焚烧十九。

（沈梓:《避寇日记》。《太平天国史料丛编简辑》,第四册,第298页。太平天国历史博物馆,北京:中华书局,1962。）

【浙江省桐乡县·同治三年一月二十九日】 [清军占乌镇,]官兵挖腰子,剥衣裳。

（沈梓:《避寇日记》。《太平天国史料丛编简辑》,第四册,第299页。太平天国历史博物馆,北京:中华书局,1962。）

【浙江省桐乡县·同治三年二月二日】 [官兵打馆造饭,]所过皆大掳。

（沈梓:《避寇日记》。《太平天国史料丛编简辑》,第四册,第299页。太平天国历史博物馆,北京:中华书局,1962。）

【浙江省秀水县新塍·同治三年二月二十五日】 [清军来后,]自南汇至朱家桥房屋烧者大半,自朱家桥、问松桥以西则烧者十之七八矣,自丝行桥以北则烧者十九矣。[新镇绅富惟剩虞、凌]……所剩虞氏居停及凌梦山两所大厦。

（沈梓：《避寇日记》。《太平天国史料丛编简辑》，第四册，第305—306页。太平天国历史博物馆，北京：中华书局，1962。）

［编者按：同书第305—308页有新塍镇和盛泽镇被清军摧毁后一片惨状的描写。］

（二）清政府为对付太平军而增加富户的负担

【湖北省、湖南省·咸丰三年正月十六日】至军饷一节，尤关紧要，昨已据户部奏明开单，飞咨各省，并有旨谕令向荣、张亮基等按单催提。惟各处道路梗塞，恐委解各员绕越行走，不免耽延时日，朕心实深焦灼。着张亮基等先行就近设法筹画，或于本省富户商贾暂为贷借，并出给印票，酌给息银，予以限期，俟各款解到，即将本利偿还；或将应存米粮运赴军营，以资接济。务须通盘筹画，先其所急。若但以军饷不继，一奏了事，展转稽延，恐致贻误。武昌省城今已收复，前谕令张亮基、骆秉章即日驰往，现在招集流亡，抚绥难民，弹压土匪，一切均须妥办。武昌饷银究被贼匪掠去若干？该署督等到省后是否尚可稽查？着即一并具奏，飞咨户部查照。

（寄谕。军机处全宗·剿捕档。中国第一历史档案馆编《清政府镇压太平天国档案史料》，第四册，第423页。北京：社会科学文献出版社，1992。）

【江西省南康县·咸丰六年三月】初八日，溃勇索欠口粮，抢掠铺户，汹汹欲为变。知府广甫檄筠权摄县事，以靖勇变。方召集绅富措资给饷，而潭口奸民纠结溃勇，揭竿走险矣。

（同治《南康县志》卷五《武事》。）

【江苏省苏州·咸丰七年】本府［苏州府］薛出示，其略云：虽系迭次书捐抽厘，尔等总加货价，名为乐输，实尽出于买者。此次务各勉力输将，仍可并数邀恩奖赏。除二十千资本沿街摆摊自食其力外，一例书捐。倘有畏缩规避不即书捐者，必非良民等语。即着委员同董，沿门勒写，进门时如化缘和尚，不遵捐数如弄蛇恶丐。斯时米珠薪桂，生意寥落，亦难设施，后渐松。甫毕，即催缴。茶馆每碗加一文。各乡麦苗甚盛，二三月间晴朗，四月初各镇放赈一次。菜麦将实，其苗愈茂。忽闻粤匪由江西闯入闽界，土匪乘势抢夺，警防不得不严，道路又阻，致布价骤跌。又遭淫雨，麦收大减，米价又涨。五月，蝗子尽出，初小而无翼，各州县皆然，已蔽野，即出示捕收，每斤七八文，于是老稚藉有生计。然愈捕愈多，愈后愈大。又出示设局收买，每斤十五六文。扫山网水，可得钱四五百文。又劝捐相济，业户不能坚辞，禾苗不敢插莳，赈捐各户将欲报销，又有奖叙。无如功名已经重叠，虽稚子孩童皆已奖励，故将捐条折色货卖，甚而硬挖骗受，逼写履历。学宪李联琇到昆山科试，各县另加广额，教官仍勒索贽礼，廪生乘势搜罗，即公禀学院严禁，后大为节省。……世运衰微，民遭潦倒。虽有何制军及藩道力除积弊，似言行背谬，终无实在。镇江城粤匪遁，即凯奏克复。圣主赦镇江蒂赋十年，苏属蒂欠六年份以前一概赦免。然而大小官僚，终非了局，苟得一官，皆图利而不图名，要财而不要命，其实皆子民膏血，国家厄运也。安知非天降之灾,生民塗炭,非天数,即人数也。明年戊午,正科乡试,其大员汇议,苏城造盖贡院,皆行乡试,以收士人之望。所需费,派入场士子捐办,计路程远近,定捐之大小,抵作盘缠。已有明示,后奏闻,驳去之。

（柯悟迟：《漏网喁鱼集》,第 29—31 页。北京：中华书局,1959。）

【安徽省歙县·咸丰七年】［清军办捐］户捐已一再举,素封之家力已不及。

（黄崇煜：《凤山笔记》。《近代史资料》1963 年第 1 期,第 131 页）

【江苏省金坛县·咸丰十年五月】初十日,捐妇女首饰。游击曾明廷等来局言,有长发探回称,贼初至,系忠、侍二逆并股,忠逆于前月中旬已退。侍逆虽全股在此,半散踞四乡,东、北二门外不过精兵数千,余门皆牌尾,击之必溃。得现银二三万鼓励各营,必能成功。群思其言可,思银无出,因邀各局董事会商,自诸董为首,捐取妇女首饰。众闻一战可解围,均争先乐输。三日间连金饰折算,共得银一万三千余两。

（佚名：《金坛围城追记》,手稿本。南京大学历史系太平天国史研究室编《江浙豫皖太平天国史料选编》,第 70 页。南京：江苏人民出版社,1983。）

【江苏省金坛县·咸丰十年五月】十六日,官兵攻东、北二门贼营。将首饰银熔锭,与各营约赏号一万二千两,付银出兵。今早各营派八成队出攻东、北门外贼营,贼闭营坚守,过午无隙可乘,收队回。是日带伤者二十余人,阵亡者十二人。噫! 尽辞说,搜括三日,徒买十余坟堆而已。

（佚名：《金坛围城追记》,手稿本。南京大学历史系太平天国史研究室编《江浙豫皖太平天国史料选编》,第 70 页。南京：江苏人民出版社,1983。）

【江苏省常熟县·咸丰十年十月十七日】县令［周沐润］仍归北岸,所费粮饷,皆出南岸殷实,亦杜少愚所敛。

（柯悟迟：《漏网喁鱼集》,第 49 页。北京：中华书局,1959。）

【江苏省镇江·咸丰十一年五月】先是苏、常未失时,兵饷皆出于苏、常。二年来一归江北。镇江守城冯［子材］公捐,名曰"火捐"。镇江府师公捐,名曰"府捐"。道台英公捐,名曰"道捐"。又有"局捐"、"日捐"、"保卫捐"、"大捐"、"小捐",而后又有"借捐",纷纷不一。大委员、小委员,一委员必附以本地董事二名,各处殷实者可以周知。

（佚名：《蘋湖笔记》。《太平天国》,第五册,第 30 页。罗尔纲、王庆成,桂林：广西师范大学出版社,2004。）

【江苏省吴江县芦墟胜溪·咸丰十一年六月初二日】闻金泽昨日官兵又到,焚烧市梢房屋,掳人、船,劫米,两时许即回泖湖,思之深堪痛恨。是近日之大害,尚不在长毛,两路夹攻,将何以生全乎?芦局又开征,每□[亩]二百七十文,只作一忙算。人心之谋利如此,大劫将何以转?吾恐天日重见,遥遥无期也。

(柳兆薰:《柳兆薰日记》。《太平天国史料专辑》,第195页,上海:上海古籍出版社,1979。)

【江苏省上海县·同治元年】上海官军不多,全赖鬼子相助。每出战,驾火轮船,其快如风,可瞬息行千里。然夷人贪狡,往往要挟重利,所费不资。此时国帑既竭,多取给于行商、坐贾敛捐,民力亦既急矣。

(佚名:《寇难琐记》卷三,手抄本。南京大学历史系太平天国史研究室编《江浙豫皖太平天国史料选编》,第200页。南京:江苏人民出版社,1983。)

五、战火的破坏

【江苏省常熟县·咸丰十年八月二日至九月下旬】八月初二日,常熟失陷。邑尊及儒学佐贰各官尽行逃避,庞公[名钟璐,字宝生,丁未探花。]亦渡江至上海去。余家房屋悉成灰烬,幸人眷俱无恙,且在严宅权住。其地离城二十里,贼尚未到,而土匪之抢夺纷纷。至九月初,土匪稍平,贼又长驱而至。初七日,湖荡近侧之施家桥一带,蹂躏不堪,火光烛天,击柝相闻。初八日,离严巷仅半里许,余家四散奔逃,偏值阴雨,泥滑难行,沾体涂足,备尝艰苦。幸贼即退去,复得回寓。

(佚名:《避难纪略》。《太平天国史料专辑》,第56—57页,上海:上海古籍出版社,1979。)

[编者按:关于战火的破坏,请参见第十八章第七节。]

六、富户捐资修城、办团练、赈济难民等

【湖南省桂阳州·咸丰年间】湖南用兵,皆巡抚自筹饷及他处设局取厘税,督富民出资助饷,委员敛钱无虚日。贼至被掠,贼去官至被横索,其势然也,院司明知之。

(王闿运纂:《桂阳直隶州志》同治七年刻本卷九《官师》。)

【湖南省溆浦县·咸丰二年】邑境共六区,区各有团。团又递分大小。历来办团情形,遇有匪警,各团总、团首召集乡中壮丁,略习技击,以备缓急,谓之团勇。刀枪旗帜亦临时制备,事平即罢。至于经费,大抵由田粮起派,或由富户捐助,亦有酿资置产为永久计者,各乡办理本不一致。兹将邑中团练稍为有力者,略具事迹于后:咸丰二年,省城通饬各县举办团练。三年,邑土匪成群劫掠,经四门村团及严姓望乡团,大湾丁姓、匡姓团先后搜捕擒剿,境内稍安。四年及十一年,土匪数次蠢动,亦被诛戮解散。地方获安,得团练之力居多。

（舒立淇纂：《溆浦县志》民国十年活字本卷十二《武备志·团练》。）

【江西省万年县·咸丰二年至十一年】 自壬子办团至是岁［按：咸丰十一年。］凡十一年，大小十余战，杀贼无算。绅耆阵亡者十余名，团勇死者二三百名，被掳者不计其数。办器械，给粮饷，糜费共二十七万有奇，悉绅民自为筹办，不费公家一钱。而其间所尤苦者，则莫若六、七两年。盖是时，贼来无停晷，东西奔命，岁无暇日。室中所有，既为贼所括尽，耕获失时，加以团局需费月数千缗，民以重困。疮痍之形，至今未复。

（同治《万年县志》卷四《军务始末》。）

【江西省上犹县·咸丰三年三月】 邑人李御史临驯……星驰回里，与邑令张鹏翰传集城乡各绅富，开示大义，举行团练，并首捐百金为之倡，集资得三千余金，归官办理。时癸丑三月也。

（光绪《上犹县志》卷十六《军务纪略上》。）

【湖南省浏阳县·咸丰四年】 王澍字光北，号楚珊，东乡人，家本素封，由监生援例为县丞。咸丰四年，贼窜江西袁州各属，势甚张。澍团结乡人子弟堵御上庄营子岭，贼不敢犯。五年冬，贼陷万载，知县李吉言乞援于浏，澍奉檄率信营勇随按察使萧启江进剿，军饷一出澍自备。六年夏，万载复，移师攻袁州，复其城，毁家资充饷至七千余缗。

（邹焌杰等纂《浏阳县志》同治十二年刻本卷十八《人物》。）

【湖南省桂阳县·咸丰五年】 盖自咸丰五年邑遭兵燹后，合力团防，仗义捐派，多者五百千，少亦一百千为率。每粮一石，米二十斗、钱四千文带征。收入相仍，数年共计银十余万。其勇则壮勇四百，练于城局；护勇无算，分寄乡间。有警壮勇在前，护勇在后，彼此相顾，远近相倚。故自五年以至八年，邑虽鹤唳频惊，亦得于有备无患者，皆团防力也。

（朱炳元等纂：《桂阳县志》同治六年活字本卷十一《武备志》。）

【江西省湖口县·咸丰五年七月】 邑绅劝捐银米，接济军饷。

（同治《南康府志》卷十《武事》。）

【江西省都昌县·咸丰五年七月】 阖县士民迎谒官军，欢声雷动。拔贡黄昌蕃、岁贡段凌云，因劝捐银米，接济李营，各以万计。

（同治《都昌县志》卷之八《武事》。）

【江苏省扬州·咸丰五年】 十一月，见托雷陈出示，填写七月二十九日期，略云：本大臣等奏，逆匪占踞［据］江面，惟仗焦山艇师各船堵御，商贾民船始得下达苏常，通行无滞。

嗣经节次饬调艇船奔往上游焦山一带,红舟拖曳不敷拨用,该匪乘虚窜扰,江北尤为紧要之区。现拟仿艇式造船,凡大小木料钉铁油麻极为昂贵,所费不资,如巨商富户情愿捐输,自邀议叙等因。兹由七月初接奉谕旨,照议办理。除钦遵设局收捐筹办外,为此出示,仰殷富商民能捐艇料数只及一二只者,赴工厂交给厂员,即照所请官衔专折奏奖。其捐资零星,须俟事竣奖励。至愿意输陈而力量微薄捐有料值二百千文以上者,给予六品顶戴,料值一千串以上者,分别赏给顶翎等。

（佚名:《咸同广陵史稿》。《太平天国》,第五册,第122页。罗尔纲、王庆成,桂林:广西师范大学出版社,2004。）

【江西省安远县·咸丰六年】 七月,县主张抵雁门,议曰:乡勇未习战阵,欲图灭逆,非募素谙纪律者不可。募资无所出,奈何?曾荣林因捐钱二千五百缗,邑殷户各继之。遂募潮州黄顺、江清等三百余人。

（同治《安远县志》卷五之二《雁门堡武事》。）

【江西省南康·咸丰七年正月】 官绅会商,按粮捐资,募勇千余,遂建义军。四乡设立排门、扫地各勇。自此城乡人有固志。

（同治《南康府志》卷十《武事》。）

【江西省铅山县·咸丰七年】 三月初一日,又一大股贼由万年、乐平窜河口对岸。铅邑四乡居民不约而同,各带军器、裹行粮齐到河口,实数约二十余万之多,署都司胡再升统之。贼隔河瞭望,空施枪炮,逡巡不敢渡。奈河镇商民货物早已远徙,师无所得食,陈令返城,集绅取谷于文昌宫,不足向富民称贷。既得米,又促舟,往复之间已数日矣。

（同治《铅山县志》卷十《武备·武事》。）

【江西省安仁县·咸丰八年八月】 先是,抚、建男女避地来安,流离日久,几断食。长左营王道宪及城绅户捐米赈之,沿路施粥以济逃民来归者。

（同治《安仁县志》卷二十一。）

【湖南省溆浦县·咸丰九年】 四月,粤寇石达开窜围宝庆,县戒严。辰州知府沈元泰来县督视防务。溆与宝庆府接界,宝庆既被围,省道府各长官均饬知县吴廷谔练团备边,巡抚骆秉章并札委邑绅舒其锦总理团防。自五月起至八月止,练团招勇,分屯东南一带与邵、新毗连之境,隘口十余所,共有丁勇二千五百五十人,计给口粮杂费用钱一万八千余串,皆由富户捐给。

（舒立淇纂:《溆浦县志》民国十年活字本卷四《纪事志·纪事》。）

【江西省贵溪县·咸丰十年】 庚申二月,贼由抚、建窜铅山,剽掠邑南,城中戒严。知县熙恬劝谕团练,富绅汪会云慨然招勇,自成一军,登陴固守八阅月而始撤。所费约万余金,几有毁家纾难之风。

（同治《贵溪县志》卷五之二《武备·武事》。）

【浙江省海宁州·咸丰十年】五月初四日,我乡团练成……别团有为派钱,有为派守,夜俱打骂不休,本团因我一家出钱,又慰酒,团众各无一言,计所用费及火药火把等共四十余千。

（冯氏:《花溪日记》。《中国近代史资料丛刊:太平天国》,Ⅵ,第663—664页。中国史学会编,编者:向达、王重民等,上海:神州国光社,1952。）

【江西省德安县·咸丰十一年】自咸丰三年设防起,至咸丰十一年止,制办军装、支应口粮等项,共用去银一十三万一千七百一十九两三钱五分六厘,均系出自捐输,并未动用正项,经前县申详报销。

（同治《德安县志》卷第七《武备志·武事》。）

【江西省安义县·咸丰十一年四月】知县锺泰练保安军五百,合五乡绅董选丁壮为团,操得四十三团,团五百人,以绅士为团佐领之。士民皆执戟从事,殷富争馈饷,道相属,声势大振,贼不敢逼。

（同治《安义县志》卷之五《武备》。）

【江西省玉山县·咸丰十一年】十一月,四城造大小炮台二十九座,北门空心炮台一座,次第工竣。邑绅周秉炬捐资造城上更栅一百所。

（同治《玉山县志》卷五《武备·武事》。）

【江苏省长洲县·同治元年六月】伏查职等自咸丰十年四月十一日起,设局办团,召募勇丁,赈济贫户,采买军火,置备器械,添设巡船,钉筑桩坝,一切经费皆系自备。一载有余,罗掘殆尽。嗣蒙前抚宪薛兼署苏藩司吴委办苏城事务,于十一年五月十六日给发(曹)[漕]平银叁千两,五月十九日给发(曹)[漕]平银五万柒千两,七月十五日给发(曹)[漕]平银五千两;七月三十日给发(曹)[漕]平银叁万两,十一月二十七日给发(曹)[漕]平银壹万两,十一月二十九日给发(曹)[漕]平银贰万两,统计前后共发银拾贰万五千两,均经具有领结兑收在案。不期苏城之事功坠垂成,职等日夜疚心,罪无可逭。伏念库款攸关,丝毫不容妄用。况职等所领如此之巨,踽天踏地,尤切焦心。但数月以来,布置一切,领款俱已用散。而职等家资半毁于逆匪,半耗于团防,窘蹙情形,实难言状。筹思昕夕,无计可施。惟有吁恳大人,俯念职等委因办公费用,格外施恩,容俟苏城克复后,职等自行设法变产,陆续赔缴,断不敢使库款久悬,致烦宪厪。或者大兵进剿之日,职等荷戈负弩,稍效前驱,得以涓滴之劳获免邱山之累。则出自宪恩高厚,非此时所敢希冀于万一也。谨将前领银数月日并目下无力完缴各情形,据实禀陈,伏乞钧鉴。恭请勋安。除禀苏藩司暨前署苏州府杨守外,职员佩瑗、佩瑈 谨禀。

（《徐佩瑗、徐佩瑈禀复札查前领银数月日并目下无力措缴乞恩缓追由》。《双鲤编》卷一,《近代史资料》第 34 号,第 20 页。北京:中华书店,1964。）

【浙江省桐乡县濮院·同治元年八月二十一日】［沈子山先后共捐米一百五十石赈饥民。］

（沈梓:《避寇日记》。《太平天国史料丛编简辑》,第四册,第 184—185 页。太平天国历史博物馆,北京:中华书局,1962。）

【江苏省长洲县·同治三年九月】按察使衔即选道徐佩瑈,呈为报捐田亩事。

窃于同治元年十二月,职兄佩瑗团局被贼冲扑,所有突围带出之炮枪各船,军火器械,弁勇人等,当由职员禀蒙抚宪,编伍成军,立营管带,并以历次随剿,稍有寸功,叠蒙奏恳恩施,身受之余,且感且愧。此次省城克复,得返家园,重睹天日,悉出自大宪之赐也。因念现办善后事宜,需费必巨,情愿将祖遗坐落台治下田一千亩一分三毫,共额米一千一百一十二石一斗六升五合,捐充经费,其区图坵则前已缮册呈送,并蒙善后局宪委勘,取具各催甲承揽甘结存案。仰乞父台大人俯赐转详察收,实为德便。沾仁上呈。

（《徐佩瑈又禀长邑尊蒯》。《双鲤编》卷三,《近代史资料》总 34 号,第 83—84 页。北京:中华书局,1964。）

【江西省安远县·同治四年】自咸丰四年以来,各坊堡团练乡勇及请潮勇、三标勇,或战或守,所费军需口粮数十万。始则富户捐输,继则按亩抽谷,继又自备口粮。十余年贫富交困,民不聊生。

（同治《安远县志》卷五之二《武事》。）

第三节
富户衰落的状况与后果

一、财产与生活状况

（一）财产损失情况

【江苏省苏州·咸丰二年至十年】即如余家，自壬子迁苏，各典被兵，产业荡泯，尚有二十万金。吴门之难，吾母以金入井，珠宝首饰分地藏埋。贼先后入宅，被捞搜一尽，吾母未肯舍，而在宅几遇戕害。

（戴熙：《吴门被难记略》。《太平天国》，第四册，第397页。罗尔纲、王庆成，桂林：广西师范大学出版社，2004。）

【江苏省扬州·咸丰三年十一月】贼既退，乱民冒贼者焚掠尤甚，予家毁，凡数百年祖宗贻留之物，及一花、一木、一书、一画平时所爱玩者，靡不灰烬，惟大门灶未动。予有句云："贼已去时民尽盗，城方复后我无家。"伤已。

（程晫：《避寇纪略》。《太平天国》，第四册，第367页。罗尔纲、王庆成，桂林：广西师范大学出版社，2004。）

【湖南省武陵县·咸丰四年】咸丰四年兵燹后，各典歇业，几不能支。
（陈启迈纂：《武陵县志》同治二年刻本卷十《建置》）

【江苏省昆山县】而红羊罹劫，玉石俱焚，尽室灰飞，全家星散者，不知其几千万也。
（王德森：《祭孙翁星斋文》。《岁寒文稿》卷六，抄本，昆山图书馆藏。）

【安徽省徽州·咸丰三年至同治元年】有一等，殷实人，山中租屋。带细软，和妻小，星夜驰奔……柴又湿，价又高，明亏是小。或借钱，或借米，言语难闻。更有那，路途中，挑夫行窃。遗家的，粗物件，土匪搬空。

（《徽州义民歌》。《徽难哀音》下编。）

【**浙江省嘉善县·咸丰三年三月初二日**】住下官塘之孙南溪家搬至李右甫家。李之邻人谓为"火种头",邻必受害,不许住,若与我等冬米五石、三石、一石,始共相保,孙不得已许之。此囤米本已粜与郡城行家,因还定洋。

（王文镕：《癸丑纪闻录》。《太平天国史料专辑》,第493页。上海：上海古籍出版社,1979。）

【**江西省丰城县·咸丰三年七月**】陆姓人已早搬,贼入时搜括无所有,遂放火焚屋,幸未延烧。贼至堂邑,惟放此一处火耳。

（毛隆保：《见闻杂记》。《太平天国史料丛编简辑》,第二册,第65页。太平天国历史博物馆,北京：中华书局,1962。）

【**安徽省·咸丰三年十月**】唐家湾距城五十余里,依山傍河,缙绅之家多避乱于此。贼访马三俊踪迹,未得其详。有奸民忌城人,愿作向导,且谓金银玉帛悉听取携。二十二日暮,引贼入山[杀官绅与三俊一家。]……[四年四月,钟继昌组成地主武装攻舒城,被罗大纲打败,]奸民执继昌送贼中,遭极刑死……[孝廉戴钧衡,在福济军营中,]眷属避于田舍……适佃人有与衡父为仇者,夜引贼至,[执其妻妾与女]。

（胡潜甫：《凤鹤实录》。《中国近代史资料丛刊：太平天国》,Ⅴ,第10—14页。中国史学会编,编者：向达、王重民等,上海：神州国光社,1952。）

【**江苏省丹阳县·咸丰六年五月**】[向荣大营被太平军击破,]于是苟可挪措者,皆负老携幼,连夜逃奔。或中途失散妻孥,抛弃子女,不知凡几,少妇自尽最多。或家资巨万而囊无一文者,或积粟万锺而身无一粒者。

（柯悟迟：《漏网喁鱼集》,第25页。北京：中华书局,1959。）

【**江苏省六合县·咸丰八年**】邑巨室多戕于贼,亡在外者又不能自存。

（徐鼒：《未灰斋文集》卷五,第26页。）

【**江苏省常熟县·咸丰十年四月**】二十八日,太仓不守,州牧杨到六河,青衫草屦,航海而北。县令吴避居岳王市,被土匪抢劫衣箱一百余,并焚所避之屋,吴逃崇明。在城绅富董事如素著凶名者,居乡尽遭佃农焚毁一空,甚有殴毙溺海,轻则罄其所有而后已。此亦善恶之明证也。

（柯悟迟：《漏网喁鱼集》,第41页。北京：中华书局,1959。）

【**浙江省杭州·1860年4月**】前派赴浙之委员,均已回省。知穷民之无告者,惨不可言,抚恤亦当应办,且典当全被焚掠,小民更难为食。

（《王有龄致吴煦函》1860年4月26日。《吴煦档案选编》第一辑,第208页。太平天国历史博物馆,南京:江苏人民出版社,1983。)

大江南北,自军兴以来,典当之存者百无一二。

(赵瀚:《纽佩仙馆文钞》。)

【江苏省常熟县·咸丰十年八月】初六日,何市典雇车运白苧,途中被劫。东周市结队上宅打抢。东北乡各镇皆已骚动,迁避乡居竟为之一空。惟吾镇[横塘市]本地素无大户,迁徙来居亦少,故未摇动。

(柯悟迟:《漏网喁鱼集》,第46页。北京:中华书局,1959。)

【江苏省昆山县·咸丰十年】先是荫槐公闻乱,先挈眷避至南乡方字圩。荫槐公有田千亩,多在其地,佃户之所聚处,欲倚以自固。其弟阳叔公谓,佃户因追租而怀怨者不少,世乱无官法,恐生他变,不如他适。不听,曰:谁敢者。遂挟资以往,又不善视之,人固怨之矣。四月初八日,寇警迭至……二十七、八日,荫槐公在方字圩被佃户劫掠,人尽逃散。

(王德森:《先世遗闻》。《岁寒文稿》卷三,第20—21页。)

【江苏省常熟县·咸丰十年八月二日至九月下旬】八月初二日,常熟失陷。邑尊及儒学佐贰各官尽行逃避,庞公[名钟璐,字宝生,丁未探花。]亦渡江至上海去。余家房屋悉成灰烬,幸人眷俱无恙,且在严宅权住。其地离城二十里,贼尚未到,而土匪之抢夺纷纷。至九月初,土匪稍平,贼又长驱而至。初七日,湖荡近侧之施家桥一带,蹂躏不堪,火光烛天,击柝相闻。初八日,离严巷仅半里许,余家四散奔逃,偏值阴雨,泥滑难行,沾体涂足,备尝艰苦。幸贼即退去,复得回寓。自后大雨十余日,贼皆回城,得以苟延残喘。各处设立伪官,索贡征粮,不见天日矣。

(佚名:《避难纪略》。《太平天国史料专辑》,第56—57页,上海:上海古籍出版社,1979。)

【浙江省仁和县·咸丰十年】[江南大营溃,温州棚匪及各乡土匪起,]杭城之避难至乡者,莫不遭其荼毒,吾家[在梧溪]亦被劫一空……其时赤岸半山虽有官兵扎营,而遍地强梁,更不成世界矣。

(张尔嘉:《难中记》。《中国近代史资料丛刊:太平天国》,Ⅵ,第634页。中国史学会编,编者:向达、王重民等,上海:神州国光社,1952。)

【浙江省嘉兴县·咸丰十年十一月】初五夜,嘉兴之贼径由皂林□入秀溪桥,(钞)[抄]掠炉头镇,烧毁大半。镇故有富户沈氏,以冶铁起家,百有余年矣,广厦丰屋,半是沈居,至是尽被掳掠,一罄家藏。

(佚名:《寇难琐记》卷一,手抄本。南京大学历史系太平天国史研究室编《江浙豫皖太平天国史料选编》,第139页。南京:江苏人民出版社,1983。)

【江苏省苏州·咸丰十年】王氏十二家船主[此史料提供者小岛晋治按：与日本贸易往来之富商集团。]及其帮内商贾之家族，尽皆离散，去向不明。

（《日本发现的太平天国新史料》，《避难纪略》。《太平天国文献史料集》，第 46 页，北京：中国社会科学出版社，1982。）

【安徽休宁县·咸丰十一年】[孙莲权]家世富饶，生十五六而孤，拥资百万……粤寇之乱……妻孥俱尽，家业凋零。

（俞樾：《春在堂随笔》第十卷，第 5 页。）

[编者按：太平天国在休宁县设治未满一年。]

【浙江省桐乡县·咸丰十一年二月】初二日，汪长毛寻濮院绅衿不可得……贼怒沈小芸逃匿，于是封沈小芸房屋并其堂，分眷口驱住在外。次日，朱老佩与孟永林言之，于是仅封中间一二间。

（沈梓：《避寇日记》。《太平天国史料丛编简辑》，第四册，第 67 页。太平天国历史博物馆，北京：中华书局，1962。）

【浙江省桐乡县乌镇·咸丰十一年至同治三年】[五月二十日，]予虽居北乡，衣饰箱箧尽置西乡，被贼搜括无余。所寄金饰洋银，乡人亦藉口吞没，予家资从此罄矣。季弟先于四月初旬远避浙东，复免于难。

十月初三夜，予方寝，陡闻河畔喧哗声，急从睡梦中跃起，呼寓主出探，回云："公舟被匪劫矣。"俄而其弟返，据云："舟至中流，众匪罄攫所有而去。"予前所收余烬置诸舟者，至是又被掠一空，真谚所谓躲过雷公逢霹雳也。予于是不敢乡居，返而之镇。

[同治三年正月]由是逃难者，舟子皆藉端勒索，一日之程，需钱五六贯。

十八日晨，初，予方饭。陆子润珊促予走，予投箸而起，举家登舟，除随身衣履外，一概掷弃，寄乡囤米尽[为]盗粮。

[二十八日]予曰："老辈速行，贼至矣！"予与兄复趋溪口觅舟，则已解维去。乃急奔，斯时已初更矣。火势彻天，哭声震地。间杂枪炮声，老弱男妇，鼠窜狼奔，逼归一路望东走，前拥后挤，桥为之倾。不逞之徒，乘间窃发，土棍枪匪皆冒长毛名目，持械吓逐。于是溺死、跌死、践踏死、劫杀死者，盈千盈百，较庚申更惨十倍。

是月[二月]十八日。官军克嘉兴，越三日，予偕兄泛舟至镇，东南烟户，半已烧绝。季辛弟所居亦烬。兰樨侄新宅，于辛酉四月毁于兵。故居老屋亦于是劫毁。瓦砾丛中，余焰未熄，残山剩水，相向涕零。而荒烟蔓草间，断骸枯骼，所在多有。

予在硖六十有三日，始寓马氏东庑，继又迁西山下李宅，敦夫兄仍寓马氏。迁寓之次日，兄寓遭窃，兄掬金珠置一箧，竟肱箧去。予寄存药物，直二十金，亦被窃。

（皇甫元垲：《寇难纪略》。抄本，藏于浙江图书馆等处。）

【江苏省仪征县·同治三年】妻子一朝如敝屣,百万黄金若流水。飘然竟学赤松子,难当贼是奇男子。

(程晼:《啸云轩诗集》卷三第 1 页《纪事》。)

【江苏省长洲县、吴县·同治元年闰八月初四日】又寄上金伟生别驾[名文棨,前住枫桥市金香树胞弟,曾任松嘉盐运司副使松轩亲戚。]长邑田数账两本,额租六百石左右。渠自遭乱以来,光景迥非昔比,欲求我处代为收租,[行间加有小字云:田有荒熟,佃户有死亡,故只得如此算法,不能计亩数。]每收见[现]米一百石,除去开销及账房酬劳,净归伊四十石……[行间加有小字云:附去吴邑账一本,如办不到,后首寄还可也。]

(《[徐佩]璟致六兄[徐]少蘐书》。从上海发出。《近代史资料》,总 34 号,第 27 页。北京:中华书局,1964。)

【安徽省绩溪县】徽人向之累于捐输者,今且为贼掳胁,火其居,拘其身而索其财矣。向之惮于迁徙者,今且无地可迁,无物可载。

(黄崇煜:《凤山笔记》。《近代史资料》,1963 年第 1 期第 150 页。)

【安徽省建德县】[建德昔年数巨富,岁收租数万石,商利数万金。太平天国以后,典业]荡然无存,田荒无租……今则人亡家败。

(周馥:《周悫慎公全集》。《负暄闲话》,第 9 页。)

【安徽省绩溪县】四望邻居余瓦砾,[邻居俱为煨烬。]半闻俘虏是朋俦。入门大笑吾犹幸,尚有空空四壁留。

(不辰生:《回乡》。胡在渭纂辑:《徽郡哀音(选录)》。《近代史资料》,1963 年第 1 期第 150 页。)

【浙江省·咸丰三年三月二十七日】陈华泉姻叔说:嘉兴高姓在湖广票盐生理,资本十余万,皆在江上船中,被贼尽掳,见伊文弱,令登记帐目。至金陵,一同郡被掳人商令逃走,借与高洋三十元。高发已三寸余,以二洋剃头,余盘川至家云。

(王文镕:《癸丑纪闻录》。《太平天国史料专辑》,第 503 页,上海:上海古籍出版社,1979。)

【江苏省·同治三年】[左宗棠奏]自咸丰三年金陵失陷,淮海私盐乘机浸灌。杭、嘉、松三所销数骤减,甚至片引不销……至咸丰十年以后,安徽之徽州府、广德府,暨江苏之苏、常、松、太各府州,以次不守。继而浙省告陷,所属郡县,几无完土。官商星散,灶户逃亡;奸民投隙而入,公然以贩私为恒业;其时遍地贼踪,无人过问。自浙东郡县先后收复以来,始饬绍兴设局暂行试办票盐……亟宜实力整顿,以冀改复旧观。无奈案牍全行毁失,商灶又大半凋零。间有一二旧商，亦皆避寇甫归，赤贫如洗，势难责令照旧运销。

（《皇朝政典类纂》卷七十三《盐法》第四章，第 5 页。《近代中国史料丛刊续编》，沈云龙，台海出版社。）

【江苏省·同治五年】［浙江巡抚马新贻奏］咸丰三年以后，遂至停办奏销。十一年省城复失，全浙沦陷，商人靡不遭难，奸徒乘机贩私，无人禁止。从此盐务溃败决裂，不可收拾矣。同治元年以来，浙东各府属逐渐规复，而私贩充斥，不得已就盐抽厘。两年以后，又在绍兴招办票盐。三年省城克复，全省肃清，而引商大半死亡贫乏，无可招徕……将杭、绍、嘉、松四所一律改行票运，抵充军饷，设局收支……

两浙盐务，自遭兵灾，旧商星散，无可招徕，不得已改行票运。

（《皇朝政典类纂》卷七十三《盐法》第四章，第 7 页。《近代中国史料丛刊续编》，沈云龙，台海出版社。按：前一段是根据盐运使高卿培、署运使秦缃业之禀。）

【浙江省·同治五年至十一年】［浙江巡抚杨昌濬奏］杭、绍、嘉三所甲商联名禀称……佥称浙省被贼蹂躏，旧商尽散，规复后，各商度日维艰，无力重整旧业。嗣奉改办票运，间有一二措资试办，全赖委员招商开行，既济民食，且利行销。及同治五六等年，旧商渐次归里。八年奉谕改票，各纲商等勉强承认，实亦力有未逮。［今又欲先课后盐，］委实难以措办。

（《皇朝政典类纂》卷七十三《盐法》第四章，第 13 页。《近代中国史料丛刊续编》，沈云龙，台海出版社。）

【浙江省·同治七年】［两浙盐务败坏，始自］道光年间，私盐渐盛，官引滞销……道光二十年后，水患频仍，海疆多事，私盐日益充滞，官引日益壅滞……适咸丰庚申以后，两浙引地尽为贼扰，旧商既已困乏，复遭兵燹，不但无殷实之家，且多人亡户绝。

（李经畬等编：《合肥李勤恪公政书》卷四《查明两浙盐务情形折》，同治七年十一月二十八日。原书无页次）

【川楚】［垄断川盐的巨贾］死绝逃亡，间有一二存者，资本罄尽。

（李经畬等编：《合肥李勤恪公政书》卷七，《楚岸淮盐引地未可骤禁川销析》。）

【江苏省】［江苏地主兼盐商周腾虎，太平军来后，财产及运输工具］尽为贼毁。

（周腾虎：《殣芍华馆遗文》卷二《致南昌府史士良》。）

（二）收入下降状况

［编者按：富户收入下降，大多由于粮捐费支出增加，地租和利息收入减少，或收不到租息；或收到的租息少于应交的粮捐费；或收到的租扣除粮捐费后所剩不多。］

【江西省彭泽县·咸丰三年】咸丰以来，粤匪之变，民遭蹂躏，往往世家大族，或转徙而家乏壮丁，或荒芜而莫办阡陌。又近水之区，因低洼而收获无期，遭迭灾而终成废业。加以贼到之处，筑伪城垒，浚伪濠，皆攘民业而有之。辗转岁时，遂至永弃。甚至不肖书丁，因旧家之后，不精权算，从而飞洒。有粮无业，有业无收，因荡成绝，官民两病。虽国家之清丈屡行，而僻壤之困苦不免。他如军屯之苦，芦课之累，有较此尤其，而非语言所能尽者。

（同治《彭泽县志》卷四《军卫》。）

【江苏省昆山县·咸丰十年九月】九月二十二日寅刻，先大兄崧甫又以时疫逝世……兼之子女多病，世乱无钱，租米不还，亲友筹措，草草殡敛。

（王德森：《岁寒文稿》卷三。）

【江苏省长洲县·咸丰十年十月十七日】［徐少蘧被］强授以同检官衔，白玉微瑕，众所鉴谅。伪帅熊姓逼令同至黄埭安民，给示收漕。每亩定六升，连条银共一斗。业主租收五成，先自办米交新赋。

（龚又村：《自怡日记》。《太平天国史料丛编简辑》，第四册，第 377 页。太平天国历史博物馆，北京：中华书局，1962。）

【江苏省吴江县·咸丰十年十一月十二日】十二日，晴。朝上诵宝训经卷。午前，接子屏信，知松兄有恙未痊。善邑外，吴江归陶庄袁孝廉，办粮一斗六升，三折，价两元六角，租米议五、六斗，有田家颇难过去。中兄来谈，知芦局催报数甚紧，留中饭。议报田一事，进退虚实两难。下午至友庆，慎兄在座，谈至良久，知局中又有信来，其人约明日至，恐难受商量也。一无把握，闷闷。

（柳兆薰：《柳兆薰日记》。《太平天国史料专辑》，第 154 页。上海：上海古籍出版社，1979。）

【江苏省吴江县芦墟胜溪·咸丰十年十一月十六日】晴。朝上诵宝训神咒。午后，王谱琴来，留便饭。渠家已被难，现居梨川陈宅，财物一空，欲稍张罗以作生计，勉应之而去。慎兄亦来，传述有红夷包打苏城之信，果若是，又一番骚扰。今冬租米全无着，恐吃惊不浅也，奈何。

（柳兆薰：《柳兆薰日记》。《太平天国史料专辑》，第 155 页。上海：上海古籍出版社，1979。）

【江苏省吴江县芦墟胜溪·咸丰十年十一月二十一日】饭后闲坐，适外父自梨［里］来，欣慰之至。知梨局租、粮［四斗半］公收，局中人作主，业主须俟粮务开销有余，方始去领，看来所得不偿所失，余已置之度外，庶免受后累也。外父亦以为是。絮语一切，知镇上粗安,只顾目前,后日难料也。

(柳兆薰:《柳兆薰日记》。《太平天国史料专辑》,第156页。上海:上海古籍出版社,1979。)

【江苏省吴江县芦墟、北舍、莘塔·咸丰十年十一月二十三日】中兄来议,今冬收租,系不得已而为之,能不赔累,已为大幸。然以后必然田上起捐,可虑之至。拟初一日起限,至初五,四斗五升。初六至初十,五斗,尚须斟酌减去三、二升。乙兄亦会过,二十五左右必须通知各田保,限单发不出,口说而已,未识能进场否?世局之变如此,终无了局,奈何?闻北舍、莘塔着佃办粮,租米无着矣。

(柳兆薰:《柳兆薰日记》。《太平天国史料专辑》,第156页。上海:上海古籍出版社,1979。)

【江苏省吴江县芦墟胜溪·咸丰十年十二月二十八日】今夜拟酌帐房诸公,开发一切,自己用度,田上无叨光也。终日阴冻,夜间帐房诸公略奉一杯,能得始终安居,已大庆幸。财如水流,恐不尽不休也。明日各送回府,帐务用费,遭此大变之局,浩如河海,不忍一一(吉)[结]算。

(柳兆薰:《柳兆薰日记》。《太平天国史料专辑》,第163页。上海:上海古籍出版社,1979。)

【江苏省吴江县芦墟胜溪·咸丰十一年八月十一日】照料出谷,从此底货一空矣。

(柳兆薰:《柳兆薰日记》。《太平天国史料专辑》,第206页。上海:上海古籍出版社,1979。)

【浙江省乌程县、桐乡县乌镇·咸丰十一年五月至同治三年正月】[作者从兄有田百亩,因完粮未清被拘押。作者]租粒未收。

(皇甫元垲:《寇难纪略》抄本。抄本现藏桐乡市图书馆。)

【江苏省吴江县芦墟胜溪·咸丰十一年十月二十九日】(属)[嘱]账房抄账,诸甲纷来,多是正派人,以所办相商。下午,作札致外父,命墅侄誊清。终日心绪纷如,知委心任运之难。晚回,知官样文章,要独出心裁,事等画饼,且镇上诸君,假公济私,殊属人心不古。

(柳兆薰:《柳兆薰日记》。《太平天国史料专辑》,第219页。上海:上海古籍出版社,1979。)

【江苏省常熟县小桥·咸丰十一年十二月初二日】晚与家[龚]廉斋啜茗小桥,冻途渐释。见分局示,减收五升。新定六斗五升,粮居二斗二升,每斗二十五斤,加作三斗七升;

田凭一斗；局费五升；经造费一升；师旅帅、司马、百长费二升；租米只一斗。费大于租，业主几难糊口；佃家更出费百十，无一不困矣。

（龚又村：《自怡日记》。《太平天国史料丛编简辑》，第四册，第420页。太平天国历史博物馆，北京：中华书局，1962。）

【江苏省常熟县·咸丰十一年十二月三十日】况馆少蝇须，租多渔夺，稍得儋石，不补万一。此后薪米无措，一家九口，恐成西山之夷。

（龚又村：《自怡日记》。《太平天国史料丛编简辑》，第四册，第424页。太平天国历史博物馆，北京：中华书局，1962。）

【江苏省长洲县·咸丰十一年】遂令滥登荐[抄本作"存"，系"荐"字之误]狭，翠羽皆新；否则[抄本"否则"作"不同"。]拘守成规，青衫如旧。[徐氏昆仲及各局通敌者，如马春和、张汉槎、程桐笙等俱保翎顶。][抄本注作："徐氏昆仲及各局通贼者，如从逆魁马春和、伪军帅张汉槎。余若程桐生等俱得保举翎顶。不屈于贼如戈升甫等，竟未闻保举顶带也。"]两歧瞻顾，一味纵横。可浊可清，非忠非义。时戴[抄本两"时"字均作"时而"。]翎顶，时穿敌服。设卡房而收税，银钥迟开；恃蛮语以催捐，金钱强索。[抄本下注"徐水陆垄断"。]喝雉呼卢之喧扰，堪嗤乞食王孙；[局中潘颖如设卡北桥，昼夜聚赌，空囊顿裕。抄本注作："徐亲潘颖如在北桥设局，昼夜聚赌，倾囊乃裕。"]鼠牙雀角之纷[抄本作"相"。]争，谁惜拘挛公冶？[乡人争讼，不由局宪讯问，徐任意械系，钱多者乃放。抄本"问"字下作："徐乃任意械押，多馈银钱方释放。"]留意者青楼红袖，[抄本下注"戌卿纳妾本金阊妓"。]放怀者菊部梨园。[抄本下注"徐氏竹林同优日夕吹唱"。花事将阑，犹起寻春之兴；[抄本下注"峨士暮春至西翰看花鼓戏"。]瓜期已届，惟添消夏之思。鹊桥[刊本作："巢"，误。今从抄本。]驾而天河明，兔魄圆而广寒启。二十万饷银请到，足厌鲸吞；三千斤洋药齐来，徒供猎较。按披神骏，[敌赠徐两马。抄本注作"两马悉系贼赠"。]忙踏陇头；船造长龙，快[抄本作"横"。]携胥口。[敌向徐携船十号，以备攻杭州。抄本注作："请饷造长龙船，被贼携去十号，云攻杭省用。"]民若阳樊之不服，[骂者极多。抄本注作："笑骂者不一而作。"]军非细柳之加严。妄说春秋，可笑吕不韦之禁锢；[徐始善吕梅溪，吕遂多方撞骗，事觉窜押。抄本注作："吕梅溪徐始善之。遂致撞骗多端。事觉，乃窜押。"]全忘忠孝，谁推马孟起之英锋？[马健安被寇所杀，子春和甘心从寇。抄本"寇"作"贼"，"子"作"其子"。]程不识刁斗何来？[师帅程子明，纨绔子弟，无见识。抄本注作："伪师帅程子明，本属纨绔，毫无见长。"]张睢阳旌旗已乱。[豪富张汉槎告退师帅。抄本有"伪"字。]他若劫遨逃之艇，廉耻全无；[徐记室唐少廉劫难民船，获千余金。抄本"获千余金"作"骤获千金"。]充剥削之囊，衡平乌有？[陆衡石少年无赖，为师帅致富。抄本"无赖"误作"无类"，"师帅"作"伪师帅"。]后来之秀，脱犴狱而营(兔)[菟]裘；[监犯马秀，城陷而出，徐以为勇目，言听计从。统下失火，焚去卡房尽净，置之不问。借端索诈人财几千金，遂开设茶肆。抄本注作："监犯马秀，城陷得出，徐以为勇目，言听计从。统下失火焚去卡房净尽，亦置不论。今开设茶肆,索诈之财有几千金矣。"]其处者刘,假虎威而肆蚕食。[刘澹园,徐之爪牙也,狐假虎威,害人不浅。抄本注作:"奸细刘澹园,徐之爪牙也,狐假虎威,不(谌)[堪]言状。"]刺面之瘢犹在,相协厥居;[招纳配徒,(抄本无以上四字)居惠山等,以为岘山水勇。]胁肩之态可嗤,昭兹来许。[许子家一武弁耳,为潘梅溪狎客,其交徐亦犹交潘也。抄本注作:"许子家一武弁耳,其父为潘梅溪狎客。今其子在徐,犹父之在潘也。"]此直狐群狗党,徒多意马心猿。孰令听之? 亦可慨已!

（戈清祺:《蠡湖异响序》。《近代史资料》,总 34 号,第 161—162 页。北京:中华书局,1964。）

【江苏省昆山县·咸丰年间】[王德森家,自元以来之世族,入清朝,虽未有功名大显于世,犹以经史世其家。]咸丰庚申之乱,东南鼎沸,家室荡然,流离遁迁,仅以获免。

（王德森:《宗谱画像叙略》。《岁寒文稿》卷三第 15 页。）

[编者按: 王德森家族世业儒,曾祖因与官家婚,晚年置田千余亩。至其诸叔伯,长房得数百亩,又购进数百亩;二房分百亩,以食鸦片颇窘;三房游幕外地,添百余亩,分百亩;四房分百亩,开店置百余亩。至王德森幼时,二兄弟有田五百亩,长时,分得四十亩田,现在,"久已寸土不存。"王德森:《先世遗闻》,《岁寒文稿》卷三第 19—20 页。]

【江苏省常熟县·咸丰年间】[言家驹之家]世为常熟显姓,咸丰时家中落。

（《抱润轩文集》卷十六第 2 页。）

【浙江省海宁县·同治初年】[陈其元之家族,为明朝以来浙江之望族。自明正德以来,凡出进士、举人、贡生、监生千余人,官宰相以下名登仕版者三百余人。]咸丰后,经粤匪之乱,沟壑之转,四方之散,第宅焚毁,老成凋谢,宗族稍零替矣。

（陈其元:《庸闲斋笔记》卷一第 9 页。）

【江苏省长洲县·咸丰十年至同治二年】嗟嗟! 民廛毁而燕巢亦覆,百室凄凉;[拆民房数十椽,改造卡房,实则为将来开当铺计。抄本注作:"徐拆民房改造卡房,实则将来开当铺计耳。"]墓木斩而马鬛俱凋,孤魂呜咽。[民间坟树,徐则伐之以备家用。抄本注作:"古墓上百年大木,徐纵伐之备家用。"]威逼逾虎狼之猛,赴水含冤;[纵典伙程殿光索诈乡人王姓致投河而死。抄本"乡人"下作"有王姓者致投水死"。]追呼极鸡犬之惊,悬梁衔恨。[王行滨张养衡勒捐一二千金,欠缴威逼,悬梁而死。抄本"勒捐"下作"三千金,欠缴无着,遂自尽"。刊本"一二千金",似为"三千金"之误。]台开秦镜,既印心而一点非红;神怒祝融,斯望气而令军皆墨。清香一炷,[设醮三日。抄本此注在"莫挽前愆"下。]莫挽前愆;白璧多瑕,尚贻后悔。[灾火后,徐某两侄猝病而亡。抄本注作:"少渠两侄骤病而卒。"]况[抄本作"况乎"]风流云散,适悲黄菊之秋;而握算持筹,又用青苗之法。[徐收税外,按亩捐钱五十文,约可得三十万金。抄本注作:"徐除收租外,每亩捐钱五十文为补牢计,约算之可得三十万金。"]如此王章藐视,等[抄本作"顿"。]弃弁髦;其将恶贯满盈,自罹法网!人若趋炎之不及,兰臭争投;仆惟嫉恶之如仇,刍言敢献。纵说官兵恢复,此为北道之主人;须知国法森严,莫作南冠而絷者![抄本文后有自记一段:"余家数代书香,至余幸登乙榜。虽未沾升斗之糈,而忠君爱国出于性生;目击当世之丧心病狂,沦于异类。不得不大声疾呼,危言悚论,以冀积迷者之一悟,归入果报,立论似迂,然福善祸淫,天道好还。历观史册所载及稗官野乘,出尔反尔,毫发不爽。且举世若狂,载胥及溺,正赖吾辈为中流砥柱,力挽狂澜,亦亚圣距辟杨墨之志也。断不可随俗波靡,苟合取容。嬉笑怒骂中,仍是一片婆心,阅者以为金刚怒目可,即以为菩萨低眉也亦可。"]

(戈清祺:《蠹湖异响序》。《近代史资料》,总34号,第163页。北京:中华书局,1964。)

【江苏省长洲县·咸丰十年至同治二年】设厘卡而收税,银钥迟开。[黄埭、相城、南北桥等处,徐遍设厘卡抽税,收捐甚旺,以充贼饷。]持令箭以催捐,金钱强索。[周围百里内商贾居民及逃难路过者,均被勒捐。]十六万饷银领到,国帑虚糜;[徐以买通内应为名,赴上海领银十六万两。]六百桶火药请来,寇兵是借。[徐请火药六百桶,反送与忠贼助其攻破湖洲之用。]携樽载酒,同赏黄菊之秋;[徐于重阳日,大开筵场,广集群贼,谋收长洲阖县租米。]握算持筹,又用青苗之法。[徐遍贴伪示,称奉忠贼瑞旨,收取长洲阖县租米。发出黄纸伪印抚天侯谕单,禁止业户收租。]威逼逾虎狼之暴,赴水含冤。[徐典伙程殿光索诈乡民,王姓孤子赴水自尽。]追呼极鸡犬之惊,悬梁茹恨![王家滨监生张卿衡,因勒捐三千金,自缢而死。]遍集狐群兔党,尽成封豕长蛇。孰令听之?亦可哀已!

(顾某:《蠹湖异响序》。[汪本]。《近代史资料》,总34号,第165—166页。北京:中华书局,1964。)

【江苏省苏州·咸丰十年至同治二年】[八月]凡长[洲]、元[和]各乡已经克复者,秋禾可望丰收。因苏城沦陷后,各佃租籽或由土豪代收,或由伪职征取,业户则颗粒俱无。

(李鸿章:《陈明租捐丈田清理民房情形片》同治四年六月初一日)

【江苏省苏州一带·同治元年七月二十七日】然苏属一带,贼氛尚恶,现又借征下忙,以助军饷。各户无租,仍复苛捐。知不归城主,均军、师帅取肥私囊。吕库戏场,博局亦系师帅爪牙所开。日往花船,消耗不少。悖入悖出,此理究不爽也。

(龚又村:《自怡日记》。《太平天国史料丛编简辑》,第四册,第454页。太平天国历史博物馆,北京:中华书局,1962。)

【江苏省常熟县·同治元年闰八月初一日】中夜念业户二年无租,饿死不少。幸而降价鬻田佃户,十得二三,何以延命?特拟禀稿,请照金匮、长洲、昆[山]新[阳]例,准业主收租,与同人商酌,或动公呈,俾批示遵行,则业户不绝生命耳。惜现定粮重,再加民租已复全额,而明年上下忙仍无着落,故恐窒碍难行,无人出禀。致徐[少遽]局把持各粮局,军、师帅皆恃若泰山……钱[桂仁]帅升天军佐将,未几又升主将。

（龚又村:《自怡日记》。《太平天国史料丛编简辑》,第四册,第 460 页。太平天国历史博物馆,北京:中华书局,1962。）

【江苏省常熟县·同治元年九月】 二十二日,予往问朱心梅、卢器轩及仲舒、冶吾侄恙,见稻堆蔽场,无路可走,知水田皆成熟矣。丰年景象,未免垂涎。惜租籽不收,于我无分耳。

（龚又村:《自怡日记》。《太平天国史料丛编简辑》,第四册,第 469 页。太平天国历史博物馆,北京:中华书局,1962。）

【浙江海宁州·同治元年十月】 十月[初一]日,贼于长安镇筑城成,市易稍集。又,宁贼开仓征漕,因无田册,以所得我十年分收漕总数做田单。花溪六图三折,我图七五折,阳窖五折,新仓以西图有尽免者。花溪所管二十五图,限十月十一日开解赴海宁城。米以秤作数。[如不送秤手钱,强折米不算。]先是,九月二十日,贼来看荒,勒送钱许报荒。该年秋收,每亩不过石,又间有棉花、白荳田,亦大歉收;再加荒田十之三四。故除完漕、种子外,皆无过岁粮耳。

（冯氏:《花溪日记》。《中国近代史资料丛刊:太平天国》,Ⅵ,第 707 页。中国史学会编,编者:向达、王重民等,上海:神州国光社,1952。）

（三）生活下降状况

【安徽省桐城县·咸丰七年】 回首家何在? 停帆客又归。山中隔虎穴,篱下泣牛衣。课子情原切,诛仇愿岂违。劳人金久尽,闭户任含饥。

（胡潜甫:《四月由姑苏回马槽》。《凤鹤小草》。《中国近代史资料丛刊:太平天国》,Ⅴ,第 30 页。中国史学会编,编者:向达、王重民等,上海:神州国光社,1952。）

【江苏省昆山县·咸丰十年】 九月二十二日寅刻,先大兄崧甫又以时疫逝世……兼之子女多病,世乱无钱,租米不还,亲友筹措,草草殡敛。

（王德森:《岁寒文稿》卷三。）

【江苏省常熟县·咸丰十年十月二十日】 出伪示:着旅帅、卒长按田造花名册,以实种作准,业户不得挂名。收租各分疆界。起房捐、店捐。开张者领店凭。有船者领船凭,水陆要路,立卡收税。封坟树、宅树充公用。各手艺当差,居民留发。如有一项违示者,定按军令。完现年漕米,补完现年下忙银两,限到年一并清割。幸是年秋收大熟,各项皆能依示,惟收租度日者及城中难民无业无资者,甚属难过。

（顾汝钰：《海虞贼乱志》。《中国近代史资料丛刊：太平天国》，Ⅴ，第 371 页。中国史学会编，编者：向达、王重民等，上海：神州国光社，1952。）

【江苏省常熟县·咸丰十一年五月】日费百文，米珠薪桂，旅用不支，幸水乡多螺蛳，价较廉，日买佐膳。偶有不给，高妪下水撩之，清苦之况不堪告人。

（龚又村：《自怡日记》。《太平天国》，第六册，第 67 页。罗尔纲、王庆成，桂林：广西师范大学出版社，2004。）

【江苏省常熟县、昭文县·咸丰十一年六月】如今虽陷贼世，四民尚属安定，各照平日谋生过活……惟我等安分待命士人，资财被掠，家业窭空，谋生计拙，衣食难支，可怜可忧。

（汤氏：《鳅闻日记》卷下。《近代史资料》1963 年第 1 期。又见《太平天国》，第六册，第 352 页。罗尔纲、王庆成，桂林：广西师范大学出版社，2004。）

【浙江省绍兴·咸丰十一年】去冬向佃户收租如乞丐状，善者给数斗，黠者不理，或有全家避去者。约食米即改日两餐亦仅三月粮。而皇甫庄乡官[贼分署曰军师旅帅在乡坐堂皇，遍索有门牌大捐等名，皆无赖为之。]谓余官幕名家，被逮系两次。城知无以保家也，先在小库胡氏训蒙，[月得贰千不能事育]，乃着草履，易短褐，贩米于上宅，[嘉兴界渡海去]，卖私盐食货于松厦、小金，复设肆小库，为安弟谋食，定弟读书[附胡氏学]，无法不施，足重茧，面鹜黑，身无片肉。[于是乡官不大扰]。至五月，米石十四千文，饿莩载道，余尝于路尸壙墓间，日行八九十里，黑夜跌而起，起而跌者不为异也。

（范城：《质言（选录）》，《太平天国》，第四册，第 420 页。罗尔纲、王庆成，桂林：广西师范大学出版社，2004。）

【浙江省绍兴县·咸丰十一年十一月初二日】到妙佳桥买谷藏衣箧中，置屋上，足一月粮……[程太元米店]藏米数石以居奇也。平时受余惠，意必得厚贶，乃力索得米三升、腌菜一束……以金易米三斗，白豆二升。

（鲁叔容：《虎口日记》。《中国近代史资料丛刊：太平天国》，Ⅵ，第 796—797 页。中国史学会编，编者：向达、王重民等，上海：神州国光社，1952。）

【江苏省常熟县·咸丰十一年至同治元年】至兄之处境，两年来日非一日，两餐一点改为一粥一饭，[米六、麦四，所谓汤面饭也。]虽长夏亦然。所可恨者，米贵总在天时长也。去夏[咸丰十一年]米价六千，今夏[同治元年]贵在八千以外。道光二十九年大水，米价五千八百；咸丰六年大旱，米价六千，皆无如此之数也……前年六七十之荤，间日尚买，去年二三十小荤尚可支，今春以来非遇祭先不买荤，[平日小荤亦不买。]……其实年岁并不荒歉，皆因租米充公，民无积蓄，稍有藏储，动辄抢诈，横征暴敛，糜集一时，多皆贱籴而贵粜。

（周鉴：《月锄与胞弟子仁小崔书》。原载《汝南一家言》未刊稿本。《近代史资料》

1955 年第 3 期,第 83—86 页。按:周鉴,号月锄,其家约有田三百亩。)

【江苏省常熟县·同治元年正月二十七日】予寓向食白粲,至此欲得脱粟尚苦无钱。孔妪仍挑荠撩蛳佐我清苦。

(龚又村:《自怡日记》。《太平天国史料丛编简辑》,第四册,第 431 页。太平天国历史博物馆,北京:中华书局,1962。)

【江苏省常熟县·同治元年十月初九日】[托人至吕厍兑手钏,卖衣裙,兑赤金佩签。]虽债务粗完,而薪米尚无所出,年丰不免啼饥。

(龚又村:《自怡日记》。《太平天国史料丛编简辑》,第四册,第 471 页。太平天国历史博物馆,北京:中华书局,1962。)

【浙江省海宁州·同治元年十月】贼于长安镇筑城成,市易稍集。又,宁贼开仓征漕,因无田册,以所得我十年分收漕总数做田单,花溪六图三折,我图七五折,阳窖五折,新仓以西图有尽免者。花溪所管二十五图,限十月十一日开解赴海宁城。米以秤作数,[如不送秤手钱,强折米无算。]先是,九月二十日,贼来看荒,勒送钱许报荒。该年秋收,每亩不过石,又间有棉花、白豆田,亦大歉收,再加荒田十之三四。故除完漕、种子外,皆无过岁粮耳。

(冯氏:《花溪日记》。《中国近代史资料丛刊:太平天国》,Ⅵ,第 707 页。中国史学会编,编者:向达、王重民等,上海:神州国光社,1952。)

【浙江省绍兴县·同治元年十月十三日】得弟来书,欣悉老母平安,阖家无恙。贼中尚不甚惊扰,节衣缩米,勉持饥寒。旅怀忹忡,阅此稍慰。

(李慈铭:《越缦堂日记》同治元年十月十三日。)

【江苏省上海县·同治元年十一月二十五日】饭后作札草藁,致[吴江县芦墟]家中诸相好。来年无力支持,岁暮只好闭户,思之实深闷闷。[二十七日]上午,作札致陈朗相,关照岁底闭户,并一应开销。

(柳兆薰:《柳兆薰日记》。《太平天国史料专辑》,第 292 页,上海:上海古籍出版社,1979。)

【浙江省乌程县·同治二年】[八月]贼又大队至湖塘东路打粮,大庙港、陆家港等处大遭荼毒。时田稻正熟,屯扎月余,尽刈以去,乡人饥饿穷窘,困苦万状……是时贼踪飘忽,来往不定,地方扰攘,军帅、旅帅亦逃窜无踪……[十二月]是后吴溇贼益众,居民益少,白昼闭户,村市寂寥,除夕入市,他无所有,惟鲫鱼两尾,买归度岁焉……予家自遭贼难,比年奔逃,衣物罄尽,无田无产,又值薪桂米珠,衣食所需,实有难于支撑之势。

（李光霁：《劫余杂识》。《中国近代史资料丛刊：太平天国》，Ⅴ，第 322—323 页。中国史学会编，编者：向达、王重民等，上海：神州国光社，1952。）

【江苏省仪征县·同治二年】

（一）

石走沙飞势莫当，萧疏林木避风狂。害人忘却遭谁害，第一无情是虎伥。

（二）

生计休论啬与丰，只凭心地证天公。良田万顷成何用，饿杀当年积谷翁。

（程畹：《归里杂述》。《啸云轩诗集》卷二，第 17 页。）

二、逃亡状况

（一）逃亡者的身份

【咸丰元年至咸丰六年】 并有介在欲逃不逃之间者，如贸易之人，吏胥之类。自思焚掠之后，无家可归，无亲朋可投，身无技艺，囊无资财，即能逃出，将何以聊生乎？不如暂且从之，俟有机会再作归计。更有欲逃而迁延未逃者，如贫穷之人，肩挑之辈，本自度日艰难，见贼众金资累累，则思得其所有而逃。

（张德坚：《贼情汇纂》卷十一《贼数·逃亡》。《中国近代史资料丛刊：太平天国》，Ⅲ，第 306 页。中国史学会编，编者：向达、王重民等，上海：神州国光社，1952。）

【江苏省丹阳县·咸丰六年五月】 [向荣大营被太平军击破]于是苟可挪措者，皆负老携幼，连夜逃奔。或中途失散妻孥，抛弃子女，不知凡几，少妇自尽最多。或家资巨万而囊无一文者，或积粟万锺而身无一粒者。

（柯悟迟：《漏网喁鱼集》，第 25 页。北京：中华书局，1959。）

【江苏省常熟县·咸丰十年四月】 如东乡大镇，郡县避来者不少，已觉招摇之至，虽有团练，似难保卫无事。本地殷富，反为搬出，觉迁来更形坐卧不安，故再为搬运也。

（柯悟迟：《漏网喁鱼集》，第 41 页。北京：中华书局，1959。）

【浙江省海宁州·咸丰十一年二月】 十八日，[太平军]又至袁花镇，分居民房，设立伪卡。里中无赖从贼为乡官，敲诈逼勒，无所不至。土匪乘之，驾船劫掠。士绅殷富，辄被掳以勒赎，居民尽弃家而遁。

（陈锡麒：《粤逆陷宁始末记》。《中国近代史资料丛刊：太平天国》，Ⅵ，第 649 页。中国史学会编，编者：向达、王重民等，上海：神州国光社，1952。）

【浙江省桐乡县·同治元年三月初七日】 闻屠镇初六日有大潮头，盖贼搜括甚重，富户不堪其求,率皆规避,军帅欲敛财供贼,乃于夜间写捐,捐户皆逃。盖至每一卖糕盘上每日出捐十文,而其他可知也。

（沈梓:《避寇日记》。《太平天国史料丛编简辑》,第四册,第143页。太平天国历史博物馆,北京:中华书局,1962。）

【浙江省嘉兴城南门外十余里之马王塘桥·同治二年二月初九日】乡之殷实者早挈眷去,惟无力迁徙者则居其地……乡官[姓项]既索田粮地丁之外,又索各捐……凡屋捐、亩捐、灰捐、灶捐、柴捐共五等。

（沈梓:《避寇日记》。《太平天国史料丛编简辑》,第四册,第236—237页。太平天国历史博物馆,北京:中华书局,1962。）

【江苏省昆山县】而红羊罹劫,玉石俱焚,尽室灰飞,全家星散者,不知其几千万也。

（王德森:《祭孙翁星斋文》。《岁寒文稿》卷六,第12页。）

（二）逃走方向

[参见第八章第四节"人口迁徙的路线"目]

【江苏省常熟县·咸丰十年四月初三日】[太平军进攻常州、无锡]以致吾邑[常熟]城户迁徙纷纷,有航海至通州、崇明、海门、宁波者。

（龚又村:《自怡日记》。《太平天国史料丛编简辑》,第四册,第346页。太平天国历史博物馆,北京:中华书局,1962。）

【浙江省金坛县·咸丰十年四月】初四日,难民入城。两日内,四乡难民奔避城边者男女近万人。今早禀县入城,至日晡仅入半。次日,各带兵官以难民中杂奸细,不准再入,争之不得,发芦席令在外民倚城脚搭棚暂住。城中有亲友者,令亲友送饭,无者给与米粮。

（佚名:《金坛围城追记》,手稿本。南京大学历史系太平天国史研究室编《江浙豫皖太平天国史料选编》,第67页,南京:江苏人民出版社,1983。）

【江苏省苏州、上海县·1860年】苏州之陷落,乃是空前未有的大恐慌之信号,因各处人民弃家逃难到上海者甚众。这恐慌传到上海,此处人民亦离城而避到浦东。

（晏玛太著,简又文译:《太平军纪事(讲词)》。《中国近代史资料丛刊:太平天国》,Ⅵ,第939页。中国史学会编,编者:向达、王重民等,上海:神州国光社,1952。）

【江苏省常熟县·咸丰十年】[各乡镇得硕天豫之告示,门要贴"顺"字,大户之殷实者逃走北沙。]而大户之殷实者,装载家私,暗渡沙去,捐款因之少大半。

（顾汝钰:《海虞贼乱志》。《中国近代史资料丛刊:太平天国》,Ⅴ,第351页。中国史学会编,编者:向达、王重民等,上海:神州国光社,1952。)

(三) 富户成绝户

[编者按:富户受到打击最重,甚至成为绝户者,多为三种家庭:一、官宦之家。二、平日收凶租的地主。三、战时武装对抗太平军者。]

【江苏省南京·咸丰三年二月十二日】 [江宁]将军[祥厚]身中数枪,战死城上,贼剖其心以去。某官率千余人夺朝阳门以出,贼遂屠驻防城,男妇幼孩无一免者。外城居民见驻防城破,是夕或自焚,或自经,或仰药,或投水,阖室殉节者数千家。上自绅衿,下至娼优道流,一日死难者不下数万人。

(胡恩燮:《患难一家言》卷上。《太平天国史料丛编简辑》,第二册,第332—333页。太平天国历史博物馆,北京:中华书局,1962。)

【江西省丰城县·咸丰三年九月】 生米司官先已逃,嗣扮卖药医士至生米,为贼擒,据讯系医士,释之。嗣伊遇一夙仇,执见贼,告以系司官,贼问地保,居官何如?答以不好。贼遂杀之。

(毛隆保:《见闻杂记》。《太平天国史料丛编简辑》,第二册,第72页。太平天国历史博物馆,北京:中华书局,1962。)

【江苏省娄县·同治年间】 贼平后,方家窑遂为废地。同治末,稍有居民。光绪中,始得成为小市,而[富户]金姓子孙无存,宅亦灰烬矣。

(王步青:《见闻录·方家窑记事》。《太平天国史料专辑》,第556页,上海:上海古籍出版社,1979。)

【江苏省六合县·咸丰四年九月至同治四年三月】 巨室多戕于贼。

(徐鼐:《未灰斋文集》卷五第26页。)

【安徽省建德县·咸丰四年九月至同治三年六月】 [大官僚周馥的家族和戚友]死于兵死于饥寒者盖十之八九。

(周馥:《周悫慎公全集》。第九册,文集二,第41页。)

【江苏省常熟县·咸丰十年六月十六日】 有苏姓者,本是周庄首富,贼不欲杀,有江阴差人某与他有隙,遂杀之,一门被害。

(佚名:《庚申避难日记》。《太平天国史料丛编简辑》,第四册,第479页。太平天国历史博物馆,北京:中华书局,1962。)

【浙江省石门县·咸丰十年四月至同治三年二月】是时（按：指太平天国时），殷富之家，十室九空。

（光绪《石门县志》卷十一《丛谈》。）

【浙江省湖州·同治二年五月至同治四年八月】[有些世家大族]转瞬竟成绝户。

（民国《南浔志》卷四五《大事记之四》。）

三、衰落的特征

(一) 普遍性

【广西省桂平县·咸丰元年】金田贼众裹胁日多，附近各村绅富，搜括靡遗。

（杜文澜：《平定粤匪纪略》卷一第 4 页。上海申报馆仿聚珍版印。《太平天国资料汇编》，第一册，第 4 页。太平天国历史博物馆，北京：中华书局，1980。）

【江苏、浙江地区】各属绅富产业多成灰烬，骨肉半已凋零。

（洪昌燕：《时务敏斋存稿》卷一，第 15 页。）

【江苏省苏州】昔者粤逆乱吴中，衣冠故族，奔逃颠赴，尟有存者。

（何嗣焜：《存悔斋文稿》卷一，第 4 页。）

【湖北省武昌·咸丰三年二月十二日】查逆贼陷城之后，遍索官幕、绅商、富户，叠次搜括，又有本城土痞为之导引，择肥而食，悉索无遗。惨杀之余，继以劫夺，以故平常饶裕之家，其现存者一旦赤贫如洗，亲友俱困，告贷无门，委顿情形，殊堪悯恻。而素称穷困之家，或因贼不屑诛求，转得安然无恙。虽未必比户皆同，而实情类多如此。

（张亮基等奏。军机处全宗·录副奏折。中国第一历史档案馆编《清政府镇压太平天国档案史料》，第五册，第 173 页。北京：社会科学文献出版社，1992。）

【江西省丰城县·咸丰三年七月】当铺三家，惟抢"恒源"一家。人家惟周、陆二姓，被祸最甚。贼匪入城，访土匪为引导，故知各富户也。贼入周姓家，入门，遇伊老大，即以刀吓问："尔系堂邑财主，金银何处?"答以"任王爷搜括"。始释手，老大即逸去。搜获首饰，惟金银即要，如玉器则丢弃地下，衣物搜括净尽。

（毛隆保：《见闻杂记·七月见闻记》。杜德风选编《太平军在江西史料》，第 490 页，南昌：江西人民出版社，1988。）

【江西省湖口县·咸丰三年至七年】[太平军]缉拿各绅士[或杀全家，或杀其子弟]。

（《曾文正公全集·奏稿》，卷九，第 24 页。）

【江西省临川县·咸丰六年二月】 二十三日,贼遂入踞郡城,[按:抚州府治临川。]属邑皆陷。逼迫绅士充当伪职,[有军、师、旅帅,两司马,百长诸名目],横索民财,搜括富户。各县设立伪监军。

（同治《抚州府志》卷三十四之二《武备·武事》。）

【江西省南昌县·咸丰六年】 当事委员勒军需,县官差吏催田租。富户十九罄藏储,折色踊跃争将输,[邑侯高梦麟出示:一石米折制钱三串,民因往年完粮之苦,争自完纳。]不忧性命畏鞭扑。

（邹树荣:《蔼青诗草·不雨谣》。杜德风选编《太平军在江西史料》,第480页,南昌:江西人民出版社,1988。）

【江西省崇仁县·咸丰六年九月初十日】 是日,贼复陷城。贼恨民助官军,甫入城,即分贼下乡,数十里内淫掳焚杀,惨毒备至。此次不复安民,任贼党残暴无已。设伪官如初,勒取民财,饕餮尤甚。凡民稍有家资者,悉被倒悬贼馆,烟熏火烙,逼财赎命,不如意者即杀之……斯时,百姓富者逃亡过半,贫者匿迹深山。

（同治《崇仁县志》卷五之二《武备志·武事》。）

【江西省上犹县·咸丰六年十一月】 计犹邑先后为贼蹂躏有军务者三次,与贼相持时日,以此次为最久。而贼党众多,办理棘手,亦以此次为最难。虽托神天庇佑,再获乂安,而吾邑殷实之户,盖精华略尽矣。

（光绪《上犹县志》卷十六《军务纪略中》。）

【江苏省六合县·咸丰八年】 邑巨室多戕于贼,亡在外者又不能自存。

（徐嘉:《未灰斋文集》卷五,第26页。）

【江苏省吴县·咸丰十年】 然详余之避难,而他人之惨迫可知。详一方惨迫之状,而一省惨迫之状可知。即他省之经寇难者,其惨迫之状亦可知。

（蓼村遁客:《虎窟纪略》。《太平天国史料专辑》,第13页,上海:上海古籍出版社,1979。）

【江苏省南部·咸丰十年至同治二年】 江南苏、松、常、镇各属完好处绝少。上海未陷,止发逆数临城下,而城中一无所动之家无几,眷属财物俱运至黄浦、□□,贼至荡然者有也。其不迁之户究系侥幸。愚□财之得失竟有数焉。或诮其以肉投虎,则失之远矣。□□身处围城,决贼重上海轻浦东也,不意所以避之,□□之□,岂非命欤。

（沧浪钓徒:《劫余灰录》。《太平天国史料丛编简辑》,第二册,第166页。太平天国历史博物馆,北京:中华书局,1962。）

【江苏省溧阳县·咸丰十年至同治三年】 凡官宦之家,呼为妖头,杀之必尽,乡里横民倚贼势,作威福,其气焰不可向迩,缙绅之祸烈焉。

（冯煦：光绪《溧阳县续志》卷十六《溧灾记略》）

【安徽省绩溪县·咸丰十年八月】［太平军占郡城后,据十阅月而退。］深山穷谷之中,几乎无处不被其扰。徽人向之累于捐者,今且为贼掳胁,火其居,拘其身,而索其财也。向之惮于迁徙者,今且无地可迁,无物可载……求一饱而不可得。

乡人皆谓贼不甚扰民……故十年贼陷之后,居人狃于前事,皆不肯远徙,皆谓贼必不久驻。贼入山焚掠,犹以为官军所为。以致巨家大族,无一能脱者。庚申［1860 年］,徽人遇贼被害者不过十之一二耳。辛酉［1861 年］五月贼退后,以疾疫亡者十之六七。［太平军退后］每斗米二千钱,每斤肉五六百钱……民间农器毁弃殆尽,耕牛百无一存……昔时温饱之家,大半皆成饿莩。

（黄崇煜：《凤山笔记》。《近代史资料》,1963 年第 1 期,第 150 页。）

【浙江省海宁州·咸丰十一年】 嗣闻通元局日肆凶暴,更有罪犯殷祥祥、沈朱桂、许正明等复来踞局,日常枪船四出捉人,其西南地方稍有盈余者不一人遗漏,缘被获者欲自脱,为指点故也。

（冯氏：《花溪日记》。《中国近代史资料丛刊：太平天国》,Ⅵ,第 683 页。中国史学会编,编者：向达、王重民等,上海：神州国光社,1952。）

【浙江省桐乡县濮院·同治元年至同治二年】 吾镇殷户悉索已空,生意不集,市上又无从收括。［因有张蘋村与王花火之矛盾,濮院皆未交足征额,从此可见捐税收入上的大弊病。］计春间所派海塘费二万金,吾镇只缴二千元。六月中,计民欠漕米九百担,着乡官摊赔,应派七千余元,吾镇只缴五百元。

（沈梓：《避寇日记》。《太平天国史料丛编简辑》,第四册,第 234 页。太平天国历史博物馆,北京：中华书局,1962。）

【浙江省桐乡县·同治二年正月初六日】 余尝谓古人云,大乱避乡,而避乡尤不如避山。今则不然,长毛善于走山,山虽险僻,彼能深入。若水乡,则溪港纵横,动需舟楫,尽有贼迹不到之处,即使能到,犹及避之；若山路,则贼登高四望,阴翳尽见,如釜底之鱼,焉得避之。且水乡则虽被劫掠,犹通负贩,然犹升米百有二三十；若山中材木多而粮食少,积贮一罄,则束□即使能通负贩,而三关四卡,道路间关,耗费几何,几何不升米二百耶,其为饥饿固宜。余尝与人论长毛之劫,或曰此天道祸福之机也,地利险易之门也,人事淫善之报也。是故省会之地,要害重镇,人物辐凑,风俗极弊,则遭难必极重,府县次之,乡居为最轻。今则不然。

（沈梓：《避寇日记》。《太平天国史料丛编简辑》,第四册,第 231 页。太平天国历史博物馆,北京：中华书局,1962。）

【安徽建德县】［建德昔年数巨富，岁收租数万石，商利数万金。太平天国以后，典业］荡然无存，田荒无租……今则人亡家败。

（周馥：《周悫慎公全集》。《负暄闲话》，第9页。）

（二）突变性

【浙江省象山县·咸丰十一年十一月】张酋名得胜，治军严整，而性颇慈祥。当周、王辞别时，张酋微讽以妇女总宜避去之意，言之再三，而无如二人之愤愤也。诸酋入城，直踞民房、官舍为公馆，不轻易出入，其掳掠奔窜者皆小兵也，而衙署之焚，则余姚乞丐矣。

长毛自言，自下浙西东名城数百，积蓄之富，未有如象山者。盖初以象山僻地，必不遭兵燹，故各府县巨商大贾，其膏腴多运寄于此。继而富宦旧家无乐土可就者，亦源源而来，不虞至此一网打尽。虽曰数不可逃，然亦误之者有人也。惟所云不戮一人，斯言尚为不食耳。

（王莳惠：《咸丰象山粤氛纪实》。《太平天国》，第五册，第209页。罗尔纲、王庆成，桂林：广西师范大学出版社，2004。）

【江苏省·同治二年十一月】念一，甲子日，晴，朝，偕诵兄上岸吃茶，剃发下船，吃罢早饭，即开行，风顺，出黄天荡，见(八)[北]寺塔，旋见双塔，遥望故乡[苏州]，城头依然无恙。追思出城时，先人俱在，财物皆存，不料别去三年有余，人财两失，家道顿衰，静思之下，曷胜惨然。遂于舟中咏成两诗，其一云：遥望姑苏路，忻然又怅然。江山空战垒，院落剩荒田。感慨悲今日，繁华忆昔年。邦家仍故我，诗句赋言旋。其二云：一别三年恨，归舟兴未赊。河声流水去，塔影夕阳斜。野外驱归马，城头噪暮鸦。故关欣在望，何处是吾家？

（蒋寅生：《寅生日录》。《太平天国史料专辑》，第438页。上海：上海古籍出版社，1979。）

【江苏省苏州·同治二年十一月二十二日】讵知三年来，一家遭至如此，人财俱失，家道顿衰。

（蒋寅生：《寅生日录》。《太平天国史料专辑》，第440页，上海：上海古籍出版社，1979。）

【江苏、浙江地区】朝为富翁，夕成饿莩。

（李东敬：《乡兵管见》卷一第4页。）

四、富户衰落的后果

（一）生计变化

【江苏省无锡县·咸丰十年以后】［秦氏自明朝以来］甲科相望，名臣辈出。兵火洊经，流亡过半。其存者，大抵困苦颠连，捄死不暇，读书者日益少，务外者日益多。

（秦缃业：《虹桥老屋遗集》文中之上第 5—6 页。）

【江苏无锡县、金匮县·咸丰十年五月】时杨宗濂设局陡山，[梁]国泰死，远近村镇皆纳款于贼，众亦瓦解，宗濂挈家闲行之上海。

（施建烈：《纪[无锡]县城失守克复本末》。《中国近代史资料丛刊：太平天国》，V，第253 页。中国史学会编，编者：向达、王重民等，上海：神州国光社，1952。）

[编者注：杨逃至上海，后成资本家。]

【江苏省吴江县芦墟胜溪·同治元年七月初十日】适邻友持倚翁札，此月初二日上洋所发，欣慰万分。倚翁于前月二十五日到沪，借住万丰号。其中三开间楼房三进，平屋一进，前临街市，后面黄浦，租价昂极。日上略可部叙定当，为余运筹，关切深感。现有杨世富之船带来，洋人保护，大可放心。余与邻友倪近昌约明日来定吉行之期。近昌送上洋蜜桃两筐，谢受之。下午，复至孙家汇，关照莲溪付伊一元而返。此中调度，须轻重适宜也。万丰住宅，须问水神园北首两合糖栈便知。

（柳兆薰：《柳兆薰日记》。《太平天国史料专辑》，第 269 页，上海：上海古籍出版社，1979。）

【江苏省上海县·同治元年七月十八日】饭后，徐丽江有片来，唤渠家宋升本脚班来挑衣箱物件，即押行李同行。由外洋街过新开河桥，一路皆夷房。行三里许，始入七宝楼台，目所未睹。又行里许，始至兴仁里第四条弄复号绸庄内。徐丽江已在门首等候，云汀、雨亭均出见，蒙极殷勤相款。茶瓜后，以寄存之物相托。徐绿卿、少卿乔梓同来畅谈，丽江固留中饭，扰之。少卿、丽江、云汀昆季同席。乙谦、百川两亲家暨苇卿侄同来问候。下午，至益谦、百川寓中，伊成、听樵皆来就谈，并扰茶瓜。至绿卿、磬生寓所飞片。因天晚，不及再留，即告辞云汀，与下人行游洋街，从容返寓。王松溪在寓就谈，欲趁舟同归，当与船户相商也。

（柳兆薰：《柳兆薰日记》。《太平天国史料专辑》，第 272 页，上海：上海古籍出版社，1979。）

（二）心理变化

【江西省永新县·咸丰三年】肢箧担囊贼胆雄，搜微抉隐室空空。及今方悟贫为福，屡受虚惊是富翁。[原注：贼过富家，每抽刀恐吓取财。]

（尹继美：《鼎吉堂诗钞》卷三《兵灾杂吟二首》。《太平天国文献史料集》，第 384 页。北京：中国社会科学出版社，1982。）

【安徽省太平县·咸丰六年】[石达开部]撬墙壁，挖地板，乱寻藏窖。半月后，才退住，青阳县城。一个个，回到家，长吁短叹。懒争名，懒争利，百事灰心。

（周公楼：《劫余生弹词》。）

【江苏省常熟县·咸丰十年】日用奢侈，衣食靡丽，恃富欺贫，倚强凌弱，此辈必不自觉，到后终遭人财亡失，难免天谴。

（汤氏：《鳅闻日记》卷上。《近代史资料》1963 年第 1 期。又见《太平天国》，第六册，第 304—305 页。罗尔纲、王庆成，桂林：广西师范大学出版社，2004。）

【江苏省常熟县·咸丰十年八月】［初三日］但见各乡民情已变，渐生歹念。富有之家，与我等安贫良士，无不忧惶急迫。

（汤氏：《鳅闻日记》卷上。《近代史资料》1963 年第 1 期。又见《太平天国》，第六册，第 311 页。罗尔纲、王庆成，桂林：广西师范大学出版社，2004。）

【江苏省仪征县·咸丰十年】人生有万族，不外富与贫。富者日侈肆，贫者常苦辛。一钱乞不得，饥肠转车轮。窃钩忽发露，古狱寒无春。一朝大盗起，屠戮难具陈。长吏各逃避，旧宪何由伸。乃知法令假，粉饰愚齐民。齐民若窥破，四海飞烟尘。可由不可知，嘉言思圣人。

（程畹：《杂诗》。《啸云轩诗集》卷二，第 9 页。）

【浙江省杭州·咸丰十年至十一年】崔卢旧门第，昔日何风流。翩翩盛裘马，富贵轻公侯……虎狼忽肆毒，大户先搜求。解我五花马，脱我千金裘。昨暮堂中客，今日阶下囚。妻孥委中道，先业空贻留。黄金一朝尽，性命同蜉蝣。我来感人事，华屋今山邱。

（高望曾：《劫后还乡杂诗》。尹耕云：《庚辛泣杭录》卷十六。）

【江苏省吴江县芦墟胜溪·咸丰十一年一月五日】初五日，晴，冷甚。早起衣冠接财神、五路神，今岁不求发财，但祈平安出财过去，不至即形拮据、贫困为幸，此余之立愿也。

（柳兆薰：《柳兆薰日记》。《太平天国史料专辑》，第 165 页。上海：上海古籍出版社，1979。）

【江苏省吴江县芦墟胜溪·咸丰十一年十月二十九日】（属）［嘱］账房抄账，诸甲纷来，多是正派人，以所办相商。下午，作札致外父，命墀侄誊清。终日心绪纷如，知委心任运之难。晚回，知官样文章，要独出心裁，事等画饼，且镇上诸君，假公济私，殊属人心不古。

（柳兆薰：《柳兆薰日记》。《太平天国史料专辑》，第 219 页。上海：上海古籍出版社，1979。）

【江苏省、安徽省·同治元年】七月初二日，癸未，薄阴……录帅言：东南大局殊有起色,而人心不平,恐尚有波澜。下江士庶,浇浮之习不除,尚是创痛不切于心之故。当局者不能和衷以济,各挟私见,亦由于不闵鞠凶。人事既然,天道因之,可见悔祸之期未可知也。安省民气似乎稍平,或者可以小休耳。

(赵烈文:《能静居士日记》。《太平天国史料丛编简辑》,第三册,第240页。太平天国历史博物馆,北京:中华书局,1962。)

【江苏省仪征县】家贫嫌闰月,世乱望丰年。

(程晼:《少壮》。《啸云轩诗集》卷一第3页。)

【江苏省仪征县】万事贵知足,犹未缺升斗。入室互箴规,妻子亦良友。尚恨言语多,触事喜开口。何当敦实行,沉默以自守。

(程晼:《自警》。《啸云轩诗集》卷三第8—9页。)

【江苏省仪征县·同治八年】家业齐倾全骨肉,兵凶交迫富文章……一卷搜罗百劫存,忠奸目击细评论……虎口余生迥自怜,又开云露见青天。

(程晼:《题〈避寇纪略〉》。《啸云轩诗集》卷三第17—18页。)

【江苏省仪征县·同治九年】弱冠事俗学,所觊在公卿。一旦烟尘起,畎亩愿躬耕。全躯亦已足,何暇思微名。

(程晼:《杂感》。《啸云轩诗集》卷四第1—2页。)

【江苏省仪征县】

(一)

声音效楚咻,气习踰秦强。祥麟暨威凤,化为豺与狼。何且市井徒,狙诈顺其常。凶岁固多暴,乐祸安能长。

(二)

古今不相及,黑白何分明。上下数十年,屡变而迭更。

(三)

当其横逆来,顺受空嘘唏。

(程晼:《杂诗》。《啸云轩诗集》卷二第17—18页。)

第四节

财富分配新趋势

一、原富户更富

【江苏省扬州·咸丰六年】扬州钦差雷以(诚)[诚]年来专事聚敛,怨声载道。其子某开钱铺,民间捐项皆输其铺业,有重利必趋之,与民争利。或云雷二三年内家资已有两三百万。

(佚名:《蘋湖笔记》,手稿本。南京大学历史系太平天国史研究室编《江浙豫皖太平天国史料选编》,第104—105页,南京:江苏人民出版社,1983。)

【江苏省吴江县盛泽镇·咸丰十年五月至同治元年八月】[沈]枝珊两年以来,管卡派捐,攫获不资。[以银六万两]遣其兄沈栗甫到上海开绸缎铺。其妾弟龚阿七在七里塘管捐卡者,亦到上海开鹤年长棺木店……存王永义西庄者十二万余两,又存王轶仙处五万两……又以二万两开慎号南货行于东市,又以四万余两存其党吴连北处运用取利。又与乌镇富户徐氏合贩湖丝、烟土、洋枪、铜帽子等物,到嘉兴销售,本亦数万。

(鹤樵居士:《盛川稗乘》。《太平天国史料丛编简辑》,第二册,第191页。太平天国历史博物馆,北京:中华书局,1962。)

【江苏省吴江县盛泽镇·咸丰十年至同治五年】伪恩赏检点王子青,浙江秀水县人,住居盛泽,捐纳郎中王恩寿、贡生王家鼎之侄。家鼎荐其妾弟沈枝珊为军帅,把守盛泽,即以子青为副。子青为人外貌和易,中怀阴险,既为贼信用,遂极意媚贼,按月批解粮饷。嘉兴贼营粮米、火药、军器,全靠王永义源源接济……贼所掠嘉、湖、杭、绍各郡珠玉衣饰,珍玩古董,皆王姓为之赴沪销售,渔利无算。后见官兵势盛,各县相继收复,恩寿先到上海,投入劣绅潘曾玮门下,馈献金银珍宝,得派善后局董事,冒充绅士,意气昂然,首先迎降,接济贼饷之罪,概置不问。王本盛泽首富,拥有巨资,从贼之后,搜刮贼饷,又代贼销售掳掠各物,逼索侵渔,富更数倍于昔。劣绅污吏垂涎贼资,无不要结交欢,因此反得保举,大吏也特加青盼,破格相待,子青之为贼官,实为恩寿替身,然亦藉潘曾玮之力,得与保举云。

(鹤樵居士:《盛川稗乘》。《太平天国史料丛编简辑》,第二册,第194—195页。太平天国历史博物馆,北京:中华书局,1962。)

【浙江省杭州·咸丰十一年十二月二十一日】杭城有胡雪岩者,向为钱庄掌柜,住吉祥巷,去年二月长毛在杭,有一贼魁住其家中,将杭城所掳银洋悉入馆子中,闻张兵到,贼弃银走。胡遂将银殓杭城死尸数万人,遂知名,为杭城司事之首,最有胆力,出口上洋办米。然除杭城会垣外,皆为贼土,贼兵袤延数百里,即有粮米何从得入耶? 待至十一月二十左右,饿死者十三万余,此杭中掩埋局所计数也。自此以往,即局中亦不及掩埋而城破矣。计饿死者亦不下十万数也。沈姓从贼出城,目中所见,城中路毙之尸,沿街塞巷,亦不下十万数。至于自刎、自缢、吞金、服毒之死在室中者,及其他街道所不及见者更不可以数计。而自出城以至长[安]、石门等处,杭民被掳者沿途路毙以及投河死者当亦不下十万也。由此言之,杭城一百三十万之众,死者当不啻过半也。

(沈梓:《避寇日记》。《太平天国史料丛编简辑》,第四册,第110—111页。太平天国历史博物馆,北京:中华书局,1962。)

【江苏省苏州·同治初年】潘曾玮为宰相之子,一门科第,渠独以科场舞弊斥革问罪,大臣子弟不知自爱,甘为违条犯法之事,素行不端,已可概见。收复苏城时,带领定勇,抢搜贼馆,所获金银不计其数。甚至将贼馆妇女,用巨船载往上海鬻入娼家。拥资已逾数百万,犹不知足,复垂涎贼产,广为搜罗,门庭若市。一时大吏多有世谊,倾心委任,言无不听,任其妄为,从不过问,遂使衔怨受害之人切齿腐心,无从控告,毒焰薰灼,帝制自为,人言不足恤,公论不足畏矣,但未知太傅在地下何如耳!

(鹤樵居士:《盛川稗乘》。《太平天国史料丛编简辑》,第二册,第201—202页。太平天国历史博物馆,北京:中华书局,1962。)

【安徽省南陵县·同治年间】在此人烟稠密,地价高昂的地方,原不易产生大地主。惟洪杨劫后,土著死亡殆尽,地广人稀,劳工缺乏,少数遗民,皆不欲多占地土,以负纳税义务,因致土地几等无价值。乃有他处豪富,多量收买,而造成四家大地主,此即称为某某堂者也。其有田最多者,约两万余亩。及后客民迁入,人口增加,当不能再有此种地主产出。此堂之主人,皆他县或他省之豪族,并不居住县内,不过设有机关,以为处理田产,彼则遥领之耳。

至居住本地之地主,历史上自洪杨以后,仅以有三千余亩者为最多。现时最多者,不过二千余亩。

(刘家铭:《南陵农民状况调查》。《东方杂志》卷二十四第十六号,民国十六年八月。)

二、新富户的兴起

(一) 太平天国官员

[参见第二章第一节"圣库制度的演变"目]

（二）乡官

［参见第七章］

【浙江省桐乡县乌镇、乌程县青镇·咸丰十一年】两镇遭兵火后,西北一片焦土。平原遍生蔓草,东南市肆仍复云集。以各处萧条,除新塍、屠甸市外,惟此地为热闹也。南栅自宫桥至茶亭尚为完土,河西亦然。东栅自庚申八月焚去三之一。辛酉四月被西乡民团烧去凉岗下至朝宗门,几及百家,仅存三两户。先是,乡民恨魏长毛屡打先锋,欲来复仇,衔董氏之奉长毛,迁怒众姓,而董氏宅在三里塘,与东栅不相比联,仅毁前面两高屋。徐氏数十间得存其半。董沧洲一帆［字颂如］自知不理于口,于焚屋次日哭而过市,且行且言,予得罪于众,但焚予一家足矣,奈何害及众姓,同罹此难耶！佞哀诈泣,其狡谲多智类如此。时大小人家无不残破,惟董氏油车豆饼、柏子、丝、米各种经理利市三倍,两年来生息以数万计矣。桐城未陷时,奔走县庭,勒捐饷银,因而肥己。今又供亿长毛,身任其事,老当益壮,家业愈饶。

（佚名:《寇难琐记》卷一,手抄本。南京大学历史系太平天国史研究室编《江浙豫皖太平天国史料选编》,第156—157页,南京:江苏人民出版社,1983。）

【浙江省海盐县、海宁州·咸丰十一年三月】附生顾心安,附生兰池之子,伊亲盛姓为贼乡官,亦声势赫奕,心安为走狗。三十日贼退,海盐士(兵)[民?]迁逃未归,心安遂与胡红老领二枪船,逞势勒劫人家,忽遇农家迁避船,装载包裹、妇稚数人,心安掷枪于其船,喊杀而登,其人俱上岸而逃,遂尽获而之盛。亡何,有盛姓佃户来报劫案,并曰才失船物,正泊相公府上,心安色变。又二月二十七日,贼寇海盐,心安与盛荣清手执贼帜指挥城上。

（冯氏:《花溪日记》。《中国近代史资料丛刊:太平天国》,Ⅵ,第675页。中国史学会编,编者:向达、王重民等,上海:神州国光社,1952。）

【浙江省慈溪县·咸丰十一年十月底】勒各乡照旧都图进贡……[随后设立乡官,]由是乡人之无行者,比比皆膺伪职矣,实为张其罗网,搜刮资财之地耳。各乡畏贼之虐,一见伪示,即纷去进贡。视村庄之大小,家道之丰啬为断,自数百元至数十[千?]元不等。由是,就地匪人,假进贡之由,乘机进身献媚固宠,先意逢迎,玉帛子女,投其所好。遂尔睚眦之嫌必报,升斗之储必倾矣。

（柯超:《辛壬琐记》。《太平天国资料》,第180页。北京:科学出版社,1959。）

【浙江省海宁州·同治元年二月初一日】蔡逆元隆既入宁城,乃伪称[会]王……奸书俞和长以咸丰十年冬漕花户册献诸贼,首逆蔡元隆因其诚,信任之,令佐伪监军按户收银米,倍其数……至蒋果敏公收复州城,俞奸书始挟册来归,遂充库吏……俞逆家资殷实,冠一邑。

（陈锡麟：《粤匪陷宁始末记》。《中国近代史资料丛刊：太平天国》，Ⅵ，第651—653页。中国史学会编，编者：向达、王重民等，上海：神州国光社，1952。）

【江苏省苏州·同治元年七月二十七日】然苏属一带，贼氛尚恶。现又借征下忙，以助军饷。各户无租，仍复苛捐。知不归城主，均军、师帅取肥私囊。吕库戏场、博局亦系师帅爪牙所开，日往花船，消耗不少。悖入悖出，此理究不爽也。

（龚又村：《自怡日记》。《太平天国史料丛编简辑》，第四册，第454页。太平天国历史博物馆，北京：中华书局，1962。）

【浙江省嘉兴·同治元年八月中】[是时，长毛官员将帅多有私遁者。有汪心耕者，其妹被掳为听王七公子妻。汪以王亲得为听王殿下礼部侍郎，]贼资数十万皆入其手。在盛泽开设市肆，权力甚重。[听王出师远征，汪乘机挈其妹并亲族全体席卷而逃。]……[时，饥民甚多，有无锡烟商见而悯之，捐款百元……由桐乡师帅局出示设施粥局于濮镇，派筹赈饥。]其粥甚厚，可以巾裹。[得惠者千八百人。]……施粥两月，而新米出，价甚廉，饥民乃得谋食自给矣。

（沈梓：《避寇日记》。《太平天国史料丛编简辑》，第四册，第181—182，183—185页。太平天国历史博物馆，北京：中华书局，1962。）

（三）土匪

【江苏省扬州·咸丰四年正月】城内匪人极多，日则拆毁民屋，夜则装鬼吓人，地方官未能禁也。

（佚名：《咸同广陵史稿》卷上。《太平天国》，第五册，第102页。罗尔纲、王庆成，桂林：广西师范大学出版社，2004。）

【江苏省扬州·咸丰四年正月十八日】先是贼匪初至扬城，各方贫民即将大户之家伙物件搬运于己屋，未尝不以为骤发财也。迨房者房而死者死，所遗之件又为贼退后之穷人攘取，至是更归于土匪矣，土匪亦乌能身受哉。

（佚名：《咸同广陵史稿》卷上第21页。扬州：江苏扬州人民出版社。又见《太平天国》，第五册，第102页。罗尔纲、王庆成，桂林：广西师范大学出版社，2004。）

【浙江省太平县·咸丰初至十年】[夏]宝庆，黄岩巨棍，与临海桂大五、太平李大六齐名。咸丰初，长发乱，官募乡勇，桂大五、李大六以控省案，多不敢往，惟宝庆出应募。未几，桂大五为仇家擒解至县，立长枷中，钉其足，数日毙。大六兄弟俱为官兵所擒斩。宝庆在军带勇数百，日以抢掠为事，遂至富。夤缘冒功，官至都司，授宁波参将。在外久，妻有丑声。乃纳妾，构宅居焉。置腴田五百亩。咸丰十年，长发破杭州，宝庆以失守拟正法，逃归，时虑官兵之掩执也。

（叶蒸云：《辛壬寇记》。《中国历史文献研究集刊》第 3 期，第 189 页。又见《太平天国》，第五册，第 380 页。罗尔纲、王庆成，桂林：广西师范大学出版社，2004。）

三、穷人受益

【江苏省·咸丰元年至咸丰六年】并有介在欲逃不逃之间者，为贸易之人，吏胥之类。自思焚掠之后，无家可归，无亲朋可投，身无技艺，囊无资财，即能逃出，将何以聊生乎？不如暂且从之，俟有机会再作归计。更有欲逃而迁延未逃者，如贫穷之人，肩挑之辈，本自度日艰难，见贼众金资累累，则思得其所有而逃。

（张德坚：《贼情汇纂》卷十一《贼数·逃亡》。《中国近代史资料丛刊：太平天国》，Ⅲ，第 306 页。中国史学会编，编者：向达、王重民等，上海：神州国光社，1952。）

【江苏省常熟县、昭文县·咸丰十年十月】此时，本城失业者流离乡村，乞食无门，呼庚枵腹，饿病道途。多有养尊处优，身无长物，坐吃山空，竟至冻馁，死无棺木，草装席卷。

……又如无籍刁徒，妄谋发迹；或纨袴子弟，本无寸长，因衣食不周，投入贼中，甘为奔走，希图得志。不意仅可餬口，他无所获……至于乡农田家，市侩负贩，获稻纺织，服贾获利，尽可度日。而凶恶土匪，抢夺骤富，竟做财翁，轻裘暖身，膏粱餍腹，嫖赌狂乐。于时富厚良民转成贫苦，依然保全者，殆百中一二而已……又有技业手艺，自投入贼，佣作呈献。

（汤氏：《鳅闻日记》卷下。《近代史资料》1963 年，第 1 期，第 102 页。又见《太平天国》，第六册，第 330—331 页。罗尔纲、王庆成，桂林：广西师范大学出版社，2004。）

【浙江省海宁州、海盐县·咸丰十年十月】时谚曰："黄[万?]金家财殓蒲包，穷人手里捏元宝，长毛哂哂笑。"

（冯氏：《花溪日记》。《中国近代史资料丛刊：太平天国》，Ⅵ，第 669 页。中国史学会编，编者：向达、王重民等，上海：神州国光社，1952。）

【浙江省萧山县·1861 至 1863 年】当时有民歌："长毛到西兴[萧山西北一市镇]，债务都零清[零清，即不必还]；长毛到西兴，光棍好成亲。"

（萧青：《太平天国时期的民歌》。《光明日报》1958 年 3 月 17 日。）

【江苏省常熟县·同治元年闰八月一日】中夜念业户二年无租，饿死不少。幸而降价鬻田佃户，十得二三，何以延命？特拟禀稿，请照金匮、长洲、昆[山]新[阳]例，准业主收租，与同人商酌，或动公呈，俾批示遵行，则业户不绝生命耳。惜现定粮重，再加民租已复全额，而明年上下忙仍无着落，故恐室碍难行，无人出禀。致徐[少蘧]局把持各粮局，军、师帅皆恃若泰山。

（龚又村：《自怡日记》。《太平天国史料丛编简辑》，第四册，第 460 页。太平天国历

【江苏省常熟县·同治三年十二月】[初四日清军来后,]闻饷捐每石缴租米二斗五升,折钱八百零五八。南乡租定八成,因佃户出丈量钱,让米二升。倘田禾伤旱,则递减。惟西湖南七成,虞山北六成,断难收足。予家除捐,能余饭米,已比昔岁籴粮胜矣。

(龚又村:《自怡日记》。《太平天国》,第六册,第155页。罗尔纲、王庆成,桂林:广西师范大学出版社,2004。)

贼惑人以灭命,诱人以功名,胁人以刀斧,故愚民之从之者众也。所过之处,田野荒芜,室家离散。名不杀人,实更甚于杀人。杀人者焉得人人而杀之?且人知畏避。不杀人,尽人而用之,人不知畏避,亦未有不终归于杀者。村野之民,有盛称贼之义气,其故在得贼之小惠,遂以为德,而不以为仇。究之,贼何义之有?凡被贼虏去之民,始为贼饵,继亦思逃,第头发已长,欲走而不敢走;防闲甚密,欲走而不能走。且贼所掳掠之物,任人取携,愚民无知,亦将贪目前之快乐,而又不决于走也。今日之丑类,昨日之良民,为贼所陷溺,莫痛于此。

(佚名:《虏在目中》。《太平天国资料》,第30—31页。北京:科学出版社,1959。)
[此资料存北京图书馆,日期与地区均不详。]

【安徽省】粤逆串扰以来,皖民受祸最久,迷溺尤深,诚恐行军之际,贼党造作谣言,蛊惑人心,果于从逆。亟应出示晓谕,破其从前之惑,予以自新之途,亦解散贼党之一法。

(胡林翼:《胡文忠公手翰》卷上。)

【江苏省仪征县】"长毛坏,""长毛坏",百姓不空半文债。三餐茶饭吃得饱,晚上睡觉有被盖。"清兵好","清兵好",弄得百姓吃不饱。卖掉棉衣交捐税,晚上睡觉滚稻草。
(《太平天国歌谣传说集》,第22页。)

【江苏省镇江】五月里石榴火样红,南徐州[即镇江]发来了长毛兵。是天兵,哎咳哟,杀富济贫救百姓。
(《太平天国歌谣传说集》,第19页。)

【江苏省常熟县】长毛一到,叫化子拿元宝,穷人穿皮袄,财主人穿蒲包,谁叫"长毛"不好!
(《太平天国歌谣传说集》,第23页。)

太平天国财政经济资料汇编

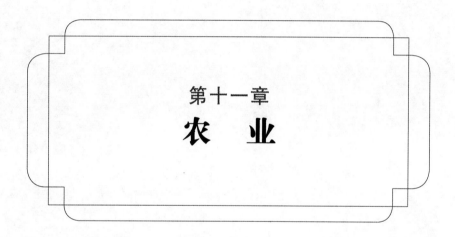

第十一章
农　业

第一节
太平军经过地区 1850 年前的土地占有状况

一、地权集中程度与大地主示例

【湖南省衡阳县·嘉庆年间】至嘉庆时,[刘重伟兄弟的子孙]田至万亩。

（同治《衡阳县志》卷十一,第五页。）

【江、淮之间各州县·嘉庆道光年间】[江、淮之间各州县,耕种之家居十之五,衣食盐漕与工商各业者居十之四,十之一]则坐拥一县之田,役农夫,尽地利,而安然衣食租税者也。

（盛枫:《江北均丁说》。贺长龄:《皇朝经世文编》卷三十《户政五·赋役二》。）

【嘉庆道光年间】一邑之中,有田者什一,无田者什九。

（丘家穗:《丁役议》。贺长龄《皇朝经世文编》卷三十。）

【江苏省苏州府各县田地·道光年间】自耕者十不及一,佃耕者十不止九。

（王炳燮:《毋自欺室文集》。津河广仁堂 1885 年刊本。）

【广西省桂平县·道光年间】田多为富室所有,荷锄扶耜之伦,大半为富人之佃。

（吴铤:《因时论十·田制》。《皇朝经世文续编》卷三十五。）

【广西省桂平县·道光年间】豪强兼并,一人而兼数十人之产,一家而兼数十家之产。

（民国《桂平县志》卷二十九《食货》中第 2 页。）

【江苏省常熟县·道光二十年】然小户之脂膏已竭,苟有些恒产,悉售于大户。

（柯悟迟:《漏网喁鱼集》,第 4 页。北京:中华书局,1959。）

【湖南省桂阳州·道光咸丰年间】[邓氏]兄弟田数百顷,以富雄一方,至用担石称田契,乘马不牧,游食田野数十里,不犯人禾。

（同治《桂阳直隶州志》卷二十第25页。）

【江苏省吴江县·道光咸丰年间】 ［沈懋德］有田万余亩。

（光绪《吴江县续志》卷十九第五页。）

［编者注：该县芦墟的柳兆薰,业田在四五千亩之间。］

【江苏省长洲县·道光咸丰年间】 永昌徐姓［少蘧］有二百万之富,除民团外另有劲勇数百,是以每战必胜。

（《应宝时、倪葆仁上吴煦禀》1860年7月13日。《吴煦档案选编》,第一辑,第300页。太平天国历史博物馆,南京：江苏人民出版社,1983。）

【安徽省南部地区·咸丰八年】 前南河总督潘锡恩［编者注：安徽省泾县人。］……与歙县程枚功、黟县胡元熙、旌德汪姓,皆系皖南著名巨富,奉谕捐输之人。程枚功、胡元熙家资本非潘、汪可比,然于遵旨捐饷之后,复经臣多方劝导,犹且各捐巨万。若潘锡恩,前在南河,声名狼藉,致仕回籍后,拥资数百万,分析诸子,广置产业,散处四方;纵有一二间遭兵燹,计所存家产尚复甲于皖南,远近周知,岂可掩饰。

（张芾：《奏参抗捐巨绅折》。《张文毅公奏稿》卷一,第26页。）

【江苏省常熟县】 ［福山曹氏盛时］,私租至三十六万石。

（龚立本：《常熟志》。同治《苏州府志》卷一四六,第5页。）

二、耕地少,租额高

【广西省桂平县·乾隆十三年】 西山龙华寺租粮碑记

乾隆十三年八月

龙华寺实在租粮并田坵永远碑记,因年久碑文字暮,于同治七年重建寺宇,督修首事赖作猷、黄兆芹等,住持定安将原文涮深,以垂永远。

寺院之赖有租业,由来尚矣！顾流传日久,其中不无侵蚀之患,则名存实去,而非复旧业之所存,有心者能不甚为浩叹也！我浔郡各刹,帷西山龙华寺为最。租业虽颇裕,但宣二里永洁户粮米九斗三升,今每年止收租谷五千斤,相沿日久,其中或被势豪包占,或被佃户隐匿,无从稽查。追乾隆四年,而各佃互相兴讼争耕,控府叩县,纷纷不一。蒙批差役查勘大小共得田五百七十八坵,造册缴验审明,着会首寺僧公同另行招佃。林兆兰等因见田土宽广,共议加租谷三千斤。斯时有佃人常中等,自愿承耕,新旧共租谷八千斤,向收无异。不意去春三月内,各佃又复争执致讼。蒙前县主郭着役清查,马先耀管耕原田壹百八十三坵额租三千三百三十;蒙君仲（源）［原］田壹百八十三坵,额租谷三千三百三十斤;蒙君敬原田壹百八十二坵,额租谷三千三百三十斤;杨亚现原田三十坵,额租[谷]壹千四百斤;何亚鸟原田壹坵,额租谷三百八十斤。而各佃户亦自愿加租共增租谷三千七百七十斤,俱取有各佃承批耕贴存房,共额租谷壹万壹千七百七十斤,永为定式。今春因住持接待靡定,致禀县批断并议分拨城隍庙郡主祠略助灯油之费,蒙县主段批准:除永和里永洁户粮米八升,田土坐落老虎冲、桐油坑、容塘村三处共载租谷壹千六百斤,又拨永和里黄村租米六石四斗给与郡主祠收管外,实存宣二里永洁户胡村大小共田五百七十八坵,租谷壹万壹千七百七十斤,又永和里水洁户田土坐落焦木冲,大小共田贰百六十一坵,租谷三千二百斤,共实存额租谷壹万四千玖百柒拾斤。自此以后,庶几隐占之弊无自而生也。致所拨各庙之租粮□寺住,后来不得兹事妄思占复,各管各业,永远定例干是。爰为之勒石以志不朽云。

乾隆十三年岁次仲秋吉旦

(姓名略)

(碑现存桂平县西山龙化寺。《太平天国文献史料集》,第329—330页,北京:中国社会科学出版社,1982。)

【广西省桂平县·乾隆三十七年】重修永兴会碑

乾隆三十七年七月

今夫上覆而下载者天地也,潜行而默佑者神明也,故有天地而人物咸生,有神明而乡市安奠。天地以阴阳大其化育,神明以赫(跃)[耀]显其威灵,无不普照人间,恩流宇宙,则神之为功大矣。窃三界圣爷自圣朝敕封以来,予□生居其土,饮和食德,历有年所,莫不感恩思报。爰于康熙四十四年四月初八日,合力捐资,设立永兴会,圣祀置庙前第三甲瓦铺连地二间,定期递年四月、八月二季收租致敬神诞。诚恐阅世日久,威灵虽云赫(跃)[耀],俎豆不无播迁,因用立碑以为记。迫于乾隆三十三年,二铺颓坏,会众捐资重修,高捹前后瓦铺四间,加租有差,俾异日祀典之绵,永享而勿替,未有不流于久远者也。是为序。

始创会事人(略)

大清雍正八年岁次庚戌年孟春丙午日立石,于乾隆三十七年岁在壬辰孟秋谷旦会□重捐修建立石。

(《太平天国文献史料集》,第330—331页。北京:中国社会科学出版社,1982。)

【广西省桂平县·咸丰八年】

……适咸丰元年寇氛,毁坏佛象,击碎碑碣。金议仍将先达建置产业,所议规条,概为重刊,俾得有基勿坏,不致湮没前人之创垂,岂不懿欤!是为序。咸丰八年岁次己未清和之吉,湖村居士温如玉敬撰,山塘居士邓宝彰薰沐书丹。

(以下捐钱人名略)

注明田业

一、买受罗活洞内粮田壹十五两,洞心田壹小分,共价银三百二十七两。租谷四千斤。后因分成段,补银二十三两三钱九分,加租谷二百五十斤。一、买受仰天塘田一契,价银一百五十两,租谷一千斤。一、买受罗活村社后背塘田一契,价银二十八两,租谷二百斤。一、买受罗活村高姓园田并洞心田六坵,价银三十两,租谷二百五十斤。一、买受高黎邹姓零田八十五坵,价银七十一两,租谷六百五十斤。一、买受邓维胜屋后园田共一十六坵,价银三十二两,租谷二百六十斤。一、买受月甲田大小共五坵,价银一百三十五两,租谷九百斤。一、买受李村零田二段,共二十坵,价银二十五两,租谷二百斤。至道光五年春,众议分为三股,按银派租,前人碑内有名者,累代子孙,无庸均派保甲公费。但与伊兄弟叔侄无涉。

大清咸丰九年清月谷旦重竖。

[乡约碑现存桂平县文物管理所,田业碑石已失。]

(《悟洞三股乡约碑记》。《太平天国文献史料集》,第348—349页。北京:中国社会科学出版社,1982。)

【广西省永淳县·咸丰九年五月】骄恃盈满,变本加厉,踢斗淋尖,厚索供应。

(《永淳县志》抄本。)

[编者注:永淳是僮族聚居区。]

三、耕地小块化

【安徽省太湖县·道光十年】

太湖学田

10坵	计种10斗	3坵	计种7斗
2坵	计种3斗	4坵	计种6斗
9坵	计种11斗	4坵	计种4斗
1坵	计种2斗	2坵	计种6斗
2坵	计种2斗	菜园屋基	计种5斗
6坵	计种12斗	42坵	计种2.2斗
7坵	计种8斗	2坵	计种1斗
1坵	计种6斗	1坵	计种6.7斗
3坵	计种9斗	6坵	计种1.1斗
4坵	计种3.5斗	19坵	计种2.2斗
2坵	计种5.5斗	3坵	计种2.2斗
1坵	计种0.6斗	20坵	计种15斗
14坵	计种0.6斗	37坵	计种4.5斗
14坵	计种0.6斗	13坵	计种4.4斗
6坵	计种1.7斗	26坵	计种2.2斗

共计260坵,82.1亩,计种14石。

道光庚寅(1830)三月十七日。

若不载坵名以知田之坐落,不然日久无稽,任耕种者之所为,将膏壤也不免易为瘠田矣。[占田之一法,易肥田为瘦田。]

（教谕才士鼎:《学田坵名记》。民国《太湖县志》卷三十五《艺文志·记》）

四、私田、官田、公田的转化

【贵州省仁怀县·道光二十一年】拨贵州仁怀县入官田八顷三十一亩有奇,为尚节堂及幼堂养赡经费。

（《清宣宗实录》第三四九卷第 19 页,道光二十一年三月庚戌。）

【江苏省昆山县·道光年间】张宝三捐田七百亩,投入震川书院。

（王德森:《岁寒文稿》卷五。）

【江苏省常熟县·咸丰六年四月二十九日】[贾氏]遵先外舅遗命,所有田一千一百八十余亩,四房均分,余提长孙田六十亩,公祭田一百余亩,书合同议据,俾外庶姑、二内嫂各执一纸,因小辈均年幼也。

（龚又村:《自怡日记》卷十五。）

【江苏省常熟县·咸丰七年】蔡出澐江满,承祖父遗命,拨田千余亩,办两义庄,呈报各宪,准题请旌。

（龚又村:《自怡日记》卷十六。）

五、永佃权

【江苏省·道光年间】通州、海门、江宁、江都、甘泉、泰州、宝应、如皋、泰兴等九州厅县,据称领田收租与苏州各属名目各异,而情形实属相同,间有顽佃抗租,私自顶受情事,仍应俯如所请,饬令仿照苏州府议定规条酌量随时比追惩治。

（《江苏山阳收租全案》,道光七年刊。）

【江苏省常州·咸丰同治年间】[徐少蘧家之田五亩,咸丰九年前由朱万丰耕种。九年,朱典于郑春帆耕种。十一年,郑又退还给朱。同治元年,朱将田面放于杨三和耕种。二年冬,杨又退还给朱。三年,朱未种,又未典出,田荒。]至职栈历年收租,各佃徭单,向列原佃姓名,即使该佃典放别人耕种,业主总向原佃的名派徭收租。

（详情见徐佩瑞等:《呈直知州长洲县蒯明府德模》。《双鲤编》。《近代史资料》,总 34 号,第 86—87 页,北京:中华书局,1964。）

六、农民进山开垦

【广西省平南、桂平、武宣、象州四州县·道光年间】其[粤省]僻远之区，近接狪猺，人情浮动，性多凶顽，以械斗为事、劫抢为生者比比皆是。首逆洪、杨、萧、韦等及以下诸老贼，皆浔之金田村、大黄江、白沙团等处莠民。浔、梧之交有大山曰紫荆，延袤七百余里，界平南、桂平、武宣、象州四邑，平阔处有村落四十余区，深林密箐，人迹罕到，惟粤东无业贫民利开垦者往焉。

（张德坚：《贼情汇纂》卷十一《贼数》。《中国近代史资料丛刊：太平天国》，Ⅲ，第288页。中国史学会编，编者：向达、王重民等，上海：神州国光社，1952。）

七、主佃关系，佃户抗租夺地斗争

[参见第一章"减免地租、希望有块土地的要求"目]

【浙江省乌程县、桐乡县·乾隆中期】其赁田以耕之佃户，向时人尚谨愿，除实租外，[照田根立券者曰虚租。有预议折实米数，不论水旱者曰实租。]视丰歉为盈缩。年来奸猾成风，顺成之岁，且图短少，小涉旱涝，动辄连圩结甲，私议纳数，或演剧以齐众心，或立券以为信约，倘有溢额者，黠者遂群噪其家，责以抗众，不则阴中以祸。是国家以旱涝为忧，而奸细反因以为利也。惩剃此风，则公私并受其福也。

（卢学溥修：民国《乌青镇志》卷七《农桑》第七页引乾隆二十五年董世宁修《乌青镇志》。）

【江苏省山阳县·道光七年闰五月十九日】山阳县严禁恶佃架命抬诈霸田抗租碑

江苏淮安府山阳县正堂加十级纪录十次谭。抄奉特授江南淮安府正堂加十级纪录十次富，为严禁恶佃架命抬诈，霸田抗租，以严国法，以安民业事。据山阳县知县谭霖详称。据举人陈燨，恩贡马乔年，拔贡许汝衡，职贡李程儒，附贡丁晨，廪生许联甲、丁昱，增生王潜，附生范廷桂、张清源呈称：江北业治田产，均系招佃耕种，麦归佃收，业户专待秋成，照揽收租，情理兼尽。每有不肖佃户，揽田到手，或私给他人，顶种得价；或指田借债，将租偿还；或以碎糁挜交，勒掯未遂，泥门远逃；或借称水旱，唆讼逞刁；或欺逼孀孤，霸田揹稻；或业户催租，胆敢唆妇拼闹，架命图赖。甚至亲老疾笃，弄假成真。种种不法，不惟田业不能相安，更于风化大有关系。捧呈前督宪乾隆五十三年通行江南征租规条仿照章程，因地制宜，请详勒石，永垂久远等情到府。当经据情通详。兹奉督抚二宪暨各宪批示饬遵，并奉巡道宪邹批如详立案。即饬山阳县照所议规条，勒石永禁等因到府，合亟示禁。为此示仰县属军民农佃及乡保人等知悉，嗣后倘有不法佃户，仍蹈前辙，一经业户呈控，定即严拿，照依详定规条，从重惩办，按律治罪，决不宽贷。尔等农佃慎勿以身试法，致干罪戾，须至碑者。

计开详定规条：

一、恶佃岁包租稻，自应照依佃纸，扫数全完。乃敢意存吞吸，见业催讨，或唆悍妻拼闹，或架病亲寻尽，坑陷业户，及一切服卤服毒自缢等项，以致弄假成真，遂尔心生抬诈，闹成巨案。如此恶习，天人共愤，律法难容。应将该佃照依架命图赖，从重治罪，仍行照例比租。

一、奸佃揽田到手，贪图得钱，私将承种业户田亩，盗卖盗典，并私押他人顶种，或预借私债，指实秋收偿还，及至秋成，擅将业户租稻，归偿债欠，转致业户失所，实堪发指。应将该佃并私行顶种者，一并提案，治以侵盗侵吞之罪。仍押将租数，完全退田出庄，毋许恃强霸种。

一、顽佃春麦收获，已入己囊，及至秋稻成熟，先行收割，拐去业户租籽，泥门脱逃，使业户束手向隅，控追莫获，深堪痛恨。以后遇有此等顽佃，即严饬乡地保人根交，照依拐骗将稻作银计赃科罪。

一、强佃领田耕种，每思播弄业户滋讼。遇旱年，则筑坝以蓄己水，既令己田充足，并可偷卖得钱。遇水年，则放水以淹邻田，抑或纠凶堵坝，不许他人宣泄。此等不循疆界，损人利己之佃，每每怂恿业户，滋生事端。强佃预为秋成少租地步，业户不知底里，竟为强佃所惑，讦讼不休。此等恶风，例应根究，照依唆讼治罪。

一、刁佃每逢秋成，先将好稻收藏，百计延挨，甫以糁癟拌土掬交。或短少额租，全以破物掬抵。稍不依从，遂至凌辱业户，架词先控。若遇业户仅存孀妇以及幼子，更多藐玩，势必受侮多端。兼之力单胆怯，不敢赴控，租为佃吞，田难为业，负屈含冤，情殊可悯。嗣后凡遇孀妇以及幼子之家，准其敦请周亲，代呈追租。一面差协退田押逐出庄，照例枷杖示惩。

道光七年岁次丁亥闰五月十九日阖邑绅士公立。

（江苏省博物馆：《江苏省明清以来碑刻资料选集》，第434—436页。北京：生活·读书·新知三联书店，1959。）

【江苏省昆山县·道光十四年八月】 昆山县奉宪永禁顽佃积弊碑

署江南苏州府昆山县正堂加十级纪录十次孙，为严禁顽佃结党抗租，佃农借命诈扰，以除积习而儆刁徒事。案奉前署按察司李札发示开：照得粮从租出，租自佃交，正宜业佃相依，自可永无嫌隙。况江南粮赋之重，人所共知。若以刁抗而开串诈之风，更属不成事体。本署司虽视事未久，而于农家之利病，人情之诈伪，皆已日有访闻。既尝手辑一书，劝栽早稻，又出示查禁乡间之茶馆赌场花鼓戏，以除害农之源。乃日见城厢内外之以抗租枷示者，相望于途，未尝不恻然在念。及至细查原案，访察缘由，始知顽佃积惯吞租，几成痼习。诱其荡耗者，有秤谷当谷；逞其凶横者，或殴业殴差。甘受拘押者，恃索饭钱，曾退田者，仍然霸种。伎俩百出，刁益生刁。而最为可恶者，每于到案后，捏病释放，辄踞卧业家撒赖。偶有物故及病危之人，即更借此生波，架以人命重情，通信值日县差及总保等，多方恐吓诈索，不遂所欲，混控到官。迨至验明无事，而无辜之累已极。又或一面纠众寻殴业主，抢毁房物，百端吵扰，中人之产，顿之荡然，纵使控官究追，已属无及。是以刁顽佃属之效尤者,往往永不还租。本署司嫉恶如仇,闻之殊为愤懑。案查苏属抗租旧案,乾隆年间,曾经绅民陆梦弼等呈请详办。嘉庆年间,先经前署宪费出示严禁,又经前臬司百示禁顽佃病故诬陷勒诈之弊。道光八年,江、震两县曾以佃棍金大年等霸吞刁抗殴毁抢诈等情,明定整顿章程会详,并奉升任抚宪陶札饬拿访著名佃棍,据实严办等因各在案。似此屡经惩创,民间岂无见闻。本署司到任以来,检查近年案牍,如元和县佃民陈茂廷欠租交保病故,尸亲陈万等吵毁诈财一案,又无锡县佃民盛万全父子明退暗霸捏告人(民)[命?]一案,均经办以流徒。近日又有仪征县佃民朱起枢等借命打抢业主陈元泰家房物一案,即照棍徒生事扰害例发极边充军。又华亭县佃民王桂金将伊病父扛抛诈赖借命毁殴一案,亦奉两院宪批饬勒拿究办。可见此风总未尽革,以致因此犯法者日见其多。与其事后严惩,莫若事前告诫。查例载刁徒借命打抢者,照白昼抢夺例拟罪,仍追抢毁财物,给还原主。又毁损人房屋,计合用修造雇工钱坐赃,各令修立。又图赖诈财及弃毁器物,俱准窃盗论。又凶恶棍徒出事行凶扰害,发极边足四千里充军各等语。本署司思欲挽回积习,不忍不教而诛。除札饬苏州府通饬各县抄示晓谕立石永禁外,合亟申明例案,严行禁约。为此示仰各都图农佃及佃属保总人等知悉,尔等当知佃田纳租,理所应办,抗欠受比,法所难宽。务当自发天良,各安本分。果能早完租籽,业主更复何言。岂宜玩抗拖延,致干比追枷责。如有押比后患病及保释后病故,该佃属不得平空肇衅,纠众凶扰,毁抢棚诈。自示之后,仍有前项情事,该地方官明查暗访,立行严拿讯究,按其案情轻重,分别治罪,以遏刁风。书差、地总、地保、庄书从中串诈分肥,诱人犯法,仍各从重加等惩办,俾知炯戒。并严究教唆扰诈之讼棍,亦即治以应得之罪。惩一儆百,庶可刑期无刑。该佃等务将此示互相告述,触目惊心,切勿复辙相寻,自罹法网,凛之慎之,各宜凛遵等因。遵经抄录晓谕并本县即经示禁各在案。兹据举职生监民人陈竹生、徐坍、吴玉书、王佩衡、汤德、庄国泰、许鹤廷、庄家基、冯大维、钟浚、钟澜、梅俊、陶德溥、陆鉴、夏洪元等,联名呈请勒石严禁前来。除移会新邑一体遵办外,合行立石永禁。为此碑仰地保并农佃人等知悉。尔等遵照宪示,务须各安本分,将租早为还业。如有前项不法之徒,仍敢结党抗租,以及借命扰诈情事,许该业户指名禀县,以凭严拿,照例究办。地保敢于徇庇串诈,一经察出,或被告发,定提加等治罪,决不宽贷。各宜凛遵毋违,须至碑者。

道光十四年八月　　日。

(江苏省博物馆:《江苏省明清以来碑刻资料选集》,第437—439页。北京:生活·读书·新知三联书店,1959。)

【江苏省常熟县·道光二十六年五月十一日】 菜麦将刈,价值二千。忽有归[归家市]、徐市[老徐市]间张贴无名榜,其意条银已贱,如业户照旧收麦租者,约期拆毁房屋。二十一日在陈吉观音堂鸣锣集众,至百人,向各业户家勒贴,麦租价每斗只许一百六十,稍不即应,即行拆毁,沿途逼人从走。次日声势更甚。二十三日锣声环震,分翼而出,一至何市,一至周吴市[东乡小镇],顺图抢掠。如是被毁、抢、焚掠者四十余家。陆续到县喊禀,皆言拆衙不办,姑息养奸所致。毓令[县令毓成]无可设施。滋事处一闻官差来缉,又复鸣锣妄行拒捕。官不敢履勘,乞求本府会同海防委员带兵勇[于]闰五月初一日到地绘勘,福山总镇孙云鸿在城防御,随获首从二十余人,余溃散,缉未获,案悬不办,毓令撤任,即委上冬帮办常熟漕务之同知衔何士祁摄理县政。仍责令毓成协缉拆衙一案……七月二十二日,毓令带领弁勇四百余名,将到梅里,彼处已集数千人,皆执农器,迎出梅塘,势甚狂悖,弁勇返棹,官亦回城,上详各宪"锋不可撄"。李抚军即委中军恩会同本府桂超迈带领抚标兵四百名,福山镇标兵四百名,驻扎城中。先谕各汛封口,二十六日祭旗。各兵勇领赏后,如有妄扰民间者,以军法从事。斯时枪刀列列,剑戟重重,如吾方几为乱世人矣。

(柯悟迟:《漏网喁鱼集》。第 8 页,北京:中华书局,1959。)

【江苏省昭文县·道光二十六年五月二十九日】桂丹盟郑尊赵万同抚藩臬三委员到昭文,缘东乡佃农借苛租名,毁业主屋事,访获审办也。总镇孙公亦领兵至城,先发行勇百人,继调镇兵五百,赴张墅旧墅等处,拿获数十人,置之法。

(龚又村:《自怡日记》卷五。)

【江苏省常熟县·道光三十年十二月初六日】同伯谦南乡收租,虽大半结账,而折减太多,不敷办赋。

(龚又村:《自怡日记》卷九。)

【广西省永安州·咸丰元年】永邑十三屯恶僮杨隆盛、黄可经、陆绵等,见盗贼四起,官府剿捕不及,间行招抚,因蓄逆谋。适咸丰元年,恩诏有豁免积逋钱粮,遂私改为豁免官租民租,自耕自纳,煽动愚民,乘机杀逐业户,占田霸产。乃结盟拜会,竟起作逆。九月十五日,初次在那河墟聚众拜会。[当其九个领袖被解放回来,即取得斗争的初步胜利后]僮匪以头人得释,更视官府如小儿,即上台大人亦不过如官府之行为而已,我等踞地立业,自耕自食,不输不征,可以永久。

(佚名:《永邑十三屯僮为逆暨李七作乱纪略》。《太平天国革命时期广西农民起义资料》下册,第 305 页。北京:中华书局,1978。)

【江苏省青浦县、震泽县·咸丰三年二月七日】青浦县张令于正月二十七日出差船十八只捉邹连村。乘其不备,获其家属。彼即时鸣锣聚众,十五只先逸,三只被拘,差人俱逸,家属仍被夺回云。震泽县佃不肯还租,粮户不能完粮。

(王文镕:《癸丑纪闻录》。《太平天国史料专辑》,第 481 页。上海:上海古籍出版社,1979。)

八、粮户抗粮斗争

[参见第一章"豁免钱粮的要求"目]

【江苏省扬州府、淮阳府·道光七年】 在太平军进入扬州一带以前,农民抗租抗粮的斗争不断出现。[关于抗租,道光七年淮安府山阳县镇压佃农碑中所指的五种"恶佃",就是农民五种抗租的斗争形式,说明业户佃户的斗争中心就在地租问题上。关于抗粮],在扬州府属的太兴,就出现了反抗田税附加的声势浩大的顽强的斗争。

（周村：《太平军在扬州》,第5页。上海：上海人民出版社,1957。山阳县碑文见本节第七目。）

【江苏省常熟、元和、无锡、吴江、震泽等五县·咸丰二年十一月】 米价一元八、九,漕收四元五、六。闻元和县为浮收拆署,无锡亦然。惟[吴]江、震[泽]两邑,农民盟约,还租只有五分,否则全欠,业主俯就。办漕亦多周折。

（柯悟迟：《漏网喁鱼集》,第15页。北京：中华书局,1959。）

九、吃大户,打大户

【河南省孟县·乾隆五十五年至民国二十二年】 民国《孟县志》卷八《田租》,记稞户,麦租："大约每亩可收一石四五斗者,则出八九斗;可收八九斗者,则出五六斗。"

［按：孟县志在乾隆五十五年冯鱼山修一次以后,直到民国二十二年才修,记乾隆五十五年至民国二十二年间事。］

【江苏省常熟县·道光二十二年十月】 陆市、小吴市等处[屯田,军田]属苏州卫……租与当地佃租相埒,[甚有高于此者,佃不能偿付。道光二十一年即有佃农王长明等奉县枷追。廿二年又追陈欠。十月廿二日,旗丁到乡,乡收租已过半,王佃一呼,群起四应,烧旗丁收租船十,打毁二。发展至廿五日,人遂众,打附近牛角尖地主(大户)程景堂家及龚家,碧溪市王裕斋、王士桢家,陆市张惠新家、顾载锡家。]又烧军租催头两家,倡言要打各大户收凶租者,着还各佃租钱,摇惑众心。[廿六日,打小吴市王懋园家、陈云溪家、朱萃农家、薛玉堂家及其弟某之家。又打徐六泾港口陈茂堂家。廿七日,打彭家桥某家,至白荡桥打吴家,先生桥打梅家。廿八日,至长浜打钱禹金家,与官兵、地主武装对抗、被打散,被杀二人,治罪者多人。]

（郑兴祖：《一斑录·烧抢巨案》。《太平天国》,第五册,第421—423页。罗尔纲、王庆成,桂林：广西师范大学出版社,2004。）

【浙江绍兴县·道光二十九年】 是年夏久雨而潮大,决萧山西江塘,水内灌及阶,陆地荡舟,乡人结群毁富户门乞米,日聚日众,欲满方去。有收租时结恨如王都谏藩等家益甚。乃议各归村坊办赈巢。

（范城：《质言(节录)》。《太平天国》,第四册,第417页。罗尔纲、王庆成,桂林：广西师范大学出版社,2004。）

【江苏省无锡县南乡·咸丰三年二月】二十二日,锡邑南乡张西桥土匪丁阿蕙,倡众抢劫。是时,人心惶惶,土匪窃发。邑南太湖之滨,日日鸣锣聚众,始于二十一日斩代站头秦墓数百年松楸,一朝而尽。逾日,张西桥又抢李典,荡然一空。其近村烧香浜,有大户萧某者,乡人遍贴传单,约于二十六日午刻毁其居。有富家陆,寄居于萧,闻信夜遁。届期如蜂屯蚁集者千人,萧延许舍拳勇顾大成保卫,并许给放平米,始稍稍解散去。时各乡俱粜平米,乡中大户及由城徙乡者皆有捐,诸不逞稍安。平米者,向例于歉岁青黄不接时周济平民者也。

二十七日,锡令吴[时行]拿获丁匪杖毙之,徇于南吊桥。是日,有官兵哗于北门外,遂讹言贼匪已到,城中人纷纷南窜,于丁匪徇处互相践踏,死者二十七人,逾时人心始定。自丁匪毙后,土匪稍敛迹。

（佚名:《勾吴癸甲录》。《太平天国史料专辑》,第 77 页。上海:上海古籍出版社,1979。）

第二节

太平天国实行的土地政策

一、保护良民的土地

（一）维护良民土地私有权

【1852—1853 年 1 月】（密迪乐在给阿礼国的信中说：）据说当叛军北伐时，有很多地主投降，向政府民政部门交纳一部分费用，将地契改换新朝的名号。

（法国　加勒利、伊凡原著　英国　约・鄂克森佛译补，徐健竹译：《太平天国初期纪事》，第 176 页。上海：上海古籍出版社，1982。）

【江苏省上海县・1853 年】相传革命军北进[指向湖南、湖北进军]之际，有地主多人率先归顺，改用新朝年号，呈验地契，纳税于新政府之民政机关。

（《濮亨致罗塞尔之报告书》附件三：《麦多士君致阿尔考领事报告书》。曹聚居译、简又文校：《英国政府蓝皮书中之太平天国史料》。《中国近代史资料丛刊：太平天国》，Ⅵ，第 886 页。中国史学会编，编者：向达、王重民等，上海：神州国光社，1952。）

【江苏省南京・天历四年五月二十三日】东王杨秀清答复英人三十一条并质问英人五十条诰谕。一复：田产均耕一事是也。人人皆是上帝所生，人人皆当同享天福，故所谓天下一家也。

（《太平天国》，第三册，第 20 页。罗尔纲、王庆成，桂林：广西师范大学出版社，2004。）

【江苏省太仓州、镇洋县・咸丰十年】伪陆钦差出示，颇有道理。业田者依旧收租，收租者依旧完粮。

（佚名：《庚申日记》。引自《江海学刊》1961 年第 2 期，第 28 页。）

【江苏省无锡县、金匮县・咸丰十一年正月】城贼招募书吏。

城贼黄和锦出示招募锡、金老书吏，设伪钱粮局于东门亭子桥唐宅。（分）[令]业田收租完粮，令民自行投柜，随给伪串。城乡业田者俱得收租餬口。或顽佃抗租，诉贼押追。

（佚名：《平贼纪略》。《太平天国史料丛编简辑》，第一册，第 276 页。太平天国历史博物馆，北京：中华书局，1962。）

（二）自报田亩与太平天国查田

［参见第三章第二节］

1. 业主自报田亩例

【江苏省吴江县·咸丰十年十一月十二日】 十二日，晴。朝上诵宝训经卷。午前，接子屏信，知松兄有恙未痊。善邑外，吴江归陶庄袁孝廉，办粮一斗六升，三折，价两元六角，租米议五六斗，有田家颇难过去。中兄来谈，知芦局催报数甚紧，留中饭。议报田一事，进退虚实两难。下午至友庆，慎兄在座，谈至良久，知局中又有信来，其人约明日至，恐难商量也。一无把握，闷闷。

（柳兆薰：《柳兆薰日记》。《太平天国史料专辑》，第 154 页。上海：上海古籍出版社，1979。）

【江苏省吴江县芦墟胜溪·咸丰十年十一月十四日】 十四日，雨，暖甚。朝上诵宝训神咒。上午，乙老来议，为报田之事，以不应为要着。至于水灾，则彰明较著者也。属相好抄帐，明日不能不出去。

（柳兆薰：《柳兆薰日记》。《太平天国史料专辑》，第 154—155 页。上海：上海古籍出版社，1979。）

【江苏省吴江县芦墟胜溪·咸丰十年十一月十六日】 晴。朝上诵宝训神咒。午后，王谱琴来，留便饭。渠家已被难，现居梨川陈宅，财物一空，欲稍张罗以作生计，勉应之而去。慎兄亦来，传述有红夷包打苏城之信，果若是，又一番骚扰。今冬租米全无着，恐吃惊不浅也，奈何。

（柳兆薰：《柳兆薰日记》。《太平天国史料专辑》，第 155 页。上海：上海古籍出版社，1979。）

【江苏省吴江县·咸丰十一年三月二十日】 午前，谨兄来，为北舍报田事探问，余难出议论，听之。

（柳兆薰：《柳兆薰日记》。《太平天国史料专辑》，第 179 页。上海：上海古籍出版社，1979。）

【江苏省吴江县萃和·咸丰十一年十一月】 ［二日］灯下在萃和议事，知报田细数，诸事掣肘之至。［三日］晚间复至萃和议事，所办极为周折。

（柳兆薰：《柳兆薰日记》。《太平天国史料专辑》，第 220 页。上海：上海古籍出版社，1979。）

【浙江省嘉兴·同治元年九月二十三日】冯家桥章义群者，初以县役受伪官，为贼耳目爪牙久矣，贼甚信任之。壬戌之秋，贼又授以听殿编修，嘉兴郡七县总制之职，出告示于各邑乡镇，为剔田赋之弊，言：田赋，国之大计，民心刁诈，隐匿规避，不可胜计。经岁所编田亩，十不过一二，岂为民急公奉上之道？今当与民更始，厘正旧章，着师、旅帅按户稽查，倘有一户隐匿者，则十户同坐等语。

（沈梓：《避寇日记》。《太平天国史料丛编简辑》，第四册，第 192—193 页，太平天国历史博物馆，北京：中华书局，1962。）

2. 太平天国查田例

【江苏省常熟县·咸丰十年十月二十二日】［造烟户门册］又簿填田产若干，以备收租征赋。

（龚又村：《自怡日记》。《太平天国史料丛编简辑》，第四册，第 378 页。太平天国历史博物馆，北京：中华书局，1962。）

［编者按：太平天国为了按田亩数征收田粮，要业主自报田亩，一些业主为了逃避田粮负担，不报或少报田亩数，这是太平天国要查田的原因之一。］

【江苏省常熟县·咸丰十一年十月初六日】［长毛来镇］查田亩册。又有催下忙银的长毛共有二十余人。

十一日，［庙桥馆主黄长毛等］又来镇查田亩册。

十五、十六，晴。长毛［十余人］同司马、百长下乡写田亩册，限期收租，要业户领凭收租。现今各业户俱不领凭。长毛告示，不领凭收租者其田充公。

十七，晴。晚间又到长毛六人住镇［黄家桥］。各处田亩要每垞插旗细查，务要不能隐匿。又每佃田户派出盐课银每日几文，盐价二十文一斤。

十八日，晴。十九、二十亦晴。长毛在鹿苑查田，未曾回镇。

二十一，阴。闻顾山百姓近日杀派帅、司马、长毛等数人。各图结约，倘有长毛来打，各要相斗。

二十二，二十三，二十四，晴。长毛查田插旗，一日不过数十亩，而且不能各段同查。只在一图，尚未完毕。余长毛俱（吊）［调］在外，无多几人，聊以应酬而已。

（佚名：《庚申避难日记》。《太平天国史料丛编简辑》，第四册，第 514 页。太平天国历史博物馆，北京：中华书局，1962。）

［编者按：太平天国颁发田凭，是在明确地权的同时，以便按田亩数征田粮。业主不领凭，这使太平天国要查田。业主领了凭，太平天国要查对所领凭上的田亩数与该业主实有田亩数是否相符，这也要查田。事见下一目"对几类特殊土地的处理"。］

【江苏省常熟县黄家桥·咸丰十一年十一月五日】长毛来往不一,有查田者,有催粮者。

(佚名:《庚申避难日记》。《太平天国史料丛编简辑》,第四册,第 515 页。太平天国历史博物馆,北京:中华书局,1962。)

【江苏省常熟县·同治元年十一月初七日】迩日长毛催取银钱诸款,甚多到镇。而余姓四老大人尤为利害,带领长毛六七十人,先到鹿苑住二三日,到塘桥一日,名为查田,实则索取银钱而已。〔又,初八、十七日、廿四日来人"索取诸物,催款,催粮"。〕

(佚名:《庚申避难日记》。《太平天国史料丛编简辑》,第四册,第 540—541 页。太平天国历史博物馆,北京:中华书局,1962。)

【江苏省吴江县】伪中营副总理程稼甫,盛泽人,今开鸿春绸缎行于东市。副总理周赓唐,谢天港人,沈枝珊令其履勘各字圩民田,勒诈乡民,每亩索费五十文,人咸嫉之。

(鹤樵居士:《盛川稗乘》。《太平天国史料丛编简辑》,第二册,第 198 页。太平天国历史博物馆,北京:中华书局,1962。)

(三)颁发田凭

〔编者按:关于太平天国田凭,参见本章准许收租目和捐、费与役章的田凭费目。〕

【江苏省常熟县·咸丰十年十二月初二日】长毛又要耕种自田领凭,每亩米五升,折钱一百二十五文。着旅帅必要催领。

(佚名:《庚申避难日记》。《太平天国史料丛编简辑》,第四册,第 516 页。太平天国历史博物馆,北京:中华书局,1962。)

【江苏省常熟县·咸丰十一年八月八日】闻伪示,业户呈田数给凭,方准收租。每亩出田凭费六十。又欲呈田契钤印,图取税银,曹和卿劝止。现设公局于西庄存仁堂,议各乡租米归粮局代收。其盐务则拨各乡,着军、师帅销卖,领价每斤十八,捐难民局二文,钱帅归四文,各局赚四文,定价二十八。

(龚又村:《自怡日记》。《太平天国史料丛编简辑》,第四册,第 406—407 页。太平天国历史博物馆,北京:中华书局,1962。)

〔编者按:在发田凭的同时呈田契钤印,是承认原地契有效。发田凭的原因与作用,不是用以代替原地契,而是为了查实田亩以收田粮。〕

【江苏省常熟县·咸丰十一年冬】招业主认田,开呈佃户、田亩细数,每亩先缴米一斗,即给田凭,准其收租,无一应者。

(柯悟迟:《漏网喁鱼集》。第 55 页,北京:中华书局,1959。)

【江苏省常熟县·咸丰十一年冬】田地抛荒心地宽,不愁银米未清完。租凭催领何人领,愿吸西风饿与看。

(陆筠:《给田凭》。载《海角悲声》,抄本,南京图书馆藏。常熟图书馆藏有抄本。)

【江苏省常熟县·咸丰十一年十月初六日】[长毛来镇]查田亩册。又有催下忙银的长毛共有二十余人。

十一日,晴。晚间有庙桥馆主黄长毛同小长毛等共三人,又来镇查田亩册……十五、十六日,长毛同司马、百长下乡写田亩册,限期收租,要业户领凭收租,现今各业户俱不领凭。长毛告示,不领凭收租者,其田充公。

(佚名:《庚申避难日记》。《太平天国史料丛编简辑》,第四册,第 513—514 页。太平天国历史博物馆,北京:中华书局,1962。)

【江苏省常熟县·咸丰十一年十一月初十日】闻新进士文者官统制,武者官□□,防后来试士裹足,不令留京。回籍包揽词讼,阴图局规。怂人捏浮收之弊,诬告乡官,朱[又村]局遂至被控。实则七斗二升,连租在内,况兑斛大于收斛,欲减不能。城帅过听谤辞,定粮三等:上田办二斗二升;中田办二斗;下田办一斗八升。水没者豁免。局费五升。田凭费八升。余归租款。各局不便更张,权减折价,每石二千四百文。城帅又恐斛有宽窄,定秤米石每担二百五十斤。南乡租粮并收,其[他]三乡但有粮局。业户几不聊生,况翁、庞、杨、王诸宦,注明原籍田尽入公,伪官目为妖产,设局收租。

(龚又村:《自怡日记》。《太平天国史料丛编简辑》,第四册,第 418 页。太平天国历史博物馆,北京:中华书局,1962。)

【江苏省常熟县·天历十二年五月】忠王李颁发给花户朱振声田凭

(南京太平天国历史博物馆藏。此田凭载"花户朱振声有自置田拾贰亩五分又田三分玖厘"。右边骑缝处盖忠殿户部尚书的官印,左边年月上盖慷天义钱桂仁的官印。这份田凭的编号是"常字第四万八千七百六十号"。郭毅生按:按习惯估计,编号若从第一千号开始填发,则常熟县自 1861 年 8 月至 1862 年 6 月的十个月中,已顺利地发放了四万余张田凭。郭毅生:《太平天国经济史》,第 280 页。南宁:广西人民出版社,1991。又,网载忠王李秀成颁常熟县花户丁鸣高田凭。)

【江苏省吴江县·同治元年三月二十七日】伪监军提各乡卒长,给田凭,每亩钱三百六十。领凭后,租田概作自产。农民窃喜,陆续完纳。

(倦圃野老:《庚癸纪略》。《太平天国资料》,第 104 页。北京:科学出版社,1959。)

[吴江同里镇知非者作《吴江庚辛纪事》,《近代史资料》1955 年第 1 期第 21—50 页。此书原抄本,书名由周穗成所加,记庚申二月初一日至辛酉十二月二十四日吴江事迹。本书即系《吴江庚辛纪事》定稿。据《历史研究》1956 年 6 期第 22 页。朱子爽先生考订,作者名王元

榜。记庚申二月初一日至甲子十二月十七日事,分上下两卷。另有《纪略续编》。]

【江苏省苏州——苏福省·天历十二年九月十八日】 我天朝克复苏省,安抚之后,甫征之初[指1860年],即经前爵宪熊推念在城业户流离未归,出示晓谕,姑着各佃户代完地(糟)[漕],俟业户归来,照租额算找。其在乡业户,仍自行完纳,照旧收租,不准抗霸。上年[指1861年]又经招业收租,并饬抚天侯徐饬令各乡官设局照料,毋使归来业户徒指望梅各在案。乃因未定租额,致有五斗、二斗,籽粒无着者,苦乐不均。盖由佃户畏强欺弱,亦由乡官弹压不周,殊负忠王暨熊爵宪笃实爱民之意……今本爵宪酌定:还租自完田凭者每亩三斗三升,佃户代完者,每亩二斗五升;高区八折……如有顽佃抗还吞租,许即送局比追。倘有豪强业户,势压苦收,不顾穷佃力殚,亦许该佃户据实指名,禀报来辕,以凭提究,当以玩视民瘼治罪。

(《太平天国壬戌十二年九月十八日斑天安黄酌定还租以抒佃力告示》,抄件。又见《太平天国》,第三册,第155—156页。罗尔纲、王庆成,桂林:广西师范大学出版社,2004。)

【浙江省嘉兴·同治四、五年】 租田自产一转变,谶语流传应谣谚。[禾中间有租田当自产之谚。]

(吴仰贤:《粮归佃》。《小匏庵诗存》卷五,第17页。)

【江苏省金匮县·天历十二年】

田　　凭

忠王李
发给田凭以安恒业而利民生事今据金匮县
左四军中营
田一十八亩　分座落
地方每年遵照　　旅师统下花户黄祠墓祭者自置
天朝定制完纳银米不得违误所有自份田产并无假
冒隐匿等弊给凭之后如有争讼霸占一切情事　　　为
准该花户禀请究治　　　都
凭者　　　图
天父天兄天王太平天国壬戌十二年　　　月　　　日给

(照片:《太平天国革命文物图录》六三。取名:《太平天国忠王李秀成发给金匮县田凭》。右边骑缝有字,当另有存根"忠字第××号"。南京太平天国历史博物馆。照片见《太平天国革命文物图录》及《补编》。《太平天国(二)》876。此田凭连史纸墨刷,墨笔填写。高29.8厘米,宽27.3厘米。年月日上盖"太平天国天朝九门御林王宗殿后北破忾军主将乾天义李恺运"长方形印,骑缝上另盖长方形印,印文不清。)

[编者按:此田凭值得注意的是发给祠堂。]

【浙江省石门县·天历十二年】

凭 田

听 王 陈 六永寿 为

发给田凭以安恒业而利民生事今据石门县
前军 营 旅帅统下花户六荆之有自置
田四亩 六 分座落 一都十四图
地方每年遵照

十二月二十四日查过

天朝定制完纳米银不得违误所有自份田产並
无假冒隐匿等弊给凭之后如有争讼霸占一切情
事准该花户禀请究治为此给凭永远存执须
至田凭者
天父天兄天王太平天国壬戌拾贰年 月 日给

（原件藏浙江省博物馆。此据郭毅生《太平天国经济史》第144页照片。南宁：广西人民出版社，1991。郭书第143—144页，据浙江省博物馆藏件听王陈发给石门县前军一都三图花户汤奇高的田凭，上面也有墨笔书写的"十二月二十四日查过"。）

【浙江省石门县·天历十二年九月】

凭 田

听 王 陈 为

发给田凭以安恒业而利民生事今据石门县
右军 师 旅帅统下花户陈寿天有自置
田四亩八分座落十一都 西二图
地方每年遵照

天朝定制 完纳 银米 不得违误 所有自份田产 并无假
冒隐匿等弊 给凭之后 如有争讼霸占一切情事
准该花户禀请究治 为此给凭 永远存执 须至田凭
者
天父天兄天王太平天国壬戌拾贰年九月 日给

（照片：《太平天国革命文物图录》六四。太平天国起义百年纪念展览会，上海：上海出版公司，1954。取名：《太平天国听王陈炳文发给石门县田凭》。右边骑缝诸字已被从中截开，只留一半。印文：四亩八分字样上盖"善记查过"朱印，年月上盖"天父天兄天王太平天国开朝勋臣嵋天安张世发"长方大朱印。）

[编者按："善记查过"朱印说明，太平天国不仅发了田凭，还对田凭进行过查核。主要是核实田亩数。郭毅生查阅过浙江博物馆所藏浙江省石门县太平天国发的田凭，发现除有这种钤印外，还有复查后的墨笔批注。如：太平天国壬戌十二年九月听王陈炳文发给石门县前军一都三图花户汤奇高的田凭上，有一钤记，又有墨笔批注的时间"十二月二十四日查过"和编号。见郭毅生《太平天国经济制度》，第74页。又，太平天国壬戌十二年听王陈炳文发给石门县前军

一都十口图花户六荆之的田凭上,有墨笔批注的字也是"十二月二十四日查过",也有墨笔写的编号。照片载郭毅生《太平天国经济史》,第144页。南宁:广西人民出版社,1991。]

【江苏省·天历十二年】

田 凭

> 忠字第　　　　号
> 忠王李
> 发给田凭以安恒业而利民生事　今据
> 潘军中营高旅帅统下花户陈金荣有自置
> 田肆亩肆分八厘座落　都　六图　县　为
> 地方每年遵照
> 天朝定制完纳银米不得违误　所有自份田产　并无假冒隐
> 匿等弊　给凭之后　如有争讼霸占一切情事　准该花
> 户禀请究治　为此给凭　永远存执　须至田凭者
> 天父天兄天王太平天国壬戌拾贰年
> 月
> 日给

百九十一

（郭若愚:《太平天国革命文物图录补编》,六一。高30厘米,宽27.5厘米。连史纸墨刷,墨笔填写。取名:《太平天国忠王李秀成发给陈金荣田凭》。原件存江苏省博物馆。上海:上海群联出版社,1955。印文:(1)右边骑缝上盖"天父天兄天王太平天国[开朝勋臣护国军师]忠殿户部尚书李生香"双龙纹大朱印。(2)年月日上"天父天兄天王太平天国开朝勋臣慎天安钱桂仁"双龙纹大朱印。[按钱桂仁于天历十二年十一月二十九日骆田忠叛时,仍在常熟任事。可知此田凭是在1862年夏季发的。](3)罗尔纲的《太平天国文物图释》:壬戌十二年忠王李秀成《发给陈金荣田凭》朱印文字"忠殿户部尚书"上面脱印了七个字,骑缝朱印文字"兼忠殿户部尚书李××",可能是李生香的印。)

【浙江省石门县·天历十二年或十三年】

田 凭

> 殿前又副掌率邓
> 发给田凭以安恒业而利民生事今据
> 帅统下花户年文斌有自置
> 田九亩　分座落　四都　口九图　为
> 地方每年遵照
> 天朝定制完纳银米不得违误　所有自份田产　并无假冒
> 隐匿等弊　给凭之后　如有争讼霸占一切情事　准该业
> 户禀请究治　为此给凭　永远存执　须至田凭者
> 天父天兄天王太平天国
> 年
> 月
> 日给

（郭若愚:《太平天国革命文物图录补编》六二。上海:上海群联出版社,1955。取名:《殿前又副掌率邓发给浙江石门县年文斌的田凭》。盖有双龙纹朱印,印文:"天父天兄天王太平天国开朝功臣舍天义夏有方"。)

[编者按:从太平天国田凭实物的内容与格式看,有统一的规定印制的,前两行由各太平军首领,按所占辖区颁发,并填写×军×营×旅帅统下花户姓名、亩数、座落,并规定每年遵照定制完纳银米,不得违误,如有争讼霸占,一切情事准该花户禀请究治,为此给凭永远存执。最后一行是天父天兄天王太平天国某年给。]

[编者按：关于太平天国田凭的实物，除上述几件外，报刊杂志书籍上还有几件，录下供参考。]

1. 浙江发现的太平天国田凭

在浙江发现的太平天国田凭和各种税收文物，到目前为止，就我所见的，约有一千多件。其中有许多是浙江省文物管理委员会、浙江省博物馆和崇德县文教局联合在石门、崇德地区收集来的。浙江省文物管理委员会还曾经两次派干部到当地去核对过文物的来源情况，证实这批文物都是保存在农民家里的，并且大多是农民自动捐献的。农民说，他们过去识字的很少，不论什么契据文件，都保藏得很好，代代如此，现在还保存着许多清代的契据。

（王士伦：《浙江发现的太平天国田凭和各种税收文物》。《文物》1963 年第 11 期。）

2. 桐乡发现太平天国文物

二十世纪五十年代，在当时的崇德、桐乡境内，先后发现了票证近千件以及安民旗等太平天国文物。浙江省博物馆收藏不少桐乡的太平天国文物，多数是 1957 年从原崇德县[清代称石门县]晚村乡、青石乡、羔羊乡等地直接征集的。清咸丰十年九月初九日[1860年 10 月 22 日]，太平军将领李世贤率部攻占石门县城[今崇福镇]；九月十一日，李世贤部又占领桐乡。光绪《桐乡县志》记载，早在八月初二日[9 月 16 日]，太平天国忠王李秀成曾率部经过桐乡县城，"城虚无人，次日即去。"至咸丰十一年三月，太平军将领钟良相来桐乡"设馆"。四月，太平军听王陈炳文部再克石门，邓光明进驻。自此，桐乡、石门两县的太平军守将按户籍征收赋税。同治二年[1863 年]，驻石门县太平军主将邓光明被封为"归王"。桐乡太平军守将钟良相及陈炳文、邓光明为征收赋税，曾先后发给桐乡、石门两县农民田凭、便民预知由单、完纳漕粮执照、尚忙条银执照、完漕串票、完银串票、门牌、卡票等。

原崇德县发现的这批太平天国文物，具有相当重要的档案史料价值，为研究太平天国的土地政策提供了极为丰富的实物资料。如发现的一百多件田凭中，汤奇高、范士达、沈大发三个花户各持有两张田凭。一个花户拥有两张田凭，在全国还是首次发现。其中的四百多件田凭、预知由单，所填花户拥有的土地数，有占土地三四十亩的，也有一二分。有不少农户拥有十亩左右。这些都有助于了解太平天国统治区的土地关系、自耕农情况及田赋税率等，并证明了太平天国的《天朝田亩制度》并未真正实行过。由于原崇德县发现的这批太平天国时期的文物数量较多，有学者对这批文物的真实性有怀疑。因此，浙江省博物馆在 1983 年 6 月又派王兴福、周其忠两同志到桐乡调查[当时崇德已和桐乡合并]。他们先后花了十天时间，到青石、晚村等地的二十一个自然村，访问了一百三十多人次。弄清了当年征集的全过程，结论是文物来源清楚、征集手续完备，这批文物的真实性毋庸置疑。这批文物如果作伪，是不可能串通几个乡这么多农民一起来作案的。为慎重起见，省博物馆又请有关部门和造纸专家对这批文物的纸张进行技术鉴定，结论是这些文物的用纸[毛边纸]是一百多年前的造纸产品，不是近代产品。

（张森生：《史海钩沉——发现太平天国文物的故事》。《嘉兴故事·嘉禾春秋》，2012

年 4 月 19 日。《南湖晚报》2009 年 12 月 27 日。）

3. 太平天国颁发给丁俟斋的田凭

（高荣林、鲍尚贤、沈志高、张伦：《辛庄镇志》。上海：上海社会科学院出版社,2003。）

4.【浙江省石门县·天历十二年九月】太平天国听王陈炳文签发给石门花户余大海的田凭

（1957 年,湖南省博物馆从浙江杭州购买此件入藏。纵 35.5 厘米,横 29 厘米。官堆纸。内容文字直行木刻版印,需填写的内容为毛笔楷体直行书写。上有日期"太平天国壬戌十二年九月",年款处钤盖"慎天义钱仁桂"之大长方印,骑缝处钤盖"户部尚书"印。中华古玩网 http://www.gucn.com）

5.【浙江省嘉善县·天历十二年】太平天国嘉善县田凭局发给业户王宝合振秀收租执照。毛边纸墨刷,粗细双框,墨笔填写。年月日处盖"天父天兄太平天国开朝勋臣符天福锤良相"双龙纹朱纹印,和"太平天国……师帅"双龙纹朱文印。

【江苏省吴江县·天历十三年】冀天义程发给江苏吴江潘叙奎的荡凭

荡凭水师天军主将冀天义程,为给发凭照事。案查数泽洿池,率土无不毛之地;板章册籍,按图有可指之区。缘我天朝恢疆拓土十有余年,所有各邑田亩,业经我忠王操劳瑞心,颁发田凭,尽美尽善。惟江、震两邑,素称泽国,所有杂税与正项漕粮并重。本主将荷蒙委任,自应兴利除弊,以裕国课而阜民生。兹据庞三湖荡甲邹绍昌统下荡户潘叙奎呈报,北原圩湖荡约计壹拾肆亩整分,合给凭照,以安恒业而杜争竞。为此给发凭照,仰该业户永远收执,取租办赋,毋任隐瞒,致干查究。倘有买卖过户即以此照为凭,切勿朦混,自贻伊戚。须至凭照者。

天父天兄天王太平天国癸开拾叁年　　　月　　日给。

[说明:这一张冀天义程某发给江苏吴江潘叙奎荡凭,原件高29.8厘米,宽35厘米,连史纸墨刷,墨笔填写,字号处横盖龙纹大朱印,印文模糊,在"壹拾肆亩"数字上盖有"□赋总□图记"篆文小朱印,现陈列在南京堂子街太平天国某王府内。]

(罗尔纲:《太平天国文物图释》,第140页。北京:三联书店,1956。)

[编者按:上面太平天国潘叙奎荡凭一件。荡凭,湖滩地之土地证,其性质相当于田凭。盖天朝所颁之土地所有权凭证,田有田凭,荡有荡凭。荡地指靠近水边易遭浸没之滩田。由此可知,天朝颁发土地所有权证,因土地性质之不同而有所区别。又,太平天国在颁发田凭的过程中,是否宣称原有的地契作废,是一个的问题。林大椿在《乐成感事诗》(载《垂涕集》)中说:浙江县乐清县"地符庄帐付焚如,官牒私笺总扫除。墨水飘零文字厄,儒官残废诵玄虚。枣梨碎断麻沙版(新邑志版),藩涸纷投绵子书。差幸鱼鳞图尚在,后来犹可议储胥。"这些地符庄帐、官牒私笺是谁烧的,为什么要烧掉,值得研究。]

(四)土地买卖与顶典

【湖北省江夏县·咸丰前期】[凌旭初,字子明。曾助一乞丐妇人及其女。女后回皖。]又逾年,女嫁之商人。商本湘产,远贾于皖。既娶女,遂偕其母俱还湘。至是投洪[秀全]军,已授指挥……居数月,女乃送生[凌旭初]父子离[汉口]镇二十余里之苗桥湾,为之代购房屋田产。曰:"此间颇僻,可避乱。"复于侍婢中择有宜男相者,令生纳之,并媵以二千金。

(侯祖畬修:民国《夏口县志》卷二一《杂志·洪杨佚闻》,第7—9页。)

[按:女称曾指挥之妻,有侍婢仆数十人,为太平军第二次或第三次至武汉时之事。文中提及"居数月",太平军第一次占武昌为咸丰二年十二月初四日至三年正月初三日。第二次为咸丰四年六月初二日至八月二十五日,主将是韦俊、石凤魁、石再兴。第三次为咸丰五年二月十七日至十月二十四日。《贼情汇纂》卷二,载曾添浩于四年七月返回武汉,守大东门。六月封恩赏丞相。则其时应为检点,比指挥高一级。见《中国近代史资料丛刊:太平天国》,Ⅲ,第69页。中国史学会编,编者:向达、王重民等,上海:神州国光社,1952。第72页表中任指挥之曾姓者尚有曾梦章,踞守和州。]

【湖北省、安徽省、江西省·咸丰三至六年】皖、楚、江右沿江内外逆匪所陷各省府县,亦照旧设立伪郡县……仅剩民间田房交易,尚不知令其投税。

(涤浮道人:《金陵杂记·金陵续记》。《中国近代史资料丛刊:太平天国》,Ⅳ,第642

页。中国史学会编,编者:向达、王重民等,上海:神州国光社,1952。)

[编者按:从这则资料中可知,在这些地区民间存在着田房交易。]

【安徽省安庆·天历六年】从 2003 年到 2008 年,笔者[许迎新、张健]在安庆古玩市场上发现二种盖有太平天国印文的地契,共计约二十四张。印文分为两种。

另一种此类地契有四张,似乎是装订成册的。上写纪年为丙辰六年九月十六日。有一张地契的年号为辛巳年三月初四,笔者查阅太平天国与清朝年号对照表中查不到其对应的年份,有待以后研究。

契文多种,有卖田、卖屋、分家、借钱等。

总计,这类地契共计 24 张,契文的形式多种多样,其价钱有纹银、长钞、足钱、洋蚨、银币、典钱、大钱、九四典钱等多种货币形式。

2005 年,笔者和泉友胡善胜发现望江县农民送过来两张有太平天国纪年号的地契,遂由胡购买下来。随后其又在市场上另一位古董商手中购得一张地契。此后没有几天,该农民又从望江县收得太平天国执照类税单两张,其中一张为二连张,这是继上一批发现太平天国印文类地契后第二批有数量的地契和税单的契文,惜三张太平天国地契仅有太平天国年号及纪年,无任何印文。

(许迎新、张健:《安庆地区发现的太平天国铁钱及地契税票》。《安徽钱币》,2009 年第 3 期。)

【江苏南部·咸丰十年】民间田产契券,但书甲子纪年,悉虑克复之后,不可示人。元亮题诗尚编甲子,况小丑跳梁时耶。

(沧浪钓徒:《劫余灰录》。《太平天国史料丛编简辑》,第二册,第 143 页。太平天国历史博物馆,北京:中华书局,1962。)

【江苏省吴江县芦墟胜溪·咸丰十年十月二十八日】二十八日,阴雨。朝上诵宝训经卷。饭后,中兄来,知长毛伪诏已来,可笑之至,断不能成事也,惟大劫未满而已。沈慎甫同徐紫云、大鹏兄弟来,为找田事,可称不时。然人情上勉从之,书契,留中饭而去。终日碌碌,心不能聚。

(柳兆薰:《柳兆薰日记》。《太平天国史料专辑》,第 152 页。上海:上海古籍出版社,1979。)

【江苏省吴江县芦墟·咸丰十年十一月二十日】饭后,汇齐诸帐,约到局报数。下午,同两兄至芦局中,数台上黄老庆尚有旧情,托渠报灾注册,尚首肯,松乔则圆甚也。给凭,每亩十文。复同乙兄候余庭,知粮米每厶[亩]三百文,一应在内,已照俞公所议倍收,租仍四斗五升,开销不够,然此大局,亦不便与之办也,拟停三日领照及旗,姑试行之。慎兄在陆老仁店中,谈论片刻,因齿痛,不能久叙。晚间归家,心绪恶劣之至。

（柳兆薰：《柳兆薰日记》。《太平天国史料专辑》，第 156 页。上海：上海古籍出版社，1979。）

【浙江省绍兴·咸丰十年至同治元年】此时[太平军占领时期]亦无人要买[土地]，好田止值三四千，真有钱者不敢买，怕捐富户，还是种现租田人家买几亩。

（吴燮恺：《劫难备忘》。见王穉安《太平遗事》抄本。引自《史学月刊》1965 年 5 期王兴福文。）

【江苏省常熟县·咸丰十一年正月二十九日】闻朱岭梅丈及徐芝山、朱介堂等捐资买贵泾地，掩骼埋胔，饿死难民不致暴露，诚大方便。

（龚又村：《自怡日记》。《太平天国史料丛编简辑》，第四册，第 387 页。太平天国历史博物馆，北京：中华书局，1962。）

【江苏省吴江县芦墟胜溪·咸丰十一年七月三十日】午前，戴芸香表叔来，年已七十二岁，精力尚可，备原价川三δ[三八五]取赎汝字圩田二亩一分二厘，亦当今不易得之遭，吾家帐房甚难见之奇遇也。因留便饭，搜寻原契一纸，方单二张，交与之，副契收还，面清讫而去。

（柳兆薰：《柳兆薰日记》。《太平天国史料专辑》，第 204 页。上海：上海古籍出版社，1979。）

【江苏省江阴县·咸丰十年四月至同治三年四月】将田售与佃农，价愈贱而售愈难。

（章型：《烟尘纪略》。载江阴《章氏支谱》。）

【浙江省长兴县·同治元年】民间契券，亦必遵用[太平天国新历]，否则乡官侦知，将不堪其讹诈。

（胡长龄：《俭德斋随笔》。《中国近代史资料丛刊：太平天国》，Ⅵ，第 761 页。中国史学会编，编者：向达、王重民等，上海：神州国光社，1952。）

【江苏省常熟县·同治元年三月】而贼目催粮，愈加严酷，勒乡官具限状，非捆锁，即杖枷，乡里日夜不宁。农家典质无路，告贷无门，田地又无卖处，什物未能变偿[？价]，甚有情极自尽。

（柯悟迟：《漏网喁鱼集》。第 57 页，北京：中华书局，1959。）

【江苏省吴江县芦墟胜溪·同治元年四月五日】帐房内有租户顶田事。际此世局，彼惟便宜是占。不得已，忍气俯就之。田之累事，即小可见也。闷闷。

（柳兆薰：《柳兆薰日记》。《太平天国史料专辑》，第 251 页。上海：上海古籍出版社，1979。）

【江苏省常熟县·同治元年四月初六】赴家光庭之招,为定出租房屋事。

（龚又村：《自怡日记》。《太平天国史料丛编简辑》,第四册,第441页。太平天国历史博物馆,北京：中华书局,1962。）

【江苏省吴江县芦墟胜溪·同治元年六月十四日】账房内忽有以找(价田)[田价]事相瞒者,辞以疾,似可暂退。日后恐终难免,可知余近年来瓜葛事甚多。闷闷。

（柳兆薰：《柳兆薰日记》。《太平天国史料专辑》,第264页。上海：上海古籍出版社,1979。）

【江苏省吴江县芦墟胜溪·同治元六月二十一日】去账房,有浦家埭张朝梁子文魁,号秋亭,以南玲圩田九厶[亩]有零找绝,从权允之。此亦田上一小累也。成券即去。

（柳兆薰：《柳兆薰日记》。《太平天国史料专辑》,第266页。上海：上海古籍出版社,1979。）

【江苏省吴江县芦墟·同治元年七月二十二日】饭后,舟至大港上,以寄付之田交还少湄。

（柳兆薰：《柳兆薰日记》。《太平天国史料专辑》,第273页。上海：上海古籍出版社,1979。）

【江苏省常熟县·同治元年闰八月初一日】中夜念业户二年无租,饿死不少。幸而降价鬻田佃户,十得二三。何以延命？特拟禀稿,请照金匮、长洲、昆[山]新[阳]例,准业主收租。与同人商酌,或动公呈,俾批示遵行,则业户不绝生命耳。

（龚又村：《自怡日记》。《太平天国史料丛编简辑》,第四册,第460页。太平天国历史博物馆,北京：中华书局,1962。）

【浙江省东阳县·天历十二年】东阳县壬戌十二年顶田契[①]

立顶契人常□□下子[字]据□熙樟、朝启、小玉悌,今因鱼花城叠坑城□担沙工费难办,自愿托中立契,将当己田十垅,土名坐落□花城,计祖田□□□□出顶与小奶落业,三面断定,特值顶价铜钱柒仟文足。其钱即日收足,其稍钱壹千玖百文足,规清明交稍。十贰年出顶,十三年掉田耕种,子□下并无二三退□并无□执等情。今恐人言难信,立下顶契存照。

不拘年原价取业　熙万[签字]　小玉[签字]

壬戌十二年清明日　立人熙樟[十]　熙弟[十]朝启[十]

代笔中百能[签字]

（《太平天国》,第三册,第146—147页。罗尔纲、王庆成,桂林：广西师范大学出版社,2004。）

---

① 据原杭州大学历史系藏原件著录。

【江苏省苏州·同治初年】苏城未克时,税司马福臣忽入贼中,归喜告予,谓新买苏城洞桥下房屋,形势足踞全城之胜,拟建天主堂,必获利也,予心悸。已而高易洋行出红契三百余纸,皆避难苏人鬻屋于夷者。予曰:"尔误矣,克城时,一火皆赤地耳。"及克城后,念屋为夷有,则事后租住,必至良莠不分,即编查亦多包庇。且腹地不容夷居,而红契实入夷手,其中半系闽、广不安本分之人,借夷出面,阴图重利,从此吴中多一患矣。因与夷言,如原价听赎,则请倍厥值,已见允矣。索契勾稽,约三万余金,予径陈帅府,请假七万金赎之,不足则予筹其半,以一年为期,仍售与吴人归款,此上策也。其次示禁,但多口舌。帅府答书,谓备价赎回,究需巨款,不得已,出示禁止,饬拟示稿。予因讳言夷弊,别为设词。谓民间卖买田房,例皆官为验契过税,以杜争端。苏城自某年月日失陷,至某年月日克复,中间数年,并无官守。而民间避居别境,闻亦互相典卖,不解凭谁税验。现当清理民产之时,失契者皆准自呈请补,必至真伪不明,应一律禁止。凡失守期内买契,皆作废纸,业归原主,倘敢呈控,予受并究。如实在两相情愿,准用此时年月,换立新契呈验。但只准卖与土著居民,不得卖与楚、粤、闽、皖、江西等省客民,以至降众稽留窝匪,有违遣散定章。惟其中或外国商人,不谙厉禁,误买在前,若概令销去,未免向隅。应从宽准招原中、原主,自行照价回赎。倘致结讼,定将中证人等,一并严追惩办。示出,洋人感服,迄无一户成讼者。其借夷出面之人,多在禁买客民中,莫敢自首。事后帅府辄自言预杜祸萌,苏人阴受其福,最为善政,即此事也。

（陈锦：《松沪从戎纪略》。《太平天国史料丛编简辑》,第二册,第 215—216 页。太平天国历史博物馆,北京：中华书局,1962。）

【江苏省常熟县·同治二年】[张乃修,无锡县人,其父张朗亭与兄都是医生。张朗亭看一次病一般给十五千文。监军华景芳明知张朗亭是无锡南塘千总张副爷,也不因此定他的罪。1863 年 8 月的一天,张朗亭被请进城为太平军头目看病],共诊十余处,昏黑后方得脱身,获利数十千。[该年秋,张乃修以其父兄行医]所得三十余千,即置田八亩零。时租田每亩三千,尚无主顾。

（张乃修：《如梦录》抄本。参见《近代史资料》,1955 年第 3 期。《太平天国》,第四册,第 391 页。桂林：广西师范大学出版社,2004。）

[编者按：张乃修所买的田在常熟北乡梅里镇地方。当时石米约合二千五百文上下,按张乃修所记,每亩价合米约一石二斗,只不过看两次病的报酬。]

【江苏省常州·同治二年六月十二日】[贼]于四月间,在常州沿途舍次,共有十四伪王,更番造主,以故贼迹所至,鸡犬不遗。自常州至无锡数百里,人烟皆断。有宜兴人贩买酱者言：常州去年今日田地价甚贵,市面经商亦得利。至今累次被杀、被焚、被掳以来,种田之人百仅存其一,人丁稀少,田地荒墟矣。富家大族挈眷远避,其存者皆寒俭之人,仅于乡下聚一二小市,然负贩路绝,百物昂贵,颇难聊生。

（沈梓：《避寇日记》。《太平天国史料丛编简辑》,第四册,第 259 页。太平天国历史博物馆,北京：中华书局,1962。）

【江苏省常州·同治二年六月十三日】有常州人来买酱,言去年此刻常州市面甚好,田地甚值钱,至今则种田之人,百人中不剩十人矣,人丁稀少,仅乡下聚一二小市,然负贩路绝,恐终不能聊生也。

（沈梓:《避寇日记》。《太平天国史料丛编简辑》,第四册,第294页。太平天国历史博物馆,北京:中华书局,1962。）

【江苏省绍兴·同治三年】贼中多谣词,尝行歌于道。记其一云:"太平天国万万年,军师旅帅好买田。卒长司马腰多钱,百姓可怜真可怜。"

（王彝寿:《越难志》。太平天国,第五册,第156页。罗尔纲、王庆成,桂林:广西师范大学出版社,2004。）

二、对几类特殊土地的处理

（一）南京等城区内的土地

［见城市章南京目］

【江苏省南京·咸丰三年】封菜园,招人种治,匿者亦数千人。后内应事洩……仅存种菜数百人。

（杜文澜:《平定粤寇纪略》卷四第6页。上海申报馆仿聚珍版印。）

【江苏省南京·咸丰三年】城内菜园皆被贼据,插一木牌,上写某伪官栽种,民人不得擅取等语。令园户看管,每日交菜若干。于是亦有藉以容身者。

（佚名:《粤逆纪略》。《太平天国史料丛编简辑》,第二册,第37页。太平天国历史博物馆,北京:中华书局,1962。）

【江苏省南京·咸丰三年二月】二月十八日……所刻妖书逆示颇多,如书诏文告等类,极狂悖,极不通。内有百姓条例,诡称不要钱漕,但百姓之田,皆系天王之田,收取子粒,全归天王,每年大口给米一石,小口减半,以作养生。所生男女,亦选择归天王。铺店照常买卖,但本利皆归天王,不许百姓使用。如此则魂得升天,否则即是邪心,为妖魔,魂不得升天,其罪极大。

（佚名:《金陵被难记》。《中国近代史资料丛刊:太平天国》,IV,第749—752页。中国史学会编,编者:向达、王重民等,上海:神州国光社,1952。）

【江苏省南京·咸丰三年二月至十二月】贼见菜地,争贴封皮,即据为己有,使人种菜,亦不打仗,故匿于菜园者亦数千人。

（谢介鹤:《金陵癸甲纪事略》。《中国近代史资料丛刊:太平天国》,IV,第654页。中国史学会编,编者:向达、王重民等,上海:神州国光社,1952。又,第661页记载,至1854年初,谋内应者被杀后,菜园仅存数百人。)

【**江苏省南京·咸丰三年四月至五月**】东门内外麦熟,久未割,乃使女子割麦。又见油菜子熟,使牌尾收割菜子。

（谢介鹤:《金陵癸甲纪事略》。《中国近代史资料丛刊:太平天国》,Ⅳ,第656页。中国史学会编,编者:向达、王重民等,上海:神州国光社,1952。）

【**江苏省南京·咸丰三年至四年**】田已荒芜半无麦,觅得麦田手已软。

（马寿龄:《金陵癸甲新乐府·割麦》。《中国近代史资料丛刊:太平天国》,Ⅳ,第731页。中国史学会编,编者:向达、王重民等,上海:神州国光社,1952。）

【**江苏省南京·咸丰三年至四年**】种菜人多去乡里,巡查有令收菜籽。大书某衙某官某,统下牌尾来收此。明朝别衙老兄弟,拔折令旗怒目视。

（马寿龄:《金陵癸甲乐府·收菜籽》。《中国近代史资料丛刊:太平天国》,Ⅳ,第733页。中国史学会编,编者:向达、王重民等,上海:神州国光社,1952。）

【**江苏省南京·咸丰三年至四年**】封菜园,狂夫不许逾柳樊……

（马寿龄:《金陵癸甲乐府·禁偷窃》。《中国近代史资料丛刊:太平天国》,Ⅳ,第735页。中国史学会编,编者:向达、王重民等,上海:神州国光社,1952。）

【**江苏省南京·同治元年十二月初一日**】[据三入金陵城者言,]城中长毛皆屯田,然终不能给,米麦大贵。今年五月彼以解粮入城,见新麦每升价三十余文。贼众饮食甚苦。其时外城已破……惟三门贼可通出入……自南京至苏,数百里皆无人之境也。

（沈梓:《避寇日记》。《太平天国史料丛编简辑》,第四册,第200—201页。太平天国历史博物馆,北京:中华书局,1962。）

【**江苏省南京·同治三年四月**】天险或者无虞飞越,惟金陵合围已久,并无粮尽确耗,城中广种麦禾,青黄弥望,又新易旗帜,毫无怯惧之状。洪忠两酋,坚忍异常,竟未知何日始克,了此一段。承许派兵入皖,助剿窜贼,重荷关爱尤深。

（《同治三年四月初二日曾国藩复官秀峰中堂函》初九到。按:原件无名,皆贴各函原件,此武汉大学代鲁教授抄自武昌民主路旧书店,原件闻已由南京历史研究所购去。）

（二）寺院田、祠堂族田、官田、军田、学田

【**湖北省、安徽省、江西省·咸丰三年至六年**】皖、楚、江右沿江内外逆匪所陷各省府县,亦照旧设立伪郡县,如某府即伪立某郡总制,县即伪立某县监军,均给木刊伪戳。伪郡

总制每日只收县伪监军每处钱二千文。其县伪监军系搜查从前征册,索收钱漕、渔芦牙税。取得银米,大约作为三股:以二股归于老贼,一股伪监军与伪军帅俵分。仅剩民间田房交易,尚不知令其投税。其僧道香火祠祭暨民间公产,则由伪总制查索。是伪总制所得之赃,转不如伪监军之多也。

（涤浮道人：《金陵杂记·金陵续记》。《中国近代史资料丛刊:太平天国》,Ⅳ,第642页。中国史学会编,编者:向达、王重民等,上海:神州国光社,1952。）

［编者按:从这则资料中可知,对僧道香火祠祭暨民间公产的处理,与一般土地不同。］

【咸丰三年至六年】惟有技艺及江湖星卜僧道者流,不专恃生产,贼于是搜虏百工匠艺为之执役,严禁星相巫觋,尽毁庙宇神像,使九流生计俱绝,亦惟贼是依矣。

（张德坚：《贼情汇纂》卷十二《杂载》。《中国近代史资料丛刊:太平天国》,Ⅲ,第326页。中国史学会编,编者:向达、王重民等,上海:神州国光社,1952。）

【安徽省桐城县·咸丰三年十月】初贼之据城也,尽收僧田租税。他僧有跪求于贼酋者,得半留。

（方宗诚：《柏堂集次编》卷六《释常奉传》。）

【安徽省桐城县·咸丰三年十月至八年九月】五日奏收僧田。自贼破陷城池以后,各地庵观寺院焚毁几尽,佛像无存,僧道反俗,其田租皆归贼收。克复之后,此款正可以为将来无穷之利。即以桐城而论,各乡庵田每年租谷约三四千石……以后此田租入即永积为义仓,僧徒存者,量人与粟,使足自给而已。

（方宗诚：《柏堂集续编》卷八《书》二《上曾节帅书》,第6页。）

【安徽省·咸丰三年至十二年】愚意各府各县凡有公田租以及寺观之田［租］历年尽为贼收。

（方宗诚：《柏堂集》。《俟命录》卷十。）

【安徽省潜山县·咸丰五年】二月,贼查庵观寺院田产充公……冬十一月,贼勒焚神像,藏匿者有罪……［六年］四月,贼封各处庵庙,拆砖熬硝。

（储枝芙：《皖樵纪实》卷上。《太平天国史料丛编简辑》,第二册,第94页。太平天国历史博物馆,北京:中华书局,1962。）

【江苏省常熟县·咸丰十年十一月初六日】有长毛告示,要收钱粮。谕各业户、各粮户,不论庙田、公田、学田等,俱要造册,收租、完粮。

（佚名：《庚申避难日记》。《太平天国史料丛编简辑》,第四册,第489页。太平天国

历史博物馆,北京:中华书局,1962。)

【江苏省常熟县·咸丰十一年二月初十日】花生日,曹和卿自城来,言虞山墓木大半盗伐,其祖茔亦被蹂躏,乃禀钱伪官出示严禁,锁解山前军师各帅。贼将普仁、清凉两寺全行拆毁,递及破山。幸和卿劝设留养局,荐殷小斋、曾芸溪等经理,俾名刹保全,各寺山田暂入难民局,以备薪蒸。

(龚又村:《自怡日记》。《太平天国史料丛编简辑》,第四册,第388页。太平天国历史博物馆,北京:中华书局,1962。)

【江苏省常熟县·咸丰十一年五月】五月时,有苏州卫十余人到陆家市来收军租,夜宿筼篔多庙,传军催按额清还。各佃以完办银米无力再还租籽,坚执不肯,吵闹一日。各佃情竭,夜持农具进庙暗扑,仅活一人,逃城声报。二逆发城毛到地,令伪职领(吵)[抄],皇甫贼奴骑马执刀,手刃有隙三人,盖假公济私也,乡民各自逃避,而陆市地处连累无辜大半。

(顾汝钰:《海虞贼乱志》。《中国近代史资料丛刊:太平天国》,V,第371页。中国史学会编,编者:向达、王重民等,上海:神州国光社,1952。)

【浙江省诸暨县·天历十二年八月】
洽天义诸暨县佐将余中彬发给粮户永思堂的业户执照

业户执照

钦遣开朝王宗洽天义督理诸暨县佐将余 为便民输纳事今据

正念柒都 大村庄粮户 永思堂灯会 完纳

太平天国壬戌拾贰年八月 应完银柒钱壹分三厘 给 第二千一百九十号 宗太完

(罗尔纲:《太平天国文物图释》,第161页。北京:三联书店,1956。原注:原件高30公分,宽10.9公分,白纸墨刷,墨笔填写,盖"柒钱壹分叁厘"墨色木印,左下角钤"洽天义余图记"朱印。原存华东行政委员会文化部。)

[编者按:这份业户执照即钱粮执照,说明此地公产未被没收。]

【江苏省金匮县·天历十二年】

江苏省金匮县发给吴公祠的下忙钱粮执照

下忙钱粮执照

金匮县 为征收钱粮事今据怀上 区 四五一图 五甲花户 吴公祠 输纳

太平天国壬戌贰拾年分除蠲二成外实应征下忙地漕正耗银完 叁钱壹厘

整除银自封投柜外合给串执照是实

太平天国壬戌拾贰年 月 日给

破怃军主将李 设有舛错禀请更正

第六百三十九号

（周穗成：《太平天国过毅记、吴凝林、吴公祠钱粮执照并跋》。《历史教学》总 15 期，1952 年，第 13—14 页。原注：原件高 24 公分，宽约 9.5 公分。）

［编者按：此吴公祠钱粮执照说明此地的祠堂公产未被没收。］

（三）妖官的土地、房产

【江苏省常熟县·咸丰十一年十一月初十日】 南乡粮租并收，其［他］三乡但有粮局，业户几不聊生。况翁、庞、杨、王诸宦，注明原籍田尽入公，伪官目为妖产，设局收租。

（龚又村：《自怡日记》。《太平天国史料丛编简辑》，第四册，第 418 页。太平天国历史博物馆，北京：中华书局，1962。）

（四）逃亡业主的土地

【江苏省常熟县·咸丰十年十一月初六日】 有长毛告示，要收钱粮。谕各业户、各粮户，不论庙田、公田、学田等，俱要造册，收租、完粮。倘有移家在外，远去他方，即行回家收租、完粮，如不回来，其田着乡官收租完粮充公，佃户亦不准隐匿分毫等语。

（佚名：《庚申避难日记》。《太平天国史料丛编简辑》，第四册，第 489 页。太平天国历史博物馆，北京：中华书局，1962。）

［编者按：地主逃亡，不回来收租完粮，其田租充公，即太平军与佃农均分收获物。此亦着佃交粮也。］

(五) 违令地主的土地

【江苏省常熟县、昭文县·咸丰十一年九月二十六日】 长毛八人来镇,有武军政司告示,以备记忆,天朝九门御林开朝勋臣慎天义统下贺天侯兼武军政司洪,本帅治理常、昭,已经一载有余,四乡虽然归顺,民心向妖未除,急宜申明法令,良民遵守毋愚。十款开示于后,今谕四民共知:一、农佃抗租,田亩充公;一、业户领凭收租,欠缴钱粮,解营押追……

[编者注:这段资料是1962年王戎生同志提供的。他说是从佚名《庚申避难日记》抄本上摘录下来的。后来出版的《太平天国史料丛编简辑》第四册和广西师范大学出版社出版的《太平天国》第六册都收录了佚名:《庚申避难日记》,咸丰十一年九月二十六日条下,只有"长毛八人住夜"一句,没有后面的文字。《太平天国史料丛编简辑》第四册,第415页载龚又村的《自怡日记》,提到武军政司洪的告示十款,亦有佃农匿田抗租,田亩充公的条款。《庚申避难日记》和《自怡日记》都提到农佃抗租,田亩充公,这要被充公的是什么田值得研究。]

【江苏省吴江县·天历十一年十月】

天朝九门御林开朝勋臣恋天福董 为

劝谕完粮以济军饷事 照得足兵足食 原为政教所先 奉令奉公 自必输将恐后 本爵驻师招抚 谕再三 方期桑梓是依 惊惶得定 又值兵戎旋遇 畏惧复生 或惊鸡犬 遭斯扰攘 急宜加惠济施 所有丁粮 尤应按年蠲免 然同袍之将 执戟之兵 虽有忠心 岂能枵腹 业各有主 未可屯田 又难掠野 凡在军籍 必须散粮 况守城垣 尤宜积粟 若按户摊派 贫富未免不均 而论产征粮 输纳尚为易举 除饬庄书 呈送粮册核征外 合行示谕治下 居民知悉

新中田 额上田 每亩完纳白米二升五合 纹银二分五厘 额

每亩完纹银三厘五毛 塘每亩完纹二厘四毛 分地产所出之息 为

一升五合 一分五厘

下田 一升 五厘 新 一分二厘

限倍征 同遵 致干匪税之诛 毋玩毋延 共免追比之苦 限十一月初十日扫数菁完 逾

天朝维正之供 勿遗勿漏 一分八厘

天国之良民 如有隐匿 封产入公 如若延迟 枷号责比 勿负本爵之抚恤群黎 兼欲尔等之保全

天父之麻命 相为 地每亩完纹 一分二厘 山

家业 各期踊跃 共效忠贞 特谕

太平天国辛酉十一年十月念七日 示

(照片:《太平天国革命文物图录》五二。上海:上海出版公司,1954。取名:《太平天国恋天福董顺泰告示》。印文:年月日上钤印"太平天国天朝九门御林开朝勋臣恋天福董顺泰"。告示全文见《太平天国》,第三册,第119—120页。罗尔纲、王庆成,桂林:广西师范大学出版社,2004。)

【江苏省常熟县·咸丰十一年十月】十五、十六晴,长毛同司马、百长下乡写田亩册,限期收租,要业户领凭收租。现今各业户俱不领凭。长毛告示,不领凭收租者,其田充公。

(佚名:《庚申避难日记》。《太平天国史料丛编简辑》,第四册,第514页。太平天国历史博物馆,北京:中华书局,1962。)

[编者按:此处之凭,未说明是田凭还是租凭——收租票。地主不领凭收租交粮,田亩充公,即不准私收租也。]

【安徽省·同治三年六月辛卯】[朱澄澜奏]贼所强据,贼所取租[的土地入官]。

(《安徽通志稿》。)

[编者按:可见太平天国曾没收了一批土地或田租。]

三、太平天国占领区佃农抗租夺地与土地占有状况

【湖北省黄冈县、江苏省无锡县】我曾祖父[在太平天国时他已二十多岁了,湖北黄冈人。]曾告诉我:"在太平天国革命平定后,一般贫穷的乡人受了欺压而不能申诉时,每每在我村对面的横冈上[我村中都是大地主],愤愤的喊道:'你不要凶,长毛不久又要来了。现在你虽富,享福,那时我们大家要来均产了。'……"这种叹声,正可看见太平天国的土地政策在湖北虽没有积极实行,但影响已大大的波荡了社会了!

一九二八年,我曾至无锡,遇一贫苦的老农[时八十多岁],他告诉我说:"现在的世界,真是一天天不如从前。就是长毛,比现在都好万倍。他们那时说救我们穷人,真正把地主都赶走了,将土地分给我们没有田的人。现在,我们所种的一点田,就是以前某[忘记了]姓的田地。某姓那时是我们此地的大富户,前面村子的房子,就是他住的。你看,他的正屋完全被烧了,所剩下的下屋都有这般好。人家骂长毛,长毛对我们却是好啊!"

(张霄鸣:《太平天国革命史》,第177—178页。上海:上海神州国光社,1932。)

【江苏省常熟县·咸丰十一年十月五日】见武军政司洪□□示十款,如佃农匿田抗租,兄弟借公索诈等项,本人处斩,田亩充公。

(龚又村:《自怡日记》。《太平天国史料丛编简辑》,第四册,第415页。太平天国历史博物馆,北京:中华书局,1962。)

【1863年3月】假如叛军占领下各地的男子群众,都要对我们进行抵抗,那我们要使他们屈服,当然需要一支强大的军队,但事情并非如此。大部分人是农民,他们对于受到谁的统治,完全没有关系,只要统治者在收税时不要过分勒索就行。许多人是不得已而参加太平军的,他们对这个运动是无关痛痒的,当他们看到外国军队认真向太平军攻击时,他们将认为太平天国运动必将衰颓,因而一有机会,便将投顺清朝。

(《附:对太平军投书的反应》,《北华捷报》第660期1863年3月21日。《太平军在上

海——〈北华捷报〉选译》,第34—35页。上海:上海人民出版社,1983。)

[编者按:太平天国的各安恒业政策是造成农民这种态度的原因,农民只有自己借势抗租夺地。]

附:毁田契

【浙江省太平县·咸丰十一年十一月】 十四,团勇攻城,萧村人最力,为贼所惮。

十五,天未明,开西门遁。各乡遮劫之,擒斩数百,无真长发,皆黄、太、临海无赖之徒。其在城也,无家不到,器物皆被碎毁,甚至遗矢满地,取书卷法帖以拭粪,田单契(卷)[券]投之圊溷,真无人理。自古贼匪,未有如此顽蠢者。

(叶蒸云:《辛壬寇记》。《中国历史文献研究集刊》,第三集,第182页。又见《太平天国》,第五册,第367页。罗尔纲、王庆成,桂林:广西师范大学出版社,2004。)

太平天国财政经济资料汇编

第三节
租佃关系

一、准许收租

[参见第三章第一节和本章第二节]

（一）准收租

【江苏省南京·咸丰三年三至九月】余与蔚堂交素契,乃与孙澂之、马小帆请缨。越日入营谒忠武公,派都司李某挈材官五人,各易服微行。金陵城极大,朝阳门偏东北,水西门偏西南,贼之营垒附郭皆遍,凡城外由朝阳至水西须循石灰团西渡,由西善桥越小(行)[桁],经茅公渡贼栅,过江东门始达,计程八十余里。吴蔚堂往来踪迹,皆在水西、江东间。有沙洲圩乡人李姓者,小帆之佃,用之前导以行。李都司沿路见贼股慄。九月一日夜,抵沙洲圩。遂借佃户李姓茅屋内暂栖,深秋严寒,卧牛衣中,不自知其苦也。

（胡恩燮:《患难一家言》卷上。《太平天国史料丛编简辑》,第二册,第343页。太平天国历史博物馆,北京:中华书局,1962。）

[编者注:可见此时佃户仍是佃户,主佃关系未有变化。]

【江苏省太仓州、镇洋县·咸丰十年】伪陆钦差出示,颇有道理。业田者依旧收租,收租者依旧完粮。

（佚名:《庚申日记》。引自《江海学刊》1961年第2期第28页。）

【江苏省无锡县、金匮县·咸丰十一年春】又招募两邑之老吏,设伪钱粮局于东门外亭子桥,[编者按:即指东亭。]造[田]册,分业、佃完粮。令民自行投柜[交纳],随给伪串[票],业田者稍得收租。或顽佃抗租,诉贼押追。

（陈孚益:《余生记略》苏州市图书馆藏稿本。）

[编者按:《平贼纪略》卷下"城贼招募书吏"条,亦有略同的记载,唯"分业佃收租完粮"与"造册,分业佃完粮"不同。]

【浙江省嘉兴·咸丰十一年】[太平军四月二十六日占嘉兴府城,]七月初一日,符天福钟[编者注:钟良相。]来濮[院]讲道理……镇上贫富逃难之人,此刻既经安民,可以迁回,士农工商,各安恒业……伪符天燕钟[良相]出告示……后设列规条十三则……

(九)被难之后,倘有房屋、货物、田产,准归原主识认收管,侵占者立究。

(十)住租房,种租田者,虽其产主他徙,总有归来之日,该租户仍将该还钱米缴还原主,不得抗欠。

(沈梓:《避寇日记》。《太平天国史料丛编简辑》,第四册,第71—73页。太平天国历史博物馆,北京:中华书局,1962。)

【浙江省嘉善县·天历十二年】太平天国嘉善县田凭局发给业户王宝合振秀收租执照

(太平天国嘉善县田凭局发给业户王宝合振秀收租执照。纵:23.8厘米,横:10.7厘米。毛边纸墨刷,墨笔填写。骑缝上和左下角均盖"监军衔记"有框朱文篆书印。执照载:嘉善县田凭总局为给照收租事。今据业户王宝合振秀呈报管业千东区来圩佃户戴在良承种田三亩,除注册外合给执照,准该业即带此照赴该管收租公局听候核对明白,凭此查给租息,将该局所发执照倒换田凭,不得自向该佃收取,致干重咎。毋违,此照。太平天国壬戌拾贰年 月 日给。)

(二)准收租是为了收粮

【江苏省常熟县·咸丰十年十月十七日】[熊万荃同徐少蘧至]黄埭安民,给示收漕,每亩定六升,连条银共一斗。业主租收五成,先自办米缴新赋。

(龚又村:《自怡日记》。《太平天国史料丛编简辑》,第四册,第377页。太平天国历史博物馆,北京:中华书局,1962。)

【江苏省吴江县北舍·咸丰十年十一月八日】初八日,晴。朝上诵宝训神咒。上午,大港四大二两侄来,探问租、粮事,实无头绪。闻松兄有小恙。初五日,梨川为苏州长毛过荡口,又吃空潮头,赖馆主俞公经政司弹压而定。梦书来,知北舍诸侄都以霸术取巧办事,租米西角,渠竟先欲收粮,吾辈租米何着?芦局亦无一定章程,愁闷之至。

（柳兆薰：《柳兆薰日记》。《太平天国史料专辑》，第 153—154 页。上海：上海古籍出版社，1979。）

二、收租方式

（一）业主自收

[参见第三章第一节"照旧由业主收租完粮"目]

【江苏省无锡县、金匮县·咸丰十一年正月】城贼招募书吏。

城贼黄和锦出示招募锡、金老书吏，设伪钱粮局于东门亭子桥唐宅。（分）[令]业田收租完粮。令民自行投柜，随给伪串。城乡业田者俱得收租糊口。或顽佃抗租，诉贼押追。

（佚名：《平贼纪略》。《太平天国史料丛编简辑》，第一册，第 276 页。太平天国历史博物馆，北京：中华书局，1962。）

【江苏省常熟县黄埭·咸丰十年十月十七日】闻徐少蘧素为贼惮，惜以郡县均失，孤军无援，不能大肆剿洗，为贼帅笼络，强授以同检官衔，白玉微瑕，众所鉴谅。伪帅熊姓逼令同至黄埭安民，给示收漕，每亩定六升，连条银共一斗。业主租收五成，先自办米缴新赋。

（龚又村：《自怡日记》。《太平天国》，第六册，第 50 页。罗尔纲、王庆成，桂林：广西师范大学出版社，2004。）

（二）租息局

[租局、收租局、收租息局、赋租总局、总仓厅，都是地主的收租组织。]

【江苏省无锡、金匮、常熟、长洲等县·咸丰十年四月】伪忠王驻锡五日，军政悉派乾天安李贼，民事派监军黄顺元、厉双福，俱本邑人。南门外天授乡伪军帅黄德元即顺元之兄，以近城故，被害较轻。长安桥、市头等处有富户过姓胡姓充当旅帅，供应周到，民居未毁。扬名、开化二乡，金玉山为军帅，颇护乡民，本有团练，势甚旺，后为贼注意，赖金左右之。西门外富安乡、万安乡为宜兴冲途，钱南香为军帅，因贼踪充斥，逃避远方。北门外景云乡亦近城厢，有杨念溪为军帅，未甚损坏。但杨之旧宅在江溪桥，房屋百余间，土匪毁其半，官军坏其半，存无几矣。其大镇为东亭，贼与民贸易之所，商贾往来如织，小市遂为雄镇也。怀仁乡地半金匮，通江阴之要道，人民被掳者众，军帅张承寿、旅帅浦紫卿，均是役吏出身，为虎作伥而已。

八月初二日巳刻，贼进城……常、昭既失……贼众奉伪忠王命，变为假仁假义，笼络人心。时届年终，忠逆赴安徽，守苏福省者为熊万荃[即喜天福伪爵]，专以要结为事，不复杀掠。忠逆依为腹心。于是各团有阴相约降。九月中，长洲张汉槎先纳款，受伪爵，而徐氏遂孤。十月中,常、昭守将钱得胜[即慷天燕]由伪举人曹和卿[名敬]作介,授少蘧以同检官衔,两相和约,赏犒甚丰。伪帅熊逼令同至[长洲县]黄埭安民,给示收漕。乡民完粮后,每家墙门贴一纸印凭,长发便不到抄扰。常熟之辛庄、吴塔,苏州之相城、陆巷,一例效尤,而吾邑各团遂无斗志矣。至十月二十日,熊万荃与徐少蘧来议和,言各不相犯,附近各乡造册征粮,均归本地人办理,不派长发一个,乡民不愿留发者听其自便。

（华翼纶:《锡金团练始末记》,《太平天国资料》,第121—124页。北京:科学出版社,1959。）

【江苏省吴江县·咸丰十年十月】二十七日,阴晴参半。朝上齿痛,停课。下午,芦局来请,因同两兄出去议事,至木行内生江处,晤顾余庭、黄森甫、周赋苹,谈及粮租章程,一无成见,俟后议。

（柳兆薰:《柳兆薰日记》。《太平天国史料专辑》,第151—152页。上海:上海古籍出版社,1979。）

【江苏省吴江县·咸丰十年十一月】初二日,晴。……午前,接外父札,知梨局租、粮已定。馆主俞公之意,皆照额三折,租收四斗半,内归粮六升,局费内扣,公局收租,概用折色。先归租,俟业主收清票,租户持执票完粮。某日收某等圩,预为悬牌,被焚、被水没之圩,概行豁免,被掳者减半。盛川章程,每亩每月收钱一百十文,闻收十个月,除完粮、局费外,给还业主。似不甚妥,不若梨川之一无拖带也。未识芦局作何办理?

（柳兆薰:《柳兆薰日记》。《太平天国史料专辑》,第152页。上海:上海古籍出版社,1979。）

【江苏省常熟县·咸丰十一年十月二十六日】设局城隍庙收租,每亩三斗三升,又加费一百文。

（佚名:《庚申避难日记》。《太平天国史料丛编简辑》,第四册,第514页。太平天国历史博物馆,北京:中华书局,1962。）

【江苏省吴江县·咸丰十一年】十一月初一日,周庄伪乡官费玉存[时进爵镇天豫]设收租息局于北观,每亩收租息米照额二成折钱,局费每千扣二成。至十二月初旬,各乡佃户颇有还者。旋为伪监军见嫉,从中败事,从此瓦解矣。

（倦圃野老:《庚癸纪略》。《太平天国资料》,第103页。北京:科学出版社,1959。）

【江苏省吴江县·咸丰十一年十一月二十一日】镇天豫摆收租息局于北观,业主齐集,自备桌、凳、笔、砚,租簿收租。至十二月初十日,各乡俱通[查],一日有千余户还数。江城花、鲍因粮米未清,即将局董捉去,从此瓦解。

（知非:《吴江庚辛纪事》。《近代史资料》,1955年第1期,第49页。）

【浙江省嘉善县·同治元年】据议此次收租,无论向例遥讨限收,各业户送票至局,由局盖戳,发旅帅等着佃亲送到业户处。

(《赵氏日记·复晓秋表弟》。罗尔纲:《太平天国史事考》,第215页。北京:三联书店,1962。)

［编者按:关于设租局或租粮局代业主收租,着佃交粮,发收租票(租由单),帮助地主追租,收租各分疆界,租额与收租实况见第六章和第七章］

第四节

农业生产

一、农业生产状况，年成

【长江三角洲·1853年】在古老的欧洲，没有一个地方可以比拟江南的富庶，博斯[Beauce]平原既不能比，伦巴底[Lombardiy]平原也比不上，甚至最富裕的地方福兰德尔[Flanders]也相形见拙。江南省的田，每年可以收获两次，水果青菜四季不断。耕地的边上，生产世界上最精美的蔬菜瓜果：白菜——一种介乎莴苣和球根植物之间的菜——芥子、西瓜、扁豆、马铃薯以及天朝所产的百余种豆子。

（[法]加勒利、伊凡原著，徐健竹译：《太平天国初期纪事》，第122页。上海：上海古籍出版社，1982。）

【江苏无锡至常州·1859年11月12日】我们离开无锡去常州。自苏州以上我们都在运河中[行船]……所有环绕上述各城之间的沿河的乡村，似乎都已被农民所抛荒了，旧垦田上铺满了茂盛的野草，更无丰盛的收成。一个不了解情况的旅行人自然会将全部的责任归咎于太平"叛军"；但不知[清]帝国的军队，在他们与"叛军"的斗争中，其应受谴责之处，并不亚于"叛军"。我们在官道上遇见的"叛军"大都甚有礼貌，且用尽种种方法去保卫人民，来换取他们的信心。凡有放火烧劫，抢掠及虐待人民的行为，皆受死刑的处罚。是夜我们到达常州。我们发觉了自无锡至常州的路上差不多所有民居都已无人居住。偶然看见几个站在岸旁的乡民，他们手中携着小篮，叫卖鸡蛋，橘子与面饼，蔬菜与猪肉。他们多数是老头子，面带愁苦与失望的颜容。11月13日早六时，我们复首途驶往丹阳。将近丹阳时，在那里的人民似乎已恢复了信心，田畴似乎正在耕种中，"叛军"对于人民的举动是体贴的并值得称赞的。

（Yung Wing, *My Life in China and America*, 1909, pp.100-101. 中文本，容闳《西学东渐记》，此处据梁方仲译文。）

【江苏省宜兴县·咸丰十年】秋八月，贼出伪榜趣贡……贼将汤惟攸来据城，出示安民……其后伪将刘佐清来代。刘视诸贼性稍驯，约束部下，不令出城。但令乡间纳粮。然是时,贼方攻浙江,流寇尚少,田野耕种,得不失时。

(《宜兴荆谿县新志》卷五《咸丰同治年间粤寇记》,第11—12页。引自郭廷以《太平天国史事日志》上册,第683页。上海:上海书店,1986。)

【江苏省常熟县·咸丰十年十月二十日】 出伪示:着旅帅卒按田造花名册,以实种作准,业户不得挂名收租……令完现年漕米,补完现年下忙银两,限到年一并清割。幸是年秋收大熟,各项皆能依示。

(顾汝钰:《海虞贼乱志》。《中国近代史资料丛刊:太平天国》,Ⅴ,第371页。中国史学会编,编者:向达、王重民等,上海:神州国光社,1952。)

【江苏省常熟县、昭文县·咸丰十年十一月中旬】 又因本年岁稔丰收,或抢夺有余,故皆欲买静求安也。各乡官收毕钱粮,无不发财。

(汤氏:《鳅闻日记》卷下。《近代史资料》,1963年第1期第110页。又,《太平天国》,第六册,第339页。罗尔纲、王庆成,桂林:广西师范大学出版社,2004。)

【浙江省绍兴县·咸丰十一年】 贼来正值秋收,是岁大歉,田家输租不过三分,而贼命乡官勒收,每亩索米三斗。

(高昌寒食生:《劫火纪焚》。《江海学刊》,1961年第2期第28页。)

【江苏省、浙江省·1861年】 叛军武装部队沿途所经之处土地荒芜,耕者绝迹,因为他们有的被掳,有的被杀,有的逃亡。但是在离开大路半英里的地方,人们安然自得地在田野里耕作。小麦和大麦都长得茂盛,人们正准备灌溉稻田。

(《太平军在苏浙两省各地建立地方政权》,《北华捷报》第559期,1861年4月13日。《太平军在上海——〈北华捷报〉选译》,第182—183页。上海:上海人民出版社,1983。)

【浙江省嘉兴·咸丰十一年】 辛酉夏,有征银之令。其秋,又分上下(芒)[忙]之期,始令民间编田还粮之举。其中多少不均,民犹怨咨,然截长补短,在各局乡官犹可办事。至是用章为总制,贼始知秀邑向有七十万田额,必欲取盈,而各乡官乃掣肘矣。且秀邑本有二十余万空额,益以荡滩及地又去二十万之数,实计田额不过三十万之多,加以遭乱之后,人少田荒,又去其三之一,而可征之田能有几何矣?

(沈梓:《避寇日记》。《太平天国史料丛编简辑》,第四册,第192—193页。太平天国历史博物馆,北京:中华书局,1962。)

【浙江海盐县、海宁州·咸丰十一年四月】 十九日,我村因缲丝之忙,公议一人日至元镇探贼信……

二十六日,花溪局匪……势更横。花溪西南地方,虽佃家有食者俱不免。又通元局四出捉白头以诈钱。

（冯氏：《花溪日记》。《中国近代史资料丛刊：太平天国》，Ⅵ，第 678 页。中国史学会编，编者：向达、王重民等，上海：神州国光社，1952。）

【江苏省吴江县芦墟胜溪·咸丰十一年九月二十二日】 下午，陪外父携杖田间，观工人收稼，黄云迎地，年称大有，惜时世纷扰，难望升平，徘徊久之而返。

（柳兆薰：《柳兆薰日记》。《太平天国史料专辑》，第 213 页。上海：上海古籍出版社，1979。）

【江苏省常熟县·咸丰十一年九月】 秋成中中，花又贱。

（柯悟迟：《漏网喁鱼集》，第 72 页。北京：中华书局，1959。）

【江苏省无锡县、金匮县·咸丰十一年十月】 幸年丰米贵，农民尚能支持也。

（佚名：《平贼纪略》。《太平天国史料丛编简辑》，第一册，第 279 页。太平天国历史博物馆，北京：中华书局，1962。）

【江苏省·咸丰十一年十一月二十四日】［丹阳来人云：］自江北而南，数百里尽青草，虚无人矣。

（沈梓：《避寇日记》。《太平天国史料丛编简辑》，第四册，第 95 页。太平天国历史博物馆，北京：中华书局，1962。）

【湖北省·咸丰十一年十二月】 初六日，己未，晴，风微。晨发，夜到牌洲，在江南岸嘉鱼属。今日江行，见阔处有六七里。湖北全省田亩种莜麦、小豆、高粱杂粮者多，水田为少。闻本地尽种旱地，沔阳方有水田，其田以宽一弓、长三百六十弓为一亩，［下江亩大小不等，圩田最大者可种稻七八百个，平田至小者三四百个。］每弓工部尺五尺，裁缝尺四尺。本省食米半恃湖南。乡民多食杂粮，每日每人食亦一升，磨粉为馍以代饭，农家终年不食米者有之。产棉花有收之岁，四十余文一斤，十八两三钱秤。［下江松属棉花，熟年每斤二十文，或三十文，斤两同。］奴子言，吾乡每民可种五亩田，每田可收粗米二石，舂出白米一石六斗，敷一人半年之食。粪田一亩，粪多者二十石，值六百。或用大豆饼一个，值七八百。大约用钱二千文为上等肥田。田中出柴约五六百斤，可以偿粪值。如用工一人，每年工钱八千余，食价八千，约十六千。以治田五亩计之，每亩三千零。上等田可出糙米三石，下等半之。田出米多者，出麦即少，少者反是。麦多者石半，少者数斗。

（赵烈文：《能静居士日记》。《太平天国史料丛编简辑》，第三册，第 212—213 页。太平天国历史博物馆，北京：中华书局，1962。）

【江苏省仪征县东亭·同治元年】家贫嫌闰月,世乱望丰年。

（程晼:《少壮》。《啸云轩诗集》卷一,第 3 页。）

【江苏省吴县甫里·同治元年】贼窜扰东南以来,田畴之荒芜,固不可胜计。吾里本水乡,农人恃家家有船,平居则耕种,闻警则全家登船,各撑篙摇舻,星飞雨散。且熟于港之通塞,途之曲折,故三时之务不废也。壬戌之夏,米贵至斗值千文,疑将断米矣,乃新谷未登场,而价旋减。盖民间积粟尚多,始知古人藏富于民,真良策也。

（杨引传:《野烟录（选录）》。《太平天国史料丛编简辑》,第二册,第 178 页。太平天国历史博物馆,北京:中华书局,1962。）

【浙江省仁和县·同治元年】是年秋收大稔,贼亦开仓收漕,按亩苛敛。

（张尔嘉:《难中记》。《中国近代史资料丛刊:太平天国》,Ⅵ,第 641 页。中国史学会编,编者:向达、王重民等,上海:神州国光社,1952。）

【浙江省仁和县·同治元年二月底】窃幸豆麦丰收,人皆得食;育蚕虽少,丝绵价昂,藉资俯仰。

（张尔嘉:《难中记》。《中国近代史资料丛刊:太平天国》,Ⅵ,第 638 页。中国史学会编,编者:向达、王重民等,上海:神州国光社,1952。）

【江苏省苏州·同治元年四月十日】［徐少蘧用］招各处赌盗兄弟［往苏府各乡镇开赌,］盖将用各赌局枪船约同举事,迎官兵而攻贼也……苏属虽经长毛,未遭燹毁,户口尚殷富。

（沈梓:《避寇日记》。《太平天国史料丛编简辑》,第四册,第 150 页。太平天国历史博物馆,北京:中华书局,1962。）

【江苏省苏州·同治元年五月初四日】闻苏属自前年省城失守,各乡镇随即进贡办粮,故多完美之地,并未遭劫。至此刻,官军进攻嘉定、昆山等处,城外设卡之长毛逃入苏城,于是日出掳掠,各乡村转被荼毒。

（沈梓:《避寇日记》。《太平天国史料丛编简辑》,第四册,第 155 页。太平天国历史博物馆,北京:中华书局,1962。）

【江苏省常熟县·同治元年五月廿二日】豆花大好。麦、蚕豆、菜子本镇尚属平常。外边大市桥已经价高,宕口尤高,相去每石千文。无如长毛处处有卡,要完税,要捐钱,颇不省俭。

（佚名:《庚申避难日记》。《太平天国史料丛编简辑》,第四册,第 528 页。太平天国历史博物馆,北京:中华书局,1962。）

【浙江省绍兴·同治元年六月】是月初旬,西港塘决,雨不绝,大水平地高四尺。米价腾贵,一升须青蚨百五十枚。饥民满道路,日死数百人,悲泣之声,铁石为动。想郑监门《流民图》中,无是惨状也。

(王彝寿:《越难志》。《中国历史文献研究集刊》,第一集,第 239 页。又见《太平天国》,第五册,第 150 页。罗尔纲、王庆成,桂林:广西师范大学出版社,2004。)

【江苏省常熟县·同治元年六月廿三日】稻苗蓬蓬,新绿肥润,经雨故也。

(龚又村:《自怡日记》。《太平天国史料丛编简辑》,第四册,第 451 页。太平天国历史博物馆,北京:中华书局,1962。)

【江苏省常熟县·同治元年九月廿二日】予往问朱心梅、卢器轩及仲舒、冶吾侄恙。见稻堆蔽场,无路可走,知水田皆成熟矣。丰年景象,未免垂涎。惜租籽不收,于我无分耳。

(龚又村:《自怡日记》。《太平天国史料丛编简辑》,第四册,第 469 页。太平天国历史博物馆,北京:中华书局,1962。)

【江苏省长洲县·天历十二年九月】珽天安办理长洲军民事务黄为委照酌定租额设局照料收租事给前中叁军帅张等札

开朝勋臣珽天安办理长洲军民事务黄,札委照办事:本年长邑境内,几至旱荒。荷蒙忠王轸念民瘼,虔诚求祷,尚格苍穹,芒种后甘霖叠沛,入秋以来,雨旸时若,高低田亩一律丰稔。现届刈获登场,各业户收租在迩……

天父天兄天王太平天国壬戌十二年九月 日札。

(《太平天国》,第三册,第 156—157 页。罗尔纲、王庆成,桂林:广西师范大学出版社,2004。)

【江苏省长洲县·天历十二年九月十八日】珽天安办理长洲军民事务黄酌定还租以抒佃力告示

……本年入夏欠雨,车水栽秧,米价骤昂。

(《太平天国》,第三册,第 155—156 页。罗尔纲、王庆成,桂林:广西师范大学出版社,2004。)

【浙江省桐乡县乌镇·同治二年二月初九日】[有马王塘桥妇人,夫死子幼,力农自给,自言其经过曰:]"……去秋所收谷米,除完粮外,所余无几。谋举蚕桑以资种田,全家茂桑五亩,桑树砍去者已四亩矣,恐又不能无绝粮之厄也。"

(沈梓:《避寇日记》。《太平天国》,第八册,第 186—187 页。罗尔纲、王庆成,桂林:广西师范大学出版社,2004。)

【浙江省海宁州·同治二年】四月二十一日,蚕政大荒,菽麦亦大歉收,米价飞腾,人又乏食。

（冯氏:《花溪日记》。《中国近代史资料丛刊:太平天国》,Ⅵ,第 710 页。中国史学会编,编者:向达、王重民等,上海:神州国光社,1952。）

【浙江省海宁州·同治二年三月】同时海盐熊贼大迫粮户完漕,军师旅(师)[帅]几逃尽,甚至每图发数贼凶逼,粮户亦皆亡走,蚕政俱废。

（冯氏:《花溪日记》。《中国近代史资料丛刊:太平天国》,Ⅵ,第 710 页。中国史学会编,编者:向达、王重民等,上海:神州国光社,1952。）

【浙江省桐乡县·同治二年三月二十四日】既而伪监军陈三至,以王店、殳山为遭兵灾,特来相视……殳山东西两村,各着圩长领米五十担,贷民蚕□饭米,每担取值六千五百,蚕毕收钱,而百姓均不敢领米。

（沈梓:《避寇日记》。《太平天国史料丛编简辑》,第四册,第 246 页。太平天国历史博物馆,北京:中华书局,1962。）

【江苏省常州·同治二年六月十三日】有常州人来买酱,言去年此刻常州市面甚好,田地甚值钱,至今则种田之人,百人中不剩十人矣,人丁稀少,仅乡下聚一二小市,然负贩路绝,恐终不能聊生也。

（沈梓:《避寇日记》。《太平天国史料丛编简辑》,第四册,第 294 页。太平天国历史博物馆,北京:中华书局,1962。）

【江苏省南京·1863 年】南京附近三百里之地区,全被蹂躏成为荒野地,不能生产,渺无居民,复变回远古未开辟的荒地,有如澳洲或纽西兰之野地一般。这些愚妄短见的太平军,以谬拙行动,自割咽喉,使其米粮所出产之地尽成荒墟焦土,而并无其他得获粮食之地以为代,因为他们时时陷于大饥荒,甚至有吃人肉者。[按:此非完全太平军所为者。]

（《北华捷报》第 649 号,1863 年 1 月 3 日。简又文译文。《太平天国典制通考》中册,第 745 页。香港:简氏猛进书屋,1958。）

【江苏省、浙江省·1863】外国人要在上海周围三十英里范围内划出一条界线,而超出这条界线不远的地方,你们将会发现那里耕作所得是很富饶的,而且愈到内地,富饶的程度还在不断增加。至于苏州附近,那里的确没有一寸土地流于荒弃……

在浙江省内,我们曾经"携手而行"(这是一个水手教我的说法),而那里没有一码不耕种的土地。问一下任何随军到过慈溪、奉化、余姚、上虞及其他地方出征的军官,看他们在这带地方曾发现些什么情况,即使四城以内的空地,看看有没有荒废不种的土地?如果他们是知耻者流,他们定会回答说:"没有一亩。"

《太平天国第三次投书》。《北华捷报》第 660 期,1863 年 3 月 21 日。《太平军在上海——〈北华捷报〉选译》,第 29—30 页。上海:上海人民出版社,1983。)

【江苏省、浙江省·1863】诚如这位通信人所说,我们也愿意承认,凡为叛军占领相当时期并且不受任何骚扰的地区,其土地的耕作程度都是很高的。

(《附:对太平军投书的反应》。《北华捷报》第 660 期,1863 年 3 月 21 日。《太平军在上海——〈北华捷报〉选译》,第 32 页。上海:上海人民出版社,1983。)

【江苏省、浙江省·1863】关于丝产的消息,仍然非常之好,已有大量蚕籽孵化出来,桑叶亦盛,所以大量产丝可能极大,叛党正在尽一切努力鼓励蚕户。

(《1863 年 4 月 22 日惠涛致香港仆希佛尔》。严中平译:《怡和书简选》。北京太平天国历史研究会编《太平天国史译丛》,第一辑,北京:中华书局,1981。)

【江苏省、浙江省·1863】美甲[Major,或译成马迦。]君刚从蚕丝区域旅行回来,他对我说,蚕是很美的,各种现象表示将有一次大丰收。乡村垦种面积极高,叛党是积极鼓励商务的。

(《1863 年 5 月 15 日惠涛致香港仆希佛尔》。严中平译:《怡和书简选》。北京太平天国历史研究会编《太平天国史译丛》,第一辑,北京:中华书局,1981。)

【浙江省湖州·1864 年夏】这次叛军从 Woochow[湖州]涌来的新攻势,对于乡村的破坏是无从估计的,特别以产丝区为甚。妇女大批死亡,致第一季蚕收只抵上从前产量的一个很小的比例,如今第二季也受叛军的运动所阻。

(《1864 年 6 月 3 日开斯维克致香港惠诗》。严中平译:《怡和书简选》。北京太平天国历史研究会编《太平天国史译丛》,第一辑,北京:中华书局,1981。)

二、安民劝民与招集流亡

【江苏省南京·咸丰三年三月二十七日】彼[太平军]中有本事人甚多,军机甚密,外人不得与知。彼城中六万人屯扎,城外分三大营屯扎,亦六万人。原拟拨一营来四安、广德,一营至苏、常,一营至扬州、京口等处,闻北京兵将至,故令撤回也。又说:匪因南边此时正在春收、看蚕之候,故不来扰,至秋间,至苏、杭无疑矣。

(王文镕:《癸丑纪闻录》。《太平天国史料专辑》,第 503 页。上海:上海古籍出版社,1979。)

【安徽省·天历三年七月廿五日】殿左一检点曾天养等晓谕

真天命太平天国钦差大臣[恩]赏丞相左一检点(永)[曾]、殿左十一指挥沈、殿(右)

[左]十七指挥陈等晓谕众民,放胆宽心,以勤稼穑事:照得民为邦本,食为民天。兹我天(玉)[王]合万亿之(中)[众],行仁义之师,原以使天下享舜躬之福。尔等轻信人言,自相恐吓,背井离乡,殊不(少)[可]解。(老)[本]大臣(痛)[疴]怀在抱,胞与为怀,特剀[切]晓谕,尔等继自今宜赴拜天父天兄,恪守天王诏旨,为农为圃,各宜其生,乃积乃仓,毋废厥业,何必奔走四方,辗转沟壑也。且我天朝整旅兴师,南征北伐,普天之下,莫非王土,率土之滨,莫非王臣,尔等不归之于今,其能欲归之于后乎?谕后各当猛省回头,痛改前非,安心守业,我天朝断不害尔生灵,索尔租税,尔等亦不得再交妖官之粮米,再为妖官之仆隶,凛之,慎之,毋违。特谕。

太平天国癸好三年七月廿五日。右谕通知。

(《太平天国》。第三册,第 7 页。罗尔纲、王庆成,桂林:广西师范大学出版社,2004。)

【湖南省·约在天历四年】[殿左拾伍]指挥曾示:晓谕尔民,各安恒业。顺天者存,逆天者亡,投诚向化,给发贡凭。大兵过境,男女莫惊,切勿躲避,居在山林,以免受苦,荣禄安身,箪食壶浆,以迎王师。正当耕种,秋有好收,速散团练,受福更深。安民之地,兄弟扰害,捆送来辕,天法重究。各自凛遵,特此毋违。

(《殿左拾伍指挥曾示》。《太平天国》,第三册,第 45 页。罗尔纲、王庆成,桂林:广西师范大学出版社,2004。)

【江苏省无锡县、金匮县·咸丰十年四月】[初十日太平军进城。十四、五日]遂安民,令蓄发,进贡以猪羊鸡鸭,免再滋扰,照常耕种。于是年高者不避焉。米业之华二者为监军。富户过纪六者出二千洋银以保其宅。

(佚名:《平贼纪略》。《太平天国史料丛编简辑》,第一册,第 262 页。太平天国历史博物馆,北京:中华书局,1962。)

【江苏省宜兴县·咸丰十年】贼将汤惟攸来据城,出示安民……其后伪将刘佐清来代。刘视诸贼性稍驯,约束部下,不令出城,但令乡间纳粮。索粮册,或得志书一部献之,悉其田赋,遂令各区献册,按户征搜,莫可遁隐。然是时,贼方攻浙江,流寇尚少,田野耕种,得不失时……凡贼有取求,多下乡官局;资应之费,皆按亩苛派。

(《宜兴荆溪县新志》卷五《咸丰同治年间粤寇记》,第 11—12 页。引自郭廷以《太平天国史事日志》上册,第 683 页。重庆:商务印书馆,1946。)

【江苏省无锡县·咸丰十年】五月中旬,各镇集资备办鸡猪羊之类,入城进贡,贼即令人携安民告示张贴,于是设立军帅,锡、金各一,若县令也。五图设一师帅,若佐杂(扇)[图]董也。两图设一旅帅,若地保也。于是贼亦不出乱扰民间。或出掠,则至江阴、常熟等乡,必出锡、金之境。然江阴、常熟之贼,亦时至锡地扰掠,名曰“野长毛”。守城贼亦听其扰而不过问。幸不常出扰害。人民以次归农。

（张乃修：《如梦录》。《太平天国史料丛编简辑》，第四册，第 609 页。太平天国历史博物馆，北京：中华书局，1962。）

【江苏省常熟县·咸丰十年八月初三】［乡勇来攻城］黄老虎［黄文金］望见叹曰："来者非真妖，农民耳，若杀尽，耕作无人。"大声"罢了"……令明日六门出哨十里，抄得东西分给代赏，后日封刀安民了。

（顾汝钰：《海虞贼乱志》。《中国近代史资料丛刊：太平天国》，Ⅴ，第 358 页。中国史学会编，编者：向达、王重民等，上海：神州国光社，1952。）

【江苏省常熟县、昭文县·咸丰十年十月】［经十月十八日一番杀掠，王市巷街冷落，］买物交易，多在村野。［至十一月初旬，来安民，讲道理，］农民勤收五谷，早完粮饷，商贾负贩，留心纳税。

（汤氏：《鳅闻日记》卷下。《近代史资料》，1963 年第 1 期，第 108—109 页。又见《太平天国》，第六册，第 337 页。罗尔纲、王庆成，桂林：广西师范大学出版社，2004。）

【浙江省·咸丰十一年】李秀成初入浙，三日后即禁止杀掠，抽田租十分之二，货厘十分之一，按丁助役。苏杭初克，皆发粟十万赈抚，借给籽种招垦，民颇安之。

（李应珏：《浙中发匪纪略》，抄本。南京大学历史系太平天国史研究室编《江浙豫皖太平天国史料选编》，第 228 页，南京：江苏人民出版社，1983。）

【浙江省桐乡县·同治元年四月初八日】招复试［复试太平天国浙江省桐乡县考秀士］，题目五道。文题"又幸其民乐其岁物之丰而喜与予游口"，"开辟独一论"，"天国三大政赋——以耕田，铸钱，取粮三大政为韵"。

（沈梓：《避寇日记》。《太平天国史料丛编简辑》，第四册，第 148 页。太平天国历史博物馆，北京：中华书局，1962。）

【江苏常熟县·同治元年十二月七日】［同治元年十一月廿七日，骆国忠据常熟城叛。永昌徐少蘧亦叛，未成，被杀。十二月初七日］慕王、听王已到白茆新市，令统下攻打［常熟］南门、东门两处，自己传乡官供应。时伪师帅徐蓉舟，本厚道人也……初十日……而长毛入夜出掠，掳得少壮二三千人，徐蓉舟听得此信，忙奏慕王曰："……大王统下不知何故，蓦地掳人，掳得多是地着农民。乡官想城中虽属如是［按：指反叛］，乡民尚未改变，大王何不离城多扎守营，使民依旧耕田，大王仍收钱粮。若广掳农民，何人耕种？容日收复城池，钱粮何着？"慕王曰："乡官所见不差，授你一令，明日在紧要地处，拣所掳百姓尽行释回。"

（顾汝钰：《海虞贼乱志》。《中国近代史资料丛刊：太平天国》，Ⅴ，第 380—382 页。

中国史学会编,编者:向达、王重民等,上海:神州国光社,1952。)

【江苏省】很奇怪,叛军对上海附近的庄稼损害极少。他们似乎总是选择坟地和不种庄稼的地方在上面集合和悬旗。他们把死者埋在什么地方,很难说;大概把他们抬到远处去了。

(《太平军撤退后上海附近情况》。《北华捷报》第 527 期,1860 年 9 月 1 日,《太平军在上海——〈北华捷报〉选译》,第 157 页。上海:上海人民出版社,1983。)

三、保护耕牛、农具

【江西省抚州·1856 年 9 月 10 日】丁韪良博士报告其于 1856 年 9 月 10 日与一卖书商人晤谈所得者:

此商人为江西抚州人,先于是年阳历五月离开本乡。其时,抚州被太平军占领已历数月矣。[按:太平军于咸丰六年二月二十日占抚州。]府城原有清兵三千人驻守,一遇险象发生,即弃城而遁,留下大炮,甚至其他军械,尽资敌人。太平军到,屯东城下,居民开城迎之。乃先遣八人骑马先入,巡行各街道,安抚百姓。大队乃继之进城……太平军减税至半额。禁止部下屠杀耕牛。凡有暴行祸民者皆严刑惩罚,以故深得民心。而清军则尽反其道,肆行强暴,屠宰农民耕牛,强掳人民妻女,勒索人家财物。

(丁韪良博士 Dr. Wm. Martin 的报告,载 *North China Herald* No.323,1856 年 10 月 4 日。译文引自简又文:《太平天国典制通考》上册,第 405—406 页。香港:简氏猛进书屋,1958。)

[按:此次占抚州者为石达开部下军略余子安,检点黄天用,及三合指挥黄阳、巢润章等,自吉安占抚州。]

【江苏省仪征县东亭·咸丰六年】今年岁连丙,千里荒锄犁。五月至八月,不雨空云霓……今春狂寇来,虏掠无或遗……卖牛填市肆,弃子满路歧。

(程晼:《忆元结〈春陵行〉有"意连行走迟"之句感赋》。《啸云轩诗集》卷一,第 10 页。)

【江苏省无锡至常州·1859 年 11 月 12 日至 13 日】我们在苏州及在运河上沿途所见到的荒废情形,一部分是由于张玉良军队退却时所破坏的,一部分由于土匪的洗劫,还有一部分是由太平军自己破坏的了。忠王[李秀成]在苏州时,曾竭力禁止焚劫。凡扑灭放火打劫有功的人,或用金钱赏犒,或以官爵酬劳。他下了三道禁令:一、不许兵士杀戮良民。二、不许兵士屠宰家畜。三、不许兵士放火烧屋。有犯三罪之一的,死刑随之。忠王至无锡时,有一乡村长老因纵容土匪焚烧民房数间,便被砍头了。

(Yung Wing, *My Life in China and America*, 1909, pp.103 - 104。中文本,容闳:

《西学东渐记》。此处按梁方仲译文。)

【江苏省苏州·咸丰十年】忠逆下令曰:"牛用耕田,有宰食者杀无赦。"于各城门令人巡察,见贼众牵牛而入者,抽刀断鞅俾逸去。然贼众贪口腹,思私啖之。

(潘钟瑞:《苏台麋鹿记》卷上。《中国近代史资料丛刊:太平天国》,Ⅴ,第276页。中国史学会编,编者:向达、王重民等,上海:神州国光社,1952。)

【浙江省余姚县·天历十一年】殿左军主将黄呈忠招安余姚县四乡乡民钧谕①

兹本主将恭奉圣命,统率大队官兵,所行仁义之师,决非残暴之众。故一路以来,示谕遍贴,不准奸淫妇女,不准宰杀耕牛,更不准民房烧毁。

(《太平天国》,第三册,第117—118页。罗尔纲、王庆成,桂林:广西师范大学出版社,2004。)

【江苏省常熟县·咸丰十一年四月】闻得贼中接到南京贼例十条,伪禁洋烟、旱烟及无故杀人、掠货、拆屋、伐树等事。

(汤氏:《鳅闻日记》卷下。《近代史资料》1963年第1期。又,《太平天国》,第六册,第349页。罗尔纲、王庆成,桂林:广西师范大学出版社,2004。)

【浙江省嘉兴·咸丰十一年八月二十四日】廿四日,闻长毛打金山卫不得入,遂退至枫泾、朱家(郭)[角]等处打先锋。其地俱系沙地,多出棉花布匹,在泖湖、黄浦边上,系平湖、嘉善所辖,即所谓东乡十八镇也。居民多畜耕牛,戽水灌田,而内河路迂而小,贼船俱停在外塘,贼多从陆路入乡,距外塘路远,所掳货物俱驾在牛背驱而出之,牛负重至船边,即杀牛载以俱行。伪朗天义闻之,遂传令不许杀牛,将未杀之牛尽行驱至禾城,从平湖、嘉善两塘驱行,凡一昼夜而始尽,计牛三千数百条云。

(沈梓:《避寇日记》。《太平天国史料丛编简辑》,第四册,第80页。太平天国历史博物馆,北京:中华书局,1962。)

【江苏省江浦、浦口,安徽省和州·天历十二年】[过江至两浦、和州]此处百姓被劫为难,当令手下属员汪宏建带银两买粮买谷种而救于民。

(《忠王李秀成自述》。《太平天国》,第二册,第383页。罗尔纲、王庆成,桂林:广西师范大学出版社,2004。)

【浙江省海宁州·同治元年】[海宁难民应]如西乡人客居赁种之例,俗所谓种跨脚田也,则田地既不至荒废,而流民得生植之计……其长毛银粮及产租,着乡官出示晓谕,劝其

---

① 原抄件藏英国公共档案局,编号F·O·682/27/1。

暂行捐免一年,本地佃户不得效尤。

(沈梓:《致盛泽乡官沈子山之幕友岳蓉村书》,《养拙轩笔记》。《太平天国史料丛编简辑》第二册,第 270 页。太平天国历史博物馆,北京:中华书局,1962。)

【江苏省常熟县·同治元年四月中下旬】 因此麦熟无人收割,田无牛耕,谷无车庤,遂为地广人稀。

(柯悟迟:《漏网喁鱼集》。第 69 页,北京:中华书局,1959。)

【浙江省海盐县、海宁州·同治元年四月】 二十八日,花溪局贼二十余,枪船四只,来拔我家人,匪因蚕茧在山,不敢进,惟以刀枪恐吓,我兄弟辈尽出,大骂之,匪等含怒去。

(冯氏:《花溪日记》。《太平天国》,Ⅵ,第 703—704 页。中国史学会编,编者:向达、王重民等,上海:神州国光社,2004。)

【江苏省常熟县·同治元年六月初二日】 [阑干桥地方]人家自长毛抄后,农具全无,粮食净尽,本已不能种稻,并天时又旱,愈不能矣。

(佚名:《庚申避难日记》。《太平天国史料丛编简辑》,第四册,第 529 页。太平天国历史博物馆,北京:中华书局,1962。)

【安徽省、江苏省的长江两岸·1861—1864 年】 [先害民者是李昭寿、张乐行及广东招来的那帮兵,后害民者是陈坤书、洪春元。]而害百姓者,是此等之人也。南北两岸其害过之处所,我无不差官前去复安,给粮给种,招民给本钱而救民命。害[民]烧杀,实此等人害起也。(前)[自]起义到此,并未有害民之事,天下可知。害民者,实这等人害也。

(《忠王李秀成自述》,第 36 页。《太平天国》,第二册,第 361 页。罗尔纲、王庆成,桂林:广西师范大学出版社,2004。)

【江苏省·1861—1864 年】 我有银米那时而救军民,自丹阳至三岔河、龙都、湖熟、洒溪等处之民,被陈坤书、洪春元害死之后,我即发银米命员前来抚之。

(《忠王李秀成自述》,第 97 页。《太平天国》,第二册,第 388 页。罗尔纲、王庆成,桂林:广西师范大学出版社,2004。)

【江苏省常熟县·天历十二年二月】 溯自庚申春夏之交,奄有苏浙两省之地。虞山高耸,并文德之崇隆;琴水冲融,通武功之振弈。灵贶迭臻,嘉祥洊至。禾苗布帛,均出以时;士农工商,各安其业。平租庸之额赋,准课税之重轻。春树万家,喧起鱼盐之市;夜灯几点,摇来虾菜之船。信民物之殷阜,皆恩德之栽培。爰建绰楔……琴风镜月,同沾化雨之滋。食德饮和,还淳返朴。仰天恩之浩荡,用昭示乎万年。是为序。

(《报恩牌坊碑序》。罗尔纲:《太平天国文物图释》,第 56 页。《太平天国革命文物图录》三九,北京:三联书店,1956。)

[编者按:此碑建于常熟县城南门外丰乐桥,始于天历十二年二月,成于六月。苏州城阊门外亦建有此类碑坊,为李鸿章所毁。事见沧浪钓徒《劫余灰录》。]

【江苏省苏州·咸丰十年?】[忠王禁杀牛,禁奸淫,女馆立不成。]

(潘钟瑞:《苏台麋鹿记》。《中国近代史资料丛刊:太平天国》,Ⅴ,第276页。中国史学会编,编者:向达、王重民等,上海:神州国光社,1952。)

四、兴修水利,求雨,郊天

【湖北省广济县·咸丰三年】穴下青林堤溃,冬月兴修,改真君殿故堤基址,自西关坝,经江防、府署,穿正街,筑月塘口,直接下港大堤。时粤匪踞县,草率完工。十年监生张廷献等禀请改筑于最险处,捐资修石工五十余丈。

(朱荣实:同治《广济县志》卷二《水利》第3页。)

【安徽省·咸丰四年八月】贼踞徽境,督修河堤,以卫民田,故民不乏食。

(周振钧:《分事杂记》。《太平天国史料丛编简辑》,第二册,第20页。太平天国历史博物馆,北京:中华书局,1962。)

【江苏省常熟县·咸丰十年十一月三十日】朱诚翁自城回,知管粮事者为仪征陈[耕云],豪华特甚,时有姬人艳妆出屏见客。每图要办米八百石,银一千五百两。仓厅设东市河吴行,米色顶真,须出使费乃斛收。城匪定于初十日郊天,每军帅办鸡五十、羊十、豕五、牛一。

(龚又村:《自怡日记》。《太平天国史料丛编简辑》,第四册,第382页。太平天国历史博物馆,北京:中华书局,1962。)

【江苏省长洲县·咸丰十年至同治元年】海塘捐,一府中每亩捐二百零六文。徐为海塘绅董。小董刘淡园、黄念慈、马旭岩、陆恒石、毛溶江、朱匀岩、钱逸岩、张仁卿等在民间催取,鸡犬不安,谓之括地皮。贼悦,升徐为海塘主将。贼报房到伪乡官家给报单。又户捐四月,每户一月捐钱二百四十文,着各师帅承办督取。每一师帅地方约二千八百千文。又秋成后勒谕长邑城乡业主,每亩收租二成。徐设局五,逼业主将租簿送到局中,局反造田单,仍着原催发出二成租米,徐与业两分之,计数奚啻万万,而业主所收开销局费,每亩不及四五升矣。赋《筑海塘》:

江浙滨海国,筑塘资捍卫。始自吴越王,历宋及今世。近年攻战烦,失修颇颓废。鲸鲵据江东,谕修复古制。此举实不解,云出徐公意。徐公之意但营私,何为此举乃公义?四门捐局荡荡开,广纳一府州县田税无异议。有客滨海来,仍歌滟滪堆,大利归巨壑，括地穷草莱。巨魁曰卿尔有才，晋尔显秩往钦哉，于是宅捐、户捐、田捐一一为民灾。

（佚名：《蠹湖乐府·筑海塘》。《近代史资料》，总 34 号，第 172 页。北京：中华书局，1964。）

【浙江省海宁州、桐乡县·咸丰元年至同治二年】癸亥之春，难民妇女乞食者遍于新塍以北各镇，询知皆海宁州人。海宁自辛亥[咸丰元年]遭寇难竟岁，其秋海塘又圮，海水漂入内地百里，膏腴变为斥卤，田禾粒米不登两载矣。以至本地无从乞食，遂估舟结伴而来。每舟约一二十人，或一姓，或数姓不等。有嫁为乡人妇者，自言两载不粒食，所食皆草根树皮，得泥栖糠粃食为上品，其情已可悯矣。今清明前后有复归南乡谋看蚕为接济种田计者，而南乡桑叶早发，清明后天忽严寒雨雪，桑芽均为陨霜所杀，于是复纷纷挈舟北行。男女老幼在新塍者充斥街巷，傍及四乡。于是各绅士缘粥局经费支绌，纷纷劝募。余主人高君晴皋慨然谓余曰："海塘工事承平所难，况当乱离，岂有修筑之期乎！塘不修筑，则海水不能不注溢，田禾不能不被害。然则此等流民自今一二年中岂能归复故土乎！局中区区施粥之惠，断不能持久计，其可久之道莫若招集屯种之举，顾其事要非大有权力者不能为。度今所能为之者，惟盛泽乡官沈子山，卿可能致书一商之乎？"余曰："可。"乃作书致其幕友岳君蓉村。

（沈梓：《养拙轩笔记（选录）》。《太平天国史料丛编简辑》，第二册，第 269—270 页。太平天国历史博物馆，北京：中华书局，1962。）

【江苏省常熟县·同治元年一月廿七日】闻城匪欲筑元和塘，以便兵马，势必苛捐扰民……旋知按亩捐钱，每日亩捐四文，半年合算每亩出钱七百廿。役夫自食，每工五十文。已兴工矣。……据路人云：下塘乡官借公便私，预请取路上塘，欲免抄扰，即南北两路无人允筑，遂先动工，每师管五旅，约二万余[亩]田，所捐不少，而只认一二港门，挑费不多，公局又得赢余之利。

（龚又村：《自怡日记》。《太平天国史料丛编简辑》，第四册，第 431 页。太平天国历史博物馆，北京：中华书局，1962。）

【江苏省常熟县·同治元年二月初四日】初四日，予观挑塘[元和塘]，知张港及小潭荡派毛师帅经理，川泾、顾泾派朱师帅，善长泾、界泾派蒋师帅。

（龚又村：《自怡日记》。《太平天国史料丛编简辑》，第四册，第 432 页。太平天国历史博物馆，北京：中华书局，1962。）

【浙江省桐乡县·同治元年】三月十一日，余在新塍局中……又见盛川伪礼司员沈子山告示，言奉听王[陈炳文]谕，修海塘，造听王府章程已定，合行出示。

（沈梓：《避寇日记》。《太平天国史料丛编简辑》，第四册，第 146 页。太平天国历史

博物馆,北京:中华书局,1962。)

【浙江省海盐县、海宁州·同治元年三月二十六日】又嘉兴贼办修我宁海塘,止修新塘缺陷处而已,派封各图墓木五百株。

(冯氏:《花溪日记》。《中国近代史资料丛刊:太平天国》,Ⅵ,第703页。中国史学会编,编者:向达、王重民等,上海:神州国光社,1952。)

【浙江省海盐县·同治元年四月十九日】伪忠王之婿熊姓,湖南人,年廿九岁。因海塘圮数百丈,议修,将往海盐巡视海塘。

(沈梓:《避寇日记》。《太平天国史料丛编简辑》,第四册,第152页。太平天国历史博物馆,北京:中华书局,1962。)

【浙江省绍兴县·同治元年五月】大雨,西江之塘坏,湖水暴涨,田禾皆淹,伪官令有田者输钱以修之,费不过五千缗,而所敛逾十倍。

(古越隐名氏:《越州纪略》。《中国近代史资料丛刊:太平天国》,Ⅵ,第770页。中国史学会编,编者:向达、王重民等,上海:神州国光社,1952。)

【江苏省长洲县·天历十二年五月十七日】苏福省文将帅总理民务汪宏建命抚天预徐少蘧裁撤海塘经费钧谕

钧谕

九门御林开朝勋臣勋天义兼苏福省文将帅总理民务汪钧谕抚天预徐弟知悉:缘兄昨奉忠王瑞谕,以"田凭银两,虽据各县呈缴,尚未齐备。现下上忙业已开征,海塘又复需用。节次谕催,未能应手。连日接阅各县佐将禀报,转据乡官子民禀称:'谕办各项钱粮,迩来竭力(偾)[趱]催,无如民力不逮,且追呼之苦,不堪言状,恳求铺派'等情前来。本藩胞与为怀,时以恤民为念,因思田凭、上忙、海塘各款,均关紧要,本难推诿迟误。但查本年二麦虽丰,蚕桑欠旺,若令一律呈缴,势难兼顾。且近来米价昂(桂)[贵],民力未纾,殊堪悯恻。若不量为变通,(慎)[甚]非加惠黎元之道。今酌议仍责成各佐将,先办田凭,次征上忙,再追海塘经费。次第举行,以纾民力;并勒限完纳,不准蒂欠。如海塘工程,实在急需,即于征存田凭项下,拨给应用,统俟征齐海塘银两,归还原款。一转移间,公私两有(俾)[裨]益"等谕。命兄传知各县佐将,一体遵照外,恐弟未得周知,为此钧谕。仰弟即将经收海塘经费,某县收有若干,开具(菁)[清]册,禀报瑞核,其所设各局,暂行裁撤。所有海塘经费,仍责成各佐将办理。望弟遵照而行,以仰副忠王轸念民瘼,有加无已之至意。切切无违。此谕。

天父天兄天王太平天国壬戌十二年五月十七日。

(《太平天国》,第三册,第149—150页。罗尔纲、王庆成,桂林:广西师范大学出版社,2004。)

【江苏省常熟县·同治元年六月】催迫粮饷愈急,每伪目各派小贼监收,乡里麦搜倒净尽,终不厌足。又派海塘费、学宫费,每师八千两。窥其意,必搜刮金银,将欲远遁,而不知终在天罗地网之中。然吾方已遭剿洗,又复层层勒索,若再不八路会剿,恐不能苟全性命矣。

(柯悟迟:《漏网喁鱼集》。第71—72页,北京:中华书局,1959。)

【浙江省桐乡县·同治元年七月初九日】河水少□,桐乡钟长毛派濮院修海塘经费二千元,限一礼拜缴齐,各司事奔写捐。长毛至集庆街局中罗扰,于是移局于水月庵。

(沈梓:《避寇日记》。《太平天国史料丛编简辑》,第四册,第177页。太平天国历史博物馆,北京:中华书局,1962。)

【江苏省无锡县、金匮县·同治元年八月】锡金监军办海塘捐

城贼乾天义由镇江败回,奉伪令劝捐修葺海塘,使锡、金监军赶办,而请劣生吴某为海塘伪经董,并募司事往各乡市肆勒捐。吴某……敛资逾倍,与乡官分肥。

(佚名:《平贼纪略》。《太平天国史料丛编简辑》,第一册,第287页。太平天国历史博物馆,北京:中华书局,1962。)

【浙江省象山县·同治元年】东南之交,有可筑海塘一区,约计田三四万亩,需资五六十万缗,顾逆(筑)[据]为已有。方拟择日兴工,而所费工食即派之民间,后竟不果。如此举竟成,虽一时受累,而数年之间骤增民田数万,倘亦我象万世之利欤!

(佚名:《辛壬脞录》。《近代史资料》,总34号,第203页。北京:中华书局,1964。)

【江苏省长洲县·天历十二年十月初十日】苏福省天军主将勋天义汪宏建命抚天预徐少蘧即将所收海塘经费造册呈缴并将银两解交钧谕

殿前顶天靖东苏福省天军主将勋天义汪钧谕抚天预徐少蘧弟知之:照得前蒙忠王劳心,俯念海宁州海塘坍塌,急宜修筑,以卫民生而保田土,曾谕各县筹备经费,并饬弟提理其事。

查得各县乡官有呈缴银两送至弟处者不少,未据弟分别县分,缕细申报。后蒙忠王开恩免办,始行停止。惟忠谨朝将熊于未停止之先,曾奉宝谕,令在弟处支取海塘经费银八千余两,后又续收若干,无从查考,盖派在浙省应修海工,已在听王殿下支领应用,将次完竣。而派在苏省应修海工,至今未能兴作,实缘经费未到,无所措手耳。

现下忠谨朝将来苏,立须此项银两赶紧修筑,趁此农务余闲,正好举办。即如兄所辖吴县,曾据乡官交银二千余两,现据良民禀求,欲在下忙内扣除。只以未据弟申明,殊难凭信。且闻长洲及常、昭等县,所交海塘经费为数甚巨,急宜查明,公归实济。为此钧谕,仰弟立将所收各县经费,逐一造具(菁)[清]册呈送,以备查考。一面将所收银两,如数缴至忠谨朝将宇内,以便解赴工所,作速修筑。事关地方义举,纵未能一律奏功,但得尺得寸,

均有裨益。千祈查照,据实申复。慎勿因循贻误,是所至嘱。其即遵照毋违。此谕。

天父天兄天王太平天国壬戌十二年十月初十日。

(《太平天国》,第三册,第 158 页。罗尔纲、王庆成,桂林:广西师范大学出版社,2004。)

【浙江省海宁州、海盐县·同治二年九月初九日】海塘,自贼未来时即有圮处,至辛酉以来,往往连圮数十百丈,贼虽累经派费修塘,率皆饱私囊,未必办公事。

(沈梓:《避寇日记》。《太平天国史料丛编简辑》,第四册,第 275 页。太平天国历史博物馆,北京:中华书局,1962。)

五、开垦荒田,借给种籽

【江苏省南京·咸丰三年二月至四年七月】又设天朝典农官,城内田地使主之。

(张汝南:《金陵省难纪略》。《中国近代史资料丛刊:太平天国》,Ⅳ,第 709 页。中国史学会编,编者:向达、王重民等,上海:神州国光社,1952。)

【安徽省石台县·天历三年至七年】香港中通社合肥十一月十二日电,安徽皖南石台县近日发现大片太平天国屯耕遗址,这一遗址位于该县的一处峡谷中。据介绍,这一片屯耕梯田沿峡谷两岸分布,长约十公里,面积约二千多亩。梯田皆用石头一层一层呈梯级向上砌成,有的石大如屋,砌得整齐如城墙,一路延伸,规模宏大。据有关专家考证,此系太平天国翼王石达开部屯耕处。在当时的情况下,居然能在海拔五百米以上的山上造出如此设计合理,坚硬牢固的梯田坝,确是一个奇迹。

(《安徽石台发现太平天国屯耕遗址》,中国通讯社 2000 年 11 月 12 日。)

[这是中国新闻网提供的信息,录此供参考。]

【江苏省扬州瓜洲·咸丰四年春】更勒居民供捐役,起碉寨,清野而耕种,商贩于兵贼间者无少禁。

(倪在田:《扬州御寇录》卷上。《中国近代史资料丛刊:太平天国》,Ⅴ,第 113 页。中国史学会编,编者:向达、王重民等,上海:神州国光社,1952。)

【湖北省黄梅县·咸丰七年】尤妙贼患无粮,有未及耕种栽插者,贼代为之,并为车水灌溉。已按营分田,插标为记,谷将黄时,并预筑场围以备之。甫收割……贼遁。

(邓文滨:《醒睡录初集》。)

【江苏省镇江、扬州瓜洲·咸丰七年】连日逃出难民金供,贼粮将尽,势甚慌张。昨今两日逃出难民较多,内有伪军帅及馆使小童,备讯贼中情形,其吐供更觉详细。据供,伪将帅谢[锦章]逆与吴[如孝]逆不合,前派吴逆赴金陵求援,因高资道路不通,仍不能去,而谢逆即板责吴逆,此即自相矛盾,并城中所种贼稻及瓜洲所种贼稻,均被蝗虫吃尽。现在每人每日只发米半斤,只准吃稀粥,见有私自煮干饭者,即便杀戮。昨日因私煮干饭,业杀两人,并将煮稀粥之稍稠者,押禁五人。谢逆、吴逆日夜焦灼,一筹莫展,近来食不下咽,形容枯槁。

(《余万清致吴煦函》1857 年 10 月。《吴煦档案选编》,第一辑,第 150 页。太平天国历史博物馆,南京:江苏人民出版社,1983。)

【江西省九江】[九江守将林启容,在 1858 年城破以前]婴城种麦以自信。

(凌善清:《太平天国野史》卷十五《林启容传》。)

【浙江省桐乡县·同治二年三月二十四日】[监军陈三至王店,贷给蚕民以食米]蚕毕收钱。

(沈梓:《避寇日记》。《太平天国史料丛编简辑》,第四册,第 246 页。太平天国历史博物馆,北京:中华书局,1962。)

【江苏省溧阳县】溧阳为金陵通衢,贼匪过往不绝……少壮者或驱之数千里外,百无一还。以故民愈少,田愈荒。贼亦无所掳掠。乃屯扎各乡,自为耕种,筑城垣,挖濠沟,环围如营寨。居民之力农者拘捆之,以供耕作。

(光绪《溧阳县续志》卷十六《溧灾纪略》。)

六、历法

【江苏省南京·咸丰三年】伪镌刻衙,主为贼刻伪书。贼造书有《天条书》、《幼学诗》、《三字经》、《太平礼制》、《太平军目》等名目。其词旨无不妄诞绝伦。而尤为悖谬者,历书为最,单月三十一日,双月三十日,二十四节皆归朔望。灭绝天时,忍心害理有如此者。

(佚名:《粤逆纪略》。《太平天国》,第四册,第 66 页。罗尔纲、王庆成,桂林:广西师范大学出版社,2004。)

【江西省湖口县·咸丰三年正月】改甲子,辛亥为辛开,癸丑为癸好,乙卯为乙荣。月月三十日,逢立春为一岁首。

(张宿煌:《备志纪年》。《近代史资料》总 34 号,第 187 页。北京:中华书局,1964。)

【江西省南昌县·咸丰三年五月】黄历一本,每月双月三十日,单月三十一日。历系辛亥年,伊改亥为开,称辛开元年。丑为好,卯为荣,如癸丑曰癸好,乙卯曰乙荣。前列诸王衔名奉折一道,请颁历也。后御批一道,准行也。不成文之至。历惟刻□月□日干支星宿,下刻节气。隔七日下刻礼拜二字。伊《天条书》载有礼拜皇上帝文,谓皇上帝七日造成人物,故须七日一礼拜也。以外无他,伊盖云日日是吉日,故不刻何日宜何事也。

（毛隆保:《见闻杂记·五月见闻记》。杜德风选编《太平军在江西史料》,第486页,南昌:江西人民出版社,1988。)

【江苏省南京·天历四年】伪时宪[书]

行夏之时,圣人之训。夫寒暑往来,日月盈亏剥食,及七政四余,周天行度,以人测天,不容毫黍之谬。呜呼！历法尚矣,前明每患推步讹误,故延西洋人入钦天监教习。我朝治隆万古,仁庙天亶聪明,御制数理精蕴一书,集时宪之大成,永为万世万国之法,虽西域、回疆,南徼爨长,无不恭奉正朔。蠢尔狂寇,竟至更张时宪,此尤黄巾、赤眉所不为,黄巢、闯、献所不敢也。测其初心,亦不过欲错乱日月,以惑我军,如我探知该逆传令何日围攻何处,预为防堵,其实彼中日期不同,或先或后,即此可以误我耳。逮逆氛日炽,遂恬不为怪,居然定伪时宪书颁行贼境。其伪书之式已著于左,以三百六十六日为一岁,单月三一日,双月三十日,以立春等六节气定为十六日,余俱十五日,因无闰月,其意欲分两次闰余之六十日,匀散于五年之内,殊不知推移伸缩,已于现行时宪[书]错乱至十余日,其寒暑不验可知。尤可异者,我之初五日,即贼中十五日,试思初五日,月尚未弦,安能圆满？贼教动以尊天为名,如是行为,直欲强天道而就其伪法,逆天渎天,罪大恶极,岂区区礼拜讽诵所能逭乎？是贼之悖为亘古所无,而贼之愚亦亘古所未见也。又如大挠作甲子,亦万世不易之制,贼妄改干支,以丑为好,以卯为荣,以亥为开,复改鬼宿为魁宿,此则贼中忌讳,变易文字甚多,别无用意,另详伪文安门内。

伪时宪书式

太平天国

前导副军师南王　　冯

禾乃师赎病主　　　　杨

左辅正军师东王

右弼又正军师西王　萧

后护又副军师北王　韦

暨左军主将翼王　　石

伏奏我主我兄天王万岁万岁万万岁,为治历定时事:当今天父上主皇上帝开大恩,差我主降凡,为太平真主,是太平天日平匀圆满无一些亏缺也。故臣等造历以三百六十六日为一年,单月三十一日,双月三十日,立春、清明、芒种、立秋、寒露、大雪,俱十六日,余俱十五日。我天朝天国永远江山,万万年无有穷尽,乃是天父上主皇上帝差遣我主降凡旨意也。其余从前历书,一切邪说歪例,皆是妖魔诡计,迷陷世人,臣等尽行删除。盖年月日时皆是天父排定,年年是吉是良,月月是吉是良,日日时时亦总是吉是良,何有好歹,何用拣择。凡大众皆[是]真心虔敬天父上主皇上帝,有天看顾,随时行事皆大吉大昌也。今臣等造历既成,谨献我主万岁万岁万万岁作主颁行。

御批:准。

奉旨造甲寅四年新历,颁行天下。

正月建　　丙寅参宿

初一戊申虚 立春礼拜	初二己酉危	初三庚戌室	初四辛开壁	初五壬子奎	初六癸好娄
初七甲寅胃	初八乙荣昴 礼拜	初九丙辰毕	初十丁巳觜	十一戊午参	十二己未井
十三庚申魁	十四辛酉柳	十五壬戌星 礼拜	十六癸开张	十七甲子翼 雨水	十八乙好轸
十九丙寅角	二十丁荣亢	二十一戊辰氐	二十二己巳房 礼拜	二十三庚午心	
二十四辛未尾	二十五壬申箕	二十六癸酉斗	二十七甲戌牛	二十八乙开女	
二十九丙子虚	三十日丁好危	三十一日戊寅室 礼拜			

以次各月之式皆同,伪时宪[书]至简,只载数目,无日字,无一切宜忌吉凶神煞字样。

以甲子推之,乙卯年正月二十一日乙酉,乃贼中二月初一日也。

注:照伪书全录。

（张德坚:《贼情汇纂》卷六。《中国近代史资料丛刊:太平天国》,Ⅲ,第168—171页。中国史学会编,编者:向达、王重民等,上海:神州国光社,1952。）

【江苏省南京·天历九年】朕前业准东王、西王、南王暨众臣等,天历每年三百六十六日,单月三十一日,双月三十日。每四十年一加,每月三十三日,取真福无边有加无已之意。兹据玕胞等朝奏:天历永远高深,固非凡例浅识所能窥,而便民耕种兴作,亦属天情真道不可少。恳请每四十年一斡旋,斡之年每月二十八日,节气俱十四日,平匀令善,有便于民。自四十年至八十年,一百二十年,一百六十年,至千年万载万万载永远如是,每四十年一斡为总。朕业准奏……

太平天国己未玖年十月初七日诏。[简称玖年改历诏。]

（《中国近代史资料丛刊:太平天国》,Ⅰ,第206页。中国史学会编,编者:向达、王重民等,上海:神州国光社,1952。）

【江苏省苏州·咸丰十年四月】贼陷苏城后,或用中历,或用西历,漫无定法。故破城之日,或称十三,或称十五,或称二十一,或称二十三,以用历之异,且破城后二日始入踞也。越数月,始发伪历,以三百六十六日为一年,单月三十一日,双月三十日,立春、菁[清]明、芒种、立秋、寒露、大雪,俱十六日,余均十五日。但有日宿,干支,并无宜忌。内载伪诏云:"朕诏和甥、福甥、临甥、玕胞、达胞、玉胞、秀胞、恩胞、贤胞、辅胞、璋胞、军师掌率、统管天将,神策朝将,护京国将,六部义王佐将内外众人知之:天父天兄太平天,太平天国万万年。兹据玕胞恳裁定,节气平匀义更全。朕之诏明甥等,朕乃太平天子。自戊申年三月,天兄基督下凡,带朕作主,开创天国,天京、天朝、天堂,永无穷尽。年年是吉是良,月月是吉是良,日日时时亦总是吉是良,何用选择。朕今再诏,天历首重孝顺爷,七日礼拜福禄加。二月初二谢爷节,谢爷差朕斩妖蛇。三月初三爷降节,从此万国归爷妈。正月十三哥舍命,普天铭感福江河。二月廿一哥登极,亦朕登极人间和。九月初九哥降节,亦朕降世记当初。七月廿七哥捐命,天朝代代莫忘过。每年六节,注明顶头,永远如是。自辛开年一直传去,千年,万年,万万年,永无穷尽。甥们遵诏,爷哥带朕坐江山,天历流传如循环。辛开起头传永远,永不改元诏再颁。普天率土,咸使闻知。钦哉,此诏。"所谓和甥者,即幼东逆杨有和。福甥即幼西逆萧全福,实天逆所生子。临甥即幼南逆冯临川。玕胞即干逆洪仁玕。达胞即翼逆石达开。玉胞即英逆陈玉成。秀胞即忠逆李秀成。恩胞即赞逆蒙得恩。贤胞即侍逆李世贤。辅胞即辅逆杨辅清。璋胞即章逆林绍璋。皆所谓一、二、三等王也,每诏必首列之。洪逆向业宣卷,并唱盲词,故所发伪诏,必用七字为句,且有引子对白,真堪喷饭。

(谢绥之:《燐血丛钞》卷一。《太平天国史料专辑》,第393—394页。上海:上海古籍出版社,1979。)

【江苏省吴江县同里·咸丰十一年八月十七日】 桂儿死之周年,有贼入门,自称济天豫,跟随小长毛三个,见冥箱上封条书八月十七日,谓余不遵伪历,詈骂不已,大啖祭菜,书蛇角二字而去。

(蓼村遁客:《虎窟纪略》。《太平天国史料专辑》,第36—37页。上海:上海古籍出版社,1979。)

【浙江省太平县·同治元年】 贼以正月十一日为元旦。

(叶蒸云:《辛壬寇纪》。《中国历史文献研究集刊》,第三集,第183页。又《太平天国》,第五册,第371页。罗尔纲、王庆成,桂林:广西师范大学出版社,2004。)

【同治元年正月】 长毛于本月十一日是除夕,十二是元旦。

(佚名:《庚申避难日记》。《太平天国史料丛编简辑》,第四册,第518页。太平天国历史博物馆,北京:中华书局,1962。)

太平天国财政经济资料汇编

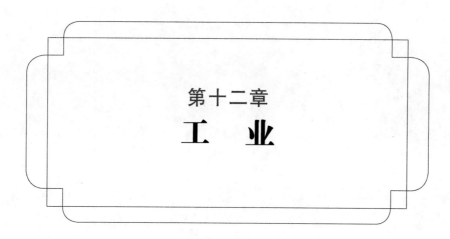

第十二章

工　业

第一节
政府与太平军中的手工业

一、百工衙

【江苏省南京·咸丰三年】若所设各官,军中有典圣粮、典圣库、典买办、典油盐,此四种皆有总典官。又典铁衙、典硝衙、典炮衙、典铅衙、典旗帜、巡查官等名色。[伪官内有伪典镌刻、伪典红粉(火药)、伪典竹匠、伪典铜匠、伪典玉匠、伪典洋遮(洋伞)、伪典妆官(花粉杂行)、伪典京靴。]⋯⋯

又有正史官,诏书衙,镌刻衙,刷书衙。后又添删书衙。典织匠、典染匠、锦绣衙、结彩衙、典杂行、典柴薪、典土匠、典木匠、典石匠、典花官、典金鱼衙、典金官,主造首饰器皿。[伪官内有伪督土匠,专挖地道,地道谓之龙口,即则克录中鳌翻之法。伪督水匠专管船只,非泥水匠。]

(张汝南:《金陵省难纪略》。《中国近代史资料丛刊:太平天国》,Ⅳ,第708—709页。中国史学会编,编者:向达、王重民等,上海:神州国光社,1952。)

【江苏省南京·咸丰三年】伪铅码衙,铸炮子之所也。贼以锡为炮子,沿户搜取,凡工品锡器无不净尽矣。

伪典硝衙,屯火药之所也。贼缺火药,乃拆坚厚墙垣,取陈石灰熬之,于是民房多被拆者。

伪典铁衙,掌为贼治兵器,凡铁之事皆属之。

伪旗帜衙,掌为贼制旗帜。凡各伪王皆方,自伪丞相以下皆尖,亦有尺寸之度。

(佚名:《粤逆纪略》。《太平天国》,第四册,第65页。罗尔纲、王庆成,桂林:广西师范大学出版社,2004。)

【江苏省南京·咸丰三年】贼匪掳得糖面糕饼茶食之类,堆存数栈,令伪典茶心管带;裹胁之茶食铺伙,为作糕饼,并收藏掳购干鲜果品,以供各首逆不时之需。贼馆在城守营东三条巷口。

(涤浮道人:《金陵杂记》。《中国近代史资料丛刊:太平天国》,Ⅳ,第615页。中国史学会编,编者：向达、王重民等,上海：神州国光社,1952。)

【江苏省南京·咸丰三年】逆首贼目所食之米,由伪舂人拣洁白熟米以进,如有糙粺,皆令伪舂人衙用碓打熟。此项熟米屯聚,另有数处。

(涤浮道人：《金陵杂记》。《中国近代史资料丛刊：太平天国》,Ⅳ,第 614 页。中国史学会编,编者：向达、王重民等,上海：神州国光社,1952。)

【江苏省南京·咸丰三年】舂人衙,供给各王白米。浆人衙,供酒浆作料及小菜……典茶心,供茶食果品。

(张汝南：《金陵省难纪略》。《中国近代史资料丛刊：太平天国》,Ⅳ,第 709 页。中国史学会编,编者：向达、王重民等,上海：神州国光社,1952。)

【江苏省南京·咸丰三年】通城小菜酱园,皆为贼匪封尽,其总馆为伪浆人衙,住花牌楼大街,搬取酱菜之类,均储于此。其酱油等类不能移者,则令群贼在彼看守,谓之分馆。又绍兴高粱亦存于此。

(涤浮道人：《金陵杂记》。《中国近代史资料丛刊：太平天国》,Ⅳ,第 615—616 页。中国史学会编,编者：向达、王重民等,上海：神州国光社,1952。)

【江苏省南京·咸丰三年】伪点花官[职同监军有四五人],掳得各处花儿匠为之,令其栽种花草。伪天朝豆腐衙,为贼磨豆腐者,广西人为总制,掳得各省难民为伊听使推磨作腐也,住二郎庙。

(涤浮道人：《金陵杂记》。《中国近代史资料丛刊：太平天国》,Ⅳ,第 621 页。中国史学会编,编者：向达、王重民等,上海：神州国光社,1952。)

【江苏省南京·咸丰三年】城内油坊盐栈以及掳得油盐船只,并浇造油烛,皆系伪总典油盐经理。现踞汉西门内大街,其有各街坊店存储油盐甚多,不能搬运者,由该贼分派各贼踞彼看守。

(涤浮道人：《金陵杂记》。《中国近代史资料丛刊：太平天国》,Ⅳ,第 614 页。中国史学会编,编者：向达、王重民等,上海：神州国光社,1952。)

【江苏省南京·咸丰三年】造竹器,贼有正副为伪典竹匠,到处裹胁难民,令其打造耷米器具,本业此者固被裹胁,不会者亦强令学制。无论士民为此等贼匪掳者,皆须劈篾挑泥,转可习成手艺。贼馆在大夫第一带井门东转龙巷内。

(涤浮道人：《金陵杂记》。《中国近代史资料丛刊：太平天国》,Ⅳ,第 616 页。中国史学会编,编者：向达、王重民等,上海：神州国光社,1952。)

【江苏省南京·咸丰三年】另设五十九行匠作,制造杂货,为伪典妆官。

(涤浮道人:《金陵杂记》。《中国近代史资料丛刊:太平天国》,Ⅳ,第 618 页。中国史学会编,编者:向达、王重民等,上海:神州国光社,1952。)

【江苏省南京·咸丰三年】

伪铅码衙联句

铅熔月晕;

码逐星流。

铅有红铅,莫把红铅来铸错;

码惟法码,终须法码去秤量。

伪典袍衙联句

典内衣裳凭人取;

袍上云龙伴我行。

伪典硝衙联句

典务纷纭须料理;

硝斤出入要秤量。

伪绣锦衙联句

绣衣赤舄堪为相;

锦地花天尽是妖。

(张德坚:《贼情汇纂》。《中国近代史资料丛刊:太平天国》,Ⅲ,第 247 页。中国史学会编,编者:向达、王重民等,上海:神州国光社,1952。)

二、诸匠营

[参见第四章]

(一)诸匠营概况

【江苏省南京·咸丰三年至五年】复立诸匠营及各典官,使被胁百工技艺,各有所归,各效其职役。凡军中所需,咄嗟立办。

(张德坚:《贼情汇纂》卷四《伪军制》上。《中国近代史资料丛刊:太平天国》,Ⅲ,第 117 页。中国史学会编,编者:向达、王重民等,上海:神州国光社,1952。)

【江苏省南京·咸丰三年至五年】水营、土营而外,又有木营,其卒皆木工。金匠营,其卒皆金银匠。织营,其卒皆织机匠。金靴营,其卒皆靴鞡匠。绣锦营,其卒皆男绣匠。镌刻营,其卒皆刻字匠。各营以指挥统之。其总制至两司马,亦如土营、水营之制。贼中又设典官,各目至繁,已详《伪官制》内。总之,掳得诸色目[匠]人,则分送各匠营及各典官处,谓之听使。各储其材,各利其器,凡有所需,无不如意。此等匠营暨典官所属散卒,随营奏技,却不役使打仗。然用诡计以人众惊我时,则百工匠作亦皆使摇旗呐喊矣。

(张德坚:《贼情汇纂》卷四《附诸匠营》。《中国近代史资料丛刊:太平天国》,Ⅲ,第139页。中国史学会编,编者:向达、王重民等,上海:神州国光社,1952。)

【江苏省南京·咸丰三年至五年】伪天朝各典官,[职同指挥]……典镌刻四人……典茶心二人,典金官二人,典玉局二人,典绣锦二人,织锦匠二人,典结彩四人,典角帽四人,典金靴二人,整舆匠四人,典旗帜二人,督铳炮一人,铸铅码四人,典红粉四人,典硝四人,铸铜炮二人,督造战船一人,典铁二人,典铜匠二人,铸钱匠四人,典木匠一人,典竹匠一人,典石匠一人。以上伪天朝典官,给事洪逆,兼供各贼者。

(张德坚:《贼情汇纂》卷三。《中国近代史资料丛刊:太平天国》,Ⅲ,第87页。中国史学会编,编者:向达、王重民等,上海:神州国光社,1952。)

【江苏省南京·咸丰三年至五年】[朝内官]典镌刻四人,主刊刻伪诏旨伪书……典金官二人,主铸印并熔金银为器饰。典玉局一人,主雕琢玉器。典绣锦二人,主督男绣工刺绣。织锦匠二人,主织刻丝妆缎。典结彩四人,主张挂灯彩。典角帽四人,主制造冠帽。典金靴二人,主制造靴鞋。整舆匠四人,主修整舆轿。督铳炮一人,主督造枪炮。铸铅码四人,主铸造大小铅弹。典红粉四人,主制造火药。典硝四人,主煎熬硝磺。铸铜炮二人,主造铜炮。督造战船一人,主造战船。典铁二人,统领铁工制造兵器铁器。典铜匠二人,主制造铜器。典木匠、典竹匠、典石匠各一人,皆各领工匠主制造各器具。凡所典之事,俱兼司收发……又有典钟表二十人,主修钟表。典风琴四人,主修八音盒。谓之次等典官……各典官俱职同指挥,此则承奉洪逆并供给诸贼目者,其金木等匠,复立诸匠营。

(张德坚:《贼情汇纂》卷三。《中国近代史资料丛刊:太平天国》,Ⅲ,第101—102页。中国史学会编,编者:向达、王重民等,上海:神州国光社,1952。)

【江苏省南京·咸丰三年至五年】各军典官[职同监军]典旗帜二人,典炮二人,典铅码二人,典红粉二人,典硝二人……典铁匠一人,典木匠一人,典竹匠一人,典绳索一人。凡二人皆一正一副,一人则其衔不系正副字样。

(张德坚:《贼情汇纂》卷三。《中国近代史资料丛刊:太平天国》,Ⅲ,第91页。中国史学会编,编者:向达、王重民等,上海:神州国光社,1952。)

【江苏省南京·咸丰三年至五年】军中各典官,皆职同监军,所属人数,多寡不一。有百人则置一卒长,分辖四两司马,二百人则置两卒长,无军帅旅帅诸伪官,故各衙听使腰牌无前营后营字样。若系伪朝内伪王府典官,并无某军字样,则标典天舆衙、典东锣衙诸名色。

(张德坚:《贼情汇纂》卷五。《中国近代史资料丛刊:太平天国》,Ⅲ,第150页。中国史学会编,编者:向达、王重民等,上海:神州国光社,1952。)

【江苏省南京·咸丰三年至五年】[女官]伪左辅正军师一人,右弼又正军师一人,前导副军师一人,后护又副军师一人,六官正副丞相各二人,殿前绣锦指挥二百四十人,绣锦将军二百人,绣锦总制一百二十人,绣锦监军一百六十人。以上至指挥,主督各妇女制造金彩冠服之工。

(张德坚:《贼情汇纂》卷三。《中国近代史资料丛刊:太平天国》,Ⅲ,第110页。中国史学会编,编者:向达、王重民等,上海:神州国光社,1952。)

【江苏省南京·咸丰三年】洪秀全据金陵时之招贤榜有云:"江南人才最多,英雄不少,或木匠,或竹匠,或铜铁匠,吹鼓手。你有那长,我便用你那长;你若无长,只可出出力的了。"见赵惠夫《能静居随笔》。此白话告示也。无长而出出力,则充苦力矣。

(徐珂:《雪窗闲笔》。《康居笔记汇函》,第九二页。)

【江苏省南京·咸丰元年至三年】张维昆,广西老贼,年约四十。……辛亥[一八五一年]六月,封为前一军典硝。癸丑[一八五三年]二月至江宁,升御林侍卫。

(张德坚:《贼情汇纂》卷二。《中国近代史资料丛刊:太平天国》,Ⅲ,第67页。中国史学会编,编者:向达、王重民等,上海:神州国光社,1952。)

【江苏省南京·咸丰元年至四年】林锡保,广西老贼,年约三十……初在贼中封为典硝,职同监军。壬子[一八五二年]八月,贼在长沙,各军皆设典硝,而以锡保为伪天朝总典硝,职同将军。癸丑[一八五三年]二月至江宁,升职指挥,八月封恩赏丞相。甲寅[一八五四年]二月,升殿左一检点,踞江宁织造署审办案件。

(张德坚:《贼情汇纂》卷二。《中国近代史资料丛刊:太平天国》,Ⅲ,第63页。中国史学会编,编者:向达、王重民等,上海:神州国光社,1952。)

【江苏省南京·咸丰元年至四年】李寿晖,广西浔州府贺县人,年约四十……壬子[一八五二年]四月封为正典镌刻,校对一切伪书……甲寅[一八五四年]二月,杨[秀清]贼出示,招人制造喷筒,改名花筒,以寿晖董其成,致染漆疮,禀请开缺。

(张德坚:《贼情汇纂》卷二。《中国近代史资料丛刊:太平天国》,Ⅲ,第64页。中国史学会编,编者:向达、王重民等,上海:神州国光社,1952。)

【江苏省南京·咸丰三年至四年】秦日兰,伪典铅码,为日纲兄,加伪恩丞相。

(谢介鹤:《金陵癸甲记事略》。《中国近代史资料丛刊:太平天国》,Ⅳ,第678页。中国史学会编,编者:向达、王重民等,上海:神州国光社,1952。)

【江苏省南京·咸丰三年】伪典铁匠[分踞煤炭店铁号]。

(涤浮道人:《金陵杂记》。《中国近代史资料丛刊:太平天国》,Ⅳ,第617页。中国史学会编,编者:向达、王重民等,上海:神州国光社,1952。)

【江苏省南京·咸丰三年至四年】宾福寿,广西老贼,年约五十……素为木工。洪逆起事时,相从入伙,封为典木匠,职同总制。壬子[一八五二年]十二月至湖北,所掳木工,尽交福寿统带,升职将军。癸丑[一八五三年]二月,至江宁,大兴土木,木工愈众,遂立木营,升职指挥。七月封恩赏丞相。甲寅[一八五四年]四月,升冬官又正丞相,专理木营事。

(张德坚:《贼情汇纂》卷二。《中国近代史资料丛刊:太平天国》,Ⅲ,第61—62页。中国史学会编,编者:向达、王重民等,上海:神州国光社,1952。)

【咸丰三年至五年】贼初起犹有长夫,自破武昌后,裹胁愈众,则兵夫不分,凡挑抬工作,皆各馆两司马督众为之,咄嗟立办。其需用各物,必先所急,毫无顾惜。谚语云用着生铁便打锅,贼诚有之。今则到处遍立乡官,是我民尽为贼助。凡用竹木锹锄,一切器具,伪文一下,立即办齐。

(张德坚:《贼情汇纂》卷十二。《中国近代史资料丛刊:太平天国》,Ⅲ,第315页。中国史学会编,编者:向达、王重民等,上海:神州国光社,1952。)

【天历四年】凡二十五家中,陶冶木石等匠,俱用伍长及伍卒为之,农隙治事。

(《天朝天亩制度》。《太平天国文选》,第46页。罗尔纲编注,上海:上海人民出版社,1956。)

【江苏省南京·咸丰三年】杂事贼目,如伪弓箭衙[为贼造弓箭者]。

(涤浮道人:《金陵杂记》。《中国近代史资料丛刊:太平天国》,Ⅳ,第621页。中国史学会编,编者:向达、王重民等,上海:神州国光社,1952。)

(二) 诸匠营人数

【江苏省南京·咸丰三年六月初五日】又闻城内有瓦木匠人约四五千,园户、机匠约五六千,俱怀同仇之志,互相关照,一俟大兵破城,即时并力叛贼。凡此城中思逃之胁从与思奋之工匠,似宜设计招之诱之,从而用之。

(雷维翰奏。军机处全宗·录副奏折。中国第一历史档案馆编《清政府镇压太平天国档案史料》,第七册,第474页,北京:社会科学文献出版社,1993。)

【江苏省南京·咸丰三年】金陵陷后,潜入织营者约二三千人,瓦木营约一千四五百人。

(王永年:《紫荜馆诗钞》卷上。)

［按:从现已发现的太平天国瓦当及滴水来看,如《太平天国革命文物图录补编》二七至二九所载,可知有专造瓦当、滴水等物的,有烧窑工业。］

【江苏省南京·咸丰四年】城中如机营、土营、木营等,共五千余人,亦皆投诚。

(张继庚:《张继庚遗稿》。《中国近代史资料丛刊:太平天国》,Ⅳ,第762页。中国史学会编,编者:向达、王重民等,上海:神州国光社,1952。)

【江苏省南京·咸丰四年】城内现已分馆,人散难聚,且有贼首昼夜巡守,不能号召。惟机营三千余人,木营七百余人,瓦匠营九百余人,无长发管领,且皆江南人,可以说通,以备内应。但瓦木两行,系伪王令守伪王府者。

(张继庚:《张继庚遗稿》。《中国近代史资料丛刊:太平天国》,Ⅳ,第765页。中国史学会编,编者:向达、王重民等,上海:神州国光社,1952。)

(三) 土营

［瓦木营］

【湖南等省·咸丰二年之后】于道州、郴、桂等处,尽掳挖煤山人数千,另立土营……专充穴地之役……掳得泥水匠悉隶土营,凡有兴作,亦由土营伪官协同木营伪官督造。

(张德坚:《贼情汇纂》卷四《土营》。《中国近代史资料丛刊:太平天国》,Ⅲ,第138页。中国史学会编,编者:向达、王重民等,上海:神州国光社,1952。)

【江苏省南京·咸丰三年】土营,设伪官,自指挥以下及两司马,皆湖南人为之。郴州、道州人为大伪官。其技长于挖地道,谓之做龙。

(张晓秋:《粤匪纪略》。《太平天国》,第四册,第54页。罗尔纲、王庆成,桂林:广西师范大学出版社,2004。)

【江苏省南京·咸丰三年】贼之攻城以地道为得计,取开煤山之工为之,遂立为土营……凡陆营、水营除正职官外,亦设各典官,与伪朝所立大同而小异,如……典旗帜二人,制造旗帜,缮写一军旗字,其军装各件,别设典炮、典铅码、典红粉、典硝、典铁匠,俱正副二人。典木匠、典竹匠、典绳索,俱正副一人……皆谓之军中典官,凡三十有五人,而一军之执事备焉。

(张德坚:《贼情汇纂》卷三。《中国近代史资料丛刊:太平天国》,Ⅲ,第107—108页。中国史学会编,编者:向达、王重民等,上海:神州国光社,1952。)

1. 修王府

【江苏省南京·咸丰三年】[造宫殿]……木工瓦工千万人，营营扰扰晨至昏。但有口粮无雇钱，妻孥冻馁空忧煎。[按：指造天王府、东王府等。]

（马寿龄：《金陵癸甲新乐府》。《中国近代史资料丛刊：太平天国》，Ⅳ，第737页。中国史学会编，编者：向达、王重民等，上海：神州国光社，1952。）

【江苏省南京·咸丰三年】贼造房屋，有伪土营泥水匠、伪典木匠、伪典油漆匠三项伪职，皆系两湖掳来匠人，现授伪职，到处裹胁各行匠人，到省时已不少。入城后，凡省城各匠又被掳胁殆尽，为首逆等营造巢穴，强授伪职。

（涤浮道人：《金陵杂记》。《中国近代史资料丛刊：太平天国》，Ⅳ，第616—617页。中国史学会编，编者：向达、王重民等，上海：神州国光社，1952。）

【江苏省南京·咸丰三年】小弟杨秀清立在陛下，暨小弟韦昌辉、石达开跪在陛下，奏为起盖天朝宫殿，先期奏明事。缘弟等前奉二兄诏旨，命招木工泥工，起盖天朝宫殿，迄今多日，未能奉行，弟等罪实有余。今蒙天父开恩，殿右四检点张潮爵，由安徽解回各项匠作兄弟，弟等拟于明天令伸后正侍卫张维昆带领各匠作，在朝门伺候。或先起内宫，或先修后林苑，恭候二兄照明，以便弟等转饬该官，遵旨办理。如此缘由，理合肃具本章，启奏我主万岁万岁万万岁，御照施行。

年 月 日

御照：明天辰刻兴工。钦此。

（张德坚：《贼情汇纂》卷七。《中国近代史资料丛刊：太平天国》，Ⅲ，第206—207页。中国史学会编，编者：向达、王重民等，上海：神州国光社，1952。）

【江苏省南京·咸丰三年】天贼、东贼伪府，多毁民居，拓益其巢穴，封泥木匠为伪将军、伪总制数十人，使率队做工，又着女伪官分领女子万人，抬砖挖沟，每日黎明出，黄昏返。

（谢介鹤：《金陵癸丑记事略》，《中国近代史资料丛刊：太平天国》，Ⅳ，第654页。中国史学会编，编者：向达、王重民等，上海：神州国光社，1952。）

【江苏省南京·咸丰四年三月间】是时洪逆伪府，日渐开拓，僭纵工役，日必千人，已兴造年余。府前有牌楼一，上横四大字，曰天堂路通，大门额曰荣光门，二门曰圣天门，皆冠以真神两字。两旁有栅，栅内横额数方，皆伪僚属所赞颂。左右有亭，高出墙外，覆琉璃瓦。二门内伪朝房，东西各数十间。西有一井，以五色石为栏，上镂双龙，石质人工俱坚致，非近时物。伪殿前牌坊一，上下雕龙，文饰金彩。伪殿尤高广，梁栋涂赤金，纹以龙凤，四壁彩画龙虎狮象。伪殿东有墙一，围凿池于中，池中以青石砌一船，长十数丈，广六七丈，备极工巧。

（李圭：《金陵兵事汇略》卷一第 36 页。）

[编者注：现存的太平天国辅王府，位于宜兴市宜城镇和平街通真观巷 9 号，原为史姓宅第，咸丰十年太平军攻克宜兴后，成为辅王杨辅清的府第。现存的太平天国侍王府，位于浙江省金华市酒坊巷 52－3 号，咸丰十一年构建。]

【江苏省溧阳县·咸丰十年三月至同治三年二月】建王府，造衙署，役夫数万，鞭扑匠工，片刻不得休息。

（周璐：《溧灾纪略》。冯煦等：《溧阳县续志》卷十六第 14 页。）

【浙江省嘉兴·咸丰十一年】伪听逆陈炳文、伪荣逆廖敬顺踞嘉，大造伪府，拆祠庙栋梁以供材，开嘉善千窑以供陶，攫苏州香山梓匠以供役，盘龙骞凤，重规叠矩，前后七重，外列朝房，中有崇陛，再外绕以禁城。七邑乡官各承修一重。由十一年至克复之日止，工尚未竟。

（许瑶光：《谈浙》。《中国近代史资料丛刊：太平天国》，Ⅵ，第 577—578 页。中国史学会编，编者：向达、王重民等，上海：神州国光社，1952。）

【江苏省苏州·1861 年】[参观正在建造的忠王新邸时，]我问：工人得工资多少？王弟答：你们英国人给工资雇人做工，我们太平军人知识多些[意谓工人皆不付工资之强迫工役也]。我们天朝是不是很伟大呢？

（福礼赐著，简又文译：《天京游记》。《中国近代史资料丛刊：太平天国》，Ⅵ，第 953 页。中国史学会编，编者：向达、王重民等，上海：神州国光社，1952。）

【江苏省南京·同治元年十二月十二日】闻嘉兴造听王府匠人皆遣散归，但言明年过二十再动工之说。

（沈梓：《避寇日记》。《太平天国史料丛编简辑》，第四册，第 203 页。太平天国历史博物馆，北京：中华书局，1962。）

【江苏省苏州·同治二年十一月】初十日……有人自苏城回，见伪王府在娄门内，侈侈崇丽，极其壮观。内有园，本吴园改造，役民匠数千而成。伪府几处皆然……[城]较旧时高二三尺。阊门外至山塘街，市口鳞次。元妙现前亦繁盛。余俱荒凉[屋多零落]。[虎邱有白石坊，极高大，乃各处伪乡官所建以谀贼者。]

（倦圃野老：《庚癸纪略》。《太平天国资料》，第 115 页。北京：科学出版社，1959。）

2. 筑城或防御工程

【湖南省长沙县·咸丰二年十月初二日】臣等连获城外奸细，据供贼匪近日预备攻具，添挖地道，誓图攻陷城池。查贼匪地道，曾经我兵先后挖通数处。现在连月畅晴，水泉枯涸异常,偷挖地道各匪又系郴州、桂阳两处煤矿亡命凶徒,惯于凿险缒幽,不畏深远。而南城左右逼近贼巢,贼匪暗伏墙内悄挖地道,复从墙穴看准施放枪炮。兵夫手执锹锄,心防丸弹飞击,措手维艰,深虑开挖不能深透。当经悬示重赏,雇募健夫,普加深浚,预绝奸萌。十月初二日未刻,我军正在南月城外加挖壕沟,忽该处地雷轰发,离城根丈许土石进裂,尘雾迷漫,兵夫多被压毙。

(罗绕典等奏。《钦定剿平粤匪方略稿本》,中国第一历史档案馆编《清政府镇压太平天国档案史料》,第四册,第32页。北京:社会科学文献出版社,1992。)

【江苏省南京·咸丰三年】 木营,伪官如土营,为之者皆木匠,司制木器,亦用以拒战。

(张晓秋:《粤匪纪略》。《太平天国》,第四册,第54页。罗尔纲、王庆成,桂林:广西师范大学出版社,2004。)

【浙江省桐乡县乌镇·咸丰十年十二月】 魏长毛至镇月余,将左右前后人家渐次驱逐,择房屋之宽敞华美者,各占一馆,馆聚数十人。其小屋撤毁,别为改造。十二月初八日,拆毁白娘子桥。未旬日,又拆梯云桥。两桥相去半里许。又于利济寺之南街掘新沟通外流,南北沿拆桥边筑土城以捍卫,高五六尺,厚四五尺,甚坚而固,开一小门,仅容出入。人有窥其圄闱者,往往捉入城,多方索贿,始得赎还,或则营内当苦差,亦有赖董沧洲入请而径释者。土木繁兴,工作不时,应役疲于奔命,稍稍违慢,鞭扑械系随及之。

(佚名:《寇难琐记》卷一,手抄本。南京大学历史系太平天国史研究室编《江浙豫皖太平天国史料选编》,第145页。南京:江苏人民出版社,1983。)

【湖北省武昌·咸丰二年十二月】 贼攻城专以挖地道为得计,于道州、郴、桂等处,尽掳挖煤山人数千,另立土营……凡土营之众,贼中呼为开垦口兄弟,贼目优视之,专充穴地之役,鲜使打仗。既陷一城,贼自为守,又必将轰损城垣补葺,所开地道填塞,亦皆此辈为之。掳得泥水匠,悉隶土营。凡有兴作,亦由土营伪官协同木营伪官督造。壬子[一八五二年]腊月十二日,武昌难民曾闻一贼鸣钲传呼于市曰:东王有令,开垦口兄弟,即刻赴大东门监军衙听点。盖即役使土营修城塞窦也。

(张德坚:《贼情汇纂》卷四。《中国近代史资料丛刊:太平天国》,Ⅲ,第138页。中国史学会编,编者:向达、王重民等,上海:神州国光社,1952。)

【浙江省乌程县南浔镇·咸丰十年】 初据浔时,伪官詹天燕在马家港朱少师第,并李宅、温宅打馆,乡官局设于北小兜俞宅。正二月间,由乡官局拘泥木匠,将东吊桥以东沿河后面,包洗粉兜筑土城,至东总管堂开壕土,筑城垣,将东栅上下岸所遗房屋拆取砖料,修关东栅土城中之屋。二月中,遂移居土城内。

(温鼎:《庚申粤匪据浔纪略》。周庆云:《南浔志》卷四五第5页。)

3. 其他［挖煤］

【安徽省芜湖县·1854年5月底】登舰参观之军官，一人自言即往上游取饷，另一人则往上游为［天朝］取木炭燃料，又一人是掌管一大排木料，系运往南京为建造五位王爷的父亲之宫室用的。芜湖有多种煤，闻系由湘北来者。

（佚名：《天京见闻录》。《华北先驱》第204号，1854年6月24日。简又文译，《大风》第91期。又见简又文：《太平天国典制通考》中册，第828页。香港：简氏猛进书屋，1958。）

【安徽省安庆·咸丰四年】安庆城北集贤关，诸山多煤，有土猾某说贼开凿，以备铸炼军器。逼民往役，劳瘁莫堪。土人某言于贼曰：昔嘉庆间，此地曾因事开凿，有善青（鸟）［乌］术者言于巡抚曰：皖城因山设险，万山环抱，状若九龙奔江，开凿偶误，恐伤地脉，故止而不开。今若蹈其故辙，恐于形势不利也。贼不听，及掘至山洞，见有旧凿之迹，方知所言不诬。

（杜文澜：《平定粤寇纪略》附记四《琐闻记》第7页。《太平天国资料汇编》，第一册，第333—334页。太平天国历史博物馆，北京：中华书局，1980。）

（四）火药局

1. 熬硝与硝馆［吊硝局］

【广西省水斗·咸丰元年十一月初五日】是晚四更，乌兰泰约于初六日卯正，会攻水斗。接信后，黎明起行会齐，分为三路。辰刻，各勇俱出峡过河，闻西路炮声，知乌兰泰业已进兵，即饬各勇先击六瓮村内贼巢。贼匪数百出拒，各勇枪炮并发，毙贼数十人，余匪入营不出。各勇遂将村内贼巢焚烧。因见贼营东边瓦屋七八间有人窥探，即分勇前往搜捕，果有贼党数十人，持械出拒，登即杀毙数名，生擒七名，余亦败窜。各勇入屋搜寻，内一间有大铁锅十余只，正在熬硝，制造火药；一间有铁炉四五座，铸造大炮未成，并有铸炮器具。又数间有新谷甚多，内有贼妇三人，正在煮粥十数锅，当将贼妇拿获，即将锅炉打破，其各屋及存谷并熬硝铸炮器具，全行放火烧毁，行李衣物一并焚烧，只检取妖书二本及未成之铁炮而回。

（赛尚阿奏。军机处全宗·录副奏折。中国第一历史档案馆编《清政府镇压太平天国档案史料》，第二册，第530—531页。北京：光明日报出版社，1990。）

【广西省永安州·咸丰元年十一月二十三日】许祥光、张敬修于二十三日辰刻由能六岭、红泥岭而进。查东乡各村民早经迁徙，其村舍多属贼巢，且闻该逆屯谷东乡最多。护镇王梦麟在古束冲口带勇策应，右路之勇焚烧木沟村、蒙寨村。各村匪党遥见东勇将到，先行逃跑。其蒙寨村内一锅正在熬硝，锅炉数十具均经打破。又有一炉正在倾铸银锭数百锭，每锭十两，与关饷纹银无殊，遂起获带回。并起出火药五坛。中路则由大路直入大棠村，向有该逆造油之泰和、正顺油坊二所，当即放火烧毁……至其倾熔伪银，不过欲于穷极散窜时,掷诱我军,以冀兔脱。经奴才遍传各营,免堕奸计。仍严饬各营,乘隙紧攻,不得丝毫松懈。

（赛尚阿奏。《钦定剿平粤匪方略稿本》。中国第一历史档案馆编《清政府镇压太平天国档案史料》,第二册,第 599—600 页。北京:光明日报出版社,1990。）

【广西省永安州·咸丰二年二月十六日】伏查逆匪自踞永安以来,因粮于民,剽掠附近各村粮,是食以米谷等项尚无短绌。至盐斤、火药,节经严饬各路文武,督率兵壮、团练于各该要隘实力巡拿。乃奸党匪徒贪利亡命,仍复由山僻间道暗为转运。叠据各地方官并军营带兵文武员弁拿获多起多名,均即立置重典。其长发逆匪,由永安翻山潜出探信,勾结购买接济者,亦屡经擒获正法。现在各路兵勇军威整肃,北路逼城甚近,各隘口把守严密,其势不能透漏。惟其南则崇山峻岭,鸟道羊肠,隘口甚多,奸匪易于翻越。且贼匪之营,北面则有东西炮台、红庙、摩天岭、旧县等处,南面则有水窦、莫村之隔,尚未能近逼州城。此三十里中,山径分歧,所有总要路口,业经分拨兵勇驻扎,复饬文武员弁详查通匪路径,无论小口窄道,或一人可行樵径,一体多设巡卡,悬立重赏,如有匪徒运送盐、粮、火药翻越济匪者,立即悉数截拿。一面清厘本地土棍,傥敢勾通窝结,按法重办。仍晓谕附近贼巢村民,迅速移徙,务使坚壁清野,毋赍盗粮。近据诸路禀报,陆续获讯奸细,金供贼营粮食尚可支撑,盐、药实已缺乏不继,其硝则系发墙挖土煎熬,铅子则系捡拾官兵打入所遗者充用。

（赛尚阿片奏。《钦定剿平粤匪方略稿本》。中国第一历史档案馆编《清政府镇压太平天国档案史料》,第三册,第 29 页。北京:社会科学文献出版社,1992。）

【江苏省南京·咸丰三年】逆贼管硝皆由伪正付典硝手。凡城中寻觅古墙,挖壁毁砖,舂碎煮硝,不知何法。又取民间寿材枋料锯断烧火,半年之中,凡年久墙垣,无不毁坏,合城寿材,皆被毁尽矣。正贼踞山西会馆,(付)[副]贼踞草场。[硝储彼处。]

经管火药之贼,为督红粉。该逆等火药亦系堆储草场旧火药局。此外朝天官大门上,曾贴有"红粉重地,不准擅入"八字,谅亦系存放火药之处也。

（涤浮道人:《金陵杂记》。《中国近代史资料丛刊:太平天国》,Ⅳ,第 614 页。中国史学会编,编者:向达、王重民等,上海:神州国光社,1952。）

【安徽省潜山县·咸丰四年正月】贼伪典硝豫召能窜潜城,设馆,拆衙、署、庵、庙熬硝。

（储枝芙:《皖樵纪实》。《太平天国史料丛编简辑》,第二册,第 92—93 页。太平天国历史博物馆,北京:中华书局,1962。）

【江西省湖口县·咸丰四年三月】先是,贼下自江西,络绎不绝,邑奸吴采华等诱贼深入。时贼酋胆怯,遣其党江某为监军。江固丐也,居流溆桥月余。至是贼胆愈大,复遣其党陈某为监军,并黄、胡两酋为承宣[后伪封丞相、封王侯],遂据石钟山而城之。大兴土木,凿壕沟,起硝馆,凡民间柴炭,虽一升一斗必括取而押送之。伪官云:"石钟山,铁钟山也。"时吴采华、潘得成等为伪军帅。潘即敬孚从弟,绰号泥菩萨。诸授伪职者,或铁匠,或经纪人,大都不明顺逆,日以罗织为事。而伪官家买田置宅,荣及子孙,一时有军公子、师公子、旅公子之目矣。

（张宿煌：《备志纪年》。《近代史资料》总 34 号,第 189 页。北京：中华书局,1964。）

【安徽省潜山县·咸丰四年三月】贼[于潜城设典硝馆,]拆衙、署、庵、庙熬硝……六年丙辰夏四月,贼封各处庵庙,拆砖熬硝。

（储枝芙：《皖樵纪实》。《太平天国史料丛编简辑》,第二册,第 93、94 页。太平天国历史博物馆,北京：中华书局,1962。）

[编者按：一八五六年间太平军在江西南康府设有硝厂、船厂。在吉安、临江、瑞州设有船厂、炮厂、硝厂。]

【江苏省宜兴县、荆谿县·咸丰十年秋八月后事】溧阳之贼,至宜兴荆溪境内,敲砖煎硝,数里辄设硝馆。

（吴景墙等：光绪《宜兴荆谿县新志》卷五《咸丰同治年间粤寇记》。）

【江苏省吴县甫里·咸丰十年至同治二年】另有一伙贼来镇约十余人,云系造火药者,寓西圣堂。因陈年墙硝可为药,毁保圣寺头门,坏哼、哈二将之像。

（杨引传：《野烟录》。《太平天国史料丛编简辑》,第二册,第 177 页。太平天国历史博物馆,北京：中华书局,1962。）

【江苏省常熟县、昭文县·咸丰十一年】四月初,福山、恬庄、谢家桥数处,贼立制硝馆。

（汤氏：《鳅闻日记》卷下。《近代史资料》1963 年第 1 期第 119 页。又见《太平天国》,第六册,第 348 页。罗尔纲、王庆成,桂林：广西师范大学出版社,2004。）

【江苏省常熟县·咸丰十一年春】设熬硝馆,在致和观、新塔寺及各镇用民间老墙角砖捣细熬之。

（陆筠：《海角续编》。柯悟迟：《漏网喁鱼集》,第 125 页,北京：中华书局,1959。）

【江苏省常熟县·咸丰十一年四月十五日】长毛设造硝局,用缸数十只埋土中,拆旧屋,取旧砖敲碎、研细和灰中,入缸内以水淘之,然后并熬成硝。福山已有此局,今恬庄亦有局。

（佚名：《庚申避难日记》。《太平天国史料丛编简辑》，第四册，第 504 页。太平天国历史博物馆，北京：中华书局，1962。）

【江苏省溧阳县·咸丰十年三月至同治三年二月】近城数十里……旧屋有壁硝碎砖，煅作火药，名为红粉……硝馆之外，又有炭馆。

（周璐：《溧灾纪略》。冯煦等：《溧阳县续志》卷一六第 13 页。）

【江苏省南京·咸丰三年】将南京各处空棺劈烧殆尽。用古墙之砖与土煮千沸成硝，名药为红粉。

（佚名：《金陵纪事》。《太平天国史料丛编简辑》，第二册，第 50 页。太平天国历史博物馆，北京：中华书局，1962。）

【浙江省乌程县·咸丰十年】［太平军］旋踞长村设硝厂，亦令乡官毁佛刹，供其煮硝用，僧多蓄发还俗。

（陈根培：《湖滨寇灾纪略》。周学浚等：光绪《乌程县志》卷三六第 21—22 页。）

【浙江海盐县、海宁州·同治二年】六月初五日起，宁贼遍处拆旧宅墙砖以打硝，其费仍捐派我民，日数十千。

（冯氏：《花溪日记》。《中国近代史资料丛刊：太平天国》，Ⅵ，第 710 页。中国史学会编，编者：向达、王重民等，上海：神州国光社，1952。）

2. 制磺与买磺

【江苏省南京·咸丰三年】硝，自湖北以来，掳获我兵遗硝甚多。嗣在江宁城内寻远年旧砖煮煎成之。

磺，除掳获外，不知何造法。

造火药，皆令妇女冲好、配制。

（张晓秋：《粤匪纪略》。《太平天国》，第四册，第 52 页。罗尔纲、王庆成，桂林：广西师范大学出版社，2004。）

【江苏省南京·咸丰三年】贼之硝磺固由奸民接济，然亦随地制造，每拆墙圹陈石灰及各种杂灰以熬硝。硫磺无物可炼，一时缺乏，则用火酒煮马粪晒干，更煮更晒，经三四次，研细搀入硝内，其性竟与硫磺无异。［周寿眉说与众难民说皆同。］

（张德坚：《贼情汇纂》。《中国近代史资料丛刊：太平天国》，Ⅲ，第 328 页。中国史学会编，编者：向达、王重民等，上海：神州国光社，1952。）

（五）军械局与军火制造

［含军械局、制炮局、军需炮局］

【湖北省武昌·咸丰二年至四年】湖北汉阳门外有观音阁,范铜为大士象,高数丈。壬子冬,贼至,焚阁,欲毁像而无策,乃以红巾缠佛头,号于众曰:已拜上矣。及甲寅再陷,觅铜匠锯之,欲以铸炮。

（杜文澜:《平定粤寇纪略》附记四《琐闻记》第 3 页。《太平天国资料汇编》,第一册,第 330 页。北京:中华书局,1980。）

【江苏省南京·咸丰三年】又下关税房旁有伪铁匠总制衙,亦系水营之贼,并有江西自来贼匪投称能打造九龙索子炮,由唐逆[正财]带同入伙。去年打造半年,秋冬间云已打成,亦未见其试放,不知炮之大小也。

（涤浮道人:《金陵杂记》。《中国近代史资料丛刊:太平天国》,Ⅳ,第 635 页。中国史学会编,编者:向达、王重民等,上海:神州国光社,1952。）

【江苏省南京·咸丰三年】贼匪铸造炮子枪子,均系伪督铅码专办,始则满城内铜铅锡器搜尽,毁造大小炮子。夏秋间又将城中铜铁搜完,凡庙中钟磬、炉鼎、神佛铜铁法身以及民间废锅烂铁无不取去。贼炉现在武定桥下煤炭店中,凡一带铺面,皆为贼储铜铁之所也。

（涤浮道人:《金陵杂记》。《中国近代史资料丛刊:太平天国》,Ⅳ,第 614 页。中国史学会编,编者:向达、王重民等,上海:神州国光社,1952。）

【江苏省南京·咸丰四年】[太平军所铸九子炮已成,]连环叠放,无片刻歇。每管炮子约下百余粒,如龙眼核大。每开放时,则四面横飞,亦利器也。但炮子非铅,系锡,火药有硝无磺,且不能及远,不足为患。

（张继庚:《张继庚遗稿》。《中国近代史资料丛刊:太平天国》,Ⅳ,第 763 页。中国史学会编,编者:向达、王重民等,上海:神州国光社,1952。）

【湖北省武昌、汉阳、汉口·咸丰五年六月初五日】沈家庙、黄皮街、永宁巷三处打有女馆,女贼首官名左一军军帅李,馆内有被掳妇女不满千人。刻下刘总制派巡查四馆,日夜分巡查街。汉阳沟口广森锅厂设炮局造炮,内约六七十贼,造成铜炮一百八十余尊,大小二百斤至一千斤。又广益锅厂、正大油坊、永金茶馆隔壁陈老森堆栈、张裕太镂房四处,俱设造炮子铅弹局,每局三四十余贼,所需火药俱由兴国、大冶而来。

（西凌阿奏。军机处全宗·录副奏折。中国第一历史档案馆编《清政府镇压太平天国档案史料》,第十七册,第 389 页。北京:社会科学文献出版社,1994。）

【江苏省苏州·咸丰十年四月二十七日】是日,贼头令众收取铅锡,备制炮弹。众遂遍括民间锡器,不论美恶,以多为贵。

（潘钟瑞:《庚申匪梦记》上,页二一。）

[编者按：江苏省苏州太平天国军械所遗址，位于中街路马大鹿巷 12 号。遗址本为丘氏宅第"慎修堂"。全宅占地近 4 000 平方米，建筑面积 3 000 平方米，咸丰十年太平军进入苏州前，宅主携眷离城避乱。战后返回，见厅堂庭院中有煤、铁、炮、炮弹之类，显然做过军械修造工场。民间亦相传为太平天国军械所。同治年间，邱氏曾重修住宅。20 世纪 60 年代初期，从庭院地下发现并出土了石炮弹、圆形铁地雷、锯断的铁炮、太平军军刀之类兵器，估计为当初重修宅第时就地掩埋的。该遗址 1982 年被列为苏州文物保护单位。]

【江苏省吴江县·咸丰十年】 十年五六月内，王永义设军械局于白衣庵，在许家湾打造枪刀，派仲纶监造，解送王江泾贼营，经团勇朱法度驱散。法度被杀后，仍行设局监造，仲伦陆续解往贼营。

（鹤樵居士：《盛川稗乘·同治三年吴江县绅士公呈》。《太平天国史料丛编简辑》，第二册，第 203 页。太平天国历史博物馆，北京：中华书局，1962。）

【江苏省吴江县·咸丰十年】 ［九门御林荣殿吏部尚书锡天福沈枝珊］又设局制造枪炮、旗帜，采办火药，络绎送往嘉兴，源源接济，听逆倚为心腹，遂保升为忠诚天将。

（鹤樵居士：《盛川稗乘》。《太平天国史料丛编简辑》，第二册，第 191 页。太平天国历史博物馆，北京：中华书局，1962。）

【江苏省常熟县·咸丰十一年】 凡庙中钟鼎，解出铸炮。

（柯悟迟：《漏网喁鱼集》。第 54 页，北京：中华书局，1959。）

【江苏省常熟县】 贼中铸炮，将在城与各乡庙宇中之铁香炉、铁烛（筌）［签］及钟、磬等物，搜括无遗。

取年久墙砖，令人敲细成末，吊出墙硝，以充火药之用。乡镇上亦间有夺民房而作吊硝处者，曰吊硝馆。

（佚名：《避难纪略》。《太平天国史料专辑》，第 65 页。上海：上海古籍出版社，1979。）

【江苏省昆山县·1860 年】 昆山当时是太平军的军械厂和铸造厂的所在地，而且是一个具有重大战略重要性的地方。该城由驻防军八千人防守，并有慕王［谭绍洸］所率领的精锐的太平军四千到七千。

（H. B. Morse and H. F. McNair：*Far Eastern International Relations* p. 252. Boston，1931.）

【浙江省嘉兴县练市·咸丰十一年】 自宫［奉真道院］以北，尽为长毛所踞。油车汇有制炮局,凡铅弹、火器于此处铸造。

(佚名:《寇难琐记》卷一,手抄本。南京大学历史系太平天国史研究室编《江浙豫皖太平天国史料选编》,第 158 页,南京:江苏人民出版社,1983。)

【浙江省桐庐县乌镇·同治元年十月十九日】 在乌镇……是夜,往访谱兄沈子鸿于天章冶坊。炉镇沈氏,故开冶坊,贼至业废。乌镇伪莱天义何姓[培章]尽得冶坊之铁,于乌镇大制军器,号曰军需炮局。有张虹桥者,故冶坊友也,劝何开设冶坊,号曰天章。何又开三分押当及山货行等店,皆乌镇人导之也。

(沈梓:《避寇日记》。《太平天国史料丛编简辑》,第四册,第 194—195 页。太平天国历史博物馆,北京:中华书局,1962。)

【浙江省桐乡县濮院镇·同治二年二月】 廿二日,罗庵为贼火药局,亦有火灾。

(沈梓:《避寇日记》。《太平天国史料丛编简辑》,第四册,第 242 页。太平天国历史博物馆,北京:中华书局,1962。)

【江苏省太仓州】 太仓在上海和松江以北,由此向西南有大路直通昆山和苏州。这三处地方当时是叛军的三大据点,而以苏州为最重要,它是这省的都会……昆山在军事上对于苏州和太仓有同等的重要性。由东边通苏州的道路完全会集于此,而太仓则与它互为犄角。它又是太平军的军火库和炮弹厂。

(A. E. Hake:Goardon in China and the Soudan 1896。王崇武等:《太平天国史料译丛》,第 168 页。上海:神州国光社,1954。)

[李秀成主张仿造洋枪洋炮,并已造了炮架,]与其一样无差。

(《忠王李秀成自述校补本》,第 120 页。广西壮族自治区通志馆,南宁:广西人民出版社,1962。)

[编者按:李秀成建议曾国藩仿造洋炮,并到香港买抬枪:"那时我亦利害制之"。]

【江苏省吴江县·同治二年八月】 十七日,[时清军围攻苏州城,盘门外,清军炮船不得近城。]时有鬼子通贼,为贼造炮及一切火器,势难即破。

(倦圃野老:《庚癸纪略》。《太平天国资料》,第 112 页。北京:科学出版社,1959。)

编者按:太平天国制造的军械,至今还留有遗物,部分遗物上有铭文。下面是其中的一部分。

铸炮铭文

铁

铜

炮铭文

太平天国丙辰六年置造四百斤铜炮铭文

太 重四百斤

天国丙辰六年置造

平 粉十八两

（郭若愚编：《太平天国革命文物图录补编》，第十四页。上海：上海群联出版社，一九五五。）

太平天国乙荣五年造叁佰伍拾斤铜炮铭文

重叁佰伍拾斤

太平天国乙荣五年置造

粉拾陆两

（郭若愚编：《太平天国革命文物图录补编》，第十二页。上海：上海群联出版社，一九五五。）

太平天国丙辰六年翼贵丈黄玉崑铸铁炮铭文

丙辰六年驻扎临江

太

翼贵丈提督军务黄

平

□□□两 翼王贵谕 饬左拾

天

壹指挥易自能

国

监铸重三百斤

（郭若愚编：《太平天国革命文物图录补编》，第十六页，上。上海：上海群联出版社，一九五五。）

太平天国丁巳柒年置造[粉九两]铜炮铭文

太平天国丁巳柒年置造

粉九两

（郭若愚编：《太平天国革命文物图录补编》，第一八页，下。上海：上海群联出版社，一九五五。）

太平天国丁巳柒年置造肆佰斤铜铬炮铭文

太平天国丁巳柒年置造

太　重肆佰斤

平　粉贰拾两

（郭若愚编：《太平天国革命文物图录补编》，第一八页，上。上海：上海群联出版社，一九五五。）

太平天国安徽省造铁炮铭文

太平圣炮

安徽省造

（郭若愚编：《太平天国革命文物图录补编》，第二〇页，左。上海：上海群联出版社，一九五五。）

太平天国丁巳七年安省铸造铁炮铭文

太平胜炮

丁巳七年

安省铸造

（郭若愚编：《太平天国革命文物图录补编》，第二〇页，右。上海：上海群联出版社，一九五五。）

太平天国辛酉十一年殿后军主将陈坤书造
铁炮铭文

太平天国辛酉
十一年月日奉
殿后军主将陈
监造炮位
猷天豫何
炮重三百斤
用子
䂞
两

（郭若愚编：《太平天国革命文物图录补
编》，第二二页，上。上海：上海群联出版
社，一九五五。）

太平天国安省造铁炮铭文
安省造

（郭若愚编：《太平天国革命文
物图录补编》，第一六页，下。
上海：上海群联出版社，一九
五五。）

太平天国壬戌十二年溧阳佐将程某造铁炮铭文
太平天国壬戌十二
年二月　日立
　侍
溧阳佐　将　仝造
　　　　　程
　水师主　胡
　　蓊天福安铸

（郭若愚编：《太平天国革命文物图录补编》，第二二
页，下。上海：上海群联出版社，一九五五。）

太平天国辛酉十一年溧阳佐将马程造铁炮，照片

太平天国辛酉
十一年四月　日
造
股口　溧阳佐将　马程
　水师总提胡
　蓊天福安铸

（《太平天国革命文物图录》，第十七页，太平天
国起义百年纪念展览会，上海：上海出版公司，
一九五四。刻铭拓本，同上书，第十八页。该炮
长八九公分，口径三三公分。）

太平天国癸开十三年荣【王廖发寿】殿工部尚书游监造铜炮铭文

荣殿工部尚书游监造癸开十三年九月日立重七百斤

（秉衡居士：《荷香馆琐言》。记一九〇九年四月无锡渔人在皇婆墩河内捞取之铜炮铭文，转引自罗尔纲：《太平天国文物图释》第六十八页。北京：三联书店，一九五六。）

太平天国癸开十三年荣王廖发寿造铜炮铭文

重壹佰斤

荣癸开十三年小春月

殿受粉十两圆码二十两

（郭若愚编：《太平天国革命文物图录补编》，第二四页，右。上海：上海群联出版社，一九五五。）

太平天国时期各地铸造的铁炮中，三门铭文上均有铸炮者"衡天福安铸"落款，两门炮身铭文为"太平天国辛酉十一年四月 日，溧阳佐将马、程、水师总提胡造"，另一门炮身铭文为"太平天国壬戌十二年二月 日立，溧阳佐将马、水师主将胡置造"。

（《太平天国文物》，罗尔纲主编，太平天国历史博物馆，南京：江苏人民出版社，1992。）

附：太平军与清军、洋枪队作战中军械的对比。用鸟枪的情况

【河北省静海县独流·咸丰四年正月初六日】现在我们由（蒲）[浦]口出来，原有四万余人，沿路伤亡、失迷、逃走，约有万余，现在仍有三万余人，分为九军。每军约存火药二千余斤。独流约有一万七八千人，静海约有一万三四千人。我们沿路见有硫磺，大家分带。现在火药缺少，即用带来的硝磺熬硝、烧炭配造火药，每日约造火药百余斤。我们原有大炮四十余个，每个计重二百七十斤。听说独流打仗，我们得了三千余斤大炮三个、五百余斤大炮五个，抬枪二十余杆，手枪七八十杆，未放的火箭六只。

（僧格林沁录呈王自发供词。京城巡防处档。中国第一历史档案馆编《清政府镇压太平天国档案史料》，第十二册，第186—187页。北京：社会科学文献出版社，1994。）

【江苏省上海·咸丰四年二月二十二日】至用兵之道，本应于风雨晦明，攻其不备。而该逆所恃者，向奸夷所买之铜火药帽自来机火枪，无需门药，虽倾盆大雨亦不畏。我兵之鸟枪、抬炮，一遇久雨，勾火不能迅速，且泥淖过深，立足不稳，进步连环，势难齐集。是以不敢冒险从事,以致或有挫失。[朱批:铜帽枪实为利器之最,尤利于风雨。现在军营能否购买应用?着传知吴健彰酌量筹办。虽不甚多,亦可。若无风雨时用之,固觉捷便。然出枪太多,内有药渣堵塞火门,尚不如火绳枪可百发百出。]

(怡良等奏。军机处全宗·录副奏折。中国第一历史档案馆编《清政府镇压太平天国档案史料》,第十二册,第604页。北京:社会科学文献出版社,1994。)

【湖南省·咸丰四年七月】[又,七月,曾国藩湘军进攻岳州]……官兵架铜船,用火炮、火(煎)[箭]、火弹……铜船者用铜包裹,固若铜城,两面开穴,安放火炮,仓内推车走水,行捷如风。火(煎)[箭]火弹,触物便焚。

(李汝昭:《镜山野史》。《中国近代史资料丛刊:太平天国》,Ⅲ,第9页。中国史学会编,编者:向达、王重民等,上海:神州国光社,1952。)

【湖北省洪湖县辅场·咸丰四年七月初五日】是役也,歼毙贼匪及轰毙执黄旗贼目伪提督韦姓、伪九军师陈姓,并执红旗贼目三名,生擒长短发贼二十五名,俱于军前正法。夺获五百斤重铜炮三尊、铁炮一尊,一千二百斤重铁炮一尊,炮上皆有太平天国铸造字样;骡马、器械以及违禁冠服不可胜记。

(官文等奏。宫中全宗·朱批奏折。中国第一历史档案馆编《清政府镇压太平天国档案史料》,第十四册,第667页。北京:社会科学文献出版社,1994。)

【湖北省孝感县杨店·咸丰四年八月十九日】夺获旗帜、枪炮、火药、铅丸、刀矛多件,抬枪内有镌狼山中营字样。

(杨霈奏。军机处全宗·录副奏折。中国第一历史档案馆编《清政府镇压太平天国档案史料》,第十五册,第458—459页。北京:社会科学文献出版社,1994。)

【湖北省武昌·咸丰四年】逮陷武昌后,所执刀矛多用朱漆画杆,虽不必适用,然而军器日求华美,可概见矣。

(张德坚:《贼情汇纂》卷五。《中国近代史资料丛刊:太平天国》,Ⅲ,第143页。中国史学会编,编者:向达、王重民等,上海:神州国光社,1952。)

【江苏省南京·咸丰三年至五年】其抛火毬放喷筒,人人优为之,固不待习也。贼中于此技较精。至于火箭则不谙造法,携得我军中火箭,亦不知施放。

(张德坚:《贼情汇纂》,卷五。《中国近代史资料丛刊:太平天国》,Ⅲ,第159页。中国史学会编,编者:向达、王重民等,上海:神州国光社,1952。)

【安徽省安庆·咸丰五年三月】初,贼之水军,皆掳掠商民舟船为之,动号数千,震骇耳目,其实能战者,仅有战船数十及划船数百。自去年冬,贼于安庆造船习阵,窃规曾国藩水师之制,不数月,成军而出,势颇鸱张。

（李滨：《中兴别记》。杜德风选编《太平军在江西史料》,第 416 页,南昌：江西人民出版社 1988。）

【江苏省南京·咸丰五年四月初四日】统计焚击大小贼舡二百余只,夺获大拖、多桨快蟹、炮舡、划舡二十五只,夺获二千斤大铜炮一门,其自一千斤至五六百斤大小铜铁炮位共八十五门,火药四千余斤,大小炮弹、铁子三千余颗,黄马褂、号衣、旗帜、刀牌不计其数,生擒伪先锋陈长顺一名,贼目孙元、钱永、章太中三名及贼党胡三等五十七名,讯明均即正法。

（向荣奏。军机处全宗·录副奏折。中国第一历史档案馆编《清政府镇压太平天国档案史料》,第十七册,第 253 页。北京：社会科学文献出版社,1994。）

【江西省湖口县·咸丰五年五月】该逆已由姑塘扬帆上犯,约炮船百余号,小划数十号,雁列而来。其船也,皆快蟹、长龙、舢板之类,长短大小,尽仿我军制法,桨枝之密,炮位之备,一一效法我军,视去年之贼炮船无多、水战较钝者,迥不相同。

（光绪《石钟山志》卷十·武功。）

【江苏省镇江·咸丰五年九月初一日】该镇等督率兵勇奋力尾追。适武庆添拨巡江水勇划船,前来协同进剿,夺获大船一只,铜炮一位,上刻伪太平天国乙荣五年字样,又百子炮二位,鸟枪、长枪、大刀十余件,火药四坛,弹子十余担,黄白旗各二面,上书伪太平天国总制字样。船内之贼俱窜落江中,余船窜入下关口内。

（托明阿等奏。军机处全宗·录副奏折。中国第一历史档案馆编《清政府镇压太平天国档案史料》,第十七册,第 541 页。北京：社会科学文献出版社,1994。）

【江苏省南京·1857 年 1 月 30 日】第一位［按：指洪秀全］的王府前有两尊漂亮的发射 12 磅炮弹的铜炮,炮身标明马萨诸塞州 1855 年造,美国橡木制成的炮架,铅色涂抹,配有马来树胶的震垫。我们常被叫去解释撞针的用途。该炮的撞针和其他配件都十分完好。炮塞上的塞圈相当新,表明此前清军极少使用过这两门炮。上海的许多清军对这些炮都很熟悉,叛军从他们手中缴获了它们,并移送到第二位［按：指杨秀清］处。

（范德一、许培德、夏春涛译：《西方关于太平天国的报道》。《中国陆上之友》。《太平天国》,第九册,第 188 页。罗尔纲、王庆成,桂林：广西师范大学出版社,2004。）

（六）造战船

［参见本目（一）"诸匠营概况"及本章第二节第二目"手工工人工资"］

【江苏省南京·咸丰三年】伪监造金龙船总制,伪监造战船总制。［两项系为贼造船者,湖广人为之。]

（涤浮道人:《金陵杂记》。《中国近代史资料丛刊:太平天国》,Ⅳ,第621页。中国史学会编,编者:向达、王重民等,上海:神州国光社,1952。）

【江苏省南京·咸丰三年二月至四年七月】又募人造火箭及造战船。船厂在水西门外。督造人官授将军。

（张汝南:《金陵省难纪略》。《中国近代史资料丛刊:太平天国》,Ⅳ,第712页。中国史学会编,编者:向达、王重民等,上海:神州国光社,1952。）

【安徽省芜湖·咸丰五年七月】至金陵贼首因官兵进取芜湖,逆势屡挫,转欲下援瓜镇,以图牵制。迭据各路探报,下关地方有贼造车轮船,行走甚捷,并聚有炮船、米船共约二百余号,现泊草鞋峡江面等语。臣托明阿以贼船用轮激水,乃宋时湖寇杨幺之故智,宜用柴草、挡链、浮钩阻碍其轮,使之不得旋转,再用火攻,密饬沿江各文武暨浦口、观音门、土桥各水师如法预备严防。

（托明阿等奏。军机处全宗·录副奏折。中国第一历史档案馆编《清政府镇压太平天国档案史料》,第十七册,第478页。北京:社会科学文献出版社,1994。）

【江苏省扬州·咸丰五年四月】咸丰五年四月初旬外,向提台信云,逆匪罗大纲造一百五六十号大战船……六月中旬外,南京逆匪罗大纲改木牌为艇船六百余号,急欲接济瓜[洲]镇。

（佚名:《咸同广陵史稿》卷下第17页。扬州:江苏扬州人民出版社。又见《太平天国》,第五册,第114、116页。罗尔纲、王庆成,桂林:广西师范大学出版社,2004。）

【江苏省常熟县·咸丰十一年四月十四日】新塔旁遇新造船下水,遍插旗纛,鸣锣击鼓,艄设双阑,旁划八桨,舟师被彩服有如龙舟。

（龚又村:《自怡日记》。《太平天国史料丛编简辑》,第四册,第397页。太平天国历史博物馆,北京:中华书局,1962。）

【江苏省常熟县·咸丰十一年一月十八日】每图尚捉数人当差,筑土城,造战船,虽每工得钱三百,而贼之肆无忌惮,至今已极。

（龚又村:《自怡日记》。《太平天国史料丛编简辑》,第四册,第387页。太平天国历史博物馆,北京:中华书局,1962。）

【浙江省桐乡县·咸丰十一年一月十九日】长毛写店(评)[凭]。南横街茶店生意极清。出三洋。共派千五百。年下派亏空费八百余两……十月中,贼又至趁船桥,炮船费一百六十千,每派三千,濮院造炮船十只,屠甸十五只。

太平天国财政经济资料汇编

（沈梓：《避寇日记》。《太平天国史料丛编简辑》，第四册，第 209—210 页。太平天国历史博物馆，北京：中华书局，1962。）

【江苏省常熟县·同治元年五月十七日】 长毛近日造炮船，各处取树招匠甚急。

（佚名：《庚申避难日记》。《太平天国史料丛编简辑》，第四册，第 527 页。太平天国历史博物馆，北京：中华书局，1962。）

【江苏省溧阳县】 ［太平军在溧阳］树木及庙宇宗祠旗匾俱封记，以作柴火。大者造炮船。

（周璐：《溧灾纪略》，冯煦：《溧阳县续志》，卷一六，第 13 页。）

（七）铸钱

［参见第十六章"金融与货币"］

【江苏省南京·咸丰三年】 贼之伪铸钱职同伪总制，有正副。贼之铸钱，正面直书天国二字，背面直书圣宝二字，铸有十余万……此伪钱厂在评事街江西会馆。伪钱式约如现行之当十钱大也。

（涤浮道人：《金陵杂记》。《中国近代史资料丛刊：太平天国》，Ⅳ，第 636 页。中国史学会编，编者：向达、王重民等，上海：神州国光社，1952。）

【江苏省南京·咸丰三年】 在朝天宫开炉铸钱，轮廓大如洋钱，一面天国字，一面圣宝字，发与领本人，持出城交易不能行。

（张汝南：《金陵省难纪略》。《中国近代史资料丛刊：太平天国》，Ⅳ，第 716 页。中国史学会编，编者：向达、王重民等，上海：神州国光社，1952。）

【江苏省南京·咸丰三至四年】 《铸大钱》：太公圜法重九府，利用厚生后人祖。下及货布与泉刀，文字广轮靡不古。贼人虏得铜无数，大开洪炉资鼓铸。谁为老成垂典型，古来款识都变更。一面直行书"圣宝"，一面直行书"太平"。商旅不许妄藏市，［伪示有云：天京乃定鼎之地，安能妄作生理，潜通商贾。］城里无用人不争。出城与人互交易，依旧咸丰通宝行。何异邓通铜山高插云，到死一钱仍不名。

（马寿龄：《金陵癸甲新乐府》。《中国近代史资料丛刊：太平天国》，Ⅳ，第 737—738 页。中国史学会编，编者：向达、王重民等，上海：神州国光社，1952。）

【江苏省南京·咸丰五年一月】 贼间于井中或花台启得金银，于是令于各处搜掘，又遍搜废铜铸钱，其文一面为"太平天国"，一面为"圣宝"，或"重宝"字样……而轮廓肉好，亦颇整齐。至今或见之，盖销毁未尽者也。

（李圭：《金陵兵事汇略》卷二页二。《太平天国》，第四册，第 265 页。罗尔纲、王庆成，桂林：广西师范大学出版社，2004。）

【浙江省嘉兴·咸丰十一年】本年[咸丰十一年]八月，嘉[兴]贼铸钱无文理，不成。

（冯氏：《花溪日记》。《中国近代史资料丛刊：太平天国》，Ⅵ，第 693 页。中国史学会编，编者：向达、王重民等，上海：神州国光社，1952。）

【浙江省·同治元年三月二十七日】桐乡长毛开考秀才曰秀士，军帅姚某为考官……初八日招复试。[文题中有：]"天国三大政赋，以耕田，铸钱，取粮三大政为韵。"

（沈梓：《避寇日记》。《太平天国史料丛编简辑》第四册，第 148 页。太平天国历史博物馆，北京：中华书局，1962。）

（八）织营

[机匠营]

【江苏省南京·咸丰三年】咸丰癸丑春二月，粤贼陷金陵，掠民为兵，众竟为逃匿计，有吴长松者，一名复诚，字蔚堂，行六，人皆以吴六称之，本缎商也[住磨盘街]。性忠义，有谋略，上书贼酋，谓金陵以机业为首，居民习此者半，若招集数千人，粗织缎匹，足供诸王服御。贼因授长松机业总制，设馆曰机匠衙。凡儒士及他业俱为贼虏胁者，皆潜身其中，于是机匠衙凡数千人。

（陈作霖：《凤麓小志》，记倡义第九，卷三，第 7 页。）

【江苏省南京·咸丰三年三月至九月】

吴蔚堂者，江宁监生长松，又名复诚，性忠义，有谋略。贼破金陵，蔚堂陷贼中，见贼残忍嗜杀，久切齿焉，而未得间。会贼悉师四出，城中空虚，思乘机反正。上书贼酋，谓金陵以机业为首，居民习此者半，若召集数千人，足供诸王服御。贼乃授吴机业总制，设馆于砂朱巷，名曰机匠衙。而士及他业者皆潜身其中，厥后斩关杀贼，出自机匠衙者居多。贼兵额不足，他馆分抽，而机匠衙不与，皆蔚堂力也。于是机匠衙凡数千人，蔚堂各结以恩，动之以大义，众皆唯命。乃阴与同志秘谋内应，请师于外，潜结守城贼，约期开城，内外响应，谋定上书赵太守。蔚堂昔贾于汉阳，与太守有旧。太守东赴大营，以蔚堂书呈忠武公，谓当派一人先与吴某密约，然须此间绅士导行。余与蔚堂交素契，乃与孙澂之、马小帆请缨。越日入营谒忠武公，派都司李某挈材官五人，各易服微行。金陵城极大，朝阳门偏东北，水西门偏西南，贼之营垒附郭皆遍，凡城外由朝阳至水西须循石灰团西渡，由西善桥越小(行)[桁]，经茅公渡贼栅，过江东门始达，计程八十余里。吴蔚堂往来踪迹，皆在水西、江东间。有沙洲圩乡人李姓者，小帆之佃，用之前导以行。李都司沿路见贼股慄。九月一日夜，抵沙洲圩。遂借佃户李姓茅屋内暂栖，深秋严寒，卧牛衣中，不自知其苦也。二日，避贼绕道至牛首山，群栖庙中。次日达江东门，蔚堂已先在焉。见余至，迎前问讯。时贼营中往来如织，不敢纵谭，匆匆出禀，袖交李都司。余因谓曰："营弁之来可一不可再，似此奈何？"因嘱其划一善策。未几，开各城门，准设柴薪馆，许居民市薪。余意蔚堂计，已而果然。余遂伪为卖薪者，往来北河口，因得与蔚堂计议，归禀向帅。向帅檄余任其事。遂于北河小果园赁屋数椽，以为暂憩之所。嗣蔚堂赚贼关凭，得出入无阻，故不时与晤，而消息以通。俄而张炳垣亦以书抵大营，言内应事焉。

（胡恩燮：《患难一家言》卷上。《太平天国史料丛编简辑》，第二册，第 342—343 页。太平天国历史博物馆，北京：中华书局，1962。）

【江苏省南京·咸丰三年正月二十九日至四年正月】伪丞相钟芳礼性稍和平，乃有机匠之招，言为匠做工，则不打仗。且投入机匠之家，凡遇贼搜索，告伪相，辄执杖贼追还。于是投机匠藉以伏处者，约二万人。后有杂行之设，亦如之……机匠既多，传伪令，每馆要数人出城抬米，及出，悉胁使上船至江西。先是稍有资者，用银买入为机匠，匿勿出。于是搜机匠，并搜银钱衣物，至是机匠仅剩五六千人……[咸丰四年正月发现有反太平天国者藏在机匠营中，搜出并杀了一批，]至是机匠仅存二千人。

（谢介鹤：《金陵癸甲纪事略》。《中国近代史资料丛刊：太平天国》，Ⅳ，第 653、655、661 页。中国史学会编，编者：向达、王重民等，上海：神州国光社，1952。）

[编者按：关于机匠营的人数，《金陵癸甲纪事略》中说一年内减少十分之九。除此记载外，还有同书 618 页《金陵杂记》说"渐集至一万四千人"。"自夏徂冬，所存只四分之一"。半年间减少了四分之三。同书 699 页《金陵省难纪略》说"城中来往半皆机匠"。第 765 页《张继庚遗稿》说咸丰三年十月以后仅三千余人。《向荣奏稿》卷三中在一份咸丰三年的奏稿中说："闻城中有瓦木匠人约四五千，园户机匠约五六千。"《紫蘋馆诗钞》："金陵陷后，潜入织营者二三千人。"见《太平天国史料丛编简辑》第六册，第 393 页。]

【江苏省南京·咸丰三年三月】贼图窜上下游，分官兵力，虑己分力亦弱，复谋胁新房之人，见馆中机匠甚伙，乃传伪令每馆选壮健者数人，诡言出城运木石。既出，悉迫之上船，使犯皖楚。先是，机匠多有中人资，以重贿赂贼目，乃得人。概为贼酋悉其隐匿状，命搜缉并括及他物，因而逸去者极多。至是仅存四五千人。

（李圭：《金陵兵事汇略》，卷一，第 19—22 页。《太平天国》，第四册，第 251 页。罗尔纲、王庆成，桂林：广西师范大学出版社，2004。）

【江苏省南京·咸丰三年】伪殿前丞相督理织营钟芳礼，广西老贼，年约五十……初封御材侍卫。癸丑[一八五三年]二月至江宁，封恩赏丞相，督理织营事务。凡江宁城中素业机者，皆一网打尽，分丝络经，限日缴缎匹若干，并立营伍，亦有前后左右中各名色，斩然不紊。

（张德坚：《贼情汇纂》卷二《钟芳礼传》。《中国近代史资料丛刊：太平天国》，Ⅲ，第

【江苏省南京·咸丰三年】钟芳礼,伪殿前丞相,广西人,居乡贸易钱米。天贼屡至其家,芳礼献钱米,故至金陵,初为伪侍卫,旋为伪恩丞相,总理机匠杂行。

黄为正,伪殿前丞相,广西人。初随天贼南贼往来平塞山,诱惑愚顽者。故至金陵,为伪丞相,副理机匠。

(谢介鹤:《金陵癸甲记事略》。《中国近代史资料丛刊:太平天国》,Ⅳ,第 674 页。中国史学会编,编者:向达、王重民等,上海:神州国光社,1952。)

【江苏省南京·咸丰三年】黄柄权,伪典机匠将军,广东人。由金陵附贼,机匠之设,自柄权始。

黄开元,伪典机总制,湖北人,二十余岁……嗣为伪典机匠,其仇人供开元通妖,遂五马分尸。

(谢介鹤:《金陵癸甲记事略》。《中国近代史资料丛刊:太平天国》,Ⅳ,第 679 页。中国史学会编,编者:向达、王重民等,上海:神州国光社,1952。)

【江苏省南京·咸丰三年】贼初破城,有贼匪钟芳礼,掳胁城内机匠,己为伪恩丞相,专管理织营,令各匠织缎,诈称可免当贼兵,于是起而从者数百人,渐集至一万四千人,内中颇有外行冒充织匠,因其可以栖身之故……钟贼住南捕厅前甘公兴布店内,私藏丝绫缎匹。群贼之中,推此贼为至富。另设五十九行匠作,制造杂货,为伪典妆官。

(涤浮道人:《金陵杂记》。《中国近代史资料丛刊:太平天国》,Ⅳ,第 618 页。中国史学会编,编者:向达、王重民等,上海:神州国光社,1952。)

【江苏省南京·咸丰三年】吴伟堂复诚者,向贸缎于汉口,回省值城破,谋所以藏身,适贼目钟芳礼搜求绸缎,吴因浼广东人充配在省卖土之叶秉权,通语于钟,拟设机织缎以应其求。钟大悦,转白东贼,添设织营,照贼制分五军,即以吴与叶等充总制,向有机房处为机馆……馆中人数多少不拘,其军帅卒长司马等皆本城人为之,贼不解织事故也。于是士绅富人多来隐于此,城中来往半皆机匠招。吴又添设染坊,并所谓杂行,如花粉绣线等类,贼颇以为便……方是时机匠杂行及运柴人不下数万。

(张汝南:《金陵省难纪略》。《中国近代史资料丛刊:太平天国》,Ⅳ,第 699—700 页。中国史学会编,编者:向达、王重民等,上海:神州国光社,1952。)

【江苏省南京·咸丰三年】吴复成,字蔚堂,上元人,性慷慨好施与,贾粤多年,谙粤语。咸丰壬子[二年]归,次年遭粤寇乱。自度力不足毙贼,乃浮沉贼中以救人。贼入城,势凶悍,与人语多不辨,贼益怒,复成独知之,以是为贼所信。说贼曰:金陵缎匹冠天下,宜设机杼以资用,贼从之。广招机匠十万人,文弱者多借以藏身。后贼骗机匠出城,又说贼曰：曩日柴薪刈诸洲，宜设船数十，就洲收割运城以备爨，贼大喜。由是船中送出被陷男妇六七千人。又尝假贼装乘马出城，令童子伪为服役者，童子遂脱于难。

（汪士铎等：《光绪续纂江宁府志》卷一四之九上第 7 页。）

【江苏省南京·咸丰八年】织营。江宁绸缎，平时货行天下，织造处曰机房，司织者数万人。城陷后，人物尽被掳获，贼初以为能织重之，不令执矛，设为官统之。民利其不当贼兵，大半逃匿于此。嗣贼见人众，数派徭役，驱令随同出寇，存者无几人。

（张晓秋：《粤匪纪略》。《太平天国》，第四册，第 54 页。罗尔纲、王庆成，桂林：广西师范大学出版社，2004。）

【江苏省苏州·咸丰十一年】[英王、忠王、玕王织造各不统率]各自欺凌，互相侵夺。

（潘钟瑞：《苏台麋鹿记》卷下。《中国近代史资料丛刊：太平天国》，Ⅴ，第 293 页。中国史学会编，编者：向达、王重民等，上海：神州国光社，1952。）

（九）绣锦营

【江苏省南京·咸丰三年】逆匪掳得戏班盔头店匠人，为伪典造国帽，令其制造盔帽，然又故将本来花样更改，如洪杨等逆帽，起花类似桶式上站凤凰；如伪翼王石逆帽上立一凤，由五至一以为定制；伪丞相以至伪军师，则用戏班中所戴之帽，其余戏帽甚多，各按伪职分别。自首逆以次，帽前曾有伪职字样，唯纱帽雉翎一概不用。馆在伪绣锦衙旁。

（涤浮道人：《金陵杂记》。《中国近代史资料丛刊：太平天国》，Ⅳ，第 619 页。中国史学会编，编者：向达、王重民等，上海：神州国光社，1952。）

【江苏省南京·咸丰三年】伪东、翼、北典袍[即裁缝，到处皆掳，人数极多。]

（涤浮道人：《金陵杂记》。《中国近代史资料丛刊：太平天国》，Ⅳ，第 620 页。中国史学会编，编者：向达、王重民等，上海：神州国光社，1952。）

【江苏省南京·咸丰三年】典天袍是缝纫人。洪贼则称典天袍，东贼称典东袍，余准此。

（张汝南：《金陵省难纪略》。《中国近代史资料丛刊：太平天国》，Ⅳ，第 708—709 页。中国史学会编，编者：向达、王重民等，上海：神州国光社，1952。）

【江苏省南京·咸丰三年】造办旗帜，贼有朝内总旗帜官。旗有大小，贼定伪职之大小以分旗帜之尺寸。如洪逆之旗约长方一丈内外，杨、韦、石诸逆的长方八九尺等。其伪丞相以次至二三尺不等，总由此贼目处制造。其诸首逆并伪男女丞相出门，舆前另有小旗帜十余对，或数十对，或三四十对，各有分别。旗上绘龙绘虎，则由伪绣锦衙画制，大约贼有定例也。旗帜贼馆在土街口。

（涤浮道人：《金陵杂记》。《中国近代史资料丛刊：太平天国》，Ⅳ，第617页。中国史学会编，编者：向达、王重民等，上海：神州国光社，1952。）

【江苏省南京·咸丰三年】两湖贼有知画者，为伪锈锦，掳胁各处并省中画士，为之画旗、画伞、画轿衣，各贼首巢穴门扇墙壁，无一不画，登高上壁，勉为设色，笔墨遭难矣。贼之画亦有伪制，如洪逆之门画双凤谓之凤门，杨、韦之门画龙、虎，伪丞相门画像，以下画狮、豹、鹿、兔，墙壁画鱼、雁、鹅、鸭等类，不准绘人物，馆在土街口。

（涤浮道人：《金陵杂记》。《中国近代史资料丛刊：太平天国》，Ⅳ，第619页。中国史学会编，编者：向达、王重民等，上海：神州国光社，1952。）

【湖北等省·咸丰三年至五年】伪女官

伪左辅正军师一人，右弼又正军师一人，前导副军师一人，后护又副军师一人，六官正副丞相各二人，殿前绣锦指挥二百四十人，绣锦将军二百人，绣锦总制一百二十人，绣锦监军一百六十人，以上至指挥，主督各妇女制造金彩冠服之工。

（张德坚：《贼情汇纂》卷三《伪官制·伪女官》。《中国近代史资料丛刊：太平天国》，Ⅲ，第109—110页。中国史学会编，编者：向达、王重民等，上海：神州国光社，1952。）

【湖北等省·咸丰三年至五年】贼素有女军，皆伪王亲属……勇健过于男子。临阵皆持械接仗，官军或受其屾。所掳妇女，皆以军法部署，置总制诸官以统之。自湖北掳得妇女，无虑十数万。美者收入伪宫，逼充妾媵。其善女红者，分入绣锦衙营，置指挥以下官领之。余悉迫令解足，任荷砖、开沟、浚濠、运土诸役，俱立官以督工……自癸岁五月以后，每人给米四两，惟许食粥，违者立斩。

（张德坚：《贼情汇纂》卷三《伪官制·伪女官》。《中国近代史资料丛刊：太平天国》，Ⅲ，第111页。中国史学会编，编者：向达、王重民等，上海：神州国光社，1952。）

【江西省武宁县·咸丰四年八月初五日】李大胜杀毙伪丞相王亨武，其黄马褂上绣有王姓伪衔。

（陈启迈奏。宫中全宗·朱批奏折。中国第一历史档案馆编《清政府镇压太平天国档案史料》，第十五册，第361页。北京：社会科学文献出版社，1994。）

【湖北省崇阳县·咸丰四年八月十九日】立将县城克复，夺炮十尊，台枪、鸟枪百余件，马二十四匹，绿缎大轿一乘，大黄伞四把，紫金冠五顶，子药、旗帜、刀矛无数……夺获伪丞相黄帽一顶，大黄旗三面，上书太平天国丞相刘文等字样。子药、号衣、军械无算。

（塔尔布等奏。宫中全宗·朱批奏折。中国第一历史档案馆编《清政府镇压太平天国档案史料》，第十五册，第453页。北京：社会科学文献出版社，1994。）

【湖北省武昌·咸丰四年八月二十七日】 伪国宗、丞相所居之署,拆神庙以兴修,柏木狼藉,一床之费,可值千金。水陆两军,夺黄伞三百余柄,金冠、龙袍各百余件,镂锡签筒、笔架至二千余具之多。其僭侈如此,该逆为神人所共愤。

（塔齐布等奏。宫中全宗·朱批奏折。中国第一历史档案馆编《清政府镇压太平天国档案史料》,第十五册,第505页。北京:社会科学文献出版社,1994。）

【江苏省南京·咸丰五年】 其伪绣锦指挥女官军、帅、卒、两等官计六千有奇,绣工八千,女使五千有奇,要皆不谬。惟女兵十万之数,此犹癸丑四五月间数目,今挫折以死者何可胜计?且贼改章程,此后非殊色不掳,女兵有减无增。以意揣之,江宁女兵仍亦不过四五万耳。

（张德坚:《贼情汇纂》卷十一《贼数》。《中国近代史资料丛刊:太平天国》,Ⅲ,第310页。中国史学会编,编者:向达、王重民等,上海:神州国光社,1952。）

(十) 水营

【湖北省·咸丰二年】 贼初无舟楫,故无水营,自益阳至武汉,掳民船三十余只,船户唐正财搭浮桥于汉江,杨逆嘉其能,始立水营,以唐正财为指挥,总统水营船务。

（张德坚:《贼情汇纂》卷五。《中国近代史资料丛刊:太平天国》,Ⅲ,第141页。中国史学会编,编者:向达、王重民等,上海:神州国光社,1952。）

【咸丰二年至六年】 贼初虏得船只,不知顾惜,不事修葺计,不久皆为朽板。自得[唐]正财后,搜刮钉、铁、油、麻、竹、木、锚、缆,督工修补,焕然一新。掳得我兵战船炮船,初亦仿式增置。群贼不习驾驶,不能点炮,便索然废弃。故贼中不分炮船、战船、坐船、辎重船,所有船只,皆载贼军,皆载粮糗,皆载器械炮火,凡有船皆战船,凡接仗皆出队……贼仗船多惊我,所向无前,乘风急驶,漂忽靡常,一日行数十里,处处使我猝不及防。所欲城池,不战即得。遍地金帛粮米,恣意掳掠,任其载运,声势炫赫,我兵单薄,每不敢遽近。及其窜也,我无船只,不能追剿。是比年贼之蹂躏沿江,几无御之之法,皆船多为害也。

（张德坚:《贼情汇纂》卷五。《中国近代史资料丛刊:太平天国》,Ⅲ,第141—142页。中国史学会编,编者:向达、王重民等,上海:神州国光社,1952。）

【湖北省武昌·咸丰二年十一月】 十三日、十四日晚贼联舟为[武昌至汉阳]二浮桥。[十五日]比明已成。上由鹦鹉洲至白沙洲,下由南岸嘴至大隄口……十九日,[清政府湖北巡抚]常大淳,提督双福出赏格,[破浮桥]……二十二日,上流浮桥忽然中开,以筏联之。

二十五日,贼于沙湖树木桩覆板为桥,直抵小龟山。二十九日,贼复联舟为浮桥。

（陈徽言:《武昌纪事》。《中国近代史资料丛刊:太平天国》,Ⅳ,第587、588、589、590页。中国史学会编,编者:向达、王重民等,上海:神州国光社,1952。）

【湖北省武昌·咸丰二年十二月】武汉一江隔,约七八里,烟波浩淼,江势极宽,至是年冬,水忽大涸,江中涨巨沙洲……贼以所掳船横江作浮桥,铁索环之,自汉阳直达省城[武昌]俨如坦道。

（杜文澜：《平定粤匪纪略》卷一第 11 页。上海申报馆仿聚珍版印。《太平天国资料汇编》第一册,第 1 页。北京:中华书局,1980。）

【湖北省武昌·咸丰二年十二月】十二月八日,贼造浮桥,自对岸晴川阁至汉阳门江岸,以巨缆横缚大木,上覆板障。人马来往,履如坦途。

十二月十七日,大风,断贼江中浮桥。

十九日,贼复缚木为浮桥,更多系大铁锚重三四十斤者抛江中……虽大风浪不为动。

（陈徽言：《武昌纪事》。《中国近代史资料丛刊:太平天国》,Ⅳ,第 594、596 页。中国史学会编,编者:向达、王重民等,上海:神州国光社,1952。）

【湖北省武昌·咸丰三年正月初二日】[太平军]由浮桥过汉口……焚浮桥。

（陈徽言：《武昌纪事》。《中国近代史资料丛刊:太平天国》,Ⅳ,第 598 页。中国史学会编,编者:向达、王重民等,上海:神州国光社,1952。）

【江苏省南京·咸丰三年】唐正财,伪殿前检点,湖南人,为粮船水手。自湖南从贼至金陵,总理水营事,授伪[水]指挥。癸丑冬至湖南岳州及湘潭,掳木料船只数百,挟逼水手二三千人返金陵,遂授伪检点。

（谢介鹤：《金陵癸甲记事略》。《中国近代史资料丛刊:太平天国》,Ⅳ,第 675 页。中国史学会编,编者:向达、王重民等,上海:神州国光社,1952。）

【江苏省南京·咸丰三年】又有副管伪水营为伪木一正将军许斌升,亦系湖南人,大构系木商被掳而来者。许贼馆在大王庙旁。该贼等于庙前插厂,打造八桨快船约二三丈长,上有布篷,船旁画龙,每船能容二三十人,船系敞口,上无顶席,大约乘以巡江者,未能远行也。

（涤浮道人：《金陵杂记》。《中国近代史资料丛刊:太平天国》,Ⅳ,第 635 页。中国史学会编,编者:向达、王重民等,上海:神州国光社,1952。）

【江苏省南京·咸丰三年】水营,设伪官,自指挥以下及两司马,各有统下人,多寡不等。大伪官湖南船户为之,小者间有别省人。贼船皆属焉。

（张晓秋：《粤匪纪略》。《太平天国》,第四册,第 54 页。罗尔纲、王庆成,桂林:广西师范大学出版社,2004。）

(十一) 镌刻衙,刻书局

【江苏省南京·咸丰三年】贫士偏耽左籍储,张杨里巷已邱墟。梅村幸有归来日,闻井浮湛老著书。[杨雅轮久逝,张容国近亦作古,汪梅村客鄂归,余昔年访之仓巷,其门联云:庸保杂作,间井浮堪。][伪恭王府今为书局,欧阳小岑、汪梅村……皆在局中。]

(《金陵杂述诗》。《太平天国轶闻》卷四,第78—79页,进步书局编辑所编辑,文明书局出版社。)

[编者按:太平天国从建立起,就有了自己的刻印工业。《太平天国革命文物图录补编》一一印的太平天国辛开元年新刻《幼学诗》封面,系1955年春山西临汾发现的书版,是其证明。从书四印的《太平军目》总目一页中所列"旨准颁行诏书十三种"中,可知该书系壬子二年刻本。即太平天国在行军中仍不断刻书。]

【江苏省南京·咸丰三年】 伪镌刻衙,主为贼刻伪书。贼造书有《天条书》、《幼学诗》、《三字经》、《太平礼制》、《太平军目》等名目,其词旨无不妄诞绝伦。而尤为悖谬者,历书为最,单月三十一日,双月三十日,二十四节皆归朔望。灭绝天时,忍心害理有如此者。

(佚名:《粤逆纪略》。《太平天国史料丛编简辑》,第二册,第35页。太平天国历史博物馆,北京:中华书局,1962。)

【江苏省南京·咸丰三年】 贼在广西、两湖掳得刻字匠,为伪镌刻,胁令统率雕刻伪印木戳伪书。至江境又掳得此项匠人甚多,然逃窜者亦不少。贼馆在复成仓大街。

贼造伪书并首逆等伪示,间亦有印刷者,派令伪刷书衙贼将掳得刷书匠胁令刷印。馆在文昌宫后檐。

(涤浮道人:《金陵杂记》。《中国近代史资料丛刊:太平天国》,Ⅳ,第616页。中国史学会编,编者:向达、王重民等,上海:神州国光社,1952。)

【江苏省南京·咸丰三年】 贼中所刻伪天条书,共条禁十款……逆党结盟之始,不过抄写数册,逮势炎日炽,则刊刻遍布。初犹每馆一本,既则人各一本。

(张德坚:《贼情汇纂》卷九。《中国近代史资料丛刊:太平天国》,Ⅲ,第260—261页。中国史学会编,编者:向达、王重民等,上海:神州国光社,1952。)

【安徽省潜山县·咸丰五年五月】 贼勒捐费刻伪书,熬硝。

(储枝芙:《皖樵纪实》。《太平天国史料丛编简辑》,第二册,第94页。太平天国历史博物馆,北京:中华书局,1962。)

【江苏省·1858年】 有一事可证明这运动的宗教性之真诚无伪者,即是洪秀全雇用八十个刻字者专为刊印"新约圣经"及宗教文诰以分派于全军。他又谕令太平天国以"新旧约圣经"为全国宗教经典,考试科举均以此为基本而不得再用孔教经书。

(晏玛太:《太平军纪事》M. T. Yates: *The Tai-Ping Rebellion*。简又文:《太平天国杂记》,第一辑,第79—80页。又《中国近代史资料丛刊:太平天国》,Ⅵ,第925页。中国史学会编,编者：向达、王重民等,上海：神州国光社,1952。)

【江苏省南京·1863 年】干王乐此不疲地在空闲时从事著述,并坚持不懈,希望能为公共教育和知识普及方面的有益变化铺平道路。他的活字是太平军在扬州缴获的,该城是他们 10 年前第一次来到南京时占领的。这些活字是好些年前,由一位当时作为高官客居广州的扬州籍人[按：指曾于道光年间任两广总督的阮元]在广州制造。排字工匠原是一些从事木版印刷的刻字匠,他们现已学会了用新式的金属活字来排版。

(珍妮·艾约瑟：《中国的风土和人民》。《太平天国》,第九册,第 283 页。罗尔纲、王庆成,桂林：广西师范大学出版社,2004。)

(十二) 染坊

【江苏省南京·咸丰三年】[吴伟堂]又添设染坊,并所谓杂行,如花粉绣线等类,贼颇以为便。

(张汝南：《金陵省难纪略》。《中国近代史资料丛刊：太平天国》,Ⅳ,第 699—700 页。中国史学会编,编者：向达、王重民等,上海：神州国光社,1952。)

【江苏省南京·咸丰三年】又有正史官,诏书衙,镌刻衙,刷书衙。后又添删书衙。典织匠,典染匠,锦绣衙,结彩衙,典杂行,典柴薪,典土匠,典木匠、典石匠、典花官、典金鱼衙、典金官,主造首饰器皿。

(张汝南：《金陵省难纪略》。《中国近代史资料丛刊：太平天国》,Ⅳ,第 708—709 页。中国史学会编,编者：向达、王重民等,上海：神州国光社,1952。)

【江苏省苏州·同治二年五月】忠王以苏城所掳皆生意人,城中食指浩繁,货物不给,财用将匮,故令各头子开店,如染坊、药材、粮食等项。所用染匠等皆从上海雇去,货物皆从上海进去,故苏城情形上海纤悉皆知。

(沈梓：《避寇日记》。《太平天国史料丛编简辑》,第四册,第 256 页。太平天国历史博物馆,北京：中华书局,1962。)

(十三) 金匠营

【江苏省南京·咸丰三年】逆匪等掳胁各处并省中首饰银匠,为伪典金官,后改伪金匠营,令其打造金银器皿等物……群贼初破城时,不知玉为何物,搜得者无论雕琢精巧,立即捆毁,嗣设伪典玉匠,稍知爱玩,讵知上等玉器已无寻觅矣。

(涤浮道人：《金陵杂记》。《中国近代史资料丛刊：太平天国》,Ⅳ,第 615 页。中国史学会编,编者：向达、王重民等,上海：神州国光社,1952。)

第二节

私人手工业

一、对手工业和手工业者的政策

（一）吸收百工匠艺为执役

【咸丰三至六年】惟有技艺及江湖星卜僧道者流，不专恃生产，贼于是搜虏百工匠艺为之执役，严禁星相巫觋，尽毁庙宇神像，使九流生计俱绝，亦惟贼是依矣。

（张德坚：《贼情汇纂》卷十二《杂载》。《中国近代史资料丛刊：太平天国》，Ⅲ，第326页。中国史学会编，编者：向达、王重民等，上海：神州国光社，1952。）

【江苏省南京·咸丰四年三月初五日】［南京太平天国招贤榜］江南人才最多，英雄不少，或木匠，或瓦匠，或竹匠，或铜铁匠，或吹鼓手，你有那长，我便用你那长，你若无长，只可出出力的了。

（赵烈文：《落花春雨巢日记》。《太平天国史料丛编简辑》，第三册，第40页。太平天国历史博物馆，北京：中华书局，1962。）

【安徽省怀宁县·天历九年四月初六日】榨坊照凭

真忠报国启天福兼中军安徽省文将帅张为给发照凭以便生理事。照得国家开创之初，军需均宜充足，而各色牙行，业已定有额课，惟油榨一款，从未税及分文，向因库帑丰盈，姑从宽免，兹者舆图未广，采办维艰，故不得不税取若干，以资接济。今特议立章程，每榨给凭一张，大榨一榨能出油二百余斤者，则每日取税油四斤；小榨能出油一百余斤者，则每日取税油二斤。于民则所出无几，于国则不无小补。兹据怀宁县右壹营良民朱物吝、朱玉桂在蔡家街地方开设小油榨壹筒，每日该纳税油贰斤，为此合给照凭，俾尔收执。自给凭之后，所有应纳税油，照榨大小额数，每月一解至总油盐衙过秤查收，领取印挥，以备查核。至各榨坊于某月某日开榨，必到总油盐衙禀明，以便按月收税。如私行开榨，即照以漏税治罪。至某月某日收榨，亦必到总油盐衙禀明，以便按月销号。如私行收榨，即照从周年收税。若未经领凭，私开油榨，查出不惟□□□坊充公，□□该榨户人等拿问治罪。一经领凭以后，倘有来往官兵，在该油榨坊需索滋扰，□□民会同该管乡官，指名具禀，抑或捆送来垣,定即从严究办,决不姑宽。尔榨户人等,须知今虽稍助军需,不惟得以乐业安居,即于本来资本中亦不至有亏损也。各宜凛遵,须至照凭者。

右凭裕字　　贰拾号给榨户朱物畜、朱玉桂收执。

太平天国己未玖年肆月初陆日给。

(注:原件取名:安徽省文将帅张潮爵发给怀宁县榨户朱物畜朱玉桂榨坊照凭。照片:《太平天国革命文物图录续编》,第64页。《太平天国文物图录释》,第233页。罗尔纲:北京:三联书店,1956。)

【安徽省怀宁县·天历九年四月二十五日】

中军怀宁县后二营中营后子民朱物畜、朱玉桂禀,为遵凭报期开榨事。殿前丞相掌理安省油盐事务元臣黄批:据尔禀称,现于四月十五日开榨,有时打时歇,恐有负累等情,本丞相今已览悉矣。但现下菜子颇属充盈,正当开榨打油之候,乌能停榨?

太平天国己未九年四月二十五日　　批。

(取名:殿前丞相掌握安省油盐事务元臣黄批。照片:《太平天国文物图释》,第235页。罗尔纲,北京:三联书店,1956。印文:"太平天国殿前丞相掌理安省油盐事务"。)

〔编者按:1.可见安省有总油盐衙,设有"掌理安省油盐事务"之官。

2.从"各色牙行,业已定有额课",可知对手工业是采取自由经营办法。天京、扬州等城由手工业归于各衙,是和城内不准有商业一样,为了防奸细也。有自由手工业必准其买卖,否则亦不能存在。与商业不同的是,太平军及政府需要各种手工业产品,故编入各衙,使之为自己服务。

3.对各项手工业采取管理的政策,不准其随随便便停止生产,不准其漏税。

4.税则从轻,九年以前,能不收时则不收,反映了财政收支状况。

5.发凭一是为了收税,一是为了保护。

6.对榨坊收实物税,因"采办维艰"也。〕

【江苏省苏州城内·咸丰十年四月十三日】

遇医生及裁缝俱留养馆中,裁缝使之改衣服,医生使之诊病,兼有与之钱开药铺者。

(蓼村遁客:《虎窟纪略》。《太平天国史料专辑》,第16页,上海:上海古籍出版社1979。)

【江苏南部·咸丰十年】

识字能书,贼颇敬重,均以先生称之,其余皆不足重。如银匠、铁匠、衣匠则爱护之。昔见《寄园寄所寄》载一则云"苟全性命于乱世中,不易也,宜令子弟习铁工、衣工",今也果如所言,盖阅历兵火中人语,信非谬矣。

(沧浪钓徒:《劫余灰录》。《太平天国史料丛编简辑》,第二册,第143页。太平天国历史博物馆,北京:中华书局,1962。)

【浙江省杭州·咸丰十一年】［对有技能的分别收入各机关从事劳动］被掳五人……命推出斩之,均各乞命……始问:能裁缝否?能挑担否?皆曰:能。即牵至里屋释系。

（张尔嘉:《难中记》。《中国近代史资料丛刊:太平天国》,Ⅵ,第639页。中国史学会编,编者:向达、王重民等,上海:神州国光社,1952。）

【浙江省杭州·咸丰十一年至同治二年】边绘蟠龙字写真,［按:此谓印文皆作真书。］印长一尺伪衔新。［按:此略有夸张,官印无此长者。］不须开局黄铜铸,雕刻多推范老人。［原注:上皮市口邻人范叟,台(州)产也。年七十矣,刻字为生。辛酉城陷,贼即拘其雕摹伪印,全家藉以饱暖。至甲子克复,依然无恙,如未遇劫然,可谓奇遇。］

（钱葆和:《归里杂诗》。《庚辛泣杭录》卷十六。）

(二)向铁匠购买军械

【浙江省桐乡县乌镇·咸丰十年】贼众夜入土营,晨则奔驰四方,喜铸短刀枪,刀匠力辞不得,往往负其工值。又将掳掠之衣服、器具列肆变卖,人贪其价廉,竞买之。长毛或嘲笑曰:"汝善收拾,某□等仍来取也。"此正售其奸术,何其愚哉。

（佚名:《寇难琐记》卷一,手抄本。南京大学历史系太平天国史研究室编《江浙豫皖太平天国史料选编》,第145页,南京:江苏人民出版社,1983。）

【江苏省苏州·咸丰十年至同治三年】军械绝少精良,生铁刀仗,稍用便折,盖贼未尝选工炼造,惟拾取官兵遗弃之物,不问利钝,即购新者,亦凭铁匠偷减工料,其火器尤不熟谙。

（潘钟瑞:《苏台麋鹿记》卷上。《中国近代史资料丛刊:太平天国》,Ⅴ,第281页。中国史学会编,编者:向达、王重民等,上海:神州国光社,1952。）

二、手工工人工资

【湖北省宜昌县·咸丰四年】铁匠每日贰拾千文之多。

（《广元县探报》。《近代史资料》,1955年第3期。）

【江苏省苏州·1861年】［参观正在建造的忠王新邸时］我问:工人得工资多少?王弟答:你们英国人给工资雇人做工,我们太平军人知识多些,［意谓工人皆不付工资之强迫工役也。］我们天朝是不是很伟大呢?

（福礼赐著,简又文译:《天京游记》。《中国近代史资料丛刊:太平天国》,Ⅵ,第953页。中国史学会编,编者:向达、王重民等,上海:神州国光社,1952。）

【浙江省湖州双林镇】硝局在西港西岸沈恒生酒作。煎硝必取旧墙砖,逐户审视,画圈为记,随拆随筑,工作人给钱百。

（民国《双林镇志》卷三十二《兵燹志》。）

【**浙江嘉兴·1861年**】在这里[嘉兴府]我见到在中国所仅见之最华丽的第宅。这是一个新的王府,尚未完成,是属于管辖浙江省之听王的,而可为太平军[原注：如果英国准其成功]尽能恢复中国艺术之明征……雕刻工作至为精致巧妙。我曾站在雕刻物前几小时,凝视其奇巧像生的作品。有好几百名雕刻工匠,髹漆工匠,及其他工匠在雇佣中。所给他们的工资甚高。我察见有些名匠是全国最著名的,而系从远方特聘到嘉兴工作的。由我在中国所见,这样的建筑物,是几百年来所未曾鸠工建造过的。

（林利：《太平天国外记》英文本下册第696页。译文从简又文。简又文：《太平天国典制通考》上册,第246—247页。香港：简氏猛进书屋,1958。）

【**浙江省杭州·咸丰十一年**】又派百姓排日解灰作煎硝之用,如不敢解灰进城者,由旅帅雇人挑解,每担折钱二百文,名之曰出灰钱。

（张尔嘉：《难中记》。《中国近代史资料丛刊：太平天国》,Ⅵ,第638页。中国史学会编,编者：向达、王重民等,上海：神州国光社,1952。对有技能的分别收入各机关从事劳动,该书第639页,即反映这一情况。又,《归里杂诗》中记的刻印老工人亦是。）

【**江苏省常熟县·咸丰十一年正月十八日**】每图尚捉数人当差,筑土城,造战船,虽每工得钱三百,而贼之肆无忌惮,至今已极。

（龚又村：《自怡日记》。《太平天国史料丛编简辑》,第四册,第387页。太平天国历史博物馆,北京：中华书局,1962。）

【**浙江省桐乡县·同治二年六月十二日**】时十余日无雨,乡人雇工车水甚忙,每工工钱三百文,益以酒肉供给,每工约费五百文,多有听其槁去者。贼卡出伪示禁止屠宰,斋戒祈雨,冬春米价每石昂至七元余,每升约计百文。

（沈梓：《避寇日记》。《太平天国史料丛编简辑》,第四册,第259—260页。太平天国历史博物馆,北京：中华书局,1962。）

[编者按：录此农业雇工资,以便与手工业工人的工资对比。]

三、手工业的兴与衰

【**江苏省常熟县·咸丰十一年三月初五日**】城市食物恶劣而值转昂。其始,城匪买物,不论市价,以渔夺之钱,自不重视,土人大得奇赢。嗣因浮店亦须抽捐,不得不抬价。附郭妇女唯制履织布,以博生资……时有番船往来,系夷人销货,各卡并不阻拦,亦不征税。

（龚又村：《自怡日记》。《太平天国史料丛编简辑》，第四册，第 392—393 页。太平天国历史博物馆，北京：中华书局，1962。）

【南京·1861 年 1 月 12 日】 甚至在他们已经居住几年的一些地方，他们显然没有进行建设，对于他们当初那样热心破坏的东西，一点也没有修复。南京到现在还是一片废墟，人数不多的老百姓关在城里，简直是一群饿得半死的乞丐。贸易、商业或工业全然没有。向来刻苦耐劳的中国人的俭德和技能已不复存在，一双手已经不像以前那样灵巧。

（《一八六〇年的回顾（节译）》。《北华捷报》第 546 期，1861 年 1 月 12 日。《太平军在上海——〈北华捷报〉选译》，第 424 页。上海：上海人民出版社，1983。）

【浙江省桐乡县濮院·同治元年十月十三日】 伪听王又以兵败故，移文至盛[川]，云将复出师，催解军饷，并着盛川及新塍各办湖绉号衣三千件，洋布号衣及棉被三千副，限五日解齐，故兵败及出师皆实事也。是时湖绉腾贵，吾镇[濮院]绉机皆织通宵，生意甚好，亦因贼众办衣故也。

（沈梓：《避寇日记》。《太平天国史料丛编简辑》，第四册，第 194 页。太平天国历史博物馆，北京：中华书局，1962。）

【浙江省秀水县·同治二年四月】 十四日，罗长毛在新塍酱园查缸。十五日，各酱园请酒。新塍六园以缸数浮多，议罚六千元。

（沈梓：《避寇日记》。《太平天国史料丛编简辑》，第四册，第 252 页。太平天国历史博物馆，北京：中华书局，1962。）

【浙江省桐乡县·同治二年二月二十七日】 [守陡门卡的]先生姚姓，握重权，自去冬及今春收买濮院所织湖绉千余匹，不知解往何处。

（沈梓：《避寇日记》。《太平天国史料丛编简辑》，第四册，第 243 页。太平天国历史博物馆，北京：中华书局，1962。）

[编者按：关于太平天国占领区丝业的情况，可从它占领丝主要产地后丝的出口量上看出，其数据见与外国商人贸易章。]

第三节

太平天国请外国人制造军械与购买外国武器

【江苏省扬州瓜洲·咸丰四年五月十七日】再,据瓜洲逃出之江西人雷得胜供称,咪利坚夷船两只驶到瓜洲,停泊五六天,船上夷目曾与伪检点周姓相见,又留伪将军刘姓在船吃饭,听说夷船是镇江贼目罗大纲约来的,夷船来至镇江,适罗大纲往安徽太平掳掠,夷船上驶多日,不肯等候,驶至金陵,伪东王不肯与夷目见面,令其驶回,写信给瓜洲伪检点周姓,贿送银两不知多少,夷目就留夷人六名在瓜洲贼营制造鸟枪,又见伪师帅萧姓请夷人吃饭,不用筷子等供。查夷船驶过镇江、瓜洲等处,彼此均未开放枪炮。迭据江浦、六合等处探报,贼船与夷船时相往来。该逃民所供又系如此。该夷船也已驶回上海。[咸丰四年五月二十二日朱批]知道了。

（琦善奏。宫中全宗·朱批奏折。中国第一历史档案馆编《清政府镇压太平天国档案史料》,第十四册,第 354—355 页。北京:社会科学文献出版社,1994。）

【江苏省镇江·1858 年】费士邦舰长乘 Hermes 舰到其地[镇江]参观。他得受太平军领袖们的友善的欢迎,称他为兄弟,并告诉他说:将来外国人可以随便用汽船、铁路、电线及其他西洋机器而无碍。他们对他说:"我们将要同您们一样。咱们同拜一位上帝,而且共同生活如弟兄。"

（晏玛太著,简又文译:《太平军纪事》。《中国近代史资料丛刊:太平天国》,Ⅵ,第 925 页。中国史学会编,编者:向达、王重民等,上海:神州国光社,1952。）

【浙江省金坛县·咸丰十年七月】初八日,焚贼攻城木驴。前日黎明,贼于东门仕巷贼营用多人舁出粗木阔栅十数扇,至吊桥边,排竖套搭,顷刻成一木卡。内出一物,上用单梁,两边斜披厚板,底阔方五尺,前后有门形如营帐,内藏人提挈渡濠抵城脚,凿挖砖石。曾记兵书中或木驴遗制也。城上用大条石击之,滚地不能伤。今早抵城脚,共有七座,用方棹钉油渍绵絮夹引火物于桌底,成燕尾口骑烧之。贼由后门惊窜,有二座未燃,窜出贼手握挠铁索拉之入河,收入木卡,观拉时甚轻便,下似有轮,其中是何机关,如何作用?至今不知。多问博雅,莫有指其名者。

（佚名:《金坛围城追记》,手稿本。南京大学历史系太平天国史研究室编《江浙豫皖太平天国史料选编》,第77页,南京:江苏人民出版社,1983。)

【江苏省·咸丰十一年】[李秀成主张仿造洋枪洋炮,并已造了炮架,]大西[瓜]炮架,我在太仓抢得炮样,业经制[造],与其一样无差,今南京城内(上)[尚]有此样。

(《忠王李秀成自述校补本》,第120页。广西壮族自治区通志馆,南宁:广西人民出版社,1962。又见《太平天国》,第二册,第398页。罗尔纲、王庆成,桂林:广西师范大学出版社,2004。)

[编者按:李秀成建议曾国藩仿造洋炮,并到香港买抬枪"那时我亦利害制之"。]

【江苏省苏州·1862年9月】他[指华尔]在苏州曾看见两个欧洲人,这两个人说,他们是被[太平军]雇来制造武器和军火的。

(一八六二年九月十七日英国驻上海代理领事麦华陀致卜鲁斯的信。王崇武等:《太平天国史料译丛》,第一辑,第42页,上海:神州国光社,1954。)

【江苏省吴江县·同治二年八月】十七日……[时清军围攻苏州,盘门外,清军炮船不得近城]时有鬼子通贼,为贼造炮及一切火器,势难即破。

(佚圃野老:《庚癸纪略》。《太平天国资料》,第112页。北京:科学出版社,1959。)

【江苏省嘉定县·1862年5月】在一座衙门的前面,放着1861年制铁炮两尊,其上刻有"同珍洋行"[B.P.＆Co.]字样与皇冠商标,这座衙门看来是太平军首领驻扎之地。华丽的旗帜飘扬在大门口外,铜锣悬挂在架子上,衙门内部布置得井然有条。在一个房间内,我军发现英国毛瑟枪一支,另有一把外国刀与刀鞘,还有几支正在修理中的来复枪与手枪,修理时需用的工具则放在旁边桌子上。在另外一个房间内,大量的铜钱散布在地板上,这里好像是太平军的财库,因为后来有一帮劫掠者曾在这个房间地板下面,发现大批现洋与银锭。在房子其他部分,我军还找出若干瓶白兰地与黑啤酒,还有装着大批英法两国制雷管、红色火药瓶及小桶火药的箱子若干只,其上注有伦敦夏普公司的商标。

(《嘉定之战》。《北华捷报》第614期,1862年5月3日。《太平军在上海——〈北华捷报〉选译》,第309页。上海:上海人民出版社,1983。)

【江苏省青浦县·1862年5月】叛军大炮都有掩蔽办法,且都装在炮车上面,这是模仿我国如何使用船舰上大炮的办法而做的。他们有四五尊九磅重弹的大炮,其上印有英商"同珍洋行"的商标,和这几尊大炮一道放在炮眼中的,还有很多四至六磅重弹的炮、几门中国制的铜炮与不计其数的台枪,有些台枪则是后膛枪。

我军发现的旗帜、枪矛、大刀,成箱的火药,成桶的药包,为数甚多;而新近铸造出来成筐的子弹,也为数不少。英国与法国造的雷管,寇悌斯与哈维公司的火药与欧洲生产的武器随地皆是,显系叛军撤退时于混乱中丢下来的。

（《青浦之战》。《北华捷报》第616期,1862年5月17日。《太平军在上海——〈北华捷报〉选译》,第321页。上海:上海人民出版社,1983。)

【江苏省·1863年2月】清军奴才们不要以为只有在他们的军队中才雇有外国人,只有他们才从外国人方面学到战争的经验,从其吸取好处。许多外国人已承认天王至高无上的权威,并且加入我们这一方面,力图实现太平天国的运动。在太仓,便有许多外国人在我们的军队里,有一个法国人指挥着大炮的发放,它使我们的敌人死去很多士兵。记者先生,我们也有洋人训练的军队,如同清军花钱购置武器那样,我们也备有欧洲制造的军火。"常胜军"已经尝试过我们的力量,他们已经体会到我方武装的实力。

（《太平军一次投书》。《北华捷报》第656期,1863年2月21日。《太平军在上海——〈北华捷报〉选译》,第22页。上海:上海人民出版社,1983。)

附:太平军使用近代军火及近代军火的来源

[参见第十五章"与外国商人的贸易"]

【江苏省扬州·咸丰八年九月】贼又东掠至霍家桥,皆戴竹盔,腰洋枪,单衣散裤,无异勇装,而深发凶目,见必掳杀,焚烧淫虐,其恶尤酷,故贼一过而四野萧然。

（倪在田:《扬州御寇录》卷上。《中国近代史资料丛刊:太平天国》,V,第123页。中国史学会编,编者:向达、王重民等,上海:神州国光社,1952。)

【江苏省·咸丰十一年七月】初六日,壬辰,晴。早过煤炭,未开,辰刻,有长发七八人棹小舟来窥望,夷人招之登舟。登者五六人,余一二人不敢上。皆戴笠帽,袒跣,腰插小火枪,悬挂腰牌,与官兵无二,发皆梳至后,打辫用红丝线续之,椎结脑后。其在舟中者一人,臂勒金缠,一小童挥扇其后,大约系贼之小目。

（赵烈文:《能静居士日记》。《太平天国史料丛编简辑》,第三册,第175页。太平天国历史博物馆,北京:中华书局,1962。)

【江苏省扬州·咸丰八年九月】
至霍家桥[的太平军]皆戴竹盔,腰洋枪。

（倪在田:《扬州御寇录》。《中国近代史资料丛刊:太平天国》,V,第123页。中国史学会编,编者:向达、王重民等,上海:神州国光社,1952。)

【江苏省吴江县·咸丰十年七月】贼无火器,即有亦不能用。今苏州城中所有精炮,有似西洋制度,若有善用者,运以攻取,诚为巨害。贼守城所长,城外深掘土坑,城上密排竹签,备御木石亦足。吾军击其短而避其长,则可制胜。

吴江城中,贼与民约有十万余。贼目宁天安赖世就,系广西人,年三十一岁,身材适中,面白微须,乃十余年积贼。城外守者甚少,城门不闭,贼馆外戈矛森耀,而无一炮一枪。

（王瀚:《贼情略论》。《吴煦档案选编》,第一辑,第 306 页。太平天国历史博物馆,南京:江苏人民出版社,1983。）

【江苏省太仓州·咸丰十年八月】初三日午后,因邓都司在城指挥抵御,被该城匪用洋枪暗对施放,伤及该都司右肩穴内,当时阵亡,深为痛惜。

（《蔡映斗□安致吴煦函》,1860 年 9 月。《吴煦档案选编》第一辑,第 419 页。太平天国历史博物馆,南京:江苏人民出版社,1983。）

【江苏省南京·1860 年】天王对于引进欧洲的进步事物,诸如铁路、蒸汽机等类东西极为赞成。《北华捷报》第 524 号,1860 年 8 月 11 日《干王答客问》。

【江苏省苏州洞庭山·1861 年 4 月】叛军首领于上月 25 日率领满载士兵的蛇船到洞庭山的西山镇巡视,随同来到的还有一艘从这里居民抢得的小火轮。

（《太平军在苏浙两省各地建立地方政权》。《北华捷报》第 559 期,1861 年 4 月 13 日。《太平军在上海——〈北华捷报〉选译》,第 183 页。上海:上海人民出版社,1983。）

【浙江省海盐县、海宁州·同治元年正月】初九日,海宁贼逼进贡,局匪益自喜,势更横,无敢撄其锋者……（夷人）有卖火药洋铳于长发者,有帮我官兵守口征剿者。及长发寇上海,伤夷人百余,夷人禁卖火具,遂大出力帮我,贼窘甚。后闻其已自能制,仍猖獗。

（冯氏:《花溪日记》。《中国近代史资料丛刊:太平天国》,Ⅵ,第 699 页。中国史学会编,编者:向达、王重民等,上海:神州国光社,1952。）

【江苏省常熟县·1862 年 2 月】大家都认为,扬子江岸野猫口的海盗华人,不过是一批独立的匪徒,他们捕拿从野猫口经过而迷路的商船与货物。从一位随同炮舰"弗莱默"号与"跳跃者"号出征,并为吠礼查洋行收回船货的先生处获悉,这些人乃是一股道地的太平军。他们蓄留长发,手中持有印上太平天国字样的旗帜。出征人员登陆以后,即与太平军会谈,会见约十五名主要穿着红色服装的太平军;这十五人全都佩带着毛瑟枪、双筒炮、手枪与长弯刀。

（《野猫口太平军缉捕外国走私商人的船货》。《北华捷报》第 602 期,1862 年 2 月 8 日。《太平军在上海——〈北华捷报〉选译》,第 244—245 页。上海:上海人民出版社,1983。）

【江苏省扬州·同治元年十一月】都兴阿亦中夜猝作令,亲督步卒出击贼,别尽马队九起统其后,副将左应龙等绕三汊河击其左,凡军五路。将攻其垒而贼且大至,[有谓此次为出贼不意者,乃误移秦栏之役于此也。]楚勇先出,排枪所过,贼旗尽伏,再发再伏,凡三击而贼益逼,将士皆短兵接,跳掷驰逐,升高望之如舞千百猱貑于沙尘中,旌旗服饰,不大辨也。[凡官军击贼,大旗先至适中地卓旗下伏兵,贼皆发枪烟起下伏,烟散趋进,凡三次则觌面矣,谓之三排枪。故大战之时,必刀矛拨击而枪声零落其间,其轰响雷动者,相距犹数百十步也。马军掠阵则不尽然;马足难久植,洋枪格林炸炮之类,烟弹皆较营枪尤难避迅而散也。都兴阿既出居阵后,材官亲卒百十护之,自坐胡牀,旁列茶具茗炉小几,举盏不绝口,且四顾别诸军力战否?其频饮则固有茶癖,其四顾则颇若李光弼之击贼也。]有掌旗卒手火枪不敢发,频呼其主校名,[以数贼伺之,一发不中则无继,故不敢发。]英字营将胡士英骤马出,大呼驰杀,士卒益奋,而骑士之道朴树湾者,左应龙之别出者皆至,表里攻注,斩首千计,贼大败。惟左翼军方酣战,瞥睹蓝旗千百驰三汊河至,谓詹启纶军也,比觌面乃贼洋枪队,仓猝拒斗,失百十卒。[贼亦以此劲旅为奇兵,与官军之马队皆为绕助之技,计亦狡矣。然其正贼不若官军之锐,先接而败,故此举并不得力。兵法奇正相生,要非兵无不劲不能为之,书生辈谈兵纸上,试观于此,可知战事不易言矣。]洋枪队者,故提督张玉良之亲军也。玉良既没,联旗降贼,怙恶敢斗,是日几为乘,以贼败甚亦遁去。明日,贼又至,洋枪队居首,势若风雨,直突至南门,乘土坡以下压,刁经明等崩而溃。都司廖长明独以其部奋力击,冲突十数合,胡士英、李曙堂等助之,经明诸人畏获咎,亦拘其军更前战,杜嘎尔等军亦至,四面粗之,贼又大败,逐北二十余里,擒洋枪队酋而斩之。

（倪在田:《扬州御寇录》卷下。《中国近代史资料丛刊:太平天国》,Ⅴ,第137页。中国史学会编,编者:向达、王重民等,上海:神州国光社,1952。）

【江苏省南京·同治元年十二月十七日】 录薛安林语金陵贼事:买卖街七条,俱在城外,繁盛不亚苏州中市。城内旧有茶酒肆,因彼中拿获我军奸细,一日之间,尽将各铺逐出。城内巡查甚严,夜行如无口号,立斩不贷。城门俱设坚栅,仅容一骑,并无挖城陷坑之说。城内旧有三十余王,各伪目无不极富,一馆内箱枕总不下数百件。买卖街极多做洋枪铺户,佛阑西人城内甚多,俱穿长毛服饰,携带洋枪及各种炮械在彼消售。有轮船名不设,泊仪凤门外,专做此等生意[此系去年之事]。

（赵烈文:《能静居士日记》。《太平天国史料丛编简辑》,第三册,第256页。太平天国历史博物馆,北京:中华书局,1962。）

【江苏省·1863年3月】 天父特别要我们把我军[在太仓]掳获的三十二磅重弹炮运至常熟,将用以毁灭留在那里的清军友军。天父说道:"用比喻说,你们这样可以用他们自己的口来说服他们,使其相信你们的力量。"

（《太平军二次投书》。《北华捷报》第658期,1863年3月7日。《太平军在上海——〈北华捷报〉选译》,第24页。上海:上海人民出版社,1983。）